D1726223

BEETHOVENS WELT

DAS BEETHOVEN-HANDBUCH

Herausgegeben von Albrecht Riethmüller

Band 5

Beethovens Welt

Herausgegeben von
Siegbert Rampe

Mit 42 Abbildungen und
8 Notenbeispielen sowie
einer umfassenden Bibliographie

Laaber

Bibliographische Information der Deutschen Bibliothek
Die Deutsche Bibliothek verzeichnet diese Publikation
in der Deutschen Nationalbibliographie;
detaillierte bibliographische Daten sind im Internet über
›http://dnb.ddb.de/‹ abrufbar.

ISBN 978-3-89007-470-2 (Reihe)
ISBN 978-3-89007-475-7 (Band 5)

Umschlaggestaltung (Reihe): Sonja Weinmann, Augsburg
Innenlayout und Umschlaggestaltung (Einzelband): Susanne Böhm, Regensburg
Satz: Textbüro Vorderobermeier, München

www.laaber-verlag.de

Inhalt

Seine Welt

Umwelt

Klangwelt

Nachwelt

Anhang

Vorwort

Beethovens Welt ist keine Biographie, sondern ein Buch, das versucht, den Leser in die Welt von Ludwig van Beethoven einzuführen, soweit dies aus der Rückschau von rund 200 Jahren möglich ist. Die eigentliche Biographie liefert dafür den Hintergrund als Chronik auf den Seiten 11 bis 19, ist aber nie Selbstzweck. Denn in Wirklichkeit geht es um den privaten und beruflichen Alltag, um die Arbeits- und Schaffensbedingungen, um die Familie, Freunde, Bekannte, Mäzene, Interpreten und Widmungsträger, um die Geschichte, Politik, Gesellschaft, Religion, Finanzen, Ikonographie und Öffentlichkeitsarbeit, um die musikalischen Auswirkungen von Beethovens Tätigkeit und um seinen Nachlass. Diese Bereiche vermitteln ein Gesamtbild in groben Umrissen, wie es sich in so großem zeitlichen Abstand noch zeichnen lässt von einem Komponisten, über den wir mehr wissen als über jeden seiner zeitgenössischen Kollegen. Daher kann vieles, was in diesem Buch zur Sprache kommt, anhand der Primärquellen in Form von Briefen, Tagebüchern, Konversationsheften und Musikmanuskripten einschließlich der Skizzen sowie zeitgenössischen Berichten minutiös im Detail nachgezeichnet werden. Sie liefern den Rahmen, den es mit Leben zu füllen gilt. Trotz der Vielzahl an Informationen gilt es freilich zu bedenken, dass uns noch immer viele Details versagt bleiben, weil für sie keine Quellen existieren. Darauf wird in den einzelnen Kapiteln hingewiesen.

Der Band gliedert sich in vier Teile, nämlich »Seine Welt«, »Umwelt«, »Klangwelt« und »Nachwelt«. Sie umreißen die Dimensionen, die uns Beethovens Leben und Schaffen sowie dessen Folgen eröffnen. Dabei bilden die Kindheit und Jugend in der Residenzstadt Bonn den Ausgangspunkt. Das Leben und Schaffen seit 1792 ereigneten sich jedoch in Wien, der Hauptstadt des damaligen Deutschen Reichs und zugleich Sitz des Kaisers. Die wenigen Überlegungen Beethovens, an einen anderen Ort überzusiedeln, waren nicht von Erfolg gekrönt, vielmehr versuchte man mit aller Macht, ihn in der österreichischen Hauptstadt zu halten. Daher spielt Wien im vorliegenden Buch eine zentrale Rolle. Der Buchteil »Welt« skizziert die Familiensituation, die Kindheit, Jugend und Ausbildung und beschäftigt sich auch sonst mit dem unmittelbaren Alltag des Komponisten in Gestalt von Kapiteln wie Aussehen, Charakter, Taubheit, Krankheiten, Ikonographie, Religiosität, Briefe, Tagebücher und Konversationshefte, Handschrift, Wohnungen, Marketing, Finanzen sowie Tod, Begräbnis und Grab. Aus diesen Aspekten zusammen genommen wird der biographische Hintergrund deutlich.

Der zweite Buchteil »Umwelt« beschreibt Beethovens Verhältnis zur zeitgenössischen Gesellschaft und seiner unmittelbaren Umgebung. Dieser Teil präsentiert Kapitel zur politischen Welt in Europa, zu Beethovens politischer Einstellung, Beethovens Verhältnis zur Literatur, Beethovens sozialer Stellung, seinen Freundschaften, dem Neffen Karl, zu Mäzenen, Widmungen und Verlagen. Sie alle beschreiben die Interaktion des Komponisten mit seiner Umwelt und tragen zugleich zum Verständnis von weiten Teilen seines Schaffens bei.

Beethovens Musik war Gegenstand der bereits erschienenen fünf Bände der Reihe *Das Beethoven-Handbuch* und steht daher nicht mehr im Zentrum dieses Buchs. Dieses beschäftigt sich vielmehr mit der »Klangwelt« – den klanglichen Auswirkungen seines Schaffens und seiner Schaffensmethoden. Hierzu dienen die Kapitel Arbeitsweise, Skizzen, Konzerte in Wien, die Orchesterwelt, die Klavierwelt, die Welt der Streichinstrumente, Improvisation sowie Aufführungspraxis. Diese Kapitel bieten uns Einblick in den Klang und in das akustische Umfeld von Beethovens Arbeit als Musiker. Sie berücksichtigen auch Aspekte wie Orchester, Klaviere, Streichinstrumente, Improvisation und Aufführungspraxis, die in der bisherigen Beethoven-Literatur eine untergeordnete oder gar keine Rollen spielen.

Unter dem Stichwort »Nachwelt« umfasst der letzte Buchteil die gesamte Beschäftigung mit Beethoven und seinem Schaffen, angefangen vom Nachlass bis zum heutigen Tag. Hierzu liefert der Band folgende Einzelkapitel: Rezeption und Wirkung, Biographien, Beethoven-Interpretation, »Nach wie vor Wunschbild: Beethoven als Chauvinist«, Beethoven in der Literatur und Beethoven und die Bildende Kunst. Sie skizzieren den Umgang mit einem Weltkulturerbe, von dessen Überlieferung wir alle bis heute profitieren.

Einige der Kapitel gehen auf ältere Texte zurück, die für die vorliegende Veröffentlichung behutsam bearbeitet wurden.

Die Idee zu *Beethovens Welt* stammt vom Verleger Dr. Henning Müller-Buscher und vom Verlagsinhaber Matthias Bückle, denen beiden sehr herzlich dafür gedankt sei. Darüber hinaus bedanke ich mich bei den Koautoren Dr. Hans Aerts, Prof. Dr. Klaus Aringer, Dr. Silke Bettermann, Dr. Knud Breyer, Hofrat Dr. Günter Brosche, Dr. Eleonore Büning, Prof. Dr. Nicholas J. Chong, Prof. Dr. Joanna Cobb Biermann, Prof. Dr. Angelika Corbineau-Hoffmann, Prof. Dr. Peter Claus Hartmann, Dr. Nicole Kämpken, PD Dr. Burkhard Meischein, Dr. Daniil Petrov, Dr. Christoph Riedo, Prof. Dr. Albrecht Riethmüller, Prof. Dr. Eckhard Roch, Dr. Maria Rößner-Richarz, Dr. Julia Ronge, Dr. Tilman Skowroneck und Dr. Nicole K. Strohmann. Ohne ihre Mitwirkung wäre dieses Buch nicht entstanden. Besonderer Dank gebührt Frau Dr. Julia Ronge vom Beethoven-Haus in Bonn, die mir wiederholt beratend zur Seite stand.

Ulm, im September 2018 Siegbert Rampe

Chronik

Von Siegbert Rampe

1770 Am 17. Dezember wird Beethoven als zweites Kind von Johann van Beethoven, Tenor der Bonner Hofkapelle, und seiner Ehefrau Maria Magdalene, geb. Kevenich, in Bonn getauft. Sein Geburtstag ist vermutlich der 16. Dezember. Die Eltern hatten am 12. November 1767 geheiratet. Ihr erstes Kind hieß ebenfalls Ludwig, starb jedoch bereits 1769. Beethovens Großvater Ludwig van Beethoven war seit 1761 Hofkapellmeister in Bonn und stirbt am 24. Dezember 1773.

1774 Am 8. April wird Beethovens Bruder Kaspar Karl in Bonn getauft.

1776 Am 2. Oktober wird Beethovens Bruder Nikolaus Johann in Bonn getauft.

1778 Am 26. März gibt Beethoven sein erstes öffentliches Konzert in Köln. Sein Vater präsentiert ihn als seinen Schüler und macht ihn als Wunderkind zwei Jahre jünger, als er tatsächlich war.

1782 Christian Gottlob Neefe, der 1779 nach Bonn gekommen war, wird dort Hoforganist. Wahrscheinlich unterrichtete er schon damals Beethoven in Generalbass und Kontrapunkt. Sein Vorgänger Gilles van den Eeden mag Beethovens erster Musiklehrer nach dem Vater gewesen sein. In diesem Jahr oder spätestens 1784 entsteht Beethovens Beziehung zur Familie von Breuning und zu Franz Gerhard Wegeler. Außerdem erscheint 1782 sein erstes Werk, die *Variationen* c-Moll für Klavier über einen Marsch von Dressler WoO 63.

1783 Beethoven reist im Oktober und November mit seiner Mutter in die Niederlande. Am 23. November spielt er ein Konzert am Hof von Prinz Willem von Oranje-Nassau in Den Haag. Außerdem komponiert er seit 1782 die *Kurfürstensonaten* für Klavier WoO 47, die 1783 im Druck erscheinen.

1784 Am 15. April stirbt Kurfürst Maximilian Friedrich; sein Nachfolger wird Erzherzog Maximilian Franz aus Wien, ein Bruder Kaiser Josephs II.

1785 Anton Reicha trifft in Bonn ein und freundet sich mit Beethoven an. Gründung der Universität Bonn, an der sich Beethoven und Reicha 1789 immatrikulieren.

1787 Beethoven reist im März über München nach Wien, um bei Mozart zu studieren. Ob und wie viel Unterricht er dort erhält, bleibt ungewiss. Nach zwei

Wochen in Wien muss Beethoven nach Bonn zurückkehren, da seine Mutter im Sterben liegt.

1788 Graf Waldstein kommt aus Wien nach Bonn und lernt Beethoven bei der Familie von Breuning kennen.

1789 Beethovens Vater tritt in den Ruhestand. Beethoven, der in der Hofkapelle Bratsche spielt, erhält die Hälfte dessen Gehalts von 200 Talern, um seine beiden jüngeren Brüder zu unterstützen.

1790 Am 20. Februar stirbt Kaiser Joseph II. Beethoven soll für eine Gedenkfeier in Bonn die *Kantate* auf den Tod Kaiser Josephs II. WoO 87 komponieren, die jedoch nicht rechtzeitig fertig wird. Kurz darauf komponiert er die *Kantate* auf die Erhebung Leopolds II. zur Kaiserwürde WoO 88. Am 25. Dezember kommen Joseph Haydn und Johann Peter Salomon auf ihrer Reise nach London nach Bonn. Ob Beethoven Haydn damals kennenlernte oder erst bei dessen Aufenthalt 1792, ist unbekannt.

1791 Am 6. März wird Beethoven Musik zu einem Ritterballett WoO 1, ein Auftragswerk Graf Waldsteins, uraufgeführt. Im September und Oktober reist Beethoven mit dem Kurfürsten und seinen Hofmusikern nach Bad Mergentheim. Auf dem Weg dorthin spielt Beethoven in Aschaffenburg für Franz Xaver Sterkel. Es erscheinen seine 24 Variationen über die Arietta *Veni Amore* von Righini für Klavier WoO 65 im Druck.

1792 Auf dem Rückweg von London trifft Haydn im Juli in Bonn ein. Wahrscheinlich wird damals vereinbart, dass Beethoven bei ihm studieren soll. Anfang November reist Beethoven zum Studium bei Haydn nach Wien. Franz II. wir nach dem Tode Leopolds II. neuer Kaiser.

1793 Beethoven komponiert in diesem und im nächsten Jahr die *Klaviertrios* op. 1, die Fürst Karl Lichnowsky, seinem Förderer und Bewunderer, gewidmet werden; die freundschaftliche Beziehung zwischen beiden wird erst 1806 abrupt abgebrochen.

1794 Haydn reist erneut nach England, Beethoven nimmt Unterricht bei Johann Georg Albrechtsberger. Im Frühjahr treffen Beethovens Bruder Kaspar Karl, im Herbst Franz Gerhard Wegeler und Lorenz von Breuning in Wien ein.

1795 Am 29. und 30. März stellt sich Beethoven als Pianist und Komponist erstmals der Wiener Öffentlichkeit vor, indem er in einem Konzert der Tonkünstler-Societät im Burgtheater sein *1.* und *2. Klavierkonzert* spielt und im zweiten Konzert improvisiert. Am 31. März spielt er zwischen zwei Teilen von Mozarts Oper

La clemenza di Tito von diesem ein Klavierkonzert, wahrscheinlich KV 466. Die *Klaviersonaten* op. 2, Haydn gewidmet, entstehen (gedruckt 1796). Haydn kommt am 20. August aus England zurück, es ist jedoch nicht anzunehmen, dass Beethoven erneut bei ihm studierte. Ende Dezember kommen auch sein Bruder Nikolaus Johann und Stephan von Breuning nach Wien.

1796 Von Februar bis Juli unternimmt Beethoven eine Konzertreise nach Prag, Dresden, Leipzig und Berlin. In Prag komponiert er die Szene und Arie *Ah! perfido* op. 65, in Berlin für Jean-Louis Duport die *Violoncellosonaten* op. 5. Am 23. November gibt Beethoven ein Konzert in Pressburg und reist von hier aus offenbar weiter nach Pest (Budapest). Er komponiert das Lied *Adelaide* op. 46 (gedruckt 1797), es erscheint das *Streichquintett* op. 4.

1797 Im Januar spielt Beethoven in einem Konzert zusammen mit Andreas und Bernhard Romberg, die ihm noch aus der Bonner Zeit bekannt sind. Am 6. April wird vom Schuppanzigh-Quartett das *Klavierquintett* op. 16 mit Beethoven selbst am Klavier uraufgeführt.

1798 Zu Jahresbeginn wird Beethoven vom französischen Botschafter empfangen, der ihm vorgeschlagen haben soll, Napoleon in seiner Musik zu feiern, was zur Komposition der *Dritten Sinfonie Eroica* geführt haben mag. Im Frühjahr kommt Carl Amenda nach Wien. 1798/99 entstehen die *Klaviersonate* c-Moll op. 13 (*Pathétique*) und 1798–1800 die sechs *Streichquartette* op. 18. Im Herbst spielt Beethoven seine beiden ersten Klavierkonzerte in Prag. Im Druck erscheinen die *Streichtrios* op. 9, die *Klaviersonaten* op. 10, das *Klaviertrio* op. 11 und bis 1799 die *Violinsonaten* op. 12.

1799 Vermutlich in diesem Jahr oder früher und bis 1801 nimmt Beethoven Unterricht bei Antonio Salieri. Er lernt die Gräfinnen Therese und Josephine von Brunsvik kennen, die bei ihm Klavierunterricht nehmen. Sein Gehör wird schwächer. Es entstehen bis 1800 die *Erste Sinfonie* op. 21 und das *Septett* op. 20. Im Herbst verlässt Beethovens Freund Amenda Wien.

1800 Fürst Lichnowsky gewährt Beethoven eine jährliche Summe von 600 Gulden so lange, bis er eine Anstellung findet. Bei einer Akademie im Burgtheater werden am 2. April die *Erste Sinfonie* und das *Septett* uraufgeführt. Am 18. April spielt Beethoven ebenfalls im Burgtheater zusammen mit Johann Wenzel Stich (Punto) die für diesen komponierte *Hornsonate* op. 17. Bis 1801 entstehen die *Violinsonaten* op. 23 und 24, dazu die Musik zum Ballett *Geschöpfe des Prometheus* op. 43, bis 1802 komponiert Beethoven das *3. Klavierkonzert* op. 37.

1801 In verschiedenen Briefen berichtet Beethoven von seiner Schwerhörigkeit. Er verliebt sich, wahrscheinlich in die Gräfin Julia Guicciardi, der er im folgenden

Jahr die *Klaviersonate* op. 27,2 (*Mondscheinsonate*) widmet. Um den Jahreswechsel zu 1802 kommt Ferdinand Ries nach Wien und wird Beethovens Schüler. Es entstehen die *Klaviersonaten* op. 31 und bis 1802 die *Zweite Sinfonie* op. 36.

1802 Beethoven hält sich im Sommer und Herbst in Heiligenstadt bei Wien auf und verfasst dort am 6. Oktober mit Nachtrag vom 10. Oktober sein *Heiligenstädter Testament*. Im Herbst kommt Reicha nach Wien und erneuert seine Freundschaft mit Beethoven. Dieser komponiert die Klaviervariationen op. 34 und 35 (*Eroica-Variationen*), dazu bis 1803 die *Violinsonate* op. 47, die dem Geiger Rodolphe Kreutzer gewidmet ist, der sie aber nicht spielt. Am 24. Mai 1803 führt Beethoven das Werk zusammen mit George Polgreen Bridgetower auf. In den Druck gehen das *Septett* op. 20, die Klaviersonaten op. 22, 26, 27 und 28 sowie das *Streichquintett* op. 29.

1803 Im Januar wird Beethoven als Komponist an das Theater an der Wien verpflichtet und bezieht dort eine Dienstwohnung, gibt jedoch den Plan, Schikaneders Libretto *Vestas Feuer* zu vertonen, auf. In einem Benefizkonzert am 5. April im Theater an der Wien werden die *Zweite Sinfonie*, das *3. Klavierkonzert* und das Oratorium *Christus am Ölberge* uraufgeführt. Bis 1804 entstehen die *Dritte Sinfonie* (*Eroica*) op. 55 und die *Klaviersonate* op. 53 (*Waldstein-Sonate*).

1804 Nach dem Tod des Grafen Deym verliebt sich Beethoven in dessen Witwe Gräfin Josephine von Brunsvik-Deym. Einem Bericht von Ferdinand Ries zufolge ist er äußerst empört über Napoleons Entscheidung, Kaiser zu werden, und zerreißt daraufhin das Titelblatt der *Eroica*, die Napoleon gewidmet sein sollte. Im August findet möglicherweise die erste Privataufführung der *Dritten Sinfonie* in der Residenz des Fürsten Lobkowitz in Eisenberg (Böhmen) statt. Bis 1805 entstehen die *Klaviersonate* op. 57 (*Appasionata*) und die erste Fassung der Oper *Leonore* (*Fidelio*), bis 1808 die *Fünfte Sinfonie* op. 67.

1805 Am 7. April erste öffentliche Aufführung der *Eroica* im Theater an der Wien, der zwei private Aufführungen im Januar vorausgegangen waren. Am 20. November Uraufführung von *Fidelio* ebenda, obwohl Wien am 13. November von den französischen Truppen besetzt worden war, die bis zum 13. Januar 1806 bleiben. Im Dezember stimmt Beethoven bei einem Treffen bei Fürst Lichnowsky zu, Änderungen an der Oper vorzunehmen. Bis 1806 entsteht das *4. Klavierkonzert* op. 58.

1806 Am 29. März erste Aufführung der neuen Fassung von *Fidelio* im Theater an der Wien. Beethoven komponiert bei einem Aufenthalt auf Fürst Lichnowskys Gut in Gräz / Schlesien (heute Tschechische Republik) die *Vierte Sinfonie* op. 60. Bei dieser Gelegenheit überwirft er sich mit dem Fürsten. Beethoven arbeitet außerdem an den *Streichquartetten* op. 59. Am 23. Dezember wird von dem Geiger Franz Clement im Theater an der Wien das *Violinkonzert* op. 61 uraufgeführt.

1807 Nach Presseberichten finden im März vermutlich im Palais Lobkowitz in Wien zwei Konzerte nur mit Werken Beethovens statt. Am 24. April wird die *Coriolan-Ouvertüre* op. 62 zum ersten Mal im Theater aufgeführt, am 13. September erstmals die C-Dur-*Messe* op. 86 in Eisenstadt. Am 12. September beginnt eine Serie von 20 Subskriptionskonzerten in Wien, bei denen bis zum 27. März 1808 viele Werke von Beethoven erklingen. Dieser arbeitet bis 1808 an der *Sechsten Sinfonie* op. 68 (*Pastorale*). Im Druck erscheinen das *Tripelkonzert* op. 56, die *Appasionata* und die *32 Variationen* c-Moll WoO 80 ebenfalls für Klavier.

1808 Beethovens Opernpläne mit Heinrich von Collin scheitern. Bei drei Benefizkonzerten erklingen zahlreiche Werke Beethovens, darunter am 22. Dezember die *Fünfte* und *Sechste Sinfonie*, die *Chorfantasie* op. 80 und ein Klavierkonzert. Im Mai Uraufführung des *Tripelkonzerts* im Augarten. Im Oktober bietet Jérôme Bonaparte, Bruder Napoleons und König von Westfalen in Kassel, Beethoven die Stelle seines Hofkapellmeisters mit einem jährlichen Gehalt von 600 Golddukaten an. Beethoven komponiert die *Klaviertrios* op. 70.

1809 Um Beethoven in Wien zu halten, gewähren im Erzherzog Rudolph (1.500 Gulden), Fürst Lobkowitz (700 Gulden) und Fürst Kinsky (1.800 Gulden) mit Dekret vom 26. Februar eine jährliche Summe von 4.000 Gulden. Am 5. März Uraufführung der *Cellosonate* op. 69 mit Nikolaus Kraft und Baroness Ertmann. Am 9. April erklärt Österreich Frankreich den Krieg, am 13. Mai wird Wien von Napoleon besetzt, der Hof flieht. Aus diesem Anlass bis 1810 Entstehung der *Klaviersonate* op. 81a (*Das Lebewohl/Les Adieux*). Am 20. November verlassen die französischen Truppen Wien, der Hof kehrt zurück. Damals arbeitet Beethoven am *5. Klavierkonzert* op. 73, am *Streichquartett* op. 74 und an der Musik zu Goethes Trauerspiel *Egmont* op. 84. Im Juli verlässt Ferdinand Ries Wien.

1810 Im Februar/März lernt Beethoven Jakob Friedrich Malfatti und dessen Familie kennen und verliebt sich in dessen ältere Tochter Therese. Vermutlich ihr widmet er am 27. April wohl dieses Jahres *Für Elise* WoO 59 für Klavier. Im Juni brechen die Malfattis des Kontakt zu Beethoven ab. Im Mai lernt Beethoven Bettina Brentano und deren Halbbruder Franz Brentano kennen. Am 15. Juni erste Aufführung von *Egmont*. Arbeit am *Streichquartett* op. 95.

1811 Durch die Inflation und den österreichischen Staatsbankrott reduziert sich Beethovens Jahresgehalt von 4.000 Gulden auf etwa 1.600. Nur Erzherzog Rudolph kann den ursprünglichen Wert bezahlen, Fürst Lobkowitz hatte für etwa vier Jahre die Zahlungen einzustellen und erst nach zähen gerichtlichen Auseinandersetzungen mit den Erben von Fürst Kinsky, der 1812 starb, erhält Beethoven auch dessen Zahlungen wieder. Im April lässt er seinen Freund Franz Oliva einen Brief an Goethe in Weimar überbringen. Die Freundschaft zu Franz Brentano und dessen Frau wird enger. Anfang August reist Beethoven zur Kur nach Teplitz; er bricht dort am 18. September auf und kehrt über Prag zurück nach Wien.

1812 Am 9. Februar wird das neue Theater in Pest (Budapest) u.a. mit *Die Ruinen von Athen* zur Musik Beethovens eröffnet. Am 11. Februar spielt Carl Czerny die Uraufführung des *5. Klavierkonzerts.* Vom 1. bis 4. Juli reist Beethoven über Prag nach Teplitz und trifft dort am 5. Juli ein. In Prag traf er möglicherweise das Ehepaar Brentano, in Teplitz trifft er am 19. Juli Goethe und schreibt am 6./7. Juli den berühmten Brief an die »Unsterbliche Geliebte«. Um den 25. Juli fährt er nach Karlsbad, wo er die Brentanos trifft. Mit ihnen reist er am 8. August nach Franzensbad. Am 8. September zurück in Karlsbad trifft er wieder Goethe. Auf der Rückreise nach Wien besucht er seinen Bruder Nikolaus Johann in Linz, der am 8. November Therese Obermayer heiratet. Am 29. Dezember Uraufführung der *Violinsonate* op. 96 durch den Geiger Pierre Rode und Erzherzog Rudolph. Seit 1811 komponiert Beethoven die *Siebte* und *Achte Sinfonie.*

1813 Im Sommer und Herbst schreibt Beethoven für Johann Nepomuk Mälzels Panharmonicon eine Musik auf den Sieg Wellingtons über die französischen Truppen bei Vitoria (Nordspanien), die er später für Orchester umgestaltet und ergänzt als *Wellingtons Sieg oder Die Schlacht bei Vittoria* op. 91, uraufgeführt am 8. Dezember in einem Benefizkonzert zusammen mit der *Siebten Sinfonie.* Arbeit an der 3. Fassung des *Fidelio.*

1814 Im März trifft Anton Schindler erstmals Beethoven. Dieser dirigiert die *Egmont*-Ouvertüre und *Wellingtons Sieg* im Kärtnertortheater und spielt mit Schuppanzigh und Joseph Linke die erste Aufführung des *Klaviertrios* op. 97 (*Erzherzog-Trio*). Am 23. Mai Premiere der 3. Fassung des *Fidelio* op. 72. Im September beginnt der Wiener Kongress.

1815 Tod von Beethovens Bruder Kaspar Karl am 15. November. Beethoven und seine Schwägerin Johanna übernehmen die Vormundschaft für den Neffen bzw. Sohn Karl, was zu jahrelangen Streitereien und gerichtlichen Auseinandersetzungen führt. Entstehung der beiden *Violoncellosonaten* op. 102. Anfang Dezember wird Beethoven Bürger Wiens. In einem Wohltätigkeitskonzert am 25. Dezember werden die Ouvertüre *Zur Namensfeier* op. 115, *Meeresstille und Glückliche Fahrt* op. 112 und *Christus am Ölberge* aufgeführt.

1816 Graf Rasumowsky entlässt das Schuppanzigh-Quartett aus seinem Dienst, in dem es seit 1808 stand; dieses löst sich auf. Am 15. Dezember stirbt Fürst Lobkowitz. Beethoven arbeitet an der *Klaviersonate* op. 101.

1817 Beethoven ist einen Großteil des Jahres erkrankt und auch der Zustand seines Gehörs verschlechtert sich mehr. Ferdinand Ries übermittelt eine Einladung der Philharmonic Society nach London, die von ihm für ein Honorar von 300 Guineen zwei Sinfonien haben will. Beethoven akzeptiert, verlangt aber bessere finanzielle Konditionen, was die Society zurückweist. Im August besucht der Londoner Klavierfabrikant Thomas Broadwood Beethoven und schenkt diesem am Ende des Jahres einen Flügel. Am 25. Dezember dirigiert Beethoven ein Wohltätigkeitskonzert mit seiner *Achten Sinfonie*. Er arbeitet bis 1818 an der *Hammerklaviersonate* op. 106.

1818 Aus den Monaten Februar/März stammen die ersten Konversationshefte mit den Eintragungen von Beethovens Gesprächspartnern. Die Streitigkeiten um den Neffen Karl erreichen ihren Höhepunkt. Beethoven zeigt in einer öffentlichen Erklärung seine Begeisterung für Mälzels Erfindung des Metronoms.

1819 Am 17. Januar dirigiert Beethoven bei einem Wohltätigkeitskonzert die *Prometheus*-Ouvertüre und die *Siebte Sinfonie*. Am 15. März verleiht ihm die Philharmonische Gesellschaft von Laibach (Ljubljana) die Ehrenmitgliedschaft. Im Juni wird Erzherzog Rudolph zum Erzbischof von Olmütz gewählt. Beethoven arbeitet an der *Missa solemnis* op. 123, die zur Inthronisation aufgeführt werden soll, aber erst 1823 fertig wird. Erste Skizzen zu den *Diabelli-Variationen* op. 120 für Klavier, die ebenfalls erst 1823 abgeschlossen werden. Das *Streichquintett* op. 104 und die *Hammerklaviersonate* erscheinen im Druck.

1820 Franz Xaver Gebauer gründet die Wiener Concerts spirituels, bei denen häufig Werke Beethovens aufgeführt werden. Dieser arbeitet an der ersten seiner letzten drei Klaviersonaten, Opus 109.

1821 Beethoven ist wieder während eines Großteils des Jahres krank. Er arbeitet bis 1822 an den beiden letzten Klaviersonaten op. 110 und 111. Im Dezember wählt der Steiermärkische Musikverein ihn zu seinem Ehrenmitglied.

1822 Rossini kommt nach Wien und wird Beethoven vorgestellt, der mit der Arbeit an der *Neunten Sinfonie* beginnt. Zur Neueröffnung des Theaters in der Josefstadt am 3. Oktober komponiert Beethoven die Ouvertüre *Die Weihe des Hauses* op. 124. Fürst Galitzin in St. Petersburg bestellt am 9. November ein bis drei neue Quartette bei Beethoven, der in den folgenden Jahren die Streichquartette op. 127, 132 und 130 verfasst. Am 10. November bietet die Philharmonic Society in London Beethoven 50 Pfund für eine neue Sinfonie. Am 28. Dezember Ernennung zum auswärtigen Mitglied der Königlich Schwedischen Akademie für Musik.

1823 Seine *Missa solemnis* bietet Beethoven europäischen Herrschern und Musikgesellschaften für 50 Golddukaten zur Subskription an. Im Frühjahr macht er sich Gedanken über ein neues Opernprojekt zusammen mit Grillparzer. Am 14. Juni beginnt Schuppanzigh wieder mit seinen Quartettabenden.

1824 Im Februar erscheint in der *Allgemeinen Theaterzeitung* und in der *Wiener Allgemeinen musikalischen Zeitung* eine Petition von 31 Musikliebhabern, Beethoven solle seine *Missa solemnis* und die *Neunte Sinfonie* doch in Wien aufführen lassen; zugleich heißt es, er möge eine neue Oper komponieren. Am 7. April sorgt Fürst Galitzin dafür, dass die *Missa solemnis* in St. Petersburg uraufgeführt wird. Am 7. Mai Konzert im Kärntnertortheater mit der Ouvertüre zu *Die Weihe des Hauses*, Kyrie, Credo und Agnus Dei aus der *Missa solemnis* und der *Neunten Sinfonie*. Dirigent ist Michael Umlauf, ihm assistiert als Subdirigent Beethoven. Am 27. April geht eine Manuskriptkopie der *Neunten Sinfonie* per Post an die Philharmonic Society in London, die Beethoven für 300 Guineen erneut einen Besuch in London vorschlägt, für den er eine neue Sinfonie komponieren soll. In der *Allgemeinen musikalischen Zeitung* erscheint der Beitrag »Etwas über die Symphonie und Beethovens Leistungen in diesem Fache« von Adolf Bernhard Marx.

1825 Am 23. Mai dirigiert Ferdinand Ries beim Niederrheinischen Musikfest die *Neunte Sinfonie* und *Christus am Ölberge*. Am 2. September besucht Friedrich Kuhlau Beethoven in Baden bei Wien. Am 7. und 9. September wird das *Streichquartett* op. 132 in einem Privatkonzert aufgeführt, ebenso am 11. September zusammen mit einem Trio aus Opus 70 und dem *Erzherzog-Trio*. Erste öffentliche Aufführung von Opus 132 am 6. November wieder zusammen mit dem *Erzherzog-Trio*. Am 15. Oktober kehrt Beethoven von Baden nach Wien zurück und bezieht seine letzte Wohnung im Schwarzspanierhaus. Er arbeitet an den Streichquartetten op. 130 und 131 und plant mit dem Schott-Verlag in Mainz eine Ausgabe seiner sämtlichen Werke.

1826 Beethoven leidet Anfang des Jahres an heftigen Unterleibsschmerzen und Sehbeschwerden. Am 31. Januar verleiht die Gesellschaft der Musikfreunde in Wien Beethoven die Ehrenmitgliedschaft. Am 21. März Aufführung des *Streichquartetts* op. 130 mit der *Großen Fuge* (später op. 133) durch das Schuppanzigh-Quartett. Am 6. August unternimmt der Neffe Karl einen Selbstmordversuch, kann jedoch gerettet werden. Im Dezember wird der Neffe auf Bitten von Stephan von Breuning in das Regiment von Baron Stutterheim aufgenommen. Zum Dank widmet ihm Beethoven das Streichquartett op. 131. Beethovens Gesundheitszustand wird dramatisch schlechter, er leidet an Wasser- und Gelbsucht. Am 20. Dezember wird er operiert, um Flüssigkeit aus seinem Unterleib zu entfernen. Am 14. Dezember erhält Beethoven als Geschenk von Johann Andreas Stumpff die 40-bändige Händel-Ausgabe von Samuel Arnold. Trotz Krankheit arbeitet Beethoven weiter am *Streichquartett* op. 135.

1827 Am 3. Januar legt Beethoven seinen Neffen Karl als Alleinerben fest. Im Januar und Februar muss sich Beethoven drei weiteren Unterleibsoperationen unterziehen. Die Philharmonic Society in London schenkt ihm 100 Pfund. Am 8. März besucht ihn in Begleitung von Ferdinand Hiller Johann Nepomuk Hummel. Am 23. März erhält Beethoven die Sterbesakramente, am folgenden Tag fällt er ins Koma und stirbt am 26. März zwischen 17.00 und 18.00 Uhr. Am Trauerzug zum Grab am 29. März nehmen rund 10.000 Menschen teil, die Grabrede, verfasst von Franz Grillparzer, wird von dem bekannten Schauspieler Heinrich Anschütz vorgetragen. Beethoven wird auf dem Währinger Friedhof (heute: Schubert-Park) beerdigt. Zum Gedenken an den Toten wird am 3. April in der Augustinerkirche Mozarts *Requiem* aufgeführt, am 5. April in der Karlskirche das erste *Requiem* c-Moll von Cherubini.

1888 Am 22. Juni werden Beethovens sterbliche Überreste auf den neuen Zentralfriedhof überführt (Gruppe 32A, Grab 29).

Seine Welt

Familie

Von Knud Breyer

Genealogie

Die Geschichte der Familie van Beethoven[1] lässt sich bis ins 16. Jahrhundert zurückverfolgen und endet, hinsichtlich der männlichen Nachkommen, die gleichzeitig Namensträger waren, 1917 mit dem Tod von Beethovens Urgroßneffen Karl, der kinderlos blieb. Die Wurzeln der väterlichen Familie, die von der Landwirtschaft und vom Handwerk lebte, liegen im heute belgischen Brabant in den Gemeinden Haacht, Rotselaar und Kampenhout, nördlich zwischen Löwen und Brüssel gelegen, sowie in Antwerpen. Mütterlicherseits stammten Beethovens Vorfahren zwar ebenfalls teilweise ursprünglich aus Flamen, lebten aber seit Generationen im Rhein-Moselraum. Sie gehörten väterlicherseits zur gehobenen Dienerschaft am kurtrierischen Hof und waren mütterlicherseits beruflich vor allem mit der Binnenschifffahrt verbunden, sei es als Schiffsreeder, Kaufleute oder Zollinspektoren.

Vermutlich 1670 siedelte der Zimmermann Kornelius van Beethoven (1641–1716), der Ururgroßvater des Komponisten, von Bertem nach Mecheln über, wo er neben seinem Hauptberuf auch einen Kurzwarenladen betrieb und es zu einigem Wohlstand brachte. Sein jüngster Sohn Michel (1686–1749), ursprünglich Bäckermeister, verlegte sich auf den Handel mit Luxusgütern, neben Möbeln und Gemälden vor allem Brüsseler und Kortrijker Spitze, jedoch nicht mit nachhaltiger wirtschaftlicher Umsicht. Er musste nach dem Konkurs Prozessflucht vor seinen Gläubigern ergreifen und lebte danach in Kleven. Seinen jüngsten Sohn Louis (1712–1773), den Großvater des Komponisten, ließ er von dessen sechsten bis zum dreizehnten Lebensjahr in der Choralschule der Kathedrale St. Rumold zu Mecheln ausbilden und legte damit den Grundstein für die

Beethovens Großvater Ludwig van Beethoven, 1772/73, Ölgemälde von Leopold Radoux (Historisches Museum, Wien).

musikalische Karriere. Ab etwa 1725 erhielt Louis in St. Rumold eine Organistenausbildung, wurde dann aber im November 1731 als Sänger nach Löwen berufen, wo er kurz darauf das Amt des Chordirektors von St. Peter bekleidete. Bereits 1732 wechselte er nach Lüttich, um Bassist in St. Lambert zu werden. Auf Einladung von Clemens August, als Erzbischof von Köln gleichzeitig Diözesanbischof von Lüttich, kam Louis van Beethoven 1733 dann schließlich in gleicher Funktion nach Bonn an die Kurfürstliche Hofkapelle, wo er 1761 zum Kapellmeister aufstieg. Im Nebenerwerb betrieb er einen Weinzwischenhandel. Bereits kurz nach der Übersiedlung Louis' nach Bonn zog ihm sein älterer Bruder Kornelius nach, der 1736, nachdem seine erste Frau Helena de la Porte nach kurzer Ehe verstarb, durch die Heirat der Witwe Anna Barbara Marx das Bonner Bürgerrecht erwarb und als Kerzenmacher zum Hoflieferanten ernannt wurde. Auch der Vater Michel zog 1741 zu seinen Söhnen nach Bonn.

Aus der Ehe Louis van Beethovens mit Maria Josepha Poll gingen drei Kinder hervor, von denen aber nur das jüngste, der vermutlich 1740 geborene Sohn Johann, das Kleinkindalter überlebte. Nach kurzer Schulausbildung trat er zwölfjährig als Knabensopran in die Hofkapelle ein und wurde im Alter von sechzehn Jahren zum Hofmusikus ernannt. Erst als Zweiundzwanzigjährigem wurde dem als Tenor und Violinisten Beschäftigten ein Gehalt gewährt, das dann aber stetig erhöht wurde, was darauf schließen lässt, dass er seinen Dienst als Kurfürstlich Kölnischer Hoftenorist zuverlässig und zur Zufriedenheit seines Dienstherren Maximilian Friedrich ausübte. Neben seiner Tätigkeit in der Hofkapelle war Johann van Beethoven ein in der Bonner gehobenen Gesellschaft gefragter Gesangs- und Klavierlehrer und hatte so sein Auskommen. Dennoch unternahm er 1770 den Versuch, nach St. Lambert zu Lüttich zurückzukehren, der ehemaligen Wirkungsstätte seines Vaters.

1767 heiratete Johann van Beethoven in St. Remigius zu Bonn die aus Ehrenbreitstein stammende Maria Magdalena Leym (1746–1784), Witwe des Leibkammerdieners Johann Leym. Ihr damals bereits verstorbener Vater Heinrich Keverich, Sohn eines Hofkutschers, war Kücheninspektor in der Residenz Ehrenbreitstein. Ihre Mutter Anna Klara, geborene Daubach, entstammte einer angesehenen Familie, die vormals sogar Ratsleute stellte. Maria Magdalena war die Cousine des Bonner Hofviolinisten Johann Konrad Rovantini, also eines Kollegen von Johann van Beethoven. Und da die Bonner Hofkapelle gelegentlich auch auf Schloss Ehrenbreitstein konzertierte, der Residenz des Kurtrierischen Hofes, kann vermutet werden, dass Johann van Beethoven bei einer solchen Gelegenheit durch die Vermittlung Rovantinis seine spätere Ehefrau kennengelernt haben mag. Aus der Ehe gingen sieben Kinder hervor, von denen aber nur drei das Säuglings- bzw. Kleinkindalter überlebten. Es verstarben im Jahr ihrer Geburt der erstgeborene Ludwig Maria 1764 und das fünfte Kind Anna Maria 1779 sowie im Alter von einem bzw. zwei Jahren die beiden letzten Kinder Franz Georg (1781–1783) und Maria Margaretha (1786–1787). Ludwig van Beethoven war der Zweitgeborene und wurde am 17. Dezember 1770 in St. Remigius zu Bonn getauft, vermutlich am Tag nach seiner Geburt. Ihm folgten die beiden Brüder Kaspar Karl (1774–1815) und Nikolaus Johann (1776–1848).

Kaspar Karl erhielt zwar auch eine musikalische Ausbildung und strebte zunächst eine Karriere als Pianist und Komponist an. Die lange Zeit Ludwig van Beethoven zugeschriebenen *Zwölf Menuette* WoO 12 stammen tatsächlich von Kaspar Karl. Seine Tätigkeit als ausübender Musiker und Klavierlehrer gab er aber bereits 1800 wieder auf zugunsten einer Ausbildung zum Finanzbeamten. Ab 1794 lebte Kaspar Karl in Wien und arbeitete ab 1800 bei der k.k. Universal-Staatsschuldenkassa, zuletzt, von 1813 bis zu seinem Tod an Tuberkulose 1815, als Kassier. Nikolaus Johann war ausgebildeter Apotheker. Auch er übersiedelte 1795 zunächst nach Wien, erwarb dann aber eine Apotheke in Linz. Als Armeelieferant während der Napoleonischen Kriege wurde er so vermögend, dass er sich 1819 das Gut »Wasserhof« in Gneixendorf bei Krems zulegte und nach dessen Veräußerung 1834 als wohlhabender Privatier lebte.

Anders als seine Brüder blieb Ludwig zeitlebens unverheiratet. Zwar sind engere Beziehungen zu Frauen verbürgt – so 1801 zu Julia (Giulietta) Gräfin Giucciardi und zwischen 1804 und 1807 zu Josephine von Brunsvik, verwitwete von Deym – von außerehelichen Kindern ist aber nichts bekannt. Kaspar Karl ehelichte 1806 Johanna Reiss (um 1786–1868), Tochter eines zu einigem Wohlstand gekommenen Tapezierers aus der Wiener Alservorstadt. Nikolaus Johann heiratete 1812 seine Haushälterin Therese Obermeyer (1787–1828), die eine uneheliche Tochter in die ansonsten kinderlose Verbindung mitbrachte. Aus der Ehe von Kaspar Karl und Johanna Reiss ging ein Sohn hervor, Karl van Beethoven (1806–1858). Nach abgebrochenem Betriebswirtschaftsstudium am Polytechnikum in Wien, schlug er 1827 die Offizierslaufbahn bei der Infanterie in Iglau ein, verließ die Armee aber 1832 wieder. Im selben Jahr heiratete er Karolina Barbara Naske (1808–1891), die Tochter des Iglauer Stadtadvokaten Maximilian Naske. Zunächst versuchte Karl van Beethoven sich und seiner jungen Familie eine Existenz als Gutspächter im südmährischen Niklowitz bei Znaim (heute Znojmo) aufzubauen, offenbar aber mit wenig Erfolg. Nachdem 1834 die Bewerbung um das Amt eines Grenzwartkommissärs gescheitert war, lebte er spätestens ab 1836 als Privatier und Erbe seines berühmten Onkels in Wien.

Aus der Ehe gingen vier Töchter und ein Sohn hervor. Die beiden ältesten Töchter Karoline Johanna (1831–1919) und Maria Anna (1835–1891) heirateten die Brüder Franz (1831–1882) und Paul (1828–1904) Weidinger, Gabriele (1844–1914) ehelichte Robert Heimler (1833–1910) und Hermine (1852–1887), die als Klavierlehrerin tätig war, ging die eheliche Verbindung mit Emil Axmann (1850–1935) ein. Beide Weidinger-Brüder sowie Heimler waren in gehobener Position bei Wiener Banken beschäftigt, Axmann arbeitete als Stationsvorsteher in Karlsbad. Franz und Karoline Weidinger hatten acht Kinder und elf Enkelkinder mit zahlreicher Nachkommenschaft, die sich bis zum heutigen Tage erhalten hat, die übrigen Familienlinien hingegen sind inzwischen ausgestorben.

Während die Töchter von Karl und Karolina Barbara van Beethoven in die gesicherten Verhältnisse einer Beamtenehe einheirateten, verlief das Leben des 1839 geborenen Sohnes Ludwig in ungeordneten Bahnen, die ihn wiederholt mit dem Gesetz in Konflikt geraten ließen. Zunächst war er in der Kanzlei des Deutschen Ordens beschäftigt, ab 1868, inzwischen seit drei Jahren mit der Pianistin Maria Nitsche (1846–1917) verheiratet, versuchte er in Bayern aus der Verwandtschaft mit seinem namensgleichen Großonkel Kapital zu schlagen, als dessen Enkel er sich ausgab. Über den Beethoven-Biographen Ludwig Noll kam ein Kontakt zu Richard Wagner zustande, der Beethoven am Hofe Ludwigs II. von Bayern einführte. Dort veruntreute er eine erhebliche Summe

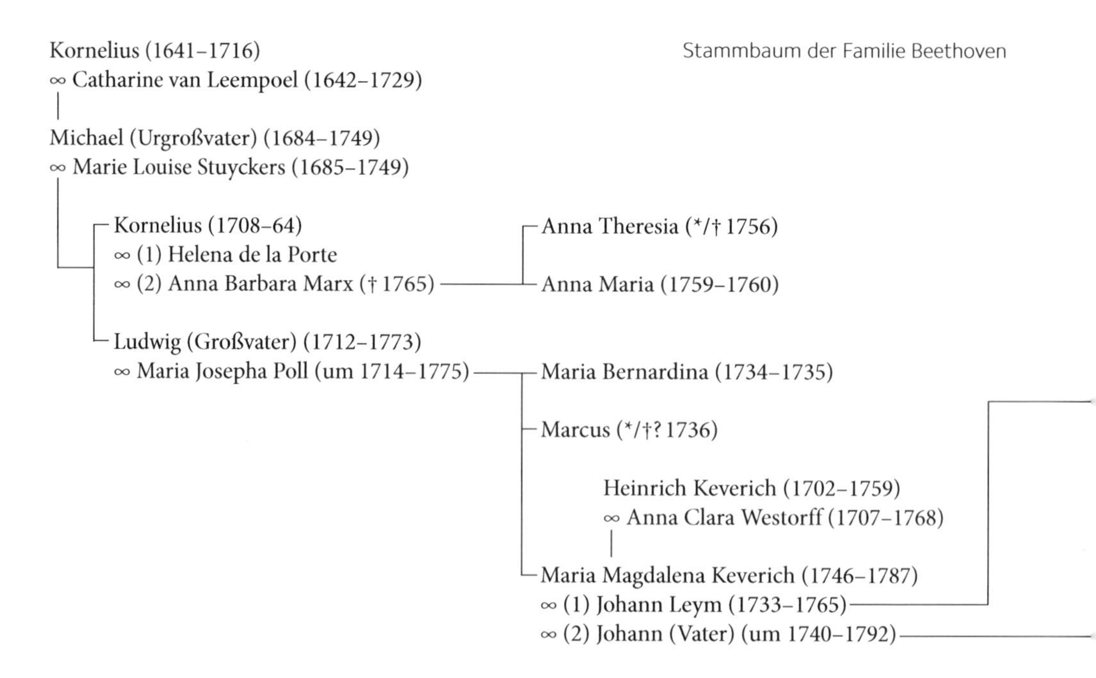

und bewegte sich in München als »Baron von Beethoven« in der gehobenen Gesellschaft. Als der Schwindel 1872 aufflog, hatte sich das Ehepaar van Beethoven gemeinsam mit ihrem 1870 geborenen Sohn Karl Julius Maria längst durch die Auswanderung in die Vereinigten Staaten von Amerika der Strafverfolgung entzogen. Dort sowie in Kanada arbeitete Ludwig van Beethoven seit 1871 an verschiedenen Orten für die Michigan Railroad Company, seine Frau trat als Pianistin auf. 1874 gründete er unter dem Namen Louis von Hoven in Chicago eine Agentur für Dienstboten. 1878 hielt sich die Familie für kurze Zeit wieder in Wien auf. Zuletzt soll Ludwig van Beethoven aber bei der Pacific Railroad Company in New York beschäftigt gewesen sein. Sein Sterbedatum und seine Sterbeort sind nicht bekannt. 1907 kehrte Maria van Beethoven gemeinsam mit ihrem Sohn Karl Julius Maria nach Europa zurück und ließ sich in Brüssel nieder, wo bereits ein um 1864 geborener Adoptivsohn lebte. Karl Julius Maria war als Journalist für belgische und englische Zeitungen tätig. Mit Ausbruch des I. Weltkriegs siedelten die Drei nach Wien über. 1917 verstarben erst der Stiefbruder (7. Februar), dann die Mutter (19. Mai) im Versorgungsheim Lainz sowie schließlich am 10. Dezember Karl Julius Maria, inzwischen Soldat, in einem Wiener Lazarett an den Folgen einer Darmverschlussoperation.

Familienbande

Ludwig van Beethoven hat selbst keine eigene Familie gegründet, wiewohl er den Wunsch dazu hegte und auch gelegentlich Freunde bat, ihm bei der Suche nach einer geeigneten Partnerin behilflich zu sein. Wiederholt trug er sich mit konkreten Heiratsplänen

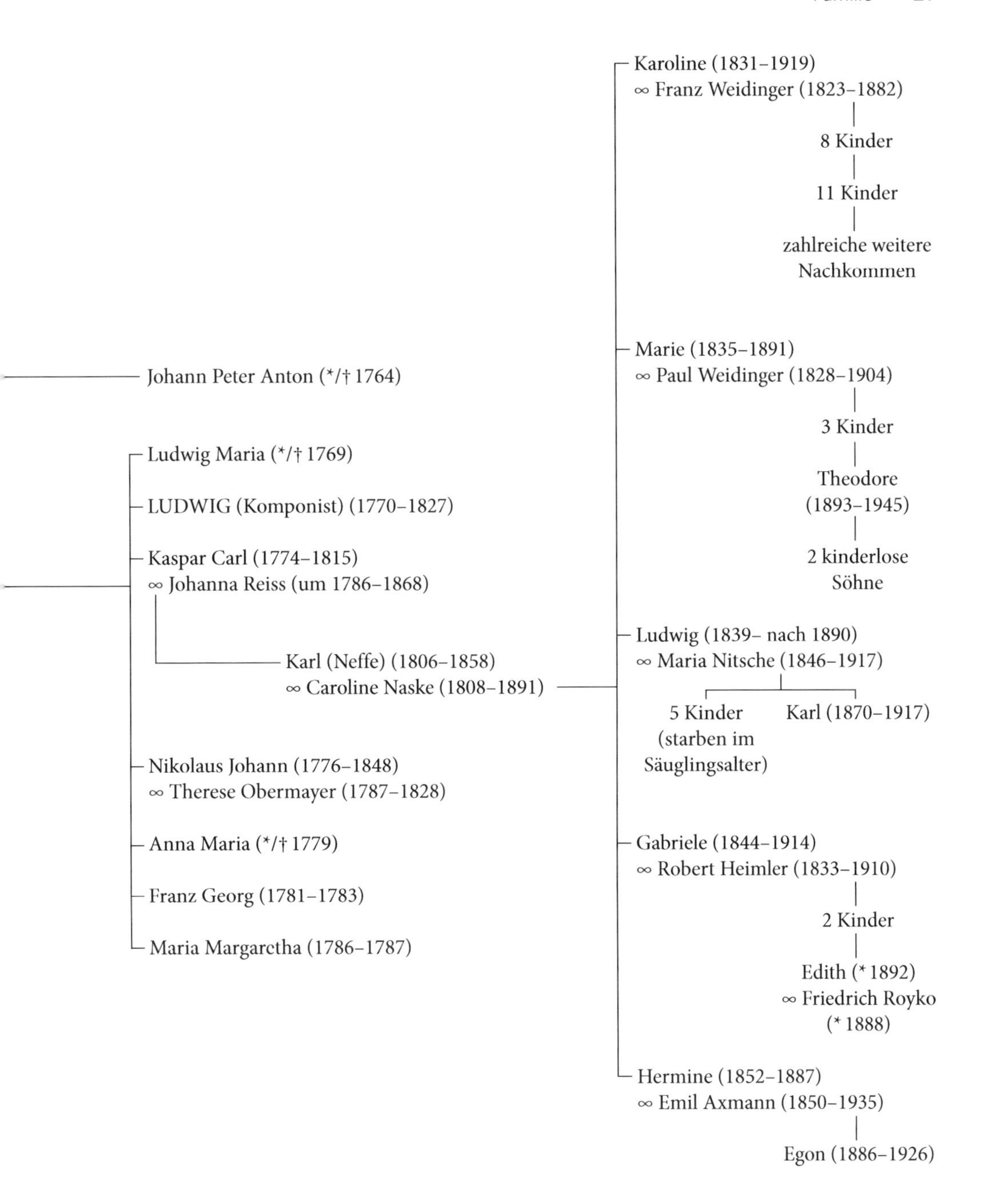

und hielt auch um die Hand von Frauen an. 1795 soll er der Sopranistin Magdalena Willmann (1771–1801) einen Heiratsantrag gemacht haben. Die beiden kannten sich bereits aus Bonner Zeit und trafen sich in Wien wieder, wo Willmann ein Engagement am Hoftheater hatte. Willmann lehnte aber ab, weil Beethoven »so häßlich war, und halb verrückt«[2], wie sich ihre Schwester später erinnerte. Zeitgenössische Berichte zeichnen von Beethovens Äußerem und seinen Manieren übereinstimmend ein wenig vorteilhaftes Bild. Er wird als »klein und unscheinbar, mit einem häßlichen rothen Gesicht voll Pockennarben«[3] beschrieben, häufig tagelang unrasiert[4] und »unmanierlich in Gebahren und Benehmen [...,] sein Anzug sehr gewöhnlich [...]«.[5] Aber auch jenseits dieser nicht gerade einnehmenden Äußerlichkeiten, die in auffälliger Diskrepanz zu seinen eigenen Vorstellungen standen (»schön muss sie aber seyn, nichts nicht schönes kann ich nicht lieben«[6]), gab es weitere Hindernisse, die einer Verbindung mit Wunschpartnerinnen im Wege standen. 1801 hatte sich Beethoven in ein »liebes, zauberisches Mädchen«[7] verliebt. Vermutlich handelte es sich um seine Klavierschülerin Giulietta Guicciardi (1784–1856). Diese Liebe wurde zwar erwidert, einer Verbindung standen aber gesellschaftliche Schranken entgegen, wie Beethoven selbst schmerzlich bewusst war. »[...] ich fühle, daß – heirathen glücklich machen könnte, leider ist sie nicht von meinem stande [...].«[8] Guicciardi, der Beethoven die sogenannte *Mondscheinsonate* op. 27,2 gewidmet hat, heiratete 1803 standesgemäß den Grafen Wenzel Robert Gallenberg. 1810 mündeten Beethovens Heiratspläne wieder in einen Heiratsantrag. Bei der Auserwählten handelte es sich um Therese Malfatti (1792–1851), die musikalisch begabte Tochter seines Arztes, in dessen Haus Beethoven ein gerngesehener Gast war. Die Gefühle scheinen nicht gänzlich unerwidert worden zu sein, denn Beethoven traf konkrete Vorbereitungen zur Eheschließung und ließ sich von seinem Freund Franz Gerhard Wegeler aus Bonn seine Taufurkunde schicken. Letztlich lehnte Malfatti, möglicherweise auf Anraten ihres Vaters, mit dem sich Beethoven zu jener Zeit überwarf, ab. Der Altersunterschied dürfte kein Hinderungsgrund gewesen sein, da sie später einen noch älteren Hofrat ehelichte und Beethovens Hörleiden zu diesem Zeitpunkt auch noch nicht soweit fortgeschritten war, dass es den gesellschaftlichen Umgang gravierend beeinträchtigt hätte. Nach diesem Misserfolg – der Brief an die unbekannte »unsterbliche Geliebte« von 1812 ist vermutlich nie abgeschickt worden – sind keine weiteren Versuche zur Eheschließung bekannt, und in späteren Jahren hat sich Beethoven dann explizit gegen gutgemeinte diesbezügliche Ratschläge verwahrt. Der Wunsch nach einem herkömmlichen Familienleben blieb aber erhalten, richtete sich nun nach innen auf die eigene Verwandtschaft und fand in dem auch juristisch ausgefochtenen Sorgerechtsstreit um den Neffen Karl ab 1818 seinen Höhepunkt. Die Vehemenz und Rücksichtslosigkeit, mit der Beethoven seine berechtigte Sorge um das Wohl des Neffen mit zweifelhaften egoistischen Motiven vermischte, ist wohl nur erklärlich vor dem Hintergrund jener Widersprüche und Verhaltensmuster, die das Verhältnis der Mitglieder der Familie van Beethoven durchzogen.

Ludwig van Beethoven musste schon früh Verantwortung in der Familie übernehmen. Als Vierzehnjähriger trat er 1784 in den höfischen Dienst als Musiker ein und trug auch durch das Erteilen von Klavierunterricht zum Lebensunterhalt bei. Im Zuge der Sparpolitik unter Kurfürst Maximilian Franz hatten sich die wirtschaftlichen Verhältnisse auch der Hofmusiker deutlich verschlechtert. Hinzu kam nun noch, dass der Vater 1787 nach dem Tod seiner Frau, die als Mittelpunkt der Familie für den inneren Zusammenhalt gesorgt hatte, und der jüngsten Tochter Maria Margaretha zusehends dem Alkohol verfiel, sodass Ludwig 1789 die Vormundschaft für ihn und die beiden jüngeren Brüder übertragen wurde. Durch Eingaben bei Hofe konnte Ludwig immerhin verhindern, dass sein Vater in die Provinz strafversetzt wurde und somit das Auskommen gesichert blieb. Das Gegenbild zu dieser prekären häuslichen Situation konnte Ludwig bei der Familie von Breuning erfahren. Zunächst lediglich als Klavierlehrer für die Kinder engagiert, wurde das Haus der Hofratswitwe Eleonore von Breuning und ihrer vier Kinder für ihn bald zum zweiten Heim. In dieser Ersatzfamilie fand er Herzenswärme, intellektuelle Anregung und bürgerliche Erziehung. Zwar äußerte sich Ludwig van Beethoven in späteren Jahren stets positiv und in großer Dankbarkeit über seinen Vater, der die Grundlagen seiner musikalische Karriere gelegt hatte, insbesondere idealisierte er aber seinen Großvater, den er zwar nicht mehr bewusst kennengelernt hatte, von dem er aber ein von Leopold Radoux gemaltes Ölportrait besaß, das er zeitlebens sehr hütete. Der Großvater, Begründer der Musikerdynastie, ist auf diesem Gemälde als stattlicher und entschlossen dreinblickender Mann dargestellt, der mit Pelzmütze und brokatbesetztem Mantel seinen Wohlstand zur Schau stellt und, auf einige Notenblätter deutend, selbstbewusst die Insignien seiner Profession präsentiert. Ludwig van Beethoven der Ältere war zu Zeiten von Clemens August nach Bonn gekommen, der die Kultur in seiner Residenzstadt mit beträchtlichen Finanzmitteln ausstattete, während die folgende Generation unter einem Sparverdikt zu leiden hatte. Im Hause van Beethoven war dieses Wohlstandsgefälle über den Tod des Großvaters hinaus täglich sichtbar, da die kostbare Wohnungseinrichtung mit schönen Möbeln, Gemälden, Silberservice und Goldrandporzellan aus der Zeit des Großvaters stammte.[9] In der Familie van Beethoven scheint ein großer Zusammenhalt geherrscht zu haben, der sich zum einen darin äußerte, dass man gegenseitig Verantwortung füreinander übernahm, vor allem wenn Krankheit und Not dies erforderlich machten. Beispielsweise war Ludwig van Beethoven 1787 das erste Mal nach Wien aufgebrochen, um Unterricht bei Wolfgang Amadeus Mozart zu nehmen. Als ihn dort die Nachricht von der schweren Erkrankung seiner Mutter erreichte, brach er diese für seine Karriere unschätzbar wichtige Gelegenheit bereits nach vierzehn Tagen wieder ab, um nach Bonn zurückzureisen. Zum anderen suchte man auch die räumliche Nachbarschaft, was trotz der Wanderungsbewegungen innerhalb der Familie auch gelang. Von Bonn aus hielt man den Kontakt zu den Verwandten in Flandern und nahm dafür auch die beschwerliche Reise nach Antwerpen in Kauf. Vor allem aber fällt auf, dass die weniger ortsgebundenen Familienmitglieder ihren Wohnsitz nach den weniger flexiblen ausrichteten. Nachdem Ludwig van Beethoven (Großvater) sich in Bonn etabliert hatte, zogen erst sein Bruder Kornelius und dann der Vater ebenfalls dorthin. Und bei Schwierigkeiten, auch wenn sie selbst verschuldet waren, stand man füreinander ein. Wiederholt mussten die Brüder Ludwig und Kornelius van Beethoven noch aus dem Konkurs des Mechelner Geschäfts ihres Vaters (Urgroßvater) herrührende Schuldscheine bedienen, und als Maria Josepha van Beethoven (Großmutter) nach dem Tod ihres Mannes wegen ihrer Alkoholsucht in einem Hospiz untergebracht werden musste, kam man auch dafür auf.

1792 war Ludwig van Beethoven nach Wien übergesiedelt, und wie bereits zwei Generationen zuvor der Großonkel Kornelius dem Großvater nach Bonn nachzog, folgten ihm nun die beiden Brüder – zunächst Kaspar Karl 1794 und im Jahr darauf Nikolaus

Johann. Während der Kontakt zu Nikolaus Johann zunächst nicht sehr eng gewesen zu sein scheint, wurde Kasper Karl, nachdem er seine Musikerkarriere aufgegeben und in das Bankgewerbe gewechselt hatte, ab 1802 Ludwigs ehrenamtlicher Sekretär. Das brüderliche Verhältnis war zu jener Zeit so eng, dass beide 1803 sogar die Wohnung teilten. Kaspar Karl achtete das künstlerische Vermögen seines Bruders sehr hoch, wie dieser wiederum dessen Geschäftstüchtigkeit schätzte. Kaspar Karl war als harter Verhandlungsgegner gefürchtet. Und nicht selten beschwerten sich die Verleger über seine ruppigen Umgangsformen. Zwar kam es zwischen den Brüdern wegen des rücksichtslosen Geschäftsgebarens Kaspar Karls, der dem größtmöglichen pekuniären Gewinn höhere Priorität einräumte als dem Ehrenwort, wiederholt zu sogar tätlichen Streitigkeiten. Beide wussten aber, was sie aneinander hatten und dass sie sich aufeinander verlassen konnten. Gegen, wie er meinte, voreingenommene Kritik aus dem Freundeskreis verteidigte Ludwig seinen Bruder mit dem Verweis, »daß er mit wahrer Rechtschaffenheit stets für mich gesorgt«.[10] Nachdem Kaspar Karl, der nach der Eheschließung 1806 die Geschäfte seines Bruders nicht mehr weiterführte, 1813 an Tuberkulose erkrankt war und ab Frühjahr 1815 zusehends schwächer wurde, umsorgte ihn Ludwig und unterstützte ihn finanziell und emotional. Das Verhältnis zwischen Ludwig und seinem jüngsten Bruder Nikolaus Johannes ist weniger deutlich einschätzbar, schon deshalb, weil sich bei Ihnen keine vergleichbare Verquickung eines familiären mit einem funktionalen Verhältnis einstellte wie bei Kaspar Karl. Hinzu kommt, dass die Brüder auch örtlich für viele Jahre getrennt lebten. 1795 zog Nikolaus Johann zwar nach Wien und dokumentierte damit explizit die Verbundenheit zu seinen beiden älteren Brüdern, denn auch Bonn hätte ihm mit seiner Apothekerausbildung ebenfalls eine gesicherte Zukunft garantiert. Durch den Wegzug von Nikolaus Johann aus Wien, zunächst 1808 nach Linz und dann 1819 nach Gneixendorf bei Krems, konnte dann aber kein regelmäßiger Umgang mehr gepflegt werden. Nikolaus Johann besaß aber eine Wohnung in der Wiener Vorstadt Windmühle im Hause seines Schwagers. 1822 mietete Ludwig eine Wohnung im Nachbarhaus und wohnte 1825 in der Wohnung seines Bruders, fühlte sich aber durch den Bäckereibetrieb des Schwagers belästigt. Zu zeitweiliger Entfremdung mag geführt haben, dass sich Ludwig bei seinem früh zu Wohlstand gekommenen Bruder wiederholt Geld lieh, dann aber mitunter Schwierigkeiten bei der Rückzahlung hatte. Und dass Nikolaus Johann auch private Briefe stolz mit »Gutsbesitzer« unterzeichnete und damit seine Saturiertheit offen und nicht ohne Arroganz zur Schau stellte sowie sich ferner noch als Darlehenssicherheit unveröffentlichte Werke überschreiben ließ, die er sogar zu verkaufen versuchte, mag der mit »Hirnbesitzer«[11] replizierende Ludwig als Kränkung und Verrat am Gebot der Brüderlichkeit empfunden haben. Außerdem wird das extrem gestörte Verhältnis zu Nikolaus Johanns Frau nicht ohne negativen Einfluss auf die Beziehung der beiden Brüder geblieben sein. Dennoch verbrachte Ludwig den Herbst 1826 auf seines Bruders Gut »Wasserhof«, und Nikolaus Johann gehörte auch zum Kreis jener engen Vertrauten, die dem Sterbenden im Frühjahr 1827 Beistand leisteten.

Seine beiden Schwägerinnen lehnte Ludwig van Beethoven gleichermaßen ab. Die Verbindung Nikolaus Johanns mit seiner Haushälterin Therese (geborene Obermayer), die zudem eine uneheliche Tochter mit in die Ehe brachte, empfand Ludwig als Mesalliance. In Briefen beschimpfte er die Schwägerin, deren Gesellschaft er zu meiden versuchte, als »vormalige und jetzige Hure« und »Fettlümmel«.[12] 1823 erwog er sogar, sie bei der Polizei anzuzeigen, nachdem ihm berichtet worden war[13], dass sie angeblich mit Liebhabern Umgang habe und den kranken Gatten vernachlässige. Kaspar Karl hatte 1806 mit Johanna Reiss zwar die Tochter eines wohlhabenden Handwerkers geheiratet, aber auch eine Frau, die bereits polizeibekannt war, weil sie 1804 verdächtigt wurde, ihre Eltern bestohlen zu haben. Während dieses Verfahren ergebnislos eingestellt wurde, kam es 1811 zur Verurteilung zu einem Jahr Kerkerhaft wegen Veruntreuung und Verleumdung. Diese Haftstrafe wurde nach Intervention Kaspar Karls in eine kurze Arreststrafe umgewandelt. Ludwig van Beethoven charakterisierte seine Schwägerin als »zur Intrigue gebohren, ausgelernt in Betrug, Meisterin in allen Künsten der Verstellung«[14]. In Anbetracht der Anklage, die Johanna Reiss vorwarf, Schmuck im Wert von 20.000 Gulden veruntreut und eine Angestellte dieses Diebstahls beschuldigt zu haben, scheinen diese Zuschreibungen zumindest einen Kern Wahrheit zu haben. Mildernd wirkt, dass Johanna unter pathologischer Prunk- und Verschwendungssucht litt und damit sich und ihre Familie notorisch in finanzielle Nöte brachte. Obwohl sie nach dem Tod ihres Mannes mit einer auskömmlichen Witwenpension ausgestattet war, konnte sie ihre Schulden nicht tragen, selbst nachdem sie 1818 ihr Haus in der Alservorstadt für eine ansehnliche Summe verkauft hatte. Ungeachtet es bereits 1813 wegen ausstehender Schuldenrückzahlungen zu einem Rechtsstreit gekommen war und das persönliche Verhältnis nicht zuletzt wegen ständiger persönlicher Auseinandersetzungen als zerrüttet bezeichnet werden konnte, fühlte sich Ludwig van Beethoven offenbar aus familiären Gründen verpflichtet, seiner Schwägerin mit großen Summen aus ihrer prekären finanziellen Situation zu helfen, unabhängig davon, dass er ihren Lebenswandel zutiefst ablehnte. Nach dem Tod ihres Mannes unterhielt Johanna eine außereheliche Beziehung. Die 1820 geborene uneheliche Tochter soll aber nicht aus dieser Liaison stammen, sondern von dem ehemaligen Untermieter, einem ungarischen Medizinstudenten.

Als Beethovens Bruder Kaspar Karl 1815 starb, hinterließ er neben seiner Frau Johanna den damals neunjährigen Sohn Karl. Bemerkenswerter Weise hatte Kaspar Karl van Beethoven testamentarisch verfügt, dass nicht seine Frau, sondern sein Bruder Ludwig das Sorgerecht für den Jungen erhalten sollte. Dennoch wurde von Gerichts wegen das Sorgerecht zwischen der Mutter und dem Onkel geteilt. Was nun folgte, war ein mit allen juristischen Mitteln ausgetragener Rechtsstreit, bei dem Ludwig van Beethoven um das alleinige Sorgerecht kämpfte, zwar mit dem Kindeswohl argumentierte, aber die emotionalen Belange des Heranwachsenden, der verständlicherweise an seiner leiblichen Mutter hing, auf der Strecke blieben. Die Obsession, mit der Ludwig van Beethoven diesen Konflikt mit seiner Schwägerin, mit den Gerichten und auch mit seinem Neffen austrug, obwohl er selbst bei allem Bemühen nicht in der Lage war, die Aufgabe adäquat auszufüllen, lässt sich wohl nur psychologisch mit dem übersteigerten Wunsch nach einer eigenen Familie erklären. Briefe an den Neffen, die zumeist moralische Ermahnungen sowie Enttäuschungen über mangelnde Gegenliebe zum Thema hatten, unterzeichnete der Onkel mit »Vater«, der Neffe wurde als »Sohn« angeredet. Angesichts der Vorstrafe der Mutter erhielt Ludwig 1816 vom Landgericht das alleinige Sorgerecht für Karl zugesprochen und brachte den Neffen in einem Wiener Internat unter. Der Umgang zwischen Mutter und Sohn wurde vom Gericht stark beschränkt. Im Januar 1818 zog der Neffe in den Haushalt des Onkels um, es wurde ein Hauslehrer engagiert, als Haushaltshilfen standen zwei Dienstmädchen bereit. Zwischen Onkel und Neffe, der inzwischen das Gymnasium besuchte, kam es ständig zu auch handgreiflich ausgetragenen Konflikten. Am 3. Dezember 1818 war die Situation so eskaliert, dass der Junge zur Mutter floh und mit Polizeigewalt zum Vormund zurückgebracht werden musste. Als Konsequenz erfolgte die erneute Unterbringung in einem Internat. Im März 1819 gab der überforderte Onkel die Vormundschaft an einen gesetzlichen Vertreter ab, unternahm aber dennoch den Versuch, Karl außer Landes in ein Internat nach Landshut zu bringen, um ihn aus der Einflusssphäre der Mutter gänzlich zu entfernen. Der Mutter gelang es, dies zu verhindern. Nachdem der gesetzliche Vertreter im Juli 1817 sein Amt aufgegeben hatte, übernahm Ludwig van Beethoven stillschweigend, also ohne Gerichtsbeschluss die Verantwortung für den Neffen, im September 1817 wurde dann aber die Mutter gemeinsam mit einem neuen gesetzlichen Vertreter als Vormund eingesetzt, weil man den Onkel wegen seiner Ertaubung für ungeeignet hielt. Gegen diese Gerichtsentscheidung legte Ludwig van Beethoven erfolgreich höchstinstanzlich Berufung ein und fügte diesem Widerspruch eine verheerende Charakterskizze über seine Schwägerin bei.[15] In kurzer Folge wechselten nun die gesetzlichen Mitvormunde. Ab 1823 wohnte der Neffe wieder bei seinem Onkel im Haushalt, und wieder wurde der Mutter der Umgang untersagt. Wohl auch aus Furcht, der Neffe könnte sich darüber hinwegsetzen, hat Beethoven diesen streng überwacht und ließ sich von Bekannten dessen Betragen berichten. 1826 unternahm Karl einen Selbstmordversuch. Als Konsequenz übertrug der Onkel die Vormundschaft an seinen Freund Stephan von Breuning. Im Polizeiverhör gab Karl als Grund für seine Freitodabsicht an: »Ich bin schlechter geworden, weil mich mein Onkel besser haben wollte«.[16] Zwar mögen auch andere Gründe ursächlich gewesen sein – es soll Spielschulden gegeben haben –, dass der junge Mann, seit früher Kindheit Spielball in einem Familienkonflikt, zwischen wechselnden Vormunden und Erziehungsanstalten hin- und hergeschoben, emotional zwischen der finanziell ruinierten Mutter und dem übergriffigen Onkel zerrissen, mit der Situation kaum fertig werden konnte, ist nur zu leicht verständlich. Am 2. Januar 1827 verließ Karl Wien, um seinen Militärdienst in Iglau anzutreten. Seinen Onkel, der ihn am 3. Januar 1827 zu seinem Universalerben einsetzte, hat er nicht wiedergesehen. Während seiner letzten Lebensmonate, die Beethoven als bettlägeriger Pflegefall zubrachte, wurde er unter anderem auch von seinem Bruder Nikolaus Johann und dessen Ehefrau betreut. Therese van Beethoven war auch während seines Ablebens zugegen. Trotz aller Differenzen und Enttäuschungen standen die Mitglieder der Familie van Beethoven in Krisensituationen füreinander ein.

Anmerkungen

1 Vgl. hierzu: J. Schmidt-Görg, *Beethoven. Die Geschichte seiner Familie*, Bonn 1964.
2 Vgl., A. W. Thayer, *Ludwig van Beethovens Leben. Nach dem Original-Manuskript deutsch bearbeitet von Hermann Deiters. Mit Benutzung von hinterlassenen Materialien des Verfassers und Vorarbeiten von Hermann Deiters neu bearbeitet und ergänzt von Hugo* Riemann, Nachdruck der Ausgabe [3]Leipzig 1922, Hildesheim etc. 2001, Bd. 2, S. 132.
3 A. Leitzmann (Hrsg.), *Beethovens Persönlichkeit. Urteile der Zeitgenossen*, Leipzig 1914, Bd. 1, S. 20.
4 C. Czerny, *Erinnerungen aus meinem Leben*, Straßburg und Baden-Baden 1968, S. 14.
5 A. Leitzmann, *Beethovens Persönlichkeit.* S. 20.
6 Brief an Baron Ignaz von Gleichenstein um den 12. März 1809. BGA Nr. 367, Bd. 2, S. 51.
7 Brief an Franz Gerhard Wegeler vom 12. November 1801. BGA Nr. 70, Bd. 1, S. 89.
8 Ebenda.
9 J. Schmidt-Görg, *Des Bonner Bäckermeisters Gottfried Fischer Aufzeichnungen über Beethovens Jugend*, Bonn 1971, S. 24.
10 Brief an Gräfin Josephine Deym, Anfang Dezember 1804. BGA Nr. 203, Bd. 1, S. 235.
11 Vgl. A. Schindler, *Biographie von Ludwig van Beethoven*, Münster 1840, S. 121.
12 Brief an Johann van Beethoven vom 19. August 1823. BGA Nr. 1731, Bd. 5, S. 214.
13 Vgl., A. W. Thayer, *Ludwig van Beethovens Leben. Auf Grund der hinterlassenen Vorarbeiten und Materialien weitergeführt von Hermann Deiters. Mit Vorwort, Register, Berichtigungen, und Ergänzungen von Hugo Riemann*, Nachdruck der Ausgabe 1907, Hildesheim etc. 2001, Bd. 4, S. 446.
14 BKh, Bd. 1, S. 311.
15 *Denkschrift Beethovens an den Magistrat vom 1. Febr. 1819.* Abgedruckt in: A. W. Thayer, *Ludwig van Beethovens Leben*, Bd. 4, S. 555–559.
16 BKh, Bd. 10, S. 169.

Kindheit, Jugend und Ausbildung

Von Knud Breyer

Ludwig van Beethoven wurde am 17. Dezember 1770 in St. Remigius zu Bonn wahrscheinlich im Alter von ein bis zwei Tagen getauft. Er war der Zweitgeborene einer Reihe von sieben Kindern des Kurfürstlich Kölnischen Hoftenoristen Johann van Beethoven und seiner Frau Maria Magdalena (geborene Keverich, verwitwete Leym), von denen aber nur er selbst und die beiden jüngeren Brüder Kaspar Anton Karl (getauft 8. April 1774) und Nikolaus Johann (getauft 2. Oktober 1776) das Kleinkindalter überlebten. Seine Kindheit und Jugend verlebte Beethoven in der Residenzstadt Bonn. Die ersten Lebensjahre verbrachte er in seinem Geburtshaus in der Bonngasse. 1776 zogen die van Beethovens in das Haus des Hofmusikers Brandt in der Neugasse (heute Rathausgasse). Und ab 1777 schließlich bewohnte die inzwischen vierköpfige Familie eine großzügige Sechszimmerwohnung in den beiden oberen Stockwerken des Hauses Rheingasse 24, das dem Bäckermeisters Theodor Fischer gehörte, der selbst mit seiner Familie dort lebte und arbeitete. Das Haus gehörte zu den damals in Bonn höchsten Privatbauten und befand sich in günstiger Lage zwischen dem Rhein, den man vom Dachgeschoss aus sehen konnte, und dem Schloss, also der Arbeitsstätte des Hofmusikers. Bereits Beethovens Großvater, aus dem brabantischen Mecheln stammend, 1733 von Kurfürst Clemens August als Bassist an die Kurfürstliche Bonner Hofkapelle berufen und dort später Kapellmeister, hatte dort gewohnt. Folglich hatte auch Beethovens Vater Johann, der 1752 als etwa zwölfjähriger Knabensopran in die Hofkapelle eintrat und bis zu seinem Tod 1792 als Tenor und Violinist im höfischen Dienst blieb, seine Kindheit und Jugend dort verlebt.

Dank der Aufzeichnungen[1] von Gottfried Fischer, dem Sohn Theodor Fischers, existiert ein ausführlicher Zeitzeugenbericht über die häuslichen Verhältnisse in der Rheingasse zu Ludwig van Beethovens Kindheits- und Jugendzeit. Zwar war Gottfried Fischer zehn Jahre jünger als Ludwig, sodass er selbst bestenfalls über kindliche eigene Anschauung verfügte, aber als er 1838 seinen Bericht verfasste, konnte er auf die Erzählungen seiner 18 Jahre älteren Schwester Cäcilia zurückgreifen, die auch im hohen Alter noch lebendig über viele Geschehnisse zu berichten wusste. Die Familien Fischer und van Beethoven lebten nicht nur Tür an Tür, sondern waren auch durch ein enges, generationenübergreifendes und freundschaftliches Verhältnis miteinander verbunden, auch wenn die Nachbarschaft von Musiker- und Bäckerhaushalt wegen der unterschiedlichen Arbeits- und Ruhezeiten nicht konfliktfrei war. Man verbrachte die Sonntage gemeinsam, feierte Familienfeste, die Kinder spielten zusammen, die Frauen tauschten sich über Haushaltsführung und Erziehungsfragen aus und die Männer besprachen die Geschehnisse in der Residenzstadt oder spielten gemeinsam Zither und sangen dazu. Die van Beethovens führten ein gastfreies Haus mit reger Geselligkeit. Mitunter lebten neuangekommene Kollegen aus der Hofkapelle zur Untermiete im Haushalt, und man veranstaltete regelmäßig Hausmusikabende und kleine Konzerte mit geladenen Gästen aus dem Bekanntenkreis. Auch der Kontakt zu der Verwandtschaft in den Niederlanden wurde gepflegt. Es kam zu Besuchen und Gegenbesuchen, bei denen den zwölfjährigen Beethoven 1783 seine Mutter nach Rotterdam und 's-Gravenhage begleiten durfte.

Von klein auf wurden die Beethoven-Brüder musikalisch sozialisiert. Vor allem bei Ludwig, dessen Begabung sich früh zeigte, war die Kindheit maßgeblich von Instrumentalunterricht und dem täglichen Üben geprägt. Freizeit und auch Schulbildung mussten sich diesem Ausbildungsziel unterordnen. Dennoch berichtet Fischer auch vom gemeinsamen Spiel mit den Nachbarskindern und von Neckereien, die er über sich ergehen lassen musste. Ludwig soll besondere Freude am Huckepack-Reiten und Murmelspielen gehabt haben. Auch traf man sich gern zum Bogenschießen auf Zielscheiben in einem nachbarlichen Garten, zum Schaukeln oder spielte im Sand des Hofgartens. Die Beethoven-Jungen waren stets zu Streichen aufgelegt, wobei Ludwig als der Älteste wohl die Anführerschaft übernahm. Man versteckte beispielsweise die Eier aus dem im Hof befindlichen Hühnerstall der Fischers oder fing einen Hahn aus der Nachbarschaft, um ihn sich heimlich von der Magd auf dem Dachboden zubereiten zu lassen. Wenn er von den Erwachsenen erwischt wurde, war Ludwig um schlagfertige Ausreden nicht verlegen, gröbere Vergehen bestrafte der strenge Vater mit Züchtigung und Arrest im Keller. Beethoven liebte aber auch die Zurückgezogenheit und verbrachte gern Zeit damit, durch die auf dem Dachboden montierten Fernrohre den Schiffsverkehr auf dem Rhein sowie die Landschaft mit dem sich am Horizont abzeichnenden Siebengebirge zu beobachten.

Vermutlich mit dem sechsten Lebensjahr wurde Beethoven in die Lateinische Elementarschule, das Tirocinium in der Neugasse, eingeschult, das einen guten Ruf genoss und bevorzugte Lehranstalt für die Sprösslinge der Bonner Bürgergesellschaft war. Während seine Mitschüler, unter denen sich spätere Honoratioren der Stadt Bonn befanden, anschließend das Gymnasium besuchten, ist von einem weiterführenden Schulbesuch bei ihm nichts bekannt. Fraglich ist sogar, ob Beethoven die fünfjährige Grundschulausbildung, während der Rechnen, Lesen und Schreiben sowie Grundkenntnisse in Latein vermittelt wurden, überhaupt bis zum Abschluss absolvierte. Zeit seines Lebens hatte Beethoven beispielsweise Schwierigkeiten beim Rechnen. Aber etwa ab 1780 erhielt er vermutlich anstelle des Schulbesuchs privaten Sprachunterricht bei einem Gymnasiasten namens Zambona, der ihn in Französisch, Italienisch, Latein und Logik unterwies. Wie lange dieser Unterricht währte – auf jeden Fall länger als ein Jahr –[2], ist nicht überliefert, und während Bernhard Mäurer in seinen Erinnerungen von guten Lateinkenntnissen berichtet[3], teilen ausländische Besucher aus späterer Zeit mit, dass Beethoven nur gebrochen Französisch und Italienisch sprechen konnte. Während schulische Allgemeinbildung in der Erziehung Beethovens nur eine untergeordnete Rolle spielte, wurde der musikalischen Ausbildung umso intensivere Aufmerksamkeit geschenkt. Damit entsprach Beethovens Bildungsweg jenem, den bereits Vater und Großvater absolviert hatten.

Als Kleinkind liebte es Ludwig, mit den an den Fensterläden befindlichen Flügelschrauben zu spielen, indem er sie schwirren ließ und den dabei entstehenden Tönen lauschte. Dies wurde in dem Musikerhaushalt als erstes Interesse an Musik interpretiert. Die daraus erfolgende musikalische Frühförderung bestand darin, dass der Vater seinen Sohn spielerisch mit dem Klavier vertraut machte. Er nahm ihn mit an das Instrument, setzte ihn auf seinen Schoß, sang ihm etwas vor und ließ das Kind hierzu auf der Tastatur Töne suchen. Johann van Beethoven war neben seinem Hauptberuf als Tenor an der Kurkölnischen Hofkapelle in Bonn ein gefragter Gesangspädagoge. Er erkannte das besondere Talent seines Sohnes und förderte es systematisch. Der Instrumentalunterricht begann, als der Junge etwa vier Jahre alt und noch nicht groß genug war, um am Klavier Platz nehmen zu können. Deshalb wurde eine kleine Bank vor das Klavier gestellt, auf der Ludwig stehend unter der strengen Aufsicht seines Vaters Etüden üben musste, was nicht selten zu Tränen geführt haben soll. Möglicherweise aus Zeitgründen, vielleicht aber auch, weil der Vater, der laut Mäurer eher über bescheidene Fähigkeiten auf dem Klavier verfügte, andere für geeigneter hielt, das Potential des Jungen optimal zu entwickeln, übergab Johann van Beethoven den Instrumentalunterricht bald in die Hände von erfahrenen Kollegen aus der Hofkapelle. Beethovens erster Klavierlehrer war der damals bereits betagte Hoforganist Gilles van den Eeden, der den Jungen auch an die Orgel heranführte und im Generalbassspiel unterrichtete. Für die große Begabung des Schülers und das didaktische Geschick des Lehrers spricht, dass Ludwig van Beethoven bereits im März 1778 sein erstes öffentliches Konzert gab. Van den Eeden starb 1782. Ob er den jungen Beethoven auch noch in seinen letzten Lebensjahren unterrichtete, ist ungewiss. Auf jeden Fall gab es entweder parallel zum Unterricht bei ihm oder im Anschluss daran weitere Musiklehrer. In den Jahren 1779–1780/81 wohnten der Tenor, Flötist und Oboist Tobias Friedrich Pfeifer, der zudem ein versierter Pianist war, und der mit der mit der Hausherrin verwandte Geiger Franz Georg Rovantini im Haushalt der Familie van Beethoven zur Untermiete. Diese beiden Kollegen des Vaters wurden nun ebenfalls mit Ludwigs Unterricht beauftragt, wobei Pfeifer neben den Klavierunterweisungen die theoretische Ausbildung anhand der aktuellen Lehrliteratur (Johann Philipp Kirnberger) oblag und Rovantini die Geigenstunden übernahm. Beide Musiker ließen sich von Ludwig akkompagnieren, um seine Fertigkeit als Klavierbegleiter zu fördern. Das tägliche Üben wurde vom Vater überwacht, der mit unerbittlicher Strenge dem Sohn jegliches freies Spiel »nach seinem Sinn ohne Nothen«[4] untersagte und auf den »richtige[n] angriff auf die Nothen«[5] achtete. Während Beethovens Mutter von Fischer als still, ernst und eher introvertiert beschrieben wird, war der Vater ein lebenslustiger, geselliger, temperamentvoller Mensch, der auch Speis und Trank zugeneigt war. In seinem Untermieter Pfeifer, der von Fischer zum Verdruss seines Vaters als ein wenig rücksichtsvoller Nachtmensch beschrieben wird, fand er einen geeigneten Begleiter für gemeinsame Wirtshausbesuche nach dem Theaterdienst. Wenn die Männer dann nach Hause kamen, ließen sie sich von der Magd Kaffee und alkoholische Getränke bringen. Der kleine Ludwig wurde nun vom Vater geweckt, man »zwang ihn zum Clavier. Mit Thränen in den Augen sammelte sich der Knabe und gehorchte. Pfeifer erkannte bald das außerordentliche Talent desselben, und blieb sodann bis zum frühen Morgen bei ihm sitzen und ließ ihn verschiedenes aus den zur Zeit erschienenen Werken abspielen.«[6] Mäurers Einschätzung, »wie wohl diese Lehrart dem Knaben höchst lästig war, so hat doch dieser Zwang vieles zu seiner Fertigkeit beigetragen«[7], ist sicherlich zutreffend. Der enorme Leistungsdruck hatte aber auch gesundheitliche Folgen. Fischer berichtet, dass sich Beethovens Mutter Rat suchend an seine Mutter wandte, weil ihr Ludwig »ein Fehler gehabt, wo er lannge Zeit mit behaftet war«[8], bei dem es sich mutmaßlich um eine psychosomatische Störung, wohl Bettnässen, gehandelt haben dürfte. Dem strengen Reglement des Vaters versuchte sich Ludwig zu entziehen, indem er bevorzugt übte, wenn dieser nicht im Haus war. Auch waren ihm die vom »exaltierten«[9] Vater veranstalteten, nicht zuletzt der Zurschaustellung des jungen Talents dienenden Hauskonzerte zuwider.

Pfeifer wurde zu Ostern 1780 aus der Hofkapelle entlassen, und Rovantini starb im September 1781 an der Ruhr. Beethovens nächster Lehrer wurde Christian Gottlob Neefe, der 1779 zur Kurkölnischen Hofschauspielergesellschaft nach Bonn kam und 1782 als Nachfolger van den Eedens Hoforganist wurde. Aus verschiedenen Gründen kann Neefe, obwohl er in den Personalakten der Hofkapelle als »nicht besonders auf der Orgel versiret«[10] beurteilt wird, als Beethovens wichtigster Lehrer angesehen werden. Während Beethovens Fertigkeiten auf dem Klavier vermutlich bereits weit fortgeschritten und auch die theoretischen Grundlagen durch die Kontrapunktstudien bei Pfeifer gelegt waren, mangelte es bislang an einem dezidierten Kompositionsunterricht mit ästhetischer und historischer Ausrichtung. Hier erwies sich Neefe, der aus Sachsen stammende, in Leipzig im Umfeld Johann Adam Hillers ausgebildete Komponist vor allem von Singspielen, auch deshalb als wesentlicher Impulsgeber, weil er über einen breiten musikalischen und literarischen Horizont verfügte und seinen Zögling mit Umsicht und Weitblick, aber auch mit Konsequenz und Strenge auf eine neue Rolle jenseits des Hofbetriebs vorbereitete. Selbst in der norddeutschen Tradition verankert, war Neefe gleichfalls vertraut mit der Mannheimer Schule und der österreichisch-süddeutschen Kompositionsweise eines Joseph Haydn und Wolfgang Amadeus Mozart. Zwar unterrichtete er Beethoven weiterhin im Klavier- und Orgelspiel sowie anhand der Lehrbücher von Georg Andreas Sorge, Friedrich Wilhelm Marpurg und Carl Philipp Emanuel Bach in Musiktheorie, vor allem aber machte er seinen Schüler mit konkreten Kompositionen vertraut. Einen bleibenden Eindruck bei Beethoven hat insbesondere das Studium des *Wohltemperirten Claviers* von Johann Sebastian Bach hinterlassen, aber auch die zeitgenössische Klaviermusik inklusive der Kompositionen von Neefe selbst wurden im Unterricht behandelt und führten Beethoven in die Komposition von Sonaten und Variationen ein. Daneben wurden auch Lieder, Orchesterwerke und dramatische Kompositionen studiert. Nicht zuletzt begleitete Neefe Beethovens erste Kompositionsversuche mit Anregungen und Kritik, vermittelte die Drucklegung einiger Erstlingswerke bei Heinrich Philipp Bossler in Speyer und annoncierte sie in Carl Friedrich Cramers *Magazin der Musik*. Zu diesen gedruckten Frühwerken gehören die der Comtesse Wolff-Metternich gewidmeten *Variations pour le clavecin sur une Marche de Mr. Dressel* (1782), das Klavierlied *Schilderung eines Mädchens* (WoO 107) auf einen Text von Gottfried August Bürger, ein *Rondo in C* für Klavier (WoO 48) und die dem Kurfürsten Maximilian Friedrich gewidmeten *Drei Sonaten für Klavier* (WoO 47).

Neben der Weitung des musikalischen Horizonts seines Zöglings in praktischer und – anhand Johann Georg Sulzers *Allgemeinen Theorie der schönen Künste* –

theoretischer Hinsicht, lag Neefe auch dessen literarische Bildung am Herzen. Selbst schriftstellerisch tätig, war Neefe ein glühender Anhänger der Göttinger Hainbund-Dichter und ein Verehrer Friedrich Gottlieb Klopstocks. Noch aus der Leipziger Zeit seines Jurastudiums rührte die Bekanntschaft mit dem Singspiel-Dichter Christian Felix Weiße, den Philosophen Johann Jakob Engel und Christian Garve sowie dem Maler Adam Friedrich Oeser, zu dessen Zeichenschülern auch Johann Joachim Winckelmann und Johann Wolfgang Goethe zählten. Ferner hörte Neefe in Leipzig auch Christian Fürchtegott Gellerts Vorlesungen über Moralphilosophie. Als väterlicher Freund konnte Neefe Beethoven bereits im frühen Jugendalter behutsam mit philosophischen und poetischen Ideen vertraut machen und damit jene Allgemeinbildung nachholen, die der kurze Schulbesuch versagt hatte.

Neefe verschaffte Beethoven auch sein erstes Anstellungsverhältnis. Bereits 1781 hatte Beethoven aus Interesse am Orgelspiel Kontakt zu einigen Bonner Kloster- und Stadtorganisten geknüpft, Orgelunterricht gegen Aushilfsdienste bei dem Franziskanerbruder Willibald Koch genommen und mit einem Pater namens Hanzmann die Übereinkunft getroffen, regelmäßig an der großen Orgel der Minoritenkirche die Frühmesse begleiten zu dürfen. Im Sommer 1782 erhielt nun Neefe die Erlaubnis, mit der Theatertruppe des Gustav Friedrich Großmann auf Gastspielreise zu gehen. Als sein urkundlich bestallter Vertreter versah der »Vikar« Beethoven während dieser Zeit den Hoforganisten-Dienst. Dieser umfasste auch das Cembalospiel im Theater, sei es als Repetitor während der Rollenproben, sei es als Generalbassspieler im Orchester. Dieser Dienst, wie auch die weitere Aushilfstätigkeit als Organist sowohl in der Hofkapelle als auch in der Bonner Minoritenkirche, wo er regelmäßig die Frühmesse versah, war unbesoldet. Aber ab dem Sommer 1784 erschien Ludwig van Beethoven als Hoforganist neben Neefe auf der Gehaltsliste des inzwischen regierenden Kurfürsten Maximilian Franz. Der Dienst in der Hofkapelle wurde in Galatracht ausgeübt:

> »See grüne Frackrock, grüne, kurze Hoß mit Schnalle, weiße Seide oder schwarze Seide Strümpf, Schuhe mit schwarze Schlöpp, weiße Seide geblümde West mit Klapptaschen, mit Schappoe, das West mit ächte Goldene Kort umsetz, Frisiert mit Locken und Hahrzopp, Klackhud, unterem linken Arm sein Dägen an der linke seite mit einer Silberne Koppel [...]«[11]

Die finanziellen Verhältnisse der Familie van Beethoven blieben jedoch bescheiden, sodass zusätzliche Einnahmen durch das Unterrichten und das Kammermusikspiel in einigen der Bonner Bürger- und Adelshäusern notwendig waren. Beethoven kam der Unterrichtsverpflichtung nur unwillig nach. Insbesondere im Hause des österreichischen Gesandten Graf Westphal von Fürstenberg fühlte er sich unwohl. Zu einigen Klavierschülerinnen, so zu den Töchtern der Familien von Westerhold und d'Honrath, entwickelte er als Jugendlicher eine amouröse Zuneigung, die wohl auch nicht unerwidert blieb. Als entscheidend erwies sich aber der Kontakt zu der Familie von Breuning. Diese Bekanntschaft ergab sich vermutlich bereits 1784 durch die Vermittlung des damaligen Medizinstudenten Franz Gerhard Wegeler, der im Hause von Breuning verkehrte, und mit dem Beethoven eine lebenslange Freundschaft unterhielt. Ursprünglich lediglich als Klavierlehrer für Eleonore und Lorenz engagiert, der mit Beethoven annähernd gleichaltrigen Tochter und dem jüngsten Sohn von vier Kindern der Hofratswitwe Maria Helene von Breuning, sowie bei Abendgesellschaften als Pianist geschätzt, wurde Beethoven schon bald wie ein Familienmitglied aufgenommen. Er verbrachte nicht nur seine Freizeit mit den wenige Jahre jüngeren Geschwistern und konnte so ein Stück unbeschwerte Kindheit nachholen, sondern war auch regelmäßiger Übernachtungsgast. Insbesondere zu Eleonore von Breuning entwickelte sich im Zuge der jahrelangen Bekanntschaft ein inniges Verhältnis, das man mit geschmückten Glückwunschkarten zum Geburtstag und zu Neujahr sowie mit Stammbuchblättern befestigte, deren Inhalt auf tiefere Gefühle schließen lässt. Zwar entzweite man sich während Beethovens letzter Bonner Zeit Anfang der 1790er Jahre, trotz eines heftigen Zerwürfnisses blieb aber der Briefkontakt erhalten. Geschenke, die Eleonore nach Wien sandte, und Beethovens Dankesbriefe deuten an, wie sehr man der verflossenen Beziehung nachhing. Später heiratete Eleonore von Breuning Franz Gerhard Wegeler. Mit Stephan von Breuning, Eleonores nächstjüngerem Bruder, blieb Beethoven eng befreundet. Später in Wien teilte man sich zeitweilig sogar die Wohnung und lebte während Beethovens letzten Lebensjahren in Nachbarschaft. Stephan von Breuning wurde ferner nach Beethovens Tod der Vormund von dessen Neffen Karl. Aber noch aus einem anderen Grund war der familiäre Kontakt zu den von Breunings für Beethoven sehr bedeutsam. Im Hause von Breuning wurde er unter der fürsorglichen Anleitung der noch jungen Hausherrin in die gehobene Bonner Gesellschaft eingeführt und konnte sich dort als aufstrebender Musiker und Komponist präsentieren. Die 1750 geborene Hofrätin von Breuning hatte 1777 ihren Mann bei der Brandkatastrophe im Bonner Schloss verloren und danach mit der Unterstützung ihrer Schwager in ihrem Haus einen Salon geführt, der zu einem Treffpunkt für junge Künstler und ihre bürgerlichen und adeligen Unterstützer avancierte. Es ist davon auszugehen, dass Beethoven auch seine aktuellen Werke, darunter die drei *Klavierquartette* WoO 36, im Hause von Breuning erstmals zu Gehör brachte. Bei den Abendgesellschaften diskutierte man in freigeistiger Atmosphäre die Themen der Zeit, beschäftigte sich gemeinsam mit Literatur, der neuen Aufklärungsphilosophie, Musik und Malerei. Hier lernte Beethoven unter anderem die Maler Gerhard und Karl Kügelgen kennen und machte die Bekanntschaft mit dem Grafen Ferdinand Ernst von Waldstein, der, selbst ein Musikkenner, das außergewöhnliche Talent des Jungen erkannte und zu fördern wünschte.

Bereits Neefe hatte im *Magazin der Musik* 1783 geschrieben: »Dieses junge Genie verdiente Unterstützung, daß es reisen könnte. Er würde gewiß ein zweyter Wolfgang Amadeus Mozart werden, wenn er so fortschritte«.[12]

Zuvor hatte Beethoven während der Theaterferien seinen Vater bereits auf musikalischen Wanderfahrten begleitet, die dieser mit Kollegen aus der Hofkapelle zu musikbegeisterten Gutsbesitzern, Fabrikanten, Amtmännern, Pfarrern, Bürgermeistern und Landadeligen entlang des Rheins südlich von Bonn sowie im Eifelvorland unternahm. Diese bisweilen mehrwöchigen Ausflüge in die Gegenden um Siegburg, Hennef, Ahrweiler und Euskirchen waren nicht vordringlich kommerziell, sondern dienten der gemeinsamen Erbauung. Auf Einladung logierte man in den Privathäusern der Gastgeber und revanchierte sich mit Hausmusik.

Darüber hinaus eröffneten die Bekanntschaft des jungen Beethoven mit dem Grafen Waldstein sowie die Regentschaft des neuen Kurfürsten Maximilian Franz ganz neue, überregionale Perspektiven. Mit Maximilian Franz war 1780 der Erzherzog von Österreich zum Koadjutor von Erzbischof Maximilian Friedrich gewählt worden und hatte im Jahr 1784 dessen Amtsnachfolge angetreten. Damit ergaben sich engste, auf familiären Banden beruhende Beziehungen zwischen Bonn und Wien auf höchster Staatsebene, da der 1756 geborene Maximilian Franz der jüngere Bruder des österreichischen Kaisers Joseph II. war. Maximilian Franz verpflanzte den Reformgeist seines älteren Bruders in das rheinische Bistum und erwies sich als aufgeklärter Förderer von Kultur und Wissenschaft. Maximilian Franz war auch Großmeister des Deutschen Ordens. Aus diesem Grund kam auch der aus einem böhmischen Adelsgeschlecht stammende, mit dem Kurfürst noch aus gemeinsamer Wiener Zeit eng vertraute Graf Waldstein nach seiner Novizenzeit dauerhaft 1787 nach Bonn, wo er zum Ordensritter ernannt wurde und 1788 als Geheimrat in den diplomatischen Dienst eintrat. Es ist aber davon auszugehen, dass er bereits vorher zeitweilig in Bonn zu Gast unter anderem im Hause von Breunig war. Über den musikbegeisterten Grafen Waldstein ergab sich für Beethoven somit eine Verbindung an die höchste Regierungsstelle. Da Maximilian Franz ein Klavier und Bratsche spielender Musikliebhaber war, der in Wien in persönlichem Kontakt mit Christoph Willibald Gluck und Wolfgang Amadeus Mozart gestanden hatte, und die Evaluierung der Hofmusiker im Rahmen einer Generalinventur[13] bei Amtsantritt eine günstige Beurteilung Beethovens erbrachte, war eine besondere Förderung des jungen Talents in Aussicht gestellt. Ursprünglich hatte Maximilian Franz mit dem Gedanken gespielt, Mozart als Hofkapellmeister aus Wien mit nach Bonn zu nehmen, was nicht glückte. Nun erlaubte er Beethoven den umgekehrten Weg. Mitte März 1787 trat Beethoven über Wallenstein, Augsburg und München seine Studienreise nach Wien an, um bei Mozart Unterricht zu nehmen und Erfahrungen im Wiener Musikleben zu sammeln, bestimmt, damit diese dann auch für die Bonner Hofmusik fruchtbar gemacht werden sollten, die damals noch sehr unter dem Einfluss der Mannheimer Schule stand. Über diesen ersten Aufenthalt Beethovens in Wien gibt es nur unsichere und nachträgliche Informationen und Mutmaßungen aus zweiter Hand. Von Mozart soll er »einigen Unterricht«[14] erhalten haben, kolportiert wird auch eine Zusammenkunft mit Kaiser Joseph II., vor dem Beethoven im Beisein Mozarts Klavier gespielt haben soll. Bevor Beethoven jedoch in Wien Fuß fassen, seine Ausbildung regulär beginnen und die ihm zugedachten Aufgaben erfüllen konnte, erreichte ihn die Nachricht vom Besorgnis erregenden Gesundheitszustand seiner schwindsüchtigen Mutter mit der Aufforderung, umgehend nach Bonn zurückzukehren. So kam es, dass der verheißungsvolle Studienaufenthalt bereits nach vierzehn Tagen wieder abgebrochen werden musste. Über München und Augsburg, wo er die Möglichkeit hatte, die Bekanntschaft des Klavierbauers Johann Andreas Stein zu machen, erfolgte die Rückreise in deprimierter Stimmung. Mitte Mai 1787 war Beethoven zurück in Bonn, wo seine Mutter am 17. Juli starb.

Mit diesem traurigen Ereignis, dem noch im November desselben Jahres der Tod der kleinen Schwester Maria Margarethe im Alter von eineinhalb Jahren folgte, gerieten allmählich die Familienverhältnisse aus den Fugen. Die ohnehin kärgliche Familienkasse war durch die lange Krankheit der Mutter, aber auch die Wien-Reise Ludwigs stark strapaziert, der Vater flüchtete sich nun zusehends in den Alkohol. Zudem waren die beiden jüngeren Brüder, die noch nicht zum Haushaltseinkommen beitrugen, zu versorgen, was zusätzlich die Einstellung einer Haushälterin nötig machte. Ludwig verbrachte wieder viel Zeit bei der Familie von Breuning, um der häuslichen Situation zu entkommen. Er nahm sein Organistenamt wieder auf, die Hoffnung auf eine Gehaltserhöhung hatte sich aber zerschlagen. Die finanzielle Unterstützung durch befreundete Familien konnte das Schlimmste verhindern. Binnen zwei Jahren spitze sich die Alkoholkrankheit des Vaters jedoch so zu, dass er seinen Dienst nicht mehr zuverlässig versehen konnte und wiederholt volltrunken von der Polizei aufgegriffen wurde. Ludwig sah sich zu dem Schritt genötigt, seinen Vater entmündigen zu lassen, um der drohenden vollständigen Verarmung entgegenzuwirken. Am 20. November 1789 schließlich erging das Dekret, dass der

> »[...] Vater, der sich in ein churcölnisches Landstädtchen zu begeben hat, von seinen weitern Diensten hiemit gänzlich dispensiren wollen; mithin mildest verordnen, daß demselben begehrter maßen nur einhundert Rthr. von seinem jährlichen Gehalt künftig, und zwar im Anfang des eintretenden neuen Jahrs, ausgezahlt werden, das andere 100 Thlr aber, seinem supplicirenden Sohn nebst dem bereits genießenden Gehalt von gedachter Zeit an zugelegt seyn, ihm auch das Korn zu 3 Mltr. jährlichs, für die Erziehung seiner Geschwistrigen, abgereicht werden soll [...]«.[15]

Wie ein Bittbrief Ludwig van Beethovens an den Kurfürsten um eine Erneuerung der Zuwendung nach dem Tod des Vaters Ende 1792 verdeutlicht, ist das Dekret zuvor aus Scham nicht beim Rentmeister eingelöst worden, um Johann van Beethoven den öffentlichen Gesichtsverlust zu ersparen. So konnte zwar die Strafversetzung des Vaters in die Provinz vermieden werden, Ludwig oblag aber fortan die schwierige und bedrückende Aufgabe nicht nur der alleinigen Verantwortung für den familiären Zusammenhalt, die Wohnung, die Ausbildung der Geschwister und den gesellschaftlichen Verkehr, sondern auch der Finanzierung der Familie unter Verzicht auf die Hälfte des väterlichen Gehalts.

Um den Staatshaushalt zu sanieren hatte Kurfürst Maximilian Franz zu Beginn seiner Regentschaft das Hoftheater geschlossen und nur die Hofkapelle gehalten. Der Theaterbetrieb wurde über Gastspiele bestritten. Im Januar 1789 schließlich konnte das Nationaltheater wiedereröffnet werden. Hier fand Ludwig van Beethoven als Bratscher eine zusätzliche Anstellung. Anhand der Theaterkalender lässt sich rekonstruieren, an welchen Aufführungen Beethoven als Musiker beteiligt war. Neben Werken von Georg Anton Benda, Ignaz Umlauf, André Gretry, Antonio Salieri, Giovanni Paisiello und Carl Ditters von Dittersdorf sind vor allem die Mozart-Opern *Entführung aus dem Serail, Don Giovanni* und *Hochzeit des Figaro* zu nennen. Neben dem regulären Dienst begleitete die Hofkapelle den Erzbischof oder seine hohen Repräsentanten auch zu besonderen repräsentativen Anlässen auf Reisen. Beethoven selbst war Mitglied einer Abordnung von Hofmusikern, die im Herbst 1791 nach Mergentheim gesandt wurde, um während des zwei Monate dauernden Kongresses des Deutschen Ordens die Festivitäten musikalisch zu untermalen sowie den dortigen Kirchen-, Theater- und Konzertdienst zu versehen.

Die Würdenträger wurden wochentags mit Singspielen, Konzerten, Komödien und Akademien unterhalten. Die Musiker reisten mit zwei Segelbooten über Rhein und Main bis nach Aschaffenburg und von dort aus auf dem Landweg weiter. In Aschaffenburg besuchten die Orchesterkollegen Franz Ries, Ferdinand Simrock, die Cousins Bernhard und Andreas Romberg und Beethoven Franz Xaver Sterkel, den für sein Klavierspiel berühmten Leiter der großherzoglichen Hofmusik. Sterkel musizierte mit den jungen Musikern und zeigte sich insbesondere von den pianistischen Fertigkeiten Beethovens beeindruckt. Zu Beethovens Kollegen am Theater zählte auch Anton Reicha, zu dem er eine enge Freundschaft entwickelte. Wie zuvor Beethoven, nahm auch Reicha Unterricht bei Neefe. Und gemeinsam ließen sie sich von Reichas Onkel Joseph unterweisen, der 1785 zunächst als Konzertmeister an die Hofkapelle kam und schon bald zum Konzertdirektor ernannte wurde, dem somit die Instrumentalmusik unterstand. Mit den Studien bei Joseph Reicha konnte sich Beethoven einen Bereich erschließen, der bei seiner bisherigen Ausbildung unterrepräsentiert war, nämlich die Orchesterbehandlung aus der Perspektive des Praktikers. Aber auch der Einfluss Neefes kam nun wieder zum Tragen, wenn auch auf ganz anderem Gebiet.

1786 hatte Kaiser Joseph II. der seit 1777 bestehenden Kurkölnischen Akademie das Promotionsrecht verliehen und sie damit zur Universität erhoben. Am 14. Mai 1789 schrieben sich die Freunde Karl Kügelgen, der auch im Hause von Breuning verkehrte, Anton Reicha und Ludwig van Beethoven an der Bonner Universität als Kandidaten der Philosophie ein. Zwar wird auch das Bildungserlebnis bei der Familie von Breuning seinen Einfluss gehabt haben, zumal die beiden ältesten Breuning-Söhne Stephan und Lorenz etwa zur gleichen Zeit ihr Studium aufnahmen, vermutlich war es aber vor allem Neefe, der seine beiden Schüler ohne Gymnasialausbildung zu diesem Schritt ermutigte. Für die Unterweisung der Philosophiestudenten war während Beethovens Studienzeit der Minoritenpater Elias van der Schüren zuständig, der gemeinsam mit seinem Kollegen Johannes Neeb Bonn zu einem Zentrum der damaligen Kantforschung machte. Durch die *Niederrheinische Monatsschrift* und das *Bonner Wochenblatt* wurden die neuen Ideen Kants, dessen *Kritik der reinen Vernunft* gerade in die stark überarbeitete zweite Auflage gegangen war, über den universitären Kreis hinaus verbreitet. Ob jedoch Beethoven bei van der Schüren auch Kant gehört hat, ist fraglich, denn das Curriculum begann mit Logik und Metaphysik nach den Lehrbüchern Johann Georg Heinrich Feders und sah erst im zweiten Semester die Beschäftigung mit Kant vor. Abgesehen davon, dass Beethoven nicht über das Jahr 1789 hinaus eingeschrieben war, werden auch die Dienstpflichten und die häuslichen Verhältnisse den regelmäßigen Universitätsbesuch erschwert, wenn nicht gar mehr oder weniger verunmöglicht haben. Außerdem legte Beethoven zunehmend Augenmerk auf den systematischen Aufbau seiner kompositorischen Karriere. Es entstanden um die Jahrzehntwende zahlreiche Werke in unterschiedlichen Gattungen. Für Beethovens weiteren Werdegang dürften vor allem drei Auftragskompositionen aus den Jahren 1790/91 bedeutsam gewesen sein. Nach dem Tod Kaiser Joseph II. im Februar 1790 veranlasste die Bonner Lesegesellschaft, in der auch Neefe, Joseph Reicha und Graf Waldstein Mitglied waren, die Komposition einer Trauerkantate. Es kann als Ausweis der Reputation angesehen werden, die sich der junge Komponist in seiner

Heimatstadt bereits erworben hatte, dass die Wahl auf Beethoven fiel. Zudem wurde dieser im selben Jahr auch mit der Komposition einer Kantate zur Inthronisierung Kaiser Leopolds II. sowie mit dem Verfassen der Musik zu einem Ritterballett beauftragt, das auf Initiative Waldsteins am Fastnachtssonntag 1791 im Redoutensaal gegeben wurde, wozu sich die Bonner Adelsgesellschaft historisch kostümierte. Zwar scheint die Trauerkantate gar nicht zur Aufführung gekommen zu sein, aber als Joseph Haydn Weihnachten 1790 auf seiner Reise nach London in Bonn Station machte, hatte Beethoven die Gelegenheit, sich ihm vorzustellen und die Partitur zu zeigen.

Kurfürst Maximilian Franz hat wiederholt junge Talente seiner Residenzstadt mit Stipendien ausgestattet, um ihnen eine Bildungsreise zu ermöglichen. 1791 konnten so die Zwillingsbrüder Kügelgen ihr Malereistudium in Rom fortsetzen, und im folgenden Jahr war es Ludwig van Beethoven, dem der Kurfürst seine Gunst erwies, ihn bei vollen Bezügen beurlaubte und ihm eine erneute Reise nach Wien ermöglichte. Ursprünglich sollte Beethoven sein 1787 jäh abgebrochenes Studium bei Mozart wieder aufnehmen, da dieser aber im Dezember 1791 verstorben war, wurde nun Haydn, der Beethoven bereits kennengelernt hatte, als neuer Lehrer vermittelt. Als sich Beethoven am 1. November 1792 ein letztes Mal mit seinen Freunden in der Gastwirtschaft *Zehrgarten* traf, einem beliebten Treffpunkt am Bonner Markt, war nicht absehbar, dass es ein Abschied für immer sein würde, denn Beethoven war zunächst lediglich auf Zeit vom Dienst freigestellt. Als Andenken hatten die Bonner Freunde ein illustriertes Stammbuch[16] erstellt, in das sich 15 der Jugendweggefährten teils mit literarischen Zitaten von Herder, Klopstock, Ossian und Schiller, teils mit Sinnsprüchen und Glückwünschen verewigten, darunter auch Graf Waldstein, der prophezeite, Beethoven werde in Wien »Mozart's Geist aus Haydns Händen«[17] empfangen. Nach abenteuerlicher Reise, die zwischen Koblenz und Montabaur durch Kriegsgebiet führte, erreichte Beethoven vor dem 10. November Wien und bezog eine Dachkammer in der Alservorstadt. Wie sein Tagebuch[18] aussagt, das er mit Beginn der Übersiedlung nach Wien anlegte und bis Dezember 1795 als Haushaltsregistratur nutzte, mietete sich Beethoven umgehend ein Klavier und begann sogleich mit dem Unterricht bei Joseph Haydn. Dieser dauerte zwar bis zu Haydns Abreise aus Wien Mitte Januar 1794, scheint aber nicht mit der gebotenen Regelmäßigkeit und Intensität erfolgt zu sein, wenngleich es sich bei Beethovens Behauptung, er habe von Haydn »nie etwas gelernt«[19], zweifellos um eine grobe Übertreibung handelt. Für Beethovens Unzufriedenheit mag auch eine Rolle gespielt haben, dass Haydn, der sich von seinem Schüler den Unterricht auch mit Kaffeehauseinladungen bezahlen ließ, verlangte, auf dessen Werken ausdrücklich als Lehrer genannt zu werden. Haydn hat Beethoven im strengen Satz unterwiesen und auch einige, aber eben auch nur einen Bruchteil der Kontrapunktübungen korrigiert, die gravierende Fehler aufwiesen und zeigten, dass Beethoven hier noch elementare Fertigkeiten fehlten. Maßgabe für den Unterricht war Haydns eigenes *Elementarbuch der verschiedenen Gattungen des Contrapuncts*, eine Quintessenz von Johann Joseph Fux' *Gradus ad Parnassum*. Aber Haydn mangelte es angesichts seiner kompositorischen Verpflichtungen schlichtweg an Zeit, sich angemessen um seinen Schüler zu kümmern, wenngleich er stets positive Meldungen über dessen Fortschritte nach Bonn sandte. Deshalb konsultierte Beethoven heimlich neben dem Unterricht bei Haydn ab August 1793 Johann Baptist Schenk, um seine Kontrapunktstudien zu intensivieren. Schenk, der bei Georg Christoph Wagenseil ausgebildet worden war, hatte Beethoven bei dem Pianisten Joseph Gelinek kennengelernt und war von seiner Improvisationskunst beeindruckt. Bis zum Ende des Studiums vermutlich im Mai 1794 hatte Schenk nach eigenen Angaben Beethoven bis zu den Lektionen zum »doppelten Contrapunkt in Octav«[20] in Fux' *Gradus ad Parnassum* gebracht. Im Januar 1794 wurde Beethoven von Haydn, als dieser die Lehrtätigkeit wegen einer Reise nach England nicht weiterführen konnte, an Johann Georg Albrechtsberger übergeben, der ihn, wie Beethovens Tagebuch[21] ausweist, dreimal pro Woche unterwies. Außerdem nahm Beethoven zu dieser Zeit ebenfalls dreimal wöchentlich Geigenstunden bei Ignaz Schuppanzigh, dem Primarius einer gerade gegründeten, vom Fürsten Karl Lichnowsky finanzierten Streichquartettformation. Bei Albrechtsberger, damals Kapellmeister in St. Stephan, erfolgte der Unterricht anhand von dessen eigenem, 1790 bei Breitkopf in Leipzig gedruckten Lehrbuch *Gründliche Anweisung zur Composition mit deutlichen und ausführlichen Exempeln, zum Selbstunterrichte, erläutert; und mit einem Anhange: Von der Beschaffenheit und Anwendung aller jetzt üblichen musikalischen Instrumente*. Das Curriculum begann wieder beim strengen Satz im ein- bis dreifachen Kontrapunkt und führte dann zu Übungen im freien Satz in Form von Fugenkompositionen und Kanons. Albrechtsberger, der seinerzeit zu den gefragtesten Lehrern Wiens zählte, hat seinen Unterricht sehr gewissenhaft und mit didaktischer Umsicht durchgeführt. Ihm ging es vor allem darum, seine Schüler zu einem reflektierten Umgang mit dem Regelwerk zu bringen, und so ermunterte er sie, eigene Stimmführungsregeln zu entwickeln und mit ihm zu diskutieren. Beethovens Unterricht bei Albrechtsberger währte nur ungefähr etwas mehr als ein Jahr, war aber über diese Zeit hinaus fruchtbar, indem er ihn zum fortgesetzten Selbststudium anregte. Neben der satztechnischen Ausbildung[22] bei Haydn, Schenk und Albrechtsberger hat Beethoven auch Antonio Salieri konsultiert, um sich von dem Hofkapellmeister und Opernkomponisten Feinheiten der Melodiegestaltung im Hinblick auf Prosodie, Sangbarkeit und Ausdruck zeigen zu lassen. Einen diesbezüglichen systematischen Unterricht gab es zwar nicht, wohl aber einen langjährigen Kontakt, den Beethoven auch nutzte, um Salieris Rat in musikdramatischen Dingen einzuholen. Ignaz Moscheles berichtet aus der Anfangszeit seiner eigenen Studienzeit bei Salieri von einem Visitenzettel vermutlich aus dem Jahr 1809, auf dem Beethoven als »Schüler«[23] bezeichnet wird.

Im März 1794, also mit Ablauf jenes Quartals, in dem der Unterricht bei Haydn endete und somit auch der offizielle Grund für Beethovens Wien-Aufenthalt entfallen war, hatte Kurfürst Maximilian die Gehaltszahlung eingestellt und Beethoven folglich, ohne dass es zu einer förmlichen Kündigung gekommen wäre, aus dem Hofdienst entlassen. Bonn war somit für Beethoven Vergangenheit und seine Jugendjahre abgeschlossen.

Anmerkungen

1 Vgl. J. Schmidt-Görg, *Des Bonner Bäckermeisters Gottfried Fischer Aufzeichnungen über Beethovens Jugend*, Bonn 1971.
2 B. J. Mäurer, *Über Beethovens Jugendzeit in Bonn (Nach Notizen seines Jugendfreundes Bernhard Mäurer)*, digitales Autograph einer Abschrift von fremder Hand, http://resolver.staatsbibliothek-berlin.de/SBB0001A7C200000000, fol. 6.
3 Ebenda, fol. 5.
4 J. Schmidt-Görg, *Des Bonner Bäckermeisters Gottfried Fischer Aufzeichnungen über Beethovens Jugend*, S. 33.
5 Ebenda.
6 B. J. Mäurer, *Über Beethovens Jugendzeit in Bonn*, fol. 2f.
7 Ebenda, fol. 3.
8 J. Schmidt-Görg, *Des Bonner Bäckermeisters Gottfried Fischer Aufzeichnungen über Beethovens Jugend*, S. 28.
9 B. J. Mäurer, *Über Beethovens Jugendzeit in Bonn*, fol. 3.
10 A. W. Thayer, *Ludwig van Beethovens Leben. Nach dem Original-Manuskript deutsch bearbeitet von Hermann Deiters. Revision und Ergänzung der von H. Deiters bewirkten Neubearbeitung von Hugo Riemann*, Nachdruck der Ausgabe Leipzig [3]1917, Hildesheim etc. 2001, Bd. 1, S. 191.
11 J. Schmidt-Görg, *Des Bonner Bäckermeisters, Gottfried Fischer Aufzeichnungen über Beethovens Jugend*, S. 52.
12 Magazin der Musik (1) 1783, S. 395.
13 Vgl. »Unterthäntigstes Pro-Memoria die Kurfürstliche Hof Musique betrefend«, auszugsweise abgedruckt in: A. W. Thayer, *Ludwig van Beethovens Leben*, Bd. 1, S. 189–195. Dort heißt es auf S. 191 zu Ludwig van Beethoven: »ein Sohn des Beethoven sub Nr. 8, hat zwar Kein gehalt, hat aber wehrent der abwesenheit des Kappellen Meister Luchesy die Orgel versehen; ist von guter fähigkeit, noch jung, von guter stiller Aufführung und arm.«
14 F. G. Wegeler und F. Ries, *Biographische Notizen über Ludwig van Beethoven*, Koblenz 1838, S. 86.
15 Kurfürstliches Dekret vom 20. September 1789, abgedruckt in: L. Schiedermair, *Der junge Beethoven*, Weimar [[2]1939], S. 126.
16 Vgl. M. Braubach (Hrsg.), *Die Stammbücher Beethovens und der Babette Koch*, Bonn 1970.
17 Ebenda S. 19.
18 Vgl. D. Busch-Weise, *Beethovens Jugendtagebuch*, in: Studien zur Musikwissenschaft 25 (1962), S. 68–88.
19 F. G. Wegeler und F. Ries, *Biographische Notizen über Ludwig van Beethoven*, S. 86.
20 Johann Baptist Schenk, *Autobiographische Skizze*, in: Studien zur Musikwissenschaft 11 (1924), S. 82.
21 D. Busch-Weise, *Beethovens Jugendtagebuch*, S. 78.
22 Vgl. hierzu G. Nottebohm, *Beethoven's Studien, nach den Original-Manuscripten dargestellt*, Band 1, *Beethoven's Unterricht bei J. Haydn, Albrechtsberger und Salieri*, Leipzig 1873 (Band 2 nicht erschienen).
23 Ch. Moscheles (Hrsg.), *Aus Moscheles' Leben nach Briefen und Tagebüchern*, Leipzig 1872, Bd. 1, S. 11.

Ein Bild der Kraft? – Beethovens Aussehen

Von Julia Ronge

Beethoven war schon zu Lebzeiten eine Person öffentlichen Interesses. Aus diesem Grund – und wohl auch, weil er seiner Selbstdarstellung und -inszenierung durchaus Aufmerksamkeit schenkte – geben neben Berichten von Zeitgenossen zahlreiche authentische Abbildungen Auskunft über sein Aussehen. Im Zuge der Rezeption und der im 19. Jahrhundert fortschreitenden Mythisierung wurde die Darstellung Beethovens immer weiter überformt und idealisiert, so dass das gängige Beethoven-Bild der Wirklichkeit nicht in allen Punkten entsprechen dürfte. In der ersten Auflage seiner Beethoven-Biographie 1872 fasst Alexander Wheelock Thayer die Ausgangslage zutreffend zusammen: »Ein treues und erschöpfendes Bild von ihm als Menschen würde einen beinahe lächerlichen Contrast zu jenem bilden, welches gemeinhin als das richtige betrachtet wird. Wie die Bildhauer und Maler, welche ihn darstellten, einer nach dem andern das Werk ihrer Vorgänger idealisirten, bis der Componist gleich einem homerischen Gotte vor uns stand, so daß die, welche ihn persönlich kannten, könnten sie auf die Erde zurückkehren, niemals vermuten würden, daß die große Gestalt und die edeln Züge der am anspruchsvollsten auftretenden Portraits die kurze muskulöse Figur und das pockennarbige Gesicht ihres alten Freundes darzustellen beabsichtigten«.[1]

Das früheste bekannte Bildnis Beethovens zeigt ein Schattenriss des Jugendlichen »in seinem 16-ten Jahre« im Profil und ist der Beethoven-Biographie von Franz Gerhard Wegeler und Ferdinand Ries vorangestellt.[2] Beethoven trägt Hof-Gala, die offizielle Tracht, die für Musiker der Bonner erzbischöflichen Hofkapelle an hohen Festtagen vorgeschrieben war, mit Haarzopf und Spitzenjabot. Der Bonner Bäckermeister Gottfried Fischer, in dessen Vaterhaus die Familie Beethoven längere Zeit wohnte, beschreibt die Galauniform ausführlich: »See grüne Frackrock, grüne, kurze Hoß mit Schnalle, weiße Seite oder schwarze Seide Strümpf, Schuhe mit schwarze Schlöpp, weiße Seide geblümde West mit Klapptaschen, mit Shappoe, das West mit ächte Goldene Kort umsetz, Fisirt mit Locken und Hahrzopp, Klackhud, unter linken Arm sein Dägen an der linke seite mit einer Silberne Koppel«.[3] Bereits in der Silhouette erkennbar: die charakteristische fliehende Stirn und der ausgeprägte Kiefer. Auch zu Statur und Aussehen des Jugendlichen gibt der Bericht Fischers Auskunft: »Kurz getrungen, breit in die Schulter, kurz von Halz, dicker Kopf, runde Naß, schwarzbraune Gesichts Farb, er ginng immer was vor übergebükt. Man nannte ihn im Hauß, ehmal noch alls Junge, der Spangol [Spanier]«.[4] Ries bestätigt den Körperbau ähnlich: »Auch unser Beethoven war, wie Ritter von Seyfried ihn richtig schildert, ›gedrungenen Körperbaues, mittlerer Statur, stark knochig, voll Rüstigkeit, ein Bild der Kraft.‹«[5] Die Körpergröße wird von Anton Schindler präzisiert: »Beethoven dürfte schwerlich über 5 Fuss 4 Zoll Wiener Maass gemessen haben.«[6] Dies entspricht nach Bankl/Jesserer etwa 168 cm.[7]

Die nächsten Berichte über Beethovens Äußeres stammen bereits aus seiner Wiener Zeit. Ludwig Nohl zeichnete 1864 die Erinnerungen der Elisabeth Bernhard, geborene von Kissow (1784–1868), an Beethoven auf. Die junge Augsburger Pianistin war mit der Klavierbauerfamilie Streicher nach Wien gekommen und wohnte im Haus des russischen Gesandtschaftssekretärs von Klüpfell, wo sie in den 1790er Jahren mit Beethoven zusammentraf. Sie schildert ihn als

> »klein und unscheinbar, mit einem häßlichen rothen Gesicht voll Pockennarben. Sein Haar war ganz dunkel. Sein Anzug sehr gewöhnlich und durchaus nicht von der Gewähltheit, die in jenen Tagen und besonders in unseren Kreisen üblich war. Dabei sprach er sehr mit Dialect und in einer etwas gewöhnlichen Ausdrucksweise, wie überhaupt sein Wesen nichts von äußerer Bildung verrieth, vielmehr unmanierlich in seinem ganzen Gebahren und Benehmen war. Er war sehr stolz [...]«.[8]

Beethovens Abneigung, sich sowohl äußerlich als auch im Benehmen manierlich zu halten, schildert auch Franz Gerhard Wegeler. Beethovens erste Wiener Wohnung lag im Haus des Fürsten Lichnowsky, bei dem zu festgesetzter Zeit zu Mittag gegessen wurde. Beethovens Widerwille gegen die zeitliche Bindung und die erforderliche Etikette zitiert Wegeler: »›Nun soll ich,‹ sagte Beethoven, ›täglich um halb 4 Uhr zu Hause sein, mich etwas besser anziehen, für den Bart sorgen u.s.w. – Das halt' ich nicht aus!‹«[9]

Carl Czerny, der als Kind um 1800 erstmals zu Beethoven kam, berichtet über Beethovens Äußeres:

> »Beethoven selber war in eine Jacke von langhaarigem dunkelgrauen Zeuge und gleichen Beinkleidern gekleidet, so daß er mich gleich an die Abbildung des Campeschen Robinson Crusoe erinnerte, den ich damals eben las. Das pechschwarze Haar sträubte sich zottig, à la Titus geschnitten, um seinen Kopf. Der seit einigen Tagen nicht rasierte Bart schwärzte den untern Teil seines ohnehin brünetten Gesichts noch dunkler.«[10]

Auch eine Beschreibung Beethovens durch Abbé Gelinek gibt Czerny wieder, die sich mit anderen Aussagen deckt: »ein kleiner, hässlicher, schwarz und störrisch aussehender junger Mann«.[11] Die viel zitierte Dunkelfärbung des Gesichts könnte mehrere Ursachen gehabt haben: Beethoven war wie die meisten Zeitgenossen als Kind an Pocken erkrankt, wovon deutlich sichtbare Narben zurückgeblieben waren, die die Hautfarbe veränderten.[12] Außerdem hatte er offenbar einen stark ausgeprägten Bartwuchs[13], der bei seinem dunklen Haar ein übriges tat, das Gesicht zu verdunkeln. Die von Czerny und anderen angedeutete dunklere Hautfarbe lässt sich anhand der authentischen Abbildungen nicht nachvollziehen. Sie hat aber zu dem sehr hartnäckigen Gerücht geführt, Beethoven sei afroamerikanischer Abstammung gewesen.[14]

Aus der gleichen Zeit wie die Zeugnisse von Czerny und Gelinek, dem Jahr 1801, stammt ein Kupferstich in Punktmanier von Johann Joseph Neidl (1774/76–1832) nach einer Zeichnung von Gandolf Ernst Stainhauser von Treuberg (1766–1805), der bei Giovanni Cappi erschien. Beethoven schickte das Portrait stolz an seinen Freund Franz

Gandolph Ernst Stainhauser von Treuberg, *Ludwig van Beethoven*, 1801, Stich von Johann Joseph Neidl nach der Zeichnung von Stainhauser von Treuberg (Beethoven-Haus, Bonn).

Gerhard Wegeler in Bonn.[15] Der auf dem Stich abgebildete Mann hat allerdings nichts Wüstes oder Verwahrlostes. Wir sehen einen sehr gepflegten und nach der neuesten Mode gekleideten jungen Mann mit modernem Haarschnitt und selbstbewusstem Blick, den er sich 1801 durchaus leisten konnte: Die Tatsache, dass ein renommierter Verlag von ihm in einer Reihe mit großen Wiener Musikerpersönlichkeiten ein Portrait erstellen ließ, machte seine Stellung in der Musikwelt deutlich – von unbekannten Musikern wurden keine Bildnisse angefertigt, weil sie sich nicht verkauft hätten. Dieser Stich war dagegen so erfolgreich, dass er nachgestochen wurde[16], eine Variante erschien sogar als Beilage der Leipziger *Allgemeinen musikalischen Zeitung*.[17]

Auch auf der berühmten Elfenbeinminiatur des dänischen Portraitisten Christian Hornemann (1765–1844) aus dem Jahr 1802 sehen wir Beethoven als selbstbewussten, eleganten Künstler dargestellt. Dieses Bildnis genoss offensichtlich ebenfalls Beethovens Zustimmung, denn er schickte es seinem Freund Stephan von Breuning als Zeichen der Versöhnung nach einem großen Streit.[18] Zeitgenossen berichten, Beethovens Augen seien klein, aber sehr lebhaft gewesen. Hornemann gelang es in seiner Miniatur mit subtilen künstlerischen Mitteln, diesen lebendigen und wachen Blick einzufangen. Die Schwierigkeit, Beethovens lebhaftes Minenspiel und vor allem den Augenausdruck darzustellen, schildert Anton Schindler in Zusammenhang mit der Entstehung des Ölgemäldes von Ferdinand Schimon (1797–1852), für das Beethoven 1815 oder 1819 Modell saß:

> »Als das Bild bis auf ein Wesentliches, den Blick des Auges, fertig war, schien guter Rath theuer, wie dieses Allerschwierigste zu erreichen; denn das Augenspiel in diesem Kopfe war von wunderbarer Art und offenbarte eine Scala vom wilden, trotzigen bis zum sanften, liebevollsten Ausdrucke, gleich der Scala seiner Gemüthsstimmungen; für den Maler also die gefährlichste Klippe. Da kam der Meister selber entgegen. Das derbe, naturwüchsige Wesen des jungen Akademikers, sein ungeniertes Benehmen [...] hatten Beethoven's Aufmerksamkeit mehr rege gemacht als das auf der Staffelei Stehende; kurz, der junge Mann fing ihn an zu interessieren: er lud ihn zum Kaffee ein. Diese Sitzung am Kaffeetisch benutzte Schimon zur Ausarbeitung des Auges. Bei wiederholter Einladung zu einer Tasse Kaffee zu 60 Bohnen war dem Maler Gelegenheit gegeben, seine Arbeit zu vollenden, mit welcher Beethoven ganz zufrieden gewesen.«[19]

Obwohl Beethoven auf keinem der Bildnisse eine Brille trägt, ist bekannt, dass er kurzsichtig war und Augengläser benötigte.[20] Lediglich auf dem Ölgemälde, das Isidor Neugaß (um 1775/80–nach 1847) im Jahr 1806 im Auftrag von Beethovens Gönner Fürst Karl Lichnowsky anfertigte, ist eine Sehhilfe zu erahnen. Vor Beethovens Brust ist dort ein Band abgebildet, das unter dem dunkelblauen Frack verschwindet und an dem vermutlich ein Lorgnon befestigt war (eine Uhrkette, wie manchmal gemutmaßt wird, würde nicht um den Hals und quer über die Brust getragen). Auch Gerhard von Breuning berichtet, Beethoven habe wegen seiner Kurzsichtigkeit eine Doppellorgnette getragen, die ihm lose um den Hals hing.[21]

Bettina von Arnim zeichnet ungefähr 1810 ein sehr schwärmerisches Bild Beethovens, das aber nicht wesentlich von den allgemeinen Beschreibungen seines Äußeren abweicht:

> »Seine Person ist klein (so groß sein Geist und Herz ist), braun, voll Blatternarben, was man so nennt: garstig, hat aber eine himmlische Stirn, die von der Harmonie so edel gewölbt ist, daß man sie wie ein herrliches Kunstwerk anstaunen möchte, schwarze Haare, sehr lang, die er zurückschlägt, scheint kaum dreißig Jahre alt, er weiß seine Jahre selbst nicht, glaubt aber doch fünfunddreißig.«[22]

Aus dem Jahr 1812 stammen die beiden wichtigsten Zeugnisse für Beethovens Antlitz: die Lebendmaske und die nach ihr gefertigte Büste des Bildhauers Franz Klein (1779–1840). Der Klavierbauer Andreas Streicher hatte im Klaviersalon seiner Manufaktur Büsten der wichtigsten lebenden Künstler aufgestellt, auch Beethoven sollte darunter seinen Platz finden. Zu diesem Zweck wurde eine Lebendmaske aus Gips angefertigt, die der Bronzebüste als Vorlage diente. Die Prozedur der Gipsmaske war für den Komponisten allerdings eine Tortur, da er sich unter dem nassen Gips überhaupt nicht wohlfühlte und auch nicht stillhalten wollte. Zum Atmen hatte man ihm Strohhalme in die Nasenlöcher gesteckt, die aber bei weitem nicht ausreichend Luftzufuhr gewährleisteten. Der erste Versuch misslang, erst der zweite war erfolgreich. Die Büste bestätigt die Aussagen der Zeitgenossen: Beethovens Stirn war breit und hoch gewölbt. Die Augen lagen relativ tief, auch die Nasenwurzel ist tief, die Nase nicht besonders lang und auch breit. Das Kinn ist ebenfalls sehr breit und hat eine tiefe Querfurche, wohl eine Narbe. Auch die Pockennarben sind auf Kinn und Wangen deutlich erkennbar. Der fast zum Klischee gewordene düstere, verkniffene Zug um den Mund sollte allerdings nicht überbewertet werden und mag wenigstens teilweise Beethovens Situation unter der Gipsmaske geschuldet sein.

Zwei Jahre später, 1814, fertigt Blasius Höfel (1792–1863) nach einer Zeichnung von Louis Letronne (1790–1842) im Auftrag des Wiener Musikalienverlags Artaria & Comp. einen Kupferstich Beethovens an. Beethoven ist zu diesem Zeitpunkt, während des Wiener Kongresses, auf dem Höhepunkt seines öffentlichen Ruhms. Immer noch sieht man ihn angemessen und ordentlich gekleidet, im Gegenzug zu den früheren Abbildungen wirkt die Frisur aber bereits sehr viel individueller. Das Haar ist nicht mehr ganz kurz geschnitten und legt sich lockig um den Kopf. Dieser Kupferstich ist die einzige Abbildung, die die oben erwähnte dunklere Hautfarbe Beethovens erahnen lässt (das

August von Kloeber, *Ludwig van Beethoven*, 1818, Bleistiftzeichnung (Beethoven-Haus, Bonn).

von Czerny so bezeichnete »brünette Gesicht«). Allerdings schließt man wohl eher aufgrund der genannten Aussagen auf die Farbe und würde sie ohne die zeitgenössischen Andeutungen nicht als auffällig wahrnehmen. Auch dieses Bildnis war sehr erfolgreich und diente in einem Nachstich als Frontispiz der *Allgemeinen musikalischen Zeitung*.[23] Seine Authentizität wird dadurch verbürgt, dass der Komponist den Stich häufig mit einer eigenhändigen Widmung versehen an Freunde und Bekannte oder Verehrer verschenkte.[24] Antonie Brentano gegenüber behauptete er sogar, manche wollten auf dem Portrait nicht nur das Gesicht, sondern »auch die Seele drauf deutlich wahrnehmen«, was er aber dahingestellt sein lasse.[25] Auch Anton Schindler bekräftigte 1835, dass Beethoven diese Lithographie gerne an Freunde »mit der Versicherung überschickte, dass sie ihn in dieser Abbildung so sehen, wie er wirklich ist.«[26] Die Vorlagezeichnung Letronnes missglückte allerdings zunächst und musste erneut angefertigt werden, was Beethoven resignierend zur Kenntnis nahm: »o gott, was ist man geplagt, wenn man ein so fatales Gesicht hat, wie ich«[27], beklagte er sich brieflich bei Nikolaus Zmeskall in diesem Zusammenhang.

Die Veränderungen in der äußeren Erscheinung, die mit Beethovens wachsendem Alter zunahmen und das Bild der Nachwelt geprägt haben, fängt wohl am besten die Bleistiftzeichnung August von Kloebers (1793–1864) ein, die er als Studie für ein Portrait angefertigt hat. Kloeber besuchte Beethoven 1818 in seinem Sommerurlaub in Mödling und der Komponist war ausreichend guter Stimmung, um Modell zu sitzen. Beethoven sieht ernst aus, sein Blick ist in die Ferne gerichtet, der Mund wirkt entschlossen. Auffallend ist vor allem die Frisur: die Haare stehen wirr und ungekämmt in alle Richtungen. Schon 1813 hatte Beethoven seinem Freund Nikolaus Zmeskall gegenüber zugegeben, sich nicht besonders um seine Haare zu kümmern: »die Frisur ist wie sie wissen, mein leztes augenmerk«.[28] 1863 erinnerte sich August von Kloeber an die Sitzungen mit Beethoven. Friedrich Wilhelm Jähns gegenüber schildert er sie in einem Brief:

> »Beethoven sah sehr ernst aus, seine äußerst lebendigen Augen schwärmten meist mit einem etwas finsteren gedrückten Blick nach oben, den ich gesucht habe im Bilde wiederzugeben. Seine Lippen waren geschlossen, aber der Zug um den Mund nicht unfreundlich. […] Seine Kleidung war, vor mir, ein lichtblauer Frack mit gelben Knöpfen, weiße Weste und Halsbinde,

> wie man damals trug; alles sehr negligirt. Seine Gesichtsfarbe gesund und derb; die Haut etwas pockennarbigt, sein Haar wie blau angelaufner Stahl, weil es aus dem Schwarz schon etwas anfing zu grauen. Sein Auge blaugrau und höchst lebendig. Wenn sein Haar sich im Sturm bewegte, so hatte er wirklich etwas Ossianisch-Daemonisches. Im freundlichen Gespräch nahm er aber wieder einen gutmüthigen milden Ausdruck an, wenn ihn nehmlich das Gespräch angenehm berührte. – Jede Stimmung seiner Seele drückte sich augenblicklich in seinen Zügen gewaltsam aus.«[29]

Für die Zeitgenossen war Beethoven auch seines Habitus' wegen eine Erscheinung, wenn er in sich gekehrt durch die Stadt flanierte. Gerhard von Breuning berichtet:

> »Beethoven's äußere Erscheinung hatte, der ihm ganz eigenthümlichen Nonchalance in der Bekleidung wegen, auf der Straße etwas ungewöhnlich Auffälliges an sich. Meist in Gedanken vertieft und diese vor sich hinbrummend, gestikulirte er, wenn er allein ging, nicht selten mit den Armen dazu. Ging er in Gesellschaft, so sprach er sehr lebhaft und laut, und, da der ihn Begleitende dann immer die Antwort in das Conversationsheft schreiben mußte, wurde im Gehen wieder häufig inne gehalten, was an sich schon auffällig und durch allenfalls noch mimisch geäußerte Antworten noch auffälliger wurde. So kam es, dass die meisten der ihm Begegnenden sich nach ihm umwandten, die Straßenjungen auch wohl ihre Glossen über ihn machten, und ihm nachriefen. Neffe Carl verschmähte deßhalb, mit ihm auszugehen, und hatte ihm auch geradezu einmal gesagt, daß er sich schäme, ihn seines ›narrenhaften Aussehens‹ wegen auf der Straße zu begleiten […].«[30]

Viele der Zeitgenossen berichten über Beethovens Nachlässigkeit seinem Aussehen gegenüber. Schon Bäckermeister Fischer hielt fest, der Knabe Ludwig sei »oft schmutzig, gleichgüldig« gewesen. Fischer berichtet, seine Schwester Cäcilia habe Beethoven oft geschimpft »wie sichs du wider so schmutzig aus, du sollts dich was propper halten«, worauf dieser nur erwidert habe »was lieg daran, wenn ich mal ein Herr werde, dann wird mir das keiner mehr ansehen.« [31]

Auch Nannette Streicher, die 1817 und 1818 Beethoven bei seiner Haushaltsführung behilflich war, schildert nach der Aufzeichnung von Mary und Vincent Novello 1829 Beethovens Aussehen als heruntergekommen: »Sie erzählte, daß er wie ein Bettler ausgesehen habe, seine Kleidung war schmutzig, er war wie ein Bär, launisch und mürrisch, sein Lachen klang wie ein Brüllen, er beschimpfte die Leute, die an ihm vorbeigingen, aber trotz all dem hält sie ihn für einen guten Menschen.«[32] Die Nachlässigkeit des äußeren Auftretens und der Kleidung führte 1822 oder 1823 sogar einmal dazu, dass Beethoven als vermeintlicher Landstreicher in Polizeigewahrsam genommen wurde.[33] Etwas differenzierter schildert Gerhard von Breuning das Bild, der zwischen den staubigen und unausgebürsteten Kleidern und dem »blendenden Weiß und Reinheit seiner Wäsche« und gleichzeitigem »vielfachen Waschen seines Körpers« unterscheidet.[34] Auch Beethovens Zähne charakterisiert er als »blendend weiße volle Zahnreihen«.[35]

Aus dem Gedächtnis sehr verklärt wirken dagegen die Beschreibungen Louis Schlössers, der 1880 seine »Erinnerungen an Ludwig van Beethoven« festhielt:

»[...] dennoch sind die edlen, gedankenvollen Züge, die grossen durchdringenden Augen, der feingeschnittene, meist geschlossene Mund mit den blüthenweissen Zähnen unvergänglich meinem Gedächtnis eingeprägt [...]. Wenn auch das hocherhabene Haupt mit den wirren, zurückgeworfenen Haaren nicht allsogleich den genialen Geist seines Besitzers verrieth, so verwandelte sich der Eindruck, wie auch der Anblick seiner breitschulterigen, gedrungenen Gestalt, augenblicklich in das Gegentheil, wenn er zu sprechen begann [...]. Wie fliessend waren seine Worte, wie scharfsinnig, klar und belehrend die Mittheilungen und Bemerkungen, welche er unverhohlen äusserte!«[36].

In der Fortsetzung fährt Schlösser überschwänglich fort:

»Als rau und finster, unzugänglich und misstrauisch wurde er mir geschildert, während ich mich nur seines beständigen Wohlwollens und des liebenswürdigsten Entgegenkommens rühmen konnte. Seine Erscheinung trug für mich stets das Gepräge eines angeborenen Seelenadels, einer grossartig angelegten Natur, deren Überlegenheit man auf der Stelle empfindet. Aus seinen Augen leuchtete der Strahl des Genies und der hohe Ernst seiner Züge wurde durch ein freundliches Lächeln gemildert, das die fliessende kluge Rede verschönte.«[37]

Der Schriftsteller Ludwig Rellstab (1799–1860) besuchte Beethoven während seines Wien-Aufenthaltes im April 1825 mehrere Male und zeichnet das Bild des Komponisten am Ende seines Lebens. Auch er weicht nicht wesentlich von den bereits geschilderten Beschreibungen ab. Auffallend ist jedoch, dass Rellstab die gängigen bekannten Abbildungen des Komponisten relativiert, die nach wie vor auch heute noch das Beethoven-Bild entscheidend prägen.

»So saß ich denn neben dem kranken, schwermütigen Dulder. Das fast durchweg graue Haar erhob sich buschig, ungeordnet auf seinem Scheitel, nicht glatt, nicht kraus, nicht starr, ein Gemisch aus Allem. Die Züge erschienen auf den ersten Blick wenig bedeutend; das Gesicht war viel kleiner, als ich es mir nach dem in eine gewaltsam geniale Wildheit gezwängten Bildnisse vorgestellt hatte. Nichts drückte jene Schroffheit, jene stürmische Fessellosigkeit aus, die man seiner Physiognomie geliehen, um sie in Uebereinstimmung mit seinen Werken zu bringen. Weshalb sollte auch Beethovens Angesicht aussehn wie seine Partituren? Seine Farbe war bräunlich, doch nicht jenes gesunde Braun, das sich der Jäger erwirbt, sondern mit einem gelblich kränkelnden Ton versetzt. Die Nase schmal, scharf, der Mund wohlwollend, das Auge klein, blassgrau, doch sprechend. Wehmuth, Leiden, Güte, las ich auf seinem Angesicht; doch, ich wiederhole es, nicht ein Zug der Härte, nicht einer der mächtigen Kühnheit, die den Schwung seines Geistes bezeichnet, war auch nur vorübergehend zu bemerken. Ich will hier den Leser nicht durch eine Dichtung täuschen, sondern die Wahrheit geben, ein treuer Spiegel seines theuren Bildnisses sein. Er büßte, trotz allem eben Gesagten, nichts von der geheimnisvoll anziehenden Kraft ein, die uns so unwiderstehlich an das Aeußre großer Menschen fesselt. Denn das Leiden, der stumme, schwere Schmerz, der sich darin ausdrückte, war nicht die Folge des augenblicklichen Unwohlseins, da ich diesen Ausdruck auch nach Wochen, wo sich Beethoven viel gesunder fühlte, immer wieder fand, – sondern das Ergebniß seines ganzen, einzigen Lebensgeschicks, das die höchste Gewähr der Bestätigung mit der grausamsten Prüfung des Versagens verschmolz. [...] Deshalb ergriff der Anblick dieses stillen tiefen Grams, der auf seiner wehmuthvollen Stirn, in seinen milden Augen lag, mit namenloser Rührung. Es gehörte starke Kraft der Selbstüberwindung dazu, ihm gegenüber zu sitzen und die hervordrängende Thräne zurückzuhalten.«[38]

Anmerkungen

1 A. W. Thayer, *Ludwig van Beethoven's Leben*, Bd. 2, Berlin 1872, S. 65.
2 F. G. Wegeler und F. Ries, *Biographische Notizen über Beethoven*, Koblenz 1838; die Silhouette stammt nach Aussage Wegelers von Joseph Neesen (1770–1829?), der auch die Schattenrisse der Mitglieder der Familie Breuning erstellt hat. Das Original ist nicht bekannt, die Lithographie im Buch wurde von den »Gebr. Becker« erstellt.
3 M. Wetzstein, *Familie Beethoven im kurfürstlichen Bonn. Neuauflage nach den Aufzeichnungen des Bonner Bäckermeisters Gottfried Fischer*, Bonn 2006, S. 76.
4 Ebenda, S. 77.
5 F. G. Wegeler und F. Ries, *Biographische Notizen*, S. 8. Ries zitiert wörtlich die Beschreibung von I. von Seyfried, *Ludwig van Beethoven's Studien im Generalbasse, Contrapuncte und in der Compositions-Lehre*, Wien 1832, Anhang, S. 13.
6 A. Schindler, *Biographie von Ludwig van Beethoven*, Münster 1840, S. 269.
7 1 Wiener Fuß entspricht 31,6 cm, 1 Wiener Zoll 2,63 cm, siehe H. Bankl und H. Jesserer, *Die Krankheiten Ludwig van Beethovens. Pathographie seines Lebens und Pathologie seiner Leiden*, Wien u.a. 1987, S. 139 Anm. 56.
8 L. Nohl, *Beethoven. Nach Schilderungen seiner Zeitgenossen*, Stuttgart 1877, S. 19f.
9 F. G. Wegeler und F. Ries, *Biographische Notizen*, S. 33.
10 C. Czerny, *Erinnerungen aus meinem Leben*, hrsg. von W. Kolneder, Straßburg und Baden-Baden 1968, S. 14.
11 Ebenda, S. 9f.
12 Gerhard von Breuning spricht davon, das Gesicht sei »von braunen Pockenvertiefungen gefleckt« gewesen (ders., *Aus dem Schwarzspanierhause, Erinnerungen an L. van Beethoven aus seiner Jugendzeit*, Wien 1874, S. 34).
13 Beethoven ist auf allen authentischen Abbildungen glattrasiert dargestellt. Allerdings scheint er sich nicht jeden Tag rasiert zu haben, denn neben Czerny schildert etwa Schindler Beethovens »verwildertes Aussehen«, »wenn noch dazu sein Bart eine übermässige Länger erreicht hatte, was sehr oft der Fall war.« (A. Schindler, *Beethoven* 1840, S. 270).
14 Der Gegenbeweis ist derzeit nicht zu führen, da über Beethovens Großmutter väterlicherseits, Maria Josepha Ball (um 1714–1775), nichts bekannt ist und sie theoretisch schwarzafrikanischer Abstammung gewesen sein könnte.
15 BGA 65.
16 Stich von Carl Traugott Riedel, erschienen im Bureau de Musique von Hoffmeister & Kühnel in Leipzig.
17 Stich von Johann Gottfried Scheffner, Beilage zur Allgemeinen musikalischen Zeitung 6 (1803/04), Nr. 20 vom 15. Februar 1806, nach Sp. 332.
18 BGA 197.
19 A. Schindler, *Beethoven* 1860, Bd. 2, S. 288f.
20 Die Originale befinden sich im Beethoven-Haus Bonn.
21 G. von Breuning, *Aus dem Schwarzspanierhause*, S. 65.
22 L. Nohl, *Beethoven*, S. 63.

23 Kupferstich von Carl Traugott Riedel nach dem Stich von Blasius Höfel, AmZ 19 (1817), Titelblatt.

24 An einen Herrn Huber (BGA 749), Antonie Brentano (mit Widmung: »Hochachtungsvoll der Frau von Brentano gebohrne Edle von Birkenstock von ihrem Sie verehrenden Freunde Beethowen«, BGA 897), Franz Gerhard Wegeler (mit Widmung: »Für meinen Freund Wegeler Vien am 27ten März 1815 l. v. Beethoven.«, BGA 979), Nikolaus Simrock (mit Widmung: »meinem Freunde Simrock um mich zuweilen anzusehen von l.v. Beethoven«). Auch seinem alten Bonner Jugendfreund Johann Joseph Eichhoff hatte er den Kupferstich bei seinem Besuch im März 1815 für die Bonner Lese- und Erholungsgesellschaft mitgegeben, die bei ihm um ein Portrait in Öl nachgesucht hatte, und den Stich als Stellvertreter erhielt, bis das Gemälde fertiggestellt sei (danach sollte der Kupferstich Johann Heinrich Crevelt, dem Direktor der Lesegesellschaft, als Andenken an die gemeinsame Bonner Freundschaft übergeben werden); siehe K. M. Kopitz, »Das Beethoven-Porträt von Ferdinand Schimon. Ein 1815 für die Bonner Lesegesellschaft entstandenes Bildnis?«, in: *Beiträge zu Biographie und Schaffensprozess bei Beethoven. Rainer Cadenbach zum Gedenken* (Schriften zur Beethoven-Forschung, 21), hrsg. von J. May, Bonn 2011, S. 73–88, hier S. 79.

25 Beethoven an Antonie Brentano in Frankfurt, Wien, 6. Februar 1816 (BGA 897).

26 A. Schindler, »Ueber Beethoven's ähnlichstes Bildniss«, in: Allgemeine musikalische Zeitung 37 (1835), Nr. 8 vom 25. Februar 1835, Sp. 117–120, hier Sp. 118.

27 BGA 748, Herbst 1814.

28 Beethoven an Nikolaus Zmeskall, Wien, 25. Februar 1813 (BGA 624).

29 Brief an Friedrich Wilhelm Jähns, Berlin 26. November 1863 (Beethoven-Haus Bonn, Sammlung H.C. Bodmer, beiliegend zur Zeichnung HCB BBi 3/20), zitiert nach: S. Bettermann, *Beethoven im Bild. Die Darstellung des Komponisten in der bildenden Kunst vom 18. bis zum 21. Jahrhundert*, Bonn 2012, S. 181–183.

30 G. von Breuning, *Aus dem Schwarzspanierhause*, S. 63f.

31 M. Wetzstein, *Bäckermeister Fischer*, S. 52.

32 Wiedergegeben bei: Chr. Lambour, »Nannette Streicher – nicht nur Klavierbauerin«, in: *Der »männliche« und der »weibliche« Beethoven, Kongressbericht Berlin 2001*, hrsg. von C. Bartsch, B. Borchard und R. Cadenbach, Bonn 2004, S. 214.

33 Siehe die vom Maler Blasius Höfel berichtete Anekdote bei F. Kerst, *Die Erinnerungen an Beethoven*, Stuttgart 1913, Bd. 1, S. 278f.

34 G. von Breuning, *Aus dem Schwarzspanierhause*, S. 61.

35 Ebenda, S. 67.

36 Allgemeine Deutsche Musik-Zeitung 7 (1880), Nr. 51 vom 17.12.1880, S. 401.

37 Ebenda, Nr. 52 vom 24.12.1880, S. 415.

38 L. Rellstab, »Beethoven. Ein Bild der Erinnerung aus meinem Leben«, in: *Weltgegenden*, hrsg. von Chlodwig, 1. Jg. 3. Bd., Westen, Cottbus 1841, S. 29f.

Misanthrop, Freigeist, Gemütsmensch – Beethovens Charakter

Von Julia Ronge

»O ihr Menschen die ihr mich für Feindseelig störisch oder Misantropisch haltet oder erkläret, wie unrecht thut ihr mir«.[1] Beethovens berühmte Worte aus dem so genannten *Heiligenstädter Testament*, die er am 6. Oktober 1802 an seine Brüder schrieb, machen das Ausmaß seiner Verzweiflung deutlich. Bereits ein Jahr zuvor, am 16. November 1801 hatte er seinem Freund Franz Gerhard Wegeler nach Bonn ähnliches geschrieben: »wie ein Gespenst ist mir mein schwaches Gehör überall erschienen, und ich flohe – die Menschen, mußte Misantrop scheinen, und bins doch so wenig«.[2]

Feindselig, störrisch, misantropisch – ist nicht auch unser (von Mythen überformtes) Beethoven-Bild geprägt von diesen oder ähnlichen Adjektiven? Dem Bericht Wegelers zufolge sei Beethoven »immer so eigensinnig und selbstwollend gewesen, daß er Manches durch eigene harte Erfahrung habe lernen müssen, was er früher nie als Gegenstand eines Unterrichts habe annehmen wollen.«[3] Wegeler war ein langjähriger und enger Freund, der sich in seiner Beurteilung sicher war und sich wohl nicht getäuscht haben wird. Der Döttinger Pfarrer Carl Ludwig Juncker, der die Bonner Hofkapelle während des Großkapitels des Deutschen Ordens in Mergentheim 1791 hörte, charakterisiert den 20-jährigen Beethoven dagegen als »lieben, leisegestimmen« Mann: »Nur er ist der Bescheidene, ohne alle Ansprüche.«[4]

Der Bescheiden-Liebenswürdige und der Aufbrausend-Selbstbewusste – zeitgenössische Berichte über Beethoven bilden ein breites Spektrum an Charaktereigenschaften ab, von denen einige kaum hergebrachten Beethoven-Assoziationen entsprechen. Alexander Wheelock Thayer, der als einer der ersten 1872 versuchte, Beethovens Charakter und Persönlichkeit zu beschreiben, wies bereits auf die Diskrepanz zwischen dem tatsächlichen und dem zugeschriebenen Wesen des Komponisten hin: »Ein treues und erschöpfendes Bild von ihm als Menschen würde einen beinahe lächerlichen Contrast zu jenem bilden, welches gemeinhin als das richtige betrachtet wird.«[5] Thayer betont aber auch die Schwächen, die hinter dem Geniekult verblassen:

> »Unser gegenwärtiges Zeitalter muß zufrieden sein, in Beethoven bei all' seiner Größe eine durchaus menschliche Natur zu finden, die, wenn sie mit ungewöhnlichen Kräften ausgestattet war, gleichzeitig auf der andern Seite ungewöhnliche Schwächen zu erkennen gibt.«[6]

Beethovens Charakter war durch starke Gegensätze gekennzeichnet. Er war ein Exzentriker, seine Gefühlsausbrüche schwankten oft zwischen Extremen und konnten sich von einem Augenblick auf den anderen in ihr Gegenteil verkehren. Schriftdokumente wie Briefe oder Konversationshefte zeigen den fröhlichen Beethoven, der sich im Kreis Gleichgesinnter amüsiert und mit (nicht immer geglückten) Wortspielen und Witzen zur ausgelassenen Stimmung beiträgt[7], gleichermaßen wie den melancholischen, niedergeschlagenen, der Selbstmordgedanken hegt.[8] Stimmungsschwankungen scheint er schon in frühester Jugend an den Tag gelegt zu haben, Helene von Breuning kommentierte sie achselzuckend mit »Er hat heute wieder seinen Raptus«.[9] Auch Beethoven gab in einem Brief an Wegeler 1801 zu, »daß ich noch zuweilen einen raptus han«.[10]

Dieser »Raptus« äußerte sich auf unterschiedliche Weise. So war Beethoven ausgesprochen jähzornig. Legendär sind seine Ausbrüche, während derer er mit Gegenständen nach Bedienten warf, zum Beispiel mit einem Sessel nach der Magd Baberl[11], oder mit einem Teller voller heißen Essens nach dem Kellner im Gasthaus »Zum weißen Schwan«.[12] Im Zorn wurde Beethoven oft beleidigend und titulierte andere, besonders Menschen, die er für unter sich stehend hielt, unflätig. So verunglimpfte er seine beiden Angestellten Nany und Baberl als »Mistvolk«[13], seine Schwägerin und deren Tochter Amalie bezeichnete er als die »beyden Kanaillen Fettlümmel u. Bastard«[14] und den Kopisten Ferdinand Wolanek als »Schreib-Sudler« und »Lumpen-Kerl«.[15] Im Zorn brach Beethoven mit engen Freunden (z.B. Stephan von Breuning, siehe Freundschaften) oder Mäzenen (z.B. Karl Fürst Lichnowksy, siehe Mäzene), mit denen er sich nach abgezogenem Gewitter oft (aber nicht immer) wieder versöhnte. Auch Texte und deren Autoren waren vor Beethovens Unmut nicht gefeit. Billigte er eine Argumentation nicht, so setzte er ein »Esel« in die Marginalie.[16] Diese Äußerungen konnten sich bis zu wüsten Ausfällen steigern. Nicht einverstanden mit Gottfried Webers Ausführungen »Ueber Tonmalerei«, an der betreffenden Stelle insbesondere über Beethovens Schlachtensymphonie *Wellingtons Sieg* op. 91, von der Weber behauptete, sie sei »ja nicht einmal ein Tongemälde«, grollte Beethoven am unteren Rand: »Ach du erbärmlicher Schuft, was ich scheiße ist beßer, als was du je gedacht –«.[17]

Beethoven war schnell gekränkt, war er doch zumindest in künstlerischer Hinsicht sich seines Wertes sehr wohl bewusst und stolz. Ferdinand Ries berichtet einen symptomatischen Vorfall bei einem Hauskonzert, auf dem er zusammen mit Beethoven musizierte:

> »Während Letzteres geschah, sprach der junge Graf P.... in der Thüre zum Nebenzimmer so laut und frei mit einer schönen Dame, daß Beethoven, da mehrere Versuche, Stille herbeizuführen erfolglos blieben, plötzlich mitten im Spiele mir die Hand vom Clavier wegzog, aufsprang und ganz laut sagte: ›für solche Schweine spiele ich nicht.‹ Alle Versuche, ihn wieder an's Clavier zu bringen, waren vergeblich; sogar wollte er nicht erlauben, daß ich die Sonate spielte. So hörte die Musik zur allgemeiner Mißstimmung auf.«[18]

Goethe, der Beethoven 1812 mehrfach in Teplitz traf, urteilte über dessen mangelhafte Umgangsformen, die er zwar für verständlich, aber wirkungslos hielt. Aus Karlsbad schrieb er am 2. September 1812 an Carl Friedrich Zelter:

> »Beethoven habe ich in Töpliz kennen gelernt. Sein Talent hat mich in Erstaunen gesetzt; allein er ist leider eine ganz ungebändigte Persönlichkeit, die zwar gar nicht Unrecht hat,

wenn sie die Welt detestabel findet, aber sie freylich dadurch weder für sich noch für andere genußreicher macht.«[19]

Goethe hielt Beethovens Schwerhörigkeit zwar nicht für ursächlich für sein Benehmen, brachte sie aber dennoch damit in Verbindung und bedauerte den Komponisten für sein Leiden: »Er, der ohnehin laconischer Natur ist, wird es nun doppelt durch diesen Mangel.«[20]

Beethovens geringe Anpassungsbereitschaft gesellschaftlichen Gepflogenheiten gegenüber, die auch als Arroganz gewertet werden konnte, brachte ihm den Ruf des Revoluzzers ein, der er eigentlich nicht war. Er war sich lediglich seiner herausragenden Bedeutung als »wahrer Künstler«[21] und der damit verbundenen Pflichten bewusst und wollte in Bezug auf sein Schaffen keine Kompromisse eingehen. Seinem Freund Wegeler kündigt er 1801 an: »so viel will ich euch sagen, daß ihr mich nur recht groß wiedersehen werdet, nicht als Künstler sollt ihr mich größer, sondern auch als Mensch sollt ihr mich besser, Vollkommener finden«.[22] Breitkopf & Härtel gegenüber betont er:

> »Es gibt keine Abhandlung die sobald zu gelehrt für mich wäre, ohne auch im mindesten Anspruch auf eigentliche Gelehrsamkeit zu machen, habe ich mich doch bestrebt von Kindheit an, den Sinn der bessern und weisen jedes Zeitalters zu fassen, schande für einen Künstler, der es nicht für schuldigkeit hält, es hierin wenigstens so weit zu bringen –«.[23]

Die gesellschaftliche Verantwortung des Künstlers bringt Beethoven in seinem berühmten Brief an Breitkopf & Härtel zum Ausdruck, in dem er Goethes Nähe zum Adel kritisiert, die er wohl in Teplitz 1812 beobachtet hatte:

> »Göthe behagt die Hofluft zu sehr mehr als es einem Dichter ziemt, Es ist nicht vielmehr über die lächerlichkeiten der Virtuosen hier zu reden, wenn Dichter, die als die ersten Lehrer der Nation angesehn seyn sollten, über diesem schimmer alles andere vergessen können –«.[24]

Wenn Beethoven Emilie M. in Hamburg erklärt, »Der wahre Künstler hat keinen Stolz; leider sieht er, daß die Kunst keine Gränzen hat, er fühlt dunkel, wie weit er vom Ziele entfernt ist und indeß er vielleicht von Andern bewundert wird, trauert er, noch nicht dahin gekommen zu sein, wohin ihm der bessere Genius nur wie eine ferne Sonne vorleuchtet«[25], so meint er nicht eigentlich mangelndes Selbstbewusstsein (das man ihm sicherlich nicht zum Vorwurf machen konnte), sondern das stete Bedürfnis und die Pflicht, sich weiter entwickeln zu müssen. Seinen Schüler und Gönner Erzherzog Rudolph ermahnt er deshalb im Juli 1819:

> »allein Freyheit, weiter gehn ist in der Kunstwelt, wie in der ganzen großen schöpfung, zweck, u. sind wir neueren noch nicht ganz so weit, als unsere altvordern in Festigkeit, So hat doch die verfeinerung unsrer Sitten auch manches erweitert«.[26]

War er dazu in Stimmung, spottete Beethoven bisweilen über sein Künstlertum. So herrschte in seiner Wohnung ein legendäres Chaos, das er mit einiger Selbstironie Franz

Anton Hoffmeister in Leipzig im April 1801 beschreibt: »dabey ist es vieleicht das einzige genie-mäßige, was an mir ist, daß meine Sachen sich nicht immer in der besten Ordnung befinden, und doch niemand im stande ist als ich selbst da zu helfen«.[27] Gegenüber Cajetan Giannattasio del Rio gab Beethoven Anfang November 1816 zu: »Meine Haußhaltung sieht einem schiffbruche beynahe ganz ähnlich oder neigt sich dazu«.[28]

Beethovens künstlerischem Stolz stand ein meist sorgsam verborgenes Minderwertigkeitsgefühl in intellektuellen Belangen gegenüber. Beethoven hatte nur wenige Jahre die Schule besucht und litt zeitlebens unter den daraus resultierenden Defiziten, die er durch intensives Selbststudium und Lektüre auszugleichen suchte. Beethovens Sprache war weder in der Syntax noch im Vokabular gut ausgebildet oder gar elegant.[29] Elisabeth von Bernhard berichtete über ihre Begegnungen mit dem jungen Beethoven Mitte der 1790er Jahre:

> »Dabei sprach er sehr im Dialect und in einer etwas gewöhnlichen Ausdrucksweise, wie denn überhaupt sein Wesen nichts von äußerer Bildung verrieth, vielmehr unmanierlich in seinem ganzen Gebaren und Benehmen war.«[30]

Der Schweizer Xaver Schnyder von Wartensee, der im Spätherbst 1811 in der Hoffnung nach Wien kam, bei Beethoven Unterricht nehmen zu können, schildert Beethoven in einem Brief vom 17. Dezember 1811 an Hans Georg Nägeli in Zürich ähnlich:

> »Große Gedanken schweben in seiner Seele, die er aber nicht anders als durch Noten zu äußern vermag; Worte stehen ihm nicht zu Gebote. Seine ganze Bildung ist vernachlässigt, und seine Kunst ausgenommen ist er roh aber bieder und ohne Falschheit, er sagt geradezu von der Leber weg, was er denkt.«[31]

Beethoven war sich seiner sprachlichen Unbeholfenheit schmerzlich bewusst. An Nikolaus Simrock schrieb er am 28. November 1820: »ich schreibe lieber 10000 Noten als einen Buchstaben, besonders wenn es sich um das so u. nicht so nehmen handelt«.[32] Und an seinen Freund Franz Gerhard Wegeler diktierte er seinem Neffen Karl am 7. Dezember 1826: »Im Kopf mache ich öfter die Antwort, doch wenn ich sie niederschreiben will, werfe ich meistens die Feder weg, weil ich nicht so zu schreiben im Stande bin, wie ich fühle.«[33] Auf den Punkt bringt Beethoven seinen Mangel in einem Brief an Ferdinand Ries am 20. Dezember 1822: »Denn Beethoven kann schreiben [= komponieren], Gott sei Dank, sonst freilich nichts in der Welt.«[34] Es ist sicher kein Zufall, dass nur engen Freunden das Zugeständnis des eigenen Mangels offenbart wurde. Möglicherweise war aber Beethovens oft geschildertes schroffes und ablehnendes Gebaren auch ein Selbstschutz, um die eigene Unzulänglichkeit zu verbergen.

Im direkten Kontakt konnte Beethoven dagegen ausgesprochen charmant, sehr liebevoll und gutmütig sein. Er entwickelte in diesen Momenten ein Charisma, das seine Umgebung bedingungslos für ihn einnahm. Ferdinand Ries schildert ihn als herzensguten Menschen,

»dem nur seine Laune und seine Heftigkeit gegen Andere oft böse Streiche spielten. Er würde Jedem, welche Beleidigung oder welches Unrecht er von ihm auch immer erfahren, auf der Stelle vergeben haben, hätte er ihn im Unglücke angetroffen.«[35]

Auch Ignaz von Seyfried berichtet von Beethovens freundlichem Wesen. Seyfried hatte sich mit Beethoven ca. 1803 angefreundet, als er Kapellmeister im Theater an der Wien war und Beethoven dort eine Dienstwohnung bezog.

»Wir herbergten unter einem und demselben Dache, waren tägliche Tischgenossen, und wenn ich den Meister der Töne als einen Stern erster Größe am musikalischen Horizonte lange schon verehrte, so mußte ich das engelreine Gemüth, den seelenguten, kindlich offenherzigen, mit Theilnahme und Wohlwollen Alles umfassenden Menschen stündlich nur lieber noch gewinnen.«[36]

Karl August Varnhagen von Ense, der Beethoven 1811 in Teplitz kennengelernt hatte, findet ähnliche Worte für Beethovens Charakter. Dem Dichter Ludwig Uhland schreibt er am 23. Dezember 1811:

»Die letzten Tage im Ausgange des Sommers lernt' ich in Töplitz Beethoven kennen, und fand in dem als wild und ungesellig verrufenen Mann den herrlichsten Künstler von goldenem Gemüth, großartigem Geist, und gutmüthiger Freundlichkeit.«[37]

Auch Louis Spohr, der während seines Wien-Aufenthaltes von Dezember 1812 bis März 1815 regelmäßig mit Beethoven zusammentraf, schildert den weichen Kern unter der harten Schale: »Beethoven war ein wenig derb, um nicht zu sagen: roh; doch blickte ein ehrliches Auge unter den buschigen Augenbrauen hervor.«[38]

Beethoven war zudem freigebig und hilfsbereit. An Wegeler schreibt er im Juni 1801: »ich sehe einen Freund in Noth und mein Beutel leidet eben nicht, ihm gleich zu helfen, so darf ich mich nur hinsezen und in kurzer Zeit ist ihm geholfen«.[39] Ferdinand Ries bestätigt die Großzügigkeit seines Lehrers:

»In dem Empfehlungsbriefe meines Vaters an Beethoven war mir zu gleicher Zeit ein kleiner Credit bei ihm eröffnet, im Falle ich dessen bedürfte. Ich habe nie bei Beethoven Gebrauch davon gemacht; als er aber einige Mal gewahr wurde, daß es mir knapp ging, hat er mir unaufgefordert Geld geschickt, das er jedoch niemals zurücknehmen wollte.«[40]

Besonders in seiner frühen Wiener Zeit hatte Beethoven Hilfestellungen zahlreicher Gönner und Musiker erhalten und bewahrte sich dafür eine große Dankbarkeit. »nie <u>habe ich vergessen, was ich ihnen überhaupt alle schuldig bin</u>«[41], betonte er 1814 gegenüber Moritz von Lichnowsky in Erinnerung an die Förderung durch dessen älteren Bruder, Fürst Karl.

Beethovens Liebenswürdigkeit wird von vielen Personen aus seinem engeren Umfeld bezeugt, war aber in der Regel auf diese beschränkt. Franz Grillparzer erzählte 1860 Gerhard von Breuning, dem Sohn des Beethoven-Freundes Stephan von Breuning:

»Beethoven machte gerne und oft Späße, die so ganz aus der Art des gesellschaftlichen Lebens hinausschlugen. Seine Launen arteten mitunter geradezu in Widerwärtigkeiten aus, und doch lag bei all diesen Extravaganzen etwas so unaussprechlich Rührendes und Erhebendes in ihm, daß man ihn hochschätzen mußte, und sich an ihn gezogen fühlte. Nur zum näheren Umgange war er eigentlich nur für Freunde geeignet, die ihn von der wahren Seite nahe kannten und Beweise der Achtbarkeit von ihm hatten [...] So kam es, daß er, da er bei seiner Unbehüflichkeit im geselligen Leben doch immer Leute um sich brauchte, nur wahre Freunde, die ihm ganz ergeben waren, oder solche Leute um sich haben konnte, welche seinen Umgang um des Interesses wegen suchten.«[42]

Dankbarkeit, Güte und Freundlichkeit konnten aber beim kleinsten Zwischenfall in Ablehnung umschlagen. Beethoven war von jeher misstrauisch, in Folge diverser chronischer Krankheiten, besonders aber des Hörleidens, steigerte sich dieser grundsätzliche Zweifel gegen Ende seines Lebens beinahe zur Paranoia. Ries, der Beethoven vor allem in dessen 30ern erlebt hatte, schildert sein Verhalten noch relativ neutral:

»Beethoven war äußerst gutmüthig, aber eben so leicht gereizt und mißtrauisch, wovon die Quelle in seiner Harthörigkeit [...] lag. Seine erprobtesten Freunde konnten leicht durch jeden Unbekannten bei ihm verläumdet werden; denn er glaubte zu schnell und unbedingt.«[43]

Ignaz von Seyfried führt im Rückblick Beethovens Argwohn auf dessen gesundheitliche Situation zurück:

»Je mehr Mangel des Gehörsinns, und die im Verlauf seiner letzten Lebensjahre dazu sich gesellenden körperlichen Übel des Unterleibes überhand nahmen, um so rascher entwickelten sich auch jene unheilbringenden Symptome einer martervollen Hypochondrie. Er fing an zu klagen über die böse, nur zu Lug und Betrug geneigte Welt, über Bosheit, Falschheit und Hinterlist; behauptete, man fände gar keinen redlichen Menschen mehr, sah Alles im schwärzesten Lichte, und mißtraute zuletzt sogar seiner, durch vieljährige Dienste bewährten Haushälterinn.«[44]

Seine Angst vor Kontrollverlust schildert Beethoven 1817 in seinem Tagebuch: »Das Alleinleben ist wie Gift für dich bey deinem Gehörlosen Zustande, Argwohn muß bey einem niedern Menschen um dich stets gehegt werden«.[45] Besonders in Bezug auf seine Dienstboten, die er wegen ihres Standes geringschätzte, hegte Beethoven fast krankhafte Zweifel. 1817 schrieb er niedergeschlagen an Nikolaus Zmeskall: »übrigens bin ich in Verzweiflung, durch meinen Gehörzustand verdammt zu seyn, mit dieser der verworfensten Menschenklasse mein Leben größtentheils zubringen zu müßen, u. zum Theil von selber abzuhängen.«[46] Auch Nannette Streicher klagte er oft sein Leid wegen seiner Dienstboten, deren Lebenswandel er bezweifelte.[47]

Beethoven konnte seinen Mitmenschen gegenüber ausgesprochen schroff, grob und rücksichtslos sein, ungeachtet deren Stand. Gutmütige Freunde, die bereitwillig halfen, beutete er rücksichtslos aus und schickte sie auf Botengänge in die Stadt oder benutzte sie als unentgeltliche Sekretäre. Ganz ohne Scham gab er Carl Amenda gegenüber zu, er betrachte Nikolaus Zmeskall und Ignaz Schuppanzigh »als bloße Instrumente, worauf ich, wenn's mir gefällt, spiele«.[48] Zwar ist diese Behauptung sicher in erster Linie eine indirekte Freundschaftserklärung an Amenda, dem er damit seine besondere Zuneigung zum Ausdruck bringt, dennoch schockiert die ungeschminkte Aussage, war doch besonders Zmeskall häufig bereit, Beethoven in organisatorischen Bereichen des täglichen Lebens behilflich zu sein.

Im Laufe der Jahre nach Beethovens Tod schob sich das Titanische immer weiter in den Vordergrund seines ihm zugeschriebenen Charakters, das Wesen und Werk beeinflusste und durch das jedes menschliche Defizit verklärt wurde. Auch unser Beethoven-Bild ist trotz aller Aufklärung und Dekonstruktion immer noch davon geprägt. Am treffendsten fasst diesen Nimbus Ignaz von Seyfried 1832 in seiner Beschreibung von Beethovens Phantasieren im Wettstreit mit Joseph Woelfl zusammen:

> »Im Phantasiren verläugnete Beethoven schon damahls nicht seinen mehr zum unheimlich Düstern sich hinneigenden Charakter; schwelgte er einmahl im unermeßlichen Tonreich, dann war er auch entrissen dem Irdischen; der Geist hatte zersprengt alle beengenden Fesseln, abgeschüttelt das Joch der Knechtschaft, und flog siegreich jubelnd empor in lichte Ätherräume; jetzt brauste sein Spiel dahin gleich einem wild schäumenden Cataracte, und der Beschwörer zwang das Instrument mitunter zu einer Kraftäußerung, welcher kaum der stärkste Bau zu gehorchen im Stande war; nun sank er zurück, abgespannt, leise Klagen aushauchend, in Wehmuth zerfließend; – wieder erhob sich die Seele, triumphierend über vorübergehendes Erdenleiden, wendete sich nach oben in andachtsvollen Klängen, und fand beruhigenden Trost am unschuldsvollen Busen der heiligen Natur. – Doch, wer vermag zu ergründen des Meeres Tiefe? Es war die geheimnißreiche Sanscrittsprache, deren Hieroglyphen nur der Eingeweihte zu lösen ermächtigt ist!«[49]

Doch ebenderselbe Seyfried betont am Ende seiner Darstellung von Beethovens Charakter genau den Gegensatz zwischen der Außenwirkung des Komponisten und seinem inneren Wesen:

> »Während die halbe Welt wiederhallt in Lob und Preis des verklärten Sängers, dürften nur Wenige seinen hohen Menschenwerth im vollsten Umfang zu würdigen fähig seyn. – Warum wohl? Weil die Mehrzahl sich abgestoßen fühlte durch die rauhe Außenschale, und den inliegenden herrlichen Kern gar nicht einmahl entfernt ahnen konnte. Birgt nicht auch den köstlichen, öfters unschätzbaren Diamant eine fahle, – matte, – farb- und glanzlose Hülle?«[50]

Anmerkungen

1 BGA 106.
2 BGA 70.
3 F. G. Wegeler und F. Ries, *Biographische Notizen über Ludwig van Beethoven*, Koblenz 1838, S. 86.
4 C. L. Junker, »Noch etwas vom Kurköllnischen Orchester. Beschluß«, in: *Musikalische Korrespondenz der teutschen Filarmonischen Gesellschaft*, Nr. 48 vom 30. November 1791, Sp. 379–382, hier Sp. 380.
5 A. W. Thayer, *Ludwig van Beethoven's Leben*, Bd. 2, Berlin 1872, S. 65.
6 Ebenda.
7 Siehe z.B. die das Konversationsheft Nr. 90 vom 2. September 1825, wo etliche Freunde, Bekannte und Gäste aus Wien nach Baden zu Beethoven fuhren und dort mit ihm mitgebrachten Champagner tranken, BKh 8, S. 71–85.
8 »es fehlte wenig, und ich endigte selbst mein Leben«, Beethoven an seine Brüder Kaspar Karl und Nikolaus Johann van Beethoven, 6. Oktober 1802 (»Heiligenstädter Testament«), BGA 106.
9 F. G. Wegeler und F. Ries, *Biographische Notizen*, S. 37.
10 BGA 65.
11 Siehe BGA 1223 an Nannette Streicher, Mitte Januar 1818: »gestern Morgen giengen die Teufeleyen wieder an, ich machte kurzen spaß u. warf der B. meinen schweren sessel am Bette auf den Leib, dafür hatte ich den ganzen Tag ruhe«.
12 F. G. Wegeler und F. Ries, *Biographische Notizen*, S. 121f.: »Beethoven war manchmal äußerst heftig. Eines Tages aßen wir im Gasthaus zum Schwanen zu Mittag; der Kellner brachte ihm eine unrechte Schüssel. Kaum hatte Beethoven darüber einige Worte gesagt, die der Kellner eben nicht bescheiden erwiderte, als er die Schüssel (es war ein sogenanntes Lungenbratel mit reichlicher Brühe,) ergriff, und sie dem Kellner an den Kopf warf. Der arme Mensch hatte noch eine große Zahl Portionen verschiedener Speisen auf seinem Arm (eine Geschicklichkeit, welche die Wiener-Kellner in einem hohen Grade besitzen,) und konnte sich daher nicht helfen; die Brühe lief ihm das Gesicht herunter. Er und Beethoven schrieen und schimpften, während alle anderen Gäste laut auflachten. Endlich brach auch Beethoven beim Anblick des Kellners los, da dieser die über das Gesicht triefende Sauce mit der Zunge aufleckte, schimpfen wollte, doch lecken mußte und dabei die lächerlichsten Gesichter schnitt. Ein eines Hogarth würdiges Bild.«
13 BGA 1223.
14 BGA 1731, 1991; 1823 notierte er sich einen Spottkanon auf den Text »Fettlümmel, Bankert haben triumphiert«.
15 Bonn, Beethoven-Haus, BH 31, zum Teil transkribiert als BGA 1953. Auf dem Blatt findet sich außerdem auch noch die Schmähung »Dummer, Eingebildeter, Eselhafter Kerl«.
16 So als Kommentar zu Gottfried Webers Aufsätzen in der *Cäcilia* von 1825, Bonn, Beethoven-Haus, Slg. H. C. Bodmer, HCB V 8.
17 G. Weber, »Ueber Tonmalerei«, in: *Caecilia* 3 (1825), Nr. 10, S. 125–172, hier S. 166. Bonn, Beethoven-Haus, Sammlung H. C. Bodmer, HCB V 8.
18 F. G. Wegeler und F. Ries, *Biographische Notizen*, S. 92.
19 Original von der Hand Ernst Carl Christian Johns, Weimar, Goethe- und Schiller-Archiv, 29/564 I,2, hier zitiert nach *»meine Harmonie mit der Ihrigen verbunden«. Beethoven und Goethe, Eine Ausstellung des Beethoven-Hauses und der Stiftung Weimarer Klassik/Goethe- und Schiller-Archiv in Zusammenarbeit mit dem Arbeitskreis selbständiger Kultur-Institute e.V.*, Katalog, hrsg. von J. Golz und M. Ladenburger (Ausstellungskataloge; 7), Bonn 1999, S. 115.
20 Ebenda.
21 Beethoven bezeichnet sich indirekt mehrfach so, siehe BGA 158, 392, 585, 1583, 1611, 1787 (dort »ächter Künstler«), 2027 sowie die Widmung eines Albumblattes an Louis Spohr (WoO 166), London, The British Library, Sammlung Zweig, MS 11.
22 BGA 65.

23 BGA 408.
24 BGA 591,
25 BGA 585.
26 BGA 1318.
27 BGA 60.
28 BGA 990.
29 BGA fasst in der Einführung Beethovens Schreibstil zusammen: »Sein Stil ist oft ungelenk, sein Wortschatz klein und sein Satzbau nicht selten grammatisch unkorrekt« (BGA, Bd. 1, S. LXVI).
30 L. Nohl, *Beethoven. Nach den Schilderungen seiner Zeitgenossen*, Stuttgart 1877, S. 19f.
31 A. W. Thayer, *Ludwig van Beethoven's Leben*, bearbeitet von H. Deiters, neu bearbeitet und ergänzt von H. Riemann, Bd. 4, Leipzig 1907, S. 44
32 BGA 1418.
33 BGA 2236.
34 BGA 1517.
35 F. G. Wegeler und F. Ries, *Biographische Notizen*, S. 122f.
36 I. von Seyfried, *Ludwig van Beethoven's Studien im Generalbasse, Contrapuncte und in der Compositions-Lehre*, Wien 1832, Anhang, S. 8f.
37 *Beethoven aus der Sicht seiner Zeitgenossen in Tagebüchern, Briefen, Gedichten und Erinnerungen*, hrsg. von K. M. Kopitz und R. Cadenbach unter Mitarbeit von O. Korte und N. Tanneberger, München 2009, Bd. 2, S. 1033.
38 L. Spohr, *Lebenserinnerungen*, hrsg. von F. Göthel, Tutzing 1968, Bd. 1, S. 176f.
39 BGA 65.
40 F. G. Wegeler und F. Ries, *Biographische Notizen*, S. 116.
41 BGA 740.
42 G. von Breuning, *Aus dem Schwarzspanierhause. Erinnerungen an L. van Beethoven aus meiner Jugendzeit*, Wien 1874, S. 37.
43 F. G. Wegeler und F. Ries, *Biographische Notizen*, S. 95.
44 I. von Seyfried, *Ludwig van Beethoven's Studien im Generalbasse*, Anhang, S. 15f.
45 M. Solomon (Hrsg.), *Beethovens Tagebuch 1812–1818*, Bonn 2005, S. 92.
46 BGA 1143.
47 Siehe z.B. BGA 1223.
48 BGA 67.
49 I. von Seyfried, *Ludwig van Beethoven's Studien im Generalbasse*, Anhang, S. 6f.
50 Ebenda, S. 27.

»nur hat der neidische Dämon […] mir einen schlechten Stein ins Brett geworfen«[1] – das Gehörleiden

Von Knud Breyer

Im Sommer 1801 offenbarte Beethoven seinen Freunden Carl Amenda und Franz Gerhard Wegeler seine seit drei Jahren bestehende Schwerhörigkeit, wobei er dem Theologen Amenda insbesondere die psychologischen und sozialen Folgen schilderte, während er dem Mediziner Wegeler vor allem die körperlichen Symptome erläuterte. An Amenda schrieb er am 1. Juli:

> »[…] denn dein B. lebt sehr unglücklich, im streit mit Natur und schöpfer; […] wisse, daß […] mir der edelste Theil mein Gehör sehr abgenommen hat, schon damals, als Du noch bey mir warst [1798/99], fühlte ich davon spuren, und ich verschwieg's, nun ist es immer ärger geworden; und ob es wird wieder können Geheilt werden, das steht noch zu erwarten, […] solche Krankheiten sind die unheilbarsten, wie traurig ich nun leben muß, alles was mir lieb und theuer ist, meiden […] von alles muß ich zurückbleiben, meine schönsten Jahre werden dahin fliegen, ohne alles das zu wirken, was mir mein Talent und meine Kraft geheißen hätten – traurige *resignation* zu der ich meine Zuflucht muß, ich habe mir Freylich vorgenommen mich über alles hinaus zu sezen, aber wie wird es möglich seyn? […] (bey meinem spiel und Komposition macht mir mein Üebel noch am wenigsten, nur am meisten im Umgang) […] die Sache meines Gehörs bitte ich dich als ein großes Geheimniß aufzubewahren, und niemanden, wer er auch sey, anzuvertrauen.«[2]

Was letzteres auch angesichts seiner Profession und der Abhängigkeit von der Wiener Salonkultur in sozialer Hinsicht für ihn bedeutete, hat Beethoven ein Jahr später, am 6. Oktober 1802, im sogenannten »Heiligenstädter Testament« angedeutet:

> »[…] empfänglich für die Zerstreuungen der Gesellschaft, muste ich früh mich absondern, einsam mein Leben zubringen, wollte ich auch Zuweilen mich über alles das hinaussetzen, o wie hart wurde ich durch die verdoppelte trauerige Erfahrung meines schlechten Gehör's dann Zurückgestoßen, und doch war's mir noch nicht möglich den Menschen zu sagen: sprecht lauter, schreit, denn ich bin taub, ach wie wäre es möglich daß ich dann die Schwäche e i n e s S i n n e s angeben sollte; der bei mir in einem vollkom̄enern Grade als bej andern sein sollte, […] ich kann es nicht.«[3]

Beethovens Verzweiflung über seine beginnende Ertaubung war so groß, dass er Selbstmordgedanken hegte. Erst 1806, also zu einem Zeitpunkt, als einerseits das Leiden längst nicht mehr zu verbergen war, Beethoven aber andererseits darauf vertrauen konnte, sich trotz der Beeinträchtigung ausreichend als Komponist etabliert zu haben, fasste er den Entschluss, sich seiner Umwelt zu offenbaren. Auf einem Skizzenblatt zu den *Rasumowsky-Quartetten* op. 59 notierte er den entsprechenden Vorsatz: »Kein Geheimniß sey Dein Nichthören mehr – auch bey der Kunst«.[4] Am 29. Juni 1801 berichtete Beethoven ausführlich Wegeler von seinem angegriffenen Gesundheitszustand und schilderte insbesondere das Gehörleiden:

> »mein Gehör ist seit 3 Jahren immer schwächer geworden, [...] meine ohren, die sausen und Brausen tag und Nacht fort; [...] Um Dir einen Begriff von dieser wunderbaren Taubheit zu geben, so sage ich dir, daß ich mich im Theater ganz dicht am Orchester gar anlehnen muß, um den schauspieler zu verstehen. Die hohen Töne von Instrumenten singstimmen, wenn ich etwas weit weg bin höre ich nicht; im sprechen ist es zu Verwundern, daß es Leute giebt, die es niemals merkten, da ich meistens Zerstreuungen hatte, so hält man es dafür, manchmal auch hör ich den Redenden, der leise spricht kaum, ja die Töne wohl, aber die worte nicht, und doch sobald jemand schreit, ist es mir unausstehlich, [...]«.[5]

Aus diesen Äußerungen lässt sich die Symptomatik deutlich erkennen. Beethovens Gehörbeeinträchtigung beginnt schleichend, ist allmählich progredient und wird begleitet von einem Tinnitus, der sich als Rauschen äußert. Einem weiteren Brief an Wegeler vom 16. November 1801 lässt sich zudem entnehmen, dass zunächst Beethovens linkes Ohr stärker als das rechte Ohr betroffen war.[6] Das Entfernungshören war beeinträchtigt. Insbesondere hohe Töne wurden nicht mehr wahrgenommen. Bei leisen Tönen war das Differenzierungsvermögen so weit eingeschränkt, dass beispielsweise bei der Konversation Sprache nicht mehr verstanden wurde, während andererseits laute Geräusche Schmerzen verursachten. Zur Illustration lassen sich weitere Zeugenberichte heranziehen. So erinnert sich Ferdinand Ries an eine Begebenheit aus dem Jahr 1801, als er Beethoven während eines Sommeraufenthalts auf dem Land besuchte und mit ihm einen Spaziergang unternahm:

> »Auf einer dieser Wanderungen gab Beethoven mir den ersten auffallenden Beweis der Abnahme seines Gehörs, von der mir schon Stephan von Breuning gesprochen hatte. Ich machte ihn nämlich auf einen Hirten aufmerksam, der auf einer Flöte, aus Fliederholz geschnitten, im Walde recht artig blies. Beethoven konnte eine halbe Stunde hindurch gar nichts hören und wurde, obschon ich ihm wiederholt versicherte, auch ich höre nichts mehr (was indes nicht der Fall war), außerordentlich still und finster. [...] Die Harthörigkeit war für ihn eine so empfindliche Sache, daß man sehr behutsam sein mußte, ihn durch lauteres Sprechen diesen Mangel nicht fühlen zu lassen. Hatte er etwas nicht verstanden, so schob er es gewöhnlich auf seine Zerstreutheit«.[7]

Ferner schildert Ries, dass Beethoven sich während der Bombardierung Wiens 1809 durch französische Artillerie in einem Schutzkeller die Ohren mit Kissen zuhalten musste, weil ihm der Lärm der Kanonen und der einschlagenden Geschosse Schmerzen verursachte.[8]

Nicht zuletzt aufgrund seines nachlassenden Gehörs hat Beethoven seine angestrebte Karriere als Konzertpianist, die er mit internationalen Tourneen nach Tschechien, Sachsen, Preußen, Ungarn, Böhmen und in die Slowakei in den Jahren 1796–1798 begonnen hatte, nicht weiterverfolgen können. Bestürzt zeigte sich Louis Spohr über Beethovens Klavierspiel in späteren Jahren im privaten Kreise. Von einer Probe am völlig verstimmten Klavier aus dem Jahr 1814, also jenem Jahr, in dem Beethoven anlässlich der Aufführung seines *Klaviertrios* op. 97 letztmalig öffentlich aufgetreten war, berichtet er: »[...] von der früher so bewunderten Virtuosität des Künstlers [war] infolge seiner Taubheit fast gar nichts mehr übrig geblieben. Im Forte schlug der arme Taube so drauf, daß die Saiten klirrten und im Piano spielte er wieder so leise, daß ganze Tongruppen ausblieben.«[9]

Ab 1804 fiel Beethoven auch das Dirigieren schwerer, da er die Bläser nicht mehr ausreichend hören konnte und sogar vermeintlich verpasste Einsätze der Instrumentalisten bemängelte. Zwar leitete Beethoven auch weiterhin auf Akademien die Aufführung eigener Werke, die Proben zur Wiederaufnahme von *Fidelio* 1822 beispielsweise mussten aber seinetwegen abgebrochen werden. Ausschließlich auf seine innere Klangvorstellung angewiesen, brachte er das Orchester aus dem Takt. Und die Uraufführung der *Neunten Sinfonie* op.125 geriet 1824 zu einem grotesken Schauspiel, weil Beethoven zwar inmitten des Orchester stehend Dirigierbewegungen ausführte, die eigentliche Orchesterleitung aber vom Konzertmeister bewältigt werden musste, weil Beethoven inzwischen komplett ertaubt war und selbst den tosenden Applaus des Publikums nicht mehr wahrnahm.[10] Bis 1812 soll Beethoven aber, so Carl Czerny, noch so gut gehört haben, dass er beim Unterrichten

> »mit größter Genauigkeit, so gut wie 10 Jahre früher [...] korrigierte [...] Von da bis um das Jahr 1816 wurde es aber nach und nach schwerer, sich ihm, ohne zu schreien, verständlich zu machen. Aber erst um das Jahr 1817 wurde die Taubheit so stark, daß er auch die Musik nicht mehr vernehmen konnte, und dauerte demnach durch ungefähr 8 bis 10 Jahre bis an sein Ende.«[11]

Nach Czernys Angabe scheint Beethovens Gehörbeeinträchtigung folglich zwischen etwa 1801 und 1812 nur langsam fortgeschritten, wenn nicht gar weitgehend konstant gewesen zu sein. Ob Beethoven in der Unterrichtssituation von 1812 jedoch wirklich noch so deutlich hörte, zumindest wenn er direkt neben dem Klavier saß und nicht durch Nebengeräusche irritiert war, oder aber das Klavierspiel seines Schülers von den Fingern ablas, ist fraglich. Ansonsten deckt sich Czernys Einschätzung mit weiteren objektivierbaren Daten. Ab 1813 benutzte Beethoven bisweilen von Johann Nepomuk Mälzel konstruierte, aus Messing gefertigte, trichterförmige Hörrohre unterschiedlicher Bauart und Größe, die mit einem Bügel am Kopf befestigt wurden. Diese Hörhilfen verwendete Beethoven linksseitig, vermutlich, weil das rechte Ohr bereits ertaubt war, obwohl die Hörprobleme zunächst auf dem linken Ohr aufgetreten waren. 1820 bewarb die Wiener Feinmechanikfirma Wolffsohn sogar in einem Konversationsblatt ihre »Kopfmaschine für Schwerhörige« mit dem Verweis »daß sich unser unsterblicher Beethoven mit entschiedenem Vorteile derselben bediene.«[12] Allerdings stand Beethoven den Hörhilfen skeptisch gegenüber und machte von ihnen nur sporadisch Gebrauch, wohl, weil er befürchtete, sie könnten die Ohren verderben. Bis September 1826 ließ sich Beethoven aber immer wieder neue Hörrohre konstruieren. Außerdem bestellte er im Mai 1826 bei dem Klavierbauer Johann Andreas Streicher einen blechernen Trichteraufsatz für seinen Flügel, ähnlich einer Souffleurmuschel. Auch hat sich Beethoven selbst einen langen Holzstab angefertigt, den er mit einem Ende an den Resonanzboden seines Flügels hielt und das andere Ende zwischen die Zähne klemmte, um die Schallschwingungen über die Knochenleitung zu verstärken. Zwar berichtet der englische Pianist Charles Neate, der Beethoven 1815 besuchte, dass man sich mit Beethoven verständlich machen konnte, wenn man ihm in das linke Ohr sprach[13], dennoch musste die Vormundschaftsangelegenheit um den Neffen Karl im selben Jahr vor Gericht schriftlich geführt werden. Ab 1818 schließlich war Beethoven vollends auf die schriftliche Konversation angewiesen. Zu diesem Zweck benutzte er neben einer Schiefertafel die sogenannten Konversationshefte, in die seine Gesprächspartner ihre Beiträge eintrugen. Ursprünglich soll es rund 400 dieser auf Oktavformat gefalteten und genähten Hefte Konzeptpapiers gegeben haben, erhalten haben sich immerhin 139 Hefte unterschiedlichen Umfangs. Gerhard von Breuning berichtet von seiner Kindheit in der Nachbarschaft von Beethoven letzter Wohnung im Schwarzspanierhaus (1825–1827), dass sich seine Schwestern den Spaß machten, in Beethovens Gegenwart gellend zu schreien, um seine Hörschwelle zu testen.[14]

Im Rahmen der ab 1798 eingeleiteten allgemeinmedizinischen Behandlung wegen seines chronischen Verdauungsleidens, ist auch die Gehörbeeinträchtigung Gegenstand der Therapie gewesen. Da seine behandelnden Ärzte des ersten Jahrzehnts, Johann Peter Frank (1798–1800), Gerhard von Vering (1801) und Johann Adam Schmidt (1801–1808), Anhänger der Tonustheorie nach John Brown waren, erfolgte der therapeutische Ansatz ganzheitlich, also nicht spezifisch auf die Dysfunktion einzelner Organe ausgerichtet. Vielmehr ging man davon aus, dass Krankheiten eine Folge der Störung eines allgemeinen natürlichen organischen Erregungsgleichgewichts sei, also das Behandlungsziel in der Wiederherstellung dieses Gleichgewichts durch die Zuführung reziproker Reize bestünde. Zumindest subjektiv hatte Beethoven den Eindruck, dass sich sein Tinnitus durch die von v. Vering verordneten, mit schmerzhaften Nebenwirkungen verbundenen Seidelbastumschläge an den Armen gebessert habe.[15] Schmidt experimentierte zudem mit Galvanismus. Von diesem damals jüngst entwickelten Verfahren mit von einer Voltaschen Säule erzeugtem Gleichstrom versprach man sich insbesondere bei Gehörlosigkeit Behandlungserfolge.[16] Auch bei Beethoven versuchte man diese Elektrotherapie, die er jedoch schlecht vertrug. 1804 konsultierte Beethoven speziell zur Behandlung seiner Ohren zusätzlich den am Stephansdom ansässigen Pater Weiß, der in Wien insbesondere für seine guten physiologischen Kenntnisse in Bezug auf das Gehörorgan bekannt war und mit seinem Naturheilverfahren gute Erfolge verzeichnet haben soll. Zunächst suchte Beethoven den Pater täglich für Öleinträufelungen auf, brach dann die Behandlung jedoch nach einiger Zeit angeblich aus Ungeduld wieder ab. Gegen den Tinnitus und die besonders in den Herbstmonaten notorischen Ohrenschmerzen stopfte sich Beethoven ölgetränkte Wattebäusche ins Ohr. Hiervon berichtet ebenfalls Carl Czerny aus der Zeit seines Klavierunterrichts bei Beethoven um 1800.[17] Als sich bei Beethoven um das Jahr 1819 der Hörverlust zur annähernden Taubheit entwickelt hatte, unternahm er einen weiteren Versuch, sich in eine spezifisch otologische Behandlung zu begeben. Hierzu erneuerte er nicht nur den Kontakt zu Pater Weiß, sondern suchte auch den damals in Wien für seine Fachkenntnis im Bereich der Ohrenheilkunde bekannten Arzt Karl von Smetana auf. Wie kontinuierlich die Sitzungen bei Pater Weiß waren, den Beethoven auch wegen seiner empathischen Art schätzte, ist nicht rekonstruierbar, sie dauerten aber bis 1822 an. Smetana behandelte Beethoven bis 1824, wurde von ihm aber auch 1826 gebeten, die Schussverletzung seines Neffen Karl nach dessen gescheitertem Selbstmordversuch zu versorgen. Wie sehr seine Gehörlosigkeit für Beethoven auch noch in jenen Jahren trotz der hoffnungslosen Aussicht auf Besserung beherrschendes Thema im Austausch mit Freunden und Besuchern war, zeigen die zahlreichen Einträge in die Konversationshefte mit wohlmeinenden, teils aber auch skurrilen Anwendungsvorschlägen. Empfohlen wurden unter anderem neben einleuchtenden, durchblutungsfördernden Heilmitteln wie Meerrettich auch obskure Rezepte: »Grüne Nußschalen in kuhwarmer Milch gesotten; und hiervon täglich einige Tropfen ins Ohr.«[18]

Nach seinem Tod wurde Beethovens Leichnam obduziert. Neben der im Rahmen dieser Leichenschau üblichen Untersuchung des Gehirns und der Organe des Bauchraums hat man im Falle Beethovens wegen des besonderen medizinischen Interesses auch eine Begutachtung des Hörorgans vorgenommen. Zu diesem Zweck wurden die Felsenbeine ausgesägt, um sie für eine weitere separate Untersuchung aufzuheben. Jenseits der Obduktion sind aber keine weitergehenden Analysen überliefert. Das Präparat war schon bald verschollen. Die zeitgenössische Übersetzung des auf Latein verfassten Obduktionsberichts hält folgenden Befund fest:

> »Der Ohrknorpel zeigte sich groß und unregelmäßig geformt, die kahnförmige Vertiefung, besonders aber die Muschel derselben war sehr geräumig und um die Hälfte tiefer als gewöhnlich; die verschiedenen Ecken und Windungen waren bedeutend erhaben. Der äußere Gehörgang erschien, besonders gegen das verdeckte Trommelfell mit glänzenden Schuppen belegt. Die Eustachische Ohrtrompete war sehr verdickt, ihre Schleimhaut ausgewulstet und gegen den knöchernen Teil etwas verengert. Die ansehnlichen Zellen des großen und mit keinem Einschnitte bezeichneten Warzenfortsatzes waren von einer blutreichen Schleimhaut ausgekleidet. Einen ähnlichen Blutreichtum zeigte auch die sämtliche, von ansehnlichen Gefäßzweigen durchzogene Substanz des Felsenbeines, insbesondere in der Gegend der Schnecke, deren häutiges Spiral leicht gerötet erschien. Die Antlitznerven waren von bedeutender Dicke; die Hörnerven dagegen zusammengeschrumpft und marklos; die längs denselben verlaufenden Gehörschlagadern waren über eine Rabenfederspule ausgedehnt und knorplicht. Der linke, viel dünnere Hörnerv entsprang mit drei sehr dünnen, graulichen, der rechte mit einem stärkeren, hellweißen Streifen aus der in diesem Umfange viel konsistenteren und blutreicheren Substanz der vierten Gehirnkammer.«[19]

Zwar hält der Obduktionsbericht auch eine ungewöhnliche Form der Ohrmuschel, eine Verschuppung des Gehörgangs und eine Verdickung der Eustachischen Röhre fest, für eine Erörterung von Beethovens Gehörbeeinträchtigung dürften aber andere Befunde von Bedeutung sein. Der Obduktionsbericht erwähnt mehrere krankhafte Veränderungen im Innenohr. Zum einen wird eine Atrophie der Hörnerven beschrieben, die eine Gehörlosigkeit folgerichtig erscheinen lässt. Und zum anderen zeigten sich abnorme Veränderungen der Blutgefäße. Nicht nur waren die Gehörschlagadern von der Dicke eines Federkiels und damit um etwa das Doppelte des Üblichen vergrößert, auch war das umgebende Knochengewebe der Felsenbeine und des Warzenfortsatzes stark mit Schleimhaut und einem Geflecht aus Blutgefäßen durchzogen. Im Falle Beethovens scheint die Atrophie des Hörnervens jedoch nicht auf eine entzündliche Erkrankung zurückzuführen zu sein, auch wenn der Befund am Warzenfortsatz durchaus auf schlecht ausgeheilte Mittelohrentzündungen hindeuten könnte, zu denen auch die Tinnitus-Symptomatik und Beethovens Klagen über Ohrenschmerzen, insbesondere in der kalten Jahreszeit, passen würden. Dagegen spricht aber, dass bei Beethoven nie von Schwindel oder Gangunsicherheit berichtet wurde.

Neben den erwähnten Knochenbefunden im Bereich der Hörorgane, stellt der Obduktionsbericht an anderer Stelle fest: »Das Schädelgewölbe zeigt durchgehend große Dichtheit und gegen einen halben Zoll betragende Dicke.«[20] Für die sklerotische Verdickung des Schädelknochens auf 13 Millimeter, was etwa dem Doppelten des Normalen entspricht, könnte Morbus Paget verantwortlich sein. Diese Knochenkrankheit, die insbesondere den Schädelknochen befällt, kann, sofern die Felsenbeine betroffen sind, auch Gehörlosigkeit verursachen. Da das übrige Skelett Beethovens keinerlei Veränderungen aufwies, zudem ein Krankheitsbeginn vor dem 30. Lebensjahr aber außergewöhnlich und eine so lokale Begrenzung auf den Schädel bei einer jahrzehntelangen Erkrankung unwahrscheinlich wäre, bleibt diese Annahme spekulativ. Die Beschaffenheit der Felsenbeine, die der Obduktionsbericht als verändert beschreibt, lässt sich aufgrund des Verlusts des Präparats nicht mehr nachvollziehen. Nach eigenen Aussagen hat Beethoven um das Jahr 1796 oder 1797, also in zeitlicher Nähe zum erstmaligen Auftreten der Gehörbeeinträchtigung, eine schwere Erkrankung durchgemacht, bei der es sich um Typhus gehandelt haben soll. Zwar kann Typhus, wie Mumps, Scharlach oder Diphterie, aufgrund einer Entzündung der Hörnerven auch eine Schädigung des Gehörs nach sich ziehen, die Verschlechterung tritt dann aber abrupt auf und bleibt konstant. Beethoven hingegen berichtet in dem eingangs zitierten Brief an Amenda von einem allmählichen Fortschreiten. Auch wäre dann eher von einer reinen Schwerhörigkeit auszugehen und nicht zusätzlich von einer Empfindlichkeit gegenüber lauten Geräuschen, wie bei Beethoven beschrieben. Die lange Zeit in der Beethovenforschung vertretende These einer Syphiliserkrankung, die eine schleichende Gehörlosigkeit zur Folge haben kann, lässt sich durch keinerlei weitere Befunde begründen. In neuerer Zeit ist mit Blick auf das allgemeine Krankheitsbild bei Beethoven auch eine Neurobrocellose in Betracht gezogen worden, eine durch Verzehr un- oder schlecht gegarten Fleisches oder verunreinigten Wassers übertragene bakterielle Infektion, die unter anderem Nervenentzündungen verursacht und mithin auch zu Gehörlosigkeit führen kann.[21] Der mehrere Jahrzehnte dauernde Prozess der Gehörabnahme bei Beethoven würde aber häufigere Neuinfektionen voraussetzen, was angesichts der Lebensumstände mit den langen Landaufenthalten und dem Genuss von frischem Brunnenwasser zwar nicht unplausibel, aber sehr spekulativ ist.

Beethoven selbst hat eine andere Erklärung als eine Infektionserkrankung für seine Gehörlosigkeit gegeben. Gesprächsweise berichtete er dem Pianisten Charles Neate bei dessen Besuch 1815 in Wien von folgender Begebenheit:

> »Ich war einst damit beschäftigt, eine Oper zu schreiben [...] *Fidelio* war es nicht. – Ich hatte mit einem sehr launenhaften und unbequemen ersten Tenor zu thun. – Ich hatte schon zwei große Arien über denselben Text geschrieben, mit welchen er nicht zufrieden war, und hierauf noch eine dritte, welche er beim ersten Versuche zu billigen schien und mit sich nahm. Ich dankte dem Himmel, daß ich endlich mit ihm fertig war, und setzte mich unmittelbar darauf zu einem Werke nieder, welches ich um dieser Arien willen bei Seite gelegt hatte und dessen Beendigung mir am Herzen lag. Ich war noch nicht eine halbe Stunde bei der Arbeit, als ich ein Klopfen an meiner Thür hörte, welches ich sofort als das meines ersten Tenors wieder erkannte. Ich sprang vom Tische mit einer solchen Aufregung und Wuth auf, daß, als der Mann ins Zimmer trat, ich mich auf den Boden warf, wie sie es auf der Bühne machen (hier breitete Beethoven seine Arme aus und machte eine erläuternde Handbewegung) und auf meine Hände fiel. Als ich wieder aufstand, fand ich mich taub und bin es seitdem geblieben. Die Ärzte sagen, der Nerv sei verletzt.«[22]

Der Beschreibung nach dürfte sich dieses Ereignis 1796 abgespielt haben, als Beethoven für die Oper *Die schöne Schusterin* von Ignaz Umlauf zwei Einlegearien (WoO 91) beisteuerte, von denen eine für Tenor ist. Flankiert man diesen Bericht mit dem Obduktionsbefund hinsichtlich der krankhaften Veränderung der Gehörschlagadern, verliert er seine Unglaubwürdigkeit. Zwar lässt der Befund, die Hörschlagadern seien stark verdickt (»über eine Rabenfederspule ausgedehnt«) und verknorpelt gewesen, keine spezifischen Rückschlüsse zu, der Bericht Beethovens legt aber einen akuten Hörsturz nahe, wie er in Folge einer Durchblutungsstörung auftritt. Mit Blick auf die abnorme Gefäßsituation könnte hierfür ein Aneurysma verantwortlich gewesen sein, das durch die starke Blutdrucksteigerung während des Wutanfalls geplatzt sein könnte, oder ein Infarkt im Gefolge einer Arteriosklerose. Abgesehen von diesem akuten Vorfall, lässt die Symptomatik von Beethovens Gehörleiden aber auch eine Otosklerose des Innenohrs recht wahrscheinlich erscheinen. Anders als die Mittelohr-Otosklerose, bei der entzündliche Knochenumbauprozesse die Schalleitung der Gehörknöchelchen beeinträchtigen, beruht der Innenohrtyp auf Durchblutungsstörungen, die die Struktur der Sinneszellen innerhalb der Gehörschnecke in Mitleidenschaft ziehen.[23] Eine Atrophie der Gehörnerven, wie bei Beethoven vorliegend, ist eine häufige Begleiterscheinung. Die Ursachen für die Otosklerose beiden Typs liegen im Dunkeln. Erbliche Faktoren, Hormonstörungen, aber auch Infektionskrankheiten werden als mögliche Auslöser angenommen. Eine familiäre Vorbelastung ist bei Beethoven jedoch nicht dokumentiert, und die anderen Faktoren sind nicht mehr überprüfbar. Letztlich sind es die bei Beethoven beschriebenen Symptome, insbesondere der Befall beider Ohren und der sich über einen langen Zeitraum hinziehende progrediente Verlauf mit längeren Phasen des Stillstands, die auf diese eher seltene Form der Otosklerose im Mittelohr schließen lassen. Für sie ist typisch der schleichende Beginn im jungen Erwachsenenalter, eine langsame Zunahme der Schwerhörigkeit in Schüben, beginnend mit dem Verlust des Hörens hoher Töne und von Konsonanten, zudem verbunden mit der Sensibilität gegenüber Störgeräuschen, Schmerzreaktion auf laute Töne sowie Tinnitus. Krankheitsschübe treten vor allem in der kalten Jahreszeit auf, in denen allerdings üblicherweise auch akute entzündliche Ohrerkrankungen wie Tubenkatarrhe prädestiniert vorkommen. Außerdem kann es zu Druckgefühl im Ohr und zu Schläfenkopfschmerz kommen. Vielfach erlauben es Beethovens Äußerungen über seinen Gesundheitszustand im allgemeinen und sein Ohrenleiden im besonderen nicht, zwischen chronischer und akuter Erkrankung zu unterscheiden.

Anmerkungen

1 Brief an Franz Gerhard Wegeler vom 29. Juni 1801. BGA Nr. 65, Bd. 1, S. 79.
2 Brief an Carl Amenda vom 1. Juli 1801. BGA Nr. 67, Bd. 1, S. 85f.
3 »Heiligenstädter Testament« von Anfang Oktober 1802. BGA Nr. 106, Bd. 1, S. 121ff.
4 Wien, Gesellschaft der Musikfreunde, A 36.
5 Brief an Franz Gerhard Wegeler vom 29. Juni 1801. BGA Nr. 65, Bd. 1, S. 79f.
6 Brief an Franz Gerhard Wegeler vom 16. November 1801. BGA Nr. 70, Bd. 1, S. 88.
7 F. G. Wegeler und F. Ries, *Biographische Notizen über Ludwig van Beethoven*, Koblenz 1838, S. 99.
8 Ebenda, S. 121.
9 L. Spohr, *Selbstbiographie*, Kassel und Göttingen 1860, S. 203.
10 A. Schindler, *Biographie von Ludwig van Beethoven*, Münster 1840, S. 155.
11 Carl Czerny, zitiert nach: F. Kerst, *Die Erinnerungen an Beethoven. Gesammelt von Friedrich Kerst*, Stuttgart 1913, Bd. 1, S. 57f.
12 Zitiert nach: H. Bankl und H. Jesserer, *Die Krankheiten Ludwig van Beethovens. Pathographie seines Lebens und Pathologie seiner Leiden*, Wien 1987, S. 35.
13 A. W. Thayer, *Ludwig van Beethovens Leben. Nach dem Original-Manuskript deutsch bearbeitet von Hermann Deiters. Mit Benutzung von hinterlassenen Materialien des Verfassers und Vorarbeiten von Hermann Deiters neu bearbeitet und ergänzt von Hugo Riemann*, Nachdruck der Ausgabe Leipzig [3-5]1923, Hildesheim etc. 2001, Bd. 3, S. 506.
14 G. von Breunig, *Aus dem Schwarzspanierhause. Erinnerungen an L. van Beethoven aus meiner Jugendzeit*, Wien 1874, S. 66f.
15 Brief an Wegeler vom 16. November 1801. BGA Nr. 70, Bd. 1, S. 88.
16 Ebenda, S. 89.
17 C. Czerny, *Erinnerungen aus meinem Leben*, Straßburg und Baden-Baden 1968, S. 14.
18 BKh Bd. 10, S. 148.
19 Zitiert nach H. Bankl und H. Jesserer, *Die Krankheiten Ludwig van Beethovens*, S. 86.
20 Ebenda.
21 Vgl. H. Scherf, *Die Krankheit Beethovens. Neue Erkenntnisse über seine Leiden*, München 1977, insbesondere S. 64–79.
22 A. W. Thayer, *Ludwig van Beethovens Leben. Nach dem Original-Manuskript deutsch bearbeitet von Hermann Deiters. Mit Benutzung von hinterlassenen Materialien des Verfassers und Vorarbeiten von Hermann Deiters neu bearbeitet und ergänzt von Hugo* Riemann, Nachdruck der Ausgabe [3]Leipzig 1922, Hildesheim etc. 2001, Bd. 2, S. 168.
23 Vgl. hierzu H. Bankl und H. Jesserer, *Die Krankheiten Ludwig van Beethovens*, S. 122ff.

Beethoven als Patient – eine Krankengeschichte

Von Knud Breyer

Am 27. März 1827, dem Tag nach seinem Ableben, wurde Beethoven von dem Assistenten am Pathologischen Museum Dr. Johann Wagner im Beisein seines letztbehandelnden Arztes Prof. Andreas Wawruch obduziert. Routinemäßig wurden Schädel und Bauchraum geöffnet und die inneren Organe begutachtet. Im Falle Beethovens hat man darüber hinaus noch das Innenohr und die dazugehörigen Nerven und Gefäße untersucht, weil man sich hiervon Aufschluss über die Ursachen seiner Ertaubung erhoffte. Der von Wagner auf Latein verfasste Obduktionsbericht[1], insbesondere jener Abschnitt, der sich der Beschaffenheit des Bauchraums und seiner inneren Organe widmet, gibt objektive Einblicke in den Gesundheitszustand Beethovens während seiner letzten Lebensphase. Hierzu heißt es in der zeitgenössischen Übersetzung:

> »[...] In der Bauchhöhle waren vier Maß graulichbrauner, trüber Flüssigkeit verbreitet. Die Leber erschien auf die Hälfte ihres Volumens zusammengeschrumpft, lederartig fest, grünlichblau gefärbt und an ihrer höckerichten Oberfläche, so wie an ihrer Substanz mit bohnengroßen Knoten durchwebt; deren sämmtliche Gefäße waren sehr enge, verdickt und blutleer.
>
> Die Gallenblase enthielt eine dunkelbraune Flüssigkeit nebst häufigem, griesähnlichem Bodensatze. Die Milz traf man mehr als nochmal so groß, schwarz gefärbt, derb; auf gleiche Weise erschien auch die Bauchspeicheldrüse größer und fester, deren Ausführungsgang war von einer Gansfederspule weit. Der Magen war sammt den Gedärmen sehr stark von Luft aufgetrieben.
>
> Beyde Nieren waren eine Zoll dicke, von trüber, brauner Flüssigkeit voll gesickerte Zellschichte eingehüllt, ihr Gewebe blaßroth und aufgelockert; jeder einzelne Nierenkelch war mit einem warzenförmigen, einer mitten durchgeschnittenen Erbse gleichen Kalkconcremente besetzt [...]«[2]

Neben Gallen-und Nierensteinen sowie einem Nierenödem ist als zentraler Befund also eine Leberzirrhose im atrophischen Stadium festgestellt worden, die im Gegenzug zu einer Vergrößerung von Milz und Bauchspeicheldrüse geführt hat und letztlich jene Bauchwassersucht nach sich zog, die auch im städtischen Totenbeschauprotokoll[3] als Todesursache festgehalten ist. Zu diesem Befund passt auch der Allgemeinzustand des Leichnams, der beschrieben wird als »insbesondere an den Gliedmaßen, sehr abgezehrt [...], der Unterleib ungemein wassersüchtig aufgetrieben und gespannt.«

Zum Todeszeitpunkt hatten sich in der Bauchhöhle bereits wieder »vier Maß«, also etwas weniger als 6 Liter, Flüssigkeit angesammelt, obwohl bei vier vorangegangenen Aszitespunktionen während Beethovens rund vier Monate währenden Bettlägerigkeit bereits beträchtliche Mengen Bauchwassers entnommen worden waren. Die erste Punktion erfolgte am 20. Dezember 1826 und ergab eine Menge von »fünfundzwanzig Pfund«[4]. Bereits am 8. Januar 1827 war die zweite Punktion nötig, bei der 14 Liter abgingen. Die Wassermenge der dritten Punktion vom 2. Februar ist nicht überliefert. Bei der vierten Punktion am 27. Februar fielen knapp über 10 Liter an. Befundfrei waren hingegen, abgesehen von der Gasauftreibung, Magen und Darm, wobei allerdings wohl nur eine äußerliche Begutachtung stattgefunden hatte und keine Untersuchung der Beschaffenheit des Inneren des Verdauungstrakts. Diese wäre jedoch von Interesse gewesen, da Beethoven chronisch an Bauch- und Verdauungsbeschwerden litt.

Außerdem war der Körper des Verstorbenen »mit schwarzen Petechien übersät«, also mit punktförmigen Einblutungen in die Haut.

Über die Atmungsorgane wird lediglich festgestellt: »Die Brusthöhle zeigte, so wie ihre Eingeweide, die normalgemäße Beschaffenheit.«

Hinsichtlich des Sektionsbefunds des Kopfes hält der Obduktionsbericht folgendes fest:

> »Die Windungen des sonst viel weicheren und wasserhaltigen Gehirns erschienen nochmal so tief und (geräumiger) zahlreicher als gewöhnlich. Das Schädelgewölbe zeigt durchgehend große Dichtheit und gegen einen halben Zoll betragende Dicke.«

Diagnostiziert wurden also eine diffuse Hirnatrophie sowie eine sklerotische Verdickung des Schädelknochens auf 13 Millimeter, also somit etwa das Doppelte des Normalen. Ob diese Anomalie jedoch bereits als krankhaft bezeichnet werden kann oder sich lediglich einpasst in die als besonders gedrungen und kräftig beschriebenen Physiognomie Beethovens, ist schwer entscheidbar. Mit zeitlicher Distanz und vor allem ohne histologischen Befund, der damals noch nicht möglich war, fällt eine seriöse Beurteilung der Ursachen für die beschriebenen krankhaften organischen Veränderungen schwer, zumal eine Leberzirrhose Folge mannigfaltiger Erkrankungen sein kann. Gleiches gilt auch für die Gehirnatrophie, deren Diagnose überrascht, weil aus Beethovens Umfeld keine Berichte über dementielle Ausfälle bekannt sind. Die Petechien deuten auf eine gestörte Blutgerinnung hin, die ihrerseits verschiedene Ursachen haben kann, beispielsweise eine Autoimmunkrankheit oder Mangelernährung.

Beethoven hat sich brieflich häufig zu seinem Gesundheitszustand geäußert – lediglich seine allmähliche Ertaubung hat er einige Zeit zu verheimlichen versucht und nur seine engsten Vertrauten eingeweiht. Ferner haben Freunde in ihren Erinnerungen auch über Beethovens Krankheiten berichtet, sodass sich seine Krankengeschichte gut nachvollziehen lässt. Bereits im Knabenalter soll Beethoven eine lebensbedrohliche Krankheit durchgemacht haben. Er selbst nennt ein Alter von »15 Jahren«.[5] Da sich Beethoven über sein Geburtsjahr im Unklaren war, könnte er auch zwei Jahre älter gewesen sein. Zwar benannte er diese Krankheit nicht näher, da sein Gesicht aber markante Pockennarben aufwies und von einer derartigen Erkrankung später nicht mehr die Rede ist, könnte sie in die zweite Hälfte der 1780er Jahre gefallen sein. Erstmals äußerte sich Beethoven im

Herbst 1787 über gesundheitliche Beeinträchtigungen, wobei hier für die beschriebene »Engbrüstigkeit« und »Melancholie« psychosomatische Ursachen in Betracht zu ziehen sind. Beethoven hatte seinen Studienaufenthalt in Wien unterbrechen müssen, um nach Bonn an das Sterbebett seiner geliebten Mutter zu reisen. Bereits unterwegs wurde er vom Vater brieflich unter Druck gesetzt und nach dem Tod der Mutter konnte er nicht wieder nach Wien zurückkehren, sondern musste anstelle seines zunehmend dem Alkohol verfallenen Vater die Verantwortung für die Familie mit den beiden jüngeren Brüdern übernehmen. Auch 1816, als Beethoven durch die Vormundschaft für seinen Neffen Karl und dem damit zusammenhängenden Konflikt mit seiner Schwägerin wieder stark emotional belastet ist, wird der krankhafte »Brustzustand«[6] erwähnt. Da der Obduktionsbericht keine Hinweise auf eine chronische Atemwegserkrankung liefert, könnte ein nervöses Asthma gemeint sein oder eine Neigung zu stressbedingten Herzbeschwerden. In diesen Zusammenhang ist der Bericht des Arztes Aloys Weißenbach vielleicht aufschlussreich, der Beethoven 1814 betreute und vielsagend bemerkte: »Die Rüstigkeit seines Körpers ist jedoch nur seinem Fleische und seinen Knochen eingegossen; sein Nervensystem ist reizbar im höchsten Grade und kränkelnd sogar.«[7] Weißenbach führte Beethovens »Verfall des Nervensystems«[8] jedoch auf einen angeblich durchgemachten Typhus hin, der aber ansonsten keine explizite Erwähnung findet, sofern damit nicht jene »gefährliche Krankheit« gemeint ist, die Beethoven sich 1796 oder 1797 zugezogen haben soll.[9] Allerdings litt Beethoven phasenweise auch an Depressionen, die wiederholt zu Selbstmordgedanken führten und 1813 in eine schwere psychische Krise mit einem mutmaßlichen Suizidversuch mündeten, als er während eines Besuchs bei der Gräfin Erdődy auf Gut Jedlesee für drei Tage verschwand, angeblich »in der Absicht [...], sich durch Erhungern den Tod zu geben«.[10]

Sehr häufig machten Beethoven hartnäckige Erkältungen und schweren grippale Infekten zu schaffen. 1807 musste ein entzündeter Zahn der entfernt werden. 1808 zog sich Beethoven eine eitrige Fingerentzündung zu, die eine Nagelentfernung nötig machte, 1813 erlitt er eine Fußverletzung, die eine Sepsis mit sich brachte, und ab 1823 plagten ihn wiederholt schmerzhafte Augenentzündungen. Zur Schonung wurden nachts die Augen verbunden. Neben diesen akuten Erkrankungen stellte sich etwa ab 1795 auch ein chronisches Leiden ein, das sich mit häufigen, heftigen Kolikschmerzen ankündigte. In seinem Ärztlichen Rückblick benennt Andreas Wawruch, Beethovens letztbehandelnder Arzt, die Symptome: »[...] gestörte Eßlust brachte Unverdaulichkeit, lästiges Aufstoßen, bald hartnäckige Verstopfung, bald oftmaliges Abweichen.«[11]

Ab 1798 begab sich Beethoven wegen seiner beständigen Durchfälle und Koliken in die Behandlung zunächst von Johann Peter Frank, dem damaligen Direktor des Allgemeinen Krankenhauses in Wien, dessen Töchter Beethoven gelegentlich am Klavier begleitet hatte. Frank, der Beethoven bis 1800 behandelte, und auch der Militärarzt Gerhard von Vering, den Beethoven 1801 konsultierte, waren Anhänger der Tonustheorie John Browns, nach deren Vorstellung der menschliche Organismus auf äußere Umweltreize mit Erregungszuständen reagiere, aus deren Summe sich ein Tonus genannter mittlerer Erregungszustand ergäbe. Gerate dieser aus der Balance, sollte den krankhaften Überspannungs- bzw. Erschlaffungsreaktionen der Körperfasern mit gezielter Zuführung äußerer

Reize begegnet werden. Entsprechend verordneten sie Beethoven unterschiedlich temperierte Bäder, Eis-, Salben- und Öleinreibungen, Bewegung an der frischen Luft, Flanellbekleidung, Wachholderdampfbäder sowie gezielte Hautreizungen mittels Bandagen aus Seidelbastrinde. Frank war außerdem einer der Begründer der modernen Hygiene. Es ist folglich zu vermuten, dass sowohl die ausgiebigen Körperwaschungen, von denen berichtet wird, als auch Beethovens Bevorzugung gut durchlüfteter, in oberen Stockwerken gelegener Wohnungen auf Franks Rat beruhte, schrieb man doch im Zuge der damals gängigen Miasmentheorie Bodenausdünstungen eine krankmachende Wirkung zu. Dass Beethoven diesen Therapieansatz auch unvernünftig ausdeutete, mögen jene Berichte belegen, nach denen er sich nach körperlicher Betätigung stark erhitzt anschließend Zugluft aussetzte, was seiner Gesundheit angesichts der Neigung zu Erkältungen und Katarrhen sicherlich abträglich war. Ab 1802 verbrachte Beethoven regelmäßig die Sommermonate in den Kurorten rund um Wien, zumeist in Heiligenstadt, Baden, 1815 und 1821 auch in Unterdöbling, wo1804 eine Mineralquelle entdeckt worden war. Baden war schon seit der Römerzeit als Heilbad bekannt und verfügt über eine sehr schwefelhaltige Thermalquelle, Heiligenstadt ist für seine Mineralquellen berühmt. Besondere Heilwirkung versprach man sich vom Badener Johannesbrunnenwasser. Zwar gab es Phasen der Linderung – auch durch diese von dem 1801 hinzugezogenen Anatomieprofessor Johann Adam Schmidt verordneten Trinkkuren auf dem Land –, eine grundsätzliche Besserung des Magen-Darm-Leidens stellte sich aber nicht ein, eine Verschlimmerung hingegen, wenn Beethoven schwer Verdauliches zu sich genommen hatte. Erhellend im Hinblick auf Unverträglichkeiten ist in diesem Zusammenhang möglicherweise auch ein Eintrag seines Arztes Anton Braunhofer aus dem Jahr 1825, der in das Konversationsheft notierte: »Auf dem Lande werden sie die natürliche Milch schon vertragen.«[12]

1804 berichtet Stephan von Breuning von einer heftigen und gefährlichen Erkrankung Beethovens, »die zuletzt in ein anhaltendes Wechselfieber überging«.[13] Auch später ist immer wieder von Fieberanfällen die Rede, ohne dass zu klären wäre, ob eine akute oder chronische Ursache hierfür verantwortlich ist.

Vermutlich durch die Vermittlung seines Jugendfreundes Franz Gerhard Wegeler, der selbst Arzt war und den er frühzeitig in seine gesundheitlichen Probleme einweihte, kam Beethoven 1801 zu dem an der Josephinischen Akademie lehrenden Chirurgie- und Anatomieprofessor Johann Adam Schmidt. Er blieb bis zu seinem Tod 1809 Beethovens behandelnder Arzt. Danach übernahmen Johann (Giovanni) Malfatti und sein Assistent Andreas Bertolini die ärztliche Betreuung. Malfatti reiht sich ein in die Garde medizinischer Kapazitäten, die Beethoven zum Patienten nahmen. Er war Frank-Schüler, Leibarzt des Erzherzogs Karl und der Erzherzogin Maria Beatrice d'Este und wurde 1837 für seine Verdienste geadelt. Zu Malfatti, der Beethoven den Kuraufenthalt 1811 in Teplitz verschrieb, entwickelte sich bis zu dem Zerwürfnis 1817, das vermutlich mit Beethovens Heiratsantrag an dessen Tochter zusammenhängt, ein besonders vertrauensvolles Verhältnis. 1812 zusätzlich sowie in der Nachfolge Malfattis zwischen 1817–1824 ließ sich Beethoven von Jacob Staudenheim, dem Gesundheitsberater von Kaiser Franz, behandeln. Staudenheim stand der Säftetheorie Maximilian Stolls nahe und brachte daher einen neuen therapeutischen Ansatz mit. Dieser setze weniger auf äußerliche

Anwendungen als auf die Gabe von Salben, Tinkturen, Pillen, Pulvern und Tees auf der Basis von Heilpflanzen wie Chinin, Rhabarber, Petersilie, Sellerie, Digitalis, Hibiskus, Wachholder, Himbeersaft, Meerrettich und der Knolle der Orchideenart Tubera Salep sowie auf Mandelmilch als Stärkungsmittel und eine diätische Ernährung. Gleichwohl verordnete Staudenheim gleich zu Beginn seiner Behandlung auch die große Bäderreise nach Böhmen. Neben leichter Kost empfahl Staudenheim vor allem die Alkoholabstinenz und den Verzicht auf Kaffee und Gewürze. Die diätischen Vorgaben scheint Beethoven mit der Hilfe seines kochenden Personals grundsätzlich befolgt haben. Auf dem Speiseplan standen vor allem gut verdauliche Speisen wie Makkaroni mit Schinken und Parmesan, Brotsuppe mit weichgekochten Eiern, Fisch – bevorzugt Forelle oder Schill – mit Kartoffeln, in Gesellschaft auch Geflügel. Gäste berichten wiederholt von schlecht gewürzten Speisen, schieben dies jedoch fälschlich auf eine schlechte Küche. Auf starken Kaffee mochte Beethoven aber ebensowenig verzichten wie auf den Genuss von Alkohol, vor allem den geliebten Tokaier. Von einem Abusus kann aber nicht die Rede sein. Ohnehin trank Beethoven am liebsten Brunnenwasser, dieses aber in so großen Mengen, dass auch hier eine krankhafte Ursache, eventuell Diabetes, nicht fern liegt. Dennoch wird sich angesichts der als »Gedärmentzündung«[14] bezeichneten Grunderkrankung der regelmäßige Alkoholkonsum besonders nachteilig auf den Krankheitsverlauf ausgewirkt haben. Grundsätzlich scheint Beethoven trotz der jahrelangen, weitgehend wirkungslosen Behandlung durchaus ein folgsamer Patient gewesen zu sein, der sich auch selbst entsprechend fortbildete. In seiner Bibliothek[15] befanden sich unter anderem Christoph Wilhelm Hufelands *Praktische Uebersicht der vorzüglichsten Heilquellen Teutschlands* und Peter Liechtenthals *Ideen zu Diätik*. Berichte über Beethovens Renitenz gegenüber seinen Ärzten und eine eigenwillige Auslegung von Verordnungen sind – sofern überhaupt glaubhaft – Momentbeschreibungen und entstammen zudem den letzten Lebensjahren, also einer Zeit, als Ungeduld über den ausbleibenden Heilungserfolg und Zweifel an der zwar vernünftigen, aber die Lebensqualität des Patienten stark einschränken Diät- und Abstinenzvorgaben verständlich sind.

Ab 1816 war Beethoven zunehmend, für immer längere Zeit und verbunden mit teils wochenlanger Bettruhe kränklich, bis es dann 1820 zu schweren, als rheumatisch beschriebenen Anfällen kam, die mit schmerzstillenden, mit Mohnöl versetzten »volatilen« Salben behandelt wurden. 1821 schließlich stellte sich erstmals eine mehrmonatige Gelbsucht ein. Spätestens 1823 hat sich dieser Ikterus chronifiziert. Beethovens Bauch begann allmählich aufzutreiben, was er mit Bauchbinden zu verbergen versuchte. 1825 war die Leberzirrhose dann so weit fortgeschritten, dass es zu Blutspeien und häufigem Nasenbluten kam. Außerdem entwickelten sich Ödeme an den Füßen, die das Gehen beschwerlich machten. Häufig ist außerdem von einem Augenleiden die Rede. Auch äußerlich wurden nun deutliche Krankheitsanzeichen sichtbar. Anton Schindler berichtet vom greisenhaften Aussehen[16], und Ludwig Rellstab, der Beethoven 1825 besuchte, erinnerte sich: »Seine Farbe war bräunlich, doch nicht jenes gesunde, kräftige Braun [...], sondern mit einem gelblich kränkelnden Ton versetzt.«[17]

Von 1825 bis Sommer 1826 behandelte der Homöopath Anton Braunhofer Beethoven. Rasch entwickelte sich ein vertrauensvolles, sogar freundschaftliches Verhältnis.

Die verordnete strenge Schonkost aus Suppen sowie Reis-, und Gerstenschleim, außerdem einem Alkohol-, Kaffee-, und Gewürzverbot brachte kurzfristige Besserung. Als Zeichen der Dankbarkeit gab Beethoven dem dritten Satz seines *Streichquartetts* op. 132 den Beititel »Heiliger Dankgesang eines Genesenen an die Gottheit, in der lydischen Tonart« und schrieb für Braunhofer den Kanon *Doktor sperrt das Thor dem Todt, Note hilft auch aus der Not* (WoO 189). Beendet wurde die Behandlung bei Braunhofer durch Beethovens Abreise zum Bruder Nikolaus Johann nach Gneixendorf bei Krems Anfang September 1826. Hier verschlimmerte sich sein Befinden, befördert durch ein nasskaltes, schlecht beheiztes Zimmer und eine unzureichende Ernährung mit mangelhaft zubereiteten und auch zu fetten Speisen. Ohnehin von Appetitlosigkeit und verstärkten Durstgefühl geplagt, ließ Beethoven Mahlzeiten ausfallen, aß häufig nur einige gekochte Eier, trank aber, so die Auskunft des Bruders, mehr Wein. Die Folge waren starke Bauchbeschwerden, Durchfälle, allgemeine Schwäche, Stimmungseintrübung, die Notwendigkeit zur Bettruhe. In diesem Zustand trat Beethoven die Rückfahrt von Krems nach Wien an, notgedrungen im offenen Leiterwagen – der Bruder benötigte wegen einer eigenen Reise seinen geschlossenen Wagen – und mit Übernachtung in einem ungeheizten Gasthof ohne Winterverglasung. So zog sich der bereits erkrankte Beethoven zusätzlich einen schweren grippalen Infekt mit hohem Fieber, heftigem Husten und Seitenstechen zu, der drohte, sich zu einer Lungenentzündung auszuweiten. Am 2. Dezember erreichte Beethoven gemeinsam mit seinem Neffen Wien. Die sofort informierten Ärzte Braunhofer und Staudenheim verweigerten ihr Kommen, Braunhofer angeblich, weil ihm der Weg zu weit gewesen sei.[18] Für das letzte Lebensquartal übernahm der Pathologieprofessor Andreas Ignaz Wawruch die Behandlung des Todkranken. Ab dem 5. Dezember besuchte er den Bettlägerigen zunächst täglich. Weil Beethoven Wawruch misstraute und der Meinung war, dieser würde zur Übermedikation neigen, fand am 11. Januar auf Betreiben Anton Schindlers ein Konsilium des aktuellen Arztes Wawruch mit den ehemals behandelnden Ärzten Malfatti, Staudenheim und Braunhofer statt, in dessen Folge Wawruch und Malfatti gemeinsam die ärztliche Betreuung des Todkranken übernahmen. Dank des Krankenberichts Wawruchs, der Einträge in das Konversationsheft und der Arztrechnungen sind der Krankheitsverlauf und die Behandlung dieser letzten Lebensmonate ebenso gut dokumentiert wie die Behandlungskosten. Außerdem gibt dieser rund dreimonatige Ausschnitt aus der über dreißig Jahre währenden Krankengeschichte Beethovens Einblicke in das Ausmaß seines chronischen Leidens und die erheblichen finanziellen Aufwendung, die die Patientenschaft bei den prominenten Ärzten mit sich brachte. Auch wenn die Leberzirrhose der etwa letzten drei Lebensjahre die Symptomatik verstärkt haben wird, lässt sich anhand dieser Berichte die Heftigkeit der Darmbeschwerden und der damit verbundenen Koliken sowie die Schwere der häufigen Halsentzündungen ermessen, unter denen Beethoven seit Mitte der 1790er Jahre litt. Wawruch schreibt hierzu in seinem Bericht von Mitte Januar 1827:

> »Beim Morgenbesuche fand ich ihn verstört, am ganzen Körper gelbsüchtig; ein schrecklicher Brechdurchfall drohte ihn die vergangene Nacht zu töten. Ein heftiger Zorn, ein tiefes Leiden über erlittenen Undank und unverdiente Kränkung veranlaßte die mächtige Explosion.

> Zitternd und bebend krümmte er sich vor Schmerzen, die in der Leber und den Gedärmen wüteten [...] und einigemal gesellte sich ein entzündlicher Halsschmerz, mit einer Heiserkeit, ja sogar mit Stimmlosigkeit dazu.«[19]

Einen schlaglichtartigen Einblick in Beethovens Finanzbedarf für Arztrechnungen geben die erst nach Beethovens Tod ausgestellten Honorarforderungen der letztbehandelnden Ärzte Johann Seibert und Andreas Wawruch. Seibert berechnete für die Aszitespunktion 15 fl. C.M (Gulden) und pro Visite 1 fl. 30 x C.M. (Gulden und Kreuzer). Damit ergab sich angesichts der vier chirurgischen Eingriffe ein Betrag von 60 fl. C.M. und für die angeblich 90 Visiten ein Betrag von 135 fl. C.M., was in der Summe (195 fl. C.M.) über dem Beethoven monatlich zur Verfügung stehenden Haushaltseinkommen lag. Wawruch erhielt für die dreimonatige Behandlung und Medikation einen Betrag von 250 fl. C.M. aus dem Nachlass.

Beethovens überliefertes Krankheitsbild, zu dem neben den beschriebenen chronischen Entzündungen im Magen-Darm-Trakt, der Leberzirrhose und der Anfälligkeit für entzündliche Atemwegserkrankungen noch die progrediente Gehörlosigkeit hinzuzufügen wäre, hat zu vielen diagnostischen Spekulationen über die Grunderkrankung Anlass gegeben. Vor allem wurden verschiedene Infektionskrankheiten diskutiert, die sowohl für die beschriebenen organischen Schäden wie die Leberzirrhose als auch für mögliche neurologische Folgeerkrankungen wie eine Gehörlosigkeit verantwortlich sein könnten. Keine belastbaren Hinweise gibt es für die auch angesichts der familiären Vorprägung bei Großmutter und Vater ansonsten nicht fernliegende Vermutung, Alkoholismus habe den Leberschaden ursächlich herbeigeführt. Vielmehr ist davon auszugehen, dass im Falle Beethovens ein gegen den ausdrücklichen Rat der Ärzte erfolgter regelmäßiger Alkoholkonsum selbst in Maßen angesichts der geschädigten Leber den Krankheitsverlauf negativ beeinflusst haben wird. So ist es durchaus denkbar, dass die bei der Obduktion beschriebene Gehirnatrophie Folge eines Alkoholschadens sein könnte, dieser aber erst durch die gestörte Entgiftung aufgrund einer bereits anderweitig vorgeschädigten Leber entstehen konnte. Vieldiskutiert, aber ebenfalls unwahrscheinlich, ist eine mögliche Syphiliserkrankung. Angeblich soll Beethovens Arzt Bertolini dem Beethoven-Biographen Alexander Wheelock Thayer von einer venerischen Erkrankung Beethovens Mitteilung gemacht haben.[20] In der Folge ist diese Vermutung insbesondere in der englischsprachigen Literatur verfolgt worden. Ob dieses Gespräch aber so stattgefunden hat, ist zweifelhaft, denn Bertolini hat andererseits alle seine ärztlichen Aufzeichnungen über seinen Patienten Beethoven vernichtet, sei es aus standesgemäßer Diskretion oder aber, wie Vertreter der Syphilis-Hypothese meinen, um eine mögliche kompromittierende Diagnose zu verheimlichen. Dann wäre es aber höchst unwahrscheinlich, dass er ausgerechnet einen Biographen entsprechend informiert haben soll. Zwar können einige Aspekte des Krankheitsbilds bei Beethoven, wie die Leberzirrhose, das Gehörleiden, die Fieberanfälle, eine mögliche Störung des Wärmeempfindens, die Atemwegserkrankungen und das Augenleiden Folge einer Lueserkrankung sein, andererseits sind die Befunde aber zu unspezifisch, um einen diesbezüglichen Kausalzusammenhang herzustellen. Ob es sich ferner bei der »volatilen Salbe«, mit der Beethoven zeitweise behandelt wurde, um eine damals bei Syphilis übliche Quecksilberanwendung handelte, wie von Vertretern dieser Krankheitshypothese behauptet[21], oder nicht eher um das Rheumamittel Linimentum ammoniatum[22], ist offen. Bei der ersten Exhumierung der Gebeine Beethovens wurden auch die Schädelfragmente zusammengesetzt und ein Gipsabdruck des Kopfes abgenommen. Dieser Gipsabdruck weist auf der rechten Schläfenseite eine Verdickung auf. Obwohl Theodor von Frimmel bereits 1905 darauf hinwies, dass es sich um einen Abgussfehler bei der Herstellung der Gipskopie handelt[23], hat sich die Behauptung »eine[r] erhebliche[n], abgegrenzte[n] Verdickung am os parietale dextrum [...] wie sie auf dem Boden der Syphilis«[24] entstehen könne, hartnäckig gehalten. Auch eine angebliche, auf Syphilis hindeutende »eingesunkene Sattelnase«[25], ist auf den Lebend- und Totenmasken Beethovens nicht zu erkennen. Außerdem sind bei Beethoven keinerlei weitere Symptome einer fortgeschrittenen Syphilis beschrieben worden, wie Knochenveränderung neben typischen neurologischen Ausfällen, beispielsweise Sprach- oder Bewegungsstörungen, Verfall des intellektuellen Vermögens oder Inkontinenz.

Plausibler scheint zunächst, auch weil Beethovens Arzt Weißenbach dies in seiner Anamnese aus dem Jahr 1814 festhält, eine Typhuserkrankung Mitte der 1790er Jahre. Zu jener Zeit gab es wegen der Koalitionskriege zahlreiche Typhusepidemien, und auch in Wien war wegen der mangelnden Hygiene insbesondere bei der Trinkwasserversorgung diese Krankheit allgegenwärtig. Zwar gehört auch Schwerhörigkeit zu den möglichen chronischen Folgen dieser Erkrankung. Im Falle Beethovens spricht aber der schleichende Prozess eher dagegen.

Plausibel ließe sich die entzündliche Magen-Darmerkrankung auf eine Typhuserkrankung zurückführen, zumal eine zeitliche Koinzidenz mit den Kolikbeschwerden zu verzeichnen ist. Unwahrscheinlich ist hingegen ein Zusammenhang mit dem Leberleiden, und auch das Fehlen weiterer Typhussymptome wie Haarverlust sind im Falle Beethovens nicht überliefert. In jüngerer Zeit ist deshalb auch die Typhushypothese angezweifelt und stattdessen eine andere Infektionskrankheit in Betracht gezogen worden.[26] Es handelt sich um die zu Beethovens Zeit noch nicht diagnostizierbare Brucellose, auch »Maltafieber« genannt. Diese bakterielle Infektionskrankheit kann von Wild- oder Nutztieren vor allem über infizierte Milchprodukte bzw. rohes Fleisch sowie verunreinigtes Brunnenwasser auf den Menschen übertragen werden. Die akute Infektion mit einer mehrwöchigen Symptomatik geht einher mit Übelkeit, Müdigkeit, Kopfschmerzen und vor allem einem undulierendem Fieber mit dem intervallischen Wechsel von hoch fibrösen und fieberfreien Tagen. Genau ein solches Wechselfieber ist bei Beethoven erstmals 1804 explizit beschrieben. Es ist auffällig, dass Beethoven vor allem in den Herbstmonaten erkrankte, also nach der Rückkehr von seinen Landaufenthalten, wo mehr diesbezügliche Infektionsquellen vorhanden und beständige Neuinfektionen möglich waren. Neben dem Milchgenuss kann als Risikofaktor zudem Beethovens Vorliebe für Brunnenwasser ausgemacht werden. Brucellose kann sich auch chronifizieren bzw. rezidivieren, also das Wiederaufflammen der Erkrankung ohne Neuinfektion erfolgen. Die Bakterien werden meist über den Darm aufgenommen, gelangen dann über die Lymphknoten in Lymph- und Blutbahn und können von dort aus alle Organe entzündlich befallen, bevorzugt aber Leber, Milz und das Knochenmark sowie die Atemwege. Die Entzündungsherde bilden Granulome aus, wie sie auch der Obduktionsbericht erwähnt. Auch bei den als Petechien beschriebenen Hautveränderungen könnte es sich um solche Granulome gehandelt haben, wie sie allerdings auch in der Folge einer Syphilis auftreten. Brucellose kann ferner das Gefäßsystem und die Gelenke erfassen, also sklerotische oder rheumatische Beschwerden verursachen. Beides ist bei Beethoven zu verzeichnen. Als Neurobrocellose zieht die Infektion das Nervensystem in Mitleidenschaft. Als mögliche Folgen können eine Störung des Wärmeempfindens auftreten, Gemütsschwankungen, Hör- und Sehstörungen. Übermäßiges Wassertrinken und erhitzte Zustände, denen durch Übergießen des Kopfes mit kaltem Wasser oder das Bedürfnis nach Zugluft Hitzewallungen begegnet wird, finden sich in zahlreichen Zeitzeugenberichten über Beethoven. Ein labile emotionale Konstitution bescheinigte ihm nicht nur sein Arzt Weißenbach, zahlreiche schriftliche Selbstzeugnisse, aber auch entsprechende Berichte von Freunden dokumentieren Beethovens Neigung zu Melancholie oder sogar Depression, aber auch eine extreme Dünnhäutigkeit mit einem Hang zu unwirschem und beleidigendem Verhalten. Auch wenn es sich bei Beethovens Augenproblemen – er war zudem mäßig kurzsichtig und besaß eine Brille (-4,0/-3,0 Dioptrien) – der Beschreibung nach eher um schwere Bindehautentzündungen gehandelt haben mag, sind auch andere und weitere Ursachen denkbar. Und auch die schleichende Gehörbeeinträchtigung ließe sich mit einer rezidivierenden Brucellose erklären. Da die Brucellen über den Darm ihre Wirkung entfalten, kann der chronische Entzündungsprozess dort zuerst auftreten. Dies wäre bei Beethoven der Fall gewesen. Andererseits wären, wenn man der These von einer für die Gesamtsymptomatik verantwortliche Grunderkrankung mangels Beweis nicht folgen möchte, auch voneinander unabhängige Krankheitsbilder denkbar. Unstrittig ist, dass sich bei Beethoven zunächst ein Darmleiden manifestierte, wobei insbesondere die Dickdarmfunktion gestört gewesen zu sein scheint. Hierfür sprechen die beschriebenen Durchfälle und die Kalkkonkremente, die sich bei der Obduktion in den Nierenkelchen fanden.[27] Bei der in Schüben wiederkehrenden Magen-Darmerkrankung lässt sich auch an Morbus Crohn oder an eine Colitis ulcerosa denken, zumal auch die Begleitsymptomatik mit Augen- und Gelenkentzündungen hierzu passen könnte. Angesichts des jahrzehntelangen, chronischen Verlaufs der Erkrankung spricht jedoch dagegen, dass bei Beethoven – sieht man vom letzten Lebensjahr ab – keine sukzessive Abnahme der körperlichen Leistungsfähigkeit oder des Körpergewichts zu verzeichnen war. Auch wurden im Obduktionsbericht keine Veränderungen der Darmwand beschrieben. Insofern könnte es sich bei der Darmerkrankung möglicherweise lediglich um einen chronischen Reizdarm gehandelt haben, als eines von mehreren unabhängig voneinander zu betrachtenden Leiden, die sich zu unterschiedlicher Zeit manifestierten. Die letztliche letale Lebererkrankung könnte zwar auch Folge der Enteritis, also einer chronischen Darmentzündung, gewesen sein, eindeutig zeitlich bestimmen lässt sie sich aber erst ab 1821. Die beschriebenen Symptome – rheumatischer Anfall, Übelkeit, Durchfall – und die Krankheitsdauer von sieben bis acht Monaten lässt daher eher auf eine akute Hepatitis mit anschließender chronischer Leberschädigung schließen.[28]

Anmerkungen

1 Das Original befindet sich im Pathologisch-Anatomischen Bundesmuseum in Wien, M.N. 21.297. Die deutsche Übersetzung ist abgedruckt in: Beethoven-Haus Bonn / Museum für Sepulkralkultur Kassel (Hrsg.), *Drei Begräbnisse und ein Todesfall. Beethovens Ende und die Erinnerungskultur seiner Zeit*, Bonn 2002, S. 45f.

2 Ebenda, S. 46.

3 Vgl. H. Bankl und H. Jesserer, *Die Krankheiten Ludwig van Beethovens. Pathographie seines Lebens und Pathologie seiner Leiden*, Wien 1987, S. 61.

4 Andreas Ignaz Wawruch, *Aerztlicher Rückblick auf L. van Beethoven's letzte Lebensepoche*, zitiert nach: H. Bankl und H. Jesserer, *Die Krankheiten Ludwig van Beethovens*, S. 48.

5 A. W. Thayer, *Ludwig van Beethovens Leben. Nach dem Original-Manuskript deutsch bearbeitet von Hermann Deiters. Revision und Ergänzung der von H. Deiters bewirkten Neubearbeitung von Hugo Riemann*, Nachdruck der Ausgabe Leipzig [3]1917, Hildesheim etc. 2001, Bd. 1, S. 219.

6 Brief an Erzherzog Rudolph. BGA Nr. 947, Bd. 3, S.272.

7 A. W. Thayer, *Ludwig van Beethovens Leben. Nach dem Original-Manuskript deutsch bearbeitet von Hermann Deiters. Mit Benutzung von hinterlassenen Materialien des Verfassers und Vorarbeiten von Hermann Deiters neu bearbeitet und ergänzt von Hugo Riemann*, Nachdruck der Ausgabe Leipzig [3–5]1923, Hildesheim etc. 2001, Bd. 3, S. 448.

8 Ebenda.

9 A. W. Thayer, *Ludwig van Beethovens Leben. Nach dem Original-Manuskript deutsch bearbeitet von Hermann Deiters. Mit Benutzung von hinterlassenen Materialien des Verfassers und Vorarbeiten von Hermann Deiters neu bearbeitet und ergänzt von Hugo Riemann*, Nachdruck der Ausgabe Leipzig [3]1922, Hildesheim etc. 2001, Bd. 2, S. 167.

10 A. Schindler, *Biographie von Ludwig van Beethoven*, Münster [3]1860, S. 94.

11 A. I. Wawruch, *Aerztlicher Rückblick auf L. van Beethoven's letzte Lebensepoche*, zitiert nach: H. Bankl und H. Jesserer, *Die Krankheiten Ludwig van Beethovens*, S. 47.

12 A. W. Thayer, *Ludwig van Beethovens Leben. Nach dem Original-Manuskript deutsch bearbeitet von Hermann Deiters. Auf Grund der hinterlassenen Vorarbeiten und Materialien weitergeführt von Hermann Deiters. Herausgegeben von Hugo Riemann*, Nachdruck der Ausgabe Leipzig 1908, Hildesheim usw. 2001, Bd. 5, S. 194.

13 G. von Breunig, *Aus dem Schwarzspanierhause. Erinnerungen an L. van Beethoven aus meiner Jugendzeit*, Wien 1874, S. 22.

14 A. I. Wawruch, *Aerztlicher Rückblick auf L. van Beethoven's letzte Lebensepoche*, 20. Mai 1827, zitiert nach: H. Bankl und H. Jesserer, *Die Krankheiten Ludwig van Beethovens*, S. 47.

15 Vgl. H. Jäger-Sunstenau, *Beethoven-Akten im Wiener Landesarchiv*, in: *Beethoven-Studien, Festgabe der Österreichischen Akademie der Wissenschaften zum 200. Geburtstag von Ludwig van Beethoven*, Wien 1970, S. 11–36.

16 Vgl. A. Schindler, *Biographie von Ludwig van Beethoven*, Münster [4]1871, Teil 2, S. 127.

17 L. Rellstab, *Aus meinem Leben*, Berlin 1861, Bd. 2, S. 237.

18 A. W. Thayer, *Ludwig van Beethovens Leben*, Bd. 5, S. 417.

19 A. I. Wawruch, *Aerztlicher Rückblick auf L. van Beethoven's letzte Lebensepoche*, zitiert nach: H. Bankl und H. Jesserer, *Die Krankheiten Ludwig van Beethovens*, S. 48.

20 Vgl. Ch. K. Carpenter, »Disease or defamation?«, in: Ann.-otol.-rin.and laryng, XLV (1936), S. 1070 (S. 1069–1081).

21 Vgl. B. Springer, *Die genialen Syphilitiker*, Berlin 1926, S. 21.

22 Vgl. W. Forster, *Beethovens Krankheiten und ihre Beurteilung*, Wiesbaden 1956, S. 47.

23 Th. von Frimmel, *Beethoven-Studien*, München und Leipzig 1905, Bd.1, S. 155.

24 L. Jacobsohn, »Beethovens Gehörleiden und letzte Krankheit«, in: Deutsche medizinische Wochenzeitschrift XXXIV (1927), S. 1285 (S. 1282–1285).

25 R. Loewe-Cannstadt, »Beethovens Krankheiten und Ende«, in: Die Musik XIX (1927), S. 424 (S. 418–424).

26 Vgl. H. Scherf, *Die Krankheit Beethovens. Neue Erkenntnisse über seine Leiden*, München 1977, insbesondere S. 64–79.

27 Vgl. W. Forster, *Beethovens Krankheiten und ihre Beurteilung*, S. 45.

28 Vgl. H. Bankl und H. Jesserer, *Die Krankheiten Ludwig van Beethovens*, S. 125.

Ikonographie

Von Silke Bettermann

Von den zu Beethovens Lebzeiten entstandenen Porträts des Komponisten sind mehr als 20 Darstellungen erhalten geblieben, deren Authentizität außer Frage steht. Hinzu kommen einige Bildnisse, insbesondere von Kindern, aber auch einige Porträts erwachsener Männer, die wiederholt mit Beethoven in Verbindung gebracht wurden, deren Echtheit aber bezweifelt werden muss.

Die in der Literatur veröffentlichten Stellungnahmen zu den verschiedenen Darstellungen sowie anscheinend allgemein anerkannte Ansichten zu den einzelnen Bildern und Plastiken sind häufig durchaus in Frage zu stellen, da eine grundlegende Bearbeitung des gesamten Bereichs der Beethoven-Ikonographie, insbesondere von kunsthistorischer Seite, bislang noch aussteht.

Im folgenden wird ein Überblick über die einzelnen gesicherten Bildnisse Beethovens mit stichwortartigen Ergänzungen zu den Entstehungsumständen und zum Verbleib gegeben.

1770–1792:

- Joseph Neesen (1770–1829?): Silhouette, entstanden wohl 1786; Original verloren, überliefert nur in einer Lithographie der Gebrüder Becker aus dem Jahr 1838 (Frontispiz in: Franz Gerhard Wegeler / Ferdinand Ries, *Biographische Notizen über Ludwig van Beethoven,* Koblenz 1838; dort betitelt: »Ludwig van Beethoven in seinem 16ten Jahre«). Die einzige gesicherte Darstellung Beethovens als Kind.

1792–1810:

- Gandolph Ernst Stainhauser von Treuberg (1766–1805): Zeichnung (Brustbild), entstanden 1800–1801; 1801 als Stich von Johann Joseph Neidl (1774/76–1832) im Verlag Cappi in Wien veröffentlicht, bereits im selben Jahr von Carl Traugott Riedel (1769–um 1832) in Leipzig nachgestochen. Die Tatsache, daß ein weiterer Nachstich von Johann Gottfried Scheffner (1765–1825) als Beilage zur *Allgemeinen Musikalischen Zeitung*, Jg. 6, Nr. 20 (15.2.1804) veröffentlicht wurde und dieses Porträt als Dekoration für Gebrauchskunst (z.B. einen Pfeifenkopf der Meißener Porzellanmanufaktur) verwendet wurde, belegt seine Beliebtheit ebenso wie verschiedene Nachstiche aus der ersten Hälfte des 19. Jahrhunderts.

- Christian Horneman (1765–1844): Elfenbeinminiatur (Brustbild), signiert und datiert 1802 (Beethoven-Haus Bonn). Entstanden während Hornemans Aufenthalt in Wien; von Beethoven nach einem Zerwürfnis als Versöhnungsgeschenk an seinen Jugendfreund Stephan von Breuning nach Bonn geschickt.
- Willibrord Joseph Mähler (1778–1860): Ölgemälde (Beethoven in Dreiviertelfigur mit einer Leier in der linken Hand vor einer idyllischen Landschaft), entstanden 1804 (Wien, WienMuseum, Beethoven-Gedenkstätte im Pasqualati-Haus). Das erste von mehreren Beethoven-Bildnissen Mählers, der 1803 durch Stefan von Breuning mit Beethoven bekannt gemacht worden war. Beethoven behielt das von ihm anscheinend sehr geschätzte Porträt bis zu seinem Tod bei sich. Durch eine 1865 von Josef Kriehuber (1800–1876) angefertigte Lithographie (nur Brustbild) wurde es in der zweiten Hälfte des 19. Jahrhunderts weiter verbreitet.
- Isidor Neugaß (um 1780–nach 1847): Ölgemälde (Brustbild), entstanden 1806; in zwei Fassungen für den Fürsten Karl von Lichnowsky (Beethoven-Haus Bonn, Dauerleihgabe der Ars longa Stichting) und den Grafen Franz von Brunsvik (ehemals Privatbesitz Paris); die Fassung Lichnowsky ursprünglich auf der Rückseite signiert und datiert.
- Ludwig Ferdinand Schnorr von Carolsfeld (1788–1853): Zeichnung (Brustbild im Profil), entstanden im Frühjahr 1810; verschollen, ehemals in einem Skizzenbuch der Familie von Malfatti befindlich, überliefert durch einen Holzstich von August Neumann (erwähnt in der zweiten Hälfte des 19. Jahrhunderts) aus dem Jahr 1865 und eine Lithographie von Joseph Anton Bauer (1820–1905) von 1871.

1810–1820:

- Franz Klein (1779–1840): Lebendmaske und Porträtbüste, beide entstanden 1812 (1 Lebendmaske).
- Louis Letronne (1790–1842): Zeichnung (Brustbild), entstanden um 1814; überarbeitet und gestochen von Blasius Höfel (1792–1863), in dieser Fassung 1814 vom Verlag Artaria & Comp. veröffentlicht. (Die Überarbeitung, für die Beethoven eigens Modell saß, wurde nötig, da die Originalzeichnung nach Einschätzung Höfels zu große Schwächen aufwies.) Schon im ersten Viertel des 19. Jahrhunderts häufig nachgestochen und reproduziert, später eines der populärsten Beethoven-Porträts. Einige erhaltene Exemplare des Stichs mit Widmungen Beethovens (u.a. für Nikolaus Simrock, Beethoven-Haus Bonn, Sammlung Hans Conrad Bodmer, und für Franz Gerhard Wegeler, ebenda, Dauerleihgabe der Julius-Wegelerschen Familienstiftung).
- Willibrord Joseph Mähler (1778–1860): Ölgemälde (Brustbild), entstanden 1815; in insgesamt vier Fassungen überliefert (Baron von Gleichenstein, Gesellschaft der Musikfreunde Wien und zwei Fassungen Beethoven-Haus Bonn); von Mähler als Teil einer Serie von Bildnissen zeitgenössischer Wiener Komponisten geschaffen und sehr geschätzt.

Beethoven, Ölgemälde von Joseph Willibrord Mähler, 1804/05 (Wien Museum).

Beethoven, Ölgemälde von Joseph Willibrord Mähler, 1815 (Beethoven-Haus, Bonn).

- Johann Christoph Heckel (1792–1858): Ölgemälde (Brustbild), entstanden 1815 (Washington D.C., Library of Congress); den Quellen nach im Haus Andreas Streichers gemalt.
- August von Kloeber (1793–1864): Zwei Bleistiftzeichnungen (Brustbild und Schultern, Arme und Hände Beethovens), entstanden in Mödling 1818 (Beethoven-Haus Bonn, Sammlung Hans Conrad Bodmer); Ölgemälde (Beethoven und sein Neffe Karl im Park von Mödling), entstanden 1818 (verschollen); Kreidezeichnung (Brustbild), entstanden 1822 (Beethoven-Haus Bonn).
- Ferdinand Schimon (1797–1852): Ölgemälde (Brustbild), entstanden wohl 1819 (Beethoven-Haus Bonn); ehemals im Besitz Anton Schindlers.
- Joseph Karl Stieler (1781–1858): Ölgemälde (Beethoven mit dem Manuskript der *Missa solemnis*); entstanden 1820 (Beethoven-Haus Bonn; dort auch zugehörige Ölskizze Stielers).

1820–1827:

- Anton Dietrich (1799–1872): Porträtbüste, entstanden in zwei Fassungen 1820 und 1822 (Wien, WienMuseum und Privatbesitz); von Dietrich nach Beethovens Tod verschiedentlich als Grundlage für weitere Beethoven-Büsten verwendet.

- Ferdinand Georg Waldmüller (1793–1865): Ölgemälde (Brustbild), entstanden 1823; Original ehemals im Besitz des Verlages Breitkopf & Härtel Leipzig, 1943 beschädigt, heute verschollen (zweite Fassung Wien, Kunsthistorisches Museum); im 19. Jahrhundert vor allem durch den Stich von Lazarus Gottlieb Sichling (1812–1863) und Nachstiche nach diesem bekannt.
- Johann Stephan Decker (1784–1844): Zeichnung, entstanden im Mai 1824 (Wien, WienMuseum); im 19. Jahrhundert durch Lithographien und Stiche u.a. von Joseph Steinmüller (1795–1841), Josef Kriehuber (1800–1876), Friedrich Lieder (1807–1884) und Ignaz Eigner (1854 – nach 1872) weit verbreitet.
- Joseph Daniel Böhm (1794–1865): Zwei Zeichnungen (Beethoven ganzfigurig beim Spaziergang, im Profil und von hinten) in Silberplättchen eingeritzt, entstanden um 1820–1825; Originale verschollen, überliefert durch Abreibungen nach diesen Gravuren von Fr. Trau (Beethoven-Haus Bonn); ein Wachsrelief (Beethovens Kopf im Profil), entstanden um 1820; Original verschollen, überliefert durch einen Gipsabguss aus dem Ende des 19. Jahrhunderts (Beethoven-Haus Bonn).
- Joseph Weidner (1801–1871): Aquarellierte Bleistiftzeichnung (Beethoven ganzfigurig beim Spaziergang von hinten), signiert und datiert 1823 (Beethoven-Haus Bonn, Sammlung Hans Conrad Bodmer).
- Johann Nepomuk Hoechle (1790–1835): Aquarell (Beethoven ganzfigurig, in einen langen Mantel gehüllt beim Spaziergang), entstanden 1820–1825; Original verschollen, überliefert in verschiedenen Reproduktionen aus dem frühen 20. Jahrhundert.
- Josef Eduard Teltscher (1801–1837): Zwei Zeichnungen (Beethoven auf dem Sterbebett), entstanden im März 1827 (London, British Library, Stefan Zweig Loan Collection).
- Josef Danhauser (1805–1845): Totenmaske Beethovens; drei Ölskizzen (Kopf und Hände Beethovens nach seinem Tod) und eine Lithographie (Beethoven auf dem Totenbett), alle unmittelbar nach Beethovens Tod entstanden, zwischen dem 27. und 29. März 1827 (alle Beethoven-Haus Bonn).

Literatur

Th. von Frimmel, *Beethoven im zeitgenössischen Bildnis*, Wien 1923 • R. Bory, *La vie et l'œuvre de Ludwig van Beethoven par l'image*, Zürich 1960 • F. Glück, »Das Mählersche Beethoven-Bild von 1804/05 im Historischen Museum der Stadt Wien«, in: Österreichische Musik-Zeitung 16 (1961), S. 111–114 • F. Glück, »Prolegomena zu einer neuen Beethoven-Ikonographie«, in: W. Gerstenberg (Hrsg.), *Festschrift Otto Erich Deutsch zum 80. Geburtstag am 5. September 1963*, Kassel u.a. 1963, S. 203–212 • H. C. Robbins Landon, *Beethoven, sein Leben und seine Welt in zeitgenössischen Bildern und Texten*, Zürich 1970 • M. Staehelin (Hrsg.), *Das Beethoven-Bildnis des Isidor Neugaß und die Familie Lichnowsky* (Jahresgabe des Vereins Beethoven-Haus 1983), Bonn 1983 • S. Brandenburg, *Der Freundeskreis der Familie Malfatti in Wien, gezeichnet von Ludwig Ferdinand Schnorr von Carolsfeld* (Jahresgabe des Vereins Beethoven-Haus 4), Bonn 1985 • S. Bettermann, *Erinnerungen an Beethoven. Skizzen, Zeichnungen, Karikaturen* (Jahresgabe des Vereins Beethoven-Haus 6), Bonn 1987 • A. Comini, *The Changing Image of Beethoven*, New York 1987 • R. Steblin, »The newly discovered Hochenecker portrait of Beethoven (1819), ›das ähnlichste

Bildnis Beethovens‹«, in: Journal of the American Musicological Society 45 (1992), S. 468–497 • Dies., »Beethoven's life mask of 1812 reconsidered«, in: The Beethoven Newsletter 8/9 (1993/94), S. 66–70 • E. Badura-Skoda, »Anton Dietrichs Beethoven-Büsten«, in: M. Czernin (Hrsg.), *Gedenkschrift für Walter Pass*, Tutzing 2002, S. 483–496.

Aufklärung, Katholizismus und die religiöse Anschauung Beethovens

Von Nicholas Chong

Die Welt, in der Beethoven lebte, war eine katholische. Bonn und Wien, die beiden Städte, in denen er jeweils seine Jugend und die Zeit als Erwachsener verbrachte, waren beide katholische Territorien. Geboren in einer katholischen Familie, wurde Beethoven katholisch getauft und besuchte eine katholische Schule. Ein Großteil seiner frühesten musikalischen Ausbildung fand in lokalen katholischen Kirchen statt, wo er zweifellos etwas über Kirchenmusik und deren Ort in der Liturgie lernte.[1] Am Ende seines Lebens erhielt er die Letzte Ölung von einem katholischen Pfarrer und die Trauerfeier für ihn war ebenfalls katholisch.[2]

Die übliche Weisheit in Kommentaren über Beethovens Leben und Musik besteht darin, dass sich die Beziehung des Komponisten zur Katholischen Kirche auf die vordergründigen Tatsachen beschränkte, wie sie oben dargestellt wurden. Beethoven war dem Namen nach ein Katholik; seine wirkliche religiöse Anschauung war, wie gewöhnlich behauptet wird, indifferent, möglicherweise sogar ablehnend gegenüber dem Katholizismus ebenso wie gegenüber traditionellen religiösen Institutionen im Allgemeinen. Über jeden Zweifel erhaben ist, dass Beethoven lebenslang eine intensive Faszination für religiöse Ideen hegte, doch fast immer wird betont, dass diese Faszination eklektisch, eigenwillig und unberührt war von irgendeiner religiösen Tradition, vor allem vom Christentum in welcher Form auch immer.[3] Diese Sicht von Beethovens Beziehung zum Katholizismus wurde eng bezogen auf die kritische Grundhaltung gegenüber der kleinen Anzahl an Werken aus seinem Œuvre, die einen offensichtlich christlichen Inhalt haben: die beiden Messen (C-Dur op. 86 und die *Missa solemnis* D-Dur op. 123), das Oratorium *Christus am Ölberge* op. 85 und eine kleine Zahl von religiösen Liedern, darunter die *Gellert-Lieder* op. 48 und *Der Wachtelschlag* WoO 129. Von diesen Stücken wird gewöhnlich nur die *Missa solemnis* als ein wichtiges Werk betrachtet und es wird sehr häufig als ein universelles Werk charakterisiert, das sich für mehr eignet als die Worte der katholischen Liturgie, indem es eine breitere spirituelle Botschaft übermittelt, welche irgendeine besondere religiöse Tradition transzendiert, vor allem den Katholizismus selbst. Die anderen Stücke wurden häufig als »Gebrauchsmusik« abqualifiziert und nicht als authentische Beethovensche Meisterwerke anerkannt.[4]

Versuche, Beethoven von irgendeiner Bindung an den katholischen Glauben abzusondern, beziehen sich beständig auf Belege wie das Tagebuch des Komponisten, in dem er zahlreiche Zitate aus einer großen Vielfalt von meist nicht-christlichen Quellen niederschrieb, insbesondere von indischer Religion und Freimaurertum.[5] Ebenfalls häufig zitiert werden Aussagen Beethovens, die eine Antipathie gegenüber der Katholischen Kirche auszudrücken scheinen.[6] Belege solcher Art sind jedoch relativ selten und stets offen für eine

Interpretation – und der Komponist hinterließ letztlich keine explizite, unmissverständliche Aussage über seine religiöse Meinung. Diskussionen über Beethovens religiöse Anschauung müssen sich daher häufig auf eine grundlegende Annahme über seinen kulturellen Kontext beziehen: Sie setzen die Vorstellung voraus, dass die Aufklärung grundsätzlich von einer Zurückweisung traditioneller Quellen von religiöser Autorität definiert wurde, vor allem von Institutionen wie der Katholischen Kirche. Daraus folgt, dass Beethoven als ein Kind der Aufklärung keine starke Affinität zu traditionellen religiösen Ideen gehabt haben kann – ebenso wenig wie er geistliche Musik als wichtig betrachtet haben kann.

Neuerliche historische Forschung aus den letzten drei Jahrzehnten stellte freilich diesen gemeinen Stereotyp in Frage, dass die Beziehung zwischen Aufklärung und Religion eine rein gegensätzliche war. Geistes- und sozialgeschichtliche Historiker brachten ein etwas komplexeres Bild der Beziehung zwischen Katholischer Kirche und Aufklärung hervor.[7] Die Aufklärung war kein monolithisches Phänomen, sondern bestand in mehreren sich oft widersprechenden geistigen Strängen. Und gegenüber den am Meisten expliziten antireligiösen Strängen (repräsentiert durch Denker wie Voltaire) wurde häufig erbitterten Widerstand geleistet durch andere Denker, die sich ebenfalls als aufgeklärt betrachteten. In den deutschen Ländern insbesondere war die Aufklärung im Allgemeinen weit weniger ablehnend gegenüber Religion als in Frankreich oder in Großbritannien. In dieser Umwelt wurden in der zweiten Hälfte des 18. Jahrhunderts viele Versuche gemacht, die deutsche Katholische Kirche zu reformieren, welche auf Grundsätzen beruhten, die viel mit der vertrauteren säkularen Version der Aufklärung gemeinsam hatten. Jüngere Historiker beschreiben diese Reformbewegung als die »katholische Aufklärung«. Dieser katholischen Aufklärung widersetzten sich umgekehrt in verschiedenen Graden »konservativere« Persönlichkeiten innerhalb des deutschen Katholizismus, die um die Wende zum 19. Jahrhundert wesentlich einflussreicher werden sollten. In der Geschichtsliteratur existiert kein Standardterminus für diese konservative Reaktion, aber der Ausdruck »katholische Restauration« des Kirchenhistorikers Joseph Schuh soll hier der Einfachheit halber gebraucht werden.[8]

Katholische Aufklärung und katholische Restauration zusammen bieten einen wichtigen historischen Kontext, um Beethovens religiöse Anschauung zu verstehen; denn er ist notwendig für eine akkurate Interpretation der Anhaltspunkte zu seinem Glauben, die sowohl in biographischen Quellen als auch in seiner religiösen Musik zu finden sind. Das Beschreiben von Beethovens religiösen Ansichten kann indes niemals eine unkomplizierte Aufgabe sein, war die Rolle katholischer Ideen in seinem Denken doch weitaus prominenter, als es zumeist angenommen wird.

Die katholische Aufklärung und katholische Restauration in den deutschen Ländern

Individuelle Persönlichkeiten innerhalb der katholischen Aufklärung hatten verschiedenartige und sich gelegentlich widersprechende Ansichten darüber, welche spezifischen Reformen umgesetzt werden sollten und wie viel Reform in der deutschen Kirche benötigt wurde. Dennoch ist es möglich, einige der wichtigsten Ideen über die Bewegung als ganze hervorzuheben, von denen viele untereinander in Beziehung standen.[9] Die katholische Aufklärung war zu einem erheblichen Maß eine Ablehnung der religiösen Praktiken und Einstellungen, welche durch den vorherigen barocken Katholizismus betont wurden, der gebildete Katholiken vor allem für zu irrational hielt in seiner Vorliebe für beständige Sinnlichkeit, beispielsweise bezüglich Aktivitäten wie Pilgerreisen und Prozessionen.[10] Reformistische Katholiken suchten, sich von solchen »abergläubischen« Praktiken fernzuhalten und die Liturgie im Allgemeinen zu vereinfachen.[11] In Übereinstimmung mit der Individualität, verknüpft mit der Aufklärung als ganzer, befürworteten sie außerdem größere Aufmerksamkeit gegenüber der Kultivierung von privaten frommen Praktiken, unabhängig von dem offiziellen, öffentlichen heiligen Leben der Kirche. Das Dogma wurde zugunsten der Ethik heruntergespielt: Beispielsweise wurden Priester nicht einfach als jene betrachtet, welche die traditionellen katholischen Sakramente spendeten, sondern als moralische Lehrer für ihre Gemeindemitglieder, insbesondere durch Predigten, deren Gebrauch in der Messe in einem höheren Maß angeregt wurde als zuvor.[12] Schließlich spiegelte sich das Interesse an der natürlichen Welt, das ein wohlbekanntes Merkmal der weltlichen Aufklärung ist, durch die katholische Aufklärung in ihrer Betonung des Studiums der Natur als eine Möglichkeit, das Göttliche zu verstehen.[13] Die katholische Aufklärung wurde nicht nur durch die weltliche Aufklärung beeinflusst, sondern ebenso durch protestantische Theologie. In der Tat befürwortete sie eine Einstellung wie bei Protestanten, die eine gemeinsame theologische Grundlage gegenüber theologischer Unterteilung priorisierten – eine Position, die verschiedentlich als Irenik oder Ökumene bezeichnet wurde.[14] In einigen Fällen erweiterte sich diese Offenheit gegenüber nicht-katholischem Denken über den Protestantismus hinaus, um religiöse Perspektiven wie das Freimaurertum einzuschließen, die nicht wirklich christlich waren. Trotz des offiziellen kirchlichen Verbots einer Mitgliedschaft bei den Freimaurern waren viele, die sich als Katholiken betrachteten (darunter Haydn und Mozart), aktive Freimaurer, die im Freimaurertum Affinitäten zur katholischen Aufklärung bemerkten, vor allem religiöse Toleranz und eine Betonung der ethischen Haltung.[15] Tatsächlich wurde ein katholisch-protestantischer Dialog häufig genau ermutigt durch eine gemeinsame Mitgliedschaft in Gruppen von Freimaurern.[16] Bezüglich der Führung der Kirche schließlich, in welcher der Primat des Papsts niemals in Frage gestellt wurde, glaubte die katholische Aufklärung, dass einzelne nationale Kirchen eine bedeutungsvolle Autorität unabhängig von Rom über katholische Praktiken in ihren eigenen territorialen Grenzen haben sollten. In Übereinstimmung mit dieser Sicht unterstützten viele dieser Schlüsselfiguren den Gebrauch der Landessprache in der Liturgie.[17]

Die Ideen der katholischen Aufklärung wurden in einem berühmten Programm von Kirchenreformen in den Ländern der Habsburger während der 1770er und 1780er Jahre durch Kaiser Joseph II. umgesetzt, bekannt als »Josephinismus«.[18] Unter Josephs Reformen befand sich die Unterdrückung von klösterlichen Orden, von denen er annahm, dass sie weit weniger sozial nützlich waren als die Gemeindepfarrer. Er führte außerdem einen begrenzten Anteil religiöser Toleranz gegenüber Nicht-Katholiken ein, vor allem gegenüber Protestanten und Juden. In einem Erlass über Kirchenmusik – der 1783 verkündeten »Gottesdienstordnung« – suchte Joseph, liturgische Musik zu entfernen, die völlig ausgearbeitet ist, vor allem durch Begrenzung des Gebrauchs von Instrumenten in der Kirche und Beschneidung des Einflusses weltlicher Musikstile auf die Liturgie, insbesondere der Oper.[19]

Josephinismus und die katholische Aufklärung im Allgemeinen erhielten nie eine weitverbreitete Unterstützung des Volkes. Viele Laien blieben dabei, den Pilgerreisen, Prozessionen und anderen »abergläubischen« Praktiken des barocken Katholizismus anzuhängen.[20] Einige widersetzten sich sogar der Toleranz gegenüber Nicht-Katholiken.[21] Josephs Vorgehen gegenüber den Klöstern beseitigte wichtige Gelegenheiten zur Ausbildung und Erziehung, vor allem für die weniger Privilegierten.[22] Darüber hinaus beeinflusste es das musikalische Leben in der Kirche negativ, und es gibt außerdem Hinweise anzunehmen, dass diese Richtlinie, Kirchenmusik zu vereinfachen, schwierig durchzusetzen war und deshalb routinemäßig ignoriert wurde.[23] Viele von Josephs Reformen wurden daher von seinen direkten Nachfolgern, Leopold II. und Franz II., widerrufen, und der Einfluss der Ideen, die mit der katholischen Aufklärung verbunden wurden, ging zurück im Kontext der Exzesse in der Französischen Revolution und des Leidens, hervorgerufen durch die Napoleonischen Kriege.[24] Diese politischen Ereignisse riefen Ernüchterung gegenüber progressiven Ideen im Allgemeinen hervor, sowohl in der Gesellschaft als auch in der Kirche, und gaben Anlass für die konservativere katholische Restauration, die insbesondere in Wien und noch mehr in jener Gegend prominent war, die heute Österreich darstellt.[25] Dennoch war die katholische Restauration ebenso wie die katholische Aufklärung weit entfernt von einem monolithischen Phänomen. Theologen und Kirchenmänner waren sich uneinig darüber, bis zu welchem Ausmaß die Reformen der katholischen Aufklärung zurückgedreht werden sollten. Wie unten erläutert werden soll, ist die Nuance der Schlüssel zu einem besseren Verständnis einiger der religiösen Persönlichkeiten, vor allem Johann Michael Sailer, mit deren Schriften sich Beethoven beschäftigte.

Beethoven und die katholische Aufklärung

Beethoven wurde während seiner Jugend in Bonn mit zahlreichen Ideen der katholischen Aufklärung konfrontiert. Die geistige und kirchliche Umgebung dort war vor allem verständnisvoll für die katholische Aufklärung im Allgemeinen und den Josephinismus im Besonderen. Viele der Eliten der Stadt einschließlich der fortfolgenden Fürsterzbischöfe erkannten keinen Konflikt zwischen dem Katholizismus, wie sie ihn sahen, und angeblich progressiven sozialen und politischen Ideen. (Einige der vorliegenden Beethoven-Studien haben ein Bewusstsein dieser Tatsache demonstriert, doch entweder übersehen oder missverstehen sie deren Beziehung zum größeren historischen Kontext der katholischen Aufklärung.) Bonn stand nicht unter direkter Herrschaft der Habsburger, weshalb die Josephinischen Reformen hier nicht offiziell galten. Doch der Fürsterzbischof seit 1784, Maximilian Franz, griff die Reformen dennoch auf, welche in Bonn populärer waren als in der eigenen Hauptstadt Josephs II., Wien.[26] Maximilian Franz beförderte außerdem aktiv Kirchenmusik in der Landessprache, darunter Messvertonungen mit deutschem Text, die Beethoven wahrscheinlich kannte.[27] Die religiöse Toleranz, die damals existierte, befähigte beispielsweise den wichtigsten Lehrer Beethovens, Christian Gottlob Neefe (1748–1798), einen Calvinisten, zur Anstellung als Organist am katholischen Hof von Bonn. Neefe war außerdem ein prominenter Anhänger des Freimaurertums, das vom regierenden Erzbischof offen toleriert wurde.[28]

Die religiösen Interessen des erwachsenen Beethoven fuhren fort, sich mit Ideen zu beschäftigen, die mit der katholischen Aufklärung verbunden waren, mit welchen er aufwuchs. Einige dieser Interessen wurden als Beleg für die Entfremdung des Komponisten von seinem nominalen katholischen Hintergrund verwendet, doch lassen sie sich unter Voraussetzung des religiös-historischen Kontexts, wie er bereits beschrieben wurde, genauer verstehen in Verbindung mit der Vielfalt des katholischen Denkens, wie es zu seinen Lebzeiten existierte. Beispielsweise stimmt Beethovens offensichtliche Beschäftigung mit der Bedeutung des ethischen Benehmens, vor allem repräsentiert durch den Ausdruck »Tugend«, mit dem Vorrang der katholischen Aufklärung überein. Beethovens Tagebuch enthält mehrere Einträge, die sich auf Tugend beziehen:

> »Ohne Tränen können weder die Väter ihren Kindern die Tugend einprägen[,] noch die Lehrer ihren Schülern nützliche Dienste in Wissenschaften beybringen.«[29]

> »Denn das Laster geht durch Wege voll gegenwärtiger Lüste und beredet dadurch viele, ihm zu folgen. Die Tugend aber führt auf einen steilen Pfad und kann dabey nicht so leicht und geschwind die Menschen an sich ziehn.«[30]

> »Wie der Staat eine Constitution haben muß, so der einzelne Mensche für sich selber eine!«[31]

Tugend wird auch im *Heiligenstädter Testament* betont. Über die Erklärungen zur Entschlossenheit des Komponisten hinaus, sein Leben trotz des graduellen Verlusts seines Gehörs fortzusetzen, enthält das Testament außerdem, wie Maynard Solomon es beschreibt, eine Anzahl von »gekünstelten, ja gewählten Formulierungen, die sein Festhalten an der Tugend betonen.«[32] Beispielsweise stellt Beethoven fest, dass es Tugend war, nicht sein Sinn für eine künstlerische Mission, die ihn davon abhielt, sein eigenes Leben zu führen: »[Die Tugend] war es, die mich selbst im Elende gehoben, ihr Danke ich nebst meiner Kunst, daß ich durch keinen selbstmord mein Leben endigte.«[33] Weiterhin erzählt er seinen Brüdern Karl und Johann, an die das Testament gerichtet ist: »Vertragt und helft euch einander […] Emphelt euren Kindern [nach] Tugend, sie nur allein kann glücklich machen […] Lebt wohl und liebt euch.«[34]

Dieses thematische Betonen von tugendhaftem Benehmen wird wiederum in den beiden musikalischen Werken aufgegriffen, die eng mit dem Testament verbunden sind: den *Gellert-Liedern* und *Christus am Ölberge*. Diese wurden kurz nach dem Testament geschrieben und es existieren genaue wörtliche Parallelen zwischen Teilen des Dokuments und des Texts beider Werke, die nahelegen, dass sie bis zu einem gewissen Grad als autobiographische Kompositionen zu verstehen sind.[35] In den *Gellert-Liedern* enthält das zweite (»Die Liebe des Nächsten«) einen sehr moralischen Text über die Bedeutung von wohltätigen Handlungen gegenüber anderen. Die beiden ersten Strophen sind typisch für die didaktische Natur des Gedichts als ganzem:

»So jemand spricht: Ich liebe Gott!
Und haßt doch seine Brüder,
Der treibt mit Gottes Wahrheit Spott
Und reißt sie ganz darnieder.
Gott ist die Lieb' und will, daß ich
Den Nächsten liebe, gleich als mich.

Wer dieser Erden Güter hat
Und sieht die Brüder leiden,
Und macht den Hungrigen nicht satt,
Läßt Nackende nicht kleiden;
Der ist ein Feind der ersten Pflicht
Und hat die Liebe Gottes nicht.«

In ähnlicher Weise betont *Christus am Ölberge* eine andere moralische Lektion, die zentral ist für christliche ethische Lehre: Vergebung seinen Feinden gegenüber. Wieder und wieder sagen Christus und der Seraphim einem dickköpfigen Peter (Nr. 6, T. 94ff.):

»O Menschenkinder fasset
dies heilige Gebot:
liebt jenen, der euch hasset,
nur so gefallt ihr Gott.«

Am Ende stimmt Peter darin überein, diesen Text zu singen (Nr. 6, T. 125ff.), was zeigt, dass er die ethische Doktrin akzeptiert und seinen Zorn über jene, die kamen, um Jesus wegzunehmen, aufgibt.

Die katholische Aufklärung bietet außerdem den Hintergrund für Beethovens Faszination über die Natur als Reflektion des Göttlichen. Der Komponist scheint besonders aufmerksam gewesen zu sein, die Natur mit dem Konzept der göttlichen Vorsehung zu verbinden – der Idee, dass Gott aktiv in die Welt eingreift, indem er den Kurs menschlicher Ereignisse leitet. Im *Heiligenstädter Testament* richtet er sich an Gott, wenn er das Wort »Vorsehung« benützt[36], ein Ausdruck, der ebenso im Titel des fünften der *Gellert-Lieder* auftritt: »Gottes Macht und Vorsehung«. Der Text dieses Lieds portraitiert die natürliche Welt, wie sie Gottes Geschenk für den menschlichen Lebensunterhalt bietet:

»Du tränkst das Land,
Führst uns auf grüne Weiden;
Und Nacht und Tag und Korn und Wein und Freuden
Empfangen wir aus deiner Hand.«

(*Der Wachtelschlag*, ein Lied, das Beethoven während derselben Periode fertig stellte, ruft ähnliche Ideen hervor.) »Gottes Macht« folgt einem anderen Lied – »Die Ehre Gottes aus der Natur« –, in dem die Natur abgebildet wird als ein Medium, um Mensch und Gott enger aneinander zu binden:

»Er ist um mich,
Schafft, daß ich sicher ruhe;
Er schafft, was ich vor- oder nachmals tue,
Und er erforschet mich und dich.

Er ist dir nah,
Du sitzest oder gehest;
Ob du ans Meer, ob du gen Himmel flöhest:
So ist er allenthalben da.«

Beethovens Faszination über die enge Verbindung zwischen Natur und dem Göttlichen wurde oft als ein Zeichen seiner Entfremdung vom traditionellen christlichen Glauben interpretiert. Lewis Lockwood beispielsweise hatte behauptet, dass Beethoven einen »pantheistischen Glauben in die Präsenz von Gott in naturalistischen Dingen hatte«[37], während Solomon »Humanität, Gott und Natur« als die »spirituelle Dreieinigkeit« des Komponisten bezeichnete.[38] Wie jedoch oben erklärt wurde, war ein Fokus auf die natürliche Welt eine wichtige Komponente der katholischen Aufklärung und muss deshalb nicht als eine allein weltliche Rahmenordnung verstanden werden.

Vielleicht das größte Anzeichen von Beethovens Interesse, das Studium von Natur und christlichem Glauben zu integrieren, ist im Lesen eines Buchs des lutherischen Pastors Christoph Christian Sturm (1740–1786) zu finden – *Betrachtungen der Werke Gottes im Reiche der Natur und der Vorsehung* –, dessen Titel den Ausdruck »Vorsehung« enthält, welcher auch andernorts in Quellen erscheint, die mit Beethoven in Verbindung gebracht werden, wie es oben diskutiert wurde. Sturms Buch, erschienen 1773, gehörte zu den am Meisten verbreiteten und gelesenen frommen Büchern der Zeit und erhielt zahlreiche Ausgaben und Übersetzungen.[39] Der Komponist las Sturms Buch offenbar sorgfältig, da die von ihm verwendete Ausgabe von 1811 mit zahlreichen Passagen, die markiert oder unterstrichen wurden, in Berlin überliefert ist.[40] Beethoven hat sogar eine Passage des Buchs in sein Tagebuch kopiert.[41]

Aufgebaut als eine Folge von spirituellen Meditationen für jeden Tag des Jahrs zielt Sturms Buch stark auf die Wichtigkeit der Natur als Quelle religiöser Erkenntnis. Der Titel der Meditation für den 8. Dezember fasst die Botschaft des ganzen Buchs zusammen: »Die Natur als eine Schule für das Herz«.[42] Erwähnenswert ist hier, dass ein ähnliches Thema für zwei andere Bücher von zentraler Bedeutung ist, die Beethoven besaß: *Commentarius de præcipuis generibus divinationum*, ein Traktat des 16. Jahrhunderts von dem lutherischen Universalgelehrten Caspar Peucer (1525–1602), und Immanuel Kants *Allgemeine Naturgeschichte und Theorie des Himmels*.[43] Aus dem zweiten dieser Bücher kopierte Beethoven eine Passage in sein Tagebuch, die eindeutig eine Verbindung zwischen der Beobachtung der natürlichen Welt und der Existenz Gottes herstellt: »Wenn in der Verfassung der Welt Ordnung in Schönheit Wetterleuchten; so ist ein Gott [...] Wenn diese Ordnung aus allgemein Naturgesetzen hat herfließen können, so ist die ganze Natur nothwendig eine Wirkung der höchsten Weisheit«.[44] Charles Witcombe behauptete, dass Sturms *Betrachtungen* pantheistisch sind und von »strikter christlicher Doktrin« abweichen.[45] Diese Sicht ist nicht überzeugend, betrachtet man die zahlreichen unzweifelhaft christlichen Passagen in dem Buch. Eine Meditation ermahnt den Leser, beim Schlafengehen darauf vorbereitet zu sein, Jesus zu treffen.[46] In einer anderen beschreibt Sturm die Versöhnung des Glaubenden mit dem Vater durch Jesus.[47] Wieder eine andere Meditation erzählt davon, wie die Seele unsterblich ist, weil sie »durch Jesum erlöset« worden ist.[48] Zudem erscheinen biblische Zitate und Paraphrasen, vor allem der Psalmen, häufig in Sturms Buch.

Ja obwohl Sturm ein Protestant war, wurde eine Ausgabe der *Betrachtungen* von 1813 ausdrücklich mit Billigung des katholischen Klerus veröffentlicht – nichts weniger als eine Imprimatur für katholische Leser.[49] Dies spiegelt wahrscheinlich seine Popularität unter deutschen Katholiken ebenso wie den interkonfessionellen Austausch, typisch für die katholische Aufklärung. Eine ähnliche Situation betrifft den Autor der Texte von Beethovens *Gellert-Liedern*. Christian Fürchtegott Gellert (1715–1769), ein Protestant, war eine der führenden religiösen und literarischen Persönlichkeiten in den deutschen Ländern des 18. Jahrhunderts, seine Werke waren unter deutschen Katholiken so populär wie in Gellerts eigener protestantischer Gemeinde – ein bemerkenswertes Beispiel der Offenheit gegenüber protestantischen religiösen Schriften, welches ein Schlüsselelement der katholischen Aufklärung war.[50] Zusammen mit Klopstock, ein anderer protestantischer Schriftsteller, den Beethoven liebte, war Gellert auch enorm einflussreich für die Entwicklung des katholischen Kirchenlieds in Landessprache während der zweiten Hälfte des 18. Jahrhunderts.[51]

Johann Michael Sailer und die *Missa solemnis*

Beethovens Verbindung zu dem bayerischen Katholiken und Theologen Johann Michael Sailer (1751–1832, siehe Abbildung auf S. 96) kompliziert in mancher Hinsicht einen Versuch, seine religiösen Ansichten ausschließlich auf die katholische Aufklärung zu beziehen; denn Sailers Beziehung zur katholischen Aufklärung war, wie unten erklärt werden soll, ihrerseits eine komplizierte. Beethoven besaß drei Bücher von Sailer: *Goldkörner der Weisheit und Tugend*, *Friedrich Christians Vermächtnis an seine lieben Söhne* und *Kleine Bibel für Kranke und Sterbende, und ihre Freunde*.[52] Der Komponist erwarb diese offenbar 1819, also um jene Zeit, als er die Arbeit an der *Missa solemnis* begann, und es scheint, dass er an diesen Texten ein mehr als kursorisches Interesse zeigte. In den Konversationsheften schrieb Beethoven die Titel, Publikationsangaben und Preise von allen dreien dieser Bücher nieder sowie jene eines anderen Werks von Sailer – *Rede von der Priesterweihung* –, das nicht im Besitz des Komponisten nach seinem Tod erwähnt wird.[53] Eines der drei Bücher, *Goldkörner der Weisheit und Tugend*, ist eine Sammlung

Johann Michael Sailer (1751–1832).

von lateinischen Sprüchen, zusammengestellt von drei obskuren Autoren: Martin von Braga, einem portugiesischen Bischof des 6. Jahrhunderts, und den Renaissance-Humanisten Janus Anysius und Ludovicus Vives.[54] Sailer schließt deutsche Übersetzungen dieser Sprüche ein und bietet christliche Interpretationen von jenen, die im lateinischen Original keinen ausdrücklich christlichen Inhalt besitzen. Beethoven kopierte mehrere lateinische Zitate von Sailers *Goldkörnern* in einen seiner Briefe, in die Konversationshefte und in eine juristische Denkschrift an das Wiener Appellationsgericht.[55]

Sailer war eine der führenden katholischen Persönlichkeiten Deutschlands in seiner Zeit, der wichtige Universitätsstellen in Bayern innehatte, bevor er zum Bischof von Regensburg ernannt wurde. Innerhalb des kirchlichen Kontexts der Zeit ist er am Besten als ein Gemäßigter zu charakterisieren oder vielleicht sogar als eine Art von gemäßigtem Konservativen.[56] Obwohl er eine Anzahl von Positionen befürwortete, die charakteristisch sind für die katholische Aufklärung, war er auch deren Kritiker in anderer Weise, indem er Sichtweisen einnahm, die für die katholische Restauration typischer sind. In Übereinstimmung mit der katholischen Aufklärung nahm er eine irenische oder ökumenische Einstellung gegenüber Protestanten und anderen Nicht-Katholiken an und war weithin bekannt für seine Kontakte zu solchen protestantischen Persönlichkeiten wie den Philosophen Johann Georg Hamann (1730–1788) und Friedrich Heinrich Jacobi (1743–1819) sowie dem Schweizer Theologen Johann Kaspar Lavater (1741–1801).[57] Indem er Katholiken ermutigte, Ungläubige zu lieben, kultivierte Sailer sogar eine Freundschaft mit dem Atheisten Ludwig Feuerbach.[58] Darüber hinaus bedeuteten seine weitgespannten humanistischen Interessen, dass er sich damit befasste, eine gemeinsame Grundlage von christlichen und nicht-christlichen Texten zu finden.[59] Sailer unterstützte auch Bemühungen, individuelle Frömmigkeit unter gläubigen Laienkatholiken zu kultivieren, vor allem durch das Lesen der Bibel und anderer spiritueller Texte in Landessprache.[60] Sein größeres Ziel bestand darin, dass individuelle Katholiken besser in den Grundsätzen ihrer eigenen Religion erzogen wurden und deshalb aktiver und aufmerksamer an der öffentlichen Liturgie der Kirche teilnahmen, insbesondere an der Messe.[61]

In anderer Hinsicht war Sailer jedoch sehr kritisch gegenüber der katholischen Aufklärung, vor allem indem sie zu einer exzessiv rationalistischen Herangehensweise an die

Religion ermutigte.[62] Im Besonderen attackierte er den Einfluss der Philosophie Kants auf die »progressiveren« katholischen Theologen.[63] Sailer suchte statt dessen, die Bedeutung von Dogma und göttlicher Offenbarung wieder geltend zu machen. Wie aus seinem persönlichen Motto »Gott in Christus – das Heil der Welt« hervorgeht, betonte seine theologische Anschauung grundlegend eine enge, emotional intime Beziehung mit der Person von Jesus Christus, aus der alles andere religiöse Vertrauen abgeleitet ist. Sailers Theologie wird daher häufig als christozentrisch beschrieben.[64] Darüber hinaus betrachtet Sailer, trotz seiner ökumenischen Offenheit gegenüber Nicht-Katholiken, protestantische Kirchen als unvollkommen, weil sie nicht den Primat des Papsts anerkannten.[65] Er insistierte weiterhin, dass traditionelle katholische Sakramente wie Eucharistie und Beichte unverzichtbar waren für die Erlösung – in ihrer Rolle als Vehikel, durch die der sündige Gläubige sowohl die Notwendigkeit zur Erlösung wahrnimmt als auch Christus begegnet, durch welchen Erlösung gewährleistet wird.[66]

Die Nuancen und Komplexität von Sailers theologischer Anschauung sind in allen drei Büchern von ihm, die sich in Beethovens Bibliothek befanden, offensichtlich. *Goldkörner der Weisheit und Tugend* beispielsweise ist exemplarisch für seine Beschäftigung mit nicht-katholischen Ideen. Tatsächlich legt Sailer sogar ausdrücklich dar, dass seine Intention, lateinische Sprüche in dem Buch zu kompilieren, darin besteht, nicht-christliche spirituelle Texte für den christlichen, frommen Gebrauch zu adaptieren.[67] Es besteht eine offensichtliche Ähnlichkeit zwischen diesem Kompendium von Zitaten und Beethovens eigenem Tagebuch, dessen zahlreiche nicht-christliche Zitate deshalb nicht – im toleranten Kontext der katholischen Aufklärung – auf eine Zurückweisung traditionellen christlichen Denkens hindeuten. In jedem Fall sollte, wie Ernst Herttrich darlegte, die Tatsache, dass das Tagebuch mehr aus anderen Religionen zitiert als aus dem Christentum, nicht überraschen, da das Christentum in Beethovens Kultur ja die vorgegebene Religion war und jene, in der er aufgewachsen war.[68] Ja wenige der vordergründig nicht-christlichen Zitate im Tagebuch enthalten religiöse Botschaften, die im Konflikt mit der traditionellen christlichen Lehre stehen.

Zeichen von Sailers ökumenischer Anschauung sind ebenfalls offensichtlich in *Kleine Bibel für Kranke und Sterbende, und ihre Freunde*, eine Sammlung von biblischen Zitaten, ausgewählt nach ihrer Bedeutung für Kranke und Sterbende und diejenigen, die für sie sorgen.[69] Dieser Text vermeidet zumeist, die katholische Zugehörigkeit des Autors zu betonen. An einer Stelle definiert Sailer einen Christen in auffallend breiten Ausdrücken: »Alle, die den Herrn aufrichtig suchen, und alle die den Herrn gefunden haben, sind Eins in Glauben, Eins in der Zuversicht, Eins in der Liebe, und die Eines sind in der Liebe, beten für einander, kämpfen ungesehen miteinander […] Ein Gott. Und alle Kinder Gottes Eine heilige Kirche Gottes.«[70] Im Gegensatz hierzu ist *Friedrich Christians Vermächtnis an seine lieben Söhne* ausdrücklich spezifischer in Verteidigung der Katholischen Kirche.[71] Entworfen als ein fiktiver Brief geschrieben von einem toten Vater an seine Söhne, attackiert dieser Text in aggressiver Weise das, was Sailer, indem er durch den fiktiven Vater spricht, als die Idole zeitgenössischen Lebens betrachtet – abwegige moralische und religiöse Lehren einschließlich Rationalismus und exzessive Individualität –, und ermahnt deren Adressaten, treu zur Katholischen Kirche zu stehen, selbst wenn viele andere das nicht tun. *Kleine Bibel* enthält, trotz ihres mehr ökumenischen Tonfalls im Ganzen, ebenfalls ausgedehnte Abschnitte über Beichte und Eucharistie, die einen unmissverständlich katholischen Geschmack aufweisen.[72] Indem sie die Exegese von verschiedenen biblischen Passagen bietet, spiegelt sie Sailers Interesse an religiöser Erziehung und der Kultivierung von individueller Frömmigkeit unter den Laien. Ja das Buch ist ein besonders gutes Beispiel für Sailers Christozentrik. Nahe dem Beginn schreibt Sailer, dass das Christentum »nicht anderes [ist], als eine Ergreifung des ewigen Lebens in und durch Christus, und eine Darstellung des ewigen Lebens in und durch Christus«[73], und der Text als ganzer wird dominiert durch häufige Ermahnungen des Lesers, eine intime Beziehung zu Christus aufzubauen. Vor allem betonen Sailers biblische Interpretationen beständig die Nähe zu Christus für jene, die körperlich leiden, ebenso wie den Gedanken, dass Krankheit eine Chance ist, seine Seele darauf vorzubereiten, Christus zu treffen. Sowohl in ihrer Christozentrik als auch in ihrer Ermutigung zu einer Art von christlicher Stoik ähnelt *Kleine Bibel* einem älteren und besser bekannten christlichen Andachtsbuch: *Von der Nachfolge Christi* von dem mittelalterlichen Mönch Thomas von Kempen (ca. 1380–1471). Beethoven hatte in seiner Bibliothek auch von diesem Text ein Exemplar[74], und es ist sehr wahrscheinlich, dass dieses Exemplar eine Übersetzung von Sailer war, veröffentlicht 1821 in Reutlingen.[75] (*Von der Nachfolge Christi* war außerdem eines von Sailers bevorzugten Andachtsbüchern, und seine Übersetzung bleibt die am Meisten erreichbare in Deutschland sogar bis heute.[76])

Mehrere Merkmale der *Missa solemnis*, an der Beethoven zu arbeiten begann um die Zeit, als er erstmals Sailers Schriften begegnete, legen den möglichen Einfluss von dessen besonderer Art des Katholizismus nahe. Beispielsweise wollte Beethoven das Werk mit einem deutschen Text publizieren, zusätzlich zu dem liturgisch vorgeschriebenen Latein, angeblich um es auch an Protestanten zu richten. (Der Wille des Komponisten wurde durch den Tod von Benedikt Scholz verhindert, dem protestantischen Musiker, den Beethoven den deutschen Text zu vervollständigen wünschte.[77]) Eine solche Handlung stimmt mit Sailers ökumenischer Haltung überein, selbst wenn sie auch kommerziellen Nutzen gehabt haben dürfte. Weiterhin können einige von Beethovens äußerst eigenwilligen kompositorischen Entscheidungen in der *Missa solemnis* in einen Zusammenhang mit Sailers Wunsch gebracht werden, dass individuelle Gläubige ein tieferes Verständnis der Bedeutung von der katholischen Liturgie entwickeln. Die extrem große Aufmerksamkeit gegenüber der musikalischen Darstellung des Texts im ganzen Werk – am Offensichtlichsten in dem übermäßigen Gebrauch von Wortmalereien in Teilen des Gloria und Credo – dürfte eine musikalische Exegese des Messtexts beabsichtigt haben, eine Art und Weise, dem Hörer ihre religiöse Bedeutung zu lehren. Eine von Sailers Randbemerkungen zu einem lateinischen Zitat in *Goldkörner* erscheint passend in dieser Hinsicht: »Nicht dein Körper bloß sey in der Kirche; auch dein Verstand sey da [...] auch dein Herz, und vor allen dein Herz sey da.«[78] Beethovens Ergänzung der vokalen Bestandteile »ah« und »o« vor dem »miserere nobis« im Gloria kann als Dramatisierung der aktiven persönlichen Antwort an einen individuellen Gläubigen auf die Bedeutung des Messtexts betrachtet werden, die Art einer aktiven

Beschäftigung mit der Liturgie darstellend, welche Sailer versuchte, unter gewöhnlichen Katholiken zu fördern. Eine ähnliche Interpretation ist möglich hinsichtlich von Beethovens Gebrauch des Rezitativs im Agnus Dei, das, obwohl nicht ganz beispiellos, extrem selten ist in der Geschichte musikalischer Messvertonungen.[79] Wie Warren Kirkendale behauptete, portraitiert Beethovens einzigartiger Einschluss eines Instrumentalpräludiums, das Sanctus und Benedictus verbindet, ebenso wie das Auftreten des Violinsolos am Ende dieses Abschnitts bis zu einem ungewöhnlich lebendigen Grad die Anwesenheit von Christus im Eucharistieritual.[80] Nicht nur lassen sich diese Merkmale als ein weiteres Beispiel musikalischer Exegese verstehen, sondern sie dürften auch den christozentrischen Aspekt von Sailers Theologie spiegeln. Die profunde Intimität des Präludiums und der Beginn des Benedictus, das folgt, ruft eine mystische Begegnung zwischen Christus und dem Gläubigen hervor. Als Beethoven seine berühmte Erklärung abgab, dass er wünschte, die *Missa* möge »bey den Singenden als bey den Zuhörenden, Religiöse Gefühle zu erwecken und dauernd zu machen«[81], mag er durchaus Sailers theologische Ideen im Sinn gehabt haben.

Einige der erwähnenswerten Merkmale in der *Missa solemnis*, wie sie eben beschrieben wurden, erscheinen auch in Beethovens früherer *Messe* C-Dur op. 86. Beispielsweise hat Jeremiah McGrann behauptet, dass der Fokus auf Textdarstellung in der *Missa* als eine Intensivierung der Praktiken verstanden werden sollte, wie sie bereits in op. 86 vorhanden sind.[82] Ferner erreichte Beethoven, dass seine frühere Messe tatsächlich mit einem deutschen Text neben dem liturgischen Latein veröffentlicht wurde, und seine Briefe stellen klar, dass er beabsichtigte, was er wünschte, nämlich das Werk auch für Protestanten geeignet zu machen.[83] Das Urbild von solchen Aspekten der *Missa* in op. 86 legt nahe, dass es, wenn Sailers Schriften Beethovens kompositorische Entscheidung in der *Missa solemnis* bis zu einem gewissen Grad beeinflusst haben, nicht der Falle war, dass sie eine gewisse Art von plötzlichem Wechsel in seiner religiösen Anschauung verursachten. Wahrscheinlicher ist, dass Beethoven bereits Ansichten gehabt haben dürfte, die ihn dafür anfällig machten, Sailers Theologie gegenüber wohlwollend zu sein, oder dass die Begegnung mit Sailers Ideen Ansichten, die er bereits hatte, verstärkte und verfestigte.

Unter der Voraussetzung von Sailers ambivalenter Beziehung zur katholischen Aufklärung bietet Beethovens Beschäftigung mit den Schriften des Theologen in jedem Fall die Möglichkeit, dass die Beziehung des Komponisten zu katholischen religiösen Gedanken innerhalb des theologischen Spektrums der Zeit einen leicht konservativen Aspekt gehabt haben könnte. Doch man muss auch den möglichen Einfluss einer anderen zeitgenössischen religiösen Persönlichkeit in Betracht ziehen, deren Schriften Beethoven um die Zeit beschäftigten, als er an der *Missa solemnis* arbeitete: Ignaz Aurelius Fessler (1756–1839).[84] Fessler war ursprünglich ein konservativer Kapuzinermönch, der seinen Orden verließ, nachdem er von radikaleren Strängen der katholischen Aufklärung angezogen wurde. Darauf verlor er seinen christlichen Glauben und verbrachte einige Zeit als ein liberaler Freimaurer, doch schließlich konvertierte er zum Luthertum und beendete sein Leben als ein lutherischer Bischof. Beethoven besaß ein Exemplar von Fesslers bekanntestem Werk: *Ansichten von Religion und Kirchentum*.[85] Laut Birgit

Lodes enthalten die Skizzen der *Missa solemnis* eine teilweise deutsche Übersetzung des lateinischen Messtexts, die Fessler in diesem Buch bietet.[86] In den *Ansichten* verteidigt Fessler das, was er »Katholizismus« nennt, doch definiert er diesen Ausdruck in einer andersgläubigen Art, indem er zwischen dem »Wesen« und »Cultus« des Katholizismus unterscheidet. Indem er eine exzessive päpstliche Autorität argwöhnt, begrenzt er das »Wesen« des Katholizismus allein auf die Dogmen, die bei einem ökumenischen Konzil von Bischöfen verkündet wurden.[87] Der »Cultus« des Katholizismus andererseits besteht nur in seinen externen Ritualen und Praktiken sowie in gewissen Doktrinen, die Fessler als nicht-dogmatisch betrachtet, darunter die Transsubtantiation.[88] Fessler behauptet, dass das »Wesen« des Katholizismus deshalb in allen organisierten christlichen Körperschaften wohnen kann, sogar in protestantischen Kirchen, weshalb die Unterscheidung zwischen individuellen christlichen Konfessionen stets weniger wichtig sein sollte als die mehr fundamentalen Glaubensgrundsätze, die alle Christen teilen. Die Praktiken und unterschiedlichen Glaubensgrundsätze von individuellen Kirchen, darunter der »Cul tus« des Katholizismus, sind wertvoll und notwendig, aber letztlich der größeren Einheit einer »unsichtbare[n] Gemeinde Gottes« untergeordnet, welche alle theologischen und lehrmäßigen Bereiche transzendiert.[89]

Fesslers Verlangen, die konfessionellen Grenzen zu überwinden, war zweifellos von der katholischen Aufklärung inspiriert, aber in anderer Weise distanzierte sich Fessler von der katholischen Aufklärung, insbesondere indem er den Einfluss des Rationalismus auf das zeitgenössischen Christentum attackierte.[90] In einem vordergründigen Sinn bestehen also Affinitäten zu Sailers Anschauung, und tatsächlich ist bekannt, dass Fessler Sailers Denken bewunderte.[91] Doch Sailers Ansichten sind letztlich unterschieden dadurch, dass er auf dem einzigartigen Status der katholischen Form von Christentum insistierte. Es ist schwierig zu bestimmen, wo Beethovens eigene Sympathien in dieser Hinsicht lagen, doch es sollte zumindest herausgestellt werden, dass Sailer den einen Fall bietet, in dem es sicher ist, dass Beethoven einen wenigstens indirekten persönlichen Kontakt mit einer wesentlichen religiösen Persönlichkeit der Zeit hatte, eine, von der bekannt ist, dass er sie in hoher Wertschätzung hielt. In einem Brief von 1819 beschreibt Antonie Brentano Beethovens Bewunderung für den Theologen, der ein Freund der Brentano-Familie war. Ja der Brief enthält sogar Beethovens Wunsch, sein Neffe Karl möge bei Sailer studieren.[92] Während dieser Periode war Beethoven in einen juristischen Krieg mit der Witwe Johanna seines Bruders Kaspar Karl über das Sorgerecht von Karl verwickelt. Obwohl ihm dieses Sorgerecht am Ende gewährt wurde, wurde Beethovens Plan, Karl nach Landshut, Bayern, zu senden, um ihn dort von Sailer unterrichten zu lassen, vom Wiener Appellationsgericht abgeblockt.[93] Weitere Korrespondenzstücke zeigen, dass Beethoven selbst seine Bewunderung für Sailer ausdrückte[94], ein Gefühl, das von mehreren Vertrauten des Komponisten geteilt wurde.[95] In jedem Fall ist es, Beethovens obsessive Befassung mit Karls Wohlergehen vorausgesetzt, kaum vorstellbar, dass er wollte, dass der Junge von jemandem erzogen wurde, mit dessen Weltsicht er nicht übereinstimmte, vor allem wenn diese Person so weit entfernt von Wien lebte.

Ein Wiedergewinnen von Beethovens katholischen religiösen Interessen

Es bleibt schwierig, irgendeine einzelne religiöse Persönlichkeit als entscheidenden Einfluss auf Beethovens religiöse Anschauung zu beanspruchen oder sogar mit hoher Präzision die Natur seiner Glaubensgrundsätze hinsichtlich des Katholizismus zu bestimmen, doch ist es letztlich klar, das katholische Ideen – spezielle Ideen, entstehend in mancher Hinsicht von oder gegen die katholische Aufklärung – einen signifikanten Teil seiner Weltsicht formten. Die Rezeptionsgeschichte von Beethovens religiöser Musik im 19. Jahrhundert legt nahe, dass weder die Vorstellung einer katholischen Seite von Beethoven noch die damit in Zusammenhang stehende Konzeption eines Beethoven, für den geistliche Musik ein wichtiges Genre war, weithergeholt ist. Die unten stehende Abbildung zeigt eines der vier Reliefs auf dem Sockel von Ernst Julius Hähnels berühmter Statue des Komponisten auf dem Münsterplatz in Bonn, enthüllt 1845. Das Relief bietet die Figur der Heiligen Cäcilia, welche eine Orgel spielt – eine traditionelle Repräsentation von geistlicher Musik. Die anderen drei Reliefs stellen Fantasie dar (höchstwahrscheinlich ein Bezug auf Klaviermusik), Sinfonie und dramatische Musik.[96] Der ausdrückliche Bezug auf geistliche Musik auf einem so wichtigen Monument erhebt die Frage, ob dieses Genre in der Mitte des 19. Jahrhunderts zentral für die Wahrnehmung von Beethovens kompositorischer Identität betrachtet worden sein dürfte, wie es in späteren Perioden nicht der Fall war.

Neuere Forschungen bezüglich der wechselnden Einstellungen zu Beethovens religiösen Werken verleihen dieser Behauptung Unterstützung. Wie Helmut Loos gezeigt hat, spielten religiöse Konflikte um die Konstruktion einer deutschen nationalen Identität im 19. Jahrhundert eine signifikante Rolle darüber, wie Beethovens geistliche Musik (und tatsächlich seine Musik im Allgemeinen) verstanden wurde.[97] Mit der wachsenden politischen und kulturellen Dominanz des liberal-protestantischen Preußens im Verlauf des 19. Jahrhunderts widmeten sich Kritiker der Eignung von Beethovens Musik für

Ernst Julius Hähnel, Beethoven-Denkmal, 1845, Münsterplatz in Bonn (Detail: »Die geistliche Musik« an der südlichen, zur Münsterkirche weisenden Seite des Postaments).

deutsche nationalistische Zwecke, während jede mögliche Verbindung zwischen Beethoven und der Katholischen Kirche zu verharmlosen begonnen wurde, die man weithin als anti-liberal und reaktionär betrachtete – ein Phänomen, das am Bekanntesten in Bismarcks *Kulturkampf* exemplifiziert wird.[98] In der zweiten Hälfte des Jahrhunderts wurde Beethovens geistliche Musik, sofern es sich nicht um die *Missa solemnis* handelte, – im Besonderen *Christus am Ölberge* und die *Messe* C-Dur – marginalisiert, wogegen sie zuvor sehr häufig aufgeführt wurde zu Beethovens Lebzeiten und in den unmittelbar auf seinen Tod folgenden Jahrzehnten.[99] Die *Missa* selbst wurde neu interpretiert als ein humanistisches oder universelles Werk, das seinen spezifisch katholischen Ursprung transzendiert.[100] Aus Sicht einer früheren Generation von Kritikern wäre dies eine erstaunliche Entwicklung gewesen, da das Werk in den ersten Jahrzehnten, nachdem es geschrieben wurde, von vielen protestantischen Kommentatoren als zu katholisch abgelehnt wurde![101] Während derselben Periode dürfte der wachsende Einfluss von konservativeren theologischen und liturgischen Ansichten in der Katholischen Kirche (der vereinfachend als Triumph der katholischen Restauration über die katholische Aufklärung beschrieben werden mag) ebenfalls eine Rolle in der geänderten Auffassung von Beethovens geistlicher Musik gespielt haben und zudem des Verständnisses von seiner religiösen Identität. Verstärkt vor allem von der Cäcilienbewegung wurde die Domäne von erlaubter katholischer liturgischer Musik begrenzt auf Gregorianik und unbegleitete Polyphonie. Diese Entwicklung schloss zwar Werke wie Beethovens *Missa solemnis* – die, anders als nach populärer Ansicht, tatsächlich in den katholischen Liturgieteilen aufgeführt wurde – nicht aus, aber alle andere Kirchenmusik der Wiener Klassik.[102] Es ist wahrscheinlich, dass Beethovens katholische geistliche Musik gefangen war zwischen diesen beiden divergenten historischen Trends: zu katholisch für protestantische Liberale, nicht katholisch genug für eine zunehmend konservative Deutsche Katholische Kirche.

Ein umfassendes und nuanciertes Verständnis des komplexen katholischen Kontexts, in dem Beethoven lebte, erlaubt nicht nur eine historisch akkuratere Darstellung sowohl seiner religiösen Anschauung als auch seiner religiösen Musik, sondern richtet die Aufmerksamkeit auf die Art und Weise, in der sich die Rezeptionsgeschichte in dieser Hinsicht selbst darstellte durch die Wechsel in der Kulturgeschichte.

Aus dem Englischen von Siegbert Rampe

Anmerkungen

1 M. Solomon, »Quest for Faith«, in: *Beethoven Essays*, Cambridge (Massachusetts) und London 1988, S. 216–229 (S. 216).

2 Ders., *Beethoven*, 2. Ausg., New York 1998, S. 383; BGA 2291.

3 Ein typisches Beispiel dieser Sicht in M. Solomon, »Quest for Faith«, vor allem S. 220 und 226. Solomons Beitrag wurde in Beethoven-Studien häufig zitiert.

4 Zur *Messe* C-Dur siehe W. Drabkin, *Beethoven.* Missa Solemnis, Cambridge 1991, S. 1; J. Swafford, *Beethoven. Anguish and Triumph. A Biography*, Boston 2014, S. 458. Die neuerliche kritische Hal-

tung zu *Christus am Ölberge* ist besonders scharf in: J. Swafford, *Beethoven. Anguish and Triumph*, S. 317f.; L. Lockwood, *Beethoven. The Music and the Life*, New York 2003, S. 269–271; M. Solomon, *Beethoven*, S. 249.

5 M. Solomon, *Beethovens Tagebuch von 1812–1818*, hrsg. von S. Brandenburg, Mainz 1990. Im Folgenden werden Einträge im *Tagebuch* unter diesem Stichwort mit der Nummer des Eintrags (nicht der Seitenzahl) zitiert. Für einen Kommentar zum *Tagebuch* siehe Solomons Einführung zur englischen Übersetzung in: *Beethoven Essays*, Cambridge (Massachusetts) und London 1988, S. 233–246, und seine Beiträge »The Masonic Thread« und »The Masonic Imagination« in: *Late Beethoven. Music, Thought, Imagination*, Berkeley und Los Angeles 2003, S. 135–158 und 159–178. Vgl. auch B. Lodes, »›So träumte mir, ich reiste … nach Indien‹. Temporality and Mythology in Op.127/I«, in: *The String Quartets of Beethoven*, hrsg. von W. Kinderman, Urbana (Illinois) 2006, S. 168–213.

6 Ein bekanntes Beispiel findet sich in: BGA 84 (Beethoven an Franz Anton Hoffmeister, Wien, 8. April 1802); Hervorhebungen original: »Reit euch den der Teufel insgesammt meine Herrn? – mir Vorzuschlagen eine Solche Sonate zu machen – zur Zeit des Rev*oluzions*fieber's nun da – wäre das so was gewesen aber jezt, da alles wieder in's alte Gleiß zu schieben sucht, *buonaparte* mit dem Pabste das *Concordat* geschlossen – so eine Sonate? – wär's noch eine *Missa pro sancta maria a tre vocis* oder eine *Vesper etc* – nun da wollt ich gleich den Pinsel in die hand nehmen – und mit großen Pfundnoten ein *Credo in unum* hinschreiben – aber du lieber Gott eine so[l]che Sonate – zu diesen neuangehenden christlichen Zeiten – hoho – da laßt mich aus – da wird nichts draus.«

7 Zu den allgemeinen Quellen für diesen Gegenstand gehören: D. Sorkin, *The Religious Enlightenment. Protestants, Jews, and Catholics from London to Vienna*, Princeton 2008; D. Beales, *Enlightenment and Reform in Eighteenth-Century Europe*, London 2005; T. C. W. Blanning, »The Role of Religion in European Counter-Revolution, 1789–1815«, in: *History, Society and the Churches. Essays in Honour of Owen Chadwick*, hrsg. von D. Beales und G. Best, Cambridge 1985, S. 195–214; O. Chadwick, *The Popes and European Revolution*, Oxford 1981. Vgl. auch J. Sheehan, »Enlightenment, Religion, and the Enigma of Secularization«, in: The American Historical Review 108, Nr. 4 (2003), S. 1061–1080.

8 Siehe J. Schuh, *Johann Michael Sailer und die Erneuerung der Kirchenmusik. Zur Vorgeschichte der cäcilianischen Reformbewegung in der ersten Hälfte des 19. Jahrhunderts*, mschr. Diss. Köln 1972, S. 11.

9 Wichtige allgemeine Quelln über die katholische Aufklärung schließen ein: U. L. Lehner, »Introduction. The Many Faces of the Catholic Enlightenment«, in: *A Companion to the Catholic Enlightenment in Europe*, hrsg. von dems. und M. Printy, Leiden 2010, S. 1–61; H. Klueting, »The Catholic Enlightenment in Austria or the Habsburg Lands«, in: ebenda, S. 127–164; M. Printy, *Enlightenment and the Creation of German Catholicism*, New York 2009; M. R. Forster, *Catholic Germany from the Reformation to the Enlightenment*, Basingstoke (Hampshire) 2007; N. Hinske, »Katholische Aufklärung – Aufklärung im katholischen Deutschland?«, in: *Katholische Aufklärung – Aufklärung im katholischen Deutschland*, hrsg. von H. Klueting, Hamburg 1993, S. 36–39. Vgl. auch U. L. Lehner, *The Catholic Enlightenment. The Forgotten History of a Global Movement*, New York 2016.

10 Vgl. D. Sorkin, *The Religious Enlightenment*, S. 7; C. L. Donakowski, »The Age of Revolutions«, in: *The Oxford History of Christian Worship*, hrsg. von G. Wainwright und K. B. Westerfield Tucker, New York 2006, S. 351–394 (S. 353); A. Coreth, *Pietas Austriaca. Ursprung und Entwicklung barocker Frömmigkeit in Österreich*, Wien 1959, S. 17ff.; M. R. Forster, *Catholic Germany from the Reformation to the Enlightenment*, S. 144ff.

11 A. Nichols, *Catholic Thought since the Enlightenment. A Survey*, Pretoria (Südafrika) 1998, S. 16f.

12 U. L. Lehner, »Introduction. The Many Faces of the Catholic Enlightenment«, S. 1–61, 12; O. Chadwick, *The Popes and European Revolution*, Oxford 1981, S. 165.

13 U. L. Lehner, »Introduction. The Many Faces of the Catholic Enlightenment«, S. 12. Siehe auch: A. Beutel, *Aufklärung in Deutschland*, Göttingen 2006, S. 203–206 und 226ff.; U. L. Lehner, *The Catholic Enlightenment*, S. 42ff. und 127ff.

14 Ders., »Introduction. The Many Faces of the Catholic Enlightenment«, S. 36ff.

15 Ebenda, S. 39; D. Beales, *Enlightenment and Reform in Eighteenth-Century Europe*, London 2005, S. 99f. und 107. Vgl. auch H. Reinalter, »Die Freimaurerei zwischen Josephinismus und frühfranziszeischer Reaktion: Zur gesellschaftlichen Rolle und indirekt politischen Macht der Geheimbünde im 18. Jahrhundert«, in: *Freimaurer und Geheimbünde im 18. Jahrhundert in Mitteleuropa*, hrsg. von dems., Frankfurt am Main 1983, S. 35–84.

16 M. Printy, *Enlightenment and the Creation of German Catholicism*, New York 2009, S. 145.

17 U. L. Lehner, »Introduction. The Many Faces of the Catholic Enlightenment«, S. 21f. und 148. Vgl. auch J. Heer, »Zur Kirchenmusik und ihrer Praxis während der Beethovenzeit in Bonn«, in: Kirchenmusikalisches Handbuch 28 (1933), S. 130–142 (S. 132f.).

18 Zum Josephinismus im Allgemeinen siehe: D. Beales, *Joseph II*, Bd. 1, *In the Shadow of Maria Theresa, 1741–1780*, Cambridge 1987. Siehe auch F. Loidl, *Geschichte des Erzbistums Wien*, Wien 1983, S. 128–198.

19 Siehe R. G. Pauly, »The Reforms of Church Music under Joseph II«, in: Musical Quarterly 43, Nr. 3 (1957), S. 372–382, und J.-Y. Chen, »Catholic Sacred Music in Austria«, in: *The Cambridge History of Eighteenth-Century Music*, hrsg. von S. P. Keefe, Cambridge 2009, S. 59–112, 88, 98 und 106f.

20 U. L. Lehner, »Introduction. The Many Faces of the Catholic Enlightenment«, S. 43f.

21 F. Loidl, *Geschichte des Erzbistums Wien*, S. 176.

22 D. Beales, *Joseph II*, Bd. 1, S. 458ff. Siehe auch F. Loidl, *Geschichte des Erzbistums Wien*, S. 176.

23 D. Beales, *Prosperity and Plunder*, S. 306f.; B. MacIntyre, *The Viennese Concerted Mass of the Early Classic Period*, Ann Arbor 1986, S. 26, 45f. und 565; R. G. Pauly, »The Reforms of Church Music under Joseph II«, in: Musical Quarterly 43, Nr. 3 (1957), S. 377–379; K. G. Fellerer, »Beethoven und die liturgische Musik seiner Zeit«, in: *Beethoven-Symposion, Wien, 1970: Bericht*, hrsg. von E. Schenk, Wien 1971, S. 61–76 (S. 67–73).

24 Vgl. D. Sorkin, *The Religious Enlightenment. Protestants, Jews, and Catholics from London to Vienna*, S. 258f.; M. R. Forster, *Catholic Germany from the Reformation to the Enlightenment*, S. 5; F. Loidl, *Geschichte des Erzbistums Wien*, S. 198; A. Coreth, *Pietas Austriaca. Ursprung und Entwicklung barocker Frömmigkeit in Österreich*, Wien 1959, S. 66f.

25 Zu allgemeinen Quellen über die katholische Restauration und ihre Folgeerscheinungen für die Geschichte des deutschen Katholizismus im späteren 19. Jahrhundert siehe: T. Nipperdey, *Deutsche Geschichte. 1800–1866*, München 1983, S. 403–451; W. D. Bowman, *Priest and Parish in Vienna, 1780–1880*, Boston 1999; W. D. Bowman, »Popular Catholicism in *Vormärz* Austria, 1800–48«, in: *Catholicism and Austrian Culture*, hrsg. von R. Robertson und J. Beniston, Edinburgh 1999, S. 51–64; A. Bunnell, *Before Infallibility: Liberal Catholicism in Biedermeier Vienna*, Cranbury (New Jersey) 1990; J. Sperber, *Popular Catholicism in Nineteenth-Century Germany*, Princeton 1984; M. Hänsel, *Geistliche Restauration: Die nazarenische Bewegung in Deutschland zwischen 1800 und 1838*, Frankfurt am Main 1987.

26 J. Swafford, *Beethoven. Anguish and Triumph. A Biography*, Boston 2014, S. 105ff. Siehe auch R. G. Pauly, »The Reforms of Church Music under Joseph II«, in: Musical Quarterly 43, Nr. 3 (1957), S. 380–381.

27 J. W. McGrann, *Beethoven's Mass in C, Opus 86: Genesis and Compositional Background*, 2 Bde., mschr. Diss. Harvard University 1991, Bd. 1, S. 29ff. Siehe auch: J. Heer, »Zur Kirchenmusik und ihrer Praxis während der Beethovenzeit in Bonn«, in: *Kirchenmusikalisches Handbuch* 28 (1933), S. 130–142 (S. 130f. und 136); K. G. Fellerer, »Beethoven und die liturgische Musik seiner Zeit«, in: *Beethoven-Symposion, Wien, 1970: Bericht*, hrsg. von E. Schenk, Wien 1971, S. 61–76 (S. 65).

28 M. Solomon, »Quest for Faith«, S. 216.

29 *Tagebuch* Nr. 67, ca. 1815. Die Originalquelle des Zitats ist unbekannt.

30 *Tagebuch* Nr. 68b, ca. 1815, eine Paraphrase der Passage aus Hesiods *Arbeiten und Tage*.

31 *Tagebuch* Nr. 87, ca. 1816, möglicherweise eine Referenz auf Platos *Republik*.

32 M. Solomon, *Beethoven*, 2. Ausg., New York 1998, S. 154.

33 BGA 106.

34 Ebenda, Hervorhebung original.

35 Bezüglich *Christus am Ölberge* siehe B. Cooper, »Beethoven's Oratorio and the Heiligenstadt Testament«, in: Beethoven Journal 10, Nr. 1 (Frühjahr 1995), S. 19–24. Zu den *Gellert-Liedern* siehe: P. Reid, *The Beethoven Song Companion*, Manchester 2007, S. 5, und St. Rumph, *Beethoven after Napoleon. Political Romanticism in the Late Works*, Berkeley und Los Angeles 2004, S. 39.

36 BGA Nr. 106.

37 L. Lockwood, *Beethoven. The Music and the Life*, New York 2003, S. 403.

38 M. Solomon, *Beethoven*, S. 342.

39 Ch. Witcombe, *Beethoven's Private God. An Analysis of the Composer's Markings in Sturm's* Betrachtungen, M. A. Thesis San Jose State University 1998, S. 3.

40 Berlin, Staatsbibliothek, Mus.ms.autogr. Beethoven, L.v. 40,2. Die Passagen, die Beethoven markiert hat, wurden von Charles Witcombe in *Beethoven's Private God* transskribiert.

41 Siehe ebenda, S. 217. Der zugehörige Eintrag im *Tagebuch* ist Nr. 171, ca. 1818.

42 Siehe Ch. Witcombe, *Beethoven's Private God*, S. 215f.

43 Siehe »Appraisal of the Value of Beethoven's Library«, in: Th. Albrecht (Hrsg. und Übers.), *Letters to Beethoven and Other Correspondence*, 3 Bde., Lincoln und London 1996, Bd. 3, S. 231–238.

44 *Tagebuch* Nr. 105b, ca. 1816. Siehe auch I. Kant, »Allgemeine Naturgeschichte und Theorie des Himmels oder Versuch von der Verfassung und dem mechanischen Ursprunge des ganze Weltgebäudes, nach Newtonischen Grundsätzen abgehandelt«, in: ders., *Gesammelte Schriften*, hrsg. von Königlich Preußischen Akademie der Wissenschaften, 23 Bde., Berlin 1910, Bd. 1, S. 215–368 (S. 346).

45 Ch. Witcombe, *Beethoven's Private God*, S. 6.

46 Siehe ebenda, S. 121f.

47 Siehe ebenda, S. 149–152.

48 Siehe ebenda, S. 153f.

49 Chr. Chr. Sturm, *Betrachtungen über die Werke Gottes im Reiche der Natur und der Vorsehung auf alle Tage des Jahres*, hrsg. von B. Galura, 2 Bde., Augsburg 1813.

50 M. Printy, *Enlightenment and the Creation of German Catholicism*, New York 2009, S. 145.

51 M. Schneiderwirth, *Das katholische deutsche Kirchenlied unter dem Einflusse Gellerts und Klopstocks*, Münster 1908.

52 Siehe »Appraisal of the Value of Beethoven's Library«, in: Th. Albrecht (Hrsg. und Übers.), *Letters to Beethoven and Other Correspondence*, Bd. 3, S. 231–238. In Albrechts Liste fehlt *Friedrich Christians Vermächtnis*, doch das Faksimile des originalen *Nachlassverzeichnis* zeigt, dass diese Schrift dazu gehört: siehe R. Bory (Hrsg.), *Ludwig van Beethoven: Sein Leben und sein Werk in Bildern*, Zürich 1960, S. 222.

53 BKh 1, S. 41 und 77.

54 J. M. Sailer, *Sprüche-Buch: Goldkörner der Weisheit und Tugend; Zur Unterhaltung für edle Seelen. Dritte verbesserte Auflage*, Grätz 1819.

55 Siehe N. J. Chong, *Beethoven's Catholicism: A Reconsideration*, mschr. Diss. Columbia University New York 2016, S. 6f. Die Zitate aus der juristischen Denkschrift und aus Briefen, nicht aber jene aus den Konversationsheften wurden diskutiert in: J. P. Ito, »Johann Michael Sailer and Beethoven«, in: Bonner Beethoven-Studien 11 (2014), S. 83–91 (S. 88).

56 K. Baumgartner (Hrsg.), *Johann Michael Sailer. Leben und Werk*, Kevelaer 2011, S. 40.

57 J. Schuh, *Johann Michael Sailer und die Erneuerung der Kirchenmusik. Zur Vorgeschichte der cäcilianischen Reformbewegung in der ersten Hälfte des 19. Jahrhunderts*, mschr. Diss. Köln 1972, S. 15.

58 Ebenda.

59 B. Gajek, »Dichtung und Religion. J. M. Sailer und die Geistesgeschichte des 18. und 19. Jahrhunderts«, in: *Johann Michael Sailer. Theologe, Pädagoge und Bischof zwischen Aufklärung und Romantik*, hrsg. von H. Bungert, Regensburg 1983, S. 59–85, 64 und 71ff.

60 K. Baumgartner (Hrsg.), *Johann Michael Sailer. Leben und Werk*, S. 42; B. Gajek, »Dichtung und Religion«, S. 74f.

61 Siehe M. Probst, *Gottesdienst in Geist und Wahrheit. Die liturgischen Ansichten und Bestrebungen Johann Michael Sailers (1751–1832)*, Regensburg 1976.

62 K. Baumgartner (Hrsg.), *Johann Michael Sailer. Leben und Werk*, S. 40; B. Gajek, »Dichtung und Religion«, S. 62.

63 G. Schwaiger, *Johann Michael Sailer. Der bayerische Kirchenvater*, München und Zürich 1982, S. 95ff. Siehe auch B. Gajek, »Dichtung und Religion«, S. 62.

64 M. Solomon, »Quest for Faith«, S. 216.

65 K. Baumgartner (Hrsg.), *Johann Michael Sailer. Leben und Werk*, S. 53f.

66 Ebenda, S. 70; M. Probst, *Gottesdienst in Geist und Wahrheit*, S. 138f.

67 J. M. Sailer, *Sprüche-Buch: Goldkörner der Weisheit und Tugend; Zur Unterhaltung für edle Seelen. Dritte verbesserte Auflage*, Grätz 1819, S. 5ff.

68 E. Herttrich, »Beethoven und die Religion«, in: *Spiritualität der Musik: Religion im Werk von Beethoven und Schumann*, hrsg. von G. Fermor, Rheinbach 2006, S. 25–44 (S. 36).

69 J. M. Sailer, *Kleine Bibel für Kranke und Sterbende und ihre Freunde. Dritte, vermehrte Auflage*, Grätz 1819.

70 Ebenda, S. 85f.

71 J. M. Sailer, *Friedrich Christians Vermächtnis an seine lieben Söhne. Deutschen Jünglingen in die Hand gegeben von einem ihrer Freunde. Zweyte, verbesserte Ausgabe*, Straubing 1825, vor allem S. 64. Beethovens Ausgabe wurde 1819 veröffentlicht, doch anders als bei *Kleine Bibel* und *Goldkörner* war es mir nicht möglich, ein Exemplar dieses Buchs zu finden genau in der Version, wie sie Beethoven besaß.

72 J. M. Sailer, *Kleine Bibel für Kranke und Sterbende und ihre Freunde*, S. 131ff.

73 Ebenda, S. 12f.

74 »Appraisal of the Value of Beethoven's Library«, in: Th. Albrecht (Hrsg. und Übers.), *Letters to Beethoven and Other Correspondence*, Bd. 3, S. 231–238.

75 J. P. Ito, »Johann Michael Sailer and Beethoven«, in: Bonner Beethoven-Studien 11 (2014), S. 83–91 (S. 90f.).

76 M. Heim, »Nachwort«, in: *Anleitung zum Leben und Sterben. Aus dem Buch von der Nachfolge Christi*, übers. von J. M. Sailer, hrsg. von M. Heim, München 2008, S. 122f. Siehe auch B. Gajek, »Dichtung und Religion«, S. 74f.

77 Siehe BGA 1407, 1429 und 1662.

78 J. M. Sailer, *Sprüche-Buch: Goldkörner der Weisheit und Tugend; Zur Unterhaltung für edle Seelen. Dritte verbesserte Auflage*, Grätz 1819, S. 51. Das lateinische Zitat, zu dem es eine Glosse gibt, ist von Ludovicus Vives: »Sacris intersis attente, ac pie«.

79 Siehe W. Kirkendale, »Ancient Rhetorical Traditions in Beethoven's *Missa solemnis*«, in: *Music and Meaning: Studies in Music History and the Neighbouring Disciplines*, hrsg. von W. und U. Kirkendale, Florenz 2007, S. 501–537 (S. 531).

80 Ebenda, S. 523f.

81 BGA 1875.

82 J. W. McGrann, »Der Hintergrund zu Beethovens Messen«, in: Bonner Beethoven Studien 3 (2003), S. 119–139. Siehe auch M. Fillion, »Beethoven's Mass in C and the Search for Inner Peace«, in: Beethoven Forum 7 (1999), S. 1–15.

83 Siehe BGA 329, 331 und 348. Zu einer Diskussion des deutschen Texts vgl.: J. W. McGrann, »Zum vorliegenden Band«, in: L. van Beethoven, *Messe C-Dur: Opus 86, Neue Beethoven-Gesamtausgabe*, Abteilung VIII, Bd. 2, München 2003, S. IX–XIII (S. XIf.).

84 P. F. Barton, »Ignatius Aurelius Feßler. Vom ungarischen Kapuziner zum Bischof der Wolgadeutschen«, in: *Kirche im Osten, Studien zur osteuropäischen Kirchengeschichte und Kirchenkunde*, Bd. 7, hrsg. von R. Stupperich, Göttingen 1964, S. 107–143.

85 »Appraisal of the Value of Beethoven's Library«, in: Th. Albrecht (Hrsg. und Übers.), *Letters to Beethoven and Other Correspondence*, Bd. 3, S. 231–238.

86 B. Lodes, *Komponieren mit dem Wörterbuch: Zu Beethovens* Missa Solemnis, unveröffentlichter

Text einer Vorlesung. Die betreffenden Skizzen finden sich in: Berlin, Staatsbibliothek, Mus.ms. autogr. Beethoven, L.v. 35,25.

87 I. A. Feßler, *Ansichten von Religion und Kirchenthum*, 3 Bde., Berlin 1805, Bd. 2, S. 7–12.

88 Ebenda, S. 184.

89 Ebenda, Bd. 1, S. VIII; Bd. 3, S. 226. Siehe auch P. F. Barton, »Ignatius Aurelius Feßlers Wertung der Konfessionen in seinen *Ansichten von Religion und Kirchenthum* (1805)«, in: *Kirche im Osten. Studien zur osteuropäischen Kirchengeschichte und Kirchenkunde*, Bd. 13, hrsg. von R. Stupperich, Göttingen 1970, S. 133–176 (S. 135).

90 I. A. Feßler, *Ansichten von Religion und Kirchenthum*, Bd. 3, S. 100.

91 P. F. Barton, *Ignatius Aurelius Feßler. Vom Barockkatholizismus zur Erweckungsbewegung*, Graz 1969, S. 306 und 523.

92 H. Schiel (Hrsg.), *Johann Michael Sailer: Leben und Briefe*, 2 Bde., Regensburg 1948, Bd. 1, S. 574f. Siehe auch Th. Albrecht (Hrsg. und Übers.), *Letters to Beethoven and Other Correspondence*, Bd. 2, S. 156ff.

93 M. Solomon, *Beethoven*, 2. Ausg., New York 1998, S. 316.

94 BGA 1246 und 1365. Vgl. auch D. Weise, *Beethoven: Entwurf einer Denkschrift an das Appellationsgericht in Wien vom 18. Februar 1820*, 2 Bde., Bonn 1953, Bd. 1, S. 45.

95 Siehe BKh 1, S. 39, 44, 48f., 68f., 72 und 364; BKh 2, S. 187ff.

96 Siehe auch A. Comini, *The Changing Image of Beethoven. A Study of Mythmaking*, New York 1987, S. 261 und 332ff.

97 H. Loos, »Religiöse Aspekte der Beethoven-Rezeption zwischen Nord und Süd«, in: *Beethoven 3. Studien und Interpretationen*, hrsg. von M. Tomaszewski und M. Chrenkoff, Krakau 2006, S. 299–308.

98 Ebenda, S. 301. Siehe auch G. Poppe, *Festhochamt, sinfonische Messe oder überkonfessionelles Bekenntnis? Studien zur Rezeptionsgeschichte von Beethovens Missa solemnis*, Beeskow 2007, S. 253ff.

99 Über die Popularität von *Christus am Ölberge* siehe A. Mühlenweg, *Ludwig van Beethoven,* Christus am Oelberge, *op. 85: Studien zur Entstehungs- und Überlieferungsgeschichte*, 2 Bde., mschr. Diss. Würzburg 2004, Bd. 1, S. 5 und 112f. Zur liturgischen Bestimmung der C-Dur-*Messe* vgl. F. W. Riedel, »Kirchenmusik in der ständisch gegliederten Gesellschaft am Ende des Heiligen Römischen Reiches«, in: *Kirchenmusik zwischen Säkularisation und Restauration*, hrsg. von dems., Sinzig 2006, S. 47–57 (S. 57).

100 H. Loos, »Religiöse Aspekte der Beethoven-Rezeption zwischen Nord und Süd«, S. 304f. Siehe auch G. Poppe, *Festhochamt, sinfonische Messe oder überkonfessionelles Bekenntnis?*, S. 252.

101 Ebenda, S. 98 und 255.

102 Ebenda, S. 61, 75, 126, 340 und 347.

Briefe, Tagebücher und Konversationshefte

Von Eckhard Roch

»Wies in den Kopf kommt, so auf's Papier«: Der empfindsame Briefschreiber

I

Musikerbriefe sind eine ganz besondere Quelle der musikwissenschaftlichen Forschung, denn nirgends kann man so viel Authentisches über einen Musiker und seine Musik erfahren wie in seinen Briefen. Lavater, der Autor der seinerzeit berühmten *Physiognomischen Fragmente, zur Beförderung der Menschenkenntniß und Menschenliebe* (1775–1778), schickte einst Kopien seiner Briefe an Herder nach Weimar, damit dieser »einen Teil seiner Denk- und Handlungsweise« vor sich habe – und so können auch Musikerbriefe verstanden werden: als Zeugnisse der Denk- und Handlungsweise ihres Autors. Dass solche Zeugnisse sich auf Musik beziehen, versteht sich bei Musikern und Komponisten von selbst. Musikerbriefe sind daher nicht nur eine der wichtigsten Quellen der musikalischen Biographik, sondern enthalten oft auch entscheidende Aussagen über die Zeit und die biographischen Umstände, unter denen ein Werk entsteht, lassen Rückschlüsse auf die Intentionen des Autors und die Rezeption der Werke zu und dienen somit dem allgemeinen Verständnis der musikalischen Kunstwerke einer Zeit. Zur Zeit Beethovens, da diese Werke tatsächlich als persönlicher Ausdruck der Gefühle und Empfindungen ihre Autors galten und auch von diesem selbst so verstanden wurden, hat diese später in Verruf geratene, sogenannte »biographische Methode« durchaus ihre Berechtigung.

Dennoch darf bei derart intimen Dokumenten, wie Briefe sie in der Regel sind, nicht vergessen werden, dass diese – mit wenigen Ausnahmen – ursprünglich nicht für die Öffentlichkeit bestimmt waren. Sie sind vertrauliche Mitteilungen eines Senders an einen bestimmten Empfänger, für den allein ihr Inhalt bestimmt ist. Und nur mit diesem Empfänger unter ganz bestimmten Umständen und mit spezifischer Intention, nicht mit einem unbekannten späteren Leser, beabsichtigte der Sender zu kommunizieren. Erst durch ihre Aufbewahrung werden die Briefe zu historischen Quellen, ohne deshalb jedoch ihren ursprünglichen Charakter zu verlieren. So sind auch Beethovens Briefe intime Zeugnisse seiner künstlerischen »Physiognomie«: seiner Denkungsart, seiner Hoffnungen, Sorgen und Nöte, seines Charakters und seines Schaffens und daher eine unschätzbare Quelle für seine Biographie und die Interpretation seiner Werke. Da Beethoven keine theoretischen Schriften über Musik verfasst hat und auch sonst über sich und sein Werk überwiegend schweigt, fallen die authentischen Aussagen der Briefe um so mehr ins Gewicht.

II

In der Regel werden Briefe nur von Persönlichkeiten aufbewahrt, deren sozialer oder künstlerischer Rang schon zu Lebzeiten ihre historische Bedeutung vermuten ließ. Die jeweiligen Antwortbriefe der Gegenseite sind daher bis auf wenige Ausnahmen meist nicht erhalten, so dass sich im Briefwechsel großer Persönlichkeiten eine typische Asymmetrie einstellt. Die soziologisch interessante und streng genommen auch notwendige Erforschung des jeweiligen Briefnetzwerkes, in dem auch der bedeutende Komponist nur einen »Knoten« unter anderen bildet, kann somit nur annäherungsweise rekonstruiert werden.

Nach dem heutigem Kenntnisstand sind rund 1.770 Briefe von Beethoven bekannt, die als Autograph, in Abschrift oder Druck vollständig, fragmentarisch oder als Erschließung überliefert sind. Der Umfang des Beethovenschen Briefwechsels war ursprünglich schätzungsweise jedoch doppelt so groß. MacArdle und Misch schätzten ihn auf etwa 10.000 Schreiben. Von den Briefen an Beethoven (Gegenbriefe) sind mehr als 370 nachweisbar. Aufschlussreich für Beethovens jeweilige Lebenssituation ist die Häufigkeit der Briefe. Sie steigt seit etwa 1792 bis zu einem steilen Höhepunkt um 1816 an, bricht zwischen 1817 und 1821 stark ein, erreicht gegen 1823 das absolute Maximum und sinkt dann bis zu Beethovens Tod schnell ab (Brandenburg, BGA, Bd. 1,9 S. XVIIf.). Dieser Verlauf ist z.T. natürlich überlieferungsbedingt, hat seine realen Ursachen aber auch in Beethovens Lebensgeschichte. Beethoven schrieb in seinen Jugendjahren weniger Briefe als in späteren Jahren. Dafür liefern die wenigen erhaltenen Dokumente aus dieser Zeit jedoch Beispiele für umfängliche und besonders sorgsam formulierte Briefe. 1816/17 war Beethoven mit der Drucklegung seiner 1815 an Sigmund Anton Steiner und Comp. verkauften Werke, aber auch mit den Vormundschaftsangelegenheiten um den Neffen Karl und der Gründung eines eigenen Hausstandes beschäftigt. Alles Dinge, die mit einem großen Aufwand an Korrespondenzen verbunden waren. Der Tiefpunkt der Korrespondenzen um 1821 könnte mit Krankheit, aber auch der Arbeitsauslastung durch die Komposition der *Missa solemnis* zusammenhängen. Der absolute Höhepunkt des Jahres 1823 hingegen dürfte einerseits durch Anton Schindlers ehrgeizige Sammeltätigkeit, also überlieferungsgeschichtlich, aber auch durch den notwendigen Schriftverkehr bezüglich der Subskription der *Missa solemnis* zu erklären sein. Natürlich gestattet eine solche Statistik keine Aussagen über die inhaltliche Gewichtung der Briefe und auch nicht über den tatsächlichen Adressatenkreis. Insbesondere die vielen knappen Billetts, die Beethoven mit Musikern wie Ignaz Schuppanzigh, Anton Kraft, Anton Wranitzky, Franz Clement u.a. gewiss ausgetauscht haben wird, wurden natürlich nicht aufgehoben, weshalb keine Korrespondenz mit diesen für Beethoven so wichtigen Musikern überliefert ist. Im Fall der Mäzene hingegen dürften Standesunterschiede für den Verlust bzw. den Mangel an direkter Korrespondenz verantwortlich sein. Lediglich der Amateurcellist Nikolaus von Zmeskall, mit dem Beehoven auf besonders vertrautem Fuße stand, hob offenbar auch die kleinsten Billetts auf, die er von Beethoven erhalten hatte. Die Verlagskorrespondenz hingegen, die einen großen Teil der überlieferten Briefe ausmacht, wurde von den Verlegern schon aus verwaltungstechnischen und rechtlichen Gründen aufbewahrt bzw. in die von ihnen geführten Briefbücher eingetragen.

Die authentischen handschriftlichen Dokumente von Beethovens Briefwechsel sind heute infolge von Verkäufen und Schenkungen vor allem an private Sammler weit in alle Welt verstreut. Zumeist wurden nur größere Privatsammlungen durch öffentliche Einrichtungen erworben und dadurch vor der Verstreuung bewahrt. Den umfangreichsten Bestand mit rund 750 Exemplaren zumeist aus der Privatsammlung H.C. Bodmer aus Zürich besitzt heute das Beethoven-Haus Bonn. Etwa 300 Briefe, zumeist aus dem Nachlass Anton Schindlers, befinden sich in der Staatsbibliothek zu Berlin – Preußischer Kulturbesitz. Das Archiv der Gesellschaft der Musikfreunde Wien, die Österreichische Nationalbibliothek und die Wiener Stadt- und Landesbibliothek besitzen zusammen etwa 370 Briefe. Weitere 100 Briefe sind auf verschiedene Londoner Bibliotheken verteilt, während die übrigen 170 erhaltenen Briefe in Privatbesitz verblieben sind. Etwa 400 aller ermittelten Briefe gelten als verschollen und sind nur aus früheren Publikationen bekannt, doch können einige von ihnen oder auch bislang völlig unbekannte Briefe in Nachlässen oder bei Auktionen jederzeit wieder auftauchen.

III

Die Bedeutung von Beethovens Briefen für die biographische Forschung wurde schon sehr früh erkannt. Bereits die ersten Beethoven-Biographien wie die *Biographischen Notizen* von Franz Gerhard Wegeler und Ferdinand Ries (1838) und die Biographie von Anton Schindler (1844) verwendeten ausgewählte Beethoven-Briefe als biographische Quelle und veröffentlichten Auszüge oder ganze Briefe dem Wortlaut nach. Aber die Briefe sind doch Quellen eigenen Rechts, die deshalb einer chronologisch stichhaltigen und möglichst vollständigen historisch-kritischen Edition bedürfen. Eine erste Briefsammlung gab Ludwig Nohl 1865 und 1867 heraus. Alfred Christlieb Kalischer unternahm eine Gesamtausgabe 1906–1908, die aus heutiger Sicht jedoch mangelhaft und unvollständig ist. Es folgten die Ausgaben von Fritz Prelinger (1906–1911) und Emerich Kastner (1910), welch letztere von Julius Kapp revidiert wurde. In der Folgezeit wurden zahlreiche neue Dokumente entdeckt und an verschiedenen Stellen veröffentlicht. So bot die englischsprachige Ausgabe von Emily Anderson (1961) die Texte vollständiger, wenngleich zumeist nur in unzureichender Übersetzung. Ähnliches gilt auch für die russische Briefausgabe von Nathan Fischman und Larissa Kirillina. Spätere Projekte einer vollständigen Ausgabe der Briefe in Originalsprache von Max Unger und Joseph Schmidt-Görg blieben unvollendet. Erst 1996 erschien die Gesamtausgabe von Beethovens Briefwechsel einschließlich sämtlicher Entwürfe und Fassungen in sechs Briefbänden nebst Kommentar, einem Register- und einem Dokumentenband, im Auftrag des Beethoven-Hauses Bonn herausgegeben von Sieghard Brandenburg (BGA). Im Unterschied zu allen vorausgegangenen Editionen werden in dieser Gesamtausgabe auch die erhaltenen Briefe an Beethoven (Gegenbriefe) veröffentlicht. Hinzu kommen – sofern es für das Verständnis notwendig erscheint – auch sogenannte Drittbriefe und andere Dokumente, die in inhaltlichem Zusammenhang zu den Briefen stehen wie Quittungen für Gehalt und Honorare, Rechnungen, Verträge, Zeugnisse, Eingaben an Behörden, Testamente, Albumblätter usw., so dass auf diese Weise der gesamte zugängliche Schriftverkehr Beethovens erfasst wird.

Im Blick auf Beethovens Schreibstil und Handschrift stellen die einer Briefausgabe zugrundeliegenden Editionsprinzipien ein besonderes Problem dar. Die in früheren Ausgaben üblichen Texteingriffe wie Kürzungen, orthographische Modernisierungen oder Korrekturen und sonstige Veränderungen des Originaltextes wurden – soweit es die Quellenlage ermöglichte – in der Gesamtausgabe des Beethoven-Hauses vermieden bzw. im Sinne einer »diplomatisch getreuen« Textwiedergabe korrigiert.

IV

Die grundlegende Voraussetzung für eine biographisch und sachlich adäquate Interpretation der Briefe ist ihre zuverlässige chronologische Zuordnung. Das stellt bei Beethovens Briefen jedoch vor nicht geringe Schwierigkeiten, denn über 60 Prozent sind nicht oder unvollständig datiert, einige der datierten sogar falsch. Insbesondere die vielen kurzen Billetts an Zmeskall, Steiner, Haslinger, Nannette Streicher, Schindler und Holz, deren Inhalt sich auf das aktuelle Alltagsleben beziehen, lassen sich nur äußerst hypothetisch datieren. Solche Datierungen stützen sich auf die Schriftchronologie oder aber graphologische Kriterien von Beethovens Schriftentwicklung (siehe das Kapitel »Hieroglyphen des Genies«). Ein weiteres Hilfsmittel bei Datierungsfragen sind die verwendeten Schreibmittel. Bis 1819 schrieb Beethoven zumeist mit Tinte (einzige, persönlich bedingte Ausnahme ist der Brief »an die unsterbliche Geliebte«, BGA Nr. 582). Danach schrieb er bei seiner Korrespondenz mit Freunden und Bekannten immer häufiger mit Bleistift. Die Identifikation der von Beethoven verwendeten Papiersorten bleibt hingegen oft unzuverlässig. Indirekt erschlossen werden kann die Datierung jedoch aus Empfangsvermerken der Adressaten oder deren Antwortbriefen. Hinzu kommen inhaltliche Zusammenhänge zwischen Brieftext und Biographie, wofür ab 1818/19 die Konversationshefte eine wichtige Parallelquelle mit zuverlässiger Datierung darstellen.

V

Allgemein kann der Brief zur Zeit Beethovens als schriftliche Unterredung mit einem oder mehreren Adressaten in einer bestimmten Situation verstanden werden. Die Textsorte Brief ist bei Beethoven von anderen Schriftdokumenten in Form und Inhalt jedoch nicht immer streng zu unterscheiden. Die Übergänge zu sachlichen Kurzmitteilungen, amtlichen Schreiben bis hin zu Texten poetischer Art sind fließend. Im rhetorischen Sinne gehört die Textsorte Brief der Gattung der (schriftlichen) Verbrauchsrede an, die den allgemeinen Zwecken der Rede folgt: Der Schreiber wendet sich an den Adressaten mit dem Ziel, den gewünschten Eindruck hervorzubringen, d.h. die Situation durch Überredung (*persuasio*) nach seiner Intention (*voluntas*) zu beeinflussen. Deshalb sollte er sein Anliegen (die *materia*) glaubwürdig, verständlich (*perspicuitas*) und gefällig (*ornatus*) formulieren. Der *ornatus* sowie die Abweichungen von der *perspicuitas* sind Besonderheiten des Schreibstiles. Die Briefsorten lassen sich hinsichtlich des Umfanges (formal), der Adressaten (pragmatisch) und ihrer *materia* (semantisch) unterscheiden:

1. Hinsichtlich des Umfanges in lange, z.T. mehrteilige Briefe wie der berühmte Brief »an die unsterbliche Geliebte« (BGA Nr. 582), und kurze Briefe bis hin zu Kurzmitteilungen, Zetteln und Billetten. Diese Einteilung formaler Art ist zwar entscheidend für die Zurechnung zur Textsorte Brief, muss jedoch gerade bei Beethoven recht weit gefasst werden.
2. Hinsichtlich der Adressaten in: Familienbriefe, Freundesbriefe, Liebesbriefe, Verlegerbriefe, Geschäftsbriefe usw. Diesem Kriterium sind vor allem die verschiedenen Briefsammlungen gefolgt. Allerdings sind derartige Grobeinteilungen in der Praxis wenig hilfreich, denn Beethovens Briefe erweisen sich durchaus als »Charakterstücke eigenen Rechts« (Kropfinger, *MGG*[2] Bd. 2, Sp. 677), die sich den einzelnen Adressaten sehr gezielt anpassen. Umgekehrt ist die Wahl der Adressaten natürlich vom inhaltlichen Anliegen der jeweiligen Schreiben abhängig, wofür die erprobten Zweckfreundschaften mit Nikolaus von Zmeskall, Anton Schindler und Karl Holz, aber auch den Brüdern Lichnowsky Beispiele liefern. Aus dieser Wechselbeziehung von Inhalt und Adressat ergeben sich merkwürdige Übergänge zu anderen Textsorten wie etwa Tagebuchnotizen, also Formen des Gesprächs mit sich selbst, wozu natürlich Beethovens »Tagebuch« der Jahre 1812–1818 (siehe unten »Bekenntnisse und Reflexionen«), aber auch der berühmte Brief »an die unsterbliche Geliebte« (siehe unten), von dem durchaus nicht klar ist, ob er überhaupt abgeschickt wurde, die unvollständig adressierte Reinschrift des »Heiligenstädter Testaments« oder der »Entwurf einer Denkschrift an das Wiener Appellationsgericht« gezählt werden können.
3. Hinsichtlich ihrer *materia* in sachliche Mitteilungen, Anfragen, Antworten, Bittbriefe, Dankesbriefe, Geschäftsbriefe, Liebesbriefe, Amtsschreiben usw. Diese Unterscheidung semantisch-pragmatischer Art setzt eine inhaltliche Wertung des Briefes voraus und ist daher nicht immer klar vorzunehmen. So ist beispielsweise auch das berühmte »Heiligenstädter Testament« (BGA Nr. 106) eine Mischung aus Mitteilungen an seine Brüder, Rede an die Menschheit, Krankenbericht und testamentarischer Verfügung, von Anfang an in die Briefausgaben aufgenommen worden, obwohl es von der Textsorte her gesehen, trotz der Anrede »An meine Brüder« streng genommen nicht zur Gattung Brief gehört.

Als eine insbesondere für die Edition problematische Briefsorte kommen noch die verschollenen Briefe hinzu, die sich jedoch ausgehend vom Adressaten und dem in anderen Briefen enthaltenen Kontext zuweilen relativ gut rekonstruieren lassen.

VI

Zur Zeit Beethovens hatte ein Briefschreiber bestimmte formale Konventionen einzuhalten: Der Brief musste mit einer dem gesellschaftlichem Rang bzw. dem Vertrautheitsverhältnis des Adressaten angemessenen Anrede beginnen. Das Datum (der Ort, Tag, Monat und Jahr) stand normalerweise rechts über, bei höhergestellten Persönlichkeiten und offiziellen Schreiben jedoch links unter dem Briefcorpus. Grußformel und Unterschrift waren unten rechts anzubringen. Für die Adresse waren der sozialen Rangordnung des Adressaten entsprechend bestimmte Formulierungen einzuhalten und auch für Schreiben mit amtlichem Charakter gab es bestimmte formale Normen. Beethoven befolgte diese Konventionen im geschäftlichen Briefverkehr. Im persönlichen Briefwechsel machte er sich jedoch frei davon und erbat sich ausdrücklich eine ungezierte Knappheit der Form, wie sie auch für seinen eigenen emphatischen »Werther-Stil« typisch ist. Die für den empfindsamen Briefstil typischen Zettel und Wische, die auf äußere Form, Schönheit der Schrift oder gar Orthographie keine Rücksicht nehmen, finden sich auch bei Beethoven. Für größere und inhaltlich gewichtige Briefe fertigte Beethoven jedoch häufig Entwürfe an, die sich durch ihr ungezügeltes Schriftbild und vor allem viele Korrekturen, Ausstreichungen, Unkenntlichmachungen und Zusätze von der späteren Reinschrift unterscheiden. Der Briefbogen wurde zuletzt gefaltet und versiegelt. Nur umfangreichere Schreiben erhielten einen eigenen Umschlag.

VII

Beethovens kompositorisches Schaffen beansprucht in seiner gesamten Korrespondenz den größten Raum. Da seiner Arbeit fast alle Lebensbereiche untergeordnet werden, stehen selbst scheinbar triviale Angelegenheiten damit in Zusammenhang. Dennoch gewährt Beethoven auch in seinen Briefen nur indirekt Einblick in sein Künstlertum. Musikästhetische Äußerungen sind selten und zumeist in knappe Sentenzen gefasst, die vielfache Deutungen zulassen. Theoretische Erörterungen lehnte er ab und war dazu wohl auch nicht befähigt: »Reden, schwäzen über Kunst, ohne Thaten!!!!!« (BGA Nr. 485 vom 10. Februar 1811 an Bettina Brentano). Selbst Liebesbriefe stellen für ihn eine Art unvollkommenen Ersatz für das Ausdrucksmittel seiner Kunst dar:

> »Von ihr – der einzig Geliebten – warum giebt es keine Sprache die das Ausdrücken kann was noch weit über Achtung – weit über alles ist – was wir noch nennen können – o wer kann Sie aussprechen, und nicht fühlen daß so viel er auch über Sie sprechen möchte – das alles nicht Sie – erreicht – – nur in Tönen – Ach bin ich nicht zu stolz, wenn ich glaube, die Töne wären mir williger als die Worte«,

schreibt er emphatisch an Gräfin Josephine Deym (BGA Nr. 214. Wien, erstes Viertel 1805). Auch Beethovens berühmtester Brief ist ein Liebesbrief, der in seinem Nachlass gefundene Brief an die sogenannte »Unsterbliche Geliebte« (BGA Nr. 582). In drei Teilen, am Morgen und Abend des 6. Juli und am Morgen des 7. Juli 1812, in Teplitz geschrieben, gibt dieser Brief in klar artikulierter und fast poetischer Form Einblick in Beethovens Seelenleben. Das ungelöste Rätsel um die Adressatin hat zu verschiedensten Hypothesen Anlass gegeben. Doch während die Datierung auf das Jahr 1812 als gesichert gelten kann, konnte der Kreis der Adressatinnen bisher nur auf zwei wahrscheinliche Alternativen eingeengt werden: Antonie Brentano, vertreten von Maynard Solomon, oder Josephine Deym-Stackelberg, favorisiert von Harry Goldschmidt (Kropfinger, *MGG²*, Sp. 720f). Wichtiger als die kriminalistische Erforschung der Adressatin dürfte jedoch die Deutung des Briefinhaltes sein. Wenn es im dritten Teil des Briefes heißt: »Deine Liebe macht mich zum glücklichsten und unglücklichsten Menschen zugleich«, so ist damit das psychische Spannungsfeld beschrieben, in dem Beethovens große Kunst entsteht. Seinem Unwillen zu brieflicher oder gar autobiographischer Selbstmitteilung zum Trotz enthalten die Briefe an Freunde und Vertraute wie Franz Gerhard Wegeler, Carl Amenda, Stephan von Breuning, Franz von Brunsvik und Ignaz von Gleichenstein, aber auch die »Minne-Diskurse« (Kropfinger, *MGG*[2], Sp. 710) mit Josephine von Deym und vor allem das Heiligenstädter Testament eine große Zahl von »selbstreferentiellen« Aussagen über Zustände und Eigenschaften (Kropfinger, *MGG*[2], Sp. 684f.), die ein starkes autobiographisches Bewusstsein erkennen lassen und das spätere Beethovenbild sogar maßgeblich mitgeprägt haben. Mehr sachlicher Art sind die Inhalte der Verlegerbriefe, in denen alle Stadien der Werke behandelt werden: Eigene Projekte und fremde Aufträge, Entwürfe, Autographe, Kopistenabschriften, Stichvorlagen, Korrekturabzüge, Erstausgaben, Parallelausgaben, Nachdrucke – und natürlich Fragen des Honorars. Finanzielle Schwierigkeiten bilden den Gegenstand vieler Briefe Beethovens, der ja als erster großer Komponist ohne Anstellung bei Hofe nie in wirklich gesicherten Verhältnissen lebte, sondern auf den Erlös seiner Werke und die Gunst seiner Mäzene angewiesen war. Einen großen Raum nehmen in den Briefen auch häusliche Probleme ein: Beethovens häufige Wohnungswechsel, die Beschaffung von Dienstboten und Hausangestellten, deren Beköstigung und Bezahlung, wobei vor allem Nikolaus von Zmeskall und später Nannette Streicher bevorzugte Berater waren. Insbesondere die finanzielle Notsituation der Jahre 1813–1816 (ein Zeitraum, in dem Beethoven auch wenig komponierte) findet ihren Niederschlag in den Briefen. Ausgerechnet im Jahr 1816 beginnt Beethovens alleinige Vormundschaft über seinen Neffen Karl. Die Briefe dieser Zeit und viele andere Schriftstücke belegen, wie intensiv er sich dieser schwierigen Aufgabe widmete. So erfolglos seine erzieherischen Bemühungen um den Neffen gewesen sein mögen, so beweist Beethoven gerade im Schriftwechsel mit Behörden und Anwälten erstaunliche Umsicht und Ausdauer in seinem Bestreben, den von ihm als eigener »Sohn« betrachteten Neffen dem seiner Meinung nach verderblichen Einfluss seiner Mutter Johanna van Beethoven zu entziehen. Erst 1820, nachdem Beethoven auf Betreiben Johannas von seiner Aufgabe entbunden und diese selbst zum Vormund bestimmt worden war, beginnen die erfolglosen Einsprüche (Schreiben an das k.k. niederösterreichische Appellationsgericht vom 7.1.1820, BGA Nr. 1363) und emotionsgeladenen Versuche Beethovens, die verhasste »B.« und »Königin der Nacht«, gänzlich zu verdrängen.

Den letzten Versuch, »seinen Neffen zu retten« stellt der »Entwurf einer Denkschrift an das Appellationsgericht in Wien« vom 18. Februar 1820 dar. Es ist zugleich das längste Schriftstück von Beethovens Hand überhaupt. Beethoven fasst darin alle den Prozess um die Vormundschaft für den Neffen Karl betreffenden Umstände noch einmal in sechs Gliederungspunkten zusammen, indem er u.a. seine Ansichten über Johanna van Beethoven und deren Lebenswandel, den Charakter seines Neffen und dessen Studienzeugnisse und vor allem all das, was er selbst für seinen Neffen getan hat, mitteilt.

VIII

Beethoven ist kein passionierter Briefschreiber. Obwohl er in jungen Jahren und abhängig vom Adressaten auch später noch längere, stilvoll formulierte und gedanklich klar gegliederte Briefe an Freunde wie Wegeler schrieb, so scheint der Unwille, sich anders als in Tönen auszudrücken, mit fortschreitendem Alter doch zugenommen zu haben. Er schreibe lieber 10.000 Noten als einen Buchstaben, heißt es in einem Brief an Nikolaus Simrock (28. November 1820, BGA Nr. 1418). Oft deutet er von dem, was er sagen will, nur das Notwendigste an, langen Erörterungen geht er aus dem Wege und verzichtet zumeist auch auf Einhaltung der äußeren Form: »wenn sie mir schreiben, so schreiben sie mir nur gerade wie ich ihnen ohne Titel, ohne Anrede, ohne Unterschrift. *Vita brevis Ars longa.* Es braucht auch nicht figürlich, nur gerade, was nöthig ist« (an Anton Schindler, BGA Nr. 1651). Und doch ist die Ablehnung konventioneller »Formalitäten« durchaus kein singuläres Charakteristikum von Beethovens »ungebändigter Persönlichkeit« (Goethe), sondern entsprach einer Tendenz, die sich bereits zur Zeit des Sturm und Drang (Werther-Stil) gegen den galanten Stil durchgesetzt hatte. Die Devise des jungen Goethe, »wie es in den Kopf kommt, so auf's Papier« (Steinhausen, S. 276), gilt durchaus auch für Beethoven, der als Briefschreiber gewissermaßen ein Stürmer und Dränger geblieben ist. Wie ein empfindsamer Briefschreiber leidet auch Beethoven unter der Unmöglichkeit, seine Gedanken und Empfindungen adäquat mitteilen zu können. So entschuldigt er sich am 7. Dezember 1826 bei Wegeler für seine Säumigkeit: »Im Kopf mache ich öfter die Antwort, doch wenn ich sie niederschreiben will, werfe ich meistens die Feder weg, weil ich nicht so zu schreiben im Stande bin, wie ich fühle« (BGA Nr. 2236). Beethovens Stil erscheint auf den ersten Blick ungelenk, sein Wortschatz klein und sein Satzbau nicht selten grammatisch unkorrekt, wofür im allgemeinen seine geringe Schulbildung, seine starke Emotionalität und charakterliche Eigensinnigkeit verantwortlich gemacht wurden. Und doch scheint die Problematik des Brieftextes von der Skizzenarbeit am Notentext nicht grundsätzlich verschieden. Kropfinger weist auf die unterschiedlichen Ausarbeitungsgrade der Beethovenschen Briefe hin, ihre teilweise Skizzenhaftigkeit, eine Beobachtung, welche den verschiedenen Arten musikalischer Skizzen durchaus entspricht. Der Grund für die allgemein zu beobachtende Flüchtigkeit dürfte in beiden Fällen im Problem des Übergangs vom Gedanken zum schriftlichen Notat zu suchen sein. Beethoven findet die Lösung in der für den Sturm und Drang typischen fragmentarischen Form, in einer emphatischen Sprache, die mehr andeutet, als sie sagt. Bei seinem Hang zu gedanklicher Komprimierung gelingen ihm zuweilen fast sinnspruchartige Wendungen (vgl. Kropfinger, *MGG*[2], S. 679). Er schreibt gern ironische und witzige Bemerkungen oder zitiert bekannte Sprichwörter und Sentenzen. Ein frühes Beispiel dafür, wie Beethoven unter seinem starken Ausdruckswillen in einen emphatischen *ductus figuratus* verfällt, bietet sein Brief an Wegeler aus dem Jahre 1795. Beethoven bittet den Freund um Verzeihung, fleht ihn an und steigert sich schließlich in einen artifiziell metaphorischen Sprachstil hinein: »Ich stehe dir dafür, den neuen Tempel der heiligen Freundschaft, den du darauf aufrichten wirst, er wird fest, ewig stehen, […]«, um schließlich nur noch zu stammeln: » – fest, – Ewig – unsere Freundschaft – verzeihung – vergessenheit wieder aufleben der sterbenden sinkenden Freundschaft –« (BGA, Nr. 19).

Ein solcher emphatischer Stil, der durch die Verkürzung (*detractio*) der Sprachglieder bei gleichzeitiger Weitung des Aussagehorizontes (*amplificatio*: hier durch Gedankenstriche signalisiert) entsteht, ist typisch für Beethovens Schreibstil auch noch in späteren Jahren, beispielsweise auch im Brief an die »Unsterbliche Geliebte« (BGA Nr. 582), die Briefe an Josephine Deym, aber auch das sogenannte »Heiligenstädter Testament« (BGA Nr. 106): »– Geduld – so heist es, Sie muß ich nun zur führerin wählen«. Indem Beethoven hier das Nomen Geduld mittels Gedankenstrich exponiert, erhält es einen Zuwachs Bedeutung, den es in der sprachlichen Normallage des Satzes nicht besitzen würde. Dabei ist der Übergang von solch figurativer Hervorhebung zum manifesten Vokativ am Beginn des »Heiligenstädter Testamentes« fließend: »O ihr Menschen die ihr mich für Feindselig störisch oder Misantropisch haltet« oder in einer weiteren, noch deutlicher exponierenden Stelle aus der Nachschrift des Testamentes: »O Vorsehung – laß einmal einen Reinen Tag der Freude nur erscheinen«. In den Kontext derartiger Akklamationen, die fast an die Titel einiger Beethoven-Lieder wie *An die Freude*, *An die Hoffnung* oder auch *Resignation* erinnern, gehört auch eine weitere, umstrittene Stelle aus der Nachschrift des Testamentes: »Heiglnstadt am 10ten oktober 1802 – so nehme ich den Abschied von dir – und zwar traurig – ja die (dir) geliebte Hofnung – die ich mit hieher nahm, wenigstens bis zu einem gewissen Punkte geheilet zu seyn – sie muß mich nun gänzlich verlassen«. Der Wechsel der Anrede vom Plural im Hauptteil zum Singular in der Nachschrift hat zu verschiedenen Spekulationen über einen möglichen Adressaten Anlass gegeben, die sich jedoch sofort erübrigen, sobald man die rhetorische Figuration dieser Passage erkennt. Obwohl vom Schriftbild her nicht zu entscheiden ist, ob richtig »ja die« oder »ja dir geliebte Hoffnung« zu lesen ist, besteht doch kein Zweifel, dass es sich beim Objekt dieser Akklamation nur um die »Hoffnung« handeln kann. – Das Bewusstsein von der Unfähigkeit der Sprache, Empfindungen ausdrücken zu können, führt bei Beethoven nicht selten bis zur manifesten *reticentia*, einer rhetorischen Figur, die den Inhalt durch Abbruch der Rede bewusst verschweigt, weil sie beim Adressaten die Kenntnis der Zusammenhänge stillschweigend voraussetzt. Eine solche Figur des »schreienden Schweigens« hat Beethoven in Form eines kleinen Adagios sogar »vertont«. So schreibt er anlässlich der Vorbereitungen zu einer musikalischen Akademie an Moritz Lichnowsky (Baden am 21. September 1814, BGA Nr. 740): »mit dem Hof ist nichts anzufangen, ich habe mich angetragen – allein«

Was mit diesem kleinen Trauermarsch in a-Moll halb tragisch, halb ironisch (die *detractio* ist auch ein Mittel des Witzes!) zu Grabe getragen wird, dürfte im Jahre 1814 unschwer zu erraten sein, aber dass Beethoven es eben nicht sagt, sondern erraten lässt, darin besteht die emotionale Aussagekraft dieser Figur. Der Adressat soll es sich selber sagen! Indem er das tut, wird er, ob er will oder nicht, zum Gedankenkomplizen des Autors, und dieser hat ohne langwierige Reden sein Ziel erreicht.

Natürlich leidet unter derartiger Emphase nicht selten die Verständlichkeit (*perspicuitas*) eines Textes. Daher ist bei Beethovens stilistischen Freiheiten am Einzelfall zu entscheiden, ob es sich um ein *vitium* oder eine *licentia* handelt. Eine solche, der *reticentia* verwandte Lizenz stellt vor allem der bei Beethoven so überaus häufige Gebrauch von Gedankenstrichen ganz unterschiedlicher Länge und Stärke dar. Der Gedankenstrich vor dem »– allein« wirkt wie eine Pause, in der unendlich viel zu sagen wäre, ehe der Sprecher sich selbst unterbricht und zum Schweigen verurteilt. Dieser Brief ist zugleich ein Beispiel für Beethovens sogenannte »Briefmusik« (Kropfinger, S. 70), ein Beleg für seine Behauptung, nur in Tönen könne er seine Gefühle ausdrücken. Briefmusik ist eine besondere Form ikonischer Darstellung, gewissermaßen des Zeigens, statt des Sagens. Was sich nicht sagen lässt, wird in Musik gesetzt, weil Beethoven der Töne mächtiger ist als der Wortsprache. Musik als Sprache des Unaussprechlichen!

Zuweilen treibt er die Verkürzung (*detractio*) des Textes bei gleichzeitiger Weitung (*amplificatio*) der Aussage so weit, dass offensichtliche Unverständlichkeit (*obscuritas*) entsteht. Im Dezember 1814/Anfang Januar 1815 beabsichtigte Beethoven, der russischen Zarin einige seiner Werke zu widmen, befürchtete aber, man könne ihm das als Bestechungsversuch auslegen. Er schreibt einen Entwurf, bricht dann aber voller Unsicherheit mit einem Gedankenstrich ab und fragt den unbekannten Adressaten: »Glauben sie, daß es beßer ist, in Form einer Bitte an die Kaiserin etc???!?!! oder an Narischkin bittweise vortragen« (BGA Nr. 766). Gerade da, wo normalerweise umständliche Ausführungen notwendig wären, greift Beethoven zum Mittel äußerster Verknappung. Ähnliche Satzzeichenkontraktionen finden sich auch unter Beethovens Randglossen zu Werken seiner Bibliothek. Hier spart er sich jeglichen Kommentar und fügt nur die emphatischen Satzzeichen und Unterstreichungen hinzu. So in Shakespeares *Othello*, wo Brabantio sagt: »Ich wollte lieber ein Kind annehmen als zeugen«, was Beethoven bedeutungsvoll mit »???!« kommentiert. Zweifellos dachte er hierbei an seinen Neffen Karl, den er als seinen Sohn annehmen wollte und als dessen »Vater« er sich auch bezeichnete. Dabei war er sich der Fragwürdigkeit eines solchen Verhaltens durchaus bewusst. Selbst die Häufigkeitsverteilung der drei Frage- und des einen Ausrufezeichens scheint mit Bedacht gewählt!

Ein mehr scherzhaftes Verfahren einer sprachlichen Verdunkelung des Sinnes (*obscuritas*) ist das sogenannte Wörteln, das vor allem aus Mozarts übermütigen Bäslebriefen bekannt ist, von Beethoven jedoch ganz gezielt eingesetzt wird. In einem Brief an Breitkopf & Härtel vom 9. Oktober 1811 rechtfertigt sich Beethoven wegen der Schwächen seines Oratoriums *Christus am Ölberge*, spottet dann aber seiner Rezensenten: »und nun recensirt so lange ihr wollt, ich wünsche euch viel vergnügen, wenns einem auch ein wenig wie ein Mückenstich pakt, so ist's ja gleich vorbey und ist der stich vorbey, dann machts einem einen ganz hübschen spaß re – re – re – re – re cen – cen – si – si – si – si – sirt sirt – sirt – Nicht bis in alle Ewigkeit, das könnt ihr nicht. hiermit Gott befohlen –« (BGA Nr. 523). Der gelungene Witz besteht hier offenbar darin, dass Beethoven mittels der geminativen Zerlegung des Wortes in seine Silben die Rezensenten gleichsam klangmalerisch zum Stottern treibt und zugleich das endlos sinnlose Geschwafel durch den Einspruch »*nicht* bis in alle Ewigkeit« zum Schweigen bringt. Von der Ikonizität der Darstellung zum ikonischen Zeichen selbst ist es dann nur ein kleiner Schritt. Die unterschiedlich langen und starken Unterstreichungen und Gedankenstriche gehören dazu, aber auch die Groß- und Kleinschreibung von Buchstaben und Wörtern, mit deren Hilfe Beethoven den emphatischen Ausdruck gewissermaßen analog codiert (siehe das Kapitel »Hieroglyphen des Genies«).

Typisch für Beethovens Briefe und Aufzeichnungen ist nicht nur die Flüchtigkeit und Knappheit des Stils, sondern auch das Ringen um die passende Formulierung, das sich – wiederum ähnlich den musikalischen Skizzen – in zahlreichen Änderungen, Durchstreichungen, Überschreibungen und kräftigen Unkenntlichmachungen niederschlägt.

Die letzten erhaltenen Briefe (BGA Nr. 2281, 2284 an Moscheles und Nr. 2285 an Stieglitz & Co. in St. Petersburg), geschrieben von der Hand Schindlers, aber von Beethoven eigenhändig unterschrieben, geben ein erschütterndes Zeugnis davon, dass der vom Tode gezeichnete Beethoven noch voller Pläne für die Zukunft war.

Bekenntnisse und Reflexionen

Wenn die Briefe ursprünglich nicht für die Öffentlichkeit bestimmt waren, also privaten Charakter tragen, so gilt das in noch weitaus größerem Maße für die sogenannten »Tagebücher« Beethovens. Während Briefe immerhin mit dem Verständnis einer Mitteilung bei einem Adressaten rechnen, so waren die Tagebücher nur für Beethoven selbst bestimmt (Solomon/Brandenburg, S. VIII). Von gewöhnlichen Tagebüchern unterscheiden sich Beethovens sogenannte Tagebücher aber durchaus. Ihre Einträge sind Fragmente, ähnlich den musikalischen Skizzen, die punktuell bestimmte inhaltliche Dimensionen andeuten, ohne aber ein klares Bild zu zeichnen oder eine fortlaufende Geschichte zu erzählen. Wie die Skizzen bedürfen daher die Tagebuchaufzeichnungen der Interpretation, des Kommentars. Ähnliche Notizen pflegte Beethoven auch auf Einzelblättern, in Skizzenbüchern, Kalendern, ja sogar den Konversationsheften vorzunehmen, was den singulären Charakter der sogenannten Tagebücher erheblich relativiert.

Zwei Notizbücher Beethovens werden von der Beethoven-Forschung als »Tagebücher« bezeichnet. Zunächst das sogenannte »Jugendtagebuch« (Busch-Weise 1962) von Ende 1792 bis Anfang 1794, ein Notizbuch, welches vom jungen Beethoven auf seiner zweiten Reise nach Wien und noch in den ersten Jahren seines Wiener Aufenthaltes benutzt wurde. Es besteht aus 25 Blättern von bläulichem Postpapier, von denen nur 19 beidseitig teils mit Tinte, teils mit Bleistift beschrieben sind. Es enthält Einträge über die Reise mit den Stationen Bonn, Remagen, Andernach, über Koblenz, Montgebauer (sic!) bis Limburg, die Beethoven in Begleitung eines ungenannten Reisegefährten zurücklegte, aber auch über anfallende Essens-, Wege-, Post-, Barriere-, Trink-, Sperr- und Schmiergelder, die ein Bild über das Reisen in politisch angespannter Lage vermitteln. Nach der Ankunft in Wien trägt Beethoven notwendige Anschaffungen wie Überrock, schwarze Seidenstrümpfe, Pomade, Stiefel, Schuhe, Klavierpult usw. sowie seine Buchführung über Einnahmen und Ausgaben für Heizung, Hauszins, Essen und Wein, Schuster u.ä. ein. Beethoven bewältigte die Multiplikation zeitlebens nur mit Hilfe der Addition, wodurch z.T. lange Zahlenreihen entstanden (Busch-Weise, S. 83). Hinzu kam noch die Notwendigkeit zahlreicher

Währungsumrechnungen in der damaligen K. und K. Monarchie. Um seinem Mangel an Rechenkünsten abzuhelfen, notiert er sich passende Literatur: »Schulz, D. M. F. Elementarbuch der Kaufmännischen rechenkunst erster Theil, vorübungen zu Crusens Kontoristen«.

Eine Art Lebensmaxime des jungen Beethoven steht auf Blatt 12v und zeugt von seinem Selbstbewusstsein in dieser Zeit:

> »Muth, auch bej allen
> schwächen des Körpers, soll
> doch mein Geist Herrschen
> 25 Jahr sie sind da, dieses
> Jahr muß den völligen
> Mann entscheiden. –
> nichts muß übrig bleiben.«

Vom Selbstverständnis Beethovens zeugt auch die Absicht, sich ein kostspielig verziertes Petschaft (Bl. 2v, 9v, 12r) zuzulegen. Ein merkwürdiges Gekritzel auf Bl. 18v nimmt sich wie eine Mal- und Schreibübung aus. Die drei großen »M« könnten sich nach Busch-Weise auf Magdalena Willmann, eine von Beethoven sehr verehrte Sängerin, beziehen, deren Initialen er hier nachzuzeichnen suchte (Busch-Weise, S. 84). Trotz einiger weiterer interessanter Einzelheiten wie dem Unterricht bei Albrechtsberger dreimal die Woche, sowie dem Schulunterricht bei Schuppanzighs Vater erfüllt dieses Büchlein nur bedingt die Kriterien eines Tagebuches. Es gleicht mehr einem Logbuch (Solomon/Brandenburg, S. 1) für Einträge unterschiedlichster Art.

Ein Dokument von weitaus größerer Bedeutung ist das Tagebuch aus den Jahren 1812–1818. Es gilt aufgrund seines intimen Charakters als eines der bedeutendsten Dokumente von Beethovens Leben. Auch dieses Tagebuch ist zwar arm an äußeren Begebenheiten, enthält aber Reaktionen auf private Geschehnisse, Ängste und Wünsche, künstlerische und intellektuelle Interessen (Solomon/Brandenburg, S. VII), die einen tiefen Einblick in Beethovens Seelenleben gewähren.

Gerade aufgrund der sonstigen Abstinenz Beethovens bezüglich der schriftlichen Aussagen über sich selbst, genoss dieses Dokument von Anfang an große Aufmerksamkeit seitens der Biographik. Bereits 1828 sollte es als Anhang zu einer Beethoven-Biographie erscheinen, zu welchem Zweck im Sommer 1827 von Anton Gräffer, welcher als erster Biograph vorgesehen war, eine Abschrift erstellt wurde. Die Originalhandschrift war verschollen, ehe sie von einem der großen Beethoven-Forscher der Zeit eingesehen werden konnte. Gräffers Abschrift, welche auch die Grundlage von Solomons bzw. Brandenburgs Edition bildet, diente Joseph Fischhof (1832–1842) zur Vorlage, von dessen Abschrift schließlich Otto Jahn (1852) eine dritte, von diesem wiederum der Sammler Andreas Velten (1857–1864) eine vierte Abschrift erstellte (Solomon/Brandenburg, S. 20).

Das Original befand sich ursprünglich in Beethovens Nachlass und gelangte in die Hände des Nachlaßverwalters Stephan von Breuning, von da über Umwege vermutlich in den Besitz des Universalerben Karl. Nach Karls Tod 1858 wurden die Papiere wahrscheinlich von dessen Witwe Caroline van Beethoven verliehen oder verkauft (Solomon/

Brandenburg, S. 6) und sind seitdem verschollen. Nur drei Originalblätter von Beethovens Hand, welche Material aus den Einträgen 60–62 enthalten, sind erhalten, wobei das dritte als Vorlage der Abschrift aufgrund seiner andersartigen Materialordnung auszuschließen ist (Solomon/Brandenburg, S. 25). Zahlreiche unvermittelte Einträge deuten darauf hin, dass das Tagebuch ursprünglich eine Loseblattsammlung war.

Solomon vermutet, dass der Anlass für Beethovens Tagebuch in einer persönlichen und künstlerischen Krise bestand. Normalerweise vertraute Beethoven die Einzelheiten seiner inneren und äußeren Kämpfe meist intimen Freunden im persönlichen Gespräch an. Im Herbst 1812 waren diese Vertrauten jedoch allesamt verreist. Beethoven befand sich in einem Zustand seelischer Erregtheit: Die Aufregungen in der Liebesbeziehung zur »Unsterblichen Geliebten« wirkten noch nach. Statt wie sonst seinen Freunden, vertraute er seine seelischen Nöte daher dem Tagebuch an. Die Niederschrift der ihn quälenden Gedanken auf dem Papier diente somit der Bewältigung seiner Lebensproblematik durch Objektivation.

Aber auch über das Jahr 1812 hinaus setzte Beethoven das Tagebuch sechs weitere Jahre fort, indem er von Zeit zu Zeit in Augenblicken innerer Wirren und Selbstzweifel seine Gedanken niederschrieb. Die Jahre 1812–1818 umspannen eine Zeit des Übergangs vom mittleren zum Spätstil. Aus keiner anderen Lebensphase ist ein vergleichbares Dokument überliefert (Solomon/Brandenburg, S. 2).

Dabei erfüllte das Tagebuch mehrere Zwecke: Als »Journal intime«, aber auch als alltägliches Merkbuch für bestimmte Gedanken seines Schaffens, seiner musikalischen Projekte oder einfach als Erinnerung an erledigte und noch zu erledigende Aufgaben. Im Unterschied zu den Briefen, mit denen Beethoven ja meist einen bestimmten Zweck erreichen wollte, ist das Tagebuch frei von bewusster Selbstdarstellung. Es enthält unverstellte Reaktionen z.B. auf die zunehmende Taubheit, das Aufgeben der Heiratsabsichten, den Tod des Bruders Kaspar Karl und die Übernahme der Vormundschaft über seinen Neffen Karl (Solomon/Brandenburg, S. 3).

Daneben begegnen dann wieder ganz banale Eintragungen über häusliche Angelegenheiten, Krankheiten und ärztliche Behandlung und den Ärger mit den Bediensteten. Merkwürdigerweise beschränken sich die Eintragungen völlig auf Beethovens private Sphäre. Sie enthalten keinerlei Reaktion auf die politischen Ereignisse der Zeit. Dagegen ist das Tagebuch ein einzigartiges Dokument für Beethovens intellektuelle Interessen. Die Exzerpte und Zitate sind der antiken, aufklärerischen und romantischen Literatur entnommen. Beethovens Verehrung für Homer, Plutarch, Schiller und Christoph Christian Sturms *Betrachtungen* ist auch aus anderen Quellen bekannt, aber nur aus dem Tagebuch erfährt man, dass Beethoven auch an indischer Philosophie und Literatur interessiert war. Ferner an der Dichtung Herders, Gozzis und den Dramen Alfieris, den Schicksalstragödien von Zacharias Werner und Adolf Müllner, sowie den kosmologischen Betrachtungen des jungen Kant (Solomon/Brandenburg S. 4).

Zumeist stehen die Zitate und Exzerpte in irgendeiner Beziehung zu Beethovens eigenen Erlebnissen, Ansichten und Erfahrungen, teilweise waren sie auch zur Vertonung vorgesehen. Daneben finden sich immer wieder auch sentenzartige Eintragungen von Beethoven selbst.

Den zentralen Lebenskonflikt Beethovens bildet im Tagebuch der Widerspruch zwischen seiner Sehnsucht nach häuslicher Geborgenheit und dem unsteten Leben als Künstler. Kunst und Leben sind für ihn schwer zu versöhnende Gegensätze. Er entscheidet sich notgedrungen, seiner Kunst die Treue zu bewahren, begreift diese Entscheidung aber als »Opfer«, welches er Gott und den Menschen bringen muss.

Gleich der erste Eintrag aus dem Jahre 1812 führt mitten hinein in diesen Konflikt: »Ergebenheit, innigste Ergebenheit in dein Schicksal, nur diese kann dir die Opfer – – – [-bereitschaft?] zu dem Dienstgeschäft geben.« Diese Resignation wird von der Forschung allgemein als Beethovens Reaktion auf das Liebeserlebnis mit der »Unsterblichen Geliebten« betrachtet. Dann fährt Beethoven fort:

»Du darfst nicht Mensch seyn, für dich nicht, nur für andre, für dich gibts kein Glück mehr als in dir selbst in deiner Kunst – o Gott! gibt mir Kraft, mich zu besiegen, mich darf ja nichts an das Leben fesseln.« Und zuletzt folgt die kryptische Zeile »– Auf diese Art mit A geht alles zu Grunde« (Solomon/Brandenburg S. 39).

In welchem Maße viele der Tagebucheinträge der Deutung bedürfen, zeigt gleich dieser letzte Satz des ersten Eintrages. Das »A« wurde von Solomon entsprechend seiner Hypothese zur »Unsterblichen Geliebten« auf Antonie Brentano bezogen. Beethovens Klage würde demnach mit dem Scheitern der Liebe zur »Unsterblichen Geliebten« in unmittelbarer Beziehung stehen und sein Entschluss zur Entsagung das Initial zum Tagebuch bilden. Harry Goldschmidt hat auf der Grundlage seiner Kritik an Solomons Antonie-Hypothese vor allem auf die Notwendigkeit einer Unterscheidung zwischen Beethovens Liebesverhältnissen mit zumeist verheirateten Frauen wie Antonie Brentano und Josephine Deym einerseits und der ununterbrochenen Folge von pragmatischen Heiratsbestrebungen der Jahre 1804 bis 1812 andererseits hingewiesen. Demnach käme für »A« nicht Antonie, sondern Amalie Sebald in Frage, weil diese damals unverheiratet war und von Beethoven kurz zuvor als Heiratskandidatin in Betracht gezogen wurde. Eintrag 3 scheint dieser Ansicht Recht zu geben: »o schreckliche Umstände, die mein Gefühl für Häuslichkeit nicht unterdrücken, aber deren Ausübung[,] o Gott, Gott[,] sieh' auf den unglücklichen B. herab[,] laß es nicht länger so dauern –«. Die Beziehung von »A« zur »Unsterblichen Geliebten« erscheint vor diesem Hintergrund äußerst fraglich. Es geht hier nicht um die Entsagung von einer unerreichbaren, weil verheirateten Frau, sondern um den Verzicht auf »Häuslichkeit«, also das Scheitern bei der Gründung eines Hausstandes. Die »schrecklichen Umstände«, die zu diesem Scheitern führten sind laut Goldschmidt ganz profan finanzieller Art. Nach dem unerwarteten Tode Fürst Kinskys, der bei einem Reiterunfall tödlich verunglückt war, entfiel dessen Anteil an Beethovens Rente. Dadurch geriet Beethoven in eine finanziell derart prekäre Lage, dass er Amalie keinen förmlichen Antrag machen konnte und die Heiratspläne »auf diese Art« »zugrunde gingen« (Goldschmidt, S. 16f.). Mag die Auflösung des Kürzels »A« auch dahingestellt bleiben. Bedeutsam erscheint doch vor allem die Lebensstrategie, mit der Beethoven den Konflikt seines Lebens zu bewältigen sucht. Seine Kunst ist nicht Ersatz oder Sublimat für das gewöhnliche, häusliche Leben, sondern sie verlangt vielmehr das »Opfer« des Verzichts auf persönliches Glück von ihm. Das Erstaunliche daran ist, dass Beethoven zu diesem Opfer bereit ist, dass er die Kunst tatsächlich über das persönliche

Glück stellen will. Sein Opfergang verrät ein geradezu messianisches Sendungsbewusstsein. Offenbar versteht sich Beethoven als eine Art heiliger Priester der Musik, der um seiner Kunst willen dem gewöhnlichen Menschsein entsagen muss.

Eintrag 25, der offenbar von Beethoven selbst stammt, zeigt, dass er das Verhältnis von Kunst und Leben als geradezu komplementär ansah:

> »Vieles ist auf Erden zu thun, thue es bald!
> Nicht mein jetziges Alltagsleben fortsetzen,
> die Kunst fordert auch dieses Opfer – – in
> der Zerstreuung ruhn[,] um desto kräftiger
> in der Kunst zu wirken.« (Solomon/Brandenburg, S. 51)

Neben solch existentiellen Grundsätzen finden sich aber auch recht pragmatische Überlegungen wie diese:

> »Gegen alle Menschen äußerlich nie die
> Verachtung merken lassen, die sie verdienen[,]
> denn man kann nicht wissen[,] wo man sie
> braucht« (Eintrag 34, Solomon/Brandenburg, S. 53).

Beethoven hat es Zeit seines Lebens gut verstanden, einflussreiche Freunde für sich zu gewinnen und diese auch teilweise recht ungeniert für seine Zwecke einzuspannen. Wenn es dabei um Geld ging, schreckte er auch vor einer gewissen Gerissenheit in seinem Geschäftsgebaren nicht zurück, wie Eintrag 77 belegt:

> »Alle Werke die jetzt mit der Violonzell
> Sonat behältst du dir vor, dem Verleger
> den Tag der Herausgabe zu bestimmen[,] ohne daß
> die Verleger in London und in Deutschland
> so zu sagen keiner vom andern weiß, weil
> sie sonst weniger geben, es auch nicht nöthig
> ist[,] du kannst zum Vorwand geben[,] daß
> Jemand anderer diese Composition bey dir bestellt hat.« (Solomon/Brandenburg, S. 83f.)

Ein merkwürdiger Widerspruch zu Beethovens sonst immer hohen ethischen Ansprüchen an sich und seine Umwelt! Das Tagebuch zeugt ja gerade auch von diesen hohen Maßstäben Beethovens wie im Eintrag 93 [a], einem unbekannten Zitat, das sich Beethoven wohl im Sinne einer tröstlichen Lebensmaxime notiert hat:

> »Die große Auszeichnung eines vorzüg-
> lichen Mannes. Beharrlichkeit in widrigen
> harten Zufällen –« (Solomon/Brandenburg, S. 89).

In vielen anderen Zitaten unterstreicht Beethoven regelmäßig das Wort »Mensch«, womit ein standhafter, echter Mensch im Unterschied zum Schwächling gemeint ist (z.B. Eintrag 60, Solomon/Brandenburg, S. 67).

Trotz aller Standhaftigkeit und Ergebung in sein Schicksal hat Beethoven die Hoffnung auf eine Weiterentwicklung der Hörmaschinen, die sein Hörleiden hätten lindern können, wohl nie ganz aufgegeben:

> »Die Ohrenmaschinen wo möglich zur Reife
> bringen, als dann lesen – dieses bist du dir,
> den Menschen und ihn [sic!] den Allmächtigen schuldig,
> nur so kannst du noch einmal alles entwickeln[,]
> was in dir alles verschlossen bleiben muß – – –
> und ein kleiner Hof – – eine kleine Kapelle – – –
> von mir in ihr den Gesang geschrieben angeführt,
> zur Ehre des Allmächtigen – des Ewigen Unend-
> lichen – – –
> So mögen die letzten Tage verfließen« (Eintrag 41, Solomon/Brandenburg, S. 55).

Was mit dem kleinen Hof und der kleinen Kapelle gemeint ist, lässt sich nicht eindeutig bestimmen. Es könnte das Streben nach einer Anstellung als Kapellmeister an einem Fürstenhof gemeint sein, wahrscheinlicher aber ist der Wunsch Beethovens, sich auf ein »Landgut« oder einen »Bauernhof« zurückzuziehen, um dort in der Abgeschiedenheit seinen Lebensabend zu verbringen. Wenn Beethoven in der »kleinen Kapelle« einen von ihm geschriebenen Gesang »zur Ehre des Allmächtigen« aufführen wollte, so lässt das geradezu an romantische Vorstellungen eines Gesamtkunstwerkes von Musik, Natur und Architektur denken.

Das Tagebuch ist vor allem auch ein wichtiges Dokument von Beethovens Religiosität. Beethoven vertritt keine Kunstreligion wie die romantischen Zeitgenossen. Aber er begründet seine Kunst und seinen Verzicht auf ein normales bürgerliches Leben religiös. So sind seine zahlreichen Exzerpte religiösen Inhalts zu verstehen – als Maximen für Leben und Kunst. An eine bestimmte christliche Konfession ist er dabei nicht gebunden. Er exzerpiert entweder religiöse Schriften christlicher und buddhistischer Herkunft oder formuliert selbst emphatische Bittgebete zu Gott.

Beethoven ringt regelrecht um ein aufgeklärtes und doch personales Gottesbild, wie der folgende Auszug aus einer Hymne zum Lobe der Eigenschaften der Gottheit Parabrahma nach Johann Friedrich Kleuker, *Das brahmanische Religionssystem im Zusammenhange dargestellt*, Riga 1797, zeigt:

> »Was frey ist von aller Lust und Begier[,] das
> ist der Mächtige[.] Er allein. Kein Größerer
> ist, als Er, sein Geist ist verschlungen in sich selbst.«
> (Eintrag 61, Solomon/Brandenburg, S. 71)

Frei sein von Lust und Begier, das ist es, was Beethoven auf Gott projiziert, weil es ihm selbst offenbar schwer fällt. So auch in einem Exzerpt aus der (Bhagavad-Gita, Kap. II, Vers 7):

»Selig ist, der alle Leidenschaften unterdrückt hat und dann mit seiner Thatkraft alle
Angelegenheiten des Lebens unbesorgt
um den Erfolg verrichtet!« (Eintrag 64[a], Solomon/Brandenburg, S. 75)

Das sind keine abstrakten Ideale, sondern für Beethoven konkrete Handlungsanweisungen, wie der folgende, vermutlich von ihm selbst formulierte Eintrag 63 beweist:

»Aus Gott floß alles rein und lauter aus. Werd' ich
nochmals durch Leidenschaft zum Bösen verdunkelt[,]
kehrte ich nach vielfacher Büßung und
Einigung zur erstern erhabenen[,] reinen
Quelle, zur Gottheit zurück – – und –
zu Deiner Kunst.« (Eintrag 63, Solomon/Brandenburg, S. 75)

Wie ernst es Beethoven mit dieser Frömmigkeit war, zeigt die Klage um seinen Bruder Kaspar Karl, um dessen Nähe er sich vergeblich bemüht hatte:

»– – – o sieh' herab, Bruder,
ja ich habe dich beweint und beweine
dich noch, o warum warst du nicht auf-
richtiger gegen mich, du lebtest noch« (Eintrag 69, Solomon/Brandenburg, S. 81).

Sogar gegenüber der verhassten »Königin der Nacht«, seiner Schwägerin Johanna van Beethoven, schlägt er in Momenten religiöser Besinnung versöhnlichere Töne an.

»[...] daß Meinige
o Herr hab ich erfüllt,
es sei möglich gewesen ohne Kränkung
der Wittwe[.] Es war aber nicht ändem und
du Allmächtiger siehst in mein Herz
[...]
segne mein Werk, segne die Wittwe[,] warum
kann ich nicht ganz meinem Herzen folgen
und sie die Wittwe fürder – – – – –« (Eintrag 158–159, Solomon/Brandenburg, S. 117).

Dann bricht Beethoven wie so oft in seinen fragmentarischen Notizen ab. Es bleibt offen, was er hier emphatisch hinter fünf Gedankenstrichen verbirgt. Angesichts der Schulden Johannas ruft er aus: »Beklagenswertes Schicksal[,] warum kann ich euch nicht helfen[?]« (Eintrag 164, Solomon/Brandenburg S. 119).

Mit dem Auszug eines Gebetes aus Christoph Christian Sturms *Betrachtungen über die Werke Gottes im Reiche der Natur und der Vorsehung auf alle Tage des Jahres*, Reutlingen 1811, Betrachtung zum 29. Dezember, endet das Tagebuch:

> »Gelassen will ich mich also allen Veränderungen
> unterwerfen und nur auf deine unwandelbare
> Güte[,] o Gott! mein ganzes Vertrauen setzen.
> Dein[,] Unwandelbarer, Deiner soll sich meine
> Seele freuen. Sey mein Fels, mein Licht,
> ewig meine Zuversicht! – – –« (Eintrag 171, Solomon/Brandenburg, S. 123).

Das ist die Quintessenz von Beethovens Ringen mit seinem Schicksal, das neugewonnene Gottvertrauen, die neue Zuversicht, wie sie in seinen beiden größten Werken, der *Missa solemnis* und der *Neunten Sinfonie*, später künstlerische Gestalt annehmen sollten.

Schwierigkeiten der Kommunikation

Als Beethovens Taubheit immer weiter fortschritt und auch technische Apparate wie diverse Hörrohre zur Verständigung nicht mehr ausreichten, griff Beethoven zu einem Hilfsmittel der Kommunikation, das er selbst eigentlich ablehnte – der schriftlichen Fixierung. Zunächst auf Schiefertafeln, dann auch Einzelblättern und schließlich in gehefteten Notizbüchern, den sogenannten Konversationsheften, schrieben seine Freunde und Bekannten ihre Beiträge zum Gespräch mit Beethoven auf.

Etwa 400 dieser Notizbücher wurden nach Beethovens Tod von Anton Schindler erworben, von denen er jedoch diejenigen, die ihm von geringerer Wichtigkeit schienen bzw. welche Äußerungen politischer oder persönlicher Art enthielten, die Schindlers Meinung nach ein schlechtes Licht auf Beethoven oder auch ihn selbst – Schindler – hätten werfen können, vernichtete (vermutlich etwa 5/8 aller Hefte, Köhler/Herre, Bd. 1, S. 7; siehe aber unten). Nach heutiger Zählung sind 137 Hefte erhalten, welche vom Frühjahr 1818 bis 6. März 1827 reichen. Nach verschiedenen Anläufen wurden die Hefte von Mitarbeitern der Staatsbibliothek zu Berlin übertragen und in den Jahren 1972–2001 in insgesamt elf Bänden veröffentlicht.

Der Wert dieser Erschließung für die Beethoven-Forschung ist kaum zu überschätzen. Zwar sind diese Eintragungen von Beethovens Gesprächspartnern aus Gründen des Gesprächsflusses meist knapp, teilweise sogar stichwortartig gehalten, zeichnen sich jedoch durch große Unmittelbarkeit aus. Im Unterschied zu den Briefen und Tagebüchern sind die Aussagen der Konversationshefte spontane Äußerungen, da keine Zeit zur kritischen Reflexion blieb. Der Leser dieser Hefte wird somit Zeuge privater Gespräche, von denen er zwar die andere Hälfte (Beethovens) erschließen muss, deren lebendige Unmittelbarkeit jedoch den einzigartigen Quellenwert dieser Hefte ausmacht.

Natürlich treten in den Heften z.T. erhebliche chronologische Lücken auf, in denen entweder nichts notiert oder doch verlorengegangene Zettel oder die Schiefertafel verwendet wurden. Größere Gedankensprünge in sonst zusammenhängenden Notaten lassen hingegen auf eine längere Antwort-Rede Beethovens schließen. Aber nicht nur Beethovens Gesprächspartner schrieben ihre Fragen oder Antworten im Gespräch mit Beethovens in diese Hefte, sondern z.T. auch Beethoven selbst, wenn die äußeren Umstände dies notwendig erscheinen ließen. Das konnte z.B. bei den vielen politischen Gesprächen die Befürchtung sein, belauscht zu werden. Aber Beethoven benutzte die Konversationshefte auch als einfache Notizbücher für Besorgungen im Haushalt wie Lebensmittel, Konsumgegenstände, Heizung, Reparaturen usw. Ebenso notierte er Bemerkungen über das, was ihm beim Lesen von Wiener Tageszeitungen interessant erschien. Hinzu kommen Entwürfe von Briefen und Eingaben an Gerichte im Streit um den Neffen Karl, immer wieder Ärger mit den Bediensteten bis hin zu musikalischen Einfällen.

Die erhaltenen Hefte geben u.a. Einblick in Beethovens Gespräche der Jahre 1819/20, als der Prozess um die Vormundschaft des Neffen Karl auf seinem Höhepunkt angekommen war. Weiterhin in die Gespräche im Zusammenhang mit der Komposition der *Neunten Sinfonie* (1823), die dramatische Vorbereitung und Nachwirkung der Konzertakademie vom 7. Mai 1824, seine späten Quartette, die Tragödie um den Selbstmordversuch des Neffen im Sommer 1826 und schließlich die vier Monate seiner Krankheit (Köhler/Herre, Bd. 1, S. 13). Vor allem aber gewähren die Hefte Einblick in den engeren Kreis der persönlichen Freunde und Bekannten Beethovens und deren nicht unerheblichen Einfluss auf Beethoven. Man gibt ihm Rat bezüglich des Prozesses um den Neffen Karl, spricht über Geldanlagen, über Ärzte, neue Methoden und Geräte zur Heilung des Hörleidens, gesunde Ernährung, neue Heizöfen, Lotteriespiel, Verleger. Aber es begegnen auch wiederholt kritische Urteile und Besprechungen der Werke anderer Komponisten, z.B. von Spohrs *Jüngstes Gericht* (Köhler/Herre, Bd. 1, S. 103) und – was in diesem Zusammenhang wohl als das Wichtigste scheint – die Freunde spornen Beethoven zu neuen Werken an. Die Gespräche zeigen nicht nur, wie Beethoven es verstand, seine Freunde an sich zu binden und sie mit Dingen des täglichen Lebens zu betrauen, um Zeit und Muse zum Arbeiten zu gewinnen, sondern dass diese die ihnen zugeteilte Rolle auch bereitwillig annahmen. »Es ist eine Schande für uns, daß wir nicht alles Störende für Sie aus dem Weg räumen«, lautet ein selbstkritischer Eintrag (Köhler/Herre, Bd. 1, S. 286).

Scherze, Wortspiele, Gedichte, Kanons, zuweilen auch kleine Zeichnungen oder Kritzeleien deuten auf eine lebensfrohe, humorvolle Atmosphäre in Beethovens Freundeskreis. Man isst gern Austern, trinkt guten Wein und scheut dabei auch vor Klatsch und Tratsch nicht zurück.

Nur vom kompositorischen Schaffensprozess ist bedeutsamer Weise niemals die Rede. Beethovens Arbeitsweise bleibt ein merkwürdiges Tabu aller Gesprächspartner (Köhler/Herre, Bd. 1, S. 14), während von seinen Kompositionen und Kompositionsplänen, auch den nicht ausgeführten, häufig gesprochen wird. Für letztere bilden die Konversationshefte sogar die wichtigste Quelle.

Auch über Beethovens religiöse und politische Ansichten geben die Konversationshefte indirekt Auskünfte, wie sie in anderen Quellen nicht oder nicht in dieser Unmittelbarkeit zu finden sind. So etwa, wenn Beethovens Freund Karl Bernhard, ins Heft schreibt, Carl Czerny habe erzählt, dass der Abbé Gelinek im Camel (einem Gasthof) sehr über ihn geschimpft habe: Beethoven sei ein zweiter Sand, er schimpfe über den Kaiser, über den Erzherzog, über die Minister, er würde noch an den Galgen kommen (Köhler/Herre, Bd. 1, S. 339). Auch Beethovens positiver Sinneswandel gegenüber Napoleon zur Zeit der Restauration ist in den Heften dokumentiert. Da die Gespräche oft auch in Gaststätten geführt wurden, war im Metternich-Staat bei politischen Äußerungen Vorsicht geboten. So wenn Beethoven gewarnt werden muss: »Sprechen Sie nicht so laut« (Köhler/Herre, Bd. 1, S. 146) oder: »Ein andermal – gegenwärtig ist der Spion Haensel hier« (Köhler/Herre, Bd. 1, S. 333).

Es kommen aber auch heikle Themen zur Sprache, die der privaten Natur der Sache nach nur mündlich verhandelt wurden und daher ohne die Konversationshefte z.T. nur singulär oder gar nicht überliefert worden wären. So wird Beethoven mehrfach von den Freunden darauf hingewiesen, dass er im Konversationslexikon als natürlicher Sohn des Königs von Preußen geführt werde, und dass er »die Sauerey« widerrufen lassen solle (Köhler/Herre, Bd. 1, S. 405), was er bekanntlich nicht tat.

Zur Zeit des Streites um den Neffen Karl, finden sich auch immer wieder heftige Ausfälle gegen die Schwägerin Johanna. Die Freunde stehen nicht nur ganz auf der Seite Beethovens, sondern bestärken ihn noch in seiner Meinung von ihrem »verderblichen Einfluß« auf den Neffen. Eine zunächst kurios scheinende Einzelheit in Beethovens Kampf mit seiner verhassten Schwägerin ist nur in den Konversationsheften überliefert: Karl Bernhard berichtet, Johanna habe erzählt, dass Beethoven in sie verliebt wäre (Köhler/Herre, Bd. 1, S 115). Leider schweigen die Hefte über Beethovens vermutlich empörte Reaktion.

In den letzten Heften, welche nicht mehr den Charakter von Notizbüchern tragen, wird der Leser Zeuge von Beethovens Krankheitsgeschichte, u.a. auch den Einzelheiten über die Torturen mehrerer Punktierungen zur Linderung der Wassersucht, die Beethovens physischen Verfall wohl eher beschleunigt als verhindert haben.

Am 3. Januar bringt Beethoven vermutlich auf Anraten Dr. Bachs seine letztwillige Verfügung, ein Kodizil zum Brief vom 23. März 1827 (BGA Bd. 6, S. 383), nur noch mühsam zu Papier (Köhler/Herre, Bd. 11, S. 9): »Mein Neffe Karl soll alleini(ger) Erbe seyn, das Kapital meines Nachlaßes soll jedoch Seinen Natürlichen oder Testamentarischen Erben zufallen«, wobei die teils ausgelassenen, teils wiederholten Buchstaben ein erschütterndes Zeugnis über den physischen Verfall Beethovens wenige Tage vor seinem Tod geben. Und doch scheint seine Hoffnung ungebrochen: Noch am 18. März dankt Beethoven in einem eigenhändig unterschriebenen Brief Ignaz Moscheles für die angekündigte Geldspende der Londoner Philharmonischen Gesellschaft. Als Gegenleistung stellt er neue Kompositionen in Aussicht: »Möge der Himmel mir nur recht bald wieder meine Gesundheit schenken« (BGA Nr. 2284).

Die Konversationen enden am 6. März 1827. Ob einzelne spätere Blätter verlorengingen oder eventuell nur noch Schiefertafeln verwendet wurden, lässt sich nicht mit Sicherheit sagen.

Ganz im Gegensatz zu Beethovens erklärter Weigerung, über musiktheoretische oder ästhetische Fragen zu sprechen, finden sich in den Konversationsheften auch Aussagen seiner Freunde und Bekannten über die Rezeption Beethovenscher Werke und anderer Komponisten, ja aus der Feder Anton Schindlers sogar Bemerkungen über ästhetische Ansichten Beethovens, darunter so bekannte Äußerungen wie die »zwei Prinzipe«, die Anekdote vom Mälzel-Kanon, aber auch allgemeine Ansichten Beethovens über die Funktion von Satzüberschriften z.B. der *Sonate* op. 81a *Les Adieux* (Köhler/Herre, Bd. 11, S. 204) oder dramatische Konzeptionen wie dem B-Dur-Trio als »Konterfei« des Lebens (Köhler/Herre, Bd. 11, S. 204).

»Ja mein edler Meister«, schließt Schindler diesen ästhetischen Disput, »das verspreche ich Ihnen bei Gott! ich werde nicht so seyn wie Ries. Was Sie mir gelehrt soll durch nichts in der Welt verdränget werden, u mein höchster Zweck wird es seyn, es auf Andere überzutragen, Nun wirklich gute Na[c]ht.« Der Versuch Schindlers, sich der Nachwelt als treuer Bewahrer der Beethovenschen Ästhetik darzustellen, ist unverkennbar, zugleich blitzen auch die nicht unbeträchtlichen Machtkämpfe der »Jünger« um die Gunst des Meisters auf. Konkurrent war für Schindler nicht nur Ries, sondern vor allem Karl Holz, der ihn eine Zeitlang von der Seite des Meisters verdrängt hatte: »Den[n] Holz kann niemand leiden, denn jedermann, der ihn kennt sagt, er ist falsch« (Köhler/Herre, Bd. 11, S. 239).

Wie groß aber war das Erstaunen der Öffentlichkeit und der Fachwelt, als sich herausstellte, dass diese und andere Eintragungen Schindlers erst nach Beethovens Tod vorgenommen wurden und somit eine Fälschung darstellen! Die Aufdeckung der Schindlerschen Fälschungen in den Konversationsheften durch die Herausgeber auf dem Beethoven-Kongress Berlin 1977 war eine Sensation. Auf der Grundlage von Schriftvergleichen konnten die Forscher nachweisen, dass Anton Schindler in den Jahren 1840 bis Anfang 1846 offenbar in Zusammenhang mit dem Erscheinen der ersten beiden Auflagen seiner Beethoven-Biographie umfangreiche Manipulationen an den Konversationsheften vorgenommen hat. Es handelt sich dabei um Interpolationen und Hinzufügungen (von einzelnen Aussagen und ganzen Dialogen, immer an Stellen, wo entsprechender Platz frei war) bis hin zu Schriftfälschungen Beethovens und seines Neffen oder Ausstreichungen von unbequemen Stellen (Beck/Herre 1979, S. 14).

Zu den spektakulären und für die Beethoven-Interpretation folgenreichen Fälschungen gehören so viel zitierte Aussagen wie Beethovens »zwei Prinzipe«, Angaben über die Wahl der Tempi, zu Rhythmus und Metrum, ferner die Interpretation der Rezitative der *Neunten Sinfonie* – und vor allem die berühmte Anekdote mit dem Mälzel-Kanon (Beck/Herre 1979, S. 12). Außerhalb der Konversationshefte kommen dazu noch die sogenannten *Beethovenschen Spielanweisungen zu den Cramer-Etüden* (Beck/Herre 1988, S. 184), mit denen Schindler seine ästhetischen Ansichten gewissermaßen aus erster Hand untermauern wollte. Neben solch substantiellen Manipulationen begegnen aber auch solche, deren tendenziöser Zweck nicht unmittelbar einleuchtet. Offenbar war es dem 45 bis 50-jährigen Schindler darum zu tun, sein bekanntermaßen nicht unproblematisches Verhältnis zu Beethoven durch möglichst »beweiskräftig« wirkende Zeugnisse aufzuwerten. Schindler schreibt sich die Quellen zu seinen Zwecken einfach zurecht. Seine »Überarbeitung« der Fakten ist raffiniert, was freilich nicht verhindern konnte, dass er sich durch verschiedene chronologische Fehler verriet (Beck/Herre 1979, S. 75).

Die fingierten Gespräche erinnern zuweilen an Eckermanns Gespräche mit Goethe, wobei sich Schindler (im Gegensatz zum Goethe treuen Eckermann) sogar ziemliche Unverfrorenheiten erlaubt, so etwa, wenn er fordert, »B.« solle ein anderes Gesicht machen, sonst gehe er wieder! (Beck/Herre 1979, S. 70). Um seine angebliche Vertrautheit mit Beethoven besonders authentisch erscheinen zu lassen, konstruierte er sogar ein Schülerverhältnis zu dem ebenso verehrten, wie in Beschlag genommen Meister, bei dem er angeblich wichtige ästhetische Aussagen über das Spiel und die Bedeutung von Beethovens Werken erfuhr. Schindler konnte sich auf diese Weise nicht nur als enger Vertrauter Beethovens, profunder Kenner und einziger wirklicher Bewahrer seiner Werke profilieren, sondern gewann auch genügend Autorität, um sich gegen die Kritiker seiner Beethoven-Biographie zur Wehr zu setzen (Beck/Herre 1979, S. 13) und so die Beethoven-Rezeption der folgenden Jahre und Jahrzehnte maßgeblich zu beeinflussen. Dass ihm das mittels seiner Fälschungen gelungen ist, gehört sicher zu den bedauerlichen Irrtümern der Beethoven-Forschung. Möglicherweise ist diesem Missbrauch der Hefte aber auch ihr weitgehender Erhalt zu verdanken! Jedenfalls ist vor diesem Hintergrund Zweifel angebracht, ob Schindler tatsächlich 400 Konversationshefte besaß (siehe oben), also ca. 260 Hefte vernichtet hat. Die Zahl 400 geht auf Thayer zurück, beruht vermutlich jedoch auf einem Hörfehler: »viel über hundert« (Beck/Herre 1979, S. 17).

Wohl nicht ohne Hintergedanken hatten die Veranstalter das Allegretto scherzando der *Achten Sinfonie* als Analyseaufgabe gestellt. Kaum einer der Analytiker unterließ es, auf die Anekdote mit dem Mälzel-Kanon Bezug zu nehmen. Welch peinliche Überraschung, als sich herausstellte, dass auch dieser Eintrag in den Konversationsheften eine Fälschung Schindlers ist! Zugleich aber auch ein Beispiel dafür, wie eine Änderung der Quellenlage die schönsten Theorien im Handumdrehen umzuwerfen vermag.

Literatur

L. Nohl (Hrsg.), *Briefe Beethovens,* Stuttgart 1865 • G. Steinhausen, *Geschichte des deutschen Briefes,* Berlin 1889 • A. Chr. Kalischer (Hrsg.), *Beethovens Sämtliche Briefe,* 5 Bde., Berlin 1906–1908 • F. Prelinger (Hrsg.), *Ludwig van Beethovens sämtliche Briefe und Aufzeichnungen,* 5 Bde., Wien und Leipzig 1906–1911 • A. Leitzmann (Hrsg.), *Ludwig van Beethoven. Berichte der Zeitgenossen, Briefe und persönliche Aufzeichnungen,* Leipzig 1921 • E. Kastner (Hrsg.), *Ludwig van Beethovens sämtliche Briefe,* Leipzig 1910, zweite »völlig umgearbeitete und wesentlich vermehrte« Auflage, hrsg. von J. Kapp, Leipzig 1923 • G. Frimmel, Artikel »Schrift«, in: *Beethovenhandbuch,* Leipzig 1926, Bd. 2, S. 144 • M. Unger, *Beethovens Handschrift,* Bonn 1926 (=Veröffentlichungen des Beethoven-Hauses in Bonn IV) • P. Mies, *Textkritische Untersuchungen bei Beethoven,* Bonn 1957 (=Veröffentlichungen des Beethoven-Hauses Bonn, 4. Reihe: Schriften zur Beethovenforschung 2) • E. Anderson (Hrsg. und Übers.), *The Letters of Beethoven,* 3 Bde., London 1961 • D. von Busch-Weise, »Beethovens Jugendtagebuch«, in: *Studien zur Musikwissenschaft,* Bd. 25, Festschrift für Erich Schenk (1962), S. 68–88 • A. Tyson, »Prolegomena to a Future Edition of Beethoven's Letters«, in: *Beethoven Studies 2,* hrsg. von dems., London 1977, S. 1–19 • D. Beck und G. Herre, »Anton Schindlers fingierte Eintragungen in den Konversationsheften«, in: *Zu Beethoven. Aufsätze und Annotationen,* hrsg. von H. Goldschmidt, Leipzig 1979, S. 11–89 • N. L. Fischman und L. Kirillina (Hrsg.), *Pisma Betchovena,* 4 Bde., Moskau (Bd. 1: 1970; Bd. 2: 1977;

Bd. 3: 1986; Bd. 4 in Vorbereitung) • D. Beck und G. Herre, »Anton Schindlers ›Nutzanwendung‹ der Cramer-Etüden. Zu den sogenannten Beethovenschen Spielanweisungen«, in: *Zu Beethoven 3. Aufsätze und Dokumente,* hrsg. von H. Goldschmidt, Berlin 1988, S. 177–208 • H. Goldschmidt, »›Auf diese Art mit A geht alles zu Grunde‹. Eine umstrittene Tagebuchstelle in neuem Licht«, in: *Zu Beethoven 3. Aufsätze und Dokumente,* hrsg. von dems., Berlin 1988, S. 8–30 • E. Roch, »Emphatische Figuration in Beethovens Briefen und Aufzeichnungen«, in: *Zu Beethoven 3. Aufsätze und Dokumente,* hrsg. von H. Goldschmidt, Berlin 1988, S. 209–239 • M. Solomon, *Beethovens Tagebuch von 1812–1818,* hrsg. von S. Brandenburg, Mainz 1990 • S. Brandenburg (Hrsg.), *Ludwig van Beethoven. Briefwechsel Gesamtausgabe* (BGA), 7 Bde., München 1996–1998 • K.-H. Köhler, G. Herre und D. Beck (Hrsg.), *Ludwig van Beethovens Konversationshefte,* 11 Bde., Leipzig 1972–2001 • K. Kropfinger, Artikel »Beethoven«, in: *MGG*[2], Personenteil, Bd. 2, Sp. 673ff. • Ders., *Beethoven*, Kassel, Stuttgart u.a. 2001.

Hieroglyphen des Genies

Von Eckhard Roch

Der Charakter eines Menschen spiegelt sich, ähnlich wie in seinem äußeren Phänotyp, seiner Mimik oder Körpersprache, auch in seiner Handschrift wider. Anders aber als etwa Mimik und Gestik, die bewusst verstellt und gleich einer Maske angelegt werden können, lässt sich die Handschrift nur schwer oder gar nicht manipulieren. In ihr zeigt sich nach Ansicht der Graphologen der unbewusste, »wahre Charakter« einer Persönlichkeit.

Eine solche graphologische oder schriftpsychologische Deutung der Handschrift scheint gerade im Fall Beethovens nahe zu liegen und auch nicht schwer zu fallen. Die Berichte über Beethovens ungebändigtes Wesen, sein eigenwilliges und vor allem kräftiges Klavierspiel, sein Toben und Stampfen beim Komponieren, seine Zornes- und Wutausbrüche gegenüber Bediensteten, die bis zur Gewalttätigkeit reichten, die katastrophale Unordnung seiner Wohnung, sein in den späteren Jahren oft ungepflegtes, ja fast verwahrlostes Äußeres, aber auch die Entwicklung vom gepflegten jungen Mann bis zum unnahbaren Kauz der späten Jahre – alles das scheint sich in seiner Schrift widerzuspiegeln. Doch diese Eigenschaften müssen eben nicht erst aus seiner Schrift analysiert werden. Sie sind durch andere Quellen besser und zuverlässiger belegt. In der Regel bedarf es einer graphologischen Deutung von Beethovens Handschrift also nicht, sie ist als Faktum seines Lebens und Schaffens aber dennoch von großer Aussagekraft und stellt gerade aufgrund ihrer Auffälligkeit selbst einen ästhetischen Gegenstand dar. Für die biographische und musikwissenschaftliche Forschung bildet allerdings schon die Lesbarkeit dieser Schrift, nicht nur der Buchstabenschrift, sondern vor allem auch der Notenschrift, ein grundlegendes Problem.

Einer der ersten Forscher, die sich diesem Problem systematisch widmeten, war Max Unger, dem Paul Mies und andere folgten. Ungers Ziel war es, den Leser mit den Eigenarten der Beethovenschen Buchstaben- und Notenschrift vertraut zu machen und eine erste Anleitung zu ihrer Entzifferung zu geben (Unger, S. 7). Dazu fertigte er Tabellen mit allen deutschen und lateinischen Buchstabengrundformen Beethovens, einigen wichtigen Buchstabenverbindungen und den arabischen Ziffern an und gab Hinweise auf Ähnlichkeiten, Irregularitäten und häufige Verwechslungen wie des kleinen deutschen *g* mit *ch*. Besondere Beachtung verdienen auch die Formen des deutschen *k p v* und *w*, die oft sinnentstellende Verwechslungen verursacht haben. Mehrere große deutsche Buchstaben unterscheiden sich nicht von den kleinen, z.B. *j k, p* und *z*. Die große Form kann sogar inmitten eines Wortes auftreten, wie z.B. »SingStück« (Unger, S. 8). In den späteren Lebensjahren werden Buchstaben in Schreibrichtung und Größe verzerrt und verschliffen, *r* und *w* lassen sich nicht mehr klar unterscheiden, die Buchstabenverbindungen *och* und *ah* sind leicht zu verwechseln (Brandenburg, *Briefe*, S. XXV).

Schon die Zeitgenossen Beethovens hatten ihre liebe Not, Beethovens Schrift zu entziffern. Irrtümer und Missverständnisse waren vorprogrammiert. Besonders problematisch war bei Briefen schon die für den Postboten oft unlesbare Adressangabe. Selbst der Neffe Karl und Anton Schindler, die vielfach seine Briefentwürfe ins reine schrieben, konnten nicht alles lesen. Beethoven ließ die Adresse in den späteren Jahren daher von fremder Hand schreiben, damit der Brief wenigsten zuverlässig sein Ziel erreichen konnte.

Das war freilich nicht von Anbeginn so. In seiner Jugend schrieb Beethoven die Buchstaben und ihre Verbindungen zunächst noch ganz schulmäßig, wie er es laut Frimmel vermutlich nach einem der zu seiner Zeit üblichen Schreibmeisterbücher, beispielsweise Johann Bernhard Basedows *Elementarwerk* von 1773, erlernt hatte. Nur die Großbuchstaben hat sich Beethoven offenbar erst später in etwas eigenwilliger Form selbst angeeignet (Beispiele bei Unger, S. 10).

Bis etwa 1796 nehmen die Buchstaben der Jugendschrift dann jene Gestalt an, wie sie aus den späteren Autographen Beethovens bekannt ist. Die Schriftzeichen sind allerdings noch lange ziemlich spitz, klein und eng gedrängt. Nach 1800 nimmt die Schriftgröße etwas zu, die Zeilen sind aber immer noch recht gerade. Um 1809 entwickelt Beethovens Schrift auffallend rundere Formen, die Schriftgröße nimmt weiter zu. Diese Entwicklung geht bis in die 1820er Jahre. Die Zeilen werden nun immer unregelmäßiger. Sogar innerhalb eines Wortes wechseln die Buchstaben ihre Richtung und Größe. Die Handschrift wird ungeduldig, flüchtiger, fast skizzenhaft. Das Leben sei zu kurz, um schöne Buchstaben oder Noten zu schreiben, pflegte Beethoven selbst zu scherzen. Da Beethoven zumeist mit Kielfedern schrieb, sind Neuansätze deutlich sichtbar. Oft beginnt er ganz normal, wird dann jedoch zunehmend flüchtiger und diffuser. Natürlich hängt die Qualität des Schriftbildes auch stark von der Qualität der jeweiligen Schreibfedern ab, deren fachgerechte Behandlung auch nicht Beethovens Sache war.

Im allgemeinen benutzte Beethoven die deutsche Kurrentschrift, zugleich aber auch die lateinische Schrift. Erstere findet sich in deutschsprachigen, letztere in französischen, italienischen, englischen und lateinischen Texten. Fremdwörter und Eigennamen erscheinen im laufenden Text oft in lateinischer Schrift. Schon 1818/19 unterschreibt auch Beethoven selbst mit lateinischer statt in deutscher Unterschrift.

Der früheste erhaltene Brief des 16-jährigen Beethoven aus dem Jahre 1787 an Joseph von Schaden ist eine auffallend sorgfältig geschriebene Reinschrift, der vermutlich ein Entwurf zugrunde lag. Erst im letzten Absatz des Briefes finden sich zwei größere Korrekturen, die auf eine dem Entwurf angefügte, freie Formulierung schließen lassen.

(Beethoven-Haus, Bonn)

Die Briefe der Bonner Zeit sind in einer ähnlich sorgfältigen Weise abgefasst. Ein Brief an Eleonore Breuning aus dem Jahre 1792 ist offenbar ohne vorherigen Entwurf geschrieben, wie einige Korrekturen, Durchstreichungen und Unkenntlichmachungen vermuten lassen.

Dennoch zeichnet auch dieser Brief sich durch ein gleichmäßiges Schriftbild mit geringer Buchstabengröße aus, wobei die Neigung, *m, n u* usw. in kleinen Wellen verlaufen zu lassen, auffällt. Hingegen sind die Anfangsbuchstaben zumeist größer, schwungvoll und teilweise verschnörkelt geschrieben. Gegen Ende des Briefes wird Beethoven das Papier knapp, weshalb die letzten Zeilen samt Grußformel sehr klein und gedrängt erscheinen.

Schon wenige Jahre später (1795) schreibt Beethoven den berühmten Brief an seinen Freund Franz Gerhard Wegeler, in dem er ihn um Verzeihung bittet und in emphatischen Worten ihre ewige Freundschaft beschwört. Der Brief ist ein frühes Zeugnis für die jugendliche Leidenschaftlichkeit des 25jährigen Beethoven, eine Leidenschaftlichkeit, die sich auch im Schriftbild niederschlägt.

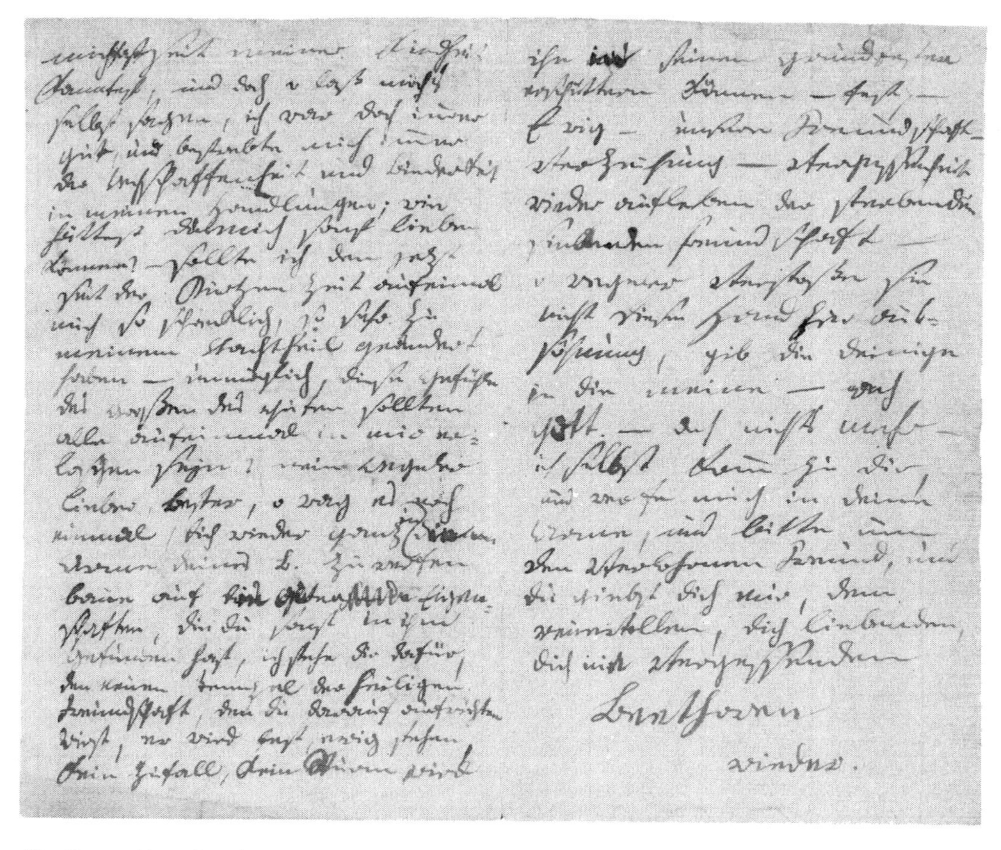

(Beethoven-Haus, Bonn)

Zwar gleicht der Schriftduktus mit seinen vorwiegend kleinen Buchstaben noch ganz der normalen Handschrift dieser Zeit, enthält aber deutliche Gefühlsausbrüche, die sich in eruptiven Großbuchstaben und emphatischen Gedankenstrichen entladen. Beethoven beginnt den Brief noch ganz in seiner für diese Zeit typischen kleinen und gleichmäßigen Schrift. Aber schon das Wort »Freundschaft« wird ikonisch hervorgehoben durch die deutlich größeren Schriftzüge. Die Buchstaben der Schrift werden überhaupt größer, eine Tendenz, die sich in den späteren Jahren noch verstärken wird. Es ist, also ob Beethoven dem Gesagten durch Schriftgröße, teilweise auch Schriftstärke, größeren Nachdruck verleihen möchte. Die Stärke des Gefühlsausdruckes wird gleichsam musikalisch-analog codiert. Die vielen Korrekturen auf der ersten und zweiten Seite des Briefes zeigen, wie Beethoven um die passende Formulierung zu seiner Entschuldigung ringt. Er verschreibt sich und verbessert: »dich wieder ganz in <deinem> die Arme deines B. zu werfen baue auf <das>die guten <Freunde> Eigenschaften« und lässt dabei auch den richtigen Satzbau außer acht. Bei jeder Korrektur hält er inne und sucht eine andere Formulierung. Das Pathos erreicht seinen Höhepunkt auf der dritten Seite des Briefes, wenn Beethoven in emphatischem Werther-Stil mit abgerissenen Wortfetzen und Interjektionen den »Tempel der heiligen Freundschaft« beschwört:

> » – fest, – Ewig – unsere Freundschaft – verzeihung – vergessenheit wieder aufleben der sterbenden sinkenden Freundschaft – o wegeler verstoße sie nicht diese Hand zur aussöhnung, gib die deinige in die meine – Ach Gott. – ach nichts mehr – ich selbst komm zu dir, und werfe mich in deine Arme, und bitte um den verlohrnen Freund, und du giebst dich mir, dem reuevollen, dich liebenden, dich nie vergessenden
> Beethowen«

Trotz allem Gefühlsüberschwang hat dieser Brief jedoch auch etwas Künstliches, etwas literarisch Gewolltes. Die hochtrabende Metapher vom »Tempel der heiligen Freundschaft« stammt sicher nicht von Beethoven, ist mehr Zitat als wirklicher Gefühlsausdruck. Sie wird daher auch in ganz normalen Buchstaben geschrieben. Ganz anders das »ich Selbst« auf der dritten Seite, siebente Zeile von unten. Es sticht sogar aus diesem von Emotionen zerrissenen Briefschluss noch einmal besonders hervor. Es ist als ob Beethoven im Ringen um rechten sprachlichen Ausdruck und entsprechende Überzeugungskraft zum Mittel der anschaulichen Darstellung greift, um zu ersetzen, was seine Sprache nicht vermag.

In einem anderen Brief an Wegeler stellt er sein Problem mit der Sprache so dar: »Im Kopfe mache ich öfter die Antwort, doch wenn ich sie niederschreiben will, werfe ich meistens die Feder weg, weil ich nicht so zu schreiben im Stande bin, wie ich fühle« (BGA Nr. 2236). Dass sich Beethoven nicht nur in der Musik, sondern auch beim Schreiben seiner Briefe von seinen jeweiligen Gefühlen leiten lässt, die er unmittelbar, ikonisch umsetzt, erklärt z.T. die Vielfalt der Formen und Varianten seiner Schrift. Wenn man Beethovens Orthographie als »phonetisch« bezeichnet hat (Kropfinger, S. 61), so kann seine Handschrift durchaus »ikonisch« genannt werden. Dabei ist sich Beethoven der Unzulänglichkeit seiner Gefühlskundgebungen durch Sprache und Schrift schmerzlich bewusst. »Warum giebt es keine Sprache die das Ausdrücken kann was noch weit über Achtung – weit über alles ist – was wir noch nennen können«, klagt er in einem Brief an Josephine Deym. »o wer kann Sie aussprechen, und nicht fühlen daß so viel er auch über Sie sprechen möchte – das alles nicht Sie – erreicht – – nur in Tönen – Ach bin ich nicht zu stolz, wenn ich glaube, die Töne wären mir williger als die Worte« (BGA Nr. 214. Wien, erstes Viertel 1805). Die Worte der Sprache sind ihm nicht so willig wie die Töne der Musik, aber er zwingt die Sprache doch in quasi musikalische Formen: den emphatischen, von Gedankenstrichen und Interjektionen durchbrochenen, fragmentarischen Stil und die gefühlsmäßigen Figuren seiner Handschrift. Der Schluss des Briefes, in dem Beethoven seine und Josephines auf »Achtung und Freundschaft« gegründete Liebe beschwört, ist von langen Gedankenstrichen wie von musikalischen Pausen zerteilt: Offenbar will Beethoven die stockende Rede, die ja so viel mehr bedeuten soll, als sich sagen lässt, auf dem Papier darstellen. Schließlich ahmt er sogar den verlöschenden Herzschlag nach: »das meinige [Herz] kann nur – au[f]hören – für sie zu schlagen – wenn – es gar nicht mehr schlägt – geliebte J.«

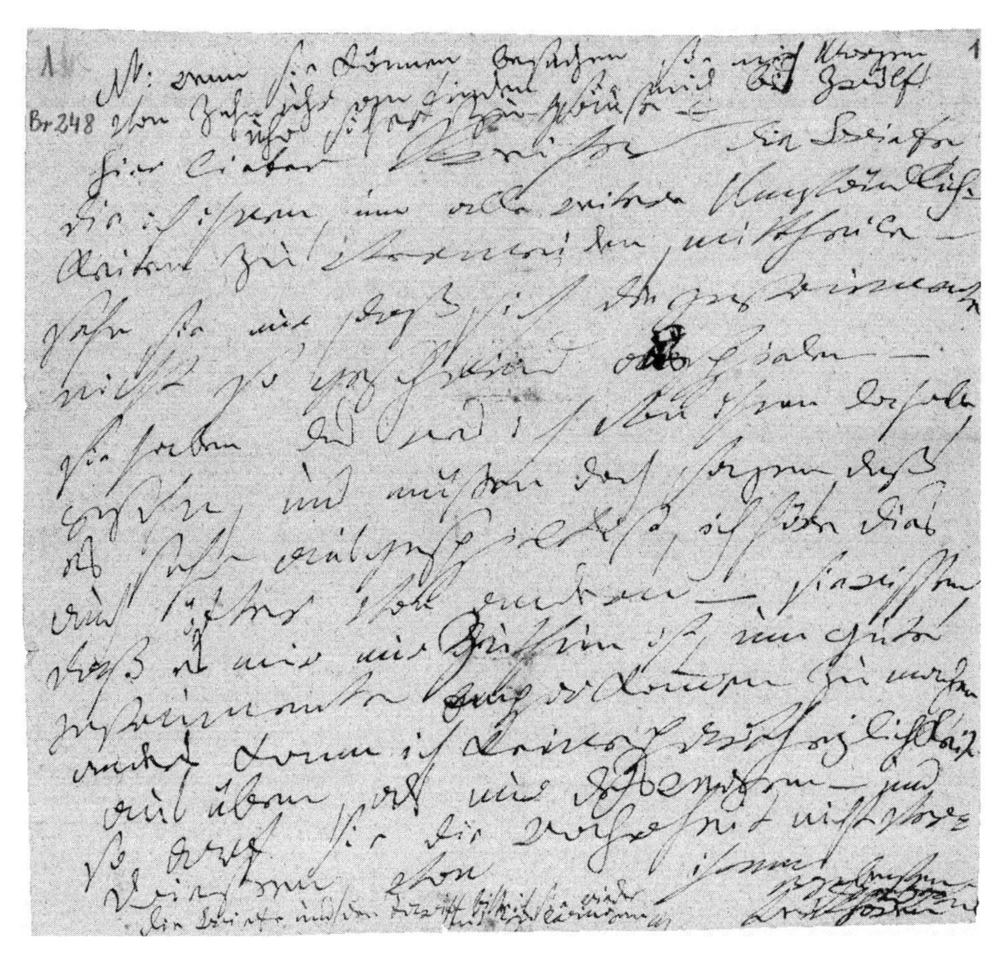

(Beethoven-Haus, Bonn)

Sobald die Gemütslage wieder gemäßigt ist, kann Beethoven um diese Zeit dann auch wieder ganz normal und sauber schreiben. Ein Brief an den Klavierbauer Andreas Streicher (siehe Abbildung auf S. 135) aus dem Jahre 1796 ist gleichmäßig, ohne Korrekturen und Ausstreichungen geschrieben. Beethoven besitzt um diese Zeit eine zwar ungeübte, doch brave Handschrift.

Aber nur vier Jahre später, am 6. Mai 1810, schreibt er an den gleichen Adressaten einen Brief, dessen Schriftbild kaum wiederzuerkennen ist.

Zwischen 1796 und 1810 scheinen Welten zu liegen! Die Wörter sind in Größe und Schriftstärke völlig ungleichmäßig geschrieben: Einmal klein und gedrängt, ein andermal plötzlich groß und weit ausholend, in der Mitte des Blattes auseinandergezogen und fast verflüchtigt, dann wieder merkwürdig verschnörkelt, zuletzt aus Platzgründen klein und zusammengedrängt. Ein »NB« am oberen Briefrand ist nachgetragen. Das Briefblatt macht einen unsteten Eindruck, wie er schlimmer kaum sein könnte, und das, obwohl der Inhalt des Briefes nicht unbedingt eine Gefühlsaufwallung verrät. Schaut man sich den Inhalt aber etwas genauer an, so scheint Beethoven den etwas fatalen Beigeschmack seiner Mitteilung unbewusst in seinen Schriftzügen, wiederum ikonisch, nachzuzeichnen. Schon der Name »Streicher« ist ungewöhnlich auseinandergezogen – »auseinandergestrichen«. Beethoven mahnt bei dem Klavierbauer die Qualität und Haltbarkeit seiner Instrumente an: »sehn sie nur, daß sich die Instrumente nicht so geschwind <ab>ausspielen – sie haben das was ich von ihnen dahabe, gesehn, und müßen doch sagen, daß es sehr ausgespielt ist, ich höre dies auch öfter von andern – «. Das Schriftbild scheint diesen Mangel nachzeichnen zu wollen. Es ist eine ausgeschriebene, »ausgespielte« Schrift, mit der Beethoven diese Zeilen schreibt. Kaum ist diese in Gedankenstriche gesetzte, peinliche Aussage heraus, so ändert sich auch schlagartig das Schriftbild. Beethoven druckst zwar etwas herum, dass er über Streichers Instrumente nichts Positiveres sagen kann, aber »die wahrheit [darf ihn] nicht verdrießen««. Die Schrift dieser Zeilen ist verschnörkelt, gleichsam verlegen und sich zierend. Die Höflichkeitsfloskel »von ihrem ergebensten Diener und Freund Beethowen« bildet einen kaum leserlichen Knäuel. Daneben erscheint die sachliche Bitte, »Die Briefe und den Tariff bitte ich sie wieder mit zu bringen«, zwar gedrängt, aber in ganz natürlicher Schrift. Der Brief ist gewissermaßen ein ikonographisches Charakterstück.

Wo Beethoven Rücksicht auf die gesellschaftliche Stellung des Adressaten nehmen muss, wie bei seinem Gönner und Schüler Erzherzog Rudolph, schreibt er nahezu bis zuletzt mit einer gleichmäßigen Handschrift, die sehr an die seiner Jugendzeit erinnert. Wie weit Beethoven jedoch zu gehen bereit war, wenn solche Rücksichten für ihn nicht zu beachten waren, zeigt sein Verhalten gegenüber seinem Kopisten Ferdinand Wolanek. Beethoven hatte bis ca. 1820 noch selbst Reinschriften seiner Werke angefertigt. Als infolge zunehmender Unleserlichkeit auch dieser Reinschriften immer mehr Probleme mit den Notenstechern auftraten, setzte Beethoven Kopisten ein, deren Reinschrift er sogleich korrigierte, ehe sie zum Stecher in die Druckerei gingen (Unger, S. 6). Offenbar behandelte Beethoven diese Kopisten zuweilen sehr streng, ungehalten und ungerecht. So auch den Kopisten Wolanek, der Beethoven daraufhin in einem Brief höflich, aber nicht ohne vorwurfsvollen Unterton, den Dienst aufkündigte (BGA Nr. 1952, Wien zwischen dem 23. und 26. März 1825). Beethoven geriet außer sich vor Zorn und Wut, strich das Schreiben kreuzweise durch, überschrieb es mit riesigen Buchstaben und brachte polemische Anmerkungen am unteren Rand an. Schließlich entwarf er auf der Rückseite des Blattes eine Antwort (BGA Nr. 1953, Wien, zwischen dem 23. und 26. März 1825) die – vermutlich nie abgeschickt – offenbar dem Zweck diente, seinen Unwillen auf dem Papier zu entladen.

(Beethoven-Haus, Bonn)

Worte wie »Schreib-Sudler!« und »Dummer Kerl!« oder auch der drastische Vorwurf, Wolanek verhalte sich, »als wenn die Sau die Minerva lehren wollte«, waren für Beethoven wohl nur unbefriedigende Sprachspiele. Die eigentliche Gefühlsentladung spiegelt sich hingegen im Schriftbild des Entwurfs. Das Durchstreichen kommt einer Negation, das Überschreiben von Wolaneks Text aber einer Entwertung gleich. Der Antwort-Entwurf gleicht einem Wort- und Buchstaben-Schlachtfeld. Auffallend ist die symmetrisch-konzentrische Anlage des Schreibens. Der Haupttext ist von senkrechten Randbemerkungen umrahmt. Das ist kein fortlaufender Text, sondern eher ein ganzheitliches Bild, eine graphische »Komposition«.

Wenn Beethovens Verachtung und die Wut auf den armen Kopisten in diesem Fall offenkundig ist, so ist seine Handschrift jedoch auch anfällig gegen ambivalente Inhalte. Die merkwürdig verschnörkelte Passage im Brief an Streicher gibt ein Beispiel dafür. Ambivalent war Beethovens Verhalten auch gegenüber Johanna van Beethoven, seiner als »Königin der Nacht« verhassten, als Mutter seines geliebten Karls aber doch auch bemitleideten Schwägerin. Nach dem vorläufigen Sieg Johannas im Prozess um den Neffen arbeitete Beethoven einen Entwurf an das Wiener Appellationsgericht aus, in dem er seine Sicht der Dinge noch einmal zusammenfasste (18. Februar 1820), als letzten Versuch, seinen Neffen zu retten. Das Dokument ist das umfangreichste Schriftstück von Beethovens Hand überhaupt. Zahlreiche Streichungen, Änderungen und Ergänzungen im gesamten Dokument zeigen, wie Beethoven um jede Formulierung gerungen hat. Voller Verachtung beginnt er das Schreiben mit seinen Ansichten über den verderblichen Einfluss seiner Schwägerin auf seinen Neffen Karl: »Es ist schmerzhaft für einen Meines gleichen sich nur im mindesten mit einer Person, wie die Fr: B. besudeln zu müßen.« Nicht einmal den Namen Beethoven scheint er dieser »Person« zubilligen zu wollen. Schaut man sich dieses »B« aber etwas genauer an, so fällt neben der Größe auch die ungewöhnlich, geradezu lustvoll geschwungene Form dieses Buchstabens auf.

(Beethoven-Haus, Bonn)

Gemäß der Regel analoger Kommunikation ist groß = »bedeutend, wichtig« und rund = »rund, d.h. weich, angenehm« usw. Ikonische Bedeutungen beruhen auf Ähnlichkeit. Der Schriftzug des »B« scheint hier verräterisch: Sollte das von Johanna selbst verbreitete Gerücht, Beethoven sei in sie verliebt, auf solcher Ambivalenzerfahrung beruht haben? Seine Unterschrift unter diesem nicht gerade rühmlichen Schreiben hat Beethoven selbst unkenntlich gemacht.

Von möglichen Ambivalenzen und gefühlsmäßigen Unsicherheiten zeugen auch die vielen Gedankenstriche, Unterstreichungen, Überschreibungen, Ausstreichungen und Unkenntlichmachungen in Beethovens Briefen hin. Sie alle sind Anzeichen des unbedingten Ausdruckswillens Beethovens. Wenn Überschreibungen und Ausstreichungen (entweder durchgestrichen oder mit spiralförmiger Wellenlinie überschrieben) den ursprünglich darunter befindlichen Wortlaut zumeist noch erkennen lassen, so war es Beethoven bei den dicht schraffierten Unkenntlichmachungen offenbar darum zu tun, seinen ursprünglichen Gedankengang zu verbergen.

Eine solche außergewöhnlich große Unkenntlichmachung ist in einem Brief an Bettina Brentano vom 10. Februar 1811 (BGA Nr. 485) enthalten. Gegen Ende des Briefes wird Beethoven wie so oft das Papier knapp und er schreibt in gedrängter Form: » – nun lebwohl liebe liebe B. ich küsse dich [hier folgt ein gewöhnlich als »Ausstreichung« interpretiertes Ikon] auf deine Stirne, und drücke damit, wie mit einem Siegel alle meine Gedanken für dich auf. – schreiben sie Bald, bald, oft ihrem Freunde Beethowen.«

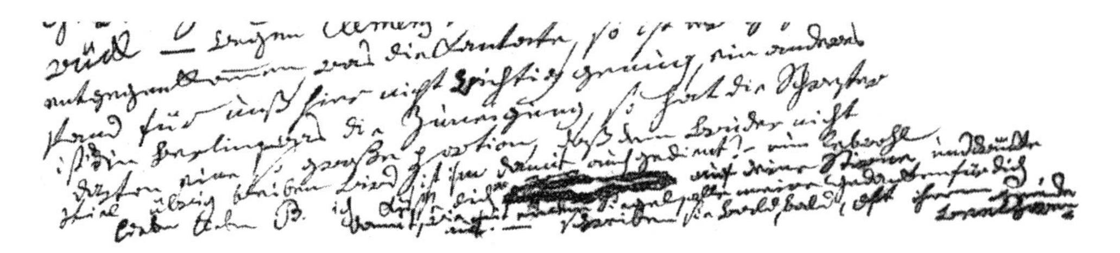

(Beethoven-Haus, Bonn)

Die Stelle, um die es sich in diesem Zusammenhang handelt, ist die sogenannte Ausstreichung. Kalischer erwähnt sie noch ausdrücklich, Kastner/Kapp aber entziffert darunter (übrigens kommentarlos) die adverbiale Bestimmung »so mit Schmerzen«. Woher er diese »Entzifferung« genommen hat, ist nicht zu ergründen. Die Gesamtausgabe von Sieghard Brandenburg erklärt diese Stelle ebenso unverständlich als »Textverlust (etwa zwei Wörter) durch Tintenfraß«, was natürlich im Grunde auch eine überaus kräftige Ausstreichung voraussetzt. Beides ist schwer zu überprüfen, denn der Brief ist in Privatbesitz und leider unzugänglich. Die folgenden Überlegungen können sich daher nur auf das Faksimile berufen. Die von vielen Autoren übernommene Lesart »so mit Schmerzen«, aber auch die Erklärung als Tintenfraß wirft nämlich einige Fragen auf.

Was bisher unbeachtet geblieben zu sein scheint, ist die graphische Gestalt dieser »Ausstreichung«. Es fällt schon einigermaßen schwer, unter dieser ikonisch so auffälligen Gestalt ein nachträglich unkenntlich gemachtes »so mit Schmerzen« anzunehmen. Warum sollte Beethoven bzw. eine fremde Hand diese oder auch andere Worte dieser Briefzeile in so merkwürdig zweigeteilter Form durchstreichen, obwohl doch nur eine Schriftzeile zu tilgen wäre und ausgerechnet in der Zeilenhöhe, auf der die ohnehin eng gedrängte Schrift stehen müsste, eine derart verräterisch geschwungene Öffnung anbringen?

In einem Brief an Breitkopf und Härtel vom 8. November 1806 (BGA Nr. 260) befindet sich eine nicht ganz gelungene Unkenntlichmachung, die alle typischen Merkmale einer solchen aufweist. Beethoven teilt dem Verleger mit, falls er nichts mit ihm eingehen wolle, so sei er zu nichts gezwungen » – nur bitte ich sie mir gleich mit der nächsten Post <mit der> zu antworten«. Beethoven schreibt das »mit der« versehentlich zweimal, will eine solche Zerstreutheit aber offenbar nicht zugeben, weshalb er die zwei Wörter durch eine Schraffierung tilgt. Selbstverständlich nimmt diese Schraffur genau die entsprechende Schrifthöhe ein.

Ganz anders im Brief an Bettina. Die fragliche Figur ist nicht nur viel höher als sie sein müsste, um einen Text zu tilgen, sondern lässt auch genau dort, wo die Buchstaben zu vermuten wären, nämlich in der Mitte, einen merkwürdigen Spalt frei.

Um so sprechender fällt die ikonische Qualität dieser Figur selbst aus, nämlich als bildliche Darstellung des »Kusses« bzw. des Siegels, von dem im Text unmissverständlich die Rede ist. Zugegeben, der »Kussmund« ist nicht gerade schön und kunstvoll geraten (wer würde dies auch bei Beethoven erwarten!), erweckt entgegen einer Ausstreichung aber einen durchaus gemalten (man beachte die Struktur der Ausmalung) Eindruck. Zudem trägt er alle signifikanten Merkmale eines solchen: zwei leicht geschwungene »Lippen«, die genau dort, wo der vermeintliche Text stehen müsste, leicht geöffnet sind und an beiden Enden schmal auslaufen. »ich küsse dich – Ikon – wie mit einem Siegel!«

Gegen eine Ausstreichung spricht vor allem der nach beiden Seiten der Figur sich symmetrisch verjüngende Spalt, der, wie besonders deutlich auf der rechten Seite zu sehen ist, kaum breiter als ein halber Millimeter ist. Die Zufälligkeit einer solchen Feinheit kann für Beethovens eruptive Schreibweise sicher ausgeschlossen werden. Bleibt noch die Möglichkeit einer nachträglichen Tilgung von fremder Hand. Zunächst gelten die vorigen Überlegungen auch hier. Wer aber sollte etwa ein »so mit Schmerzen« unkenntlich gemacht haben? Bettina, der es doch gewiss geschmeichelt hätte, konnte daran kein Interesse haben. Eher wäre ihr schon der »Kuss« selbst zuzutrauen, nur hätte Beethoven dann eine Stelle frei lassen müssen.

So unwahrscheinlich es ist, dass sich unter diesem »Mund« ursprünglich Wörter befunden haben, eine fragliche Stelle gibt es doch: Über dem zweiten »e« des Wortes »einem« unterhalb der Figur befindet sich eine »Schleife«, die von einem deutschen »g« oder »h« herrühren könnte. Allerdings könnte diese Schleife auch zu dem e selbst, dem es sich nahtlos und in einem Zuge zu schreiben (das e ist offensichtlich von unten angesetzt) einfügt, gehören.

Rätsel gibt auch das kleine, nach dem Wort »dich« und vor der Figur angebrachte Kreuzchen auf. Hatte Beethoven hier einen dann doch unterlassenen Einschub oder eine Anmerkung bzw. Erklärung vor? Oder bezieht sich das »ich küsse dich« auf das folgende »Siegel« selbst? Auskunft über alle diese Fragen wird letzten Endes nur das Autograph geben können.

Die Konsequenz der hier in Erwägung gezogenen ikonischen Interpretation dieser Figur wäre für die Bewertung des gesamten Briefes und Beethovens Verhältnis zu Bettina natürlich nicht unerheblich. Es handelte sich dann nicht mehr, wie bisher angenommen, um die schamhafte Unterdrückung einer grausamen Wahrheit, sondern schlicht um einen kecken Beethovenschen Scherz (Roch, S. 229f.).

Einen Scherz dürfte auch das folgende Beispiel aus einem Billet an Sigmund Anton Steiner, Wien, 23. Januar 1817 (BGA Nr. 1071), darstellen. Beethoven pflegte den Verleger mit dem militärischen Titel »Generalleutnant« (g–l l–t) und sich selbst mit »Gerneralissimus« (g–s) zu titulieren. Tobias Haslinger war der »Adjutant« (a–t). Der Inhalt des Briefes ist jedenfalls voller Ironie, wenn Beethoven schreibt:

> »Wir haben nach eigener Prüfung u. nach Anhörung unseres Conseils beschloßen u. beschließen, daß hinführo auf allen unsern Werken, wozu der Titel Deutsch, statt piano-Forte Hammerklawier gesezt werde, Wornach sich unser bester g – – l l – – t Samt adjutanten wie alle andern die es betrift, sogleich zu richten u. solches in's Werk zu bringen haben.
> statt Piano -forte Hammerklawier. –
> Womit es sein Abkommen einmal für allemal hiermit hat. –«

Darauf folgt in übertrieben großen Buchstaben:

> »gegeben etc etc vom
> g – – s [über die gesamte Seitenbreite geschrieben]
> am 23ten Jenner 1817«

Und dann steht am rechten unteren Rand des Blattes noch ein graphisches Zeichen, zwei parallele, von senkrechten Strichen begrenzte Linien, gefolgt von einem schraffurähnlichen Ornament, welches demjenigen gleicht, welches Beethoven auch unter seine Unterschrift zu setzen pflegte.

(Beethoven-Haus, Bonn)

Wie ist dieses Zeichen zu verstehen? Sollte es eine »longa« darstellen und damit so viel wie »lange Dauer«, »in Langmut« oder auch »der langmütige Generalissimus« bedeuten? Das gleiche Zeichen findet sich in leicht abgewandelter Form auch im Brief an Haslinger vom 9. Januar 1817 (BGA Nr. 1066). Wenn dem so wäre, könnte die gesamte Figur vielleicht auf die bei Beethoven in Zusammenhang mit seinen schriftstellerischen Kürzeln beliebte Formel »Ars longa – vita brevis« hinauslaufen.

Auch mit dem Regisseur, Theatermanager und Librettisten Friedrich Treitschke pflegte Beethoven einen zunehmend vertrauten Umgang, wie der scherzhafte Ton seiner Briefe verrät. In einem nicht genau datierbaren Brief (BGA Nr. 1216, zwischen 1818 und 1822) teilt Beethoven Treitschke auf humorvolle Weise mit, dass er derzeit dem Leipziger Verleger (vermutlich Carl Friedrich Peters) nichts liefern könne. Er schließt mit den Worten:

> »Lebt wohl Bester ja ruhig, gar zu ruhig was ist denn aus <das>dem Dichten u. trachten geworden?! ?
> Lebt <Figur> wohl
> wir sind euch allzeit zu Diensten
> [es folgt ein kurzes Stück Briefmusik (*Scheut euch nicht* WoO 205)]
> der Eur[ige] Hochachtungs[ergebenste]
> Beetho[ven]«

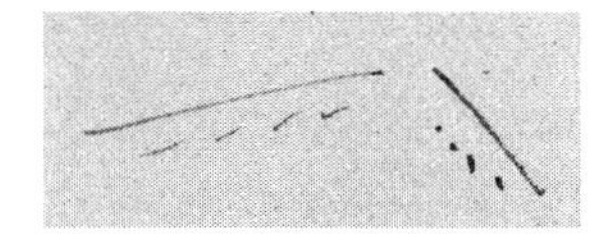

(Beethoven-Haus, Bonn)

Was die auf- und absteigende Figur bedeuten soll, lässt sich wiederum nur vermuten. Vielleicht soll sie das Auf und Ab des Lebens, die »Lebenskurve« veranschaulichen, wie aus dem »Dichten und trachten« (welches wohl auf Treitschkes nachlassende Produktivität anspielt) zu schließen sein könnte. Genau betrachtet ist die Figur auch nicht symmetrisch, wie in den Übertragungen des Briefes zu sehen. Die ansteigende Linie, mit Unterstrichen versehen, ist länger und steigt langsamer an, als die absteigende, die mit Unterpunkten versehen ist und rasch abfällt. Es wäre aber auch denkbar, dass Beethoven nur den Verlauf der Sprachmelodie des »Lebt wohl« nachzeichnen wollte. Auch wenn solche ikonischen Zeichen auf einer Art privatem Geheimcode beruhen (Beethoven kann das Verständnis beim Adressaten ja offenbar voraussetzen) und ohne dessen Kenntnis nicht mit Sicherheit entschlüsselt werden können, so belegen sie doch, dass Beethoven bei seiner Neigung zu emphatischer Kürze und originellen Scherzen die Reduktion des Textes durchaus wiederholt bis zum Bild oder dem symbolischen Einzelzeichen treiben konnte.

Im Brief an Bettina malt Beethoven den Kuss als »Siegel« zur Illustration des zuvor Gesagten. Er kann das Gemeinte aber auch singen bzw. durch kleine, in den Text eingefügte Notenzeilen, die sogenannte Briefmusik, andeuten, wie im Brief an Treitschke oder in zahlreichen anderen Musikbriefen. Die Lesbarkeit von Beethovens Notenschrift stellt freilich ein ganz eigenes Problem seiner Handschrift dar. Im Grunde verhält es sich mit ihr ähnlich wie mit der Schreibschrift: sie verändert sich weniger in ihren typischen Merkmalen, als vielmehr in Äußerlichkeiten, die durch Eile, Schreibungeduld (Unger, S. 23), aber eben auch den unwillkürlichen Gefühlsausdruck hervorgerufen sein können. Beethovens Neigung zur emphatisch verkürzten, fragmentarischen Ausdrucksweise steigert sich bei den musikalischen Skizzen zu einer Art privater Geheimschrift, die durch seine Arbeitsweise (siehe das Kapitel »Musikalische ›Werkstatt‹«) bedingt und nur für ihn selbst bestimmt war. Aber auch hierbei sind keine Pauschalaussagen möglich. Zwar sind Beethovens musikalische Skizzen von Anbeginn durch eine gewisse Flüchtigkeit gekennzeichnet, aber sie sind doch relativ gut lesbar und enthalten einen Entwurf des Werkes mit allen wichtigen Einzelheiten.

(Beethoven-Haus, Bonn)

Doch im Laufe der Jahre nimmt diese Flüchtigkeit zu und erstreckt sich dann sogar bis auf die Reinschriften. Unger macht folgende allgemeine Beobachtungen: Volle Notenköpfe schreibt Beethoven bei mäßigem Federdruck meist sehr klein, wobei Kopf und Hals bei nach unten gestrichenen Noten verschmelzen können. Die hohlen Köpfe der Halben und Ganzen sind meist aus zwei Halbkreisen zusammengesetzt. Verbindungsbalken sind meist ziemlich gerade, nicht viel stärker gezeichnet als die Notenhälse, oft reichen sie über die zugehörigen Notenhälse hinaus. Bei eiliger Niederschrift nehmen sie jedoch häufig Bogenform an und sind dann leicht mit Bindebögen zu verwechseln. Notenfähnchen schreibt Beethoven in der üblichen, aber auch in stark gebogener Form. Besondere Zeichen, z.B. ein Schlenker unter einer Reihe Noten, verwendet Beethoven, um einen Verbindungsbalken für Sechzehntel oder Zweiunddreißigstel darzustellen (Unger S. 26). Ganze Pausen werden von halben nicht unterschieden. Achtelpausen zeichnet Beethoven nur als flüchtige Wellenform (Unger, S. 24). Stärker noch als die Brieftexte, so sind auch Beethovens Notentexte von der Skizze bis zum Autograph durch zahlreiche Änderungen und Ausstreichungen gekennzeichnet. Dabei werden größere Tilgungen durch kreuzweise Striche, kleinere durch eng zusammengedrängte Wellenlinien, Spiralen, Schraffierungen oder ganze Verklecksungen bewerkstelligt (Unger, S. 25). Die Schwierigkeiten bei der Lesbarkeit der Skizzen ist vor allem in den späteren Jahren teilweise enorm und erfordert jahrelange Erfahrung und Übung. Die Skizzen und Entwürfe tragen Merkmale einer Symbolschrift, deren kryptische Zeichen pars pro toto für die jeweilige Werkidee stehen. Bereits Otto Jahn wies daraufhin, dass sich Beethoven trotz der scheinbaren Flüchtigkeit seiner Notizen doch die Mühe gegeben hat, alles für das Verständnis Wichtige deutlich zu bezeichnen. Die schon bei den Briefen beobachtete, unmittelbar ikonische Umsetzung von Gefühlsinhalten in der Handschrift findet sich erwartungsgemäß auch in der Notenschrift. Schenker beschreibt die Analogcodierung eines Ritardando durch die gedehnte Schreibweise der Notenköpfe (Mies, S. 25). Bindebögen, ja selbst das eigenwillige Auf- und Abwärtsstreichen der Notenhälse folgen nicht der Druckkonvention, sondern der musikalisch-klanglichen Absicht. Beethoven notiert das Werk gewissermaßen nach der Hörvorstellung während des musikalischen Schöpfungsvorganges (Mies, S. 30), weshalb ihm die ikonographischen Umrisse als Gedächtnisstütze der Werkidee genügen. Die Niederschrift wirke wie eine bloße Stütze des Eigentlichen, beobachtet Adorno, nämlich des dargestellten Klanges. Aus ihr spreche deutlich die Abneigung gegen einen Vorgang, der selbst nicht dem Bereich der musikalischen Imagination angehört (Adorno, Fragment 20, S. 29). Die »Verrichtung« des Notenschreibens wird ihm daher immer lästiger, als eine Tätigkeit, die er sogar mit Verachtung straft (»Schreib-Sudler«). Die Notenzeichen sind für ihn nur die viel zu langsamen Vehikel der im Kopf längst fertigen Idee, weshalb sich die Skizzierung kaum noch bei ihnen aufhält. Dafür, dass andere, z.B. seine Kopisten und Notenstecher, diese seine »Hieroglyphen« nicht auf Anhieb lesen können, hat er kein Verständnis. Treffend bemerkt Adorno anhand einer Skizze zum sogenannten *Geistertrio* (op. 70,1), Beethovens Schriftbild schelte gewissermaßen den Betrachter einen Esel, der die hier zuerst fixierte Musik nicht schon vorher kennt.

(Beethoven-Haus, Bonn)

Gerade als ob er sagen wolle: »Das Geistertrio kennt man doch!« (Adorno, Fragment 20, S. 29). Der drastische Vergleich des armen Wolanek mit »der Sau, die Minerva lehren wolle« scheint durchaus mit Bedacht gewählt: Das Notenschreiben ist die »Sauarbeit« des Kopisten, während die Minerva bekanntlich dem Haupte Jupiters entsprungen ist.

Literatur

G. Frimmel, Artikel »Schrift«, in: *Beethovenhandbuch*, Leipzig 1896, Bd. 2 • M. Unger, *Beethovens Handschrift*, Bonn 1926 (= Veröffentlichungen des Beethoven-Hauses in Bonn IV) • P. Mies, *Textkritische Untersuchungen bei Beethoven*, Bonn 1957 (= Veröffentlichungen des Beethoven-Hauses Bonn, 4. Reihe: Schriften zur Beethovenforschung 2) • E. Roch, »Emphatische Figuration in Beethovens Briefen und Aufzeichnungen«, in: *Zu Beethoven. 3. Aufsätze und Dokumente*, hrsg. von H. Goldschmidt, Berlin 1988, S. 209–239 • Th. W. Adorno, *Beethoven. Philosophie der Musik, Fragmente und Texte*, hrsg. von R. Tiedemann, Frankfurt am Main 1993 • BGA, Einleitung • K. Kropfinger, *Beethoven*, Kassel, Stuttgart u.a. 2001.

Wohnungen

Von Knud Breyer

Bonner Zeit

Ludwig van Beethoven verbrachte seine Kindheit und Jugend bis zu seinem 22. Lebensjahr in der Residenzstadt Bonn. Geboren wurde er am vermutlich 16. Dezember 1770 in der Bonngasse 20, einem damaligen Mehrfamilienhaus, in dem sich auch mehrere Werkstätten kleinerer Handwerksbetriebe befanden. Die Familie van Beethoven bewohnte im Hinterhaus einen Gebäudetrakt, der aus einer Küche und einem unterkellerten Wirtschaftsraum im Erdgeschoss, zwei kleineren und einem größeren Zimmern im ersten Stock sowie mehreren kleinen Dachkammern bestand. Eine dieser Dachkammern ist das Geburtszimmer des Komponisten. Heute beherbergt das Gebäude das Beethoven-Haus Bonn. Die Dachkammer, in der Beethoven nach zeitgenössischer Überlieferung geboren sein soll, ist als Gedenkstätte erhalten. 1776 zog die Familie – inzwischen war neben Ludwig auch Kaspar Karl geboren – in die das Haus des Hofmusikers Brandt in der Neugasse (heute Rathausgasse).

Nach dem Brand des nahegelegenen Schlosses zog die inzwischen vierköpfige Familie im Februar 1777 in die Rheingasse 24 in das Haus des Bäckermeisters Theodor Fischer, der selbst mit seiner Familie in dem Haus wohnte, das auch Backstube und Mehlkammer beherbergte. Nicht nur die Fischers wohnten seit Generationen dort, auch Beethovens Vater Johann war hier aufgewachsen. Die großzügige Wohnung der Familie Beethoven bestand aus sechs Zimmern nebst Küche, Speicher und Dienstmädchenzimmer im zweiten und dritten Stock.[1] Die beiden großen Wohnzimmer zur Straßenseite waren durch eine Flügeltür miteinander verbunden, die für Hauskonzerte geöffnet wurde. Das Mobiliar des Großvaters, der dieselbe Wohnung bewohnt hatte, wird als ausgesucht geschmackvoll und erlesen beschrieben, als »wohl eingerichtet geweßen von Precio[s]en, die Sechs Zimmer all mit schöne Möbbelen versehen, viell Mahlereyen und Schrännker, eine Schrank mit Silberne Servicen, ein Schrank mit fein vergolte Portsolan und Gläßer geschier, […]«.[2] Es ist zu vermuten, dass diese Einrichtung im Familienbesitz geblieben ist.

1785 zog die Familie van Beethoven in die Wenzelgasse 25, kehrte aber nach kurzer Zeit in das Fischersche Haus zurück. 1787 erfolgte aber der erneute Umzug in die Wenzelgasse aus, wie Theodor Fischer berichtet, finanziellen Erwägungen.[3] Hier starb Beethovens Mutter im selben Jahr. Die Wohnung wurde 1792 nach dem Tod des Vaters und dem Umzug Ludwig van Beethovens nach Wien aufgelöst.

Wiener Stadtwohnungen

Im Herbst 1792 zog Ludwig van Beethoven nach Wien und lebte dort bis zu seinem Tod 1827. In diesen 35 Wiener Jahren bewohnte er mindestens 29 Wohnungen an 26 verschiedenen Adressen. Diese Adressen und die Wohnzeiträume lassen sich teils über die damals üblichen Hausbücher ermitteln, in denen die Bewohner protokolliert wurden. Da diese Dokumente nur lückenhaft überliefert sind, geben Adressangaben in der brieflichen Korrespondenz Aufschluss über weitere Wohnstätten, und hinsichtlich der Angabe von Stockwerken ist man vor allem auf die mitunter ungenauen Angaben von Freunden und Besuchern angewiesen.[4] Nur wenige der Wohnhäuser sind heute noch erhalten. Für die Jahre 1796–1799 sind die Wohnadressen nicht ermittelbar. Für die Herbst- und Wintermonate 1820/21 ist die Adresse unsicher. In Wien herrschte zu jener Zeit eine erhebliche Wohnungsnot, aber auch eine hohe Fluktuation. Zwischen den frühen 1790er und den späten 1820er Jahren hatte sich die Wiener Stadtbevölkerung von ca. 207.000 auf über 300.000 Einwohner vergrößert, gleichzeitig war die innere Stadt von einem Glacis umschlossen, also in der Expansion behindert. Die Mieten stiegen, und viele Wiener waren gezwungen, in die Vororte auszuweichen oder Zimmer bzw. Schlafplätze in ihren Wohnungen zu untervermieten. Wer sich zur besseren Gesellschaft zählte, hielt sich neben der Stadtwohnung auch eine Sommerwohnung außerhalb der Stadt. Wer diesen Lebensstil annehmen wollte, ohne über das nötige Budget zu verfügen, war gezwungen, halbjährlich die Wohnung zu wechseln und mit seinem Hausstand umzuziehen. Wohnungen wurden in Zeitungsbeilagen oder Straßenaushängen annonciert, es gab jedes Jahr zwei feste Kündigungstermine (Maria Lichtmess am 2. Februar und Jakobi am 25. Juli) und entsprechend zwei Umzugstermine (Georgi am 24. April und Michaeli am 29. September). Folglich fanden alle Wohnungswechsel in der Stadt gleichzeitig statt. Auch Beethoven verließ regelmäßig in den Sommermonaten die Stadt, um Quartier zumeist in einem der umliegenden Dörfer zu nehmen (siehe unten »Sommerwohnungen im Wiener Umland«). Als Konsequenz war er in der Regel gezwungen, im folgenden Herbst eine neue Stadtwohnung zu finden.

Seine erste feste Bleibe in Wien bezog Beethoven Mitte November 1792 als Untermieter in einer Dachkammer des Hauses »Alsergrund Nr. 45«.[5] Im selben Haus hatte zu jener Zeit Karl Fürst Lichnowsky seine Stadtwohnung. Lichnowsky – Mozart-Schüler – hatte Beethoven bereits bei seinem ersten Wien-Aufenthalt 1787 kennengelernt. Auf Vermittlung des Grafen Ferdinand Waldstein, der ab 1788 in Bonn lebte und zu jenen Freunden gehörte, die Beethoven einen Abschiedsvers in sein Stammbuch schrieben, hatte Lichnowsky Beethoven nahe Limburg erwartet und war mit ihm dann gemeinsam nach Wien gereist (siehe Abbildung auf S. 154/155). Im »Alsergrund Nr. 45« (heute Wien IX. Bezirk, Alserstraße 30; Wohnung [1]) wohnte Beethoven bis Frühjahr 1795, jedoch ab 1793 zunächst in einer Erdgeschosswohnung und dann ab Herbst 1794 als Gast des Fürsten Lichnowsky, mit dem sich eine enge Freundschaft entwickelt hatte, in dessen Wohnung im ersten Stock. Im Frühjahr 1795 verließ Beethoven die südwestlich gelegene Alservorstadt und zog in die Innenstadt in das sogenannte »Gräfl. Ogilvysche Freyhaus«, Kreutzgasse 35, erster Stock (heute Wien I., Ecke Löwelsstr./Metastasiogasse;

Wohnung [2]), das Stadtpalais der fürstlichen Familie von Montenuovo. Das Haus befand sich in unmittelbarer Nachbarschaft des »Uhlefeldschen Palais«, einem der wichtigsten adligen Musiksalons Wiens jener Zeit, den die mit Lichnowsky verschwägerte, alteingesessene Familie von Uhlefeld führte. Mit diesem Umzug begann ein neuer Abschnitt hinsichtlich Beethovens Wahl des Wohnumfelds. Sie ist gekennzeichnet durch die örtliche Nähe zu wichtigen Institutionen des adligen Musiklebens Wiens einerseits sowie andererseits durch das Bestreben, in der Nachbarschaft von oder sogar in Wohngemeinschaft mit engen Freunden und Kollegen zu sein. Zunächst befindet sich Beethoven ab Februar 1796 auf Konzertreisen nach Berlin und Prag sowie zur Kur in Pistyan. Eine Wiener Wohnung ist erst wieder 1799 nachweisbar (St. Peters-Platz Nr. 650; Wohnung [3]). Zu Beginn des Jahres 1800 erfolgte der Umzug nach »Tiefer Graben Nr. 241« (heute Wien I., Tiefer Graben 10, Wohnung [4]) in den dritten Stock eines Hauses, das dem Hofrat Franz Sales von Greiner gehörte, der als Referent am kaiserlichen Hof und Ausrichter eines der zentralen musikalischen Salons zu den wichtigsten Mitgliedern der Wiener Gesellschaft zählte. In einem der angrenzenden sechsstöckigen Häuser erteilte Beethoven dem jungen Carl Czerny Klavierunterricht. Im Frühjahr 1801 bezog Beethoven eine Wohnung im »Hambergschen Haus« auf der Wasserkunstbastei 1275 (heute Wien I., Seilerstätte 21; Wohnung [5]), in dem vormals Joseph Haydn gewohnt und auch Beethoven unterrichtet hatte. Damals hatte man von diesem am östlichen Rand der inneren Stadt gelegenen Haus noch einen unverbauten Blick auf die Bastei. Im Herbst 1802 übersiedelte Beethoven wieder zurück an den St. Peters-Platz, wo er bereits 1799 gewohnt hatte, nun in das Haus Nr. 649, das »Zum silbernen Vogel« genannt wurde. Im selben Haus (heute Wien I., Petersplatz/Freisingergasse; Wohnung [6]) wohnte im Stockwerk über ihm der Komponist und Musikpädagoge Emanuel Förster, den Beethoven bei Lichnowsky kennengelernt hatte. Beethoven nutzte die Nachbarschaft, um sich selbst im Quartettspiel unterweisen zu lassen, und erteilte im Gegenzug Försters Sohn Klavierunterricht.

Im Frühjahr 1803 änderte sich Beethovens Wohnsituation. Während vormals Wohnungen in Häusern bezogen wurden, die Persönlichkeiten des adligen Wiener Musiklebens gehörten, also das Mietverhältnis vermutlich im weiteren Sinne als Bestandteil der Mäzenatenkultur zu sehen ist, lässt sich anhand der folgenden Wohnadressen zunehmend eine Emanzipation hiervon feststellen. Den Wendepunkt markierte eine kostenlose Dienstwohnung im »Theater an der Wien«, in der Vorstadt Laimgrube Nr. 26 (Wohnung [7]), die Beethoven gemeinsam mit seinem Bruder Karl bezog. Den größten Teil des Sommers verbrachte Beethoven allerdings nicht in der von ihm ungeliebten, auf den Hof führenden Wohnung, wo er den Kompositionsauftrag zur Vertonung von Emanuel Schickaneders Oper *Vestas Feuer* nur ansatzweise ausführte. Wie lange Beethoven die Dienstwohnung behielt, in der er auch 1805/06 seine Oper *Fidelio* sowie die Leonoren-Ouvertüren fertigstellte, ist nicht genau ermittelbar. Bereits im Mai 1804 hatte er jedenfalls vermutlich zusätzlich eine Adresse am Alservorstädter Glacis C Nr. 173 (heute Wien IX., Garnisongasse 1–11; Wohnung [8]) im sogannten »Rothen Haus«. Dieses Wohnhaus gehörte zwar dem Fürsten Nikolaus Eszterházy, der Grund für den Einzug dürfte aber ein rein privater gewesen sein, da Beethovens Freund aus Bonner Jugendzeit Stephan von Breuning bereits in dem Haus wohnte. Zunächst bezog

Beethoven eine Nachbarwohnung, um alsbald mit seinem Freund dessen Wohnung zu teilen, was nicht ohne Konflikte blieb und bereits im Juli zum Auszug führte. Im Herbst 1804 bezog Beethoven dann eine Wohnung, die ihm sein Freund Ferdinand Ries vermittelt hatte und die seinen Bedürfnissen sehr entgegenkam. Sie lag im vierten Stock und verfügte über eine attraktive Aussicht mit freiem Blick über die Bastei. Außerdem wohnten seinerzeit mit der Gräfin Anna Maria Erdődy und Fürst Lichnowsky enge Vertraute in der Nachbarschaft. Das heute noch existierende Haus an der Mölkerbastei Nr. 1239 (heute Wien I., Mölkerbastei 8; Wohnung [9]) gehörte dem musikenthusiastischen Bankier Johann Baptist Freiherr von Pasqualati, der Beethoven sehr zugetan war und ihm die Wohnung über Jahre freihielt. Die gegenseitige Wertschätzung überdauerte auch ein zeitweiliges Zerwürfnis, als Beethoven einen unautorisierten Fensterdurchbruch durchführen lassen wollte, um das Aussichtspanorama in Richtung der nördlich gelegenen Donau zu erweitern. Und so wohnte Beethoven hier – abgesehen von Unterbrechungen in den Jahren 1808–1810 und 1814–1815. Das »Pasqualatihaus« wird heute vom Wien Museum für eine Dauerausstellung mit Beethoven-Exponaten genutzt. Die Zeit von Herbst 1808 bis Frühjahr 1809 verbrachte Beethoven im Haus »Zum blauen Säbel« der Gräfin Erdődy in der Krugerstraße Nr. 1074 (heute Wien I., Krugerstraße Nr. 10; Wohnung [10]) im 1. Stock. Die Gräfin bewohnte mit ihrer Familie den vorderen Teil des Hauses, Fürst Lichnowsky das obere Stockwerk. Grund des Auszugs soll ein Streit mit einem Bediensteten der Gräfin gewesen sein. Von dort aus zog Beethoven im Juli 1809 in die Parallelstraße Wallfischgasse in das Haus Nr. 1087 (heute Wien I., Walfischgasse 10; Wohnung [11]) in den zweiten Stock, wo er den Einmarsch der Napoleonischen Truppen erlebte. Bereits im August 1809 bewohnte Beethoven eine Wohnung im Haus »Bei den Klepperställen«, Teinfaltstraße Nr. 82 (heute Wien I., Ecke Schreyvogelgasse/Teinfaltstraße; Wohnung [12]), die er bis zum erneuten Einzug in das »Pasqualatihaus« (siehe Wohnung [10]) im Frühjahr 1810 behielt. Das – abgesehen von den Sommermonaten – bis zum Frühjahr 1815 währende Mietverhältnis wurde nur im Frühjahr 1814 unterbrochen, als Beethoven kurzzeitig in das Nachbarhaus »Bartensteinsches Haus« Mölkerbastei Nr. 94 (heute Wien I., Mölkerbastei 10; Wohnung [13]) übersiedelte. Nach dem Auszug aus dem Pasqualati wohnte Beethoven bis April 1817 »Auf der Seilerstädt« Nr. 1056 (heute Wien I.; Ecke Seilerstätte /Krugerstraße; Wohnung [14]), das dem Grafen Peregrin Lamberti gehörte. Die Wohnung im dritten Stock hatte eine schöne Aussicht auf die Wasserkunstbastei.

Im Januar 1816 hatte Beethoven die Vormundschaft für seinen Neffen Karl übernommen. Diese tiefgreifende Veränderung hatte auch Einfluss auf seine Wohnungswahl der folgenden Jahre. Neben seiner Wohnung in der Seilerstätte unterhielt Beethoven im Winter 1817 zumindest zeitweilig ein Zimmer im Gasthaus »Zum römischen Kaiser«, Renngasse 145 (heute Wien I., Renngasse 1–3; Wohnung [15]). Neben Unterrichtszwecken könnte dieses Zimmer auch dazu gedient haben, eine Übernachtungsmöglichkeit nahe dem Neffens zu haben, der seit Anfang Februar 1816 die damals noch in der inneren Stadt angesiedelte Lehranstalt von Giannattasio del Rio besuchte. Als del Rio sein Institut im Frühjahr 1817 in die Vorstadt Landstraße verlegte, wechselte Beethoven umgehend seinen Wohnort ebenfalls dorthin. Del Rio hatte Beethoven sogar das Gartenhaus auf dem Institutsgelände als Unterkunft angeboten, was dieser aber aus gesundheitlichen Gründen ablehnte, da er einen ungünstigen Einfluss der Feuchtigkeit befürchtete. Stattdessen zog er in den zweiten Stock des Hauses »Zum grünen Kranz«, Landstraße Nr. 268 (heute Wien III., Landstraßer Hauptstraße 26; Wohnung [16]). Vermutlich bereits im Oktober 1817, möglicherweise aber auch erst im Frühjahr 1818 erfolgte dann der Umzug in die angrenzende Gärtnergasse Nr. 26 in eine im 2. Stock gelegene Wohnung im Haus »Zum grünen Baum« (heute Wien III., Gärtnergasse 5; Wohnung [17]), wo er bis Frühjahr 1819 wohnte. Im Sommer 1819 wechselte der Neffe Karl vom Bildungsinstitut del Rios in die Schulanstalt Joseph Blöchlingers, die in der südwestlichen Vorstadt Strozzigrund angesiedelt war. Im Winter 1819, vermutlich parallel zu der Wohnung Ballgasse Nr. 986 im Haus »Zum alten Blumenstock« (heute Wien I., Ballgasse Nr. 6; Wohnung [18]), bezog Beethoven eine Wohnung in der Josephstadt, Schwibbogengasse Nr. 6, (heute Wien VIII., Trautsongasse/Auerspergstraße; Wohnung [19]), also nahe der neuen Bildungseinrichtung des Neffen. Das Haus trug den Beinamen »Zur goldenen Birne«. Auch die nächste Adresse – »Zu den zwei Wachsstöcken«, Altlerchenfeld Nr. 8 (heute Wien VIII., Josephstädterstraße 57; Wohnung 20]) –, von Beethoven bewohnt von Oktober 1820 bis Frühjahr 1821, befand sich in Nachbarschaft zum Blöchlingerschen Institut. Für den anschließenden Umzug wieder zurück in die Vorstadt Landstraße, scheint es keinen äußeren Anlass gegeben zu haben. Das Haus Nr. 244 »Zum schwarzen Adler« (heute Wien III., Landstraßer Hauptstraße 60; Wohnung [21]) gehörte zu einem Gebäudekomplex, der Teil eines ehemaligen Augustinerklosters war. Beethoven wohnte hier bis August 1822, bevor er im Oktober gemeinsam mit Anton Schindler eine Wohnung im Nachbarhaus des Schwagers seines Bruders Nikolaus Johann in der Vorstadt Windmühle, Obere Pfarrgasse Nr. 60, bezog (heute Wien VI., Laimgrubengasse 22; Wohnung [22]). Hier wohnte er bis Mai 1823. Im August 1823 beendete Beethovens Neffe Karl seine Schulausbildung im Blöchlingerschen Institut und wechselte an die Wiener Universität, um ein Studium der klassischen Philologie aufzunehmen. Von Herbst 1823 bis Sommer 1825 teilten Onkel und Neffe die Wohnung. Die erste gemeinsame Bleibe befand sich in der nächst der Universität gelegenen Vorstadt Landstraße im dritten Stock des »Zur schönen Sklavin« genannten Hauses C. Nr. 323 (heute Wien III., Beatrixgasse/Ungargasse; Wohnung [23]), wo der Aufenthalt von Oktober 1823 bis Mai 1824 währte. Im November 1824 bezog man dann eine Wohnung in der inneren Stadt an der Johannesgasse Nr. 969 (heute Wien I., Johannesgasse/Kärntnerstraße; Wohnung [24]) unweit der Universität. Hier kam es zu heftigen Auseinandersetzungen zwischen Beethoven, seinem Neffen und der Haushälterin, sodass Beschwerden der anderen Hausbewohner über Lärm und das Klavierspiel zur Kündigung bereits Anfang 1825 führten. Bis zum Sommer wohnten Onkel und Neffe dann in der Krugerstraße Nr. 1009 im zweiten Stock (heute Wien I, Krugerstraße 13; Wohnung [25]). Danach verließ der Neffe den Haushalt seines Onkels und zog zur Untermiete bei dem Wiener Kanzleibeamten Mathias Schlemmer ein.

Beethoven bezog im Oktober 1825 seine letzte Wiener Wohnung im »Schwarzspanierhaus« in der Vorstadt Alsergrund Nr. 200 (heute Wien IX., Schwarzspanierstraße 15; Wohnung [26]). In der Nachbarschaft wohnte sein Freund Stephan von Breuning mit seiner Familie. Beethoven bewohnte in dem ehemaligen Benediktinerkloster eine der vormaligen Prälatenwohnungen im obersten Stock des zweistöckigen Mitteltrakts. Diese Wohnungen verfügten über eine höhere Decke als die Wohnungen der dreistöckigen Seitentrakte. In dieser Wohnung verstarb Beethoven am 26. März 1827.

Sommerwohnungen im Wiener Umland

1799 hatte Beethoven erstmals im Spätsommer einige Tage in Mödling am Rande des Wienerwalds verbracht. Fortan – abgesehen vom Kuraufenthalt in Böhmen 1811 sowie dem Jahr 1806, als er den Sommer auf den Landgütern einiger Gönner verlebte – hat es sich Beethoven zur Gewohnheit gemacht, die Sommermonate auf dem Land zu verbringen und dafür seine Wiener Stadtwohnung zugunsten einer Mietwohnung in einem der Wiener Vororte aufzugeben. Die Wahl der Wohnorte Hetzendorf (1801 und 1805) und Oberdöbling (1803 und 1804) legt gesellschaftliche Erwägungen nahe. Adel und gehobenes Bürgertum, also jene kulturelle Trägerschicht, auf deren Unterstützung Beethoven angewiesen war, verließen im Sommer die Stadt, um sich auf ihren Landsitzen niederzulassen. Hetzendorf und Oberdöbling spielten hier eine bedeutende Rolle. In Hetzendorf befand sich eines der kaiserlichen Schlösser, unweit auch das Schloss Schönbrunn mit seiner Parkanlage. 1823 – die Adressen der Aufenthalte von 1801 und 1805 sind unbekannt – wohnte Beethoven von Mitte Mai bis Mitte August dort in der Villa des Freiherrn Sigismund von Prónay. Oberdöbling verfügte neben einem mondänen Wohnumfeld über ausgedehnte Jagdreviere und war daher ein beliebter Treffpunkt der besseren Wiener Gesellschaft. Der Aufenthaltsort in Oberdöbling ist für 1803 in der heutigen Döblinger Hauptstraße 92 verbürgt, einem kleinen Winzerhaus. Für 1804 wird dieselbe Adresse angenommen. Hier komponierte Beethoven große Teile der *Dritten Sinfonie* op. 55. In dem deshalb »Eroicahaus« genannten Gebäude, das inzwischen erheblich umgebaut und erweitert wurde, unterhält das Wien Museum eine Dauerausstellung.

1822 verlebte Beethoven in Oberdöbling die Monate Mai und Juni in der heutigen Pyrkergasse 13. Bereits ab 1802 waren aber auch gesundheitliche Erwägungen ein wesentlicher Faktor für die Wahl des Sommerwohnsitzes. Mit Ausnahme der Jahre 1805 (hier hielt sich Beethoven in Hetzendorf auf), 1806 (für das kein Sommeraufenthalt nachweisbar ist) und den Besuchen bei seinem Bruder Nikolaus Johann in Linz 1812 und Gneixendorf 1826, verbrachte er alle übrigen Sommer zumindest teilweise in Kurorten nahe Wiens. Zumeist besuchte er die etablierten Kurbäder Heiligenstadt und Baden, daneben 1815 und 1821 auch Unterdöbling (heute Wien XIX., Bezirk Döbling), wo 1804 eine Mineralquelle entdeckt worden war. In Unterdöbling hatte Beethoven bereits 1800 gewohnt (Adresse unbekannt), 1815 und 1821 mietete er in der heutigen Silbergasse 4 bzw. 11 ein. Seinen ersten Kuraufenthalt verbrachte Beethoven 1802 in Heiligenstadt, Probusgasse 6, wo er auch das sogenannte »Heiligenstädter Testament« verfasste. Das Wien Museum unterhält in den Wohnräumen Beethovens eine Dauerausstellung. Im Jahr 1807 und eventuell auch 1808 teilte Beethoven seine Kur in eine Vorkur an der Mineralquelle von Heiligenstadt (Adresse von 1808 heute Wien XIX., Bezirk Döbling

Grinzingertr. 64) und einer Nachkur im Thermalbad von Baden, das sich durch sehr schwefelhaltiges Wasser auszeichnet. 1817 folgte der Kur in Heiligenstadt (im »Schlögelschen Haus«, heute Pfarrplatz Nr. 2) eine Fortsetzung des Urlaubs in dem Weinort Nussdorf im Wienerwald. Nussdorf war bereits damals ein beliebtes Ausflugsziel, vor allem, weil der nahe gelegene Kahlenberg einen Panoramablick auf das etwa zehn Kilometer entfernte Wien ermöglichte. Seine Sommeraufenthalte dienten Beethoven nicht nur zur Erholung in der von ihm geliebten Natur sowie der gesundheitlichen Regeneration, vielmehr konnte er sich in dieser Zeit besonders dem Komponieren großangelegter Werke widmen. 1803 arbeitete er in Oberdöbling an der *Dritten Sinfonie* op. 55, 1805 schrieb er, wie sich Anton Schindler erinnert[6], im Schlosspark von Schönbrunn nahe Hetzendorf den *Fidelio* nieder, 1808 beendete er in Heiligenstadt die *Sechste Sinfonie* op. 68 und in Baden arbeitete er 1821 an der *Missa solemnis* und an der *Neunten Sinfonie* op. 125. Beethovens Arbeitsweise beinhaltete auch einen peripatetischen Anteil. Auf ausgedehnten Spaziergängen durch die Natur entwickelte er nicht nur musikalische Einfälle, die er dann in seinen Skizzenbüchern festhielt. Augenzeugenberichte besagen, dass er dabei auch gestikulierte, lautierte und sein Schritttempo stark variierte, also offenbar nicht nur beim Gehen komponierte, sondern mehr noch den geistigen Vorgang des Komponierens spontan in körperliche Aktion umsetzte.

Anders als bei den Wiener Stadtwohnungen, bleiben nicht wenige Wohnadressen der Sommeraufenthalte unbekannt. Wo Beethoven 1799 in Mödling, 1800 in Unterdöbling, 1801 und 1805 in Hetzendorf sowie während der meisten seiner Baden-Aufenthalte gewohnt hat, ist nicht ermittelbar. Zweifelhaft ist zudem die Adresse 1804 in Oberdöbling. In den Vororten Penzing und Nussdorf verbrachte Beethoven nur je einen Sommer bzw. Teile davon. In Nussdorf wohnte er, nachdem er bis Mitte Juni in Heiligenstadt Nr. 66 »Am Platz« (heute Wien XIX., Bezirk Döbling, Pfarrplatz 2) war, bis Mitte Oktober 1817 in dem Spätbarockschlösschen »Greinersches Haus« (heute Wien XIX., Bezirk Döbling, Kahlenbergstr. 26) im ersten Stock mit Blick teils auf den Hof, teils auf den parkähnlichen Garten. In der Wohnung in Penzing im ersten Stock des »Hadikschößl« (heute Wien XIV., Bezirk Penzing, Hadikgasse 62) blieb Beethoven im Mai 1817 nur kurz, weil er sich von neugierigen Gästen belästigt fühlte, und verbrachte den Rest des Sommers in Baden. Sagte ihm eine Wohnung besonders zu, mietete sich Beethoven in den Folgejahren wieder dort ein. So hielt er sich in den Jahren 1818 und 1819 jeweils im sogenannten »Hafnerhaus« in der Mödlinger Herrengasse, Hausnummer 76 (heute Hauptstraße 79), auf. Ein weiterer Besuch in Mödling datiert auf 1823, wo er im »Christhof« (heute Achsenaugasse 6) wohnte, den er sogar zu erwerben beabsichtigte. Hier entstanden wesentliche Teile der *Missa solemnis*. Und auch für das Jahr 1804 kann die Oberdöblinger Adresse des Jahres 1803 angenommen werden, also die heutige Döblinger-Hauptstraße 92. In den Jahren 1812 und 1813 logierte Beethoven in Baden im »Sauerhof«, wobei er sich 1812 dort nur zur einer kurzen Vorkur vor dem eigentlichen Kuraufenthalt in Teplitz befand. Bei dem »Sauerhof« handelte es sich um einen dem Kammergut »Rauhenstein« zugehörigen Meierhof, der 1820 zugunsten des heute noch existierenden Grandhotels (heute Baden, Weilburgstr. 11–13) abgerissen wurde. 1824 und 1825 verlebte Beethoven seinen Baden-Aufenthalt jeweils in der Eremitage des Schlosses »Gutenbrunn« in unmittelbarer

Nachbarschaft zur sogenannten »Römertherme«, wo ihm in attraktivem Ambiente eine großzügige Vierzimmer-Wohnung zur Verfügung stand. Von den elf übrigen Kuraufenthalten in Baden zwischen 1807 und 1825 sind aber nur die Wohnadressen der Jahre 1807, 1816 und 1821–1823 bekannt. 1807 logierte Beethoven, nachdem er sich unter unbekannter Adresse in Heiligenstadt aufgehalten hatte, im »Johanneshof« (heute Baden, Johannesgasse). Wie der »Sauerhof« gehörte auch der »Johanneshof« ursprünglich zum Gutskomplex Rauhenstein und bestand aus einem Badehaus mit angrenzendem Wohntrakt. 1816 war Beethoven im Schloss des polnischen Grafen Joseph Maximilian Ossolinski zu Gast (heute Baden, Braitnerstr. Nr. 26), der das Amt des Präfekten der Wiener Hofbibliothek innehatte und ein bedeutender Mäzen war. Und in den Jahren 1821 und 1823 wohnte er in Baden in der Rathausgasse (heute Nr. 10), wo sich heute eine Gedenkstätte in den erhaltenen Wohnräumen befindet.

Beethovens Wohnsituation

In der Regel verfügte Beethoven über Personal – einen Diener oder eine Haushälterin –, das ihm den Haushalt führte und für ihn kochte. Diese Bediensteten wechselten häufig, und es gab immer wieder auch Übergangsperioden, in denen Beethoven ohne entsprechende Haushaltshilfe auskommen musste. Berichte über Beethovens Wohnsituation, den Zustand seiner Behausung und die Qualität der bei ihm genossenen Speisen sind folglich Momentaufnahmen, die maßgeblich auch von dem gerade aktuellen Betreuungsgrad durch das Dienstpersonal bestimmt war – wie andererseits durch die Erwartungshaltung der Besucher. Dennoch lassen sich gewisse Muster erkennen. Beethoven bevorzugte Wohnungen in oberen Stockwerken. Immer wieder zeigten sich Besucher erstaunt darüber, dass sie viele Treppenstufen erklimmen mussten, um zu Beethovens Wohnung zu gelangen und dieser nicht wie erwartet in einem der »besseren« Stockwerke wohnte. Beethoven hatte aber offenbar andere Prioritäten. Bereits während seiner Kindheit liebte er es, seine Mußestunden auf dem Speicher des Hauses in der Bonner Rheinstraße zu verbringen und von dort aus mit einem Fernrohr das Landschaftspanorama zu genießen und den Schiffsverkehr auf dem Rhein zu beobachten.[7] Wohnungen mit freier, unverbauter Aussicht entweder an einer der Wiener Basteien (Wohnungen 5, 9, 11, 13 und 14) mit Blick auf den Glacis und die dahinterliegende Vorstadt oder vis-a-vis von der Vorstadt über den Glacis auf die innere Stadt (Wohnungen 8, 19 und 26). Außerdem könnten gesundheitliche Erwägungen Beethoven bewogen haben, nach Möglichkeit Parterre-Wohnungen zu meiden, wie beispielsweise die Gartenhaus-Wohnung auf dem Institutsgelände del Rios 1817. Seinerzeit war die Miasmentheorie, also die Vorstellung, dass giftige Bodenausdünstungen in Zusammenhang mit chronischen Erkrankungen stehen und diese befördern könnten, ein gängiges Erklärungsmodell. Es ist wahrscheinlich, dass Beethoven bei der Wahl seiner Wohnungen angesichts seiner Kränklichkeit dem Aspekt der Bodenferne und der guten Belüftung besondere Aufmerksamkeit schenkte.

Lediglich Beethovens letzte Wohnung im »Schwarzspanierhaus« (Wohnung [25]) ist durch zeitgenössische Abbildungen des Grundrisses und der Inneneinrichtung doku-

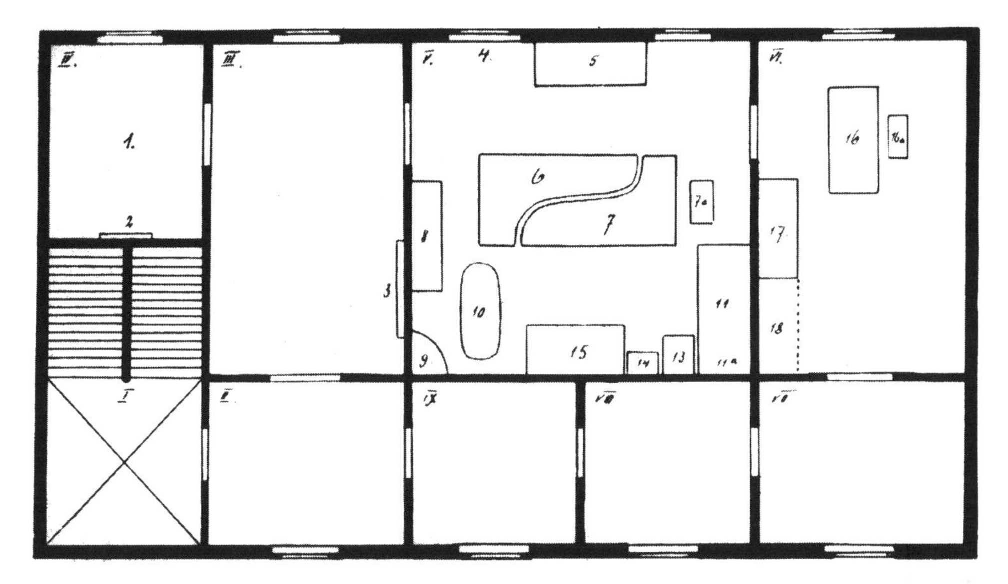

Grundriss der letzten Wohnung Beethovens im »Schwarzspanierhaus« (nach den Erinnerungen Gerhard von Breunings aus dem Ende des 19. Jahrhunderts). Grundriss von Stephan Ley nach einer Skizze von Emma von Breuning, Wien/Bonn, Anfang 20. Jahrhundert – Erläuterungen zum Grundriss: I. Treppenhaus; II. Vorzimmer; III. Eintrittskabinett; IV. Notenzimmer; V. Schlaf- und Klavierzimmer; VI. Kompositionszimmer; VII. Dienstbotenzimmer; VIII. Wirtschaftsraum; IX. Küche – 1. Ohne Einrichtung, nichts als Notenmanuskripte auf dem Boden aufgehäuft; 2. Hier hing, glaube ich, Beethovens Porträt mit der Leyer [d.i. das Gemälde von W. J. Mähler aus dem Jahre 1804]; 3. Hier hing, glaube ich, Beethovens Großvater-Portrait; 4. Auf diesem Fenster häufig (Beethoven? Gerhard?); 5. Bücherstelle: Kasten, zwei Amati, Hörrohre; 6. Broadwoodscher Flügel; 7. Grafscher Flügel mit Souffleurhülle; 7a. Sessel; 8. Ich glaube, hier ein Kleiderschrank; 9. Ofen; 10. Wanne; 11. Bett; 11a. Kopfende; 12. Tischchen; 13. Nachtkästchen, darauf Trinkglas und schwarzes Kästchen; 14. Schreibpultkästchen aus gelbem Holz, das gestürzt zwischen Nachtkästchen und Tisch stand; 15. Größerer Tisch; 16. Komponiertisch; 16a. Stuhl; 17. Kasten, ich glaube der Schreibpult; 18. So glaube ich, auch hier Kleiderschränke (*Drei Begräbnisse und ein Todesfall. Beethovens Ende und die Erinnerungskultur seiner Zeit*, hrsg. vom Beethoven-Haus Bonn, Bonn 2002, S. 16; St. Ley, *Beethoven als Freund der Familie Wegeler-v. Breuning*, Bonn 1927, S. 157–166).

mentiert.[8] Die Skizze gibt jedoch die Möblierung zur Zeit von Beethoven Bettlägerigkeit wieder, dokumentiert also einen Zustand der Einrichtung, der ganz auf das Krankenzimmer ausgerichtet ist. Deshalb konzentriert sich das Mobiliar weitgehend auf dieses Hauptzimmer, in dem sogar die Badewanne stand, während die übrigen Räume bis auf das Komponierzimmer weitgehend leergeräumt sind. Von Breunings Zeichnung vermittelt aber einen guten Eindruck von der funktionalen Aufteilung der aus acht Zimmern bestehenden Wohnung, von denen die vier vorderseitigen, zum Glacis zeigenden Räume von Beethoven bewohnt wurden, während es sich bei den vier rückwärtigen, in den Hof zeigenden Zimmern um die Wirtschaftsräume handelte, also Vorflur, Küche, Wirtschaftsraum und Dienstbotenzimmer. Ab Frühjahr 1826 hatte Beethoven vermutlich ein zusätzliches Zimmer im »Schwarzspanierhaus« angemietet, das offenbar über einen separaten Eingang erreichbar war.[9] Wie sich Gerhard von Breuning erinnert, standen in der Hauptwohnung vor Beethovens Erkrankung

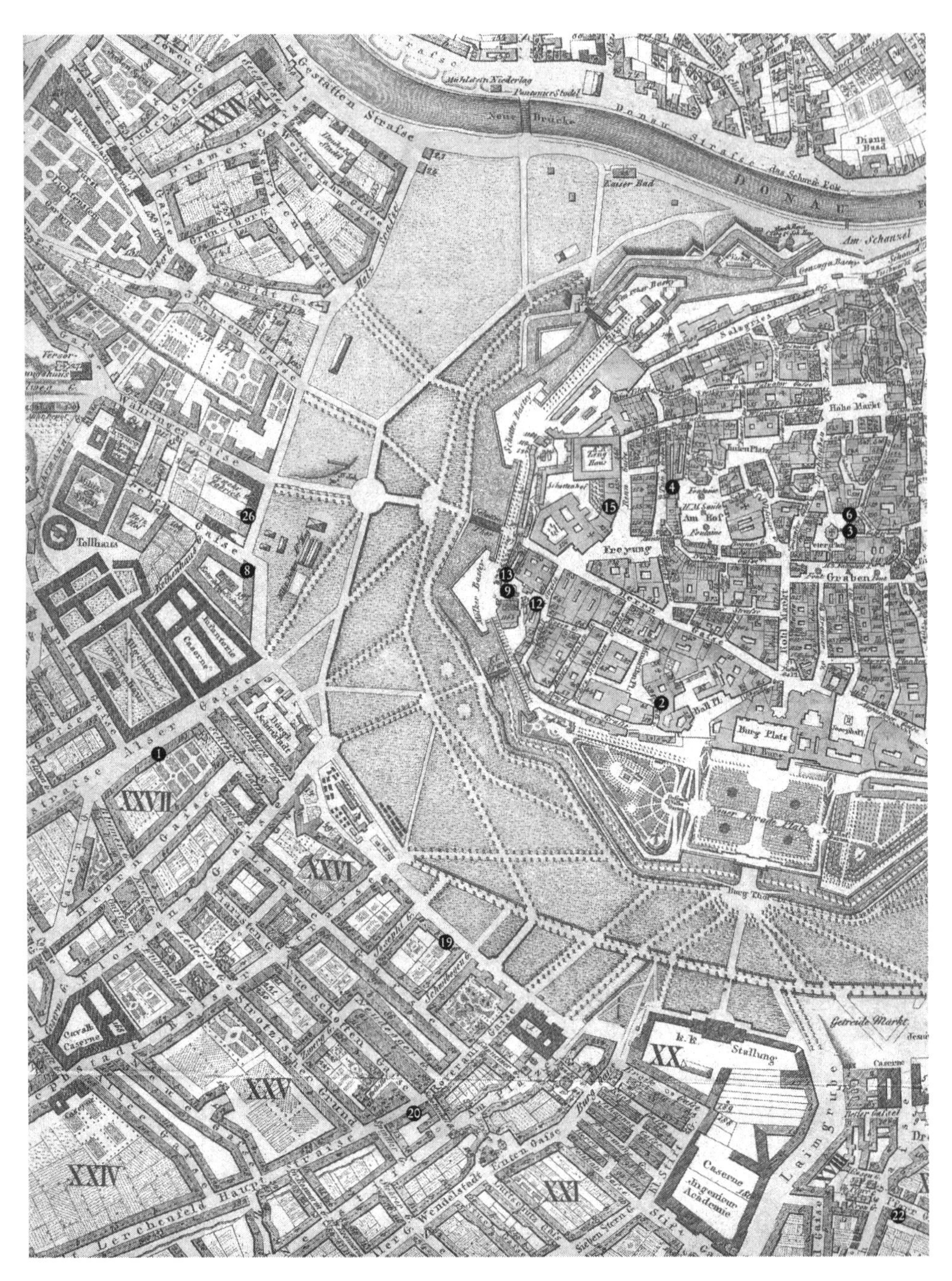

Neuester Plan der Haupt und Residenz Stadt Wien und dessen Vorstaedten, Wien, Artaria & Comp. 1824 (Ausschnitt) – Darin verzeichnet Beethovens Wohnungen (Abb. Ellen Prigann, Staatliches Institut für Musikforschung Preußischer Kulturbesitz).

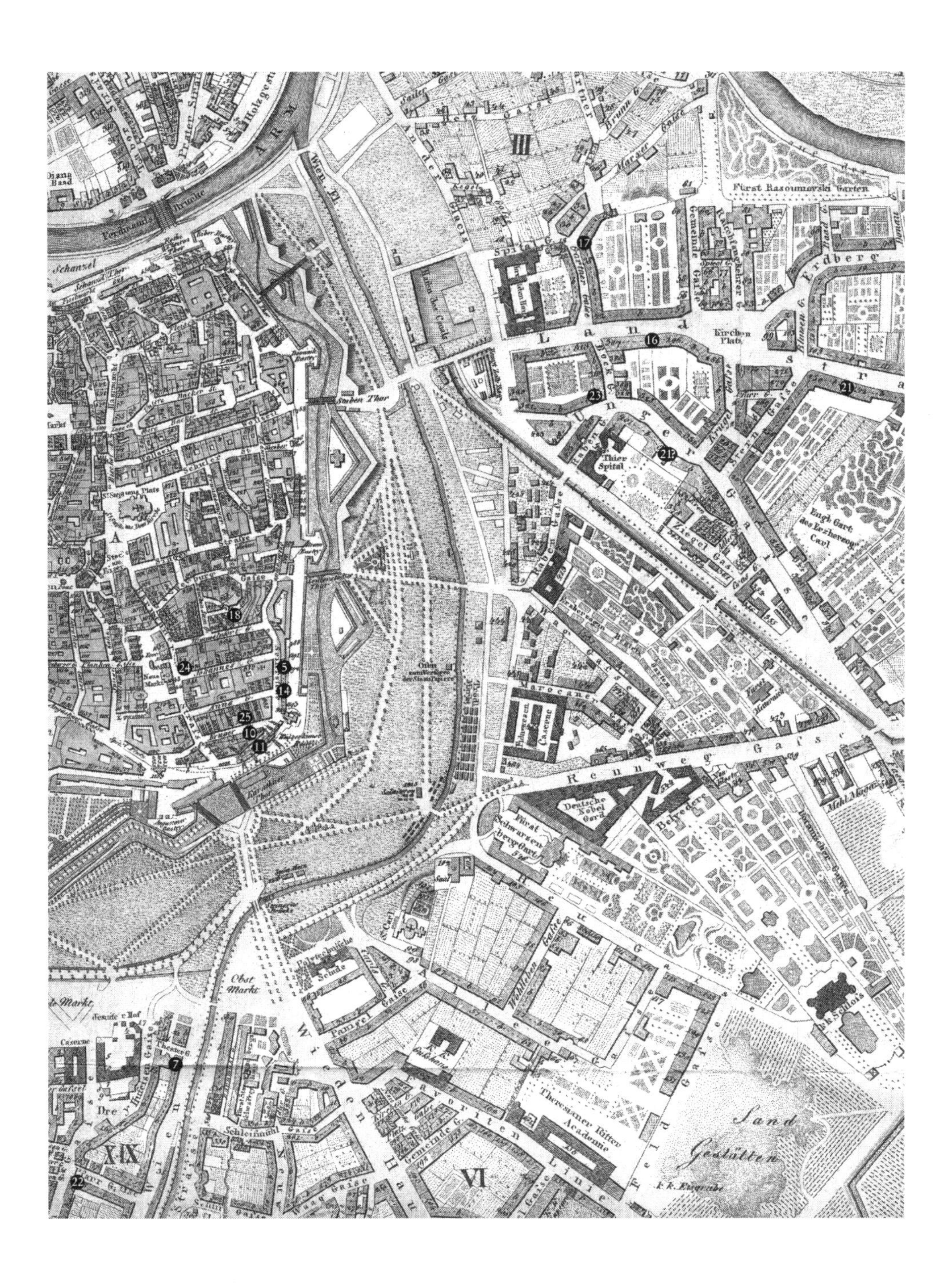

III
Diana Bad
Schanzel
Fürst Rasoumovski Garten
Erdberg
Kirchen Platz
Stuben Thor
Thier Spital
Ziegel Gasse
Rennweg
Deutsche Nobel Gard
Belvedere
Obst Markt
Theresianer Ritter Academie
Sand
Gestätten
XIX
VI
17
16
23
21
18
24
5
14
25
10
11
7
22

> »im einfenstrigen Eintrittszimmer [...] außer einigen Sesseln an den Wänden, ein einfacher Speisetisch, rechts an der Wand ein Kredenzkasten [...], oberhalb hing das Öl-Brustbild des [...] väterlichen Großvaters.[10] [...] Das einfenstrige Zimmer links [das Notenzimmer] entbehrte, – außer jenem damals außer Gebrauch gesetzten Schreibpulte [...] rechts neben dem Fenster –, aller Möbeleinrichtung. Nur im Fond desselben hing inmitten der Mauer Beethovens eigenes großes Bild (das mit der Lyra und dem Tempel des Galitzinberges).[11] Rundum am Boden aber lagen in ungesichteter Unordnung Stöße gestochener wie geschriebener Noten, fremder wie eigener Komposition [...] Die beiden Gemächer rechts vom Eintrittszimmer waren nun erst eigentlich Beethovens Aufenthalt, und zwar das erste sein Schlaf- und Klavierzimmer, das letzte, das Kabinett [...] sein Kompositionszimmer.«[12]

Wenn es die Räumlichkeiten zuließen, wie beispielsweise in seiner Wohnung in der Seilerstätte (Wohnung [14]), hatte Beethoven auch ein separates Schlafzimmer.[13]

Einen Eindruck von Beethovens Klavier- und Schlafzimmer im Schwarzspanierhaus vermittelt eine Zeichnung Johann Nepomuk Hoechles, die dieser kurz nach Beethovens Tod und dem bereits erfolgten Abtransport des geliehenen Flügels der Firma Graf mit dem Souffleur-Aufsatz zur Schallverstärkung angefertigt hat. In der Sichtachse ungefähr von der Position aus, wo sich Beethovens Bett befand, befindet sich der Broadwood-Flügel, auf dem zwei Kerzenständer stehen. Der Blick geht durch das linke, geöffnete der beiden Fenster des Zimmers über den Glacis auf die Stadt. Auf der Fensterbank steht ein Tintenfass, zwischen den Fenstern ist ein Bücherregal aufgestellt. Auf dem Flügel liegen einige Papierrollen, links neben dem Flügel sind zwei Papierstapel zu sehen. Bei der vor dem rechten Fenster aufgestellten Büste könnte es sich um jene Beethoven-Plastik von Franz Klein aus dem Jahr 1812 handeln, die Johann Andreas Streicher in seinem Klaviersalon ausstellte und die nun zum Andenken für Besucher des Sterbezimmers dorthin gebracht worden war. Allerdings ergibt sich auf der Zeichnung mehr noch eine Ähnlichkeit mit der Büste von Josef Danhauser, die dieser jedoch erst im Laufe des Jahres 1827 anfertigte, sodass eine Stilisierung nicht ausgeschlossen ist. Keine der möglichen Büsten gehörte jedenfalls zur Wohnungseinrichtung.

Zahlreiche zeitgenössische Erinnerungen von Besuchern vermitteln ein lebendiges Bild von Beethovens Wohnsituation. Sie beschreiben überwiegend die Wohnung als unaufgeräumt, verstaubt und dreckig, wie auch Beethoven selbst seine Besucher gelegentlich ungeniert in Nachtwäsche empfing. Besonders drastisch fällt der Bericht von Louis Baron de Trémont aus dem Jahr 1809 aus, der als Auditeur des Staatsrats im Gefolge Napoleons nach Wien kam und die Gelegenheit nutzte, Beethoven in der Wallfischgasse (Wohnung [11]) zu besuchen, wo er die Wohnung in verheerendem Zustand vorfand:

> »Seine Wohnung bestand, glaube ich, nur aus zwei Räumen. Im ersten war ein geschlossener Alkoven, in dem sein Bett stand, aber klein und dunkel, so dass er seine Toilette im zweiten Zimmer oder Wohnzimmer machte. Stellen Sie sich die größtmögliche Unsauberkeit und das größte Durcheinander vor, das es geben kann: Wasserlachen auf dem Fußboden, ein ziemlich alter Flügel, auf dem sich der Staub ebenso behauptete wie handschriftliche und gedruckte Musikstücke. Darunter (ich übertreibe nichts) ein nicht geleerter Nachttopf. Daneben ein

kleiner Tisch aus Nussbaumholz, der es gewohnt war, dass die auf ihm stehende Schreibgarnitur oft umgestoßen wurde, jede Menge mit Tinte verkrustete Federn, neben denen jene sprichwörtlichen Gasthausfedern ausgezeichnet gewesen wären, und noch mehr Noten. Die Sitzgelegenheiten beinahe alles Rohrgeflechtsessel, waren bedeckt von Tellern mit den Resten des Nachtmahls vom Vortag. sowie von Kleidungsstücken usw. [...]«[14]

Anmerkungen

1 J. Schmidt-Görg (Hrsg.), *Des Bonner Bäckermeisters Gottfried Fischer Aufzeichnungen über Beethovens Jugend*, Bonn 1971, S. 69.

2 Ebenda, S. 24.

3 Ebenda, S. 73. Fischer berichtet, dass Johann van Beethoven, Ludwig van Beethovens Vater, angesichts eines drohenden Krieges mit Frankreich Gehaltsausfall befürchtete.

4 Vgl. hierzu im Einzelnen: K. Smolle, *Wohnstätten Ludwig van Beethovens von 1792 bis zu seinem Tod*, Bonn 1970.

5 Alle Hausnummern bezeichnen Katasternummern, beziehen sich also nicht auf die heute gebräuchliche Nummerierung nach Lage in einer Straße, sondern ergeben sich aufgrund der Chronologie ihrer Erbauung innerhalb des Bezirks.

6 A. Schindler, *Biographie von Ludwig van Beethoven*, Münster 1840, S. 47.

7 J. Schmidt-Görg (Hrsg.), *Des Bonner Bäckermeisters Gottfried Fischer Aufzeichnungen über Beethovens Jugend*, S. 69.

8 Vgl. St. Ley, *Beethoven als Freund der Familie Wegeler-v. Breuning*, Bonn 1927, S. 157–166.

9 Vgl. BKh Bd. 9, S. 42, 73.

10 Gemalt von Leopold Radoux, heute im Historischen Museum Wien befindlich.

11 1804/05 gemalt von Willibrord Johann Mähler, heute im Wien Museum befindlich.

12 G. von Breuning, *Aus dem Schwarzspanierhause. Erinnerungen an L. van Beethoven aus meiner Jugendzeit*, Wien 1874, S. 57f.

13 Vgl. Bericht von Karl Bursy in: K. Martin Kopitz und R. Cadenbach (Hrsg.), *Beethoven aus der Sicht seiner Zeitgenossen in Tagebüchern, Briefen, Gedichten und Erinnerungen*, München 2009, Bd. 1, S. 174.

14 Bericht von Louis Baron de Trémont. Zitiert nach: ebenda, Bd. 2, S. 1012f.

Vom dienenden Hofmusiker zum freien Künstler – Karriereplanung

Von Knud Breyer

Ludwig van Beethovens Wirken als Musiker und Komponist fällt in die Zeit des ausgehenden Absolutismus. Ein kommerzielles bürgerliches Musikleben steckte in Mitteleuropa – anders als in England, wo es auch bereits den Urheberschutz gab – noch in den Anfängen, sodass der Adel die maßgebliche kulturelle Trägerschicht bildete. Künstler waren in der Regel auf Anstellungsverhältnisse bei Königs- oder Fürstenhäusern angewiesen oder zumindest auf die persönliche Protektion durch adelige Mäzene, die Salons führten, Aufführungen ermöglichten, für Widmungen bezahlten und sich mit »ihrem« Künstler und dessen Werk gesellschaftliche Geltung verschaffen wollten. Die Selbstvermarktung lief also darauf hinaus, die Gunst eines Dienstherren oder Förderers zu gewinnen und, zum Teil in Konkurrenz zu Rivalen, zu erhalten. Zwar führte Ende des 18. Jahrhunderts auch in Deutschland und Österreich die Gründung einiger bedeutender Verlagshäuser wie beispielsweise Breitkopf & Härtel in Leipzig, Simrock in Bonn, Schott in Mainz oder Artaria in Wien zu einer gewissen Emanzipation von diesem persönlichen Abhängigkeitsverhältnis und zu einer neuen Rolle des Künstlers als Geschäftsmann, die alten Strukturen existierten aber parallel weiter.

Ludwig van Beethoven wurde in eine Hofmusikerfamilie hineingeboren, die in zweiter Generation an der Bonner Hofkapelle tätig war. Vater und Großvater waren Sänger, der Großvater erhielt zudem nach einigen Dienstjahren die Ernennung zum Kapellmeister. Nach deren Vorbild kam auch Ludwig in den Genuss einer Ausbildung, die ganz auf das Amt eines Hofmusikers ausgerichtet war. Die Schulbildung wurde dem Erwerb einer breitgestreuten musikalischen Qualifikation untergeordnet, bei der es darum ging, die Chancen auf Berücksichtigung durch Vielseitigkeit zu erhöhen. Es war für die Musiker üblich, mehrere Instrumente auf professionellem Niveau zu beherrschen und zweckdienlich, sich die Option auf eine Beförderung zum Kapellmeister offenzuhalten durch den Nachweis von Fertigkeiten auf dem Klavier, vor allem im Generalbassspiel, sowie durch das Beherrschen des Kompositionshandwerks. Da offenbar rasch zu erkennen war, dass Ludwig die Eignung zum Sänger fehlte, wurde der Schwerpunkt auf die Instrumentalausbildung als Pianist, Organist und Violinist gelegt. Ferner bekam er eine theoretische Grundausbildung in Tonsatz. Dass als Lehrer Kollegen des Vaters aus der Hofkapelle gewählt wurden, mag sich zwar auch aus dem persönlichen Verhältnis erklären, war zudem aber auch aus pragmatischen Gründen geschickt und erfolgversprechend. Seine erste, noch unbesoldete Anstellung am Hofe bekam der zwölfjährige Ludwig van Beethoven 1782 als Vertreter seines Lehrers, des Hoforganisten Christian Gottlob Neefe. Auch die Ausbildung auf einem Streichinstrument zahlte sich aus, indem es zusätzlich zum Organistenamt 1790 zu einer Anstellung als Bratscher im Orchester kam, und sogar eine Kapellmeisterstelle hätte Beethoven offen gestanden, wenn er 1808 dem entsprechenden Ruf an den Westfälischen Hof in Kassel gefolgt wäre. Um seinem Sohn über die Hürde von der unbesoldeten Aushilfsstelle zur Festanstellung als Hoforganist zu helfen, hätte sich der Vater auch an den Intrigen gegen Neefe beteiligen können, der als Protestant am katholischen Hof einen schweren Stand hatte. Stattdessen wurde gemeinsam mit Neefe eine Doppelstrategie verfolgt. Zum einen erschienen durch Neefes Vermittlung 1784 bei Bossler in Speyer die drei Maximilian Friedrich gewidmeten sogenannten »Kurfürsten-Sonaten« als Huldigungskomposition für den Dienstherren, zum anderen konnte mit dem Hofmusikintendanten Sigismund Graf zu Salm und Reifferscheid ein einflussreicher Fürsprecher gewonnen werden. Dieser richtete ein entsprechendes Ersuchen an den Kurfürsten, in dem er auf die lange Dienstzeit von Vater und Großvater van Beethoven sowie die Verdienste des Kandidaten als Vertreter Neefes hinwies.[1] Dieser Eingabe wurde entsprochen und der dreizehnjährige Ludwig in die Hofkapelle aufgenommen, wenn auch für die erste Zeit noch ohne Besoldung. Die Beurteilung aus dem ersten Dienstjahr bescheinigte ihm eine tadellose Dienstauffassung. Er sei »von guter Fähigkeit, [...] von guter, stiller Aufführung«[2], heißt es dort.

Neben der umsichtigen Ausbildung für den Hofdienst hat Johann van Beethoven seinen Sohn auch systematisch auf eine Virtuosenkarriere als Pianist vorbereitet. Der mit unerbittlicher Strenge durchgeplante Unterricht erlaubte es, den Jungen bereits im Alter von sieben Jahren sein erstes öffentliches Konzert geben zu lassen. Geschickt ließ der Vater hierfür Ludwig gemeinsam mit der bereits etablierten Hofaltistin Helena Averdonck auftreten und verbrämte die Veranstaltung auf eigens gedruckten Werbezetteln als Schülerkonzert. Das Beisein Averdoncks sicherte nicht nur Publikum, sondern nahm dem Novizen auch einigen Erwartungsdruck. Indem sich Johann van Beethoven als Lehrer beider bezeichnete, konnte er zudem den erhofften Erfolg auch für sich selbst als Ausweis seiner didaktischen Fähigkeiten verbuchen und als Eigenwerbung nutzen. Ob es sich bei der fehlerhaften Altersangabe beim »Söhngen von 6 Jahren«[3] um eine bewusste Täuschung handelte, die eine Wunderkindwirkung verstärken sollte, ist nicht sicher, da sich Beethoven auch in späteren Jahren hinsichtlich seines Geburtsjahres unsicher war. Während Schulbildung in der Karriereplanung Beethovens eine untergeordnete Rolle spielte, wurde auf Fremdsprachenerwerb Wert gelegt und durch Privatunterricht für Grundkenntnisse in Französisch und Italienisch gesorgt. Die Bonner Hofkapelle war wie die meisten der renommierten Orchester und Opern an deutschen Fürstenhäusern international besetzt, Italiener waren beim Gesangspersonal und den Kapellmeistern gängig, und Französisch war ohnehin die Umgangssprache des Adels, sodass Sprachkenntnisse für den weiteren beruflichen Werdegang vorteilhaft sein konnten. Während Beethoven Italienisch auch recht passabel beherrschte und auch in späterer Zeit durch Unterricht zu verbessern suchte, blieben seine Französischkenntnisse rudimentär. Englisch hat Beethoven nicht gelernt, was er in späteren Jahren sehr bedauerte, da der freie Musikmarkt im britischen Königreich, wie das Beispiel bereits Joseph Haydns zeigt, auch für Kontinentaleuropäer viele Chancen bot. Hatte bereits Beethovens Vater dafür gesorgt, dass sein hochbegabter Sohn neben der genuinen Hofmusikerausbildung als weiteres Standbein die Laufbahn eines Klaviersolisten und Kammermusikers einschlagen konnte – eine Entscheidung, die Beethoven bereits in Bonn die Türen zu den musikalischen Adelssalons öffnete und für seinen weiteren Karriereweg von maßgeblicher Bedeutung war –, protegierte Neefe seinen Schüler bei dessen ersten Schritten auf seiner Komponistenlaufbahn. Durch seine Kontakte insbesondere zum Verlag Bossler in Speyer und zu dem Musikschriftsteller Carl Friedrich Cramer, der das *Magazin der Musik* herausgab, konnte Neefe den jungen Beethoven einem breiten, überregionalen Publikum vorstellen. Er sorgte für die Drucklegung einiger Erstlingswerke, für die bereits Subskribenten gefunden wurden, und widmete Beethoven in der »Nachricht von der churfürstlich-cöllnischen Hofcapelle zu Bonn und andern Tonkünstlern daselbst« sogar einen eigenen Abschnitt.[4] In einigen Häusern der gehobenen Gesellschaft Bonns war Beethoven als Musiker bei Abendgesellschaften geschätzt. Die breite Unterstützung, die er sowohl durch Einzelpersonen, wie dem Grafen Ferdinand Ernst von Waldstein, als auch von Institutionen, wie der Bonner Lesegesellschaft, sowie nicht zuletzt vom Hofe bekam, zeigt, dass man sein Potential erkannte und ihn der besonderen Förderung für würdig hielt.

Mit seinem Weggang aus Bonn im Herbst 1792 endete de facto Beethovens Engagement in der Hofkapelle, und das Ende der Gehaltszahlung im Frühjahr 1794 besiegelte endgültig die Entlassung aus dem höfischen Dienst. Beethoven war nun auf sich gestellt und musste für seinen Lebensunterhalt selbst sorgen. Da die gesellschaftlichen Strukturen Wiens mit denen in Bonn vergleichbar waren, konnte Beethoven Strategien, die er in seiner Heimatstadt erlernt hatte, auch an seinem neuen Lebensmittelpunkt umsetzen. Beethoven suchte und fand den engen Kontakt zu einflussreichen und freigiebigen Kunstmäzenen, in deren musikalischen Salons er mit offenen Armen aufgenommen wurde. Zu nennen sind hier insbesondere die Fürsten Karl und Moritz Lichnowsky, die gräfliche Familie Uhlfeldt, Graf Johann Georg von Browne und der Hofrat Franz von Greiner. Hier wurden Beethovens Kunst geschätzt, Kompositionen bestellt und auf Zeit zur exklusiven Verwendung gemietet, Auftrittsmöglichkeiten geboten und neben der Entlohnung bisweilen sogar Wohnungen verfügbar gemacht. Bei der Wahl der Wohnungen der ersten Wiener Jahre fällt die regelmäßige unmittelbare Nachbarschaft zu den Adressen der adeligen Salons auf, und auch für die Sommeraufenthalte der Jahre 1801–1805 suchte Beethoven mit Hetzendorf und Oberdöbling Orte aus, die die Tuchfühlung mit der besseren Wiener Gesellschaft erlaubten. Vermutlich bereits ab 1793 war Beethoven regelmäßiger Solist bei den von Fürst Lichnowsky veranstalteten sogenannten »Freitagskonzerten«, in denen er bei der Aufführung eigener Werke mitwirkte und sich so in Personalunion als Pianist und Komponist präsentieren und seinen herausragenden Ruf festigen konnte. Hier kamen auch das *2. Klavierkonzert* op. 19, die *Klaviertrios* op. 1 und die *Klaviersonaten* op. 2 zur Uraufführung. Sein erstes öffentliches Konzert in Wien gab Beethoven im März 1795 im Hofburgtheater in einer Akademie der »Tonkünstler Societät«, wo er mit seinem *1. Klavierkonzert* op. 15 auftrat. Das Wohltätigkeitskonzert wurde in der Lokalpresse beworben und sicherte als gesellschaftliche Pflichtveranstaltung ein großes Publikum.

Vor allem Karl von Lichnowsky beförderte Beethovens Weg zu einer internationalen Pianistenkarriere, indem er ihn erstmals 1796 mit auf eine Reise nach Prag nahm, ihm die

Türen zu den dortigen Salons öffnete und den Kontakt insbesondere zu den gräflichen Familien Thun sowie zu der Comtessa Josephine Theresie Clary herstellte. Von Prag aus reiste Beethoven nach Leipzig und Berlin weiter, wo er vor dem Preußenkönig Friedrich Wilhelm II. konzertierte. Auch die zweite Konzertreise im Herbst 1796, die nach Bratislava und Budapest ging, veranlasste Lichnowsky. Die Tourneen dienten insbesondere der Vermarktung eigener Werke, insbesondere der beiden ersten Klavierkonzerte. Wegen des beginnenden Gehörleidens hat Beethoven nach 1800 keine Konzertreisen mehr unternommen, auch wenn er sie immer noch in Erwägung zog, um seine Bekanntheit als Komponist zu befördern. So plante er 1803, seine *Dritte Sinfonie* (»*Eroica*«) in Paris selbst vorzustellen und 1809 nach Leipzig zu reisen, um am Standort seines Verlegers Breitkopf & Härtel die *Fünfte* und *Sechste Sinfonie* aufzuführen. Nicht zuletzt verhinderten auch die kriegerischen Auseinandersetzungen der Zeit die Umsetzung dieser Werbereisen.

Wie bereits in Bonn konnte Beethoven auch in Wien zum Liebling der Salongesellschaft avancieren, weil er neben seinen allseits bewunderten herausragenden künstlerischen Fähigkeiten eine ihm zugedachte Rolle auszufüllen verstand. Einerseits war er bereit, sich in hohem Maße gesellschaftlich und künstlerisch anzupassen und die Erwartungen seiner Gönner zu erfüllen, andererseits durchbrach er auch gezielt Normen und Konventionen, um sich als originelle Künstlerpersönlichkeit abzuheben. Offenbar unmittelbar nach seiner Ankunft in Wien trug Beethoven in sein Haushaltsbuch[5] als erste Ausgabenposten »Perückenmacher [...,] Tanzmeister«[6], »Pomade [...,] Puder [...,] Seidene Unterstrümpf«[7] ein, folglich also Besorgungen, die der Integration in die für ihn relevante Gesellschaftsschicht dienen sollten und dem im Verhältnis zum Rheinland konservativeren Zeitgeist in Wien Rechnung trugen. Auch in künstlerischer Hinsicht bewies er die nötige Anpassungsfähigkeit, um sein erfolgreiches Fortkommen zu befördern, indem er den Zeitgeschmack bediente. Noch aus der Bonner Zeit ist überliefert, dass Beethoven, dessen Klaviertechnik durch das jahrelange Orgelspiel an Feinheit verloren hatte, nachdem er Franz Xaver Sterkel gehört hatte, sofort den »sehr leicht[en] und höchst gefällig[en]«[8] Stil adaptierte. Andererseits wird aber auch berichtet, dass es Beethoven an Taktgefühl mangelte, er sein »Herz auf der Zunge«[9] trug, zumindest für höfische Kategorien »unmanierlich in Gebahren und Benehmen«[10] war und einen Hang zu Launen und Späßen hatte, die »so ganz aus der Art des gesellschaftlichen Lebens hinausschlugen«[11]. Was für jeden anderen den gesellschaftlichen Tod bedeutet hätte, konnte der Künstler in Unterhaltungswert ummünzen. Bereits in Bonn kam es zu einem Vorfall, der dies trefflich illustriert. Während der Karwoche schwieg traditionell die Orgel und der Organistendienst in der Hofkapelle beschränkte sich darauf, die von einem Sänger rezitierten Lamentationen des Jeremiah auf dem Klavier zu begleiten. Im Jahr 1785 oblag dieser Dienst dem Hoftenoristen Ferdinand Heller und dem damals 15-jährigen Hoforganisten Beethoven. Ungeachtet des besonderen religiösen Anlasses und dem Umstand, dass wegen des hohen Feiertags am Karsamstag der Gottesdienst von den Mitgliedern des Hofes gut besucht sein würde, nötigte Beethoven seinem Partner die Wette ab, er könne ihn aus dem Takt bringen. Der als besonders sicher bekannte Heller willigte leichtsinnigerweise ein, denn Beethoven gelang es tatsächlich, den Tenor durch eine komplizierte Ausweichung so zu verwirren, dass er seinen Schlusston nicht finden konnte. Der Kurfürst nahm die Angelegenheit glücklicherweise mit Humor und beließ es bei einer Rüge, leicht aber hätte die ungebührliche Pflichtverletzung die Entlassung nach sich ziehen und existentielle Folgen haben können. Dass auch später in Wien Beethovens Unkonventionalität nicht ins gesellschaftliche Abseits und den finanziellen Ruin führte, sondern sich umgekehrt sogar förderlich auswirken konnte, war der spezifischen Salonsituation geschuldet. Auch der geachtete und anerkannte Künstler war weniger vollgültiges gesellschaftliches Mitglied, sondern eher ein Accessoire, mit dem man neben reinem Kunstgenuss auch sein Sensationsbedürfnis befriedigte und das man als Vehikel nutzte, um sich im Wettstreit mit anderen Salons einen Vorteil oder zumindest Aufmerksamkeit zu verschaffen. Diese Zielvorgaben bediente Beethoven perfekt, weil er es – abgesehen von seinen ohnehin unbestrittenen kompositorischen und pianistischen Qualitäten – verstand, sich vermeintlich oder wirklich spontan originell in Szene zu setzen. Beethoven war ein begnadeter Improvisationskünstler, der seine Zuhörer mit freiem Phantasieren in Erstaunen und Verzückung zu versetzen vermochte. Die Gabe, aus dem Steggreif jede beliebige Vorlage in ein überbordendes Klanggemälde verwandeln zu können, war Beethovens entscheidender Wettbewerbsvorteil gegenüber seinen Konkurrenten bei den häufig veranstalteten Konzertturnieren, in denen teils unterschiedlichen Salongesellschaften assoziierte Musiker gegeneinander antraten. Bei diesen musikalischen Gladiatorenkämpfen gehörte es auch dazu, den Gegner zu kompromittieren. Beispielsweise kam es bei einer solchen Gelegenheit Anfang 1800 im Salon des Grafen Moritz Fries zu dem Zusammentreffen zwischen Beethoven und Daniel Steibelt, der gerade in Prag große Erfolge gefeiert hatte. Steibelt führte zunächst ein eigenes Quintett auf, um sich dann die Unverfrorenheit herauszunehmen, genau über jenes Thema und zudem offenbar einstudiert zu improvisieren, das Beethoven im dritten Satz seines *Klaviertrios* op. 11 der darin enthaltenen Variationenfolge zugrunde gelegt hatte. Beethoven revanchierte sich, indem er auf dem Weg zum Klavier im Vorbeigehen die Cellostimme des Steibelt'schen Quintetts nahm, sie kopfüber auf das Pult legte, eine Notenfolge betont stümperhaft daraus vortrug, um dann so lange darüber zu fantasieren, bis Steibelt düpiert den Saal verließ.

Die allmähliche Abnahme seines Gehörs bereits ab etwa 1799 hatte für Beethovens bisherige Karriere dramatische Folgen. Auch wenn er bis weit über die Schwerhörigkeit hinaus noch konzertierte – insbesondere unter Mithilfe des Konzertmeisters als Dirigent eigener Orchesterwerke –, war eine Neuausrichtung der Karriere notwendig. Die Laufbahn als Konzertpianist wurde zugunsten der Konzentration auf den Komponistenberuf aufgegeben. Gravierender noch als der Verlust der Hörkontrolle beim Ensemblespiel waren aber die sozialen Konsequenzen der Gehörsbeeinträchtigung. Um sein Leiden vor Kollegen und Gönnern zu verbergen, mied Beethoven Gesellschaften und war daher vom »Marktplatz« Salon weitgehend abgeschnitten. Glückliche Umstände wie die Etablierung des Verlagswesens sowie die Tatsache, dass er sich als Komponist bereits in seinem angestammten Wirkungskreis etabliert hatte, sicherten ihm dennoch die Existenz. Dass die bisherigen Unterstützer weiterhin zu ihm hielten, zeigen die Widmungen. Setzt man das Jahr 1800 und damit die Opusnummern um op. 20 als Zäsur, sind als Widmungsadressaten mit von Browne (op. 22, op. 48), Moritz Graf Fries (op. 23, op. 24, op. 29), den Lichnowsky-Brüdern (op. 26, op. 35, op. 36), Franz Joseph Fürst Lobkowitz (op. 55, op. 56) wichtige Förderer der ersten Wiener Jahre nach wie vor prominent vertreten. Abgesehen von reinen Freundschaftsgaben, wie beispielsweise der Dedikation des *Violinkonzerts* op. 61 an Stephan von Breuning, oder gar unterschwelligen Liebesbezeugungen, wie die Zueignungen an Giulietta Guicciardi (op. 27,2), Antonie Brentano (op. 120) oder Marie Erdődy (op. 70), waren die Widmungen vor allem Mittel zum Gelderwerb und zum Anbahnen und Befestigen von nicht zuletzt kommerziellen Banden. Dass Beethoven im Zweifelsfall letzteres über ersteres stellte, zeigt der Umstand, dass er die seinem Freund Ferdinand Ries fest versprochene *Neunte Sinfonie* dann doch König Friedrich Wilhelm III. von Preußen widmete.

Nach den finanziell schwierigen Jahren während der Wirtschaftskrise infolge der Napoleonischen Kriege boten die neun Monate zwischen September 1814 und Juni 1815, in denen der Wiener Kongress in der österreichischen Hauptstadt tagte, Beethoven die Möglichkeit, sich finanziell zu sanieren. Bereits im Vorjahr des Kongresses, bei dem sich die Kaiser und Könige der Siegermächte, die Adelselite und die Diplomatencorps trafen, um die Restauration der alten politischen Ordnung zu organisieren, hatte Beethoven mit seiner Schlachtensinfonie *Wellingtons Sieg oder die Schlacht bei Vittoria* op. 91 den patriotischen Nerv der Zeit getroffen. Das populistische Kalkül ging auf und brachte Beethoven in zahlreichen Akademien nicht nur beträchtliche Einnahmen, sondern prädestinierte ihn auch für eine herausragende Rolle im kulturellen Rahmenprogramm des Kongresses. Unter Preisgabe seiner ästhetischen Standards und ohne Rücksicht auf seine politischen Überzeugungen schrieb er für diesen Anlass eine ganze Reihe von Huldigungskompositionen wie *Ihr weisen Gründer glücklicher Staaten für Chor* WoO 95, die Kantate *Der glorreiche Augenblick* op. 136 oder die Ouvertüre *Zur Namensfeier* op. 115 des österreichischen Kaisers. Auch trat Beethoven hier letztmals als Pianist öffentlich in Erscheinung. Beethoven nutzte ferner die Internationalität des Kongresses, um mit Widmungen an das russische Zarenpaar (op. 30, op. 89, op. 92) – den russischen Gesandten Graf Andrej Rasumowsky kannte er seit Mitte der 1790er Jahre – seine Rezeption auch in Ländern zu befördern, die bislang außerhalb seines Wirkungskreises lagen.

Bereits 1793, also sehr bald nach seiner Ankunft in Wien, kam Beethoven in Geschäftsbeziehung mit dem Verlag Artaria & Comp., der seinerzeit zu den wichtigsten Publikationshäusern Wiens zählte, mit dem kaiserlichen Druckprivileg versehen war und auch die Werke Joseph Haydns verlegte. Artaria hat mehr als 30 Erstausgaben Beethovens veröffentlicht. 1802 kam es zum Bruch zwischen Beethoven und Artaria, weil der Verlag unabgesprochen das *Streichquintett* op. 29 veröffentlichte, dessen Manuskript er von dem Grafen Moritz von Fries vermutlich unter einem Vorwand erhalten hatte, obwohl der Verlag Breitkopf & Härtel bereits im Besitz der Rechte war. Beethoven wehrte sich mit einer kompromittierenden Zeitungsannonce, in der er Artarias Geschäftspraktiken anprangerte und die Qualität der Verlagsarbeit in Zweifel zog. Den anschließenden Verleumdungsprozess verlor Beethoven. In der Folgezeit kam es zwar noch sporadisch zu einer Zusammenarbeit mit Ataria, das Verhältnis blieb aber getrübt. Der Vorfall mit dem Raubdruck des Streichquintetts durch Ataria hätte Beethoven beinahe auch um die Partnerschaft mit Breitkopf & Härtel gebracht, wenn nicht die Vermittlungskünste des sächsischen Gesandtschaftsmitarbeiters Georg August Griesinger Schlimmeres verhindert hätten und der Verlag mit der ersatzweisen Herausgabe der Variationen op. 34 und op. 35 zu entschädigen gewesen wäre. In der Folge unterblieb aber zunächst die weitere Zusammenarbeit. Erst 1808 trat man wieder – abermals durch Vermittlung Griesingers – in Kontakt und wurde sich über die Erstausgaben der Werke op. 67 bis op. 86 handelseinig. Um Breitkopfs Bedenken gegen die C-Dur-*Messe* op. 86 zu begegnen, lockte Beethoven den Verlag im Sommer 1810 mit der Aussicht auf eine Gesamtausgabe und sagte seine Mitarbeit zu, um ein »richtiges, correctes & permanentes Werk«[12] drucken zu lassen. Die Messe verlegte Breitkopf schließlich, das Großprojekt wurde hingegen abgelehnt. Hier sprang 1817 der Verlag Haslinger ein, durfte zwar aufgrund der Intervention der betroffenen anderen Verlage keine Druckausgabe herstellen, ließ aber 61 Werkbände handschriftlich erstellen. Dass es Beethoven nach 1802 nicht gelang, einen Hausverlag dauerhaft an sich zu binden, lag auch an seinem Geschäftsgebaren. Nicht nur begegnete er den Verlagen regelmäßig mit überzogenen Honorarforderungen, inzwischen hatte er auch sein unternehmerisches Handeln in die Hände seines als äußerst harter Geschäftspartner gefürchteten Bruders Kaspar Karl gelegt. Beethoven schätzte die Dienste seines Bruders trotz gelegentlicher, auch handgreiflich ausgetragener Meinungsverschiedenheiten sehr und war tief verletzt, als sich dieser nach seiner Heirat 1806 von seinem Posten als Beethovens geschäftsführender Privatsekretär zurückzog. Es darf aber bezweifelt werden, dass Kasper Karls schlechter Leumund und seine Skrupellosigkeit Beethoven nachhaltig hilfreich bei der Pflege der Verlagsbeziehungen waren. Ferdinand Ries jedenfalls stellte dem »zweiten Beethoven« ein verheerendes Zeugnis aus: »Charl Beethoven ist der größte Geizhals von der Welt [...] und seinem guten Bruder macht er dadurch die größten Feinde«[13], »hier fürchten ihn alle Verleger mehr als Feuer, weil er so fürchterlich grob ist, keiner mag mit ihm zu tun haben«.[14] Der Verleger Nikolaus Simrock, immerhin ein alter Freund aus Bonner Zeit, war nach dem Verhandlungsgespräch mit Beethovens Bruder über die *Kreutzersonate* op. 47 so erbost, dass er am liebsten auf einen weiteren Kontakt verzichtet hätte. Für ihn, der sich auf preisgünstige Nachdrucke spezialisiert hatte, war aber die Beziehung zu Beethoven andererseits ein sehr gutes Geschäft, was natürlich auch Kaspar Karl auszunutzen wusste. Dass auch Beethoven selbst vor unsauberen Geschäftspraktiken sogar gegenüber Simrock nicht zurückschreckte, zeigt das Beispiel der *Missa solemnis* op. 123. Unter dem Vorwand, das Werk sei noch gar nicht fertig, verschleppte Beethoven die Verhandlungen. Als man sich dann schließlich doch auf ein Honorar einigen konnte, musste Simrock (Sohn) feststellen, dass Beethoven die seit längerem publikationsfertige Komposition nicht nur auch anderen Verlagen angeboten hatte, sondern bereits mit dem Verlag Schott zu einer Druckvereinbarung gekommen war. Von diesem Affront hat sich das Verhältnis zwischen Simrock und Beethoven nicht mehr erholt. Zu Beethovens Entlastung kann gesagt werden, dass auch die Verlage sich nicht zimperlich bei der Wahrung des Eigeninteresses verhielten und ein Vertragsabschluss mit dem überregional operierenden Schott-Verlag für Beethoven gerade in der aktuellen Situation sehr vorteilhaft war, da er neben der *Missa solemnis* mit der *Neunten Sinfonie* gleich zwei monumentale Ausnahmewerke unterzubringen hatte, was bei Schott auch gelang. Im Vorfeld hatte Beethoven gezielt europäische Königs- und Fürstenhäuser angeschrieben und für eine Subskription geworben. Über eine Auftragskomposition des

Verlegers George Thomson, die Beethoven allerdings, wenn auch zur Zufriedenheit des Auftragsgebers, nur in abgewandelter Form und sukzessiv erfüllte, sowie durch Muzio Clementi, der Beethoven wiederholt in Wien besuchte und bei diesen Gelegenheiten Verträge abschloss, erhielt Beethoven ab 1803 auch Zugang zum englischen Markt. Dieser war insofern interessant, als sich dort parallel zur Drucklegung auf dem Kontinent Zweitverwertungen unterbringen ließen. Wegen der Kontinentalsperre waren Transport und Geldtransfer aber stark erschwert und daher der kommerzielle Ertrag überschaubar. Auch gestaltete sich die Suche nach englischen Verlegern schwieriger als gedacht, und nachdem sein Vertrauter Ferdinand Ries 1824 London verlassen hatte, versiegte dieses Geschäftsfeld wieder. Der Gewinn war demzufolge eher ein ideeller, denn vor allem nach Gründung der Philharmonic Society 1813 avancierte Beethoven zu einem der populärsten und meistgespielten Komponisten in England.

In der *Allgemeinen musikalischen Zeitung* erschien 1804 auf der letzten Seite des Hefts Nr. 20 die ganzseitige Abbildung eines Beethoven-Portraits.[15] Es handelt sich um den Abdruck des Stichs von Johann Joseph Neidl nach einer Zeichnung von Gandolf Ernst Stainhauser von Treuberg aus dem Jahr 1801. Der Zweck der Abbildung in der *Allgemeinen musikalischen Zeitung* erschließt sich aufgrund der Art des Abdrucks unmittelbar. Das Bildnis sollte aus dem Exemplar herausgelöst werden können, um als »Fanposter« verwendbar zu sein. Zu diesem Zweck vertrieb es ebenfalls der Wiener Verlag Cappi. Auch die Portraitzeichnung von Louis Letronne, entstanden um 1814, wurde nachgestochen (Blasius Höfel) und der Stich vom Verlag Artaria & Comp. verbreitet. Bereits 1801 war der Portrait-Stich von Neidl in Leipzig von Carl Traugott Riedel nachgestochen worden und fand als Vorlage Eingang in die Meißener Porzellanmanufaktur, die es zur Dekoration von Gebrauchskunst, sogar von Pfeifenköpfen, verwendete.[16] In späteren Jahren lebte Beethovens Nimbus vor allem von dem Mythos des einsamen Genies, das, durch Ertaubung von der äußeren akustischen Welt abgeschnitten, ganz auf das innere Erleben zurückgeworfen war und dieses in Kunstwerke transformierte, die – befeuert durch eine Beethoven-Rezension von Ernst Theodor Amadeus Hoffmann in der *Allgemeinen musikalischen Zeitung* von Juli 1810[17] – den neuen romantischen Zeitgeist bedienten. Beethoven selbst hat dieses Markenzeichen durch Werktitel wie *Eroica* (op. 55), *Grande Sonate Pathetique* (op. 13) oder Überschriften wie »Heiliger Dankgesang eines Genesenen an die Gottheit« (op. 132), »Muß es sein? Es muß sein!« (op. 135), »Von Herzen – möge es wieder zu Herzen gehn« (op. 123) befördert. Mit großem Selbst- und Sendungsbewusstsein ließ er seine Vertragspartner spüren, dass sie seiner Meinung nach durch ihn zu Auserwählten würden, was auf der Gegenseite verständlicher Weise nicht immer so gesehen wurde. Die zahlreichen Besucher aus dem In- und Ausland, die zu Beethoven nach Wien pilgerten, um ihr Idol zu besuchen, waren dann einerseits angenehm überrascht von seiner unprätentiösen Zugänglichkeit, andererseits aber auch ernüchtert angesichts der äußerst gewöhnlichen Lebensumstände.

Anmerkungen

1 A. W. Thayer, *Ludwig van Beethovens Leben. Nach dem Original-Manuskript deutsch bearbeitet von Hermann Deiters. Revision und Ergänzung der von H. Deiters bewirkten Neubearbeitung von Hugo Riemann*, Nachdruck der Ausgabe Leipzig [3]1917, Hildesheim etc. 2001, Bd. 1, S. 164f.

2 Vgl. das vermutlich von Graf zu Salm und Reifferscheid verfasste Memorandum, wiedergegeben bei A. W. Thayer, *Ludwig van Beethovens Leben*, Bd. 1, S. 191.

3 Vgl. Abdruck der »Avertissement« in: ebenda, S. 130.

4 [Chr. G. Neefe], »Nachricht von der churfürstlich-cöllnischen Hofcapelle zu Bonn und andern Tonkünstlern daselbst«, in: Magazin der Musik 1 (1783), S. 377–395 (S. 394f.).

5 Vgl. D. von Busch-Weise, »Beethovens Jugendtagebuch«, in: Studien zur Musikwissenschaft 25 (1962), S. 68–88.

6 Ebenda, S. 71f.

7 Ebenda, S. 73.

8 F. G. Wegeler und F. Ries, *Biographische Notizen über Ludwig van Beethoven*, Koblenz 1838, S. 17.

9 Ignaz von Seyfried, zitiert nach: F. Kerst, *Die Erinnerungen an Beethoven. Gesammelt von Friedrich Kerst*, Stuttgart 1913, Bd. 1, S. 75.

10 Frau von Bernhard, zitiert nach ebenda, S. 24.

11 Franz Grillparzer, zitiert nach ebenda, Bd. 2, S. 50.

12 Brief an Breitkopf & Härtel von August 1810. BGA Nr. 464, Bd. 2, S. 147.

13 Ferdinand Ries an Nikolaus Simrock am 6. Mai 1803. BGA Nr. 136, Bd. 1, S. 162.

14 Ferdinand Ries an Nikolaus Simrock am 13. September 1803. BGA Nr. 155, Bd. 1, S. 180.

15 Siehe Allgemeine musikalische Zeitung, Jg. 6, Nr. 20 (15.2.1804), Sp. [333]f.

16 Vgl. S. Bettermann, Artikel »Ikonographie«, in: H. von Loesch und C. Raab (Hrsg.), *Das Beethoven-Lexikon*, Laaber 2008, S. 342.

17 Vgl. [E. Th. A. Hoffmann], »Recension. Sinfonie pour 2 Violons, 2 Violes, Violoncelle et Contre-Violons, 2 Flûtes, petite Flûte, 2 Hautbois, 2 Clarinettes, 2 Bassons, Contrebasson, 2 Cors, 2 Trompettes, Timbales et 5 [sic] Trompes, composée et dediée etc. par Louis van Beethoven. à Leipsic chez Breitkopf & Härtel, Œuvre 67. No. 5 des Sinfonies.«, in: Allgemeine musikalische Zeitung, Jg. 12, Nr. 40 (4.7.1810), Sp. 630–642 und Nr. 41 (11.7.1810), Sp. 652–659.

»in allen Geschäftssachen ein schwerer Kopf«: Beethoven und das Geld

Von Nicole Kämpken

Beethoven gilt heute allgemein als Prototyp des freischaffenden, unabhängigen Künstlers. Betrachtet man seine Biographie jedoch genauer, so stellt man fest, dass der Weg in die Selbständigkeit – vom angestellten Hofmusiker zum Freiberufler – kein ganz freiwilliger und geradliniger war.

Als Enkel des ehemaligen Hofkapellmeisters und Sohn eines Hofmusikers trat er relativ früh in den Dienst des Kurfürsten Maximilian Friedrich von Köln ein. Seit 1782 vertrat er seinen Lehrer, den Hoforganisten Christian Gottlob Neefe, für 1783 sind erste Gehaltszahlungen »für das Orgelspiel in der Hofkirche« nachzuweisen. Im Zuge des Regierungswechsels organisierte der neue Kurfürst Maximilian Franz die Hofkapelle neu und Beethoven erhielt eine Festanstellung als zweiter Hoforganist mit einem Jahresgehalt von 150 Gulden. Sein Vater verdiente 300 Gulden, das Durchschnittsgehalt der Bonner Hofmusiker. Die Rahmenbedingungen – sein Vater verfiel mehr und mehr dem Alkohol, wurde dienstuntauglich und verschuldete sich – erforderten, dass der junge Ludwig zusätzlich Klavierunterricht erteilte, um das Familieneinkommen aufzubessern. 1789 wurde ihm dann auf Antrag die direkte Auszahlung der Hälfte des Jahresgehalts des Vaters an ihn gewährt. Im Hofkalender auf das Jahr 1790 wird Ludwig erstmals auch als Bratschist aufgelistet. Im November 1792 reiste Beethoven zum zweiten Mal nach Wien, um sich in der Musikmetropole weiterzubilden und bei Joseph Haydn Unterricht zu nehmen. Der Kurfürst hatte ihn bis März 1794 beurlaubt und zahlte weiter ein Jahresgehalt von 100 Reichstalern, Beethoven blieb also besoldeter Bonner Hofmusiker. Die zugespitzte politische Lage in Bonn und die Auflösung des Bonner Hofstaats nach dem Einmarsch der französischen Truppen im Herbst 1794 beraubten ihn dann allerdings dieser beruflichen Basis. Es ist aber auch davon auszugehen, dass er sich mittlerweile in den kunstliebenden Wiener aristokratischen Kreisen so gut etabliert hatte, dass ihm der Rückweg nach Bonn ohnehin sehr schwer gefallen wäre. Das Gehalt kann bei weitem nicht ausgereicht haben, seinen Lebensunterhalt zu decken. Er bezog zunächst ein Dachgeschosszimmer in der Alserstraße 45; sein Ausgabenbuch verrät aber, dass er bereits im Dezember ins Erdgeschoss umzog, wo er die überdurchschnittliche Miete von 14 fl. (Gulden) monatlich zahlte (100 Reichstaler entsprachen 150 Gulden). Fürst Karl von Lichnowsky hatte im 1. Stock seine Stadtwohnung. Die Tatsache, dass im Ausgabenbuch anfänglich Angaben für das Essen fehlen, legt die Vermutung nahe, dass Beethoven des Öfteren bei ihm eingeladen war. Andererseits ließ er es sich nicht nehmen, seinen Lehrer Haydn zu einer Tasse Kaffee oder Schokolade einzuladen: »22x [Kreuzer] für haidn und mich chokolade«, »Kaffee 6x für haidn und mich«. Beethoven setzte seine Unterrichtstätigkeit in den adeligen Kreisen fort, erfuhr aber auch schnell Anerkennung zunächst als Pianist und Improvisator, dann auch als Komponist. Er spielte in Salonkonzerten und wurde sicher großzügig entlohnt. Ab dem Jahr 1800 unterstützte Fürst Lichnowsky ihn mit einer Jahreszahlung von 600 Gulden C.M. (Konventionsmünzen, also stabile Silberwährung im Gegensatz zur Papierwährung B.Z. – Wiener Stadt-Banco-Zettel). Beethoven schrieb an seinen Bonner Freund Franz Gerhard Wegeler:

> »von meiner Lage willst du was wissen, nun sie wäre eben so schlecht nicht, seit vorigem Jahr hat mir Lichnowski, der, so unglaublich es dir auch ist, wenn ich dir sage, immer mein wärmster Freund war und geblieben, [...] eine sichere Summe von 600 fl. ausgeworfen, die ich, so lang ich keine für mich passende Anstellung finde, ziehen kann«.[1]

Beethoven schätzte zwar seine Unabhängigkeit vor allem in künstlerischer Hinsicht sehr, der Weg in eine gut dotierte Festanstellung war aber durchaus nicht ausgeschlossen. Dabei ging es ihm in erster Linie um eine materielle Absicherung, nicht um ein spezielles Amt oder die damit verbundene Aufgabe als solche.

Als 1807 die beiden Hoftheater (Burgtheater und Kärntnertortheater) und das Theater an der Wien zusammengelegt und von der »Theater-Unternehmungs-Gesellschaft«, der Beethovens Mäzen Fürst Lobkowitz angehörte, gepachtet wurden, bewarb der Komponist sich bei der k.k. Hoftheater-Direktion um eine Anstellung:

> »Löbliche k.k. Hof Theatral Direction!
> Unterzeichneter darf sich zwar schmeicheln, während der Zeit seines bisherigen Aufenthaltes in Wien sich sowohl bey dem hohen Adel, als auch dem übrigen Publikum einige Gunst, und Beyfall erworben, wie auch eine ehrenvolle Aufnahme seiner Werke im Inn- und Auslande gefunden zu haben.
>
> Bey all dem hatte er mit Schwierigkeiten aller Art zu kämpfen, und war bisher nicht so glücklich, sich hier eine Lage zu begründen, die seinem Wunsche ganz der Kunst zu leben, seine Talente zu noch höheren Graden der Vollkommenheit, die das Ziel eines jeden wahren Künstlers seyn muß, zu entwükeln, und die bisher blos zufälligen Vortheile für eine unabhängige Zukunft zu sichern, entsprochen hätte.
>
> Da überhaupt dem unterzeichneten von jeher nicht so sehr Brod-Erwerb, als vielmehr das Interesse der Kunst, die Veredlung des Geschmacks, und der Schwung seines Genius nach höheren Idealen und nach Vollendung zum Leitfaden auf seiner Bahn diente: so konnte es nicht fehlen, daß er oft den Gewinn und seine Vortheile der Muse zum Opfer brachte.«[2]

Er versprach, jährlich eine Oper zu komponieren, und forderte dafür den horrenden Betrag von 2.400 Gulden B.Z. sowie die Einnahmen aus der dritten Aufführung. Zum Vergleich: Der Hofkapellmeister Antonio Salieri verdiente damals lediglich 1.200 Gulden B.Z. Für ein weiteres kleineres honorarfrei zu komponierendes Werk (Operette, Divertimento) forderte er, die Räumlichkeiten einmal im Jahr für ein selbst veranstaltetes Konzert zu eigenen Gunsten (»Akademie«) nutzen zu können – vor allem hierum ging es ihm wohl. Die Initiativbewerbung war erfolglos.

Im Spätherbst 1808 erhielt Beethoven das Angebot, als Hofkapellmeister an den neu gegründeten, unter Napoleons Bruder Jérome Bonaparte großzügig geführten Hof des

Königreichs Westfalen nach Kassel zu kommen. Nach Beratungen mit seinen Wiener Freunden nahm er die mit dem hohen Jahresgehalt von 600 Golddukaten (ca. 2.700 Gulden C.M.) dotierte Stelle zunächst an, verließ aber Wien schließlich doch nicht. Sein Selbstverständnis als unabhängiger Künstler und die Erwartungshaltung bei Hofe mit der erforderlichen Berücksichtigung der musikalischen Vorlieben des Dienstherrn wären wohl auch nur schwer in Einklang zu bringen gewesen.

Später erhoffte er sich noch mehrfach einen Posten bei seinem Schüler Erzherzog Rudolph, der 1819 sein Amt als Erzbischof von Olmütz antrat. Obwohl sie sicher sehr freundschaftlich miteinander verkehrten, notierte Beethoven sich in Bezug auf das Lehrer-Schüler-Verhältnis schon 1810: »Es bleibt immer ein angespanntes Verhältniß, was sich nicht für einen wahren Künstler schickt, denn dieser kann nur Diener Seyner angebeteten Muse seyn.«[3]

Noch 1822/23 beabsichtigte Beethoven aus finanziellen Erwägungen heraus, sich um die Nachfolge von Anton Tayber als Hofkomponist zu bewerben, die Stelle wurde dann aber doch nicht ausgeschrieben.

Während Beethovens Wiener Zeit verknappten sich die infrage kommenden Stellen massiv. Der wirtschaftliche Niedergang des Adels zog die Auflösung der adeligen Privatkapellen nach sich. Das Bürgertum wurde zur tragenden Schicht des Musiklebens, was in der Gründung der großen Musikvereine wie der Gesellschaft der Musikfreunde in Wien und der Philharmonic Society in London sichtbar wird. Das Musikleben stützte sich mehr und mehr auf musikalisch sehr gut ausgebildete »Dilettanten«, die ihren Lebensunterhalt aber anderweitig verdienten. Die wirtschaftlichen und sozialen Veränderungen, kombiniert mit Beethovens Drang nach Unabhängigkeit, lieferten also die Grundlage für sein gewandeltes Berufsbild.

Im Folgenden sollen nun die Einnahmequellen des freischaffenden Komponisten einzeln dargestellt und erläutert werden.

Rentenvertrag

Nachdem in Wien bekannt geworden war, dass Beethoven beabsichtigte, nach Kassel zu gehen, versuchten seine Freunde aus den Adelskreisen, ihn zum Bleiben zu bewegen. Unter Federführung von Ignaz von Gleichenstein und wohl auch der Gräfin Marie Erdődy, bei der Beethoven zu diesem Zeitpunkt wohnte, wurden die Bedingungen mit dem Komponisten ausgehandelt, unter denen er das Kasseler Angebot ausschlagen würde. Erzherzog Rudolph und die Fürsten Ferdinand Kinsky und Franz Joseph Lobkowitz erklärten sich dazu bereit, Beethoven jährlich mit einer Summe von insgesamt 4.000 fl. B.Z. zu unterstützen, um ihn materieller Sorgen zu entheben, und zwar so lange, bis er durch eine Festanstellung ein ebenso hohes Gehalt erhalten würde. Beethovens ursprüngliche Forderungen (Zahlung des Festbetrags, Möglichkeit zu Kunstreisen, Titel eines kaiserlichen Kapellmeisters, eine Akademie jährlich zu seinen Gunsten im Theater an der Wien) wurden in der noch vor dem angegebenen Datum, dem 1. März 1809, von allen Beteiligten unterzeichneten Endfassung des so genannten Rentenvertrags[4] auf das

Wesentliche reduziert. Beethoven wurde bis zu einer festen Anstellung, bzw. falls keine solche erfolgen sollte, lebenslänglich das Arbeitsstipendium in genannter Höhe garantiert, auch für den Fall, dass er »berufsunfähig« werden sollte; im Gegenzug verpflichtete er sich, in Wien oder zumindest in Österreich zu bleiben und sich Reisen vorher genehmigen zu lassen. Fürst Kinsky übernahm mit 1.800 fl. den größten Anteil, Erzherzog Rudolph trug 1.500 fl. und Fürst Lobkowitz 700 fl. bei. Beethoven bedachte die Protagonisten alsbald mit dankbaren Widmungen, Gleichenstein erhielt die *Violoncellosonate* op. 69, die Gräfin Erdődy die *Trios* op. 70, Fürst Lobkowitz und Graf Rasumowsky gemeinsam die *Fünfte* und die *Sechste Sinfonie* op. 67 und op. 68. Und Erzherzog Rudolph ist ohnehin derjenige, der mit den meisten Widmungen Beethovens bedacht wurde.

Der vorgesehene Betrag war eigentlich großzügig berechnet: das Budget liegt beim Zweieinhalbfachen der Lebenshaltungskosten eines »einzelnen Mannes vom Mittelstande«.[5] Die Erwartungen auf eine finanzielle Unabhängigkeit sollten sich jedoch nicht erfüllen, in den nächsten Jahren verursachte der Vertrag einige Probleme. Wohl nur Erzherzog Rudolphs Zahlungen erfolgten pünktlich, Fürst Kinsky starb im November 1812 an

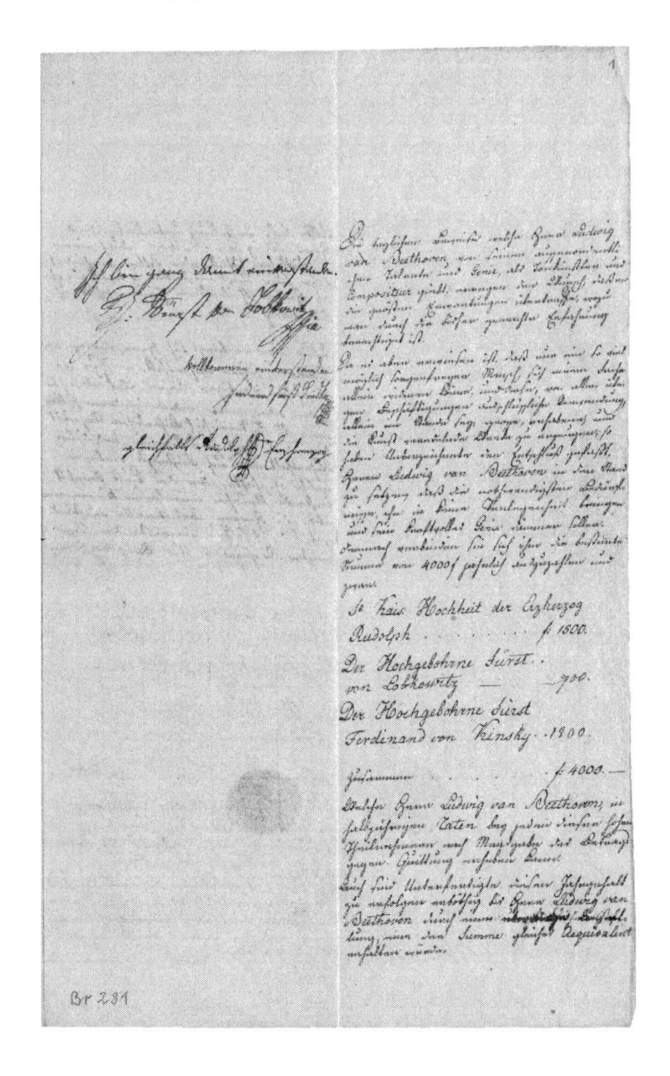
Se. kais. Hochheit der Erzherzog
Rudolph . . . . fl. 1500.
Der Hochgebohrne Fürst
von Lobkowitz — — 700.
Der Hochgebohrne Fürst
Ferdinand von Kinsky . 1800
Zusammen . . . . fl. 4000. —

Rentenvertrag (Vorder- und Rückseite) zwischen Erzherzog Rudolph, Fürst Ferdinand Kinsky, Fürst Franz Joseph Lobkowitz und Ludwig van Beethoven, Wien, 1. März 1809 – Die Kernaussage des Rentenvertrags wird in folgenden Sätzen getroffen: »Die täglichen Beweise welche Herr Ludwig van Beethoven von seinen ausserordentlichen Talente[n] und Genie, als Tonkünstler und Compositeur giebt, erregen den Wunsch, daß er die grösten Erwartungen übertreffe, wozu man durch die bisher gemachte Erfahrung berechtiget ist. Da es aber erwiesen ist, daß nur ein so viel [als] möglich sorgenfreyer Mensch, sich einem Fache allein widmen könne, und diese, vor allen übrigen Beschäftigungen ausschlüssliche Verwendung, allein im Stand sey, grosse, erhabene, und die Kunst veredelnde Werke zu erzeugen; so haben Unterzeichnete den Entschluß gefaßt, Herrn Ludwig van Beethoven in den Stand zu setzen, daß die nothwendigsten Bedürfnisse ihn in keine Verlegenheit bringen und sein kraftvolles Genie dämmen sollen. […]«

den Folgen eines Reitunfalls und Beethoven musste lange mit den Rechtsvertretern des Erbes verhandeln; gegen den bankrotten Fürst Lobkowitz prozessierte er sogar jahrelang und erst ab 1815 erfolgten wieder regelmäßige Zahlungen. Sehr erschwerend hinzu kam die politische und wirtschaftliche Situation in Österreich. Während der napoleonischen Besetzung im Sommer/Herbst 1809 verschlechterte sich die Lage in Wien bereits massiv, die Lebensmittelpreise verdoppelten bis verdreifachten sich, die Inflationsrate stieg rasant. Im Oktober 1810 mussten für den Wert von 100 Gulden in Silbermünze (C.M.) 553 Gulden Papiergeld (B.Z., Bancozettel, auf die leider auch Beethovens Rentenvertrag lautete) gezahlt werden. Seinem Leipziger Verleger Gottfried Christoph Härtel schrieb der gebeutelte Beethoven: »hol der Henker das ökonomisch-Musikalische – meine 4000 fl. waren vorige Jahr, ehe die Franzosen gekommen etwas, dieses Jahr sind es nicht einmal 1000 fl. in Konwenzionsgeld«.[6] Die ausweglose Lage führte schließlich zum Staatbankrott, der durch das »Februarpatent« am 20. Februar 1811 erklärt wurde. Alle Bancozettel verloren ihre Gültigkeit und mussten im Verhältnis 5:1 in die neuen Einlösungsscheine Wiener Währung (W.W.) eingetauscht werden, wodurch die Parität des Papiergeldes zur Konventionsmünze wiederhergestellt werden sollte – was jedoch einem realen Geldverlust von 80 Prozent gleichkam. Das Vorhaben gelang von Anfang an nicht wirklich und schon 1813 erfolgte erneut eine große Ausgabe von Papiergeld unter neuem Namen (Antizipationsschein), da das Februarpatent eine Vermehrung der Einlösungsscheine untersagte. Ein neuer Kurssturz folgte, Beethoven äußerte gegenüber Johann Peter Salomon die Befürchtung, »daß mein Gehalt zum 2tenmal zu Nichts werde«.[7] In den extremsten Jahren 1816 und 1817 lag die Rente mit 3.400 fl. W.W. sogar unter dem oben genannten Budget der Mittelklasse von umgerechnet 3.889 fl. W.W.

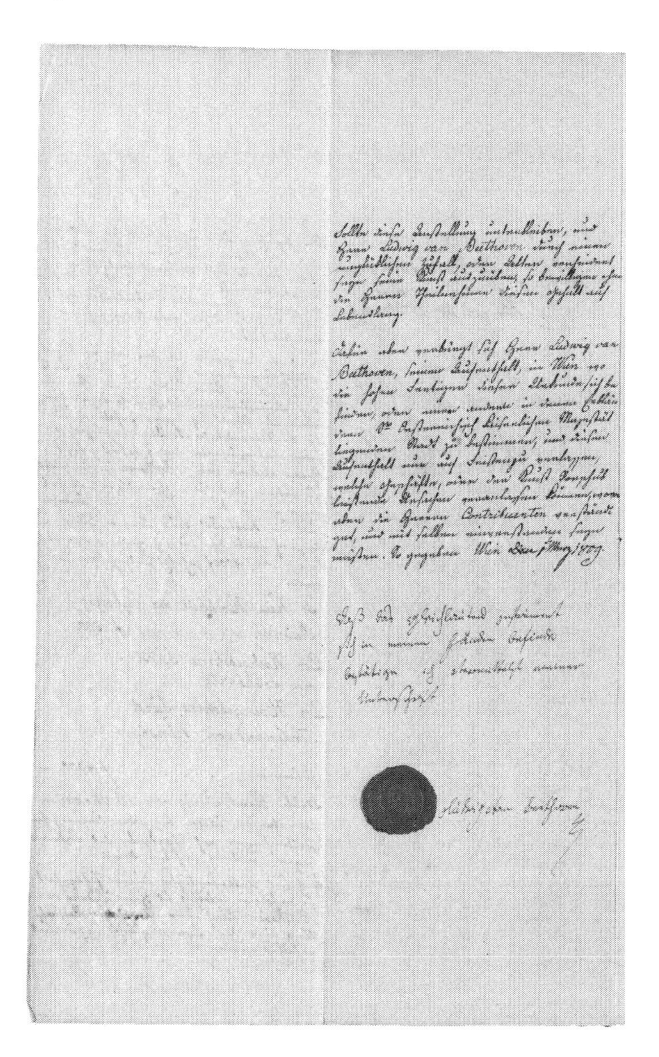
Sollte diese Anstellung unterbleiben, und Herr Ludwig van Beethoven durch einen unglücklichen Zufall, oder Alter verhindert seyn seine Kunst auszuüben, so bewilligen ihm die Herren Theilnehmer diesen Gehalt auf Lebenslang.

Dafür aber verbindet sich Herr Ludwig van Beethoven, seinen Aufenthalt in Wien, wo die hohen Fertiger dieser Urkunde sich befinden, oder einer andern in einem der Erbländern Sr. Oesterreichisch Kaiserlichen Majestät liegenden Stadt zu bestimmen, und diesen Aufenthalt nur auf Zeitfristen zu verlegen, welche Geschäfte, oder der Kunst Vorschub leistende Ursachen veranlassen können, wozu aber die hohen Contribuenten verständiget, und mit selben einverstanden seyn müssen. So gegeben Wien den 1ten März 1809.

Ludwig van Beethoven

Trotz all dieser Schwierigkeiten bot die finanzielle vorbehaltlose Unterstützung Beethoven eine Sicherheit und damit einen großartigen künstlerischen Freiraum, den er zu nutzen wusste und mit so manchem »großen, erhabenen und die Kunst veredelnden Werk«[8] ausfüllte.

Verlegerhonorare

Eine der wichtigsten Einnahmequellen Beethovens waren die Honorare, die er von seinen Verlegern erhielt. Seine zunehmende Schwerhörigkeit beraubte ihn der Möglichkeit, als ausübender Künstler aufzutreten. Aus den Briefwechseln wird immer wieder deutlich, dass der Komponist seine Verleger in der Verantwortung sah, durch entsprechend hohe Honorare seinen Lebensunterhalt abzusichern. Er übertrug ihnen also gewissermaßen die Funktion, die früher einem Dienstherrn zugekommen war. Komponist und Verleger waren aufeinander angewiesen und wollten beide möglichst gut verdienen; der eine, indem er seine Schöpfungen gegen ein Einmalhonorar so teuer wie möglich verkaufte, der andere, indem er sie so günstig wie möglich erwarb. De facto kaufte der Verleger das Manuskript (ein Autograph, also die Handschrift des Komponisten selbst, oder eine vom Komponisten überprüfte Abschrift eines Kopisten), erwarb damit zeitlich unbegrenzte Nutzungsrechte und war dann für alle weiteren Schritte von der Herstellung des Notendrucks über dessen Vermarktung bis zum Vertrieb verantwortlich.

Etwas anders verhält es sich bei Beethovens erstem Vertrag, den er im Mai 1795 mit dem Wiener Verlag Artaria schloss; für den Stich seiner *Trios* op. 1 zahlte er 212 fl. C.M. und ließ sich im Gegenzug bis zu 400 Exemplare zu je 1 fl. C.M. sichern, die er innerhalb von zwei Monaten zu je 1 Dukaten in Wien verkaufen konnte. Freilich hatte er zuvor mit einem Subskriptionsaufruf die Marktlage sondiert und bereits 244 Vorbestellungen. Außerdem kaufte Artaria die Platten für 90 fl. C.M. zurück. Bei angenommenen 400 verkauften Drucken entsprach der Reingewinn dieser Aktion dem doppelten Jahresgehalt eines Hofmusikers.

Bereits früh wurde Beethoven zu einem gefragten Komponisten, der überdurchschnittlich hohe Honorare verlangen konnte. Im schon erwähnten Brief an Wegeler heißt es stolz:

> »mein Komposizionen tragen mir viel ein, und ich kann sagen, daß ich mehr Bestellungen habe, als es fast möglich ist, daß ich machen kann. auch habe ich auf jede Sache 6, 7 Verleger und noch mehr, wenn ich mir's angelegen sein lassen will, man accordirt nicht mehr mit mir, ich fo[r]dere und man zahlt, du siehst, daß es eine hübsche Lage ist.«[9]

Tatsächlich arbeitete Beethoven fast nie auf Bestellung, auf Vorgaben hinsichtlich Gattungen, Schwierigkeit oder Inhalt ließ er sich nicht ein. Eine der wenigen Ausnahmen bilden die lukrativen »Volksliedbearbeitungen« für den schottischen Verleger George Thomson.[10] Beethoven band sich nie an einen einzigen Verlag, sondern schuf als geschickter Taktierer immer wieder Konkurrenzsituationen. Nie bestimmten die Verleger das Honorar, oft gab es harte Verhandlungen.

Hohes Interesse war auch außerhalb Wiens vorhanden, der Leipziger Verlag Breitkopf & Härtel bemühte sich seit 1802 um eine Zusammenarbeit und bat um »Klavier-Sonaten ohne Begleitung oder auch mit Begl. von Violin oder Viol[a]. u. Violoncelle«. Beethoven bot jedoch an, was er gerade abzugeben hatte, darunter auch das *Streichquintett* C-Dur op. 29, was Anlass für einigen Ärger war. Er hatte das Werk vor sechs Monaten dem Widmungsträger Graf Moritz von Fries zur exklusiven Nutzung überlassen, eine seiner häufiger angewandten Geschäftsmethoden, um einen möglichst hohen finanziellen Gewinn aus der Komposition eines Werkes zu ziehen. Gewissermaßen handelt es sich hierbei um ein Relikt aus älteren Zeiten, als man überwiegend zum Nutzen und Vergnügen eines Dienstherrn zu komponieren hatte. Nach Ablauf der exklusiven Nutzungsfrist, während der der Nutzer das Manuskript niemand anderem verfügbar machen durfte, wollte Beethoven das Werk nun schnellstmöglich drucken lassen. Breitkopf & Härtel nahm das Angebot an, aber wenige Monate später musste Beethoven dem vermeintlichen Originalverleger mitteilen, dass eine Ausgabe des Wiener Verlags Artaria & Comp. kurz bevorstand. Artaria war ohne Wissen des Komponisten an die Abschrift aus dem Besitz des Grafen von Fries gekommen. Beethoven verwahrte sich und den rechtmäßigen Verleger gegen diese Vorgangsweise – Artaria musste sich verpflichten, seine Ausgabe erst nach einem Vorlauf von 14 Tagen für die Leipziger Originalausgabe zu vertreiben. Zusätzlich ließ er in der *Wiener Zeitung* eine Warnung vor der »höchst fehlerhaften, unrichtigen und für den Spieler ganz unbrauchbaren« Wiener Ausgabe drucken.[11] Auch für die *Dritte Sinfonie* op. 55 wurde dem Widmungsträger Fürst Lobkowitz nicht nur die Uraufführung in seinem Wiener Stadtpalais, sondern auch ein exklusives Nutzungsrecht von sechs Monaten eingeräumt, wofür Beethoven 400 fl. C.M. erhielt. Im Anschluss ging sie als Bestandteil eines größeren verhandelten Werkpakets mit dem *Tripelkonzert* op. 56 und den drei neuen Klaviersonaten op. 53, 54 und 57 nach Leipzig. Beethoven verzögerte allerdings sowohl die Unterzeichnung des Vertrags als auch die Lieferung der Stichvorlagen weit über die vereinbarten Termine hinaus, so dass Härtel mit folgendem Schreiben reagierte:

> »So groß nun unsere Hochachtung für Ihre Kunst u. unser Wunsch immer gewesen ist, Ihre neueren Werke für unsern Verlag zu akquirieren, so wird uns doch dies zweifelhafte Verhältnis in die Länge zu unangenehm, als daß wir länger in dieser Ungewißheit bleiben u. nicht lieber wünschen sollten, auf dem kürzesten, wenn auch für uns nicht angenehmen Wege heraus zu kommen. Wir entsagen daher lieber diesen Werken, die wir Ihnen deshalb auch durch erste fahrende Post zu anderer Weiterdisposition zurückschicken.«[12]

Die Werke gingen dann ans Wiener Kunst- und Industrie-Comptoir, das auch das nächste Werkpaket op. 58 bis 62 verlegte. Zuvor hatte sich Härtel jedoch ausgiebig, aber erfolglos um eine Art »Rahmenvertrag« bemüht, nach dem die Verlagsrechte an allen neuen Kompositionen für die nächsten drei Jahre ohne Einschränkung auf Breitkopf & Härtel übergehen sollten. In seinem langen und inhaltsreichen Antwortschreiben vom 18. November 1806 erklärte der Komponist dem Verleger, warum er diesem Vorschlag nicht zustimmen könne. So schrieb er z.B. bestimmte Werke als Auftragsarbeiten für seinen schottischen Verleger Thomson und schloss auch nicht aus, Werke für den französischen

Markt zu komponieren. Die Breitkopf & Härtel angebotenen Werke sollten aber exklusiv nur in Deutschland und nicht in Ausgaben anderer Verleger im Ausland erscheinen, und für Deutschland bot Beethoven Härtel auch eine Exklusivvertretung an (»in Deutsch*land wären sie der Eigenthümer* meiner Werke und kein einziger anderer Verleger«). Desweiteren gestand er dem Leipziger Verlag ein Nutzungsrecht aller seiner ins Ausland verkauften Werke für Deutschland zu, Härtel ließ sich jedoch auf den Handel nicht ein. Beethovens Vermarktungsstrategie war geschickt. Da die Wirtschaftsräume zwischen Österreich, dem politisch kleingliedrigen Deutschland sowie Frankreich und England relativ klar getrennt waren, konnte er seine Werke gleichzeitig mehreren Verlegern für deren jeweiligen Markt anbieten, allerdings immer geknüpft an die Bedingung, dass die Ausgaben gleichzeitig erscheinen mussten, damit kein Verleger Schaden erleide. Für das *4. Klavierkonzert* op. 58, die *Rasumowsky-Quartette* op. 59, die *Vierte Sinfonie* op. 60, das *Violinkonzert* op. 61 und die *Coriolan-Ouvertüre* op. 62 zahlte der Wiener Verlag 1.600 fl. Für den englischen Markt erwarb Muzio Clementi dieselben Werke für 200 Pfund. Umgerechnet erhielt Beethoven also ein Gesamthonorar um die 3.500 fl. C.M. Die Verlagsrechte für Frankreich bot er – letztlich erfolglos – Ignaz Pleyel in Paris und zeitgleich Nikolaus Simrock in Bonn an (Bonn war französisches Territorium, deshalb hätte Simrock die Rechte für den französischen Markt ausüben können). Später wandte Beethoven diese Strategie des gleichzeitigen Verkaufs eines Werks an verschiedene Verleger noch mehrfach erfolgreich an. So war zumindest sichergestellt, dass er als Komponist ein (doppeltes) Honorar erhielt, und er konnte Nachdrucke im Ausland, die ihm keinen finanziellen Gegenwert gebracht hätten, weitgehend vermeiden.

Die massive Verschlechterung der wirtschaftlichen Rahmenbedingungen in Österreich spielte dem Leipziger Verlag in die Karten. Die Briefe an Härtel aus dem Jahr 1809 geben ein eindringliches Zeugnis von der Situation in Wien ab. Beethoven verhandelte um das Oratorium op. 85, die *Leonore* op. 72 und die *Messe* op. 86:

> »der Himmel weiß, wie es weiter gehen wird – Veränderung Des Aufenthalts dürfte doch auch mir jezt bevorstehen – die Kontributionen fangen mit heutigem dato an – Welch zerstörendes wüstes Leben um mich her nichts als trommeln Kanonen Menschen Elend in aller Art – meine jezige Lage macht, daß ich schon wieder knickern muß mit ihnen, daher glaube ich, daß sie mir wohl 250 fl in Konwenzions-Münze für die 3 größern Werke schicken könnten, ich glaube eben nicht, daß das auch nur im Mindesten eine beträchtliche Summe ist, und jezt bedarf ich's«.[13]

Härtel griff zu, wies den Betrag aber vollständig in Bancozetteln an. Deren Kurs verfiel jedoch von Tag zu Tag weiter und die Scheine waren kaum noch einzutauschen, weshalb Beethoven darum bat, das bereits überwiesene Honorar zurückzunehmen und zumindest die Hälfte in Silbermünzen auszuzahlen. Dieses Geld war bereits einem Gläubiger versprochen – durchaus kein Einzelfall bei Beethoven, der häufiger im Vorgriff auf künftige Einnahmen Schulden machte. Härtel schickte einen neuen Wechsel über 250 Gulden Konventionsmünze, die Eigentumsbestätigung für die Werke datiert vom Januar 1810. Auch seine nächsten Werke op. 73 bis 83 kaufte Breitkopf & Härtel. Hier gelang Beethoven allerdings wieder ein gleichzeitiger Verkauf für den englischen Markt an Clementi. In diesem Fall erschienen die englischen Ausgaben sogar alle kurz vor den deutschen Parallelausgaben. Die Verhandlungen um das Werkpaket zeigen einmal mehr Beethovens Selbstverständnis als Künstler: »sie als ein Humanerer und Weit Gebildeterer Kopf als alle andern Musikalischen Verleger dörften auch zugleich den Endzweck haben den Künstler nicht bloß nothdürftig zu bezahlen, sondern ihn vielmehr auf den weg zu leiten, daß er alles das ungestört leisten könne, was in ihm ist, und man von außen von ihm erwartet.«[14] Beethoven musste sich aber in diesem Fall trotzdem der Preisdiktatur beugen und erhielt letztlich mit 200 Dukaten nur knapp zwei Drittel des ursprünglich geforderten Honorars. In der Zeit des wirtschaftlichen Zusammenbruchs in Österreich mit in Kriegszeiten extremer Inflation und einem horrenden Anstieg der Lebenshaltungskosten konnte Beethoven sich glücklich schätzen, einen Verleger im Ausland zu haben, der ihm überhaupt weiterhin Honorare zahlen konnte, brachen doch auch die Rentenzahlungen seiner drei Mäzene fast vollständig weg. So ist es nicht erstaunlich, dass der Höhepunkt der Geschäftsbeziehung in diese Zeit fällt: Vom Frühjahr 1809 bis zum Herbst 1812 erschienen bei Breitkopf & Härtel 23 Werke in lückenloser Folge als Originalausgaben.

Die langjährigen Geschäftsbeziehungen Beethovens zum Wiener Verleger Sigmund Anton Steiner begannen 1814 aufgrund eines gerichtlichen Urteils. Beethoven hatte nämlich eine Schuldforderung gegen seine Schwägerin Johanna an Steiner abgetreten und sich verpflichtet, diesem innerhalb von drei Monaten unentgeltlich eine »ganz neue noch nirgend im Stich erschienene Claviersonate« zu überlassen und ihm das Vorkaufsrecht für weitere Werke einzuräumen, falls die Rückzahlungstermine nicht eingehalten werden sollten. Er lieferte das sorgfältig geschriebene Autograph der *Klaviersonate* e-moll op. 90 und in Folge verlegte Steiner weitere 13 Werke, darunter so bedeutende wie die *Siebte Sinfonie* op. 92, die *Achte Sinfonie* op. 93 und das *Erzherzog-Trio* op. 97. Steiner zahlte für das Werkpaket 250 Dukaten, so viel verdiente ein mittlerer Beamter im Jahr. Der Betrag entsprach dem Doppelten von Beethovens Jahresmiete (die allerdings damals auch nur 20 Prozent der Lebenshaltungskosten ausmachten; im Gegensatz zu heute nahmen Lebensmittel die Hälfte der gesamten Lebenshaltungskosten ein). Durch Vermittlung von Johann Peter Salomon und Ferdinand Ries gelang es, einige als englische Parallelausgaben beim Londoner Verleger Robert Birchall zu platzieren. Für die *Violinsonate* op. 96, das *Erzherzog-Trio* sowie die Klavierauszüge der *Siebten Sinfonie* und der Schlachtensinfonie *Wellingtons Sieg oder die Schlacht bei Vittoria* op. 91 konnte Beethoven ein Honorar von 130 holländischen Golddukaten entgegennehmen.

Die komplexesten und zugleich undurchsichtigsten Verkaufsverhandlungen drehen sich um Beethovens *Missa solemnis* op. 123. Lange vor Fertigstellung bot der Komponist das Werk, das eigentlich zur Inthronisation von Erzherzog Rudolph als Erzbischof von Olmütz im März 1820 erklingen sollte, dem Bonner Verleger und alten Hofkapellkollegen Nikolaus Simrock an. Nach kurzen Preisverhandlungen einigte man sich auf 100 Louis d'or und Simrock hinterlegte das Honorar bei einem Frankfurter Geschäftspartner, der es nach Übergabe der Stichvorlage an den Frankfurter Kaufmann Brentano zur Weiterleitung an Beethoven übergeben sollte. Dieser ließ sich umgehend von Brentano einen Vorschuss von 900 fl. C.M. auszahlen, den er erst 1823 bzw. 1824 in zwei Raten zurückzahlte, da das Geschäft letztlich nicht zustande kam. Der Fertigstellungstermin rückte in immer weitere Ferne, Beethoven verstrickte sich in parallele Verhandlungen mit Peters in Leipzig und Artaria in Wien, zeitweilig noch mit bis zu vier weiteren Verlegern. Fertig wurde die Komposition erst 1823; vor Drucklegung legte Beethoven allerdings einen weiteren Schritt ein. Er bot nämlich 28 europäischen Fürstenhöfen Abschriften der noch unveröffentlichten Messe für 50 Dukaten an, was ihm bei 10 Bestellungen insgesamt einen Gewinn von 1.650 fl. C.M. einbrachte. 1824 schließlich verkaufte er die Messe für 1.000 fl. C.M. an den Mainzer Verlag Schott, der auch die *Neunte Sinfonie* op. 125 für zusätzliche 600 fl. C.M. in Druck nahm. Allein davon hätte Beethoven ein Jahr lang jeden Mittag sehr gut essen gehen können. Damit gehört dieses Jahr zu seinen finanziell erfolgreichsten. Schott übernahm ebenfalls das *Streichquartett* op. 127 für 50 Dukaten, ein weiteres Werkpaket für 130 Dukaten und der Berliner Verlag Schlesinger zahlte 80 Dukaten für das *Quartett* op. 132. Die Einkünfte von insgesamt über 4.000 fl. C.M. liegen damit beim doppelten Jahresgehalt eines Hofkapellmeisters.

Dem Berliner Verleger Adolph Martin Schlesinger wurde auch die Übernahme der *Variationen* op. 107 und der *Schottischen Lieder* op. 108 für den Vertrieb auf dem Kontinent angeboten – letztere kaufte jedoch Simrock. In diesem Zusammenhang fragte Schlesinger nach neuen Klaviersonaten. Die letzten drei Klaviersonaten op. 109 bis 111 erschienen dann in Berlin, nachdem Schlesinger die ursprüngliche Honorarforderung von 40 Dukaten je Sonate auf 30 Dukaten heruntergehandelt hatte. Beethoven legte nun Wert darauf, in Goldmünzen bezahlt zu werden. Damit waren jegliche Missverständnisse über verschiedene Währungen, Wechselkurse und Umrechnungen nahezu ausgeschlossen: »wenn Sie erreichen könnten, daß ich es erhalte, würden Sie mich sehr verbinden, da ich von allen Verlegern in Gold honorirt werde.«[15]

Widmungs- und Auftragswerke

Die *Neunte Sinfonie* war ein Auftragswerk der Londoner Philharmonic Society. Für 50 Pfund (ca. 550 fl. C.M.) lieferte Beethoven eine überprüfte Abschrift und sicherte ein exklusives Nutzungsrecht für die Dauer von 18 Monaten zu. Das Notenmaterial erhielt der Auftraggeber erst über ein Jahr nach dem vereinbarten Termin; auch den weiteren Vertragspart hielt Beethoven nicht ein, indem er die Sinfonie schon am 7. Mai 1824 in Wien zur Uraufführung brachte. Als sie ein weiteres Jahr später endlich in London aufgeführt werden konnte, geschah dies entgegen der ursprünglichen Verabredung ohne Beethovens Anwesenheit. Beethoven widmete seine letzte Sinfonie dem preußischen König Friedrich Wilhelm III. Die Annahme einer Widmung durch eine Person von hohem Rang unterstrich die Bedeutung eines Werkes in der Öffentlichkeit. Obwohl der Komponist den Verleger gebeten hatte, mit der Herausgabe des Drucks so lange zu warten, bis der König die handgeschriebene Widmungskopie – sie befindet sich heute noch in der Staatsbibliothek zu Berlin – erhalten habe, erschien die Ausgabe zwei Monate früher. Beethoven hatte sich die Verleihung eines hochrangigen Ordens erhofft, erhielt jedoch lediglich ein nüchternes Dankesschreiben und einen Ring, für den er vom Hofjuwelier

300 fl. W.W. bekam. Dieser Betrag dürfte kaum die Kosten für das Widmungsexemplar gedeckt haben.

Noch weniger Erfolg hatte Beethoven mit der Widmung seiner *Schlachtensinfonie* op. 91 an den Prinzregenten von England, späterer König George IV. Dieses den englischen Sieg über die napoleonischen Truppen in der nordspanischen Ebene von Vitoria darstellende Gelegenheitswerk traf genau den Zeitgeschmack und war überaus erfolgreich. Beethoven erhielt aber weder Antwort noch finanzielle Anerkennung aus England, stattdessen erfuhr er aus der Zeitung von vielumjubelten Aufführungen im Londoner Theatre Royal Drury Lane. Mehrere Anläufe, den König auf das Versäumnis hinzuweisen, blieben unerhört.

Deutlich besser waren Beethovens Erfahrungen mit dem russischen Zarenhaus. Für ihre großzügige Unterstützung seiner Konzerte beim Wiener Kongress wollte Beethoven sich mit der Widmung seiner *Polonaise* für Klavier op. 89 bei der russischen Zarin Elisabeta Alexejewna bedanken. Dies honorierte sie umgehend mit 50 Dukaten. Darüber hinaus ließ sie dem Komponisten weitere 100 Dukaten als nachträgliches Dankgeschenk für die Widmung der *Violinsonaten* op. 30 an ihren Gemahl, Zar Alexander I., zukommen.

Wie Beethoven mit Zueignungen kalkuliert hat, macht auch folgendes Schreiben nach dem oben schon erwähnten Verkauf mehrerer Werke nach England deutlich: »Perhaps you find some lover of musick, to whome the Trio, and the Sonate with the violin, Mr Ries had Sold to M.r Birchall or the Symphony arranged for harpsichord might be dedicated, and from whom there might be expected a present.«[16] Die genannten Widmungen sollten aber nicht darüber hinwegtäuschen, dass Beethoven die meisten Widmungen aus Dankbarkeit aussprach, wie z.B. bereits sein op. 1 und später weitere Werke an Fürst Lichnowsky, Sinfonien an die Unterzeichner des Rentenvertrags, eine stattliche Anzahl von Werken an Erzherzog Rudolph. Solche Zueignungen waren nicht nur für ihn selbst positiv, indem er seinen Dank öffentlich zeigen konnte, sondern auf für die Geehrten, die sich mit »ihrem« Werk in der Öffentlichkeit schmücken konnten.

An weiteren wichtigen Auftragswerken sind noch die *Fünfte Sinfonie* op. 67, die *Messe* in C-Dur op. 86 und die *Galitzin-Quartette* op. 127, 130 und 132 zu nennen. Die Widmungsgeschichte der *Fünften Sinfonie* ist recht undurchsichtig und typisch für Beethoven. Eigentlich war sie wohl ein Auftragswerk des Grafen Franz von Oppersdorff, der in seinem Schloss Oberglogau in Oberschlesien ein eigenes Orchester unterhielt. Jedenfalls hat Beethoven einen Vorschuss von 150 fl. quittiert und später noch 500 fl. B.Z. erhalten. Aber dann verkaufte er das Werk an Breitkopf & Härtel (»Sie werden mich in einem falschen Lichte betrachten, aber Noth zwang mich die Sinfonie, die für sie geschrieben und noch eine Andere dazu an Jemanden andern zu veraüßern«)[17], bestimmte andere Widmungsträger und schließlich trug die *Vierte Sinfonie* op. 60 die Widmung an Graf von Oppersdorff.

Im November 1822 bat Fürst Nikolaus Galitzin, Musikliebhaber und begabter Cellist in St. Petersburg, Beethoven um »ein, zwei oder drei Quartette«. Beethoven nahm den Auftrag an und legte das Honorar auf 50 Dukaten je Werk fest. Der Fürst zahlte zeitnah für das erste Quartett und sagte zu, es nicht weiterzugeben, damit Beethoven auch beim Verkauf an einen Verleger, den der Auftraggeber ihm uneingeschränkt zugestand, keinerlei finanzielle Einbußen zu erleiden hatte. Der Komponist lieferte letztendlich erst zwei

Jahre später, das bereits gezahlte Honorar wurde im Herbst 1823 mit Galitzins Subskriptionsexemplar der *Missa solemnis* verrechnet. Beethoven erlebte die Bezahlung für die anderen beiden Quartette nicht mehr, da der Fürst Bankrott erklären musste. Die Schuld wurde jedoch schließlich lange nach Beethovens Tod in zwei Zahlungen an den Neffen Karl (50 Dukaten 1835 und 75 Dukaten – 25 Dukaten hatte der Fürst für die Widmung der *Weihe des Hauses* op. 124 versprochen – im Jahr 1852).

Für die drei *Streichquartette* op. 59, die im Januar 1808 mit einer Widmung an Graf Andreas Kyrillowitsch Rasumowsky erschienen, sind hingegen keine Zahlungen belegt. Von 1808 bis 1816 unterhielt der musikliebende Gesandte des Zaren am Wiener Hof ein eigenes Streichquartett, das regelmäßig in seinem Palais konzertierte und so sehr zur Verbreitung von Beethovens Streichquartetten beitrug.

Akademien/Konzerte

Die so genannten Akademien waren Benefizkonzerte zu Gunsten eines Musikers oder Komponisten. Dieser fungierte selbst als Konzertveranstalter, musste also geeignete Räumlichkeiten finden und sich um Programmzusammenstellung, Musiker, Werbemaßnahmen und Kartenvorverkauf kümmern und trug auch das volle finanzielle Risiko. Entgegen Beethovens 1801 geäußerter Erwartung, jedes Jahr eine Akademie geben zu können, fanden in den 27 Wiener Jahren nur acht statt, wovon letztlich nur vier als finanzieller Erfolg zu werten sind. Die geringe Anzahl ist sicherlich auch auf seine zunehmende Schwerhörigkeit zurückzuführen, da er sich nur noch als Komponist und nicht mehr als Virtuose präsentieren konnte. Außerdem waren Beethovens Werke bei fremden Konzerten als Erfolgsgarant stark vertreten. Für seine erste eigene Akademie am 2. April 1800 gelang es ihm, das größte und prestigereichste Wiener Theater, das Hofburgtheater (bis zu 1.800 Zuschauer), zur Verfügung gestellt zu bekommen. 1803 erhielt er im Rahmen eines Kompositionsauftrags für eine Oper, der dann nicht zur Ausführung kam, die Möglichkeit, im 1801 neu eröffneten bis zu 2.200 Personen fassenden Theater an der Wien seine *Zweite Sinfonie* op. 36, das *3. Klavierkonzert* op. 37 und das eigens für diesen Zweck komponierte Oratorium *Christus am Ölberge* op. 85 uraufführen zu können. Die stark erhöhten Eintrittspreise führten zu einem Reingewinn von etwa 1.390 fl. C.M., was dem Jahresbedarf eines Mannes »vom Mittelstand«[18] entsprach. Die nächste Akademie am 22. Dezember 1808 – mit der Uraufführung der *Fünften* und *Sechsten Sinfonie* sowie dem *4. Klavierkonzert*, Teilen der *Messe* op. 86 und der *Chorfantasie* op. 80 ein extrem langes Programm – war sowohl künstlerisch als auch finanziell weniger erfolgreich. Beethoven hatte das Theaterorchester angemietet, da er hoffte, dass der eingespielte Klangkörper besser funktionieren würde als die üblicherweise für jede Akademie neu zusammengestellten Ensembles, aber die *Chorfantasie* musste sogar abgebrochen und neu begonnen werden. Erschwerend kam hinzu, dass am gleichen Abend im Burgtheater ein Konzert der Tonkünstler-Sozietät für den Witwen- und Waisenfonds stattfand, so dass Beethovens Saal halb leer blieb. Nach den beiden erfolgreichen, von Beethoven und Mälzel zum Wohle der verwundeten Soldaten im Dezember 1813 veranstalteten Akademien, in denen die *Siebte Sinfonie* und die sofort zum Reißer avancierte *Schlachtensinfonie* uraufgeführt wurden, konnte Beethoven am 2. Januar und am 27. Februar 1814 zwei finanziell erfolgreiche Konzerte im Redoutensaal, dem eigentlichen Ballsaal der Hofburg, durchführen. Zum Wiener Kongress waren von September 1814 bis Juni 1815 die führenden Regenten Europas versammelt, hochrangige Diplomaten und Aristokraten im Gefolge. Beethoven brachte werbewirksam seine für diesen Anlass komponierte bombastische Kantate *Der glorreiche Augenblick* op. 136 am 29. November 1814 zur Uraufführung. Ein Wiederholungskonzert führte er zu seinen Gunsten durch, ein weiteres für das Bürgerspital St. Marx. Großzügige Geldgaben des Adels, deren Eintritt »derselben Großmuth überlassen« wurde, waren durchaus üblich und so ist denn auch in der Zeitung zu lesen, dass die Zarin von Russland Beethoven mit einem »grossmüthigen Geschenk von 200 Dukaten« unterstützt habe. Nachdem 30 Wiener Künstler und Musikfreunde einen öffentlichen Aufruf an Beethoven gerichtet hatten, seine neuesten Werke baldmöglichst in Wien aufzuführen, wurde die Uraufführung der *Neunten Sinfonie* am 7. Mai 1824 musikalisch zu einem großen Erfolg. In finanzieller Hinsicht hat sie sich allerdings nicht gelohnt. Die Einnahmen betrugen zwar 2.200 fl. W.W., aber Beethoven hatte das Kärntnerthortheater samt Orchester, Solosängern und Chor angemietet, was ihn allein 1.000 fl. W.W. kostete; dazu kamen 800 fl. W.W. Kopiaturkosten für das Notenmaterial. Für die Wiederholung am 23. Mai im Redoutensaal garantierte man ihm dann eine Summe von 500 fl. C.M.; ein guter Schachzug, wurde doch auch diese Veranstaltung vor einem nur halb gefüllten Saal defizitär abgeschlossen. In finanzieller Hinsicht hätte Beethoven besser daran getan, zu komponieren und zu publizieren; für die späten Streichquartette erhielt er jeweils 80 Dukaten, ca. die doppelte Summe des Ertrags der Akademie vom 7. Mai.

Umgang mit Geld

Beethoven hatte einige Menschen um sich, die ihn in finanziellen und geschäftlichen Dingen berieten und unterstützten. Sein Bruder Kaspar Karl, Kassierer der k.k. Universal-Staatsschuldenkasse, führte Teile der Verlegerkorrespondenz; nach dessen Tod 1815 übernahm dessen Sohn Karl Aufgaben als Sekretär. Später ging diese Tätigkeit auf Anton Schindler über. Von seinen Freunden erhielt Beethoven wiederholt finanzielle Hilfestellung. Die schon genannte Familie Brentano war nach dreijährigem Aufenthalt in Wien im Herbst 1812 nach Frankfurt am Main zurückgekehrt, Beethoven bedankte sich Ende 1814 bei Antonie für einen ihm »zugeschickten Wechsel« und in seinem Tagebuch findet sich der Eintrag: »2300 f bin ich den F. A. B. schuldig, einmal 1100 und s[echzig] 60 #«.[19] Auch bei seinem Verleger Sigmund Anton Steiner nahm Beethoven mehrfach Darlehen auf, legte allerdings im Juli 1816 auch ein Guthaben von 4.000 fl. C.M. mit einer Verzinsung von 8 Prozent an (»sie sehn, daß ich vollkommenes Zutrauen in Sie seze, ich bitte sie nun Freundschaftlich Sorge zu tragen, daß mir dieses mein einziges Kapital (kleines) so viel als möglich trage, u. eben so sicher als möglich«[20]), freilich ohne vorher seine Schulden zurückgezahlt zu haben. Steiner diente Beethoven also quasi als »Bankersatz«. Auf Anraten seines Freundes Franz Oliva kaufte Beethoven am 13. Juli 1819 mit diesem Kapital acht Bankaktien der neu gegründeten Oesterreichischen Nationalbank, mit denen er in den folgenden Jahren virtuos jonglierte, sie immer wieder belieh und später wieder auslöste und natürlich auch die Dividenden zog. An den Oberbuchhalter der Nationalbank heißt es: »ich bedarf aber wieder ihrer hülfe, [...], in allen Geschäftssache ein schwerer Kopf, [...] ich bitte sie, was die allerliebste dividende anbelangt, doch zu sorgen, daß ich es heute oder Morgen erhalten kann, denn unser einer bedarf immer Geld, u. alle Noten, die ich mache, bringen micht [sic] nicht aus den Nötehn!!-«[21] Obwohl Beethoven die Aktien als unveräußerliches Erbe für seinen Neffen Karl betrachtete und statt eines Verkaufs lieber weitere Schulden bei Steiner anhäufte, fiel eine Aktie wohl einem nicht zurückgezahlten Darlehen eines Dritten zum Opfer. Der Neffe wurde zum »Universalerben von allem meinem Hab u. Gut worunter Hauptsächlich 7 Bankactien und was sich an baarem vorfinden wird«[22], in einem Nachtrag legte Beethoven jedoch fest, dass Karl nur die Erträge der Aktien erhalten und das Kapital selbst dessen Erben zufallen solle. Steiner forderte Ende 1820 in einem langen Brief die Begleichung der mittlerweile 2.420 fl. W.W. betragenden Schuld und berechnete 6 Prozent Darlehenszinsen. Hierüber war Beethoven so verärgert, dass in der Folge der einstmals sehr freundschaftlich-witzige Umgangston einer geschäftsmäßig-trockenen Sprache wich. Erst im Sommer 1824 erfolgte die vollständige Rückzahlung. Auch bei seinem Bruder Nikolaus Johann, »Großmächtigster Gutsbesitzer!«[23], lieh Beethoven Geld, ebenso beim Wiener Verleger Domenico Artaria.

Nachlass

Beethovens Hinterlassenschaft belief sich auf 10.232 fl. C.M., wovon noch ausstehende Verbindlichkeiten für Arztkosten, Miete und Schulden in Höhe von 1.214 fl. C.M. in Abzug zu bringen waren. Mit 73 Prozent entfiel der bedeutendste Anteil auf die Aktien, von denen nur wenige Freunde und sein Bruder Kenntnis hatten. Nur knapp 5 Prozent der Wiener Bevölkerung hinterließen gleich hohe oder höhere Werte, dagegen betrug das Erbe von 77 Prozent ein Zehntel dessen oder weniger, immerhin noch 57 Prozent hinterließen lediglich ein Hundertstel oder weniger von Beethovens Nachlass. Zieht man einmal den Wert der von Beethoven als unveräußerlich betrachteten Aktien und des Geldgeschenks der Londoner Philharmonischen Gesellschaft in Höhe von umgerechnet 1.000 fl. C.M. während seiner letzten Krankheit sowie der ihm geschenkten Instrumente in Höhe von ungefähr 180 fl. C.M. vom nachgelassenen Vermögen ab und nimmt ferner in Rücksicht, dass die Manuskripte zu Lebzeiten keinen direkten materiellen Wert für ihn hatten, aber mit geschätzten 481 fl. C.M. eingingen, so kann die auf materielle Güter entfallende Summe nur äußerst bescheiden gewesen sein. Die »Verlassenschaftsabhandlung« nennt für Kleidung und Möbel lediglich 93 fl. C.M. Offensichtlich hat Beethoven nur wenig bis gar kein Geld für Luxusgüter ausgegeben und ein recht genügsames Leben geführt. An Wertgegenständen ist außer einem Ring und der goldenen Medaille, die er 1824 vom französischen König Ludwig XVIII. als Anerkennung für seine *Missa solemnis* erhalten hatte, nur Silberbesteck verzeichnet.

Anmerkungen

1 Beethoven an Wegeler am 29. Juni 1801; Original im Beethoven-Haus Bonn, Dauerleihgabe der Julius-Wegelerschen-Familienstiftung, W 17, BGA 65.

2 Beethoven an die k.k. Hoftheaterdirektion, Wien, vor dem 4. Dezember 1807; Original im Beethoven-Haus Bonn, Sammlung H. C. Bodmer, HCB BBr 111, BGA 302.

3 Notiz vom 8. Oktober 1810; Original im Beethoven-Haus Bonn, Sammlung H. C. Bodmer, HCB Br 275.

4 Rentenvertrag, Reinschrift; Original im Beethoven-Haus Bonn, Sammlung H. C. Bodmer, HCB Br 281.

5 Vgl. J. Pezzl, *Neue Skizze von Wien*, Erstes Heft, Wien 1805, und die Hochrechnungen von J. V. Moore, *Beethoven and musical economics*, Ann Arbor 1987.

6 Beethoven an Breitkopf & Härtel am 21. August 1810; Original im Beethoven-Haus Bonn, Sammlung H. C. Bodmer, HCB Br 88, BGA 465.

7 Beethoven an Salomon am 1. Juni 1815; Original im Beethoven-Haus Bonn, Sammlung H. C. Bodmer, HCB Br 208, BGA 809.

8 Rentenvertrag, siehe Anm. 4.

9 Beethoven an Wegeler am 29. Juni 1801; siehe Anm. 1.

10 Insgesamt erschienen davon 125, bis 1814 betrug das Honorar 3 Dukaten je Bearbeitung, später dann 4 Dukaten.

11 *Wiener Zeitung* vom 22. Januar 1803.

12 Härtel an Beethoven am 21. Juni 1805, BGA 226.

13 Beethoven an Härtel am 26. Juli 1809; Original im Beethoven-Haus Bonn, Sammlung H. C. Bodmer, HCB Br 78, BGA 392.

14 Beethoven an Härtel am 21. August 1810; Original im Beethoven-Haus Bonn, Sammlung H. C. Bodmer, HCB Br 88, BGA 465.

15 Beethoven an Tobias Haslinger am 13. Oktober 1826, BGA 2221.

16 Beethoven an Charles Neate am 18. Mai 1816; Original im Beethoven-Haus Bonn, Sammlung H. C. Bodmer, HCB BBr 107, BGA 937.

17 Beethoven an Graf von Oppersdorff am 1. November 1808, BGA 340.

18 Vgl. J. Pezzl, *Neue Skizze von Wien*, siehe Anm. 5.

19 M. Solomon (Hrsg.), *Beethovens Tagebuch*, Bonn 2005, S. 43, Eintrag 33.

20 Beethoven an Steiner am 16. Juli 1816, BGA 949.

21 Beethoven an Franz Salzmann um den 8. Februar 1823; Original im Beethoven-Haus Bonn, Sammlung H. C. Bodmer, HCB BBr 49, BGA 1564.

22 Beethoven an Johann Baptist Bach am 3. Januar 1827, BGA 2246.

23 Beethoven an Nikolaus Johann van Beethoven am 31. Juli 1822; Original im Beethoven-Haus Bonn, Sammlung H. C. Bodmer, HCB Br 12, BGA 1486. Johann hatte ein Landgut in Gneixendorf bei Krems gekauft.

Tod, Begräbnis und Grab

Von Knud Breyer

Ludwig van Beethoven verstarb am Montag, den 26. März 1827 um 17:45 Uhr, in Wien in seiner Wohnung im sogenannten Schwarzspanierhaus im Beisein seiner Schwägerin Therese van Beethoven und dem zufällig kurz zuvor eingetroffenen Anselm Hüttenbrenner. Als Todesursache wurde im städtischen Totenbeschauprotokoll »Wassersucht«[1] festgestellt. Vorangegangen war eine dreieinhalb Monate währende Bettlägerigkeit, während derer er von seiner Haushälterin Sali, der in der Nachbarschaft wohnenden Familie von Breuning, seinem Sekretär Anton Schindler und dem langjährigen Vermieter Johann Baptist Freiherr von Pasqualati umsorgt und gepflegt wurde. Außerdem kümmerten sich sein Bruder Nikolaus Johann und dessen Frau um ihn. Die Konversationshefte geben Aufschluss über die Versuche, die Folgen des Liegens zu lindern durch die Bereitstellung von Polstern, frischer Bettwäsche, Wachsunterlagen und neuen Strohfüllungen. Rührend lesen sich die Bemühungen des damals vierzehnjährigen Gerhard von Breuning, den Kranken durch Gespräche und die Bereitstellung von Lektüre aufzumuntern.

Nikolaus Johann van Beethoven, erinnerte sich, dass sein Bruder, der den Herbst 1826 bei ihm auf seinem Gut in Gneixendorf verbracht hatte, bereits »seit drey Jahren [...] kränkelte, [...] am meisten seinen Unterleib [...] klagte [...,] öfters an Durchfällen lith, dabey wurde sein Bauch die lezte Zeit im̄er größer, dagegen er auf längere Zeit Binden trug.«[2] Seit Oktober hütete Beethoven ohnehin überwiegend das Bett und zog sich dann noch Anfang Dezember auf der Rückreise von Gneixendorf nach Wien in einem offenen Wagen und mit Übernachtung in einem ungeheizten Dorfgasthof eine fiebrige Erkältung mit Brechdurchfall zu. Diese akute Erkrankung klang nach einer Woche zunächst wieder ab, kurz darauf aber kam es jedoch zu einem Rückfall, verbunden vermutlich mit einer Bauchfellentzündung[3] und dem Ausbruch einer Gelbsucht. Ab der dritten Krankheitswoche war die Leberfunktion derart eingeschränkt, dass sich eine starke, lebensbedrohliche Wassersucht einstellte, die vier schmerzhafte Punktionen erforderlich machte, um die Atemnot zu lindern. Sie wurden von dem Chirurgen Johann Seibert zwischen dem 20. Dezember 1826 und dem 27. Februar 1827 durchgeführt. Bereits Anfang Januar 1827 hatte sich Beethovens Gesundheitszustand so Besorgnis erregend verschlechtert, dass er am 3. Januar sein Testament verfasste, in dem er seinen Neffen Karl zum Alleinerben bestimmte. Ferner trafen sich am 11. Januar die behandelnden Ärzte Johann Malfatti, Jacob Staudenheim, Anton Braunhofer und Andreas Ignaz Wawruch zu einem Konsilium. Während sich die verordneten Schwitzkuren im Birken- und Heublumendampfbad eher nachteilig auswirkten, begünstigte die von Malfatti erlaubte Gabe von Punsch und gekühltem Kompott zumindest das subjektive Befinden des Patienten. Zwar aufgrund der Appetitlosigkeit ausgezehrt, außerdem auf feuchtem Stroh wundgelegen, von Wanzen geplagt und mit entzündeten Operationswunden von den Punktionen, konnte

Beethoven bis zum Zusammenbruch am 11. März Gäste noch im Sessel sitzend empfangen. Zu den zahlreichen Besuchern zählten Nancy und Ludwig Cramolini, der Pianist Johann Nepomuk Hummel mit seiner Frau und seinem Schüler Ferdinand Hiller, die Komponistenkollegen Franz Schubert und Anselm Hüttenbrenner und der Maler Joseph Teltscher. Das Sänger-Ehepaar Cramolini – Beethoven hatte Cramolinis Eltern 1816 in Mödling kennengelernt – besuchte den Kranken bereits im Dezember 1826 und sang ihm bei dieser Gelegenheit vor. Am Klavier begleitet vom ebenfalls anwesenden Anton Schindler intonierte Ludwig Cramolini die *Adelaide*, durch die er als Sänger bekannt geworden war, seine Frau sang die Arie der Leonore »Komm, Hoffnung, lass den letzten Stern der Müden nicht erbleichen« aus *Fidelio*.[4] Auch wenn der ertaubte Beethoven den Vortrag nicht hören konnte, zeigte er sich sehr gerührt von der Geste und nahm regen Anteil. Hummel besuchte Beethoven in den letzten Lebenswochen zweimal in Begleitung Hillers sowie ein drittes Mal gemeinsam mit seiner Frau. Beim ersten Besuch am 8. März unterhielt man sich über bevorstehende Akademien, die Hummel an Beethovens Stelle übernehmen sollte, sowie über Politik. Beim zweiten Besuch am 13. März konnte Beethoven bereits nicht mehr im Sessel sitzen und litt unter starken Schmerzen, war aber geistig noch rege, beim dritten Besuch am 23. März war er dann bereits nicht mehr in der Lage, den angebotenen Wein zu schlucken. In seinen letzten Lebenswochen erhielt Beethoven neben Genesungswünschen von einigen Honoratioren des Wiener Musiklebens auch ein paar Geschenke als Zeichen der Anerkennung. Von dem Verleger Anton Diabelli bekam er eine Lithographie, die das Geburtshaus Joseph Haydns in Rohrau zeigt, aus London sandte der Harfenfabrikant Johann Andreas Stumpff einen kürzlich veröffentlichten Band der Händel-Gesamtausgabe und die Londoner Philharmonische Gesellschaft ließ Beethoven £ 100 zukommen, allerdings hatte Beethoven zuvor einen entsprechenden Bittbrief an Ignaz Moscheles gerichtet. Und schließlich traf noch am 24. März eine Kiste mit 12 Flaschen Rüdesheimer Bergwein, Jahrgang 1806 ein, um die Beethoven den Verleger Schott in Mainz gebeten hatte, was Beethoven mit seinen letzten Worten »schade, schade – zu spät«[5] kommentiert haben soll.

Am 23. März setzte Beethoven mit großer Mühe sowie bereits unsicherer Handschrift und Orthographie ein letztes Mal seine Unterschrift unter einen Zusatz zu seinem Testament, mit dem der Zugriff seiner Schwägerin auf das Vermögen verhindert werden sollte. Nachdem die Ärzte das Krankenzimmer verlassen hatten, soll Beethoven im Beisein Schindlers, von Breunings und dessen Sohn die Situation mit »plaudite, amici, comoedia finita est« [6] kommentiert haben. Am 24. März empfing er in Anwesenheit von Schindler, Gerhard von Breuning, Johann Baptist Jenger von der Gesellschaft der Musikfreunde und Therese van Beethoven gegen 12 Uhr mittags die Sterbesakramente. Laut Aussagen der Augenzeugen soll sich Beethoven bei dem Pfarrer für den erwiesenen Dienst bedankt haben.[7] Noch am Abend fiel er in Agonie. Schindler berichtete hiervon am 24. März in einem Brief an Ignaz Moscheles:

»Seine Auflösung geht mit Riesenschritten [...]. Er befindet sich fortwährend in einem dumpfen Dahinbrüten, hängt den Kopf auf die Brust und sieht stundenlang auf einen Fleck, kennt die besten Bekannten selten, ausgenommen, man sagt ihm, wer vor ihm steht. Kurz, es ist

> schauderhaft, wenn man dieses sieht; und nur noch wenige Tage kann dieser Zustand dauern; denn alle Funktionen des Körpers hören seit gestern auf [...] Scharenweise kommen jetzt die Menschen, um ihn noch zu sehen, obgleich durchaus niemand vorgelassen wird, bis auf jene, die keck genug sind, den sterbenden Mann noch in seinen letzten Stunden zu belästigen.«[8]

Am Sterbebett hielten sich abwechselnd Beethovens Bruder Johann, dessen Frau, von Breuning mit Sohn, die Haushälterin, Schindler und ein Pfleger aus Wawruchs Klinik auf. Hinzu kam noch der Maler Josef Teltscher, der zum Missfallen von Breunings den Sterbenden zeichnete. Als am 26. März gegen 3 Uhr nachmittags Anselm Hüttenbrenner das Sterbezimmer betrat, brachen von Breuning und Schindler auf, um sich um eine Grabstelle zu kümmern. Wie Hüttenbrenner berichtet, blieb er mit Frau van Beethoven allein bei dem Sterbenden, als gegen 5 Uhr ein Gewitter aufzog. Nach einem von einem Donnerschlag begleiteten Blitz habe, so Hüttenbrenner, Beethoven noch einmal die Augen geöffnet, die rechte Hand zu einer Faust geballt, diese empor gereckt und sei dann verschieden. Dann habe Hüttenbrenner dem Toten die Augen geschlossen und die Schwägerin ihm wunschgemäß eine Haarlocke zum Andenken abgeschnitten. Anschließend sei Hüttenbrenner zu Beethovens Verleger Tobias Haslinger geeilt, um ihm von den Geschehnissen zu berichten.[9] Am Morgen des 27. März erbat der Maler und Grafiker Josef Danhauser von Stephan von Breuning die Erlaubnis, ein Portrait des Verstorbenen zeichnen und die Totenmaske abnehmen zu dürfen. Gemeinsam mit seinem Bruder Carl erhielt er Zutritt zu der Wohnung, auch wurde ein Barbier hinzugezogen, der Beethoven rasierte, bevor der Gipsabdruck des Gesichts erstellt wurde.[10] Danhausers Ölstudien von Beethovens Antlitz, der Totenmaske und den Händen des Verstorbenen sind erst nachträglich entstanden. Am Nachmittag des 27. März, den gesetzlichen Vorgaben entsprechend 24 Stunden nach Eintritt des Todes, wurde Beethoven obduziert. Die Leichenöffnung nahm der Assistent am Pathologischen Museum Wien Dr. Johannes Wagner im Beisein von Beethovens letztbehandelndem Arzt Prof. Dr. Wawruch im Sterbezimmer vor. Es wurden nicht nur, wie üblich, neben der allgemeinen Leichenschau Schädeldecke und Rumpf

Beethoven, Totenmaske, Ölskizze von Joseph Danhauser, 1827 (Beethoven-Haus, Bonn).

geöffnet, um die inneren Organe zu begutachten, vielmehr erfolgte zudem die Öffnung der Felsenbeine, um die inneren Gehörorgane für eine Untersuchung freizulegen.

Anschließend wurde der mit einem Totenhemd bekleidete Leichnam in einem mit weißer Seide ausstaffierten, polierten Eichensarg im Sterbezimmer aufgebahrt. Üblicherweise wurde hierfür der offene Sarg auf Brettern gelagert, die man über Stühle legte. Im Falle Beethovens war die Bahre umstellt von acht brennenden Kerzen, zwei Totenwächter blieben bei dem Verstorbenen. Auf das Ausschlagen des Sterbezimmers mit schwarzen Tüchern hatte man verzichtet. Das Gesicht des Toten war mit einem Tuch bedeckt, der Kopf, auf einem erhöhten Polster gebettet und mit einer Rosengirlande umkränzt. Die Hände des Toten hielten eine Lilie, zwei weitere Lilien lagen je zu beiden Seiten des Verstorbenen im Sarg. Die Sterbewohnung im Schwarzspanierhaus wurde bis zum Begräbnis am folgenden Tag zu einem Wallfahrtsort. Freunde, Verehrer und Schaulustige versuchten, Beethoven die letzte Ehre zu erweisen und wohl auch, eine Reliquie zu erheischen. Hatten bereits der engste Kreis jener, der zum oder kurz nach dem Todeszeitpunkt Anwesenden sowie Danhauser sich Haare des Verstorbenen zum Andenken abgeschnitten, lässt sich dem Tagebucheintrag des mit Franz Schubert befreundeten Franz von Hartmann entnehmen, dass die Totenwächter Locken Beethovens nach Sympathie und gegen Trinkgeld an Defilierende weitergaben.[11]

Am 27. März ließ Tobias Haslinger Einladungskarten zu Beethovens für den übernächsten Tag anberaumtem Begräbnis drucken, die in seiner Musikhandlung verteilt wurden. Den Text im Namen »von L. van Beethoven's Verehrern und Freunden«[12] hat vermutlich Stephan von Breuning verfasst. Zur Aussegnung des Verstorbenen war vorgesehen, dass man sich am 29. März um drei Uhr nachmittags in der Sterbewohnung einfinden solle. Als sich aber eine große Menschenmenge beim Schwarzspanierhaus versammelt hatte, entschloss man sich stattdessen, den Sarg, für dessen Ausschmückung ein Kreis von Verehrern um den Komponisten und Dirigenten Eduard Baron von Lannoy gesorgt hatte, im Hof aufzubahren. Gegen 15:30 Uhr wurde die Aussegnung vorgenommen. Anders als üblich, versah nicht der eigentlich zuständige Gemeindepriester der Dreifaltigkeitskirche dieses Amt, sondern neun Benediktinermönche der Schottenpfarrei. Die Oration wurde gesprochen, der Psalm *De Profundis* gebetet, der Sarg mit Weihwasser besprengt und mit Weihrauch inzensiert. Dann intonierten die acht Sargträger den Choral der barmherzigen Brüder »Rasch tritt der Tod den Menschen an« aus der 1804 entstandenen Oper *Wilhelm Tell* des Berliner Kapellmeisters Bernhard Anselm Weber. Bei den mit Trauerflor und Blumengebinden am Arm geschmückten Sargträgern handelte es sich um Mitglieder des Kärtnertor-Theaters und des Leopoldstädter-Theaters, namentlich die Tenöre Ludwig Cramolini, Josef Eichberger, Ignaz Schuster und Adolf Müller und die Bässe Franz Borschitzky, Franz Anton Forti, Franz Zeltner und Joseph Preisinger.[13] Ferner wirkten als Auswechselsargträger der Instrumentalist Anton Wranitzky, der Chorleiter der Karlskirche Johann Rupprecht und ein nicht näher identifizierter Herr Hofmann mit.[14] Anschließend formierte sich der Trauerzug.[15] Wie bei einem Kondukt der 1. Klasse üblich, führte ein Kreuzträger den Trauerzug an. Ihm folgten – in Frack und Zylinder – ein Posaunenquartett und ein sechzehnköpfiger Männerchor, bestehend aus Mitgliedern der Gesellschaft der Musikfreunde, der Hofkapelle und mehrerer Wiener Theater. Sie trugen im Wechsel drei der vier *Equale* von Beethoven (WoO 30) vor. Die Textierung der ersten und dritten Nummer dieser eigentlich nur für vier Posaunen gesetzten Komposition hatte Ignaz Ritter von Seyfried besorgt und hierfür Verse aus dem 51. Psalm ausgesucht (»Miserere mei, Deus, Amplitus lava me ab iniquitate mea«). Außerdem wurde der Trauermarsch aus Beethovens *Klaviersonate* op. 26 in einer ebenfalls von Seyfried eingerichteten Fassung für vier Posaunen gespielt. Dem Chor folgten als Vertreter des Klerus jene neun Mönche aus dem Schottenstift, die bereits die Aussegnung vorgenommen hatten. Sie gingen dem Sarg voran, der auf einer Bahre stand, die die acht Träger geschultert hatten. Der Sarg, dessen Deckel mit einem Intarsienkreuz verziert war und den man mit Lorbeerkränzen und einem Kranz aus weißen Rosen geschmückt sowie mit einem Parament (Aufschnallkruzifix) und einem kleinen Altar versehen hatte, der ein Evangelienbuch enthielt, war in ein Bahrtuch aus schwarzem Trauerflor gehüllt und mit acht weißen Atlasbändern versehen, die auf der Sargoberseite zusammengeschleift waren. Die Enden der Atlasbänder wurden während des Zuges gehalten von den Musiker- bzw. Komponistenkollegen Joseph Leopold von Eybler, Joseph Weigl, Adalbert Gyrowetz, Johann Nepomuk Hummel, Ritter von Seyfried, Conradin Kreutzer, Johann Gänsbacher und Wilhelm Würfel.[16] Den Trauerzug von der Spitze bis zum Sarg eskortierten zu beiden Seiten 36 Fackelträger, wie Seyfried berichtet, »bestehend aus Kunstfreunden, Schriftstellern, Tonsetzern, Schauspielern und Musikern, unter ihnen die Herren [Heinrich] Anschütz, [Joseph Karl] Bernard, Jos[eph] Böhm, [Ignaz Franz] Castelli, Carl Czerny, [...] [Franz] Grillparzer, Conr[ad] Graf, [Johann Christoph] Grünbaum, [Tobias] Haslinger, [...] [Karl] Holz, [...], Sigr. [Luigi] Lablache, Baron [Eduard von] Lannoy, [Joseph] Linke, [Joseph] Mayseder, [...] [Joseph] Merk, [Pietro] Mechetti, [...] [Ferdinand] Raimund, [Philipp Jakob] Riotte, [Franz] Schubert, [Johann] Schickh, [...] [Andreas] Streicher, [Ignaz] Schuppanzigh, [Anton] Steiner, u.a.m. sämmtlich in Trauerkleidern, mit weissen Rosen u. Liliensträussern, befestigt am Arm durch die Flore, und mit brennenden Wachsfackeln.«[17] Den Zug der Trauergäste führten als Vertreter der Familie Beethovens Bruder Johann mit seiner Frau an. Der Neffe Karl wohnte dem Begräbnis nicht bei, vermutlich, weil er keinen Urlaub vom Militär erhalten hatte. Es folgten als engster Freund Stephan von Breuning mit seinem Sohn Gerhard sowie Hofrat Ignaz von Mosel, Vizedirektor der Hofbibliothek und Leiter der Musikfeste der Gesellschaft der Musikfreunde in Wien, und Joseph Drechsler, der Kapellmeister von St. Anna, begleitet von Zöglingen des Konservatoriums. Außerdem hatten sich eine so große Menschenmenge und eine derart beträchtliche Anzahl von Kutschen versammelt[18], teils um dem Sarg zu folgen, teils um die Straße zu säumen, dass der Weg zur wenige hundert Meter entfernten Dreifaltigkeitskirche über eine Stunde dauerte und die Kräfte der Sargträger auf das Äußerste strapazierte. Sowohl die Kirche als auch der Kirchenvorplatz waren vollkommen überfüllt, zahlreiche Ohnmächtige mussten abtransportiert werden und das für Ordnung sorgende Militär wollte zunächst selbst den engsten Angehörigen und Freunden den Zutritt zur Kirche verwehren. Zur Einsegnung mit Weihwasser und Weihrauch erklang das üblicherweise einstimmige *Libera me* in einer Einrichtung für vierstimmigen Männerchor a cappella von von Seyfried, die Motive aus dem Mozart-*Requiem* verarbeitet. Nach der Einsegnung wurde der Sarg in einem vierspännigen Galawagen zum mehrere Kilometer entfernten Währinger Pfarrfriedhof überführt. Auch hier folgten, angeführt von Schulkindern, die für diesen Tag schulfrei bekommen hatten, eine große Anzahl Menschen und Kutschen dem Sarg. Den Statuten der Währinger Pfarrei für Auswärtige entsprechend, erfolgte eine weitere (kostenpflichtige) Einsegnung in der Währinger Pfarrkirche (heute Wien XVIII., Pfarrkirche St. Gertrud), bei der, von der Orgel begleitet, der dortige Kirchenchor Motetten sowie das *Miserere* und das *Libera me* sang. Im Anschluss wurde der Sarg zum Pfarrfriedhof gebracht und beigesetzt. Am offenen Grab überreichte Tobias Haslinger Johann Nepomuk Hummel drei Lorbeerkränze, die dieser auf den Sarg legte, der danach mit Erde bedeckt wurde. Entgegen der Gepflogenheit – denn üblicherweise wurde die Bestattung nur von der Geistlichkeit vollzogen – hatten sich auf dem Kirchhof ebenfalls zahlreiche Trauergäste versammelt. Auf behördliche Anordnung durfte Heinrich Anschütz die von Franz Grillparzer verfasste, ergreifende Grabrede lediglich vor dem Friedhofstor verlesen. Sie wurde wenig später in der *Allgemeinen Theaterzeitung und Unterhaltungsblatt für Freunde der Kunst, Literatur und des geselligen Lebens*[19] abgedruckt mit folgendem Wortlaut:

> »Indem wir hier am Grabe dieses Verblichenen stehen, sind wir gleichsam die Repräsentanten einer ganzen Nation, des deutschen gesammten Volkes, trauernd über den Fall der einen hochgefeyerten Hälfte dessen, was uns übrig blieb von dem dahingeschwundenem Glanze heimischer Kunst, vaterländischer Geistesblüthe. Noch lebt zwar – und möge er lange leben! der Held des Sanges in deutscher Sprach' und Zunge, aber der Meister des tönenden Lieds, der Tonkunst holder Mund, der Erbe und Erweiterer von Händel und Bach, von Haydn's und Mozart's unsterblichem Ruhm hat ausgelebt, und wir stehen weinend bey den zerrissenen Saiten des verklungenen Spiels.«
>
> Des verklungenen Spiels! Laßt mich so ihn nennen! denn ein Künstler war er, und was er war, war er nur durch die Kunst. Des Lebens Stacheln hatten tief ihn verwundet, und wie der Schiffbrüchige das Ufer umklammert, so floh er in deinen Arm, o du, des Guten und Wahren gleich herrliche Schwester, des Leides Trösterinn, von oben stammende Kunst! Fest hielt er an, dir, und selbst als die Pforte geschlossen war, durch die du eingetretten bey ihm und sprachst zu ihm, als er blind geworden war für deine Züge durch sein taubes Ohr, trug er noch immer dein Bild im Herzen, und als er starb, lag's noch auf seiner Brust.
>
> Ein Künstler war er, und wer steht neben ihm? Wie der Behemoth die Meere durchstürmt, so durchflog er die Gränzen seiner Kunst. Vom Girren der Taube bis zum Rollen des Donners, von der spitzfindigsten Verwebung eigensinniger Kunstmittel bis zu dem furchtbaren Punct, wo das Gebildete übergeht in regellose Willkühr streitender Naturgewalten. Alles hatte er durchmessen. Alles erfaßt. Der nach ihm kommt, wird nicht fortsetzen, er wird anfangen müssen, denn sein Vorgänger hörte nur auf, wo die Kunst aufhört.
>
> Adelaide und Leonore, Feyer der Helden von Vittoria und des Meßopfers demütiges Lied Kinder ihr der drey- und vier-getheilten Stimmen, Brausende Symphonie: ›Freude, schöner Götterfunken‹ du Schwanengesang, Muse des Lieds und des Saitenspiels. Stellt euch rings um sein Grab und bestreut's mit Lorbeeren!
>
> Ein Künstler war er, aber auch ein Mensch. Mensch in jedem, im höchsten Sinne. Weil er von der Welt sich abschloß, nannten sie ihn feindselig, und weil er der Empfindung aus dem Wege ging, gefühllos. Ach, wer sich hart weiß, der flieht nicht! Gerade die feinsten Spitzen sind es, die am leichtesten sich abstumpfen, und biegen oder brechen. Das Übermaß der Empfindung weicht der Empfindung aus! – Er floh die Welt weil er im ganzen Bereich seines

liebenden Gemüthes keine Waffe fand, sich ihr zu widersetzen. Er entzog sich den Menschen weil er ihnen Alles gegeben und Nichts dafür empfangen hatte. Er blieb einsam, weil er kein zweytes Ich fand.

Aber bis an sein Grab bewahrte er ein menschliches Herz allen Menschen, ein väterliche den Seinen, Gut und Blut der ganzen Welt.

So war er, so starb er, so wird er leben für alle Zeiten.

Ihr aber, die ihr unserem Geleite gefolgt bis hierher gebietet eurem Schmerz! Nicht verloren habt ihr ihn, ihr habt ihn gewonnen. Kein lebendiger tritt in die Hallen der Unsterblichkeit ein. Der Leib muss fallen, dann erst öffnen sich ihre Pforten. Den ihr betrauert, er steht von nun an unter den Großen aller Zeiten, unantastbar für immer. Drum kehrt nach Hause, betrübt, aber gefaßt! Und wenn euch je im Leben, wie der kommende Sturm, die Gewalt seiner Schöpfungen übermannt, wenn euer Entzüken dahinströmt in der Mitte eines jetzt noch ungeborenen Geschlechts, so erinnert euch dieser Stunde, und denkt: wir waren auch dabey, als sie ihn begruben, und als er starb, haben wir geweint.«[20]

Derweil verteilten die Dichter Franz Xaver Freiherr von Schlechta von Wschehrd und Ignaz Franz Castelli ihrerseits eigene, auf den Verstorbenen verfasste Gedichte unter den vor dem Kirchhof versammelten Trauergästen in Form von Einblattdrucken. Beide Gedichte wurden kurz darauf als Beilage der Wiener *Allgemeinen Theaterzeitung und Unterhaltungsblatt für Freunde der Kunst, Literatur und des geselligen Lebens* abgedruckt. Schlechta von Wschehrd hatte sein Gedicht mit *Am Grabe Beethoven's* betitelt:

»Es brach ein Quell vom hohen Felsen nieder
Mit reicher Strömung über Wald und Flur,
Und wo er floß, entstand das Leben wieder,
Verjüngte sich die alternde Natur.
Ein jeder kam zur reitzgeschmückten Stelle
Und suchte sich Erquickung an der Welle.

Nur Wenige von richtigem Gefühle
Empfanden seine Wunderkräfte ganz,
Die Übrigen erfreuten sich am Spiele
Der schönen Fluth, und ihrem Demantglanz;
Die Meisten aber fanden sein Gewässer
Dem Andern gleich, nicht edler und nicht besser.

Der Quell versank. Nun erst erkannte Jeder
Des Bornes Kraft, nun erst, da sie zerstob!
Und Pinsel, Klang, der Meißel und die Feder
Vereinten sich zum längst verdienten Lob;
Jedoch kein Lied, nicht Sehnsucht, nicht die Klage
Erweckten ihn, und brachten ihn zu Tage.

Du, der hier liegt, befreyt von Schmerz und Banden,
Du warst der Quell, den ich zuvor genannt!

Du großer Mensch, von Wenigen verstanden,
Bewundert oft, doch öfter noch verkannt!
Jetzt werden Alle jubelnd Dich erheben:
Du mußtest sterben, sterben, um zu leben!«

Castellis Gedicht mit dem Titel *Achtung aller Thränen, welche fließen* lautete:

»Achtung allen Thränen, welche fließen,
Wenn ein braver Mann zu Grabe ging,
Wenn die Freunde Trauerreihen schließen,
Die der Selige mit Lieb' umfing.
Doch der Trauerzug, der heute wallet,
Strecket sich, so weit das Himmelszelt,
Erd' umspannt, so weit ein Ton erschallet,
Und um diesen Todten weint die Welt.

Doch um Euch allein nur müßt ihr klagen! –
Wer so hoch im Heiligthume stand,
Kann den Staub nicht mehr, – er ihn nicht tragen,
Und der Geist sehnt sich in's Heimathland.

Darum rief die Muse ihn nach oben,
Und an ihrer Stelle sitzt er dort;
Und an ihrem Throne hört er droben,
Tönen seinen eigenen Accord.

Aber hier sein Angedenken weilet,
Und sein Nahme lebt im Ruhmes-Licht,
Wer, wie er, der Zeit ist vorgeeilet,
Den ereilt die Zeit zerstörend nicht.«

Beethovens Ableben und Begräbnis hat zu zahlreichen weiteren Nekrologen und Trauergedichten angeregt, die weit über Wien und die dortigen Kunst- und Theaterzeitungen hinaus auch in den deutschen Kunstmetropolen Leipzig und Berlin Verbreitung fanden. Von den gedruckten, gedichtförmigen Nachrufen auf Beethoven sind zu nennen Johann Gabriel Seidls *Ihr habt ihn selbst gehört*[21], Franz Grillparzers *Beethoven*[22], Alois Jeitteles *Beethovens Begräbnis*[23], Franz Anton Maria Freiherr von Nellenburg-Damenackers *Nachruf an Beethoven*[24], Franz Carl Weidmanns *Am Grabe Beethovens*[25], Paul Friedrich Walthers *Louis van Beethoven's Sterbetag*[26], Wilhelm Christian Müllers *So weit des Erdballs Länder reichen*[27], Friedrich de la Motte-Fouqués *An Beethoven*[28], Heinrich Stieglitz' *Beethoven*[29], Friedrich Treitschkes *Zu Beethovens Gedächtniß*[30]. Ferner dichtete Friedrich Schmidt eine Textunterlegung für Beethovens Adagio aus dem *Streichquartett* Es-Dur op. 127 mit dem Titel *Beethovens Heimgang*[31], und von Friedrich Rochlitz erschien ein *Nekrolog auf Beethoven* in der Leipziger *Allgemeinen Musikalischen Zeitung*[32]. Am 5. April

1827 wurde in der Kirche zu St. Carl die Seelenmesse für den Verstorbenen gelesen. Zu diesem Anlass hatte Carl Philipp eine *Hymne zur Todes-Feyer des verewigten Ludwig van Beethoven* geschrieben. Am 21. April 1827 erging von der Gesellschaft der Musikfreunde des Österreichischen Kaiserstaates eine Einladung an ihre Mitglieder zu einem Requiem für Beethoven in der Hof- und Pfarrkirche zu den Augustinern »Donnerstags den 20. April [...] um 11 Uhr« [recte wohl 26. April]. Hierzu sollte das »cherubinische Requiem« aufgeführt werden.[33] Auch in seiner Geburtsstadt Bonn gedachte man des Verstorbenen. Die Bonner Musikfreunde und die Junggesellenbruderschaft veranstalteten am 13. Juli 1827 in der Kirche der marianischen Junggesellen-Sodalität (heute Namen-Jesu-Kirche) in der Bonngasse unweit des Geburtshauses des berühmten Sohnes der Stadt ein feierliches Seelenamt, bei dem das *Requiem* von Wolfgang Amadeus Mozart gespielt wurde. Das Trauerjahr beendeten zahlreiche Freunde und Verehrer Beethovens mit einem Besuch seines Grabs am Jahrestag des Begräbnisses. Aber auch andernorts, so beispielsweise in Leipzig und Berlin, gab es zu diesem Anlass Gedenkkonzerte.

Während die Bestattungskosten von 350 Gulden aus einer Spende der London Philharmonic Society bestritten werden konnten, gestaltete sich die Finanzierung des Grabmals schwieriger. Bereits im April 1827 wurde von den Mitgliedern der Concerts spirituels eine Akademie veranstaltet, um Geld für ein Grabmal zu sammeln. Zu dem Konzert, in dem ausschließlich Werke Beethovens gespielt wurden, kamen jedoch »nur etwa 300 Zuhörer«.[34] Erst ein öffentlicher Aufruf von Jakob Hotschevar – einem Verwandten von Beethovens Schwägerin Johanna van Beethoven – im September 1827, der auch über die Wiener *Allgemeine Theaterzeitung* verbreitet wurde, erbrachte genügend Einnahmen, um den Plan zu realisieren. Mit der künstlerischen Planung wurde Ferdinand Schubert beauftragt, ein älterer Bruder Franz Schuberts. Er entwarf das Grabmal in der Form eines Obelisken. Dieser trägt an der Stirnseite als einzige Aufschrift den Nachnamen des Verstorbenen (ohne »van«) in schwarzen Lettern und ist oberhalb davon mit zwei goldfarbenen Emblemen verziert. Nahe der Spitze des Obelisken befindet sich ein von einer sich in den Schwanz beißende Uräusschlange umschlossener Schmetterling, also die Verbindung von Ewigkeits- und Auferstehungssymbolik, darunter ist eine apollinische Lyra angebracht, also das Symbol für die Kunstform der Musik. Die handwerkliche Ausführung des Grabmals oblag dem Steinmetz Alois Hauser. Der Grabstein wurde etwa ein Jahr nach Beethovens Tod aufgestellt. Wiederum hielt Franz Grillparzer die – nun von ihm selbst verfasste – Gedenkrede.[35] In der Zwischenzeit hatte man im Herbst 1827 das Grab geöffnet, um den Sarg zum Schutz vor Reliquienjägern einzumauern und anschließend das Grab mit einer Platte zu versehen. Diese Schutzmaßnahmen waren nicht übertrieben, da es Versuche gab, die Totengräber des Währinger Friedhofs mit hohen Summen zu bestechen, um an Beethovens Schädel zu gelangen.

1863 wurde auf Betreiben von Mitgliedern der Wiener Gesellschaft der Musikfreunde mit Blick auf den schlechten Zustand der beiden nebeneinander liegenden Grabstellen von Beethoven und Franz Schubert eine Sanierung beschlossen, die auch die Konservierung der Gebeine beinhaltete. Zu diesem Zweck öffnete man am 13. Oktober die Gräber, exhumierte die sterblichen Überreste und mauerte die Grüfte aus. Vor der Wiederbestattung zehn Tage später in Zinksärgen wurden die Skelette einer Untersuchung unterzogen. Insbesondere setzte man Schädelfragmente zusammen, fotografierte den Schädel und fertigte einen Gipsabdruck an. Im Falle Beethovens erfolgte 25 Jahre später am 21. Juni 1888 eine zweite Exhumierung, um den Sarg zum 1874 gegründeten Zentralfriedhof zu überführen, wo die feierliche Wiederbestattung in der 1885 angelegten Ehrengräbergruppe am folgenden Tag unter großer Anteilnahme der Bevölkerung stattfand. Als Grabstein wählte man eine Kopie des Währinger Grabmals, außerdem wurde ein schmiedeeiserner Zaun als Grabeinfassung errichtet. Nach einer Einsegnungszeremonie, während derer der prachtvoll verzierte Zinkmetallsarkophag unter einem hohen Baldachin aufgebahrt war, hielt k.k. Hofschauspieler Josef Lewinsky folgende von dem Publizisten und Dramatiker Josef von Weilen verfasste Rede am Grab:

»Der Genius, nachdem er Unsterbliches zur Erquickung der Sterblichen geschaffen, läßt in das Jenseits sich hinüberschwingend seine morsche Hülle, wie ein losgelöstes Gewand, auf dieser Erde zurück.

Und wir betten dankbar, in andachtsvoller Scheu diese Überreste in die Erde und halten sie in treuer Hut, und ehren in den letzten Resten seiner vergänglichen menschlichen Erscheinung den Genius und sein unvergängliches Erbe.

Vor 61 Jahren an einem rauen Märztage wurde am Ortsfriedhof zu Währing Ludwig van Beethoven zur Erde bestattet und nahe dem Grabe des Verblichenen an der Friedhofsmauer sprach der Meister der Rede: Heinrich Anschütz die herrlichen Worte, welche der Dichter der Sappho ihm in den Mund gelegt und wie Orgelklang tönte die Verkündigung:

›Nicht verloren habt ihr ihn, ihr habt ihn gewonnen. Kein Lebendiger tritt in die Hallen der Unsterblichkeit ein. Der Leib muss fallen, dann erst öffnen sich ihre Pforten. Den ihr betrauert, er steht von nun an unter den Großen aller Zeiten, unantastbar für immer.‹

Und heute, an einem Junitage, haben wir des Meisters sterbliche Überreste seinem Grabe auf dem Friedhofe von Währing wieder enthoben und im feierlichen Zuge durch die Stadt getragen, die er sich zur Heimat gewählt[,] und die Enkel und Urenkel derjenigen, unter welchen er gelebt und gewandelt, senken ehrfurchtsvoll wie vor einer Königsleiche das Haupt.

Hier auf diesem unübersehbaren Leichenfelde bestatten wir heute Ludwig van Beethoven. Neben Wolfgang Mozart, dessen Grabmal nicht seine Gebeine, wohl aber den beschämenden Vorwurf für seine Zeitgenossen bringt, daß sie, die seine Meisterwerke empfangen, seine Asche nicht zu hüten gedacht waren – neben Franz Schubert, dem unerschöpflich melodienreichen Sohne Wiens, welcher selbst dem Tode nahe, mit dem Auge voll Thränen und mit dem Herzen voll Weh, ein Jünger einst an des Meisters Grabe gestanden.

Hier möge künftig, was irdisch ist von Ludwig van Beethoven die letzte Ruhestätte finden, umgeben von Tausenden und aber Tausenden, die, als sie noch auf Erden gewandelt, seinen Namen voll Ehrfurcht genannt und die seligsten und erhebendsten Stunden ihres Lebens seinen Schöpfungen verdanken.

Und wie schlicht und prunklos auch dieses sein Grabdenkmal inmitten von prunkenden Marmor-Monumenten erscheint – der Name B e e t h o v e n ziert diesen einfachen Denkstein und überstrahlt damit allein alle anderen an Glanz und Pracht und Bedeutung.

Und Euch, die Ihr in voller Hingebung mich in diesem feierlichen Augenblicke umreiht. Euch kann ich nichts dieser Stunde Würdigeres, nichts Weihevolleres bieten, als wenn ich die Worte, welche der Heimat großer Dichter vor mehr als einem halben Jahrhundert aufgezeichnet, Euch zurufe:

›Ihr, die Ihr versammelt seid an dieser Stätte, tretet näher an dies Grab ... der hier liegt, war ein Begeisterer. Nach Einem trachtend, um Eines sorgend, für Eines duldend, alles hingebend für Eines, so gieng dieser Mann durch das Leben ... Wenn noch Sinn für Ganzheit in uns ist in dieser zersplitterten Zeit, so laßt uns sammeln an seinem Grabe. Darum sind ja von jeher Dichter gewesen und Helden, Sänger und Gotterleuchtete, daß an ihnen die armen, zerrütteten Menschen sich aufrichten, ihres Ursprungs gedenken und ihres Ziel's.‹«[36]

Anmerkungen

1 Zitiert nach: H. Bankl und H. Jesserer, *Die Krankheiten Ludwig van Beethovens. Pathographie seines Lebens und Pathologie seiner Leiden*, Wien 1987, S. 61.

2 Zitiert nach: K. M. Kopitz und R. Cadenbach (Hrsg.), *Beethoven aus der Sicht seiner Zeitgenossen in Tagebüchern, Briefen, Gedichten und Erinnerungen*, München 2009, Bd. 1, S. 50.

3 G. von Breunig, *Aus dem Schwarzspanierhause. Erinnerungen an L. van Beethoven aus meiner Jugendzeit*, Wien 1874, S. 83.

4 Vgl. K. M. Kopitz und R. Cadenbach (Hrsg.), *Beethoven aus der Sicht seiner Zeitgenossen*, Bd. 1, S. 193f.

5 Anton Schindler an den Schott-Verlag am 12. April 1827. Zitiert nach: A. Leitzmann, *Beethovens Persönlichkeit. Urteile der Zeitgenossen gesammelt und erläutert von Albert Leitzmann*, Leipzig 1914, Bd. 2, S. 410.

6 A. Schindler, *Biographie von Ludwig van Beethoven*, Münster 1840, S. 189.

7 A. W. Thayer, *Ludwig van Beethovens Leben. Nach dem Original-Manuskript deutsch bearbeitet von Hermann Deiters. Auf Grund der hinterlassenen Vorarbeiten und Materialien weitergeführt von Hermann Deiters. Herausgegeben von Hugo Riemann*, Nachdruck der Ausgabe Leipzig 1908, Hildesheim etc. 2001, Bd. 5, S. 489.

8 [Ch. Moscheles], *Aus Moscheles' Leben. Nach Briefen und Tagebüchern herausgegeben von seiner Frau*, Leipzig 1872, Bd. 1, S. 152f.

9 Vgl. K. M. Kopitz und R. Cadenbach (Hrsg.), *Beethoven aus der Sicht seiner Zeitgenossen*, Bd. 1, S. 483f.

10 Vgl., C. Danhauser, *Nach Beethovens Tod. Erinnerungen von Carl Danhauser: Autograph im Archiv der Gesellschaft der Musikfreunde in Wien. Faksimile*, kommentiert und hrsg. von O. Biba, Wien 2001.

11 Vgl. K. M. Kopitz und R. Cadenbach (Hrsg.), *Beethoven aus der Sicht seiner Zeitgenossen*, Bd. 1, S. 420f.

12 Vgl. Abbildung in: Beethoven-Haus Bonn und Museum für Sepuralkultur Kassel (Hrsg.), *Drei Begräbnisse und ein Todesfall. Beethovens Ende und die Erinnerungskultur seiner Zeit* (= Veröffentlichungen des Beethoven-Hauses, Ausstellungskataloge, hrsg. von M. Ladenburger und S. Bettermann, Bd. 12), Bonn 2002, S. 90.

13 Vgl. K. M. Kopitz und R. Cadenbach (Hrsg.), *Beethoven aus der Sicht seiner Zeitgenossen*, Bd. 1, S. 420f.

14 Ignaz Ritter von Seyfried, *Bericht über Beethovens Begräbnis*, zitiert nach: Beethoven-Haus Bonn und Museum für Sepuralkultur Kassel (Hrsg.), *Drei Begräbnisse und ein Todesfall*, S. 118.

15 Siehe hierzu auch das Aquarell *Beethovens Leichenzug* von Franz Stöber (Beethoven-Haus, Bonn).

16 Cramolini erinnert sich anders, scheint aber die Träger der Atlasbänder und der Fackeln zu vermischen. Vgl. K. M. Kopitz und R. Cadenbach (Hrsg.), *Beethoven aus der Sicht seiner Zeitgenossen*, Bd. 1, S. 195.

17 Beethoven-Haus Bonn und Museum für Sepuralkultur Kassel (Hrsg.), *Drei Begräbnisse und ein Todesfall*, S. 119.

18 Cramolini schätzt, es dürften »wohl 20.000 [Personen] und darüber gewesen sein [und] über 100 Wagen, darunter mehrere kaiserliche.« Zitiert nach: K. M. Kopitz und R. Cadenbach (Hrsg.), *Beethoven aus der Sicht seiner Zeitgenossen*, Bd. 1, S. 195f.

19 Allgemeinen Theaterzeitung und Unterhaltungsblatt für Freunde der Kunst, Literatur und des geselligen Lebens, Wien, 9. Juni 1827, S. 281.

20 Weitere Versionen der Grabrede sind abgedruckt in: Beethoven-Haus Bonn und Museum für Sepuralkultur Kassel (Hrsg.), *Drei Begräbnisse und ein Todesfall*, S. 116ff.

21 In: Wiener Zeitschrift für Kunst, Literatur, Theater und Mode vom 15. Mai 1827, S. 474, zugleich: Allgemeine Musikalische Zeitung, Leipzig, 30. Mai 1827, Sp. 365f.

22 Zitiert nach: I. Ritter von Seyfried, *Ludwig van Beethoven's Studien im Generalbasse, Contrapuncte und in der Compositions-Lehre*, Wien [1832], Anhang, S.77f.

23 In: Wiener Zeitschrift für Kunst, Literatur, Theater und Mode vom 15. Mai 1827, S. 474.

24 In: Archiv für Geschichte, Statistik, Literatur und Kunst, Wien 25./27. April 1827, S. 285f.

25 In: Wiener Zeitschrift für Kunst, Literatur, Theater und Mode, 3. April 1827, S. 317.

26 In: Allgemeine Theaterzeitung und Unterhaltungsblatt für Freunde der Kunst, Literatur und des geselligen Lebens, Wien, 3. April 1827, S. 161.

27 In: Allgemeine Musikalische Zeitung, Leipzig, 23. Mai 1827, Sp. 353f.

28 In: Berliner Allgemeine Musikalische Zeitung, 2. Mai 1827, S. 137.

29 2. erweiterte Fassung in: Allgemeine Theaterzeitung und Unterhaltungsblatt für Freunde der Kunst, Literatur und des geselligen Lebens, Wien, 7. August 1827, S. 381.

30 In: Wiener Zeitschrift für Kunst, Literatur, Theater und Mode, Wien, 26. April 1827, S. 401f.

31 Erschienen im Musikverlag Schott in Mainz, 1827.

32 Ebenda, Ausgabe vom 28. März 1827, Sp. 227f.

33 In: Wiener Zeitung, 21. April 1827, S. 448.

34 F. Pachler, *Beethoven und Marie Pachler-Koschak*, Berlin 1866, S. 27.

35 Abgedruckt in: I. Ritter von Seyfried, *Ludwig van Beethoven's Studien im Generalbasse, Contrapuncte und in der Compositions-Lehre*, Wien [1832], Anhang, S. 70f.

36 Gesellschaft der Musikfreunde, Wien (Hrsg.), *Rede, gehalten bei der Wiederbeerdigung Ludwig van Beethoven's auf dem Central-Friedhofe in Wien am 22. Juni 1888. Verfaßt von Josef Weilen. Gesprochen von Josef Lewinsky, k. k. Hofschauspieler*. Wien 1888 [Flugblatt].

Umwelt

Das Heilige Römische Reich, die Epoche der Französischen Revolution und Napoleons sowie des Deutschen Bundes zur Zeit Beethovens

Von Peter Claus Hartmann

Wie wenige bedeutende Komponisten hat Ludwig van Beethoven eine ungeheuer spannende, dramatische und einschneidende Umbruchszeit erlebt. Geboren in Bonn, der Hauptstadt des geistlichen Kurfürstentums Köln, erhielt er seine musikalische Ausbildung in dieser geistlichen Residenzstadt am Rhein, einer der vielen Hauptstädte von geistlichen Territorien im Heiligen Römischen Reich, wie z.B. Koblenz, Mainz, Würzburg, Bamberg oder Salzburg, wo etwa Wolfgang Amadeus Mozart (1756–1791) seine musikalische Ausbildung erfuhr.

Beethovens Vater Johann van Beethoven war kurfürstlicher Tenorist in der Hofkapelle in Bonn, einer der vielen Hofkapellen des Heiligen Römischen Reiches mit seiner großen kulturellen Vielfalt und Blüte. Der Großvater Beethovens, ebenfalls ein Ludwig van Beethoven, wurde unter dem Kurfürsten Clemens August aus dem bayerischen Zweig des Hauses Wittelsbach, einem besonderen Kunstmäzen, 1733 in der kurkölnischen Hofkapelle in Bonn als Bassist eingestellt. Er stammte aus der Erzbischofsstadt Mecheln bei Brüssel, die sich in den katholischen, damals österreichischen Niederlanden befand, die zum Heiligen Römischen Reich gehörten.

Dieses konföderale Reichsgebilde, eine Art Mitteleuropa der Regionen mit schwacher Zentrale und dem Kaiser als Oberhaupt, wurde damals durch die Aufklärung zunehmend kritisiert und in Frage gestellt und auch politisch stark geschwächt. Kulturell, und hier besonders im Bereich der Musik, war damals die wichtigste Hauptstadt des Heiligen Römischen Reiches die kaiserliche Residenzstadt Wien, das bedeutendste Zentrum des Reiches.

Da mit dem Kölner Kurfürsten Maximilian Franz ein Sohn Maria Theresias und Bruder Kaiser Josephs II. von 1784 bis 1801 als Kölner Kurfürst und Erzbischof in Bonn residierte, waren die Beziehungen zu Wien besonders eng. Ludwig van Beethoven ging deshalb 1787 in diese große Stadt an der Donau, um Schüler von Mozart zu werden, musste jedoch wegen des nahenden Todes der Mutter bald wieder zurückkehren. Von Bonn aus konnte er von den Ereignissen der großen Revolution in Frankreich hören. Die meisten großen Geister in Deutschland wurden damals erfasst von einer ausgeprägten Freiheitsbegeisterung.

Als die Revolutionsregierung im April 1792 dem Kaiser in Wien den Krieg erklärte, war schnell der linksrheinische Teil des Reiches bedroht, die Revolutionsbegeisterung im

Reich schlug bald nach Ausbruch des Terrorregimes von Robespierre mit zehntausenden von Hinrichtungen und hunderttausenden Inhaftierten in Ernüchterung und Ablehnung um; das linksrheinische Reichsgebiet, u.a. auch Bonn, wurde von den französischen Revolutionstruppen 1797/98 endgültig erobert und dann als Departements der Französischen Republik (später dem Kaiserreich Napoleons) eingegliedert. Bonn gehörte zum Rhein-Mosel-Departement. Beethovens Heimatstadt war nun bis 1814 Teil Frankreichs.

Aber Beethoven bekam dies nur aus der Ferne mit, denn er war 1792 nach Wien gezogen, wo er, abgesehen von verschiedenen Reisen, blieb. Er erlebte von dort aus den Aufstieg des korsischen Offiziers Napoleon I. zum Kaiser der Franzosen, zu dessen Verherrlichung er 1804 die *Dritte Sinfonie* (*Eroica*) geschrieben hatte. Beethoven bekam die Selbstkrönung Napoleons, die völlige territoriale Umgestaltung Mitteleuropas, die Installierung eines österreichischen Kaisertums, das Ende des altehrwürdigen Heiligen Römischen Reiches, die Neuordnung Europas durch den Wiener Kongress 1814/15, die Bildung des Deutschen Bundes mit der Präsidialmacht Österreich und die dominierende Stellung des österreichischen Staatskanzlers Metternich im Zeitalter der Restauration mit. Diese Welt mit all den Umbrüchen, die Beethoven bis zu seinem Tod 1827 miterlebte, ist im Folgenden überblicksartig zu analysieren und zu schildern.[1]

Das Heilige Römische Reich deutscher Nation von 1770 bis 1806

Idealer Rahmen für kulturelle Blüte und Vielfalt durch Vielzahl der Residenzen

War das Heilige Römische Reich politisch und militärisch schwach, so bildete es einen Raum, wo noch in der Zeit von Ludwig van Beethoven eine ungeheure kulturelle Vielfalt und Blüte, besonders in den Bereichen Architektur, Kunst, Literatur und Musik herrschten. Konzentrierte sich die Kultur in den Königreichen Frankreich, England, Spanien oder Schweden damals vor allem auf die jeweilige Hauptstadt und deren Umgebung, etwa auf Paris und Versailles, so kannte das Reich eine große Vielfalt an Residenzen und Hauptstädten und zusätzlich Reichsstädten, die jeweils Zentren für Architektur, Kunst, Literatur und Musik darstellten, die sich im europäischen Vergleich sehen lassen konnten. Man denke an die größeren Höfe in Wien, München, Stuttgart, Karlsruhe, Dresden, Hannover, Berlin und Potsdam, Schwerin und außerdem an die große Zahl kleinerer weltlicher Höfe, wie die von Sachsen-Eisenach, Sachsen-Weimar, Sachsen-Coburg, Sachsen-Gotha, Sachsen-Hildburghausen, Anhalt, Wolfenbüttel, Lauenburg, Oldenburg, Holstein usw. Dazu kamen die kulturell ebenfalls sehr bedeutenden Höfe geistlicher Territorien wie Salzburg, Bamberg, Würzburg, Augsburg und Dillingen, Eichstätt, Mainz, Bonn, Trier und Koblenz, Münster, Lüttich, Bruchsal, Passau, Freising usw.[2]

Es seien hier ein paar Beispiele für die Vielfalt von Kulturzentren im Reich gebracht: Im späten 18. Jahrhundert war der Musenhof des kleinen Herzogtums Sachsen-Weimar von zentraler Bedeutung für die ganze deutsche Literaturentwicklung. Im Jahr 1775 zog Johann Wolfgang von Goethe (1749–1832) nach Weimar, 1776 Johann Gottfried Herder (1744–1803) und im Jahr 1799 endgültig Friedrich von Schiller (1759–1805). So war die kleine Stadt, und nicht eine der großen Hauptstädte wie Wien, Berlin oder München, das Zentrum der Weimarer Klassik.[3]

Neben den großen Hofbibliotheken in Wien, Berlin, Dresden oder München besaß die ehemalige Residenzstadt Wolfenbüttel im kleinen Herzogtum Braunschweig-Wolfenbüttel im Niedersächsischen Reichskreis eine der bedeutendsten Bibliotheken des Heiligen Römischen Reiches. Dort war der berühmte Gelehrte, Dichter und Literat Gotthold Ephraim Lessing von 1770 bis 1781 als Bibliothekar tätig.[4]

Im katholischen Raum gab es außerdem damals zahlreiche bedeutende Klosterbibliotheken im Land verstreut. Eine besonders große und gut organisierte Bibliothek war die des Augustiner-Chorherrenstifts Polling bei Weilheim in Oberbayern. Mit 80.000 Bänden war sie die siebtgrößte Bibliothek des Heiligen Römischen Reiches mit Büchern aus allen Wissensgebieten. Sie gehörte zu den bedeutendsten und nach wissenschaftlichen Kriterien modernsten Bibliotheken mit Ausleihe und sogar Fernleihe von Büchern an Gelehrte von auswärts.[5]

Die wichtigste Reformuniversität war, um ein weiteres Beispiel zu nennen, die 1736 gegründete protestantische Reformuniversität des Kurfürstentums Hannover in Göttingen, die vorbildhaft für die deutschen Universitäten des späten 18. und frühen 19. Jahrhunderts wurde.[6] Im späten 18. Jahrhundert, als der Kirchenbau infolge der Ideen der Aufklärung eingeschränkt war, entstanden noch die sehr großen spätbarocken und im Innern frühklassizistischen Kirchen der Reichsabteien Neresheim und Elchingen im Schwäbischen Reichskreis.[7] Wichtig für die Vielfalt der Kultur waren nicht nur die vielen Residenzen, Territorien und Reichsstädte, sondern auch die Gleichberechtigung der großen Konfessionen im Reich.

Gleichberechtigung der drei großen Konfessionen des Abendlandes und ihrer Kulturen

Zu dieser großen Zahl von Territorien und ihren Residenzen und Hauptstädten, ferner Reichsstädten, die für die kulturelle Blüte und Vielfalt sehr wichtig war, kam im Heiligen Römischen Reich ab 1648 die für Europa exzeptionelle Gleichberechtigung der drei großen Konfessionen des Abendlandes auf Reichsebene: Katholizismus, Luthertum, Kalvinismus. Gab es nämlich in Spanien und Frankreich nur eine katholisch geprägte Kultur, in England eine anglikanische und in Schweden eine lutherische, so konnten sich im Heiligen Römischen Reich, besonders seit 1648, gleichzeitig und auf Reichsebene gleichberechtigt, eine katholische, lutherische und kalvinistische Kultur entfalten, die sich nebeneinander, in Konkurrenz zueinander, oft sich gegenseitig befruchtend, entwickelten.

Besondere Akzente der religiös bestimmten Kulturen

Protestantismus

In den protestantischen Territorien des Reiches spielte das Pfarrhaus als Repräsentant eines »gelehrten Standes« eine große Rolle für das geistige und geistliche Leben.[8] Viele Dichter, Denker und Wissenschaftler, die in der Kultur des Heiligen Römischen Reiches, besonders in seiner nördlichen Hälfte, eine zentrale Rolle spielten, waren protestantische

Pfarrer oder Pfarrerssöhne. Angesichts der wort- und schriftbetonten protestantischen Kultur lag deren Bedeutung vor allem auf den Gebieten der Literatur, Erbauungsliteratur, Philosophie und Wissenschaft, aber auch im Bereich der Musik, besonders der spezifisch lutherischen Kirchenmusik.[9] Das protestantische Pfarrhaus, so kann man betonen, besaß eine große »kultur-bildende Kraft« im Heiligen Römischen Reich.[10]

Aufgrund der Lehren der Reformatoren, bei Calvin noch ausgeprägter als bei Luther, entwickelte sich schon in der frühen Neuzeit eine spezifisch protestantische Arbeitsethik. Es formte sich für die wirtschaftliche Motivation eine »innerweltliche Askese« aus.[11]

Katholizismus

Bildung, Kultur und Wirtschaft wurden damals im katholischen Raum besonders durch die Klöster und religiösen Orden geprägt. In der Epoche des Barock und Rokoko konnte wieder einmal, wie in Zeiten der Hoch- und Spätgotik

> »die kunstschöpferische Kraft der katholischen Kirche voll zur Geltung kommen. Ihre bewusste Bejahung bildlicher Darstellung in der Kirche, ihre Theologie mit Aufrechterhaltung der Heiligenverehrung, ihre Frömmigkeit, die all die sinnlich wahrnehmbaren Formen zuließ, ihre Bejahung des Wallfahrtswesens und der Prozessionen, der Musik und des geistlichen Theaters, sie alle ermöglichten erst jene Hoch- und Höchstleistungen des kirchlichen Barock und Rokoko«.

Dadurch erhielten Architekten und Künstler großartige Chancen.[12] Peter Hersche bezeichnet das Kloster mit Recht »als spezifisch katholische Lebensform«.

Gleichzeitig förderte die Kirche eine barocke Volkskultur mit all den Wallfahrten, laut Hersche ein »religiöses Freizeitvergnügen«, Prozessionen, Wegkreuzen, Heiligenfiguren, Lüftlmalereien an den Hauswänden der Bauern- und Bürgerhäuser sowie der kunst-gewerblichen Produktion.[13] Damals erlebte eine stark alle Sinne ansprechende katholische Kultur eine besondere Blüte. Aber die konfessionelle, besonders die katholische Kultur wurde, vor allem ab den 70er Jahren des 18. Jahrhunderts durch die Ideen der Aufklärer mehr und mehr eingeschränkt und zurückgedrängt.

Die Aufklärung

Die Aufklärungsgedanken, die auch Beethoven beeinflusst haben, brachten einen neuen Geist nach Europa und auch ins Heilige Römische Reich. Waren vorher Religion und Kirche die prägenden geistigen Kräfte in Staat, Gesellschaft und Kultur, so wurde nun der Mensch als Individuum als Maß und Ziel aller Bestrebungen und Bemühungen angesehen, d.h. der selbst denkende Mensch wurde zum Maß aller Dinge und die Diesseitigkeit des Menschen betont.[14]

Bekannt ist die Definition von Aufklärung des großen Philosophen Immanuel Kant im Jahr 1783 als »der Ausgang des Menschen aus seiner selbstverschuldeten Unmündigkeit«. Kant schreibt weiter: »Habe Muth dich deines eigenen Verstandes zu bedienen ist der Wahlspruch der Aufklärung«.[15] Deshalb zählte neben »Vernunft« auch »Kritik« zu den Schlüsselwörtern, das »Hinterfragen« zu den Hauptanliegen dieser Geistesrichtung.[16] Wenn die Aufklärung auch im Heiligen Römischen Reich wie im übrigen Europa an der Kritik an Religion und Kirche ansetzte, war sie doch weniger radikal als in Frankreich und im Gegensatz zum großen Nachbarland selten atheistisch geprägt.[17]

Die Aufklärungsgedanken fanden in den protestantischen Teilen des Heiligen Römischen Reiches früher Eingang als in den katholischen. Gab es im protestantischen Bereich schon seit dem späten 17. Jahrhundert Frühformen der Aufklärung[18], so setzte in katholischen Territorien die erste Phase erst in der Zeit von 1715 bis 1745 ein, aber der Einbruch und die Methode des protestantischen Philosophen Christian Wolff (1679–1754) erfolgte erst in der zweiten Phase nach 1745, und in der dritten Phase, die um 1775/76 begann, setzten sich zunehmend die radikalisierten und säkularisierten Ideen des Deismus durch.[19]

Da in den protestantischen Landeskirchen eine sehr heterogene Theologie gepflegt wurde und die Theologen vielfach von der Aufklärung erfasst wurden, richtete sich die Hauptkritik der vielfach protestantisch geprägten Aufklärung gegen die relativ geschlossene und einheitliche katholische Kirche mit ihrer Länder übergreifenden Hierarchie, gegen das Papsttum, die Jesuiten und die ausgeprägte Volksfrömmigkeit mit Prozessionen, Wallfahrten und Wunderglauben.[20]

Die Aufklärungsgedanken, die zunehmend die führenden Kreise in Politik, Gesellschaft und Geistesleben erfassten, wurden durchaus nicht von allen gutgeheißen. Während Kaiser Joseph II., ein glühender Verfechter der Aufklärungsideen, als österreichischer Landesherr ab 1780 eine intensiv-aufklärerische Reformpolitik mit religiöser Toleranz und »Zwangsbeglückung« der Untertanen durchsetzte[21], äußerte sich seine Mutter, Kaiserin Maria-Theresia (1740–1780), eine der bedeutendsten Herrscherpersönlichkeiten des 18. Jahrhunderts, zwar von der Aufklärung beeinflusst, aber noch von tief katholisch-barocker Frömmigkeit geprägt, recht kritisch.

So schrieb sie 1774 an ihren Sohn Erzherzog Maximilian Franz, ab 1784 Kurfürst von Köln und Landesherr Ludwig van Beet-

Porträt von Kaiser Joseph II., um 1770, Öl auf Leinwand.

hovens, über die Philosophie der Aufklärung: »Nichts ist bequemer, nichts geeigneter, unserer Eigenliebe zu schmeicheln als eine zwanglose Freiheit. Das ist das Wort, welches man im aufgeklärten Jahrhundert an Stelle der Religion gesetzt hat, wo jeder selbst begreifen und aus Überzeugung oder Berechnung handeln will [...]«. Sie meint, sie könnte sich überzeugen lassen, wenn die sogenannten Gelehrten und Philosophen »in ihren Unternehmungen glücklicher und zufriedener in ihrem Privatleben wären«. Sie stellt jedoch fest:

> »Aber leider überzeugt mich meine tägliche Erfahrung vom Gegenteil. Niemand ist so geistlos, niemand so mutlos wie diese Freigeister; niemand so kriechend und so verzweifelt bei der geringsten Widrigkeit. Sie sind schlechte Väter, Söhne, Ehemänner, Minister, Generäle, Bürger. Warum? Die Grundlage fehlt ihnen. Ihre ganze Philosophie, all ihre Grundsätze sind nur aus ihrer Eigenliebe geschöpft, die geringste Widerwärtigkeit bringt sie rettungslos zu Fall. Daher kommt es so häufig vor, dass Leute sich selbst töten, verrückt werden oder wenigstens durch ihre ungehörige Aufführung oder Krankheiten zu allem unfähig sind«.[22]

Die Ideen und Ziele der Aufklärung führten zu starken Veränderungen im kulturellen und geistigen Leben im Reich und zur zunehmenden Infragestellung des Heiligen Römischen Reiches mit seiner schwachen Zentrale, seiner ungenügenden, schwerfälligen, nur auf die Verteidigung ausgerichteten Militärverfassung, den vielen als rückständig geltenden, das Reich besonders stützenden geistlichen Territorien, sowie mit seiner schnelle politische Entscheidungen durch seine vielen Mitbestimmungsgremien hemmenden Verfassung. Galt im Alten Reich mit seiner katholischen Mehrheit noch 1700 der Katholizismus als überlegen, so übernahm in der zweiten Hälfte des 18. Jahrhunderts der Protestantismus die Führung, während bei vielen Aufklärern der Katholizismus als rückständig galt.

Beim Aufschwung der Wissenschaften spielten die beiden protestantischen Reformuniversitäten Halle und Göttingen eine Vorbildfunktion und auch in der von der Aufklärung inspirierten Akademiebewegung spielten Protestanten eine bedeutende Rolle. Dies galt auch für die neuen Theologien, wo protestantische Theologen im Geist des kritischen Hinterfragens und der Betonung der menschlichen Vernunft gegenüber der göttlichen Offenbarung wesentlich weiter als die durch die Hierarchie gebremsten katholischen Theologen gingen. So entwickelte sich damals vor allem im protestantischen Bereich die moderne historisch-kritische Bibelexegese, welche die christliche Offenbarungsreligion im Namen der Vernunft zurückdrängte.[23]

Das wichtigste Ereignis war aber am Ende des 18. Jahrhunderts die Französische Revolution von 1789 bis 1799, die starke Auswirkungen auf ganz Europa hatte und auch entscheidend zum Ende des Heiligen Römischen Reiches deutscher Nation beitrug.

Die Französische Revolution (1789–1799)

Nachdem in Frankreich die Obersten Gerichte, nämlich die Parlamente, jegliche Reformen des Steuerwesens blockiert hatten und König Ludwig XVI. seine Autorität weitgehend verloren hatte, war dieser angesichts der untragbaren Verschuldung des

Königreiches und der Zahlungsunfähigkeit des Staates gezwungen, nach 174 Jahren wieder die Generalstände einzuberufen. Die weitere Entwicklung führte dann zum Ende des Ancien Regime, zu revolutionären Akten, zur politischen und sozialen Umwälzung und zur Abschaffung der Monarchie.[24]

Zum ersten revolutionären Akt kam es am 17. Juni 1789, als der durch Geistliche erweiterte Dritte Stand sich im Gegensatz zum historischen Verfassungsrecht zur Nationalversammlung erklärte. Als zweiter revolutionärer Akt kamen die Gewaltaktionen der Pariser Massen und der symbolträchtige Sturm auf die Bastille am 14. Juli 1789 und als dritter die Abschaffung der Privilegien und Feudalrechte am 4. und 5. August 1789 durch die Nationalversammlung hinzu. Besonders wichtig war schließlich die Erklärung der Menschen- und Bürgerrechte vom 26. August 1789, die heute noch Bestandteil aller modernen Verfassungen sind.

Vorbildcharakter hatte auch die entschädigungslose Einziehung der Kirchengüter zur Sanierung der Staatsfinanzen. Als besonders konfliktträchtig erwies sich die Zivilkonstitution des Klerus von 1790, die zu Kirchenspaltung und Bürgerkrieg führte. Aufsehen erregte in ganz Europa die Absetzung und Hinrichtung Ludwigs XVI. und die Ausrufung der Ersten Französischen Republik 1792, die mit einem großen Teil Europas Krieg führte.

Frankreich war nicht nur durch diesen Krieg gezeichnet, sondern auch durch einen Bürgerkrieg, in dem zwei Drittel der Provinzen gegen die republikanische Zentralregierung in Paris kämpfte. Diese Opposition und der Widerstand wurden durch ein von Robespierre organisiertes und geleitetes Terrorregime unterdrückt, dem Zehntausende zum Opfer fielen. Es kam sogar zum franco-französischen Genozid in der Vendée. Tugend und Terror waren die Triebfedern von Robespierres Regierung. Gegner und Verdächtige wurden massenweise guillotiniert, das Christentum verboten und grausam verfolgt, der christliche Kalender abgeschafft, ein Revolutionskalender (mit Dekaden, eigenen Feiertagen) zwangsweise eingeführt, ebenso ein revolutionärer Kult der Vernunft. Schließlich kamen auch Robespierre und seine Anhänger unter das Fallbeil.

Es folgte eine bürgerliche Reaktion und die Revolutionsregierung des Direktoriums (1795–1799), das im Inneren durch wirtschaftliche Probleme, Krisen und Staatsstreiche geprägt war, aber bei der Fortführung der Kriege in Europa Erfolge erringen konnte, nicht zuletzt durch fähige Generäle wie den Korsen Napoleon Bonaparte, der im November 1799 durch Staatsstreich zum Ersten Konsul mit diktatorischer Macht aufstieg.[25]

Nachdem General Napoleon Bonaparte gegen die Österreicher und Sarden einen Siegeszug angetreten und mit Kaiser Franz II. am 18. Oktober 1797 in Campoformio bei Udine Frieden geschlossen hatte, musste der Kaiser die faktische Annexion des linksrheinischen Reichsgebietes bestätigen, eine Annexion, die dann 1801 durch den Frieden von Lunéville völkerrechtlich anerkannt wurde.[26] Die linksrheinischen Teile des Alten Reiches wurden damals endgültig bis 1814 Frankreich einverleibt und in die vier Departements Mont-Tonnerre (Donnersberg) mit der Hauptstadt Mainz, Sarre mit der Hauptstadt Trier, Rhin-et-Moselle mit dem Hauptort Koblenz und Roër mit der Hauptstadt Aachen eingeteilt. Beethovens Geburtstadt Bonn gehörte nun bis 1814 zu Frankreich. Das Heilige Römische Reich, der Hauptstädte der drei geistlichen Kurfürsten beraubt, die zu den wichtigsten Säulen des Reiches gehört hatten, fand nun in kurzen Etappen und schweren Schlägen nach vielen Jahrhunderten sein Ende.[27]

Der Untergang begann mit der Besetzung des linksrheinischen Reichsgebietes und dem Einmarsch der Franzosen in das altehrwürdige Mainz, Sitz des Reichserzkanzlers und Primas von Germanien. Deshalb setzte der 22-jährige Joseph Görres in seiner jakobinischen Lebensphase die Eroberung von Mainz durch die Franzosen Ende 1797 mit dem Ende des Alten Reiches gleich.[28] Görres schrieb deshalb am 7. Januar 1798 den immer wieder zitierten satirischen Abgesang:

> »Am dreysigsten December 1797, am Tage des Übergangs von Maynz, Nachmittags um drey Uhr, starb zu Regensburg in dem blühenden Alter von 955 Jahren, 5 Monaten, 28 Tagen sanft und selig an einer gänzlichen Entkräftung und hinzugekommenem Schlagflusse bey völligem Bewusstsein und mit allen heiligen Sakramenten versehen, das heilige römische Reich schwerfälligen Andenkens«.

Am Schluss dieser Satire heißt es dann, ein stolzer Marmor werde folgende Grabinschrift der Nachwelt überliefern:

> »Von der Sense des Todes gemäh't, atemlos und bleich,
> Liegt hier das heilige römische Reich.
> Wanderer schleiche dich leise vorbey, du mögest es wecken,
> Und das Erstandene uns von neuem mit Konklusen bedecken.
> Ach! Wären die Franzosen nicht gewesen,
> Es würde nicht unter diesem Steine verwesen
> Requiescat in Pace.«[29]

Eine weitere wesentliche Etappe des Untergangs war der Reichsdeputationshauptschluss vom 25. Februar 1803, der die 1801 festgelegte Entschädigung der weltlichen linksrheinischen Fürsten durch die Mediatisierung der Territorien der geistlichen Fürsten und die Säkularisation der Klöster festlegte. Es kam zu einem gewaltigen Territoriumsschacher und zum Ende der meisten geistlichen Territorien und auch der Reichsstädte, die alle besondere Stützen des Alten Reiches waren.[30]

1804 nahm Kaiser Franz II. als Antwort auf die zu erwartende Krönung Napoleons zum Kaiser der Franzosen den erblichen Kaisertitel von Österreich an und nannte sich nun gleichzeitig Franz I. Als letzter Akt des Unterganges des Alten Reiches, den Beethoven miterlebte, legte Franz II. auf massivem Druck Napoleons hin im August 1806 die Krone des Heiligen Römischen Reiches nieder.[31]

Napoleon führte schon 1805 im Kampf gegen England, Österreich, Russland u.a. seinen bis dahin erfolgreichsten Feldzug durch, erreichte Wien und zog am 15. November 1805 in der Kaiserstadt ein. Wenig später kam es Anfang Dezember zur Dreikaiserschlacht bei Austerlitz, einem glänzenden Sieg des Kaisers der Franzosen, gefolgt von einem für Österreich demütigenden Friedensvertrag von Pressburg. Napoleon schuf ein unter französischem Protektorat stehendes, von Österreich und Preußen unabhängiges Drittes Deutschland und erarbeitete die Rheinbundakte. Dieser traten am 12. Juli 1806 nicht ohne französischen Druck 16 Staaten, darunter die neu geschaffenen Königreiche Bayern und Württemberg bei, bis November 1807 weitere 23 Mitglieder, die nun innerhalb des napoleonischen Hegemoniesystems in Europa an seinen Feldzügen teilnehmen mussten.

Nachdem Preußen im Rahmen des 4. Koalitionskrieges am 9. Oktober 1806 Napoleon den Krieg erklärt hatte, wurde das preußische Heer in der Doppelschlacht bei Jena und Auerstedt vernichtend geschlagen. Nach einer unentschiedenen Schlacht gegen Preußen und Russen am 8. Februar 1807 bei Preußisch-Eylau konnte Napoleon am 14. Juni 1807 die Russen bei Friedland entscheidend schlagen und mit dem Zar am 7. Juli 1807 den Frieden von Tilsit schließen. »Tilsit stellt zweifellos den Höhepunkt von Napoleons Macht dar«. Trotz weiterer Siege 1808 und 1809 begann hierauf der kaum merkbare Abstieg.

1809 kam es wieder zu Kämpfen gegen die Österreicher und Napoleon kam am 12. Mai erneut nach Wien. Beethoven konnte dies somit nach 1805 zum zweiten Mal erleben. Der Franzose schlug die österreichische Armee am 5./6. Juli 1809 vernichtend und diktierte am 14. Oktober 1809 den Friedensvertrag von Schönbrunn, durch den Österreich, wie schon 1806 Preußen, praktisch seine Großmachtstellung verlor.

Im Hochgefühl seines Triumphes vereinnahmte Napoleon den Kirchenstaat und ließ Papst Pius VII. in französische Gefangenschaft bringen, was die Katholiken Europas gegen ihn aufbrachte. Während die von ihm in großen Teilen Europas durchgesetzte Kontinentalsperre gegen England nur recht begrenzte Erfolge brachte, nahmen die Spannungen mit dem Zaren zu. Als der Kaiser der Franzosen mit einem gewaltigen Heer von 600.000 Mann, darunter mehr als 30.000 Bayern, 30.000 Österreichern, 20.000 Preußen, am 24. Juni 1812 in Russland eindrang, scheiterte der Feldzug nach Anfangserfolgen an der ungeheuren Weite des Landes, dem Widerstand der Partisanen und der ungewohnten bitteren Kälte des hereinbrechenden Winters. Deshalb wurde dieser Feldzug zur Katastrophe. Der größte Teil des Heeres war vernichtet und aufgerieben. Dies bedeutete den Anfang vom Ende der europäischen Herrschaft Napoleons. Er stellte sich noch seinen Gegnern in der Völkerschlacht bei Leipzig (16.–19. Oktober 1813), in der er aber vernichtend geschlagen wurde.

Nachdem seine verbündeten Gegner Russland, Österreich, Preußen u.a. Ende März 1814 sogar Paris eingenommen hatten, musste Napoleon am 11. April 1814 abdanken und wurde auf die Insel Elba verbannt. Von dort kehrte er allerdings im März 1815 wieder zurück, gewann immer mehr Truppen und Anhänger, ergriff erneut als Kaiser die Macht, führte einen Feldzug gegen die Alliierten und wurde am 18. Juni 1815 bei Waterloo geschlagen und hierauf auf die Insel St. Helena deportiert.[32]

Schon ab 18. September 1814 war ein Friedenskongress in Wien zusammengetreten. Dieser Wiener Kongress, bei dem sich Delegierte von etwa 200 Staaten, Städten, Herrschaften und Körperschaften versammelten, nahm sich die Neuordnung Europas nach ca. 25 Jahren Krieg vor. Die entscheidende Rolle spielten dabei die vier Großmächte Russland, Großbritannien, Österreich und Preußen, zu denen später auch das Frankreich der Restaurationsmonarchie Ludwigs XVIII. kam.

Den größten Einfluss konnte der österreichische Staatsmann Klemens Lothar Wenzel Fürst von Metternich gewinnen. Er hatte einen wesentlichen Anteil daran, dass die Neuordnung Europas eine lange Friedensperiode hervorbrachte, u.a. weil unter Einbeziehung des besiegten Frankreich ein Gleichgewicht der europäischen Mächte hergestellt wurde.

Das Gebiet des früheren Heiligen Römischen Reiches wurde nach den Umbrüchen und der Schaffung neuer, meist größerer souveräner Staaten zusammengefasst. Man bildete den Deutschen Bund (1815–1866) unter der Präsidialmacht Österreich. Der Bund bestand aus 37 souveränen Fürsten bzw. Königen und vier freien Städten mit einer Bundesakte vom 8. Juni 1815 als gemeinsamem Grundgesetz. Als wichtigsten Zweck des Bundes gibt Artikel 2 der Bundesakte an: »Erhaltung der äußeren und inneren Sicherheit Deutschlands, die Unabhängigkeit und Unverletzbarkeit der einzelnen deutschen Staaten«. Oberstes Gremium war der Bundestag in Frankfurt, ein Gesandtenkongress ähnlich wie der Immerwährende Reichstag im Alten Reich. Dabei führte der österreichische Gesandte den Vorsitz. Das Bundesheer bestand aus den von den Mitgliedsstaaten zu stellenden Kontingenten. Im Gegensatz zur EU waren Mehrheitsbeschlüsse bindend. Zum Deutschen Bund gehörten nur die Teile der österreichischen Donaumonarchie, die bis 1806 Glieder des Heiligen Römischen Reiches waren. Das Gleiche galt für das Königreich Preußen. Die beiden Großmächte besaßen somit wichtige Teile, die nicht zum Deutschen Bund gehörten. Andererseits gab es, ähnlich wie im Alten Reich, ausländische Mitglieder, wie den König von Großbritannien in seiner Eigenschaft als König von Hannover, den König von Dänemark als Herzog von Holstein und Lauenburg und den König der Niederlande als Großherzog von Luxemburg.[33]

Als politische Periode wird die Zeit von 1815 bis 1847 als der »deutsche Vormärz« bezeichnet, der weitgehend vom leitenden Minister Österreichs, Fürst Klemens von Metternich, geprägt wurde, der das Gleichgewicht des neu geschaffenen europäischen Staatensystems erhalten wollte und die dynamischen, Neues erstrebenden, nationalen, liberalen und revolutionären Bewegungen zu unterdrücken versuchte. Während in Mittel- und Süddeutschland im Rahmen des Frühkonstitutionalismus moderne geschriebene Verfassungen entstanden, vermieden es die Großmächte Österreich und Preußen, vor 1848 solche Verfassungen in ihren Ländern zu schaffen.[34]

Während Beethoven in den zwei letzten Jahrzehnten seines Lebens als Meister der Klassik trotz des Verlustes seines Gehörs noch ganz zentrale Werke, wie die *Neunte Sinfonie* (1823) oder die *Missa Solemnis* (1824), komponierte, traten schon gleichzeitig Vertreter der Romantik, wie der Wiener Franz Schubert oder Carl Maria von Weber (*Freischütz*, 1821) oder Felix Mendelssohn Bartholdy als gefeierte Komponisten in die Öffentlichkeit. Auch in der Literatur wirkten neben dem Meister der Klassik, Johann Wolfgang von Goethe, zunehmend Dichter der Romantik, wie Achim von Arnim, Clemens Brentano, Joseph von Eichendorff u.a. Gleichzeitig erlebte Beethoven noch die Anfänge des Biedermeier (1815–1845), einer nachklassizistischen Kunst- und Kulturströmung, die vor allem mit dem Biedermeierstil die Wohnkunst der gehobenen Bevölkerungskreise prägte.[35]

Anmerkungen

1 Zum Lebenslauf Ludwig van Beethovens siehe u.a. M. Korff, *Ludwig van Beethoven. Leben. Werk. Wirkung*, Berlin 2010; M. Geck, *Ludwig van Beethoven*, Reinbeck bei Hamburg, 5. Aufl. 2009; J. Siepmann, *Beethoven. Sein Leben, seine Musik*, Darmstadt 2013; J. Caeyers, *Beethoven. Der einsame Revolutionär. Eine Biographie*, 1. neue Aufl., München 2013; J. Swafford, *Beethoven. Anguish and triumph. A Biography*, Boston 2014; J. Suchet, *Beethoven. The man revealed*, New York [2014]; W. Kindermann, *Beethoven*, Oxford ²2009; B. Cooper, *Beethoven. An extraordinary life*, London 2014.

2 P. C. Hartmann, *Kulturgeschichte des Heiligen Römischen Reiches 1648 bis 1806. Verfassung, Religion und Kultur* (Studien zu Politik und Verwaltung, Bd. 72), Wien, Köln u.a. ²2011, S. 283–326; R. A. Müller, *Der Fürstenhof in der frühen Neuzeit* (Enzyklopädie deutscher Geschichte, Bd. 33), München 1995.

3 Vgl. dazu W. Beutin [u.a.] (Hrsg.), *Deutsche Literaturgeschichte. Von den Anfängen bis zur Gegenwart*, Stuttgart und Weimar, 5. Aufl. 1994, S. 121ff. und 154ff.; B. Wiese (Hrsg.), *Deutsche Dichter des 18. Jahrhunderts. Ihr Leben und Werk*, Berlin 1977, S. 535ff.

4 W. Schmitz, *Deutsche Bibliotheksgeschichte*, Bern und Frankfurt am Main u.a. 1984, S. 86; L. Buzas, *Deutsche Bibliotheksgeschichte der Neuzeit (1500–1800)*, Wiesbaden 1976, S. 24.

5 Vgl. A. Schmid, »Die Rolle der bayerischen Klosterbibliotheken im wissenschaftlichen Leben des 17. und 18. Jahrhunderts«, in: Wolfenbütteler Forschungen 2 (1997), S. 145–186; R. van Dülmen, *Propst Franz Töpsl (1711–1796) und das Augustiner-Chorherrenstift Polling*, Kallmünz 1967, S. 114ff.; W. Schmitz, *Deutsche Bibliotheksgeschichte*, S. 100ff.

6 F. Paulsen, *Geschichte des Gelehrten Unterrichts an deutschen Schulen und Universitäten vom Ausgang des Mittelalters bis zur Gegenwart*, 3. Aufl. bearb. von R. Lehmann, Bd. 1, Leipzig 1919, S. 528; N. Hammerstein, *Jus und Historie. Ein Beitrag zur Geschichte des historischen Denkens an deutschen Universitäten im späten 17. und im 18. Jahrhundert*, Göttingen 1972, S. 312–331.

7 Abtei Neresheim (1745–1764) mit 1775 von M. Knoller vollendeten Deckengemälden. Vgl. B. Schütz und W. Chr. Mülbe, *Abtei Neresheim*, Lindenberg ²2004. Zu Oberelchingen mit seiner eindrucksvollen frühklassizistischen Innenausstattung siehe E. Theisen u.a./G. Peda u.a., *Oberelchingen. Pfarr- und Wallfahrtskirche St. Peter und Paul*, Passau 2008; A. Herrmann und A. Raichle, *Die Wallfahrts- und Klosterkirche in Oberelchingen. Ein Juwel von Pracht und Schönheit*, Ulm 1958.

8 Vgl. L. Schorn-Schütte, *Evangelische Geistlichkeit in der Frühneuzeit. Deren Anteil an der Entfaltung frühmoderner Staatlichkeit und Gesellschaft* (Quellen und Forschungen zur Reformationsgeschichte, Bd. 62), Heidelberg 1996.

9 P. C. Hartmann, *Kulturgeschichte*, S. 159.

10 M. Greiffenhagen (Hrsg.), *Das evangelische Pfarrhaus*, Stuttgart ²1991, dort Einleitung S. 14.

11 Vgl. H. Lehmann, *Max Webers »Protestantische Ethik«. Beiträge aus der Sicht eines Historikers* (Kleine Vandenhoeck-Reihe, Bd. 1579), Göttingen 1996, S. 5ff., 9ff., 94ff. und 109f.; F. W. Graf, »Protestantismus II. Kulturbedeutung«, in: Theologische Realenzyklopädie, Bd. 27, Berlin u.a. 1997, S. 551–580, bes. S. 566.

12 P. C. Hartmann, *Kulturgeschichte*, S. 164f.

13 R. van Dülmen, *Kultur und Alltag in der frühen Neuzeit*, Bd. 1, München 1990, S. 56ff., 72ff. und 174, Bd. 3, München 1994, S. 56ff., 61–71, 79ff.; P. C. Hartmann, *Kulturgeschichte*, S. 377–403; P. Hersche, *Muße und Verschwendung. Europäische Gesellschaft und Kultur im Barockzeitalter*, 2 Teilbände, Freiburg im Breisgau u.a. 2006, S. 794–845.

14 Vgl. H. Möller, *Vernunft und Kritik. Deutsche Aufklärung im 17. und 18. Jahrhundert* (Neue Hist. Bibl. 1269, ed. Suhrkamp, NF Bd. 269), Frankfurt a. M. 1986, S. 11f.; N. Hinske (Hrsg.), *Was ist Aufklärung?*, Darmstadt ³1981, S. XIIIff. und XXXVIIff.; ders. (Hrsg.), *Die Bestimmung des Menschen* (Aufklärung. Jg. 11, H.1), Hamburg 1996.

15 Berlinische Monatsschrift IV (1784), S. 481.

16 H. Möller, *Vernunft und Kritik*, S. 12–16; vgl. auch W. Schneiders (Hrsg.), *Lexikon der Aufklärung. Deutschland und Europa*, München 1995.

17 Vgl. H. Möller, *Vernunft und Kritik*, S. 26f.; zur französischen Aufklärung siehe u.a. F. Schalk, *Studien zur französischen Aufklärung*, Frankfurt am Main ²1972, bes. S. 107–147.

18 M. Schmidt, »Aufklärung II. Theologisch«, in: Theologische Realenzyklopädie, Bd. 4, S. 601.

19 Vgl. L. Hammermayer, »Die Aufklärung in Wissenschaft und Gesellschaft«, in: M. Spindler und A. Kraus, *Handbuch der bayerischen Geschichte*, Bd. 2, München ²1988, S. 1135–1197, hier bes. S. 1136ff.

20 Vgl. H. Möller, *Vernunft und Kritik*, S. 75ff. und 110ff.; W. Schneiders, *Lexikon*, S. 119ff.; P. C. Hartmann, *Kulturgeschichte*, S. 405–412.

21 H. Klueting, *Der Josephinismus. Ausgewählte Quellen zur Geschichte theresianisch-josephinischer Reformen* (Ausgewählte Quellen zur deutschen Geschichte, Bd. XII a), Darmstadt 1995, S. 328ff. und 531ff.; H. Reinalter (Hrsg.), *Der Josephinismus. Bedeutung, Einflüsse, Wirkungen*, Frankfurt am Main u.a. 1993, S. 7.

22 Maria Theresia an Maximilian, undatiert [Anfang 1774], in: Fred W. [Alfred Wechsler], *Briefe*, Bd. 2, S. 330f.

23 P. C. Hartmann, *Kulturgeschichte*, S. 415–431; P. Hersche, »Intendierte Rückständigkeit: Zur Charakteristik des geistlichen Staates im Alten Reich«, in: G. Schmidt (Hrsg.), *Stände und Gesellschaft im Alten Reich* (Veröffentlichungen des IEG Mainz, Beiheft 29), Stuttgart 1989, S. 133–149; P. Wende, *Die geistlichen Staaten und ihre Auflösung im Urteil der zeitgenössischen Publizistik* (Historische Studien, Bd. 396), Lübeck und Hamburg 1966; N. Hammerstein, *Aufklärung und katholisches Reich. Untersuchungen zur Universitätsreform katholischer Territorien des Heiligen Römischen Reiches deutscher Nation im 18. Jahrhundert* (Historische Forschungen, Bd. 1,2), Berlin 1977, S. 245ff. und 250ff.; L. Hammermayer, »Akademiebewegung und Wissenschaftsorganisation. Formen, Tendenzen und Wandel in Europa während der zweiten Hälfte des 18. Jahrhunderts«, in: E. Amburger, M. Cieśla und L. Sziklay (Hrsg.), *Wissenschaftspolitik in Mittel-Osteuropa*, Berlin 1976, S. 1–88; M. Schmidt, »Aufklärung II. Theologisch«, in *Theologische Realenzyklopädie* IV, S. 594–608.

24 Vgl. P. C. Hartmann, *Geschichte Frankreichs. Vom Mittelalter bis zur Gegenwart* (C. H. Beck Wissen, Bd. 2124), 5. Aufl. München 2015, S. 36–47.

25 Zur Französischen Revolution siehe u.a. F. Furet und D. Richet, *Die Französische Revolution*, Frankfurt am Main 1997; E. Schulin, *Die Französische Revolution*, München, 5. Aufl. 2013; R. Secher, *Le Génocide franco-français. La Vendée-Vengé*, Paris, 4. Aufl. 1992.

26 H. Schmidt, »Napoleon I. (1799/1804–1814/15)«, in: P. C. Hartmann (Hrsg.), *Französische Könige und Kaiser der Neuzeit*, München 2006, S. 319f.; F. Usinger, *Das Bistum Mainz unter französischer Herrschaft 1798–1814*, Mainz 1912, S. 8f.

27 R. Dufraisse, »L'installation de l'institution départementale sur la rive gauche du Rhin (4 novembre 1797–23 septembre 1802)«, in: Ders., *L'Allemagne à l'epoque napoléonienne – Questions d'histoire politique, économique et sociale*, Bonn und Berlin 1992, bes. S. 90–96.

28 W. G. Rödel, »Der Rhein wird Grenze: Stadt – Kurstaat – Erzbistum Mainz um 1800«, in: Ders. und R. E. Schwerdtfeger (Hrsg.), *Zerfall und Wiederbeginn – Vom Erzbistum zum Bistum Mainz (1792/97–1830). Ein Vergleich, Festschrift für F. Jürgensmeier*, Würzburg 2002, S. 29.

29 H. Raab (Hrsg.), *Joseph Görres – Ein Leben für Freiheit und Recht. Auswahl aus seinem Werk. Urteile von Zeitgenossen, Einführung und Bibliographie*, Paderborn u.a. 1978, S. 91 und 99.

30 Reichsdeputationshauptschluss (1803); Hömig 1969, S. 30 ff.; K. O. von Aretin, *Das Alte Reich 1648–1806*, Bd.3, Stuttgart 1997, S. 491–531.

31 Ebenda, S. 522–528.

32 H. Schmidt, »Napoleon I.«, S. 344–366; die heute maßgebende Biographie Napoleons ist die von J. Tulard, *Napoléon ou le Mythe du Sauveur*, Paris ²1986; J. Willms, *Napoleon. Eine Biographie*, München 2005, S. 401–651.

33 Vgl. H. Lutz, *Zwischen Habsburg und Preußen. Deutschland 1815–1866* (Die Deutschen und ihre Nation. Neuere deutsche Geschichte, Bd. 2), Berlin 1985, S. 13–20; M. Erbe, *Revolutionäre*

Erschütterung und erneutes Gleichgewicht. Internationale Beziehungen 1785–1830 (Handbuch der Geschichte der Internationalen Beziehungen, Bd. 5), Paderborn, München u.a. 2004, S. 343–359; D. Langewiesche, *Europa zwischen Restauration und Revolution 1815–1849* (Oldenbourg. Grundriss der Geschichte, Bd. 13), [3]München 1993, S. 2–12; J. J. Sheehan, *Der Ausklang des alten Reiches. Deutschland seit dem Ende des Siebenjährigen Krieges bis zur gescheiterten Revolution 1763 bis 1850*, Bd. 6, Berlin 1994, S. 359–375 und 545–560.

34 H. Lutz, *Zwischen Habsburg und Preußen*, S. 20–37; M. Erbe, *Revolutionäre Erschütterung*, S. 361–371; D. Langewiesche, *Europa*, S. 45ff. und 59–76; J. J. Sheehan, *Der Ausklang des alten Reiches*, S. 546–560.

35 H. Lutz, *Zwischen Habsburg und Preußen*, S. 131–168; J. J. Sheehan, *Der Ausklang des alten Reiches*, S. 488–544.

Beethovens politische Einstellung im Zeichen von Revolution, Krieg und Restauration

Von Knud Breyer

In Beethovens persönlichem Umfeld fand eine intensive Auseinandersetzung mit Politik statt. Für die Jahre ab 1817 dokumentieren die Konversationshefte, dass sich Beethoven regelmäßig – bevorzugt im Wirtshaus »Zum Blumenstöckl« – mit Freunden traf, um sich unter anderem über das politische Tagesgeschehen auszutauschen. Diesem Kreis gehörten mit den Zeitungsredakteuren Karl Bernhard (*Wiener Zeitung*), Ignaz von Seyfried und Friedrich August Kanne (*Allgemeine Musikalische Zeitung*), Johann Schickh (*Wiener Zeitschrift für Kunst, Literatur, Theater, Mode*) und Friedrich Wähner (Herausgeber des Unterhaltungsblatts *Janus*) sowie dem Außenhandelskorrespondenten des Bank- und Handelshauses Offenheimer & Herz, Franz Oliva, Berufsvertreter an, die qua Profession über einen hohen und differenzierten Informationsstand verfügten. Ferner nahmen an den Gesprächen mit Johann Baptist Bach, Rechtsanwalt und Dekan der juristischen Fakultät an der Wiener Universität, dem Schuldirektor Joseph Blöchlinger und Karl Peters, seines Zeichens Hauslehrer beim Grafen Lobkowitz, gebildete Akademiker teil. Regelmäßige Gäste dieser Gesprächsrunden waren außerdem der Klavierpädagoge Joseph Czerny, der Dichter Franz Grillparzer, Beethovens Sekretär Anton Schindler sowie Beethovens Neffe Karl. Aber bereits seit der frühen Wiener Zeit sind durch die Korrespondenz vor allem mit in Deutschland ansässigen Briefpartnern Äußerungen Beethovens zur Politik verbürgt. Dass Politik nicht nur bei Beethoven selbst, sondern im allgemeinen Bewusstsein einen so hohen Stellenwert hatte, lag an der besonderen historischen Situation in Europa. Durch die erfolgreiche Revolution von 1789 hatte sich in Frankreich eine republikanische Alternative zu den absolutistischen Monarchien im übrigen Kontinentaleuropa etabliert. Während zunächst die politischen und gesellschaftlichen Umwälzungen in Frankreich ein lokal begrenztes Phänomen blieben, mit dem sich andernorts bestenfalls eine intellektuelle Elite auseinandersetzte, exportierten die Koalitionskriege zwischen 1792 bis 1815 diesen gesellschaftlichen Konflikt nach ganz Europa. Zusätzlich zu den herkömmlichen Kriegsgründen zwischen Staaten wie Hegemonialanspruch oder territoriale Begehrlichkeit waren diese Kriege daher nicht zuletzt Gesinnungskriege, in denen Frankreich unter dem Oberbefehl Napoleons das republikanische Modell oder zumindest seine Rechtsnormen auf ganz Kontinentaleuropa von den Niederlanden bis nach Russland und von Norddeutschland bis nach Andalusien und Sizilien auszubreiten versuchte und dabei lokale revolutionäre Widerstandsbewegungen unterstütze. Auf der anderen Seite standen wechselnde Koalitionen der europäischen Monarchien, die – so unterschiedlich sie in ihrer Regierungspraxis auch sein mochten – das gemeinsame Ziel verfolgten, sowohl nach außen den französischen Expansionsdrang einzudämmen als auch nach innen mögliche umstürzlerische Tendenzen im Keim zu ersticken. Für jene Teile der Bevölkerung dieser Monarchien, die republikanisch gesinnt waren oder zumindest eine Stärkung bürgerlicher Freiheitsrechte wünschten, ergab sich folglich ein Konflikt zwischen ideologischem Interesse und patriotischem Empfinden, der sich noch dadurch verstärkte, dass die Etablierung der zivilgesellschaftlichen Errungenschaften der Revolution in den von Frankreich eingenommenen Gebieten um den Preis der Fremdherrschaft etabliert waren und folglich nationale Gegenreaktionen provozierten. Zunehmend wurde daher der Krieg gegen Frankreich als Befreiungskrieg empfunden. Als dieser schließlich erfolgreich war, erfolgte jedoch die Ernüchterung. Anders als von den nichtaristokratischen Ständen erhofft, die im Kampf gegen den französischen Imperialismus einen hohen Blutzoll geleistet hatten, kam es nicht zu einer konstitutionellen Reform der Monarchie, sondern vielmehr zu Reaktion und Repression. Folglich muss bei der Einordnung politischer Äußerungen in Beethovens Umfeld immer auch der zeitliche Kontext reflektiert werden.

Beethovens politische Sozialisation fand in Bonn unter den Bedingungen des aufgeklärten Absolutismus in einer seiner liberalsten Ausprägungen statt. Von 1761 bis 1784 herrschte dort Kurfürst Maximilian Friedrich, der weitreichende Reformen in der Bildungs- und Sozialpolitik unternahm. Mit der Einrichtung einer Armenkommission 1774 sowie Dekreten zur Steuerreduzierung für die Landbevölkerung setzte er sich für die Unterprivilegierten unter seinen Untertanen ein und förderte mit der Einsetzung eines Medizinalrats die Volksgesundheit. Unter seiner Regentschaft konnte ab 1772 das *Gnädigst privilegirte Bönnische Intelligenz-Blatt* erscheinen, und mit der Gründung der Kurkölnischen Akademie legte er 1777 den Grundstein für die später als ein Zentrum der Aufklärung wichtigen Bonner Universität. 1778 folgte die Einrichtung eines deutschen Nationaltheaters.

1784 übernahm mit Kurfürst Maximilian Franz ein Habsburger die Regierungsgeschäfte. Der jüngere Bruder der deutschen Kaiser Joseph II. und Leopold II. setzte die progressive Politik seines Vorgängers insbesondere im Finanz-, Bildungs- und Rechtswesen konsequent fort, bewies dabei aber mehr Augenmaß als sein Bruder Joseph II., der als Erzherzog von Österreich etliche seiner Ideen auf öffentlichen Druck wieder rückgängig machen musste. Anders auch als Joseph zeigte er sich sowohl den Jesuiten, bei denen er selbst in Wien ausgebildet worden war, als auch den Freimaurern gegenüber toleranter. Zwar wurde auch in Bonn der Illuminatenorden 1785 aufgelöst, dessen Mitglieder trafen sich aber weiterhin ungehindert in der 1787 gegründeten »Lesegesellschaft«, der Maximilian Franz nicht nur aufgeschlossen gegenüberstand, sondern deren Bestand an Journalen er selbst nutzte. Insbesondere fiel in Maximilian Franz' Regentschaft die Umwandlung der Akademie in eine Universität und die Berufung von freigeistigen, kirchenkritischen und der modernen Aufklärungsphilosophie verpflichteten Geistlichen an die theologische, philosophische und juristische Fakultät. Für das gesellschaftliche Klima in Bonn war entscheidend, dass Maximilian Franz zwar absolut herrschte und seine Politik, zu der auch eine rigide Haushaltsdisziplin gehörte, den Untertanen einiges abverlangte, er aber selbst ebenfalls auf jeden Prunk verzichtete und das Hofwesen nicht von den Einschnitten ausnahm. Er bevorzugte eine eher bürgerliche Lebensform, was zu einer egalitären Atmosphäre und zur gesellschaftlichen Durchmischung von Adel und Bürgertum in der Residenzstadt beitrug. Als Hofmusiker, Klavierlehrer und Kammermusiker partizipierte Beethoven an dieser Gesellschaft, die sich in Salons und Gaststätten gleichermaßen traf, und er dürfte dabei auch Ohrenzeuge der Konversation über die aktuellen Themen geworden sein. Ab 1789 werden die Nachrichten von der Revolution in Frankreich die Gespräche beherrscht haben, zumal führende Intellektuelle der Bonner Universität offen mit der dortigen Entwicklung sympathisierten. Der Kurfürst begegnete diesem revolutionären Treiben zunächst mit Gelassenheit, wenn nicht gar mit Verständnis, denn er selbst hatte auf Reisen zu seiner Schwester Marie Antoinette, die als Gattin Ludwigs XVI. in den Hof von Versailles eingeheiratet hatte, die dortigen Verhältnisse kennengelernt und missbilligte sie. Wegen ihrer pro-revolutionären Haltung angefeindete Bonner Intellektuelle nahm Maximilian Franz in Schutz, auch verweigerte er französischen Immigranten, die nach dem Verlust der Adelsprivilegien Frankreich verlassen hatten, den Zuzug in sein Territorium. Erst als der Druck seitens der konservativeren Nachbarregenten wegen der laschen Zensurpraxis in Bonn stieg und Aufständische in den teils zum Kurfürstentum, teils zu Österreich gehörenden flämischen Gebieten offen um französische Unterstützung baten, sah sich Maximilian Franz aus Gründen der Staatsräson zum Eingreifen genötigt, ohne aber seine auf Ausgleich bedachte Haltung aufzugeben. Nach der Niederschlagung der republikanischen Erhebungen wurden die Aufrührer von Lüttich bald begnadigt. Dennoch blieben auch in Bonn Einschnitte nicht aus. Unter den Bonner Universitätsprofessoren hatte sich besonders der Theologe Eulogius Schneider öffentlich zur Revolution bekannt und politische Gedichte publiziert, in denen der Sturm auf die Bastille verherrlicht sowie gegen Klerus und Willkürherrschaft Stellung bezogen wurde. Schneiders Gedichte wurden trotz Verbots vertrieben und der Autor schließlich aus Bonn verbannt. Er emigrierte, wie auch weitere Universitätsprofessoren, nach Frankreich. Beethoven gehörte zu den Subskribenten von Schneiders indizierten Werken, und da einige seiner Freunde und Bekannten später in den Dienst der Französischen Republik eintraten, ist zu vermuten, dass auch Beethoven mit der Revolution sympathisierte, die sich inzwischen durch die Federführung der Jakobiner radikalisiert hatte.

Die Besetzung Bonns durch französische Truppen 1794 im Zuge des 1. Koalitionskrieges hat Beethoven nicht mehr als Augenzeuge erlebt. Er befand sich bereits in Wien, hielt aber brieflichen Kontakt zu Freunden in der Heimatstadt und wird – auch durch seine Brüder, die im selben bzw. darauffolgenden Jahr ebenfalls nach Wien übersiedelten – über die verheerenden wirtschaftlichen Folgen der Besatzung und vielleicht später auch die Schließung der Universität 1798 informiert gewesen sein. Für Wien waren die Konsequenzen der beginnenden Expansion Frankreichs anderer Natur. Hatte Leopold II. zunächst noch die Reformpolitik seines Vorgängers Joseph II. fortgeführt und sich sogar aufgeschlossen gegenüber der ersten Revolutionsphase in Frankreich gezeigt, die eine Umwandlung der absoluten in eine konstitutionelle Monarchie vorsah, erfolgte unter seinem 1792 inthronisierten Nachfolger Franz II. eine konservative Wende. Beethoven berichtete seinem Freund Nikolaus Simrock am 2. August 1794[1] nach Bonn von den repressiven Maßnahmen in der österreichischen Hauptstadt, ohne aber offenbar genauere Kenntnis davon zu haben, dass kurz zuvor ein Komplott revolutionär gesinnter Studenten unter Führung des Jakobiners Franz Hebestreit aufgedeckt worden war, welches das Ziel verfolgt hatte, den Kaiser zu ermorden und einen Aufstand zu initiieren. Beethoven erschienen die Gegenmaßnahmen, zu denen neben der offenkundigen abendlichen Sperrung der Stadttore durch bewaffnete Soldaten und die willkürliche Verhaftung Verdächtiger auf den Straßen auch Hausdurchsuchungen in teils renommierten Salons, Pressezensur, die Überwachung des Briefverkehrs und eine Einschränkung der Reisefreiheit zählte, völlig überzogen. Er hielt angesichts der seiner Meinung nach eher hedonistischen Mentalität der Wiener ein allgemeines revolutionäres Aufbegehren für unwahrscheinlich. Der spöttische Ton (»so lange der österreicher noch Braun's Bier und würstel hat, *revoltirt* er nicht«[2]), aber auch der Hinweis, dass er sich gegen das »*Cavalier* [...] *praedikat* [...] in unsern demokratischen Zeiten«[3] verwahre, zeigen, wem Beethovens Sympathien gehörten. Anders als in Bonn, wo sich Standesunterschiede zwischen Adel und Bürgertum dadurch zu nivellieren begannen, dass der Adel, dem Gleichheitsideal der Aufklärung folgend, eine bürgerliche Lebensweise annahm, versuchte umgekehrt Franz II. die österreichische Gesellschaft gegen revolutionäre Tendenzen zu immunisieren, indem er den Beamtenapparat ausbaute und Staatsdiener vielfach durch Adelstitel nobilitierte. Beethoven scheint sich in seiner ersten Wiener Zeit, aus der auch keine weiteren Meinungsbekundungen zu politischen Fragen überliefert sind, klaglos in diese Adelsgesellschaft, von deren Zuwendungen und Aufmerksamkeit er lebte, zumindest äußerlich eingefügt zu haben. Einkaufslisten in seinem Jugendtagebuch vermerken den Erwerb von Frisierutensilien und Seidenstrümpfen sowie die Unterweisung durch einen Tanzmeister.[4] Aus späteren Jahren gibt es Äußerungen von Beethoven, die eine Abkehr von der demokratischen Haltung der Jugendjahre nahezulegen zu scheinen. Sie sind aber im Kontext der Sorgerechtsstreitigkeiten um den Neffen Karl zu sehen, als Beethoven das flämische »van« in seinem Namen als Adelstitel auszugeben versuchte, um den Fall vor das Appellationsgericht bringen zu können, was misslang. Es werden also auch persönlich motivierte Wut und Enttäuschung eine Rolle gespielt haben, als sich Beethoven darüber beklagte, nun mit »wirthe[n], schuster[n] und Schneider[n]«[5] gleichgesetzt zu sein, wo doch »Abgeschlossen soll der Bürger voon höhern Menschen seyn, u. ich bin unter ihn gerathen«[6]. Einschränkend muss zudem gesagt werden, dass Beethoven mit Demokratie weniger ein politisches System meinte, als vielmehr die Gewährung von Freiheitsrechten sowie die Aufhebung jener gesellschaftlichen Schranken, die ihn, der sich selbst – vermutlich unter dem Einfluss der Lektüre August von Kotzebues[7] – einem imaginären Geistes- oder Tugendadel zurechnete, vom tatsächlichen Adelstand trennte, wie er immer wieder schmerzlich erfahren musste.

1796 begann Frankreich einen Feldzug unter dem Oberbefehl von General Napoleon Bonaparte gegen die norditalienischen Besitzungen Österreichs, das Königreich Sardinien, zu dem auch das Piemont gehörte, und den Kirchenstaat. Die siegreiche französische Revolutionsarmee besetzte die Lombardei, errichtete die dort die »Cispadanische Republik«, der auch Teile Venetiens angegliedert wurden, stellte Mailand unter französische Militärverwaltung und unterstützte revolutionäre Bewegungen insbesondere im Kirchenstaat. Nachdem durch den Vertrag von Tolentino (Februar 1797) der Kirchenstaat kampfunfähig geworden war – die Besetzung Roms und die Ausrufung der Republik erfolgten 1798 – griff Napoleon das österreichische Kernland direkt an. Da ein Großteil der regulären österreichischen Truppen im Rheinland gebunden war, griff Franz II. zum Mittel der Generalmobilmachung und erzeugte damit eine Welle patriotischer Begeisterung, der sich auch Beethoven anschloss. Er komponierte *Abschiedsgesang an Wiens Bürger* WoO 121 und das *Kriegslied der Österreicher* WoO 122 für die ausrückenden Truppen. Nach der Niederlage von Leoben willigte Franz. II im April 1797 in einen Waffenstillstand ein, um Wien zu schützen. Es folgte mit dem Frieden von Campo Formio (Oktober 1797) das Ende des 1. Koalitionskrieges. Inwieweit Beethoven über die Republikgründungen in Italien während des 1. Koalitionskrieges und die anschließende Repression, als Österreich im 2. Koalitionskrieg (1798–1802) anfangs die oberitalienischen Gebiete zurückerobern konnte, informiert war, ist nicht bekannt. Politische Äußerungen aus dieser Zeit sind nicht überliefert. Noch 1803 soll Beethoven zwar öffentlich über *Gott erhalte Franz, den Kaiser* improvisiert haben[8], was zumindest nach außen eine staatskonforme, kaisertreue Haltung nahelegt, Beethovens späterer Sekretär und Biograph Anton Schindler berichtet aber, Beethoven habe bereits vor der Bekanntschaft mit dem französischen Gesandten Graf Jean Baptiste Bernadotte im Frühjahr 1798 zu den Bewunderern Napoleons gezählt.[9] Diese Hochschätzung, damals von vielen Intellektuellen auch in den Staaten der Koalition geteilt, gründete auf der Anerkennung der enormen militärischen Leistungen und des beispiellosen sozialen Aufstiegs Napoleons aus kleinen Verhältnissen bis an die Spitze von Armee und Staat. Vor allem aber hatte Napoleon, nachdem er im Oktober 1799 durch einen Staatsstreich an die Macht gelangt war, Frankreich eine neue, am antiken römischen Vorbild orientierte Konsulatsverfassung gegeben. Damit hatte die Republik nach den Jahren der Revolutionswirren ein System mit stark präsidialen Elementen erhalten, in dem ein auf zehn Jahre gewähltes dreiköpfiges Gremium mit einem mit besonderer Machtfülle ausgestatteten ersten Konsul – Napoleon – an der Spitze für Stabilität unter Wahrung demokratischer Prinzipien sorgte. Schindlers Einschätzung, dass Beethoven Napoleon und der von ihm »mit kräftiger Hand«[10] durchgesetzten staatlichen Ordnung deshalb Sympathie entgegenbrachte, weil er unter dem Einfluss der Lektüre Platons und Plutarchs »sich selber schon der republikanischen Staatsform zugewendet hatte«[11], scheint plausibel. Groß war dann Beethovens Enttäuschung über den Staatsvertrag Frankreichs mit dem Kirchenstaat von 1801, der ihn befürchten ließ, dass nun, wo »*buonaparte* mit dem Pabste das *Concordat* geschlossen […] sich alles wieder in's alte Gleiß zu schieben sucht«[12], und sie steigerte sich zur rasenden Empörung, als Beethoven von der Selbstkrönung Napoleons zum Kaiser erfuhr. Ferdinand Ries erinnerte sich:

> »Ich war der erste, der ihm [Mai/Juni 1804] die Nachricht brachte Buonaparte habe sich zum Kaiser erklärt, worauf er in Wuth gerieth und ausrief: ›Ist der auch nichts anders, wie ein gewöhnlicher Mensch! Nun wird er auch alle Menschenrechte mit Füßen treten, nur seinem Ehrgeize fröhnen; er wird sich nun höher, wie alle Menschen stellen, ein Tyrann werden!‹«[13]

Daraufhin soll Beethoven das Titelblatt der *Dritten Sinfonie* mit der Widmung an Napoleon zerrissen haben, und »mit der Bewunderung für Napoleon war es für alle Zeit aus, sie hatte sich in lauten Haß verwandelt.«[14] Hierzu korrespondiert, dass Beethoven im Besitz einiger Gipsstatuetten mit Nachbildungen antiker Statuen war, unter denen sich auch eine Brutus-Büste befand. Beethoven scheint sich offenbar mit dem Mörder Cäsars identifiziert zu haben, und da die evidente Parallele in der politischen Entwicklung zwischen Cäsar und Napoleon auch dem in antiker politischer und historiographischer Literatur belesenen Beethoven bewusst gewesen sein dürfte, ist davon auszugehen, dass er selbst das Nothilfemittel des Tyrannenmords gegen Napoleon für opportun hielt. Wie Cäsar war Napoleon zunächst Heerführer, dann ersten Konsul, und wie Cäsar hatte er dieses Amt missbraucht, indem er durch eine Kaiserkrönung das Ende der Republik besiegelte ohne ein entsprechende konstitutionelle Neuausrichtung des Staatswesens vorzunehmen. Selbst wenn Beethoven den Vormarsch der französischen Armee vorher noch unter revolutionär-republikanischen Aspekten als Befreiung von der Monarchie begrüßt haben sollte – wofür Belege fehlen –, nahm er spätestens jetzt die französische Expansion als Imperialismus wahr. Durch den Frieden von Pressburg, der 1805 den 3. Koalitionskrieg beendete, musste Österreich weitreichende Gebietsverluste und empfindliche finanzielle Belastungen hinnehmen. Konkret war Beethoven von der Besetzung Wiens durch die französischen Truppen betroffen. Wie alle Bürger litt er unter den gravierenden Versorgungsengpässen und der horrenden Inflation. Hinzu kam, dass die Aufführung des *Fidelio* vor fast leeren Rängen stattfand, weil der Adel die Stadt verlassen hatte. Für die antinapoleonische Koalition war inzwischen der musikalisch begabte und von Beethoven hochgeachtete Prinz Louis Ferdinand von Preußen als Hoffnungsträger in den Krieg gezogen. Er fiel in einem Vorhutgefecht bei Saalfeld, das der Schlacht bei Jena und Auerstedt im Oktober 1806 unmittelbar voranging. Kurz darauf annoncierte Beethoven die vormals Napoleon zugedachte *Dritte Sinfonie* in der *Wiener Zeitung*[15] mit dem italienischen Hinweis, sie sei »komponiert, um die Erinnerung an einen großen Mann zu feiern«. Es ist durchaus plausibel, dass Beethoven hierbei nicht mehr an Napoleon, sondern an Louis Ferdinand dachte.[16] Zwar befand sich Napoleon nun auf dem Höhepunkt seiner Macht, Beethovens Reaktionen auf dessen Sieg über Preußen von 1806 sind aber eindeutig negativ. Die Nachricht von der Niederlage von Jena soll er, der Briefbeschwerer in Gestalt zweier reitender Kosaken verwendete, mit den Worten kommentiert haben: »Schade! daß ich die Kriegskunst nicht so verstehe wie die Tonkunst, ich würde ihn [Napoleon] noch besiegen«.[17] Und an Ignaz und Camille Pleyel schrieb er nach Paris: »[...] mein lieber *Camillus*, so hieß, wenn ich nicht irre der Römer, der die bösen Gallier von Rom wegjagte, um diesen Preiß, mögte ich auch so heißen, wenn ich sie allenthalben vertreiben könnte, wo sie nicht hingehören.«[18] Ob auch die Weigerung, im Herbst 1806 vor französischen Offizieren bei Fürst Lichnowsky auf Gut Troppau zu musizieren, mit der Nationalität der Zuhörer in Zusammenhang stand und somit ein Beleg für Beethovens antifranzösische Gefühle aufgrund der Okkupationserfahrung und den aktuellen Kriegsereignissen wäre oder nicht doch lediglich Beethovens gesellschaftlichem Rollenverständnis geschuldet war, ist unsicher. Nachdem Beethoven bereits 1803 an eine Übersiedlung nach Paris gedacht hatte, spielte er nämlich 1808 wieder mit dem ernsthaften Gedanken, Wien zu Gunsten Frankreichs zu verlassen, nun, um eine Kapellmeisterstelle in Kassel am Hofe Jérôme Bonapartes, Napoleons jüngerem Bruder, anzunehmen. 1812 hatten mit der Einnahme Moskaus Napoleons Macht sowie die territoriale Ausdehnung des französischen Herrschaftsgebiets ihren Zenit erreicht. Es folgten mit der Niederlage im Russlandfeldzug eine Reihe militärischer Rückschläge. 1813 schlossen sich Russland, Großbritannien, Preußen und Österreich zur 5. Koalition zusammen, um einen »Befreiungskrieg« gegen Frankreich zu führen. Wie bereits 1798 stellte sich auch diesmal Beethoven mit Kompositionen in den Dienst der nationalen Sache. Der Sieg des britischen Herzogs Wellington über die französischen Truppen im nordspanischen Vittoria im Juni 1813 regte ihn zu einer Schlachten- und Siegessinfonie (*Wellingtons Sieg oder die Schlacht bei Vittoria* op. 91) an, die im Dezember 1813 in einem Benefizkonzert zu Gunsten von Kriegsinvaliden unter großem Jubel uraufgeführt wurde. Und 1814 avancierte Beethoven sogar zu einer Art Staatskünstler. Nach der Niederlage Napoleons trafen sich die europäischen Herrscher der befreiten Staaten samt ihrer Entourage ab September 1814 zu dem sogenannten »Wiener Kongress«, der bis Juni 1815 dauerte. Ziel der Konsultationen war die Neuordnung Europas im Geiste der vornapoleonischen Zeit. Die politischen Gespräche wurden durch zahlreiche Vergnügungen begleitet wie Jagden, Bälle, Theateraufführungen und Konzertakademien. Beethoven gehörte zu den musikalischen Attraktionen dieser Veranstaltungen und verstand es, seine Prominenz geschickt zum eigenen, auch kommerziellen Vorteil zu nutzen. Er widmete Werke europäischen Herrschern und steuerte zu den Akademien Kompositionen bei, die den allgemeinen patriotischen Überschwang flankierten oder den Monarchen schmeichelten. Ob Beethoven mit den Kantatenwerken *Germania* WoO 94, *Es ist vollbracht* WoO 97, *Der glorreiche Augenblick* op. 136, dem Chorwerk *Ihr weisen Gründer glücklicher Staaten* WoO 95 oder der Huldigungskomposition *Ouvertüre* »*Zur Namensfeier*« op. 115 für den österreichischen Kaiser seinen innersten Überzeugungen Ausdruck verlieh oder lediglich pragmatisch die Gunst der Stunde nutzte, lässt sich nicht abschließend entscheiden. In seinem Dankesschreiben anlässlich der erfolgreichen Akademie mit der Uraufführung von *Wellingtons Sieg* beteuerte Beethoven jedenfalls, damit »den schon lange gehegten, sehnlichen Wunsch erfüllt zu sehen, unter den gegenwärtigen Zeitumständen auch eine größere Arbeit von mir auf den Altar des Vaterlandes niederlegen zu können.«[19]

Die Hoffnung vieler, dass die nationale Befreiung auch zu einer sozialen Einigung im Innern führen würde und sich in einer Staatsreform niederschlagen könnte, erfüllte sich nicht. Im Gegenteil vertrat in Österreich Reichskanzler Klemens von Metternich eine rigide restaurative Politik mit polizeistaatlichen Methoden. Schon vor den »Karlsbader Beschlüssen« (Sommer 1819 als Reaktion auf die Ermordung Kotzebues durch einen Burschenschaftler) wurden Presse und Literatur einer strengen Zensur unterworfen, der Briefverkehr flächendeckend überwacht und vor allem das öffentliche Leben mit einem Spitzelwesen durchsetzt, das nicht nur die beargwöhnte studentische National- und Demokratiebewegung betraf. Zahlreiche Eintragungen in Beethovens Konversationsheften legen beredtes Zeugnis vom allgemeinen Klima der Angst und Verunsicherung ab. Nachdem offenbar das Stichwort »Freyheit« gefallen war, mahnte Franz Oliva: »Sprechen Sie nicht so laut Ihr Verhältniß ist zu bekannt; – das ist eine Unannehmlichkeit der öffentl. Orte daß man in Allem so gehindert ist; ›alles horcht und hört‹«[20].Und Beethovens Neffe Karl mahnte: »Der Baron [Pronáy] ist Kammerherr beym Kaiser. Ich meine nur, du sollst nichts gegen die Regierung mit ihm reden« [21]. Die Angst vor der Briefzensur ließ Beethoven vorsichtig werden. An Antonie Brentano schrieb er nach Frankfurt, dass sie sich an Simrock wenden solle, dessen Sohn gerade aus Wien zurückgekehrt war, wenn sie etwas über die derzeitige Situation erfahren wolle.[22] Diese wurde in Beethovens Konversationskreis einhellig als desaströs eingeschätzt. Man klagte über die Inflation, die lähmende Bürokratie, das Zensurwesen, von dem einige von Beethovens Bekannten direkt betroffen waren, und die soziale Ungerechtigkeit durch die neuerlichen Privilegien des Adels. »[...] so sieht es denn aus, in diesem Monarchistischen Anarchistischen Österreich!!!!!!!!«[23], ereiferte sich Beethoven im Mai 1816 in einem Brief an Jan Nepomuk Kanka. Innerhalb des Freundeskreises gab es durchaus unterschiedliche Meinungen über die historischen Ursachen des gegenwärtigen politischen Zustands und dessen Überwindung. Während die einen die alten josephinischen, vorrevolutionären Zeiten herbeisehnten, in denen »eine große Denk- und politische Freyheit [herrschte]« und die jetzige Unterdrückung dem »durch die Revolution herbeygeführte[n] Mißtrauen der Regierungen u[.] des Adels gegen das Volk«[24] anlasteten, sahen die Republikaner in der Runde inzwischen Napoleon wesentlich positiver.

> »Wenn jetzt N wieder käme, so würde derselbe einen besseren Empfang in Europa zu erwarten haben. Er hat den Zeitgeist gekannt, und die Zügel zu leiten gewußt. Unsere Nachkommen werden ihn besser zu würdigen wissen. [...] Doch stürzte er überall das *Feudal* System, und war der Beschützer des Rechts und der Gesetze«.[25]

»Auf den so sehr verkannten *Napoleon* sollten Sie eine Hymne komponiren«[26], wird Beethoven aufgefordert. Und Blöchlinger fügte an: »1809 war es lustig zu sehen, wie die hießigen Buchhändler mit allen diesen [verbotenen] deutschen Classikern herausrückten, als *Napoleon* eingerückt war. Diese Periode war für die Wissenschaft in unsern Ländern von bedeutenden Folgen.«[27] Beethoven scheint in diesem Kreis bisweilen mit radikalen Äußerungen hervorgetreten zu sein. Schindler berichtete, dass Beethoven regen Anteil an den Studentenerhebungen in Brünn 1815 genommen habe.[28] Und Peters fragte, vermutlich entgeistert, »Sie sind ein *Revoluti[onär]* ein *Carbonaro*?«[29], als Beethoven offenbar seine Sympathie für die mit terroristischen Mitteln operierenden italienischen Freiheitskämpfer bekundete. Beethoven wird sich bei diesen Gesprächen aber auch an seine Bonner Jugend erinnert haben, als er sehr von dem beschworenen josephinischen Geist profitierte. Einig war man sich, dass »der *republicanische Geist* glim̄t nur mehr in der *Asche*«[30] und es wohl 50 Jahre dauern würde, bis auch Österreich eine Republik bekäme.[31] Während Blöchlinger angesichts dieser Situation die Zukunft eher in Amerika sah[32], entwickelte Beethoven eine Affinität zu England und dem dortigen konstitutionellen System. »Er war erfüllt von dem Gedanken, nach England zu kommen. Sein Wunsch wäre, sagte er, das Haus der Gemeinen [House of Commons] zu sehen. ›Ihr in England habt Köpfe auf euren Schultern‹«, berichtete Cyprian Potter von seinem Besuch bei Beethoven in Mödling 1818.[33]

Anmerkungen

1 Brief an Nikolaus Simrock vom 2. August 1794. BGA Nr. 17, Bd.1, S. 25f.
2 Ebenda, S. 26.
3 Ebenda, S. 25.
4 Vgl. D. von Busch-Weise, »Beethovens Jugendtagebuch«, in: Studien zur Musikwissenschaft 25 (1962), S. 72f.
5 Brief an seinen Rechtsanwalt Johann Baptist Bach vom 27. Oktober 1819. BGA Nr. 1348, Bd. 4, S. 252.
6 BKh, Bd. 1, S. 252.
7 Beethoven besaß ein Exemplar von August von Kotzebues *Über den Adel.*
8 Vgl. M. Solomon, *Beethoven. Biographie*, München 1979, S. 110.
9 Vgl. A. Schindler, *Biographie von Ludwig van Beethoven*, 1. Teil, Münster [3]1860, S. 101f.
10 Ebenda, S. 102.
11 Ebenda.
12 Brief an den Verlag Hoffmeister & Kühnel vom 8. April 1802. BGA Nr. 84, Bd. 1, S. 105.
13 F. G. Wegeler und F. Ries, *Biographische Notizen über Ludwig van Beethoven*, Koblenz 1838, S. 78.
14 A. Schindler, *Biographie von Ludwig van Beethoven*, S. 108.
15 P. Schleuning, *3. Symphonie op.* 55, in: A. Riethmüller (Hrsg.), *Beethoven. Interpretationen seiner Werke*, Laaber 1994, Bd. 1, S. 399.
16 Vgl. hierzu ebenda.
17 Gegenüber Wenzel Krumpholz. Vgl. A. W. Thayer, *Ludwig van Beethovens Leben. Nach dem Original-Manuskript deutsch bearbeitet von Hermann Deiters. Mit Benutzung von hinterlassenen Materialien des Verfassers und Vorarbeiten von Hermann Deiters neu bearbeitet und ergänzt von Hugo* Riemann, Nachdruck der Ausgabe Leipzig [3]1922, Hildesheim etc. 2001, Bd. 2, S. 520, Fußnote 1.
18 Brief an Ignaz und Camille Pleyel vom 26. April 1807. BGA Nr. 277, Bd. 1, S. 309.
19 Zitiert nach A. Schindler *Biographie von Ludwig van Beethoven*, S. 193.
20 Bkh, Bd. 1, S. 146.
21 Ebenda, Bd. 3, S. 298.
22 Brief an Antonie Brentano vom 29. September 1816. BGA Nr. 978, Bd. 3, S. 300.
23 Brief an Johann Nepomuk Kanka vom 1. Mai 1816. Ebenda, Nr. 929, S. 252.
24 Bkh, Bd. 2, S. 172.
25 Ebenda, Bd. 1, S. 209f.
26 Ebenda, S. 247.
27 Ebenda, S. 345.
28 Vgl. A. Schindler, *Biographie von Ludwig van Beethoven*, S. 231.
29 Bkh, Bd. 3, S. 158.
30 Ebenda, Bd. 1, S. 346.
31 Ebenda, Bd. 1, S. 72.
32 Ebenda, Bd. 1, S. 328.
33 A. W. Thayer, *Ludwig van Beethovens Leben. Auf Grund der hinterlassenen Vorarbeiten und Materialien weitergeführt von Hermann Deiters. Mit Vorwort, Register, Berichtigungen und Ergänzungen von Hugo Riemann*, Nachdruck der Ausgabe Leipzig 1907, Hildesheim etc. 2001, Bd. 4, S. 57f.

Beethovens Verhältnis zur Literatur

Von Knud Breyer

Beethoven war seit seiner Jugend ein leidenschaftlicher Leser, der, wie die Wachsspuren in seinen Büchern zeigen, auch gern die Abendstunden zur Bettlektüre nutzte. Zwar besaß er selbst nur einen überschaubaren Bestand an Büchern, durch seine Freundschaft zu der Gräfin Anna Maria Erdődy und zu Therese Brunsvik hatte er aber zudem Zugang zu deren gut bestückten Hausbibliotheken. Ferner war Beethoven Abonnent der öffentlichen Leihbibliothek von Carl Armbruster in Wien und hatte ferner die Möglichkeit, die dortige Kaiserlichen Bibliothek zu nutzen. Darüber hinaus pflegte Beethoven die regelmäßige Lektüre der Tagespresse sowie von Zeitschriften. In seinem privaten Buchbestand[1] befanden sich jeweils mehrere Jahrgänge der *Berliner Musikalischen Zeitung*, der *Cäcilia*, dem von der Allgemeinen Musikgesellschaft in Zürich herausgegebenen *Neujahrsgeschenk an die Zürcher Jugend* sowie das Eröffnungsheft des Jahrgangs 1808 des von Franz Karl Leopold von Seckendorf herausgegebenen *Prometheus*. Die Eintragungen in den Konversationsheften sowie Beethovens Exzerpte in seinem Tagebuch[2] geben ferner Auskunft über sein Interesse an Belletristik und an kulturgeschichtlichen wie auch naturwissenschaftlichen Abhandlungen. Mit reger Anteilnahme verfolgte Beethoven vor allem die entsprechenden Beiträge in der *Wiener Zeitschrift für Kunst, Literatur, Theater und Mode*.

Sein heimischer Buchbestand diente Beethoven vor allem als Arbeitsbibliothek. Neben einem überraschend übersichtlichen Notenfundus fällt die relativ umfangreiche Abteilung mit musiktheoretischem Schrifttum auf. Hinzu kommt eine durchaus ansehnliche Sammlung von Lyrik und Dramen, also Literatur, die sich für die Liedvertonung eignet oder aus der sich Opernstoffe generieren lassen. Bei Beethovens Notenbibliothek dürfte es sich nicht unwesentlich um Geschenke gehandelt haben. Gesichert ist dies bei der sechsbändigen Ausgabe der Werke Georg Friedrich Händels, die Beethoven im Dezember 1826 von Johann Andreas Stumpff aus London zugeschickt wurde, aber auch der übrige Bestand ist maßgeblich von Werken geprägt, mit deren Komponisten Beethoven persönlichem Umgang hatte. Zu nennen sind hier Joseph Haydn, Anton Reicha, Muzio Clementi, Johann Baptist Cramer und Antonio Salieri. Zumindest im Falle Clementis, von dem Beethoven die *Trois Sonates pour le Piano-Forte* op. 40 besaß, und Cramers, dessen *Études pour le Pianoforte* in vier Bänden sich in der Bibliothek befanden, ist die Möglichkeit gegeben, dass die Autoren sie bei einem ihrer Besuche mitbrachten. Abgesehen von einem Sammelband mit Klaviermusik von Johann Sebastian Bach, der unter anderem das *Wohltemperierte Klavier*, die Klavier-Übungen und die Inventionen enthält, beinhaltet der übrige Teil der Notenbibliothek vor allem Opernliteratur, neben Christoph Willibald Gluck, Wolfgang Amadeus Mozart und Luigi Cherubini auch französischer Provenienz (Nicolas-Marie Dalayrac [*La soirée orageuse*], Etienne Nicolas Méhul

[*Valentine de Milan*]). Dass Beethovens Lektüre von Opernpartituren vorrangig studienhalber erfolgte, um sich anregen zu lassen oder Gegenstandpunkte zu entwickeln, zeigt insbesondere der Besitz von Ferdinando Paers *Leonore*. Die deutsche Fassung des Librettos hatte Friedrich Rochlitz erstellt, sodass für Beethoven neben dem direkten Vergleich der kompositorischen Umsetzung des Fidelio-Stoffes durch einen Kollegen auch die Arbeit des Letzteren für ihn im Hinblick auf eine mögliche Zusammenarbeit von Interesse war.

Bei den musiktheoretischen Schriften in Beethovens Bibliothek handelt es sich einerseits um Literatur, nach der er bereits in Bonn bei seinen Lehrern Tobias Friedrich Pfeifer und Christian Gottlob Neefe sowie dann in Wien bei Johann Baptist Schenk unterwiesen worden war, nämlich Johann Philipp Kirnberger, von dessen Schriften Beethoven eine sechsbändige Werkausgabe besaß, Johann Joseph Fux' *Gradus ad parnassum*, Carl Philipp Emanuel Bachs *Versuch über die wahre Art das Clavier zu spielen* und Friedrich Wilhelm Marpurgs *Abhandlung von der Fuge*. Andererseits hat Beethoven auch jenseits dieser Vorgaben seine kompositionstechnischen Studien eigenständig erweitert anhand von Heinrich Christoph Kochs *Handbuch bey dem Studium der Harmonie*, Joseph Riepels *Anfangsgründe der musicalischen Setzkunst*, Johann Matthesons *Der Vollkommene Capellmeister*, Daniel Gottlob Türks *Kurze Anleitung zum Generalbaßspielen* und Georg Joseph Voglers *Choralsystem*. Während Türks 1789 erschienenes Lehrbuch *Von den wichtigen Pflichten eines Organisten* möglicherweise noch zu seiner Jugendlektüre gezählt haben könnte, als Beethoven das Organistenamt an der Bonner Hofkapelle ausübte, hat er sich auch noch später mit Justin Heinrich Knechts *Orgelschule für Anfänger und Geübtere* beschäftigt. Rund 200 Blätter mit Exzerpten aus den von ihm rezipierten musiktheoretischen Schriften legen Zeugnis von Beethovens umfassendem Selbststudium ab. Obwohl sie nicht datiert sind, lassen sich die Aufzeichnungen teilweise aufgrund von Marginalien oder der in ihnen befindlichen Eintragungen von fremder Hand zeitlich einordnen. Ein geringerer Teil stammt aus der Zeit vor 1808 und steht vermutlich mit Beethovens Engagement am Theater an der Wien 1803/04 in Zusammenhang. Die dortige Dienstwohnung erlaubte den engen Kontakt zu am Theater tätigen Musikern, den Beethoven nutzte, um sein instrumentationskundliches Wissen zu vervollkommnen. Der größte Teil der Exzerpte stammt aber aus der Zeit danach mit Schwerpunkten in den Jahren 1809, 1814/15, 1818 und den 1820er Jahren. Zum Teil stehen sie in Zusammenhang mit Beethovens Lehrtätigkeit. Etwa ab 1803 unterrichtete er – immer wieder durch längere Pausen unterbrochen – für rund zehn Jahre Erzherzog Rudolph, und 1816 hatte er seinen Neffen Karl bei sich aufgenommen und musikalisch unterwiesen, in der Folge aber auch dessen anschließenden Unterricht bei Carl Czerny intensiv begleitet. Karls Handschrift lässt sich in einigen der Niederschriften identifizieren. Zumindest für die 1820er Jahre ist ein weitgehend zweckfreies Interesse an Musiktheorie anzunehmen, als intellektuelle Freizeitbeschäftigung mit historischen satztechnischen Fragestellungen. Für die Jahre 1809 und 1814/15 hingegen lassen sich pragmatische Gründe für ein Auffrischen theoretischer Grundkenntnisse finden, war diese Zeit doch für ihn von einer gesellschaftlichen Situation gekennzeichnet, in der Beethoven eine berufliche Veränderung zumindest in Erwägung gezogen haben könnte. 1808 hatte Beethoven einen Ruf als Kapellmeister an den Kasseler Hof erhalten, dem er nur nicht folgte, weil Erzherzog Rudolph sowie die Fürsten Ferdinand Kinsky und Franz Lobkowitz im Frühjahr 1809 einen lebenslangen Rentenvertrag mit ihm abschlossen. Mit der Okkupation Wiens durch die Napoleonischen Truppen kurze Zeit später hatte sich jedoch eine politische Situation eingestellt, die eine Einhaltung dieser finanziellen Verpflichtung fraglich werden ließ, zumal Rudolph mit dem Hofstaat Wien verlassen hatte. Es ist also denkbar, dass sich Beethoven mit einem verstärkten theoretischen Studium auf eventuell anstehende Vorstellungsgespräche andernorts vorbereiten wollte. Auch für die Jahre 1814/15 lässt sich die Verbindung gesellschaftlicher und beruflicher Interessen als Ursache für die Wiederaufnahme der systematischen Beschäftigung mit allgemeiner Musiklehre vermuten. Während der monatelangen Tagung des Wiener Kongresses in der österreichischen Kaiserstadt spielte Beethoven eine zentrale Rolle beim musikalischen Rahmenprogramm, zu dem er eine ganze Reihe von Kompositionen beisteuerte. Außerdem nutzte er die Gelegenheit, um Werke hochgestellten Persönlichkeiten wie dem russischen Zarenpaar zu dedizieren. Er konnte davon ausgehen, dass sich die Konversation mit ihm insbesondere um seine Profession drehen würde und er seitens der musikalisch Gebildeten unter den Honoratioren und ihrer Entourage, aber auch der beteiligten Musiker auf Fachfragen jeglicher Art gefasst sein musste und es unerlässlich war, hier eine gute Figur zu machen. Wie berechtigt diese Vorsicht war, zeigt ein Eintrag in sein Tagebuch aus jener turbulenten Zeit: »Jeden Tag Jemand zum Essen, wie Musici, wo man dieses und jenes abhandelt, von Instrumenten ect […]«.[3]

Mit schöner Literatur kam Beethoven, der aus einem gänzlich auf Musik und nicht auf eine umfassende kulturelle Bildung ausgerichteten Elternhaus stammte, erstmals durch seinen Bonner Lehrer Christian Gottlob Neefe in Berührung. Neefe, der selbst schriftstellerisch tätig war, gehörte wie auch Gottfried August Bürger und Matthias Claudius zum Sympathisantenkreis des sogenannten Göttinger Hainbundes um Johann Heinrich Voß, Johann Martin Miller, Ludwig Christoph Heinrich Hölty, Johann Friedrich Hahn und Johann Thomas Ludwig Wehrs, deren publizistisches Sprachrohr der *Göttinger Musenalmanach* war. Gemeinsam verehrte man Friedrich Gottlieb Klopstock und wandte sich mit empfindsamer, auf Innerlichkeit ausgerichteter Dichtung gegen das distanzierte Weltbild aufklärerischer Rationalität. Zu Neefes Lieblingsromanen gehörte Johann Wolfgang von Goethes *Die Leiden des jungen Werthers*, dessen Lektüre er im Freundeskreis empfahl.

Beethovens Bibliothek beinhaltete eine verhältnismäßig umfangreiche und ausgewählte Lyrik-Sammlung. Aufgrund der Veröffentlichungsjahre könnten sich August Gottlieb Meißners *Liederkränze* (Karlsruhe 1782) sowie die Klopstock-Werkausgabe (Troppau 1785) noch der Bonner Zeit verdanken. Aber auch in späterer Zeit hat sich Beethoven noch dem Hainbund-Umfeld geistig verbunden gefühlt, wie nicht nur die Bände mit Gedichten von Hölty und Friedrich Bouterwek sowie Friedrich von Matthisons *Lyrische Anthologie* in seiner Bibliothek zeigen, sondern auch die Wahl von Johann Gottfried Herder, Matthias Claudius, Gottfried August Bürger und Christian Felix Weiße als Textautoren für Liedvertonungen verdeutlicht. Daneben besaß Beethoven Gedichtausgaben von Georg van Gaal, Karl Wilhelm Ramler, James Thomson und Karl Streckfuß. Die naheliegende Vermutung, dass Beethovens Interesse für Lyrik vor allem jenes eines Komponisten auf der Suche nach geeigneten Textvorlagen für die Liedvertonung war, bestätigt sich aber nur teilweise. Die Überschneidung zwischen den Textautoren seiner Lieder und dem Bibliotheksbestand ist überschaubar und beschränkt sich auf Matthison, Hölty, Goethe, von dem Beethoven eine Werkausgabe von 1811 besaß, sowie auf Christoph August Tiedge, aus dessen *Urania* er *An die Hoffnung* op. 32 vertonte. Des Weiteren hat Beethoven – abgesehen von Friedrich Schiller, Gotthold Ephraim Lessing und Christian Fürchtegott Gellert – heute weitgehend vergessene Dichter wie Alois Jeittele, Heinrich Goeble, Ignaz Heinrich von Wessenberg, Karl Friedrich Wilhelm Herrosee, Christian Ludwig von Reissig, Samuel Friedrich Sauter vertont, was zeigt, wie vertraut er mit der Lyrik des Zeitgeschmacks war.

Während Romane in seiner Bibliothek gänzlich fehlen, hat sich Beethoven intensiv mit dramatischer und epischer Literatur beschäftigt. Von Friedrich Schiller besaß er aus der Gesamtausgabe den sechsten Band mit *Die Jungfrau von Orléans* und *Wilhelm Tell*. Von Shakespeare enthält die Bibliothek mehrere Bände der Eschenburg-Ausgabe mit Lust- und Trauerspielen, darunter *Kaufmann von Venedig, Wie es euch gefällt, Der Liebe Mühe ist umsonst, Das Wintermärchen, Othello, Romeo und Julia, Viel Lärmens um nichts, Ende gut, alles gut* sowie aus einer Wiener Werk-Ausgabe in der Schlegel-Übersetzung Band 1 mit *Der Sturm*. Ebenfalls mittels einer Schlegel-Übersetzung hat Beethoven Pedro Calderón de la Barca rezipiert, dessen *La Banda y la flor* und *El principe constante* sich in einer Leipziger Sammelausgabe *Spanisches Theater* in Beethovens Bibliothek befanden. Auch eine Ausgabe von Homers *Odyssee* in der Voß-Übersetzung besaß Beethoven. Erwähnungen und Exzerpte in seinem Tagebuch[4] zeigen, dass Beethovens Literaturkenntnisse über den Kreis seines Bücherbesitzes deutlich hinausgingen und im Bereich von Epos und Drama außerdem zumindest Werke von Carlo Gozzi, Vittorio Alfieri, Amandus Müllner und Zacharias Werner umfassten. Das Tagebuch gibt ferner Hinweise auf den unterschiedlichen Zweck der Lektüre. Beispielsweise waren die Werke Gozzis zu Beethovens Zeit in Wien sehr populär und wurden am Burgtheater und am Theater an der Wien wiederholt aufgeführt.[5] Es ist zu vermuten, dass sich Beethoven Autoren und Titel dramatischer Werke auch notierte, um Textbücher in Theateraufführungen mitnehmen zu können, da er wegen seiner Gehörlosigkeit – der Eintrag im Tagebuch zu Gozzi datiert auf Frühjahr 1814[6] – den Dialogen auf der Bühne nur noch sehr eingeschränkt folgen konnte. Vor allem aber steht die Beschäftigung mit Dramentexten im Zusammenhang mit eigenen Kompositionsprojekten. Beethoven, der sich 1807 vergeblich um eine Festanstellung bei der k. k. Hoftheaterdirektion beworben hatte und an den der Verlag Breitkopf & Härtel mehrfach mit der Bitte um Opernkompositionen herantrat, war immer auf der Suche nach geeigneten Opernstoffen. 1809 hatte er sich zudem Hoffnung gemacht, die Zwischenaktmusik zu Schillers *Wilhelm Tell* komponieren zu dürfen. Stattdessen engagierte man ihn für Goethes *Egmont*. Ergebnis der Beschäftigung mit *Wilhelm Tell* blieb somit lediglich der *Gesang der Mönche* WoO 104, den Beethoven auf den Tod von Wenzel Krumpholz 1817 komponierte. Den teilweise mit Skandierungszeichen versehenen Exzerpten im Tagebuch lässt sich entnehmen, dass Beethoven, vermutlich im Zusammenhang mit Kantatenplänen, zumindest auszugsweise die Vertonung von

Amandus Müllners Tragödie *Die Schuld*, von Homers *Illias* und der *Odyssee* sowie des ersten Teils – *Die Templer auf Cypern* – aus Zacharias Werners »dramatischem Gedicht« *Die Söhne des Thals* plante. 1819 setzte sich Beethoven mit dem Orientalisten Joseph von Hammer-Purgstall in Verbindung, da er einen »indischen Chor religiösen Sinns zu setzten«[7] gedachte. Zwar unterblieb die Vertonung der von Hammer-Purgstall vorgeschlagenen indischen bzw. persischen Sing- bzw. Hirtenspiele aus Zeitgründen, die Niederschrift von Auszügen aus dem Schauspiel *Shakuntala* des indischen Dichters Kalidasa aus dem 5. Jahrhundert in der Übersetzung von Georg Forster zeigt aber, dass Beethoven selbst dieser Thematik nachging. Außerdem notierte er sich Auszüge aus William Jones' Veda-Adaption *Hymn to Narayena* in einer Übersetzung von Johann Friedrich Kleuker.

Ob in diesen Fällen dem professionellen Interesse des Musikers an außergewöhnlichen Textvorlagen das kulturgeschichtliche nachfolgte oder aber Beethoven, getragen von der allgemeinen Orientwelle seiner Zeit – mit Begeisterung hat er Goethes *West-östlichen Divan* gelesen –, aus der Beschäftigung mit vor allem indischer Kultur seine Kompositionspläne entwickelte, ist nicht entscheidbar. Seine Kenntnisse über Indien bezog Beethoven aus Eberhard August Wilhelm von Zimmermanns zweibändigem *Tagebuch der Reisen oder unterhaltende Darstellung der Entdeckungen des 18-ten Jahrhunderts in Rücksicht der Länder- Menschen- und Produktenkunde* (Leipzig 1813). Zimmermann seinerseits kompilierte darin seine eigenen Lesefrüchte: Kleukers *Das brahmanische Religionssystem im Zusammenhange dargestellt*, dessen deutsche Übersetzungen von William Jones' *Dissertations and Miscellaneous Pieces Relating to the History and Antiquities, the Arts, Sciences, and Literature of Asia* (London 1792) und *The Asiatic Miscellany consisting of Translations, Imitations, Fugitive Pieces, Original Productions, and Extracts from curious Publications* (Kalkutta und London 1787) sowie die Übersetzung Georg Forsters von William Robertsons *An Historical Disquisition Concerning the Knowledge which the Ancients had of India* (Dublin 1791), die auch Auszüge aus der Bhagawad-Gita enthält. Auf den Historiker William Robertson war Beethoven aber bereits erheblich früher aufmerksam geworden. In seinem Jugendtagebuch von Mitte der 1790er Jahre befindet sich der Eintrag »Robertsons Geschichte von Amerika« [8]. Ob die Lektüre auch erfolgte, ist nicht bekannt. Beethovens Bibliothek spiegelt ein großes Interesse an historischen Betrachtungen von der Antike bis zu seiner Gegenwart wider. Neben Überblickswerken wie den Weltgeschichten von Polybios und William Guthrie, aber auch Charles Burneys *A General History of Music*, finden sich dort Publikationen zur Zeitgeschichte in Form von Reiseberichten, die auch politische Betrachtungen enthalten. Zu nennen wären hier Wilhelm Christian Müllers *Paris im Scheitelpunkte*, Aloys Weißenbachs *Meine Reise zum Congreß* sowie die seinerzeit indizierten Werke von Johann Gottfried Seume *Apokryphen* und *Spaziergang nach Syrakus*. Außerdem hat Beethoven August von Kotzebues *Über den Adel* besessen und die Philopoemen-Biographie von Plutarch rezipiert.

Bereits während seiner Bonner Zeit dürfte Beethoven im Zuge seines Studienjahres an der Universität mit der Philosophie Immanuel Kants, die dort schwerpunktmäßig gelehrt wurde, zumindest oberflächlich in Berührung gekommen sein. In seiner Bibliothek befand sich die *Allgemeine Naturgeschichte und Theorie des Himmels*, also ein naturwissenschaftliches und kein genuin philosophisches Werk Kants. Ferner besaß Beethoven eine

Ausgabe von Johann Elert Bodes *Anleitung zur Kenntniß des gestirnten Himmels*, die zu Beethovens Lebzeiten bis in die neunte Auflage ging. Es ist bekannt, dass auf dem Dachboden des Bonner Elternhauses auch zwei Fernrohre[9] installiert waren, und es ist daher nicht unwahrscheinlich, dass Beethoven bereits als Jugendlicher von dort aus nicht nur die Aussicht auf den Rhein genoss, sondern auch die Abendstunden – möglicherweise unter Zuhilfenahme der Sternkarten Bodes – mit der Betrachtung des Sternenhimmels zubrachte. Ab 1820 veröffentlichte Johann Joseph Littrow, der damals gerade neu installierte Leiter der Wiener Sternwarte, mehrere populärwissenschaftliche Artikel über Astronomie in der *Wiener Zeitschrift für Kunst, Literatur, Theater und Mode*, die auch auf Kant Bezug nehmen.[10] Da sich in Beethovens Konversationsheften mehrere Einträge zu Littrow aus dieser Zeit befinden[11], ist nicht nur die Lektüre dieser Artikel verbürgt, auch das im Konversationsheft[12] notierte berühmte Kant-Zitat über die Erhabenheit des gestirnten Himmels und des moralischen Gesetzes aus der *Kritik der praktischen Vernunft* lässt sich auf diese Quelle zurückführen. Mit Kants *Naturgeschichte* hat sich Beethoven vermutlich auf Anregung durch die Littrow-Artikel dann selbst gesondert beschäftigt und Stellen daraus in sein Tagebuch exzerpiert. Die Verbindung von Naturbetrachtung und philosophischen bzw. religiösen Ideen hat Beethoven besonders angesprochen, wie vor allem die zahlreichen Anstreichungen in seinem Exemplar von Christoph Christian Sturms *Betrachtungen über die Werke Gottes im Reiche der Natur und der Vorsehung auf alle Tage des Jahres* zeigen.

Über die Markierungen in seinen Büchern[13] sowie die Literaturexzerpte im Tagebuch lässt sich rekonstruieren, worauf Beethovens Lektüre ausgerichtet war und weshalb er an Romanen, also geschilderter Handlung, wenig Interesse hatte. Zwar suchte Beethoven in der Lektüre auch das herkömmliche Bildungserlebnis, wobei er insbesondere Abseitiges und Kurioses für notierenswert befand. Beispielsweise hielt er fest, dass künftigen Brahminen ein fünfjähriges Schweigegelübte auferlegt sei oder es Hindustämme gäbe, bei denen »Vielmännerey« üblich sei.[14] Vor allem las Beethoven aber gern Dramentexte, also Literatur, die den lebendigen Dialog in Schriftform wiedergibt und damit den Gehörlosen zumindest abstrakt an einer Form der Kommunikation teilhaben ließ, die ihm im alltäglichen Leben weitgehend verwehrt war. Außerdem hatte er eine besondere Affinität zu Sprichwörtern und Sentenzen, also einer Literaturgattung, die geistreichen Inhalt in knapper und komprimierter Form wiedergibt. Ob Beethoven diese Sinnspruchdichtungen – unter anderem von Plinius, Ovid, Plutarch oder Sertorius – jeweils den Originaltexten entnahm oder aber – wie im Falle der Beschäftigung mit indischer Mythologie[15] – bereits auf seinerzeit populäre entsprechende Sammlungen und Zusammenstellungen zurückgriff, kann im Einzelnen nicht ermittelt werden. Beethovens Tagebuch besteht zu großen Teilen aus Literaturexzerpten, die sämtlich – anders als das oben erwähnte Kant-Zitat im Konversationsheft – ohne Autor- und Quellenangabe verblieben. Offenbar ging es Beethoven nicht darum, zu dokumentieren, wann er welche literarischen Werke rezipiert hatte. Vielmehr wollte er sich offenbar eine von ihrem ursprünglichen Kontext abgelösten Sammlung von Dichterworten zusammenstellen, die ihm inhaltlich relevant erschienen. In der Regel wird man bei Beethoven bezüglich dieser Zusammenstellung, aber auch im Hinblick auf die Anstreichungen in seinen Büchern, eine affirmative Haltung annehmen können, denn es gibt ein explizites

Gegenbeispiel. In seinem Exemplar von Goethes *West-östlichen Diva* hat er die XLI. Sentenz, in der Goethe Bescheidenheit mit Schmeichelei und Verstellung gleichsetzt, mit der Marginalie »nego« versehen und den Passus, in dem Goethe daraus eine zunehmende Selbstverneinung folgert, die letztlich zu einer gesellschaftlichen Zersetzung führe, sogar gestrichen.[16] Die private, also nicht berufsbezogene Lektüre diente Beethoven folglich vor allem der Entwicklung, Vergewisserung oder Bekräftigung eines moralischen, religiösen oder weltanschaulichen Standpunkts. Wie sehr bei Beethoven die Lektüre auf die Bespiegelung seiner jeweiligen Lebenssituation ausgerichtet war, verdeutlicht insbesondere seine Shakespeare-Rezeption. Depressive Episoden mit Freitodgedanken, Zuneigung zu Frauen, denen er nicht standesgemäß war, beständige Konflikte mit seinen Brüdern und Schwägerinnen und der Sorgerechtsstreit um den Neffen Karl bestimmten über längere Zeit sein Privatleben. Wie die zahlreichen Einzeichnungen in seinen Exemplaren von *Othello*, *Romeo und Julia*, *Der Kaufmann von Venedig*, *Viel Lärm um Nichts*, *Ende gut alles gut*, *Das Wintermärchen* zeigen, setzte er sich intensiv mit Werken auseinander, in denen schicksalhafte Lebenssituationen, zerrüttete Familienbande, unglückliche oder verbotene Liebe, Adoptions- oder Erziehungsproblematik auf literarischem Niveau sowie in dramatisch gesteigerter Weise verhandelt werden.

Aufgrund seiner Schwerhörigkeit waren Beethovens Möglichkeiten, sich über intime Dinge mit Freunden und Vertrauten auszutauschen, stark eingeschränkt. Literatur bot Beethoven hier Ausgleich und Entlastung. Gerade in Zeiten persönlicher Krisen suchte Beethoven, der sich mit dem blinden, also ebenfalls sinneseingeschränkten antiken Sänger Homer identifizierte und dessen mythologischen Helden Odysseus verehrte, offenbar verstärkt Rat und Zuspruch in Büchern. In seinem Tagebuch verdeutlichen insbesondere jene Abschnitte, die nicht Merkheftcharakter haben, sondern die Funktion eines Journal intime erfüllen, die existentielle und auch therapeutische Bedeutung von Literatur für Beethoven. Das Tagebuch wurde 1812/13 unter dem Eindruck einer hochemotionalen persönlichen Konfliktsituation begonnen, als der unerfüllte und aus gesellschaftlichen Gründen wohl auch unerfüllbare Beziehungswunsch zu der »unsterblichen Geliebten« Beethoven in eine schwere Lebenskrise stürzte. Der erste Eintrag besteht aus einem selbstverfassten Gebet, in dem Beethoven seine innersten Nöte in einer Mischung von Selbstreflexion, Selbstermahnung und verzweifelter Klage offenbart (»Ergebenheit, innigste Ergebenheit in dein Schicksal, […] Du darfst nicht <u>Mensch</u> seyn, <u>für dich nicht, nur für andre</u>; für dich gibts kein Glück mehr als in dir selbst in deiner Kunst – o Gott! […]«[17]), das mit den Worten endet: »[…] o schreckliche Umstände, die mein Gefühl für Häuslichkeit nicht unterdrücken, aber deren Ausübung[,] o Gott, Gott[,] sieh' auf den unglücklichen B. herab[,] laß es nicht länger so dauern –«.[18] Im direkten Anschluss folgt nun eine Kompilation von Literaturzitaten aus Werken von Herder und Müllner: »Lerne schweigen, o Freund. Dem Silber gleichet die Rede, aber zur rechten Zeit Schweigen ist lauteres Gold.«[19] »Und regneten die Wolken Lebensbäche, nie wird der Weidenbaum dir Datteln tragen, verschwende nicht die Zeit mit schlechten Menschen, gemeines Rohr wird nie dir Zucker geben. […]. Also verschwende du nicht Saamen und köstliche Wartung. Böses dem Guten und Gutes dem Bösen erzeigen, ist Eins.«[20] »[a] Leben gleicht der Töne Beben | Und der Mensch dem Saitenspiel | Wenn es hart zu Boden fiel | Ist der rechte Klang verschwunden | Und es kann nicht mehr gesunden | Dann allein zur Unlust geben | Darf mit andern nicht mehr klingen | Soll es Einigung dem Ohr | Zu dem rein gestimmten Chor | Störend nicht den Mißlaut bringen | [b] Fragst du nach der Ursach, wenn | Sterne auf und unter gehn? | Hier ist das geschieht nur klar | Das Warum wird offenbar, | Wenn die Todten auferstehn!«[21] Im Zusammenhang verweben sich der eigene Text und die literarischen Fundstücke zu einer Art imaginärem Gespräch, in denen Herders und Müllners Textpassagen wirken, als ob die Autoren als tröstende Kommunikationspartner aufträten, um dem Verzweifelten mit mäßigender Lebensklugheit beizustehen.

Anmerkungen

1 Vgl., H. Jäger-Sunstenau, »Beethoven-Akten im Wiener Landesarchiv«, in: *Beethoven Studien, Festgabe der Österreichischen Akademie der Wissenschaften zum 200. Geburtstag von Ludwig van Beethoven*, Wien 1970, S. 11–36.

2 Vgl., M. Solomon, *Beethovens Tagebuch,* hrsg. von S. Brandenburg, Mainz 1990.

3 M. Salomon, *Beethovens Tagebuch*, S. 44.

4 Vgl. ebenda.

5 Vgl., H. Hoffmann Rusack, *Gozzi in Germany: A Survey of the Rise and Decline of the Gozzi Vogue in Germany and Austria. With Spezial Reference to the German Romanticists*, New York 1966.

6 Vgl. M. Solomon, *Tagebuch*, S. 51.

7 Vgl. Antwortbrief von Hammer-Purgstall vom [24. Februar 1809], Staatsbibliothek zu Berlin, D-B mus.ms.autogr. Beethoven 35, 41.

8 D. Busch-Weise, »Beethovens Jugendtagebuch«, in: *Studien zur Musikwissenschaft* (25), Wien 1962, S. 78.

9 Vgl., J. Schmidt-Görg (Hrsg.), *Des Bonner Bäckermeisters Gottfried Fischer Aufzeichnungen über Beethovens Jugend*, Bonn 1971, S. 69.

10 Vgl. hierzu: F. M. Maier, »Beethoven liest Littrow«, in: B. R. Appel und J. Ronge (Hrsg.), *Beethoven liest* (= Schriften zur Bonner Beethoven-Forschung 28), Bonn 2016, S. 251–288.

11 Z.B. Beethoven, Konversationsheft Nr. 7 (ca. 22. Januar – 23. Februar 1820), D-B, ms. autogr. Beethoven 51,6, fol. 17[r].

12 Ebenda: »›Das moralische Gesetz in uns und der gestirnte Himmel über uns‹ Kant!!!«.

13 Vgl., hierzu L. Nohl, *Beethovens Brevier: Sammlung der von ihm selbst ausgezogenen oder angemerkten Stellen aus Dichtern und Schriftstellern alter und neuer Zeit; Nebst einer Darstellung von Beethovens geistiger Entwicklung*, Leipzig 1870.

14 M. Solomon, *Tagebuch*, S. 91.

15 Siehe oben.

16 Vgl. L. Nohl, *Beethovens Brevier,* S. 87f.

17 M. Solomon, *Tagebuch*, S. 39.

18 Ebenda, S. 40.

19 Ebenda, S. 41. J. G. Herder, »Das Schweigen«, aus: »Blumen aus morgenländischen Dichtern gesammlet«, in: *Zerstreute Blätter*, Gotha 1792, S. 11.

20 Ebenda. J. G. Herder, »Verschwendete Mühe«, in: *Zerstreute Blätter*, vierte Sammlung, Gotha 1792, S. 27.

21 Ebenda, S. 43. A. Müllner, *Die Schuld*, *Trauerspiel in vier Akten*, Wien 1816. Beethoven war der Text bereits vor der Veröffentlichung zugänglich. Zitat [a] stammt aus Akt IV, Szene 8, [b] aus ebenda, Szene 11.

Zwischen Hofmusik und freiem Künstlertum – Beethovens soziale Stellung

Von Maria Rößner-Richarz

Beethoven wurde in eine Zeit immenser gesellschaftlicher Veränderungen hineingeboren: Aufklärung, Französische Revolution, Ende des Ancien Régime und Aufbrechen der Ständegesellschaft, Aufwertung des Bürgertums, Wissenschaft und Kunst im Wandel, aber auch jahrelange Kriegshandlungen mit ihren Auswirkungen im Alltag, Festigung der österreich-ungarischen Monarchie, Restauration und Zensur prägten seine Lebenswelt. Vor diesem Hintergrund ist Beethovens soziale Stellung zu sehen und mittels neuer Quellen, neuer Perspektiven aus bekannten Quellen und interdisziplinären Forschungsansätzen zu beschreiben.[1]

»[...] leben sie wohl lieber Frejherr und lassen sie sich heute finden, bedenken sie, daß auch ich ein Freiherr bin, wenn auch nicht dem Nahmen nach!!!!«.[2] Die Selbstbezeichnung Beethovens[3] zwingt zu einer Begriffsklärung: Soziale Stellung eng gefasst, meint den Status innerhalb der Stände, Gruppen oder Schichten, im weiteren Sinne treten das soziale Umfeld des Individuums, seine Vernetzung und sein beruflicher Alltag hinzu. Beethoven gibt ihr auch eine innere Dimension, die in den Bereich zwischen Deskription und Interpretation verweist und hier weitgehend ausgeklammert wird. Dieser Beitrag gliedert sich in fünf Abschnitte, die durch biographische Ereignisse und persönliche Entwicklungen begrenzt und bestimmt werden:

- Die Sozialisation in der Familie und am kurfürstlichen Hof in Bonn 1770–1792.
- Die Integration in die (Musik-)Welt der Wiener Gesellschaft 1793–1803.
- Beethoven als Pianist, Komponist, Dirigent und Konzertunternehmer zwischen Adel und Bürgertum 1803–1812.
- Wellingtons Sieg: Beethovens Durchstoß in die bürgerliche Welt 1813–1816/17.
- Die letzte Dekade: Entscheidung zum freien Künstlertum 1818–1827.

Die Sozialisation in der Familie und am kurfürstlichen Hof in Bonn 1770–1792

Durch die Geburt in eine Hofmusikerfamilie war in der Ständegesellschaft am Ende des Ancien Régime die gesellschaftliche Stellung quasi vorgegeben.[4] Die Mitglieder der Hofkapelle genossen unter den Hofbeamten ein relativ hohes Ansehen. In der Hierarchie des Hofs standen sie zwischen der adligen Oberschicht und den einfachen Hofbediensteten. Ihre Funktionen bei der Hoftafel und im Kirchendienst brachten sie in die Nähe des Kurfürsten, der für ihren Lebensunterhalt sorgte und ihren Alltag bestimmte.

Das Standesbewusstsein äußerte sich im gruppenspezifischen Verhalten. Man pflegte Geselligkeit, heiratete untereinander, und die Profession wurde an die nächste Generation weitergegeben.[5]

Die Musikerfamilie van Beethoven begründete Beethovens Großvater Ludwig (1712–1773), Sohn eines Bäckermeisters und Spitzenhändlers in Mecheln, Chorknabe in Lüttich. Ab 1733 als Bassist in der kurfürstlichen Hofkapelle, wurde er 1761 unter Kurfürst Maximilian Friedrich (1708–1784) Hofkapellmeister.[6] Seinem Sohn Johann (um 1740–1792) verschaffte er 1764 eine Anstellung als Tenorsänger. Johann van Beethoven heiratete zum Missfallen seines Vaters 1767 Maria Magdalena Leym, geborene Keverich (1746–1787), die Tochter eines kurtrierischen Hofkochs. Als Beethoven 1770 geboren wurde, bezog der Vater ein Jahresgehalt von 125 fl. Die finanzielle Lage der bald fünfköpfigen Familie war und blieb im Laufe der Jahre prekär: »8 *Johan Betthoven*: hat eine ganz ab ständige stimm, ist lang in Diensten, sehr Arm, von zimlicher Aufführung, und geheirathet«.[7]

Ludwig d.Ä. und Johann van Beethoven waren unter ihresgleichen gut integriert. Sie wohnten im Stadtviertel jenseits des Marktplatzes, in dem sich bevorzugt Hofleute niederließen.[8] In unmittelbarer Nachbarschaft lebten die Kollegen Johann Peter Salomon, Nikolaus Simrock und Franz Anton Ries mit ihren Familien. Maria Magdalena Keverich war verwandt mit dem Violinisten Franz Georg Rovantini (1757–1781). Bei Familie van Beethoven gingen viele Mitglieder der Hofmusik und des Hoftheaters ein und aus.[9] Johann van Beethoven kämpfte gegen den sozialen Abstieg. Künstlerisch konnte er gegenüber der italienischen Operntruppe nicht Fuß fassen, als Nachfolger im Amt des Hofkapellmeisters, worauf er sich Hoffnungen machte, wurde Andrea Luchesi bestimmt[10], und die Tätigkeit als Gesangslehrer brachte keinen nennenswerten Gewinn. Um so mehr setzte er auf die Förderung seines Ältesten, der die Familientradition als Hofmusiker weiterführen sollte. Anfangs unterrichtete er ihn selbst. Am 26. März 1778 präsentierte er Sohn Ludwig in einem Konzert dem Kölner Publikum.[11] Er nahm ihn mit, wenn er im Sommer zu Gelegenheitsengagements ins Bonner Umland zog[12], und ermöglichte ihm 1783 einen Auftritt am Hof in s'Gravenhage, wo Ludwig als Pianist eine stattliche Entlohnung von 12 Dukaten erhielt.

Beethovens Einstieg in die Hofkapelle begann an der Orgel, die seinen pianistischen Fähigkeiten am Nächsten lag. Hier gab es Bedarf, da sie bei fast jeder liturgischen Handlung mit Musik, vom Stundengebet bis zum feierlichen Hochamt, eingesetzt wurde, und der Organist der Hofkapelle Christian Gottlob Neefe (1748–1798) öfters vertreten werden musste. Ludwig erlernte das Violinspiel und nahm Unterricht im Komponieren, einer Fähigkeit, die seinem Großvater und Vater fehlte, und deren Mangel ihrer musikalischen Karriere abträglich war. Als 1782 mit den *Variationen* über einen Marsch von Dressler WoO 63 und 1783 mit den drei, dem Kurfürsten Maximilian Friedrich von Königsegg-Rothenfels (1708–1784) gewidmeten *Klaviersonaten* WoO 47 die ersten Kompositionen im Druck erschienen, trat Ludwig aus dem Schatten der Familie heraus.[13]

Entscheidend für Beethovens Berufsweg war der Wechsel an der Spitze des Kurstaates 1784. Der neue Kurfürst Maximilian Franz (1756–1801), ein Sohn Maria Theresias und Bruder Josephs II., war den Gedanken der Aufklärung aufgeschlossen und brachte ein Stück Wiener Hof nach Bonn mit.[14] In dem Oberhofmeister Graf Sigismund von Salm-Reifferscheidt fand Beethoven einen Fürsprecher, der ihn dem neuen Kurfürsten empfahl:

> »14. *Ludwig Betthoven* ein Sohn des *Betthoven Sub N.* 8. Hat zware kein gehalt, hat aber wehrend der abweßenheit des Kappellen Meister *Luchesy* die Orgel versehen; ist von guter Fähigkeit, noch jung, von guter stiller Aufführung, und Arm.«[15]

Beethoven wurde mit knapp 14 Jahren eingestellt. Während der Vater, der in Schuldenangelegenheiten verstrickt war[16], 1787 den Tod der Ehefrau und Mutter seiner noch minderjährigen Kinder verarbeiten musste und der bei der Wiedereröffnung der Bonner Oper 1789 nicht mehr mithalten konnte, alkoholkrank wurde[17], etablierte sich der Sohn als Hofmusiker zusehends. Er erhielt ein festes Gehalt[18], übernahm zusätzlich zum Orgelspiel die Stelle des zweiten Bratschisten und trat solistisch als Pianist auf.[19] Ludwig erwarb die Aufmerksamkeit seines Dienstherrn, der ihm mit der ersten Wien-Reise 1786/87 eine Art bürgerliche Kavalierstour im Status des Bonner Hofmusikers gewährte. Beethoven seinerseits nutzte die Rückreise über Augsburg und München zur Knüpfung und Vertiefung von Kontakten.[20] 1791 kam Beethoven in die Auswahl der Hofkapelle, die Maximilian Franz nach Mergentheim zum Generalkapitel des Deutschen Ordens mitnahm, wo dieser als Hochmeister ein exzellentes offizielles und geselliges Rahmenprogramm zu bieten bestrebt war.[21] Der Kurfürst stellte Beethoven 1792 dem verehrten Joseph Haydn vor und erlaubte den Studienaufenthalt in Wien, dessen Erfolg schließlich auf ihn, den Dienstherrn, zurückfallen konnte.

Daneben betätigte Beethoven sich als Klavierlehrer beim kurkölnischen Hofadel, der in seinem privaten Umfeld ein eigenes, offeneres Kultur- und Musikleben pflegte. Sein Bekanntenkreis brachte ihn in Verbindung mit der 1787 gegründeten Lese- und Erholungsgesellschaft und dem »Zehrgartenkreis«, die das geistige Klima in Bonn bestimmten[22] und Intellektuelle zweier Generationen vereinten. Hier erhielt Beethoven Zugang zur Gedankenwelt der Aufklärung, man rezipierte Friedrich von Schiller, Klopstock, Kant.[23] Von Haus aus gehörte Beethoven nicht zur Bildungsschicht. Über seine Schulbildung herrscht Unklarheit. Sicher ist aber, dass er sich 1789 zum Philosophiekurs an der neuen Bonner Universität einschrieb, in dem Jahr, als der vom Kurfürsten selbst berufene umstrittene Eulogius Schneider seine Lehrtätigkeit aufnahm.[24] Die Immatrikulation war vorrangig berufsbedingt. Unter Maximilian Franz musste jeder, der ein öffentliches Amt ausüben wollte, ein bis zu dreijähriges Studium vorweisen.[25]

Beethovens soziales Netzwerk und seine intellektuelle Prägung spiegeln sich in den Beiträgern und den Beiträgen des berühmten Stammbuchs anlässlich der Abreise nach Wien im November 1792 wider.[26] Sie reichen von den Geschwistern Stephan, Christoph und Eleonore von Breuning über Anna Maria Koch, der Inhaberin des Gasthofs »Zehrgarten«, und ihren Kindern Mathias und Marianne, den Diplomatensohn Heinrich von Struve, die Hofbeamtensöhne Johann Eichhoff und Peter Joseph Eilender sowie die Juristen Johann Martin Degenhardt und Carl August Malchus bis zu Graf Ferdinand Ernst von Waldstein, der damals noch ein enger Berater des Kurfürsten war.[27] Waldstein soll den Studienaufenthalt Beethovens angeregt und ihn mit Empfehlungen ausgestattet haben. Unter den 15 überlieferten Texten wurde dreimal Schillers Drama *Don Carlos* bemüht, zweimal Friedrich Gottlieb Klopstock, je einmal finden wir Friedrich Matthisson, Christoph Martin Wieland, Moses Mendelssohn und Johann Gottfried Herder. Am 2. November 1792 reiste Beethoven standesgemäß mit der Postkutsche von Bonn ab.[28]

Die Integration in die (Musik-)Welt der Wiener Gesellschaft 1793–1803

Auch der Einstieg in die Wiener Gesellschaft begann standesgemäß: Um den 10. November in Wien angekommen, besorgte Beethoven sich die nötigen Utensilien (Perücke, Überrock und Seidenstrümpfe) und nahm Unterricht bei einem Tanzmeister, um seiner Herkunft und Profession gemäß auftreten zu können.[29] Um rechts- und geschäftsfähig agieren zu können, ließ er sich eine Petschaft anfertigen.[30] Formal blieb Beethoven bis Ende des Jahrhunderts in seinem Status als Organist und Bratschist der kurkölnischen Hofkapelle: »*Béethoven* — bleibt ohne Gehalt in wienn bis er einberuffen wird«[31], – aufmerksam beobachtet von seinem Kurfürsten und Dienstherrn.[32] Sein soziales Umfeld bestimmten zunächst noch Bonner Freunde und Kollegen: Stephan, Christoph und Lorenz von Breuning, die Vettern Andreas und Bernhard Romberg u.a., die sich studienhalber oder von Berufs wegen in Wien aufhielten.[33] Sie brachten den Geist des Zehrgartens und den Ehrgeiz der jungen aufstrebenden Musiker und Komponisten mit. Im Umgang miteinander herrschten Freimut und Unbekümmertheit. An seinen Kollegen in Bonn, den Musikverleger Nikolaus Simrock (1751–1832), schrieb Beethoven 1794:

> »[…] ich glaube, so lange der österreicher noch Braun's Bier und würstel hat, revoltirt er nicht. es heißt, die Thöre zu den vorstädten sollen nachts um 10 uhr gesperrt werden. die Soldaten haben scharf geladen. man darf nicht zu laut sprechen hier, sonst giebt die Polizei einem quartier«.[34]

In dem Juristen und Hofkanzleibeamten Nikolaus Zmeskall von Domanovez (1759–1833) und dem Hofbibliothekar Baron Gottfried van Swieten (1734–1803), einem Altersgenossen Haydns, fand Beethoven auch bald Anschluss in Wien. Charakteristisch ist die Einladung zu eine Soiree »mit der Schlafhaube im Sack«.[35] Sein Verhältnis zu den Lehrern Haydn und Johann Georg Albrechtsberger (1736–1809) war eher distanziert, was auf Beethovens Neigung zum Unkonventionellen, die sich sowohl in seinen musikalischen Studien als auch im Auftreten bald ohne Perücke und Schnallenschuhe[36] zeigte, zurückzuführen ist. Albrechtsberger etwa hielt ihn für einen »exaltierten musikalischen Freigeist«.[37]

Der Schüler-Status endete Mitte 1795.[38] Ab dann musste Beethoven sich selbständig im Musikleben behaupten. Dieses war Mitte der 1790er Jahre noch vom Hochadel bestimmt, tendierte aber weg von den traditionellen Hofkapellen hin zu den Salons mit einem fakultativ zusammengestellten Musikprogramm. Auf einen Musiker wie Beethoven warteten daher keine feste Anstellung, sondern Privatveranstaltungen des konkurrierenden Adels.

Beethoven wurde dank der außerordentlich guten Vernetzung der Familie des Grafen Waldstein und über Baron van Swietens »Gesellschaft der Associierten Cavaliere« relativ schnell im Musikleben des Wiener Hochadels bekannt.[39] Die für Beethovens Intergration in Wien ab 1792/93 maßgebliche Person war Fürst Karl von Lichnowsky (1771–1814). Der Fürst betätigte sich als Kulturmäzen und hatte schon Wolfgang Amadé Mozart gefördert. Dass er sich nun des jungen Hofmusikers aus Bonn annahm, geschah nicht selbstlos, sondern diente seinem Renomée. Er schätzte Beethoven vor allem als Pianisten. Lichnowsky ermöglichte die erste Aufführung der drei *Klaviertrios* Beethovens[40] und sorgte für ihre Publikation als Opus 1. 1796 schickte er Beethoven auf Konzertreise. Das Itinerar Prag – Leipzig – Dresden – Berlin glich dem Weg, den er 1789 mit Mozart bereist hatte. Der Fürst ebnete den Weg in die Prager Adelspalais, wo Beethoven mit seinem Klavierspiel beeindruckte.[41] Beethoven trat am kurfürstlich sächsischen und königlich preußischen Hof und in der Berliner Singakademie auf und lernte andere Musiker kennen.[42]

Beethoven benutzte die Protektion durch den Adel. Sie trug wesentlich zu seinem Lebensunterhalt bei, zumal er aus Bonn kein Gehalt und ab 1794 auch keine Stipendiengelder mehr erhielt.[43] Die Auftritte in den Salons verschafften ihm Klavierschüler wie die Fürstinnen Lichnowsky und Liechtenstein, die Komtessen Clary und Keglevics, Graf und Gräfin Browne-Camus, später die Komtesse Julie Guicciardi und die Geschwister Brunsvik.

»[...] fürs erste geht mir's gut, recht gut. meine Kunst erwirbt mir Freunde und Achtung. was will ich mehr. au[c]h Geld werde ich dies mal ziemlich bekommen«, schrieb er 1796 aus Prag an seinen Bruder Nikolaus Johann. Zugleich riet er ihm: »wenn du allenfal[l]s Geld brauchst, kannst du keck zu ihm [Lichnowsky] gehn da er mir noch schuldig ist«.[44] Dabei unabhängig zu bleiben, war jedoch nicht leicht. Bei Wegeler und Ries ist zu lesen:

> »Der Fürst, der eine sehr laute Metallstimme hatte, gab einst seinem Jäger die Weisung: im Falle er und Beethoven zugleich klingelten, diesen zuerst zu bedienen. Beethoven hörte dieses und schaffte sich am nämlichen Tage einen eigenen Diener an; eben so, bei angebotenem vollem Marstall des Fürsten, ein eigenes Pferd«.[45]

Beethoven zweifelte an sich:

> »ich war doch immer gut, und bestrebte mich immer der Rech[t]schaffenheit und Biederkeit in meinen Handlungen; wie hättest du mich sonst lieben können? – sollte ich den[n] jezt seit der kurzen Zeit aufei[n]mal mich so schrecklich, so sehr zu meinem Nachtheil geändert haben – unmöglich, diese Gefühle des Großen des Guten sollten alle aufeinmal in mir erloschen seyn?«.[46]

Neben den adligen Salons etablierte sich ein öffentliches Konzertleben, das von der Salonmusik profitierte. Die Zuhörerschaft bestand in einem gemischten Publikum aus Adel und Bürgertum. Von März 1795 bis Januar 1796 absolvierte Beethoven sechs Auftritte.[47]

In der Konkurrenz mit anderen Musikern half ihm der Namenszusatz »van« (auch »von« kommt vor)[48], den man – fälschlicherweise – als Adelsprädikat interpretierte. Daher tat Beethoven nichts, um den Irrtum aufzuklären. Beethoven wurde zuvorderst als Pianist engagiert, der »auf dem Piano-Forte fantasierte« oder ein Klavierkonzert vortrug, das – nebenbei – »von seiner Erfindung« war.[49]

Beethoven war aber nicht nach Wien gekommen, um sich mit dem Stand eines Berufsmusikers und Musiklehrers, der wie die meisten seinesgleichen auch ein wenig komponieren konnte, zufrieden zu geben. Daher arbeitete er noch während der Zeit seines Studiums daran, dass Kompositionen von ihm auch gedruckt wurden und damit einen größeren Wirkungskreis hatten, ganz abgesehen davon, dass erst der Verkauf an einen Verleger eine sichere Einnahme brachte. Dabei ging Beethoven durchaus marktkonform und gewinnorientiert vor.[50] Bis 1801 entstanden und erschienen mit Ausnahme der beiden Klavierkonzerte und der *Ersten Sinfonie* ausschließlich kammermusikalische Werke für die zahlreichen, oft auf hohem Niveau musizierenden Dilettanten: Variationszyklen, Sonaten für Klavier oder Violoncello, Ensemblemusik mit und ohne Klavier, Tänze und einige Gesangsstücke. Die *Trios* op. 1 erbrachten einen Gewinn von 1.266 fl. abzüglich der Werbungskosten wie Porto etc. in unbekannter Höhe[51], und für die *Trios* für op. 9 erhielt er 50 Dukaten (225 fl. C.M.). Die Einnahmen aus dem Verkauf reich-

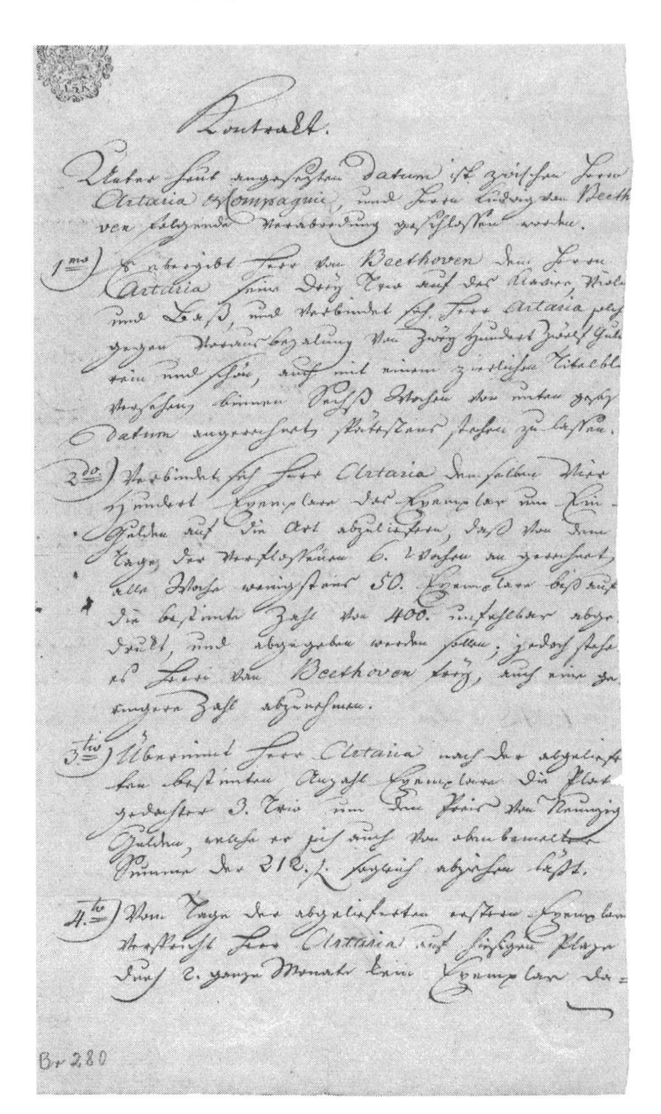
Kontrakt.
Unter heut angesetzten datum ist zwischen Herrn Artaria et Compagnie, und Herrn Ludwig van Beethoven folgende Verabredung geschlossen worden.
1mo) Übergibt Herr van Beethoven dem Herrn Artaria seine drey Trio auf das Klavier, Violin und Baß, und verbindet sich Herr Artaria selbe gegen Vorausbezahlung von zwey hundert zwölf Gulden rein und schön, auch mit einem zierlichen Titelblat versehen, binnen Sechs Wochen vom unten gesetzten datum angerechnet, stechen zu lassen.
2do) Verbindet sich Herr Artaria denselben Vier hundert Exemplare das Exemplar um Ein Gulden auf die Art abzuliefern, daß vom dem Tage der verflossenen 6. Wochen an gerechnet, alle Woche wenigstens 50. Exemplare bis auf die bestimmte Zahl von 400. [illegible] abgedruckt, und abgegeben werden sollen; jedoch stehe es Herrn van Beethoven frey, auch eine geringere Zahl abzunehmen.
3tio) Übernimmt Herr Artaria nach der abgelieferten bestimmten Anzahl Exemplare die Platten gedachter 3. Trio um den Preis von Neunzig Gulden, welche er sich auch von obenbemelter Summe der 212. f. sogleich abziehen läßt.
4to) Vom Tage der abgelieferten ersten Exemplare verspricht Herr Artaria auf solchen Platten durch 2. ganze Monate keine Exemplare ab=
Br 280

Verlagsvertrag (Vorder- und Rückseite) zwischen Beethoven und Artaria & Comp. über die Veröffentlichung der Trios op. 1. Wien, 19.° Mai 1795 (Beethoven-Haus, Bonn, Sammlung H. C. Bodmer, HCB Br 280) – Der Vertrag regelt die Aufteilung der Druckkosten, den Zeitpunkt der Veröffentlichung und die Bedingungen für die Subskription.

ten jedoch nicht für den Lebensunterhalt. Das Leben in Wien war teuer, und Beethovens Junggesellenalltag verschlang viele Gulden für Mahlzeiten außer Haus, Miete, Dienstbotenlöhne, Kleidung und Genussmittel wie Kaffee und Schokolade. Allein das Siegel kostete zwei Dukaten.[52] Mit zunehmender Bekanntheit und Ausweitung seiner Verlegerkontakte stellte Beethoven auch Preisforderungen, z.B. 1801 für das *Septett* op. 20 und die *Erste Sinfonie* op. 21 je 20 Dukaten: »[...] ich glaube nicht, daß ihnen dieses übertrieben scheint alles zusammengenommen, wenigstens habe ich mich bemüht, ihnen so mäßig als möglich die Preise zu machen«.[53]

Auch als Komponist kam Beethoven die gute Beziehung zum Adel zugute, auf dessen Unterstützung er weiterhin angewiesen war. Das Instrument dafür hieß Widmung: Der Widmungsempfänger zahlte einen gewissen Geldbetrag und erhielt dafür ein befristetes ausschließliches Aufführungsrecht und die Nennung seines Namens auf dem Titelblatt der Druckausgabe. Beethovens Kompositionen aus der Zeit von 1792 bis 1803 sind größtenteils Adligen in seinem Umfeld zugeeignet, der Familie Lichnowsky, Graf und Gräfin Browne-Camus, Gräfin Anna Barbara Odelscalchi, geb. Keglevics, Josephine Freifrau von Braun, Gräfin Josephine von Clary-Aldringen, Graf Moritz von Fries, Gräfin Josephine von Liechtenstein, Baron Gottfried van Swieten; sogar gekrönte Häupter, der preußischen König Friedrich Wilhelm II. und Kaiserin Maria Theresia von Österreich, sind darunter.[54] Zum Teil sind es Auftragswerke wie die sechs *Streichquartette* op. 18 für den Fürsten Franz Joseph von Lobkowitz (1772–1816), für die 1801 Beethoven ein Honorar von 400 fl. C.M. erhielt.

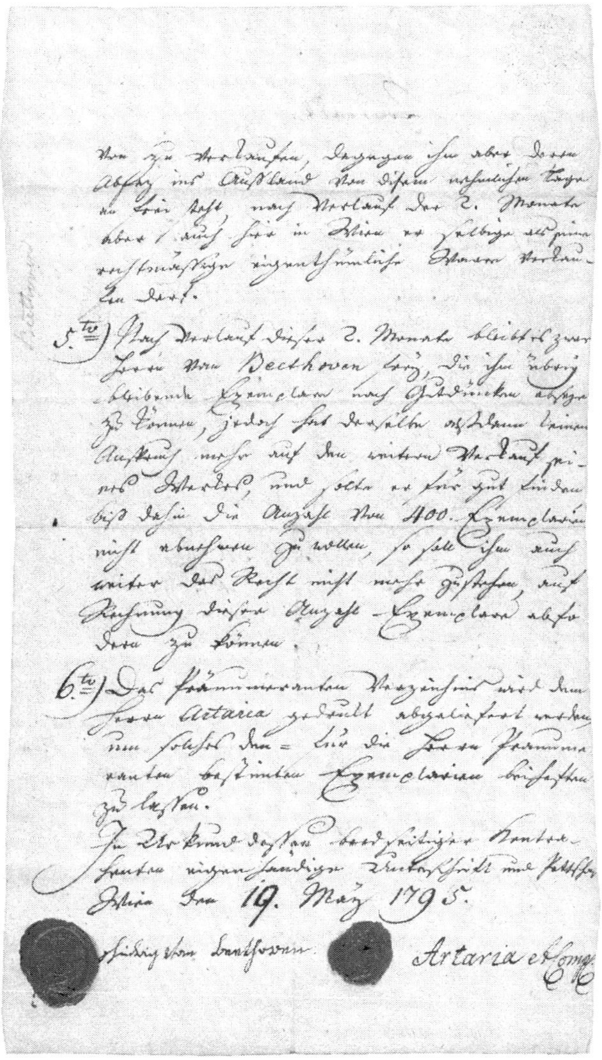

Der Durchbruch in der Wahrnehmung als öffentliche Person kam mit der ersten eigenen Akademie am 2. April 1800. »Endlich bekam doch auch Herr Beethoven das Theater einmal, und dies war wahrlich die interessanteste Akademie seit langer Zeit [...]«,[55] kommentierte die *Allgemeine musikalische Zeitung*. Als Publikumsmagnete wurden zwar auch eine Sinfonie von Mozart und zwei Stücke aus der *Schöpfung* von Haydn ins Programm genommen, alle anderen Werke stammten aus Beethovens Feder. Es wurden ein Klavierkonzert (wahrscheinlich Nr. 1 op. 15), das *Septett* op. 20 und die *Erste Sinfonie* op. 21 (Uraufführung) aufgeführt, und Beethoven improvisierte, möglicherweise über die Kaiserhymne.[56]

Mit der endgültigen Säkularisation des geistlichen Fürstentums im Reichsdeputationshauptschluss vom März 1803 endete auch *de iure* Beethovens Dienstverhältnis als kurfürstlich kölnischer Hofmusiker. *De facto* hatten bereits die Umsiedlung von Maximilian Franz nach Wien, mit der er die Hoffnung auf eine Wiederherstellung des Kurstaates aufgab, und dessen Tod am 26. Juli 1801 seinen Status beendet.[57] Nun war Beethoven frei für eine Neuorientierung seiner beruflichen Zukunft. Eine Option schien die Rückkehr ins Rheinland. Seinem Freund Franz Gerhard Wegeler schrieb er:

> »[...] nicht als Künstler sollt ihr mich größer, sondern auch als Mensch sollt ihr mich besser, Vollkommener finden, und ist dann der Wohlstand etwas besser in unserm vaterlande, dann soll meine Kunst sich nur zum Besten der Armen zeigen [...]«.[58]

Aber noch stand er in der Gunst des Fürsten Lichnowsky, der ihm sogar eine jährliche Rente von 600 fl. ausstellte, die dem letzten Gehalt gleichkam, das ihm der Kurfürst in Bonn zugestanden hätte.[59] Beethoven hatte gute Beziehungen zu den Wiener Verlagen Artaria und Mollo, zu Hoffmeister & Comp. und deren Niederlassung in Leipzig und neuerdings auch zu Breitkopf & Härtel, die ihn hoffen ließen, auch als freischaffender Künstler bestehen zu können. An Wegeler berichtete er:

> »[...] von meiner Lage willst du was wissen, nun sie wäre eben so schlecht nicht, seit vorigem Jahr hat mir Lichnowski, der [...] eine sichere Summe von 600 fl. ausgeworfen, die ich, so lang ich keine für mich passende Anstellung finde, ziehen kann, meine Komposizionen tragen mir viel ein, und ich kann sagen, daß ich mehr Bestellungen habe, als es fast möglich ist, daß ich machen kann. auch habe ich auf jede Sache 6, 7 Verleger und noch mehr, wenn ich mir's angelegen sein lassen will, man accordirt nicht mehr mit mir, ich fodere und man zahlt, du siehst, daß es eine hübsche Lage ist, z.B. ich sehe einen Freund in Noth und mein Beutel leidet eben nicht, ihm gleich zu helfen, so darf ich mich nur hinsezen und in kurzer Zeit ist ihm geholfen – auch bin ich ökonomischer als sonst, sollte ich immer hier bleiben, so bringe ichs auch sicher dahin daß ich jährlich immer eine[n] Tag zur Akademie erhalte, deren ich einige gegeben.[...]«.[60]

Zu einer gelungenen Sozialisation gehören Familie und Freunde. Zwar lebten Beethovens Brüder seit 1795 ebenfalls in Wien, sie boten aber keinen Ersatz für eine eigene Familie. Der jetzt 30-jährige Beethoven kam durch seine Tätigkeit als Klavierlehrer und Musiker mit vielen Frauen in Kontakt und es werden ihm immer wieder Liebschaften nachgesagt.

Eine feste Beziehung zu einer Frau hatte sich aber bisher nicht ergeben. Die sprichwörtliche »Wertherliebe«, die er 1801 durchlebte, scheiterte an den Standesunterschieden. Beethovens Freundeskreis ist überschaubar. Für ihn hatte Freundschaft an sich einen hohen ideellen Wert, der nicht unbedingt an Personen gebunden war. Er selbst sprach von drei engen Freunden, wobei unklar bleibt, wen er meinte.[61] Alle drei lebten in der Ferne und weckten in Beethoven Heimatgefühle und die Hoffnung auf uneigennützige Freundschaft: »[…] du bist kein Wiener-Freund, nein du bist einer von denen wie sie mein Vaterländischer Boden hervorzubringen pflegt, […]«[62], schrieb er 1801 an Carl Amenda.[63] In Wien gehörten zu seinem engeren Bekanntenkreis um 1800 Nikolaus von Zmeskall, Ignaz Schuppanzigh und Franz Anton Hoffmeister. Man verabredete sich zum Speisen und musizierte miteinander.[64] Bevor Beethoven jedoch beruflich und persönlich ganz in Wien »angekommen« war, trat sein Gehörleiden zu Tage, das auch sein gesellschaftliches Leben in den kommenden Jahren und Jahrzehnten beeinflusste. Für jetzt ließ er nur Wegeler und Amenda davon wissen:

> »wisse, daß ich <den <für mich> bey> mir der edelste<n> Theil mein Gehör sehr abgenommen hat, schon damals als du noch bey mir warst, fühlte ich davon spuren, und ich verschwieg's, nun ist es immer ärger geworden, ob es wird wieder können Geheilt werden, das steht noch zu erwarten, […]«.[65]

Beethoven als Pianist, Komponist, Dirigent und Konzertunternehmer zwischen Adel und Bürgertum 1803–1812

Die Erkenntnis über seinen Gesundheitszustand und der Mangel an engeren Bindungen ließen Beethoven persönlich in eine tiefe Depression fallen, sodass er im Herbst 1802 sogar sein Testament machte.[66] Beruflich festigte sich aber in der ersten Dekade des 19. Jahrhunderts Beethovens Stellung als Komponist, Dirigent und Musiker. Durch den Musikalienhandel von Johann André in Offenbach oder Nikolaus Simrock in Bonn und die 1798 gegründete Leipziger *Allgemeine musikalische Zeitung* mit einem regelmäßigen Berichtsteil aus Wien sowie durch die Zusammenarbeit mit dem Verlag Breitkopf & Härtel[67] weitete sich der Radius für die Verbreitung seiner Kompositionen. Konzertreisende, wie der Geiger George Polgreen Bridgetower, trugen seinen Ruf weiter.[68] Dass Beethoven 1803 bei Érard & Frères in Paris einen Flügel anfertigen ließ, zeigt, dass er auch zum Musikleben in Frankreich Verbindungen pflegte. Bis 1806 hatte er in seinem Bruder Kaspar Karl, Finanzbeamter bei der Universalschuldenkasse, einen versierten Sekretär und Geschäftsführer. Die Perspektiven hier beflügelten seine Kreativität wieder. In den Jahren 1802/03 bis 1810/11 entstanden oder wurden vollendet die *Sinfonien Nr. 2–6*, die Solokonzerte für Klavier Nr. 3–5 op. 37, 58 und 73, für Violine op. 61 (mit der Klavierfassung) und das *Tripelkonzert* op. 56, zahlreiche Klavierwerke wie die dem Grafen Waldstein gewidmete *Klaviersonate* op. 53 und die *Appassionata* op. 57. Mit dem Oratorium *Christus am Oelberge* op. 85, der Oper *Leonore/Fidelio* op. 72 (1. und 2. Fassung), der *Chorfantasie* op. 80 und der C-Dur-*Messe* op. 86 schuf Beethoven auch Vokalwerke für Soli, Chor und

Orchester. Bei den Erstaufführungen wirkte er in der Regel selbst als Dirigent oder Solist mit. Noch ließ sein Gehörleiden die öffentlichen Auftritte zu. Die Resonanz war teils eher zurückhaltend, auf ein nochmaliges Hören zielend. Zur *Dritten Sinfonie*, der *Eroica*, schrieb der Rezensent der *Allgemeinen musikalischen Zeitung*:

> »[...] Ref. gehört gewiss zu Hrn. v. Beethovens aufrichtigsten Verehrern; aber bey dieser Arbeit muss er doch gestehen, des Grellen und Bizarren allzuviel zu finden, wodurch die Uebersicht äusserst erschwert wird und die Einheit beynahe ganz verloren geht [...]«[69], »die Sinfonie würde unendlich gewinnen, (sie dauert eine ganze Stunde) wenn sich B. entschliessen wollte sie abzukürzen, und in das Ganze mehr Licht, Klarheit und Einheit zu bringen«.

Aber gerade das Ungewöhnliche, Erstaunen Hervorrufende, Geheimnisvolle an Beethovens Musik kam beim Publikum an. Über eine erneute Aufführung der *Eroica* in einem Liebhaberkonzert im Dezember 1807 konnte man in dem in Stuttgart herausgegebenen *Morgenblatt für gebildete Stände* lesen:

> »Er [Beethoven] dirigirte in dem letzten Konzerte seine große heroische Symphonie aus *Es*; der edle Reichthum, und die hohe Kraft seiner Komposition, welche mit keiner eines andern Meisters verglichen werden darf, riß die ganze Versammlung zu stürmischem Beyfalle, zu Ausrufungen der Bewunderung und des Entzückens hin. [...]«.[70]

Dass Beethoven nun zu den bekannten Künstlern Wiens gezählt wurde, zeigt das Gemälde von Balthasar Wigand von der Ehrung Joseph Haydns anlässlich der Aufführung der *Schöpfung* am 27. März 1808. Beethoven steht zusammen mit den Musikmäzenen Lobkowitz und Esterházy und den Musikern und Komponisten Antonio Salieri und Conradin Kreutzer in der Reihe der Gratulanten.[71] Andere Komponisten zollten ihm Anerkennung durch Widmungen, unter anderem Joseph Wölfl (1798) und Philipp Jakob Riotte (1808).[72]

Beethoven erhielt Kompositionsaufträge von den höchsten Ebenen des Adels, die er sich gut bezahlen ließ. 1804 zahlte Fürst Lobkowitz 1.060 fl. C.M. für die Aufführungsrechte an der *Dritten Sinfonie* op. 55.[73] Graf Franz von Oppersdorf, dem Beethoven die *Vierte Sinfonie* widmete, schickte bis Juni 1808 insgesamt 850 fl. für den im Herbst 1806 erteilten Kompositionsauftrag, ohne noch eine Note seiner Sinfonie gesehen zu haben.[74]

Allerdings stiegen die Lebenshaltungskosten in Wien in den Kriegsjahren 1804–1810 wegen der hohen Inflation enorm. 1804 betrug der Grundbedarf (Nahrung, Wohnung, Brennmaterial, Kleidung, Wäsche und Dienstbotenlöhne) ca. 1.000 fl. (ohne individuelle Ausgaben wie Reisen, Theaterbesuche, Essen im Restaurant, Luxusgüter). Die Verbraucherpreise wuchsen bis 1810 auf das Doppelte bis Dreifache.[75]

Daher war es für Beethoven nicht unwichtig, seine Werke möglichst gewinnbringend an einen Verleger zu verkaufen und gleichzeitig in mehreren Ländern herauszubringen. Die Opera 58–62, d.h. das *4. Klavierkonzert*, die *Rasumowsky-Quartette*, die *Vierte Sinfonie*, das *Violinkonzert* und dessen Klavierfassung sowie die *Coriolan*-Ouvertüre, bot er im April 1807 gleichzeitig den Verlegern Camille & Ignaz Pleyel in Paris und Nikolaus

Simrock in Bonn für 1.200 fl. Augsburger Current an, für Österreich schloss er dafür mit dem Bureau des Arts et d'Industrie für 1.600 fl. ab und Muzio Clementi in London zahlte ihm 200 Pfund (ca. 2.000 fl. C.M.) für die Publikationsrechte in England.[76] Das veranlasste Beethoven zu der Hoffnung, »[...] die würde eines Wahren Künstlers noch in frühern Jahren zu erhalten [...].«[77]

Mit dem Marktwert war Beethovens Sozialprestige gestiegen. »Schätzbahrester Herr *van Beethoven*!« redete ihn Fürst Nikolaus Esterházy an, der 1807 eine Messe für den Namenstag seiner Frau bei Beethoven bestellte.[78] Obwohl das Ergebnis den Auftraggeber enttäuschte[79], belohnte er Beethoven nach der Akademie vom 22. Dezember 1808 mit 100 fl.[80]

Nichtsdestoweniger brüskierte Beethovens zuweilen seine Gönner und verlangte ihnen viel Toleranz ab. Ferdinand Ries berichtet von einer Soirée im Haus des Grafen Browne, als er mit Beethoven am Klavier musizierte, aber im Nebenzimmer ein junger Graf sich laut mit einer Dame unterhielt,

> »daß Beethoven, da mehrere Versuche, Stille herbeizuführen erfolglos blieben, plötzlich mitten im Spiele mir die Hand vom Clavier wegzog, aufsprang und ganz laut sagte: ›für solche Schweine spiele ich nicht.‹ Alle Versuche, ihn wieder an's Clavier zu bringen, waren vergeblich«.[81]

In diesen Zusammenhang gehört auch die Auseinandersetzung mit Fürst Lichnowsky in Grätz Ende Oktober 1806, die Beethoven zu der narzistischen Selbsteinschätzung führte: »[...] Fürsten hat es und wird es noch Tausende geben; Beethoven gibt's nur einen ec.«.[82]

Auch gegenüber Freunden und Geschäftspartnern übertrat oder ignorierte Beethoven gesellschaftliche Konventionen. So lud er die Ehefrau des Bibliothekars Paul Bigot de Morogues, Anna Marie, zu einer Spazierfahrt ein, wohl wissend, dass der Ehemann nicht mitkommen konnte:

> »[...] warum den Augenblick nicht ergreifen, da er so schnell verfliegt – Es wäre <von> der so aufgeklärten und gebildeten *Marie* ganz entgegen, wenn sie bloßen Scrupeln zu gefallen, mir das gröste Vergnügen rauben wollte – [...].«[83]

Auf das Missfallen desselben reagierte er mit Unverständnis: »und ich kann es noch nicht begreifen, was Unanständiges damit verbunden wäre, wenn *Marie* und *Caroline* mit mir ausgefahren wären –[...].«[84]

Seinen Alltag bestimmten Personen des Adelsstands: Nikolaus Zmeskall von Domanovecz, Franz von Brunsvik und seine Geschwister, Ignaz von Gleichenstein, Moritz von Dietrichstein, Heinrich von Collin, Franz und Antonie von Brentano. Die Nähe zum Adel und dessen Lebensstil führten sogar dazu, dass Beethoven im Oktober 1810 erwog, ein Landgut, ein Reitpferd und ein Zugpferd mit Kutsche zu erwerben: »ohne das ist es immer dürftig.–«.[85] Er verfügte also trotz der angespannten finanziellen Lage über Geldmittel für derartige Investitionen, ganz abgesehen vom Unterhalt für zwei Pferde, Kutscher und Wagen, der schon 1805 mit 1.200 fl. veranschlagt wurde.[86]

Dennoch suchte Beethoven die Absicherung durch eine Festanstellung. Als Kapellmeister oder Hofopernkomponist hätte er ein festes Einkommen und einen definierbaren sozialen Status erlangt. Ende November 1807 bewarb er sich bei der Hoftheaterkommission:

»Unterzeichneter darf sich zwar schmeicheln, während der Zeit seines bisherigen Aufenthaltes in Wien sich sowohl bey dem hohen Adel, als auch dem übrigen Publikum einige Gunst, und Beyfall erworben, wie auch eine ehrenvolle Aufnahme seiner Werke im Inn- und Auslande gefunden zu haben.

Bey all dem hatte er mit Schwierigkeiten aller Art zu kämpfen, und war bisher nicht so glücklich, sich hier eine Lage zu begründen, die seinem Wunsche ganz der Kunst zu leben, seine Talente zu noch höheren Graden der Vollkommenheit, die das Ziel eines jeden wahren Künstlers seyn muß, zu entwükeln, und die bisher blos zufälligen Vortheile für eine unabhängige Zukunft zu sichern, entsprochen hätte [...]«.[87]

Er wurde jedoch abgelehnt.[88] Möglicherweise war auch die C-Dur-*Messe* op. 86 eine Art Bewerbungsstück auf die Nachfolge von Joseph Haydn als Kapellmeister bei Fürst Nikolaus Esterházy.[89] Ein Jahr später wurde mit der Hofkapellmeisterstelle am königlich westfälischen Hof in Kassel von außen ein Stellenangebot an Beethoven herangetragen. Aber Beethoven entschied sich dafür, in Wien zu bleiben, weil drei seiner Gönner, die Fürsten Kinsky und Lobkowitz und Erzherzog Rudolph, ihm ab dem 1. März 1809 eine Leibrente von 4.000 fl. als adäquates Gehalt ausschrieben. Der Reiz, weiterhin als freischaffender Komponist leben zu können und weder sein soziales Umfeld noch seine Lebensgewohnheiten ändern zu müssen, überwog die finanzielle Abhängigkeit von den hochadligen Vertragsgebern.

Eine Familiengründung kam auch jetzt nicht zustande. Sowohl Gräfin Josephine Deym, geb. Brunsvik[90], als auch Therese Malfatti wiesen ihn zurück[91], ganz zu schweigen von der Unsterblichen Geliebten, über deren Identität die Welt noch immer rätselt.[92]

Gesellschaftlich hatte Beethoven sich zwischen Adel und gehobenem Bürgertum eingerichtet. Die Sommermonate verbrachte er wie viele, die es sich leisten konnten, regelmäßig außerhalb von Wien. Er kurte in Baden und reiste 1811/12 in die böhmischen Bäder – Beethoven hoffte noch auf Besserung seines Gehörleidens.[93] An den Heilquellen trafen sich Juristen, Ärzte, Unternehmer, Kaufleute, Intellektuelle, Militärs, Hofbeamte[94], sehr viele aus dem Adelsstand bis hinauf zum kaiserlichen Hof.[95] Sigrid Bresch hat das intellektuelle Ergebnis der Kuren so zusammengefasst:

»Für Beethoven brachten sie [...] eine Erweiterung des geistigen Horizontes, die Bereicherung durch neue Bekanntschaften und Austausch mit Menschen aus anderen Gegenden und Bildungstraditionen, wie er sie ähnlich als reisender Virtuose gewonnen hätte [...] Dabei erfuhren sowohl sein literarisches Interesse wie seine menschlichen Neigungen Befriedigung.«[96]

Vom ungeliebten Status des Musiklehrers hatte Beethoven sich weitgehend gelöst. Ab 1809, möglicherweise als Konsequenz aus dem Rentenvertrag, erwuchs ihm aber mit

Erzherzog Rudolph (1788–1831), dem jüngeren Bruder des Kaisers, als Schüler in Klavierspiel und Komposition eine neue Verpflichtung, die ihn lebenslang begleitete und belastete. Der Erzherzog war ihm, unangesehen seines Standes, freundschaftlich zugetan. Seine Gelehrigkeit schien Beethoven zu schmeicheln. Von einer Probe beim Erzherzog berichtete er Ignaz von Gleichenstein, der nicht hatte dabei sein können:

> »[...] du hättest einen liebenswürdigen Talentvollen Prinzen gesehn, und du würdest als der Freund deines Freundes <keinen> gewiß nicht die Höhe des Rangs gefühlt haben – verzeih mir diese kleine stolze Aüßerung, [...].«[97]

Die ständige Bereitschaft für Lektionen, die der Erzherzog forderte, beeinträchtigten Beethovens schöpferische Kraft und Inspiration. Ferdinand Ries gegenüber offenbarte er sich:

> »Der Aufenthalt des Cardinals (Erzherzogs Rudolph) durch vier Wochen hier, wo ich alle Tage 2 1/2, ja 3 Stunden Lection geben mußte, raubte mir viel Zeit; denn bei solchen Lectionen ist man des anderen Tages kaum im Stande, zu denken, viel weniger zu schreiben«.[98]

Hinzu kam die finanzielle Abhängigkeit.

»Es bleibt immer ein gespanntes Verhältniß was sich nicht für einen wahren Künstler schikt, denn dieser kann nur diener Seiner angebeteten Muse seyn«, notierte Beethoven im Oktober 1810 auf einem Skizzenblatt.[99] Häufig sagte er daher, meistens mit der Begründung von Unpässlichkeit und in einem besorgten oder unterwürfigen Tonfall, den Besuch beim Erzherzog ab.

> »Erst jezt kann ich, indem ich das Bette Verlaße, ihr gnädiges Schreiben von heute beantworten, für Morgen dörfte es mir noch nicht möglich seyn, ihnen aufzuwarten, doch vieleicht übermorgen – ich habe diese Täge viel gelitten, und doppelt mögte ich sagen, indem ich nicht im stande bin, meinen innigsten Wünschen gemäß recht viele Zeit ihnen zu opfern; doch werde ich wohl hiermit das Frühjahr und den Sommer (ich meyne mit meinem krank seyn) abgefunden haben.«[100]

Im Ausland genoss der Komponist unabhängig von seinem sozialen Rang hohes Ansehen. 1809 wurde er in das 1808 von Louis Bonaparte (1778–1846; König von Holland und jüngerer Bruder Napoleons) gegründete *Institut Royal des Sciences, de Littérature et des beaux Arts* aufgenommen.[101]

Wellingtons Sieg: Beethovens Durchstoß in die bürgerliche Welt 1813–1816/17

1813 kam für Beethoven eine kreative Schaffenspause. Lewis Lockwood bezeichnet die Zeit zwischen 1813 und 1817 sogar als »a ›Fallow‹ Period«.[102] Die *Sinfonien Nr. 7* und *8* und weitere größere Werke, wie die Goethe-Vertonungen op. 83 und *Egmont* op. 84, das

Streichquartett op. 95 und das *Klaviertrio* op. 97 waren vollendet, ein Verleger nicht in Sicht. Beethovens Gesundheitszustand war schlecht und ihn plagten Geldsorgen, die ihm die Abhängigkeit von den adligen Mäzenen wieder deutlich vor Augen führten. Denn wider Erwarten war die Rentenzahlung der drei Vertragspartner schon bald nach Vertragsbeginn, verursacht durch den österreichischen Staatsbankrott im Februar 1811, ins Stocken geraten. Beethoven forderte das Grundgehalt von 4.000 fl. in der neuen »Wiener Währung« statt der errechneten 1.613 fl. Aber Fürst Ferdinand Kinsky starb am 3. November 1812, ohne eine Regelung dafür getroffen zu haben. Franz Joseph von Lobkowitz musste 1813 Insolvenz anmelden. Auch er hatte sich nicht eindeutig zu der künftigen Zahlungsweise erklärt, so dass Beethoven seit September 1811 von den beiden keine Rente mehr erhielt. Er sah sich gezwungen, im Sommer 1813 dagegen vor Gericht zu gehen.[103]

In dieser Situation bediente auch Beethoven den Musikmarkt mit den populären patriotischen Kompositionen, die im Zuge der Befreiungskriege, der siegreichen Rückkehr des Kaisers und dem von September 1814 bis Juli 1815 tagenden Wiener Friedenskongress sich großer Beliebtheit in allen Schichten der Gesellschaft erfreuten und gute Absatzchancen besaßen.[104] Im Zentrum stand die Schlachtmusik und Siegessinfonie *Wellington's Sieg oder die Schlacht bei Vittoria* op. 91. Dieses von »Zynismus« (Lockwood)[105] bis »Kitsch« (Kinderman)[106] charakterisierte, ursprünglich für einen Musikautomaten konzipierte Werk avancierte geradezu zu einem »Hit« bei den musikbegeisterten Wienern allen Standes. Von der Uraufführung am 8. Dezember 1813 bis Ende 1815 wurde das Werk neunmal und, mit Ausnahme der schlecht vorbereiteten Akademie am 2. Dezember 1814, jedes Mal vor vollem Hause, aufgeführt[107], darunter auch in der exklusiven Akademie am 29. November 1814, die vom österreichischen Kaiserhof als Begleitveranstaltung zur Begrüßung der alliierten Herrscher und ihrer Diplomaten angesetzt war. Hier wurden auch die *Siebte Sinfonie* op. 92 und die Kantate *Der glorreiche Augenblick* op. 136, eine Huldigung an die siegreichen Mächte, gegeben. Für den Ertrag, den dieses Konzertprogramm in der Akademie am 25. Dezember 1814 zugunsten des Bürgerspitals St. Marx einbrachte, erteilte der Wiener Magistrat Beethoven das Bürgerrecht der Stadt Wien.

Mit der Wiederaufnahme der Oper *Fidelio* op. 72 in einer von Georg Friedrich Treitschke im Frühjahr 1814 überarbeiteten Textfassung errang Beethoven einen weiteren Publikumserfolg. Allein 1814 gab es 21 Aufführungen, 1815 und 1816 folgten noch je zehn Vorstellungen.[108] Die *Allgemeine musikalische Zeitung* berichtete:

> »Ausser der Ouverture – [die vorgesehene war noch nicht fertig] – hat man [...] die meisten Musikstücke lebhaft, ja tumultuarisch beklatscht, und den Componisten nach dem ersten und dem zweiten Act einstimmig hervorgerufen [...] Die neue Ouverture (E-Dur) wurde mit rauschendem Beyfall aufgenommen, und der Componist bey dieser Wiederholung wieder zweymal hervorgerufen«.[109]

Beethoven absolvierte vom 8. Dezember 1813 bis zum 25. Dezember 1815 13 öffentliche Auftritte, so viel wie zuvor von 1800 bis 1812. Dazu kommen noch drei Aufführungen von *Fidelio*, am 23. und 26. Mai und 18. Juli 1814. Sie trugen ihm ein hohes Maß an öffentlicher Aufmerksamkeit und Anerkennung in allen Schichten der Gesellschaft ein. Den Höhepunkt an Reputation erreichte Beethoven zweifelsohne in den Monaten des Wiener Kongresses.

> »Unzählige der anwesenden hohen Fremden drängten sich an ihn, um ihm ihre Huldigung zu bezeugen, und es waren vorzüglich die Reunions bei dem russischen Bothschafter Fürsten *Rasumowsky*, wo die Majestät im Reiche der Harmonien diese Huldigungen anzunehmen pflegte. Bekannt ist, dass die Beweise von hoher Achtung, welche Beethoven in den Appartements des Erzherzog Rudolph von den ihn dort aufsuchenden allerhöchsten Personen erhielt, eben so herzlich als rührend gewesen [...]«.[110]

Anton Schindlers Schilderung ist sicherlich übertrieben, sie besagt aber, dass Beethoven bei den musikinteressierten und kulturaffinen Kongressteilnehmern als Autorität galt.[111] Den daraus folgenden Erwartungen fügte er sich. Er wollte zeigen, »daß man Wohl <u>was kann</u>«.[112] Die eine oder andere Einladung wird er daher nicht ausgeschlagen, Besucher, die ihm seine Verehrung bezeugen oder um einen musikalischen Rat bitten wollten, nicht abgewiesen haben.[113] Beethoven ließ sich porträtieren und, was den Verbreitungsradius vergrößerte, in Kupfer stechen[114]; er ließ Visitenkarten drucken.[115]

Eigentlich missfiel Beethoven der gesellschaftliche Trubel, zumal er durch sein Gehörleiden an der Kommunikation nicht wirklich teilnehmen konnte. Für den Maler hegte er Widerwillen:

> »da ihm aber so viel an meinem Gesicht, welches wirklich nicht einmal so Viel bedeutet, g[e]legen, so will ich ihm in Gottes Namen sizen, obschon ich das Sizen für eine Art von Buße halte – nun so sey's doch – wie ihnen aber so viel dran gelegen, das begreife ich kaum, wills auch nicht begreifen – [...]«.[116]

Den Besteller speist er mit Ironie ab:

> »Hier mein Werther Huber erhalten sie meinen Versprochenen Kupferstich, da Sie es selbst der Mühe werth hielten, ihn von mir zu verlangen, so darf ich wohl nicht fürchten, einer Eitelkeit hierin beschuldigt werden zu können«.[117]

Innerlich aber blieb er frei davon: »will man mich so hat man mich, und dann bleibt mir noch die Freyheit ja oder nein zu sagen. Freyheit!!!! was will man mehr??? [...]«.[118]

Seinem Tagebuch vertraute Beethoven die utilitaristische Bemerkung an: »Gegen alle Menschen äußerlich nie die Verachtung merken lassen, die sie verdienen / denn man kann nicht wissen wo man sie braucht«.[119]

Nur wenigen zeigte er seine Abneigung:

> »von unsern Monarchen etc der Monarchien etc schreibe ich ihnen [J. N. Kanka] nichts, die Zeitungen berichten ihnen alles – mir ist das geistige Reich das liebste, und der Oberste aller geistigen und weltlichen Monarchien«.[120]

Karl August Varnhagen von Ense (1785–1858) berichtete in seinen *Denkwürdigkeiten* über einen Besuch bei Beethoven während des Kongresses, dass Beethoven

> »an Taubheit und mürrischer Menschenscheu nur zugenommen hatte [...] Besonders wollte er mit den Vornehmen nichts mehr zu schaffen haben, und drückte seinen Widerwillen mit zürnender Heftigkeit aus [...] Gesellschaft machte ihn unwillig, und mit ihm allein, wenn er nicht spielen mochte, war gar nichts anzufangen«.[121]

Von dem hohen Ansehen des Komponisten profitierte Beethoven finanziell nicht in gleichem Maße. Unter den 13 Akademien 1813–1815 waren nur vier, bei denen Beethoven die Einnahmen behalten durfte, aber noch die zusätzlichen Musiker (sofern sie nicht ehrenamtlich mitwirkten), Kopierkosten und andere Auslagen bezahlen und die Sozialabgabe an den städtischen Wohlfahrtsfonds abführen musste.[122] Die Benefizaufführung des *Fidelio* fiel infolge des Spielplans des Kärntnertortheaters auf den 18. Juli, also mitten in den Sommer, wenn die wohlhabenden Wiener abwesend waren.[123] Enttäuscht wurde seine Hoffnung auf ein Widmungshonorar für *Wellington's Sieg* an den englischen Prinzregenten, späteren König George IV.[124], ebenso wie für die Widmung der Kongress-Kantate *Der glorreiche Augenblick* an die Herrscher der »Heiligen Allianz«, Österreich, Russland und Preußen.[125] Außer den Zahlungen von George Thomson in Edinburgh für zahlreiche Liedbearbeitungen flossen auch kaum Verlegerhonorare. Erst im Laufe des Jahres 1815 beruhigte sich die existenzsichernde Lage. Beethoven obsiegte in den Prozessen gegen Kinsky und Lobkowitz und konnte nun mit regelmäßigen Rentenzahlungen rechnen. Für etliche noch ungedruckte Werke kamen Verlegerverträge im In- und Ausland zustande.[126]

Mit dem Ende des Wiener Kongresses nahm die Präsenz Beethovens in der Öffentlichkeit ab. Die adligen Mäzene wie Fürst Rasumowsky, dessen Palais mit allen Kunstschätzen in der Silvesternacht 1814/15 niedergebrannt war, und Fürst Lobkowitz, der 1816 verstarb, verschwanden aus dem Blickfeld. An ihre Stelle traten Personen bürgerlichen Stands: Sigmund Anton Steiner und Tobias Haslinger, deren Verlagsniederlassung im Paternostergässchen ein Treffpunkt, auf etwas niedrigerem Niveau vergleichbar mit dem »Zehrgarten« in Bonn, war, und Nannette Streicher, die Ehefrau des Klavierbauers Andreas Streicher, die 1817 Beethoven in der Ordnung seiner Haushaltung beriet.[127] Die Sommermonate verbrachte Beethoven regelmäßig in den Vororten von Wien, dazwischen reiste er bis 1818 immer für ein paar Tage nach Baden zur Kur.[128]

Schließlich kam es doch noch zu einer Art Familiengründung. Am 14. November 1815 verstarb Beethovens Bruder Kaspar Karl, der seiner Ehefrau Johanna und ihm, seinem Bruder Ludwig, die Vormundschaft für den minderjährigen Sohn Karl (geboren 1806) übertragen hatte. Damit erhielt Beethovens soziale Stellung eine neue Dimension. Unabhängig von seinem Status als Musiker und Künstler übernahm er nun die Rolle des alleinerziehenden Vaters: »K betrachtest du als dein eignes Kind / alle Schwätzereyen, alle Kleinigkeiten / achte nicht über diesen heiligen Zweck. / Hart ist der Zustand jetzt für dich, / doch der droben o er ist, ohne ihn / ist nichts. –«.[129]

Die letzte Dekade: Entscheidung zum freien Künstlertum 1818–1827

Die Sorge für den Neffen war nicht einfach für den an freie Zeit- und Arbeitsgestaltung gewöhnten Komponisten. Beethoven merkte bald, dass er den Knaben nicht dauerhaft bei sich aufnehmen konnte. Er wollte ihn aber auch nicht seiner Schwägerin, der er zutiefst misstraute, überlassen.[130] Daher gab er ihn in ein Erziehungsinstitut.[131] In den 1820er Jahren studierte Karl am Polytechnischen Institut und lebte zumindest zeitweise im Männerhaushalt seines Onkels. Immer wieder, auch gerichtlich, versuchte Beethoven, den Kontakt des Kindes zu seiner Mutter zu unterbinden. Dazu kam die Auseinandersetzung um den Unterhalt. Im Verlauf des Gerichtsverfahrens fiel Ende 1818 auch der Nimbus des Namenszusatzes »van« als vermeintlicher Adelstitel. Beethoven musste zugeben: »›*Van*‹ sey ein holländisches Prädicat, was eben nicht gerade Adelichen beygelegt wird; er besitze weder ein Adelsdiplom noch sonstige Beweismittel über seinen Adel.«[132]

Daraufhin wechselte der Gerichtsstand vom niederösterreichischen Landrecht zum Wiener Magistrat. Die Bindung an den Adel als soziale Gruppe war aber immer noch vorhanden. Noch garantierten die drei adligen Vertragspartner bzw. deren Nachfolger mit der Rente die existentielle Grundlage.[133] Das erwies sich als nötiger denn je, da Beethovens angeschlagene Gesundheit, der Unterhalt des Mündels und der Lebensstil mit Dienstpersonal und Gästen hohe Kosten verursachten.[134] Die regelmäßigen Dividenden aus den ursprünglich acht, nach 1821 sieben Aktien der Österreichischen Nationalbank reichten bei weitem nicht zur Kostendeckung.[135] Die Einnahmen für die Kompositionen waren nicht unerheblich, flossen aber unregelmäßig[136], so dass Beethoven im gleichen Jahr 1824 von sich sagen konnte: »[...] so muß ich doch dem Himmel danken, der mich so segnet in meinen Werken, daß ich zwar nicht reich, aber doch in stande gesezt worden bin, durch meine Werke für meine Kunst leben zu können, [...]«,[137] um dann wieder zu klagen:

> »[...] dabey kann ich ich [!] nicht leben von dem, was ich einzunehmen habe, wozu nur meine Feder helfen kann, ohnerachtet deßen nimmt man Weder rücksich[t] auf meine Gesundheit noch meine kostbare Zeit –. ich hoffe, daß dieser Zustand nicht lange währe, [...]«.[138]

Zweimal noch schien eine feste Anstellung als Kapellmeister oder Hofkomponist, die ein festes Einkommen und eine klar definierte Position in der Gesellschaft gebracht hätte, greifbar nahe. Gerne wäre Beethoven im April 1820 Erzherzog Rudolph als Kapellmeister an dessen Bischofssitz Olmütz gefolgt.[139] Ende 1822 bewarb er sich dann für die Nachfolge des am 18. November verstorbenen Hofkomponisten Anton Teyber.[140] Doch die Stelle wurde nicht wieder besetzt.[141]

Ökonomisch und beruflich blieb Beethoven der freischaffende Künstler, der trotz der inzwischen völligen Ertaubung in der Welt, sprich: im Alltag, bestehen musste.

> »[...] ich liebe die Geradheit u. Aufrichtigkeit u. bin der Meynung, daß man den Künstler nicht schmälern soll, denn leider Ach, so glänzend auch die Außen Seite des ruhms ist, ist ihm doch nicht vergönnt alle Tage im Olimp <mit>bey Jupiter zu Gaste zu seyn, leider zieht ihn die Gemeine Menschheit nur all zu oft u. widrig aus diesen Reinen ÄtherHöhen.– [...].«[142]

Dazu hatte Beethoven einen Freundes- und Helferkreis, der die Verbindung zur Außenwelt garantierte: Stephan von Breuning[143], Karl Peters[144], Franz Oliva[145]; auch Beethovens Bruder Johann trat ab 1822 wieder hinzu.[146] Anton Schindler erfüllte zeitweise die Funktion eines Sekretärs.[147] Außerdem verkehrte Beethoven mit zahlreichen Musikern, Theaterleuten und Kopisten, je nachdem, welche kompositorischen und musikalischen Projekte anstanden. In den Konversationsheften, die ab 1818 die mündliche Kommunikation ersetzten, finden sich viele Beispiele, dass Beethoven im Alltag politisch und kulturell interessiert und informiert blieb. Eine nicht unerhebliche Rolle spielten Journalisten und Redakteure der wichtigsten Wiener Zeitungen:[148] Joseph Karl Bernhard (*Wiener Zeitung*), Anton Pilat (*Oesterreichischer Beobachter*), Anton Bäuerle (*Allgemeine Theaterzeitung*), Johann Schickh (*Wiener Zeitschrift für Kunst, Literatur, Theater und Musik*) und Friedrich August Kanne (*Allgemeine musikalische Zeitung mit besonderer Rücksicht auf den österreichischen Kaiserstaat*), die ihm und, was wichtiger war, über ihn berichteten, bei denen kleinere Werke veröffentlicht wurden und über die Beethoven Anzeigen schalten konnte. Darüber hinaus hatte Beethoven in der Wiener Gesellschaft eine standesübergreifende Lobby an »Kunstfreunden«, die sich im Februar 1824 in einem Offenen Brief an ihn offenbarten.[149] Hinzu kamen die konkurrierenden Verleger, jetzt vor allem Carl Friedrich Peters in Leipzig, Anton Diabelli und Mathias Artaria in Wien, B. Schott's Söhne in Mainz, Nikolaus Simrock in Bonn und Adolph Martin Schlesinger in Berlin bzw. dessen Sohn Maurice in Paris. Durch geschicktes Verhandeln stach er sie gegeneinander aus oder erwirkte Parallelausgaben, um ein möglichst hohes Honorar herauszuschlagen.[150]

Sie alle schufen die Voraussetzungen, dass Beethoven mehrere Jahre »[...] den mir angebohrnen größern Beruf durch werke mich der welt zu offenbaren [...]«[151], auch ausüben konnte. 1818 bis 1826 entstanden die Werke des sogenannten Spätstils, wie die Klaviersonaten op. 109–111 und die Streichquartette op. 127–135, die von einer inneren Freiheit und künstlerischem Selbstbewusstsein zeugen, sich nicht von gesellschaftlichen Hierarchien und Konventionen, von Erwartungen der Besteller, Verleger und Gläubiger unter Druck setzen zu lassen. Mit der *Missa solemnis* op. 123 und der *Neunten Sinfonie* op. 125 verfolgte Beethoven musikalische und publizistische Großprojekte, mit denen er als freier Künstler auf ein verändertes politisches und kulturelles Umfeld reagierte. Bei der Messe baute Beethoven, ähnlich wie 1814 bei der Oper *Fidelio*, noch einmal auf das Mäzenatentum der Fürsten und regierenden Häuser und bot den Potentaten der europäischen Mächte eine handgeschriebene Partitur auf Subskriptionsbasis für 50 Dukaten an.[152] Beethoven rechnete aber auch mit dem Interesse bürgerlicher Kulturträger im Umkreis der Höfe und in den Städten. Daher regte er eine Subskription auf das gedruckte Exemplar zu einem Preis von 5 Dukaten an, wovon die Einnahmen zwar dem Verlag, eine erfolgreiche Aufführung aber seiner Reputation im In- und Ausland zugute kam. Der Schott-Verlag, der die Druckrechte für 1.000 fl. gekauft hatte, weitete die Subskription auf die *Neunte Sinfonie* op. 125 aus, ein Auftragswerk der Philharmonic Society, des von der Londoner bürgerlichen Oberschicht 1813 gegründeten Musikvereins[153], und nahm noch die Ouvertüre zum Festspiel *Die Weihe des Hauses* von Carl Meisl (1773–1853) op. 124 mit hinein. Mit letzterer schuf Beethoven noch einmal ein Gelegenheitsstück, diesmal für den Theaterdirektor Karl Friedrich Hensler (1759–1825), zur Wiedereröffnung des Vorstadttheaters in der Josefstadt, also für ein ausgesprochen bürgerliches Forum.[154]

Trotz seiner Gehörlosigkeit hatte Beethoven in der letzten Dekade noch fünf öffentliche Auftritte. In der Akademie zugunsten der Witwen- und Waisengesellschaft der Juridischen Fakultät am 17. Januar 1819 dirigierte er – vielbejubelt – noch einmal selbst die *Siebte Sinfonie* op. 92.[155] Auch bei der Eröffnung des Theaters in der Josefstadt am 3. Oktober 1822 stand er am Dirigentenpult, unterstützt allerdings von einem Kodirigenten.[156] Bei der Wiederaufnahme des *Fidelio* am 3. und 4. November 1822 war er wahrscheinlich bei einer Vorstellung persönlich anwesend.[157] Sein spezielles Künstlertum trat bei den Akademien am 7. und 23. Mai 1824 zutage, als Teile der *Missa solemnis* und die *Neunte Sinfonie* op. 125 vorgestellt wurden. Die Akademie am 7. Mai 1824 war lange vorbereitet und durch eine gut organisierte Pressearbeit beworben.[158] Sie stellte schon damals einen Höhepunkt in Beethovens Karriere dar.[159] So kündigte die *Allgemeine Theaterzeitung* schon am 1. Mai 1824 den Auftritt Beethovens an:

> »Herr Schuppanzigh hat die Leitung des Orchesters, Herr Kapellmeister Umlauf die Leitung des Ganzen übernommen, an welcher aber Herr van Beethoven selbst Theil nehmen wird.
>
> Diese Akademie biethet für Freunde deutscher Musik und Anerkennung vaterländischer Meister eine der schönsten Feyerlichkeiten dar; gewiß werden uns Frankreich und England um den Genuß beneiden, dem auf der weiten Erde als genialsten Componisten gekannten Beethoven eine persönliche Huldigung darbringen zu können. Wem das Herz für das Große und Schöne warm schlägt, wird an jenem Abend nicht fehlen. –«.[160]

Diesen zelebrierte er entsprechend:

> »[...] er [Beethoven] stand nämlich dem amtirenden Marschall zur Seite, und fixirte den Eintritt eines jeden Tempo, in seiner Original-Partitur nachlesend, denn einen höhern Genuss gestattete ihm leider der Zustand seiner Gehörswerkzeuge nicht. [...]«.[161]

Trotz der großen Reputation gelang es Beethoven nicht, mit den Einnahmen auszukommen. Seine Lebenshaltung, die Ausbildungskosten für den Neffen Karl und die Aufwendungen für seinen sich verschlechternden Gesundheitszustand brachten ihn in den letzten Lebensmonaten noch in eine prekäre Lage, sodass ihn die *Philharmonic Society* mit einem Geldgeschenk über 1.000 Pfund zu unterstützen bereit war.[162] An einen Londoner Freund schrieb er;

> »Mein Gehalt beträgt nur soviel daß ich davon den halbjährigen Wohnungszins bestreiten kann, dann bleiben noch einige hundert Gulden Wiener Währung übrig! Bedenken Sie noch daß sich das Ende meiner Krankheit noch gar nicht bestimmen läßt und es endlich wird möglich gleich in vollen Segeln auf dem Pegasus durch die Lüfte zu segeln! Arzt, Chirurgus, alles muß bezahlt werden. –«.[163]

Bei der Bewertung der sozialen Stellung Beethovens dürfen die Ehrungen nicht vergessen werden, die er vor allem in den letzten Jahren erfuhr und die deutlich werden lassen, dass Beethoven in keine Hierarchie und in kein Schichtenmodell einzuordnen ist. Hier reihen sich neben die Förderer von Kunst und Wissenschaft: das *Koninklijk Nederlandsch Instituut* (1809) in Amsterdam und die *Kong. Svenska Musicaliska Academien* Stockholm (1822), die Bürgerschaft der Stadt Wien (1815) und der Wiener *kaufmännische Verein* (1819), die Dilettantenvereine in Laibach (*Philharmonische Gesellschaft*, 1819), und Graz (*Steiermärkischer Musikverein*, 1822), und die *Gesellschaft der Musikfreunde* in Wien (1826) ein. Der König von Frankreich Louis XVIII. honorierte Beethovens *Missa solemnis* op. 123 mit einer goldenen Medaille[164] und der preußische König Friedrich Wilhelm III. sandte für die Widmung der *Neunten Sinfonie* op. 125 einen Ehrenring.[165] Allein zu Kaiser Franz II. vermochte Beethoven zeitlebens keine positive Beziehung herzustellen. Diese Strebe im sozialen Gefüge der österreichischen Monarchie blieb aufgrund gegenseitiger Abneigung offen.[166]

Im Nachhinein bewahrheitete sich, was Beethoven 1823 an Luigi Cherubini schrieb:

> »Wahre Kunst bleibt unvergänglich u der wahre Künstler hat inniges Vergnügen an <wahren u> großen <genialischen> Geistes-Produkten [...] *L'art unie tout le monde* wie vielmehr wahre Künstler, u vielleicht werden Sie mich auch würdigen unter jene Zahl zu rechnen«.[167]

Anmerkungen

1 Vgl. z.B. J. Ronge, *Beethovens Lehrzeit. Kompositionsstudien bei Joseph Haydn, Johann Georg Albrechtsberger und Antonio Salieri* (Schriften zur Beethoven-Forschung 20), Bonn 2011; T. DeNora, *Beethoven and the Construction of Genius. Musical Politics in Vienna, 1792–1803*, Berkely u.a. 1995; *Widmungen bei Haydn und Beethoven. Personen – Strategien – Praktiken. Bericht über den Internationalen musikwissenschaftlichen Kongress, Bonn, 29. September bis 1. Oktober 2011* (Schriften zur Beethovenforschung 25), hrsg. von B. R. Appel und A. Raab, Bonn 2015; *Beethoven und der Wiener Kongress (1814/15). Bericht über die vierte New Beethoven Research Conference Bonn, 10. bis 12. September 2014* (Schriften zur Beethoven-Forschung 26), hrsg. von B. R. Appel u.a., Bonn 2016; *Beethoven und andere Hofmusiker seiner Zeit im deutschsprachigen Raum. Bericht über das internationale Symposion Bonn, 3. bis 5. Dezember 2015* (Schriften zur Beethoven-Forschung 29; Musik am Bonner kurfürstlichen Hof 1), hrsg. von B. Lodes, E. Reisinger und J. Wilson, Bonn 2018; W. Kinderman (Hrsg.), *Utopische Visionen und visionäre Kunst: Beethovens »Geistiges Reich« Revisited / Utopian Visions and Visionary Art: Beethoven's »Empire of the Mind« – Revisited*, Wien 2017; BGA, Bd. 8 (in Vorbereitung).

2 BGA 816, Beethoven an Ludwig Freiherrn von Türkheim, Regierungsrat in der böhmisch-österreichischen und galizischen Hofkanzlei, im Sommer 1815.

3 Vgl. J. May, »Beethoven über Beethoven. ›Selbstzeugnisse‹ als biographische Quellen«, in: *Beiträge zu Biographie und Schaffensprozess bei Beethoven. Rainer Cadenbach zum Gedenken* (Schriften zur Beethoven-Forschung 21), hrsg. von J. May, Bonn 2011, S. 101–117.

4 Zur Familie und Genealogie Beethovens und für die Lebensjahre in Bonn vgl. J. Schmidt-Görg, *Beethoven. Die Geschichte seiner Familie* (Schriften zur Beethoven-Forschung 1), München und Duisburg 1964; L. Schiedermair, *Der junge Beethoven*, Bonn 1925, ^{2}1939 und ^{3}1951; M. Wetzstein

(Hrsg.), *Familie Beethoven im kurfürstlichen Bonn. Neuauflage nach den Aufzeichnungen des Bonner Bäckermeisters Gottfried Fischer*, Bonn 2006.

5 Vgl. S. Bettermann, »Mit Haarzopf und Degen. Alltag und Zeremoniell im Leben der Musiker am kurfürstlichen Hof in Bonn«, in: *Beethoven und andere Hofmusiker seiner Generation*, S. 159–178; M. Unseld, »Musikerfamilien. Kontinuitäten und Veränderungen im Mikrokosmos der Musikkultur um 1800«, in: ebenda, S. 25–54; M. Braubach, »Die Mitglieder der Hofmusik unter den vier letzten Kurfürsten von Köln«, in: *Colloquium Amicorum. Joseph Schmidt-Görg zum 70. Geburtstag*, hrsg. von S. Kross und H. Schmidt, Bonn 1967, S. 26–63.

6 Ludwig van Beethovens d.Ä. Ernennung geschah weniger wegen seiner Qualifikation, sondern weil er, anders als sein Mitbewerber Joseph Touchemoulin (1727–1801), Violinist aus einer Musikerfamilie, die Gehaltskürzung von 1.000 fl. auf 600 fl. akzeptierte. Vgl. A. Th. Henseler, »Andrea Luchesi, der letzte Bonner Hofkapellmeister zur Zeit des jungen Beethoven. Ein Beitrag zur Musik- und Theatergeschichte des 18. Jahrhunderts«, in: Bonner Geschichtsblätter 1 (1937), S. 225–364, hier S. 255f.

7 »Unterthänigstes *Pro Memoria* Die Kurfürstliche Hof *Musique* betrefend« (D-DGla, R[heinland], Kurköln II, Nr. 481, fol. 62v). Wegeler bestätigte später, dass »Beethoven, unter höchst beschränkten Umständen erzogen« worden war (F. G. Wegeler und F. Ries, *Biographische Notizen über Ludwig van Beethoven*, Koblenz 1838, S. 34).

8 Vgl. J. Dietz, »Topographie der Stadt Bonn: vom Mittelalter bis zum Ende der kurfürstlichen Zeit«, in: Bonner Geschichtsblätter 16/17 (1962/63); Stadt- und Häuserplan von 1773 bei M. Wetzstein, *Familie Beethoven*, S. 147–153.

9 Bäckermeister Fischer (1780–1864), als Kind Mitbewohner in der Rheingasse, schrieb gut 60 Jahre später die Erinnerungen seiner Schwester Cäcilia nieder, aus denen, wenn »richtig«, d.h. quellenkritisch, gelesen, zahlreiche Informationen über die Familie Beethoven in Bonn hervorgehen. Er zählt eine ansehnliche Liste von Personen (»Freünden«) auf, die bei Johann van Beethoven verkehrten. Vgl. M. Wetzstein, *Familie Beethoven*, S. 126–131.

10 Vgl. A. Th. Henseler, »Andrea Luchesi«, S. 267–294 und 309f.

11 Die Ankündigung, das »Avertissement«, wurde vielfach abgebildet. Vgl. M. Ladenburger, *Beethoven auf Reisen* (Begleitpublikationen zu Ausstellungen des Beethoven-Hauses Bonn 25), Bonn 2016, S. 21. Das bisher einzige Exemplar des Einblattdruckes, ursprünglich im Beethoven-Haus, ist verschollen.

12 Vgl. M. Wetzstein, *Familie Beethoven*, S. 92–98. Nach Cäcilia Fischer unternahm Johann van Beethoven die Besuche in Pfarr- und Bürgerhäusern, bei Verwandten und Landadeligen nicht für Geld, »denn das litt Herr v: Beethoven sein Karackter nicht«, sondern nur zum Vergnügen am gemeinsamen Musizieren (ebenda, S. 91). Unter der »viell Ehr«, die sie erhielten, fiel wohl auch das eine oder andere Trinkgeld ab.

13 Präsenz durch Gedrucktes als Karrieresprungbrett vgl. J. Wilson, »A School of Whiz Kids Grows Up. Antonin Reicha, Ludwig van Beethoven, Andreas and Bernhard Romberg, and Lessons Learned in Bonn«, in: *Beethoven und andere Hofmusiker*, S. 237–252, hier S. 241.

14 E. Reisinger, »Sozialisation – Interaktion – Netzwerk. Zum Umgang mit Musikern im Adel anhand des Beispiels von Erzherzog Maximilian Franz«, in: *Beethoven und andere Hofmusiker*, S. 179–198.

15 Unterthänigstes *Pro Memoria* Die Kurfürstliche Hof *Musique* betrefend, fol. 63r.

16 Vgl. M. Wetzstein, *Familie Beethoven*, S. 40 mit Anm. 157, und W. D. Penning, »Eine unglückselige Eingabe an den Kurfürsten. Johann van Beethoven und der kurkölnische Erste Staatsminister Caspar Anton von Belderbusch. Eine kriminalistische Spurensuche«, in: Annalen des Historischen Vereins für den Niederrhein 214 (2011), S. 169–186.

17 Die Alkoholkrankheit Johann van Beethovens und deren Einfluss auf den Sohn ist mehrfach diskutiert und zeitbedingt sowie ideologieabhängig bewertet worden. Vgl. L. Schiedermair, *Der junge Beethoven*, S. 56–59; W. S. Gorman, »A new perspective: Beethoven as an adult child of an alcoholic«, in: The Beethoven Newsletter 4 (1989), S. 5–10.

18 Zu seinem Grundgehalt von 150 fl. kamen 1789 noch 100 Reichstaler vom Gehalt seines Vaters für die Ausbildung der Brüder und den Lebensunterhalt der Familie. Quelle: D-DGla, R, Kurköln II (Nr. 481, fol. 76r).

19 Vgl. den Bericht Christian Gottlob Neefes in der *Musikalischen Korrespondenz der teutschen Filharmonischen Gesellschaft*, Nr. 28 vom 13. Juli 1791, Sp. 220–222: »Klavierkonzerte spielt Hr. Ludwig van Bethoven [...]«.

20 D. Haberl, »Beethovens erste Reise nach Wien – Die Datierung seiner Schülerreise zu W. A. Mozart«, in: Neues Musikwissenschaftliches Jahrbuch 14 (2006), S. 215–255; ders, »Das ›Regensburger Diarium‹ als musikhistorische Quelle. Unbekannte Zeugnisse zu den Reisen von J. Haydn, L. v. Beethoven und L. Spohr«, in: Chr.-H. Mahling (Hrsg.), *Musiker auf Reisen. Beiträge zum Kulturtransfer im 18. und 19. Jahrhundert*, Augsburg 2011, S. 111–132; M. Staehelin, *Beethovens Brief an den Freiherrn von Schaden von 1787* (Jahresgabe des Vereins Beethoven-Haus 1), Bonn 1982.

21 Vgl. den Bericht von C. L. Junker, »Noch etwas vom kurköllnischen Orchester«, in: *Musikalische Korrespondenz der Teutschen Filharmonischen Gesellschaft*, Nr. 47 vom 23. November 1791, Sp. 373–376, Fortsetzung Nr. 48 vom 30. November, Sp. 379–382; J. Ronge, »Beethovens Reise nach Mergentheim 1791 – Details zu einer bekannten Geschichte«, in: Bonner Beethoven Studien (in Vorbereitung).

22 A. Wolfshohl, »Lichtstrahlen der Aufklärung«. *Die Bonner Lese-Gesellschaft. Geistiger Nährboden für Beethoven und seine Zeitgenossen* (Veröffentlichungen des Beethoven-Hauses, Ausstellungskataloge 27), Bonn 2018.

23 Vgl. M. Braubach, »Von den Menschen und dem Leben in Bonn zur Zeit des jungen Beethoven und der Babette Koch-Belderbusch. Neue Forschungsergebnisse«, in: Bonner Geschichtsblätter 23 (1969), S. 51–121; ders., »Vom Schicksal der Bonner Freunde des jungen Beethoven«, in: Bonner Geschichtsblätter 28 (1976), S. 95–138.

24 Beethovens Eintrag in die Universitätsmatrikel siehe D-BNu, S 418, S. 236. Vgl. A. Wolfshohl, *Lichtstrahlen*, S. 8.

25 Vgl. S. Bettermann, »Mit Haarzopf und Degen. Alltag und Zeremoniell im Leben der Musiker am kurfürstlichen Hof in Bonn«, S. 159–178, hier S. 174.

26 Vgl. auch E. Reisinger, »Sozialisation«, S. 194f.

27 M. Braubach (Hrsg.), *Die Stammbücher Beethovens und der Babette Koch*. Zweite, um eine Textübertragung erweiterte Auflage, hrsg. von M. Ladenburger (Ausgewählte Handschriften in Faksimile-Ausgaben 9), Bonn 1995. Vgl. J. Heer, *Der Graf von Waldstein und sein Verhältnis zu Beethoven* (Veröffentlichungen des Beethoven-Hauses in Bonn 9), Bonn und Leipzig 1933; M. Braubach, *Kurköln. Gestalten und Ereignisse aus zwei Jahrhunderten rheinischer Geschichte*, Münster 1949, hier S. 471, 480, 487–501.

28 Nach Karel Boženek bestieg Beethoven bereits im Taunus in eine private Fahrgelegenheit aus Wien. Vgl. K. Boženek, »Beethoven und das Adelsgeschlecht Lichnowsky« (unter Verwendung des gleichnamigen Manuskripts von Jaroslav Čeleda), in: *Ludwig van Beethoven im Herzen Europas. Leben und Nachleben in den böhmischen Ländern*, hrsg. von O. Pulkert und H.-W. Küthen, Prag 2000, S. 119–170, hier S. 120–122. Dies ist quellenmäßig nicht belegt.

29 Vgl. D. von Busch-Weise, »Beethovens Jugendtagebuch«, in: Studien zur Musikwissenschaft (Beihefte der Denkmäler der Tonkunst in Österreich 25), Festschrift für Erich Schenk, Graz, Wien und Köln 1962, S. 68–87, hier S. 71–73.

30 Ebenda, S. 72 und 75.

31 Hofstaatsentwurf des Kurfürsten Maximilian Franz im Falle der Wiederherstellung des Kurstaats, ca. 1798 (D-DGla, R, Kurköln II, Nr. 640, Bl. 2v). Vgl. auch J. Ronge, *Lehrzeit*, S. 33 und 58–60.

32 Vgl. die Berichte des Lehrers Haydn (BGA 12 und 13) und des Diplomaten Graf Clemens August von Schall, in: *Beethoven aus der Sicht seiner Zeitgenossen in Tagebüchern, Briefen, Gedichten und Erinnerungen*, hrsg. von K. M. Kopitz und R. Cadenbach unter Mitarbeit von O. Korte und N. Tanneberger, 2 Bde., München 2009, hier Bd. 2, 761f.; J. Ronge, *Lehrzeit*, S. 58–50.

33 Vgl. die Briefe um 1795: BGA 15–18 sowie 19a und b (BGA, Bd. 8, Addenda), sowie die Briefe in der Sammlung Wegeler (D-BNba, W 119, 120, 122 und 125); Regesten bei F. Grigat, *Die Sammlung Wegeler im Beethoven-Haus Bonn. Kritischer Katalog*, Bonner Beethoven Studien 7 (2008), S. 123, 126–129.

34 BGA 17.

35 BGA 18. Man verabredete sich (BGA 8); gewährte Unterkunft (BGA 16).

36 Die Beschreibung von Frau von Bernhard geb. von Kissow, dass Beethoven nach der »neuen überrheinischen [französischen] Mode« etwas nachlässig gekleidet gewesen sei, ist erstmals zitiert bei L. Nohl, *Beethovens Leben*, Bd. 2, Leipzig 1867, S. 22.

37 J. Ronge, *Lehrzeit*, S. 68–71, das Zitat S. 70. Die Distanz bestand auch ohne die nachträglichen Bewertungen von Johann Schenk oder Ferdinand Ries. Vgl. T. DeNora, *Beethoven and the Construction of Genius*, S. 83–114; J. Ronge, *Lehrzeit*, S. 33–36.

38 Der Unterricht, den Beethoven später, wahrscheinlich 1801 – Anfang 1802, bei Antonio Salieri (1750–1825) nahm, diente zur Fortbildung, v.a. für Vokalkompositionen. Vgl. J. Ronge, *Lehrzeit*, S. 141f.

39 Vgl. T. DeNora, »Networks and Nobles: Patronage in Beethoven's Vienna, ca. 1800«, in: *Organisateurs et formes d'organisation du concert en Europe 1700–1920. Institutionnalisation et pratiques*, hrsg. von H. E. Bödeker (Musical life in Europe 1600–1900), Berlin 2008, S. 21–30, hier S. 23, 24–26.

40 Siehe F. G. Wegeler und F. Ries, *Biographische Notizen*, S. 84f. Vgl. T. DeNora, *Beethoven and the Construction of Genius*, S. 115–118.

41 »Bethofen, ein musikalisches Genie, [...] wird allgemein wegen seiner besonderen Geschwindigkeit und wegen den außerordentlichen Schwierigkeiten bewundert, welche er mit so vieler Leichtigkeit exequirt. [...]« (J. F. Schönfelds *Jahrbuch der Tonkunst in Wien und Prag*, Wien u. a. 1796, S. 7; verwendetes Exemplar: D-Mbs [4119079 Mus.th. 3070-1796], http://www.mdz-nbn-resolving.de/urn/resolver.pl?urn=urn:nbn:de:bvb:12-bsb10599456-9, letzter Zugriff am 7. Juni 2018). Auch im Gegenentwurf, dem *Patriotischen Journal für die k.k. Staaten* 1,1 [1796], S. 21, wird zumindest Beethovens Virtuosität gewürdigt: »[...] Sie lobten zwar seine ausserordentliche Fertigkeit seine mühsamen Griffe und Sprünge nach Verdienst, [...]«; zitiert nach dem Abdruck in: *Beethoven und Böhmen*, hrsg. von S. Brandenburg und M. Gutiérrez-Denhoff, Bonn 1988, Anhang, S. [434f.]).

42 Vgl. H. Loos, »Beethoven in Prag 1796 und 1798«, in: *Beethoven und* Böhmen, S. 63–91; H. Volkmann, *Beethoven in seinen Beziehungen zu Dresden. Unbekannte Strecken seines Lebens*, Dresden [2]1942; K. M. Kopitz, »Beethovens Aufenthalt in Berlin 1796«, in: Neue Berlinische Musikzeitung, Beiheft 1, 1996 (Berliner Beiträge zur Musikwissenschaft [4]), S. 48–50; BGA, Bd. 8.

43 Im Jugendtagebuch, fol. 6r, notierte Beethoven: »alles ist auf, in Bonn verließ ich mich darauf, ich würde hier 100 *dukaten* empfangen, aber umsonst. ich muß mich völlig neu *equipiren*« (D. von Busch-Weise, *Jugendtagebuch*, S. 73). Vgl. ebenda, S. 86.

44 BGA 20.

45 F. G. Wegeler und F. Ries, *Biographische Notizen*, S. 33f.

46 BGA 19.

47 Es waren dies die beiden Akademien der Tonkünstler-Sozietät am 29. und 30. März, am 31. März eine Akademie der Konstanze Mozart, am 22. November der Maskenball der Pensionsgesellschaft bildender Künstler, am 18. Dezember eine Akademie Joseph Haydns und am 8. Januar 1796 (zusammen mit Haydn) eine Akademie der Sängerin Maria Bolla. Vgl. K. M. Kopitz, »Die frühen Wiener Aufführungen von Beethovens Kammermusik in zeitgenössischen Dokumenten (1797–1828)«, in: *Beethovens Kammermusik* (Das Beethoven-Handbuch 3), hrsg. von F. Geiger, Laaber 2014, S. 166–211; BGA, Bd. 8.

48 So stand auf den Programmen zu den ersten öffentlichen Auftritten Beethovens 1795: dem Anschlagzettel zu den Akademien der Tonkünstler-Sozietät vom 29. und 30. März 1795 (Exemplar in A-Wtm [773.042-D.The 1795]) und auf der Einladung zur Redoute der Pensionsgesellschaft bildender Künstler vom 22. November 1795 (A-Wsa, Pensionsgesellschaft des Vereins bilden-

der Künstler in Wien, 1787–1939, A 1/1 Akten; auch in *Wiener Zeitung*, Nr. 91 vom 14. November 1795, S. 3292, Nr. 92 vom 18. November 1795, S. 3327, und Nr. 93 vom 21. November 1795, S. 3365); vgl. E. Buurman, »The Annual Balls of the Pensionsgesellschaft bildender Künstler, 1792–1832«, in: *Beethoven und andere Hofmusiker*, S. 221–236, hier S. 226.

49 Siehe die Anschlagzettel vom 29. und 30. März.

50 Vgl. die chronologischen Listen der Entstehung und der Erstveröffentlichungen der Werke in *Ludwig van Beethoven, Thematisch-bibliographisches Werkverzeichnis*, hrsg. von K. Dorfmüller, N. Gertsch und J. Ronge, revidierte und wesentlich erweiterte Neuausgabe des Werkverzeichnisses von G. Kinsky und H. Halm, 2 Bde., München 2014 (im Folgenden zitiert als LvBWV), hier LvBWV 2, S. 800–803 und 813f.

51 Das entsprach etwa dem Jahresgehalt eines Bonner Hofmusikers. Vgl. M. Ladenburger, »Beethoven und seine Verleger. Geschäftsbeziehungen, Strategien, Honorare, Probleme«, in: »Alle Noten bringen mich nicht aus den *Nöthen!!*« *Beethoven und das Geld.*, hrsg. von N. Kämpken und M. Ladenburger (Veröffentlichungen des Beethoven-Hauses, Ausstellungskataloge 16), Bonn 2005, S. 143–152, hier S. 144.

52 Vgl. D. von Busch-Weise, *Jugendtagebuch*, S. 74f.; N. Kämpken, »›wir bezahlen jezt 30 fl. für ein Paar Stiefel, …‹, Beethovens Lebenshaltungskosten«, in: *Beethoven und das Geld*, S. 67–78.

53 BGA 54.

54 Vgl. LvBWV 2, S. 864–872. Ausnahmen sind Beethovens Lehrer Joseph Haydn (op. 2) und Antonio Salieri (op. 12) sowie der Dichter Friedrich Matthisson, dem Beethoven die Vertonung seines Gedichts *Adelaide* (op. 46, 1797) widmete, und das Freiwilligenkorps der Wiener Bürger, das Kaiser Franz II. 1796 anwerben ließ, namentlich Obristwachtmeister Karl von Kövesdy, dem Beethoven den *Abschiedsgesang* WoO 121 widmete.

55 So eröffnet der Bericht in der *Allgemeinen musikalischen Zeitung* (AmZ 3 [1801], Nr. 3 vom 15. Oktober, Sp. 49). Die Besprechung ist eingebunden in einen längeren Bericht über das gesamte Wiener Musikleben in diesem Jahr (ebenda, Sp. 41–51).

56 Vgl. die Ankündigung in der *Wiener Zeitung*, Nr. 25 vom 26. März 1800, S. 965, wiederholt in Nr. 26 vom 29. März, S. 1007, und den Programm- bzw. »Anschlag-«Zettel (Exemplar D-BNba, NE 279 [DBH-online]); Text bei A. W. Thayer, *Ludwig van Beethoven's Leben*, Bd. 2, übersetzt und hrsg. von H. Deiters, Berlin 1872, S. 170f.; Abbildung BGA, Bd. 1, S. 51. Vgl. B. R. Appel, »Widmungsstrategien. Beethoven und die europäischen Magnaten«, in: *Widmungen bei Haydn und Beethoven*, S. 139–170, hier S. 159f.

57 Der Nachfolger, Maximilian Franz's Bruder Anton Viktor (1779–1835), am 9. September 1801 zum Kurfürsten von Köln gewählt, regierte nur noch *pro forma* und hat sein Territorium nie gesehen. 1809/10 eignete Beethoven ihm eine handschriftliche Partitur der beiden *Militärmärsche* WoO 18 und 19 zu (LvBWV 2, S. 51 und 55).

58 BGA 65 vom 29. Juni 1801.

59 In den Gehaltslisten des Kurkölnischen Hofstaats ist Beethoven mehrfach mit jeweils 600 fl. Jahresgehalt aufgeführt. Vgl. z. B. D-DGla, R, Kurköln II, Nr. 638, fol. 45r (Besoldungstabelle), sowie Kurköln II, Nr. 640, fol. 24r (Hofstaatsentwurf).

60 BGA 65.

61 BGA 66. Zur Auswahl stehen fünf Kandidaten: Johann Martin Degenhardt, Stephan und Lorenz von Breuning, Franz Gerhard Wegeler und Carl Amenda.

62 Ebenda.

63 Carl Amenda (1771–1836), Theologe, ab 1802 Pfarrer in Talsi. Er hielt sich 1798/99 in Wien auf, wo er Beethoven kennenlernte und rasch mit ihm vertraut wurde. Beethoven eignete ihm zum Abschied handschriftlich ein Manuskript des *Steichquartetts* op. 18 Nr. 1 zu. Der Kontakt brach nach 1801 ab und wurde erst 1814 noch einmal aufgenommen (BGA 798 und 803).

64 Vgl. BGA 35, 37 und 38. Beethovens bevorzugtes Gasthaus war das Lokal »Zum weißen Schwan« am Neumarkt; vgl. BGA 35, Anm. 4. BGA 39: »mein wohlfeilster Baron! sorgen sie, daß der *guitarist* noch heute zu mir komme […]«.

65 BGA 67. Vgl. BGA 65 und 70 an Franz Gerhard Wegeler.

66 Das »Heiligenstädter Testament« vom 6. und 10. Oktober 1802 (BGA 106); mehrfach herausgegeben z.B. von H. Müller-Asow, *Heiligenstädter Testament*, hrsg. zum 120. Todestage des Meisters im Auftrage des Internationalen Musiker-Brief-Archivs, Weimar 1947, und S. Brandenburg (Hrsg.), *Heiligenstädter Testament. Faksimile der Handschrift* (Ausgewählte Handschriften in Faksimile-Ausgaben 12b), Bonn [3]2017.

67 Eines der ersten Angebote an Breitkopf & Härtel war das *Streichquintett* op. 29 durch Kaspar Karl van Beethoven Ende März 1802 (BGA 81).

68 George Augustus Polgreen Bridgetower (1778–1860), musikalisches Wunderkind, seit 1795 Kapellmeister beim Prinzen von Wales. Zu seinem Wien-Aufenthalt von Mai bis Juli 1803 und das Itinerar seiner Festlands-Reise siehe das »Bridgetower-Album«, A-Wn, Mus.Hs.43373 (http://data.onb.ac.at/rec/AC14341870, letzter Zugriff am 11. Juni 2018), und die Einträge in Joseph Carl Rosenbaums Tagebuch zwischen dem 16. Mai und 25. Juli 1803 (Bd. 4, fol. 108r/v, 111r, 112v, 118v und 119v). Vgl. E. Radant (Hrsg.), »Die Tagebücher von Joseph Carl Rosenbaum 1770–1829«, in: The Haydn yearbook = Das Haydn-Jahrbuch 5 (1968), S. 7–159, hier S. 110–112.

69 *Allgemeine musikalische Zeitung* 7 (1804/05), Nr. 20 vom 13. Februar, Sp. 321.

70 *Morgenblatt für gebildete Stände* 1 (1807), Nr. 304 vom 21. Dezember, S. 1216.

71 Eine Abbildung des (verschollenen) Gemäldes siehe BGA, Bd. 2, S. 2. Vgl. Th. Albrecht, »The musicians in Balthasar Wigand's depiction of the performance of Haydn's ›Die Schöpfung‹, Vienna, 27 March 1808«, in: Music in Art 29 (2004), S. 123–133.

72 BGA 334. Vgl. F. Grigat, »Widmungen an Beethoven«, in: *Widmungen bei Haydn und Beethoven*, S. 307–343, Liste S. 309f.

73 Der Betrag war geteilt in 700 fl. (ca. 155 Dukaten) und kurz darauf noch einmal 80 Dukaten (360 fl.). Vgl. Abbildungen in: *Beethoven und Böhmen*, S. [199], Abb. 9, sowie S. [200], Abb. 10.

74 LvBWV 1, S. 334f. Quittung über 500 fl. vom 3./4. Februar 1807 (Quelle: US-Bc [3692; Collection John A. and Louise Preston]) und BGA 325; Quittung über insgesamt 350 fl. vom 29. März und Juni 1808 (Quelle: D-Mbs, BSB-Hss Autogr.Cim. Beethoven, Ludwig van.2) und BGA 340.

75 Vgl. für 1804 J. Pezzl, *Neue Skizze von Wien*. Wien 1805, S. 161; N. Kämpken, »Beethovens Lebenshaltungskosten«, S. 67–78, die Tabelle S. 68.

76 BGA 277 und 278, 287 und 290; M. Ladenburger, »Beethoven und seine Verleger«, S. 145. Der Kurswert Pfund Sterling in Gulden [Bankozettel] betrug am 18. April 1807 20 fl. 38 xr. und das Verhältnis zur Konventionsmünze 1 : 2,08. Vgl. *Wiener Zeitung*, Nr. 32 vom 22. April 1807, S. 1823, und die Kurstabelle bei N. Kämpken, »Beethovens Lebenshaltungskosten«, S. 67. Mit Pleyel und Simrock kam kein Vertrag zustande.

77 BGA 281, Beethoven an Franz von Brunsvik (»so daß ich dadurch hoffen kann, [...]«).

78 BGA 292.

79 Ebenda, Anm. 1.

80 Vgl. Zahlungsanweisung. Quelle: H-Bn, Esterházy-Archiv, Acta Musicalia Nr. 4135 (Nr. 4).

81 F. G. Wegeler und F. Ries, *Biographische Notizen*, S. 91f.

82 BGA 258.

83 BGA 271.

84 BGA 272.

85 J. Ronge, *Ein Landhaus, ein Pferd und eine Messe für Napoleon. Notizen Beethovens von Oktober 1810* (Jahresgabe des Vereins Beethoven-Haus 33), Bonn 2017, das Zitat findet sich auf S. 3.

86 Vgl. J. Pezzl, *Neue Skizze*, S, 65; vgl. J. Ronge, *Landhaus*, S. 5.

87 BGA 302. Anton Schindler bezeichnet die soziale Stellung Beethovens bis zu einer Anstellung als »private«. Vgl. A. Schindler, *Biographie von Ludwig van Beethoven*, Münster [3]1860, Teil 1, S. 162f.

88 »Beethoven wird nicht engagiert [...]« (BGA 302, Anm. 1).

89 Vgl. M. Motnik, »›nous sommes donc l'un à l'autre‹. Luigi Cherubinis Kirchenkompositionen für Nikolaus II. Esterázy und die gescheiterten Verhandlungen um die Nachfolge Haydns«, in: *Luigi*

Cherubini. Vielzitiert, bewundert, unbekannt. Kongressbericht, Weimar 2010 (Cherubini Studies 1), Sinzig 2016, S. 63–86, hier S. 65.

90 Der Briefwechsel begann gegen Ende 1804 (BGA 201), der letzte überlieferte Brief datiert aller Wahrscheinlichkeit nach in das Jahr 1807 (BGA 307). Vgl. J. Schmidt-Görg (Hrsg.), *Beethoven. Dreizehn unbekannte Briefe an Josephine Gräfin Deym geb. von Brunsvik* (Ausgewählte Handschriften in Faksimile-Ausgaben 3), Bonn ²1986.

91 Für eine Heirat mit Therese Malfatti hatte Beethoven sich bereits ein Taufzeugnis von der Mairie in Bonn, ausgestellt am 2. Juni 1810, besorgen lassen. Vgl. BGA 439, Anm. 5. Ein Brief an Ignaz von Gleichenstein vom Juni 1810 (BGA 445) deutet das Ende der Beziehung an. Vgl. S. Brandenburg, *Der Freundeskreis der Familie Malfatti in Wien*, Bonn 1985.

92 Vgl. z.B. H. Goldschmidt, *Um die Unsterbliche Geliebte. Ein Beethovenbuch*, München 1977; W. Brauneis, »›… Mache dass ich mit dir leben kann‹. Neue Hypothesen zur Identität der ›Unsterblichen Geliebten‹«, in: Österreichische Musikzeitschrift 57 (2002), H. 6, S. 9–22; St. Romanó, »La Comtesse Marie Erdődy, fut-elle l'Immortelle bien-aimée de Beethoven?«, in: Beethoven, la revue de l'Association Beethoven France 9 (2008), S. 18–38; E. Walden, *Beethoven's immortal beloved. Solving the mystery*, Lanham u.a. 2011.

93 Vgl. S. Bresch, »Beethovens Reisen zu den böhmischen Bädern in den Jahren 1811 und 1812«, in: *Beethoven und Böhmen*, S. 311–348.

94 Vgl. M. Unger, »Beethovens Teplitzer Badereisen von 1811 und 1812«, in: Neue Musik-Zeitung 39 (1918), S. 86–93; M. Augustin, »Kurgästestatistik und Kurtaxe in Karlsbad«, in: *Karlsbader Historische Schriften*, Bd. 2: *Eine Auswahl aus Historický sborník Karlovarska VI–X (1998–2004)*, hrsg. von dems. und L. J. Weigert, Karlsbad 2010, S. 35–48. Im August 1811 besuchte gleichzeitig mit Beethoven der Pädagoge und Philosoph Johann Gottlieb Fichte (1762–1814), damals Geheimer Kabinettsminister in Berlin, die Teplitzer Heilquellen (CZ-Teplice, Státní okresní archiv, *Anzeigs-protocoll der bey der Stadt Teplitz und Dorf Schönau ankommenden und abgehenden Badekurgästen. Im Jahre 1811* [Nr. 2748]).

95 Für Beethovens Bildungs- und Lebenserfahrung waren die Begegnungen mit dem Dichter Christoph August Tiedge (1752–1841), Elisa von der Recke (1756–1833) und Amalie Sebald (1787–1846) von Bedeutung. Vgl. M. Sträßner, »Et lector in Europa Ego. Beethoven liest Johann Gottfried Seume«, in: *Beethoven liest*, hrsg. von B. R. Appel und J. Ronge (Schriften zur Beethoven-Forschung 28), Bonn 2016, S. 143–170, hier S. 159–168. Außerdem traf Beethoven in Teplitz und Karlsbad persönlich mit Johann Wolfgang von Goethe zusammen, den er als Dichter der Sturm-und-Drang-Zeit seit langem verehrte, und mit dem er auch später Briefkontakt hatte. Vgl. BGA 591, BGA 1562. Die Begegnung 1812 in ihren verschiedenen Überlieferungen ist Thema eines weiten Diskurses. Vgl. z.B. M. Osten, »Beethoven und die ›detestable‹ Welt. Versuch einer Neubewertung des Goethischen Beethoven-Verständnisses«, in: W. Kinderman (Hrsg.), *Utopische Visionen*, S. 69–74; L. J. Weigert, »Goethe und Karlsbad«, in: *Karlsbader Historische Schriften*, Bd. 2, S. 49–101; D. Reniers, »Beethoven, Goethe et les fantômes de Bettina«, in: Beethoven, sa vie, son œuvre 17 (2015), S. 52–64.

96 S. Bresch, »Beethovens Reisen«, S. 312.

97 BGA 345, April 1810.

98 BGA 1636.

99 J. Ronge, *Landhaus*, S. 6.

100 BGA 568 vom April 1812. Vgl. auch die Briefe 565–567 vom Frühjahr 1812.

101 Umbenennung 1815 in *Koninklijk Nederlandsch Instituut van Wetenschappen, Letterkunde en Schoone Kunsten*. Die Mitteilung an Beethoven datiert vom 9. August 1809; Text BGA 396.

102 L. Lockwood, »The Years 1813–1817: A »Fallow« Period in Beethoven's Career?«, in: J. May, *Beiträge*, S. 89–100. »Yet if we re-examine the basic changes in Beethoven's personal situation and creative work that took place at this time we find complexities on all sides that give us reason, as in all periods of his life, to speculate deeply on the interactions of these two dimensions of artistic biography« (S. 89).

103 M. Gutiérrez-Denhoff, »›o Unseeliges Dekret‹. Beethovens Rente von Fürst Lobkowitz, Fürst Kinsky und Erzherzog Rudolph«, in: *Beethoven und das Geld*, S. 28–44; die Prozessdokumente werden in BGA, Bd. 8, veröffentlicht.

104 Vgl. M. Rößner-Richarz, »Beethoven und der Wiener Kongress aus der Perspektive von Beethovens Briefen und Dokumenten«, in: *Beethoven und der Wiener Kongress*, S. 79–118, hier S. 96–98, Übersicht S. 82.

105 »[…] far below Beethoven's normal standards, a cynical concession to the political wave of the moment« (L. Lockwood, »The Years 1813–1817«, S. 91); die Komposition offenbare das »dilemma in reconciling his wishes for immediate public success with his faith in the long-range judgement of history« (S. 92).

106 »[…] Beethoven appears as a pioneer of kitsch at the dawn oft he age of mass production and modern commercial propaganda« (W. Kinderman, *Beethoven*, New York 1995, S. 169).

107 Vgl. St. Weinzierl, *Beethovens Konzerträume. Raumakustik und symphonische Aufführungspraxis an der Schwelle zum modernen Konzertwesen* (Fachbuchreihe Das Musikinstrument 77), Frankfurt am Main 2002, S. 227f.; F. Döhl, »Wellington's Sieg oder die Schlacht bei Vittoria op. 91«, in: O. Korte und A. Riethmüller (Hrsg.), *Beethovens Orchestermusik und Konzerte* (Das Beethoven-Handbuch 1), Laaber 2013, S. 256–278.

108 Vgl. A-Wn, Theaterzettel online (http://anno.onb.ac.at/cgi-content/anno?aid=wtz, letzter Zugriff am 29. Mai 2018).

109 *Allgemeine musikalische Zeitung* 16 (1814), Nr. 25 vom 22. Juni 1814, Sp. 420f. Der Bericht umfasst die beiden Aufführungen am 23. und 26. Mai 1814. Erst beim zweiten Mal erklangen die neue Arie und Ouvertüre, die Beethoven für die dritte Fassung von *Fidelio* komponierte.

110 A. Schindler, *Biographie von Ludwig van Beethoven*, Münster 1840, S. 98. In der dritten Auflage, Teil 1, S. 233f., ist die Darstellung weiter ausgeschmückt. Vgl. M. Rößner-Richarz, »Beethoven und der Wiener Kongress«, S. 79.

111 Der Tenor klingt bis in die Gegenwart, so in den Beethoven-Biographien von L. Lockwood, *Beethoven, seine Musik, sein Leben*, Kassel u.a. 2009, S. 261; J. Caeyers, *Beethoven. Der einsame Revolutionär*, München 2012, S. 548.

112 BGA 766; im Original dreifach unterstrichen.

113 Ein Beispiel bietet der böhmische Komponist Wenzel Tomaschek. Vgl. V. J. Tomášek, »Selbstbiographie«, in: *Libussa*, Prag 1846/47; auch zitiert in: *Beethoven aus der Sicht seiner Zeitgenossen in Tagebüchern, Briefen, Gedichten und Erinnerungen*, hrsg. von K. M. Kopitz und R. Cadenbach unter Mitarbeit von O. Korte und N. Tanneberger, 2 Bde., München 2009, hier, Bd. 2, S. 992–995. Auch der Arzt und Dichter Aloys Weißenbach berichtet ausführlich über seinen Besuch bei Beethoven. Vgl. A. Weißenbach, *Meine Reise zum Kongress. Wahrheit und Dichtung*, Wien 1816, S. 147–175, vor allem S. 165–175; auch zitiert in: *Beethoven aus der Sicht seiner Zeitgenossen in Tagebüchern, Briefen, Gedichten und Erinnerungen*, Bd. 2, S. 1085–1091.

114 BGA 749. Es entstand der Stich von Blasius Höfel nach einer Zeichnung von Louis Letronne.

115 Beethovens Visitenkarte in D-BNba, R 19a (DBH-online). Vgl. BGA 796.

116 BGA 748.

117 BGA 749.

118 BGA 693.

119 M. Solomon, *Beethovens Tagebuch 1812–1818* (Veröffentlichungen des Beethoven-Hauses Bonn, Sonderveröffentlichungen), Bonn 1990/2005, S. 43f.

120 BGA 747. Brief an Johann Nepomuk Kanka (1772–1863/65), sein Rechtberater im Prozess gegen den Fürsten Kinsky.

121 K. A. Varnhagen von Ense, *Denkwürdigkeiten des eigenen Lebens*, 1837, Bd. 2, S. 84f., zitiert in Auszügen bei L. Nohl, *Beethovens Leben*, Bd. 2, Leipzig 1867, S. 581, Anm. 307.

122 Es waren dies die Akademien am 2. Januar und 27. Februar sowie am 29. November und 2. Dezember 1814. Konkrete Zahlen kennen wir nur von der Kongressakademie am 29. November 1814.

Danach klagte Beethoven über Unkosten von 5.108 fl. Vgl. BGA 762, 778; M. Rößner-Richarz, »Beethoven und der Wiener Kongress«, S. 93–95.

123 BGA 727. Inwieweit Beethovens Hoffnung, »diese Einnahme ist wohl mehr eine Ausnahme in dieser Jahreszeit, allein eine Einnahme für den Autor kann oft, wenn das Werk einigermaßen nicht ohne Glück war, ein kleines Fest werden«, sich erfüllte, ist unbekannt.

124 Vgl. M. Rößner-Richarz, »Beethoven und der Wiener Kongress«, S. 101f.

125 Das situationsgebundene Werk erschien 1835; die Widmungshonorare für Opus 136 fielen an den Verleger Tobias Haslinger. Vgl. B. R. Appel, »Widmungsstrategien«, S. 170.

126 LvBWV 2, S. 820f. Vgl. M. Rößner-Richarz, »Beethoven und der Wiener Kongress«, S. 100–103.

127 Zu den Briefen, die den Zeitraum 1817/18 umfassen, BGA 1073, Anm. 1.

128 *Beethoven-Häuser in alten Ansichten. Von der Bonngasse ins Schwarzspanierhaus* (Veröffentlichungen des Beethoven-Hauses, Ausstellungskataloge 11), hrsg. von S. Bettermann u.a., Bonn [3]2012, S. 92.

129 M. Solomon, *Tagebuch*, S. 69.

130 Dokumente zum Verfahren in BGA, Bd. 4 und Bd. 8, einige bei A. W. Thayer, *Ludwig van Beethoven's Leben*, Bd. 4, hrsg. von H. Riemann, Leipzig 1907, Anhang 3. Beide Seiten stritten dem jeweils anderen mittels gesetzlicher Ausschlussgründe das Recht auf die Mitvormundschaft ab; als Ausschlussgründe galten: Minderjährigkeit, Leibes- oder Geistesgebrechen, Vorbestrafung; ausgeschlossen waren ferner Frauen, Ordensgeistliche und Ausländer, auswärts Lebende und ausdrücklich Ausgeschlossene. Vgl. *Allgemeines Bürgerliches Gesetzbuch* (ABGB), §§ 191–194; (http://www.koeblergerhard.de/Fontes/ABGB1811.htm, letzter Zugriff am 30. Mai 2018). Zum Verfahren vgl. die Allgemeine Gerichtsordnung für die k.k. Länder von 1811 (http://www.koeblergerhard.de/Fontes/AGOBoeh1781gesamt.htm, letzter Zugriff am 2. Juli 2018). Zu Erläuterung von Nachlassverfahren und Vormundschaftsprozess nach dem damaligen Recht vgl. A. W. Gustermann, *Oesterreichische Privatrechts-Praxis enthaltend die Theorie des bürgerlichen Processes, die Geschäfte des adelichen Richteramtes, und den Justiz-Geschäftsstil*, 3 Bde., Wien [2]1805.

131 Karl van Beethoven wurde zunächst bei Cajetan Giannattasio del Rio, dann bei Johannes Kudlich und schließlich bei Joseph Blöchlinger untergebracht; zwischenzeitlich plante Beethoven, den Neffen nach Landshut zu Johann Michael Sailer zu geben. Vgl. BGA, Bd. 1, S. LIX–LXI; BKh 1, S. 17–20; St. Wolf, *Beethovens Neffenkonflikt. Eine psychologisch-biographische Studie* (Schriften zur Beethoven-Forschung 12), München 1995.

132 Siehe oben bei Anm. 48. Das Thema kam auf in der Anhörung vor dem österreichischen Landrecht am 11. Dezember 1818. Quelle: A-Wsa, Hauptarchiv-Akten, Persönlichkeiten, B 14/2, fol. 54r–58v; im Druck mit einigen Lesefehlern veröffentlicht in A. W. Thayer, *Ludwig van Beethoven's Leben*, Bd. 4, S. 550–554. Vgl. BGA 1313, vom 19. Juli 1819: »[…] allein es kam die Rede auf das wörtchen Van, u. ich hatte stolz genug zu erklären, daß ich mich nie um meinen Adel bekümmert«, sowie BKh 1, S. 84.

133 Vgl. J. V. Moore, *Beethoven and musical economics* (mschr. Diss. Urbana-Champaign [Illinois], University of Illinois 1987), 2 Bde., Ann Arbor 1987, S. 267; M. Gutiérrez-Denhoff, »›o Unseeliges Dekret‹. Beethovens Rente von Fürst Lobkowitz, Fürst Kinsky und Erzherzog Rudolph«, S. 141–145; BGA, Bd. 8.

134 Vgl. die Zusammenstellung von Einnahmen und Ausgaben bei J. V. Moore, *Beethoven and musical economics*, S. 554–560, für 1817–1827: S. 557–560. Ein Jahresbudget lässt sich daraus nicht aufstellen. In seiner Steuererklärung für 1818 (BGA 1227) gab Beethoven Einnahmen von 1.500 fl. an, denen Ausgaben in unbekannter Höhe gegenüberstanden, die den Betrag aber in jedem Fall überschritten. Beispiele für die alltäglichen Ausgaben geben u.a. die Konversationshefte. Der Unterhalt für den Neffen Karl wurde 1825 z.B. auf 600–800 fl. veranschlagt (BKh 7, S. 268); Beethoven beschäftigte regelmäßig eine Haushälterin, ein Küchenmädchen und einen Diener. Im Tagebuch notierte er einmal 60 fl. Jahreslohn und 12 xr. Brotgeld täglich für ein Küchenmädchen; 1826 bezahlte Beethoven einem Küchenmädchen 8 fl. 20 xr. Monatslohn. Vgl. M. Solomon, *Tagebuch*, S. 94; N. Kämpken, »›In allen Geschäften ein schwerer Kopf‹. Beethovens Vermögensverhältnisse«, in: *Beethoven und das Geld*, S. 105–113, Katalogteil, S. 98f.

135 Vgl. [N. Kämpken], »Beethovens Aktien. Ein Protokoll«, in: *Beethoven und das Geld*, S. 125–134.

136 Vgl. J. V. Moore, *Beethoven and musical economics*, S. 351f. 1822 z.B. erhielt Beethoven je 40 Dukaten vom Verlag Diabelli für die *Variationen* op. 20, die Ouvertüren op. 113 und op. 124 und von Carl Peters für vier Werke (WoO 28, WoO 89 und 90 und op. 118) 86 Dukaten, insgesamt also 206 Dukaten, also ca. 1.000 fl. (927 fl.).

137 BGA 1783.

138 BGA 1901.

139 BGA 1375 und 1378; BKh 2, S. 37.

140 Anton Teyber (1756–1822), Organist, Kapellmeister, Komponist; ab 1793 Hofkomponist und Klavierlehrer der kaiserlichen Kinder. Vgl. Chr. Fastl, Artikel »Teyber (Teiber, Tayber, …), Familie«, in: *Oesterreichisches Musiklexikon online* (http://www.musiklexikon.ac.at/ml/musik_T/Teyber_Familie.xml, letzter Zugriff am 2. Juli 2018).

141 BGA 1511, 1578 und 1609/10.

142 BGA 1468 (an C. F. Peters, eigenhändiger Entwurf).

143 BGA 2107. Stephan von Breuning begleitete Beethoven seit den Bonner Jahren. Ab 1801 saß er im Hofkriegsrat; Beethoven bestimmte ihn in seinen Testamenten 1823 und 1827 zum Vormund des Neffen Karl.

144 Karl Peters (1782–1849), Hofrat, d.h. die rechte Hand des Fürsten Lobkowitz, war von 1820 bis 1825 Mitvormund über den Neffen Karl. Vgl. J. Macek, »Beethovens Freund Karl Peters und seine Frau«, in: *Beethoven und Böhmen*, S. 393–408.

145 Franz Seraficus Oliva (1786–1848), Mitarbeiter im Bankhaus Offenheimer (BGA 419). Er beriet Beethoven in geschäftlichen Angelegenheiten.

146 Johann van Beethoven führte in Linz eine Apotheke und hatte 1819 ein Gut bei Krems erworben; er erledigte geschäftliche und finanzielle Angelegenheiten und führte zeitweise Verhandlungen mit Beethovens Verlegern.

147 Anton Felix Schindler (1795–1864), Rechtsanwaltsgehilfe bei Dr. Bach, Musiker und Konzertmeister am Josefstädter-, später am Kärntnertortheater.

148 Vgl. BKh 1, S. 21.

149 BGA 1784. Den Brief, der Beethoven dazu bewegen sollte, seine neuen Werke der Öffentlichkeit preiszugeben, unterzeichneten 31 Personen, darunter Fürst Eduard von Lichnowsky (1789–1845), Sohn des Fürsten Karl Lichnowsky, und sein Onkel Graf Moritz von Lichnowsky; Ferdinand Graf von Pálffy-Erdöd (1774–1840), von 1813 bis 1825 Inhaber des Theaters an der Wien; Christoph Johann Anton Kuffner (1780–1846), Dichter (*Tarpeja*), Konzipist im k.k. Hofkriegsrat; Joseph Jakob Stainer (auch Steiner) von Felsburg (1786 – nach 1852), Liquidator der privilegierten Österreichischen Nationalbank, und sein Vater Johann Baptist Stainer (1756–1832), Hofsekretär; Carl Czerny und die Verleger Artaria & Comp., S. A. Steiner & Comp. und Anton Diabelli.

150 Ein Beispiel ist der Verkauf der *Missa solemnis* op. 123. Beethoven bot sie Adolph Martin Schlesinger, Artaria & Comp., Nikolaus Simrock, Carl Friedrich Peters, Heinrich Albert Propst und B. Schott's Söhnen für 1.000 fl. C.M. an (BGA 1446, 1489, 1494, 1509, 1512, 1604, 1698, 1787, 1788). Den Zuschlag erhielt am 20. Mai 1824 schließlich der Mainzer Verlag B. Schott's Söhne (BGA 1898). Bei den Streichquartetten teilten sich die Verlage B. Schott's Söhne (op. 127 und 131), Mathias Artaria (op. 130 und *Große Fuge* op. 133) und Adolph Martin Schlesinger (op. 132 und 135) die Veröffentlichung. Vgl. E. Platen, »Beethovens letzte Streichquartette und der Verleger Maurice Schlesinger«, in: Bonner Beethoven Studien 10 (2012), S. 69–110; ders., *Kritischer Bericht zu NGA VI/5* (*Streichquartette III*), München 2015.

151 BGA 1787: Beethoven auf das Angebot, für die Zeitschrift *Cäcilia* als Korrespondent oder Rezensent tätig zu werden.

152 Von den 28 Einladungen waren zehn erfolgreich. Vgl. L. van Beethoven, *Missa Solemnis*, hrsg. von N. Gertsch (NGA VIII/3), München 2000, S. 283–288.

153 BGA 1510 und 1517; LvBWV 1, S. 828. Der Auftrag geht zurück auf ein Kompositionsangebot Beethovens schon 1817, das er 1822 wieder aufgriff.

154 LvBWV 1, 803–807.

155 Vgl. die *Allgemeine musikalische Zeitung mit besonderer Berücksichtigung auf den österreichischen Kaiserstaat*, Nr. 6 vom 20. Januar 1819, Sp. 44f.; ähnlich enthusiastisch die *Wiener allgemeinen Theaterzeitung*, Jg. 12, Nr. 9 vom 21. Januar 1819, S. 35; *Der Sammler*, Jg. 11, Nr. 11 vom 26. Januar 1819, S. 44; Dresdner *Abend-Zeitung auf das Jahr 1819*, Nr. 49 vom 26. Februar 1819, S. [4].

156 Zu 1822 vgl. LvBWV 1, S. 806.

157 Zur Opernaufführung vgl. A. W. Thayer, *Ludwig van Beethoven's Leben*, Bd. 4, S. 313–319; außerdem Wilhelmine Schröder Devrient in: G. Schilling, *Beethoven-Album. Ein Gedenkbuch* [...], Stuttgart u.a. 1846, S. 5–7, sowie M. Unger, »Beethoven und Wilhelmine Schröder-Devrient«, in: Die Musik 18/6 (1925/26), S. 438–443. Nur die *Wiener Zeitschrift für Kunst, Literatur, Theater und Mode* meldete: »Der zweyten Vorstellung wohnte der berühmte Tonsetzer in einer Loge des ersten Ranges bey« (Nr. 136 vom 12. November 1822, S. 1103). In den Zeitungsberichten in der *Allgemeinen musikalischen Zeitung mit besonderer Berücksichtigung auf den österreichischen Kaiserstaat* 6 (1822), Nr. 90 vom 9. November, Sp. 713–716, im *Sammler* 14 (1822), Nr. 138 vom 16. November, S. 552, und in der *Allgemeinen musikalischen Zeitung* 24 (1822), Sp. 837, wird eine Mitwirkung oder Anwesenheit des Komponisten nicht erwähnt.

158 Vgl. die Gespräche im Konversationsheft Bd. 6; Ankündigungen, die auch die Termin- und Ortsverlegungen berücksichtigten, brachten, von Beethoven mitgestaltet, die wichtigsten Wiener Zeitungen (BGA, Bd. 8).

159 Zu 1824 vgl. LvBWV 1, S. 819–821.

160 *Allgemeine Theaterzeitung*, 17 (1824), Nr. 53 vom 1. Mai 1824, S. 212. Die *Wiener Zeitschrift* warb mit ähnlichen Worten: »Es würde überflüssig seyn, hier noch den Wunsch und die Erwartung einer zahlreichen Versammlung auszusprechen. Kein Freund der deutschen Tonkunst und kein Verehrer des unter allen gebildeten Nationen Europa's geschätzten Meisters wird auf den hohen Genuß, den dieser Abend darbietet, gern Verzicht leisten« (*Wiener Zeitschrift für Kunst, Literatur, Theater und Mode* 9 [1824], Nr. 54 vom 4. Mai, S. 468).

161 *Allgemeine musikalische Zeitung* 26 (1824), Nr. 27 vom 1. Juli, Sp. 437f.

162 BGA 2267 und 2268.

163 Beethoven an Johann Andreas Stumpff (1769–1846), BGA 2256.

164 Vgl. BGA 1781, Abbildung BGA, Bd. 5, S. 299.

165 Vgl. BGA 2129, 2214 und 2231.

166 Mit Widmungen in seinem Umfeld, an Mitglieder des Hofadels wie Lichnowsky und Lobkowitz, an Kaiserin Maria Teresia und Erzherzog Rudolph kreiste Beethoven ihn ein, mit der Ouvertüre zum Namenstag des Kaisers op. 115 wandte er sich direkt an Kaiser Franz, andere Kompositionen wie die Beiträge zu den Singspielen Treitschkes 1814 und 1815 (WoO 94 und 97) und die *Kantate* op. 136 huldigten den Herrscher. Dem stand eine persönliche Abneigung auf beiden Seiten gegenüber. Vgl. B. R. Appel, »Widmungsstrategien«, S. 151–171.

167 BGA 1611.

Im Wechselbad der Gefühle – Beethovens Freundschaften

Von Julia Ronge

Beethoven lebte in einer Zeit, die Freundschaft als Inbegriff des Reinen und Edlen deutete. Dabei war es durchaus möglich, Freundschaft mit Liebe gleichzusetzen, ohne notwendigerweise anstößig zu wirken.[1] Beethovens zeittypischer emphatischer Freundschaftsbegriff beinhaltete Tugend[2] und Lauterkeit, dem Freund als Gleichgesinnten verband man sich auch auf Seelenebene für immer. »Der Grund der Freundschaft heischt die größte Aehnlichkeit der Seelen und Herzen der Menschen«[3], erklärte Beethoven Ferdinand Ries 1804. Und in seinem Tagebuch notierte er 1817: »Wahre Freundschaft kann nur beruhn auf der Verbindung ähnlicher Naturen –«[4]. Deutlich wird diese Verbindung in Grußformeln von Briefen wie »Leb wohl, lieber, guter, edler Freund, erhalte mir immer Deine Liebe, Deine Freundschaft, sowie ich ewig bleibe Dein treuer Beethoven«[5]. Die schwärmerische Überhöhung der Freundschaft fasste überzeugend Friedrich Schiller in der Ode »An die Freude« in Worte. Die zweite, auch von Beethoven vertonte Strophe preist den »großen Wurf«, den es bedeutet »eines Freundes Freund zu sein« und beklagt denjenigen, dem es nicht gelungen ist, »auch nur eine Seele« an sich zu binden.

Gleichzeitig verwendete man den Begriff »Freund« jedoch durchaus auch als höfliche Anrede für Bekannte, von denen einen kein Standesunterschied trennte. Für Beethoven war nicht unbedingt der ein echter Freund, den er brieflich mit »Lieber Freund« oder gar »mein geliebtester Hr. Bruder und Freund« ansprach oder an ihn gerichtete Briefe mit »ihr Freund Beethoven« unterzeichnete. 1801 nennt Beethoven selbst Fürst Karl Lichnowsky einen Freund (»Lichnowski, der […] immer mein wärmster Freund war und geblieben«[6]) – solange dieser ihn förderte und keine Gegenleistung verlangte. Eine entsprechende Bitte führte dann allerdings zum unweigerlichen Bruch ohne Aussicht auf Versöhnung (»Fürst, was Sie sind, sind Sie durch Zufall und Geburt, was ich bin, bin ich durch mich; Fürsten hat es und wird es noch Tausende geben; Beethoven gibt's nur einen«[7]). Wie relativ der Begriff »Freund« verwendet wurde, mag auch die inflationäre Verwendung des Wortes in Gruß- und Abschiedsfloskeln von Briefen in vielfältigen Kombinationen mit Adjektiven wie »wahr«, »werth«, »aufrichtig«, »edel«, »ergeben«, »hochgeschätzt« oder »treu« oder auch in Substantivpaaren wie »Freund und Diener«, »Freund und Bruder« oder »Freund und Verehrer« bezeugen.

Wer waren nun wirkliche Freunde? War der ein Freund, mit dem sich Beethoven im Wirtshaus zum Mittagessen verabredete? Mit dem er lachte, musizierte, zechte? Dem er so weit vertraute, dass dieser Botengänge erledigen durfte? Als Zeichen der Verbundenheit kann immerhin die Verleihung eines Spottnamens gewertet werden. Wegen seiner Leibesfülle nannte Beethoven den Geiger Ignaz Schuppanzigh in Anlehnung an

Shakespeare gerne »Mylord Falstaff«. In der Korrespondenz mit dem Verlag von Sigmund Anton Steiner bezeichnete er den Verlagsinhaber als »Generalleutnant«, die Mitarbeiter Tobias Haslinger als »Adjutant« und Anton Diabelli als »Generalprofos« (oder auch als »Diabolus«), sich selbst als »Generalissimus«. Joseph Karl Bernard wird zu »Bernardus non Sanctus«. Den Geiger Karl Holz titulierte er mit »Span« oder »Holz Christi«. Nikolaus Zmeskall verspottete er in mannigfachen Variationen wegen dessen Baronstitel: »liebster Baron Dreckfahrer«[8], »Liebstes gräferl wie auch Barönerl!«[9], »liebster Siegreicher und doch zuweilen Manquirender Graf!«[10], »Verfluchter Geladener Domanevetz – nicht Musik-graf sondern Freßgraf – Dineen Graf soupeen Graf etc«[11], »Auserordentlicher, erster Schwungmann der Welt, und das zwar ohne Hebel!!!!«[12], »Wohlgebohrenster, Wie auch der Violonscellität Großkreuz!«[13], »Wohl wie auch Übel gebohrner (wie jeder andre)«[14], sind nur einige der mannigfaltigen Bezeichnungen, die Beethoven für Zmeskall erfand. Beethovens Spott lässt eine gewisse Nähe erkennen – er kannte die Verhöhnten immerhin so gut, dass er wusste, wie viel er ihnen zumuten konnte. Auffallend ist allerdings, dass er auf solche Titulierungen bei alten und engen Freunden wie Franz Gerhard Wegeler und Stephan von Breuning verzichtete. Weil sie ihm zu wertvoll und nah waren, als dass er sich über sie lustig gemacht hätte?

Die Abgrenzung scheint ungeheuer schwierig. Freundschaft hatte für Beethoven durchaus kultischen Charakter. Ein Freund war etwas Höheres, Edleres, Heiliges. Ein Freund war aber gleichzeitig auch jemand, der Beethoven gegenüber deutlich mehr Pflichten als Rechte hatte. Um Ziele zu erreichen oder lästige Besorgungen zu vermeiden, wurde ein Adressat schon einmal schamlos »noch immer für meinen besten Freund« gehalten, wie Baron Joseph Schweiger von Lerchenfeld, der 1813 für Beethoven den Universitätssaal für zwei geplante Aufführungen seiner *Siebten* und *Achten Sinfonie* besorgen sollte, und ansonsten keineswegs als einer seiner besten Freunde bekannt ist oder auch nur häufiger im Kreis um Beethoven auftaucht. Beethoven mutete Freunden viel zu, er unterhielt Beziehungen auch ihrer Nützlichkeit wegen. Freunde erledigten die profanen Dinge des Alltags und unbequeme Verhandlungen, stellten Gemütlichkeit und Sicherheit des Wohlbefindens her. Was sich vordergründig nach Ausbeutung guten Willens anhört, war auch ein zugegebenermaßen sehr versteckter Beweis von Zuneigung. Vor allem mit zunehmender Schwerhörigkeit wurde Beethoven immer misstrauischer und menschenscheuer. Die Bitte, statt seiner aufs Amt, aufs Gericht, zur Rentenkasse oder auch nur zum Schneider zu gehen, beinhaltete einen Vertrauensbeweis und das Eingeständnis der eigenen Schwäche: Wegen seiner mangelnden Kommunikationsfähigkeit traute sich der Komponist keine komplizierten Kontakte mit fremden Menschen mehr zu. Seinen Freunden gegenüber war Beethoven gleichermaßen anhänglich und fordernd und dadurch immer wieder schnell und schwer enttäuscht. Die Reihe schwerer Zerwürfnissen mit Freunden und Bekannten ist lang.

Betrachtete Beethoven alle als echte Freunde, die von sich selbst glaubten, ihm nahezustehen? Zeitlebens gehörten Nikolaus Zmeskall und Ignaz Schuppanzigh zum engen Kreis um Beethoven. Er verdankte ihnen viel, vertraute ihnen, saß in geselliger Runde mit ihnen zusammen. Umso vernichtender erscheint das Urteil, das er in einem Brief an Carl Amenda vom 1. Juli 1801 über sie fällt. Ihm könne »der Z.[meskall] nicht gefallen, er ist und bleibt zu schwach zur Freundschaft, ich betrachte ihn und S.[chuppanzigh] als bloße Instrumente, worauf ich, wenn's mir gefällt, spiele, aber nie können sie edle Werkzeuge meiner innern und äußern Thätigkeit, eben so wenig als wahre theilnehmer Von mir werden, ich taxire sie nur nach dem, was sie mir leisten.«[15] Carl Amenda war eine der wenigen echten Freunde Beethovens, zu denen die Zuneigung des Komponisten wahrhaftig, tief empfunden und ohne Hintergedanken sicher feststeht. Äußerte er sich Amenda gegenüber nur so über Zmeskall und Schuppanzigh, um seine Freundschaft zu ihm in hellerem Licht erscheinen zu lassen, sie besser darzustellen? Hatte er sich nur über die beiden geärgert und urteilte sie daher ab, wie er immer schnell bereit war, im Zorn zu verurteilen und sich »für immer« abzuwenden? Bereits 1799 hatte er sich heftig über Zmeskall geärgert – offenbar hatte dieser einen Botengang nicht zu Beethovens Zufriedenheit erledigt – und warf ihm unbeherrscht sogar vor, die Freundschaft zu gefährden: »ich lasse ihrer bonhommie ihren Werth, aber das sei dem Himmel geklagt, die Freundschaft hat schweres gedeihen dabey«[16]. Andere Billete und Briefe lassen wieder eine gewisse Zuneigung erkennen[17] oder doch wenigstens Freundlichkeit – vielleicht, weil Zmeskall für Beethoven einer seiner unermüdlichen dienstbaren Geister war, die ihm bei der Bewältigung seines Alltags zur Seite standen.[18] Viele Jahre später, im November/Dezember 1816, schilderte Beethoven Zmeskall seinen Freundschaftsbegriff:

> »u. wie auch ohne dieß ich mir später eigen zu suchen gemacht habe, nicht den ganzen Menschen wegen einzelner Schwächen zu verdammen, sondern gerecht zu seyn, das gute vom Menschen im Sinne zu behalten, u. hat sich dieses nun sogar in geäußerten Handlungen gegen mich bezogen, so habe ich mich nicht allein als Freund des ganzen Menschengeschlechts sondern noch auch besonders einzelne darunter immer als meine Freunde angesehn und auch genannt, So in diesem Sinne nenne ich Sie denn auch meinen Freund, wenn auch in manchen Dingen wir beide verschieden handeln und denken, so sind wir doch auch in manchem übereingekommen«[19].

Sind diese Worte nicht beinahe ebenso beleidigend? Sagt Beethoven hier nicht, er schätze den anderen genauso, wie er prinzipiell alle anderen Menschen auch als seine Brüder betrachte, aber eben nicht mehr? Auch Schuppanzigh sollte zu einem seiner engsten Vertrauten, besonders in Bezug auf die Geige und Kompositionen für Streichinstrumente werden. Während Schuppanzighs mehrjähriger Abwesenheit von Wien zwischen 1816 und 1823 wird Beethoven kein Werk für Streicherkammermusik komponieren. Fehlte ihm der Freund, oder doch nur sein zentraler Berater in Sachen Geige?

Allerdings zeigen die Dokumente seines Lebens auch den anderen Beethoven, der fürsorglich und voller Zuneigung um seine Umwelt bemüht war, sie zum Lachen brachte, sich um sie kümmerte und Geschenke verteilte. Beethoven war liebevoll, zuvorkommend und um das Wohl seiner Freunde, enger Vertrauter oder auch guter Bekannter besorgt. So war er finanziell durchaus freigiebig und kümmerte sich um Freunde in Not. 1801 berichtete er stolz an Wegeler: »meine Komposizionen tragen mir viel ein, und ich kann sagen, daß ich mehr Bestellungen habe, als es fast möglich ist, daß ich machen kann. [...] man accordirt nicht mehr mit mir, ich fodere und man zahlt, du siehst, daß es eine hübsche Lage ist, z.B. ich sehe einen Freund in Noth und mein Beutel leidet eben nicht, ihm gleich zu helfen, so darf ich mich nur hinsezen und in kurzer Zeit ist ihm geholfen«[20]. Ungehalten konnte er werden, wenn er erfuhr, dass er hätte helfen können, aber nicht gefragt worden war: »Vorwürfe muß ich ihnen denn doch machen, daß sie sich nicht schon lange an mich gewendet, bin ich nicht ihr wahrer Freund, warum verbargen sie mir ihre Noth, keiner meiner Freunde darf darben, so lange ich etwas hab, ich hätte ihnen heute schon eine kleine Summe geschickt, wenn ich nicht auf Browne hoffte, geschieht das nicht, so wenden sie sich gleich an ihren Freund Beethowen«[21], schimpfte er beispielsweise Ferdinand Ries, dem er durch eine Empfehlung eine Anstellung bei Graf Browne beschaffen wollte und dem er sich besonders verbunden und verpflichtet fühlte, weil dessen Vater Franz Ries in Beethovens Jugend nach dem Tod von Beethovens Mutter und der zunehmenden Alkoholkrankheit des Vaters für die Familie gesorgt hatte. Auch als es dem Bonner Jugendfreund Stephan von Breuning, der ab 1803 dauerhaft in Wien lebte, nicht gut ging, handelte Beethoven: zwar kümmerte er sich nicht selbst um das Problem, bat aber immerhin Ignaz von Gleichenstein, einem Kollegen Breunings im k. k. Hofkriegsrat, sich um den gemeinsamen Freund zu kümmern:

> »Lieber guter Gleichenstein! ich kann durchaus nicht mir widerstehen, dir meine Besorgnisse wegen Breunings krammp[f]haften Fieberhaftem Zustande zu aüßern, und dich zugleich zu bitten, daß du so viel als nur immer möglich dich fester an ihn anknüpfst, oder ihn vielmehr fester an dich zu ziehen suchst, meine Verhältnisse erlauben mir viel zu wenig die hohe[n] Pflichten der Freundschaft zu erfüllen, ich bitte dich ich beschwöre dich daher im Namen der guten Edeln Gefühle, die du gewiß besizest, daß du mir diese für mich wirklich Quälende Sorge übernimmst, besonders wird es gut seyn, Wenn du ihn suchst mit dir hier oder da hinzugehn, und (so sehr er dich zum Fleiße ansporonen mag) du ihn etwas von seinem übermäßigen, nur mir scheint, nicht immer ganz nöthigen Arbeiten abzuhalten – du kannst es nicht glauben, in welchen Exaltirten Zustande ich ihn schon gefunden – seinen gestrigen Verdruß wirst du wissen – alles Follge von Seiner ersch[r]ecklichen Reizbarkeit, die ihn, wenn er ihr nicht zuvorkommt, sicher zu Grunde richten wird – Ich trage dir also mein lieber Gleichenstein die Sorge für einer meiner besten bewährtesten Freunde auf, um so mehr, da deine Geschäfte schon eine Art von Verbindung zwischen euch errichten, und du wirst diese noch mehr befestigen dadurch, daß du ihm öfter deine Sorge für seyn Wohl zu erkennen gibst, welches du um so mehr kannst, da Er dir wirklich Wohl will, – doch dein Edles Herz, das ich recht gut kenne, braucht wohl hierin keine Vorschriften; – Handle also für mich und für deinen guten Breuning. ich umarme dich von Herzen Beethowen«.[22]

Beethoven forderte aber auch die umgekehrte Sorge für sich selbst ein und wollte seinen engeren Kreis gerne um sich haben. Zum Essen lud er sich meist jemanden ein, bestellte andere ins Gasthaus, damit sie ihm Gesellschaft leisteten. Widerspruch oder andere Verpflichtungen wurden nicht akzeptiert: »Sie haben heute in der Schwanen zu erscheinen Brunswick kommt auch, wo nicht, so werden [Sie] von allem, was unß angehet, ausgeschlossen – entschuldigungen per excellentiam werden nicht angenommen – Gehorsam wird gefodert, wo man weiß, daß man ihr Bestes besorgt, und sie vor Verführungen und

Vor ausübenden Treulosigkeiten per excellentiam bewahren will – dixi – Bthwn«[23], wurde Nikolaus Zmeskall 1812 aufgetragen. »Sonntags auf jeden Fall schaffe ich sie hieher, u. wir wollen lustig seyn, denn ich hoffe veritas non odium parit«[24], forderte er im Juli 1819 Joseph Karl Bernard auf, den er im selben Schreiben zuvor noch wüst beschimpfte, weil dieser ihn in der Auseinandersetzung um seinen Neffen Karl seiner Meinung nach nicht ausreichend unterstützt hatte. Beim Essen führte man Fachgespräche über Komposition oder zeitgenössische Musik und Musiker, man diskutierte aber auch über Politik und Zeitgeschehen, was besonders im Metternichschen Polizeistaat nicht immer ganz ungefährlich war (allerdings wurde weder Beethoven noch einer seiner Gesprächspartner jemals belangt) – und natürlich trank man ausgiebig und machte auch die eine oder andere schlüpfrige Bemerkung; beliebt waren auch Wortspiele mit den Namen der Anwesenden.[25] Beethoven liebte Gespräche und den intellektuellen Austausch, Nähe entstand auch durch geteilte Meinung. Beim preußischen Kabinettssekretär Friedrich Duncker, den Beethoven während des Wiener Kongresses in Wien kennengelernt hatte, beklagt er sich: »Im Geiste wie oft bin ich mit ihnen! freylich sollte für Freunde eine eigene Telegraphie statt finden, welch großer Schneller Seelenverkehr würde alsdenn unter Geistes Verwandten sich befinden können, nun wie brach oft das Feld des innigsten Zusammenhangs unter Seelen-Menschen!!«[26] War ein Freund verreist und längere Zeit abwesend von Wien, so wurde dieser – sofern er sich nicht umgehend nach seiner Rückkehr bei Beethoven einstellte – scherzhaft, aber nachdrücklich zu einem Besuch aufgefordert. Ignaz Schuppanzigh wurde im April 1823 nach einer Russlandreise durch den *Kanon* WoO 184 »*Falstafferel, lass dich sehen*« zu Beethoven zitiert. Auch Ignaz von Gleichenstein erhielt im Februar 1810 einen aufgebrachten Brief, in dem unter allem scheinbaren Zorn große Zuneigung durchscheint:

> »ist es wircklich wahr? bist du hier? – abscheulicher, wortbrüchiger, treuloser, Verrätherischer, leichtsinniger, Freund! und doch Freund? – folgt ich meinem Herzen, so würde ich ohnerachtet allem Groll und Zorn, der in mir wider dich tobt, zu dir ge[e]ilt – aber nein – man muß sich lernen bemeistern – denn ihr andre ohne Herz lacht unser nur – selbst den autor hast du nicht einmal respektirt, mir keine antwort auf meine Dedication geschikt – ich erwarte dich morgen den Vormittag vor dem strengen Gericht der Freundschaft, sey Baron sey heimlicher Abgesandter, oder weiß der Himmel was, – ich bin schlechtweg nicht weniger und nicht mehr als dein höchst aufgebrachter Freund Beethowen«.[27]

Gleichenstein war im Auftrag des k. k. Hofkriegsrats im Februar 1809 in geheimer Mission aufgebrochen, um in Süddeutschland Truppenbewegungen zu beobachten, und kehrte erst ein Jahr darauf wieder nach Wien zurück. Beethoven hing sehr an ihm – er war einer der wenigen engen Vertrauten, die Beethoven mit dem freundschaftlichen Du anredete – hatte er ihm doch bei den Verhandlungen um seinen Rentenvertrag Anfang 1809 unterstützt. Nicht nur die lange Abwesenheit verursachte Sehnsucht, die Mission war sicher auch nicht ganz ungefährlich und bot Anlass zur Sorge. Beethovens Zuneigung zu Gleichenstein und seine Dankbarkeit für dessen Hilfe findet ihren Niederschlag im Frühjahr 1809 in der Widmung der *Cellosonate* op. 69.

Einer der Duzfreund aus Wiener Zeit ist Franz Graf Brunsvik de Korompa, Bruder von Therese, Josephine und Charlotte. Beethoven war mit allen vier Geschwistern seit 1799 befreundet. Therese und Josephine wurden im Mai des Jahres seine Klavierschülerinnen. In das Stammbuch der Schwestern notierte Beethoven 1799 das Lied »*Ich denke dein*« WoO 74 mit vier Variationen. Therese erhielt sogar die *Klaviersonate* op. 78 zugeeignet. Charlotte schickte er zum neuen Jahr 1805 einen Neujahrsgruß.[28] Besonders zu Josephine (seit 1799 in erster Ehe verheiratet mit Joseph Graf Deym, der 1804 starb; seit 1810 in zweiter Ehe verheiratet mit Christoph Freiherr von Stackelberg) hatte Beethoven einige Jahre lang eine sehr innige Beziehung. Beethoven verkehrte bei ihr ab Spätsommer 1804 (zu diesem Zeitpunkt war sie bereits Witwe) und machte ihr leidenschaftlich den Hof. Sie erwiderte zunächst vorsichtig seine Zuneigung, distanzierte sich aber ab Sommer/Herbst 1807 wieder von ihm, weil Beethovens Werben ihr zu leidenschaftlich, fordernd und auch eifersüchtig war. Standesunterschiede verhinderten eine Verbindung ebenfalls. Josephines Rolle wird in der Beethoven-Literatur unterschiedlich beurteilt, sie wird sogar für die »unsterbliche Geliebte« gehalten. Während Beethoven in Briefen den Schwestern gegenüber stets die Höflichkeitsform beibehält, spricht er Franz mit dem vertraulichen Du an. Alle vier Geschwister waren sehr musikalisch, Franz spielte Violoncello und liebte Kammermusik, die er mit anderen in musikalischen Zirkeln pflegte. Wie viele andere Freunde erhielt auch er Werke gewidmet: die *Klaviersonate* op. 57 (»*Appassionata*«, 1807) und die *Fantasie* op. 77 (1810). Brunsvik verließ Wien im Jahr 1807, um die Verwaltung des Familienguts in Martonvásár zu übernehmen, mit Beethoven verkehrte er dann nur noch brieflich; nach 1815 lebte Brunsvik überwiegend in Budapest. 1811 versuchte der Komponist vergeblich, den Freund zu überreden, ihn zur Kur nach Teplitz zu begleiten, und umschmeichelte ihn mit den schönsten Worten. Durch die räumliche Entfernung wurde der Kontakt sporadisch, Beethoven war kein begeisterter und auch kein begabter Briefeschreiber: »Eher hätte ich dir schreiben sollen, in meinem Herzen geschahs 1000 mal«[29]. Dennoch scheint Beethoven – wie bei vielen anderen – über das Wohlergehen des Freundes Bescheid gewusst zu haben. Im Februar 1820 fragt ihn der Pianist und Klavierlehrer seines Neffen Karl, Joseph Czerny, in einem Konversationsheft: »Mit dem Gr: Brunswick hab' ich viel musicirt[,] was macht er?«[30]

Auffallend ist, dass Beethoven besonders innige und herzliche und über lange Zeiträume hinweg ungetrübte Beziehungen nahezu ausschließlich zu Menschen unterhielt, die sich nicht oder nicht ständig in seiner Nähe befanden. Einer der wichtigsten (fernen) Freunde war Carl Amenda, der sich nur rund anderthalb Jahre, von Frühjahr 1798 bis Herbst 1799 in Wien aufhielt, um dann in seine kurländische Heimat zurückzukehren. Nur wenigen Menschen brachte Beethoven so viel Liebe und Zuneigung entgegen. Als er von der Rückkehr seines Freundes erfuhr, schenkte er ihm die 1. Fassung seines *Streichquartetts* op. 18 Nr. 1, versehen mit der handschriftlichen Widmung »lieber Amenda! nimm dieses Quartett als ein kleines Denckmal unserer Freundschaft, <und> so oft du dir es vorspielst, errinnere dich unserer durchlebten Tage und zugleich, wie innig gut dir war und immer seyn wird dein wahrer und warmer Freund Ludwig van Beethowen. Vien 1799. am 25ten Juni«[31]. Amenda schwört Beethoven daraufhin von Kurland aus in einem anrührenden Brief innige Freundschaft:

> »Mein Beethoven. Ich nähere mich Dir noch mit derselben innigen Liebe und Achtung, die der Werth Deines Herzens und deines Talentes unwiederstehlich und ewig von mir fordern. Du frägst wohl wie ich Dir, nur diese Versicherung wenigstens, so lange hab verschweigen können? Theurer, o! frage vielmehr: wie ich Dich nur verlassen konnte? Beydes ist dennoch geschehen; in einer Art von Betäubung, – mehr weiß ich nicht. Dennoch hätte ich nicht versäumen sollen Deine Freundschaft für mich in ihrer ersten Lebhaftigkeit zu unterhalten – Was hab ich Armer, das mir ihre Fortdauer sichern könnte! Doch, der Werth und die Sicherheit meines theuersten Gutes liegen in ihm selbst, Du bists der der zärtlichsten und treuesten Freundschaft werth ist, die ich mit aller Hingebung Dir nie genug werde zollen können; und nur in Deinem eignen biedern Herzen, liegt ohne mein Verdienst die Gegenliebe die mit ihm für mich fortdauern wird. Sieh, Geliebter! so denke ich mir mein Verhältniß mit Dir. Nur diese Ueberzeugung vermag mir das Entstehen und die Fortdauer unsres Bundes zu erklären. Mögen Dir diese Aeußerungen immer schwärmerisch scheinen; ich bin es nicht im Stande ihre Fülle und Stärke deutlicher auszudrücken. Nur irren muß Dich dies nicht: Du bist kein gewöhnlicher Mensch! Wer Dich kennt wie ich, und Dich nur gewöhnlich liebte, den halt ich des göttlichen Gefühls der Liebe unwerth.«[32]

Amenda sollte auch der erste sein, dem Beethoven im Vertrauen, »als ein großes Geheimniß«, von seinem nachlassenden Gehör erzählt[33]. Noch Jahre später, im Frühjahr 1815 bestand zwischen beiden Kontakt.[34]

Zu den langjährigen und ebenfalls teilweise abwesenden Freunden zählen auch die Jugendfreunde aus Bonner Zeit, Stephan von Breuning und Franz Gerhard Wegeler, die Beethoven bis an sein Lebensende begleiteten. Obwohl der überlieferte Briefwechsel zwischen Wegeler und Beethoven nicht annehmen lässt, dass die beiden in ständigem Austausch gestanden, geschweige denn Besuche stattgefunden haben, riss der Kontakt doch niemals ab und hielt bis zu Beethovens Lebensende. Wegeler beschreibt den Briefwechsel, »der jedoch im Laufe der sehr bedrängten Zeit eben kein fleißiger genannt werden kann«, und die verwendeten Kommunikationswege:

> »Zu einer lebhaften Correspondenz war aber auch von beiden Seiten um so weniger Veranlassung, als wir ohnedies von unserm wechselseitigen Schicksal in Kenntniß gehalten wurde; Er durch die Geschäftsbriefe Simrock's an ihn, durch meine Briefe an Freunde und Collegen in Wien, bei denen ich ihn eingeführt hatte, so wie an meinen Schwager Stephan von Breuning daselbst; – ich, auf dem nämlichen Wege und durch Briefe von Ferdinand Ries.«[35]

Wollte man die Regelmäßigkeit und Häufigkeit, mit der Beethoven Wegeler Portraits von sich schickte, als Indiz für die Innigkeit der Freundschaft oder der Zuneigung werten, so war Wegeler gewiss Beethovens bester Freund: Bereits 1801 erhielt er den Stich von Neidl nach Stainhauser von Treuberg[36], 1815 sandte Beethoven ihm über Simrock den Stich von Höfel nach Letronne[37] und 1826 die Lithographie von Dürck nach Stieler.[38]

Dem Freund Stephan von Breuning vertraute Beethoven sogar seinen Neffen Karl an, für den dieser im September 1826 bis zu seinem eigenen Tod die Vormundschaft übernahm. Zu Breunings erster Hochzeit im April 1808 mit Julie von Vering, der bereits im folgenden Jahr 1809 verstorbenen Tochter von Beethovens Arzt Gerhard von Vering, machte der Komponist ein großartiges und sehr individuelles Geschenk: das Paar erhielt die beiden Fassungen des *Violinkonzerts* op. 61 gewidmet, in der für die damalige Zeit üblichen Rollenverteilung der Instrumente: Stephan die originale Fassung für Geige, die Braut Julie die Bearbeitung für Klavier.[39]

Angesichts der großen Entfernung zwischen Wien und Bonn gelang es Beethoven erstaunlich gut, Beziehungen aus seinem Bonner Freundeskreis aufrecht zu erhalten. Neben Wegeler und Breuning, denen er ein Leben lang verbunden blieb, pflegte er auch den Kontakt zu seinem ehemaligen Kollegen aus der Hofkapelle Nikolaus Simrock, der für Beethoven ein wichtiger Verleger wurde (was sicher der Freundschaftspflege förderlich war, immerhin war er dadurch von Nutzen). Auch mit Eleonore von Breuning, die 1802 Wegeler heiratete, blieb er über ihren Mann in enger Verbindung. Ende Dezember 1825 berichtete sie Beethoven nach Wien, ihre Tochter Helene höre »so gern von ihnen erzählen – weiß alle kleine Begebenheiten unserer frohen Jugend in Bonn – von Zwist u. Versöhnung«[40]. Über Eleonore und Stephan von Breuning erkundigte sich Beethoven wohl auch regelmäßig nach deren Geschwistern Christoph und Lorenz (der bereits 1798 starb) und ließ ihnen und der Mutter Helene von Breuning Grüße übermitteln. Ein großes Maß der Kommunikation lief von Beethovens Seite über Dritte, da er nur ungern schrieb (»ich schreibe lieber 10000 Noten als einen Buchstaben«[41]). So teilte er Wegeler im Juni 1801 mit:

> »Stoffel will ich nächstens schreiben, und ihm ein wenig den Text lesen über seine störrische laune, ich will ihm die alte Freundschaft recht ins Ohr schreien, er soll mir heilig versprechen, euch in euren ohnedem trüben Umständen nicht noch mehr zu kränken – auch der guten Lorchen will ich schreiben, nie habe ich auch einen unter euch lieben guten Vergessen, wenn ich euch auch gar nichts von mir hören ließ, aber schreiben, das weist du, war nie meine sache, auch die besten Freunde haben Jahre lang keine Briefe von mir erhalten, ich lebe nur in meinen Noten, und ist das eine kaum da so ist das andere schon angefangen, so wie ich jezt schreibe, mache ich oft 3 4 sachen zugleich – schreibe mir jezt öfter, ich will schon sorge tragen, daß ich Zeit finde, dir zuweilen zu schreiben, grüße mir alle, auch die gute Frau Hofräthinn, und sag ihr, daß ich noch zuweilen einen raptus han [...].«[42]

Die Hofrätin Helene von Breuning hatte den jungen Beethoven zwischen 1782 und 1784 auf Empfehlung seines Freundes Wegeler als Klavierlehrer für ihre Kinder Eleonore und Lorenz engagiert. Beethoven war in dem Familienkreis schnell heimisch und vertraut geworden. Besonders nach dem Tod seiner Mutter 1787 fand er hier Liebe, Geborgenheit und emotionale Heimat, aber auch so etwas wie Erziehung, was er Helene von Breuning niemals vergaß.

15 Bonner Freunde, von denen vielen der Runde angehörten, die sich im Lokal »Zum Zehrgarten« der Witwe Koch trafen, hatten Beethoven vor seiner Abreise nach Wien 1792 ein Stammbuch erstellt (Wegeler und Stephan von Breuning tauchen darin übrigens nicht auf).[43] Die Idee kam offenbar von Johann Martin Degenhart und Matthias Koch, zumindest ist inmitten der Titelzeichnung festgehalten: »Von meinen Freunden Degenhart« bzw. »Koch«, der die Federzeichnung signierte. Degenhart scheint in

der Bonner Zeit einer der engsten Freunde gewesen zu sein, immerhin komponierte Beethoven für ihn im August 1792 das *Flötenduo* WoO 26 (»für Freund Degenharth«). Außerdem vertraute er ihm ausreichend, um ihn im Partiturautograph der Arie »Mit Mädeln sich vertragen« WoO 90 den Text der Gesangsstimme eintragen zu lassen. Auch das Abfassen einer Bittschrift an den Kurfürsten um Auszahlung des Gehalts seines verstorbenen Vaters im April 1793 (Beethoven befand sich bereits in Wien) überließ er Degenhart, der sogar in Vertretung mit Beethovens Namen unterzeichnete.[44] Matthias Koch gehörte als Sohn der Witwe Anna Maria Koch, der Wirtin des berühmten Hauses zum Zehrgarten am Bonner Markt, in dem sich Beethovens Freunde trafen, zum inneren Kreis um Beethoven. Als sich die Breuning-Geschwister und Wegeler nach der Besetzung Bonns durch die Franzosen Mitte der 1790er Jahre in Wien aufhielten, kam auch Matthias Koch dorthin zu Besuch. Offenbar schrieb Beethoven anfangs noch recht regelmäßig aus Wien, bekam aber wohl nicht immer Antwort. So beklagt er sich 1793 Eleonore von Breuning gegenüber: »sollten sie die B.[abette] Koch sehen, so bitte ich sie ihr zu sagen, daß es nicht schön sey von ihr mir gar nicht einmal zu schreiben. ich habe doch 2mal geschrieben, an [Carl August von] Malchus schrieb ich 3-mal und – keine Antwort, sagen sie ihr, daß, wenn sie nicht wolle schreiben, sie wenigstens Malchus dazu antreiben solle.«[45] Obwohl weder Briefe noch Gegenbriefe überliefert sind, scheint Beethoven doch eine ganze Weile noch gut über das Leben von Babette Koch und ihrer Familie auf dem Laufenden gewesen zu sein.[46] Auch Beethovens Bruder Kaspar Karl richtete noch 1802 Grüße an Babettes Bruder Matthias Koch aus.[47] Erst 2012 tauchte im Auktionshandel ein bis dahin unbekannter Brief Beethovens an den Zehrgartenfreund Heinrich Struve vom 17. September 1795 auf[48], der darauf schließen lässt, dass zwischen Struve, zu diesem Zeitpunkt als Diplomat in Russland, und Beethoven ein Briefwechsel stattgefunden hat. Am Briefschluss richtet Beethoven Grüße von Wegeler und Breuning aus und bittet Struve, »mir ja immer zu schreiben, so oft du kannst, laß deine Freundschaft für mich sich nicht durch die Entfernung vermindern, ich bin noch immer wie sonst dein dich liebender Beethoven.«[49] Der Kontakt scheint recht eng gewesen zu sein. Einem Brief von Lorenz von Breuning, welcher von Herbst 1794 bis Herbst 1797 ebenfalls in Wien lebte, an seine Schwester Eleonore von Ende Januar oder Anfang Februar 1795 zufolge, hatte Struve geplant, im Frühjahr zum Besuch nach Wien zu kommen[50], vielleicht auf dem Weg nach Russland.

Auch zu Johann Joseph Eichhoff, einem weiteren Freund aus dem Zehrgartenkreis, bestand der Kontakt fort. Briefe oder Grüße an ihn sind zwar nicht bekannt, allerdings nahm Eichhoff als Deputierter des Handels- und Fabrikstandes des Generalgouvernements und Experte für Rheinschifffahrtsfragen 1814/15 am Wiener Kongress teil und besuchte Beethoven am 27. März 1815. Bei diesem Anlass übermittelte er auch den Wunsch der Bonner Lese- und Erholungsgesellschaft, ein Portrait des Komponisten zu besitzen und erhielt vorab als Stellvertreter den von Höfel nach Letronne gefertigten Kupferstich.[51] Die entsprechenden Protokolle der Lesegesellschaft lassen auch auf eine fortdauernde Beziehung Beethovens zu deren Direktor Johann Heinrich Crevelt schließen, obwohl ebenfalls kein Briefwechsel mit Crevelt überliefert ist: »einstweilen bis das Gemählde vollendet seyn werde, habe er dem Hn Eichhoff sein Bildniß in Kupfer gestochen mitgegeben, mit der Erklärung, daß Hr Direcktor Crevelt den Kupferstich als Andenken ihrer alten, noch immer bestehenden Freundschaft zu sich nehmen wolle, so bald das gemahlte Bildniß angelangt seyn werde.«[52]

Zumindest zu Beginn seiner Wiener Zeit scheint Beethoven die alten Bonner Freunde deutlich höher geschätzt zu haben als die neuen Wiener Bekanntschaften. Wohl kaum ein größeres Kompliment hätte er Carl Amenda machen können, als ihn, den er erst in Wien kennenlernte, explizit zu den Bonner Freunden zu zählen: »du bist kein Wiener-Freund, nein du bist einer von denen wie sie mein Vaterländischer Boden hervorzubringen pflegt«[53].

Aus der Ferne strahlten alle Freunde heller, während ihre normale Menschlichkeit mit allen Schwächen aus der Nähe für Beethoven den Glanz offenbar trübte. Auch bot die Nähe naturgemäß größeres Konfliktpotential, wenn der andere gerade nicht vermögend oder willens war, Beethoven zu Diensten zu sein. Etliche Briefe bezeugen Beethovens Zerknirschung, wenn er wieder einmal im Affekt ausfällig und beleidigend geworden war. Als symptomatisch für solche Beziehungskrisen kann Beethovens Streit mit Stephan von Breuning von 1804 gelten. Im Sommer des Jahres zog Beethoven in das »Rothe Haus«, in dem auch Breuning wohnte, wegen Krankheit übersiedelte er sogar ganz in dessen Wohnung. Über anschließende Mietzwistigkeiten entzweiten sich beide, versöhnten sich jedoch schon im November desselben Jahres wieder. Seinem Versöhnungsbrief[54] legte Beethoven zum Zeichen der Freundschaft ein Miniaturportrait von sich selbst bei[55], künstlerisch wohl das hochwertigste der authentischen Portraits:

> »mein Portrait war dir schon lange bestimmt, du weißt es ja, daß ich es immer jemand bestimmt hatte, wem könnte ich es wohl mit dem wärmsten Herzen geben als dir treuer, guter, edler Steffen – verzeih mir, wenn ich dir wehe that, ich litte selbst nicht weniger, als ich dich so lange nicht mehr um mich sah, empfand ich es erst recht lebhaft, wie theuer du meinem Herzen bist, und ewig seyn wirst.«[56]

Stephan von Breuning bekam als Versöhnungsgeste ein Portrait, andere erhielten immerhin einen Entschuldigungsbrief. Offenbar hatte sich Beethoven mit Eleonore von Breuning im Sommer vor seiner Abreise nach Wien 1792 gestritten. Seine Reue bringt er ein Jahr später zu Papier:

> »Verehrungswürdige Eleonore! meine theuerste Freundin! Erst nach dem ich nun hier in der Hauptstadt bald ein ganzes Jahr verlebt habe, erhalten sie von mir einen Brief, und doch waren sie gewiß in einem immerwährenden lebhaften Andenken bey mir. sehr oft unterhielt ich mich mit ihnen und ihrer lieben Familie, nur öfters mit der Ruhe nicht, die ich dabey gewünscht hätte. da war's, wo mir der fatale Zwist noch vorschwebte, wobey mir mein damaliges Betragen so verabscheuungswerth vorkamm, aber es war geschehen; o wie viel gäbe ich dafür, wäre ich im Stande meine damalige mich so sehr entehrende, sonst meinem Charakter zuwider laufende Art zu handlen ganz aus meinem Leben tilgen zu können. freylich waren mancherley Umstände, die unß immer von einander entfernten, und wie ich vermuthe, war das Zuflüstern von den wechselweise gegen einander gehaltenen Reden von einem gegen

den andern, Hauptsächlich dasjenige, was alle Übereinstimmung verhinderte. Jeder von unß glaubte hier, er spreche mit wahrer überzeugung, und doch war es nur angefachter Zorn, und wir waren beyde getaüscht. ihr guter und edler Charackter meine liebe Freundin bürgt mir zwar dafür, daß sie mir längst vergeben haben, aber man sagt, die aufrichtigste reue sey diese, wo man sein verbrechen selbst gestehet, dieses habe ich gewollt. – und lassen sie unß nun den Vorhang für diese ganze Geschichte ziehen, und nur noch die Lehre davon nehmen, daß, wenn Freunde in streit gerathen, es immer besser sey, keinen vermitteler dazu zu brauchen, sondern der Freund sich an den Freund unmittelbar wende.«[57]

Um die Ernsthaftigkeit seiner Reue zu unterstreichen und als »Beweiß meiner Hochachtung und Freundschaft«, fügte Beethoven die Eleonore gewidmeten Variationen über »Se vuol ballare« aus Mozarts Oper *Le nozze di Figaro* WoO 40 bei. Schon einmal hatte er sich mit Eleonore überworfen und ihr als Versöhnungsgeste Musik von sich geschickt[58] – offenbar mit dem erhofften Erfolg. Die Neujahrs- und Geburtstagsgrüße der vorangegangenen Jahre sowie Freundschaftsbillete, die Eleonore und Beethoven wechselten, bezeugen zudem die tiefe Verbindung, die beide miteinander teilten.[59]

Auch Franz Gerhard Wegeler, der von Ende 1794 bis Mitte 1796 ins Wien lebte, erhielt solch ein schuldbewusstes Schreiben, in dem Beethovens Freundschaftsbegriff deutlich wird:

»Lieber, Bester! in was für einem Abscheulichen Bilde hast du mich mir selbst dargestellt! o ich erkenne es, ich verdiene deine Freundschaft nicht, du bist so edel, so gutdenkend, und das ist das erstemal, daß ich mich nicht neben dir stellen darf, weit unter dir bin ich gefallen, ach ich habe meinem Besten, edelsten Freund 8 wochen Lang verdruß gemacht, du glaubst, ich habe an der Güte meines Herzens verlohren, dem Himmel sey dank; nein; – es war keine absichtliche, ausgedachte Boßheit von mir, die mich so gegen dich handeln ließ, es war mein unverzeihlicher Leichtsin, der mich nicht die Sache in dem Lichte sehen ließ, wie sie wirklich war. – o wie schäm ich mich für dir, wie für mir selbst – fast traue ich mich nicht mehr, dich um deine Freundschaft wieder zu bitten – Ach Wegeler nur mein einziger Trost ist, daß du mich fast seit meiner Kindheit kanntest, und doch o laß mich's selbst sagen, ich war doch immer gut, und bestrebte mich immer der Rech[t]schaffenheit und Biederkeit in meinen Handlungen; wie hättest du mich sonst lieben können? – sollte ich den[n] jezt seit der kurzen Zeit aufei[n]mal mich so schrecklich, so sehr zu meinem Nachtheil geändert haben – unmöglich, diese Gefühle des Großen des Guten sollten alle aufeinmal in mir erloschen seyn? nein Wegeler lieber, Bester, o wag es noch einmal, dich wieder ganz in die Arme deines B. zu werfen baue auf die guten Eigenschaften, die du sonst in ihm gefunden hast, ich stehe dir dafür, den neuen tempel der heiligen Freundschaft, den du darauf aufrichten wirst, er wird fest, ewig stehen, kein Zufall, kein Sturm wird ihn in seinen Grundfesten erschüttern können – fest, – Ewig – unsere Freundschaft – verzeihung – vergessenheit wieder aufleben der sterbenden sinkenden Freundschaft – o wegeler verstoße sie nicht diese Hand zur aussöhnung, gib die deinige in die meine – Ach Gott. – ach nichts mehr – ich selbst komm zu dir, und werfe mich in deine Arme, und bitte um den verlohrnen Freund, und du giebst dich mir, dem reuevollen, dich liebenden, dich nie vergessenden Beethowen wieder.«[60]

Einem solch eindringlichen Wunsch konnte Wegeler nur nachgeben, die Freundschaft beider hat nicht dauerhaft gelitten.

Beethoven machte auch gesellschaftliche Bekanntschaften mit Frauen und pflegte mit einigen engere Beziehungen, wenn sie wohl auch nie vergleichbare Vertrautheit erreichten wie Männer (so ist beispielsweise – mit Ausnahme der Frau, die wir die »unsterbliche Geliebte« nennen – keine Anrede an eine Frau mit dem freundschaftlichen Du dokumentiert). Frauenfreundschaften entstehen häufig im beruflichen Kontext zu Musikerinnen oder auch zu Ehefrauen von Freunden, da oft die Beziehung zwischen Beethoven und dem Ehepaar besteht.

Eine engere Verbindung pflegte Beethoven zu Antonie Brentano (geborene von Birkenstock), die er 1810, vielleicht im Mai, in Wien kennenlernte, wo sie den Hausstand ihres 1809 verstorbenen Vaters auflöste. Antonie und ihr Mann Franz Brentano gehörten zu Beethovens treuesten Freunden. Im Sommer 1812 verbrachte er mit ihnen und ihrer Familie sogar eine Urlaubswochen in Karlsbad und Franzensbad. Die Brentanos waren in vielen (finanziellen) Notlagen jederzeit bereit, ihm beizuspringen und das, obwohl sie schon im Herbst 1812 an ihren eigentlichen Lebensmittelpunkt Frankfurt am Main zurückgekehrt waren. 1817 beklagte sich Beethoven bei Brentano, er habe seit deren Heimkehr nach Frankfurt keine guten Gesprächspartner mehr: »ihren Umgang wie ihrer Frau Gemalin u. lieben Kinder vermiße ich gar sehr, denn wo wär etwas d.g. hier in unserm Vien zu finden ich gehe daher auch beynahe nirgends hin, da es mir von jeher nicht möglich war, mit Menschen um zu gehn, wo nicht ein gewißer Umtausch der Ideen statt findet«[61]. Immer wieder streckte Franz Brentano Geld vor oder überbrückte verzögerte Zahlungen, ohne auf fristgerechte Rückzahlung der Schuld zu dringen. Beethoven zeigte seine Verbundenheit durch zahlreiche Widmungen: Antonie Brentano erhielt mehrere Widmungsexemplare von Ausgaben Beethovenscher Werke (Op. 83, Op. 85 Klavierauszug, WoO 148). Eine geplante englische Ausgabe der *Klaviersonate* op. 110 sollte ihr gewidmet sein, kam aber nicht zustande; der Plan wurde immerhin für die englische Ausgabe von Op. 111 umgesetzt. Im Juni 1823 erhielt Antonie Brentano schließlich Beethovens letztes Klavierwerk, die *Diabelli-Variationen* op. 120 zugeeignet. Für die noch nicht zehnjährige Tochter Maximiliane hatte er im Juni 1812 das einsätzige *Klaviertrio* WoO 39 komponiert (»Für meine kleine Freundin Maxe Brentano zu ihrer Aufmunterung im Klavierspielen«). 1821 widmete er Maximiliane die *Klaviersonate* op. 109 – nicht ohne sich danach beim Vater dafür zu entschuldigen: »ich war vorlaut ohne anzufragen, indem ich ihrer Tochter Maxe ein werk von mir widmete, mögten Sie dieses als ein Zeichen meiner immerwährenden Ergebenheit für Sie u. ihre ganze Famil[i]e aufnehmen«[62]. Aus dem Begleitbrief an Maxe Brentano spricht seine starke Anhänglichkeit und Verbundenheit mit der Familie:

> »Eine Dedikation!!! – nun Es ist keine, wie d.g. in Menge gemißbraucht werden – Es ist der Geist, der edle u. bessere Menschen auf diesem Erdenrund zusammenhält, u. keine Zeit den zerstören kann, dieser ist es, der jezt zu ihnen spricht, u. der Sie mir noch in ihren Kinderjahren gegenwärtig zeigt, eben so ihre geliebte Eltern, ihre So vortreffliche geistvolle Mutter, ihren So von wahrhaft guten u. edlen Eigenschaften beseelten vater, stets dem wohl seiner

Kinder Eingedenk, u. so bin ich in dem Augenblick auf der Landstraße – u. sehe sie vor mir, u. indem ich an die vortrefflichen Eigenschaften ihrer Eltern denke, läßt es mich gar nicht zweifeln, daß Sie nicht zu Edler Nachahmung sollten begeistert worden seyn, u. täglich werden – nie kann das andenken einer edlen Familie in mir erlöschen, mögen Sie meiner manchmal in güte gedenken – leben sie Herzlich wohl, der Himmel segne für immer ihr u. ihrer aller daseyn. – Herzlich u. allzeit ihr Freund Beethoven.«[63]

Natürlich unterhielt Beethoven auch freundschaftliche Beziehungen zu Frauen innerhalb seines beruflichen Umfelds. Zu den Musikerinnen, mit denen er engeren Kontakt hatte, gehörten die Sängerin Amalie Sebald, deren Bekanntschaft er 1811 im böhmischen Bad Teplitz machte, oder auch die Sopranistin Anna Milder-Hauptmann, die bei etlichen Uraufführungen seiner Werke mitwirkte. Kurze Zeit war Beethoven auch der Pianistin Marie Bigot-de Morogues sehr zugetan. Eine wirklich innige Freundschaft verband ihn mit der Pianistin Dorothea von Ertmann (geborene Graumann). Beethoven lernte sie spätestens 1803[64] in einer Musikalienhandlung kennen, wo sie seine Werke ausprobierte und nicht bemerkte, dass der Komponist ihr dabei zuhörte. Dieser soll sich danach überschwänglich bei ihr für die Darbietung seiner Musik bedankt und ihr Klavierunterricht angeboten haben, den sie dankend annahm. Bis zu ihrem Umzug nach Mailand 1820 war sie als Pianistin eine der wichtigsten Mittlerinnen beethovenscher Musik und als Interpretin weithin anerkannt. Beethoven widmete seiner »Dorothea Cäcilia« die *Klaviersonate* op. 101 als »ein Beweiß meiner Anhänglichkeit an ihr KunstTalen[t] wie an ihre Person«[65].

Aus dem weiten Umfeld der Musik stammt auch eine Frau, die besonders um 1817/18 für Beethoven eine zentrale Rolle spielte: Nannette (eigentlich: Maria Anna) Streicher (geborene Stein). Beethoven sie traf erstmals als Jugendliche. Bei seiner Durchreise durch Augsburg 1787 auf dem Weg von Wien nach Hause gab der junge Musiker ein Konzert auf der Orgel der Barfüßerkirche, bei dem auch Nannette anwesend war (ihr Vater Johann Andreas Stein hatte die Orgel gebaut). Auch in Bonn hatte Beethoven vorzüglich auf den namhaften Klavieren aus dem Hause Stein musiziert. 1794 übersiedelte Nannette mit ihrem Ehemann Johann Andreas Streicher nach Wien, wohin sie zusammen mit ihren Brüdern die väterliche Klavierbaufirma verlagerte. Klaviere aus dem Hause Streicher genossen einen guten Ruf. Auch Beethoven kannte und schätzte sie sehr, wie er Streicher brieflich mitteilte[66], und war der Familie über den Klavierbau hinaus verbunden. Nannette Streicher war wohl auch seine Klavierschülerin, im Streicher'schen Klaviersalon stand Beethovens Büste, nach einem Gipsabdruck seines Gesichtes gefertigt, dort erklangen auch häufig die neuesten Klavier- und Kammermusikwerke aus Beethovens Feder. Obwohl Beethoven und Nannette Streicher sich schon 30 Jahre kannten, erhielt sie in Beethovens Leben besonders in den Jahren 1817 und 1818 eine Hauptrolle, wovon unzählige Briefe Zeugnis ablegen. Beethoven hatte wie bereits erwähnt häufig Schwierigkeiten, den ganz normalen Alltag zu meistern, und griff dazu auf die Dienste wohlwollender Freunde zurück. Mit der Vormundschaft über seinen Neffen Karl 1816 bekam die Bewältigung des Alltags und die geplante Schaffung eines Heimes, in dem ein Kind zu Hause sein konnte, jedoch eine neue Qualität. Ab Januar 1817[67] bis Juni 1818[68] leistete

Nannette Streicher vielfach Hilfestellung bei Haushalts- und Dienstbotenproblemen und kümmerte sich geduldig um sämtliche Belange der Haushaltsführung. Wie viele Frauen in Beethovens Umfeld erfüllte sie eine Art Mutterrolle und sorgte in begrenztem Rahmen für ein behagliches Nest.

Die Liste der nahen Vertrauten und Freunde mag durch Ferdinand Ries, Karl Holz (»Holz scheint unß Freund können zu werden«[69]), Vinzenz Hauschka, Marie Gräfin Erdődy und einige andere mehr ergänzt werden, darunter auch Verleger, Musiker, Dichter. Sie alle kreisten um Beethoven, standen ihm zeitweise sehr nah und entfernten sich manchmal wieder – durch Streit und Zwistigkeiten oder durch äußere Umstände. Wie das Wetter konnte auch Beethovens Einschätzung und Verhalten sich von Sonnenschein zu Gewitter und Donner ändern. Er verfügte über großen Charme und Witz und war ein beliebter Gesellschafter, selbst dann noch, als er durch Taubheit und mannigfaltige Krankheiten schwierig und bisweilen cholerisch geworden war. Beethoven hatte zahlreiche Freunde und enge Bekannte aus unterschiedlichen Gesellschaftskreisen, meist Männer, aber auch einige Frauen. Echte Freunde unterschied er nicht nach dem Geschlecht (wohl aber beurteilte er sie nach seinen moralischen Grundsätzen), sie waren ihm gleichermaßen lieb und teuer. Sicher kein Freund Beethovens war Anton Schindler, auch wenn dieser sich nach Beethovens Tod größte Mühe gab, das der Nachwelt zu vermitteln.

Anmerkungen

1 Auch die Aufforderung »und liebe mich« (BGA 448 an Ignaz von Gleichenstein, Frühsommer 1810) hatte als Grußformel keinerlei homoerotische Bedeutung.

2 Zu Beethovens Tugendbegriff siehe M. Staehelin, »Beethoven und die Tugend«, in: *Divertimento für Hermann J. Abs*, hrsg. von dems., Bonn 1981, S. 69–87. Staehelin arbeitet für Beethovens Tugendbegriff die Bedeutungen Herzensgüte, Wohltätigkeit, Freiheitsliebe, Wahrhaftigkeit, Rechtschaffenheit, Biederkeit, Moral, Opfersinn, Pflichtgefühl, Tüchtigkeit, Entschlossenheit und Anspruchslosigkeit heraus (S. 73f.).

3 BGA 186 vom 24. Juli 1804.

4 M. Solomon, *Beethovens Tagebuch 1812–1818*, Bonn 2005, S. 89 Nr. 127.

5 BGA 66 an Carl Amenda, vor Juli 1801.

6 BGA 65 an Franz Gerhard Wegeler, 29. Juni 1801.

7 Zitiert nach BGA 258 von Ende Oktober 1806, apokryph, ein Originaldokument ist für dieses Zitat nicht überliefert.

8 BGA 35, um 1798.

9 BGA 63, vor Juni 1801.

10 BGA 115 von November 1802.

11 BGA 411 von November 1809.

12 BGA 550 vom 8. Februar 1812.

13 BGA 668 vom 21. September 1813.

14 BGA 843 vom 24. Oktober 1815.

15 BGA 67.

16 BGA 41 vom 24. März 1799.

17 »wir sind ihnen ganz teuflisch zugethan«, BGA 575 vom 26. April 1812.

18 In diesem Sinne auch Beethovens Notiz in seinem Tagebuch: »Gegen alle Menschen äußerlich nie die Verachtung merken lassen, die sie verdienen denn man kann nicht wissen wo man sie noch braucht«, siehe M. Solomon, *Beethovens Tagebuch*, S. 43f.

19 BGA 1008.

20 BGA 65 vom 29. Juni 1801.

21 BGA 87 von April 1802.

22 BGA 305, möglicherweise von Herbst/Winter 1807.

23 BGA 558, vielleicht von Ende Februar 1812.

24 BGA 1315.

25 Beispielsweise »Steiner wirft Steine nach Haslinger« (BKh 8, S. 76), »Holz hat überall werth – stark gesucht – besonders im Winter –« (BKh 8, S. 77).

26 BGA 1571 vom 18. Februar 1823. Der Brief schließt mit den Worten: »Nun geliebter Freund schließe ich, mein wunsch wäre nur einmal unß wieder zu sehen, u. Seele in Seele blicken zu laßen, aber auch im entbehren dessen bleibt das andenken ihrer Liebe u Freundschaft mir immer im Gedächtniß, u. ihre übrigen schöne Geistesvorzüge sind mir ebenfalls sehr oft gegenwärtig.«

27 BGA 428.

28 »Zum neuen Jahre für die schelmische Comtesse Charlotte Brunswick Von ihrem Freunde Beethowen« (D-BNba, Slg. H.C. Bodmer, HCB Br 110).

29 BGA 665 von August/September 1813.

30 BKh 1, S. 254.

31 BGA 42.

32 BGA 51.

33 BGA 67.

34 BGA 791 (Amenda an Beethoven: »Und besuchtest Du endlich auch den Norden, kämst auf einer Reise nach Petersburg durch Mitau u Riga; wie solltest Du da aufgenommen werden! Dann eilt' ich in Deine Arme, führte Dich auf einige Tage zu mir – o ich Glücklicher! – Dich, meinen innigst geliebten Beethoven in meinem Hause bewirthen! – Ueberleg Dirs, Freund!«), 803 (Beethoven an Amenda: »dein Freund besuchte mich, und erweckte das Andenken von dir in mir [...] – mit deiner patriarchalischen Einfalt fällst Du mir 1000 mal ein, und wie oft habe ich d.[er]g.[leichen] Menschen wie du um mich gewünscht [...]«).

35 F. G. Wegeler und F. Ries, *Biographische Notizen über Ludwig van Beethoven*, Koblenz 1838, S. XIIf.

36 Stich von Johann Joseph Neidl nach einer verschollenen Zeichnung von Gandolf Ernst Stainhauser von Treuberg, erschienen 1801 bei Cappi in Wien (BGA 65).

37 Stich von Blasius Höfel nach einer Zeichnung von Louis Letronne, erschienen 1814 bei Artaria & Comp. in Wien und von Beethoven mit einer handschriftlichen Widmung versehen: »Für meinen Freund Wegeler Vien am 27ten März 1815 l v Beethowen« (BGA 979). Simrock selbst erhielt denselben Stich, ebenfalls mit einer Widmung versehen: »meinem Freunde Simrock um mich zuweilen anzusehen von l. v. Beethoven«.

38 Lithographie von Friedrich Dürck nach dem Gemälde von Joseph Karl Stieler, erneut mit einer handschriftlichen Widmung Beethovens: »Seinem vieljährigen, geehrten, geliebten Freunde F. v. Wegeler von [eingedruckt: LOUIS VAN BEETHOVEN]« (BGA 2236).

39 Julie von Breuning war eine Schülerin Johann Schenks und eine ausgezeichnete Pianistin. Gerhard von Breuning, Stephans Sohn aus zweiter Ehe, berichtet, dass Beethoven mit ihr gemeinsam vierhändig gespielt und für das Ehepaar »bis tief in die Nacht hinein phantasirt« habe (G. von Breuning, *Aus dem Schwarzspanierhause. Erinnerungen an L. van Beethoven aus meiner Jugendzeit*, Wien 1874, S. 23f.).

40 BGA 2101 vom 29. Dezember 1825.

41 BGA 1416 an Nikolaus Simrock, 28. November 1820.

42 BGA 65 vom 29. Juni 1801.

43 *Die Stammbücher Beethovens und der Babette Koch*. Zweite, um eine Textübertragung erweiterte Auflage, hrsg. von M. Ladenburger (Ausgewählte Handschriften in Faksimile-Ausgaben, 9), Bonn 1995.

44 BGA 7 an Kurfürst Maximilian Franz.

45 BGA 11 vom 2. November 1793.

46 Siehe BGA 65 an Franz Gerhard Wegeler: »was Koch's angeht, so wundere ich mich gar nicht über deren Veränderung, das glück ist kugelrund und fällt daher natürlich nicht immer auf das edelste, das beste«.

47 BGA 113 vom 29. November 1802.

48 Stargardt, Katalog Nr. 698, Auktion 5./6. Juni 2012, Nr. 589, Verbleib unbekannt.

49 BGA 19a; Dokumentenband zur BGA, hrsg. von M. Rößner-Richarz, Addenda, in Vorbereitung.

50 Beethoven-Haus Bonn, Sammlung Wegeler, W 119: »Der Struve will das Frühjahr zu uns kommen.« (Bl. 1v).

51 Zur Identifikation des Gemäldes siehe K. M. Kopitz, »Das Beethoven-Porträt von Ferdinand Schimon. Ein 1815 für die Bonner Lesegesellschaft entstandenes Bildnis?«, in: *Beiträge zu Biographie und Schaffensprozess bei Beethoven. Rainer Cadenbach zum Gedenken* (Schriften zur Beethoven-Forschung, 21), hrsg. von J. May, Bonn 2011, S. 73–88.

52 Bonner Lese- und Erholungsgesellschaft, Protokolle der Ausschuss- und Vorstandssitzungen, Stadtarchiv Bonn, Dep. Lese, Sign. SN 109/Lese 10. »Versammlung des Ausschusses vom 6ten May 1815, wobei gegenwärtig waren, die Herrn Crevelt Direktor, Petazzi, Simrock, Trimborn, Moll, Wolff Arzt, Bernard Wolff, Bodifé u Eilender«, § 3.

53 BGA 67 vom 1. Juli 1801.

54 BGA 197 von Anfang November 1804.

55 Miniatur auf Elfenbein von Christian Horneman (1765–1844) aus dem Jahr 1802, Beethoven-Haus Bonn, Slg. H.C. Bodmer, HCB Bi 1.

56 BGA 197.

57 BGA 11 vom 2. November 1793.

58 Siehe BGA 4 (Sommer 1792?); als Geschenk sandte er damals die Variationen für Klavier über die Ariette »Es war einmal ein alter Mann« aus Karl Ditters von Dittersdorfs Singspiel *Das rote Käppchen* WoO 66 und das Rondo für Klavier und Violine WoO 41.

59 Bekannt sind ein undatierter Neujahrsgruß Eleonore von Breunings an Beethoven (Original, D-BNba, Slg. Wegeler, W 288), ein Geburtstagsgruß Eleonore von Breunings an Beethoven von 1790 (Abschrift von Joseph Fischhof um 1842, D-B, Mus. ms. theor. 285, fol. 3v) sowie zwei Freundschaftsblätter Beethovens für Eleonore von Breuning (Original von 1791, D-BNba, Slg. Wegeler, W 285; undatiertes Original, D-BNba, Slg. Wegeler, W 286).

60 BGA 19 von ca. 1795.

61 BGA 1083.

62 BGA 1451 vom 20. Dezember 1821.

63 BGA 1449 vom 6. Dezember 1821.

64 Dorothea Ertmann war um die Jahreswende 1802/03 nach Wien gezogen. Erster Beleg für den Kontakt ist ein Neujahrsgruß, den Beethoven »zum neuen Jahre 1804« an sie richtete (D-BNba, Slg. H.C. Bodmer, HCB BBr 100).

65 BGA 1093.

66 BGA 23.

67 BGA 1073.

68 BGA 1260.

69 BGA 2042 an den Neffen Karl, 24. August 1825.

Auf der Suche nach einer eigenen Familie – Beethovens Beziehung zu seinem Neffen Karl

Von Julia Ronge

Kaspar Karl van Beethoven war im Frühjahr 1794 seinem Bruder Ludwig mit dem Ziel nach Wien nachgefolgt, ebenfalls als Musiker sein Glück zu machen. Anfangs schlug er sich als Komponist und Pianist durch[1], der große Erfolg blieb jedoch aus – vermutlich wohl mangels ausreichender Begabung, um sich aus der Masse hervorzuheben, und besonders, um neben dem berühmten Bruder zu bestehen. 1800 sah Kaspar Karl ein, dass seine berufliche Zukunft nicht in der Musik lag und wechselte als Praktikant zur Universal-Staatsschuldenkassa und damit in die Finanzverwaltung. Die Tätigkeit ließ ihm genug Zeit, um nebenbei für seinen Bruder als Sekretär zu arbeiten und sehr erfolgreich dessen Geschäfte zu führen. Dieses für Beethoven sehr komfortable und auch profitable Engagement endete, als Karl am 25. Mai 1806 Johanna Reiss heiratete. Beethoven lehnte seine Schwägerin ihres Charakters und ihres ausschweifenden Lebensstils wegen stark ab, und möglicherweise auch, weil sie ihm den Bruder als Mitarbeiter ausgespannt hatte. Bereits wenige Monate nach der Hochzeit, am 4. September 1806 brachte Johanna ihr einziges gemeinsames Kind auf die Welt: Karl Franz van Beethoven.

1812 erkrankte Beethovens Bruder Kaspar Karl an Tuberkulose, was die Familie wegen Arztkosten und Arbeitsausfalls in finanzielle Bedrängnis brachte. Am 12. April 1813 räumte Ludwig ihm ein Darlehen von 1.500 Gulden Wiener Währung ein, für das Johanna bürgte. Da die Rückzahlung unterblieb, erhob Beethoven am 30. Oktober Klage gegen seine Schwägerin; die Auseinandersetzung endete am 22. Dezember mit einem Vergleich, der eine Rückzahlung in Raten vorsah. Das geliehene Geld erhielt Beethoven vom Verleger Sigmund Anton Steiner, der die Schuldforderung übernahm. Gleichzeitig räumte Beethoven Steiner aber im Falle einer ausbleibenden Rückzahlung ein, ihm eine neue, unveröffentlichte Klaviersonate unentgeltlich zu überlassen. Dazu kam es 1814, als Steiner die *Klaviersonate* op. 90 erhielt; die Transaktion begründete seine jahrelange Geschäftsbeziehung zu Beethoven. Obwohl sich Beethoven noch 1813 missfällig über seinen Bruder äußerte[2], versuchte er ihm 1815, als die Krankheit weit fortgeschritten und Kaspar Karl arbeitsunfähig war, seltene Herzenswünsche zu erfüllen. So bat er Joseph von Varena in Graz, ihm Pfauen zu besorgen – »alle Kosten werde ich über mich nehmen, um ihm eine Freude zu machen, wie gesagt, er ist kränklich, und hängt an d.[er]g.[leichen]«[3] Auch die Pferde, die sein Bruder gerne gehabt hätte, bestellte er auf eigene Kosten.[4]

Als Kaspar Karl van Beethoven am 15. November 1815 starb, lagen bezüglich der Vormundschaft über seinen minderjährigen Sohn zwei schriftliche Äußerungen von ihm vor, deren Widersprüchlichkeit Auslöser mehrerer, fast fünf Jahre währender

Rechtsstreitigkeiten werden sollten. In einer »Erklärung«, die Kaspar Karl bereits am 12. April 1813 verfasst hatte, hatte er seinen Bruder Ludwig als Vormund eingesetzt:

> »Da ich von den offenherzigen Gesinnungen meines Bruders Ludwig van Beethoven überzeugt bin, so wünsche ich daß selber nach meinem Ableben die Vormundschaft über meinen rückgelassenen minderjährigen Sohn Karl Beethoven übernehme. Ich ersuche daher die löbliche Abhandlungs-Instanz meinem gedachten Bruder diese Vormundschaft bei meinem Ableben zu übertragen und bitte meinen lieben Bruder dieses Amt zu übernehmen und meinem Kinde wie ein Vater mit seinem Rathe und That in allen.[!] vorkommenden Fällen an die Hand zu gehen.«[5]

Betrachtet man das Datum dieser Erklärung und das der Darlehensüberlassung durch Ludwig, kann man sich des Eindrucks nicht erwehren, dass die Vormundschaftsregelung zugunsten des Komponisten der Preis für dessen finanzielle Unterstützung gewesen sein könnte. Im Angesicht des Todes besann sich Kaspar jedoch eines Besseren. In einem Nachtrag zu seinem Testament vom 14. November 1815 bestimmte er, dass das Kind auf keinen Fall von seiner Mutter getrennt werden solle:

> »Da ich bemerkt habe, daß mein Bruder Hr. Ludwig van Beethofen meinen Sohn Karl nach meinem allfälligen Hinscheiden ganz zu sich nehmen und denselben der Aufsicht und Erziehung seiner Mutter gänzlich entziehen will, da ferner zwischen meinem Bruder und meiner Gattin nicht die beste Einigkeit besteht, so habe ich für nöthig gefunden nachträglich zu meinem Testamente zu verfügen, daß ich durchaus nicht will, daß mein Sohn Karl von seiner Mutter entfernt werde, sondern, daß derselbe immerhin und in solange es seine künftige Bestimmung zuläßt, bey seiner Mutter zu verbleiben habe; daher denn dieselbe so gut wie mein Bruder die Vormundschaft über meinen Sohn Karl zu führen hat. Nur durch Einigkeit kann der Zweck, den ich bey Aufstellung meines Bruders zum Vormund über meinen Sohn gehabt habe, erreicht werden; daher empfehle ich zum Wohl meines Kindes, meiner Gattin Nachgiebigkeit, meinem Bruder aber mehr Mäßigung. Gott laße sie beyde zum Wohl meines Kindes einig seyn. Dieß ist die letzte Bitte des sterbenden Gatten und Bruders.«[6]

Den Sachverhalt hatte Kaspar Karl sehr vorausschauend klar erkannt, und auch seine Menschenkenntnis war offenbar gut ausgeprägt, wie die Ermahnungen an Gattin (»Nachgiebigkeit«) und Bruder (»Mäßigung«) zum Wohl des Kindes zeigen. Ausgerichtet haben sie jedoch nichts, denn in der Folge entspann sich ein erbittertes Tauziehen zwischen Mutter und Onkel um die Vormundschaft für das Kind Karl, das zwischen den beiden Parteien hin- und hergereicht wurde, je nachdem, wer gerade die Oberhand besaß. Die Rechtslage verschärfte mittelfristig die Auseinandersetzung zusätzlich, die es einer Frau nicht gestattete, alleiniger Vormund eines minderjährigen Kindes zu sein, einem Versehrten, der Beethoven angesichts seiner Taubheit war, andererseits die alleinige Vormundschaft ebenfalls verwehrte.

Am 22. November 1815 ernannte das niederösterreichische Landrecht Johanna van Beethoven gemäß dem Testament zum Vormund ihres Sohnes Karl und dessen Onkel zum Mitvormund. Beethoven focht diese Entscheidung an.[7] Er wollte alleiniger Vormund werden, da er die Mutter für moralisch nicht in der Lage hielt, ein Kind zu erziehen. Johanna van Beethoven war seit 1811 wegen Unterschlagung vorbestraft[8], was Beethoven in einer ausführlichen Erläuterung im Dezember als Beleg anführte. Auch habe Johanna van Beethoven »hinter seinem Rücken« den Bruder zu dem Testamentsnachtrag veranlasst und diesen unter Druck gesetzt.[9] Am 9. Januar 1816 erhielt er deshalb von den Landrechten die alleinige Vormundschaft über Karl zugesprochen und gab das Kind Anfang Februar in das Internat von Cajetan Giannattasio del Rio, wo Karl bis Januar 1818 blieb, da in Beethovens Wohnung kein Platz und der Haushalt auch nicht auf die Bedürfnisse eines Kindes ausgerichtet war.

Auf Initiative Beethovens und Giannattasios wurde kurz nach Karls Eintritt in das Internat durch gerichtliche Verfügung der Kontakt zwischen Mutter und Kind stark eingeschränkt[10], um ihren Einfluss so gering wie möglich zu halten. Es gehe nicht an, »daß sie das Kind viel besuche, da es ihr immer nachweint, und somit in seiner gegenwärtigen neuen Laufbahne gestört wird«[11], beklagte der Institutsleiter. Die Mutter war verständlicherweise mit dem höchst eingeschränkten Besuchsrecht nicht einverstanden, ebenso wenig wie sie sich von Karls Onkel den Besuch bei ihrem eigenen Kind genehmigen lassen wollte. Der elfjährige Karl hing zudem sehr an seiner Mutter und suchte ihre Nähe.

Im Mai 1817 wurden die finanziellen Aspekte der Verlassenschaftsabhandlung endgültig gerichtlich geregelt, die im Hintergrund zusätzlich zur Vormundschaftsauseinandersetzung das Verhältnis zwischen Beethoven und seiner Schwägerin belasteten. Johanna van Beethoven verpflichtete sich, die Hälfte ihrer Pension als Beitrag zu Karls Erziehung und zu seinem Unterhalt abzutreten. Ihr Anteil an den Kosten, den sie zu leisten nicht immer im Stande war, wurde in den Folgejahren zu einem zusätzlichen Zankapfel. Im Sommer 1817 zeigte Beethoven einen der wenigen Momente des Mitleids mit der Kindsmutter: »ich habe es anders überlegt, Es mögte der Mutter Karls doch wehe thun, bey einem fremden ihr Kind zu sehn, u. hartes ist ohnedem mehr hiebey, als mir lieb, daher laße ich sie morgen zu mir kommen«[12], schrieb er Ende Juli an Nikolaus Zmeskall. Im Januar 1818 nahm Beethoven Karl in seinen Haushalt auf und bemühte sich um einen Hauslehrer. Den Klavierunterricht, der zuvor in den Händen Carl Czernys gelegen hatte, übernahm Beethoven nun selbst, der Knabe bekam zudem auch Privatunterricht in Französisch und Zeichnen. Schon im vorangegangenen Herbst hatte Beethoven sich mit Hilfe von Nannette Streicher auf die neue häusliche Situation vorbereitet und zwei Haushälterinnen eingestellt.

Während Beethovens Sommeraufenthalts 1818 in Mödling wurde Karl in die dortige Schule des Pfarrers Frölich gegeben, der ihn aber nach einigen Wochen der Schule verwies und später in seinem Zeugnis vom auffälligen Verhalten des Kindes berichtete. So beklagten sich offenbar nicht nur die Mödlinger beim Pfarrer über den Knaben, auch die anderen Kinder wollten nicht mehr zusammen mit dem ausgelassenen Karl lernen. Der schlimmste Vorwurf des Pfarrers war jedoch, dass Beethoven wegen der tiefen Abneigung gegen seine Schwägerin das Kind aufhetze, schlecht über seine Mutter zu reden.

»Dieses ist die Aussage des jungen Karl v Beethoven selbst, welcher mir mehrmahl das Bekenntniß ablegte, daß er über seine liebe Mutter schimpfen müße, so sehr er es auch einsehe, daß es gefehlt sey; so wie er auch seinem H. Onkel nie die Wahrheit sagen dürfe, weil er ihm nur die Lügen glaube. Welches Leztere er auch bey Gelegenheit in meiner Gegenwart seiner Frau Mutter erzählte, und gewiß am gehörigen Orte mehr von seinem H. Onkel sagen würde, wenn er nichts zu fürchten hätte, bey seinem H. Onkel verrathen, und dann von ihm mißhandelt zuwerden. Auch kam einmahl Hr. Ludwig v Beethoven mit froher Laune zu mir, und erzählte mit einer Schadenfreude, daß sein Neffe seine Mutter nicht leiden könne, und er sie heute eine Rabenmutter genannt habe.«[13]

Der Pfarrer empfahl daher, das Kind aus der Obhut seines Onkels zu nehmen und in ein öffentliches Institut zu geben, damit weder Mutter noch Onkel Einfluss auf ihn ausüben könnte. Das Zeugnis war von Karls Mutter angefordert worden, um das Gericht auf ihre Seite zu ziehen und ihre Argumentation zu stützen.

Ab Herbst 1818 besuchte der Neffe weiter das Gymnasium. Zuhause bei Beethoven kam es aber ständig zu Spannungen und Konflikten. Gleichzeitig zweifelte Johanna van Beethoven im September 1818 erneut die erzieherischen Fähigkeiten ihres Schwagers vor Gericht an (ihr Kind sei moralisch und physisch verwahrlost und werde auch weder anständig gekleidet noch gewaschen) und drang auf die externe Unterbringung in einer Erziehungsanstalt (also außerhalb des Einflussbereichs Beethovens), worauf Beethoven seinerseits wieder mit Vorwürfen gegen die moralische Verfassung seiner Schwägerin antwortete, die er im Schriftverkehr mit seinen Anwälten und den Internatsleitern gerne auch als »Königin der Nacht« bezeichnete.[14]

Der zwölfjährige Karl wurde im ständigen Zusammensein mit seinem fordernden Onkel emotional so aufgerieben, dass er am 3. Dezember 1818 aus dessen Wohnung weg zu seiner Mutter lief. Zwei Tage später brachte man ihn mit Polizeigewalt zu Beethoven zurück. Das polizeiliche Vernehmungsprotokoll[15], in dem sowohl die Aussagen Karls als auch seiner Mutter und seines Onkels festgehalten sind, macht das ganze Desaster der Situation offensichtlich. Das Kind, eingeschüchtert und unsicher, ist Spielball der sich um ihn streitenden Parteien, die auf seinem Rücken einen Machtkampf austragen, den es um jeden Preis zu gewinnen gilt. Im Zuge der Untersuchung tauchte auch ein weiterer, das Kind nicht unmittelbar betreffender Tatbestand auf. Bislang war man davon ausgegangen, dass das »van« in Beethovens Namen ein Adelsprädikat sei, weshalb die Causa vor den Landrechten als dem für die Aristokratie zuständigen Gericht verhandelt wurde. Bei der Befragung stellte sich jedoch heraus, dass es sich im Gegensatz zum deutschen »von« um eine niederländische Herkunftsbezeichnung handelte, die keine Nobilitierung zum Ausdruck brachte. Möglicherweise war das Gericht froh, den leidigen Fall loszuwerden, jedenfalls wurde in der Folge die Streitsache an den Wiener Magistrat verwiesen, der in bürgerlichen Streitfällen zuständig war. Für Beethoven war diese Übertragung an ein nicht-adeliges Gericht eine empfindliche Verletzung seines Stolzes (er hatte aber wohl nicht aktiv versucht, adligen Eindruck zu erwecken sondern solchem nur nicht widersprochen).

Ende Dezember / Anfang Januar 1819 wurde Karl zunächst als externer, ab März dann als interner Schüler in das Internat von Johann Kudlich aufgenommen. Die Auseinandersetzungen nahmen dadurch aber noch kein Ende, denn weiterhin zweifeln die Mutter und ihre rechtlichen Beistände die Erziehungsbefähigung Beethovens an. Im März 1819 trat Beethoven wegen fortdauernder Erziehungsschwierigkeiten von der alleinigen Vormundschaft für Karl zurück. Auf seinen Vorschlag hin wurde der Magistratsrat Mathias Tuscher zum Vormund bestellt, offiziell war aber der Wiener Magistrat als Obervormundschaftsbehörde für die Vormundschaft zuständig. Anfang März wohnte Karl bei seiner Mutter, bevor er ins Kudlich'sche Internat zog. Schon seit Herbst 1818 hatte Beethoven über eine Unterbringung Karls ins bayerische Ausland nachgedacht, einen Plan, den er jetzt verstärkt betrieb: Der Neffe sollte nach Landshut in das Seminar des Reformtheologen Johann Michael Sailer verbracht werden. Damit wäre er nicht nur nachhaltig dem Einfluss seiner Mutter entzogen, sondern auch noch in einer pädagogisch-moralisch Beethoven angemessen und modern erscheinenden Weise erzogen worden. Dieser Plan scheiterte am heftigen Widerstand der Mutter, auf deren Betreiben der Wiener Magistrat schließlich Anfang Mai 1819 die Ausstellung eines Reisepasses für Karl verweigerte.

In seiner Zeit bei Kudlich näherte sich Karl wieder stärker seiner Mutter an, was dem Onkel nicht gefallen konnte. Karl sollte aus dem Internat Kudlichs, »der entweder spizbube oder schwacher Mensch«[16], in jedem Fall aber in seinen Augen ungeeignet für die Erziehung seines Neffens war, entfernt werden, idealerweise doch noch nach Landshut zu Sailer, ein Plan, den Beethoven noch nicht aufgeben wollte. Erneut begann das Tauziehen bei den zuständigen Behörden und schaukelte sich bis zu einer Eingabe Beethovens beim Kaiser (»Hofrekurs«) Anfang 1820 hoch, die allerdings ohne Erfolg blieb. Wieder wechselte Karl inzwischen die Erziehungseinrichtung und besuchte vom 22. Juni 1819 an bis August 1823 das Erziehungsinstitut von Joseph Blöchlinger. Am 5. Juli 1819 trat Mathias Tuscher vom Amt des Vormunds zurück, Beethoven übernahm es erneut, wenn auch ohne rechtliche Grundlagen.[17] Um seinen Anspruch zu untermauern, suchte er gleichzeitig die Unterstützung seines Gönners Erzherzog Rudolph, auf dessen Einfluss als Mitglied des Kaiserhauses er hoffte.[18] Auch versuchte er erneut, den Kontakt der Mutter zu ihrem Kind zu unterbinden, ebenso wie den Kontakt des Kindes zu seinem Bruder Johann, dem er ebenfalls nicht traute, weil er seinem Neffen nur Versprechungen mache.[19] Im Zuge dieser Auseinandersetzungen trat immer stärker auch Beethovens grundsätzlich zunehmender Argwohn Dritten gegenüber hervor. Selbst seinem Neffen misstraute er. »Mein Neffe sollte also wirklich ganz feindlich gegen mich gesinnt seyn, u. wenn es wäre, so sollte er also hierin fo[r]tfahren dörfen,? – oder versuche gemacht werden können, ob er diese rabenMutter mehr liebt oder mich,?«[20] beklagte er sich bitter bei Joseph Karl Bernard, der ihn zu dieser Zeit in Fragen der Vormundschaft beriet. Beethoven spürte die innere Distanz seines Neffen zu ihm und warf dem Kind vor, ihn nicht zu lieben und keinerlei Anzeichen von Anhänglichkeit zu zeigen. Hinter der Gefühlskälte vermutete er aber wiederum »die pestartige Mutter«[21], der er unterstellte, dem Kind die ablehnende Haltung einzureden. Tatsächlich hatte die Mutter das Kind im Frühjahr negativ beeinflusst, in dem sie ihm z.B. empfahl, die Prüfungen nicht zu bestehen, um nicht ins Ausland auf die Schule geschickt zu werden. In die Kritik geriet auch Blöchlinger, den Beethoven verdächtigte, im Sinne der Mutter tätig zu werden und zu nachsichtig zu sein. Entsprechend waren auch die Beschimpfungen, die er für den Erzieher fand, den er als »Esel«, »Pferde-Erzieher« oder »Flegel« bezeichnete und drohte, ihn »als verführer der Jugend in schlechte Gesellschaft«[22] anzuklagen.

Im August setzt der Magistrat Beethoven von einer Reihe Anschuldigungen seiner Schwägerin gegen ihn in Kenntnis und fordert ihn auf, von der Vormundschaft zurückzutreten. Am 17. September 1819 wurde Beethoven offiziell als Vormund seines Neffen abgesetzt, da seine Taubheit ein gesetzliches Hindernis zur Ausübung dieses Amtes darstellte. An Beethovens Stelle wurde Johanna van Beethoven zum Vormund eingesetzt, Mitvormund wurde der Stadtsequester Leopold Nußböck. Beethoven legte mehrfach erfolglos Widerspruch gegen die Entscheidung ein. Die Auseinandersetzung um das Kind sollte schließlich die letzte gerichtliche Instanz treffen: Beethoven legte am 7. Januar 1820 beim Appellationsgericht Berufung wegen der Vormundschaft ein[23] und formulierte zur Begründung am 18. Februar eine Denkschrift.[24] Darin legte er detailliert den schlechten Lebenswandel seiner Schwägerin dar und schilderte als Kontrast, in welch aufopfernder Weise er selbst sich um das Wohl seines Neffen kümmere. Beethovens Denkschrift selbst gelangte wohl nicht zum Gericht, aus ihrem Inhalt formulierte Bernard eine Eingabe, die den zuständigen Appellationsrat Winter im März erreichte. Nach einer Vorladung im März, bei der das Gericht versuchte, Beethoven davon zu überzeugen, dass er nicht alleiniger Vormund sein könne, urteilte das Appellationsgericht endgültig am 8. April 1820. Beethoven wurde zusammen mit dem fürstlich Lobkowitzischen Hofrat Karl Peters zu »gemeinschaftlichen Vormündern«[25] bestimmt. Damit folgte das Gericht einem Vorschlag Beethovens, der den Erzieher der Kinder des Fürsten Lobkowitz für dieses Amt ins Spiel gebracht hatte. Johanna van Beethoven wurde gänzlich von der Vormundschaft ausgeschlossen und ihr wurde der Umgang mit ihrem Kind ohne vorherige Genehmigung untersagt. Johanna van Beethoven versuchte zwar, über einen Hofrekurs das endgültige Urteil aufheben zu lassen, hatte damit aber keinen Erfolg, weil ihre Eingabe zurückgewiesen wurde. Damit war der Gerichtsbeschluss endgültig und nicht mehr anfechtbar. Nachdem Beethoven vom Tode seines Bruders im November 1815 an um seinen Neffen Karl gekämpft hatte, hatte er sein Ziel im Juli 1820 endlich erreicht.

Auch im Jahr 1820 flüchtete Karl immer wieder kurz zur Mutter und suchte ihre Nähe. Allerdings gingen diese Episoden nicht mehr so dramatisch aus, dass die Polizei eingeschaltet wurde, obwohl Beethoven weiter versuchte, den Kontakt so gut wie möglich zu unterbinden und dafür auch härtere Schritte erwog. Von August 1823 an lebte Karl wieder bei seinem Onkel und studierte Philosophie an der Universität. Im Juni 1824 wurde entschieden, dass Karl das Studienjahr wiederholen solle, da er Kurse und Vorlesungen versäumt hatte und die Prüfungen nicht bestehen würde. Bereits in diesem Juni äußerte Karl auf Beethovens Nachfrage hin erstmals den Wunsch, zum Militär zu gehen: »Du wirst meine Wahl seltsam finden, aber ich spreche dennoch frey, wie es meine Neigung mir eingibt. Der Stand, den ich wählen möchte, ist auch nicht von dem gemeinen. Im Gegenteil, er erfordert auch Studium; nur von andrer Art; und, wie ich glaube, meiner Neigung angemeßner. | Soldat.«[26] Im Mai 1825 brach er sein Studium ab und schrieb sich in die kaufmännische Sektion des Polytechnikums in Wien ein. Zu dieser Zeit wohnte er nicht mehr bei Beethoven, sondern beim Kanzleibeamten Mathias Schlemmer. Im April 1825 zog Vormund Karl Peters nach Prag um, Franz Michael Reisser, der Vizedirektor des Polytechnikums, übernahm an seiner Statt die Mitvormundschaft für Karl.

Am 6. August 1826 unternahm Karl einen Selbstmordversuch, der jedoch misslang. Die Gründe dafür sind nicht eindeutig. Seine Lebenssituation und der emotionale Druck, den Beethoven ständig auf ihn ausübte, werden sicher dazu beigetragen haben. Hauptgründe waren möglicherweise Spielschulden und finanzielle Schwierigkeiten. Infolge des Selbstmordversuchs trat Beethoven im September endgültig von der Vormundschaft zurück, sein Jugendfreund Stephan von Breuning übernahm diese Aufgabe. Nach der Genesung gab Karl seine Studien auf und schlug eine Offizierslaufbahn in der Armee ein. Durch Vermittlung Stephan von Breunings trat er in das 8. Mährische Infanterie-Regiment ein und reiste am 2. Januar 1827 nach Iglau, dem Truppenstandort, ab. Seinen Onkel sollte er nicht mehr zu Gesicht bekommen. Dass die Berufswahl Militär nicht nur Flucht, sondern offenbar wirklich Karls Wunsch war, zeigt das Postskriptum seines Briefes an Beethoven vom 13. Januar 1827: »Glaube ja nicht, daß die kleinen Entbehrungen, denen ich jetzt unterworfen bin, mir meinen Stand zuwider machen, sey vielmehr überzeugt, daß ich recht zufrieden lebe, u. nur bedaure, so weit von dir entfernt zu seyn. Mit der Zeit wird aber auch das anders werden.«[27] Am 3. Januar 1827 hatte Beethoven testamentarisch seinen Neffen zum Universalerben bestimmt (der wesentliche Teil des Vermögens bestand aus sieben Bankaktien) und setzte ihn in einem letzten Testament am 23. März zum Alleinerben ein. Allerdings erbte Karl nur den Fruchtgenuss (Nießbrauch) des Vermögens, das Vermögen selbst sollten erst seine natürlichen oder testamentarischen Erben bekommen. Nach dem Tod Stephan von Breunings am 4. Juni 1827 wurde ein Verwandter von Karls Mutter, Jakob Hotschevar, zum Vormund bestimmt, ein Amt, das er bis zur Großjährigkeit Karls im September 1830 ausübte. Im Mai 1832 verließ Karl auf eigenen Wunsch das Militär und lebte von nun an als Privatier in Wien. Er unternahm in den Jahren 1834 und 1835 Versuche, Anstellungen im Staatsdienst zu erhalten, die allerdings erfolglos blieben. Am 28. August 1832 heiratete er Karolina Barbara Naske (1808–1891). Gemeinsam hatten sie fünf Kinder: Karoline Johanna (1831–1919), Maria Anna (1835–1891), Ludwig Johann (1839–zwischen 1890 und 1916), Gabriele (1844–1914) und Hermine (1852–1887). Karl van Beethoven starb am 13. April 1858 in Wien an Leberkrebs.

Beethovens Verhältnis zu seinem Neffen war geprägt von seiner Vorstellung, dem Knaben eine gute Erziehung zu bieten und an Vaters Stelle zu treten. Schon im Januar 1816 berichtete er Erzherzog Rudolph, er sei »vater einer armen Waise geworden«[28]. Auch seinem Neffen erklärte er im November 1816, er sei »statt Seiner [des leiblichen Vaters] dir ganz vater«, »u. du siehst, wie ich alles, dir dieses ganz zu seyn, hiezu aufbiete«[29]. Mit der übernommenen Vaterschaft verbunden war Beethovens Wunsch, das Kind »vor seiner verdorbenen Mutter zu retten«[30], ein Sachverhalt, dem er immer wieder Ausdruck verlieh. Einen jungen Menschen zu erziehen und aus ihm einen »rechtliche[n] u. vorzügliche[n]«, also einen guten Menschen[31] zu machen, »etwas besseres hervorzubringen als ich selbst«[32], war Beethovens oberste Maxime hinsichtlich seines Neffen – ein hehres Ziel, das schließlich grandios scheiterte und unweigerlich zu Konflikten und Enttäuschungen führte. Obwohl in allen Schriftsätzen immer wieder das Kindeswohl betont wurde, war Beethovens Verhalten in erster Linie selbstsüchtig (»ich will meinem

Nahmen durch meinen Neffen ein neues Denkmaal stiften«[33]). Alle seine Sehnsüchte und Hoffnungen Familie betreffend projizierte Beethoven auf Karl, sein Neffe sollte ihm den Wunsch nach einer liebenden Familie erfüllen. Dabei hatte Karl – so scheint es – mehr Pflichten als Rechte, und an sein Betragen wurden nahezu unerfüllbare Forderungen in Bezug auf Moral und Tugend gestellt, emotionale Bedürfnisse eines Kindes fielen zu keinem Zeitpunkt ins Gewicht. Beethovens geringes Einfühlungsvermögen in das Gefühlsleben Karls und dessen Genötigtsein, es dem Onkel auf jeden Fall Recht zu machen, mag ein kurzer Brief an Giannattasio del Rio verdeutlichen, den Beethoven am 14. November 1816, ein Jahr nach dem Tod seines Bruders schrieb:

> »Verehrter Freund! für Morgen bitte ich mir Karln Aus, da es der TodesTag seines Vaters ist, u. wir sein Grab besuchen wollen, vieleicht komme ich gegen 12 oder Ein uhr ihn abholen – ich wünschte zu wissen, welche wirkung mein Verfahren mit Karl nach ihren neulichen Klagen hervorgebracht hat – Unterdessen hat es mich sehr gerührt ihn so empfindlich für Ehre zu finden, schon bey ihnen machte ich Anspielungen auf seinen geringen Fleiß, ernster als sonst giengen wir mit einander, furchtsam drückte er mir die Hand, allein dies fand keine Erwiedrung, Bey Tische Aß er beynahe gar nichts, u. sagte, daß er sehr Traurig sey, die Ursache warum konnte ich noch nicht von ihm erfahren, endlich beym spazieren gehn, erklärte er, daß er so traurig sey, weil er nicht so fleißig habe seyn können als sonst, ich that nun das meinige hiebey u. zwar freundlicher als zuvor, Zartgefühl zeigt sich gewiß hieraus, u. eben d.g. Züge laßen mich alles gute von ihm hoffen – komme ich morgen nicht selbst zu ihnen, so bitte ich sie mir nur einige Zeilen schriftlich von dem Erfolg meines Zusammenseyns mit K. –«[34]

Karl war zu diesem Zeitpunkt gerade einmal zehn Jahre alt.

Beethovens Verhalten Karl gegenüber schwankte ständig zwischen Liebesbezeugungen und Fürsorge auf der einen und unbarmherziger, kompromissloser Strenge und Kontrollsucht auf der anderen Seite. Er hatte überdies hohe Ansprüche an Dankbarkeit und Liebe seitens seines Neffen. Entsprach Karls Zuneigung nicht den Erwartungen, reagierte Beethoven gekränkt und warf ihm Verstocktheit, Undankbarkeit und Gemütlosigkeit vor.[35] Nach der endgültigen Übernahme der Vormundschaft durch Beethoven im Jahre 1820 besserte sich das Verhältnis vorübergehend und blieb etliche Jahre einigermaßen stabil. Als Karl 1823 wieder bei seinem Onkel wohnte, übernahm er – wie enge Freunde auch – mancherlei Tätigkeit der Alltagsorganisation und arbeitete auch als Sekretär für seinen Onkel, dessen Korrespondenz er erledigte. Beethoven überwachte jedoch kontrollsüchtig jeden Schritt seines Neffen, war misstrauisch und besitzergreifend. Als er den Sommer 1825 in Baden verbrachte, blieb Karl in Wien, wurde aber mit Briefen seines Onkels überschüttet und unablässig zu Besuchen aufgefordert. Beethoven schreckte auch nicht davor zurück, Bekannte um Bericht über Karls Tun und Lassen anzugehen. Die Schreiben sind im Tonfall in einer Mischung aus Larmoyanz, Ermahnung und Druck gehalten, unterzeichnet sind diese Briefe in der Regel mit »Vater«, die Anrede lautet meist »lieber Sohn«. Beethoven schreckte nicht davor zurück, seinem Neffen unverhohlen schwere Vorhaltungen zu machen:

»ich wünsche, daß deine selbstsucht gegen mich endlich nachlaße, eben so wenig thut sie mir wohl als sie dich auf den rechten u. besten weg bringt; fahr nur fort, du wirst es bereuen, nicht daß ich vieleicht früher sterbe, da dies dein wunsch wäre, sondern ich werde mich lebend gänzl. von dir trennen, ohne dich des wegen zu verlaßen u. nicht zu Unterstüzen – suche den Narrn, der sich so geopfert, u. So belohnt worden u. tägl. von dir wird, das schlimmste s[ind] die Folgen, die für dich se[lbst] durch dein Betragen entstehen werden, wer wird dir glauben trauen, der Hört was geschehen u. wie du täglich mich verwundet hast u. tägl. verwundest.«[36]

Beethoven wusste genau, dass er in jeder Hinsicht am längeren Hebel saß, da Karl erst mit 24 volljährig wurde und so lange sowohl finanziell als auch juristisch von ihm abhängig war. Auch Beethovens Berühmtheit und seine Verbindungen in höchste Kreise machte seine Machtposition, die er erbarmungslos ausspielte, erdrückend. Das schwierige Verhältnis zwischen Onkel und Neffen gipfelte schließlich in der Katastrophe: dem Selbstmordversuch Karls 1826, den der Junge im anschließenden Polizeiverhör mit den Worten kommentierte: »Ich bin schlechter geworden, weil mich mein Onkel besser haben wollte«[37].

Anmerkungen

1 Zu den Kompositionen Kaspar Karl van Beethovens siehe Sh. A. Kojima, »Kaspar Anton Karl van Beethoven als Musiker: Leben und Werk«, in: *Istituto Giapponese di Cultura in Roma*, Annuario XIV (1977/78), Rom 1978, S. 79–108.

2 »Mein Bruder, den ich mit wohlthaten überhaüft, um dessen willen ich selbst mit zum theil im Elende bin, ist – mein größter Feind!«, BGA 678 an Joseph Reger vom 18. Dezember 1813.

3 BGA 781 vom 3. Februar 1815.

4 Siehe BGA 786, nach dem 1. März 1815 an Joseph Xaver Brauchle.

5 A. W. Thayer, *Ludwig van Beethoven's Leben*, Bd. 3, Berlin 1879, S. 363f.

6 Faksimile in BGA Bd. 3, S. 192.

7 BGA 857 vom 28. November 1815.

8 Siehe S. Brandenburg, »Johanna van Beethoven's embezzlement«, in: *Haydn, Mozart, & Beethoven. Studies in the Music of the Classical Period. Essays in Honour of Alan Tyson*, hrsg. von dems., Oxford 1998, S. 237–251.

9 BGA 866 an das k. k. niederösterreichische Landrecht, 20. Dezember 1815. In einem Entwurf zu diesem Schreiben (BGA 865) hatte Beethoven noch den niederträchtigen Charakter seiner Schwägerin ausgeführt: »weder Haußhälterin noch Frau, dem Puz unmäßig ergeben, so faul u. träge«.

10 BGA 905 vom 15. Februar 1816, 907 vom 22. Februar 1816, 915 vom 8. März 1816.

11 BGA 901 vom 11. Februar 1816.

12 BGA 1149 vom 30. Juli 1817.

13 BGA Dokumentenband (in Vorbereitung), Dokument 86. Text auch abgedruckt bei A. W. Thayer, *Ludwig van Beethoven's Leben*, Bd. 4, hrsg. von H. Riemann Leipzig 1907, S. 549.

14 BGA 1297 an das k. k. niederösterreichische Landrecht vom 25. September.

15 BGA Dokumentenband (in Vorbereitung), Dokument 90.

16 BGA 1308 an Joseph Karl Bernard vom 16. Juni 1819.

17 BGA 1311 an den Wiener Magistrat vom 5. Juli 1819.

18 BGA 1312 vom 15. Juli 1819.
19 BGA 1314 an Joseph Karl Bernard vom 19. Juli 1819.
20 BGA 1315 an Joseph Karl Bernard vom 22. Juli 1819.
21 BGA 1321 an Joseph Karl Bernard vom 19. August 1819.
22 BGA 1315.
23 BGA 1363.
24 Beethoven-Haus Bonn, Slg. H. C. Bodmer, HCB Br 1.
25 BGA 1382, der Wiener Magistrat an Beethoven, 20. April 1820.
26 BKh 6, S. 281.
27 BGA 2250.
28 BGA 887.
29 BGA 998.
30 BGA 934.
31 BGA 998.
32 BGA 880.
33 BGA 1287 an Franz Tschischka, um den 1. Februar 1819.
34 BGA 997.
35 BGA 1314, 1321.
36 BGA 2069 vom 12. Oktober 1825.
37 BKh 10, S. 169.

Treue Freunde und Beförderer der Kunst – Beethovens Mäzene

Von Julia Ronge

Zahlreiche Gönner, Mäzene und Wohltäter unterstützten Beethoven bei den Belangen seines Künstlerlebens, aber auch bei der Bewältigung seines Alltags. Nicht alle waren Mäzene im engeren Sinne, also Förderer, die in erster Linie finanzielle Unterstützung boten. Beethoven war neben hilfreichen Freunden auch umgeben von einer großen Zahl von Wohltätern, die ihm mit Rat und Tat oder Sachleistungen beistanden, zum Teil wohl sogar von ihm unbemerkt. Exemplarisch für diese schwer abgrenzbare Gruppe von Gönnern steht Helene Genoveva von Breuning, geb. Freiin von Kerich (1750–1838). Sie war mit dem kurkölnischen Hofrat Joseph Emmanuel von Breuning (1740–1777) verheiratet gewesen, der beim großen Bonner Schlossbrand 1777 ums Leben kam. Der junge Ludwig van Beethoven wurde von ihr im Alter von elf Jahren auf Empfehlung Franz Gerhard Wegelers als Klavierlehrer für die Kinder Eleonore und Lorenz (Lenz) engagiert. Wegeler berichtet uns auch von der Atmosphäre bei Breunings: »In diesem Hause herrschte, bei allem jugendlichen Muthwillen, ein ungezwungener, gebildeter Ton. […] Hausfreunde zeichneten sich durch gesellige Unterhaltung aus, welche das Nützliche mit dem Angenehmen verband. Setzen wir noch hinzu, daß in diesem Hause, besonders vor dem Kriege, ein ziemlicher Wohlstand herrschte, so begreift sich leicht, daß bei Beethoven sich hier die ersten fröhlichen Ausbrüche der Jugend entwickelten.«[1] Beethoven, der aus einem armen und bildungsfernen Elternhaus stammte, wurde in dem Familienkreis schnell heimisch und vertraut. Helene von Breuning öffnete ihm ihr Haus und ihr Herz und nahm den ungebärdigen, temperamentvollen und eigensinnigen jungen Mann trotz des Standesunterschieds in ihren Kreis auf. In seinem Brief an Beethoven vom 25. Dezember 1825 stellte Wegeler, der seit 1802 mit ihrer Tochter Eleonore verheiratet war, fest: »war doch das Haus meiner Schwiegermutter mehr dein Wohnhaus als das deinige, besonders nachdem du die edle Mutter verloren hattest.«[2] Bisweilen nahm Helene von Breuning den Jungen sogar mit nach Kerpen, wo die Familie regelmäßig im Sommer etliche Wochen Ferien machte. Sie achtete allerdings auch auf seine Erziehung und Manieren und verstand es, ihn positiv zu lenken und seinen Eigensinn einzuschränken.

> »Beethoven wurde bald als Kind des Hauses behandelt; er brachte nicht nur den größten Theil des Tages, sondern selbst manche Nacht dort zu. Hier fühlte er sich frei, hier bewegte er sich mit Leichtigkeit, Alles wirkte zusammen, um ihn heiter zu stimmen und seinen Geist zu entwickeln. […] Die […] Mutter von Breuning besaß die größte Gewalt über den oft störrischen, unfreundlichen Jüngling.«[3]

Im Salon Helene von Breunings erhielt Beethoven auch ersten Zugang zu Literatur: »Die erste Bekanntschaft mit deutscher Literatur, vorzüglich mit Dichtern, so wie seine erste Bildung für das gesellschaftliche Leben erhielt Ludwig in der Mitte der Familie von Breuning in Bonn.«[4] Besonders nach dem Tod seiner Mutter 1787 fand Beethoven bei Breunings Liebe, Geborgenheit und emotionale Heimat, was er der Familie, aber besonders Helene von Breuning niemals vergaß. Wahrscheinlich ermöglichte ihm, der von Hause aus nur wenig Etikette oder Benimm und auch keine Bildung hatte, erst ihr Einfluss, adeligen Ansprüchen gerecht zu werden und damit mittelbar Anerkennung und Aufstieg.

Beethovens erster finanzieller Unterstützer war der Bonner Kurfürst Maximilian Franz (1756–1801), seit 1784 Erzbischof von Köln und in dieser Funktion Beethovens erster Arbeitgeber. Er beurlaubte Beethoven für dessen erste Wienreise bereits Ende 1786 vom Dienst am heimischen Hof.[5] 1792 stellte er ihn erneut, diesmal für Studien bei Joseph Haydn in Wien frei. Der Erzbischof förderte den jungen, hochbegabten Musiker und setzte ihm ein Stipendium aus: für die geplante Dauer seines Aufenthaltes gewährte er ihm bis März 1794 ein Jahresgehalt von 200 Dukaten. Den außergewöhnlichen Gunstbeweis einer Bildungsreise, der nur begabten und aussichtsreichen Angestellten zuteilwurde, erhielt Beethoven sogar zweimal, das erste Mal in einem Alter, in dem er kaum dem Stimmbruch entwachsen gewesen sein dürfte. Doch stellt sich die Frage, ob Max Franz tatsächlich ein Mäzen im engeren Sinn war. Schließlich erwartete er eine Gegenleistung: der vielversprechende junge Mann sollte gut ausgebildet nach Bonn zurückkehren und zum Aushängeschild der erzbischöflichen Hofmusik werden. Haydn musste 1793 nach Abschluss des Studienjahres einen Bericht und Arbeitsproben abliefern, in denen der Fortschritt des Schülers und dessen Befähigung beurteilt wurden.[6] Die Gunst Maximilian Franz' war nicht uneigennützig und auch nicht unbegrenzt. Ende 1793 lehnte er eine Erhöhung des ausgesetzten Geldbetrages Haydn gegenüber ab und forderte Beethovens Rückkehr nach Bonn. Die Worte, die Max Franz in seinem Antwortentwurf an Joseph Haydn formuliert, entbehren nicht einer gewissen Schärfe: »Ich denke daher, ob er [Beethoven] nicht wieder seine Rückreise hieher antreten könne um hier seine Dienste zu verrichten; denn ich zweifle sehr, daß er bey seinem itzigen Aufenthalte wichtigere Fortschritte bey der Composition und Geschmack gemacht haben werde, und ich fürchte, daß Er eben so wie bei seiner ersten Wienner Reise bloß Schulden von seiner Reise mitbringen werde.«[7] Die unwirsche Reaktion klingt weder huldvoll noch besonders wertschätzend. Dennoch war der Kurfürst seinem eigenwilligen Hofmusiker gegenüber vergleichsweise tolerant. Obwohl in diesem Entwurf der Wunsch einer Rückkehr Beethovens nach Bonn geäußert wird, erfolgte eine solche Heimreise bekanntermaßen nicht. Beethoven hätte sich aber einer formellen Aufforderung seines Dienstherrn nicht offen widersetzen können. Zwar plante der Kurfürst zu Jahresbeginn 1794 aus finanziellen Gründen (wegen der hohen Kriegskosten), die Hof- und Kirchenmusik stark einzuschränken, einige wenige »Extramusici« – ein Streichquartett, die Harmoniemusik, zwei Sänger und Beethoven als Pianist – sollten aber behalten und aus seiner Privatschatulle (»bey der Chatoulle«) bezahlt werden.[8] Maximilian Franz gab seine Bonner Residenz erst Anfang Oktober 1794 auf der Flucht vor den französischen Truppen endgültig auf.[9] Hätte er Ende 1793/Anfang 1794 ernsthaft eine Rückkehr Beethovens gefordert, so wäre dafür auf jeden Fall noch genug Zeit geblieben; einer solchen Anweisung hätte Beethoven sicher Folge leisten müssen. Offenbar ist sie nie erfolgt.

Der Kurfürst traf wenige Wochen nach dem Briefentwurf, am 16. Januar 1794, in Wien ein[10] und sollte knapp drei Monate bleiben. Sicher war seine Ankunft in Wien schon vorher bekannt, bestimmt wusste Beethoven rechtzeitig vom Aufenthalt des Kurfürsten. Haydn reiste am 19. Januar nach England ab – eine Reise, auf der ihn Beethoven nach ursprünglicher Planung hätte begleiten sollen. Es liegt daher nahe, dass gerade die Anwesenheit von Maximilian Franz in Wien diese Reisepläne zunichtemachte. Ein offizielles Schreiben des Kurfürsten als Antwort auf Haydns Rapport vom November 1793 ist nicht überliefert, es ist fraglich, ob es überhaupt angefertigt wurde. Möglicherweise hatte der Kurfürst auch darauf verzichtet, eine Antwort auszuformulieren, weil er wusste, er würde in Wien mit Beethoven zusammentreffen. Auch eine Unterredung mit Haydn, an den die Antwort gerichtet gewesen wäre, hätte zumindest geplant sein können, auch wenn eine solche wegen Haydns Englandreise nicht stattgefunden hat. Für Beethoven war der kurfürstliche Besuch von existenzieller Bedeutung. Zweifellos wird er um eine Unterredung mit seinem Dienstherren nachgesucht haben. Entweder, um überhaupt dessen Urteil einzuholen oder auch, um sich zu rechtfertigen und von den Vorwürfen zu befreien. Beethoven wollte in Wien bleiben und weiter studieren, idealerweise mit fortdauerndem Stipendium. Auch stand seine Reputation als Musiker und damit seine berufliche Existenz auf dem Spiel. Ein etwaiges in der Wiener hochadeligen Gesellschaft geäußertes Missfallen über Beethoven von Seiten Maximilian Franz', Kurfürst und Mitglied des Kaiserhauses, hätte seiner Lebensgrundlage den Boden entzogen. Beethoven musste schon deshalb mit dem Kurfürsten zusammentreffen, um diesen davon zu überzeugen, dass er durchaus Fortschritte gemacht hatte und weiterer Protektion würdig war.

Maximilian Franz reiste am 5. April wieder ab[11], Beethoven blieb, wenn auch ohne Bezüge – die letzte bekannte Geldleistung floss im März 1794, eine Auszahlung aus dem früheren Gehalt des Vaters.[12] Hätte Maximilian Franz ernsthaft seinen Musiker bei sich haben wollen, wäre es ihm ein Leichtes gewesen, diesen umgehend zur Heimkehr zu zwingen. Möglicherweise ist es Beethoven gelungen, seinen Kurfürsten umzustimmen, oder dieser hat über den Wiener Hochadel von der Begabung und den Fortschritten seines Hofmusikers erfahren. Formal blieb Beethoven weiterhin in kurkölnischem Staatsdienst (eine offizielle Entlassung ist nicht bekannt). Noch im »Kurköllnische[n] Hofkalender auf das Jahr 1794« wird er regulär als Organist und Bratschist geführt. Ende März 1794 unterzeichnete Beethoven seinen Stammbucheintrag für den Geiger Franz Clement (1780–1842) noch mit dem Zusatz »(in Diensten S. K. D. zu Kölln)«.[13] Zwar erhielt er keine Besoldung mehr, scheint aber weiterhin seinen Angestelltenstatus behalten zu haben. Ob er unter Umständen doch noch Zahlungen aus der Schatulle erhielt, ist nicht bekannt. Die Erlaubnis, wunschgemäß in Wien zu bleiben, kann als weiterer Gunstbeweis des Kölner Kurfürsten gedeutet werden. Maximilian Franz versuchte nach seinem Exil von 1794 an bis zum Ende seines Lebens, sein ehemaliges Kurfürstentum zu retten und zurückzuerhalten. Als 1798 klar war, dass die linksrheinischen Gebiete verloren waren, dachte er darüber nach, die rechtsrheinischen Restterritorien mit seinem ehemaligen Fürstbistum Münster zu vereinen und einen neuen Kurstaat mit Hauptsitz in Münster zu schaffen. Im sogenannten Münsterischen Hofstaatsentwurf[14] verfasste Maximilian Franz Ende 1797 / Anfang 1798 eigenhändig ein Konzept zu einem solchen Kurstaat. Auch Beethovens Name taucht mehrfach darin auf. In einer Liste zum Hofstaatsentwurf wird er mit dem Vermerk »bleibt ohne Gehalt in Wienn bis er einberufen wird« geführt.[15] Im »Entwurf eines künftig combinirten Hofstaats«[16] wird Beethoven zwar nicht genannt, allerdings ist aus einer weiteren Aufstellung ersichtlich, dass er durchaus seinen Platz in der Planung hatte. So zeigt eine mit »Aenderungen in der Abwesenheit von Bonn«[17] überschriebene Tabelle, die die Hofangestellten nicht nur mit Rang und Namen, sondern auch sowohl ihr ehemaliges als auch ihr künftiges Gehalt auflistet, dass mit Beethoven gerechnet wurde. Dort ist zunächst als Organist Neefe eingetragen, daneben jedoch mit Bleistift »+ tod« vermerkt und »Beethoven« als Ersatz notiert. Schließlich taucht Beethovens Name in einer Liste »Pensionistenstand«[18] auf, wo er unter den Musikern geführt wird, die »bey der Chatoulle« bezahlt wurden – sein Gehalt belief sich auf 600 Gulden –, und als »absens« gekennzeichnet ist. Maximilian Franz' eigenhändige Aufzeichnungen zu Stellenvergaben – der »Münsterische Hofstaatsentwurf« bezieht sich auf alle Ämter eines Hofstaates und nicht nur auf die Musiker – lassen den Schluss zu, dass er sehr genau unterrichtet war, womit seine ehemaligen Angestellten ihren Lebensunterhalt verdienten und wo sie sich gerade aufhielten. Es macht den Anschein, als habe Maximilian Franz bei denen, die nicht offiziell abgedankt hatten oder pensioniert waren, das Dienstverhältnis nur so lange ruhen lassen, wie er ohne eigenen Hofstaat war, weil die territorialen Verhältnisse aufgrund der Kriegs- und Besatzungswirren der Napoleonischen Kriege ungeklärt waren. Im Falle eines neuen Staatsgebildes unter seiner Herrschaft hätte er seine Angestellten wieder zusammengerufen.

Als Beethoven auf seiner großen Konzerttournee 1796 nach Prag, Dresden, Leipzig und Berlin in Dresden ankam, suchte er dort als erstes den kurkölnischen Hofmarschall[19] Clemens August von Schall (1758–1814) auf, der sich von 1794 bis 1797 in Dresden aufhielt. Schall pflegte einen reichen brieflichen Austausch mit Maximilian Franz und berichtete diesem von Beethovens Besuch im April 1796. Schall betont, Beethoven »soll sich unendlich gebeßert haben und gut componiren.«[20] Volkmann vermutet, dass Beethoven bei Schall wegen eines Freundschaftsbesuchs bei einem alten Bonner Vertrauten sowie auf der Suche nach Protektion am Dresdner Hof vorstellig wurde.[21] Allerdings gibt Schall im Mai 1796 an Maximilian Franz weiter: »Er [Beethoven] hat mich ausdrücklich begehrt, bey zeit und gelegenheit Ihn Euer Kurfürstlichen D[urc]h[lauch]t untertänigst zu füßen zu legen und zu fernern hohen Gnaden zu Empfehlen.«[22] Aus dieser Formulierung spricht immer noch Beethovens Verbundenheit seinem Kurfürsten gegenüber aus dem Bewusstsein einer immer noch vorhandenen, wenn auch ruhenden Abhängigkeit. Vielleicht hoffte Beethoven sogar, im Falle einer wie auch immer gearteten Restitution wieder eine Stelle in der Hofmusik Maximilian Franz' zu erhalten oder sogar dessen Kapellmeister zu werden. Aber auch Maximilian Franz scheint seinem ehemaligen Hofmusiker freundlich gesonnen zu sein, antwortet er doch Schall wohlwollend: »Beethoven wird wie ich hoffe von seiner Reise mehr profit, als Simonetti ziehen der überall beklatscht aber nirgends beschenkt wird.«[23] (Auch der genannte Tenor Ludwig Simonetti taucht übrigens im »Münsterischen Hofstaatsentwurf« auf.)

Maximilian Franz' Pläne wurden durch die Zeitläufte vereitelt. Die Interessen der großen Staaten, allen voran Österreich und Preußen, verhinderten, dass er sein Territorium zurückerhielt. Auch die Überlegungen zu einem Münsterischen Kurstaat wurden nicht umgesetzt. Beethovens Verbundenheit mit dem letzten Kölner Kurfürsten zeigt sich aber noch in der geplanten Widmung der *Ersten Sinfonie* 1801.[24] Maximilian Franz verbrachte die letzten Monate vor seinem Tod in Hetzendorf bei Wien, wo sich im Sommer 1801 auch Beethoven aufhielt. Die bereits dem Verlag mitgeteilte Widmung der Sinfonie wurde durch Maximilian Franz' Tod am 17. Juli 1801 vereitelt, macht aber dennoch Beethovens Dankbarkeit gegenüber seinem Kurfürsten deutlich.

Als Beethovens eigentlicher Mäzen in Bonner Zeit gilt im allgemeinen sein Mentor, Ferdinand Graf Waldstein (1762–1823). Gemeinhin wird angenommen, dass Waldstein, der das Vertrauen des Kurfürsten genoss[25], diesen zu dem Stipendium überredete und so entschieden daran beteiligt war, den jungen Beethoven 1792 nach Wien zu Haydn zu schicken. Dies geht zurück auf den Bericht Franz Gerhard Wegelers, demzufolge Waldstein den jungen Beethoven nicht nur materiell unterstützte, sondern auch als ausübender und talentierter Musiker unterrichtet oder seinen Unterricht zumindest subventioniert zu haben scheint.

> »Dieser [Waldstein] war es, welcher unsern Beethoven, dessen Anlagen er zuerst richtig würdigte, auf jede Art unterstützte. Durch ihn entwickelte sich in dem jungen Künstler das Talent, ein Thema aus dem Stegreife zu variiren und auszuführen. Von ihm erhielt er, mit der größten Schonung seiner Reizbarkeit, manche Geldunterstützung, die meistens als eine kleine Gratification vom Kurfürsten betrachtet wurde. Die Ernennung Beethoven's zum Organisten[26], seine Sendung nach Wien durch den Kurfürsten etc. war des Grafen Werk. Wenn Beethoven im später die große, gewichtige Sonate in C dur, opus 53. dedicirte, so war dies ein Beweis der Dankbarkeit, die ungeschwächt bei dem reifern Manne fortdauerte. Diesem Grafen von Waldstein verdankte Beethoven, daß er in der ersten Entwicklung seines Genie's nicht niedergedrückt wurde; deshalb sind auch wir diesem Mäcen für Beethoven's nachherigen Ruhm verpflichtet.«[27]

Allerdings irrt Wegeler sowohl hinsichtlich der Organistenstelle (1784) als auch der ersten Wienreise (Ende 1786), die beide keinesfalls mit Waldstein in Verbindung stehen können, da dieser erst im Februar 1788 nach Bonn kam. Auch war Waldsteins Beziehung zu Beethoven nicht ganz uneigennützig. Die von ihm 1791 zur Untermalung einer höfischen Karnevalsveranstaltung bei Beethoven in Auftrag gegebene Musik zu einem *Ritterballett* WoO 1 ließ er als seine eigene Komposition aufführen, erst Wegeler machte Beethovens Urheberschaft öffentlich.[28]

In Wien angekommen, traf Beethoven auf seinen ersten echten Mäzen: Fürst Karl Lichnowsky (1761–1814). Gut möglich, dass der Kontakt zu Lichnowsky von Waldstein über ein Empfehlungsschreiben angebahnt wurde. Waldstein war von Jugend an mit Lichnowsky bekannt, seine Tante Anna Elisabeth war eine Schwester der Gräfin Wilhelmine von Thun-Hohenstein, die nicht nur einen der wichtigsten Salons in Wien führte (Beethovens *Trio* für Klavier, Klarinette und Violoncello op. 11 ist ihr gewidmet), sondern deren Töchter Maria Christiane und Maria Elisabeth auch mit zwei Gönnern Beethovens, dem Fürsten Lichnowsky und dem Grafen Rasumowsky verheiratet waren. Obwohl sich der Stammsitz der Lichnowskys in Grätz befand, hielt sich der Fürst die meiste Zeit über in Wien auf, wo er als Lebemann und Kunstmäzen bekannt war und ein offenes Haus für Musiker führte. Czernys Erinnerungen zufolge war es sogar Fürst Lichnowsky – und nicht Graf Waldstein –, der Beethovens Reise nach Wien 1792 beförderte.[29] Von Sommer 1794 an wohnte Beethoven in Lichnowskys Haus. Der Fürst war Schüler Mozarts gewesen und veranstaltete in seinem Palais private Konzertdarbietungen, in deren Rahmen z.B. die Uraufführung von Beethovens *Klaviertrios* op. 1 stattfand. Lichnowsky soll 1795 auch den Druck der Klaviertrios finanziert haben[30], die im Juli oder August 1795 bei Artaria in Wien erschienen und die Beethoven auf eigene Rechnung verkaufen durfte. Zudem subskribierte der Fürst auf 20 Exemplare. Lichnowskys Konzertreihe war möglicherweise für den jungen Komponisten noch wichtiger als materielle Unterstützung: Sie beförderte seine musikalische Vernetzung in Wien und brachte ihn in Kontakt mit berühmten Kollegen und deren Musik. Sie ebnete ihm gleichfalls den Weg in die Palais des Hochadels, der bei den Konzerten anwesend war oder durch Mundpropaganda von den dort auftretenden vielversprechenden Interpreten erfuhr. Wegeler, der die Rheinlande nach der französischen Besetzung verlassen hatte und nach Wien gekommen war, war freitags oft zu Gast bei Lichnowsky und berichtet darüber:

> »Jeden Freitag Morgen ward Musik bei [Lichnowsky] gemacht, wobei außer unserm Freunde [Beethoven] noch vier besoldete Künstler, nämlich Schuppanzigh, Weiß, Kraft und noch ein anderer (Link? [recte: Ludwig Sina]), dann gewöhnlich auch ein Dilettant, Zmeskall, thätig waren. Die Bemerkungen dieser Herren nahm Beethoven jedesmal mit Vergnügen an. So machte ihn, um nur Eins anzuführen, der berühmte Violoncellist Kraft in meiner Gegenwart aufmerksam, eine Passage in dem Finale des dritten Trios, Opus I. mit sulla corda G zu bezeichnen und in dem zweiten dieser Trio's, den 4/4 Tact, mit dem Beethoven das Finale bezeichnet hatte, in den 2/4 umzuändern. Hier wurden die neuen Compositionen Beethoven's, in so weit sie dazu geeignet waren, zuerst aufgeführt. Hier fanden sich gewöhnlich mehrere große Musiker und Liebhaber ein. Auch ich war, so lange ich in Wien lebte, meistens, wo nicht jedesmal, dabei zugegen. [...] Hier wurde ihm einst von einem andern ungarischen Grafen [...] eine schwere Bach'sche Composition im Manuscript vorgelegt, die er, wie der Besitzer sich ausdrückte, ganz so, wie Bach sie gespielt hatte, a vista vortrug. Hier brachte ihm einst ein Wiener Autor, Förster, ein Quartett, welches dieser noch am Morgen in's Reine geschrieben hatte. [...] Nach dem Concert bleiben die Musiker gewöhnlich zur Tafel. Hier fanden sich überdies Künstler und Gelehrte ohne Unterschied des Standes ein.«[31]

Beethoven bekam bei den Freitagskonzerten ein Forum für seine eigenen Werke, aber auch ein erstes Feedback von Spezialisten. Er erhielt dort nicht nur kompositorische, sondern auch spielpraktische Tipps der anwesenden Musiker. Außerdem lernte er Werke anderer Komponisten kennen – für ihn besonders im Bereich Streichquartett eine außerordentliche Bereicherung. Beim anschließenden Essen wurde über Musik und andere Themen diskutiert. Besonders der Kontakt zu Lichnowskys Streichquartett stellte sich für Beethoven als prägend heraus. Beethoven freundete sich schnell und dauerhaft mit den

Mitgliedern des »Knabenquartetts« (Ignaz Schuppanzigh, Ludwig Sina, Nikolaus Kraft und Franz Weiss, alle vier waren zum Zeitpunkt der Anstellung bei Lichnowsky noch keine 20 Jahre alt) an, sie begleiteten ihn sein ganzes Leben lang.

Beethovens oben bereits erwähnte erste und einzige Konzerttournee nach Prag, Dresden, Leipzig und Berlin 1796 wurde durch den Fürsten angeregt, wenn nicht sogar teilweise organisiert. Eine ähnliche Reise hatte der Fürst 1789 bereits mit Mozart unternommen. Für den ambitionierten Pianisten und Komponisten Beethoven bot eine solche Reise nicht nur die Möglichkeit, gutes Geld zu verdienen, sondern noch mehr die Gelegenheit, seinen Namen und seine Werke bekannt zu machen.

1800 setzte Fürst Lichnowsky Beethoven ein Jahresgehalt von 600 Gulden aus (»ich kann sagen unter allen ist mir der Lichnowski der erprobteste, er hat mir seit vorigem Jahr 600 fl. ausgeworfen«[32]), das Beethoven bis 1806 bezog. Wie aus dem *Heiligenstädter Testament* von Oktober 1802 hervorgeht, schenkte der Fürst ihm auch vier Streichquartettinstrumente.[33] Seinen engen Freunden Franz Gerhard Wegeler und Carl Amenda gegenüber stellt Beethoven den Fürsten 1801 als engsten Wiener Vertrauten dar: »Lichnowski, der [...] immer mein wärmster Freund war und geblieben«[34] bzw. »ich kann sagen unter allen ist mir der Lichnowski der erprobteste«[35]. Breitkopf & Härtel gegenüber berichtet der Komponist am 16. Januar 1805 über Lichnowsky: »er ist wirklich – was in diesem Stande wohl ein seltenes Beyspiel ist – einer meiner treuesten Freunde und beförderer Meiner Kunst«[36]. Solange die Beziehung zwischen Beethoven und dem Fürsten positiv besetzt war, erhielt dieser in regelmäßigen Abständen Werke gewidmet: neben Opus 1 im selben Jahr (1795) auch die *Klaviervariationen* WoO 69, 1799 die *Klaviersonate* op. 13 (»*Pathétique*«), drei Jahre darauf die *Klaviersonate* op. 26 sowie in 1804 die *Zweite Sinfonie* op. 36. Das freundschaftliche Verhältnis dehnte sich auch auf Familienmitglieder aus: Lichnowskys Schwester Henriette dedizierte Beethoven das *Rondo* op. 51 Nr. 2 (1802), seiner Ehefrau Maria Christiane die *Variationen* für Violoncello und Klavier über ein Thema aus Händels *Judas Maccabäus* WoO 45 (1797) und den Klavierauszug des *Prometheus-Balletts* op. 43 (1801).

Das gute Einvernehmen wurde allerdings im Herbst 1806 durch eine Auseinandersetzung beendet. Beethoven war mit Lichnowsky auf dessen Schloss Grätz gefahren. Dort bat ihn der Fürst, vor französischen Offizieren zu musizieren, was der Komponist empört ablehnte und im Zorn das Schloss verließ, obwohl gerade ein Gewitter niederging. Wie tief dieses Ansinnen Beethoven verletzte, bezeugt noch Jahre später eine bis zu dreifach unterstrichene Aussage in einem Brief an Graf Oppersdorff am 1. November 1808: »Meine Umstände bessern sich – ohne Leute dazu nöthig zu haben, welche ihre Freunde mit Flegeln Traktiren wollen«[37]. Angeblich – ein Originaldokument ist nicht überliefert – soll Beethoven im Zorn Lichnowsky nach dem Vorfall sogar geschrieben haben: »Fürst, was Sie sind, sind Sie durch Zufall und Geburt, was ich bin, bin ich durch mich; Fürsten hat es und wird es noch Tausende geben; Beethoven gibt's nur einen«[38]. Mit Karl Lichnowsky hatte Beethoven danach bis zu dessen Tod 1814 offenbar keinen Kontakt mehr. Dessen jüngerer Bruder, Graf Moritz Lichnowsky, wurde jedoch zu einem engen Vertrauten und Freund (Moritz waren bereits 1803 die *Prometheus-Variationen* op. 35 und 1815 die *Klaviersonate* op. 90 zugeeignet). Auch auf die »verehrungswürdige«

Fürstin Christiane weitete Beethoven seinen Groll nicht aus, im Gegenteil. Im September 1814 ließ er ihr – sie war inzwischen Witwe – über ihren Schwager Moritz ausrichten: »ich küsse der Fürstin die Hände für ihr Andenken und wohlwollen für mich, nie habe ich vergessen, was ich ihnen überhaupt alle schuldig bin, wenn auch ein unglückseliges Ereigniß verhältnisse hervorbrachte, wo ich es nicht so, wie ich wünschte, zeigen konnte« und sandte ihr »tausend Hände Küsse«.[39]

In dem oben zitierten Brief an Oppersdorff berichtet Beethoven auch von Zukunftsplänen, die die wichtigsten Mäzene seines Lebens auf den Plan rufen sollten: »auch bin ich als Kapellmeister zum König von Westphalen berufen, und es könnte wohl seyn, daß ich diesem Rufe folge«[40]. Jérôme Bonaparte (1784–1860), Bruder Napoleons und König von Westfalen, hatte Beethoven das Angebot unterbreitet, an seinem Hof in Kassel in der Nachfolge Johann Friedrich Reichardts (1752–1814) Kapellmeister zu werden. Von einer solchen Stelle hatte Beethoven lange geträumt, zudem waren die in Aussicht gestellten Bedingungen ideal: »in Westphalen habe [ich] 600 [Dukaten] in Gold 150 [Dukaten] reisegeld und nichts dafür zu thun als die Konzerte des Königs zu dirigiren welche kurz und eben nicht oft sind – nicht einmal bin ich verbunden eine oper, die ich schreibe, zu Dirigiren – aus allem erhellt, daß ich dem Wichtigsten Zwecke meiner Kunst Große Werke zu schreiben ganz obliegen zu können – auch ein Orchester zu meiner Disposition«[41]. Durch dieses lukrative Angebot auf Initiative der Gräfin Marie Erdődy und Vermittlung von Ignaz von Gleichenstein alarmiert, entschlossen sich drei kunstsinnige Mitglieder des Hochadels, Fürst Franz Joseph Maximilian Lobkowitz (1772–1816), Fürst Ferdinand Johann Nepomuk Kinsky (1781–1812) und Erzherzog Rudolph von Österreich (1788–1831), Beethoven eine Rente auszusetzen und so seinen Verbleib in Wien zu sichern.

Während Kinsky bis zu diesem Zeitpunkt nicht sonderlich als Kunst- und Musikmäzen aufgefallen war (er übernahm allerdings mit 1800 Gulden den höchsten Anteil am Rentenvertrag), galt vor allem Fürst Lobkowitz als begeisterter Kunstmäzen sowie Musik- und Theaterliebhaber, eine Leidenschaft, die ihn schließlich ruinieren sollte. Lobkowitz unterhielt ein eigenes Orchester und veranstaltete im Konzertsaal seines Palastes regelmäßig Aufführungen, zu denen er die Wiener Hocharistokratie einlud und auf die man subskribieren konnte. Auch mit Lobkowitz war Beethoven schon früh in Kontakt gekommen: Bereits im März 1795 hatte er in dessen Palast Klavier gespielt.[42] Lobkowitz hatte auch auf sechs Exemplare von Beethovens *Klaviertrios* op. 1 subskribiert. 1798 erteilte er Beethoven den Kompositionsauftrag für sechs Streichquartette (parallel dazu erging ein weiterer Auftrag an Joseph Haydn), die 1801 als Opus 18 bei Mollo in Wien erschienen. Beethovens Beziehung zu Lobkowitz schlägt sich in zahlreichen Widmungen nieder: Neben den *Streichquartetten* op. 18 widmete er ihm die *Dritte Sinfonie Eroica* op. 55, das *Tripelkonzert* op. 56, die *Fünfte* und *Sechste Sinfonie* op. 67 und 68 (zusammen mit Graf Rasumowsky) sowie das *Streichquartett* op. 74. Zumindest die Widmungen der Orchesterwerke waren keine Freundschaftsgaben, sondern ein Geschäft, mit dem sich der Widmungsträger gegen Geld für einen festgesetzten Zeitraum (in der Regel ein halbes Jahr) exklusiv die Aufführungsrechte sicherte. So waren beispielsweise das *Tripelkonzert* und die *Eroica* in einer »Probe« bei Lobkowitz im Juni 1804 erstmals zu hören. Nicht alle Widmungen dienten jedoch ausschließlich dem Profit, Beethoven dedizierte

Lobkowitz auch den Liederkreis »An die ferne Geliebte« op. 98, der als eine Gabe des Trostes für den Fürsten in Erinnerung an seine innig geliebte, im Januar 1816 verstorbene Gattin Maria Karoline gedacht war. Wegen Lobkowitz' eigenem Tod im Dezember desselben Jahres erreichte ihn die gedruckte Originalausgabe allerdings nicht mehr.

Der Rentenvertrag wurde am 1. März 1809 unterzeichnet und sicherte Beethoven ein Jahresgehalt von 4.000 Gulden zu, das sich die drei Mäzene zu unterschiedlichen Anteilen aufteilten. Einzige Bedingung des Vertrages war Beethovens Verbleib in Wien. Beethovens Lage besserte sich dadurch schlagartig, allerdings nur vorübergehend. Die Zeiten waren schlecht und erschüttert durch die Napoleonischen Kriege, in die auch Österreich involviert war. Durch den österreichischen Staatsbankrott im März 1811, der den Geldwert auf ein Fünftel einschmolz, verringerte sich die Kaufkraft der Rente drastisch. Aus unterschiedlichen Gründen flossen die Zahlungen der beteiligten Fürsten nicht mehr, lediglich Erzherzog Rudolph beglich seinen Anteil am Rentenvertrag zuverlässig und immer pünktlich.

Fürst Lobkowitz stellte dagegen die Zahlung seines Anteils im September 1811 wegen eigener finanzieller Probleme ein. Im Sommer 1813 wurde er gänzlich zahlungsunfähig und sein Vermögen unter »freundschaftliche Administration« gestellt, sein Schwager Fürst Joseph zu Schwarzenberg verwaltete von da an seine Güter und Einkünfte. Auch die Zahlungen Fürst Kinskys kamen bald zum Erliegen. Kinsky starb am 3. November 1812 bei einem Reitunfall, die Erben wollten daraufhin das Legat an Beethoven nicht mehr weiterführen. Beethoven unternahm nach mehreren vergeblichen Interventionen rechtliche Schritte und verglich sich Anfang 1815 mit der Familie. Erst ab Frühjahr 1815 erhielt er wieder regelmäßige Zahlungen der fürstlichen Familien Kinsky und Lobkowitz.

Erzherzog Rudolph dagegen war Beethovens dauerhaftester und zuverlässigster Mäzen. Er erhielt von Beethoven Kompositions- und Klavierunterricht, der persönliche Kontakt zwischen Beethoven und Rudolph war etwa Mai/Juni 1808 entstanden.[43] Den früheste dokumentarische Beleg der Beziehung stellt die Originalausgabe von Beethovens *4. Klavierkonzert* op. 58 da,

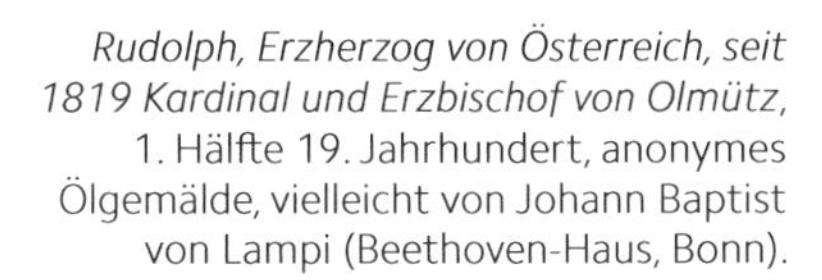

Rudolph, Erzherzog von Österreich, seit 1819 Kardinal und Erzbischof von Olmütz, 1. Hälfte 19. Jahrhundert, anonymes Ölgemälde, vielleicht von Johann Baptist von Lampi (Beethoven-Haus, Bonn).

das im August 1808 im Kunst- und Industrie-Comptoir in Wien mit einer Widmung an den Erzherzog erschien. Beethoven war nicht Rudolphs erster Lehrer. Wie viele Habsburger war Rudolph sehr musikalisch und hatte bereits als Kind gediegenen Klavier- und als Jugendlicher auch Kompositionsunterricht durch Hofkapellmeister Anton Teyber (1756–1822) erhalten. Ignaz Mosel schildert Rudolphs Begabung in einer »Uebersicht des gegenwärtigen Zustandes der Tonkunst in Wien« in den *Vaterländische*[n] *Blätter*[n] *für den österreichischen Kaiserstaat* vom Mai 1808: »Die Dilettanten des Claviers genießen den Stolz, Ihre Majestät die Kaiserinn, [...], und Seine kaiserl. Hoheit, den Erzherzog, Rudolph, Coadjutor von Ollmütz, an ihrer Spitze zu haben; einen Prinzen, der mit dem vollendetsten Vortrage, die Gabe, jede neue, auch noch so schwere Musik, ohne Anstand zu spielen, und die tiefsten Kenntnisse des Generalbasses und Contrapuncts verbindet.«[44]

Sieghard Brandenburg vermutet, dass Beethovens Unterricht für den Erzherzog eine Nebenabsprache des Rentenvertrags war.[45] Das würde erklären, warum Beethoven, dem Unterrichten zutiefst verhasst war und der grundsätzlich keinen Kompositionsunterricht erteilen wollte (meist empfahl er den Schüler anderen Lehrern, z.B. Emanuel Aloys Förster, zu dem er Philipp Cipriani Hambly Potter, aber auch Andrej Kyrillowitsch Graf Rasumowsky schickte[46]), sich überhaupt dazu bereiterklärte. Die Beethoven-Biographik vermerkt im allgemeinen, dass Rudolph 1809 Schüler Beethovens wurde, tatsächlich ist der Unterricht aber erst ab Juni 1810 zu belegen.[47] Rudolph hatte wie das gesamte Kaiserhaus Wien auf der Flucht vor den Franzosen Anfang Mai 1809 verlassen und kehrte erst Ende Januar 1810 zurück. Im Sommer 1809 hatte Beethoven im großen Stil begonnen, Exzerpte aus musiktheoretischen Werken anzufertigen. Gustav Nottebohm[48] folgend, werden diese Exzerpte bislang immer als Vorbereitung Beethovens für den Unterricht Erzherzog Rudolphs gedeutet. Dieses Ziel der Abschriften ist jedoch zu hinterfragen. Als Beethoven Ende Juli mit seinen Exzerpten zum Generalbass begann, war Rudolph nicht in Wien. Zu diesem Zeitpunkt war zudem völlig unklar, ob und gegebenenfalls wann der Erzherzog in die Hauptstadt zurückkehren würde. Und selbst wenn Rudolph greifbar gewesen wäre: eine derart basale Einführung hätte er wohl nicht mehr benötigt.

Beethovens Haltung zu Rudolph und besonders zum Unterrichten war ambivalent. Er schätzte den musikalisch sehr begabten Habsburger, aber das Unterrichten an sich war ihm eine Qual. Der Schweizer Komponist Xaver Schnyder von Wartensee, der im Spätherbst 1811 in der Hoffnung nach Wien kam, bei Beethoven Unterricht nehmen zu können, schildert Beethovens Haltung in einem Brief vom 17. Dezember 1811 an Hans Georg Nägeli (1737–1836) in Zürich: »Ich fragte ihn [Beethoven], ob er keinen Schüler annehme? Nein, antwortete er, dieses sei eine verdrießliche Arbeit; er habe nur einen, der ihm sehr viel zu schaffen mache und den er sich gern vom Halse schaffen möchte, wenn er könnte. ›Wer ist denn dieser?‹ – ›Der Erzherzog Rudolph.‹«[49]

Die Unterweisung des Erzherzogs war für Beethoven eine lästige Pflicht, der er sich immer wieder, zum Teil unter Angabe von vorgeschobenen Krankheiten und wichtigen Beschäftigungen zu entziehen suchte.[50] Dabei lehnte er die Person Rudolphs nicht ab, dieser war ihm keineswegs unsympathisch. Der Unterricht machte Beethoven aber dennoch schwer zu schaffen und verursachte bei ihm eine Art Kater, eine schöpferische Blockade. Ferdinand Ries gegenüber klagte Beethoven am 25. April 1823: »Der Aufenthalt des Cardinals (Erzherzogs Rudolph) durch vier Wochen hier, wo ich alle Tage 2 1/2, ja 3 Stunden Lection geben mußte, raubte mir viel Zeit; denn bei solchen Lectionen ist man des anderen Tages kaum im Stande, zu denken, viel weniger zu schreiben.«[51] Und an B. Schott's Söhne in Mainz schrieb er am 23. November 1824: »[...] so muß ich jezt dafür alle Tage 2 Stunden Lekzion geben bey Sr. Kaise[r]l. Hoheit dem Erzerzog rudolph, dies nimmt mich so her, daß ich beynahe zu allem andern unfähig bin [...]«[52]. Schon im Oktober 1810, kurz nach Beginn des Unterrichts, hält Beethoven seinen Leidensdruck auf einem Skizzenblatt fest: »1810 am 8ten Oktober – / Deutlich genug für immer / sey es dir, daß das nahe seyn müssen / um den E.[rz]H.[erzog] dich immer in den gespantesten / Zustand versezt, daher / das gichtsche krampfhafte / eben der aufenthalte bey / ihm aufm Lande es / bleibt immer ein / gespanntes Verhältniß / was sich nicht für einen / wahren Künstler schickt, denn / dieser kann nur diener / Seiner angebeteten / Muse seyn«[53] Die Unterrichtssituation erzeugte bei Beethoven ein inneres Vakuum, das seine Schaffenskraft zum Erliegen brachte. Möglicherweise hatte Beethoven auch Angst vor der eigenen Ungeduld dem Schüler gegenüber. Sicher fürchtete er aber auch dessen Nachfragen, die ihn womöglich gerade auch an seine sprachlichen Grenzen bringen würden, denn Beethovens Sprachmächtigkeit mit Worten war durch seine mangelnde Schulbildung nur sehr gering ausgeprägt. Der beim Erzherzog herrschende Verhaltenskodex war zudem förmlich und an die Hofetikette gebunden, was Beethoven unbehaglich war. Ferdinand Ries berichtet von Beethovens Widerwillen gegen das spanische Hofzeremoniell:

> »Etiquette und was dazu gehört, hatte Beethoven nie gekannt, und wollte sie auch nie kennen. So brachte er durch sein Betragen die Umgebung des Erzherzogs Rudolph, als Beethoven anfänglich zu diesem kam, gar oft in große Verlegenheit. Man wollte ihn nun mit Gewalt belehren, welche Rücksichten er zu beobachten habe. Dieses war ihm jedoch unerträglich. Er versprach zwar sich zu bessern, aber – dabei blieb's. Endlich drängte er sich eines Tages, als man ihn, wie er es nannte, wieder hofmeisterte, höchst ärgerlich zum Erzherzoge, erklärte grade heraus, er habe gewiß alle mögliche Ehrfurcht für seine Person, allein die strenge Beobachtung aller Vorschriften, die man ihm täglich gäbe, sei nicht seine Sache. Der Erzherzog lachte gutmüthig über den Vorfall und befahl, man solle Beethoven nur seinen Weg ungestört gehen lassen; er sei nun einmal so.«[54]

Rudolphs Anhänglichkeit an Beethoven war sehr hoch, was nicht nur sein bereitwilliger Verzicht auf die Hofetikette deutlich macht. Auch in schwierigsten Zeiten entzog Rudolph Beethoven niemals seine Unterstützung. Dabei förderte er den Komponisten nicht nur materiell (und stellte als einziger der Rentengönner die Zahlung nach dem Staatsbankrott 1811 nicht relativ nach Skala, also abgewertet um), sondern half mit seinen Beziehungen auch in Beethovens juristischen Angelegenheiten. In seiner umfangreichen Musikaliensammlung befanden sich nahezu alle Erstausgaben von Werken Beethovens ab 1805, dazu etliche Beethoven'sche Autographe und überprüfte Abschriften, die eigens für ihn angefertigt worden waren. Von der *Klaviersonate* op. 90 fertigte Rudolph sogar selbst eine Kopie an, die er dem Autograph, das Beethoven ihm gegeben und wegen der Herausgabe wieder zurückerbeten hatte, genau nachbildete. Beethoven betonte seinem Rechtsanwalt Johann Baptist Bach gegenüber, seine kaiserliche Hoheit, Eminenz und Kardinal würden ihn

»als Freund u. nicht als Diener behandeln«[55]. Dies mag zwar auch eine taktische Behauptung sein – immerhin benutzt Beethoven den Kontakt, um sich Recht zu verschaffen –, zeugt aber auch von dem Vertrauen und der Nähe zu Rudolph. Rudolph unterzeichnete Nachrichten an Beethoven mit »Ihr Freund Rudolph«[56] oder auch mit »Ihr freundwilliger Schüler«[57]. Zwar kann der Gebrauch des Wortes »Freund« zur Beethovenzeit nicht einschränkungslos auf die heutige Zeit übertragen werden, da es in Gruß- und Abschiedsfloskeln von Briefen standardisiert verwendet wurde. Allerdings war der Standesunterschied zwischen Beethoven und Rudolph zu hoch, als dass eine solche Grußfloskel als bedeutungslos gewertet werden könnte. Beethoven seinerseits hätte sich nie in solcher Form an den Erzherzog gewendet, er redet ihn ausnahmslos mit »Ihro Kaiserliche Hoheit« an und unterzeichnet mit »gehorsamster treuster Diener« oder vergleichbaren Floskeln.

Als jüngster Bruder des Kaisers musste Rudolph versorgt werden. Da er wegen seiner Epilepsie für das Militär nicht taugte, wurde er für den geistlichen Dienst bestimmt. Bereits 1805 wurde er Koadjutor mit dem Recht der Nachfolge des Erzbischofs von Olmütz. Der Fall der Sukzession trat im September 1811 mit dem Tod von Erzbischof Anton Theodor von Colloredo-Waldsee-Mels ein, Rudolph verzichtete jedoch auf die Berufung. Sein jugendliches Alter mag dabei eine Rolle gespielt haben, außerdem wollte Rudolph sicherlich seine musikalischen Studien bei Beethoven noch nicht abbrechen. Beethoven war über die Entscheidung des Erzherzogs enttäuscht, hatte er doch auf eine lukrative Stelle als dessen Hofkapellmeister in Olmütz spekuliert.[58] Als Kardinal Maria Thaddäus von Trauttmansdorff-Weinsberg im Januar 1819 das Zeitliche segnete, konnte Rudolph die Nachfolge kein zweites Mal mehr ablehnen und wurde am 4. Juni 1819 zum Erzbischof von Olmütz gewählt. Erneut spekulierte Beethoven auf die begehrte Festanstellung als Hofkapellmeister. Für die Inthronisation am 20. März 1820 bot er wohl auch nicht zuletzt deshalb an, eine neue große Messe zu komponieren. Die *Missa solemnis* op. 123 wurde allerdings erst zwei Jahre später, zur Jahreswende 1822/23 fertig. Beethovens auf der autographen Partitur des Kyrie[59] als Kopfzeile festgehaltene Widmung »Von Herzen – Möge es wieder – zu Herzen gehen!« mag sich nicht nur an die Welt, sondern auch an den Erzherzog richten und würde in diesem Fall zeigen, wie sehr er sich dem Erzherzog auch emotional trotz der Last des Unterrichts verbunden fühlte.

Diese Verbundenheit kommt auch in den Rudolph gewidmeten Werken zum Ausdruck. Nicht nur in der Zahl der Kompositionen, sondern auch hinsichtlich ihrer Bedeutung nimmt Rudolph unter den Widmungsträgern mit großem Abstand den ersten Platz ein. Neben dem *4. Klavierkonzert* op. 58 widmete Beethoven ihm das *5. Klavierkonzert* op. 73, das Rudolph auch in einem der Subskriptionskonzerte im Palais Lobkowitz im Januar 1811 uraufgeführt hatte, die *Klaviersonate* op. 81a (»Lebewohl«), den Klavierauszug der Oper *Fidelio*, die *Violinsonate* op. 96 und das *Klaviertrio* op. 97 (»*Erzherzogtrio*«), die Klaviersonaten op. 106 und op. 111, die *Missa solemnis* op. 123, die *Große Fuge* für Streichquartett op. 133 und ihre Bearbeitung für Klavier zu vier Händen als Op. 134. Außerdem komponierte Beethoven für Rudolph Kadenzen zu den ersten vier Klavierkonzerten und zur Klavierfassung des *Violinkonzerts* op. 61, er sandte ihm 1820 den *Neujahrsglückwunsch* WoO 179 und verfasste das Thema »O Hoffnung« (WoO 200) als Aufgabe für 40 Variationen Rudolphs, um deren Inverlagnahme und Herausgabe bei

Steiner in Wien er sich außerdem kümmerte. Gerne hätte Beethoven Rudolph auch noch die *Klaviertrios* op. 70 und die Schauspielmusik zu *Egmont* op. 84 zugeeignet[60], gab seinen Wunsch dem Verlag jedoch zu spät bekannt. In seinem Schreiben an Breitkopf & Härtel in Leipzig liefert Beethoven auch eine Begründung für seine äußerst zahlreichen Widmungen an den Erzherzog, nämlich die große Begeisterung und Liebe Rudolphs zu Beethovens Musik:

> »wenn der Titel [für Op. 70] noch nicht fertig wünschte ich, sie machten die Dedication nur gerade an den Erzherzog Rudolf, Wovon sie den Titel von dem Konzert in g, welches im Industrie Komtoir hier gestochen ist, nur ab kopiren lassen könnten, ich habe einigemal bemerkt, daß eben, wenn ich andern etwas widme, und er das Werk liebt, ein kleines Leidwesen sich seiner Bemächtigt, diese Trios hat er sehr liebgewonnen, Es würde ihm daher wohl wieder schmerzen, wenn die Zuschrift an jemand andern ist«[61].

Unter Beethovens Gönnern ist Erzherzog Rudolph zweifellos derjenige, der am ehesten den Titel eines Mäzens verdient. Zwar war auch seine Unterstützung nicht ganz selbstlos – immerhin erhielt dafür er vom bedeutendsten lebenden Komponisten seiner Zeit Unterricht – aber gemessen an seiner gesellschaftlichen Stellung ging er großmütig mit dem eigenwilligen Habitus seines Lehrers um und setzte diesen keinen unnötigen Forderungen in Bezug auf Etikette aus.

Zahlreiche weitere Wiener Adelige und Förderer der Kunst sind in Beethovens Umfeld zu verzeichnen. Die Frage nach ihrem Mäzenatentum ist – wie auch bei den vorgenannten Aristokraten – nicht zweifelsfrei zu beantworten, war ihr Handeln doch keineswegs selbstlos, da sie meist eine Gegenleistung für ihr Engagement beanspruchten. Und selbst wenn ihre Unterstützung nicht in eine einfache Geschäftsbeziehung »Widmung gegen Geld« mündete, so war sie doch häufig eher wie modernes Sponsoring geartet: Geld für Imagegewinn, denn natürlich schmückten sich die adligen Salons mit der Gegenwart des berühmten Komponisten. Eine herausragende Rolle als Gönner spielte lediglich noch der russische Diplomat (ab 1801 Botschafter) Andrej Kyrillowitsch Graf Rasumowsky (1752–1836), der Widmungsträger der *Streichquartette* op. 59 und der *Fünften* und *Sechsten Sinfonie* (zusammen mit Fürst Lobkowitz), in dessen Palast zahlreiche Konzerte abgehalten wurden. Beethoven ist schon früh mit dem russischen Botschafter in Kontakt gekommen, vermutlich über dessen Verwandtschaftsbeziehung zu Fürst Lichnowsky. Rasumowsky subskribierte auf zwei Exemplare von Beethovens *Klaviertrios* op. 1. Bereits im April 1795 hatte Beethoven bei Rasumowsky Klavier gespielt.[62] Um die Jahreswende 1813/14 half Rasumowsky mit seinen diplomatischen Verbindungen, in Beethovens Namen eine Abschrift von *Wellingtons Sieg oder die Schlacht bei Vittoria* op. 91 mit einem Widmungsgesuch nach Großbritannien zu Prinzregent George (dem späteren König George IV.) zu überstellen.[63] Eine Anfrage Rasumowskys um Unterricht hatte Beethoven allerdings wie in allen anderen Fällen auch (mit Ausnahme Rudolphs) konsequent abgelehnt. Rasumowskys kunstsinniges Engagement war nur vorübergehend, wenn auch nicht aus freien Stücken. Er verlor durch eine Feuersbrunst in der Silvesternacht 1814 große Teile seines Palastes und seines Vermögens und löste 1816 aufgrund der daraus resultierenden Geldnot sein seit 1808 unter der Leitung von Ignaz Schuppanzigh ständig bestehendes Quartett auf.[64]

Beethoven lebte in vielfacher Hinsicht in einer Zeit des Übergangs, die seine Rolle und Leben als Künstler entscheidend prägten. So war er nicht mehr Angestellter von Fürsten und abhängig von deren Gunst, vermochte jedoch ganz allein aus eigener Kraft als freischaffender Künstler auch noch nicht auszukommen. Sein ganzes Leben hoffte er daher auf eine Festanstellung an einem Fürstenhof und unternahm immer wieder Anläufe, um dieses Ziel zu erreichen, was wiederum ein bestimmtes Widmungsverhalten[65] und Zugeständnisse erforderlich machte, zu denen Beethoven meist weder bereit noch willens war – seine Ablehnung feudaler Verhaltensweisen saß einfach zu tief. Andererseits war das Engagement an einem Fürstenhof das einzige, das er je gekannt hat und er schätzte die Sicherheit, die damit verbunden war. In dem Zwiespalt zwischen einer prestigeträchtigen Anstellung, dem damit verbundenen Status und dem Wunsch nach Selbstbestimmung gefangen, wurde die Bestreitung des Lebensunterhalts zu einem lästigen Kampf um Unabhängigkeit, der immer wieder vom Scheitern bedroht war und sich auch auf die Beziehungen zu seinen Gönnern niederschlug. Seitens der Adligen wandelte sich die Rolle des Förderers, Sponsoring im modernen Sinne gewann immer mehr die Oberhand. Wohlhabende Bürger und Adlige kaufen sich Werke zum Imagegewinn und schmücken sich mit der Gegenwart des Komponisten in ihren Salons. Damit werden sie im weitesten Sinne zu Geschäftspartnern.[66] Dennoch stellte vor allem Beethovens Rentenvertrag eine mäzenatische Tat ersten Ranges dar, denn mit Ausnahme des Aufenthaltsortes (und vielleicht des Unterrichts für Erzherzog Rudolph) verpflichtete er Beethoven zu keiner festgesetzten Gegenleistung. Viel mehr dokumentiert die selbstlose Förderung die Weitsicht der beteiligten Gönner, musikalisch exzellent ausgebildete Mitglieder der Hocharistokratie, die Beethovens Talent erkannten und ihm durch die Förderung ihren Respekt bezeugten, obwohl er politisch als wenig tragbar galt und vom Kaiser wegen seines revolutionären Verhaltens abgelehnt und gemieden wurde.

Anmerkungen

1 F. G. Wegeler und F. Ries, *Biographische Notizen über Ludwig van Beethoven*, Koblenz 1838, S. 10; in der Folge zitiert als Wegeler/Ries.
2 BGA 2100.
3 Wegeler/Ries, S. 10.
4 Ebenda, S. 9.
5 Zu den genauen Daten der Reise siehe D. Haberl, »Das ›Regensburger Diarium‹ als musikhistorische Quelle. Unbekannte Zeugnisse zu den Reisen von J. Haydn, L. v. Beethoven und L. Spohr«, in: *Musiker auf Reisen. Beiträge zum Kulturtransfer im 18. und 19. Jahrhundert*, hrsg. von Chr.-H. Mahling, Augsburg 2011, S. 111–132.
6 BGA 13.
7 BGA 14, abgebildet in: I. Bodsch (Hrsg.), *Joseph Haydn und Bonn. Katalog zur Ausstellung*, Bonn 2001, S. 206.

8 A. W. Thayer, *Ludwig van Beethoven's Leben*, Bd. 1, übersetzt und hrsg. von H. Deiters, Berlin 1866, S. 342; M. Braubach, *Kurköln. Gestalten und Ereignisse aus zwei Jahrhunderten rheinischer Geschichte*, Münster 1949, S. 470 und 481.

9 »Max Franz verfügte am 29.9.[1794] die Verlegung des kurfürstlichen Regierungs-Collegiums nach Recklinghausen und verließ als Letzter am 3.10. Bonn, nachdem er sein Volk von der Rathaustreppe aus gesegnet hatte.« (M. Wetzstein [Hrsg.], *Familie Beethoven im kurfürstlichen Bonn, Neuauflage nach den Aufzeichnungen des Bonner Bäckermeisters Gottfried Fischer*, Bonn 2006, S. 123 Anm. 453).

10 Wiener Zeitung, Nr. 6 vom 18. Januar 1794, S. 173: »Donnerstags den 16. dieses sind des durchlauchtigsten Kurfürsten von Köln, Erzherzogs Maximilian Kön. Hoheit, gegen Abend allhier eingetroffen, und haben die in der Kais. Burg zubereitete Wohnung bezogen.«

11 Vgl. Wiener Zeitung, Nr. 28 vom 5. April 1794, S. 1009: »Gestern Morgens sind II. KK. HH. die Erzherzoginn Maria Christina, und ihr durchlauchtigster Gemahl, der Herzog Albert von Sachsen-Teschen, und heute Morgens der Kurfürst von Köln, Erzherzog Maximilian, von hier abgereiset.« F. von Reinöhl datiert dagegen die Abreise auf den 4. April (»Neues zu Beethovens Lehrjahr bei Haydn«, in: Neues Beethoven-Jahrbuch VI [1935], S. 36–47, hier S. 44).

12 A. W. Thayer, *Ludwig van Beethoven's Leben*, Bd. 1, Berlin 1866, S. 289.

13 A-Wn, Cod. Ser. n. 308, fol. 196r.

14 Landesarchiv NRW, Duisburg, Signatur Kurköln II Nr. 640, der Entwurf beinhaltet verschiedene Unterabteilungen.

15 Ebenda, Bl. 2v; Übertragung auch bei A. W. Thayer, *Ludwig van Beethoven's Leben*, Bd. 1, S. 343; siehe auch M. Braubach, *Kurköln. Gestalten und Ereignisse aus zwei Jahrhunderten rheinischer Geschichte*, Münster 1949, S. 482.

16 Landesarchiv NRW, Duisburg, Signatur Kurköln II Nr. 640, Bl. 14–16.

17 Ebenda, Bl. 22f.

18 Ebenda, Bl. 24f.

19 Im Kurkölnischen Hofkalender von 1792 wird Clemens August Freiherr von Schall als Hofmarschall, kurfürstlicher geheimer Rat, kurfürstlicher Kämmerer und Hauptmann geführt.

20 K. M. Kopitz und R. Cadenbach (Hrsg.), *Beethoven aus der Sicht seiner Zeitgenossen in Tagebüchern, Briefen, Gedichten und Erinnerungen*, München 2009, Bd. 2, S. 761.

21 H. Volkmann, »Beethoven in Dresden«, in: *Dresdner Geschichtsblätter* 35 (1927), Nr. 3/4, S. 194.

22 K. M. Kopitz und R. Cadenbach (Hrsg.), *Beethoven aus der Sicht seiner Zeitgenossen*, Bd. 2, S. 761.

23 Ebenda S. 762.

24 Siehe BGA 64.

25 Franz Gerhard Wegeler bezeichnet ihn als »Liebling und beständiger Gefährte des jungen Kurfürsten« (Wegeler/Ries, S. 13).

26 Hier irrt Wegeler; Beethoven wurde 1784 bei Hofe angestellt, Waldstein kam erst 1788 nach Bonn.

27 Wegeler/Ries, S. 13f.

28 Ebenda, S. 16.

29 Siehe dazu J. May, »Beethoven and Prince Karl Lichnowsky«, in: Beethoven Forum 3 (1994), S. 30f.

30 L. Nohl, *Beethovens Leben*, Bd. 2, Leipzig 1867, S. 59.

31 Wegeler/Ries, S. 29–31.

32 Siehe BGA 65 und 67.

33 BGA 106. Die Instrumente im Besitz des Musikinstrumenten-Museums, Staatliches Institut für Musikforschung Preußischer Kulturbesitz, befinden sich als Dauerleihgabe im Beethoven-Haus Bonn.

34 BGA 65 an Franz Gerhard Wegeler, 29. Juni 1801.

35 BGA 67 an Carl Amenda, 1. Juli 1801.

36 BGA 209.

37 BGA 340.

38 BGA 258, Text nach F. X. Boch, »Aus Beethoven's Leben«, in: Deutsche Zeitung. Morgenblatt, Nr. 600 vom 31. August 1873, S. 1.

39 BGA 740 an Graf Moritz Lichnowsky, 21. September 1814.

40 Ebenda.

41 BGA 353.

42 Laut dem Tagebuch des Grafen Zinzendorf, siehe K. M. Kopitz und R. Cadenbach (Hrsg.), *Beethoven aus der Sicht seiner Zeitgenossen*, Bd. 2, S. 1114.

43 Im Sommer bestand er schon, wie Joseph von Spaun bezeugt, der von einem Besuch des Konvikts-Orchesters auf Einladung Rudolphs in Schönbrunn berichtet, »wo im Salon des Erzherzogs Rudolf eine Produktion statthatte, welcher Beethoven und Teyber, der Musikmeister des Erzherzogs, beiwohnten.« (O. E. Deutsch, *Schubert. Die Erinnerungen seiner Freunde*, Wiesbaden 1983, S. 147).

44 [I. Mosel], »Uebersicht des gegenwärtigen Zustandes der Tonkunst in Wien (Beschluß)«, in: Vaterländische Blätter für den österreichischen Kaiserstaat VII, 31. Mai 1808, S. 49–54, hier: S. 51f. Der Rezensent von Rudolphs 40 Variationen über eine Aufgabe Ludwig van Beethovens (WoO 200) in der Allgemeinen musikalischen Zeitung 22 (1820) lobt Rudolphs Kompositionskünste in den höchsten Tönen. Die Redaktion bezeichnet in einer zugehörigen Fußnote den Erzherzog als »einen der grössten Klavierspieler unserer Zeit« (Allgemeine musikalische Zeitung 22 [1820], Nr. 3 vom 19.1.1820, Sp. 33–41, hier: unten auf Sp. 33/34). Thayer berichtete, dass Rudolph »schon als Knabe in den Salons von Lobkowitz und anderen zu allgemeiner Befriedigung spielte« (A. W. Thayer, *Ludwig van Beethoven's Leben*, Bd. 2, Berlin 1872, S. 543).

45 S. Brandenburg, »Die Beethovenhandschriften in der Musikaliensammlung des Erzherzogs Rudolph«, in: *Zu Beethoven 3, Aufsätze und Dokumente*, hrsg. von H. Goldschmidt, Berlin 1988, S. 141–176, hier S. 142.

46 »Daß Beethoven, nachdem sich Albrechtsberger zurückgezogen, Förster für den ersten Lehrer des Kontrapunktes und der musikalischen Komposition in Wien hielt, ist aus anderen Quellen bekannt genug und wird durch die Mitteilungen des Sohnes [von Förster] völlig bestätigt. Auf Beethovens Rat ließ Förster im Jahre 1805 jene kurze ›Anleitung zum Generalbaß‹ drucken, welche bei Breitkopf und Härtel erschien und in der Allgem. Mus. Ztg. vom 15. Oktober 1806 nachdrücklich empfohlen wurde. Einige Jahre später wandte sich Graf Rasumowsky an Beethoven um Unterricht in der musikalischen Theorie und speziell in der Quartettkomposition. Beethoven lehnte persönlich ab, empfahl aber dringend seinen Freund Förster, welcher infolgedessen auch engagiert wurde.« (A. W. Thayer, *Ludwig van Beethoven's Leben*, Bd. 2, S. 184).

47 P. Barna, *Erzherzog Rudolph von Österreich (1788–1831). Beethoven mecénása, tanítványa és barátja; az életút az újabb kutatások fényében*, Budapest, Liszt Ferenc Zenemüvészeti Egyetem, Diplomarbeit (Typoskript, unveröffentlicht), 2009.

48 G. Nottebohm, *Generalbass und Compositionslehre betreffende Handschriften Beethoven's und I. R. v. Seyfried's Buch »Ludwig van Beethoven's Studien im Generalbasse, Contrapuncte« usw.*, in: *Beethoveniana*, Leipzig und Winterthur 1872; Repr. New York und London 1970, S. 154–203.

49 A. W. Thayer, *Ludwig van Beethoven's Leben*, Bd. 4, hrsg. von H. Riemann, Leipzig 1907, S. 45.

50 »ich habe mich derweil wieder ziemlich von diesem Joche zu befreien gesucht«, Beethoven an B. Schott's Söhne in Mainz, 5. Dezember 1824, BGA 1908.

51 BGA 1636.

52 BGA 1901.

53 D-BNba, Sammlung H.C. Bodmer, HCB Br 275, verso.

54 Wegeler/Ries, S. 111f.

55 BGA 1348 vom 27. Oktober 1819.

56 BGA 614, 657.

57 BGA 1718.

58 Siehe BGA 555.

59 D-B, Mus. ms. autogr. Beethoven 1.

60 BGA 380 bzw. 465.

61 BGA 380.

62 Laut dem Tagebuch des Grafen Zinzendorf, siehe K. M. Kopitz und R. Cadenbach (Hrsg.), *Beethoven aus der Sicht seiner Zeitgenossen in Tagebüchern, Briefen, Gedichten und Erinnerungen*, München 2009, Bd. 2, S. 1114.

63 Siehe BGA 810 vom 5. Juni 1815 und BGA 1579 vom 24. Februar 1823.

64 Drei Mitglieder des Quartetts, Ignaz Schuppanzigh, Ludwig Sina und Franz Weiss, hatten bereits in den 1790er Jahren in der Quartettformation des Fürsten Lichnowsky, dem sogenannten Knabenquartett, gespielt und waren schon dort mit Beethoven in Kontakt gekommen.

65 Siehe dazu B. R. Appel, »Widmungsstrategien. Beethoven und die europäischen Magnaten«, in: *Widmungen bei Haydn und Beethoven. Personen – Stratgien – Praktiken. Bericht über den Internationalen musikwissenschaftlichen Kongress Bonn, 29. September bis 1. Oktober 2011* (Schriften zur Beethoven-Forschung, 25), hrsg. von B. R. Appel und Armin Raab, Bonn 2015, S. 139–170.

66 Grimms Wörterbuch stellt unter dem Lemma »Gönner« fest, dass der Gebrauch des Wortes seit der ersten Hälfte des 19. Jahrhunderts seltener wird, »wohl infolge politischer und sozialer veränderungen in dieser zeit, die ein mäzenatentum im weitesten sinne nicht mehr kennt.« (Bd. 8, Sp. 940; Deutsches Wörterbuch von Jacob und Wilhelm Grimm, 16 Bde. in 32 Teilbänden, Leipzig 1854–1961, woerterbuchnetz.de/DWB/ [18.7.2016]).

Widmungen

Von Günter Brosche

Widmungen von Werken, auch »Dedicationen« genannt, sind fast immer mit einem Honorar, also mit Geld verbunden und nur sehr selten (zusätzlich) Ausdruck einer persönlichen Wertschätzung. Beethoven ging dabei durchaus geschäftsmäßig berechnend vor und scheute auch nicht davor zurück, eine bereits einmal zugesagte Widmung zurückzuziehen und einer anderen Persönlichkeit zu übertragen, von der er sich ein höheres Honorar erwartete. Nahezu sämtliche Werke sind »Auftrags-« oder »Widmungskompositionen«, wovon er neben Verlagshonoraren seinen Lebensunterhalt bestritt, da er nach Verlassen der Bonner Hoforganistenstelle nie wieder eine Stelle annahm (bzw. bekam). Widmungen betreffen nicht nur ganze Werke, sondern manchmal auch einzelne Ausgaben. In der Regel wird der Name des Widmungsträgers auf dem Titelblatt oder einem eigenen Blatt des Erstdruckes eines Werkes genannt, er kann aber auch auf einem Blatt einer extra für diese Person angefertigten Abschrift stehen.

Die ältesten Widmungen stammen noch aus der Bonner Zeit, wo z.B. die Werke WoO 1, WoO 47 und WoO 63 Gönnern seiner Jugend zugeeignet werden. Ferdinand Graf Waldstein (1805 wird diesem in Wien die *Klaviersonate* op. 53, die *Waldsteinsonate,* gewidmet), Felicie Gräfin von Wolff-Metternich und Kurfürst Max Friedrich von Köln werden ab 1782 Widmungsträger. In der Widmung von WoO 47 an den Letztgenannten heißt es ausdrücklich: »meinem gnädigsten HERRN gewidmet und verfertiget von Ludwig van Beethoven alt eilf Jahr«.

In Wien sind die Widmungsträger zum überwiegenden Teil Angehörige des in Wien ansässigen Adels. An der Spitze steht Erzherzog Rudolph, der Bruder Kaiser Franz' II. (I.), der ab 1809 Schüler Beethovens in der Komposition war und 1819 Kardinal-Erzbischof von Olmütz wurde, ihm sind 15 Werke gewidmet mit der *Missa solemnis* an der Spitze (siehe Übersicht unten).

Die Adelshäuser Lichnowsky, Kinsky, Lobkowitz, Rasumowsky, Galitzin, Brunsvik und Fries stellen die meisten Widmungsträger. Die Fürsten Lichnowsky und Kinsky, gemeinsam mit Erzherzog Rudolph, sicherten Beethoven 1808 einen jährlichen Ehrensold zu mit der einzigen Bedingung, dass er seinen Wohnsitz in Wien beibehalte. Karl Fürst Lichnowsky, der schon ab 1800 Beethoven ein festes Gehalt zahlte, sind vier Werke, anderen Mitgliedern seiner Familie weitere sechs Werke gewidmet (siehe Übersicht). Ferdinand Fürst Kinsky von Wchinitz und Tettau wurde nach zweimaliger Änderung Widmungsträger der *Messe* op. 86, nachdem zuerst Fürst Esterházy und dann Nikolaus Zmeskall von Domanovecz vorgesehen waren. Seiner Gemahlin Maria Charlotte (Caroline) sind die Gesänge op. 75 und 83 sowie das Lied *An die Hoffnung* zugeeignet. Franz Joseph Fürst Lobkowitz' Name ist mit wichtigen Werken der Gattungen Streichquartett und Sinfonie verbunden (siehe Übersicht). Graf (ab 1815 Fürst) Andreas Kyrillowitsch

Rasumowsky, der russische Gesandte am Wiener Hof, war ein großer Musikfreund; durch die Widmung der drei Streichquartette op. 59 (*Rasumowsky-Quartette*) ist er in die Musikgeschichte eingegangen. Die späte Ouvertüre *Die Weihe des Hauses* op. 124 und die Streichquartette op. 127, 130 und 132 sind Nikolaus Borisowitsch Fürst Galitzin zu verdanken und gewidmet.

Die Familie Brunsvik war mit Beethoven persönlich eng befreundet. Franz Graf Brunsvik de Korompa ist Widmungsträger der *Klaviersonate* op. 57 (*Appassionata*) und der *Klavierphantasie* op. 77, seiner Schwester Therese ist die *Klaviersonate* op. 78 und deren Cousine Giulietta Gräfin Guicciardi die *Klaviersonate* op. 27 Nr. 2 (*Mondscheinsonate*) zugeeignet. Beide waren neben Josephine Brunsvik, Schwester von Franz und Therese, als Adressatinnen des berühmten Briefes Beethovens *An die unsterbliche Geliebte* im Gespräch, deren Identität aber mit letzter Sicherheit noch nicht geklärt ist. Moritz Graf von Fries sind die beiden *Violinsonaten* op. 23 und 24 (*Frühlingssonate*), das *Streichquintett* op. 29 und die *Siebte Sinfonie* op. 92 gewidmet.

Franz Joachim Reichsgraf von Oppersdorff unterhielt ein geschultes Hausorchester. Anfänglich war die *Fünfte Sinfonie* op. 67 für ihn bestimmt gewesen; »aber Noth zwang mich die *Sinfonie*, die für sie geschrieben, und noch eine Andere dazu [*Sechste Sinfonie* op. 68] an Jemanden andern [Breitkopf & Härtel] zu veraüßern«, schreibt Beethoven am 1.11.1808 an ihn (BGA 340). Als Entschädigung wurde der Graf mit der Widmung der *Vierten Sinfonie* op. 60 bedacht.

Ein menschlich nicht sehr schönes Beispiel einer Widmungsänderung stellt diejenige der *Neunten Sinfonie* op. 125 dar: »da Sie, wie es scheint eine *Dedication* von mir wünschen, wie gern willfahre ich ihnen, lieber als dem größten großen Herrn *entre nous*«, schreibt Beethoven Anfang Mai 1823 an seinen Schüler Ferdinand Ries in London, »auf der neuen *Sinfonie* erhalten sie die *Dedication* an Sie« (BGA 1641). Dieses Versprechen wurde aber zu Ries' großer Enttäuschung nicht eingehalten, und Beethoven entschied sich doch für einen »großen Herrn«, den König Friedrich Wilhelm III. von Preußen.

Die rein geschäftliche, finanzielle Bedeutung der Widmungen wird besonders augenfällig, wenn man die rangmäßig höchststehenden Widmungsträger betrachtet, regierende Häupter wie Zar Alexander I. von Russland (drei Violinsonaten op. 30) und seine Gemahlin Elisabeta Alexejewna (*Polonaise für Klavier* op. 89) oder Maria Theresia, Gattin des deutschen (österreichischen) Kaisers Franz (*Septett* op. 20), zu denen der »Republikaner« Beethoven sicherlich keine innere Beziehung hatte.

Wenige Widmungen bezeugen eine solche, wobei der Wortlaut »Seinem Freunde ... gewidmet«, wie etwa im Falle der *Klaviervariationen* op. 76 an Franz Oliva oder des *Streichquartetts* op. 95 an Nikolaus Zmeskall von Domanovecz finanzielle Zuwendungen nicht ausschließt. Stärkere persönliche Zuneigung spricht aus den Widmungen an Maximiliane Brentano, die 1802 geborene Tochter von Franz und Antonie Brentano, wenn es etwa heißt: »Für meine kleine Freundin Maxe Brentano zu ihrer Aufmunterung im Klavierspielen« (im Erstdruck des *Klaviertrios* WoO 39 von 1812, der allerdings erst 1830 erschien). Zur Widmung der *Klaviersonate* op. 109 von 1821 schreibt er an sie: »An Maximiliana [sic!] V. Brentano: Eine Dedikation!!! – nun Es ist keine, wie d.[er] g.[leichen] in Menge gemißbraucht werden – Es ist der Geist, der edle u. bessere Menschen auf diesem Erdenrund zusammenhält, u. keine Zeit den zerstören kann, dieser ist es, der jezt zu ihnen spricht, u. der Sie mir noch in ihren Kinderjahren gegenwärtig zeigt, eben so ihre geliebte Eltern« (BGA 1449).

Gewisse Ausnahmen unter den Widmungsträgern stellen die wenigen Musiker und Textdichter dar. Die Namen Joseph Haydn (*Klaviersonaten* op. 2 von 1796) und Antonio Salieri (*Violinsonaten* op. 12 von 1799) auf Drucken von Werken des jungen Komponisten waren einerseits Ausdruck der Dankbarkeit an die beiden Lehrer, andererseits dienten sie sehr gut dem Verkauf. Die Widmung der *Violinsonate* op. 47, der *Kreutzer-Sonate* von 1805, an den berühmten Geiger Rodolphe Kreutzer, hängt einerseits mit Beethovens persönlichen Enttäuschungen mit dem Geiger George Bridgetower zusammen, dem das Werk ursprünglich zugedacht war, andererseits fand Beethoven an Kreutzer persönlichen Gefallen. Er schrieb am 4.10.1804 an Simrock über ihn: »dieser ist ein guter lieber Mensch, der mir bey seinem hiesigen Aufenthalte sehr viel vergnügen gemacht, seine Anspruchlosigkeit und Natürlichkeit ist mir lieber als alles Exterieur ohne interieur der Meisten *Virtuosen* – da die *Sonate* für einen Tüchtigen Geiger geschrieben ist, um so passend ist die Dedication an ihn« (BGA 193). – Dass Kreutzer aber die ihm erwiesene Ehrung nicht zu würdigen wusste, beweist der Umstand, dass er die Sonate, die seinen Namen trägt, nie öffentlich spielte.

Widmungen an berühmte Textdichter wie Friedrich von Matthison (op. 46 *Adelaide* von 1797) und Heinrich Joseph von Collin (op. 62 *Coriolan-Ouvertüre* von 1808) oder Johann Wolfgang von Goethe (op. 112 *Meeres Stille und Glückliche Fahrt* von 1822) mögen Wertschätzung signalisieren, waren aber auf alle Fälle gut für den Verkauf der Druckausgaben. Aber auch Ärzten wurde auf diese Art ihr »Honorar« übermittelt, wie z.B. Johann Adam Schmidt (*Klaviertrio* WoO 38 von 1805) oder Anton Georg Braunhofer (*Abendlied unterm gestirnten Himmel* WoO 150 von 1820).

Literatur

G. Kinsky, *Das Werk Beethovens. Thematisch-bibliographisches Verzeichnis seiner sämtlichen vollendeten Kompositionen*, nach dem Tode des Verfassers abgeschlossen und hrsg. von H. Halm (München 1955), neubearbeitet und hrsg. von K. Dorfmüller (in Vorbereitung; der Verfasser ist Bearbeiter der Abschnitte Widmungen aller Werke und konnte hier auf seine Vorarbeiten zurückgreifen) • BGA.

Die wichtigsten Widmungsempfänger in alphabetischer Reihenfolge:

Alexander I., Zar von Russland	op. 30	Drei Violinsonaten
Baronin Josephine von Braun	op. 14	Zwei Klaviersonaten
	op. 17	Hornsonate
Johanna Antonia Brentano	op. 120	33 Variationen (Diabelli)
Maximiliane Brentano	op. 109	Klaviersonate
	WoO 39	Klaviertrio
Stephan von Breuning	op. 61	Violinkonzert
Anna Margarete Gräfin von Browne-Camus	op. 10	Drei Klaviersonaten
	WoO 71	Zwölf Variationen
	WoO 78	Acht Variationen
Johann Georg Reichsgraf von Browne-Camus	op. 9	Drei Streichtrios
	op. 22	Klaviersonate
	op. 48	Sechs Lieder (Gellert)
	WoO 46	Sieben Variationen
Franz Graf Brunsvik de Korompa	op. 57	Klaviersonate (*Appassionata*)
	op. 77	Klavierfantasie
Therese Gräfin Brunsvik de Korompa	op. 78	Klaviersonate
	WoO 74	*Ich denke dein* (Goethe), Lied
Elisabeta Alexejewna, Zarin von Russland	op. 89	*Polonaise* für Klavier
	op. 92	*Siebte Sinfonie* (Klavierauszug)
Anna Maria Gräfin von Erdődy	op. 70	Zwei Klaviertrios
	op. 102	Zwei Cellosonaten
Friedrich Wilhelm II., König von Preußen	op. 5	Zwei Cellosonaten
Friedrich Wilhelm III., König von Preußen	op. 125	*Neunte Sinfonie*
Moritz Graf von Fries	op. 23	Violinsonate
	op. 24	Violinsonate (*Frühlingssonate*)
	op. 29	Streichquintett
	op. 92	*Siebte Sinfonie*
Nikolaus Borisowitsch Fürst Galitzin	op. 124	Ouvertüre *Die Weihe des Hauses*
	op. 127	Streichquartett
	op. 130	Streichquartett
	op. 132	Streichquartett
Johann Wolfgang von Goethe	op. 112	*Meeresstille und glückliche Fahrt* (Goethe)
Julia (Giulietta) Gräfin von Guicciardi	op. 27 Nr. 2	Klaviersonate (*Mondschein*)
Joseph Haydn	op. 2	Drei Klaviersonaten

Anna Luise Barbara (Babette) Gräfin von Keglevicz (verheir. mit Fürst d' Erba-Odescalchi)	op. 7	Klaviersonate
	op. 15	Klavierkonzert Nr. 1
	op. 34	Sechs Klaviervariationen
	WoO 73	Zehn Klaviervariationen
Ferdinand Fürst Kinsky von Wchinitz und Tettau	op. 86	*Messe*
Maria Charlotte (Caroline) Fürstin Kinsky von Wchinitz und Tettau	op. 75	Sechs Gesänge
	op. 83	Drei Gesänge
	op. 94	*An die Hoffnung*, Lied
Henriette Gräfin von Lichnowsky	op. 51 Nr. 2	Klavierrondo
Karl Fürst Lichnowsky	op. 1	Drei Klaviertrios
	op. 13	Klaviersonate (*Pathétique*)
	op. 26	Klaviersonate
	op. 36	*Zweite Sinfonie*
	WoO 69	Neun Klaviervariationen
Maria Christiane Fürstin Lichnowsky	op. 43	*Die Geschöpfe des Prometheus* (Klavierauszug)
	WoO 45	Zwölf Variationen
Moritz Graf von Lichnowsky	op. 35	15 Klaviervariationen
	op. 90	Klaviersonate
	WoO 164	Kanon
Franz Joseph Fürst Lobkowitz	op. 18	Sechs Streichquartette
	op. 55	*Dritte Sinfonie* (*Eroica*)
	op. 56	*Tripelkonzert*
Beide Symphonien gemeinsam mit Andreas Kyrillowitsch Graf [ab 1815 Fürst] Rasumowsky	op. 67	*Fünfte Sinfonie*
	op. 68	*Sechste Sinfonie* (*Pastorale*)
	op. 74	Streichquartett
	op. 98	*An die ferne Geliebte*, Liederkreis
Marie-Therese, Kaiserin	op. 20	Septett
Franz Oliva	op. 76	Sechs Klaviervariationen
Johann Baptist Freiherr Pasqualati von Osterberg	op. 118	Elegischer Gesang
Andreas Kyrillowitsch Graf (ab 1815 Fürst) Rasumowsky	op. 59	Drei Streichquartette
	op. 67	*Fünfte Sinfonie*
Beide Symphonien gemeinsam mit (Franz Joseph Fürst Lobkowitz)	op. 68	*Sechste Sinfonie* (*Pastorale*)
Rudolph, Erzherzog von Österreich	op. 58	*4. Klavierkonzert*
	op. 72	*Fidelio* (Klavierauszug)
	op. 73	*5. Klavierkonzert*
	op. 81a	Klaviersonate (*Les Adieux*)
	op. 96	Violinsonate

	op. 97	Klaviertrio (*Erzherzogtrio*)
	op. 106	Klaviersonate (*Hammerklavier*)
	op. 111	Klaviersonate
	op. 123	*Missa solemnis*
	op. 133	Fuge für Streichquartett
	op. 134	Fuge für Klavier zu vier Händen sowie die Gelegenheitskanons WoO 179, WoO 199, WoO 200 und WoO 205a
Antonio Salieri	op. 12	Drei Violinsonaten
Joseph Fürst Schwarzenberg	op. 16	Quintett für Klavier und Bläser
Gottfried Freiherr van Swieten	op. 21	*Erste Sinfonie*
Johann Wolfmayer	op. 135	Streichquartett
Nikolaus Zmeskall von Domanovecz und Lestine	op. 95	Streichquartett

Beethoven und seine Verleger

Von Joanna Cobb Biermann

> »Fehler – Fehler – sie sind selbst ein einziger Fehler [...]« so Beethoven am 6. Mai [1811], an Gottfried Härtel.[1]

> »Beethoven freut sich schon sehr auf seine Sonat, u. wohl versprach er mir schon zu schreiben, nun sagt er mir wohl es wäre schon geschehen, ob es aber ist, den[n] er Lügt öfters.« Brief Caspar Joseph Eberls an Hoffmeister vom 30. Dezember 1801.[2]

Im allgemein verbreiteten Beethoven-Bild gibt es bezüglich seines Verhältnisses zu Verlegern zwei Vorstellungen, die unvereinbar sind: Beethoven als naives Opfer schlitzohriger Vertreter dieser Zunft, Verlegergeiz und -schikanen ausgesetzt; und Beethoven, der doch selbst das Schlitzohr war. Die gelebte Situation war natürlich komplizierter, obwohl sich doch Belege für beide Arten von Verhalten finden. Es wird versucht an dieser Stelle, ein nuancierteres Bild zu präsentieren.

Beethoven war einer der ersten freischaffenden Musiker, wenn auch nicht ganz freiwillig. Er ist in eine Zeit ökonomischen und sozialen Wandels hineingeboren. Als Sohn und Enkel von festangestellten Hofmusikern in Bonn groß geworden, umgeben von Musikerkollegen des Vaters als seine Lehrer und als Freunde der Familie, und früh selbst als assistierender Musiker in Bonn angestellt, war seine Erwartung, im Laufe der Zeit in eine Hofmusikerstelle hineinzuwachsen – und vielleicht sogar Kapellmeister zu werden, wie es sein Großvater war. Dieses Ziel blieb ihm lebenslang; sogar noch in seinen letzten Jahren hoffte er, Kapellmeister in Wien zu werden. 1809 erwarteten auch die drei wichtigsten adeligen Gönner seines zweiten und dritten Jahrzehnts in Wien, Erzherzog Rudolph, Franz Joseph Maximilian Fürst Lobkowitz und Ferdinand Johann Fürst Kinsky[3], das gleiche für ihn, als sie Beethoven eine jährliche Rente versprachen – um ihn zu bewegen, die Kapellmeisterstelle in Kassel bei Jérôme Bonaparte, König von Westfalen, auszuschlagen. Sie schrieben in dem Vertrag, dass sein Anspruch auf die Rente erst erlösche, wenn er eine »angemessene Stelle« bekäme, eben eine (hohe) Hofanstellung. Jedoch eine feste Anstellung bei Hofe blieb ihm verwehrt.

Gleichzeitig taten sich zögernd neue, aber weniger sichere finanzielle Möglichkeiten für den Komponisten auf. Ein wachsender Markt für Musikalien führte zur Etablierung von Musikverlagen, um diesen Markt zu bedienen. Wie sollte man leben als freischaffender Komponist? Beethoven und andere Komponisten entwickelten verschiedene Strategien, durch Veräußerung ihrer Kompositionen ein Auskommen zu haben. Hier nur kurz erwähnt werden drei davon, die dann im Folgenden weiter beschrieben werden:

- Der Komponist konnte Werke einfach an Verlagshäuser verkaufen;
- er konnte eine Mischkalkulation mit dem Verleger vereinbaren, indem entweder handschriftliche Kopien oder auch gedruckte Pränumerationsexemplare vor dem Erscheinen des Druckes vom Komponisten auf eigene Rechnung verkauft wurden;
- der Komponist (oder auch der Verlag) konnte versuchen, ein Werk gleichzeitig in mehreren Ländern erscheinen zu lassen.

Verleger – Komponist – Publikum[4]

Es scheint soweit eine unkomplizierte Rechnung zu sein: Das wachsende Publikum verlangt neue Werke; Verleger trachten, den Markt – zunächst durch handschriftliche Kopien, dann nach und nach durch Druckwerke – zu bedienen; der freischaffende Komponist braucht zu seinem Auskommen, dass seine Werke finanziell honoriert und verbreitet werden. Es war eine Situation der gegenseitigen Abhängigkeit; Komponisten und Verleger konnten in gutem Einvernehmen miteinander arbeiten. Aber es bestand auch ein Grundkonflikt zwischen den Parteien, der bei allen Komponisten – nicht nur Beethoven – eventuell zum Streit reizte: Der Autor trug seine »Ware« zum Markte und bekam dafür vom Verleger eine einmalige Zahlung. Mit dem Verkauf des Werkes gab der Komponist sämtliche Rechte dazu an den Verleger ab. Nach dem erfolgten Kauf war er »Originalverleger«; er bekam dadurch alle Rechte daran, das Recht an allen weiteren Auflagen/Ausgaben sowie der beliebigen Bearbeitung. Diese Situation war an sich nicht problematisch für die Partien: Tantiemen waren noch nicht erfunden; auch das Konzept des »geistigen Eigentums« fehlte noch. In dieser Situation war der Komponist natürlich erpicht, sein Honorar so hoch wie möglich zu handeln. Der Verleger auf der anderen Seite hatte Interesse daran, möglichst wenig zu bezahlen, verständlicherweise, weil wegen der fehlenden rechtlichen Basis – ein wirksames Copyright gab es zu Beethovens Zeiten noch nicht – seine Investition wenig geschützt war. Als Originalverleger, d.h. als derjenige, der dem Autor ein Honorar bezahlte und dadurch die Rechte auf das Werk bekommen hatte, war er nicht vor Raubdrucken oder Nachstichen des Werks durch Rivalen, die preiswerter produzieren und verkaufen konnten, hinreichend geschützt.

Der Verleger genoss einen begrenzten Schutz nur im eigenen Rechtsraum, der – besonders im Falle der vielen Staaten, die zum geographischen Raum »Deutschland« gehörten – recht klein sein konnte. Ein Verleger in einem anderen Rechtsraum konnte völlig legal das Werk nachdrucken und beim Verkauf den Preis des Originalverlegers unterbieten, da er kein Autorenhonorar bezahlt hatte. Der Originalverleger hatte deshalb berechtigte Angst um seinen finanziellen Gewinn. (Jeder Verleger druckte in Maßen nach, aber manche druckten fast ausschließlich nach und waren unter den Kollegen als »Piraten« verschrien – wie Nikolaus Simrock [1751–1832], der in unserer Ausführung noch eine recht große Rolle spielen wird.)

Gerade bezüglich Nachdrucken gingen die Interessen des Autors und des Verlegers etwas auseinander. In der Zusammenarbeit mit dem Originalverleger übte der Komponist zwar mehr Kontrolle über sein Werk aus, zunächst weil er die Vorlage lieferte, und auch eher die Möglichkeit eines Korrekturgangs haben würde; aber einigermaßen korrekte Nachdrucke konnten seinen Ruhm vergrößern, seine Beliebtheit belegen, und seine Position bei späteren Verhandlungen womöglich stärken.

Rechtliche Lage:

Allgemein war die Gesetzeslage bezüglich Druckwerken – auch Büchern und Stichen zunächst – unklar und blieb lange Zeit ungeklärt, besonders für Musikalien. Sowohl Autor als auch Verleger zu Beethovens Zeit mussten selbst versuchen, ihr Eigentum zu schützen. Schutz gegen Nachdruck in Österreich sollte durch das Abliefern von drei Pflichtexemplaren beim hohen Zensor geschaffen werden, ähnlich wie in Frankreich (Bibliothèque nationale) und England (Stationers Hall). Dass dieses Verfahren nur zeitweise funktionierte, belegen zahlreiche an die Behörden sowohl vom Komponisten als auch von Verlegern gerichtete Gesuche, die Klärung und wirksameren Schutz suchten. Innerhalb eines Rechtsraums wurden Eigentumsverhältnisse jedoch meistens respektiert und eine Originalausgabe wurde dort meistens nicht nachgedruckt.[5] Ganz anders sah das überall bei ausländischen Produkten aus. Sie nachzudrucken war gängige Praxis in allen Rechtsräumen und wurde nicht als verwerflich angesehen. André (Offenbach), das Leipziger Bureau de Musique und Simrock (Bonn) haben viele solcher Ausgaben produziert; Simrock konnte seine Lage als französischer *Citoyen* in der Zeit, als Bonn nach 1794 Frankreich zugeschlagen wurde, in dieser Beziehung zu seinem Vorteil nutzen und Ausgaben aus Österreich und Deutschland nachstechen.

In der allgemeinen Verunsicherung versuchten Verleger verschiedentlich, sich durch private Abmachungen untereinander zu helfen. Eine Methode war die Lizenzausgabe oder der »Mitdruck«. Z.B. bei Beethovens Op. 90 bot der Originalverleger Steiner in Wien sowohl seinem Leipziger Kollegen Härtel als auch dem Bonner Simrock je 100 Druckexemplare ohne Titel an, die dann die beiden anderen Verleger mit eigenem Titelblatt versahen. Solche Lizenzausgaben waren geeignet, Nachdrucken im fremden Rechtsraum zuvor zu kommen.[6] So wurden die Verleger unter diesen verwirrenden rechtlichen Bedingungen kreativ. Doch war ihr Informationsstand unzureichend. In einer zähen Verhandlung mit Härtel um eine Gruppe von Werken (die Opera 73–82) wollte es Beethoven (mit Hilfe seines Freundes und Finanzberaters Franz Oliva[7]) durchsetzen, dass gleichzeitig mit der Leipziger eine englische Ausgabe erscheinen sollte. Härtel argumentierte, dass eine englische Ausgabe spätestens vier Wochen nach Erscheinen in Deutschland als (billiger) Nachdruck erhältlich sein würde. Beethoven und Oliva meinten dagegen, dass die verschärfte kriegsbedingte Kontinentalsperre dies verhindern würde, und Oliva stritt Härtels Vermutung ab, dass sie zusätzlich eine französische Ausgabe planten. Sie meinten, Härtel könne die Werke in Frankreich durch einen französischen Compagnon vertreiben; er müsse nur seine Ausgabe bei der Bibliothèque nationale abgeben, um in Frankreich gesetzlich geschützt zu sein. Härtel widersprach und meinte, nur ein französischer Autor sei auf diese Weise geschützt. Beide Seiten hatten Unrecht: Grundsätzlich genossen nur französische Ausgaben einen Schutz; ausländische Ausgaben durften von französischen Verlegern – wie sonst überall – frei nachgedruckt werden.[8]

Ein erster kollektiver Versuch mehrerer Verleger, das Nachdrucken zu unterbinden, geschah erst 1829, als sie eine »Konventionalakte« (kein Gesetz) am 23. Mai 1829 in Leipzig unterschrieben. Hierunter befanden sich fast alle größeren deutschen Musikverlage und zahlreiche Musikalienhändler. Hauptpunkte der Abmachung waren: dass keiner der Unterzeichner das Verlagseigentum eines anderen nachdrucken würde; dass der Originalverleger sein Eigentumsrecht vom Komponisten bestätigen lassen sollte und »Propriété de l'Editeur« auf dem Titelblatt gedruckt werden sollte; dass der falsche Gebrauch von dieser Eigentumsformel strafbar war; dass Parallelausgaben im Ausland (besonders in Frankreich und England) möglichst gleichzeitig mit der inländischen Edition erscheinen sollten.

Arrangements:

Auch Bearbeitungen waren ein großes noch ungelöstes Problem für Komponist und Verleger gleichermaßen. Arrangements wurden von den Behörden merkwürdig eingestuft: in einer am 11. Mai 1814 erlassene Regierungsverordnung hieß es für Österreich:

> »Das Componieren ganz neuer Tonstücke, so wie das Arrangiren von Tonstücken gehört zu den freyen Künsten, ersteres verräth zwar mehr Originalität, jedoch fodert das eine wie das andre musikalische Fähigkeiten, und derjenige, der arrangirt d.i. aus großen Werken [...] mit Benützung der beliebtesten Stellen, Quintetten, Quartetten, Duetten, Sonaten für verschiedene Instrument liefert, oder mit Benützung der gefälligen beliebten Töne aus den Werken verschiedener Compositeurs etwas neues Ganze liefert, [...] [derjenige] muß, um das zu bewerkstelligen[,] Tonsetzer seyn, und Niemand bedarf zur Ausübung dieser freyen Kunst eines eignen Befugnißes und es kann ihm auch der Verkauf der auf diese Art von ihm selbst componierten und arrangirten Tonstücken nicht verweigert werden.«[9]

Weiter – die Eigentumsrechte des Schöpfers oder des Verlags geringschätzend – befürchtet die Behörde bei einem Erlass, eine Verarmung des musikalischen Angebots für das Publikum herbeizuführen!

> »Eine Beschränkung des Arrangirens eines Tonstückes nur auf den Compositeur selbst oder auf den Kunsthändler der ihm sein Manuscript ablöset, würde nur für das musikalische Publikum die unangenehme Folge haben, sich, wenn es den Compositeur oder den Kunsthändler nicht gelegen wäre, etwas beliebtes auf andre und verschiedene Instrumente zu übersetzen, eines angenehmen Genußes beraubt zu sehen.«[10]

Um diese Probleme mit fremden Arrangements selbst anzugehen, annoncierte Steiner & Co. im Frühjahr 1816, »Zur Beseitigung aller unrechtmässigen und unrichtigen Bearbeitungen werden wir alle diese obangeführten Bearbeitungen an ein und denselben [sic] Tag ausgeben«.[11] Für die *Siebte Sinfonie* op. 92 z.B. waren es gleichzeitig: die Partitur; die Stimmen; eine Bearbeitung für neunstimmige Harmonie; eine Streichquintett-Fassung; eine für Klaviertrio; eine für Klavier vierhändig; und für Klavier zweihändig.

Beethoven und die Veröffentlichung seiner Werke

Ein Großteil von Beethovens erhaltener Korrespondenz bezieht sich im weitesten Sinne auf die Veröffentlichung seiner Werke. Diese Korrespondenz war nicht nur zeitraubend, sie war ihm, wenn es ums Geschäftliche ging, auch vielfach unangenehm. Er nannte das Verhandeln um Honorare »schachern« und träumte von einem Magazin der Kunst, »wo der Künstler seine Kunstwerke nur hinzugeben hätte, um zu nehmen, was er brauchte«, und klagte weiter, »so muß man noch ein halber Handelsmann dabey seyn […]«.[12] Oft bestellte er »Helfer« wie seine Brüder[13] (sowie seinen Schüler Ferdinand Ries[14] und seinen Freund Franz Oliva u.a.), um ihm diese lästige Pflicht abzunehmen, um danach oft nur mehr Mühe mit den verärgerten Verhandlungspartner zu haben. Bruderzwist deswegen kam auch oft vor: Ferdinand Ries berichtet etwa, dass es bei einem Streit um Op. 31 sogar zu Handgreiflichkeiten zwischen den Brüdern gekommen ist.[15]

Die frühesten Publikationen

Die einzigen Werke, die während seiner Jugend in Bonn bis zu seiner Abreise nach Wien 1792 verlegt wurden, sind Jugendwerke des Knaben Beethoven. 1782 verlegte Götz in Mannheim Beethovens allererste Publikation, die *Dressler-Variationen* in c-moll für Klavier (WoO 63). Christian Gottlob Neefe (1748–1798), Beethovens Lehrer um die Zeit, hat ihre Publikation veranlasst, wie Neefe selbst 1783 in einer »Nachricht von der churfürstlich-cöllnischen Hofcapelle zu Bonn« in Carl Friedrich Cramers *Magazin der Musik*[16] bekanntgab. In der ersten gedruckten Erwähnung Beethovens überhaupt schrieb Neefe dort, dass Beethoven, »ein Knabe von 11 Jahren, und von vielversprechendem Talent« sein Schüler sei, und, dass er, Neefe, zur »Ermunterung« die neun Variationen des Schülers hat stechen lassen. Ein Jahr danach druckte ein anderer Verleger, Boßler in Speyer, die drei sogenannten *Kurfürsten-Sonaten* (WoO 47) als Einzeldruck sowie später im Jahr und im nächsten Jahr jeweils ein kleines Rondo und ein Lied in seiner Wochenschrift, *Blumenlese für Klavierliebhaber* bzw. in der *Neuen Blumenlese für Klavierliebhaber*. Weitere Werke des jungen Beethovens, die er gegen Ende seiner Zeit in der rheinischen Heimat komponierte, d.h. in den Jahren 1790 bis 1792, sind nur spärlich gedruckt worden: seine *Righini-Variationen* WoO 65, (der erste Variationszyklus, der eine Ahnung seiner zukünftigen Leistungen in dieser Gattung in den Opera 34, 35 und 120 ahnen lässt), ist im August 1791 bei Schott in Mainz erschienen. Die anderen späten Bonner Werke, die in Beethovens ersten Jahren in Wien erschienen sind, druckte der Bonner Verleger Nikolaus Simrock, Waldhornist in der Bonner Hofkapelle und dadurch Kollege von sowohl Beethoven als von seinem Vater, nach Beethovens Weggang.[17]

Es folgen nun einige exemplarische Fälle, die Aspekte von Beethovens Erfahrungen im Verlegen seiner Werke demonstrieren.

Anfänge in Wien: Op. 1

Beethoven kam im November 1792 in Wien an und etablierte sich in dieser klavierbegeisterten Stadt bald als begnadeter Virtuose und Improvisator. Aber er wollte auch als Komponist anerkannt werden. Mit Hilfe von seinem wichtigsten frühen Wiener Mäzen, Fürst Karl Lichnowsky (1761–1814), sollte Beethovens großer kompositorischer »Auftritt« mit dem Erscheinen der Trios op. 1 regelrecht inszeniert werden.[18] Lichnowsky hatte die Drucklegung bei der Wiener Firma Artaria, der ersten und angesehensten Musikalienhandlung Wiens der Zeit[19], organisiert und anscheinend die schöne Ausgabe – ohne Wissen von Beethoven – auch finanziell unterstützt.[20] Es war ein voller Erfolg: eine mitgedruckte Subskribentenliste[21] für Op. 1 enthält 123 Namen, meistens Adlige des Österreichischen Kaiserreichs, die teilweise mehrere Exemplare bestellten (Lichnowsky selbst nahm 20); insgesamt waren es fast 250 Exemplare. Die Edition warf einen Gewinn von 843 Florin ab, fast zweimal Beethovens Jahresgage als Hofmusiker in Bonn[22], den Beethoven mit Stolz einstreichen konnte.[23]

In der Vorbereitungszeit für diese Edition jedoch funkte Nikolaus Simrock mit einer Ausgabe von Variationen Beethovens (WoO 67) dazwischen. In dem ersten erhaltenen Brief Beethovens[24] an den Bonner Verleger und früheren Kollegen aus der kurkölnischen Hofkapelle vom 18. Juni 1794 finden wir so viele Züge, die in Beethovens Verhalten gegenüber Verlegern im Allgemeinen und besonders in seinem überaus komplizierten Beziehung zu Simrock immer wieder vorkommen, dass eine ausführlichere Behandlung an dieser Stelle angebracht erscheint. Zunächst beschwert sich Beethoven milde darüber, dass die Variationen gerade zu dieser Zeit herauskommen würden, »da ich erst warten wollte, bis einige wichtigere Werke von mir in der welt wären, die nun bals [sic] herauskommen werden [Op. 1].« Die Tatsache, dass Simrock Beethoven überhaupt nicht um Erlaubnis zur Publikation gebeten hatte, erwähnt der Komponist mit nur leisem Tadel: »mein Bruder [Karl] Sagte mir hier, daß sie meine *Variationen* zu 4 Händen schon gestochen hätten, oder doch stechen würden. das anfragen deswegen bey mir, dünkt mich wäre doch wohl der Mühe werth gewesen«, und er weist auf die Schwierigkeiten hin, die Simrock ihm verursacht hätte, wenn Beethoven das Werk schon an einem anderen Verleger weitergegeben hätte. Doch beharrt er nicht darauf: sofort dominiert Beethovens Wunsch, wenn etwas von ihm publiziert werden sollte, den bestmöglichen Text in die Welt zu setzen. Er bietet Simrock an, eine verbesserte Version zu schicken. Auch bietet er seine Dienste an, um für Simrock einen Wiener Kommissionär für seine Verlagsprodukte zu finden (was er auch tut: es ist der Musikalienhändler und Musikverleger Johann Baptist Traeg [1747–1805]). Dann kommt Beethoven auf Simrocks Ausgabe von WoO 66, und meldet einen Fehler, den er ausgebessert wünscht (ein Vorzeichenfehler, der tatsächlich korrigiert wurde); aber Beethoven beschwert sich über Simrocks Geiz, weil er Beethoven nur ein einziges Druckexemplar mitgeschickt habe. Er verlangt in Zukunft zwei Dutzend Exemplare. Zum Vergleich erwähnt er, dass Artaria (für WoO 40) ihm »ein gutes Honorarium und 12 *Exemplare*« gab. Beethoven schließt mit der Frage, ob Simrock »etwas anders von mir wollen, und was?–« (!) und mit einem Gruß an [Franz Anton] Ries (1755–1846), enger Freund Simrocks, Konzertmeister in der Bonner Hofkapelle und ehemals Beethovens Lehrer. Beethoven hegte die wärmsten Erinnerungen an Riesens Unterstützung der Beethoven-Familie nach dem Tode von Beethovens Mutter 1787, und nachdem der Vater 1789 den Dienst wegen seines Alkoholismus quittieren musste. (Aus Dankbarkeit Ries gegenüber hat Beethoven dessen Sohn, Ferdinand Ries [1784–1838], später in Wien als Kompositions- und Klavierschüler angenommen.)

Raubdruck: der Fall von Beethovens Streichquintett Op. 29

Das Wiener Verlagshaus Artaria war ab 1795 Verleger (siehe Op. 1 oben) einer ganzen Reihe früher Werke Beethovens, insgesamt 50 innerhalb von 30 Jahren. Jedoch kam es trotzdem 1802 zu einer ernsthaften Auseinandersetzung zwischen Beethoven und Artaria, die sogar in einen Prozess mündete.

Beethoven genoss gelegentlich eine weitere Einnahmequelle, indem er ein neues Werk für eine bestimmte Zeit einem seiner adligen Gönner – meistens dem Auftraggeber – zur privaten Nutzung überließ. Nach einer verabredeten Zeit, oft sechs Monate, bekam Beethoven das Werk zurück und konnte es veröffentlichen und eben vom Verleger ein weiteres Honorar bekommen. Die Summen, die für die zeitweilige Überlassung bezahlt wurden, konnten beträchtlich sein. Im Falle der *Eroica*-Sinfonie etwa wollte Franz Joseph Maximilian Fürst Lobkowitz nach Auskunft von Beethovens Schüler Ferdinand Ries 400 Gulden für das Vergnügen bezahlen, das Werk für sechs Monate sein eigenes zu nennen (er, nicht Napoleon, bekam schließlich doch noch die Widmung). Um das Verhältnis zum Verlegerhonorar klarzustellen: Ries schrieb diese Information in einem Brief an den Bonner Verleger Nikolaus Simrock, in dem das Werk Simrock für ein Verlegerhonorar in Höhe von 100 Gulden angeboten wurde, ein Viertel der Summe, die Lobkowitz auszulegen bereit war![25]

So vorteilhaft diese Situation für Beethoven aussieht, war sie doch anfällig für Missverständnisse und auch für gewisse »Großzügigkeiten« verschiedener Parteien in der Auslegung der Bedingungen. Ein bekanntes Beispiel liefert Beethovens *Streichquintett* in C-Dur Op. 29, wohl von Moritz Graf von Fries im Auftrag gegeben und ihm für ein halbes Jahr zum privaten Nutzen übergeben. Widersprüchliche Angaben erschweren die Wahrheitsfindung in diesem Falle, der sogar in einen langen Prozess mit Artaria mündete. Beethoven hatte für die Zeit nach Ablauf der Nutzungszeit des Grafen das Quintett an die Leipziger Firma Breitkopf & Härtel verkauft, jedoch die Wiener Firma Artaria brachte irgendwie die Abschrift des Grafen Fries in ihren Besitz und stach eine unautorisierte Ausgabe danach. Sie wurde etwa gleichzeitig mit der Leipziger Ausgabe fertig und drohte, Beethoven sowie Breitkopf & Härtel großen Schäden zu verursachen. (Die Rolle des Grafen Fries bleibt hierin letztendlich undurchsichtig; Beethoven hat ihn in allen Zeugnissen, die noch vorhanden sind, immer als Opfer von Artarias List in Schutz genommen.)

Fest stehen einige Eckdaten:[26]

- »1801« steht in Beethovens Hand auf der autographen Partitur;
- am 28. März 1802 bot Kaspar Karl van Beethoven das Werk im Auftrag seines Bruders Breitkopf & Härtel an (BGA 81);

- Anfang April 1802 kam die Zusage von Härtel (BGA 83);
- vor dem 22. April wurde die Stichvorlage nach Leipzig gesandt (BGA 85);
- Breitkopf & Härtel kündigen das Erscheinen der Stimmen und der Bearbeitung für Klavier vierhändig für Ende Oktober 1802 in diversen Zeitschriften an (*Allgemeine musikalische Zeitung, Wiener Zeitung*) und im Messekatalog für die Leipziger Herbstmesse;
- am 3. November 1802 war der Stich fertig; ein Revisionsexemplar sollte Beethoven gleich geschickt werden (BGA 109);
- Beethoven meldet Härtel die Nachricht, dass ein Raubdruck durch Artaria in Vorbereitung sei (BGA 110);
- die Leipziger Ausgabe wird bis Ende Dezember 1802 verzögert (im Druckbuch bei Breitkopf & Härtel ist die Fertigstellung des Drucks am 19. Dezember notiert);
- am 22. Januar 1803 wird gemeldet, dass die Leipziger Ausgabe in Wien erhältlich sei (BGA 125).

Beethovens aufgeregter Brief an Breitkopf & Härtel vom 13. November 1802 berichtet wie folgt:

> »Ich eile ihnen nur das Wichtigste zu schreiben – wissen sie also, daß die Erzschuken *Artaria* unter der Zeit, als ich auf dem Lande [in Heiligenstadt vom April bis Oktober 1802] wegen meiner Gesundheit wegen war, das *quintett* sich vom grafen Frieß unter dem Vorwand, daß es schon gestochen und hier Existire, sich zum Nachstich, weil das ihrige fehlerhaft, ausgebeten hatten, und – wirklich vor einigen Tägen das Publikum damit erfreuen wollten [...]«.

Sehr in Sorge um seinen Ruf bei Breitkopf & Härtel und in der Hoffnung, sich und der Firma Schaden abzuwenden, unternahm Beethoven einige Schritte. Er legte eine Kopie des »Revers«, unterschrieben von Artaria am 12. September 1802, dem Brief bei; darin verpflichtete sich Artaria, ihre Ausgabe nicht zu verkaufen, »bis die *Original* Auflage 14 Täge hier in Wien in Umlauf ist« (BGA 110). Graf Fries hatte diese Versicherung vermittelt, die auch wohl eingehalten wurde. Beethoven ließ sich dann merkwürdigerweise (von Fries?) dazu überreden, in Artarias Ausgabe Korrektur zu lesen, jedoch widerwillig, erbost, und unvollständig, wie er später versicherte (eine Tat, die ihn später ins Zwielicht brachte). (Laut Ferdinand Ries hat Beethoven dann Artaria um die frühesten Druckexemplare gebeten, unter dem Vorwand, sie durch Ries handschriftlich korrigieren zu lassen. Ries schreibt, dass Beethoven »mir aber zugleich den Auftrag [gab], so grob mit Tinte auf das schlechte Papier zu corrigiren und mehrere Linien so zu durchstreichen, daß es unmöglich sei, ein Exemplar zu gebrauchen, oder zu verkaufen.«[27]) Weiter setzte Beethoven eine Ankündigung in die *Wiener Zeitung* am 22. Januar 1803, »An die Musikliebhaber« überschrieben, worin er behauptet, an der Ausgabe »von Artaria und Mollo« keinen Anteil gehabt zu haben. Er nannte die Ausgabe »höchst fehlerhaft, unrichtig und für den Spieler ganz unbrauchbar«. Artaria erhob Klage dagegen und fand geharnischte Worte in einer »Gegenerinnerung«:

»Uiber die von H. Ludwig van Beethoven in der Wienerzeitung vom 22. Jänner d.J. eingerückte Erklärung an die Musikliebhaber wegen seinem bey uns erschienenen Quintett in C Dur finden wir zur Rettung unserer Ehre, und zur Beschämung des H. v. Beethoven hiemit nöthig, öffentlich zu erinnern: [...] Zugleich [als die Ausgabe von Artaria zurückgehalten wurde] trug sich H. van Beethoven selbst an, unsere Auflage durchzusehen, und hatte wirklich die Gnade selbst *2 mal* zu korrigiren. Zum Beweise dessen seine Original Korrekturen in der unterzeichneten Kunsthandlung für Jedermann stündlich einzusehen sind. Wenn also wirklich unsere Auflage /: wie H. von Beethoven vor gibt :/ fehlerhaft, unrichtig, und für den Spieler unbrauchbar wäre, könnte man Niemanden, als dem J. Autor und Korrektur selbst die Schuld hieran beymessen.«[28]

Artaria klagte bei der Polizei-Oberdirektion, die den Fall nicht klären konnte (Beethoven verweigerte eine Widerrufung). Das Verfahren ging weiter. (Graf Fries konnte nicht vor Gericht erscheinen, da er verreist war.[29]) Erstaunlicherweise gab das Gericht Artaria volles Recht; ein Vergleich wurde endlich am 9. September 1805 vereinbart, indem Beethoven ein neues Quintett für den Grafen Fries zu komponieren habe, das dann durch Artaria veröffentlicht werden sollte. Um die beim Streit vorher anfallenden Gerichtskosten für Artaria auszugleichen, die der Verleger von Beethoven nicht verlangen wollte, habe er »eine musikalische Kleinigkeit« zu liefern. Ein neues Quintett hat Beethoven nie geschrieben und auch Artaria keine »Kleinigkeit« geliefert. (In den weiteren Ausgaben des Op. 29, die nach Beethovens Korrekturen geändert wurden, druckte Artaria nach seinen Namen »Revû et corigé [sic] par lui même«.) Die Stimmung zwischen Beethoven und Artaria war auf Jahre gestört.

Diese Ausführung zeigt nur ein Beispiel des Umgangs von Verlegern untereinander. Sie konnten freundlich und kollegial sein, aber auch halsabschneiderisch und gemein agieren. Nur Komponisten schlechtes Benehmen gegenüber Verlegern zu bezichtigen, ist zu einfach gesehen.

Probleme mit Fehlern: die Sonaten op. 31

Ein sich immer wiederholendes Problem betraf die Korrektheit der Drucke. Beethoven wünschte sich Korrekturexemplare, die jedoch fast nie vom Verleger gesandt wurden. Wenn fehlerhafte Editionen erschienen, reagierte Beethoven verschiedentlich: mit Fehlerlisten, die manchmal zu korrigierten späteren Auflagen führten, manchmal jedoch nicht (meistens hat er die Situation einfach hingenommen); öffentliche Anzeigen; Aufkündigung der Zusammenarbeit, u.s.w.

Der Zürcher Verleger Hans Georg Nägeli (1773–1836) hatte sich im Frühjahr 1802 an Beethoven mit der Bitte gewandt, ihm Klaviersonaten für sein Klavier-Periodikum *Répertoire des Clavecinistes* zu überlassen.[30] Beethoven hatte ihm daraufhin die drei Klaviersonaten op. 31 anvertraut. Der lebhafte Bericht von Beethovens Schüler Ferdinand Ries über die Szene, die sich entfaltete, als der Komponist die ausnehmend schön gestochenen Belegexemplare der ersten beiden Sonaten bekam, ist mit Recht wohlbekannt: Beethoven befand sich

»beim Schreiben. ›Spielen Sie die Sonaten einmal durch,‹ sagte er zu mir, wobei er am Schreibpulte sitzen blieb. Es waren ungemein viele Fehler darin, wodurch Beethoven schon sehr ungeduldig wurde. Am Ende des ersten Allegro's, in der Sonate in G dur, hatte aber Nägeli [nach T. 298] sogar vier Takte hinein componirt [...]. Als ich diese spielte, sprang Beethoven wüthend auf, kam herbei gerannt und stieß mich halb vom Clavier, schreiend: ›Wo steht das, zum Teufel?‹ – Sein Erstaunen und seinen Zorn kann man sich kaum denken, als er es so gedruckt sah.« (Wegeler / Ries, S. 88f.)

Beethoven meinte wohl, dass es zwecklos wäre, Nägeli um Korrekturen zu bitten. Er entschied sich, einen anderen Verleger zum Nachdruck anzuregen. Ries weiter an der Stelle: »Ich erhielt den Auftrag, ein Verzeichnis aller Fehler zu machen und die Sonaten auf der Stelle an Simrock in Bonn zu schicken, der sie nach stechen und zusetzen sollte: Edition très correcte« (Wegeler / Ries, S. 88f.). Es waren in den ersten beiden Sonaten schon über 80 Fehler. Ries schickte die Liste an Simrock am 29. Juni 1803. Simrocks Edition erschien kurz danach (angezeigt im Reichsanzeiger vom 24. August 1803). Verleger Nägeli erhielt keine weiteren Kompositionen von Beethoven.

Verlegerfreiheiten: Beethovens *Christus am Ölberge* op. 85

Beethoven pflegte meistens mit der Firma Breitkopf & Härtel – abgesehen von dem zitierten Ausbruch gegenüber Gottfried Härtel am Anfang dieses Kapitels – ein gutes und ertragreiches Verhältnis.[31] In den Jahren 1808–1812 sind bei Breitkopf & Härtel 23 Werke unterschiedlicher Gattungen in lückenloser Folge als Originalausgaben herausgekommen[32] – nur Artaria und Steiner haben mehr Originalausgaben publiziert.[33] Der Fall von Beethovens einzigem Oratorium ist jedoch ein lehrreiches Beispiel für die Art von Freiheiten, die sich ein renommierter und seriöser Verleger mit den Werken eines Komponisten – sogar eines berühmten wie Beethoven – nehmen durfte.[34] Mit dem Kauf erwarb der Verleger die Rechte zur Publikation und zum Arrangieren, aber Breitkopf & Härtel hat in diesem Werke Änderungen vorgenommen, – aus ihrer kaufmännischer Sicht notwendig, um das anvisierte Publikum anzusprechen –, denen aber Beethoven heftig – aber nicht ganz erfolgreich – widersprach.

Der Streit zwischen Verleger und Komponist entzündete sich am Libretto, das für und mit Beethoven vom Wiener Journalisten und Librettisten Franz Xaver Huber (1755–1814) geschrieben wurde, aber auch an Gattungsmerkmalen. Im frühen Oratorium gab es zwei Typen: entweder den dramatischen, in dem die Handlung sich rein durch Dialog, sozusagen im Jetzt entfaltet; und den narrativ-dramatischen, in dem eine Erzählerfigur (genannt Evangelist, Testo, oder Historicus) einen Teil der Geschichte, also Vergangenes, erzählt, während der Rest dramatisch dargestellt wird.

Die ursprünglich italienische Gattung des Oratoriums etablierte sich schon im 17. Jahrhundert in Wien und im katholischen Süden Deutschlands, im protestantischen Norddeutschland jedoch erst später, und dann mit einigen Unterschieden, etwa im Gebrauch vom Chor und von lutherischen Chorälen. In der Mitte des 18. Jahrhunderts entwickelte sich in Norddeutschland jedoch ein weiterer ganz neuer Typus, das lyrisch-dramatische Oratorium. Dieser neue Stil war hauptsächlich durch ein bestimmtes, weithin bewundertes Stück, *Der Tod Jesu* (1754) von Carl Heinrich Graun (1703/04–1759) mit Text von Karl Wilhelm Ramler (1725–1798), geprägt. Eine umfangreiche, unsignierte Rezension 1812[35] in Breitkopf & Härtels Hausorgan, der *Allgemeinen musikalischen Zeitung*, anlässlich der Neuausgabe der Partitur und des Klavierauszugs von Grauns Werk lässt die Ansicht des Verlags klar erblicken, in dem der Autor zwei »Style« von Oratorien definiert und zwar: »der dramatische«, und »der eigentliche«, den er woanders als den »betrachtende[n]« charakterisiert. Die dramatische Darstellungsweise birgt nach dem Rezensenten eine Gefahr: »fast unabwendbar verliert der Gegenstand an seiner Heiligkeit, streift auch bey aller Sorgfalt, an die Oper, nöthigt auch zu manchen üblen Inconvenienzen – wie z.B. in der Begebenheit, [...] den Erlöser selbst singen zu lassen [...]« (Sp. 783f.).

Auch charakteristisch für Ramlers Text ist, dass die Hauptereignisse der Geschichte von drei »unbestimmten, – wenn man will, idealen Personen«, die sie »als gegenwärtig« beobachten, erzählt werden. Danach besteht der Hauptteil des Werks darin, dass diese Personen dann »in lyrischer Form« über ihre Gefühle bzw. über ihre Reaktionen zu diesen Gefühlen sinnieren.[36]

Im Gegensatz dazu wählten Beethoven und Huber den rein dramatischen Typus mit drei singenden Figuren: Jesus (ein Tenor!), der Seraph (eine hohe Sopranistin) und Petrus (ein Bass); sowie drei Chöre: die Soldaten, die Jünger, und ein Engelschor. Es gibt keine idealen Personen; sinniert wird wenig, sondern agiert; es beginnt *in medias res* mit Jesus betend alleine im Garten Gethsemane. Es ist kaum verwunderlich, dass Breitkopf & Härtel Rezeptionsprobleme mit Beethovens Oratorium hatten: mit der dramatischen Form, mit seinem opernhaft singenden Christus. In der Rezension zu Beethovens *Christus* in der *Allgemeinen musikalischen Zeitung* kritisiert der Autor den Text und den ganzen dramatischen Aufbau scharf:

> »Ohnstreitig Hätte der Dichter besser gethan, wenn er das Oratorium mit einem Trauerchor der Engel beginnen lassen [...] Weit bedeutender und wirksamer wäre es gewesen, beym Anfang die Engel vom grossen Werk der Erlösung in geheimnisvoller Trauer sprechen zu lassen; worauf Christus mit den Jüngern sich genahet, diese (in einem Ensemble)ihn ihrer Treue versichert.« [37]

Der Chor der Soldaten wird gepriesen, aber danach der Chor der Jünger verrissen:

> »Desto ungeschickter hat der Dichter die Jünger behandelt. Aeusserst gemein und trivial fragen sie: Was soll der Lärm bedeuten: / Es ist um uns geschehen! / Umringt von rauhen Kriegern, / Wie wird es uns ergehen?« Man trauet seinen Augen kaum, und fällt aus den Wolken [...]
>
> Der Dichter verletzt »die Gränzen [sic] des Oratoriums, und verleitete dadurch auch den Componisten, dies Stück zu theatralisch zu behandeln« (Sp. 23).

Der dramatische Stil, die Darstellung des Christus sowie einiges an der Sprache stand in Konflikt mit den Sensibilitäten, die sich vor allem in Norddeutschland nach den Erfolg vom *Tod Jesu* 50 Jahre davor entwickelt hatten. Beethoven wurde damit 1811 konfrontiert, als er mit Breitkopf & Härtel über die Veröffentlichung verhandelte. Sie waren mit Hubers Text sehr unzufrieden und zeigten sich wenig kompromissbereit. Die Kritik ging so weit, dass sie – ohne Beethoven zu konsultieren – einen neuen Text, passend zur Musik, im Auftrag gaben, und stellten Beethoven damit vor vollendete Tatsachen. Eine Abschrift mit dem neuen Text in roter Tinte hat sich erhalten.[38] Sie war die Kopie, die direkt vor der Stichvorlage hergestellt wurde. (Darin sind zusätzliche Eintragungen von einer zweiten Hand, vermutlich von Friedrich Rochlitz[39], sowie späte Notate von Beethoven in Bleistift). Beethoven reagierte erbost aber auch bedrängt und schrieb an die Verleger mit Bemerkungen, die oft als eine Distanzierung von seinem Oratorium gedeutet wird.

> »der *text* ist äüßerst schlecht, aber hat man auch sich einmal aus einem schlechten *text* sich ein ganzes gedacht, so ist es schwer durch einzelne Änderungen zu vermeiden, daß eben dieses nicht gestört werde, und ist nun gar ein Wort allein, worin manchmal große Bedeutung gelegt, so muß es schon bleiben, und ein *autor* ist dieses, der nicht so viel gutes als möglich auch aus einem schlechten text zu machen weiß oder sucht, und ist dieses der Fall, so werden Änderungen das ganze gewiß nicht beßer machen.« Doch schrieb er weiter, »– einige habe ich gelaßen, da sie wircklich verbesserungen sind. –« (BGA 519, vom 23. August 1811).

Obwohl Beethoven viele von Härtels Vorschlägen ablehnte, wie man sowohl durch die Korrespondenz als auch in seinen Bleistift-Korrekturen in der Abschrift sehen kann, behielt Breitkopf & Härtel manche trotzdem bei.[40]

Das Debakel: Die Veröffentlichung der *Missa solemnis*[41]

Die *Missa solemnis*, Beethovens größtes Werk geistlicher Musik, war als sein Beitrag zu den Feierlichkeiten am 9. März 1820 anlässlich der Inthronisation seines geliebten Schülers Erzherzog Rudolph von Österreich zum Erzbischof von Olmütz in Mähren gedacht. Die Fertigstellung dieses monumentalen Musikwerkes nahm jedoch viel mehr Zeit in Anspruch als ursprünglich geplant. Krankheiten und die entsprechend notwendigen Kuren, Gerichtsverhandlungen um den Neffen, finanzielle Sorgen, aber vor allem Beethovens Anspruch an sich selbst führten dazu, dass das Datum der geplanten Fertigstellung viermal verstrich: Der Komponist konnte Rudolph eine Abschrift der fertigen *Missa solemnis* erst am 19. März 1823 feierlich überreichen.

Ähnlich steinig war auch der Weg bis zur Veröffentlichung: Die Verhandlungen mit Verlegern erstreckten sich über vier Jahre. Nach kurzer Verhandlung bekam Simrock die Messe versprochen. Ein zwar unvollständiger, aber umfangreicher Briefwechsel zwischen Beethoven und Simrock erlaubt uns, den merkwürdigen Ablauf dieser Verhandlungen zu verfolgen. Beide Verhandlungspartner zeigen sich allerdings dabei in keinem besonders vorteilhaften Licht. Erstaunlicherweise waren es zwei ungleiche Partner. Auf der einen Seite Simrock, ganz der nüchterne, auf seinen Profit achtende Kaufmann, der seine Ziele mit Konsequenz – und teilweise fast mit Härte – verfolgte; auf der anderen Seite Beethoven, befangen und fast hilflos Simrock gegenüber. Beethoven mochte nie das

»Schachern«, wie er es nannte, aber gerade Simrock, der scheinbar mit tiefsten Kindheitserinnerungen verbunden war, scheint ihn völlig zu entwaffnen.

Beethoven eröffnete die Verhandlungen schon auf falschem Fuß: Kurz bevor die *Missa solemnis* eigentlich hätte aufgeführt werden sollen, stellte er Simrock das noch lange nicht vollendete Werk als schon fertig dar. Vielleicht war es eine Mischung aus Wunschdenken und Optimismus, die ihn dazu verführt hat, aber auch Bedrängtsein steckte teilweise dahinter. Beethoven war zu dieser Zeit tief verschuldet, aber zögerte, die Schulden durch das Einlösen einer seiner acht Bankaktien zu tilgen. (Diese Aktien sollten als Erbe für seinen Neffen Karl unangetastet bleiben – und sie sind es auch geblieben.)

Für das Manuskript verlangte Beethoven von Simrock 125 Louisdors. Der Verleger bot dagegen nur 100, also 20 Prozent weniger. Im März 1820 ging Beethoven auf dieses Angebot ein, anscheinend ohne sich vorher mit anderen Verlegern in Verbindung zu setzen. »Was die Meße betrift, so habe [ich] es Reiflich überlegt, u. könnte ihnen selbe wohl für das mir von ihnen angebotene Honor, von 100 louisdor geben [...]« (BGA 1372). Bei Beethoven schwang hier die Hoffnung mit, dass seine Nachgiebigkeit bezüglich des Honorars ein Zuvorkommen des Verlegers in einer anderen Angelegenheit bewirken würde: Sein Lieblingsprojekt dieser Jahre, über das er mit acht von seinen Verlegern wiederholt verhandelte, war eine Gesamtausgabe seiner Werke.[42] Ende April wollte er die Fiktion, dass das Werk fertig sei, noch immer aufrechterhalten und versprach die Übergabe bis Ende Mai oder Anfang Juni. Er bat Simrock, das Geld nach Frankfurt zu schicken, wohin er auch die fertige Partitur bald zu senden versprach.

Im Juli 1820 jedoch tauchte ein ernsthaftes Problem zwischen Beethoven und Simrock auf: Es kam zu einer Auseinandersetzung, welche Münze für das Honorar gemeint sei. In ihrer Korrespondenz hatten die Verhandlungspartner nur von »Louisdor« gesprochen, ohne die genaue Sorte festzulegen (um die Zeit waren vier Sorten im Umlauf). Jetzt im Brief vom 23. Juli reagiert Beethoven auf Simrocks Schreiben vom 10. Juli, worin er erklärt hat, dass er die sogenannten »leichten« Louisdor (Louisdor = Friedrichsdor = Pistole) meinte; Beethoven dagegen habe den »schweren« alten Schild-Louisdor zugrunde gelegt, schreibt er. Der Unterschied waren 31 Prozent zu Beethovens Ungunsten. Er führt ins Feld: »ich habe Ihnen bey diesem Preiß sehr viel nachgelassen was ich nicht leicht bey einem andern Verleger thun würde & wobei ich wirklich unsrer alten freundschaftl. Verhältniße eingedenk war« (BGA 1400). War dies ein Missverständnis von vorneherein, also einfach eine schlechte Absprache, weil in der Korrespondenz bis dato die Sorte Louisdor nicht präzisiert wurde[43]? Hatte Simrock versucht, im Nachhinein den Preis noch weiter zu drücken? Wollte Beethoven nachträglich das geringere Honorar, dem er zugestimmt hatte, durch eine höherwertige Währung ausgleichen? Ging es eigentlich bei Beethoven um den Ausgleich von Kursschwankungen und Inflation? Man kann nur mutmaßen. Er war allerdings in solchen Berechnungen ungeschickt und brauchte die Hilfe eines kundigeren Menschen, um den Unterschied in den Währungen zu verstehen. Sein Freund Franz Oliva meinte in einem Eintrag in einem Konversationsheft zunächst dazu: »der alte gut Freund wollte Sie bey der vorgeschlagenen Berechnung um einige Hundert Gulden prellen.«[44] Oliva schrieb den Brief an Simrock, den Beethoven dann unterschrieb, der den genauen Wechsel und die daraus resultierende Summe in Gulden vorrechnet (BGA 1707, siehe auch Fußnote 4). Auch hier blieb Simrock hart, und Beethoven war – aus welchen Gründen auch immer – nicht in der Lage, die Verhandlungen einfach abzubrechen.

Die nächsten Briefe des 50jährigen Beethoven erinnern stark an den ersten Brief an Simrock von 30 Jahren zuvor. Sie wirken hilflos in ihren Appellen an Simrocks Gefühle: Beethoven erinnert an Gefälligkeiten, die Beethoven ihm erwiesen hat; er ruft sogar das Bild seiner verstorbenen Eltern hervor, schon lange in heimatlicher Erde ruhend! (»ich hege die Hoffnung Vielleicht künftiges Jahr [1821] meinen vaterländischen Boden betreten zu können, u. die Gräber meiner Eltern zu besuchen.« BGA 1403, 5. Aug. 1820); er beginnt den Brief sogar mit »Mein lieber Alt Papa«, die Anrede, die Ferdinand Ries für Simrock benutzte, wo ein solches Verhältnis tatsächlich existierte! Allen emotionalen Appellen zum Trotz ließ Simrock sich nicht erweichen. Er blieb bei seiner Umrechnung, Beethoven willigte schließlich ein, und Simrock schickte das Geld für die noch lange nicht fertige *Missa solemnis* nach Frankfurt am Main.

Im Laufe der Verhandlungen hatte Simrock immer wieder seine Bedenken hinsichtlich der Absetzbarkeit der Messe in den protestantischen Ländern als Argument gegen ein höheres Honorar angeführt. Beethoven antwortete stets, dass sich seine *Messe* in C-Dur op. 86, die 1812 im protestantischen Leipzig bei Breitkopf & Härtel mit einer zusätzlichen deutschen Übersetzung erschienen war, gut verkaufe. Er bot Simrock schließlich eine der *Missa solemnis* genau angepasste Übersetzung an. Simrock akzeptierte den Vorschlag umgehend, ohne ein Wort über die Vergütung für dieser zusätzlichen Aufwendung Beethovens zu verlieren. Der Komponist war auch in diesem Fall wieder unfähig, Simrock die Kosten einfach in Rechnung zu stellen. Solche Verhandlungen seien ihm unangenehm, schrieb er Simrock am 18. November 1820:

> »Die übersezung kostet mich wenigstens 50 fl. W.W. [Wiener Währung], ich hoffe wenigstens, daß sie diese noch zu legen werden – u. So *requiescant in pace* – ich schreibe lieber 10 000 Noten als einen Buchstaben, besonders wenn es sich um das so u. nicht so nehmen handelt, ich hoffe dafür umso mehr von ihnen begünstigt zu werden, in der Herausgabe meiner Sämtlich. werke […]« Auch verstehe er nichts von kaufmännischen Dingen, wisse aber, dass er mindestens 100 fl. bei Simrocks Berechnung verliere, teilte Beethoven weiterhin mit (BGA 1418).

Beethoven fühlte sich zwar übervorteilt, aber in seiner damaligen Situation machtlos: »meine Lage ist dermalen Hart u. bedrängt, dies darf man nun einen Verleger am wenigsten schreiben,« schrieb er am gleichen Tage seinem Frankfurter Freund und Gewährsmann, Franz Brentano.[45]

Es ist kein Zufall, dass zwei Begriffe, die Beethoven oft den Stoff für seine beliebten Wortspiele geliefert haben, in Verbindung mit den Verhandlungen über die *Missa solemnis* in Briefen vorkommen: Verleger – verlegen (als Verbum und als Adjektiv!), und Not – Noten – Nöten.

Erst nachdem Beethoven Simrock die *Missa solemnis* versprochen hatte, fing er an, mit weiteren Verlegern darüber zu verhandeln; insgesamt waren es acht weitere: mit Adolph Martin Schlesinger in Berlin 1821; mit Steiner, Artaria, und Peters 1822; mit

Diabelli; mit Maurice Schlesinger in Paris 1824; und mit Probst (Leipzig) und Schott in Mainz 1824. Dreien davon sagte er sogar die Messe fest zu.

Mit seinen Verhandlungsmethoden um die *Missa solemnis* hat Beethoven viel Ärger verursacht und sich viele Feinde gemacht, unter ihnen Simrock, der am 13. September 1822 erfahren musste, dass Beethoven seine Zusage wieder rückgängig machte. »So leid es mir thut, wenn wir uns gerade bey diesem Werke deßwegen trennen müßen, so weiß ich doch, daß Ihre Biederherzigkeit nicht zugeben würde, daß ich bey diesem Werke, welches vielleicht das größte ist, was ich geschrieben, einen Verlust erleide« (BGA 1494 vom 13. September 1822). Und weiter im gleichen Brief, wenig diplomatisch: »Ich hoffe, mein lieber Simrock, den ich ohnehin für den reichsten von allen diesen Verlegern halte, wird seinen alten Freund nicht um ein paar hundert Gulden willen weiter ziehen lassen.« Doch Simrock tat es. Er brach die Beziehung ab. Es scheint, als ob die vier verbliebenen Jahre bis zum Tode Beethoven nicht ausgereicht haben, Simrocks Groll zu legen: Die Meldung von Beethovens Tod am 26. März 1827 traf durch einen Brief vom 28. März von der Wiener Klavierbauerfirma Nannette Streicher, geb. Stein, und Sohn umgehend bei Simrock ein.[46] Doch behielt Simrock die Nachricht offenbar für sich und unternahm nichts zu Ehren des Verstorbenen. Die breite Bonner Bevölkerung erfuhr erst über zwei Monate später vom Ableben des berühmtesten Sohnes ihrer Stadt.

Beethovens Wunsch, ein gutes Honorar für ein Werk zu bekommen, das er sehr hoch schätzte und das darüber hinaus fast seine ganze Zeit und Energie in den Jahren 1820 bis 1822 beansprucht hatte, ist durchaus nachvollziehbar. Es wird vielfach behauptet, dass Beethoven die Verleger gegeneinander ausspielte, um den Höchstpreis für die Messe zu erzielen.[47] Eigentlich blieb bei den Verhandlungen sein Preis für die *Missa* erstaunlich konstant, um die 1.000 fl. C.M., was sein Verhalten noch rätselhafter macht. Aber mitverhandelt wurde u.a., welche weiteren Werke der Verleger zusätzlich kaufen wollte. Hier kam Schott Beethoven sehr entgegen und bekam daher den Zuschlag am 20. Mai 1824 (BGA 1835f.). Schott erwarb gleichzeitig das *Opferlied* op. 121b; das *Bundeslied* op. 122; die *Ouvertüre* op. 124 (*Weihe des Hauses*); die *Neunte Sinfonie* op. 125; die *Bagatellen* op. 126; das *Streichquartett* in Es-Dur op. 127; sowie die Ariette *Der Kuß* op. 128; Beethoven durfte eine Subskription auf Prachtabschriften davor durchführen, eine weitere Einnahmequelle und ein sichtbares Zeichen seines Prestiges: Von den 28 Einladungen zur Subskription wurden zehn Abschriften bestellt; sie gingen an Könige, an Großherzöge, an Fürsten und an den Zaren. Auch Schott veröffentlichte eine Einladung zur Vorbestellung von den gedruckten Editionen der Opera 123–125.

Die Verhandlungen um die *Missa solemnis* zeigen Charakteristiken, die in Beethovens wechselvollen Beziehungen zu seinen Verlegern schon länger vorhanden waren, nur wurden sie hier auf die Spitze getrieben. Beethoven hatte nur noch zwei Jahre Lebenszeit. Im April 1827 annoncierte Schott in ihrem Hausorgen *Caecilia*: »Ungefähr gleichzeitig mit dem Todestage des unvergesslichen Tonmeisters, hat obiges Werk, ohne Zweifel sein Grösstes und Bewundernswürdigstes, bei uns die Presse verlassen [...].«[48] Es war doch letztendlich ein Triumph für Beethoven, schon immer ein hochkomplizierter Mensch, der aber mit zunehmendem Alter und fortschreitender Taubheit seiner Umwelt immer ängstlicher, misstrauischer – und unehrlicher – begegnete.

Anmerkungen

1 BGA 496. Gottfried Christoph Härtel (1763–1827) war seit 1795 Leiter und Teilhaber, später Alleininhaber des Verlags Breitkopf & Härtel.

2 A. Beer, »Beethoven und das Leipziger Bureau de Musique von Franz Anton Hoffmeister und Ambrosius Kühnel (1800–1803)«, in: *Festschrift Klaus Hortschansky zum 60. Geburtstag*, hrsg. von dems. und L. Lütteken, Tutzing 1995, S. 339–350, hier S. 345. Caspar Joseph Eberl (um 1745 – 1807) war Buchhalter und Geschäftsführer bei Hoffmeister & Comp. in Wien.

3 Rudolph Erzherzog von Österreich (1788–1831); Franz Joseph Maximilian Fürst Lobkowitz (1772–1816); Ferdinand Johann Nepomuk Fürst Kinsky von Wchinitz und Tettau (1781–1812).

4 Die umfangreichste Studie zu diesem Themengebiet zu Beethovens Zeit in Deutschland ist A. Beer, *Musik zwischen Komponist, Verlag und Publikum. Die Rahmenbedingungen des Musikschaffens in Deutschland im ersten Drittel des 19. Jahrhunderts*, Tutzing 2000.

5 Axel Beer vermutet, dass diese Zurückhaltung eher auf zweiseitige Absprachen zurückzuführen ist. Siehe A. Beer, *Musik zwischen Komponist, Verlag und Publikum*, S. 73, besonders Fußnote 66.

6 Beer (ebenda) nennt auch u.a. Anfragen Kühnels an Pleyel in Paris sowie Peters Annahme von Riesens Angebot, solche Kollaborationen mit englischen Verlagshäusern aufzunehmen, S. 76, auch Fußnote 76.

7 Franz Seraficus Oliva (1786–1848).

8 N. Kämpken, »›machen sie, daß wir doch einmal zusammen kommen, und zusammen bleiben‹. Die wechselvolle Geschäftsbeziehung zwischen Beethoven und Breitkopf & Härtel«, in: *Beethoven und der Leipziger Musikverlag Breitkopf & Härtel. »Ich gebe ihrer Handlung den Vorzug vor allen andern«*, hrsg. von ders. und M. Ladenburger, Bonn 2007, S. 1–40, hier S. 21–23.

9 R. Hilmar, *Der Musikverlag Artaria & Comp. Geschichte und Probleme der Druckproduktion* (Publikationen des Instituts für Österreichische Musikdokumentation 6), Tutzing 1977, S. 71. Quelle: Art. 47/2 (LStB).

10 Ebenda aus gleicher Quelle.

11 *Wiener Zeitung*, 6. März 1816, mehrfach dort wiederholt und in ähnlichem Wortlaut auch in der *Allgemeine musikalische Zeitung* 18, 1816, Intelligenzblatt 3, März 1816, Sp. 10f., zitiert in: *Ludwig van Beethoven. Thematisch-bibliographisches Werkverzeichnis*, bearbeitet von K. Dorfmüller, N. Gertsch und J. Ronge (2 Bde.), München 2014, hier Bd. 1, S. 587f. Das Werkverzeichnis wird im Folgenden als LvBWV abgekürzt. Im Dezember 1816 annoncierte Steiner eine weitere, achte Fassung, nämlich ein Arrangement für zwei Klaviere (a.a.O).

12 BGA 54, Beethoven an Verleger und Komponist Franz Anton Hoffmeister vom 15. Januar 1801. Siehe auch M. Solomon, »Beethoven's Magazin der Kunst«, in: *Beethoven Essays*, Cambridge (Massachusetts) 1988, S. 193–204.

13 Kaspar Anton Karl (1774–1815) und Nikolaus Johann (1776–1848).

14 Ferdinand Ries (1784–1838).

15 F. G. Wegeler und F. Ries, *Biographische Notizen über Ludwig van Beethoven*, Neudruck der Ausgaben Koblenz 1838 und 1845, Bonn 2012, S. 87f.

16 C. F. Cramers *Magazin der Musik*, Bd. 1, S. 394f.

17 WoO 41, ein *Rondo* für Violine und Klavier, komponiert in der Zeit zwischen 1790 und 1792, druckte Simrock 1808; WoO 64, *Sechs leichte Variationen über ein Schweizer Lied*, komponiert in der selben Zeit, kam 1798 heraus; WoO 66, die *13 Variationen über die Ariette »Es war einmal ein alter Mann«* von Dittersdorf, komponiert vermutlich noch 1792, druckte er 1793; und WoO 67, die acht *Waldstein-Variationen*, komponiert in der Zeit zwischen 1790 und 1792, kamen – obwohl Beethoven, als er von Simrocks Plänen zufällig hörte, ihn um ein späteres Erscheinungsdatum gebeten hatte, – schon 1794 heraus.

18 Die einzige Wiener Publikation vor Op. 1 enthielt Beethovens 12 Variationen für Klavier und Violine F-Dur über »Se vuol Ballare« aus *Figaros Hochzeit* WoO 40, die schon im Juli 1793 bei Artaria erschienen.

19 R. Hilmar, *Der Musikverlag Artaria & Comp.*, S. 9.

20 M. Solomon, *Beethoven*, Second, revised edition, New York 1998, S. 84.

21 Siehe DBH/online, Smlg H C Bodmer, HCB C BMd 2 für einen Scan aus der Originalausgabe.

22 M. Solomon, *Beethoven*, Second, revised edition, S. 84.

23 Zu den Einzelheiten dieser Ausgabe, die auch einen selbstgetragenen Pränumerationsanteil hatte, siehe LvBWV, Bd. 1, S. 3, Faksimile: DBH/online.

24 BGA 15.

25 BGA 165.

26 Wenn nicht anders vermerkt, stammen diese Angaben aus LvBWV Bd. 1, S. 171.

27 F. G. Wegeler und F. Ries, *Biographische Notizen über Ludwig van Beethoven*, S. 120.

28 R. Hilmar, *Der Musikverlag Artaria & Comp.*, S. 68f, datiert den 3. Februar 1803. Art. 47/2 (LStB).

29 D. W. MacArdle, »Beethoven, Artaria, and the C Major Quintet«, in: The Musical Quarterly 34 (1948), S. 567–574, hier S. 571. In Unkenntnis einiger Tatsachen urteilt MacArdle, dass Artaria voll im Recht stand. Siehe auch D. W. MacArdle, *The Artaria Editions of Beethoven's C major Quintet*, in: Journal of the American Musicological Society 16 (1963), S. 254–257, wo er die Korrekturen in den weiteren Auflagen von Artarias Edition, d.h. nach Berücksichtigung von Beethovens Korrekturen, beschreibt.

30 Siehe LvBWV Bd. 1, S. 183–185.

31 Siehe N. Kämpken, »›machen sie, daß wir doch einmal zusammen kommen, und zusammen bleiben‹«.

32 Ebenda, Abbildung des Vertrags (Eigentumserklärung und Quittung) vom 25. Juli 1810, S. 25–29.

33 Ebenda, S. 34.

34 Siehe hierzu J. Cobb Biermann, »Christus am Ölberge: North-South Confrontation, Conflict, Synthesis«, in: *Beethoven 3. Studien und Interpretationen*, hrsg. von M. Tomaszewski und M. Chrenkoff, Krakau 2006, S. 275–298; weiter S. Brandenburg, »Beethovens Oratorium ›Christus am Ölberge‹. Ein unbequemes Werk«, in: *Beiträge zur Geschichte des Oratorium seit Händel, Festschrift Günther Massenkeil zum 60. Geburtstag*, hrsg. von R. Cadenbach und H. Loos, Bonn 1986, S. 203–220; und A. Mühlenweg, *Ludwig van Beethoven: »Christus am Ölberge« op. 85. Studien zur Entstehung- und Überlieferungsgeschichte*, mschr. Diss. Würzburg 2004, sowie ihre Ausgabe des Werkes innerhalb der Neuen Gesamtausgabe der Werke Beethovens, Abt. VIII, Bd. 1, München 2008.

35 Allgemeine musikalische Zeitung XIV (1812), Sp. 779–786.

36 »Ramler liess die Hauptmomente jener grossen Begebenheiten, einen nach dem andern, von drey unbestimmten – wenn man will, idealen Personen, als gegenwärtig sich ereignend, kurz, aber schön berichten; (in den Recitativen;) nach jenem innenhalten [sic], und an ihn, in lyrischer Form, ihre Gefühle – mitunter auch freylich wol statt deren, Gedanken über ihre Gefühle, aussprechen; (in den Arien und dem Duett;) und einen ebenfalls unbestimmten Chor – die ideale Gemeinde – wo sich Gelegenheit findet, ihre allgemeinen Ansichten, Betrachtungen und Empfindungen in Gebeten, Apostrophen u. dergl., (in den Chören und Chorälen) und diese vortrefflich, äussern« (Sp. 784).

37 Allgemeine musikalische Zeitung XIV, Januar 1812, Sp. 17.

38 GB-Lbl, Egerton 2727.

39 Johann Friedrich Rochlitz (1769–1842) war Schriftsteller und Redakteur der Leipziger *Allgemeinen musikalischen Zeitung*.

40 Mühlenweg in ihrer Dissertation (*Ludwig van Beethoven: »Christus am Ölberge« op. 85. Studien zur Entstehung- und Überlieferungsgeschichte*) meint, man könne bei dieser Quellenlage Beethovens Textwünsche nicht endgültig feststellen. Siehe auch ihre Tabelle von vier Texten: 1) ein zeitgenössisches Libretto der Wiener Beethoven-Gesellschaft; 2) der Text, den Härtel beim Theologen Christian Schreiber im Auftrag gegeben hat; 3) der Text der Originalausgaben in Partitur in Klavierauszug; 4) der von ihr rekonstruierte Text.

41 Einiges über Simrock ist in anderer Form erschienen in: J. Cobb Biermann, »Nikolaus Simrock: Verleger«, in: *Das Haus Simrock. Beiträge zur Geschichte einer kulturtragenden Familie des Rhein-*

landes, revidierte und stark erweiterte Neuausgabe des Buches »Das Haus Simrock« (2. Auflage) von W. Ottendorff, bearbeitet und neu hrsg. von I. Bodsch mit neuen Beiträgen von O. Biba, J. Cobb Biermann und N. Schloßmacher, Bonn, 2003, S. 11–55.

42 Beethoven hatte über die Jahre mit folgenden Verlegern eine Gesamtausgabe seiner Werke diskutiert: Breitkopf & Härtel; F. A. Hoffmeister; Peters; Simrock; Artaria; Steiner; Schlesinger; Schott.

43 Siehe die Briefe BGA 1365, 1370, 1371, 1372, 1384, in denen nur von »Louisdor«, ohne weitere Bestimmung, die Rede war.

44 BKh 2, S. 233f. und S. 236.

45 BGA 1419, vom 28. Nov. 1820. Franz Dominik Maria Joseph Brentano (1765–1844) war seit 1798 mit Antonie Brentano verheiratet.

46 Th. A. Henseler, *Das musikalische Bonn im 19. Jahrhundert* (Bonner Geschichtsblätter 13), Bonn 1959, S. 95.

47 Etwa in LvBWV Bd. 2, S. 791.

48 Caecilia 6, Intelligenzblatt 24, S. 27–29.

Klangwelt

Musikalische »Werkstatt«

Von Eckhard Roch

I

Der Begriff und die Methode des Komponierens unterliegen, wie die Musik selbst, einem historischen Wandel, in dem sich Theorie und Praxis, Konvention und Innovation wechselseitig bedingen. Während der Komponist noch im 18. Jahrhundert als eine Art »Handwerker« verstanden wurde (man denke an Elias Gottlieb Haußmanns Gemälde des »Kantors« Bach mit dem Rätselkanon in der Hand aus dem Jahre 1746), der sein Werk nach den Regeln der musikalischen Kunst produzierte, wandelte sich sein Bild schon gegen Ende des Jahrhunderts, zur Zeit der Empfindsamkeit, grundlegend. Die Büste des Bach-Sohnes Carl Philipp Emanuel steht auf einem Sockel von Genien umschwärmt, den Stürmen der Natur trotzend und von Genien umschwärmt (Vignette zum Klavierauszug der *Passionskantate* Wq 233 nach einem Stich von Andreas Stöttrup, 1789). Musik wird schon gegen Ende des 18. Jahrhunderts als Mittel der Kommunikation entdeckt, als Sprache der Empfindungen, die sogar mehr als die Wortsprache vermag. Wenn ein Affekt, der musikalisch dargestellt werden sollte, im 17. und frühen 18. Jahrhundert als Nachahmung oder Abbild galt, so wird er in der Empfindsamkeit als Ausdruck oder Kundgabe einer Empfindung verstanden (Dahlhaus, S. 63). Aus dem bloß technischen Vorgang wird ein psychisches Moment, eine persönliche Mitteilung. Musikalisches Komponieren ist für den Kapellmeister Joseph Berglinger in W. H. Wackenroders gleichnamigen Musikerroman daher ein Akt intimster Selbstentäußerung. Über die Empfindungen vermag das Ich mit dem Du zu kommunizieren. Die Musik wird von einer objektiven zu einer subjektiven Kunst, die nur der zu verstehen vermag, bei dem sie eine mitschwingende Saite der Seele berührt. Und gerade weil sie das vermag, gilt sie als göttliche Kunst. Der Künstler erscheint als das »Sprachrohr Gottes«, der das intuitiv Geschaute in die Töne der Musik überträgt. *Wie* er das tut, ist vom Schleier des Geheimnisses umhüllt. Erst mit der zunehmenden Säkularisierung wird auch diese musikalische »Schöpfung« weitgehend entzaubert. Sie ist nun die individuelle Leistung des Genies selbst. Das Genie hat Einfälle, die zwar immer noch göttlicher Inspiration, aber auch ganz profan der Natur und anderen äußeren Anregungen oder dem flüchtigen Zufall entstammen können. Alles wird dem genialen Musiker zu Musik. Seine Einfälle verarbeitet er auf geheimnisvolle Weise zu einem musikalischen Ganzen, das daher wie eine neue Schöpfung wirkt. Der Komponist wird zum »Schöpfer« des musikalischen Kunstwerkes. Über bestehende Regeln und Konventionen oder überkommene Formen setzt er sich Kraft seiner göttlichen Schöpferkraft zunehmend hinweg. Seine Markenzeichen sind Originalität, kühne Neuerung und damit verbunden die zunehmende Schwere der technischen Ausführung.

Es ist dieser hier nur umrisshaft beschriebene Prozess der Wandlung der Musik von einer funktionalen Handwerkskunst zu einer metaphysisch verstandenen, »absoluten Musik«, in den Beethoven nicht nur hineingerät, sondern den er sogar maßgeblich mit geprägt hat. Die Idee der »absoluten Musik« wird von E. T. A. Hoffmann erstmals in seiner berühmten Rezension zu Beethovens *Fünfter Sinfonie* als ästhetisches Paradigma formuliert. »Die Musik schließt dem Menschen ein unbekanntes Reich auf, eine Welt, die nichts gemein hat mit der äussern Sinnenwelt, die ihn umgiebt, und in der er alle durch Begriffe bestimmbaren Gefühle zurücklässt, um sich dem Unaussprechlichen hinzugeben« (Hoffmann, Sp. 631). Die vormals gering geachtete Instrumentalmusik wird auf diese Weise zum erhabenen Reich reiner Geistigkeit nobilitiert. Und Hoffmann behauptet sogar, dass nur *diese* Musik, die nicht mehr der Beimischung einer anderen Kunst bedarf, die eigentliche Musik sei. Eine solche Behauptung kam um 1810 einem regelrechten Paradigmenwechsel gleich und Beethoven galt für Hoffmann neben Haydn und Mozart als ihr eigentlicher Exponent.

II

Zugleich aber übte die durch Hoffmann und andere proklamierte Ästhetik der absoluten Musik auf einen jungen, aufstrebenden Komponisten wie Beethoven ihre bewussten und unbewussten Zwänge aus. Von seinem Bonner Lehrer Christian Gottlob Neefe mit dem Zeugnis, das Zeug zu einem zweiten Mozart zu haben, nach Wien geschickt, sollte er »Mozarts Geist aus Haydns Händen« empfangen. Ehre und Verpflichtung zugleich. Die Schwierigkeiten, die der ungeduldige Schüler mit dem altväterlichen Meister hatte, sind bekannt. Er weigerte sich schlichtweg, Haydn als seinen Lehrer anzuerkennen. Dennoch zeigen die frühen Wiener Kompositionen Beethovens, dass er durchaus bemüht war, sich zunächst die Errungenschaften der Wiener Klassik anzueignen, ehe er wieder zunehmend eigene Wege beschritt. Er vollzieht dabei eine Entwicklung wie kein anderer großer Komponist vor ihm. Die klassischen drei Schaffensperioden großer Komponisten, Frühwerk, Blütezeit und Spätwerk wurden maßgeblich vom Beispiel Beethovens abstrahiert.

Von *der* Arbeitsweise Beethovens zu sprechen wird daher schlichtweg nicht möglich sein, denn diese unterliegt einem steten Wandel. Der Organist, Pianist und angehende Komponist der Bonner Zeit, dem schon so anspruchsvolle Aufgaben übertragen wurden wie die *Trauerkantate* auf den Tod Josephs II. WoO 87, arbeitete anders als der Stipendiat seines Bonner Fürsten in Wien, der sich mit der klassischen Wiener Tradition auseinanderzusetzen hatte. Zu den Aufgaben im Kompositionsunterricht gehörte bei fast allen Komponisten auch die Praxis, Partituren älterer Meister zu bestimmten Studierzwecken abzuschreiben. Für Beethoven sind Abschriften aus musikalischen Werken von Carl Philipp Emanuel Bach, Johann Sebastian Bach, Wolfgang Amadeus Mozart, Luigi Cherubini, Joseph Haydn, Antonio Salieri und Christian Friedrich Daniel Schubart überliefert. Anhand praktischer Beispiele gelang es ihm so, bestimmte satztechnische Probleme, etwa des Kontrapunktes und der Fuge oder die Behandlung der Singstimmen in der Oper *Fidelio*, zu lösen. Der Einfluss von Mozart und Haydn, aber auch Cherubinis u.a. Vorbilder ist in den Werken Beethovens besonders in der frühen Schaffensperiode durchaus zu erkennen. Doch schon bald strebte Beethoven danach, sich von den Vorbildern zu befreien und seinen eigenen Stil zu finden. Nach Carl Czerny soll Beethoven um das Jahr 1803 (richtiger wohl 1802) zu einem intimen Freunde Wenzel Krumpholz gesagt haben: »Ich bin nur wenig zufrieden mit meinen bisherigen Arbeiten. Von heute an will ich einen neuen Weg einschlagen.« Kurz darauf erschienen seine drei Klaviersonaten op. 31, in welchen man die teilweise Erfüllung seines Entschlusses verfolgen könne (Kerst I, S. 45). In die gleiche Richtung weist die Ankündigung der »wirklich ganz neuen Manier« in den Klaviervariationen op. 34 und op. 35 in einem Brief vom 18. Oktober 1802 an seinen Verleger Breitkopf & Härtel in Leipzig (BGA Nr. 108). Ein neuer Weg, eine neue Manier, eine neue Methode des Arbeitens! Worin diese konkret bestand, dazu äußert sich Beethoven jedoch nicht. Vielmehr ist die merkwürdige Abstinenz, über sein Schaffen zu reden oder zu schreiben, von jeher aufgefallen. In einem Brief an Franz Gerhard Wegeler vom 7.12.1826 schrieb Beethoven, er habe es sich zum Grundsatz gemacht, nie wieder etwas über sich selbst zu schreiben, noch irgendetwas zu beantworten, was über ihn geschrieben worden (BGA Nr. 2236). Das sollte natürlich erst recht für das Arkanum seiner Kunst gelten. Beethoven hat keinerlei musiktheoretische Schriften hinterlassen und auch seine Briefe und selbst die Konversationshefte schweigen fast völlig zu diesem Thema. Wo sie es nicht tun, liegt zumeist eine Fälschung Anton Schindlers vor (siehe das Kapitel »Briefe, Tagebücher und Konversationshefte«). Beethoven umgibt seinen Schaffensprozess, durchaus in romantischer Genietradition stehend, bewusst mit dem Schleier des Geheimnisses.

Die einzige Ausnahme bildet eine vielzitierte Äußerung Beethovens gegenüber dem Violinisten und Komponisten Louis Schlösser, die dieser in seinen *Erinnerungen an Beethoven* aufgezeichnet hat:

> »Ich trage meine Gedanken lange, oft sehr lange mit mir herum, ehe ich sie niederschreibe. Dabei bleibt mir mein Gedächtniß so treu, daß ich sicher bin, ein Thema, was ich einmal erfaßt habe, selbst nach Jahren nicht zu vergessen. Ich verändere manches, verwerfe und versuche aufs neue so lange bis ich damit zufrieden bin; dann aber beginnt in meinem Kopfe die Verarbeitung in die Breite, in die Enge, Höhe und Tiefe, und da ich mir bewußt bin, was ich will, so verläßt mich die zu Grunde liegende Idee niemals, sie steigt, sie wächst empor, ich höre und sehe das Bild in seiner ganzen Ausdehnung, wie in einem Gusse vor meinem Geiste stehen, und es bleibt mir nur die Arbeit des Niederschreibens, die rasch von statten geht, je nachdem ich die Zeit erübrige, weil ich zuweilen Mehreres zugleich in Arbeit nehme, aber sicher bin, keines mit dem anderen zu verwirren.« (Thayer/Riemann IV, S. 420)

Der Darmstädter Kapellmeister Louis Schlösser hatte in den frühen 1820er Jahren in Wien studiert und zwischen April 1822 und Mai 1823 kurz Beethovens Bekanntschaft gemacht. Seine *Erinnerungen an Beethoven* wurden zuerst im Dezember 1880 und in erweiterter Form 1885 veröffentlicht, in welcher Version sie in die Beethoven-Literatur gelangten (Solomon, S. 127). Zwar warnte schon Alexander Wheelock Thayer aufgrund des großen Abstandes zwischen mündlichem Bericht und Niederschrift vor einem wörtlichem Verständnis, hielt aber am Sinn der Aussagen fest (Solomon, S. 128). Vermutlich wurde die Authentizität dieses Berichtes deshalb lange nicht angezweifelt, weil verschiedene Details mit anderen zuverlässigen Informationen über Beethovens Arbeitsmethoden übereinstimmten und auch dem zeitüblichen Bild vom Schaffen des großen Komponisten entsprachen.

Warum aber sollte Beethoven gerade einem eher flüchtigen Bekannten wie Schlösser seine intimsten Geheimnisse mitgeteilt haben? Und wie passen die Aussagen des Berichtes zur allseits bekannten Gewohnheit Beethovens, musikalische Einfälle und ganze Passagen seiner Werke in sogenannten Skizzenbüchern zu notieren? Hier besteht ein offenkundiger Widerspruch, welcher der Klärung bedarf.

Maynard Solomon hat in neuerer Zeit erhebliche Zweifel an der Echtheit dieses Berichtes angemeldet. Er stellte nämlich fest, dass entscheidende Passagen aus Schlössers Bericht auf ein literarisches Vorbild verweisen. In der Leipziger *Allgemeinen musikalischen Zeitung*, in welcher auch Hoffmanns ästhetisches »Manifest« der absoluten Musik erschienen war, hatte der Herausgeber Friedrich Rochlitz bereits im Jahre 1815 einen *Brief Mozarts an einen Baron von...* veröffentlicht. Mozart berichtet darin auf Bitte des Grafen über seine Art des Komponierens. Zunächst ziert zwar auch er sich, über sein Schaffen zu reden, macht dann aber doch detaillierte Angaben über die Umstände seiner Inspiration: auf Reisen, nach der Mahlzeit, beim Spazieren oder in der Nacht. Seine Einfälle behalte er im Kopf und summe sie gelegentlich auch vor sich hin. Eins komme zum anderen, er breite

> »es immer weiter und heller aus; und das Ding wird im Kopfe wahrlich fast fertig, wenn es auch lang ist, so dass ichs hernach mit Einem Blick, gleichsam wie ein schönes Bild oder einen hübschen Menschen, im Geiste übersehe, und es auch gar nicht nach einander, wie es hernach kommen muss, in der Einbildung höre, sondern wie gleich alles zusammen«.

Das Niederschreiben gehe dann je nach den Zeitumständen sehr schnell vonstatten. (AMZ Nr. 34, 23.8.1815, S. 563–564). So weit Mozart in diesem Brief. Die inhaltlichen Analogien zu Schlössers Bericht sind offenkundig. Vor allem ist es die Betonung des »Ganzen«, welche aufgrund des guten Gedächtnisses im Kopf präsent ist, welche den Kern dieser Arbeitsweise ausmacht. Sollte Schlösser Mozarts Brief gekannt und sich zum literarischen Vorbild seiner »Erinnerungen« an Beethoven genommen haben? Oder entsprach Schlössers Bericht nur dem Geist der Zeit, welcher sich das Genie eben gerade so vorstellte? Die Schriften von Wegeler, Ries, Seyfried, Schindler, Breuning, Nohl, Nottebohm und Thayer waren ja längst veröffentlicht, als Schlösser seine »Erinnerungen« der Öffentlichkeit übergab (Solomon, S. 128). Ein »zweiter Mozart« musste natürlich genau so komponieren wie der erste. Und es passte zum romantischen Geniekult, dass der geheimnisumwobene Schaffensprozess nur im Kopf des Genies stattfinden konnte. Vielleicht wollte Schlösser auf diese Weise aber auch einer verbreiteten Meinung entgegenwirken, die geeignet war, das Andenken an den verehrten Meister zu trüben und die Größe Beethovens gegenüber Mozart herabzusetzen: Das göttliche Kind Mozart, dem alles mit Leichtigkeit zufällt, entwirft alles im Kopf. Beethoven, der Titan, der dem Schicksal in den Rachen greift, arbeitet schwer und langsam (Nottebohm), er muss mit dem Gedanken ringen und tut das auf dem Papier. Das verhältnismäßig kleine Œuvre

Beethovens im Vergleich zum Riesenwerk des allzu früh verstorbenen Mozart schien ein solches (Vor-) Urteil nur zu bestätigen. Das konnte einerseits als Anzeichen geringerer Produktivität verstanden werden, andererseits aber als Beweis einer ungleich höheren Originalität, größeren Schwere und Komplexität des Komponierens und des daraus entstehenden Kunstwerkes. Und doch sind beide Ansichten nur allzu kurzschlüssige Konsequenzen eines romantischen Konstrukts vom genialen Künstler Beethoven.

Die Frage nach der Stichhaltigkeit des Schlösserschen Berichtes wird nämlich noch durch einen weiteren Umstand kompliziert. Solomon konnte nachweisen, dass schließlich auch jener nur in Abschrift erhaltene Brief Mozarts an den ungenannten Grafen gar nicht von Mozart stammt, sondern eine Fälschung aus der Feder des Herausgebers Friedrich Rochlitz ist. Die darin gebotene Beschreibung von Mozarts Schaffensprozess entspricht nur der Vorstellung der romantischen Ästhetik, dass der geniale Künstler seine Meisterwerke unbewusst, intuitiv und ohne Anstrengung hervorbringt. Rochlitz, der mit seiner Zeitung die Musikauffassung der Beethovenzeit bekanntlich maßgeblich mit geprägt hat, stellte also auch den Maßstab für das Schaffen des Genies auf. Vor allem aber beförderte er damit das aufklärerische Interesse am Vorgang des Komponierens. Man war nicht mehr bereit, diesen einfach als Geheimnis göttlicher Inspiration hinzunehmen. Und so wird die Erklärung des musikalischen Schaffensprozesses von Rochlitz mittels eines fingierten Briefes Mozart in den Mund gelegt! Doch der Geist der Zeit spielte dieser Fälschung einen bösen Streich: Die Auffassung vom musikalischen Schaffensprozess, die Rochlitz in seinem fingierten Brief konstruiert, entstammt ja nicht der Zeit Mozarts, sondern der Zeit des mittleren Beethoven! Rochlitz, der spätestens ab 1804 mit Beethoven in Kontakt stand, dürfte von den Eigenheiten des berühmten Meisters durchaus Kenntnis gehabt haben. Vor allem die Umstände der Inspiration, die langen Spaziergänge und das Vor-sich-hin-Summen der Einfälle, deuten eher auf Beethoven, als auf Mozart. Seinem »gefälschten« Brief käme somit immerhin der Status einer zeitgenössischen Deutung von Beethovens Arbeitsweise zu, die sich möglicherweise auf einige Kenntnisse bezüglich der Gewohnheiten Beethovens berufen konnte. Dass die von Schlösser behaupteten Angaben zu Beethovens Arbeitsweise trotz der vertrackten Quellenlage doch nicht ganz falsch und aus der Luft gegriffen sein könnten, nahm auch Klaus Kropfinger an, wobei er vor allem auf ähnliche Aussagen sicherer Konvenienz verweist (Kropfinger 2001, S. 55).

So schreibt Beethoven am 13.11.1821 einen Brief an seinen Verleger Schlesinger in Berlin, in dem er um Verständnis für einige Unstimmigkeiten bei den Korrekturen einiger seiner Werke bittet und dann erklärt: »jezt aber wo wie es scheint meine Gesundheit beßer ist, zeige ich wie sonst <nur> auch nur gewiße Ideen an u. bin ich mit dem ganzen fertig im Kopfe, so wird alles aber nur einmal aufgeschrieben« (BGA Nr. 1446). Es klingt, als wolle er sich hier für eine durch Krankheit verursachte Schwäche des Gedächtnisses entschuldigen.

Dass der eigentliche Kompositionsvorgang nicht auf dem Papier, sondern mit Bezug auf das Ganze »im Kopfe« stattfindet, deutet Beethoven auch in einem Brief von Anfang März 1814 an seinen Librettisten Treitschke an, in dem er die Verzögerungen bei der Umarbeitung seiner Oper *Leonore* zu entschuldigen sucht und dabei in Parenthese erklärt:

»– nun muß freylich alles auf einmal geschehen, und geschwinder würde ich etwas neues schreiben, als jezt das Neue zum alten, wie ich gewohnt bin zu schreiben, auch in meiner Instrumental Musick habe ich immer das ganze vor Augen, hier ist aber mein ganzes überall – auf eine gewisse weise getheilt worden, und ich muß mich Neuerdings hineindenken –« (BGA Nr. 707).

Die Umarbeitung einzelner Stellen bereitet Beethoven offenbar Schwierigkeiten, weil ihm das Ganze nicht mehr »im Kopfe« gegenwärtig ist.

Ein weiteres Detail, welches sich sowohl bei Schlösser als auch bei Rochlitz findet, ist die Bildhaftigkeit der musikalischen Vorstellung beim Arbeiten, die Beethoven gegenüber Charles Neate geäußert haben soll: Er habe stets ein Bild im Sinn, wenn er komponiere, und arbeite nach demselben (Solomon, S. 127). Auch Beethovens Praxis, an mehreren Werken zugleich zu arbeiten, lässt sich anhand der Briefe, vor allem aber der Skizzenbücher belegen.

Schlösser steht mit seinen freilich etwas verspäteten Erinnerungen also nicht ganz allein, auch wenn auffallen muss, dass sich Beethoven nur unter Termindruck zu einer Äußerung bezüglich seiner Arbeitsweise nötigen lässt. Nur ungern gewährt er diese kurzen Einblicke in sein »laboratorium artificiosum« (BGA Nr. 48) oder »Componir cabinet« (BGA Nr. 114), wie er sich scherzend auszudrücken pflegte. Gegenüber diesem Bestreben, sein »Laborgeheimnis« zu wahren, indem er den Schöpfungsvorgang als ein rein geistiges Verfahren im Kopf lokalisiert, stehen – wie schon erwähnt – seine Gewohnheit, jeden noch so kleinen musikalischen Einfall zu notieren und der durch umfangreiche Skizzenarbeit belegte langwierige Prozess von den ersten Einfällen bis zur fertigen, dann aber immer noch viele Änderungen enthaltenden Partitur, in merkwürdigem Widerspruch. Mit den Skizzenbüchern trägt Beethoven die Fruchtbarkeit seiner Einfälle, aber auch sein kritisches Arbeiten auf dem Papier geradezu demonstrativ zur Schau. Ohne ein kleines Notenbuch, worin er seine momentanen Ideen vermerkte, war er nie auf der Straße zu sehen, erzählt Ignaz Seyfried. »Nicht ohne meine Fahne darf ich kommen«, soll er, Jeanne d'Arc parodierend, zur Begründung gesagt haben (Kerst I, S. 78). Die Inspiration ist allgegenwärtig. Sie überkommt ihn bei der Betrachtung der Natur, aber auch im Gespräch oder bei anderen unpassenden Gelegenheiten. Alles kann ihm zu Musik werden und wird geradezu zwanghaft auf Zetteln, in Notizbüchern oder auch den Konversationsheften notiert. Carl Czerny berichtet, dass Beethovens Arbeit an keine Zeit gebunden war. Vor- und nachmittags, früh und abends, immer habe seine rege Phantasie gearbeitet. Oft sei er um Mitternacht aufgestanden und habe seine Nachbarn mit den kräftigsten Akkorden, mit Poltern, Singen usw. erschreckt. Seine Stimme sei beim Singen ganz abscheulich gewesen (Kerst I, S. 48). Der Tagesablauf gestaltete sich nach Czerny folgendermaßen: Der ganze Vormittag, vom ersten Lichtstrahl bis zu Tafelzeit, sei der mechanischen Arbeit, dem Niederschreiben nämlich, geweiht gewesen; der Rest des Tages gehörte zum Denken und Ordnen der Ideen. Nach dem Mittagessen folgte der obligatorische Spaziergang: »Kaum den letzten Bissen zu Munde geführt, wurde, falls er keinen Ausflug in petto hatte, die gewöhnliche Promenade angetreten; d.h. er lief im Duplierschritt, wie gestachelt dazu, ein paarmal rund um die Stadt. – Und dies geschah, es mochte das Wetter sein, wie es wollte.« (Kerst I, S. 79) Wie Beethoven zumindest vor seiner Taubheit (ca. bis 1817) zu komponieren pflegte, ist einem Brief vom 1. Juli 1823 an seinen Schüler, den Erzherzog Rudolph, zu entnehmen, in welchem er diesem rät:

»fahren E.K.H. nur fort, besonders sich zu üben, gleich <vom> am Klawier ihre Einfälle flüchtig kurz niederzuschreiben, hiezu gehört ein kleines Tischgen an's Klawier, durch d.g. wird die Phantasie nicht allein gestärkt, sondern man lernt auch die entlegensten Ideen augenblicklich festhalten; ohne Klawier zu schreiben ist ebenfalls nöthig, u. manchmal eine einfache Melodie Choral mit einfachen u. wieder mit verschiedenen Figuren nach den Kontrapunkten u. auch darüber hinaus durchführen, wird E.K.H. sicher kein Kopfwehe verursachen, ja eher, wenn man sich so selbst mitten in der Kunst erblickt, ein großes Vergnügen – nach u. nach entsteht die Fähigkeit gerade nur das, was wir wünschen fühlen, darzustellen, ein den Edlern Menschen so sehr wesentliches Bedürfniß« (BGA Nr. 1686).

Dass auch Beethoven selbst auf diese Weise gearbeitet hat, wird durch einen Bericht von Wenzel Tomaschek über einen Besuch bei Beethoven bestätigt: »auf der Klaviatur lag ein Bleistift, womit er die Skizze seiner Arbeiten entwarf.« Dabei hatte die erwähnte Flüchtigkeit der Niederschriften und die nur angedeutete Gestaltqualität der Ideen noch einen anderen Effekt: Neben dem Klavier fand Tomaschek »auf einem soeben beschriebenen Notenblatte die verschiedenartigsten Ideen ohne allen Zusammenhang hingeworfen, die heterogensten Einzelheiten nebeneinandergestellt, wie sie ihm eben in den Sinn gekommen sein mochten. Es waren die Materialien zu der neuen Kantate« (Kerst I, S. 186).

Das Vorläufige, Umrisshafte der ersten Einfälle, das auf Außenstehende den Eindruck des wirr Unartikulierten macht, erstreckte sich sogar bis auf die akustische Realisation. Ries berichtet, wie Beethoven auf einem Spaziergang ein Thema zum letzten Allegro der *Klaviersonate* f-Moll op. 57 einfiel: den ganzen Weg über habe er für sich »gebrummt oder theilweise geheult, immer herauf und herunter, ohne bestimmte Noten zu singen.« Zu Hause angekommen sei er, ohne den Hut abzunehmen, an's Klavier gelaufen und tobte »wenigstens eine Stunde lang über das neue, so schön dastehende Finale in dieser Sonate« (Wegeler/Ries, S. 99). Wegeler bedauerte sein Unvermögen, solche Improvisationen aufzuzeichnen: »Notenpapier, das ich einigemale, um etwas Manuscript von ihm zu besitzen, anscheinend ohne Absicht auf das Pult gelegt hatte, ward von ihm beschrieben, aber dann auch am Ende zusammengefalten und eingesteckt!« (Ebenda) Handelt es sich bei den Skizzen, wie Kropfinger vermutet, also um eine Art Gedächtnisstütze ähnlich den notierten »Fahrplankürzeln« einer Improvisation (Kropfinger 2001, S. 184)? Möglich, dass Beethoven selbst das so sah und gern so praktiziert hätte. Aber das merkwürdige Problem der Skizzenarbeit ist damit noch nicht erklärt.

III

Beethoven ist der erste Komponist, der mit zahlreichen erhaltenen Autographen und Skizzen unmittelbaren Einblick in seine kompositorische Werkstatt zu gewähren scheint.

Der faszinierende Gedanke, mit Hilfe dieser Skizzenbücher seine Arbeitsweise und den Entstehungsprozess seiner Werke rekonstruieren zu können, lag nahe und wurde in der Beethoven-Forschung zuerst von Nottebohm und später zahlreichen anderen Forschern verfolgt. Bevor von den Möglichkeiten und Grenzen der sogenannten Skizzenforschung die Rede sein soll, ist jedoch eine Differenzierung zum Begriff der Skizze selbst notwendig. Der Begriff wurde von der Musikwissenschaft bekanntlich aus der Kunstwissenschaft übernommen. In der Kunstwissenschaft bedeutet Skizze (von italienisch »schizzo« – »flüchtiger Entwurf«), das »erste Losringen des in der Phantasie noch in schemenhafter Form freischwebenden Bildes und die Umformung desselben zum sichtbaren Lineament«, wobei sich dieser rasche Aufriss sowohl auf eine Einzelheit (Detail-Skizze) als auch auf ein Werkganzes (Kompositions-Skizze) beziehen kann (Olbrich, Bd. 6, S. 703). Der »Entwurf« ist im kunstwissenschaftlichen Verständnis die zeichnerische Fixierung der Idee zu einem Kunstwerk (Olbrich, Bd. 2, S. 342). Und schließlich ist noch der Begriff der »Studie« zu erwähnen, der in der Bildenden Kunst die Fixierung eines gestalterischen Details nach einem Vorwurf bedeutet. Im Unterschied zur Skizze dient sie weniger der Erfindung, sondern mehr der Wiedergabe eines vorgefundenen oder arrangierten Sachverhaltes (Olbrich, Bd. 7, S. 113). Auch wenn sich in der Musikwissenschaft für alle diese Momente im Entstehungsprozess eines Kunstwerkes unterschiedslos der Begriff der Skizze eingebürgert hat, scheint es doch sinnvoll, eine sachliche Differenzierung vorzunehmen. Beethovens Notizen und Aufzeichnungen in den sogenannten Skizzenbüchern unterscheiden sich hinsichtlich ihrer Beschaffenheit und Funktion, vor allem aber auch ihres Stadiums im Kompositionsprozess ja sehr wohl. In den Taschenskizzenbüchern finden sich in der Regel erste Einfälle, die aber durchaus konkret und nicht umrisshaft festgehalten werden. Es sind Fragmente, die zur späteren Verwendung in größerem Zusammenhang bestimmt zu sein scheinen, deren »Flüchtigkeit« aber allenfalls in ihrer kryptisch anmutenden Handschrift besteht. In den großformatigen Skizzenbüchern finden sich zwar größere Zusammenhänge notiert, aber auch diese weisen nur bedingt umrisshaften Charakter auf. Sie sind vielmehr Detailstudien, z.T. in verschiedenen Varianten, aber als solche ebenfalls konkret. Wie es in den Skizzenbüchern verschiedene Varianten ein und desselben Gedankens gibt, so gibt es auch verschiedene Stadien der Detailstudien. Das Mittelding zwischen Entwurf und Reinschrift nannte Nottebohm, wiederum in Anlehnung an die Kunstwissenschaft, »Brouillon«. Änderungen und Verbesserungen, vor allem aber Fehlerkorrekturen, oft durch Beethovens schwer lesbare Schrift veranlasst, finden sich bis hinein in die Kopisten-Abschriften des Autographs. Eine umrisshafte Darstellung des Werkganzen, die sogenannte Kompositionsskizze, für die der Begriff im engeren Sinne zutreffen würde, findet sich in den Skizzenbüchern jedoch bedeutsamer Weise nicht. Schon Gustav Nottebohm, der die Skizzenforschung ja als einer der ersten in Gang gebracht und erste Skizzenbücher übertragen hatte, dämpfte daher die allzu großen Erwartungen. Die Skizzen offenbaren Beethovens inneres Gesetz nicht!, lautet sein Fazit (Schmitz, S. 10). Die Werkidee, das Ganze, kommt nicht in den Skizzen zur Erscheinung. Die Skizzenbücher sind nicht etwa Beethovens »laboratorium artificiosum«, denn sie enthalten nur einzelne, unzusammenhängende Vorgänge, aber keine organische Entwicklung (Schmitz, S. 10f.). Diese erscheint nur im Autograph des fertigen Werkes.

Schlössers Bericht und Beethovens verstreute Behauptungen scheinen also Recht zu behalten: Die Ausarbeitung des Werkganzen, der eigentliche Vorgang der Komposition, findet im Kopf des Komponisten statt. Der Optimismus, mit Hilfe dieser »Lebens- und Schaffensspuren« der »Enträtselung des Schaffensprozesses näher zu kommen« (Klimowitzki, S. 149), ist daher eher skeptisch zu betrachten und wurde auch nicht von allen Forschern geteilt. Das Interesse an der Arbeitsweise Beethovens ist zudem historisch-methodologisch bedingt und gehört daher selbst auf den kritischen Prüfstand. Die im 19. Jahrhundert vorherrschende biographische Methode ging von der Prämisse aus, dass ein Verstehen musikalischer Kunstwerke von innen heraus immer ein genetisches sein müsse und dass man daher den Ursprung und Werdegang eines Werkes aufdecken müsse (Dahlhaus, S. 32). Unter der gleichen Prämisse steht noch das seit 2014 laufende, ambitionierte Projekt mit dem Titel »Beethovens Werkstatt: Genetische Textkritik und Digitale Edition« des Beethoven-Hauses Bonn in Zusammenarbeit mit der Universität Detmold/Paderborn, welches mit modernen Methoden Licht in die »hochkomplexe Dynamik kompositorischer Prozesse im Œuvre Beethovens« bringen will. Wenn man die Arbeitsweise kenne, werde man auch die Werke besser verstehen. So lautet die These derartiger Forschungen. In die Arbeitsweise gehen aber nicht nur technische Aspekte ein, sondern ebensolche des persönlichen Charakters und biographischer Umstände. Die Frage ist daher nun, ob die Skizzenarbeit tatsächlich die Genese eines Werkes aufzudecken vermag. Da das Ganze nicht in den Skizzen erscheint, ist beim Rückschluss von den Skizzen auf das fertige Werk zumindest Vorsicht geboten. Das fertige Werk und die Skizzen gehören durchaus verschiedenen Stadien oder Ebenen der Werkgenese an. D.h. die Gewohnheit Beethovens, Einfälle und Studien zu notieren und auch aufzubewahren, wirft ganz eigene Fragen auf, die mit der Frage nach der Werkgenese nicht identisch sind. Es scheint bedeutsam, wie wichtig Beethoven seine Skizzen und Studien nahm, wenn er sie in seinem Tagebuch unter dem Eintrag 51 als Musikalien neben die fertigen Partituren stellt: »Zwei Eintheilungen meiner Musikalien meiner Skizzenbücher – meiner Studien – meiner Partituren – meiner ausgeschriebene. –« (Solomon/Brandenburg, S. 59f.) Die Skizzenarbeit gehört daher zu Beethovens spezifischer Arbeitsweise und kann für sich betrachtet zu wichtigen Aufschlüssen auch für das fertige Werk führen. Anders gesagt: die Skizzen erklären die Werke zwar nicht, sind aber »Musikalien« eigenen Rechts und damit selbst erklärungsbedürftig. Warum notiert Beethoven überhaupt jeden Einfall und seine Varianten? Als bloße Gedächtnisstütze? Als Ersatz für das Ausprobieren am Klavier, als die zunehmende Schwerhörigkeit (ca. um 1817) dieses unmöglich machte? Oder gibt es noch andere Gründe?

Notizbücher sind in der Regel dazu da, der Erinnerung zu dienen, eine Gedächtnishilfe gegen das Vergessen zu sein. Der naheliegende Gedanke, Beethoven notiere sich seine Einfälle aus Sorge, diese später möglicherweise zu vergessen, wird ebenso wie die Annahme des »mühsamen« Komponierens, jedoch durch die zahlreichen Zeugnisse über den hervorragenden Improvisator Beethoven widerlegt. Während man Beethovens Klavierspiel z.T. als hart und unkultiviert kritisierte, so herrschte doch große Einmütigkeit über die Einzigartigkeit seines freien Phantasierens. Was Beethoven beim Niederschreiben Schwierigkeiten zu bereiten schien, das ging ihm beim Improvisieren mit Leichtigkeit von der Hand. Es sei »wirklich ganz außerordentlich, mit welcher Leichtigkeit und zugleich Festigkeit in der Ideenfolge Beethoven auf der Stelle jedes ihm gegebene Thema nicht etwa in den Figuren variiert (womit mancher Virtuos Glück und – Wind macht), sondern wirklich ausführt«, war in der *Allgemeinen musikalischen Zeitung* Nr. 33 (1799), S. 524, zu lesen. Das deutet nicht nur auf eine reiche Intuition, sondern auch eine klare formale Konzeption beim Improvisieren.

Wie man sich die Umstände einer solchen Improvisation vorzustellen hat, ist durch Johann Baptist Schenk (1761–1836) überliefert. Nachdem die gewöhnlichen Höflichkeitsbezeugungen vorüber waren, berichtet Schenk, habe sich Beethoven erboten, auf dem Pianoforte zu phantasieren. Nach einigen Anklängen und gleichsam hingeworfenen Figuren, die er unbedeutsam so dahin gleiten ließ, habe »der selbstschaffende Genius« so nach und nach sein tiefempfundenes Seelengemälde entschleiert. »Von den Schönheiten der mannigfaltigen Motive, die er klar und mit überreicher Anmut so lieblich zu verweben wußte [...] während er sich ganz seiner Einbildungskraft dahingegeben«, habe er den Zauber seiner Klänge verlassen und sei »mit dem Feuer der Jugend kühn (um heftige Leidenschaften auszudrücken) in weit entfernte Tonleitern« getreten. Es folgten »mancherlei Wendungen mittelst gefälliger Modulationen«, die »bis zu himmlischen Melodien« hingleiteten, zu »jenen hohen Idealen«, die man in seinen Werken häufig vorfinde. Nachdem der Künstler seine Virtuosität so meisterhaft beurkundet, habe er die süßen Klänge in traurig wehmütige, sodann in zärtlich rührende Affekte verändert, dieselben wieder in freudige bis zur scherzenden Tändelei. Jeder dieser Figuren habe er einen bestimmten Charakter gegeben. »Weder matte Wiederholungen noch gehaltlose Zusammenraffung vielerlei Gedanken, welche gar nicht sich zusammenpassen, noch viel weniger kraftlose Zergliederungen durch fortwährendes Arpeggieren (worüber das Gefühl des Hörers ein Schlummer überschleicht)« habe man gewahren können. In der Ausführung dieser Phantasie habe vielmehr die größte Richtigkeit geherrscht, wie »ein heller Tag, ein volles Licht«. Mehr als eine halbe Stunde sei verstrichen gewesen, als der Beherrscher seiner Töne die Klaviatur verließ (Kerst I, S. 26).

An dieser Beschreibung fällt auf, dass Beethoven beim Phantasieren offenbar einem klaren Formschema folgte. Schenk erwähnt einen Expositionsteil, eine Durchführung mit Klimax und die Gegenüberstellung klar formulierter Charaktere. Erst die Folgerichtigkeit in der Ausführung lässt für den Hörer ein sinnvolles Ganzes entstehen.

Carl Czerny, der mehrfach Ohrenzeuge von Beethovens Improvisationen war, unterscheidet drei Arten von Beethovens Improvisation:

»1. In der Form des ersten Satzes oder des Finalrondos einer Sonate, wobei er den ersten Teil regelmäßig abschloß und in demselben auch in der verwandten Tonart eine Mittelmelodie usw. anbrachte, sich aber dann im zweiten Teile ganz frei, jedoch stets mit allen möglichen Benutzungen des Motivs seiner Begeisterung überließ. – Im Allegro-tempo wurde das Ganze durch Bravourpassagen belebt, die meist noch schwieriger waren als jene, die man in seinen Werken findet.

2. In der freien Variationsform, ungefähr wie seine Chorfantasie op. 80, oder das Chorfinale der neunten Sinfonie, welche beide ein treues Bild seiner Improvisation dieser Art geben.

3. In der gemischten Gattung, wo potpourriartig ein Gedanke dem anderen folgt, wie in seiner Solofantasie op. 77. Oft reichten ein paar einzeln unbedeutende Töne hin, um aus denselben ein ganzes Tonwerk zu improvisieren (wie z.B. das Finale der dritten Sonate D-Dur, von op. 10)« (Kerst, I, S. 60).

Die Zeitgenossen, die Beethoven phantasieren hörten, bedauerten sehr, dass diese nicht für die Ewigkeit festgehalten werden könnten. So beklagte Carl Amenda (1771–1836) eines Abends, als Beethoven wundervoll auf dem Klavier phantasiert hatte, es sei jammerschade, »daß eine so herrliche Musik im Augenblick geboren und mit dem nächsten Augenblick verloren« gehe. Darauf habe Beethoven geantwortet: »Da irrst du, ich kann jede extemporierte Phantasie wiederholen«, setzte sich hin und spielte sie ohne Abweichung noch einmal (Kerst I, S. 43). Solch erstaunliche Gedächtnisleistungen passen natürlich nicht zu der Annahme, Beethoven habe sich Notizen gemacht, weil sein Gedächtnis ihn im Stich ließ. Sie stimmen vielmehr sehr gut zu der Behauptung des guten Gedächtnisses in Schlössers Bericht.

Wenn die Skizzen aber nicht auf ein mangelndes Gedächtnis zurückzuführen sind, wozu dienen sie dann? Zur Beantwortung dieser Frage ist zunächst eine Differenzierung hinsichtlich verschiedener historischer Schaffensphasen Beethovens erforderlich. Der junge Beethoven skizziert weniger als der mittlere oder gar späte, und auch die Art und die Funktion der Notizen sind einem Wandel unterworfen. Zunächst werden sie auf Einzelblättern, dann in sogenannten Skizzenbüchern notiert. Beethoven besaß zwei Arten solcher Notizbücher, die kleineren im Taschenformat für das Festhalten von musikalischen Einfällen (pocket sketchbooks) und die größeren für die Ausarbeitung von einzelnen Details der Werke (desk sketchbooks). Auch die notierten Arbeitsphasen wandeln sich im Laufe der Zeit und beziehen sich auf verschiedene Stadien der Komposition im Spannungsfeld zwischen Intuition und Objektivation. Sie reichen von intuitiven Einfällen und ihren Varianten über konkrete Detailstudien, von Verbesserungen (z.B. von Kopistenfehlern) und Veränderungen am Autograph bis hin zu Umarbeitungen (Veränderung bei gleicher Intention: berühmtestes Beispiel die Klavierfassung des *Violinkonzertes* op. 61) und Bearbeitungen (Veränderung mit anderer Intention, z.B. das *Oktett* op. 103 zum *Quintett* op. 4) oder dem Austausch ganzer Formteile oder Sätze (Beispiel der *Leonoren*-Ouvertüren und der *Fidelio*-Ouvertüre). Einen interessanten Sonderfall stellen die vier Varianten von Mignons Lied *Nur wer die Sehnsucht kennt* nach Goethe (WoO 134) dar. Beethoven erklärt dazu: »Ich hatte nicht Zeit genug, um ein wirklich Gutes hervorzubringen, daher Mehrere Versuche.« (Kropfinger 2001, S. 164) Eine Selektion der Varianten findet hier also nicht statt. Die Lieder nehmen sich vielmehr aus, wie die stehengebliebenen Studien eines Skizzenbuches. Natürlich wäre die scheinbar suggerierte Empfehlung, der Empfänger möge sich selbst die beste Variante aussuchen (gedruckt wurde nur die erste!), naiv. Die Vermittlung der vier Varianten zu einem dialektischen Ganzen höherer Ordnung hätte nur Beethoven selbst leisten können. Wie dieser Verzicht auf eine Entscheidung motiviert war, ob als vergebliches Ringen um die optimale Version (Thayer u.a.) oder die bewusste Konzeption mehrerer Varianten als Zyklus (Goldschmidt), muss hier nicht diskutiert werden (Maier,

S. 538–39). Beide Möglichkeiten schließen die Auflösung in einem Dritten, welches die Vorzüge aller Varianten in sich vereint hätte nicht aus, wofür auch die Verwandtschaft der Fassungen untereinander (Maier, S. 541), aber auch die für Beethoven eher bescheidene Qualität der vier Vertonungen sprechen.

Stets ändert, verbessert und verwirft Beethoven Details oder größere Passagen bis zuletzt, aber nicht im Kopf, sondern auf dem Papier noch bis ins Autograph hinein. Immer wieder ist zu beobachten, wie sehr sich die ersten Entwürfe von der schließlichen Endgestalt im Autograph und der gedruckten Komposition unterscheiden. Die Veränderungen, die Beethoven vornimmt, sind vielgestaltig und je nach Stadium der Komposition zu unterscheiden. Sie betreffen die Diastematik der Motive und Themen, die Umkehrung der melodischen Bewegungsrichtung, den Wechsel des Taktes, die rhythmische Bewegung, die Vereinfachung des Satzbaues, die Komplexität der Faktur (z.B. Elimination von Sequenzen), die Variation des Periodenbaus (Verengung oder Erweiterung), wobei die Arbeit am Material zumeist innerhalb eines kurzen Zeitraumes geschieht (Westphal, S. 28–45). Regelmäßig gelingt Beethoven ein eminenter Qualitätssprung von der ersten Skizze zum ausgearbeiteten Werk. Um dieses Phänomen zu erklären, stellte Kurt Westphal die Hypothese zweier unterschiedlicher Typen von Komponisten bzw. ihrer Verfahrensweisen auf: der *intuitive* Typus (z.B. Mozart und Schubert) arbeite bereits alles im Gedächtnis aus, der *konstruktive* wie Beethoven (aber z.B. auch Richard Strauss) bringe den Gedanken noch unfertig, nur umrisshaft zu Papier, um ihn reifen zu lassen und erst später zu vollenden. Ursache dafür sei ein gesteigerter Grad der musikalischen Selbstkritik. Während der intuitive Komponist einen nicht geeignet scheinenden Gedanken sofort verwerfe und durch einen neuen ersetze, gehe der konstruktive immer wieder vom gleichen Material aus, stelle mehrere Varianten nebeneinander, um in immer neuen Anläufen allmählich zu einer vollkommenen Endgestalt zu gelangen. Der Konstruktive habe also nicht schlechtere Einfälle als der Intuitive, sondern er bringe sie nur anders, eben vorläufig zu Papier. Beethoven behandele die Gedankennotate als Rohstoff, aus dem in langwieriger musikalischer Arbeit allmählich das Thema entsteht (Westphal, S. 17). Die ersten Skizzen könnten auch aus der Feder eines mittelmäßigen Komponisten stammen, zum Meisterwerk würden sie erst durch sorgfältigste Arbeit (Westphal, S. 21). Wenn Beethoven gegenüber Schlösser behauptete, dass »er seine Ideen sehr lange mit sich herum[trug]«, dann offenbar deshalb, weil musikalische Ideen – nach einer Formulierung von Richard Strauss – wie ein junger Wein gelagert werden müssen und erst, nachdem man ihnen erlaubt hat zu gären und zu reifen, wieder aufgenommen werden sollten (Westphal, S. 18). Die vielumstrittenen Schöpfungspausen Beethovens könnten damit eine Erklärung finden. Westphals Beobachtungen zeigen aber auch, dass die »unfertigen« Gedankennotate keine thematischen »Einfälle« im herkömmlichen Sinn darstellen. Sie sind vielmehr Topoi, musikalische Allgemeinplätze, aus denen erst durch Veränderung die thematische Gestalt hervorgeht. Dabei halten die in den Taschennotizbüchern notierten Einfälle, insofern sie wirklich welche sind, die Intuition fest. Varianten und Verlaufsskizzen dokumentieren hingegen die musikalische Arbeit. Der Vorgang der musikalischen Arbeit, der ja maßgeblich anhand von Beethovens Arbeitsweise entwickelt wurde, findet also nicht erst im Werk, sondern schon hier im Vorfeld der fertigen Komposition statt. Intuitives und konstruktives Komponieren ist daher nicht eine Frage des Komponisten-Typs, sondern markiert einen historischen Wandel des Komponierens selbst.

IV

Bleibt die Frage, warum Beethoven spätestens seit dem »neuen Weg« nicht mehr intuitiv, sondern konstruktiv komponiert. Die Antwort kann nur sein, weil sein »neuer Weg« ein naiv intuitives Komponieren nicht mehr zuließ. Dennoch stehen Intuition und Konstruktion bei Beethoven in keinem ausschließenden Gegensatz. Die Zeitzeugen von Beethovens Improvisationen berichten übereinstimmend, dass er sein Spiel gewöhnlich mit einigen »flüchtigen Figuren« (siehe oben) oder beiläufig gegriffenen Akkorden begann, aus denen sich dann die Improvisation entwickelte. Als Beethoven in späterer Zeit immer schwerer zum Improvisieren zu bewegen war, genügte es nach Wegelers Bericht schon, Beethoven zu bewegen, dass er sich auf den Klavierstuhl setzte: »Bald griff er nun, oft noch abgewendet, mit unbestimmter Hand ein paar Akkorde, aus denen sich dann nach und nach die schönsten Melodien entwickelten« (Kerst I, S. 90). Der Schweizer Komponist Xaver Schnyder von Wartensee (1786–1868) berichtet sogar von dem Trick, eine angeblich defekte Taste wie zufällig am Klavier anzuschlagen, um Beethoven zum Spielen zu bewegen. Beethoven habe dann diese und die umliegenden Tasten geprüft und sei so allmählich ins Phantasieren hineingeraten (Kerst I, S. 165). Ein ähnlich elementarer Beginn zeichnet auch viele der Werke des »neuen Weges« aus. Kerman meint zum Beginn des *4. Klavierkonzerts*, »daß wir dem Pianisten vor dem eigentlichen Beginn des Stückes beim Präludieren zuhören« (Kerman S. 417). Intuition und Konstruktion sind also auch bei Beethoven nicht zu trennen. Das Präludieren mit vormusikalischen, elementaren Gestalten hält die musikalische Entwicklung offen und ermöglicht sie zugleich.

Die entscheidende Frage ist bei diesem konstruktiven Komponieren allerdings, welcher Teil der Arbeit intuitiv und welcher konstruktiv geschieht. Am Beginn der Komposition steht zunächst das Sammeln und – bis zu einem gewissen Grade – Formieren des thematischen Materials. Erste Einfälle kommen entweder von selbst oder unter Einfluss vorangegangener Werke (Wjaskowa, S. 82). Beethoven notiert also zuerst das Formbare, das Material, den Topos, nicht das fertige Thema, weil das Schwergewicht seiner musikalischen Arbeit auf dessen prozesshafter Formung selbst liegt. Scherzhaft schreibt er in einem Brief an Johann Andreas Streicher, der Flügel sei zu gut für ihn, weil er ihm die Freiheit nehme, sich seinen Ton selbst zu schaffen (BGA Nr. 23, 19.11.1796). Die Gedankennotate sind keine fertigen Themen, sondern Topoi. Es ist eine Art voraussetzungsloses oder zumindest nicht-thematisches Komponieren, welches Beethoven mit dem »neuen Weg« beschreitet. Beethoven bringt seine Gedanken in einem derart ungeformten Stadium zu Papier, nicht, weil ihm nichts besseres einfiel, sondern, weil das konstruktive Arbeiten am Material von der intuitiven Kombinatorik der Einfälle im Kopf (Westphals intuitiver Typus) grundlegend verschieden ist. Die kompositorische Arbeit beginnt schon am elementaren Einfall, der aber in der Komposition nicht einfach als

Thema gesetzt wird, sondern im Blick auf das Ganze bis hin zum fertigen Autograph, ja darüber hinaus bis zum Druck, stets einer prozesshaften Entwicklung unterliegt.

Die Analyse der Skizzen zeigt immer wieder, dass die toposartigen Gedanken der Skizzenbücher auf die ständig präsente Vorstellung des Ganzen hin konzipiert waren, ja »daß die Vorstellung des ›Ganzen‹ für Beethoven so zwingend war, daß er gar nicht anders konnte, als an allen Sätzen eines zyklischen Werkes gleichzeitig zu arbeiten« (Klimowitzki, S. 160). Beethoven notiert Topoi, weil diese noch unentschieden, unspezifisch sind und damit für das Werkganze anschlussfähig, omnipotent bleiben.

Auf die Dialektik von Einzelnem und Ganzen bei dieser neuen Kompositionstechnik hat zuerst Theodor W. Adorno aufmerksam gemacht. »Die Nichtigkeit des Einzelnen, daß das Ganze alles bedeutet und – wie am Schluß von op. 111 – rückblickend Details als vollzogen beschwört, die nie da waren«, bleibe »ein zentrales Anliegen jeder Theorie Beethovens« (Adorno, Fragment 50, S. 47). An die Stelle des gesetzten Themas tritt allenfalls eine Art thematischer Konfiguration (Dahlhaus, S. 214). Beethoven begann eine Komposition – wie Cooper bemerkt hat – »generally not with melody, but with decicions on the type of work and the key« (Cooper, S. 120). Mit der Dominanz des Ganzen über das Einzelne hängt nach Dahlhaus auch zusammen, was Beethoven selbst als den »neuen Weg« bezeichnete. In der *Klaviersonate* op. 31,2 wird das Hauptthema nirgends eigentlich exponiert. Indem Beethoven so die Setzung der Themen vermeidet und von einer Vorform sogleich zu einer entwickelnden Ausarbeitung übergeht, erscheint die Form in einem emphatischen Sinne als Prozess. Die Thematik ist in einem Entwicklungsprozess begriffen (Dahlhaus, S. 112). Gleiches gilt auch für die »neue Manier« des *Variationszyklus* op. 35, dem nicht ein eigentliches Thema, sondern eine »thematische Konfiguration« zugrunde liegt, aus dem in den einzelnen Variationen immer wieder andere Teilmomente ausgewählt, verarbeitet oder zitiert werden (Dahlhaus, S. 213). Es wäre laut Dahlhaus keine Übertreibung, den Variationszyklus insgesamt einen analytischen Prozess zu nennen: eine Auflösung des thematischen Komplexes – aus Bass, Melodie und Gerüst – in Teilstrukturen und der Teilstrukturen in Elemente. Die Substituierung des traditionellen Themas durch eine thematische Konfiguration und die Zerlegung der Teilstrukturen in Einzelelemente seien die Merkmale eines musikalischen Denkens, das auf radikale Prozessualität der Form zielt (Dahlhaus, S. 214).

Interessanterweise bestätigt Dahlhaus damit einen Gedanken, den schon Richard Wagner in *Oper und Drama* über Beethovens Verfahrensweise der Komposition geäußert hatte. Beethovens Instrumentalsätze seien, so Wagner, die »Vorführung des Aktes der Gebärung einer Melodie«. Das Charakteristische bestehe darin, dass Beethoven erst im Verlaufe des Tonstückes die volle Melodie als fertig hinsetze. Dennoch sei sie von Anfang an als fertig vorauszusetzen. Beethoven habe nur von vornherein die enge Form zerbrochen, sie in ihre Bestandteile zersprengt, um diese durch organische Schöpfung zu einem neuen Ganzen zu verbinden, und zwar dadurch, dass er die Bestandteile verschiedener Melodien sich in wechselnde Berührung setzen ließ, um ihre Verwandtschaft darzutun. Beethoven habe damit gewissermaßen den Organismus der absoluten Musik aufgedeckt (Wagner, SuD III, S. 315f.). Die Vermutung, Beethoven habe die Melodie schon von Anfang an fertig gehabt, trifft genau die entsprechende Aussage in Schlössers Bericht –

»fertig, nämlich im Kopfe«. Die Prozessualität der Werke ist also nur eine scheinbare, künstlerisch vorgeführte. Die Melodie als Ganzes muss schon im Vorfeld der Komposition fertig sein, um später als Ziel und Ergebnis des Kompositionsprozesses erscheinen zu können. Der »neue Weg« Beethovens erreicht dieses Ziel nur in umgekehrter Richtung.

Was eigentlich ist das musikalische Ganze? Wagner bezeichnet es den »Gebärungsvorgang« des »Organismus' der absoluten Musik«, weniger metaphorisch ausgedrückt, den Prozess der Hervorbringung der »Melodie« als Inbegriff einer musikalischen Idee. Eine Melodie ist immer musikalisch-konkret. Eine abstrakt umrisshafte Darstellung wie in der Dichtung oder der Malerei ist aufgrund des spezifischen Zeichencharakters der Musik nicht möglich. Eine musikalische Idee kann schon in einer kleinen melodisch-harmonischen, rhythmischen oder satztechnischen Studie enthalten sein, einem melodischen oder rhythmischen Element, das eher subthematischen, als thematischen Charakter trägt, wie etwa das berühmte »Schicksalsmotiv« der *Fünften Sinfonie*. Das Werk-Ganze besteht in der Regel aus mehreren solcher kompositorischer Ideen und ihrer Verknüpfung. Das Motiv, der Einfall sei eine Sache der Eingebung, hat Richard Strauss einmal gesagt. Doch nicht auf den Anfang der Melodie komme es an, sondern auf die Fortsetzung, auf die Entwicklung zur vollkommenen melodischen Gestalt (Westphal, S. 18). Und Adorno bemerkt zum Schönbergschen Begriff der »entwickelnden Variation«: Es komme nicht darauf an, was in was steckt, sondern was auf was, und warum es folgt (Adorno, Fragment 9, S. 23). Der »Geist«, die Vermittlung des Einzelnen, sei das Ganze als Form (Adorno, Fragment 27, S. 35). Diese Vermittlung aber geschieht durch musikalische Arbeit. Das Ganze ist nach Dahlhaus nicht das Thema, sondern die Vorstellung des Ganzen als Form-Idee, d.h. als die »zugrunde liegende Idee«, von der Beethoven im Bericht Schlössers spricht. Die Form aber ist nicht mehr als traditionelles Schema vorgegeben, sondern ist selbst Gegenstand der musikalisch-thematischen Arbeit, die über bloße Gegensatzbildung weit hinausgeht.

Der Komplexitätszuwachs einer solchen konstruktiven kompositorischen Arbeit gegenüber bloßer Kombinatorik und Vermittlung gesetzter Themen bei intuitivem Komponieren ist enorm. Das Einzelne unterliegt ständig der Vorentscheidung mit Blick auf das Ganze. Da dieses Ganze aber selbst noch im Prozess ist, wird jede Entscheidung kontingent. Es entstehen die Varianten, aus denen erst später die optimale ausgewählt werden kann. Jede Entscheidung auf dem Papier aber vermehrt die Anzahl weiterer Möglichkeiten, aus denen der Komponist auszuwählen hat.

Der Bezug auf das Ganze der Komposition stellt aber nicht nur einen enormen Komplexitätszuwachs dar, sondern verrät eine völlig neue kompositorische Perspektive, die Perspektive der Synchronizität: Die kompositorische Arbeit verlagert sich im Zuge solcher Selektion von der diachronen zur synchronen, von der freien Sukzession zur ganzheitlichen Schau. Alles muss mit allem zusammenhängen, damit ein Ganzes entsteht. Die gesteigerte Selbstkritik, wie sie sich in der Skizzenarbeit dokumentiert, ist bei Beethoven somit gar nicht mehr nur auf das Einzelne (den Einfall, das Motiv oder Thema), sondern auf dessen Vermittlung zum Werkganzen gerichtet. Nicht die »beste«, harmonisch, melodisch, rhythmisch originellste Variante wird ausgewählt, sondern die »passendste«. Um diese auswählen zu können, müssen alle Varianten »synoptisch« zur

Verfügung stehen und also aufbewahrt werden. Oft wählt Beethoven nämlich nicht die letzte oder komplexeste Variante aus, sondern greift auf eine frühere, zuweilen einfachere zurück (Wjaskowa, S. 61). Häufig finden sich nebeneinander notierte, verwandte melodische Wendungen, die für verschiedene, oft auch unausgeführte Werke bestimmt sind (Wjaskowa, S. 72). Zudem beeinflussen sich die thematischen Ideen gegenseitig. So kann ein in (a) verworfenes Element von (b) übernommen werden (Wjaskowa, S. 78). Das Einzelne besteht nicht mehr für sich, sondern geht schon im Vorfeld der Komposition vielfältige Beziehungen mit anderen Elementen ein. Zum Teil werden sie auch auseinander abgeleitet.

Mit dieser Form einer kalkulierten Logik (Dahlhaus), die dem motivischen Prozess bei Beethoven zugrunde liegt, hängt es offenbar nun zusammen, dass die musikalische Arbeit am Einzelnen der Objektivation auf dem Papier bedarf. Derart komplexes Komponieren muss das Gedächtnis entlasten, und zwar für jene Tätigkeiten, die nur im Kopf stattfinden können, und das ist eben die Integration der Teilelemente in die Vorstellung des Ganzen. Die Arbeit auf dem Papier ermöglicht es, die Entscheidung für eine Motivgestalt, die beim Improvisieren sofort gefällt werden müsste, in einen Hof verschiedener Möglichkeiten zu verschieben. Die Arbeit am Detail wird auf dem Papier gewissermaßen »zwischengelagert«. Die gefundenen oder abgeleiteten Varianten wurden von Beethoven normalerweise am Klavier – z.T. »fluchend und stampfend« (BGA Nr. 2032) – auf ihre Tauglichkeit überprüft. Diese Möglichkeit entfiel mit fortschreitender Taubheit, die kritische Arbeit blieb zunehmend auf das Papier beschränkt. Das Verhältnis von Intuition und Konstruktion kehrt sich bei Beethoven daher geradezu um. Da die Form nicht mehr »objektiv« als Schema gesetzt ist, wird sie zur Sache der subjektiven Phantasie, unterliegt der Intuition, dem Formsinn des Komponisten, während das »objektive«, toposartige Thema nun der anpassenden Konstruktion bedarf. Die Skizzenarbeit betrifft das Was?, welches auf dem Papier stattfindet. Das Wie? hingegen findet im Kopf statt und wird erst im Autograph zu Papier gebracht. Der Gedanke jedoch, dass auch das Ganze durch Kombinatorik konstruiert sein könnte und wie ein Puzzle aus den maßgerechten Einzelteilen der Skizzen zusammengesetzt werde, wäre abwegig und lässt sich gerade durch die Skizzenbücher auch nicht belegen. Beethoven ist kein Eklektiker.

Auch wenn das konstruktive Komponieren anders nicht möglich war, so hat Beethoven die Komplexität dieser Arbeitsweise doch offenbar als Last empfunden. Anton Reicha berichtet, Beethoven habe ungefähr 25 Jahre vor seinem Tode, in einem Anfall von Laune versichert, dass er den Entschluss gefasst habe, von nun an so zu komponieren, wie er phantasierte, das heißt, alles sogleich und unverändert zu Papier zu bringen, was seine Einbildungskraft ihm Gutes eingäbe, ohne sich um das Übrige zu kümmern (Kropfinger 2001, S. 183). 25 Jahre vor seinem Tode, das wäre 1802, und damit so ziemlich genau die Zeit, in der Beethoven den »neuen Weg« einschlug. Er war sich also bewusst, dass der neue Weg eben gerade in der Abkehr vom intuitiven Komponieren bestand. Man könne aber nicht sagen, dass Beethoven dieses Versprechen einer Rückkehr zum intuitiven Komponieren erfüllt hätte, kommentiert Reicha zutreffend. Denn obwohl Beethovens Kompositionen meistens in einem mehr oder weniger romantischen Stil komponiert seien, so enthielten sie doch so viele kunstreiche Schönheiten, Durchführungen der Ideen und die Beachtung eines vorher bestimmten Planes, wie die freie Improvisation dieses nicht erreichen könnte (Kropfinger 2001, S. 183). Beethoven selbst war das nur zu bewusst. In einem Brief an Therese Malfatti vom Ende Mai 1810 schreibt er: »Welchen Unterschied werden sie gefunden haben in der Behandlung des an einem Abend erfundenen Themas und so wie ich es ihnen letztlich niedergeschrieben habe, erklären sie sich das selbst.« (BGA Nr. 442) Die Erklärung besteht eben darin, dass die freie Phantasie durchaus nicht mehr kann, als die konstruktive Arbeit auf dem Papier. Freilich scheint Beethoven die durch seine fortschreitende Taubheit erzwungene Änderung seiner Arbeitsweise zunächst Schwierigkeiten bereitet zu haben, wie ein kryptisch anmutender Eintrag in seinem Tagebuch, vermutlich aus dem Jahre 1816 zeigt: »Nur wie vorhin wieder auf dem Clavier in eignen Phantasien – trotz allem Gehör« (Solomon/Brandenburg, Eintrag 102, S. 93).

Das Unreflektierte, Spontane der Improvisation hat für Beethoven fortan etwas Verbotenes: Am Schluss seiner viel gerühmten Improvisationen, zu denen er sich stets nur widerwillig drängen ließ, brach er zumeist in ein hysterisches Lachen aus und machte sich über seine andächtigen Zuhörer lustig (Kerst I, S. 61f.). Später weigert er sich, überhaupt noch zu improvisieren. Beethovens Genie tritt, wie Dahlhaus formuliert, nicht mehr als Erfindungsgabe, sondern als irrationale Produktivität in Erscheinung, die nicht wie die Kombinatorik vom Teil zum Ganzen, sondern sich das Ganze in unmittelbarem Zugriff vor Augen stellt (Dahlhaus, S. 99).

Als paradigmatisch für diesen »neuen Weg« des Komponierens kann die *Sinfonia Eroica* gelten. Folgt man der Hypothese von Peter Schleuning, so ist die Anlage dieser Symphonie »von hinten her« geplant, aber von vorn her skizziert (Schleuning, S. 387). Sie ist in jenem Sommer 1802 begonnen, in der auch die *Klaviervariationen* op. 34 und op. 35 abgeschlossen wurden. Ihr Thema ist ein simpler Dreiklangstopos, ein musikalischer Allgemeinplatz, der jedoch mit dem *cis* in Takt 3 (genauer dem chromatischen Abstieg *es–d–cis*) ein jähes Ende erfährt. Der Topos wird durch die Abweichung des *cis* zur musikalischen Figur (rhetorisch = Abweichung von der Normallage). Zugleich wird das substanzarme Thema durch diesen Abbruch als »Setzung« negiert (Adorno, Fragment 33, S. 42) und somit der Prozess der Formbildung im Sinne des »neuen Weges« in Gang gesetzt. Wagner nannte dieses unerwartete *cis* daher treffend den Ton der ganzen neueren Musik (Cosima-Tagebücher I, S. 401).

Regelwidrig scheint auch das e-Moll-Thema innerhalb der Durchführung und vollends der verfrühte Horneinsatz 4 Takte vor der Reprise, der sogenannte *cumulus*, der von den Zeitgenossen für ein offenkundiges *vitium* (Ferdinand Ries) oder doch für eine Beethovensche Schrulle (Hector Berlioz) gehalten wurde. Beethoven legte auf diese originelle Idee jedoch größten Wert, denn er löste mit dem *cumulus* das sogenannte Reprisenproblem, d.h. die Frage, ob die Reprise des Themas nach der Durchführung als bloß symmetrische Wiederholung oder doch Ergebnis motivisch-thematischer Arbeit aufzufassen sei. Die lärmenden Takte unmittelbar vor dem Einsatz der Reprise wirken wie das schallende Lachen des Improvisators Beethoven, der damit sagen will: Schaut, es ist doch nicht dasselbe! Der Prozess der Themengenese findet erst hier seinen vorläufigen Abschluss, indem das Thema nun, als Ergebnis motivisch-thematischer Arbeit von aller Banalität befreit, als typisches Hornthema triumphierend in den Hörnern erklingt. Schon von Anbeginn vorhanden, da aus dem Ballett *Die Geschöpfe des Prometheus* (op. 43) bzw. der Nr. 7 der 12 *Contretänze* für Orchester (WoO 14) stammend, ist das Thema des Finalsatzes. Von ihm aus entwickelt Beethoven alle wesentlichen Kleinmotive, aber auch das chromatische Abbruch-Motiv *es–d–cis* des Eingangsmotivs des 1. Satzes, um diese dann zum Kontretanz des Finales »hinwachsen« zu lassen (Schleuning, S. 389f.).

Die mit der *Eroica* gewonnene Einsicht, dass es nur die Individualität des Ganzen ist, wodurch Thematisches individualisiert werden kann, zwingt Beethoven zur Auflösung der Formenlehre (Dahlhaus, S. 79). An die Stelle des klassischen Formprinzips tritt bei Beethoven erstmalig in der Geschichte der Musik das Originalitätsprinzip. Daher ist seine Arbeitsweise bei jedem Werk eine spezifisch neue. Sie wird letztlich nur durch Einzelwerk-Analysen zu rekonstruieren sein, wie es durch Arbeiten von Adorno, Dahlhaus und anderen auch gezeigt worden ist. Zentrale Begriffe der Beethovenschen Kompositionsweise wie das »obligate Accompagnement«, »durchbrochene Arbeit«, »kontrastierende Ableitung« und die Prozesshaftigkeit der Form gehören in diesen Kontext.

Der Weg, die Methode ist das Neue, nicht der Einfall, das Thema. Beethoven greift hier durchaus auf die musikalisch-rhetorische Tradition zurück, wie ja sein Verfahren der Figurenbildung aus Topoi ein rhetorisches ist. Im Grunde stellt das Komponieren mit musikalischen Topoi überhaupt einen Rückgriff auf musikalisch-rhetorische Verfahrensweisen dar. Beethoven, der als Briefschreiber (siehe das Kapitel »Briefe, Tagebücher und Konversationshefte«) die Verfahren der *detractio, amplifikatio, reticentia* und der Gedankenemphase intuitiv beherrscht, wendet diese als »Tondichter« auch beim Komponieren erfolgreich an. Eine wesentliche Voraussetzung der *ars oratoria* ist das Wissen darum, dass das Repertoire der Topoi endlich ist. Die Topoi werden daher nicht »erfunden«, sondern sind immer schon »objektiv« als Möglichkeit vorhanden, müssen nur aufgesucht, wieder aufgefunden werden. Das Gleiche gilt laut Adorno auch für Beethovens Auffassung der Musik. Diese werde als ein an sich Daseiendes, nicht erst von ihm Gemachtes, als φύσει, nicht θέσει vorgestellt. Beethoven sei der Stenograph der objektivierten, d.h. von der Zufälligkeit der Individuation abgelösten Komposition (Adorno, Fragment 20, S. 29). Die passenden »res« der Komposition werden aus dem objektiv vorhandenen Repertoire nur auswählt. Das ist der Vorgang der rhetorischen *inventio*. Zu ihrem Bereich gehören die topischen Einfälle der Taschenskizzenbücher, die Beethoven mit einem unverkennbaren Ehrgeiz zur Vollständigkeit »sammelt«. Die kompositorische Idee entspricht der rhetorischen *dispositio*, der Ordnung des Materials, die laut Beethoven im Kopf stattfindet. Die Verlaufsskizzen und ihre Varianten hingegen dienen der *elocutio*, der Formung der optimalen Gestalt der res in Bezug auf das Ganze. Das Ganze selbst aber ist Sache der *executio* als Niederschrift des Autographs. Diese setzt das Memorieren, das Auswendiglernen des Ganzen und seine Präsenz »im Kopf« voraus.

Vor diesem Hintergrund ergibt sich nun noch ein weiterer Aspekt der Beethovenschen Arbeitsweise. Wenn das Ganze intuitiv im Kopf entsteht, müssen dessen Elemente, die Topoi, auswendig beherrscht werden. Nur so kann das Ganze als Vorstellung überhaupt präsent sein, nämlich synchron, durch die vollkommen gleichzeitige Beherrschung der Partitur durch das Gedächtnis, wie »mit Einem Blick, gleichsam wie ein schönes Bild« (Rochlitz, siehe oben). Beethovens Klagen über die Schwierigkeiten der Niederschrift, das Hineinkommen in seine Arbeit, deuten allesamt auf Probleme des Auswendig-Lernens, der synchronen Präsenz des Ganzen im Gedächtnis, hin. Die fragmentarisch notierten Gedanken der Skizzenbücher, welche ja der Entlastung des Gedächtnisses dienen sollen, erhalten damit möglicherweise eine ganz unkonventionelle Funktion.

Beethoven notiert sich diese Details nicht, weil er sie sich nicht merken kann. Das würde den vielfach bezeugten Gedächtnisleistungen, z.B. eine Improvisation identisch wiederholen zu können, widersprechen. Auch würde die Annahme, dass Beethoven die eigentliche musikalische Entwicklung des Ganzen, d.h. den musikalischen Verlauf aufeinanderfolgender Themen, Motive, ihrer Verknüpfung, Gegenüberstellung, der Übergänge, Schlüsse usw. im Kopf konzipiert, während er simple Einfälle und ihre Varianten aufschreibt, um sie im Gedächtnis zu behalten, wenig Sinn ergeben. Kropfinger vermutet daher, dass Beethovens Notizen in den Skizzenbüchern thematische »Inspirationsfunken« und »Fahrplankürzel« darstellen, die es dann umzusetzen galt (Kropfinger 2001, S. 184). Die fragmentarischen Notizen stehen demnach nicht für sich selbst, sondern pars pro toto, als optisch anschauliche Merkhilfen für das im Kopf gegenwärtige Ganze. Sie ersetzen nicht die schöpferische Arbeit im Kopf, aber sie »entzünden« sie. Sie sind also keine Skizzen im musikalisch-technischen Sinne, sondern Schlüsselelemente, »Stichwörter« oder (im lutherischen Sinn) »Denkmale« einer spezifisch-musikalischen Mnemotechnik, einer individuellen *ars memorandi*. Die befremdliche Beobachtung, dass Beethoven eher simple, topische Wendungen notiert, findet hier ihre Erklärung. Die Notate sind eben die Topoi (*loci*), mit deren Hilfe sich Beethoven in seinem musikalischen Universum orientiert. Daher können Notizen für ganz unterschiedliche Werke synoptisch nebeneinander zu stehen kommen, so wie auch Zusammenhänge, Verwandtschaften sichtbar Ableitungen und Selektionen möglich werden.

Carl Czerny war der Überzeugung,

> »daß Beethoven sich zu vielen seiner schönsten Werke durch ähnliche aus der Natur, Lektüre oder aus der eigenen Phantasie geschöpfte Visionen und Bilder begeisterte, und daß wir den wahren Schlüssel zu seinen Kompositionen und zu deren Vortrage nur durch die sichere Kenntnis dieser Umstände erhalten würden.« (Kerst I, S. 62)

Aber das sollte sicher nicht im Sinne von Klangmalerei oder gar »verborgener Programme« missdeutet werden. Beethoven ist kein Programmmusiker. Analog zum Verhältnis von Intuition und Konstruktion verkehrt sich bei ihm vielmehr auch das Verhältnis von Inspiration und musikalischer Idee. Beethoven assoziiert die Idee dem Bild, nicht indem er das Bild in Noten setzt, sondern umgekehrt die Noten ins Bild, in das Bild als Topos. Skizzieren wird so zu einer Art mnemotechnischen Strategie. Es ist daher auch sehr wahrscheinlich, dass Beethovens Gewohnheit, die Notizbücher auf ausgedehnten Spaziergängen durch die Natur mit sich zu führen, nicht nur inspirative, sondern zugleich auch mnemotechnische Funktionen im Sinne eines »mentalen Spazierganges« gehabt haben könnte. Gerade weil die ersten Einfälle so wenig »Substanz« haben, so vorläufig sind, bedürfen sie der topischen Bestimmung durch Assoziation. Das könnte dann etwa so funktioniert haben wie Beethoven Nannette Streicher in einem Brief aus dem Jahre 1817 empfahl: »Kommen Sie an die alten Ruinen, so denken sie, daß dort Beethoven oft verweilt, durchirren sie die heimlichen Tannenwälder, so denken sie, daß da Beethoven oft gedichtet, oder wie man sagt componirt« (BGA Nr. 1142). Die Szene am Bach in der *Sechsten Sinfonie* ist nicht klangmalerischer Gegenstand, sondern »Ausdruck der Empfindung« an einem Ort, mit dem Beethoven eine bestimmte musikalische Erinnerung verband. Der Bach ist der Topos dieser Erinnerung. Mag der Waldvogel ihn zum Eingangsmotiv der *Fünften Sinfonie* inspiriert haben, aber auch dieses simple Motiv weist über sich hinaus, ist der Topos einer Empfindung: »So klopft das Schicksal an die Pforte«. Es sind Assoziationen, Vorstellungen, Bilder der Natur, mit denen Beethoven die musikalischen Einfälle verknüpft und so in eine sinnvolle Ordnung seines »laboratorium artificiosum« bringt. Anders ließ sich die kompositorische Anstrengung des »neuen Weges« wohl nicht bewältigen.

Literatur

E. T. A. Hoffmann, »Rezension zu Beethovens Sinfonie in c-moll«, in: Allgemeine musikalische Zeitung, Juli 1810, Sp. 631 • F. G. Wegeler und F. Ries, *Biographische Notizen über Ludwig van Beethoven*, Koblenz 1838; Repr. Hildesheim und New York 1972 • G. Nottebohm, *Zweite Beethoveniana*, hrsg. von E. Mancyczewski, Leipzig 1887 • F. Kerst, *Beethoven im eigenen Wort*, Berlin und Leipzig 1904 ([2]1905) • A. W. Thayer, *Ludwig van Beethovens Leben*, Bd. 1–2, hrsg. von H. Deiters, Berlin 1866–1879, Bd. 4–5 hrsg. von H. Riemann Leipzig 1907–1908 • R. Wagner, *Sämtliche Schriften und Dichtungen* (SuD), Volksausgabe, Leipzig [o.J. (1911)] • A. Schmitz, *Beethoven. Unbekannte Skizzen und Entwürfe*, Bonn 1924 • P. Mies, *Textkritische Untersuchungen bei Beethoven*, Bonn 1957 (= Veröffentlichungen des Beethoven-Hauses Bonn, 4. Reihe: Schriften zur Beethovenforschung 2) • K. Westphal, *Vom Einfall zur Symphonie. Ein Einblick in Beethovens Schaffensweise*, Berlin 1965 • C. Wagner, *Die Tagebücher*, hrsg. von M. Gregor-Dellin und D. Mack, München 1976/77 • A. Klimowitzki, »Autograph und Schaffenprozeß. Zur Erkenntnis der Kompositionstechnik Beethovens«, in: *Zu Beethoven. Aufsätze und Annotationen*, hrsg. von H. Goldschmidt, Berlin 1979, S. 149ff. • H. Olbrich (Hrsg.), *Lexikon der Kunst*, Leipzig 1987–1994 • C. Dahlhaus, *Ludwig van Beethoven und seine Zeit* (Große Komponisten und ihre Zeit), Laaber 1987 • J. Wjaskowa, »Das Anfangstadium des schöpferischen Prozesses bei Beethoven. Eine Untersuchung anhand der Skizzen zum ersten Satz des Quartetts op. 130«, in: *Zu Beethoven III*, hrsg. von H. Goldschmidt, Berlin 1988, S. 60–82 • M. Solomon, »Beethoven's Creative Process: A Two-Part Invention«, in: *Beethoven Essays*, Cambridge (Massachusetts) und London 1988, S. 126–138 • M. Solomon, *Beethovens Tagebuch*, hrsg. von S. Brandenburg, Mainz 1990 • B. Cooper, *Beethoven and the Creative Process*, Oxford 1990 • Th. W. Adorno, *Beethoven. Philosophie der Musik, Fragmente und Texte*, hrsg. von R. Tiedemann, Frankfurt am Main 1993 • S. Brandenburg (Hrsg.), *Ludwig van Beethoven. Briefwechsel Gesamtausgabe* (BGA), 7 Bde., München 1996–1998 • J. Kerman, »4. Klavierkonzert G-Dur op. 58«, in: A. Riethmüller, C. Dahlhaus und A. Ringer (Hrsg.), *Beethoveninterpretationen*, Kassel u.a. 1994, Bd. 1, S. 415–429 • M. Maier, »Sehnsucht WoO 134«, in: ebenda, Bd. 2, S. 537–543 • P. Schleuning, »3. Symphonie op. 55«, in: ebenda, Bd.1, S. 386–400 • K. Kropfinger, Artikel »Beethoven«, in: *MGG*[2], Personenteil Bd. 2, Sp. 731ff. • Ders., *Beethoven*, Kassel, Stuttgart u.a. 2001.

Skizzen

Von Daniil Petrov

Skizzenbücher

Vorläufige Stadien der Werkgenese sind bei Beethoven durch eine unvergleichlich größere Zahl von Arbeitsmanuskripten belegt, als es bei seinen Vorgängern und Zeitgenossen der Fall ist. Das erklärt sich vor allem dadurch, dass Beethoven selbst diese Materialien für erhaltungswürdig hielt und aufbewahrte. Es gehörte zu Beethovens kompositorischen Gepflogenheiten, seine Skizzenbücher, in denen er oftmals mitten in der Arbeit an einem Werk auch musikalische Ideen notierte, die erst später realisiert werden sollten, immer mal wieder durchzusehen.

Nach Beethovens Tode wurden die Skizzen (ausgenommen diejenigen, die sich Anton Schindler aneignete) bei der Versteigerung des musikalischen Nachlasses verkauft, und zwar zu niedrigen Preisen, was zeigt, wie gering ihr Wert zunächst eingeschätzt wurde. Allerdings schlossen die organisatorischen Umstände der Versteigerung (vor allem das Fehlen eines gedruckten Kataloges) die Teilnahme von großen deutschen Verlagshäusern aus. Meist wurden die Manuskripte von Wiener Händlern, Verlegern, Musikern und Sammlern gekauft. Das Corpus der Arbeitsmanuskripte war um 1830 also weit zerstreut und kaum übersehbar. In den nächsten Jahrzehnten wurde diese Lage noch dadurch verstärkt, dass man die Skizzen als Souvenirs und antiquarische Artikel erachtete, deren Preise auf dem Markt allmählich stiegen. Eigentümer verschenkten oder verkauften einzelne Blätter, wobei die Ganzheit der Manuskripte zerstört wurde. Allerdings gab es seit den 1830er Jahren auch schon gegenläufige Tendenzen, die beethovenschen Originalmanuskripte in großem Stil zu sammeln und zu bewahren. Die privaten Kollektionen von Artaria, Ludwig Landsberg, Friedrich August Grasnick, Heinrich Beer und Schindler wurden dann von der Preußischen Königlichen Bibliothek in Berlin erworben, die heute den wichtigsten Aufbewahrungsort der Skizzen Beethovens darstellt (seit dem Zweiten Weltkrieg liegt ein Teil der Manuskripte in Krakau). Daneben sind die Gesellschaft der Musikfreunde (Wien), die Bibliothèque nationale in Paris, die British Library in London und das Beethoven-Haus Bonn zu nennen. Insgesamt sind heute ca. 60 Besitzer von ca. 8.000 Seiten beethovenscher Skizzen nachweisbar. Und noch immer tauchen neue Dokumente auf.

Unter dem Begriff »Skizzen«, der sich in der Beethoven-Forschung als ein Sammelbegriff eingebürgert hat und als solcher auch hier verwendet wird, versteht man verschiedenartige Manuskripte, die keinen fertigen Text eines Werkes umfassen, sondern das Werk im Entstehungsprozess zeigen und nur für den Komponisten selbst bestimmt waren. Den verschiedenen Phasen dieses Prozesses entsprechend lassen sich grob vier Arten von Aufzeichnungen unterscheiden (zur schwankenden Terminologie vgl. Schmitz 1924; Unverricht 1971; Cooper 1992, S. 218f.):

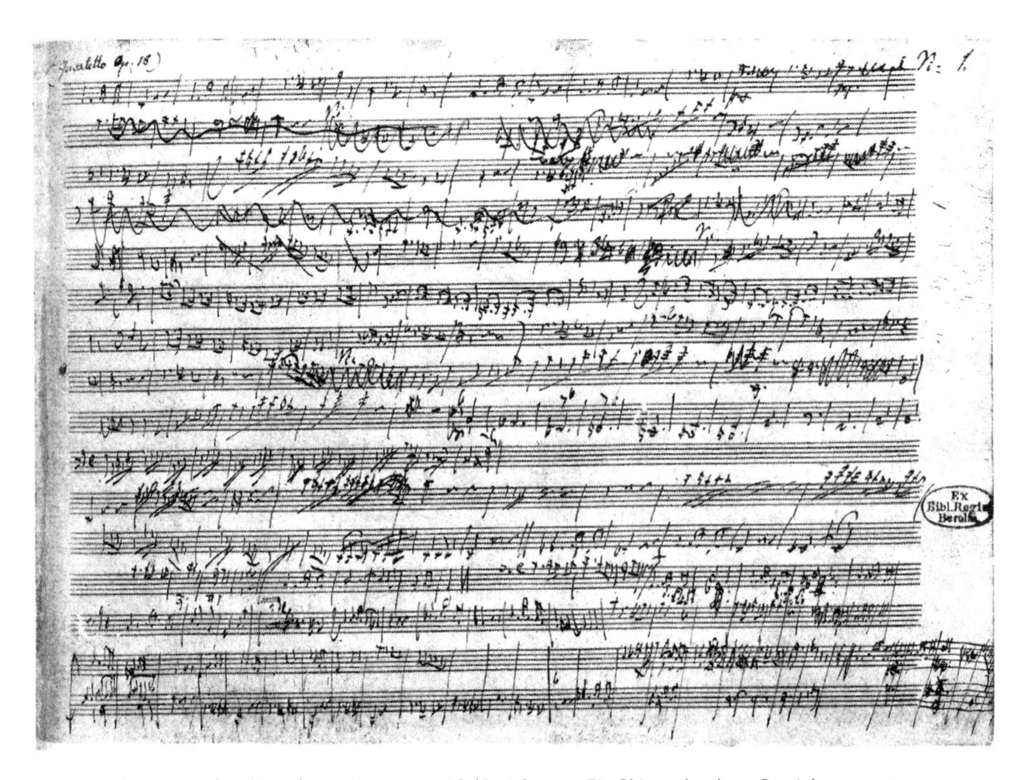

Skizzen zu den *Streichquartetten* op. 18 (*Beethoven. Ein Skizzenbuch zu Streichquartetten aus op. 18*. SV 46 [Grasnick 2]. Faksimile, Bonn 1972).

1. musikalische *Notizen* (Skizzen im engeren Sinne, d.h. einzelne musikalische Gedanken, die in Verbindung mit einem geplanten Werk oder ohne diese zu Papier gebracht wurden;
2. *Konzepte* von Werken großer Form, die eine Übersicht über eine Komposition oder deren Sätze als Ganzes darstellen (durch die Fixierung von Satz- bzw. Teilanfängen, der tonalen Disposition usw.);
3. *Entwürfe*, die den Verlauf von Werken, Sätzen oder deren Teilen widerspiegeln und oftmals in Form einer einstimmigen Linie mit wenigen Zusätzen notiert sind;
4. *Partiturentwürfe*, die zwischen den einzeiligen Entwürfen und vollständigen Autographen angesiedelt sind und vor allem in späten Jahren von Beethoven verwendet wurden; nicht zufällig entstanden sie im Zusammenhang mit Streichquartetten, wo die konkrete Beschaffenheit der einzelnen Stimmen zum Gattungsspezifikum wird.

Bis 1798 benutzte Beethoven für seine Skizzen einzelne Blätter und Bifolia (Doppelblätter). Die beiden großen Sammlungen werden nach den Namen ihrer Sammler Johann Nepomuk Kafka bzw. Joseph Fischhof genannt (siehe die Tabelle). Beide umfassen wichtige Quellen des Frühschaffens von Beethoven, wobei es sich nicht nur um Skizzen, sondern auch um einzelne Autographe und Abschriften fremder Werke handelt. Äußere

Skizzen zu den *Streichquartetten* op. 18, Übertragung (*Beethoven. Ein Skizzenbuch zu Streichquartetten aus op. 18*. SV 46 [Grasnick 2]. Übertragung von W. Virneisel, Bonn 1974).

Umstände (Gepflogenheiten des antiquarischen Marktes im 19. Jahrhundert) haben dazu geführt, dass eine Reihe zusammenhängender Manuskripte zwischen beiden Sammlungen versprengt ist.

Spätestens im Herbst 1798 begann Beethoven, professionell oder selbst hergestellte gebundene Skizzenbücher zu benutzen (was die Verwendung von einzelnen Blättern nicht völlig ausschloss). Jedes dieser Bücher begleitete ihn einige Zeit und enthält Skizzen zu denjenigen Werken, an denen Beethoven jeweils gearbeitet hat. So umfasst z.B. das beinahe vollständig erhaltene *Wielhorsky-Skizzenbuch* (Herbst 1802 bis Mai 1803) Notizen und Entwürfe zur *Klaviersonate* op. 31 Nr. 3 und zu den *Variationen* op. 35, Konzepte, Notizen und Entwürfen zu den *Variationen* op. 34, dann wieder Materialien zu op. 35. Nach dem Entwurf der Fuge zu op. 35 hat Beethoven die drei ersten Sätze der *Eroica* skizziert, deren Finale in engem Zusammenhang mit op. 35 steht. Darauf folgte die Arbeit am Duett WoO 93 und am Oratorium *Christus am Ölberge*, die durch Notizen und Entwürfen zu den beiden ersten Sätzen der *Kreutzer-Sonate* unterbrochen wurde. Dazu kommen Materialien zu den Bagatellen op. 119 Nr. 3 und op. 33 Nr. 1, zum Terzett op. 116 und Duett Hess 229 sowie nicht identifizierte Skizzen.

Solche großen Skizzenbücher (ca. 23 x 32 cm im horizontalen Format) begleiteten den Prozess des Komponierens, das meist am Klavier geschah; sie fanden Platz auf einem Tisch am Instrument und sind in Tinte geschrieben.

Schon einmal im Jahre 1811, dann seit 1815 regelmäßig, benutzte Beethoven neben den genannten Büchern für den Schreibtisch kleinere Skizzenbücher im Taschenformat (bis 16 x 24 cm horizontal oder vertikal), die er außerhalb seiner Wohnung mit sich führen konnte und wo die Aufzeichnungen fast ausschließlich mit Bleistift erfolgten. Von nun an spiegelt sich die Arbeit an ein und denselben Werken parallel in den Skizzenbüchern beider Arten wider, wobei die Taschenbücher ihrer Funktion gemäß häufig flüchtiger Gedanken (Notizen, Konzepte) und in der Regel Materialien nur zu einem Werk oder zu wenigen Sätzen enthalten. Deshalb entspricht eine größere Zahl von Taschenbüchern inhaltlich einer viel geringeren Zahl von großen Skizzenbüchern (siehe die Tabelle). Die Streichquartette op. 130–133 und 135 hat Beethoven in zwölf kleineren Taschenbüchern, aber im wesentlichen nur in zwei Büchern für den Schreibtisch skizziert (*de Roda* und *Kullak*).

Skizzen in einzelnen Blättern:

Kafka-Sammlung (GB-Lbl), ca. 1786–1799
Op. 1, 5–11, 13–16, 21, 37, 46, 49, 52, 65–66, 75, WoO 6, 8, 11, 13, 14, 43, 44, 53, 67, 71, 78, 88, 90, 92, 118, 126, *Sinfonie* C-Dur
Faksimile mit Übertragung und Kommentar: J. Kerman (Hrsg.), *Ludwig van Beethoven. Autograph Miscellany from circa 1786 to 1799*, 2 Bde., London 1970

Fischhof-Sammlung (D-B), ca. 1790–1799
Op. 1, 2, 5, 7, 9, 10, 12–16, 20, 25, 37, 52, 65, 75, 81b, 103, WoO 25, 28, 29, 40, 42, 43, 44, 52, 53, 71, 72, 91, 116–118, Hess 149, *Sinfonie* C-Dur, kontrapunktische Übungen
Übertragung mit Kommentar siehe: Johnson 1980

Skizzenbücher für den Schreibtisch:

Grasnik 1 (D-B), Sommer oder Herbst 1798 – Februar 1799. 39 Bl.
Op. 18 Nr. 1, 3, Op. 19, WoO 73, 125, 128
Übertragung siehe in: Szabo 1951

Grasnik 2 (D-B), Februar/März – Spätsommer 1799. 42 Bl.
Op. 18 Nr. 1, 2, 5, WoO 75
Faksimile mit Übertragung: W. Virneisel (Hrsg.), *Beethoven. Ein Skizzenbuch zu Streichquartetten aus Op. 18*, 2 Bde., Bonn 1972, 1974

Autograph 19e, fol. 12–31 (D-B), spätes Frühjahr und Sommer 1800. 20 Bl.
Op. 17, Op. 18 Nr. 1, 2, 6, Op. 22, Op. 23
Faksimile mit Übertragung: R. Kramer (Hrsg.), *Beethoven. A Sketchbook from the Summer of 1800*, 2 Bde., Bonn 1996

Landsberg 7 (D-B), Sommer/Herbst 1800 – März 1801. 93 Bl.
Op. 23, 24, 26, 27 Nr. 1, Op. 36, 43
Übertragung mit Kommentar: K.L. Mikulicz, *Ein Notierungsbuch von Beethoven*, Leipzig 1927

Sauer (versprengt), April – November 1801(?). 22 Bl., die bekannt sind
Op. 27 Nr. 2, Op. 28, 29

Kessler (A-Wgm), ca. Dezember 1801 – ca. Juli 1802. 96 Bl.
Op. 30, 31 Nr. 1, Op. 35, 36, 116, WoO 92a, 126
Faksimile mit Übertragung: S. Brandenburg (Hrsg.), *Beethoven. Kesslersches Skizzenbuch*, 2 Bde., Bonn 1976, 1978

Wielhorsky (RUS-Mcm), Herbst 1802 – Mai 1803. 87 Bl.
Op. 31 Nr. 3, 34, 35, 47, 85, WoO 93
Faksimile mit Übertragung und Kommentar: N. Fishman, *Kniga eskizov Betkhovena za 1802–1803 gody* [Ein Skizzenbuch Beethovens aus den Jahren 1802–1803], 3 Bde., Moskau 1962

Landsberg 6 (oder Eroica) (PL-Kj), ca. Juni 1803 – ca. April 1804. 91 Bl.
Op. 45, 53, 55, 56, 85, WoO 57, Hess 115, *Leonore*

Mendelssohn 15 (D-B), Mai 1804 – Oktober 1805. 173 Bl.
Leonore, Op. 32, 54, 56, 57
Zur Chronologie siehe: Albrecht 1989, Brandenburg 2001

Skizzenbuch zur *Messe* in C-Dur (F-Pn), ca. Juli – August 1807. 25 Bl.
Op. 86

Skizzenbuch von ca. September 1807 – ca. Februar 1808 (versprengt). 47 Bl., die bekannt sind
Op. 67, 69, 138

Skizzenbuch zur *Pastorale* (GB-Lbl), ca. Januar – September 1808. 59 Bl.
Noch 28 Bl. in D-B (Landsberg 10)
Op. 68, 70 Nr. 1, 2
Übertragung (nur der Teil aus GB-Lbl) mit Kommentar: D. Weise (Hrsg.), *Beethoven. Ein Skizzenbuch zur Pastoralsymphonie Op. 68 und zu den Trios Op. 70, 1 und 2*, 2 Bde., Bonn 1961

Grasnick 3 (D-B), ca. Anfang Dezember 1808 – Anfang 1809. 43 Bl.
Op. 73, 80
Übertragung und Kommentar: D. Weise (Hrsg.), *Beethoven. Ein Skizzenbuch zur Chorfantasie Op. 80 und zu anderen Werken*, Bonn 1957

Landsberg 5 (D-B), ca. März – ca. Oktober 1809. 56 Bl.
Op. 73–76, 81a, 115
Faksimile mit Übertragung und Kommentar: C. Brenneis (Hrsg.), *Beethoven. Ein Skizzenbuch aus dem Jahre 1809 (Landsberg 5)*, 2 Bde., Bonn 1992–1993

Landsberg 11 (PL-Kj), Winter 1809/10 – Herbst 1810. 50 Bl.
Op. 83, 84, 95, 97

Heute sind 70 Skizzenbücher Beethovens nachweisbar, davon 33 Skizzenbücher für den Schreibtisch und 37 im Taschenformat. Doch umfassen sie nicht alle Skizzen Beethovens (über lose Blätter im Taschenformat [zu op. 123 und 132] sowie über die außerhalb von Skizzenbüchern geschriebenen Skizzen zu op. 59, 73, 106, 113, 115, 117 siehe: Johnson u.a. 1985, S. 330 bzw. 524–538). Einzelne musikalische Notizen befinden sich auch in Konversationsheften, in Autographen und Abschriften.

Eine besondere Stellung nehmen die Partiturentwürfe zu den späten Streichquartetten ein. Beethoven verwendete dafür keine gebundenen Notenhefte, sondern einzelne Blätter und Bifolia, deren heutige Anordnung (nach Provenienz und Werken; siehe die Tabelle) erst später entstand. Es handelt sich um Handschriften verschiedener Zweckbestimmung. Manche wurden anscheinend als vollständige Niederschriften begonnen, kamen wegen der fortschreitenden kompositorischen Arbeit als solche aber nicht zustande. Bei anderen handelt es sich um Blätter, die von Beethoven aus dem Autograph herausgerissen wurden, weil ihn weitergehende Veränderungen dazu zwangen, die entsprechenden Stellen erneut aufzuschreiben. Die dritten waren von Anfang an als Partiturentwürfe gemeint. In jedem Falle stellen sie das letzte Stadium vor dem Autograph dar und unterscheiden sich inhaltlich von diesem nicht immer genau. Dennoch darf man die Partiturentwürfe als eine Art von Skizzen betrachten. Es begegnen nicht nur lokale Sofort-Korrekturen, sondern auch alternative Varianten ganzer Formteile, Material, das später nicht gebraucht wurde, die gleichzeitige Arbeit an verschiedenen Werken; dabei wurden die endgültigen Fassungen nicht immer erreicht. Alles in allem zeigt sich die Intensität und Vielschichtigkeit des Schaffensprozesses nicht weniger als in den Skizzenbüchern. So beginnen in *A 52* die Partiturentwürfe zum 1. Satz von op. 130 mit dem viertaktigen Adagio, das Beethoven schon im Skizzenbuch *de Roda* zugunsten einer längeren Variante abzulehnen schien. Nach dem Hauptthema den Entwurf abbrechend greift Beethoven die Einleitung wieder auf, um jetzt das 14-taktige Adagio zu notieren, das diesmal schon deutlich seiner endgültigen Form ähnelt. Auch die Durchführung begegnet hier in zwei verschiedenen Varianten.

Die folgende Tabelle umfasst die Skizzenbücher Beethovens sowie die wichtigsten Sammlungen einzelner Skizzen (Bibliothekssigel nach der 2. Ausgabe der *MGG*). Fast jedes Skizzenbuch trägt in der Beethoven-Forschung einen eigenen Namen, der entweder historisch bzw. inhaltlich bedingt ist (durch den Namen des ehemaligen Besitzers bzw. des Werkes) oder mit der Archiv-Signatur bzw. dem Aufbewahrungsort identisch ist. Was den Umfang und den Inhalt der Skizzenbücher betrifft, so sind sie hier in ihrem heutigen Zustand berücksichtigt (zum Problem der Rekonstruktion siehe unten Skizzenforschung). Eine Ausnahme bilden jene Bücher, die heute verloren bzw. versprengt sind, hier aber genannt werden müssen. Der Inhalt ist jeweils nur grob durch die Angabe der Werke umrissen, zu denen die Skizzenbücher und Sammlungen mehr oder weniger reiche Arbeitsmaterialien enthalten. Vollständig ist der Inhalt bei Johnson u.a. 1985 erörtert (siehe auch die in der Tabelle genannten Publikationen von Skizzenbüchern bzw. Sammlungen). Die Skizzenbücher sind chronologisch angeordnet (Zeitangaben, wenn nichts anderes genannt, nach Johnson u.a. 1985), wobei eindeutige Bestimmungen nicht immer möglich sind; das betrifft vor allem die Gegenüberstellung der Skizzenbücher beider Formate, deren Relation hier nur annähernd gezeigt werden kann.

Partiturentwürfe zu späten Streichquartetten, 1824–1826 (nur große Sammlungen)

(kursiv sind diejenigen Werke ausgezeichnet, zu denen die Sammlung jeweils am meisten Skizzen enthält):

Artaria 206 (PL-Kj). Op. *127*
A 51 (A-Wgm). Op. *127*, 132
Artaria 213 (D-B). Op. *132*, 130
A 52 (A-Wgm). Op. *130*
Artaria 214 (PL-Kj). Op. *130/VI* (= op. 133),
Artaria 210 (D-B). Op. *131*, 135
Artaria 211 (PL-Kj). Op. *131*
Artaria 216 (D-B). Op. *135*
Artaria 209 (D-B). Op. 135, *neues Finale von op. 130.*

Skizzenbücher für den Schreibtisch	Skizzenbücher für unterwegs
Skizzenbuch von Ende 1810 – Sommer 1811 (versprengt). 39 Bl. Op. 95, 97, 113, 117	**Artaria 205/2** (D-B), August – September 1811. 10 Bl. Op. 113
Petter (D-BNba), September 1811 – Dezember 1812. 74 Bl. Op. 92, 93, 96, 113	
Skizzenbuch zu *Meeresstille* (verstreut), März 1813 – Anfang 1814 (so B. Cooper; nach Johnson u.a. 1985 »Skizzenbuch von 1814–1815«, ca. Dezember 1814 – ca. Februar 1815) Op. 112, WoO 149	
Landsberg 9, S. 17–68 (D-B), ca. Februar – März 1814. 26 Bl. *Fidelio*	
Dassauer (A-Wgm), ca. März – ca. September 1813. 82 Bl. *Fidelio*, Op. 90, 115, 118, WoO 95, 103	
Mendelssohn 6 (PL-Kj), ca. September 1814 – ca. Februar 1815. 70 Bl. Op. 89, 136, Hess 15	
Scheide (Universität Princeton, New Jersey), ca. März 1815 – ca. Mai 1816. 56 Bl. Op. 98, 101, 102 Nr. 2, WoO 24, 145, 146, Hess 15	**Mendelssohn 1** (PL-Kj), ca. Februar – September/Oktober 1815. 30 Bl. Op. 102 Nr. 1, 2, Op. 112, 115, Hess 15, Kanons

Skizzenbücher für den Schreibtisch	**Skizzenbücher für unterwegs**
Autograph 11/1 (D-B), Juni – November 1816 (der verlorene Teil wahrscheinlich bis 1818 in Gebrauch). 16 Bl. Op. 101	**MS 78/103** (F-Pn), 1816. 6 Bl. Op. 101/II–III, WoO 147
	Boldrini (verloren), Herbst 1817 – April 1818. 64 Bl. (?) Bekannt durch Beschreibungen von L. Nohl und G. Nottebohm Op. 106/I–II, 125/I, WoO 149, Hess 40
	A 45 (A-Wgm), April – Juni/Juli 1818. 36 Bl. Op. 106/II–IV
	A 44 (A-Wgm), Hochsommer 1818. 14 Bl. Op. 106/IV
Wittgenstein (D-BNba), April/Mai 1819 – März/April (oder bis Mai/Juni) 1820. 43 Bl. Op. 120, 123 Faksimile mit Übertragung und Kommentar: J. Schmidt-Görg (Hrsg.), *Ein Skizzenbuch zu den Diabelli-Variationen und zur Missa Solemnis*, 2 Bde., Bonn 1968–1972	**BH 110** (D-BNba), spätes Frühjahr/Frühsommer 1819. 2 Bl. (wahrscheinlich ist ein Teil verloren) Op. 123/I–III
	Skizzenbuch im Taschenformat vom Sommer 1819 (D-B). 6 Bl. Op. 123/II–III
	Skizzenbuch im Taschenformat vom Spätsommer 1819 (versprengt). 10 Bl. Op. 123/II–III
	BH 107 (D-BNba), ca. November 1819 – April 1820. 22 Bl. Op. 123/III, 109/I, Kanons Faksimile mit Übertragung und Kommentar: J. Schmidt-Görg (Hrsg.), *Beethoven. Ein Skizzenbuch aus den Jahren 1819/20*, Bonn 1952, 1968
Artaria 195 (D-B), Mai 1820 – ca. Februar/März 1821. 50 Bl. Op. 109, 119, 123 Faksimile mit Übertragung und Kommentar: W. Kinderman (Hrsg.), *Artaria 195: Beethovens Sketchbook for the Missa Solemnis and the Piano Sonata in E Major Opus 109*, Champaign 2002	**BH 108** (D-BNba), April – Juni 1820. 32 Bl. Op. 123/III Faksimile mit Übertragung und Kommentar: J. Schmidt-Görg (Hrsg.), *Beethoven. Ein Skizzenbuch zum Credo*, Bonn 1968, 1970
	BH 109 (D-BNba), Herbst 1820 (wahrscheinlich bis 1821 in Gebrauch). 17 Bl. Op. 123/IV–V Faksimile mit Übertragung und Kommentar:

Skizzenbücher für den Schreibtisch	Skizzenbücher für unterwegs
	J. Schmidt-Görg (Hrsg.), *Beethoven. Ein Skizzenbuch zum Benedictus*, Bonn 1968, 1970
Artaria 197 (D-B), ca. März - Dezember 1821. 44 Bl. Op. 109, 110, 111, 123	**Grasnick 5** (D-B), Januar - August (?) 1821. 38 Bl. Op. 123/V
	Skizzenbuch im Taschenformat von ca. August - November 1821 (F-Pn). 12 Bl. Op. 123/III, V, 110/I–III, 111/I, WoO 182
Artaria 201 (D-B), Dezember 1821 - Ende 1822 / Anfang 1823 (?) 64 Bl. Op. 111, 123, 124, 125, WoO 98 Übertragung von Skizzen zum Opus 111 siehe: Drabkin 1977	**Ms 51** (F-Pn), Dezember 1821 - Januar/Februar 1822. 14 Bl. Op. 110/III, 111/I–II
	Skizzenbuch im Taschenformat vom Februar/März 1822 (F-Pn und D-B). 4 Bl. Op. 111/I–II, 123/V
	Artaria 205/6a (D-B), März - August 1822. 13 Bl. Op. 123/V, WoO 181a–c
	Artaria 205/1 (D-B), September 1822. 15 Bl. Op. 124, WoO 98
Engelmann (D-BNba), ca. Februar/März 1823. 19 Bl. Op. 120, 125 Faksimilie: *Recueil Thématique de L. v. Beethoven*, Leipzig 1913	
Landsberg 8/1 (D-B), ca. April 1823. 15 Bl. Op. 120, 125	**Artaria 205/5** (D-B), April/Mai 1823. 24 Bl. Op. 125/I–III, WoO 184
Landsberg 8/2 (D-B), ca. Mai 1823 - Juni 1824. 40 Bl. Op. 125, 126	**Rolland** (D-BNba), Spätsommer/Herbst 1823. 16 Bl. Op. 125/III
	Autograph 8/1 (PL-Kj), Herbst 1823. 30 Bl. Op. 125/III–IV
	Autograph 8/2 (PL-Kj), Winter 1823/24. 37 Bl. Op. 125/IV

Skizzenbücher für den Schreibtisch	Skizzenbücher für unterwegs
	Artaria 205/4 (D-B), ca. Februar – September 1824. 22 Bl. Op. 125/IV, 127/I, II, IV
Autograph 11/2 (D-B), Oktober 1824 – Januar 1825. 30 Bl. Op. 121b, 122, 127, 132	**Grasnick 4** (PL-Kj), ca. Oktober – Dezember 1824. 41 Bl. Op. 127/II–IV, 121b, Ouverture über B-A-C-H
De Roda (D-BNba), Mai – September 1825. 40 Bl. Op. 130, 132, 133 Übertragung (nicht vollständig) und Kommentar siehe: de Roda 1905	**Moskau** (RUS-Mcm), Mai/Juni – Juli 1825. 25 Bl. Op. 132/III–V, 130/I Faksimile mit Kommentar: M. Ivanov-Boretskij 1927; Faksimile mit Übertragung und Kommentar: E. Vjazkova (Hrsg.), *Betkhoven. Moskovskaja' tetrad eskiziv za 1825 god* [Beethoven. Moskauer Skizzenbuch aus dem Jahre 1825], Moskau 1995
	Egerton 2795 (GB-Lbl), Juli – August 1825. 16 Bl. Op. 130/I–III, V
	Autograph 9/5 (D-B), August – September 1825. 26 Bl. Op. 130/III–V, 133
	Autograph 9/2 (D-B), September – Oktober 1825. 35 Bl. Op. 130/V, 133, Kanons
Kullak (D-B), Oktober/November 1825 – November 1826. 62 Bl. Op. 130, 131, 133, 135	**Autograph 9/1** (D-B), Oktober – Anfang November 1825. 16 Bl. Op. 133, Zehnte Symphonie, Ouverture über B-A-C-H
	Autograph 9/1a (D-B), November 1825 – Anfang 1826. 20 Bl. Op. 133, 131/I–IV, WoO 195
	BSk 22 / Mh 96 (D-BNba), Februar – März 1826 (?) 16 Bl. Op. 131/I–IV
	Autograph 9/3 (D-B), Frühling 1826. 28 Bl. Op. 131/IV u.a.
	Autograph 9/4 (D-B), spätes Frühjahr 1826. 21 Bl. Op. 131/IV u.a.

Skizzenbücher für den Schreibtisch	Skizzenbücher für unterwegs
	Autograph 10/1 (D-B), Frühsommer 1826. 16 Bl. Op. 131/IV–VII
	Artaria 205/3 (D-B), Sommer 1826. 18 Bl. Op. 131/IV–VII, 135/I–III
	Ms 62/66 (F-Pn), Herbst 1826. 31 Bl. Op. 135/II–IV, 130/VI
	Autograph 10/2 (D-B), November 1826 – März (?) 1827. 24 Bl. Streichquintett in C-Dur (WoO 62)

Skizzenforschung

Dass die wissenschaftliche Auseinandersetzung mit den Skizzen Beethovens seit anderthalb Jahrhunderten zu den zentralen Gegenständen der Musikwissenschaft gehört, ist in dreifacher Hinsicht erklärlich. Erstens durch den hohen Stellenwert, den das Werk Beethovens in der Musikgeschichte einnimmt. Zweitens durch den einfachen Sachverhalt, dass Beethoven eine Menge von Skizzen hinterlassen hat, die nun zur Erforschung und Interpretation seines Lebens und Schaffens benutzt werden können. Drittens aber auch durch die prinzipiell historisch-kritische Einstellung der Musikwissenschaft, die es sich zur Aufgabe gemacht hat, das gesamte Quellenmaterial der Werkgenese zu erarbeiten.

Jenseits ihres antiquarischen Interesses, das z.B. durch Abbildungen von Manuskripten in Beethoven-Publikationen bezeugt wird, haben die Skizzen vor allem wegen ihres musikalischen Inhalts die Aufmerksamkeit auf sich gezogen. Zunächst einmal natürlich da, wo Skizzen die einzigen Quellen zu einem Werk darstellen. So wurde die Zehnte Sinfonie zu einer vieldiskutierten Konzeption Beethovens, nachdem Anton Schindler einige Skizzen aus dem *Autograph 9/1* publiziert hatte (im *Musikalisch-kritischen Repertorium*, hrsg. von H. Hirschbach, Leipzig 1844). Auch sind Skizzen manchmal die einzigen Quellen für kurze Stücke Beethovens wie seine Kanons, unvollendete Lieder usw., wobei es sich allerdings nicht um Skizzen, sondern eher um unter Skizzen befindliche Niederschriften handelt.

Inwieweit dagegen Skizzen zu vollendeten Werken (also Skizzen überhaupt) einen kognitiven Wert besitzen, wurde um die Mitte des 19. Jahrhunderts allmählich deutlich. Bereits in Anton Schindlers bescheidenem Versuch, anhand verschiedener Skizzen zum Hauptthema des Finales aus dem *Streichquartett* op. 131 die Ausarbeitung des thematischen Materials zu zeigen (*Schindler 1860*, S. 117, 353–357), ist der Kern einer der zentralen Fragen der Skizzenforschung erkennbar, nämlich der der Untersuchung des Schaffensprozesses. Eine der ersten wissenschaftlichen Arbeiten über beethovensche Skizzen stammt von Otto Jahn 1863 über die Materialien zum *Fidelio*. In großem Umfang hat Alexander W. Thayer auf Skizzen dann bei der Ergründung der Chronologie des beethovenschen

Werkes zurückgegriffen. Symptomatisch für das wachsende Interesse an Skizzen war, dass auch Ludwig Nohl im Verlauf der Arbeit an seiner Beethoven-Monographie (1867–1877) in zunehmendem Maße Skizzen berücksichtigt hat (Bd. 3, 1874).

Die entscheidende Rolle bei der Konsolidierung der Skizzenforschung spielte Gustav Nottebohm. Er hat die Skizzen zu einem der wichtigsten Gegenstände der wissenschaftlichen Beethoveniana erhoben. Seine einzeln veröffentlichten Beschreibungen der *Kessler-* und *Eroica*-Skizzenbücher (Nottebohm 1865 bzw. 1880) sowie eine große Zahl von Aufsätzen (gesammelt in Nottebohm 1872 und 1887) legten die Fundamente der Skizzenforschung. Die Skizzen wurden von ihm bei der Erörterung der Chronologie, der Werkgenese und Textevolution, bei der Erschließung der musikalischen Zusammenhänge zwischen gleichzeitig komponierten Werken wie bei der Aufdeckung unbekannter kompositorischer Vorhaben Beethovens herangezogen und werfen Licht auf verschiedene Facetten seines musikalischen Denkens. Dass sich die Skizzenforschung so rascher und breiter Anerkennung erfreute, war nicht zuletzt auch der Scharfsinnigkeit, Bündigkeit und Präzision Nottebohms zu verdanken.

Was in der zweiten Hälfte des 19. Jahrhunderts als Teilmomente innerhalb der jüngst geborenen Skizzenforschung erschienen war, hat sich in der Folgezeit in verschiedene Richtungen bzw. Fragestellungen eines sich ständig ausdehnenden Gebiets ausdifferenziert.

Erforschung und Publikation der Quellen

Schon Nottebohm erachtete als primären Gegenstand der Quellenstudien bei Beethoven nicht nur die Skizzen zu einzelnen Werken, sondern vor allem die Skizzenbücher. Ihre Untersuchung und Publikation wurde im 20. Jahrhundert zum Hauptziel der auf Beethoven bezogenen Skizzenforschung. Nach der kommentierten (jedoch nicht vollständigen) Übertragung des *De Roda-* (1905) und der wissenschaftlich anspruchslosen Faksimile-Publikation des *Engelmannschen Skizzenbuches* (1913) brachte das Beethoven-Gedenkjahr 1927 die ersten ausführlich kommentierten Editionen zweier vollständiger Skizzenbücher durch Karl Lothar Mikulicz und Mikhail Ivanov-Boretskij: *Landsberg 7* als Übertragung, das *Moskauer Skizzenbuch* als Faksimile. Dabei bestand Mikulicz ausdrücklich auf der Notwendigkeit einer Gesamtausgabe aller Skizzen Beethovens sowie der doppelten Publikation von Faksimile und Übertragung.

1952 kündigte das Beethoven-Haus Bonn mit dem Erscheinen der kommentierten Übertragung des Taschenbuches *BH 107* (das Faksimile folgte 1968) die Gesamtausgabe aller Skizzen an. Die zehn bisher vom Beethoven-Haus veröffentlichten Skizzenbücher (*Grasnik 2, Autograph 19e, Kessler, Pastorale, Grasnik 3, Landsberg 5, Wittgenstein, BH 107–109*) dokumentieren das neue Niveau wissenschaftlicher Publikationen der Beethoven-Skizzen (auch was die Qualität der Reproduktionen sowie die Verwendung von technischen Mitteln bei der Dechiffrierung betrifft). Doch bezeugt die langsame Realisierung der Gesamtausgabe auch gravierende Probleme bei der Entschlüsselung von Handschriften Beethovens, die nur zu seinem eigenen Gebrauch bestimmt waren. Wertvolle Ergänzungen zum Projekt des Beethoven-Hauses bilden Ausgaben von russischen, englischen und amerikanischen Forschern (*Kafka*- und *Fischhof*-Sammlungen, Skizzenbücher *Wielhorsky, Artaria 195, Moskau*). Jede derartige Publikation ist die Frucht langjähriger, mühsamer Arbeiten, die großes paläographisches Können sowie umfangreiche Kenntnisse des biographischen und musikalischen Kontextes des Beethovenschen Werkes voraussetzen, was sie zu wahrhaft heroischen Erscheinungen der Musikforschung macht. Die Relation zwischen Aufwand und Ergebnis, zwischen idealen Forderungen und realen Vermögen lassen die Perspektive einer Gesamtausgabe der Skizzen eher unsicher erscheinen (vgl. Brandenburg 1991). Die bescheidenere, aber notwendige Aufgabe, die Skizzen leichter zugänglich zu machen, begann das Beethoven-Haus unlängst durch die Einrichtung eines digitalen Archivs zu erfüllen.

Die Praxis wissenschaftlicher Untersuchungen und Publikationen der Skizzen Beethovens hat zwei wichtige Probleme verdeutlicht. Zum einen die Funktion der Übertragung: ob sie, wie in den ersten Skizzen-Editionen des Beethoven-Hauses, möglichst originalgetreu, faksimileartig das äußere Bild des handschriftlichen Textes wiedergeben oder vielmehr der Erklärung des musikalischen Inhalts, und sei es auf Kosten der diplomatischen Treue, dienen soll. Aufschlussreich war die Position von Natan Fishman, der in der Publikation des *Wielhorsky*-Skizzenbuches (1962) weitgehende praktische Schlussfolgerungen aus der Gegenüberstellung von Faksimile und Übertragung gezogen hat (Fishmans Ausgabe ist überhaupt die erste Simultanpublikation von Faksimile und Transkription). Die Übertragung legt vor allem den musikalischen Sinn der Skizzen, ihrer verschiedenen Textschichten und im Original übereinanderliegenden Varianten dar. Angegeben sind bei Fishman auch meist fehlende Vorsätze, Akzidentien sowie Schlüssel, was für den Leser besonders da von Nutzen ist, wo Beethoven für verschiedene Stimmen, geschrieben auf ein und demselben Notensystem, je eigene Schlüssel gemeint hat. Die Publikationen von Fishman haben auf die Editionen des Beethoven-Hauses (seit der Publikation des *Kesslerschen Skizzenbuches*, 1976–1978) großen Einfluss ausgeübt.

Das zweite Problem war noch entscheidender, und seine überzeugende Lösung hat in den 1970er und 1980er Jahren der Skizzenforschung geradezu ein neues Leben eingehaucht: die Rekonstruktion der Skizzenbücher. Dass sie nicht in jenem Zustand erhalten waren, in welchem sie in den Händen des Komponisten während der Arbeit existierten, wusste man schon aus den Studien Nottebohms. 1972 publizierten Douglas Johnson und Alan Tyson dann einen grundlegenden Artikel, in dem sie ihre höchst erfolgreiche Methode der Rekonstruktion erörterten. Sie stützt sich vor allem auf die Papieruntersuchung (Wasserzeichen), berücksichtigt aber auch alte Zeugnisse über den Bestand von Skizzenbüchern. In den folgenden Jahren haben Tyson, Johnson, Robert Winter und Sieghard Brandenburg nahezu das gesamte Skizzenmaterial Beethovens untersucht. Resultate dieser Arbeit wurden in dem Buch *The Beethoven Sketchbooks* (Johnson u.a. 1985) zusammengefasst, dessen Bedeutung für die neuere Beethoven-Forschung kaum zu überschätzen ist (und das nicht nur in Bezug auf die eigentlichen Skizzenbücher; ähnlich haben die Autoren große Skizzensammlungen untersucht, um die Zusammenhänge von heute versprengten Dokumenten zu rekonstruieren; darüber hinaus bietet das Buch auch die Möglichkeit, Resultate von früheren Skizzen-Studien mit dem heutigen Quellenbestand in Einklang zu bringen). Das fortgesetzte Auffinden von Skizzen Beethovens lässt inzwischen eine Neuausgabe des Buches wünschenswert erscheinen.

Neue Perspektiven hat die Rekonstruktion der Skizzenbücher auch für ihre Publikation eröffnet, da man nämlich jetzt versuchen kann, die Quellen auch in ihrem rekonstruierten Zustand zu präsentieren. So ging Elena Vjazkova vor, als sie mit Hilfe von Brandenburg bei der Publikation des *Moskauer Skizzenbuches* (1995) sechs heute in dieser Quelle fehlende Blätter aus drei verschiedenen Standorten hinzufügte.

Die Publikation der Skizzen Beethovens ist wesentlich von der Entscheidung des Beethoven-Hauses beeinflusst, die Gesamtausgabe der Werke und die Gesamtausgabe der Skizzen voneinander zu trennen. Andernfalls ließe die Menge von Skizzen zu einigen Kompositionen, ihre Verstreutheit und schwere Lesbarkeit, die Publikation mancher Werke samt aller dazugehörigen Arbeitsmaterialien, die dem Stand einer modernen historisch-kritischen Ausgabe entsprechen würde, tatsächlich ins Unabsehbare geraten.

Freilich bedarf es im Idealfall neben der Erforschung bzw. der Publikation von Skizzenbüchern auch der Erschließung von Skizzen zu einzelnen Werken. Diese Aufgabe erfüllen wissenschaftliche Studien verschiedener Art und Zielsetzung (Kramer 1973, Drabkin 1977, Winter 1982, Brandenburg 1984 u.a.).

Studien zum Schaffensprozess und zum Personalstil Beethovens

Skizzen zu einem Werk Beethovens, besonders wenn sie mehrere Stadien der kompositorischen Arbeit repräsentieren, scheinen eine feste Grundlage für die Erforschung des Schaffensprozesses des Komponisten zu bilden. Doch ist dabei stets zu bedenken (wenn es nicht nur um äußerliche Sachverhalte geht, etwa dass Beethoven überhaupt viel skizziert und an seinen Werken lange gearbeitet hat), dass das Material immer unvollständig und in seinen inneren Verhältnissen oft unklar ist, sowohl hinsichtlich der Überlieferung als auch dem Wesen der Skizzen nach. »Nicht den ganzen Process des Schaffens, sondern nur einzelne, unzusammenhängende Vorgänge daraus können sie vor Augen legen. Was man organische Entwicklung eines Kunstwerkes nennt, liegt den Skizzen fern« (Nottebohm 1887, S. IX). Wie umfangreich die zugänglichen Quellen auch sein mögen, Beethoven hat nur das und nur so skizziert, wie er es für sich selbst brauchte; der Kontext, der den Skizzen ihre Bedeutung verleiht, existierte vollständig nur im Bewusstsein des Autors. Daher ist es kein Wunder, dass die ersten Versuche, textliche Divergenzen zwischen Skizzen und anderen Quellen zu deuten, in ihren Ergebnissen eher bescheiden waren. Heinrich Schenker hat die Skizzen in seiner Erläuterungsausgabe der letzten Klaviersonaten Beethovens (Wien 1913–1921) verwendet, um daraus analytische Schlüsse über die Satztechnik und die musikalische Syntax zu ziehen. Die erste große analytische Arbeit über Beethoven auf der Grundlage seiner Skizzen (Mies 1925) ist bis heute eine der am häufigsten genannten, obwohl sie wiederholt der methodischen Kritik ausgesetzt war. Paul Mies vergleicht hier die Skizzen, die ihm fast ausschließlich in den sehr fragmentarischen Übertragungen von Nottebohm bekannt waren, mit den vollständigen Texten der entsprechenden

Werke und deutet vage die Richtung, in welche Beethoven an seinem musikalischen Material gearbeitet hat.

Die fortschreitende Quellenforschung und -publikation ermöglichte später eine sehr viel differenziertere Betrachtung und Interpretation. Die vollständige Erschließung einiger Skizzenbücher und der Einbezug von verschiedenen Quellen erlaubten nun wirklich, den Verlauf der kompositorischen Arbeit an einem oder mehreren Werken zu verfolgen (Forte 1961, Westphal 1965, Kramer 1973, Klimovitskij 1979, siehe auch die Beiträge von Fishman und Vjazkova in den Publikationen der *Wielhorsky-* bzw. *Moskauer Skizzenbücher*). In den letzten 15 Jahren erwiesen sich Fragen der Werkgenese als eines der Hauptthemen der internationalen Beethoven-Forschung (siehe Literatur).

Zu den stärker umstrittenen Fragen der Skizzenforschung gehören die nach der Bedeutung für die Textkritik (siehe Czesla 1971 und die Polemik zwischen Siegfried Kross und Alan Tyson in der *Musikforschung* 1963, 1965) wie für die wissenschaftliche und musikpraktische Interpretation vollendeter Werke (siehe Kinderman 1987 und Einwände in Johnson 1998; Kropfinger 1986).

Literatur

Schindler 1860 • O. Jahn, »Leonore oder Fidelio?«, in: Allgemeine musikalische Zeitung (1863); gedruckt auch in: O. Jahn, *Gesammelte Aufsätze über Musik*, Leipzig 1866, S. 236–259 • G. Nottebohm, *Ein Skizzenbuch von Beethoven*, Leipzig 1865 • A. W. Thayer, *Chronologisches Verzeichniss der Werke Ludwig van Beethoven's*, Berlin 1865 • G. Nottebohm, *Beethoveniana*, Leipzig und Winterthur 1872 • Ders., *Ein Skizzenbuch von Beethoven aus dem Jahre 1803*, Leipzig 1880 • Ders., *Zweite Beethoveniana. Nachgelassene Aufsätze*, Leipzig 1887 • C. de Roda, »Un Quaderno di autografi di Beethoven del 1825«, in: Rivista Musicale Italiana 12 (1905), Nr. 1, 3, 4, S. 63–108, 592–622, 734–767 • A. Schmitz, *Beethoven. Unbekannte Skizzen und Entwürfe. Untersuchung, Übertragung, Faksimile*, Bonn 1924 • P. Mies, *Die Bedeutung der Skizzen Beethovens zur Erkenntnis seines Stiles*, Leipzig 1925 • M. Ivanov-Boretskij, »Moskovskaja chernovaja tetrad' Betkhovena« [Das Moskauer Skizzenbuch von Beethoven], in: Muzykal'noe obrazovanie 1927, Nr. 1/2, S. 9–91 • K. L. Mikulicz, »Skizzen zur III. und V. Symphonie und über die Notwendigkeit einer Gesamtausgabe der Skizzen Beethovens«, in: *Beethoven Zentenarfeier. Internationaler Musikhistorischer Kongreß*, Wien 1927, S. 95–96 • E. Szabo, *Ein Skizzenbuch Beethovens aus den Jahren 1798–99*, mschr. Diss. Bonn 1951 • A. Forte, *The Compositional Matrix*, New York 1961 • K. Westphal, *Vom Einfall zur Symphonie. Einblick in Beethovens Schaffensweise*, Berlin 1965 • J. Kerman, »Beethoven Sketchbooks in the British Museum«, in: Proceedings of the Royal Musical Association 93 (1966/67), S. 77–96 • N. Fishman, »Beiträge zur Beethoveniana«, in: Beiträge zur Musikwissenschaft 9 (1967), S. 317–324 • H. Schmidt, »Verzeichnis der Skizzen Beethovens«, in: Beethoven-Jahrbuch 6 (1969), S. 7–128 • W. Czesla, »Skizzen als Instrument der Quellenkritik«, in: *Kongreßbericht Bonn 1970*, S. 101–104 • S. Kross, »Schaffenspsychologische Aspekte der Skizzenforschung«, ebenda, S. 87–95 • H. Unverricht, »Skizze – Brouillon – Fassung. Definitions- und Bestimmungsschwierigkeiten bei den Skizzen Beethovens«, ebenda, S. 95–101 • H. Schmidt, »Die Beethovenhandschriften des Beethovenhauses in Bonn«, in: Beethoven-Jahrbuch 7 (1969/70), S. 1–443; 8 (1971/72), S. 207–220 • D. Johnson und A. Tyson, »Reconstructing Beethoven's Sketchbooks«, in: Journal of the Amercian Musicological Society 25 (1972), S. 137–156 • D. Johnson, »The Artaria Collection of Beethoven Manuscripts. A New Source«, in: *Beethoven Studies*, Bd. 1, hrsg. von A. Tyson, New York 1973, S. 174–236 • R. Kramer, *The Sketches for Beethoven's Violin Sonatas, Opus 30. History, Transcription, Analysis*, mschr. Diss. Princeton University 1973 • H. G. Klein, *Ludwig van Beethoven. Autographe und Abschriften*, Staatsbibliothek Preußischer Kulturbesitz, Berlin 1975 • S. Brandenburg, »*Über die Bedeutung der Skizzen Beethovens*«, in: *Kongreßbericht Berlin 1977*, Leipzig 1978, S. 39–58 • W. Drabkin, *A Study of Beethoven's Opus 111 and Its Sources,* mschr. Diss. Princeton University 1977 • D. Johnson, »Beethoven scholars and Beethoven's sketches«, in: 19th-Century Music 2/1 (1978), S. 3–17 • A. Klimowitski, »Autograph und Schaffensprozess. Zur Erkenntnis der Kompositionstechnik Beethovens«, in: *Zu Beethoven. Aufsätze und Annotationen*, hrsg. von H. Goldschmidt, Berlin 1979, S. 149–166 • D. Johnson, *Beethoven's Early Sketches in the »Fischhof Miscellany«: Berliner Autograph 28,* 2 Bde. (Studies in Musicology 22), Ann Arbor 1980 • S. Brandenburg, »Die Beethoven-Autographen Johann Nepomuk Kafkas. Ein Beitrag zur Geschichte des Sammelns von Musikhandschriften«, in: *Divertimento für Hermann J. Abs*, hrsg. von M. Staehelin, Bonn 1981, S. 89–133 • R. Winter, *Compositional Origins of Beethoven's Opus 131,* Ann Arbor 1982 • D. Greenfield, *Sketch Studies for Three Movements of Beethoven's String Quartets, Opus 18 Nos. 1 and 2,* mschr. Diss. Princeton University 1983 • S. Brandenburg, »Die Skizzen zur Neunten Symphonie«, in: *Zu Beethoven. Aufsätze und Dokumente,* Bd. 2, hrsg. von H. Goldschmidt, Berlin 1984, S. 88–129 • D. Johnson, A. Tyson und R. Winter, *The Beethoven Sketchbooks. History, Reconstruction, Inventory*, Berkeley und Los Angeles 1985 • K. Kropfinger, »Von der Werkstatt zur Aufführung. Was bedeuten Beethovens Skizzen für die Werkinterpretation«, in: *Festschrift Arno Forchert zum 60. Geburtstag*, hrsg. von G. Allroggen und D. Altenburg, Kassel u.a. 1986, S. 169–174 • W. Kinderman, *Beethoven's Diabelli Variations*, Oxford 1987 • J. Wjaskowa, »Das Anfangsstadium des schöpferischen Prozesses bei Beethoven. Eine Untersuchung anhand der Skizzen zum ersten Satz des Quartetts op. 130«, in: *Zu Beethoven. Aufsätze und Dokumente*, Bd. 3, hrsg. von H. Goldschmidt, Berlin 1988, S. 60–82 • Th. J. Albrecht, »Beethoven's Leonore: A New Compositional Chronology Based on May–August, 1804 Entries in Sketchbook Mendelssohn 15«, in: Journal of Musicology 7 (1989), S. 165–190 • B. Cooper, *Beethoven and the Creative Process*, Oxford und New York 1990 • S. Brandenburg, »Beethovens Skizzen. Probleme der Edition«, in: Die Musikforschung 44 (1991), S. 346–355 • W. Kinderman (Hrsg.), *Beethoven's Compositional Process*, Lincoln 1991 • L. Lockwood, *Beethoven: Studies in the Creative Process*, Cambridge/Mass. und London 1992 • D. Johnson, »Deconstructing Beethoven's Sketchbooks«, in: *Haydn, Mozart, & Beethoven, Studies in the Music of the Classical Period: Essays in Honour of Alan Tyson*, hrsg. von S. Brandenburg, Oxford 1998, S. 225–235 • M. Frohlich, »Sketches for Beethoven's Fourth and Fifth. A Long Neglected Source«, in: Bonner Beethoven-Studien 1 (1999), S. 29–48 • S. Brandenburg, »Das Leonore-Skizzenbuch Mendelssohn 15. Einige Probleme der Chronologie«, in: Bonner Beethoven-Studien 2 (2001), S. 9–26.

Beethovens neue Räume: Wiener Konzertsäle zur Jahrhundertwende

Von Nicole K. Strohmann

Das Wiener Musikleben zur Zeit Beethovens war geprägt von jenem tiefgreifenden Wandel, der den Übergang vom aristokratischen zu einem bürgerlich-kommerzialisierten Konzertwesen kennzeichnet. Private, halböffentliche und öffentliche Konzerte existierten nebeneinander – die Grenzen sind fließend. Als Hauptquellenbestand dienen persönliche Dokumente, Zeitungen, Zeitschriften und Almanache, Plakate und Programmzettel sowie Verwaltungsakten, mit Hilfe derer das Bild des Wiener Konzertwesens zumindest teilweise rekonstruiert werden kann.

Theater

Die Entwicklung eines öffentlichen Konzertwesens nimmt in den Theatern Wiens ihren Anfang: Als Ergänzung zum regulären Spielbetrieb veranstaltete die Operndirektion des Burgtheaters seit den 1740er Jahren an spielfreien Tagen musikalische Akademien. An diesen sogenannten Normatagen (alle kirchlichen Feiertage einschließlich ihrer Vorabende, alle Tage im Advent nach dem 16. Dezember, die gesamte Fastenzeit sowie Todestage der letzten Kaiser mit Vorabend) war die Aufführung von Bühnenwerken untersagt. Damit verkürzte sich die reguläre Spielzeit von ca. 260 auf 210 Tage, und es entstand Platz für Konzertveranstaltungen. Diese hatten sich fest etabliert, ebenso die Praxis, das Theater Künstlern für ein Konzert auf eigenes Risiko zu überlassen, bis im Jahre 1794 beide Hoftheater – Burg- und Kärntnertortheater – an einen privaten Pächter (Baron Peter von Braun) abgegeben wurden, unter dessen Leitung die Anzahl der Konzertveranstaltungen beträchtlich zurückging; denn mit Opern- und Theatervorstellungen konnten höhere Gewinne erzielt werden als mit Konzertveranstaltungen.

An den spielfreien Tagen führten auch die drei vorstädtischen Theater Konzerte durch: das Theater in der Leopoldstadt (gegründet 1781), das Freihaustheater auf der Wieden (seit 1787; 1801 umbenannt in Theater an der Wien) und das Theater in der Josefstadt (seit 1789). Sie beschäftigten jeweils von Beginn an ein eigenes Orchester, das in Wien bis zur Mitte des 19. Jahrhunderts obligatorischer Bestandteil einer jeden Theateraufführung war. Das Theater in der Leopoldstadt und das in der Josefstadt spielen in der Aufführungsgeschichte der Beethovenschen Orchesterwerke keine Rolle. Lediglich zur Wiedereröffnung des Theaters in der Josefstadt komponierte Beethoven im Jahr 1822 eine *Ouvertüre* (op. 124), deren Aufführung er selbst noch dirigierte.

1803 als Opernkomponist am Theater an der Wien verpflichtet, war er dort mit einem seiner frühen Klavierkonzerte aufgetreten. Mit der Anstellung erhielt Beethoven das Privileg, einmal jährlich eine Akademie zu eigenen Gunsten durchzuführen, und so kamen bis 1805 – entweder in eigenen oder vom Konzertmeister Franz Clement veranstalteten Akademien – die bis dahin vorliegenden Orchesterwerke Beethovens zur öffentlichen Erstaufführung.

Insgesamt gab Beethoven während seiner 35 Jahre währenden Schaffenszeit in Wien nur neun öffentliche Benefizkonzerte zu seinen Gunsten. Ein Grund dafür könnten die aufwendige Organisation, der hohe zeitliche Aufwand und die nicht geringen Vorabkosten auf eigenes Risiko gewesen sein.

Privatpalais des Wiener Adels und Hauskonzerte wohlhabender Bürger

Die Veranstaltungsräume und Festsäle in den Palais des Wiener Adels stellten das Zentrum aristokratischer Musikpflege dar. In ihnen wurden von privaten Orchestern regelmäßig Instrumentalwerke, Ballette und Opern vor einem ausgewählten Besucherkreis aufgeführt. Gegen Ende des 18. Jahrhunderts verzeichnet das *Jahrbuch der Tonkunst* (1796) einen Rückgang der aristokratischen Orchester, so dass der für Beethoven so wichtige Mäzen Fürst Lobkowitz bereits als ein später Sonderfall zu werten ist. Er begann im Jahr 1797 eine feste Gruppe von Instrumentalisten zu verpflichten,

Theater an der Wien, Zuschauerraum.

die für größere Musikproduktionen erweitert werden konnte. So stellte Lobkowitz 1804/05 Beethoven seine erweiterte Hauskapelle für die Aufführung der *Dritten* und *Vierten Sinfonie* (op. 55 und op. 60) und des *Tripelkonzerts* op. 56 zur Verfügung. Ähnliche Hauskonzerte haben Beethovens Korrespondenz zufolge auch im Palais des Fürsten Lichnowsky und in der Residenz des Erzherzog Rudolph stattgefunden.

Etwa seit Ende des Siebenjährigen Krieges (1756–1763) hielten – den Hochadel nachahmend – auch der niedere Adel, wohlhabende Bankiers und Beamte regelmäßig Salons bzw. Gesellschaften ab, bei denen Musik liebende Amateure Werke hauptsächlich kleinerer Gattungen zur Aufführung brachten. Die Salon-Saison erstreckte sich auf die Herbst- und Wintermonate. Die Gäste trafen sich in der Regel am späten Nachmittag bzw. frühen Abend oder Sonntag vormittags, wie z.B. im Hause des Bankiers von Würth. Unter der Leitung von Franz Clement haben hier in der Saison 1804/05 Konzerte für den allgemeinen Besuch stattgefunden. Das überwiegend aus Dilettanten bestehende Orchester spielte durchaus auch größer angelegte Werke u.a. von Mozart, Haydn, Eberl und Beethoven. Hier erklang drei Tage vor der Aufführung im Lobkowitz-Palais am 20. Januar 1805 die *Eroica*. Andere Werke Beethovens, die Leopold von Sonnleithner zufolge zu Beginn des 19. Jahrhunderts kaum in Wien gehört wurden, kamen auch bei den musikalischen Gesellschaften der Katharina Hochenadl zur Aufführung. Kantaten und Oratorien (*Christus am Ölberge*) waren bei den Mitwirkenden und Stammgästen so beliebt, dass sie im Laufe einer Saison mehrmals aufgeführt wurden.

Tanzsäle und Gaststätten

Im Vergleich zu anderen europäischen Kulturmetropolen setzte die Entwicklung eines öffentlichen Konzertlebens in Wien auffallend spät ein, hatten sich doch in London bereits Ende des 17. und in deutschen Städten ab Mitte des 18. Jahrhunderts öffentliche, für jedermann gegen Bezahlung zugängliche Musikveranstaltungen etabliert. Ein erster Anstoß in Wien ging von der 1771 gegründeten »Tonkünstler-Societät« (F. L. Gassmann) aus, die als älteste organisierte Musikgesellschaft Wiens regelmäßig Veranstaltungen ausrichtete. In der Folgezeit fanden Akademien in angemieteten Theatern (s.o.) und in öffentlichen Gebäuden wie Tanzsälen, Gaststätten oder Hotels statt. Den ersten öffentlichen Konzertsaal bekam Wien erst Ende 1831 mit einem neuen Gebäude der »Gesellschaft der Musikfreunde« in der Tuchlauben.

Die ersten Abonnementkonzerte Wiens veranstaltete Philipp Jakob Martin im Winter 1781/82 im »Tanzsaal zur Mehlgrube« mit einem Dilettanten-Orchester. Im Sommer 1782 organisierte er zwölf Abonnementkonzerte im »Augarten«. Die spätestens seit Beginn der 1790er Jahre bestehende Institution der »Morgenkonzerte im Augarten« wurde von 1799 bis 1810 von dem Geiger Ignaz Schuppanzigh fortgeführt. In seinen zwei jährlich veranstalteten Abonnementreihen standen regelmäßig Orchesterwerke Beethovens auf dem Programm. Finanzielle Schwierigkeiten zwangen Schuppanzigh, die Reihen einzustellen. Lediglich das »Morgenkonzert zum 1. Mai« wurde fortgesetzt.

Augarten, Gartengebäude, um 1820.

Der Gaststättenpächter des Augartens, Ignaz Jahn, betrieb auch den sogenannten »Jahnschen Saal« im ersten Stock eines vierstöckigen, um 1720 erbauten Hauses. Hier standen in erster Linie kammermusikalische Produktionen auf dem Programm.

Einer der ersten Ansätze zur Gründung eines dauerhaften Konzertinstituts waren die »Liebhaber Concerte«, die nach dem Vorbild der Liebhabervereine in Deutschland im Winter 1807/08 im »Tanzsaal zur Mehlgrube« ausgerichtet wurden. Sehr bald wurden sie in den »Festsaal der Universität« verlegt, da nur ein Bruchteil der Interessenten Platz gefunden hatte. Die von Adeligen (darunter Fürst Lobkowitz) initiierten 20 Konzerte der Saison spielte ein aus 55 Mitgliedern bestehendes Orchester, das sich sowohl aus Vertretern der Aristokratie als auch des Bürgertums zusammensetzte. Die Konzerte waren streng genommen halböffentlich; denn mit der Mitgliedschaft war das Anrecht auf ein Kontingent an Eintrittskarten (5 Gulden pro Sitzplatz) verbunden, die an Interessenten weitergegeben werden konnten. Ein freier Zugang zu den Abonnements war erst für die Konzerte der darauf folgenden Saison vorgesehen, die jedoch aufgrund des erneut aufflammenden Krieges gegen Frankreich im Oktober 1808 nicht mehr zustande kamen. Zahlreiche Proponenten dieser »Liebhaber Concerte« trugen vier Jahre später zur Gründung der noch heute bestehenden »Gesellschaft der Musikfreunde« bei.

Auch die 1819 von Franz Xaver Gebauer gegründeten »Concerts spirituels« – nach dem Vorbild der gleichnamigen Pariser Institution – fanden zunächst im »Tanzsaal zur Mehlgrube« statt (ab 1821 im »Landständischen Saal«). Die insgesamt 18 Spirituel-Konzerte einer Saison wurden von einem überwiegend aus Dilettanten bestehenden

Orchester bestritten, das sich zum Ziel setzte, ausschließlich vollständige Sinfonien, Oratorien und Chorwerke zur Aufführung zu bringen. Allein in den Jahren 1819/20 wurden bei den alle zwei Wochen Freitag nachmittags (16–18 Uhr) abgehaltenen Konzerten alle Sinfonien (Nr. 1–8) Beethovens sowie die C-Dur-*Messe* op. 86 gegeben.

Die ersten öffentlichen Quartettveranstaltungen organisierte Schuppanzigh im Hotel »Zum römischen Kaiser«. Meist für Kammermusik genutzt richtete hier 1813 ein Musikverein namens »Reunion« Abendunterhaltungen aus, in denen am 1. März 1813 Beethovens Oratorium *Christus am Ölberge* unter der Leitung des Komponisten aufgeführt wurde. Zahlreiche Virtuosenkonzerte wurden zwischen 1815 und 1819 in jenem Saal mit einer Ouvertüre Beethovens eröffnet.

Ein wichtiger Impuls für das Wiener Konzertleben ging von der 1812 gegründeten »Gesellschaft der Musikfreunde« aus, die bis zum heutigen Tag eine prägende Kraft des Konzertlebens in Wien ist. Zwischen 1812 und 1816 veranstaltete sie jede Saison ein großes Musikfest, vier Gesellschaftskonzerte und ca. 16 kleinere Abendunterhaltungen. Die zunächst im Haus »Zum roten Apfel«, 1819 im »Müllerschen Kunstsaal«, ein Jahr später im »Gundelhof« und ab 1822 im Gebäude »Zum roten Igel« veranstalteten Konzerte wurden von Mitgliedern der Gesellschaft bestritten, einer Mischung aus Dilettanten und Berufsmusikern.

Öffentliche Repräsentations- und Festsäle

Große musikalische Veranstaltungen fanden vor allem in den »Redoutensälen der Hofburg«, im »Festsaal der Universität« und im »Festsaal der Landstände« statt. Der große Redoutensaal fasste etwa 2.000 Zuhörer, der kleine etwa 700, der Universitätsaal etwa 1.000 und der landständische Saal um die 600 Zuhörer. Ab 1815 veranstaltete die »Gesellschaft der Musikfreunde« ihre vier Gesellschafts-Konzerte zunächst im kleinen, ab 1816 im großen Redoutensaal, während die großen Musikfeste, an denen bis zu 1.000 Aufführende und 1.500 Zuhörer beteiligt waren, in der »Kaiserlichen Winterreitschule« ausgerichtet wurden. Die von einzelnen Musikern und Komponisten organisierten Akademien, die ebenso oft in den großen Sälen stattfanden, wurden häufig mit einer Beethoven-Ouvertüre eröffnet.

Zusammenfassend betrachtet erschlossen sich Beethoven, als er sich 1792 endgültig in Wien niederließ, im wahrsten Sinne neue Räume, bedenkt man, dass er in jener Zeit des Wandels noch eine sicherlich außergewöhnlich enge Bindung zu seinen Mäzenen pflegte, gleichzeitig aber mit seinen öffentlich aufgeführten Werken überzeugte und somit wesentlich zur Entstehung und Etablierung des Wiener Konzertwesens beitrug.

Literatur

J. F. von Schönfeld, *Jahrbuch der Tonkunst von Wien und Prag,* [Wien] 1796 • I. Fr. Edler von Mosel, »Die Tonkunst in Wien während der letzten fünf Dezennien«, in: Allgemeine Wiener Musik-Zeitung 3 (1843), S. 557–560 • E. Hanslick, *Geschichte des Concertwesens in Wien*, Wien 1869 • C. F. Pohl, *Denkschrift aus Anlass des hundertjährigen Bestehens der Tonkünstler-Societät,* Wien 1871 • R. von Perger und R. Hirschfeld, *Geschichte der k.k. Gesellschaft der Musikfreunde in Wien*, Wien 1912 • M. Unger, »Beethoven und das Wiener Hoftheater im Jahre 1807«, in: Neues Beethoven-Jahrbuch 2 (1925), S. 76–83 • O. E. Deutsch, »Das Freihaus-Theater auf der Wieden«, in: Mitteilungen des Vereins für Geschichte der Stadt Wien 16 (1937) • Ders., »Leopold von Sonnleithners Erinnerungen an die Musiksalons des Vormärzlichen Wiens«, in: Österreichische Musikzeitung 16 (1961), S. 49ff. • A. Bauer, *150 Jahre Theater an der Wien*, Zürich 1952 • H. Ullrich, »Aus vormärzlichen Konzertsälen Wiens«, in: Jahrbuch des Vereins für Geschichte der Stadt Wien 28 (1972), S. 106–130 • R. Klein, »Ein Alt-Wiener Konzertsaal. Das Etablissement Jahn in der Himmelpfortgasse«, in: Österreichische Musikzeitung 28 (1973), S. 16–18 • Ders., »Musik im Augarten«, in: Österreichische Musikzeitung 28 (1973), S. 239–248 • O. Biba, »Beethoven und die ›Liebhaber Concerte‹ in Wien im Winter 1807/08«, in: *Beiträge 76–78 – Beethoven Kolloquium 1977*, hrsg. von R. Klein, Kassel 1978, S. 82–93 • O. Biba, »Concert Life in Beethoven's Vienna«, in: *Beethoven, Performers, and Critics – The International Beethoven Congress*, hrsg. von R. Winter und B. Carr, Detroit 1980 • C. Hellsberg, *Ignaz Schuppanzigh (Wien 1776–1830). Leben und Wirken*, mschr. Diss. Wien 1979 • A. M. Hanson, *Musical Life in Biedermeier Vienna*, Cambridge 1985 • T. Volek und J. Macek, »Beethoven und Fürst Lobkowitz«, in: *Beethoven und Böhmen. Beiträge zu Biographie und Wirkungsgeschichte Beethovens*, hrsg. von S. Brandenburg und M. Gutiérrez-Denhoff, Bonn 1988, S. 203–217 • M. S. Morrow, *Concert Life in Haydn's Vienna: Aspects of a Developing Musical und Social Institution*, New York 1989 • T. DeNora, »Musical Patronage and Social Change in Beethoven's Vienna«, in: American Journal of Sociology 97 (1991), S. 310–346 • Chr. Benedik, *Die Redoutensäle. Kontinuität und Vergänglichkeit*, Ausstellungskatalog, Wien 1993 • M. Pfeiffer, *Franz Xaver Gebauer. Sein Leben und Wirken, unter besonderer Berücksichtigung der von ihm gegründeten Concerts Spirituels*, Phil. Diplomarbeit Wien 1995 • St. Weinzierl, *Beethovens Konzerträume. Raumakustik und symphonische Aufführungspraxis an der Schwelle zum modernen Konzertwesen*, Frankfurt am Main 2002.

Die Orchesterwelt

Von Klaus Aringer

Bonner Hofkapelle

Der junge Beethoven wuchs in die Welt der Instrumente und des Orchesters hinein, wie es Ende des 18. Jahrhunderts die Regel war: Auf eine mehr oder weniger knappe elementare theoretische Unterweisung folgten umfassende (spiel-)praktische Erfahrungen, welche die jungen Musiker überhaupt erst in den Stand versetzten, für Orchester komponieren zu können. Zwar war es Beethoven nicht vergönnt, in ähnlich extensiver Weise mit einem Klangkörper länger zu experimentieren wie Haydn oder eine vergleichbare Vielfalt an europäischen Orchestern kennenzulernen wie Mozart, doch bildeten auch bei ihm die eigenen praktischen Erfahrungen mit einem Orchester von hohem Niveau die Basis für sein späteres Komponieren.

Als junger Mann genoss er eine umfassende Lehre, die neben dem Unterricht in der Komposition die Ausbildung zum Pianisten und zum Orchestermusiker umfasste. Der letzte Punkt wird heute für gewöhnlich unterschätzt, doch dürfte es für den Sohn eines Hofmusikers und Enkel eines Hofkapellmeisters selbstverständlich gewesen sein, »auch nach dieser Seite für den Hofmusikdienst« ausgebildet und vorbereitet worden zu sein.[1] Zentrum seiner eigenen Musikübung war das Spiel auf den Tasteninstrumenten, primär solistisch, aber auch im Ensemble zur Begleitung von Singstimmen: Bereits 1783 ist seine Mitwirkung im Orchester als Cembalist nachweisbar.[2] Beethoven erhielt von den Hofmusikern Franz Rovantini und Franz Ries Violin- und Violaunterricht und spielte ab 1788 oder 1789 in der Hofkapelle Bratsche[3], womit er bis 1792 zur Sicherung des Familienunterhalts wesentlich beitrug. Mit dem Erlernen eines der Streichinstrumente erwarb man Ende des 18. Jahrhunderts noch immer die Basis aller Orchesterkomposition – Beethoven war auf diesem Gebiet kein Virtuose, aber er wusste die Orchesteranforderungen auf der Viola in seinen jungen Jahren sicher zu erfüllen.

Beethovens Lehrer Christian Gottlob Neefe zufolge erreichte die Bonner Hofkapelle unter dem seit 1774 amtierenden Kapelldirektor Gaetano Mattioli Anschluss an europäische Vorbilder der Orchesterkultur des späten 18. Jahrhunderts, indem dieser »die Accentuation oder Declamation auf Instrumenten, die genaueste Beobachtung des Forte und Piano, oder des musicalischen Lichts und Schattens in allen Ab- und Aufstufungen« einführte.[4] Das Orchester wies damals einen Personalstand von 28 Instrumentalisten (sowie drei Trompeter, ein Paukist und den Hoforganisten) auf.[5] Forkel zählte die Bonner Hofkapelle 1781 zu den besten in Deutschland.[6] Der letzte Bonner Kurfürst Maxmilian Franz reorganisierte die Kapelle seit seinem Amtsantritt 1784, er ließ sich eine detaillierte Beurteilung aller Musiker vorlegen[7] und vergrößerte das Orchester bis 1790 auf 36 Instrumentalisten (sowie vier Trompeter, ein Paukist und zwei Hoforganisten)[8], eine im Vergleich mit anderen Hofkapellen der Zeit respektable Größe. Die meisten Musiker kamen bei den Streichern neu hinzu: Die Anzahl regulärer Geigenstellen stieg von acht auf 13, die der Bratschen von zwei auf vier und die der Kontrabässe von zwei auf drei. Während 1783 noch Oboisten auch für die Klarinettenpartien zuständig waren, wurden 1786 eigene Klarinettisten eingestellt. Ab 1787 wurde eine Reduktion auf zwei Hörner (anstelle derer vier) vorgenommen, die beiden Flötisten (unter ihnen Anton Reicha) wirkten auch 1790 noch alternativ als Geiger mit. Die Kapelle, in die 1790 Andreas Romberg als Geiger und Bernhard Romberg als Violoncellist aufgenommen wurden, hatte den Dienst in der Kirche, im Theater und der fürstlichen Kammer zu versehen. Im Opernorchester wirkte nur ein Teil der Streicherbesetzung (sieben bis acht Violinen sowie je zwei Violen, Violoncelli und Kontrabässe) mit[9], für die Tafelmusik war eine achtstimmige Bläserharmonie (zu der sich 1790 bisweilen auch ein Kontrafagott gesellte) zuständig. Kurfürst Maximilian Franz hielt sich über musikalische Novitäten beständig auf dem Laufenden, wovon das Kapellrepertoire Zeugnis ablegt.[10] Ende der 1780er Jahre bestand es aus Sinfonien u.a. von Haydn, Johann Christian Bach, Pleyel, Vanhal und Dittersdorf, aber auch fünf Klavierkonzerte Mozarts waren darin vertreten[11]; das Opernrepertoire wurde von Opera buffa (Galuppi und Piccini) und Opéra comique (Grétry) beherrscht. Auf der 1778 gegründeten Nationalbühne gab man deutsche Schauspiele und Opern, so u.a. Holzbauers *Günther von Schwarzburg*. Mozarts *Die Entführung aus dem Serail* fand den Weg nach Bonn bereits ein Jahr nach der Wiener Erstaufführung.[12]

Unter dem Violoncellisten Joseph Reicha, der Mattioli 1784 an der Spitze des Orchesters nachfolgte, und dem Geiger Franz Ries, der nach Reicha 1791 kam, sind Orchesterdisziplin und Homogenität des Klangkörpers erhalten geblieben oder sogar noch gesteigert worden. Ries wurde als Konzertmeister sogar mit Cannabich verglichen und die Vortragsleistungen seines Orchesters den berühmten Mannheimern an die Seite gestellt: »Das Orchester war vortrefflich besetzt [...]. Eine solche genaue Beobachtung des Piano, des Forte, des Rinforzando, eine solche Schwellung, und allmählige Anwachsung des Tons, und wieder ein Sinkenlassen desselben, von der höchsten Stärke bis zum leisesten Laut, – – dies hörte man ehemals nur in Mannheim.«[13] Das hohe künstlerische Niveau und Repertoire der Bonner Hofkapelle, die straffe Führung und Disziplin im Zusammenspiel sowie herausragende Einzelpersönlichkeiten, haben Beethovens frühe Erfahrungen mit dem Medium Orchester gewiss nachhaltig geprägt. Seine vergleichsweise kurzen praktischen Erfahrungen als Orchestermusiker dürften ihm genügt haben, ein umfassendes Bild von den spieltechnischen und klanglichen Möglichkeiten eines größeren Klangkörpers zu erwerben.

Wiener Orchester

Als ehemaliges Mitglied einer Hofkapelle suchte Beethoven im Anschluss an seine Übersiedelung nach Wien sofort die Gunst des Hofes und interessierte sich für die kaiserlich-königliche Hofkapelle, deren Mitglieder überwiegend aus den beiden Hoforchestern kamen. Seit Kaiserin Maria Theresias Zeiten beschränkten sich die Auftritte der etwa

50 Kapellchoralisten und -instrumentalisten auf höfische Feierlichkeiten und die musikalische Gestaltung der Liturgie. In Beethovens späterer Lebenszeit galt die Hofkapelle als überaltert und unterbezahlt.[14] Im Konzertleben war sie nur in Gestalt der Tonkünstler-Societät präsent, einem 1771 gegründeten Versorgungsverein für Witwen und Waisen, der jährliche vier Konzerte veranstaltete. In Oratorienaufführungen des Vereins nahm das Orchester regelmäßig monumentale Stärken von 85–95 Musikern an. Beethovens erste Begegnung mit einem Wiener Orchester fand am 29. März 1795 in einem Fastenzeit-Konzert der Tonkünstler-Societät statt, er selbst musizierte wahrscheinlich sein B-Dur-*Klavierkonzert* op. 19 mit einem ca. 30-köpfigen Orchester unter Leitung des damals erst seit wenigen Wochen amtierenden Konzertmeisters am Kärntnertortheater Paul Wranitzky.[15]

Die italienische (Burgtheater) und die deutsche (Kärntnertortheater) Oper besaßen bis 1810 getrennte Hoftheaterorchester. Diese waren seit etwa 1795 mit 35 Musikern besetzt und verfügten über ausgezeichnete Musikerpersönlichkeiten in ihren Reihen. Das Burgtheaterorchester aber galt noch um 1800 als das qualitativ höher stehende und besser bezahlte.[16] Die Gruppe der Streicher bestand in beiden Orchestern aus je sechs ersten und zweiten Violinen, vier Bratschen und je drei Violoncelli und Kontrabässen, hinzu traten eine achtstimmige Bläserharmonie sowie zwei Trompeter und ein Paukist.[17] Ein Tuttigeiger verdiente im Burgtheater damals 350 Gulden, die meisten Bläser 400 Gulden und nur die Stimmführer der Streicher erreichten mit 450 Gulden die Untergrenze eines damaligen Mittelklasseeinkommens.[18] Mit dem Burgtheaterorchester bestritt Beethoven seine erste eigene Wiener Akademie am 2. April 1800, wo er ein Klavierkonzert und seine *Erste Sinfonie* op. 21 uraufführte. Möglicherweise wurde das Orchester bei dieser Gelegenheit um einige Streicher verstärkt; Beethoven hatte sich mit seinem Wunsch, Konzertmeister Giacomo Conti durch Paul Wranitzky vom Kärntnertortheaterorchester zu ersetzen, bei den Orchestermitgliedern von vornherein nicht beliebt gemacht.[19] 1801 schrieb er für dieses Orchester seine Ballettmusik *Die Geschöpfe des Prometheus* mit ausgedehnten Soli für die Bläsersolisten Joseph Prowos (Flöte), Georg Triebensee (Oboe), Anton und Johann Stadler (Klarinette und Bassetthorn), Franz Czerwenka (Fagott) und den Solocellisten Joseph Weigl.[20] 1810 folgte noch Beethovens Musik zum *Egmont*-Schauspiel mit Piccoloflötensoli für Aloys Khayll, der auch später stets zur Stelle gewesen sein dürfte, wenn Beethoven dieses Instrumente verlangte.[21]

Für Konzertzwecke standen beide Hoforchester nur an spielfreien Tagen der Bühnen zur Verfügung. Häufigere Möglichkeiten, einen Theaterraum für Konzerte zu nützen, eröffnete Beethoven ein 1802 mit Emanuel Schikaneder geschlossener Kontrakt, der ihn an das Theater an der Wien band. Als einziges der drei Wiener Privattheater verfügte es über ein entsprechend großes und leistungsfähiges Orchester wie die Hoftheater.[22] Während das Vorgängerensemble im Freihaustheater nur aus 25 Musikern (sechs Violinen, drei Violen, je zwei Violoncelli und Kontrabässe, die Bläserharmonie,[23] zwei Trompeten und Pauken) bestanden hatte (mit ihm trat Beethoven am 27. Oktober 1797 als Solist in einem eigenen Klavierkonzert auf), stockte man das Orchester nach der 1801 erfolgten Übersiedelung in den (mit einer Platzkapazität von über 2.200 Personen) größten und modernsten Wiener Theaterbau[24] um vier Violinen, je eine Viola, Violoncello und Kontrabass sowie drei Posaunen auf 39 Musiker auf. Dabei wurden eine Reihe hervorragender böhmischer Musiker angestellt[25], unter ihnen der Oboist Franz Stadler, der Klarinettist Joseph Friedlowsky, der Fagottist Valentin Czejka[26] und der Kontrabassist Anton Grams[27], die Beethoven ebenso wie den Paukisten Ignaz Manker[28] mit besonderen Aufgaben betraute. Mit diesem auf allen Positionen personell ausgezeichnet besetzten Orchester verfügte Beethoven bis 1808 über einen leistungskräftigen, stabilen Berufsklangkörper für die Uraufführungen seiner Sinfonien Nr. 2–6, des *3. Klavierkonzerts*, des *Violinkonzerts* sowie der »*Chor*«-*Fantasie*. Auch seine einzige Oper wurde mit vom diesem Orchester 1805 aus der Taufe gehoben, bevor sie 1814 und erneut 1822 in das Repertoire des Kärntnertortheaters kam. Johann Friedrich Reichardt hob 1802 die Qualität der Wiener Hoforchester hervor, denen »in Deutschland nur drey, höchstens vier andere Orchester entgegen gesezt« werden könnten, beklagte aber die Instabilität ihrer Leistungen und eine gewisse mangelnde Motivation ihrer Mitglieder. Im neuformierten Orchester des Theaters an der Wien war ihnen zweifellos gewichtige künstlerische Konkurrenz erwachsen.[29]

Anlässlich der Wiedereröffnung des Theaters in der Josefstadt komponierte Beethoven 1822 seine Ouvertüre und Zwischenaktsmusik *Die Weihe des Hauses* für das kleine (27 Musiker, davon 14 Streicher, zwölf Bläser und ein Paukist) und überwiegend mit sehr jungen Musikern[30] besetzte Orchester dieses Hauses, dem als Konzertmeister sein späterer Sekretär Anton Schindler vorstand.[31] Mit der Leistung der aus Regimentskapellen hinzugezogenen Bläser in den kleinen Orchestern scheint es öfter Probleme gegeben zu haben.[32] Das gleichfalls kleine Orchester des Theaters in der Leopoldstadt unterhielt zu Beethoven keine Beziehungen.

Neben den Theaterorchestern spielte die Kapelle des Fürsten Lobkowitz über einige Jahre hinweg eine besondere Rolle für Beethoven. Sie bestand aus einer fünfköpfigen Streichergruppe, die bei Bedarf um auswärtige Berufsmusiker ergänzt wurde. 1804 veranstaltete diese auf 27 bis 29 Musiker aufgestockte Kapelle im Festsaal des fürstlichen Palais Leseproben der *Eroica-Sinfonie* und des *Tripelkonzerts*. Beide Werke wurden dann mit einer auf 32 bis 41 Instrumentalisten verstärkten Besetzung im Dezember 1804 und Jänner 1805 unter Leitung seines Kapellmeisters Anton Wranitzky und des Konzertmeisters des Theaters an der Wien Franz Clement erneut aufgeführt.[33] Der öffentlichen Uraufführung von Beethovens Sinfonie am 7. April 1805 gingen also vier oder fünf private oder halböffentliche Aufführungen voran, bei denen sich die Musiker mit den Schwierigkeiten der Partitur vertraut machen konnten.[34] 1807 kam es zu einer erneuten Zusammenarbeit Beethovens mit der verstärkten Lobkowitz-Kapelle bei Proben und Aufführungen der *Vierten Sinfonie*, des 4. *Klavierkonzerts* und der *Coriolan-Ouvertüre*, im Sommer 1810 auch des *5. Klavierkonzerts*. Die von Lobkowitz begründete Möglichkeit von Leseproben und exklusiven Aufführungen in kleinerem Rahmen setzte Erzherzog Rudolph im April 1813 mit den beiden neuen *Sinfonien Nr. 7* und *8* fort. Für sie verlangte Beethoven 30 bis 35 Musiker, darunter »wenigstens 4 Violinen, 3 Sekund, 4 [Violen] 2 Kontrabässe, 2 Violoncells.«[35] Beethoven legte bei dieser kleineren Probenbesetzung ausdrücklich Wert auf erfahrene Musiker (die vor allem bei den Bläsern weitgehend aus dem Theater an die Wien gekommen sein dürften) und ersuchte Anton Wranitzky darum, »nur solche

Musici zu wählen, durch die wir eher oder mehr eine Produktion als Probe zustande bringen können.«[36]

Nach 1810 entwickelte sich infolge der politischen Umwälzungen ein neuartiges öffentliches Wiener Konzertleben heraus, das ganz im Zeichen groß besetzter repräsentativer Benefizveranstaltungen im Sinne patriotischer Kundgebungen stand.[37] Beethoven stellte sich auf diese Situation mit neuen Werken und veränderten Aufführungsbedingungen rasch ein. Die beiden äußerst erfolgreichen Benefizkonzerte für die in der Schlacht bei Hanau verwundeten österreichischen Soldaten am 8. und 12. Dezember 1813 brachten in der Universitätsaula ein groß besetztes programmatisches Orchesterwerk *Wellingtons Sieg oder Die Schlacht bei Vittoria* und die Uraufführung der *Siebten Sinfonie*. Das Orchester umfasste für diesen besonderen Anlass annähernd 100 Musiker, die aus den drei Theaterorchestern kamen und durch prominente Gäste, Schuppanzighs Quartett sowie durch hervorragende Dilettanten ergänzt wurden. Beethoven selbst bezifferte die Anzahl der Streicher für eines der Wiederholungskonzerte mit 36 Violinen, 14 Violen, zwölf Violoncelli und sieben Kontrabässen[38] (letztere verstärkt durch zwei Kontrafagotte[39]). Die Bläser dürften verdoppelt, wenn nicht gar an einigen Positionen verdreifacht gewesen sein.[40] Unter ähnlichen Verhältnissen wurden die Werke mehrere Male wiederholt, wobei am 27. Februar 1814 die *Achte Sinfonie* uraufgeführt wurde.

Seit Oktober 1810 gingen im Burgtheater nur mehr Schauspiele mit Musik über die Bühne, während im Kärntnertortheater alle Opern und Ballette gegeben wurden. Den veränderten Aufgaben entsprechend verringerte man die Orchesterbesetzung am Burgtheater bis 1813 auf 28 Mitglieder, während umgekehrt das Opernorchester bis 1821 auf 46 Stellen anwuchs.[41] Die über zehn neuen Stellen verteilten sich auf zusätzlich je einen Violoncellisten und Kontrabassisten[42], fallweise eine dritte Flöte sowie zwei zusätzliche Hörner. Neu waren drei Posaunen sowie eine Harfe. Das neue Opernorchester führte Beethovens *5. Klavierkonzert* am 2. Februar 1812 zum ersten Mal öffentlich auf. Im Zuge von Sparmaßnahmen verkleinerten der italienische Intendant Domenico Barbaja und sein Geschäftsträger Louis Antoine Duport von 1822 bis 1824 das Orchester, das dabei einige seiner renommiertesten Mitglieder verlor. Unter den Entlassenen befanden sich der Oboist Joseph Czerwenka, die mit Beethoven seit langem verbundenen Hornisten Friedrich Starke und Friedrich Hradetzky sowie der Kontrabassist Joseph Melzer. Unerwartete Todesfälle (Solokontrabassist Anton Grams) und Urlaube (Solohornist Camilo Belonci) verschärften die Situation. Die älteren Musiker ersetzte man im Herbst/Winter 1823 durch jüngere Musiker aus der Schweiz und aus dem Absolventenkreis des Prager Konservatoriums.[43] Die personellen Abgänge und Neubesetzungen wurden in Beethovens Kreis besorgt diskutiert[44], aus den Berichten geht auch hervor, dass die Spielkultur des Orchesters zeitweise ziemlich unter den personellen Umbrüchen gelitten haben dürfte. So berichtete Schindler Beethoven im April 1824 »von der Probe, [bei der] unter [anderem] die Ouverture aus Fidelio [erklang], wo die neuen Hornisten gewaltige Schnitzer machten. alle Augenblicke habe sie fremde Leute.«[45]

Beethoven hatte nicht mit solchen Problemen gerechnet, als er seine neue große Sinfonie für das Orchester des Kärntnertortheaters konzipierte und dabei an die Fähigkeiten bestimmter Solisten dachte, die er gut kannte.[46] In jedem Fall sollte auch diese

Sinfonie nach den positiven Erfahrungen in großen Sälen mit kombinierten Orchestern in den Jahren 1813/14 mit einer gegenüber dem normalen Besetzungsstand der Theaterorchester annähernd doppelt so großen Besetzung realisiert werden, was nur durch externe Musiker zu erreichen war. Bei der Zusammenstellung des Uraufführungsorchesters der *Neunten Sinfonie* übernahm Ignaz Schuppanzigh, der im Frühjahr 1823 von einem siebenjährigen Russlandaufenthalt nach Wien zurückgekehrte war, eine entscheidende Rolle.[47] Schuppanzigh besaß als alter Vertrauter Beethovens und langjähriger Leiter der Augarten-Konzertreihe eine große Erfahrung auch mit dessen Orchesterwerken. Beethovens Besetzungsvorstellungen gingen von über 40 Streichern aus und lauteten letztlich auf »24 Violinen 10 Violen, 12 Bassi & Viol[once]lli nebst doppelter Harmonie«.[48] Die Aufführung leiteten nach Beethovens Willen Kapellmeister Michael Umlauf und Schuppanzigh am Konzertmeisterpult. Das Kärntnertortheaterorchester leistete dem Wunsch nach einem Gastkonzertmeister keinen Widerstand[49], eine zwischenzeitlich unter Beethovens Vertrauten erwogene Aufführung am Theater an der Wien war auch daran gescheitert, dass sich der dortige Konzertmeister Franz Clement nicht übergehen lassen wollte.[50] Bei den Streicherergänzungen konnte Schuppanzigh mit Unterstützung seiner drei Streichquartettkollegen Karl Holz (einem ausgezeichneten Dilettanten), Franz Weiss (Kammervirtuose von Fürst Rasumovsky) und Joseph Linke (Solocellist des Theaters an der Wien und später des Kärntnertortheaters) sowie seinen ehemaligen Schüler Joseph Böhm rechnen. Für die Auswahl der Dilettanten setzte Beethoven zunächst auf den Hofkammerbeamten Ferdinand Piringer, der als guter Geiger und Leiter der Concerts spirituels über beste Kontakte verfügte, entschied sich aber dann doch, über Leopold Sonnleithner an die Dilettanten der Gesellschaft der Musikfreunde mit einer Einladung heranzutreten, seine Aufführung »mit ihren Talenten zu unterstützen«.[51] Bei den Violinen dürften sechs bis acht angesehene und leistungsstarke, teils prominente Dilettanten mitgewirkt haben, in der Bratschen- und Violoncellogruppe derer jeweils zwei oder drei.[52] Unter den Geigern befand sich wohl auch der Hofkanzleikonzipist Franz Rzehaczek, der einige seiner alten Streichinstrumente für die beiden Aufführungen zur Verfügung stellte[53], unter den Violoncellisten war Beethovens alter Freund Vincenz Hauschka anzutreffen. In der erheblich geschwächten Kontrabassgruppe des Kärntnertortheaterorchesters konnte Beethoven pikanterweise keinesfalls auf die Mitwirkung des von der Theaterleitung entlassenen Joseph Melzer verzichten, den er mutmaßlich durch zwei Kollegen aus dem Burgtheaterorchester sowie den erfahrenen Semiprofessionalisten Anton Röhrich ergänzte. Unsicher bleibt, ob die Bläserharmonie wie vorgesehen vollständig verdoppelt wurde.[54] Die relativ spät engagierten zusätzlichen Bläser kamen hauptsächlich aus dem Burgtheaterorchester (Piccoloflötist Aloys Khayll, Oboist Ernest Krähmer, Fagottist August Mittag) und dem Orchester des Theaters an der Wien (Klarinettist Joseph Friedlowsky). Maßvolle Verstärkungen gab es bei den Hörnern (ein bis zwei zusätzliche Spieler) und Trompeten (wohl ein dritter Trompeter), keine bei den Posaunen. In der Horngruppe dürfte Beethoven neben den jungen neuen Musikern (mit Elias Lewy an der Spitze) auf die Mitwirkung des lang gedienten tiefen Hornisten Friedrich Hradetzky, der wenige Monate zuvor erst aus dem Orchester entlassen worden war, bestanden haben. Die Spieler für große Trommel, Becken und Triangel sind wohl nach alter

Tradition aus einer der Regimentsmusiken engagiert worden. In Summe waren wenigstens 65 oder maximal 79 Orchestermusiker an der Uraufführung der Sinfonie beteiligt.[55] Die einzige unmittelbare Resonanz auf die Orchesterleistung in der Uraufführung der *Neunten Sinfonie* stammt von Anton Schindler: »Die Harmonie hat sich sehr wacker gehalten – nicht die allermindeste Stöhrung hörte man.«[56] Indes schwächten die trockene Theaterakustik und die Aufstellung des Orchesters hinter dem Chor auf der Bühne die klangliche Wirkung des Orchesters unvorteilhaft ab. In Beethovens Umkreis rechnete man mit einer besseren Wirkung bei der Wiederholung im großen Redoutensaal am 23. Mai 1824, obwohl dieser aufgrund seines Raumvolumens und Nachhalls allgemein nicht als günstiger Konzertraum galt.[57] Nach Ansicht des Rezensenten Friedrich August Kanne kam es anders:

> »Die Aufführung dieses Tonstücks war in dem, dem Schalle der Töne ganz widerstrebenden Theater nächst dem Kärntnerthor (es versteht sich, weil das Orchester auf das Podium versetzt war) deßhalb weit günstiger als im großen Redoutensaal, weil in jenem die stackierten und spitzigen Töne, als einzelne Körper des Schalls weit beßer abgerundet erschienen und keinen nachhallenden Schatten werfen konnten, der den Contur verdunkelte. Da war die große versammelte Menschenmenge dem Klange des durch viele mitwirkende Dilettanten sehr verstärkten Orchesters äußerst günstig.«[58]

Die Reaktion zeigt, dass man »auch hier eine ausreichende Klarheit, Deutlichkeit und Verständlichkeit im Zweifel höher bewertete als die feierliche Atmosphäre, die durch die Akustik eines (für damalige Verhältnisse) großen Raumes geschaffen wurde.«[59] Die Streicherbesetzung wurde bei diesem Konzert wohl unter Zuziehung weiterer Dilettanten auf 16 erste Violinen, 14 zweite Violinen und zehn Bratschen erhöht.[60]

Abseits der Theaterorchester prägte die Wiener Orchesterkultur der späteren Beethoven-Zeit eine Reihe von Ensembles, in denen sich adelige und bürgerliche Dilettanten mit Berufsmusikern vereinten. Kurzlebig, aber für die Wiener Aufführungsgeschichte Beethovens zu seinen Lebzeiten von großer Bedeutung, waren die in der Saison 1807/08 ins Leben gerufenen »Liebhaber Concerte«, bei denen ein in seiner Zusammensetzung namentlich bekanntes Orchester in der Stärke von 55 Musikern unter Leitung der Orchesterdirektoren Johann Baptist Häring (Konzerte Nr. 1–5) sowie Franz Clement (Konzerte Nr. 6–20) die Sinfonien Nr. 1–4 (Nr. 1–3 sogar zweimal), das *1. Klavierkonzert* sowie die *Prometheus-* und die *Coriolan-Ouvertüre* musizierten. Beethoven besuchte die Aufführungen regelmäßig und bezog für jedes Konzert zwölf Freikarten; seine Wertschätzung gegenüber dem Unternehmen bekundete er auch dadurch, dass er am 6. Dezember 1807 seine *Eroica- Sinfonie* selbst leitete.[61]

Die Konzertserie begann im Saal zur Mehlgrube, doch dieser erwies sich für die 1.300 Abonnenten als viel zu klein, weshalb man bereits ab dem zweiten Konzert in den großen und resonanzstarken Universitätsfestsaal übersiedelte. An den ersten Pulten der Streicher saßen bezahlte »perfekte Künstler als Zugführer« (2. Violine: Joseph Mayseder, Viola: Anton Schreiber, Violoncello: Anton oder Nikolaus Kraft), alle anderen Positionen waren mit ausgewählten Dilettanten besetzt, die »durch ihre Kunst und Genauigkeit dem

Zwecke« entsprachen.[62] Nur die Kontrabassgruppe unter Führung von Anton Grams setzte sich komplett aus Berufsmusikern zusammen, insgesamt umfasste die Streicherbesetzung 13 erste Violinen, 12 zweite Violinen, sieben Violen, sechs Violoncelli und vier Kontrabässe. Bei den Bläsern dominierten Mitglieder des Theaters an der Wien, lediglich die beiden Flötisten sowie ein Klarinettist waren Dilettanten.[63] Für die Konzerte wurde einen Tag, höchstens zwei Tage vor der Aufführung geprobt, »bey besonders großen und schweren Musikstücken« hielt man zwei Proben ab.[64]

Länger als die »Liebhaber Concerte« konnten sich die beliebten Morgenkonzerte im Augartensaal halten. Unter Ignaz Schuppanzigh wurden sie zwischen 1799 und 1810 zu einem wichtigen Wiener Forum für Beethovens Orchesterwerke. Das Orchester bestand auch hier im Wesentlichen aus Dilettanten, nur die Stimmführer und Bläser waren mit Berufsmusikern besetzt, doch konnten die Aufführungen in der künstlerischen Ernsthaftigkeit und Qualität durchaus mit denjenigen der Theaterorchester konkurrieren.[65] Die öffentliche Uraufführung des *Tripelkonzerts* fand hier im Mai 1808 statt. Als Schuppanzigh am 1. Mai 1813 Beethovens *Fünfte Sinfonie* zum zweiten Mal im Augarten aufführte, urteilte ein Bobachter:

> »Die Ausführung war, wie dieß immer unter Hrn. Schuppanzighs Leitung der Fall ist, sehr kräftig und feurig, und, einige Stellen abgerechnet, präzis. Nur der Anfang des Trio, wo die Contrabäße und Violoncellen unisono einen fugirten Satz in laufenden Noten auf den tiefsten Cordern intoniren, und die Violen ihn beantworten, hob sich nicht heraus. Referent hat dieß bei jedesmahliger Aufführung dieser Sinfonie bemerkt; die Ursache davon scheint in der Schwierigkeit des Satzes zu liegen, welcher wohl von keinem Contrabaßspieler anders als stakkirt vorgetragen werden kann, wodurch nothwendig die Stelle an Verständlichkeit leiden muß.«[66]

Konzertmeister Franz Clement leitete auch die halböffentlichen Sonntagskonzerte im Palais des Bankiers Joseph Würth am Hohen Markt. Das Orchester setzte sich hier nahezu vollständig aus Nichtberufsmusikern zusammen, dennoch wagte man sich 1804/05 offenbar mit Erfolg an Beethovens Sinfonien Nr. 1–3 und das *3. Klavierkonzert* mit Ferdinand Ries als Solisten.[67] Ein halbes Jahr nach der privaten Erstaufführung bei Fürst Lobkowitz und etwas mehr als zwei Monate vor der öffentlichen Uraufführung konnte man in diesem Rahmen am 20. Januar 1805 auch die *Eroica-Sinfonie* erleben.

Die künstlerisch wichtigsten der aus Dilettanten (Streicher) und Berufsmusikern (Bläser) zusammengesetzten Orchestervereine waren in Beethovens letzten Lebensjahren diejenigen der Gesellschaft der Musikfreunde und der Concerts spirituels.[68] Beide Vereinigungen nahmen Werke Beethovens in systematischer Folge ins Programm und entlehnten hierfür von ihm teils selbst das Notenmaterial.[69] Die Besetzungen waren den Sälen (landständischer und großer Redoutensaal) angepasst relativ groß und umfassten zwischen 48 und 55 Musiker.[70] Die 1819 gegründeten Concerts spirituels präsentierten ihrem Publikum bereits in den ersten beiden Saisonen in der kleinen Mehlgrube Beethovens Sinfonien Nr. 1–8 in der Reihenfolge ihrer Publikation.[71] 1821 begann man einen zweiten Zyklus im ca. 600 Personen umfassenden Saal der Landstände, der – 1823 kurz unterbrochen – sich bis in Beethovens Todesjahr erstreckte und in der zweiten Wiener Aufführung der Neunten Sinfonie am 15. März 1827 gipfelte. Dabei wurde die *Achte Sinfonie* ausgelassen, die *Dritte*, *Fünfte* und *Sechste Sinfonie* aber zweimal gegeben.[72] In bunterer Abfolge, aber kaum weniger systematisch kamen die Sinfonien Beethovens in den Anfangsjahren durch das Orchester der Gesellschaft der Musikfreunde zu Gehör. Von 1816 bis 1825 erklangen die Sinfonien Nr. 1–5 sowie 7 und 8 je zweimal, einzig die »*Pastoral*«-*Sinfonie* stand kein einziges Mal auf dem Programm.[73] Beethoven war damit bis zu seinem Tod der in den Gesellschaftskonzerten meistaufgeführte Komponist überhaupt.

Beethoven als Dirigent

Beethovens Orchesterwerke stellten besondere Ansprüche nicht nur an einzelne Orchestermusiker, sondern auch an die Führung des Orchesters. E. T. A. Hoffmann formulierte es im Hinblick auf die Fünfte Sinfonie im Jahr 1810 so:

> »Kein Instrument hat schwierige Passagen auszuführen: aber nur ein äusserst sicheres, eingeübtes, von *einem* Geiste beseeltes Orchester kann sich an diese Symphonie wagen; denn jeder nur im mindesten verfehlte Moment würde das Ganze unwiederbringlich verderben. Der beständige Wechsel, das Eingreifen der Saiten- und Blasinstrumente, die einzeln anzuschlagenden Accorde nach Pausen u. dergl. erfordern die höchste Präcision, weshalb es auch den Dirigenten zu rathen ist, nicht sowol, wie es oft zu geschehen pflegt, die erste Violine stärker als es seyn sollte mitzugeigen, als vielmehr das Orchester beständig im Auge und in der Hand zu behalten.«[74]

Die Zeugnisse zu Beethoven als Orchesterleiter sind zwiespältig: Auf der einen Seite belegt vor allem Ignaz von Seyfried, dass Beethoven gegenüber den Orchestermusikern häufig nachsichtig und bei eigenen Fehlern selbstkritisch gesinnt war, doch schränkte auch er ein:

> »Im Dirigiren durfte unser Meister keineswegs als Musterbild aufgestellt werden, und das Orchester mußte wohl Acht haben, um sich nicht von seinem Mentor irre leiten zu lassen; denn er hatte nur Sinn für seine Tondichtungen und war unablässig bemüht, durch die mannigfaltigsten Gestikulationen den identifizierten Ausdruck zu bezeichnen.«[75]

Kritische Töne über Beethoven als Orchesterleiter überliefert vor allem Ferdinand Ries, der von zwei »Schmissen« in der *Dritten Sinfonie* und bei der Uraufführung der »*Chor*«-*Fantasie* am 22. Dezember 1808 berichtet; letzterer soll zu einer grundlegenden und länger anhaltenden Verstimmung der Orchestermitglieder geführt haben.[76]

Beethoven scheint in Wien einer der ersten gewesen zu sein, die ohne Instrument Konzertaufführungen leiteten.[77] Beethovens »Dirigieren« war offenkundig nicht primär am Taktschlagen ausgerichtet, sondern an einer ausdrucksvermittelten Gestik, welche auf die Zeitgenossen, die an die Violin- und Tasteninstrumentdirektion gewöhnt waren, reichlich unkonventionell wirkte:

»Beethoven hatten sich angewöhnt, dem Orchester die Ausdruckszeichen durch allerlei sonderbare Körperbewegungen anzudeuten. So oft ein Sforzando vorkam, riß er beide Arme, die er vorher auf der Brust kreuzte, mit Vehemenz auseinander. Bei dem Piano bückte er sich nieder, und um so tiefer, je schwächer er es wollte. Trat dann ein Crescendo ein, so richtete er sich nach und nach wieder auf und sprang beim Eintritt des Forte in die Höhe. Auch schrie er manchmal, um die Forte noch zu verstärken, mit hinein, ohne es zu wissen.«[78]

Bei Opernaufführungen oder Aufführungen mit großer Vokal- und Instrumentalbesetzung war eine geteilte Direktion üblich, wie dies auch bei der ersten Aufführung der *Neunten Sinfonie* praktiziert wurde. In der Ankündigung der Akademie vom 7. Mai 1824 hieß es hierzu: »Herr Schuppanzigh hat die Direction des Orchesters, Herr Kapellmeister Umlauf die Leitung des Ganzen [...] übernommen. Herr Ludwig van Beethoven selbst wird an der Leitung des Ganzen Anteil nehmen.« Selbst wenn Beethoven dabei »die Bewegung bei Beginn jedes Satzes« fixiert haben sollte[79], bleibt sein eigentlicher Anteil an der Direktion dunkel. Seine Anwesenheit auf dem Podium im Kreise der für die Leitung der Aufführung verantwortlichen Musiker dürfte weit mehr symbolischer Natur gewesen sein, als dass er in die Aufführung tatsächlich steuernd eingegriffen hätte.

Beethovens Kontakte zu Orchestermusikern und seine Instrumentenkenntnis

Beethoven suchte in Wien, wie er es von Kindheit an in Bonn gewohnt war, engen Kontakt mit Orchestermusikern. Dabei ließ er sich zunächst von Wenzel Krumpholz, möglicherweise auch von Ignaz Schuppanzigh weiter auf der Violine unterweisen.[80] In näherem Kontakt trat er damals mit einer Reihe weiterer prominenter Musiker seiner Zeit, von denen der Flötist Carl Hieronymus Scholl, der Oboist Friedrich Ramm, der Klarinettist Joseph Friedlowsky, der Fagottist August Mittag, die Violoncellisten Anton und Nikolaus Kraft sowie Joseph Linke und natürlich Beethovens enger Freund, der Geiger Ignaz Schuppanzigh, zu nennen sind.

Beethovens intensiver Kontakt mit Instrumentalisten in Gesprächen hat sich durch Notizen zu technischen Möglichkeiten und Neuerungen der Instrumente fragmentarisch erhalten. Der Austausch mit führenden Wiener Orchestermusikern scheint sich in der Zeit um 1814 verstärkt zu haben, wie ein Tagebucheintrag aus dieser Zeit bestätigt (»Jeden Tag Jemand zum Essen, wie Musici, wo man dann dieses und jenes abhandelt, von Instrumenten etc. Violin, Violoncell etc.«[81]), und hielt bis in Beethovens letzte Lebensphase an. So notierte der kranke Komponist am 29. Januar 1823 seinen Wunsch: »manchmal die oboist.[en] Clarinet[tisten] Horn.[isten] etc. einladen.«[82] Beethoven machte sich knappe Gesprächsnotizen, er ließ über Mittelsmänner Erkundigungen bei den Instrumentalisten einholen und exzerpierte als eifriger Leser musikalischer Fachpresse (vor allem der in Leipzig erscheinenden *Allgemeinen Musikalischen Zeitung*) entsprechende Artikel.[83]

Die meisten der erhaltenen Zeugnisse sind dem Unterricht für Erzherzog Rudolph zu verdanken[84], für den sich Beethoven Grundlagen der Behandlung von Horn, Klarinette und Posaune aufschrieb bzw. abschreiben ließ. Diese Beschränkung auf die

Blasinstrumente deckt sich mit den frühen Instrumentenlehren wie den späteren Instrumentationslehren ganz unterschiedlicher Anlage. Während man die Streichinstrumente als »Universalinstrumente« behandeln konnte, bei denen innerhalb relativ weit gesteckter Grenzen fast alles ausführbar war, setzten die Blasinstrumente den Komponisten stärkere Einschränkungen akustischer sowie spiel- und grifftechnischer Natur entgegen. Komponisten benötigten eingehendere Kenntnisse auf diesem Gebiet, wollte man nicht Gefahr laufen, Töne oder Tonverbindungen zu schreiben, die auf den betreffenden Instrumenten gar nicht oder nur unter Überwindung großer Schwierigkeiten spielbar sind. Den Erinnerungen von Karl Holz zufolge fragte Beethoven in der Zeit der *Fidelio*-Premiere 1814 »einige ausgezeichnete Künstler, ob gewisse Sachen möglich wären, ob schwierig, kam nicht in Frage: so Friedlowsky für Klarinette, Czerwensky [recte: Czerwenka] für Oboe, Hradetzky und Herbst für Horn. Beschwerden sich dann andere über Unmöglichkeiten, so hieß es: ›Ei was, die können es und ihr müßt es können.‹«[85] In den Gesprächen, die Beethoven mit den Musikern führte, kamen nicht nur fachliche, sondern auch persönliche Dinge zur Sprache. So erkundigte er sich bei dem damals 49-jährigen Hornisten Friedrich Starke eingehend über seine Entlassung aus dem Orchester und seine Zukunftsperspektiven.[86] Dies beweist, dass Beethoven zu vielen der Wiener Orchestermusiker im Laufe von Jahren und Jahrzehnten nicht nur eine enge musikalische, sondern auch persönliche Beziehung aufgebaut hatte.

Beethoven kannte die in den Wiener Orchestern gespielten Blasinstrumente, die weitgehend dem im späten 18. Jahrhundert üblichen Instrumentarium entsprachen, in ihren Grundzügen zweifellos sehr gut, obwohl er selbst keines von ihnen praktisch beherrschte. 1824 notierte Beethovens Neffe Karl in das Konversationsheft die bezeichnende Frage: »Hast du auch ein Blas- instrument gelernt?«[87] Spieltechnische Besonderheiten musste er sich erklären lassen. 1824 etwa erkundigte er sich wegen eines hohen Flötentrillers und erhielt die Antwort: »mit dem Flötisten Scholl hab ich wegen dem F Triller gesprochen, er hat ihn mir auf der Stelle gut gezeigt, obwohl er versicherte, es sey im Fundament weder unter geschickten bekannt, wie er leicht gemacht werden kann.«[88] Auch interessierten ihn die »Stärke und Schwäche gewisser Töne bei verschiedenen Tonarten, verschiedenen aufsätzen im Horn, und Clarinette« und der »effekt der sordine bei pauken und trompeten« sowie die Frage, »wie geschwinde die Pauken umgestimmt sind.«[89]

Beethoven schrieb in allen seinen Orchesterwerken Partien für Holzblasinstrumente mit den für das späte 18. Jahrhundert gängigen Klappenausstattungen sowie ausnahmslos für Naturhörner und Naturtrompeten.[90] Auch wenn damals die meisten Holzblasinstrumente bereits mit einer Vielzahl an Klappen verfügbar waren und in das Jahr 1813 die Erfindung der Ventile für Blechblasinstrumente sowie der 13-Klappen-Karinette Iwan Müllers fällt, dauerte es zur Durchsetzung der neueren Instrumente in den Orchestern oft Jahre und Jahrzehnte. In den Wiener Orchestern der Beethovenzeit sind mit Sicherheit Holzblasinstrumente ganz unterschiedlicher, zumeist wohl konservativer Bauart nebeneinander gespielt worden sein. In der Saison 1807/08 lagen der Wiener Hofmusikkapelle aus der Werkstatt Koch Angebote für die Anschaffung zweier Oboen mit elf Klappen, einer Oboe mit neun Klappen sowie eines Englischhorns »mit allen Klappen« vor.[91] Beethoven stand vielen dieser Neuerungen im Instrumentenbau aufgeschlossen gegenüber, auch wenn die Musiker skeptisch blieben, wie die Notizen zum Almenraeder-Fagott im Gespräch mit August Mittag aus dem Jahr 1826 zeigen.[92]

Beethoven verfolgte als orchestral interessierter Komponist die Entwicklungen auf spieltechnischem und instrumentenbaulichem Gebiet, um die Instrumente in seinen Kompositionen mit größerer Flexibilität und mit höheren technischen Ansprüchen einzusetzen. Viele von den in Gesprächen oder Skizzen erwogenen Ideen blieben indes unausgeführt oder wurden wieder verworfen. Die gesteigerten instrumentalen Ansprüche (bei den Bläsern vor allem hinsichtlich der Variabilität der Tonarten) stehen in Beethovens Orchestermusik immer in Zusammenhang mit den individuellen Fähigkeiten einzelner Musiker, niemals mit allgemeinen technischen Fortentwicklungen (etwa einer Vermehrung in der Klappenanzahl) der Instrumente, wie dies später im 19. Jahrhundert der Fall ist.

Es ist anzunehmen, dass den Orchestersolisten auch gewisse Freiheiten bezüglich Tempo und Vortrag zugestanden wurden, während über die Disziplin und einheitliche Schulung der Streicher-Ripienisten nur spekuliert werden kann.[93] Offenbar blieb die moderne Wiener Streicherspielpraxis der beiden letzten Jahrzehnte des 18. Jahrhunderts lange Zeit relativ konstant, aus Beethovens ausführlichen Bezeichnungen seiner Stimmen lassen sich die von ihm gewünschten Abweichungen von den Strichkonventionen ablesen.[94] Unklar bleibt, mit welchen Bögen man damals spielte und wann die neueren französischen Tourte-Bögen eingeführt wurden. Das Kriterium der Einheitlichkeit wird greifbar, wenn der übertriebene Gebrauch des Portamento-Spiels in den Theaterorchestern 1811 von Hofkapellmeister Antonio Salieri als »abgeschmackte Neuerung« angeprangert wurde. Musikern, die sich diese Manier nicht abgewöhnen wollten, drohte man sogar mit der Entlassung.[95]

Resümee

Beethoven war mit dem Orchester seit frühester Ausbildung und beruflicher Tätigkeit eingehend vertraut, er besaß als Bratschist selbst Spielerfahrung in einer für die damalige Zeit sehr guten Hofkapelle und unterhielt sein gesamtes Leben enge persönliche wie fachliche Beziehungen zu Orchestermusikern, die ihn mit den technischen und ästhetischen Eigenschaften aller Orchesterinstrumenten vertraut werden ließen. Sein orchestrales Komponieren orientierte sich in den instrumentalen Anforderungen am Standardinstrumentarium seiner Zeit, nützte gleichzeitig intensiv die Möglichkeiten individueller Profilierung. Bis in die letzten Lebensjahre interessierte sich Beethoven, angeregt durch seinen Unterricht für Erzherzog Rudolph, auch lebhaft für Neuerungen auf instrumentenbaulichem und instrumentaltechnischem Gebiet.

In Wien wurden Beethovens Orchesterwerke überwiegend von den professionellen Theaterorchestern aufgeführt, deren Mitglieder ihm so vertraut waren, dass er viele exponierte Passagen seiner Kompositionen auf die Fähigkeiten einzelner Musiker zuschneiden konnte. Über den Leistungswillen und die künstlerische Qualität der Wiener Berufsorchester der Beethovenzeit gibt es zu wenig aussagekräftige Dokumente, die eine differenzierte Bewertung zuließen. Dasselbe gilt für gemischte Orchester mit starkem

Dilettantenanteil.[96] Proben beschränkten sich auch bei Novitäten zumeist auf das Notwendigste, und eine stilistisch einheitlich ausgebildete Spezies von Orchestermusikern hat damals offenkundig noch nicht existiert. Gleichwohl erscheinen die bereits bei Anton Schindler formulierten Klagen über Vermögen und guten Willen der damaligen Wiener Orchester[97] und das aus einer fortgeschritten Perspektive von Orchesterkultur gefällte Urteil Eduard Hanslicks, Wien sei »in den zwanziger Jahren durch mustergiltige Orchesteraufführungen noch nicht verwöhnt«[98] gewesen, aus heutiger Sicht revisionsbedürftig. Zu lange sind hier einzelne kritische zeitgenössische Stimmen verallgemeinert worden. Die Wiener Orchesterwelt nach 1800 war organisatorisch und qualitativ höchst vielgestaltig, zwischen vollkommen unzureichenden und in jeder Hinsicht glänzenden Aufführungen dürfte in der Praxis eine breite Spanne bestanden haben. Mit den Theaterorchestern standen grundsätzlich leistungsstarke und gut aufeinander eingespielte Berufsorchester zu Verfügung, die aber in Konzerten selten zum Einsatz kamen. Mehrheitlich auf dem Rückzug befanden sich nach 1800 die zumeist hoch qualifizierten kleineren Adelskapellen. Aus mehreren Ensembles formierte sowie mit Dilettanten durchsetzte größere Orchesterformationen erhielten nach 1810 großen Aufschwung, sie erbrachten bei entsprechender künstlerischen Führung und Auswahl des Personals ebenfalls mitunter hervorragende künstlerische Leistungen, mussten jedoch meist anlassbedingt stets aufs Neue zusammengestellt werden. Beethovens Orchesterwerke waren in allen Kontexten präsent. Wie oft das orchestrale Musizieren dabei über eine organisatorische Einheit hinaus auch eine künstlerische Einheit erreichte, ist aus der historischen Distanz kaum mehr festzustellen. Zumindest die Besetzungsgrößen scheinen sehr genau auf die Aufführungsanlässe abgestimmt gewesen zu sein: Während bei Leseproben und Privataufführungen eine exklusive ausgewählte Musikerschar zusammenwirkte, lag die Größe der zeitgenössischen Berufsklangkörper bis zur *Sechsten Sinfonie* normalerweise bei ungefähr 35–40 Musikern. Über viele Jahre verbanden Beethoven hier die engsten künstlerischen Beziehungen mit dem Orchester des Theaters an der Wien. Die Aufführungsbedingungen von Orchestermusik änderten sich auch für Beethoven mit der Herausbildung einer neuen Konzertkultur, die im Zeichen national-patriotischer Begeisterung und des karitativen Engagements zunehmend breitere Bevölkerungsschichten ansprach. Die Erfahrungen mit semiprofessionellen Liebhaberorchestern und mit kombinierten Klangkörpern führten bei der *Neunten Sinfonie* von vornherein zu einer vergrößerten Besetzungsvorstellung, die letztlich der orchestralen Beethoven-Rezeption im späteren 19. Jahrhundert den Weg ebnete.

Anmerkungen

1 L. Schiedermair, *Der junge Beethoven*, Leipzig 1925 (Repr., Hildesheim 1978), S. 164.

2 K. Kropfinger, »Beethoven, Ludwig van«, in: MGG2, Personenteil 2, Kassel etc., Stuttgart und Weimar 1999, Sp. 667–944, hier Sp. 739–744.

3 Beethovens Dienstinstrument, eine Viola des Wiener Instrumentenbauers Sebastian Dalinger, ist erhalten; http://www.beethoven-haus-bonn.de/sixcms/detail.php?id=&template=dokseite_digitales_archiv_de&_dokid=i4192&_seite=1 (zuletzt aufgerufen am 17. 1.2017).

4 [Chr. G. Neefe], »Nachricht von der churfürstlich-cöllnischen-Hofcapelle zu Bonn und andern Tonkünstlern daselbst«, in: C. F. Cramer (Hrsg.), *Magazin der Musik*, Hamburg 1783, S. 377–396, hier S. 377.

5 Ebenda, S. 384–386.

6 J. N. Forkel, *Musikalischer Almanach für Deutschland auf das Jahr 1782*, Leipzig 1781, S. 129f.

7 Vgl. L. Schiedermair, *Der junge Beethoven*, S. 56–59.

8 *Kurkölnischer Hof-Kalender auf das Jahr 1790*, Bonn 1790, S. 17.

9 L. Schiedermair, *Der junge Beethoven*, S. 64

10 Vgl. A. W. Thayer, *Ludwig van Beethovens Leben*, Bd. 1, hrsg. von H. Deiters und H. Riemann, Leipzig [3]1917, S. 184–202.

11 J. Riepe, »Eine neue Quelle zum Repertoire der Bonner Hofkapelle im späten 18. Jahrhundert«, in: Archiv für Musikwissenschaft 60 (2003), S. 97–114, hier S. 100f. und 108.

12 Vgl. L. Schiedermair, *Der junge Beethoven*, S. 49–53.

13 C. L. Junker, »Noch etwas vom Kurkölnischen Orchester«, in: *Musikalische Korrespondenz der teutschen filarmonischen Gesellschaft*, Nr. 47, 23. November 1791, S. 373–376, hier S. 374 und S. 376.

14 Th. Albrecht, »Die Uraufführungen von Beethovens Sinfonie Nr. 9 im Mai 1824 (aus der Perspektive des Orchesters)«, in: Journal Wiener Oboe 61 (2014), S. 6–16, Nr. 62 (2014), S. 8–24, Nr. 63 (2014), S. 4–13, Nr. 64 (2014), S. 13–22, Nr. 65 (2015), S. 3–12, Nr. 67 (2015), S. 13–22, Nr. 68 (2015), S. 9–19, Nr. 69 (2016), S. 3–19; im Folgenden zitiert in der überarbeiteten Form mit Fußnoten: http://www.wieneroboe.at/albrecht/Albrecht_UA_Beethoven_9_Deutsch.pdf (zuletzt aufgerufen am 17.1.2017), S. [106] und S. [117f.].

15 Th. Albrecht, »Alte Mythen und neue Funde. Die professionellen Uraufführungen der Beethovenschen Orchesterwerke in Wien«, in: Journal Wiener Oboe 50 (2011), S. 6–18, hier S. 7; mit Fußnoten: http://www.wieneroboe.at/albrecht/01_Alte_Mythen_und_neue_Funde.pdf (zuletzt aufgerufen am 17.1.2017).

16 Allgemeine musikalische Zeitung III, Nr. 2, 15. Oktober 1800, Sp. 45.

17 St. Weinzierl, *Beethovens Konzerträume. Raumakustik und symphonische Aufführungspraxis an der Schwelle zum modernen Konzertwesen*, Frankfurt am Main 2002, S. 118. Phasenweise wurde in beiden Theaterorchestern ein dritter Oboist beschäftigt; Th. Albrecht, »Joseph Czerwenka und seine Kollegen. Teil 3«, in: Journal Wiener Oboe 37 (2008), S. 3–8, hier S. 3; mit Fußnoten: http://www.wieneroboe.at/albrecht/05_Czerwenka.pdf (zuletzt aufgerufen am 17.1.2017).

18 Th. Albrecht, »Die Familie Teimer sowie neuere (überarbeitete) Datierungen der zwei Trios für zwei Oboen und Englischhorn (op. 87) und der Variationen WoO 28 von Ludwig van Beethoven«, in: Journal Wiener Oboe 24 (2004), S. 2–10, 25 (2005), S. 3–9 und 27 (2005), S. 6f., mit Fußnoten: http://www.wieneroboe.at/albrecht/06_Die_Familie_Teimer.pdf (zuletzt aufgerufen am 17.1.2017), Fußnote 64.

19 Allgemeine musikalische Zeitung III, Nr. 3, 15. Oktober 1800, Sp. 49.

20 Th. Albrecht, »Joseph Czerwenka und seine Kollegen [Teil 1]«, in: Journal Wiener Oboe 35 (2007), S. 15–18, hier S. 18.

21 Ders., »Die sagenhafte Geschichte der Familie Khayll. Orchestermusiker in Wien zur Zeit Beethovens. Teil 2«, in: Journal Wiener Oboe 48 (2010), S. 7–17, hier S. 7f, mit Fußnoten: http://www.wieneroboe.at/albrecht/08_Khayll.pdf (zuletzt aufgerufen am 17.1.2017).

22 St. Weinzierl, *Beethovens Konzerträume*, S. 120.

23 Unter ihnen der Beethoven aus der Bonner Hofkapelle bekannte 1. Oboist Georg Libisch; Th. Albrecht, »Franz Stadler, Stephan Fichtner und die anderen Oboisten am Theater an der Wien während Beethovens ›heroischer‹ Periode«, in: Journal Wiener Oboe 18 (2003), S. 3–12, hier S. 7; mit Fußnoten: http://www.wieneroboe.at/albrecht/03_Beethovens_Oboisten.pdf (zuletzt aufgerufen am 17.1.2017).

24 St. Weinzierl, *Beethovens Konzerträume*, S. 74–77.
25 Th. Albrecht, »Uraufführungen«, S. [50].
26 Ders., »Valentin Czejka im Theater an der Wien. Der Solofagottist in Beethovens mittlerer Schaffenszeit. Teil 1«, in: Journal Wiener Oboe 40 (2008), S. 12–15, hier S. 14f.; mit Fußnoten: http://www.wieneroboe.at/albrecht/04_Czejka.pdf (zuletzt aufgerufen am 17.1.2017).
27 Th. Albrecht, »Alte Mythen«, S. 8.
28 Ders., »Beethoven's timpanist Ignaz Manker«, in: Percussive Notes 38 (2000), S. 54–66.
29 Allgemeine musikalische Zeitung V, Nr. 2, 6. Oktober 1802, Sp. 25–32, hier Sp. 29f.
30 Th. Albrecht, »Uraufführungen«, S. [83].
31 Ders., »Alte Mythen«, S. 16.
32 Beethovens Neffe Karl meldete Mitte Februar 1824 im Hinblick auf eine Probe der Ouvertüre *Die Weihe des Hauses* op. 124 im Josefstädter Theater: »Die Soldaten blasen entsetzlich falsch«; Bkh 5, S. 147.
33 St. Weinzierl, *Beethovens Konzerträume*, S. 121f.
34 Th. Albrecht, »Alte Mythen«, S. 9f.
35 BGA 2, Nr. 640, S. 342.
36 Ebenda, Nr. 641, S. 343.
37 Vgl. E. Hanslick, *Geschichte des Concertwesens in Wien*, Wien 1869, S. 170–184.
38 M. Solomon, *Beethovens Tagebuch von 1812–1818*, hrsg. von S. Brandenburg, Bonn 1990, S. 49 und 131.
39 Die Kontrafagotte sind von den beiden Kontrabassisten des Burgtheaterorchesters Ignaz Raab und Anton Pollak gespielt worden; Th. Albrecht, »Valentin Czejka. Teil 3«, in: Journal Wiener Oboe 42 (2009), S. 12–17, hier S. 15f.
40 Th. Albrecht, »Alte Mythen«, S. 14.
41 St. Weinzierl, *Beethovens Konzerträume*, S. 118f.
42 Allgemeine musikalische Zeitung , mit besonderer Rücksicht auf den österreichischen Kaiserstaat 19.9.1821, S. 596.
43 Th. Albrecht, »Uraufführungen«, S. [46].
44 BKh 5, S. 212. Bkh 6, S. 119.
45 Bkh 6, S. 58.
46 Th. Albrecht, »Uraufführungen«, S. [6–8].
47 Ebenda, S. [28].
48 BGA Nr. 1818, S. 308.
49 Proteste gegen Schuppanzigh kamen offensichtlich nur vom 2. Konzertmeister Johann Hildebrand; vgl. BKh 6, S. 80.
50 Th. Albrecht, »Uraufführungen«, S. [30] und [40–43].
51 Beethovens offizielle Einladung mit einem Anmeldebogen datiert vom ca. 8. April 1824; Th. Albrecht, »Uraufführungen«, Anhang C, S. [155].
52 Vgl. BGA 5, Nr. 1827, S. 316. Albrechts Rekonstruktion der mutmaßlichen Besetzung der beiden ersten Aufführungen der Sinfonie geht von einer Streicherbesetzung 12-12-8-8-6 aus; Th. Albrecht, »Uraufführungen«, Anhang A, S. [134]–[151].
53 Ebenda, S. [63].
54 Th. Albrecht, »Alte Mythen«, S. 17.
55 Ebenda; St. Weinzierl, *Beethovens Konzerträume*, S. 129.
56 BKh 6, S. 161.
57 St. Weinzierl, *Beethovens Konzerträume*, S. 198f.
58 Wiener allgemeine musikalische Zeitung mit besonderer Rücksicht auf den österreichischen Kaiserstaat VIII, Nr. 40, 9. Juni 1824, S. 157.
59 St. Weinzierl, *Beethovens Konzerträume*, S. 204.
60 BKh 6, S. 189 und 192.
61 O. Biba, »Beethoven und die ›Liebhaber Concerte‹ in Wien im Winter 1807/08«, in: *Beiträge,76–78.*

Beethoven-Kolloquium 1977. Dokumentation und Aufführungspraxis, hrsg. von R. Klein, Kassel etc. 1978, S. 82–93, hier S. 84f.

62 Ebenda, S. 86.

63 Ebenda, S. 87.

64 Ebenda, S. 86.

65 R. Klein, »Musik im Augarten«, in: Österreichische Musikzeitschrift 28 (1973), S. 239–248.

66 Wiener allgemeine musikalische Zeitung I, Nr. 19, 8. Mai 1813, Sp. 293f.

67 St. Weinzierl, *Beethovens Konzerträume*, S. 223.

68 E. Hanslick, *Geschichte des Concertwesens in Wien*, Wien 1869, S. 139–160 und 185–190.

69 Th. Albrecht, »Alte Mythen«, S. 15 und 17.

70 St. Weinzierl, *Beethovens Konzerträume*, S. 123f.

71 Dabei erklang entsprechend der ursprünglichen Zählung Beethovens die *Sechste Sinfonie* vor der *Fünften Sinfonie*.

72 Vgl. E. Hanslick, *Geschichte des Concertwesens*, S. 185–190. St. Weinzierl, *Beethovens Konzerträume*, S. 220–242.

73 Ebenda, S. 230–241.

74 Allgemeine musikalische Zeitung XII, Nr. 41, 11. Juli 1810, Sp. 652–659, hier Sp.658f.

75 I. von Seyfried, *Ludwig van Beethoven. Studien im Generalbasse, Contrapuncte und in der Compositions-Lehre*, Wien 1832, Anhang, S. 15 und S. 18f.

76 F. G. Wegeler und F. Ries, *Biographische Notizen über Ludwig van Beethoven*, Koblenz 1838, S. 79 und 83f.

77 C. Brown, »The Orchestra in Beethoven's Vienna«, in: Early Music XVI (1988), S. 4–20, hier S. 13.

78 L. Spohr, *Lebenserinnerungen*, Bd. 1, hrsg. von F. Göthel, Tutzing 1968, S. 178.

79 A. Schindler, *Biographie von Ludwig van Beethoven*, hrsg. von E. Klemm, Leipzig 1988, S. 348f.

80 H. von Loesch und C. Raab (Hrsg.), *Das Beethoven-Lexikon* (Das Beethoven-Handbuch 6), Laaber 2008, S. 59.

81 M. Solomon, *Beethovens Tagebuch*, S. 55.

82 BKh 2, S. 336.

83 Vgl. L. van Beethoven, *Thematisch-bibliographisches Werkverzeichnis*, Bd. 2, bearb. von K. Dorfmüller, N. Gertsch und J. Ronge, München 2014, S. 648 und 650.

84 Vgl. G. Schünemann, »Beethovens Studien zur Instrumentation«, in: Neues Beethoven-Jahrbuch 8 (1938), S. 146–161.

85 A. W. Thayer, *Ludwig van Beethovens Leben*, Bd. 2, hrsg. von H. Deiters und H. Riemann, Leipzig [3]1922, S. 127.

86 BKh 3, S. 74f.

87 BKh 5, S. 179.

88 BKh 6, S. 74.

89 G. Schünemann, »Beethovens Studien«, S. 155.

90 C. Lawson, »Beethoven and the Development of Wind Instruments«, in: R. Stowell (Hrsg.), *Performing Beethoven*, Cambridge 1994, S. 70–88.

91 R. Hellyer, »Some Documents Relating to Viennese Wind-Instrument Purchases, 1779–1837«, in: The Galpin Society Journal 28 (1975), S. 50–59, hier S. 53–55.

92 BKh 9, S. 138f.

93 Vgl. C. Brown, »The Orchestra«, S. 19.

94 Vgl. K. Köpp, *Handbuch historische Orchesterpraxis. Barock – Klassik – Romantik*, Kassel etc. 2009, S. 335–343.

95 Allgemeine musikalische Zeitung 13, Nr. 12, 20. März 1811, Sp. 207–209.

96 Vgl. hierzu C. Brown, »The Orchestra", S. 4–6.

97 A. Schindler, *Biographie von Ludwig van Beethoven*, hrsg. von E. Klemm, Leipzig [4]1988, S. 180.

98 E. Hanslick, *Geschichte des Concertwesens*, S. 155.

Die Klavierwelt

Von Siegbert Rampe

Wie das Œuvre keines zweiten Komponisten ist Beethovens Klavierwerk eng mit der technologischen Revolution im Hammerklavierbau am Ende des 18. und im ersten Viertel des 19. Jahrhunderts verknüpft, bestehend einerseits in der Expansion von Klangvolumen und Klaviaturumfang, andererseits in der Serienanfertigung von Instrumenten mittels Manufaktur und Arbeitsteilung. Hatte Beethoven in Bonn und in den ersten Wiener Jahren noch die Endzeit des Cembalos erlebt[1], und zählten Clavichorde bis weit über seinen Tod hinaus zu den Dienstinstrumenten der Wiener Hofkomponisten[2], so repräsentiert sein letzter Hammerflügel jenen Instrumententypus, für den Liszt, Schumann, Chopin und selbst der junge Brahms komponierten. Im Kern trennen dieses Instrument nur dessen Wiener Mechanik und fehlende Corpuseinlagen aus Metall mit der Möglichkeit, Saitenzug und Größe der Hämmer noch weiter zu erhöhen, von der Konzeption des modernen Pianofortes um 1900, das mit zusätzlichen Modifikationen bis heute in Gebrauch ist. Daher gehört Beethovens Musik zwar zu den ersten Kompositionen, die auch gegenwärtigen pianistischen Ansprüchen gerecht werden. Dennoch unterscheidet sich die Klangwelt und Spielkultur seiner Instrumente beträchtlich vom heutigen Klavier.

Die frühe Zeit in Bonn

Zwar steht fest, dass Beethoven bis zum Beginn seiner Wiener Zeit (1792) regelmäßig, später gelegentlich Cembalo spielte, wohl zuletzt als Zweitdirigent bei der Uraufführung der *Neunten Sinfonie* op. 125 (7. Mai 1824) am »Spinettl«.[3] Seinem Privatbesitz lassen sich jedoch nur Hammerklaviere und Clavichorde zuweisen, die erstmals vor kurzem vollständig untersucht wurden.[4] Bekannt wurden von diesen bis heute nur fünf Hammerflügel, nämlich die überlieferten von Erard (1803) und Broadwood (1817) sowie drei nicht erhaltene von einem anonymen Erbauer (Stein?, vor 1793), von Walter (ca. 1800) und Jakesch (ca. 1802). Die übrigen Instrumente, darunter ein aufrechtes Hammerklavier und ein Clavichord, sollen hier vorgestellt werden. Hinzu kommen ein weiteres Clavichord (Tiefenbrunn, 1786) und zwei Hammerflügel (Vogel, ca. 1814, und Graf, 1822/23), die Beethoven mündlicher Tradition zufolge besessen haben soll, sowie ein anonymes »Klawier«, mehrere Hammerflügel von dem Stein-Sohn Matthäus Andreas (ca. 1803, 1820, 1824 und 1825) sowie zwei von Graf (1823 und 1826), die ihm leihweise überlassen worden sind.

Tilman Skowroneck benannte gute Gründe dafür, dass die ersten Tasteninstrumente, an denen der junge Beethoven in Bonn übte und Unterricht erhielt, Clavichorde waren.[5] Darüber hinaus blieb das Clavichord im deutschen Sprachgebiet das traditionelle

Instrument der Organisten, da sie auf der Orgel in der Kirche zu selten zu spielen und kaum je zu üben vermochten.[6] Man muss also annehmen, dass sich Beethoven im Rahmen seiner Organistenlehre eine solide Technik auf dem Clavichord und Pedalclavichord zugelegt hatte, bevor er intensiver mit dem Hammerflügel in Berührung kam. Auch später noch hielt er am Clavichord wohl als Übe- und Komponierinstrument fest. Ein solches Instrument könnte ein bundfreies Reiseclavichord (Klaviaturumfang C–f^3) in 4-Fuß-Lage von Otto Joachim Tiefenbrunn (1737 – nach 1807) aus dem Jahre 1786 sein, das sich heute im Museé de la Musique in Paris befindet. Der aus Deutschland stammende Tiefenbrunn war vor 1769 nach Kopenhagen emigiert.[7] Die Zuweisung seines Instruments an Beethoven basiert allerdings allein auf mündlicher Überlieferung und ist dokumentarisch nicht zu stützen.[8]

Weiterhin argumentierte Tilman Skowroneck überzeugend, dass Beethovens Vater in seiner Bonner Wohnung auch über ein zumindest einmanualiges Cembalo verfügt haben muss. Jedenfalls aber besaß er ein Tasteninstrument, das für Kammermusik geeignet war und das man sogar auf der Straße hören konnte.[9] Da er sich bei seinem limitierten Gehalt als Hofangestellter kaum einen neuartigen Hammerflügel zu leisten vermochte, kann es sich dabei nur um ein Cembalo gehandelt haben. Dazu passt auch, dass die ersten Werke, die der junge Beethoven 1782/83 veröffentlichte, sämtlich für dieses Instrument bestimmt sind und keinerlei Hinweise auf die Verwendung des Hammerklaviers erkennen lassen.

Klavierinstrumente in Beethovens Umgebung sind bis zum Jahre 1783 zurückzuverfolgen, als sein Lehrer Christian Gottlob Neefe (1748–1798) in Carl Friedrich Cramers *Magazin der Musik* von dem Bonner »Hofkammerrath« Johann Gottfried von Mastiaux berichtete, der ein großes »Hammerclavier« in Gestalt einer Pyramide besaß, sowie von einem »Mechanicus« namens Gottlieb Friedrich Riedlen, welcher Klaviere mit Hämmern fertigte.[10] Einzelheiten über diese Instrumente sind freilich unbekannt. 1787 sprach Neefe im selben Magazin nunmehr von mehreren »Hämmerclavieren« Johann Andreas Steins (1728–1792) aus Augsburg und entsprechenden Instrumenten am Bonner Hof, die offensichtlich seit 1783 hinzugekommen waren. Auch nannte er 15 »Amateurs« (Dilettanten), die solche spielten.[11] Zur selben Zeit erlangten Hammerflügel in Salzburg und Wien ebenfalls nennenswerte Verbreitung. Somit dürfte der junge Beethoven seit Mitte der 1780er Jahre hinreichend Gelegenheit gehabt haben, sich mit Hammerflügeln, die Stein seit spätestens 1781 mit Prellzungenmechaniken ausstattete[12], vertraut zu machen. Ebenfalls auf diese Zeit geht ein »Fortepiano« zurück, das Graf Ferdinand Ernst von Waldstein (1762–1823) Beethoven 1788, spätestens jedoch vor Beginn von dessen zweiter Reise nach Wien (1792) geschenkt haben soll.[13] Dabei handelte es sich aller Wahrscheinlichkeit nach um einen Hammerflügel von Stein, ausgestattet mit Prellzungenmechanik und einem Klaviaturumfang von fünf Oktaven (F_1–f^3).[14] Da Beethoven auf der ersten Reise nach Wien 1787 in Augsburg Station machte[15], ist sogar vorstellbar, dass er sich ein Instrument in Steins Werkstatt persönlich aussuchte. Er dürfte es 1792 vor seiner Übersiedlung nach Wien verkauft haben.

Bei seinem ersten Aufenthalt in Wien wird Beethoven 1787 außer mit Cembali auch mit Hammerflügeln der zu Beginn des nächsten Abschnittes genannten ortsansässigen

Klavierbauer in Berührung gekommen sein. Sollte er einige Unterrichtsstunden von Wolfgang Amadé Mozart erhalten haben, dürfte er sich auf dessen (in der Internationalen Stiftung Mozarteum Salzburg) erhaltenen Hammerflügel von Anton Walter (1781/82) samt darunter befindlichem (heute verschollenen) »Forte piano pedale« (ca. 1784/85) hören lassen haben, das der Bonner Hoforganist gewiss beherrscht haben wird. Leider ist die Mechanik von Mozarts Instrument (F_1–f^3, Hand- und Kniehebel für eine zwischen *h* und c^1 geteilte Dämpfung, manueller Moderatorzug) seitdem mindestens einmal gravierende verändert worden, weshalb sich über klangliche und spieltechnische Eigenschaften dieses Flügels damals keine zuverlässigen Angaben mehr machen lassen.[16]

Die ersten Jahre in Wien

Schon kurz nach seiner Ankunft in Wien notierte Beethoven am 20. November 1792 zwei Anzeigen aus der *Wiener Zeitung*, in denen Hammerklaviere angeboten wurden, von denen eines ein großes »forte piano« war, also ein Hammerflügel. Er entschied sich

Hammerflügel (F_1–g^3) von *Frère et sœur Stein d'Augsbourg à Vienne*, also von Nannette Streicher (1769–1833), geb. Stein, und ihrem Bruder Matthäus Andreas Stein (1776–1842), hergestellt nach der Übersiedlung der Augsburger Werkstatt ihres Vaters Johann Andreas Stein (1728–1792) nach Wien zwischen 1794 und 1802 (Schlossmuseum Quedlinburg, Foto: Steffen Hennig, Stiftung Kloster Michaelstein) – Dieses Instrument ist, abgesehen vom Klaviaturumfang und der Form seiner (originalen) Beine identisch mit den Hammerflügeln von Johann Andreas Stein. Es besitzt neben einer Prellzungenmechanik zwei Kniehebel zur Bedienung der Dämpfung. Beethoven dürfte solche Instrumente in seinen ersten Wiener Jahren gespielt haben. Er lieh sich einen ähnlichen Hammerflügel von den Geschwistern Stein für sein Konzert 1796 in Pressburg. Erst 1805 wurde deren Modell verändert und durch neuere Entwürfe ersetzt.

jedoch für ein unbekanntes »Klavier«, für das er monatlich eine Miete von 6 Gulden und 20 Kreuzer zu zahlen hatte – knapp die Hälfte jenes Betrags, der für sein Quartiert anfiel.[17] Deshalb und weil Beethovens spätestens seit 1791 die Prellzungenmechanik bevorzugt hatte, kann man davon ausgehen, dass es sich dabei um einen fünfoktavigen Hammerflügel nicht mit der älteren Wiener Stoßzungenmemechanik[18], sondern mit Wiener Mechanik handelte. Als Hersteller von Hammerklavieren lassen sich um 1790 in Wien außer Anton Walter (1752–1826), der offenbar die Wiener Mechanik eingeführt hatte, Franz Xaver Christoph (ca. 1728–1793), Johann Georg Volkert (?–nach 1804), Gottfried Hülm (ca. 1753–1796), Johann Gottfried Malek senior (1733–1798), Ignaz Kober (ca. 1755–1813), Ferdinand Hofmann (ca. 1756–1829) und Wenzel Schanz (?–1790) nachweisen.[19] Von einem dieser Erbauer dürfte Beethovens Leihinstrument gefertigt worden sein, wobei anzunehmen ist, dass es Walter, von dem er um 1800 ein Fortepiano besaß, gerade nicht war, weil sich Beethoven noch für seinen Pressburger Auftritt im November 1796 einen Hammerflügel nach Steinschem Modell aus der Wiener Werkstatt von dessen Tochter Nannette Streicher, geb. Stein (1769–1833), kommen ließ.

Der einzige Hinweis auf den Walter-Hammerflügel in Beethovens Besitz findet sich in den handschriftlichen *Erinnerungen aus meinem Leben* von dessen Schüler Carl Czerny (1791–1857). Czernys erste Begegnung mit Beethoven hatte im Winter 1800/01 in dessen Wohnung stattgefunden: »Ein sehr wüst aussehendes Zimmer, überall Papiere und Kleidungsstücke verstreut, einige Koffer, kahle Wände, kaum ein Stuhl, ausgenommen der wackelnde beym Walterschen Fortepiano |: damals die besten :|«[20] Vermutlich handelte es sich hier um ein spätes Modell aus Walters Werkstatt[21] mit fünf oder gut fünf Oktaven (F_1–f^3 oder F_1–g^3), erhöhtem Saitenzug (von a^1 oder b^1 bis f^3 oder g^3 dreichörig), Messingskapseln, Fängerleiste und insgesamt zwei Kniehebeln für Moderator und Dämpfung. Ob Beethoven dieses Instrument als Leihgabe erhalten hatte oder sein Eigentum nannte, ist unbekannt. Ein Geschenk Walters wird es jedoch nicht gewesen sein. Denn noch im November 1802 war Beethovens willens, unter allen Wiener Klavierbauern allein für einen Hammerflügel von Walter zu bezahlen – wenngleich nur einen Bruchteil des gültigen Listenpreises. An seinen Freund Nikolaus Zmeskall von Domanovecz schrieb er:

> »Sie können mein Lieber Z. dem Walter meine Sache immerhin in einer starken Dosis geben, indem er's erstens ohnedem verdient, dann aber drängt sich seit den Tägen, wo man glaubt, ich bin mit Walter gespannt, der ganze Klaviermacher schwarm, und will mich bedienen – und das umsonst, jeder von ihnen will mir ein Klawier machen, wie ich es will, so ist [Anton] Reicha von demjenigen, von em er sein Klawier hat, innigst gebeten worden, mich zu bereden, daß er mir dörfe ein piano forte machen, und das ist doch einer von Brawern [Braveren = Besseren], wobey ich schon gute Instrumente gesehen – sie [Zmeskall] geben ihm also zu verstehen, daß ich ihm 30 # [Dukaten] bezahle, wo ich es von allen andern umsonst haben kann, doch gebe ich nur 30 # mit der Bedingung, daß es von Mahagoni sey, und den Zug mit einer Saite [Una corda] will ich auch dabey haben, – geht er dieses nicht ein, so geben sie ihm unter den Fuß, daß ich einen unter den andern [Klavierbauern] aussuche, dem ich dieses angebe, und den ich derweil zum [Joseph] Haydn führe, um ihn dieses sehen zu machen«.[22]

Hammerflügel (F_1–g^3) von Anton Walter (1752–1826), Wien, ca. 1795–1800 (Kunsthistorisches Museum Wien, Sammlung alter Musikinstrumente). Das Instrument besitzt eine Wiener Mechanik und zwei Kniehebel zur Bedienung des Moderators (links) sowie der Dämpfung (rechts) – Ein solches Instrument – mit einem Klaviaturumfang entweder bis f^3 oder g^3 – befand sich im Jahre 1800 in Beethovens Besitz. Einzelheiten über dieses Fortepiano sind zwar nicht bekannt, doch war die Bauweise von Walters Hammerflügeln in jener Zeit bereits weitgehend standardisiert und variierte hauptsächlich hinsichtlich des Klaviaturumfangs.

Der von Beethoven beschriebene Una corda-Zug war damals in Wien eine Novität und hatte offenbar durch englische und französische Hammerflügel mit Stoßzungenmechanik Aufmerksamkeit erregt. Joseph Haydn besaß seit den 1790er Jahren ein Instrument von Longman & Broderip aus London und seit 1801 einen Erard-Flügel aus Paris[23], die vermutlich beide über eine Verschiebung verfügten. Aus dem Brief an Zmeskall erfahren wir zudem, dass sich in Beethovens Wohnung um jene Zeit ein »piano« des Wiener Klavierbauers Johann Jakesch (ca. 1763–1840) befand, das ein Geschenk oder eine Leihgabe gewesen sein mag: »heute kömmt ein fremder Franzose zu mir gegen zwölf uhr volti Subito da hat herr r.[eicha] und ich das vergnügen, daß ich auf dem piano von Jakesch meine kunst zeigen muß«. Es ist also gut möglich, dass Beethoven damals wie auch in späteren Jahren über mehrere Hammerflügel zugleich verfügte. 1809 beobachtete Louis Girod, Baron de Trémont, in Beethovens Wohnzimmer einen »ziemlich alten Flügel, auf dem der Staub mit Blättern voll geschriebener oder gedruckten Noten um den Platz stritte«[24]; das bekannte Instrument von Erard (1803) kann damit nicht gemeint sein. Im Juli 1810 wurde Bettina Brentano sogar Zeugin eines regelrechten Instrumentenlagers: »Seine Wohnung ist ganz merkwürdig: im ersten Zimmer zwei bis drei Flügel, alle ohne Beine auf der Erde liegend, Koffer, worin seine Sachen, ein Stuhl mit drei Beinen«.[25] Hinzugekommen sein muss mindestens jenes Fortepiano, auf dem Beethoven vor ihr improvisierte, so dass er 1810 wenigstens drei oder vier Hammerklaviere in seiner Wohnung hatte. 1816 fand Karl von Bursy in Beethovens Wohnung noch immer zwei »Pianoforte«[26] und 1817 Carl Friedrich Hirsch zwei ebensolche vor, davon eines in »Kirschbaum« furniert.[27] Daher muss neben dem Erard-Instrument stets noch mindestens ein anderes existiert haben, auf dessen Herkunft und Anlage keinerlei Hinweise zu existieren scheinen. Somit kann man behaupten, dass Beethoven in seiner Wiener Zeit nicht ein einziges Instrument oder einen bestimmten Erbauer bevorzugte, sondern stets mehrere Instrumente gleichzeitig nutzte, d.h. wahrscheinlich auch von Zeit zu Zeit wechselnde Favoriten hatte.

Das Instrument von Erard

Allerdings ließ die Konstruktion Wiener Hammerflügel – um 1802 nach wie vor entweder dem Stein- oder Walter-Modell entsprechen – damals noch keine seitliche Verschiebung der Klaviatur zu, um einen Una corda-Effekt zu erzielen. Die ältesten erhaltenen Wiener Klavier mit Verschiebung stammen von 1807 (Streicher) und ca. 1810 (Walter).[28] Deshalb kann angenommen werden, dass Beethoven gezwungen war, seine persönlichen Vorstellungen außerhalb Österreichs zu realisieren. Tatsächlich hat er den überlieferten Flügel der Gebrüder Erard in Paris nach neueren Forschungen im Oktober 1803[29] offenbar nicht wie zuvor Joseph Haydn als Geschenk erhalten, sondern

Hammerflügel (F_1–c^4) von *Erard Frères Rue du Mail No. 37 à Paris 1803*. Es handelt sich um das Instrument mit der Seriennummer 133 (Oberösterreichisches Landesmuseum / Schlossmuseum Linz) – Das Klavier besitzt eine Englische Mechanik und vier Holzpedale für (von links nach rechts) Lautenzug, Dämpfung, Moderator und Verschiebung. Das Fortepiano befand sich von Oktober 1803 bis ca. 1825 in Beethovens Besitz, der es wahrscheinlich in Paris bestellt und bezahlte hatte, aber in Wien als ein Geschenk der französischen Firma ausgab. Für eine Auftragsarbeit spricht auch die im Vergleich mit dem Hammerflügel auf der gegenüberliegenden Seite äußerst schlichte Ausstattung, da sich der Komponist kaum ein kostbares Design hätte leisten können. Anfänglich begeistert war er mit dem Flügel bald unzufrieden und ließ dessen Mechanik mehrfach umbauen; auch ein Schallboden nach Wiener Art wurde (frühestens 1820) ergänzt. Um 1825 vererbte Beethoven das Instrument, um es loszuwerden, seinem jüngeren Bruder Nikolaus Johann (1776–1848) in Linz, durch den es 1845 an den jetzigen Besitzer ging. Das Hammerklavier blieb bis heute weitgehend in jenem Zustand, in dem es Beethoven zuletzt nutzte.

Hammerflügel (F_1–c^4) von *Erard Frères Rue du Mail No. 37 à Paris 1803*. Es handelt sich um das Instrument mit der Seriennummer 136; es ist baugleich mit Beethovens Erard-Flügel Nr. 133 und entstand nur wenige Wochen nach diesem (Privatbesitz Los Angeles) – Das Klavier befindet sich weitgehend im Originalzustand, ist aber im Vergleich zum Beethoven-Instrument reich dekoriert; auch besitzt es nun Pedale aus Messing statt Holz. Laut Firmenbuch wurde der Flügel an »M. Cesar Barre à Lisbonne« ausgeliefert, der dem portugiesischen Hofstaat angehörte. Dadurch erklärt sich auch das kostbare Äußere, das bereits in den Unterlagen der Firma hervorgehoben wurde (»orné richement«). Es zeigt, dass Beethovens Hammerflügel eine einfach Standardausführung darstellt. Das Barre-Fortepiano wurde 2003 von der Firma J. C. Neupert in Bamberg restauriert, von der auch dieses Foto stammt.

bestellt:[30] Die Geschäftsbücher vermerken für den »18 Thermidor de l'an XI de la République« (6. August) des Jahres den Versand an »M. Bethoffen á Vienne«. Denkbar ist, dass der Komponist einen Auftrag erteilt hat, einen erheblichen Preisnachlass in Anspruch nehmen konnte und das Fortepiano in Wien dann als Geschenk deklarierte, um mit dem berühmten Haydn gleichzuziehen. Das Instrument mit der Signatur »Erard Frères Rue du Mail No. 37 à Paris 1803« auf dem Vorsatzbrett bzw. »Erard Frères à Paris 1803 No. 133« in Tinte auf dem Resonanzboden besitzt ein mit vier Eisenspreizen verstärktes und in Mahagoni furniertes Corpus, eine Klaviatur mit fünfeinhalb Oktaven (F_1–c^4), einen dreichörigen Bezug, eine Stoßzungenmechanik und vier nebeneinander angeordnete Holzpedale für Verschiebung, Moderator und Dämpfung sowie Lautenzug.

Verglichen mit dem für »M. Cesar Barre à Lisbonne« bestimmten erhaltenen Schwesterinstrument Nr. 136 aus demselben Jahr, das außerordentlich reich dekoriert ist und bereits über Pedale aus Messing verfügt[31], handelt es sich hier um eine ausgesprochen schlichte Ausführung. Tilman Skowroneck hat gezeigt, dass die wiederholt geäußerte Vermutung, Beethoven sei mit dem neuen Flügel von Anfang an unzufrieden gewesen, so nicht zutrifft.[32] Joseph Haydns Vertrauter Georg August Griesinger (1769–1845) teilte dem Leipziger Verlag Breitkopf & Härtel im Dezember 1803 brieflich mit:

> »Die Brüder Erard in Paris haben dem Beethoven (wie früher dem Haydn) ein Geschenk mit einem Fortepiano von Mahony gemacht. Er ist so davon bezaubert, dass er alle hiesigen Arbeiten für Quark dagegen hält [...] Die Tastatur des Pariser Fortepianos ist selbst nach Beethovens Geständnis nicht so geschmeidig und elastisch wie die der Wiener Fortepiano. Einem Meister wie Beethoven ist das aber eine Kleinigkeit.«[33]

Das war es nicht. Denn schon am 2. Januar 1805, gut ein Jahr nach Eintreffen des Flügels in Wien, berichtet Johann Andreas Streicher (1761–1833), Ehemann Nannette Streichers und Freund Beethovens: »Beethoven ist gewis ein kräftiger Spieler; allein er ist bis heute noch nicht im Stande, sein von Erard in Paris erhaltenes F[orte]p[iano]. gehörig zu behandeln und hat es schon 2 mal verändern lassen, ohne das mindeste daran gebessert zu haben, weil der Bau desselben keine andere Mechanik zuläßt.«[34] Alfons Huber hat festgestellt, dass sich der Hammerflügel anscheinend noch immer im Zustand von 1845 befindet[35]; in diesem Jahr gelangte er aus dem Besitz von Beethovens jüngerem Bruder Nikolaus Johann (1776–1848) in das Oberösterreichische Landesmuseum/Schlossmuseum in Linz, wo er nach einem Zwischenaufenthalt in der Sammlung alter Musikinstrumente des Kunsthistorischen Museums Wien nach wie vor zu sehen ist. Zumindest einige der von Streicher genannten Veränderungen sind an dem Instrument noch immer verifizierbar, sofern sie nicht von 1812 stammen, als der Wiener Klavierbauer Matthäus Andreas Stein (1776–1842) das Fortepiano überholte.[36] So wurden die originalen Tastenhebel vorne um 12 mm verlängert und die Tastenbeläge entsprechend vorgezogen, Waagebalken und Waagepunkt, an denen die Tasten geachst sind, um 45 mm zum Spieler hin versetzt, die Spieltiefe der Tasten um gut 2,5 mm (von 8,5–9,0 auf 6,0–6,5 mm) reduziert, die beiden Bleigewichte vom hinteren zum vorderen Ende jedes Tastenhebels übertragen und das Holz an der Unterseite der Tastenhebel so weit als möglich ausgestochen. Diese wohl alle vor 1805 vorgenommenen Umbauten der Klaviatur dienten dazu, das Spielgefühl einer Englischen Mechanik (also einer Stoßzungenmechanik) – Erards Bauweise entspricht den Modellen der Londoner Firma Broadwood bis in Einzelheiten[37] – jenem der Wiener anzunähern, d.h. den Anschlag leichter und direkter zu machen. Bereits am 18. September 1810 klagte Beethoven jedoch erneut Streicher: »Mein französisches [Fortepiano] ist einmal nichts mehr nüze, aber gar nichts, vielleicht können sie mir rathen, wie wir es noch unter die Haube bringen«[38]; im November desselben Jahres fügte er hinzu: »was das französische [Fortepiano], welches wirklich jetzt unbrauchbar ist, [betrifft,] so trage noch Bedenken, es, als ein eigentliches Andenken, wie mich hier noch niemand eines solchen gewürdigt hat, zu verkaufen«.[39] Diese Bedenken dauerten fort, teilte Beethoven doch am

1. August 1824 seinem Rechtsanwalt und Testamentvollstrecker Johann Baptist Bach mit: »da man aber verwandten, wenn sie einem auch gar nicht verwandt sind, auch etwas vermachen muß so erhält mein Hr. Bruderé mein Französisches Klawie[r] von Paris.«[40] Schon um 1825 ging der Flügel an Nikolaus Johann van Beethoven.

Eine wesentliche Ursache für Beethovens mangelnde Zufriedenheit mit seinem Erard-Fortepiano dürfte übrigens in der Besaitung bestehen, die sich vermutlich zwischen 1803 und etwa 1825 allmählich veränderte und somit auch den Klang erheblich beeinflusste: Im Laufe der Jahre rissen 78 Prozent der ursprünglichen Saiten und wurden, möglicherweise von Beethoven selbst, anscheinend derart ersetzt, dass sie für die kürzeren Mensuren der höheren Lagen erneut Verwendung fanden, weshalb das Instrument in der Mittellage heute teilweise zu dünn, im Diskant zu dick besaitet ist. Die fehlenden Saiten wurden vielfach durch ungeeignete ausgetauscht; nur drei von ihnen lassen sich der Form ihrer Schlaufen nach der Streicher-Werkstatt zuschreiben. Eine vollständige Neubesaitung ist seit 1803 jedoch nicht erfolgt.[41] Schließlich erhielt der Hammerflügel eine späte Anpassung an herrschende Wiener Ideale durch Einbau eines sogenannten Ton- oder Schallbodens. Dieser direkt über den Saiten angebrachte und in Wien vermutlich schon um 1805, spätestens aber 1806/07 verbreitete zweite Resonanzboden sorgt für einen grundtönigeren, also dunkleren, Klang und einen dynamischen Ausgleich zwischen den stärkeren tieferen gegenüber den schwächeren höheren Lagen. Die Ergänzung des Schallbodens wird allgemein mit der Überholung des Erard-Flügels durch Matthäus Andreas Stein im Jahre 1812 in Verbindung gebracht.[42] Das ist freilich unwahrscheinlich, weil Stein dem ertaubten Beethoven überhaupt erst im März 1820 die Funktion eines Schallbodens erläuterte – in diesem Fall als Hilfseinrichtung, um die Klangabstrahlung zum Spieler hin zu verbessern. Aus seinen Bemerkungen im 9. Konversationsheft geht hervor, dass Beethoven diese Konstruktion bis dahin unbekannt geblieben war.[43] Für dieses Experiment wird Beethoven seinen neuen Broadwood-Flügel von 1817 nicht zur Verfügung gestellt haben, weshalb anzunehmen ist, dass Stein das Instrument von Erard erst zwischen Ende März 1820 und dem Jahr 1825 mit dem bis heute erhaltenen Schallboden ausstattete – letztlich ohne Erfolg, gab der Komponist das Fortepiano anschließend doch endgültig aus dem Haus.

Klaviere außerhalb Wiens

Beethovens Unzufriedenheit mit Klavieren der englisch-französischen Bauweise trotz deren überragender Klangstärke und seine erneute Hinwendung zu den vertrauten Idealen der Wiener Mechanik spiegelt sich in den Akquisitionen der nächsten Jahre. Erstmals 1803 erfahren wir, dass sich der Komponist für die Landaufenthalte vor Wien wiederholt Hammerflügel lieh. Die Begründung hierfür findet sich später in den Konversationsheften: Ein Klaviertransport war damals eine heikle Angelegenheit, wollte man das Instrument nicht in Mitleidenschaft ziehen. Beethovens späterer Broadwood-Flügel etwa war Ende 1817 von London aus auf dem Seeweg nach Triest und von dort über Land nach Wien verfrachtet worden, wo er – wahrscheinlich erst im Juni 1818 –

in derart schlechtem Zustand eintraf[44], dass der Komponist die Firma Streicher bitten musste, das Instrument wieder in Gang zu bringen. Transportiert wurde in Holzkisten, in denen das Fortepiano auf Stroh gebettet und/oder mit Schrauben gesichert war, und üblicherweise mit Trägern. Eine solche Überführung kostete 1823 von Beethovens Wiener Wohnung nach Hetzendorf 8 Gulden.[45] Einfacher und billiger war jedoch ein Transport per Pferdewagen; Matthäus Andreas Stein riet Beethoven im August 1823: »es [das Klavier] kann auf einem Wagen / wenn es vorsichtig behandelt / wird schon geführt werden [–] den kostet es nicht viel [–] nun muß mann rechnen / das es wieder zurük / komen muß«.[46] Diese Einschätzung teilte 1825 auch der Wiener Klavierbauer Johann Schanz (ca. 1762–1828):

> »Schanz sagt, die Träger seyen / jetzt so beschäftigt, dass sie nur / zu sehr hohem Preis, nicht unter / 25 f [Gulden] wenigstens zu haben sind. / Er hat aber einen eigenen Wagen, / worauf er schon mehrere Claviere / fortgeschickt hat, und wo / er gut steht, daß nichts daran / geschieht; das könnte ungefähr 10 f kosten.«[47]

Um die eigenen Instrumente zu schonen und die Organisation eines Transports zu umgehen, überließ Beethoven anderen das Risiko und lieh sich regelmäßig Instrumente Wiener Klavierbauer. Hiervon ist seit 1803 die Rede, als er Stein bat, »ob er mir nicht ein Instrument hieher [nach Oberdöbling] geben kann – für Geld – ich fürchte meins hieher tragen zu lassen«.[48] Im Mai 1820, unmittelbar vor der Abreise nach Mödling, wohin er seinen Broadwood-Flügel nicht mitnehmen konnte[49], notierte Beethoven selbst im 13. Konversationsheft: »[Franz] oliva / soll Stein / Fragen, / was ein / Instrument bey ihm kostet«.[50] Zu Besuch in Mödling kam Oliva im September des Jahres darauf zurück: »Ist das Piano gekommen«?[51] In Penzing stand Beethoven wohl von Mai bis Juni 1824 erneut ein Stein-Flügel zur Verfügung; vermutlich im Juni, jedenfalls aber noch vor der Weiterfahrt nach Baden Anfang Juli 1824 fragte der Neffe Karl: »Willst du das Clavier von Stein / [dorthin] transportieren laßen?«[52] Auch im Spätsommer 1825 vermerken die Konversationshefte eine »rechnung« für ein »Stein Klavier«.[53] Am 27. Juli 1810, vor der Reise

nach Baden, forderte Beethoven Johann Andreas Streicher auf: »Rechnen sie mir alles an was das tragen kostet«.[54] Während seines Aufenthalts in Baden im September und Oktober 1821 wurde Beethoven offenbar ein Flügel eines unbekannten Wiener Erbauers zur Verfügung gestellt. Schon am 13. Oktober, rund zwei Wochen vor seiner Abreise, erschien in der *Wiener Zeitung* folgende »Clavier=Instrument=Anzeige«:

> »Jene Damen und Clavier=Liebhaber, welche sich dieses Instrument, womit sich Louis van Beethoven während der Badezeit bedient hat, kaufen wollen, können selbes in Baden nächst Wien bey dem Kupferschmiedmeister Bayer, wohnhaft in der Rathausgasse, ansehen; es enthält 6 Octaven, 6 Mutationen, und ist ganz nach dem [Conrad] Grafischen Style mit allem Fleiße bearbeitet.«[55]

Aus diesem Inserat, das Beethovens Badener Vermieter, der Kupferschmied und Schlossermeister Johann Bayer, aufgegeben hatte, wird vollends ersichtlich, welch hoher Werbefaktor die Überlassung eines Instruments an Beethoven darstellte. Sein Biograph Anton Schindler berichtet, dass sogar die Fensterläden von Beethovens Badener Zimmer, die der Komponist während seines Aufenthalts 1822 mit persönlichen Notizen versehen hatte, alsbald von Touristen gegen gutes Geld erworben wurden.[56] Anfang August 1823 empfahl Matthäus Andreas Stein Beethoven: »wenn Sie in Baaden / um einen billigen / Preiß ein Clavir bekommen können so / ist es doch vieleicht beßer [–] Ihr Clavir leidet halt / auch durch den Transport«.[57] Im Herbst 1824 stand Beethoven in Baden tatsächlich ein Klavier des ortsansässigen Erbauers Augustin Riedl zur Verfügung, mit dem er allerdings nicht zufrieden war.[58] Gleichwohl hatte er offenbar bereits 1816 ein positives Gutachten für Riedl ausgestellt[59], weshalb zu vermuten steht, dass er schon damals dessen Instrumente spielte.

1996 stellte Eva Badura-Skoda einen Hammerflügel des Wiener Klavierbauers Conrad Graf (1782–1851) öffentlich vor, der angeblich im August 1823 von seinem Erbauer dem in Baden weilenden Beethoven zum Geschenk gemacht worden war und 1988 in die Sammlung Badura-Skoda (Wien) gelangt ist.[60] Das Instrument mit der Opuszahl 432[61] – ein heute sogenanntes A-Modell mit noch ungeteilten Stegen, entstanden um 1822/23 – besitzt eine Wiener Mechanik, einen Klaviaturumfang von C_1 bis f^4, durchgehend vier Saitenchöre und fünf Pedalzüge: Verschiebung, Fagott, Dämpfung, Moderator und Janitscharenzug.

Zur Abbildung links: Hammerflügel (C_1–c^4) von *John Broadwood & Sons*, London 1817 (Ungarisches Nationalmuseum Budapest) – Das Instrument besitzt eine Englische Mechanik und zwei Holzpedale, ein linkes für den Moderator und ein in Bass und Diskant geteiltes rechtes für die Dämpfung. Der Flügel stellt ein Geschenk von Thomas Broadwood (1786–1861) an Beethoven dar und befand sich von Juni 1818 bis zu seinem Tod 1827 in dessen Besitz. Er wurde in der Londoner Firma von den Pianisten Friedrich Kalkbrenner (1785–1849), Giacomo Gotifredo Ferrari (1763–1842), Johann Baptist Cramer (1771–1858), Charles Knyvett (1773–1852) und Ferdinand Ries (1784–1838), die allesamt auf dem Stimmstock signierten, für Beethoven ausgesucht. Also handelte es sich um eine Serienanfertigung des damals weltweit modernsten Fortepianotypus, der 1811 entwickelt worden war. Über den Wiener Musikverleger Anton Spina (1790–1857) als Zwischenbesitzer ging das Instrument 1845 an Franz Liszt (1811–1886), der es dem heutigen Eigentümer vermachte, an den es 1887 gelangte. Das Instrument wurde 1991 von David Winston, Biddenden (Kent), restauriert und befindet sich, abgesehen von Besaitung, Belederung und Garnierung, in spielbarem Originalzustand.

Die Signierung im Schmuckrahmen am Stimmstock ist nicht mehr lesbar. Insbesondere aber fehlen zuverlässige Dokumente, die einen konkreten Zusammenhang zwischen diesem Flügel und Beethoven belegen. Zwar findet sich im Konversationsheft der zweiten Augusthälfte 1823 ein Eintrag von Beethovens Haushälterin Barbara Holzmann: »Uohn [Von] kraf gar ist wer hier«; auch ist die Rede von einem »fuhr Ma[nn]«[62], was durchaus für die Anlieferung eines Instruments aus Grafs Wiener Werkstatt spricht. Der vierchörige Saitenbezug und das Janitscharenregister, mit dem Beethoven in Baden gehört worden sein soll[63], weisen in dieselbe Richtung, obschon Graf eine ganze Reihe solcher Modelle hergestellt hat.[64] Beethoven könnte sich also Anfang August jenes Jahres, nachdem ihm der Klavierbauer Stein die Bereitstellung eines Hammerflügels abgeschlagen und ihm geraten hatte, sich in Baden nach einem Klavier umzusehen, an Graf gewandt haben. Doch hält der Provenienznachweis des 1988 wiederentdeckten Instruments einer genauen Überprüfung nicht stand. Laut Zeugnis des Vorbesitzers Dr. Hans Schwarz-Glossy in Wien von 1965 wurde der »stark beschädigte« Flügel um die Wende zum 20. Jahrhundert von dessen Schwiegermutter im »[Kartoffel-]Keller« jenes Hauses in Baden entdeckt, das 1823 besagtem Johann Bayer gehörte, von Beethoven bewohnt worden war und heute das örtliche Beethoven-Museum beherbergt. Nach mündlicher Überlieferung habe Graf das Klavier Beethoven geschenkt und dieser das Instrument dann »im Haus zurückgelassen«.[65] Eva Badura-Skoda meint, »der inzwischen im Keller abgestellte Flügel« sei von Beethoven schlicht »vergessen worden«[66], wirft damit allerdings eine Vielzahl von Fragen auf, die allesamt unbeantwortet blieben:

a) Für die Zeit von 1823 bis um 1900 fehlen jegliche Dokumente zu dem Instrument; der erhaltene Flügel könnte also auch nach 1823 in das Badener Haus gelangt sein, zumal die Angaben über seine Herkunft allein vom Nachbesitzer in erster oder zweiter Generation stammen.
b) Bereits im Sommer 1824 sah sich Beethoven veranlasst, ein Instrument von Augustin Riedl zu leihen, über das er im Übrigen unglücklich war. Weshalb soll er den angeblich noch vor Ort befindlichen Graf-Flügel also nicht in sein neues Badener Quartier geschafft haben, zumal dieser ihm doch gehört haben soll?
c) Wie hätte Beethoven eines der modernsten Klavier seiner Zeit – Conrad Grafs Opus 432, dessen Klaviaturumfang das Broadwood-Fortepiano des Komponisten um eine halbe Oktave übertraf – im Keller »vergessen« können, anstatt es noch im Herbst 1823 nach Wien bringen zu lassen?
d) Bereits 1821 und 1822 hatte der geschäftstüchtige Johann Bayer einen Devotionalienhandel mit »Beethovens« Flügel und Fensterläden betrieben. Warum soll er das noch wertvollere Graf-Instrument im Jahr darauf einfach im feuchten Kartoffelkeller verrotten haben lassen?
e) Die Kernfrage aber lautet schließlich: Was sollte Graf veranlasst haben, Beethoven 1823 einen Hammerflügel zu schenken, wo er diesem 1826 ein vergleichbares Instrument doch nur geliehen, es nach dem Tod des Komponisten zurückgenommen und dann verkauft hat?

Solange diese Probleme ungelöst bleiben, ist die Authentizität von Grafs Opus 432 als Beethoven-Instrument nicht zu belegen.

Die mittleren Jahre in Wien

Zwischen dem Eintreffen des Erard-Flügels im Oktober 1803 und des Broadwood-Fortepianos im Juni 1818 fanden noch weitere Klaviere ihren Weg in die Stadtwohnungen Beethovens. Am 6. Mai 1810 ließ er durchblicken, dass er ein Streicher-Klavier »dahabe«, am 18. September 1810 bat er Johann Andreas Streicher von Baden aus: »schreiben sie mir, ob ich, da ich im oktober wieder in Vien eintreffe, wieder ein Piano von ihnen haben kann – Mein französisches ist einmal nichts mehr nüze, aber gar nichts, vieleicht können sie mir rathen, wie wir es noch unter die Haube bringen«.[67] In der ersten Oktoberhälfte des Jahres schrieb er Streicher aus Wien: »Ich freue mich schon auf die neuen Instrumente und hoffe auch, daß der Erzherzog bald eines nehmen wird.«[68] Mitte November war jedoch noch immer kein Streicher-Fortepiano eingetroffen: »Bis Ende 8ber [Oktober] versprachen sie mir ein Piano, und nun ist schon halber November und ich habe noch keins. – Es ist mein Wahlspruch entweder auf einem guten I[nstrument]. spielen oder gar nicht«.[69] Anscheinend hat Beethoven um 1810 mehrfach Streicher-Flügel leihweise in Anspruch genommen, was das vielzitierte Diktum gegenüber Nannette Streicher vom 7. Juli 1817 erklärt: »vielleicht wissen Sie nicht, daß ich, obschon ich nicht immer ein Piano von ihnen gehabt, ich die ihrigen doch immer besonders vorgezogen seit 1809«.[70] Im selben Schreiben bat er sie, ihren Mann zu fragen, ob

> »er die Gefälligkeit hat, mir eines ihrer Piano mehr nach meinem geschwächten Gehör zu richten, so stark als es nur immer möglich ist, brauch ichs, ich hatte schon lange den Vorsatz, mir eins zu kaufen, allein in dem Augenblick fällt es mir sehr schwer, vielleicht ist es mir jedoch etwas später eher möglich, nur bis dahin wünschte ich eins von ihnen geliehen zu haben, ich will es durchaus nicht umsonst, ich bin bereit, ihnen das, was man ihnen für eins gibt, auf 6 Monathe in Konvenz-Münze voraus zu bezahlen.«[71]

Es ist nicht daran zu zweifeln, dass Beethovens Bitte entsprochen wurde und dass er bis zur Ankunft des Broadwood-Flügels im Frühsommer 1818 für sechs Monate tatsächlich ein Streicher-Fortepiano zur Verfügung hatte; besessen hat er ein solches aber offenbar nicht.

Um 1814 dürfte ein Hammerflügel von Sebestyén Antal Vogel aus dem heutigen Budapest mit Wiener Mechanik und einem Klaviaturumfang von F_1 bis f^4 entstanden sein, den Maria Christiane Fürstin Lichnowsky mündlicher Tradition zufolge Beethoven geschenkt haben soll. Der eigentliche Bezug zu Beethoven beruht allerdings auf einem Portrait im Deckel, das angeblich den Komponisten an diesem Instrument zeigt.[72] Das Fortepiano wurde 1892 auf der Internationalen Ausstellung für Musik und Theaterwesen in Wien vorgestellt und 1982 von der Smithsonian Institution in Washington D.C. erworben.[73] Ob es tatsächlich Beethoven gehörte, ist wie im Falle des Graf-Flügels von 1822/23 nicht zu ermitteln.

Ebenfalls im Jahre 1814 entdeckte der Prager Kollege Václav Jan Tomásek (1774–1850) ein aufrechtes Hammerklavier in Beethovens Wohnung:

»Am 10. [Oktober 1814] vormittags besuchte ich in Gesellschaft meines Bruders Beethoven [...] Das Empfangszimmer, in dem er mich freundlich begrüßte, war nichts weniger als glänzend möbliert, nebstbei herrschte auch darin eine ebenso große Unordnung als in seinem Haare. Ich fand hier ein aufrechtstehendes Pianoforte und auf dessen Pulte den Text zu einer Kantate (›Der glorreiche Augenblick‹ [op. 136, 1814]) von [Aloys] Weißenbach; auf der Klaviatur lag ein Bleistift, womit er die Skizze seiner Arbeiten entwarf«.[74]

Ob es sich bei diesem Klavier um Beethovens Eigentum handelte, ist ebenso unbekannt wie der Name des Erbaues. Matthäus Andreas Stein kann es nicht gewesen sein; denn dieser fragte Beethoven im März 1820 ja gerade: »haben Sie nicht versucht / auf einem Aufrechten Clavier zu spiehlen?« In Frage kommen indes neben Matthias Müller (1770–1844), der 1803 mit seiner einmanualigen »Dittanaclasis« den ersten Prototyp des modernen Pianinos vorstellte, sowohl Joseph Wachtl als auch Martin Seuffert (ca. 1772–1847). Letztere hatten in gemeinsamer Werkstatt seit 1802 das aufrechte Instrument entwickelt, weil das gewöhnliche »Pianoforte [...] in einem kleinen Zimmer [...] sehr unbequem ist, und in einem schönen möblirten, wo alles mit Geschmack berechnet ist, seine Figur dem Auge wehe thut«.[75] Zu Seuffert, der seit 1811 eine eigene Firma unterhielt, scheint Beethoven um 1815 Kontakt gehabt zu haben, und aus dem 14. Konversationsheft geht hervor, dass Wachtl in der ersten Jahreshälfte 1820 anscheinend vom Komponisten selbst dessen Portrait erhalten hat.[76]

Allein aus zwei Randbemerkungen erfahren wir schließlich von einem Hammerflügel der Werkstatt von Johann Schanz, der sich im Juli 1815 vermutlich leihweise in Beethovens Wiener Wohnung befand:

»ich werde wohl bey allen Gefälligkeiten der Gräfin [Anna Marie Erdődy in Jedlesee bei Wien] auch noch jene nur auf einige Tage ein Klavier von ihr im Zimmer zu haben das Maaß meiner Unbescheidenheit voll machen müssen, indem mir Schanz ein so schlechtes geschickt hat, so daß ers bald wieder zurücknehmen muß, und ich dieses, da ichs nicht behalten kann, hinausschicken mag«.[77]

Am 23. Juli 1815 bestätigte Beethoven Joseph von Varena in Graz, dem er ein Schanz-Fortepiano vermittelt hatte: »das Instrument ist von Schanz – wovon ich auch ein's habe«.[78]

Aus diesen Beobachtungen lässt sich als Zwischenbilanz festhalten, dass Beethoven Kontakt zu einem Großteil der führenden Wiener Klavierbauer unterhielt, aber anscheinend peinlich genau darauf achtete, wenigstens Dritten gegenüber keinem den Vorzug zu geben. Dass er nach Meinung der musikalischen Öffentlichkeit zeitweise »mit Walter gespannt« war, erschien ihm eher unangenehm. Nichts spricht dafür, dass Beethoven seit Ankunft des Erard-Flügels im Jahre 1803 ein Wiener Fortepiano erworben hat. Sogar die engen persönlichen Beziehungen zum Ehepaar Streicher, zu Matthäus Andreas Stein und Conrad Graf führten, soweit wir wissen, zu keinem Instrumentenkauf, und aus dem zeitweise offenbar äußerst gespannten Konkurrenzverhältnis der beiden letzteren[79], die zudem darum buhlten, für Beethovens Klaviere Hörmaschinen entwickeln zu dürfen[80] (und damit letztlich beide Erfolg hatten), scheint er sich konsequent herausgehalten zu haben. Zwar mag die Mitteilung Georg August Griesingers (1803) zutreffen, dass »Beethoven den Ton der hiesigen Fortepiano schon früher immer als hölzern tadelte, desgleichen, dass sie ein kleines und schwaches Spiel gewöhnen«[81] – obschon er seinem Instrument von Erard ja nachträglich gerade die positiven Eigenschaften der Wiener Mechanik zu verleihen suchte. Dennoch nahm Beethoven an der rapiden Entwicklung im Wiener Klavierbau durch beständige Steigerung von Klaviaturumfang, Saitenspannung und Gehäusestärke Anteil, indem er sich offenbar aktuelle Modelle leihweise ins Haus kommen ließ und bis 1808 vermutlich auch auf die Konzertbühne holte.

Weitere Kontakte zu Wiener Klavierbauern ergaben sich, indem Beethoven seine Instrumente »ausputzen« und reparieren bzw. neue Saiten aufziehen ließ. Matthäus Andreas Stein reinigte Ende April 1823 eines der Klaviere, leimte einen Hammerstiel und zog neue Saiten auf.[82] Für das Konzert des Pianisten Ignaz Moscheles (1794–1870) am 15. Dezember 1823 im Wiener Kärntertortheater transportierte und überholte der Klavierbauer Wilhelm Löschen (1781–1839) Beethovens Broadwood-Flügel und änderte den Bezug:

> »Montag ist das Concert [|] Ihr Instrument ist so vollkommen geworden, daß es / im höchsten Grade Epoche / machen wird. Es ist eine / wahre Freude, / Mosch[eles]. Darauf spiel[en] zu hören. Leschen hat / es ganz mit Berliner / Saiten bezogen, u[nd] wie es / jetzt klingt, werden / Sie sich mit Vergnügen / selbst überzeugen. [|] alle englischen [Hammerflügel] werden mit / Berliner Saiten bezogen [–] die Einfuhr dieser Saiten / kostet entsetzlich viel, / der Bezug hält aber / 10 hiesige aus.«[83]

Stimmarbeiten konnte Beethoven in seinen letzten Lebensjahren offenbar nicht mehr persönlich ausführen. Ob er zuvor selbst gestimmt hat, lässt sich nicht feststellen. Spätestens 1820 aber beschäftigte er einen unbekannten Stimmer, der wöchentlich »2 Instrumente« wartete und hierfür monatlich 6 Gulden erhielt, jedes Mal also 1 Gulden 30 Kreuzer.[84] Im Juni 1825 vermerkte der Neffe Karl: »Morgen kommt der Clavier- / stimmer von [Wilhelm] Leschen«.[85] Im Februar 1826 teilte Karl Holz Beethoven mit: »Wenn Sie den Clavierstimmer / brauchen, so wird ihn / [Conrad] Graf schicken.«[86] Beachtung verdient, dass sich Beethoven persönlich im November 1823 den Titel von Bonifazio Asiolis (1769–1832) *Anleitung, Clavier-Instrumente zu temperiren, und auf die leichteste Art ohne Beihülfe eines Meisters nach der neuesten Methode rein und richtig zu stimmen* notierte, die 1818 parallel zur *Klaviersonate* op. 106 im Wiener Verlag Artaria erschienen war und am 19. November 1823 erneut in der *Wiener Zeitung* angezeigt worden ist.[87] Dieses Exemplar war vermutlich für den Neffen bestimmt gewesen, der im selben Konversationsheft unmittelbar mit einem eigenen Eintrag folgt.

Die späten Jahre in Wien

Wahrscheinlich wäre es bis zu Beethovens Lebensende beim Umgang mit Wiener Flügeln geblieben; jedenfalls existiert kein Dokument, aus dem hervorgeht, dass der Komponist seit Erhalt des Erard-Klaviers 1803 noch einmal versuchte, sich ein Fortepiano mit Englischer Mechanik zuzulegen, hätte ihm nicht Thomas Broadwood (1786–1861) 1817 jenen Hammerflügel geschenkt, der seitdem unter allen Beethoven-Instrumenten den Status höchster Prominenz genießt. Broadwood soll Beethoven im Sommer 1817 in Wien begegnet sein; jedenfalls fasste er den Entschluss, dem Komponisten einen Flügel zu überlassen und ihn damit zum Werbeträger auf dem österreichischen Markt zu machen – will man nicht gar behaupten, er habe diesen Markt mit Beethovens Hilfe gerade erst erschließen wollen. In der Tat berichtete die *Wiener Zeitung* am 8. Juni 1818:

> »Herr Ludwig van Beethoven, dem nicht nur Oesterreich, sondern auch das Ausland durch Anerkennung seines hohen, weit umfassenden musikalischen Genies huldigt, erhielt zu London von einem seiner dortigen Verehrer ein sehr seltenes und kostbares Pianoforte zum Geschenke, welches demselben frachfrey dis [bis] nach Wien geliefert ward. Mit besonderer Liberalität erließ die k. k. allgemeine Hofkammer den Eintrittszoll, dem sonst fremde musikalische Instrumente unterliegen, und gab dadurch wieder den schönen, für die Künste erfreulichen Beweis, wie sehr man befließen sey, in eben dem Maße so seltene Verdienste des Genies durch human Werthschätzung zu ermuntern.«[88]

Im Dezember 1823 bemerkte der Neffe Karl, dass »ohne- / hin die ganze Stadt weiß, daß du allein / ein englisches Klavir v. Broadwood hast«.[89] Thomas Broadwood war Inhaber der weltgrößten Klavierfirma mit 300 Gesellen und einer Jahresproduktion von 1.500 Instrumenten (1824), was in Wien durch Johann Baptist Streicher (1796–1871) bekannt geworden war, der 1821/22 eine Europareise unternommen hatte.[90] Broadwood ließ das für Beethoven bestimmte Instrument durch fünf der führenden Londoner Pianisten aussuchen, die allesamt auf dem Stimmstock signierten: Friedrich Kalkbrenner (1785–1849), Giacomo Gotifredo Ferrari (1763–1842), Johann Baptist Cramer (1771–1858), Charles Knyvett (1773–1852) und Beethovens Schüler Ferdinand Ries (1784–1838). Die Wahl fiel auf ein 1811 entwickeltes Modell, das Ende 1817 fertig gestellt wurde, die Seriennummer 7362 erhielt und am 27. Dezember 1817 Broadwoods Unternehmen in Richtung Londoner Hafen verließ. Das *Porter's book* der Firma weist für diesen Tag folgenden Eintrag aus: »a 6 octave Grand P[iano]. F[orte]. N°. 7362 tin and deal cases, Thos Broadwood Esq[uire]., marked VB care of F. E. Bareaux et Co. Trieste – a present to Mr. van Beethoven, Viene) deliv^{d} c[?] M Farlowes to be shipped. Millet«.[91] Der Flügel besitzt eine Stoßzungenmechanik mit einem Klaviaturumfang von sechs Oktaven (C_1–c^4), einen durchgehend dreifachen Saitenbezug und zwei Pedale (Moderator und Dämpfung), von denen das rechte in Bass und Diskant geteilt ist (C_1–h und c^1–b^2; ab h^2 ungedämpft). Das Corpus wurde in spanischem Mahagoni furniert sowie intarsiert und mit Goldbronze verziert. Auf dem Vorsatzbrett über der Klaviatur ließ Broadwood neben dem Firmenschild (»John Broadwood & Sons, Makers to His Majesty and the Princess,

Great Pulteney Street, Grand Square, London«) folgende lateinische Inschrift anbringen: »Hoc instrumentum est Thomæ Broadwood donum propter ingenium illustrissimi Beethoven« (Dieses Instrument wurde dem sehr berühmten Beethoven wegen seines Genies von Thomas Broadwood geschenkt). Über die Absendung des Instruments, dessen Wert 1823 bei 220 Dukaten lag[92], informierte Broadwood Beethoven mit einem heute verschollen Schreiben vom 3. Januar 1818, auf das der Komponist am 3. Februar 1818 antwortete und sich sofort um zollfreie Einfuhr in das Reich über den Hafen von Triest bemühte.[93] Den Transport von Triest nach Wien mit Pferdewagen besorgte der Spediteur Giuseppe Antonio Bridi[94], die Instandsetzung des wohl erst Anfang Juni eingetroffenen und durch die Reise geschädigten Flügels die Wiener Firma Streicher, die zudem, wie Friedrich August Kloeber 1818 beobachtete, schon damals eine »Blechkuppel« als Hörmaschine installierte.[95] In Wien erregte das neue Fortepiano rasch große Aufmerksamkeit, handelte es sich doch um das modernste Klavier aus der ökonomisch erfolgreichsten Werkstatt jener Zeit. Auch hinterließ kein anderes Instrument in den erhaltenen Beethoven-Dokumenten derart umfangreich Spuren. Schon im Februar 1818, also noch vor Ankunft des Geschenks, heißt es über Matthäus Andreas Stein: »Er freut / sich auf Ihr englisches [Fortepiano]«.[96] Aus Bemerkungen des Pianisten Joseph Czerny und Steins vom Januar und März 1820 geht hervor, dass letzterer den Broadwood-Flügel damals in seiner Werkstatt hatte[97], um für Beethoven eine neue Hörmaschine zu entwickeln. Im März 1820 bat Conrad Graf, der das Instrument bei Stein gesehen hatte, Beethoven darum, das Fortepiano vermessen zu dürfen; »denn er« war »Willens 2 solche In- / strumente zu machen«.[98] Damit nicht genug, hatte Graf bereits einen eigenen Broadwood-Flügel bestellt, der die Seriennummer 7372 trug, also nur kurze Zeit nach Beethovens Exemplar entstanden war.[99] Wenn Tilman Skowroneck für Beethovens Erard-Flügel von 1803 vermutet, dieser habe Wiener Klavierbauern als Vorbild gedient, die Saitenspannung und das Klangvolumen eigener Instrumente zu mehren[100], so ist eine solche Vorbildfunktion für das 1818 eingetroffene Broadwood-Fortepiano en detail zu belegen. Ja man mag sogar mit Recht behaupten, dass insbesondere Beethovens kompositorischer Rang und sein Interesse am Fortepiano die Entwicklung des kontinentalen Klavierbaus erheblich beeinflusst haben.

Beethovens Interesse am Klavier als solchem kann freilich nicht darüber hinwegtäuschen, dass seine Begeisterung für Akquisitionen stets in jenem Maß schwand, wie diese ihren Neuwert verloren, und er anscheinend nicht in der Lage war, dem drohenden Qualitätsverlust durch rechtzeitige Wartungsmaßen entgegenzutreten. Einerseits war er stolz auf den Broadwood-Flügel, wie 1825 Ludwig Rellstab versicherte: »›Das ist ein schöner Flügel! Ich habe ihn aus London zum Geschenk bekommen. Sehen Sie da die Namen!‹ Er deutete mit dem Finger auf den Querbalken über der Klaviatur [...] ›Das ist ein schönes Geschenk [...] und es hat einen schönen Ton‹«.[101] Das Instrument bedeutete ihm so viel, dass er es wenigstens 1822 entgegen seiner Gewohnheit sogar nach Döbling mitnahm, wo er sich seit Mai aufhielt. Ende August bat er seinen Bruder, mit Hilfe von Trägern den Weitertransport zur Kur nach Baden zu organisieren, die er am 1. September antrat.[102] Da in jenem Schreiben ausdrücklich vom »englischen piano« die Rede ist, liegt auf der Hand, dass Beethoven um diese Zeit mindestens ein weiteres Klavier genutzt haben muss. Andererseits aber war das Instrument von Broadwood, im Dezember 1823 von Wilhelm Löschen überholt, im Herbst des Folgejahres schon wieder reparaturbedürftig. Im Juli 1818 hatte Thomas Broadwood Beethoven geraten, sich im Bedarfsfall an den Londoner Harfenbauer Johann Andreas Stumpff (1769–1846) zu wenden, dem die Funktion von Stoßzungenmechaniken geläufig war.[103] Als Stumpff dann 1824 in Wien weilte, ersuchte ihn Beethoven am 3. Oktober von Baden aus: »Es würde sehr liebevoll seyn wenn Sie sich zu dem Herrn (Stein, Klaviermacher) begeben wollten, [...] und denselben gütigst anweisen wollten, was mit meinem Instrumente von Broadwood geschehen soll?«[104] In seinen Erinnerungen gibt Stumpff eines der Gespräche wieder, das er damals mit Beethoven führte:

> »[Beethoven:] ›Ich besitze selbst ein Londoner Instrument, welcher aber nicht das leistet was man von dorther erwarten sollte: Kommen Sie hier steht es im Neben Zimmer, in einem höchst elenden Zustand.‹ [Stumpff:] Als ich solche eröffnete, welch ein Anblick trat mir entgegen! Der obere Theil war tonlos und die zerrissenen Saiten waren in einander verwirrt, wie ein Dorn Strauch vom Sturmwind gegeißelt! Beethoven bat mich ihm zu rathen war mit dem Klavier anzufangen sei. ›Könnte wohl der Klaviermacher Stein, wenn Sie sich mit ihm berathen, solches wieder in einen guten Zustand zu setzen vermögend sein?‹ Ich versprach seinen Wünschen willfährig zu sein«.[105]

Diese Aufzeichnungen lassen erneut erahnen, dass sich Beethoven 1824 in Wien eines zweiten, heute unbekannten Klaviers bedient haben wird. Über die Zusammenarbeit von Stumpff und Stein berichtet der Neffe Karl bis Mitte Oktober 1824 im 77. Konversationsheft:

> »Stein scheint es aber übel ge- / nommen zu haben, daß Stumpff / ihm erklären wollte, was an der / Mechanik fehlte; besonders daß / dieser so gefällig war, ihm den / innern Bau und die anzubrin- / genden Verbesserungen auf- / zuzeichnen. Er sagte, er wüßte / schon selbst, was er zu machen / habe. Statt dankbar zu empfan- / gen, was ihm doch so nützlich / seyn kann! – Tischler. – Stumpff war zwey Mahle / bey Stein. [–] Er geht bis Montag längstens / weg [...] Stumpff sagt, an der innern / Mechanik ist viel be- / schädigt. – Wahrscheinlich hat Stein selbst / mit seinen Experimenten / manches verdorben, was / er dann nicht mehr in den / vorigen Stand bringen konnte.«[106]

Im August 1825 meinte Carl Czerny zu Steins Arbeiten: »Ihr englisches hat er / sehr gut behandelt [–] heller und traitabler [–] Er hat selber ein englisches / von 6 ½ Oktaven wonach [er] die seinen modelt«.[107] Wie zu vermuten, bestand das Ziel der Restaurierung also auch in diesem Fall darin, Klang- und Anschlagsidealen Wiener Instrumente näher zu kommen. Schon ein halbes Jahr später wurde die nächste Überholung erforderlich, was Karl Holz im Januar 1826 darlegt: »Ihr Fortepiano bedarf einer / so langen Reparatur / daß / Sie es so bald nicht erhalten / werden; [Conrad] Graf sagt, es sey / schrecklich zugerichtet; er / will es aber, so viel als / möglich wieder herstellen«.[108] Bei dieser Gelegenheit beabsichtigte Graf, den Flügel zu reparieren und nach seinem eigenen Broadwood-

Modell zu renovieren, vermutlich also die Arbeiten der Firmen Streicher und Stein rückgängig zu machen: »die Klawiatur / soll Graf / nach seine[r] am Englischen / P[ianoforte]. machen.«[109] Auch wollte er Beethovens Erard-Fortepiano sehen.[110] Weiterhin hatte Graf Beethoven versprochen, für dessen Instrument von Broadwood eine neue Schallkuppel mit Abhörvorrichtung zu bauen: »Das englische [Klavier] braucht / viel Reparatur; er wird / jetzt eine Maschine machen, / die auf dieses paßt. [–] Er hat selbst eins / von Brodwood [!], / welches erst vor / wenig Jahren gemacht / wurde.«[111] Eine erste Hörmaschine hatte bereits 1818 die Firma Streicher, eine zweite mit einem Tonabnehmer, der auf den Resonanzboden gestellt wurde[112], 1820 Matthäus Andreas Stein konstruiert.

Da sich Grafs Arbeiten mehrere Monate und schließlich sogar von Januar bis mindestens Juli 1826 hinzogen[113], hatte er Beethoven jenen viersaitigen Flügel zur Verfügung gestellt, der noch heute im Bonner Beethoven-Haus überliefert ist. Mitte Juni erhielt Beethoven zunächst die neue Hörmaschine, was sich aus der Frage des Neffen ergibt: »Wie gefällt dir denn / dem Graf seine / Maschine?«[114] Ende Juli richtete Karl Holz aus: »Graf empfiehlt sich Ihnen, / und er versichert Sie, daß / das Fortepiano eben in / der Arbeit ist.«[115] Danach verliert sich in den einschlägigen Dokumenten jede Spur des Broadwood-Flügels. Erst eine Bemerkung Gerhard von Breunings wohl vom Spätsommer 1826, die Joseph Danhauser zugeschriebene Zeichnung Beethovens Fortepiano am Tage nach seinem Begräbnisse aus dem Schwarzspanierhaus und das gerichtliche Nachlassverzeichnis (»1 Pianoforte von John Broadwood und Sohn aus London in Mahagonikasten« zum Schätzpreis von 100 Gulden Konventionsmünze) belegen[116], dass Graf das Instrument, vermutlich vor Herbst 1826, zurückgegeben hat. Bei der Versteigerung von Beethovens Nachlass am 5. November 1827 wurde der Flügel von dem Wiener Musikverleger Anton Spina (1790–1857) für 181 Gulden erworben, der ihn 1845 Franz Liszt (1811–1886) in Weimar schenkte.[117] Dieser vermachte das Instrument am 3. Mai 1873 dem Ungarischen Nationalmuseum Budapest, wohin es jedoch erst 1887 nach Liszts Tod durch Vermittlung der Fürstin Marie Hohenlohe, geb. Sayn-Wittgenstein, gelangte.[118] Dort ist es noch heute zu sehen; 1991/92 wurde es von David Winston, Biddenden (Kent), einmal mehr in einen spielfähigen Zustand versetzt.

Eine persönliche Eintragung Beethovens im 45. Konversationsheft vom November 1823 (»Piano für 300 fl: / w.w. wipplinger / straße N° 386 / 1:ter Stock.«[119]) lässt erkennen, dass der Komponist wieder auf der Suche nach einem weiteren Klavier war. Die Notiz bezieht sich auf eine Anzeige in der Wiener Zeitung vom 19. November des Jahres: »Ein überspieltes Fortepiano mit sechs Octaven und Mutationen, und reinem Tone, ist um den billigen Preis von 300 fl. [Gulden] W[iener]. W[ährung]. zu verkaufen, und kann in der Wipplingerstraße Nr. 386, im ersten Stock, täglich besehen werden.«[120] Wahrscheinlich war Beethovens Interesse an diesem Instrument durch den schlechten Zustand des Broadwood-Hammerflügels geweckt worden, den Wilhelm Löschen dann im Dezember 1823 für Ignaz Moscheles' Konzerte überholt hat.

Im Mai 1825 beabsichtigte Beethoven, für die uneheliche Stieftochter seines Bruders Nikolaus Johann, Amalie Waldmann (1807–1831), bei einem unbekannten Wiener Erbauer ein »Clavier« zum Üben zu leihen; dabei könnte es sich um ein Tafelklavier handelt haben:

»[Neffe Karl:] Er läßt es so viel mög[li]ch / herstellen, damit das Mädl / so lang sie noch hier sind, / ein Clavier hat. [–] [Wilhelm] Leschen würde auch ge- / wiß sehr gern uns eines / leihen, was er schon damahls / dir angetragen hat. Ich / glaube, wen du mir einen / Brief an ihn mitgäbst, / würde er sich ein Vergnügen draus / machen, eines herzustellen.«[121]

Ein solches Instrument war erforderlich, weil – wie der Maler Friedrich August von Kloeber beobachtet hatte, als er den Komponisten 1818 portraitierte – offenbar allein der Neffe Gelegenheit erhielt, auf dem Broadwood-Flügel zu üben:

»Beethoven setzte sich nun und der Junge mußte auf dem Flügel üben, der ein Geschenk aus England war und mit einer großen Blechkuppel versehen war. Das Instrument stand ungefähr 4–5 Schritte hinter ihm und Beethoven korrigierte dem Jungen trotz seiner Taubheit jeden Fehler, ließ ihn einzelnes wiederholen usw.«[122]

Eine Randbemerkung des Neffen verrät, dass Beethoven im Sommer 1825 noch immer ein Clavichord besaß und regelmäßig nutzte: »Morgen kommt der Clavier- / stimmer von Leschen, weil / das Clavichord schon sehr / verstimmt ist, schon seit / mehr als 4 Wochen. / Dem muß ich auch etwas / geben –«.[123] Vermutlich hatte er sich dieses Instrument noch vor oder zu Beginn seiner Ertaubung zugelegt. Es diente ihm wohl – entsprechend der in Wien herrschenden Tradition – zum Komponieren, möglicher Weise dem Neffen auch zum Üben. Diese Beobachtung deckt sich mit einem Hinweis des Wiener Pianisten Joseph Fischhof (1804–1857):

»Viele unserer älteren Meister in der Tonkunst zogen das Clavier [gemeint ist das Clavichord] dem Pianoforte lange weit vor, so [Daniel Gottlob] Türk, selbst Beethoven, der nicht mit Unrecht behauptete, nur auf dem Clavichorde habe man, unter den Tasteninstrumenten, den Ton ziemlich ganz in seiner Gewalt.«[124]

Das das Clavichord von 1825 in Beethovens Nachlass nicht auftaucht, muss es bereits vor seinem Tod außer Haus gekommen bzw. vor Oktober 1827 an den Neffen gegangen sein.

Über den Zeitpunkt, an dem Beethoven sein letztes Klavier, das erwähnte Fortepiano von Conrad Graf, erhielt, ist vielfach spekuliert worden. Als wahrscheinliches Jahr wird seit langem 1825 genannt.[125] Der heute im Bonner Beethoven-Haus erhaltene Flügel trägt keine Opuszahl und lässt sich auch durch andere Hilfsmittel nicht genau datieren, weshalb vom Instrument selbst keine Auskünfte zu erwarten sind. Allerdings wurde bisher übersehen, dass die Ankunft des Klaviers in den Konversationsheften angekündigt ist, sogar konkret mit Datum. Dort bezieht sich Karl Holz, wie bereits zitiert, in der zweiten Januarhälfte 1826 auf das Broadwood-Fortepiano:

»Ihr Fortepiano bedarf einer / so lange Reparatur, daß / Sie es so bald nicht erhalten / werden«, und fügt hinzu: »Graf sagt, es sey / schrecklich zugerichtet; / er / will es aber, so viel als / möglich wieder herstellen, und / schickt ihn[en] indessen zur / Aushilfe ein 4saitiges / Pianoforte, welches am Dienstag / hierherkommen wird.«[126]

Hammerflügel (C_1–f^4) von Conrad Graf (1782–1851), Wien, Ende 1825 / Anfang 1826 (Beethoven-Haus Bonn) – Das Instrument besitzt eine Wiener Mechanik und, abgesehen von der tiefsten Oktave, für jeden Ton vier Saitenchöre, dazu drei Messingpedale für (von links nach rechts) Verschiebung, Moderator und Dämpfung. Es wurde von Graf eigens für Beethoven erbaut, dürfte also dessen Vorstellungen genau entsprochen haben. Hier handelt es sich um Beethovens letztes Klavier, welches ihm am 24. Januar 1826 von Graf in seine Wohnung im Schwarzspanierhaus geliefert wurde, weil der Klavierbauer den Broadwood-Flügel des Komponisten (siehe die Abbildung auf S. 394) reparierte und überholte, was mehr als ein halbes Jahr in Anspruch nahm. Das Graf-Fortepiano blieb als Leihgabe bis zu Beethovens Tod im Schwarzspanierhaus; danach holte es der Erbauer zurück und verkaufte es an den Wiener Buchhändler Franz Wimmer für dessen Tochter Charlotte, die sich 1849 mit einem erhaltenen Zeugnis von Graf die Echtheit des Klaviers als Beethoven-Instrument bestätigen ließ. Wimmers Enkel veräußerte den Hammerflügel 1889 an den Verein Beethoven-Haus in Bonn. Im dortigen Museum ist er noch immer zu sehen.

Dieser Dienstag fiel auf den 24. Januar 1826. Dass der Graf-Flügel damals tatsächlich eingetroffen ist, wird aus mehreren Eintragungen in den Konversationsheften deutlich. Im März 1826 heißt es: »Die viersaitigen brauchen / Mühe. [–] Er [Graf] muß in 14 Tagen o- / der 3 Wochen wieder kommen; / es ist besser für das Instrument; sie brauchen / nichts zu zahlen, Graf / zahlt es schon. [–] Graf wird bald / kommen.« Wenige Seiten später fragt der Neffe: »Wie gefällt dir der / Graf?«[127] Graf hatte Beethoven das Instrument, anfänglich als »Aushilfe« für das Broadwood-Fortepiano, leihweise überlassen, holte es nach dem Tod des Komponisten am 26. März 1827, jedenfalls aber vor Anfertigung des Nachlassverzeichnisses am 4. Oktober des Jahres zurück und verkaufte es dem Wiener Buchhändler Franz Wimmer für dessen Tochter Charlotte. Diese heiratete den späteren Pfarrer Joseph Otto Widmann und begleitete ihn zusammen mit dem Flügel nach Liestal in die Schweiz.[128] Vom 26. Juni 1849 stammt ein Zeugnis, das Conrad Graf im Auftrag des Ehepaars Widmann anfertigte:

»Unterzeichneter bestädigt hiermit, dass das das Fortepiano ist, welches die Frau von Widmann geborene Wimmer besitzt, welches ich einige Jahre vor dem Tode dem Beethoven Eigens verfertigt und Ihm zu seinem Vergnügen [ge-]stelt, nach seinem Tode es wieder zurück nahm, und an die Familie Wimmer verkaufte. Wien den 26. Juny [1]849. Conrad Graf K. K. Hof-Klaviermacher.«[129]

Der Dichter Joseph Victor Widmann in Bern, Sohn des Liestaler Pfarrers, verkaufte den Flügel im August 1889 an den Verein Beethoven-Haus in Bonn.

Wenn Graf das Fortepiano eigens für Beethoven herstellen ließ und erst am 24. Januar 1826 auszuliefern imstande war, dürfte dieses im selben Monat fertig geworden sein. Das mit einer Wiener Mechanik ausgestattete Instrument trägt das gedruckte Firmenschild »CONRAD GRAF / kaiserl: kön: Hof-Fortepianomacher / in WIEN / nächst der Carls-Kirche im Mondschein No. 102« im Schmuckrahmen hinter Glas auf dem Vorsatzbrett über der Klaviatur sowie die möglicher Weise später ergänzte Inschrift »L. van BEETHOFEN« (!) auf dem Dämpferkasten.[130] Sein Corpus entspricht dem heute sogenannten Modell B mit geteilten Stimmstock- und Resonanzbodenstegen nach englischem Vorbild, was auf eine Entstehung zwischen 1824 und 1827 hindeutet; es wurde mit Mahagoni furniert. Der Klaviaturumfang beträgt sechseinhalb Oktaven (C_1–f^4), drei Pedale bedienen Verschiebung, Moderator und Dämpfung. Das Fortepiano ist in der tiefsten Oktave (C_1–*Cis*) drei- und von *D* bis f^4 viersaitig bezogen. Es gehört damit zu den insgesamt vier bis heute erhaltenen vierchörigen Instrumenten Grafs. Gleichwohl hatte dieser schon seit etwa 1812 mit dem Bau von Viersaitern Aufsehen erregt, welche, wie es 1836 heißt,

»durch die Stärke und Deutlichkeit des Tones, lange Dauer der Stimmung und leichte Spielart den Beifall der größten Künstler fanden, und von den damaligen angesehensten Klaviermachern nachgeahmt wurden. Da jedoch die viersaitigen Klaviere manchen Schwierigkeiten in der Stimmung unterlagen, so ging sein Trachten dahin, den Instrumenten eine Einrichtung zu geben, durch welche mit 3 Saiten die gleiche Fülle und Stärke des Tones hervorzubringen wäre. Die Bemühungen blieben nicht ohne Erfolg, denn bald darauf erschienen Klaviere von dem Hrn. Graf mit dreien, jedoch stärkeren Saiten für jede Taste, einer dieser stärkeren Besaitung entsprechenden Größe und Gestalt des Instrumente [Modelle B und C], und zweckmäßigen inneren Verbauung des Korpus; ferner mit einer früher nicht vorgekommenen Form und Belederungsart der Hammerköpfe, durch welche das Hervorbringen aller Nuancen und Schattirungen des Tones ohne Hilfe der Mutationen möglich wurde, und endlich mit Stahlstiften auf den Stegen, welchen den entstehenden Tönen einen eigenthümlichen Charakter ertheilten.«[131]

Tatsächlich heißt es im 107. Konversationsheft (März 1826): »Graf hat jetzt ein / Instrument fertig gemacht für / die Königinn von / Sachsen; es ist 3saitig, / hat aber einen Ton / wie eine kleine Orgel.«[132] Demnach zielte die damalige Entwicklung im Wiener Klavierbau hauptsächlich darauf, das Klangvolumen von Instrumenten mit Englischer Mechanik zu erreichen oder gar zu übertreffen, ohne die leichte Spielart der Wiener Mechanik aufgeben zu müssen.

Von vierchörigen Flügeln war in den Konversationsheften denn auch bereits vor Eintreffen der Graf-Instrumente von 1826 und möglicherweise 1823 die Rede. Im April 1820 forderte Nannette Streicher Beethoven auf: »Besuchen Sie uns / doch im vorüber / gehen die 4 saitigen Clavier zu probiren / sie vibriren nicht / so stark aber ich bitte / probiren Sie es einmal [...] Streicher macht jetzt / 4 Saitige«.[133] Ihr Bruder Matthäus Andreas Stein lehnte solche jedoch ab: »es gibt nichts schlechterer / als mit 4 Saiten [–] ich habe jetz vortreffliche Saiten [–] wen man solche / Saiten hat, braucht man / nicht 4 Saitige.«[134] Im März 1826 referierte der Neffe Volkes Stimme: »Diese Claviermacher ziehen / einer über den andern los, / u. jeder hält sich für den / Besten. [Wilhelm] Leschen ist in dieser / Hinsicht der Bescheidenste.« Im selben Zusammenhang wird deutlich, welches Renommee Grafs vierchörige Instrumente erlangt hatten: »Er war der Erste, der ein / Klavier machte, welches im / großen Redoutensaal / Wirkung machte, durch / die 4fache Besaitung.«[135] Zu jener Zeit war dies der Prüfstein für Klavierbauer; denn der große Redoutensaal der Hofburg blieb lange auf Orchesteraufführungen beschränkt, weil der Ton von Hammerflügeln nicht tragfähig genug erschien. Noch knapp zwei Jahre zuvor, am 21. Mai 1824, hatte Carl Czerny eine Wiederaufführung des zweiten und dritten Satzes aus dem *5. Klavierkonzert* Es-Dur op. 73 unter Leitung des Komponisten nicht zuletzt mit dem Verweis abgelehnt, dieser Raum sei das »gefährlichste Lokal das für den Clavirísten existirt! der große Redoutensaal ist für dieß Instrument der undankbarste Ort, und alle Klavierspieler die bis jetzt in demselben spielten haben es bereut.«[136] Diese Zitate dokumentieren die Intention, das Fortepiano vom Haus- zum Konzertinstrument zu befördern, und dieselben Klangeigenschaften werden Conrad Graf dazu bewogen haben, dem zunehmend ertaubenden Beethoven 1826 und vielleicht bereits 1823 viersaitige Klaviere zur Verfügung zu stellen.

Deren akustische Wahrnehmung durch den Spieler wurde im ersten Fall noch durch einen neuen und neuartigen Hörapparat verstärkt, der vermutlich jenem ähnlich war, den Graf für den Broadwood-Flügel entwickelt hatte. Über die Konstruktion dieser Hörmaschine berichtete am 25. April 1827 der Berliner Journalist Samuel Heinrich Spiker anlässlich eines Besuchs im Schwarzspanierhaus wohl im Sommer 1826:

> »An dies[es Vorzimmer] stieß Beethovens Wohnzimmer, in welchem in einer ziemlich genialen Unordnung Partituren, Bücher usw. aufeinandergehäuft waren und in dessen Mitte ein Flügel=Pianoforte von dem trefflichen Künstler Konrad Graf stand [...] Mehrere große Bücher der Art lagen auf dem Pulte neben seinem Pianoforte, in die längere Fragmente von Musik mit Tinte geschrieben waren. – Leider machte sein schweres Gehör (das auch die Veranlassung zu einer an seinem Flügel=Pianoforte angebrachten eigentümlichen Vorrichtung war, einer Art von Schallbehälter, unter dem er saß, wenn er spielte, und der dazu dienen sollte, den Schall um ihn her aufzufangen und zu konzentrieren), daß die Unterhaltung mit ihm sehr mühselig wurde, was er indes bei seiner ungemeinen Lebendigkeit wenig zu fühlen schien. Papier und Bleistift waren sogleich bei der Hand, als wir eintraten, und in kurzem war ein ganzer Bogen vollgeschrieben, seine Fragen zu beantworten und ihn wieder zu befragen.«[137]

Gerhard von Breuning (1813–1892), Sohn von Beethovens langjährigem Freund Stephan von Breuning, scheint der einzige zu sein, von dem eine Beschreibung sowohl des Grafals auch des Broadwood-Flügels existiert, die er beide im Spätsommer 1826 in Beethovens Wohnung sah:

> »Inmitten des ersten (zweifenstrigen) Zimmers standen in einander, Bauch an Bauch gesetzt, zwei Klaviere. Mit der Klaviatur gegen den Eintritt zu jener englische Flügel [...] Dies Klavier aus der Fabrik Broadwoods reichten nach oben nur bis zum c[^{4}]. Nach der anderen Seite – mit der Klaviatur gegen die Türe des Kompositionszimmers sehend – stand ein Flügel des Klavierfabrikanten Graf in Wien, Beethoven zur Benutzung überlassen, oben bis f[^{4}] reichend. Über dessen Klaviatur und Hammerwerk befand sich ein, gleich einem gebogenen Resonanzbrette aus weichem dünnen Holz konstruierter, einem Souffleurkasten ähnlicher Schallfänger aufgestellt, ein Versuch, die Tonwellen des Instrumentes dem Ohre des Spieler concertrierter zuzuwenden.«[138]

»Bauch an Bauch« – das mag jene Anordnung gewesen sein, die Beethoven schon früher praktiziert hatte. Für die Flügel von Broadwood und Graf sollte diese Gegenüberstellung allerdings nur noch ein gutes halbes Jahr bis zum Tod des Komponisten bestehen bleiben.

Klaviere in Beethovens Wiener Umgebung

Wahrscheinlich besaßen die meisten Wiener Freunde und Bekannte Beethovens, darunter die Widmungsträger seiner Klavier- und Kammermusik, Hammerflügel, die gewiss vom Komponisten gespielt wurden, wenn er zu Besuch war. Dabei dürfte es sich um eine große Anzahl von wohl überwiegend einheimischen Instrumenten gehandelt haben, über die wir jedoch in kaum einem Fall etwas Genaues wissen und daher nur spekulieren können. In diesem Kapitel werden allein jene Instrumente erwähnt, über die tatsächlich konkrete Informationen vorliegen.

Im April 1796 finden wir Beethoven an einem neuen Walter-Fortepiano im Hause eines Schauspielers Namens Müller.[139] Aus demselben Jahr stammt ein Brief an Johann Andreas Streicher, den der Komponist am 19. November in Pressburg aufsetzte:

> »lieber Streicher! Vorgestern erhielt ich ihr forte piano, was wahrlich vortrefflich gerathen ist, jeder andre würde es suchen an sich zu behalten, und ich – lachen sie ja recht, ich müßte lügen, wenn ich ihnen nicht sagte, daß es mir zu gut ist für mich, und warum? – weil es mir die Freiheit benimmt, mir meinen Ton selbst zu schaffen, übrigens, soll sie das nicht abhalten alle ihre fortepianos so zu machen, es werden sich auch wohl wenige finden, die ebenfalls solche Grillen haben. am Mittwoch den 23ten diese M[ona]ts. ist meine Akademie«.[140]

Offenbar hatte Beethoven Streicher gebeten, ihm für seine Pressburger Akademie ein Instrument zur Verfügung zu stellen, und ihm angeboten, dieses dort zu verkaufen, was zunächst nicht weiter erstaunlich ist. Denn bis 1805 fertigte die seit Sommer 1794 in Wien ansässige Werkstatt von Nannette Streicher nahezu unverändert jene Fortepianomodelle mit Prellzungenmechanik, die deren Vater Johann Andreas Stein bis spätestens 1781 in

Augsburg entwickelt hatte. Wie erwähnt, schätzte Beethoven diesen Typus bereits seit Mitte der 1780er Jahre. Neu ist vielmehr, dass sich inzwischen seine eigenen Ideale gewandelt hatten, indem er fortan seinen Klavierton selbst zu gestalten wünschte – ein Credo, das für die weitere Geschichte des Klavierspiels richtungsweisend werden sollte. Tatsächlich fällt der Klang von Stein- und frühen Streicher-Flügeln im Vergleich zu jenem von Walters Fortepianos um 1796 obertonreicher, also heller, klarer und schlanker aus und ist daher weniger modellierbar. Nannette Streichers »Instrumente haben nicht die Stärke der Walterschen, aber an Ebenmaaß der Töne, Reinheit, Schwebung, Anmuth, und Sanftheit, sind sie unerreichbar. Die Töne sind nicht anstossend, sondern schmelzend, das Tractament erfodert eine leichte Hand, elastischen Fingerdruck und ein fühlbares Herz.«[141] Allerdings scheint Beethovens Abwendung vom traditionellen Stein-Modell langfristig weder sein Verhältnis zum Ehepaar Streicher getrübt noch die Instrumentenwahl seiner Umgebung beeinflusst zu haben. So vermittelte sein Freund Carl Amenda nach der Übersiedlung von Wien nach Kurland (1799) bis mindestens 1806 sowohl Streicher- als auch Walter-Flügel.[142] Der jüngste Bruder Nannette Streichers, der Pianist und Komponist Andreas Friedrich Stein (1784–1809), mit dem Beethoven in Wien engen Umgang pflegte, besaß 1809 ebenfalls ein Streicher-Fortepiano.[143] Dasselbe gilt für Beethovens Freund Nikolaus Zmeskall von Domanovecz[144], der doch zeitweilig sogar Instrumente von Walter vertrieben hatte.[145] Im Juli 1810, als sich Beethoven offenbar einen Streicher-Flügel nach Baden kommen ließ, suchte er einen solchen auch für Georg Schall von Falkenhorst aus: »lieber St[reicher]. ich kann mir nicht helfen das Klavwier an der Thüre beym Eingang [des Streicherschen Klaviersalons] klingt beständig in meinen Ohren – ich glaube, man wird mir dank wissen, dieses ausgelesen zu haben«.[146] Wohl ebenfalls im Sommer 1810 erteilte er der Firma Streicher im Namen von Margaretha Dorothea Krug, einer Dilettantin in Frankfurt am Main, den Auftrag für einen Flügel, der anscheinend »unter vielen schon fertigen« ausgewählt worden war und am 5. September des Jahres eintraf.[147] Vielleicht um dieselbe Zeit bestellte schließlich auch die mit Beethoven befreundete Dorothea Freifrau von Ertmann bei Streicher ein sechseinhalboktaviges, mit Mahagoni furniertes Fortepiano, dessen Hammerköpfe mit besonders gutem englischen Leder bezogen werden sollten.[148] Auf Beethovens offenbar seit etwa 1809 gewandelte Einstellung zu den Instrumenten der Streicher-Werkstatt hat im Februar desselben Jahres erstmals Johann Friedrich Reichardt (1752–1814) hingewiesen:

> »Streicher hat das Weiche, zu leicht Nachgebende und prallend Rollende der andern Wiener Instrumente verlassen und auf Beethovens Rat und Begehren seinen Instrumenten mehr Gegenhaltendes, Elastisches gegeben, damit der Virtuose, der mit Kraft und Bedeutung vorträgt, das Instrument zum Anhalten und Tragen, zu den feinen Druckern und Abzügen mehr in seiner Gewalt hat. Er hat dadurch seinen Instrumenten einen größern und mannigfachen Charakter verschafft, so daß sie jeden Virtuosen, der nicht bloß das Leichtglänzende in der Spielart sucht, mehr wie jedes andre Instrument befriedigen müssen.«[149]

In der Tat hatte Nannette Streicher nach ihrer Ankunft in Wien im Herbst 1793 über die Hammerflügel des Hoflieferanten Anton Walter, deren Wiener Mechanik der Deutschen

Steins technisch überlegen war, noch spitz geurteilt, sie seien »zum verbrennen schön«[150], und sich bei ihren eigenen Produkten zunächst einmal auf Bauweise und Renommee des Vaters verlassen. »Unter den Wiener Meistern«, schreibt Stephan Edler von Keeß 1822, »welche diesem Stein'schen Pianoforte den Rang abzugewinnen suchten, war der Orgel= und Clavier=Instrumentenmacher Ant. Walter der vorzüglichste, indem er nicht nur sehr viele Versuche anstellte, um die Mechanik zu vereinfachen und dauerhafter zu machen, sondern sich vorzüglich bestrebte, den Ton zu verstärken.«[151] Erst nachdem Nannettes Bruder Matthäus Andreas Stein 1802 aus der gemeinsamen Firma ausgeschieden war, ging auch sie zu Messingkapseln und Fängern über, vergrößerte Hammerköpfe und Klaviaturumfang und verstärkte Corpus und Saitenzug. Damit waren – gleichgültig ob durch Beethovens Einfluss[152] oder auf Druck des Markts – Instrumente entstanden, die den Anforderungen des Komponisten und seinem Spiel standhielten, so dass er seit 1809 Streicher-Flügel »immer besonders vorgezogen« hatte.

Über einige weitere Hammerklaviere aus Beethovens Umgebung liegen nur vage Informationen vor. Seine erste Begegnung mit englischen Fortepianos soll im Frühsommer 1796 während des Aufenthalts in Berlin erfolgt sein, wo Prinz Louis Ferdinand von Preußen solche Instrumente bevorzugte.[153] Adolf Bernhard Marx erinnert sich, einen dieser Flügel noch selbst gespielt zu haben, teilt leider jedoch nicht mit, in welchen Werkstätten dieses und die übrigen Klaviere entstanden.[154]

Die mit Beethoven befreundete Gräfin Anna Marie von Erdődy besaß 1808 in ihrem Wiener Haus, in dem damals auch Beethoven wohnte, gleich mehrere unbekannte Flügel, auf denen sie »Beethovensche Sachen recht brav spielt und mit noch immer dick geschwollenen Füßen von einem Fortepiano zum andern hinkt« und auf denen schließlich auch der Komponist selbst vor Johann Friedrich Reichardt improvisierte.[155] Während seiner Sommeraufenthalte 1821–1824 in Baden soll Beethoven gelegentlich auf dem ältesten bis heute erhaltenen Fortepiano Conrad Grafs (Opus 184, ca. 1812, F_1–f^4, dreichörige Besaitung) gespielt haben, das sich inzwischen im dortigen Beethoven-Haus befindet. In »den zwanziger Jahren« des 19. Jahrhunderts wohnte das Ehepaar Streicher »im nebengelegenen Pergerschen Hause, aus welchem auch das Grafsche alte Klavier, auf welchem Beethoven bei Besuchen daselbst öfter spielte, in unser jetzt städtisches Museum kam«.[156] 1826 hörte Gerhard von Breuning in seinem Elternhaus Beethoven auf einem frühen Fortepiano von Joseph Brodmann (1771–1848), »auf dem er in längst verflossenen Zeiten mit Julien oft gespielt und – damals hörend – phantasiert hatte«.[157]

Gefragt nach Empfehlungen »von andern [wohl relativ unbekannten, daher preisgünstigeren] Instrumentenmacher[n]« schlug Beethoven dem Leipziger Verlag Breitkopf & Härtel am 23. November 1803 die Wiener Klavierbauer Johann Bohak (ca. 1754–1805) und Anton Moser (ca. 1773–1823) vor und fügte eine Preisliste bei.[158] Im Mai 1810 suchte er für Therese Malfatti ein »piano« von Johann Schanz aus: »über 500 fl. [Gulden] soll's nicht kosten, soll aber weiter mehr werth seyn, du weist, daß mir diese Herrn [Klavierbauer] immer eine gewissen Summe [an Provision] anbieten, wovon ich nie Gebrauch mache«.[159] Im Juli 1815 vermittelte er auch Joseph von Varena in Graz ein Schanz-Fortepiano, dem er am 21. März 1815 alternativ ein Instrument von dieser Werkstatt »für den Preiß von 400 fl. W.W. sammt Emballage mit 6–8ven [= 6 Oktaven]« oder eines von Martin

Seuffert für 460 Gulden angeboten hatte.[160] Noch um 1826 wurde der fast ganz gehörlose Komponist von der russischen Zarin gebeten, »ein Wiener Flügel=Fortepiano für sie auszuwählen«.[161] Dass Beethoven rund 30 Jahre lang als Autorität für den Wiener Klavierbau galt, zu den wichtigsten Werkstätten Kontakte unterhielt und nicht selten auch weniger prominenten Herstellern Aufträge verschaffte, setzt eine intime Kenntnis lokaler Gegebenheiten und ein besonderes Interesse gerade für Instrumente mit Wiener Mechanik voraus.

Sonderformen des Wiener Klavierbaus

Dieses Interesse schloss schon früh auch Sonderformen ein. Laut Mitteilung der *Wiener Zeitung* vom 12. Oktober 1796 stellte der Wiener Klavierbauer Johann Jacob Könnicke (ca. 1756–1811) nach Plänen des Linzer Domkapellmeisters Johann Georg Roser (1740–1797) einen sogenannten Harmonieflügel (»Piano Forte pour le parfaite Harmonie«) her, der bis heute in der Sammlung alter Musikinstrumente des Kunsthistorischen Museums Wien erhalten ist.[162] Auf sechs Klaviaturen, die chromatisch angeordnet sind und sich über den Gesamtumfang F_1–g^3 erstrecken, ermöglicht das Fortepiano mit 31 Tönen pro Oktave die mathematisch genaue Darstellung der Halbtöne ohne enharmonische Verwechslung. Das Instrument ist durchgehend zweichörig und besitzt eine Stoßmechanik ohne Auslösung, jedoch mit Wiener Stiefeldämpfung. Laut den handschriftlichen Lebenserinnerungen von Rosers Sohn Franz de Paula Roser von Reiter spielten »Beethoven, Jos. Haydn, und mehrere Kapellmeister und Tonsetzer [...] selbst auf dem Instrumente in Wien 1796«.[163] Für ein ähnliches Klavier, das Roser senior bereits um 1786 in Brüssel hatte anfertigen lassen, soll Wolfgang Amadé Mozart ein Rondo komponiert haben.

Selbst als seine Ertaubung bereits weit fortgeschritten war, blieb Beethovens Interesse an Sonderentwicklungen des Klavierbaus bestehen. So ist im Januar und April 1820 in Gesprächen mit dem Pianisten Joseph Czerny von dem angeblich »unverstimbaren Clavier«[164] des Wiener Uhrmachers Schuster die Rede.

Ende April 1823 wird in den Konversationsheften der Züricher Klavierbauer Johann Jacob Goll (1771–1855) erwähnt, der von 1822 bis 1825 in Wien lebte und dort am 23. Juni 1822 ein Patent auf einen Hammerflügel erhalten hatte, dessen Saiten unterhalb des Resonanzbodens geführt wurden.[165]

In der zweiten Junihälfte 1823 diskutierte Beethoven das Patent des Wiener Klavierbauers Joseph Böhm (1786–nach 1841) über eine zweifache Transponierverschiebung der Klaviatur, das diesem am 6. April desselben Jahres verliehen worden war und über das die *Wiener Zeitung* vom 1. Mai berichtet hatte: »Böhm bekam ein Privi- / legium auf die Erfindungen, vermittelst einer Verschiebung / das Clavier um 1 Ton höher zu stimmen; gestern aber / stand in der Zeitung eine / Berichtigung: blos ½ Ton.«[166]

Anfang September 1824 besichtigte Beethoven zusammen mit Nannette Streicher die neuen »Patent Pianoforte« mit oberschlägiger Zugmechanik[167], die deren Sohn Johann Baptist Streicher (1796–1871) bis Juli 1823 zur Serienreife gebracht hatte. Im 74. Konversationsheft haben sich Aufzeichnungen des Neffen Karl zum Gespräch im Streicherschen Klaviersalon erhalten:

»das ist der erste Versuch [wohl mit sechseinhalb Oktaven]. / die übrigen haben 6 Octaven. [–] Schon 10 sind fertig. [...] Den 8ten August wurden / 4 verschickt. [–] Fr[au] v. Streicher sagt, es freut sie, daß du mit / 14 Jahren die Instrumenten- / ten ihres Vaters, und / jetzt die ihres / Sohnes siehst. [–] Weil Einige Zweifel / gegen die Mechanik / aufwerfen. [...] Der junge Streicher / hat sich immer der / einfachsten Kunst- / griffe bedient, / wie sein Groß- / Vater [...] Der Ton ist fast noch / größer [als der herkömmlicher Hammerflügel]. [–] Im Baß sind sie [die Saiten] nicht / ganz so stark, der / Länge wegen, sonst / aber noch stärker«.[168]

Ein solches Instrument (F_1–f^4 mit Pianozug, Verschiebung und Dämpfung), erbaut 1825, hat Johann Nepomuk Hummel (1778–1837) in Weimar besessen und in seinen Konzerten gespielt.[169] Im August 1825 äußerte sich Carl Czerny gegenüber Beethoven über Streichers oberschlägige Klaviere: »Die Instrum[ente]. mit dem / Anschlag von Oben / sind gut, [|] die Aufrechten sehr / stark [|] aber die gewöhnlichen [Hammerflügel] / schreiten nicht mit der / Zeit vorwärts [| Conrad] Graf's seine sind / fast schon besser«.[170] Im Januar 1825 ließ sich Beethoven über die von Johann Baptist Streicher erfundene und 1824 patentierte Oktavkoppel informieren[171], für welche die Firma mit einer gedruckten Anzeige vom 1. Januar des Jahres geworben hatte.[172] Im September 1825 sprach der Verleger Tobias Haslinger mit Beethoven über die »Doppel Pianoforte« von Conrad Graf – Instrumente mit zwei einander gegenüberliegenden Flügeln in ein und demselben Corpus.[173]

Wiener und Englische Mechaniken

Fasst man die bisherigen Befunde zusammen, so waren Beethovens Ideale und sein Klavierspiel an Instrumenten mit Wiener Mechanik ausgerichtet. Abgesehen von den beiden Hammerflügeln von Erard und Broadwood waren Wiener Klaviere die einzigen, die er besaß, empfahl und vermittelte. Dokumente, die eine grundsätzliche Ablehnung Wiener Flügel vermitteln oder gar belegen, dass sich Beethoven innerhalb seines Bekanntenkreises für die Englische Mechanik einsetzte, sind unbekannt – und dies, obwohl englische Hammerklaviere seit spätestens 1784 nach Wien importiert wurden[174], sich dort dem Zeugnis Johann Friedrich Reichardts nach 1809 eine größere Anzahl von Instrumenten beispielsweise der Londoner Firma Muzio Clementis (1752–1832) befand und um 1810 auch die Firma Streicher mit Erard-Flügeln handelte.[175] Im Gegenteil war Beethoven bis 1805 »noch nicht im Stande, sein von Erard in Paris erhaltenes Fp. gehörig zu behandeln«, und als 1818 sein Broadwood-Flügel in Wien eingetroffen war, sah er sich nicht einmal in der Lage, dessen Qualität zu beurteilen, sondern beauftragte den zufällig anwesenden britischen Komponisten und Pianisten Cipriani Potter (1792–1871), ein Probespiel durchzuführen.[176]

Zwar ist der enge Kontext zwischen Beethovens Klavierspiel und Wiener Hammerflügeln seiner Zeit schon früh erkannt worden. 1863 schreibt Adolf Bernhard Marx in Berlin:

»Unsere bessern Instrumente [mit Stoßzungenmechanik und doppelter Auslösung] haben breitere und tiefer fallende Tasten; welche Vortheile damit verbunden sind, ist bekannt und hier nicht weiter zu erörtern. Beethoven war auf die frühern wiener Flügel angewiesen, die leichte, gefällige Spiel- und Klangweise hatten, aber wenig Tiefe und Macht.«[177]

Diesen Zusammenhang haben auch neuere Forschungen bestätigt.[178] Gleichwohl hielt sich bis heute vor allem in Pianistenkreisen die Auffassung, »Beethoven schätzte bekanntlich die englische Mechanik mehr als die Wiener«[179]; sie fand ihren Weg sogar bis in die jüngere Sekundärliteratur. Der folgende Exkurs soll diese Hypothese eingehend untersuchen.

1796 berichtete das *Jahrbuch der Tonkunst von Wien und Prag* über die beiden Kategorien Wiener Hammerklaviere:

»Da wir nun zwei Originalinstrumentenmacher haben, so theilen wir unsere Fortepiano in zween Klassen: die Walterischen und Streicherischen. Eben so haben wir auch bei genauer Aufmerksamkeit zwei Klassen unter unsern größten Klavierspielern. Eine dieser Klassen liebt einen starken Ohrenschmaus, das ist, ein gewaltiges Geräusche; sie spielt daher sehr reichtönig, außerordentlich geschwind, studirt die häckeligsten Läufe und die schnellsten Oktavschläge. Hiezu wird Gewalt [Kraft] und Nervenstärke erfordert; diese anzuwenden, ist man nicht mächtig genug, eine gewisse Moderazion zu erhalten, und bedarf also eines Fortepianos, dessen Schwebung nicht überschnapt. Den Virtuosen dieser Art empfehlen wir walterisches Fortepiano. Die andere Klasse unserer großen Klavierspieler sucht Nahrung für die Seele, und liebt nicht nur deutliches, sondern auch sanftes, schmelzendes Spiel. Diese können kein besseres Instrument, als ein Streicherisches, oder sogenanntes Steinisches wählen.«[180]

Beethoven gehörte zweifellos zur ersten »Klasse«; denn er »wird allgemein wegen seiner besonderen Geschwindigkeit und wegen den außerordentlichen Schwierigkeiten bewundert, welche er mit so vieler Leichtigkeit exequirt«, wie es in derselben Schrift heißt.[181] *Ex negativo* formulierte das in Prag erscheinende *Patriotische Journal für die k. k. Staaten* im Herbst 1798, das Publikum lobe zwar Beethovens

»ausserordentliche Fertigkeit, seine mühsamen Griffe und Sprünge nach Verdienst, aber dass er so ganz allen Gesang, alle Gleichheit im Spiele, alle Delikatesse und Verständlichkeit vernachlässigte, dass er nur nach Originalität hasche, ohne sie zu haben und im Spiel und Komposition alles überlade und übertreibe – das konnten sie schlechterdings nicht loben, noch weniger bewundern. Er griff nur unsere Ohren, nicht unser Herz an, darum wird er uns nie Mozart seyn.«[182]

Ein ähnlicher Vergleich klingt noch in Carl Czernys Lebenserinnerungen an:

»Wenn sich Beethovens Spiel durch eine ungeheure Kraft, Charakteristik, unerhörte Bravour und Geläufigkeit auszeichnete, so war dagegen [Johann Nepomuk] Hummels Vortrag das Muster der höchsten Reinheit und Deutlichkeit, der anmutigsten Eleganz und Zartheit, und die Schwierigkeiten waren stets auf den höchsten, Bewunderung erregenden Effekt berechnet, indem er die Mozartsche Manier mit der für das Instrument so weise berechneten

Clementischen Schule vereinigte [...] Hummels Anhänger warfen dem Beethoven vor, daß er das Fortepiano malträtiere, daß ihm alle Reinheit und Deutlichkeit mangle, daß er durch den Gebrauch des Pedals nur konfusen Lärm hervorbringe, und daß seine Kompositionen gesucht, unnatürlich, melodielos und überdem unregelmäßig seien.«[183]

In seinen handschriftlichen Notizen (1852) für die von Otto Jahn geplante Beethoven-Biographie fügte Czerny hinzu:

»In der Geschwindigkeit der Scalen Doppeltriller, Sprünge, etc. kam ihm keiner gleich |: auch Hummel nicht :| [...] Aber Beethovens Vortrag des Adagio und des Legato im gebundenen Styl übte auf jeden Zuhörer einen beynahe zauberhaften Eindruck [aus] und ist, so viel ich weiß, noch von Niemanden übertroffen worden.«[184]

Diese Zitate sprechen freilich nur für unterschiedliche ästhetische Vorstellungen im Umgang mit, nicht aber gegen die Wiener Mechanik, für die sich Beethoven 1796 vollends entschieden hatte, als er die Deutsche der damaligen Instrumente von Stein bzw. Streicher ablehnte. Wiener Mechaniken um 1800 erfordern einen extrem leichten Anschlag, hervorgerufen von kleinen, lockeren Bewegungen der Finger und Hände. Daher könnte man annehmen, Beethovens Spieltechnik sei generell eher fest gewesen, hätte auf diese Weise einen »harten«, »rauen« Klavierklang hervorgerufen und regelmäßig zum Reißen von Klaviersaiten geführt – zwei Charakteristika, die Schilderungen seines Spiels seit der Bonner Zeit wie einen roten Faden durchziehen. Dass solche Zeugnisse aus den ersten Wiener Jahren bis um 1800 fehlen, mag zwar auf einen Wandel seiner Spielgewohnheiten hindeuten. Gerade die zahlreichen Berichte über reißende Saiten aber, wie sie nur über Beethoven und Liszt bekannt sind, erscheinen zunächst rätselhaft, vorausgesetzt die Qualität der damaligen Saiten war ausreichend. Tilman Skowroneck bezweifelt, dass brachiale Gewalt eines der Mittel von Beethovens Klavierspiel darstellte, und führt das Reißen von Saiten vielmehr auf die zeitgenössischen klimatischen Bedingungen in Räumen zurück, die mit offenem Feuer geheizt und beleuchtet wurden.[185] Das ist zweifellos zutreffend, erklärt aber nicht, weshalb die Saiten an Beethovens Instrumenten gerade während des Spiels rissen. Schon in den Bonner Jahren war Anton Reicha, der ihm beim Vortrag eines Mozartschen Klavierkonzerts umblättern sollte, hauptsächlich damit beschäftigt, die gerissenen Saiten zu entfernen, damit sie die Ausführung nicht noch weiter beeinträchtigten. Ich muss gestehen, dass mir binnen 30 Jahren beim Üben und in ungezählten Proben, Konzerten und Aufnahmen auf originalen und mit historischem Material bezogenen Wiener Flügeln von Anton Walter, Nannette und Johann Baptist Streicher, Matthäus Andreas Stein, Michael Rosenberger, Joseph Brodmann, Conrad Graf und Ignaz Bösendorfer während des Spiels niemals auch nur eine einzige Saite gerissen ist, auch nicht in historischen Räumen und unter zeitgenössischen Bedingungen. Experimente mit der Reproduktion eines Streicher-Flügels hingegen ergaben, dass Saiten von der zweigestrichenen Oktave aufwärts leicht zum Reißen zu bringen sind, schlägt man einzelne Töne mit senkrechtem Finger und dessen ganzer Kraft im äußersten Fortissimo staccato an – ein letztlich aussichtsloser Versuch, das vergleichsweise geringe

Klangvolumen Wiener Klaviere der Zeit mit Gewalt zu erweitern. So könnte es auch bei Beethoven gewesen sein. Der Züricher Verleger Hans Georg Nägeli klassifizierte dessen Klavierspiel in seinen 1824 gehaltenen *Vorlesungen über Musik*:

> »Sonst galt bey den Klaviervirtuosen das Tonherausziehen [der Töne] als die Hauptsache. [Daniel] Steibelt [1765–1823] bezeichnete sie in der Vorrede zu seinem Klavierwerk[186] mit dem französischen Kunstwort ›filer le son‹; das Klavier sollte durch diese Vortragsart gewissermaaßen singend gemacht werden. Hier gerade das Gegentheil! Nicht ein Herausziehen, sondern ein Herausstoßen, nach wörtlicher Uebersetzung des ›staccato‹, erheischt der Beethovensche Styl in jenen Sätzen oder Stellen; die Töne müssen, so zu sagen, herausspritzen, wie aus einem frischen Springbrunnen.«[187]

In dieselbe Richtung weisen Befunde zu Beethovens Spieltechnik; denn die darin übereinstimmenden Beobachtungen, dass er wie kein Zweiter extreme Schwierigkeiten und zudem »mit so vieler Leichtigkeit« meisterte, machen auf Wiener Instrumenten eine feste Hand unmöglich. Laut Erinnerung des Jugendfreundes Franz Georg Wegeler war Beethovens Spieltechnik vielmehr schon 1791 derart flexibel, dass er jeden Stil zu imitieren vermochte:

> »Beethoven, der bis dahin noch keinen großen, ausgezeichneten Klavierspieler gehört hatte, kannte nicht die feinern Nuancirungen in Behandlung des Instrumentes; sein Spiel war rauh und hart. Da kam er auf einer Reise von Bonn nach Mergentheim, der Residenz des Kurfürsten in seiner Eigenschaft als Deutschmeister, wo er [...] zu [Johann Franz Xaver] Sterkel [1750–1817] gebracht wurde, welcher [...] sich zum Spielen hinsetzte. Sterkel spielte sehr leicht, höchst gefällig, und [...] etwas damenartig. Beethoven stand in der gespanntesten Aufmerksamkeit neben ihm. Nun sollte auch er spielen, that dieses jedoch erst dann, als Sterkel ihm zu verstehen gab, er zweifle, daß selbst der Compositeur obiger Variationen [über *Veni amore* WoO 65] sie fertig spielen könne. Jetzt spielte Beethoven nicht nur diese Variationen, so viel er sich deren erinnerte, (Sterkel konnte sie nicht auffinden,) sondern gleich noch eine Anzahl anderer, nicht weniger schwierigen und dies, zur größten Ueberraschung der Zuhörer, vollkommen und durchaus in der nämlichen gefälligen Manier, die ihm an Sterkel aufgefallen war. So leicht ward es ihm, seine Spielart nach der eines andern einzurichten.«[188]

Damit wird klar, dass der für Beethoven charakteristische schwere Anschlag in Wirklichkeit darauf gezielt haben muss, den Ton des Fortepiano bis an dessen Grenzen und darüber hinaus auszuweiten. Wohl im Spätsommer 1796 schrieb Beethoven an Johann Andreas Streicher, kurz bevor er dessen Flügel zurückwies:

> »es ist gewiß, die Art das Klawier zu spielen, ist noch die unkultiwirteste von allen Instrumenten bisher, man glaubt oft nur eine Harfe zu hören, und ich freue mich lieber, daß sie von den wenigen sind, die einsehen und fühlen, daß man auf dem Klawier auch singe[n] könne, sobald man nur fühlen kan, ich hoffe die Zeit wird kommen, wo die Harfe und das Klawier zwei ganz verschiedene Instrumente seyn werden.«[189]

Noch 1824 beklagte er sich dem Londoner Harfenbauer Johann Andreas Stumpff gegenüber »über die Unvollkommenheit des Flügels, worauf man in dem gegenwärtigen Zustand nichts mit Kraft und Effekt vortragen könne.«[190] In seiner Firmenbrochure von 1801 teilte Johann Andreas Streicher zwar grundsätzlich Beethovens Auffassung[191], doch nannte er jene Spieler, welche die Grenzen des Instruments nicht respektieren, »im schönsten, sanftesten Adagio Saiten zerschlagen; eine ungeheure Stärke aus einem einzigen Discant-Tone heraus bringen wollen«, so dass »dadurch in wenigen Stunden das beste Fortepiano zu Schanden gehauen werden kann«, »Clavierwürger«:

> »Allein es wird unstreitig von grösserm Nutzen seyn, etwas darüber zu sagen: woher es eigentlich komme, dass die Fortepiano-Spieler mehr als die übrigen Instrumentisten den Ton übertreiben. Die wahre Ursache wird von sehr wenigen beobachtet, ist aber ganz natürlich. Alle Saiten- und Blasinstrumente liegen, während der Berührung des Spielers, dem Ohre näher, als das Clavier. Bey diesem ist der Spieler in keiner so nahen Verbindung mit dem Tone, als die übrigen Instrumentisten, sondern er hat nur die Tastatur, die den Ton hervor bringt, ihn selbst aber nicht gibt, nahe bey sich, aber gerade das, was den eigentlichen Ton schafft, den Resonanzboden entfernt von sich. Vorne hat das Fortepiano gar keine Vibration, alle geht rückwärts. Von dieser kann er aber nicht den vierten Theil hören, weil ein hohes Pult und undurchdringliches Notenpapier den Zugang der Töne hindern.«[192]

Die andere Ursache für seine Unzufriedenheit mag darin bestehen, dass Beethovens klangliche Vorstellungen ab und an die physikalischen Eigenschaften der Hammerklaviere um 1800 überstiegen, weshalb er, wie Georg August Griesinger 1805 an Breitkopf & Härtel schrieb, »den Ton der hiesigen [Wiener] Fortepiano schon früher immer als hölzern tadelte, desgleichen, dass sie ein kleines und schwaches Spiel gewöhnen«[193]; um 1820, als das Klangvolumen Wiener Fortepianos endlich jenem von Holzblas- und Streichinstrumenten entsprach, war Beethoven angesichts seines Gehörverlusts nicht mehr in der Lage, dieses zu beurteilen. Klang, Klangfarben und -volumen blieben indes nicht notwendigerweise von der Art der Mechanik abhängig; denn die Kritik von 1824 bezog sich dezidiert auf Beethovens Broadwood-Flügel, dessen »sehr starker, puffiger Ton« 1823 selbst einen Fachmann wie den Leipziger Pianisten Friedrich Wieck (1785–1873) in Erstaunen versetzte.[194] Zwar wird Tilman Skowronecks Vermutung zutreffen, Beethoven habe sich 1803 für einen französischen Flügel entschieden in der Hoffnung, seine persönlichen Klangideale realisieren und die beginnende Ertaubung kompensieren zu können.[195] Doch beweisen gerade die verschiedenen Änderungen der Klaviatur dieses Fortepianos, dass die eigentliche Spielpraxis des Komponisten eng an die Wiener Mechanik geknüpft blieb.

Mit seinen Intentionen, Lautstärke und Spielgewicht Wiener Instrumente zu mehren, blieb Beethoven freilich nicht allein. 1804 hielt der Leipziger Verleger Gottfried Christoph Härtel (1763–1827) seinem Geschäftspartner Johann Andreas Streicher vor, viele Kunden, vor allem jene Dilettanten, die Konzerte gäben oder mit Begleitung spielten, wünschten englische oder französische Flügel oder solche von Johann Schanz und Matthias Müller in Wien, welche allesamt einen stärkeren und volleren Ton hätten als

Streicher-Klaviere.[196] Damit berührte Härtel einen heiklen Punkt, von dem wir uns heute kaum eine Vorstellung machen, weil selbst die bislang vorliegenden Einspielungen auf historischen Instrumenten hinsichtlich ihrer Aufnahmetechnik und Wahl der Klaviere die damaligen Verhältnisse auch nicht annähernd wiedergeben.[197] So sind Beethovens Klavierkonzerte Nr. 1–3 zwischen 1790 und 1804 ihrem Tonumfang nach (op. 19: F_1–f^3, op. 15 und 37: F_1–g^3)[198] entweder für ein Stein- oder Streicher-Modell des 18. Jahrhunderts (op. 19 und 1. Version von op. 15) oder jenen Typus von Anton Walter und Johann Jakesch (letzte Version von op. 15 sowie die autographe Klavierstimme von op. 37[199]) entstanden, über den der Komponist dann um 1800 bzw. 1802 verfügte. Für solche Instrumente empfahl Johann Andreas Streicher 1801:

> »Bey Concerten, besonders aber bey Mozartischen, rücke man sein Fortepiano den Zuhörern mehrere Schuhe näher, als das Orchester ist. Zunächst hinter sich lasse man nur die Violinen, Bässe und Blasinstrumente müssen weiter rückwärts seyn, jedoch die letzteren mehr als die ersteren [...] Ehe man spielt, muss das innere Pult, (wenn es nicht gebraucht wird) und der Deckel, der auf der Dämpfung liegt, heraus genommen werden, damit nichts den Ton hindere, frey zu den Zuhörern zu gelangen [...] Aus der nämlichen Ursache, leide man keine Umstehenden nahe bey dem Instrumente. Sie beängstigen nur den Spieler, und ersticken den Ton [...] Wenn man ohne Begleitung spielt, so sollte nie angefangen werden, bis nicht alles ganz stille ist; damit gleich die ersten Töne, auf welche bey einem Solo-Spieler so viel ankommt, von den Zuhörern ganz rein und ohne Zerstreuung aufgenommen werden. Auch bey einem Concert pausire man lieber einen halben oder ganzen Tact, wider alle Vorschrift, nur damit die Instrumente Zeit haben, zu verschallen, und der Ton des Concertisten bey dem Anfange seines Solo recht deutlich gehört werde.«[200]

Dieselben Ratschläge wurden noch 1824 von Johann Lorenz Schiedmayer (1786–1860) und Carl Dieudonné (?–1825) nahezu wörtlich wiederholt.[201] Beethovens *Klavierkonzerte Nr. 4* op. 58 (F_1–d^4 bzw. f^4)[202] und *Nr. 5* op. 73 (F_1–f^4), fertig gestellt 1807 und 1809, richteten sich an einen Wiener Hammerflügel von sechs Oktaven, der zwar ein etwas höheres Spielgewicht erfordert als die früheren, dessen Lautstärke aber noch immer einer einzigen Violine unterlegen ist. Bedenkt man derartige akustische Verhältnisse, wird deutlich, welche riskanten Instrumentierungen Beethoven vornahm, als er mitunter den gesamten Bläser- und Streicherapparat zur Begleitung des Solisten heranzog, und nachvollziehbar, dass Carl Czerny noch 1824 eine Aufführung des *5. Klavierkonzerts* im großen Redoutensaal der Hofburg mit etwa 1.000 Sitzplätzen[203] ablehnte. Das Ehepaar Streicher errichtete 1812 in seiner Klavierfirma einen Konzertsaal mit Orchesterpodest, der ungefähr 300 Zuhörern Platz bot.[204] 12 Jahre später sprach Johann Andreas Streicher bereits von »600 Abbonenten« eines Konzertzyklus, in dem Beethovens neuere Werke zu hören sein sollten.[205] Das also war der Rahmen, in dem Klavierkonzerte zum Klingen zu bringen waren.

Johann Andreas Streicher antwortete am 2. Januar 1805 auf die Kritik des Verlags Breitkopf & Härtel:

> »Freilich gewinnen die Englischen Claviere alsdann einen Vorsprung vor den unsrigen, wenn wir die Claviaturen nach ihrer Art arbeiten [...] Allein ist es auch gewiß, das alsdann das

Fortepiano gewis nicht mehr das Universal=Instrument seyn wird, indem wenigstens 9/10 der Clavier=Liebhaber ihr Spiel aufgeben müssen. [–] Beethoven ist gewis ein kräftiger Spieler, allein er ist bis heute noch nicht im Stande, sein von Erard in Paris erhaltenes Fp. gehörig zu behandeln und hat es schon 2 mal verändern lassen, ohne das mindeste daran gebessert zu haben, weil der Bau desselben keine andere Mechanik zuläßt. [–] Ich habe bei mehreren Clavieren einen Mittelweg zwischen leicht und schwer eingeschlagen, aber auch diesen wieder verlassen müssen, weil nicht nur hiesige, sondern auch auswärtige Liebhaber dagegen protestiert haben«.[206]

Am 22. Juni 1805 fuhr Streicher fort: »Ich glaube behaupten zu können, daß meine neueren Instrumente keinen anderen an Stärke des Tones, so wenig als an innerer und äußerer Solidität und Dauer nachstehen werden. Es wäre uns leicht, sie noch stärker zu machen, allein das biegsame des [Wiener] Tons würde dabei leiden.«[207] Ein knappes Jahr später ließ er Härtel wissen, er habe den englischen und französischen »Ton mit unserer gewöhnlichen [Wiener] Mechanik zu vereinbaren gesucht, und wenn ich anders dem Urtheile der besten hiesigen Clavier=Spieler und Liebhaber trauen darf, so ist es mir ziemlich gelungen«.[208] Am 4. April 1807 behauptete er schließlich gegenüber der Redaktion der Leipziger *Allgemeinen Musikalischen Zeitung*, seine Hammerflügel könnten es an Lautstärke und Klangfülle mit jedem englischen oder französischen Instrument aufnehmen.[209] Tatsächlich scheint der Wiener Klavierbau nicht nur der Firma Streicher in den ersten Jahren des 19. Jahrhunderts Beethovens Idealen ein wesentliches Stück näher gekommen zu sein. So teilte der Leipziger Thomaskantor August Eberhard Müller (1767–1817) am 30. Oktober 1807 einem unbekannten Adressaten mit, er habe für ihn ein neues »Pianoforte« ausgesucht:

»Es ist in Wien von dem rühmlichst bekannten Joseph Brodmann verfertiget, geht von Contra F bis zum 4 gestrichenen f'''', mithin noch 5 Töne höher als Sie es wünschten, hat 3 Züge, nämlich Einen zur Aufhebung der Dämpfer, Einen zum sogenannten Harmonika Zuge [Moderator], und der dritte ist eine Imitation des Fagott [...] Das touchment ist eben so leicht, wie bei den Steinischen Instrumenten [aus Augsburg], nur noch elastischer und prompter; so wie denn überhaupt der Ton weit voller und prächtiger ist. Ganz besonders zeichnet sich der Baß durch Fülle, und der höchste Diskant durch einen unübertreffbaren Glöckchen Ton aus. Der Mechanismus ist nach Steinischer Art, aber weit dauerhafter, daher kann man das Instrument ohne alle Gefahr mehr angreifen.«[210]

Carl Czerny machte ebenfalls im »Jahr 1807 [...] die Bekanntschaft des Andreas Streicher, der, früher Clavierlehrer, sich damals schon der Fabrikation der Fortepiano gewidmet hatte, und durch Nachdenken, so wie durch Nachahmung der Englischen, seinen Instrumenten einen vollern Ton und eine festere Behandlung gab, als bis dahin üblich war.«[211] Beethoven hat sich also um 1809, als sein Erard-Flügel vollends unbrauchbar geworden war, kein neues Fortepiano mit Englischer Mechanik und erweitertem Klaviaturumfang kommen lassen, sondern wieder dem Wiener Klavierbau zugewandt, für Wiener Instrumente seine *Klavierkonzerte* op. 58 und 73 sowie die Klavierfassung (1807) des

Violinkonzerts op. 61 geschrieben und die Flügel von Streicher seit dieser Zeit »immer besonders vorgezogen«. Auch in den Folgejahren bestellte er kein englisches Instrument; als er jedoch 1818 den Broadwood-Flügel zum Geschenk erhielt, waren bis einschließlich der *Hammerklavier-Sonate* op. 106 fast alle seine Klavierwerke bereits fertig gestellt.

Gewiss blieben Lautstärke und Klangfülle englischer und französischer Hammerflügel, wie wir gesehen haben, auch in den nächsten Jahrzehnten der eigentliche Motor für die Entwicklung Wiener Hammerklaviere. Dass sich die Wiener Mechanik aber generell behaupten und bis zum Beginn des 20. Jahrhunderts auch halten konnte, verdankt sie ihrer Eigenschaft, den natürlichen Bewegungen der Finger entgegenzukommen und diese leicht, rasch und direkt auf die Saiten zu übertragen, während die trägere Englische Mechanik in Wien schon früh als unbequem empfunden wurde, »indem der Bau der Tastatur dem Bau der Hand so ganz entgegengesetzt ist, daß sich schwerlich etwas zweckwiedrigeres denken läßt«, wie Johann Andreas Streicher am 1. März 1806 gegenüber Gottfried Christoph Härtel konstatierte.[212] 1811 ließ Anton Georg Graf von Appony Streicher über die von diesem vertriebenen französischen Flügel wissen: »Schlechteres, als ihre Pariser Forte Piano's von Erard, kenne ich nichts.« Er wünschte das »Touche [...] vorzüglich leicht, damit« man »diesen Vorzug vor den Pariser Instrumenten, die sich, wie Orgeln, tractiren, recht erkennet.«[213] Johann Lorenz Schiedmayer und Carl Dieudonné (1824)[214] sowie Johann Nepomuk Hummel (1828) und Carl Czerny (1841)[215] warnten ausdrücklich davor, die Trägheit, Schwergängigkeit und bis zu doppelte Spieltiefe der Englischen Mechanik durch den Einsatz des Armgewichts zu kompensieren:

> »Auch die kräftig vorzutragenden Stellen und Passagen müssen, wie bei den deutschen Instrumenten, durch die Kraft der Finger, nicht aber durch die Schwerkraft des Armes hervorgebracht werden; denn man gewinnt durch heftiges Schlagen, da dieser Mechanismus nicht zu so vielfachen Tonabstufungen, wie der unsrige, geeignet ist, keinen stärkern Tongehalt, als die natürliche, kräftige Elastizität der Finger hervorzubringen vermag. Im ersten Augenblick fühlt man sich zwar etwas unbehaglich, weil wir, besonders im Forte bei Rouladen, die Taste bis auf den Grund fassen, was hier mehr oberflächlich geschehen muss, da man sonst nur mit höchster Anstrengung fortkommen und die Fertigkeit [Geläufigkeit] doppelt erschweren würde.«[216]

Auch Beethoven lehnte einem Augenzeugenbericht um 1803 nach jedes Gewichtspiel ab; seine Handhaltung »nach der Eman. Bachischen Schule«[217] (1753) war so ruhig, »dass so wundervoll auch sein Vortrag war, doch kein Werfen hierhin und dorthin, nach oben und unten sichtbar gewesen wäre. Man habe dieselben nur nach rechts und links über die Tasten gleiten sehen, während die Finger allein die Arbeit thaten.«[218] Bei dieser Haltung blieb der Einsatz des Arms ausgeschlossen. Wie es scheint, war Adolph Kullak (1823–1862) der erste, der 1861 die Verwendung von Handgelenk und Arm systematisierte[219], während noch in Christian Louis Heinrich Köhlers (1820–1886) Klavierlehrwerk, erschienen im Vorjahr, eben diese gerade vermieden werden sollten.[220]

Der Hauptunterschied zwischen Wiener und Englischer Mechanik bestand jedoch in genau solchen musikalischen Konsequenzen:

»Die damaligen englischen Fortepiano, welche einen vollen, lange singenden Ton, aber dabei einen tiefen Fall der Tasten, schweres Tractament, so wie eine Undeutlichkeit der einzelnen Töne beim schnellen Spielen, als eigenthümliche Eigenschaften besassen, veranlassten Dussek, Cramer und einige Andere, zu diesem sanften, ruhigen, mehr auf den Gesang berechneten Spiel, für welche auch vorzugsweise ihre Compositionen berechnet sind, und welches man als Gegensatz der neueren klaren und brillant=pikanten Manier ansehen kann«,

die Carl Czerny Beethoven zuschrieb.[221] Eine ausführliche Gegenüberstellung der Vorzüge und Nachteile beider Mechanikarten findet sich 1828 bei Hummel:

»Es ist nicht zu läugnen, das[s] jeder dieser beiden Mechanismen seine eigenen Vorzüge hat. Der Wiener lässt sich von den zartesten Händen leicht behandeln. Er erlaubt dem Spieler, seinem Vortrag alle möglichen Nuancen zu geben, spricht deutlich und prompt an, hat einen runden flötenartigen Ton, der sich besonders in grossen Lokalen, von dem akkompagnirenden Orchester gut unterscheidet, und erschwert die Geläufigkeit nicht durch eine zu grosse Anstrengung. Diese Instrumente sind auch dauerhaft, und beinahe im halben Preise der Englischen. Sie wollen aber auch nach ihren Eigenschaften behandelt sein. Sie erlauben werden ein heftiges Anstossen und Klopfen der Tasten mit ganzer Schwere des Armes, noch einen schwerfälligen Anschlag: die Kraft des Tons muss allein durch die Schnellkraft der Finger hervorgebracht werden. Volle Akkorde werden z.B. meist ganz rasch gebrochen vorgetragen, und wirken so weit mehr, als wenn die Töne zusammen auf einmal noch so stark angeschlagen werden [...]

Dem englischen Mechanismus muss man, wegen seiner Dauerhaftigkeit und Fülle des Tones, gleichfalls Recht widerfahren lassen. Diese Instrumente gestatten jedoch nicht den Grad von Fertigkeit [Geschwindigkeit], wie die Wiener, indem sich der Anschlag der Tasten bedeutend gewichtiger anfühlt, sie auch viel tiefer fallen, und daher die Auslösung der Hämmer bei wiederholtem Tonanschlag nicht so schnell erfolgen kann. Wer an solche Instrumente noch nicht gewöhnt ist, lasse sich durch dies Tieffallen der Claves [Tasten] und durch den schweren Anschlag der Tasten keineswegs stören; nur übernehme er sich nicht im Tempo, und spiele alle geschwinden Sätze und Rouladen durchaus mit der gewöhnlichen Leichtigkeit.«[222]

Insbesondere weist Hummel darauf hin, dass die seit Anfang des 19. Jahrhunderts weiterentwickelten Wiener Klaviere in großen Räumen und im Zusammenspiel mit dem Orchester durchsetzungsfähiger waren:

»Indessen habe ich beobachtet, dass, so stark diese [englischen] Instrumente im Zimmer tönen, sie dennoch in einem grossen Lokale, wo nicht die Natur, doch die Wirkung ihres Tons verändern, und bei komplizierterer Orchester-Begleitung weniger durchdringen, als die unsrigen; welches, nach meiner Meinung, dem oft gar zu dicken, vollen Ton zuzuschreiben ist, nach welchem sie sich von dem Tone der meisten Orchester-Instrumente zu wenig absondern.«[223]

Dieselbe Beobachtung findet sich noch 1855 bei Karl Emil von Schafhäutl: »Der Ton der Stein'schen und später Streicher'schen Pianoforte war ungemein singend, dabei etwas scharf und durchdringend, so daß er in Concerten viel stärker hervortrat, als der eines englischen Flügels mit viel dickerem Tone.«[224] Soweit wir wissen, fiel der Klang englischer Hammerklaviere grundtöniger, jener von Wiener Instrumenten heller aus. Ignaz Moscheles erinnert sich an sein erstes Wiener Konzert vom 15. Dezember 1823, in dem er abwechselnd Beethovens Broadwood-Flügel und ein Instrument von Wilhelm Löschen gespielt hat: »Ich versuchte, den breiten, vollen, wenn auch etwas dumpfen Ton des Broadwood'schen Flügels in meiner Phantasie[-Improvisation] zur Geltung zur bringen; aber umsonst, mein Wiener Publikum hielt zu seinem Landsmann, dessen hellklingende Töne gefälliger ins Ohr fielen.«[225] Dies mögen weitere Gründe gewesen sein, weshalb Beethoven seine Klavierkonzerte op. 58, 61 und 73 nicht für seinen Erard-Flügel, sondern für Wiener Instrumente konzipierte.

Bart van Oort hat darauf hingewiesen, dass die mangelnde Fähigkeit Englischer Mechaniken vor Erfindung der doppelten Auslösung (»double échappement«) durch Sébastien Erard (1821), Tonrepetitionen in hohem Tempo und rasche Noten in deutlicher Artikulation hervorzubringen, nicht allein auf Trägheit, Spielgewicht und -tiefe beruht, sondern durch den diesen Instrumenten eigenen Dämpfungsmechanismus begünstigt wird.[226] Während Wiener Hammerflügel die Saiten punktuell dämpfen, und die Größe der Dämpfer zwischen Bass und Diskant variiert, wodurch ein exakt begrenzbarer, sprechender Ton entsteht, dämpfen englische und französische Flügel jener Epoche auf einer viel größeren Fläche, ohne die Vibration vollständig zu unterbrechen, und steigern damit den fülligen, singenden Ton noch zusätzlich. Die Unterschiede zwischen beiden Dämpfungssystemen waren derart groß, dass sich Friedrich Kalkbrenner – einer jener Londoner Pianisten, die 1817 Beethovens Broadwood-Flügel ausgesucht und signiert hatten – außerstande sah, sein Wiener Konzert im Jahre 1824 auf einem Graf-Flügel zu geben, bis er auf die Idee verfiel, den Dämpferrechen im Diskant mit Kork zu unterlegen und damit die Dämpfung leicht anzuheben, wodurch er tatsächlich die Resonanz englischer Instrumente erreichte, so dass ihm die Ausführung melodischer Phrasen endlich gelang.[227]

Das von Beethoven seit den *Klaviersonaten* op. 2 (1796) gegenüber früheren Werken ausgeprägte Klangbild, bestehend in Dynamikwechseln auf kleinstem Raum und differenzierter Akzentuierung in rascher Folge (Punkt, Keil, *sf*, *sfp* und >), ist auf Instrumenten mit Englischer Mechanik und Dämpfung, die zu flächigem Legatospiel animieren, nicht so oder allenfalls unbefriedigend darzustellen. Bereits ein flüchtiger Blick in seine Klaviersonaten offenbart diese Charakteristika samt Tonrepetitionen und schnellem Staccato auch in den übrigen Sonaten bis einschließlich op. 53 (1803/04) sowie in den vier letzten Opera 106 und 109–111, ohne dass dort Spuren des 1818 eingetroffenen Broadwood-Instruments nachzuweisen sind. Zwischen beiden Perioden finden wir jedoch zahlreiche Beispiele für Anleihen an den englischen Klavierstil – das eindrucksvollste unter ihnen wahrscheinlich die *Appasionata* f-Moll op. 57 (1804/05). Diese Sonate ist zugleich die einzige, die ihrem Tonumfang (F_1–c^4) nach für Beethovens damals noch funktionstüchtigen Erard-Flügel bestimmt gewesen sein mag. In den übrigen Sonaten der Zwischenphase wird der Komponist hingegen versucht haben, musikalische Eigenschaften englisch-französischer Klaviere auf Wiener Instrumenten zu imitieren. Auch hier fand offensichtlich eine Adaption an die Wiener Mechanik statt; von einer Bevorzugung der Englischen aber kann definitiv keine Rede sein.

Mutationen

Mutationen oder »Veränderungen« nannte man in der ersten Hälfte des 19. Jahrhunderts mechanische Spielhilfen, um den Klang des Fortepiano zu beeinflussen. Daneben war auch der Terminus »Zug« oder »Züge«, nach Einführung des Pedals in Wien wenige Jahre nach der Jahrhundertwende, zudem der Begriff »Pedale« gebräuchlich.[228]

Im November 1802 verlangte Beethoven von Anton Walter einen neuen Hammerflügel mit Una corda-Register, das nach dem Vorbild von Joseph Haydns Erard-Fortepiano gefertigt werden sollte, aber damals noch nicht in die Bauweise Wiener Hammerklaviere zu integrieren war. Ein knappes Jahr später stand ihm dann auf seinem eigenen Erard-Fortepiano tatsächlich eine solche Verschiebung zur Verfügung. Doch forderte er den »Una corda«-Zug erst Jahre später im Mittelsatz seines *4. Klavierkonzerts* G-Dur op. 58 (1807) und in den späten Klaviersonaten op. 101, 106 und 109–110 (1816–1822).[229] Ähnlich verhält es sich mit der Dämpfungsaufhebung, von ihm wie von anderen Wiener Komponisten auch zunächst als »sordino« oder »sordini«, seit 1803 (op. 31,2) dann als »Ped.« bezeichnet. »Sordino« oder »sordini« bezieht sich laut Angaben von Carl Czerny auf die damaligen Kniehebel[230]; dasselbe gilt zunächst aber auch für die Anweisung »Ped.« (siehe unten). Entsprechende Hinweise, »mit dem Knie« und danach wiederholt »ebenso«, finden sich – zum ersten Mal überhaupt in der Musikgeschichte – im Kafka-Skizzenbuch (1790–1792)[231], Jahre vor Haydns Pedalvorzeichnungen (*Klaviersonate* C-Dur Hob. XVI:50). »Sordino« führte Beethoven jedoch erst in den Autographen und Erstdrucken zum Mittelsatz des *1. Klavierkonzerts* C-Dur op. 15 (1800/01) und zum ersten Satz des *2. Konzerts* B-Dur op. 19 (1794/1801) sowie in der *Sonate* As-Dur op. 26 von 1800–1802 (Variatio 5, Marcia funebre und Allegro) ein. Später wird darauf zurückzukommen sein, weshalb sich Beethovens Interesse an Registerzügen des Fortepianos erst so spät in seinen Kompositionen niedergeschlagen haben dürfte.

An den bekannten Hammerflügeln aus Beethovens Besitz lassen sich vier verschiedene Mutationen nachweisen – Dämpfung, Moderator, Verschiebung und Laute:

Erbauer	Jahr der Erwähnung	Mutationen (von links nach rechts)
Johann Andreas Stein (?) (ebenso Streicher bis 1805)	1788 (spätestens 1792)	vermutlich 2 Kniehebel, wahlweise mit rechtem oder linkem Knie zu bedienen: Dämpfung
Anton Walter	1800/01	vermutlich 2 Kniehebel: Pianozug, Dämpfung[232]
Johann Jakesch	1802	vermutlich 2 Kniehebel: Pianozug, Dämpfung
Erard Frères	1803 – ca. 1825	4 Pedale: Verschiebung, Pianozug, Dämpfung, Lautenzug
John Broadwood & Sons	1818–1827	1 Pedal und 1 geteiltes Pedal: Verschiebung und Dämpfung (Bass und Diskant)

Dämpfung

Soweit wir wissen, wurde um 1800 in Wien die Dämpfung beim Spiel eher selten angehoben – verglichen mit dem damals schon extensiven Gebrauch in England und Frankreich.[233] Hier handelt es sich offenbar um ein lokales Kolorit, das mit der Vorstellung von einem sprechenden im Unterschied zum singenden Klavierklang einhergeht, und somit nicht um ein technisches Problem. Denn die bis um 1810 im Wiener Klavierbau vorherrschenden Kniehebel – der erste sicher datierbare erhaltene Hammerflügel mit (3) Pedalen ist nach meiner Kenntnis ein Instrument von Michael Schweighofer (ca. 1771–1809), um 1808[234] – gestatten, sofern sie geschickt platziert sind, eine ebenso differenzierte Handhabung wie Pedaltritte; mit einiger Übung ist sogar Halbpedal möglich. Vermutlich gingen die in Frankreich[235] bereits seit 1759 belegten Kniehebel vom Wiener Cembalobau[236] auf Hammerflügel über, während Pedale in England bei Cembali seit 1765 allgemein üblich waren.[237] Johann Lorenz Schiedmayer und Carl Dieudonné kennen noch 1824 sowohl Kniehebel als auch Pedale und empfehlen sogar die Ausstattung neuer Instrumente mit beiden Vorrichtungen zugleich für den Fall,

> »daß mehr als zwei Veränderungen auf einmal gebraucht werden, z.B. das Monochord [Una corda] mit dem Pianozug (Tuchzug [Moderator]), und die aufgehobene Dämpfung (das Forte). Hier ist es gut, wenn das Piano, das seine eigene Pedale hat, auch noch durch einen besondern Drucker mit dem linken Knie regiert werden kann.«[238]

Erhalten sind mehrere Wiener Flügel aus dem zweiten und dritten Jahrzehnt des 19. Jahrhunderts mit Pedalen, bei denen vorzugsweise der Moderator mit dem Knie zu bedienen ist.[239]

Carl Czerny berichtet 1842 über die anfänglichen Erfahrungen mit der Dämpfungsaufhebung in Wien, von ihm aus der Rückschau heraus stets »Pedal« genannt:

> »Aber, – wie es oft bei neuen Erfindungen der Fall ist, – mancher wusste die gute Anwendung nicht vom Missbrauch zu unterscheiden, und da gar viele ungeschickte Spieler dieses Pedal nur benützen, um ihr unreines, undeutliches, und gehacktes Spiel im Gebrause zu verbergen, so wurde es von mehrern Meistern ganz verworfen. [–] Selbst Hummel [...] machte davon in seiner besten Periode keinen Gebrauch, und bewies dadurch allerdings, dass man bei vollendeter Fingerfertigkeit, gediegener Kunst, und elegantem Vortrage auch ohne dieses Hilfsmittel die Welt bezaubern könne. [–] Indessen musste man doch anerkennen, dass durch dieses Pedal eine Vollstimmigkeit erreicht werden konnte, deren die Finger allein nicht fähig sind, und besonders Beethoven benützte es beim Vortrag seiner Clavier-Werke sehr häufig, – weit öfter als man es in seinen Compositionen angezeigt findet.«[240]

In Beethovens Klavierkompositionen scheinen Pedalanweisungen vom *2. Klavierkonzert* B-Dur op. 19 (1794), von der *Sonate* As-Dur op. 26 (1800–1802), von den *Bagatellen* op. 33 (1802/03) und von den *Variationen* op. 35 (1802/03) an hauptsächlich Sonderfälle und Ausnahmen zu bezeichnen. Zu regelmäßigen »Pedal«-Vermerken ist es nie gekommen, selbst in den Sonaten op. 109–111 und in den *Diabelli-Variationen* op. 120 (1819–1823) nicht. Carl Czerny hat einige Pedalvorzeichnungen zu Beethovens Werken nachgetragen, die aus seiner Sicht unerlässlich sind; sie deuten auf einen, wenn auch sparsamen Gebrauch im modernen Sinn hin, geben aber, wie Czerny durchblicken lässt, keineswegs den gesamten Umfang von Beethovens Pedalspiel wieder, von dem die Kritiker doch behauptet hatten, dass es »nur konfusen Lärm hervorbringe«.[241]

Die zeitgenössische Pedalisierungspraxis auf Wiener Flügeln war freilich zu steigern, indem man die Dämpfung nach französischer Konvention »Forté« nannte, den Moderator »Piano«:

> »Das Gehör [...] versteht bei den Hämmerinstrumenten unter Forte den durch die gehobene Dämpfung hervorgebrachten nachhallenden Klang, unter Piano nicht den durch die bloße Dämpfung erzeugten, gleichsam abgeschnittenen, sondern durch eine besondere Vorrichtung noch mehr gemäßigten Ton und diese Unterscheidung gibt die allein richtige Bestimmung. Das Forte und Piano wird also jederzeit nur durch Züge hervorgebracht und der gewöhnlich, durch die Dämpfung bewirkte Klang des Instruments kann mit recht weder Forte noch Piano genannt werden«.[242]

Wie im Abschnitt über den Moderator noch zu zeigen sein wird, ergeben sich in der Tat Hinweise, dass Beethoven und seine Wiener Zeitgenossen mit den Dynamikangaben *pp* oder *ppp* die Forderung nach dem »Pianozug« verbunden haben könnten. Der analoge Fall, nämlich die Gleichsetzung von Forte-Dynamik und Dämpfung, ist ebenfalls nicht völlig von der Hand zu weisen; denn bis zur *Sonate* C-Dur op. 53 zielen sämtliche Pedalvorzeichnungen Beethovens gerade auf den *p*- oder *pp*-Bereich; *f* und *ff* bleiben unbezeichnet – ausgenommen das Finale der *Eroica-Variationen* op. 35: Dort heißt es zu Beginn der dreistimmigen Fuge »senza Ped.« und in den *ff*-Takten 123–131 dreimal »con Ped.«, während der Andante con moto-Schlussteil keinerlei Angaben ausweist. Beethoven wollte demnach verhindern, dass seine Fuge, womit er zu rechnen hatte, mit Kniehebeln gespielt wurde, wogegen die Prometheus-Coda in *p*-Grunddynamik verharrt. Es lohnt sich also durchaus, im Einzelfall einmal mögliche Zusammenhänge zwischen *f*- und *ff*-Dynamik und der Aufhebung der Dämpfung zu untersuchen, zumal der »gewöhnliche, herrschende Klang« nur auf diese Weise »vermehrt« werden kann.[243]

Seit den Sonaten op. 31 und 47 (*Kreutzer-Sonate* mit Violine) von 1802/03 bediente sich Beethoven nach englischem Vorbild der Termini »Ped.« zum Niederdrücken bzw. »O« zum Loslassen des Pedals.[244] Da sein Erard-Flügel erst im Oktober 1803 eingetroffen ist, dürfte seine Bezeichnungspraxis schon früher an die englische Terminologie angeglichen worden sein, selbst wenn die damaligen Wiener Flügel, soweit bekannt, noch keine Pedale besaßen. Ein Vermerk zu Beginn des Autographs der *Waldstein-Sonate* C-Dur op. 53 (1803) besagt, »Wo ped. steht wird die ganze Dämpfung sowohl vom Bass als Dißkant aufgehoben. O bedeutet, daß man sie wieder fallen lasse.«[245] Dieser Hinweis kann sich nicht auf das Erard-Fortepiano beziehen, das im Unterschied zu Beethovens Broadwood-Flügel von 1817 über keine geteilte Dämpfung verfügte. Wohl aber dürften dem Komponisten jene Wiener Hammerflügel, darunter Mozarts Walter-Fortepiano von

1781/82, bekannt gewesen sein, die noch bis in die 1790er Jahre hinein mit zwei Hand- oder Kniehebeln zur Betätigung der geteilten Dämpfung ausgestattet worden sind.[246] Beethovens Anweisung im Autograph von op. 53 lässt also erkennen, dass solche Instrumente um 1803 in Wien nach wie vor in Gebrauch waren.

Auf die ursprüngliche Existenz von Handhebeln im Wiener Klavierbau mag eine Besonderheit lokaler Klavierspieler und -komponisten zurückzuführen sein, die Dämpfung während langer Abschnitte oder ganzer Sätze durchgehend anzuheben – ungeachtet bestehender Harmoniewechsel. Beethovens Wiener Konkurrent Leopold Kozeluch (1747–1818) teilte seinem Londoner Verleger 1799 mit, die beigefügten drei *Capricci* op. 44 seien jeweils von Anfang bis Ende ohne Dämpfung zu spielen und riefen auf diese Weise den Klang einer »Harmonika« hervor,[247] was Johann Andreas Streicher im Kern bestätigt.[248] Denselben Effekt machte sich Beethoven im Rondo-Couplet der *Waldstein-Sonate* op. 53 zunutze – übrigens wiederum »sempre pp« zu spielen –, wodurch sich Carl Czerny zu dem Hinweis veranlasst sah: »So lange das pianissimo währt, ist auch das Verschiebungspedal zu nehmen«[249], damals mitunter ebenfalls »Harmonikazug« genannt (siehe unten). Ein ähnlicher Fall, noch einmal mit *pp*-Dynamik, liegt in der Bagatelle op. 33,7 (T. 21–36 und 77–92) vor. Das bekannteste Werk dieser Art ist jedoch das Adagio sostenuto der als *Mondschein-Sonate* berühmten *Sonata quasi una Fantasia* cis-Moll op. 27,2 mit den originalen Anweisungen »Si deve suonare tutto questo pezzo delicatissimamente e senza sordino« und »sempre pp e senza sordino«. Da der Satz die *pp*-Grunddynamik tatsächlich niemals für längere Zeit verlässt, ist eine Ausführung mit durchgehend angehobener Dämpfung oder mit dieser und gleichzeitig gezogenem Moderator vorstellbar. John Henry van der Meer übersetzt »sordino«, als Gegensatz zu sordini, sogar direkt mit Moderator.[250] Diese Interpretation kommt jedoch nicht in Betracht, weil Beethoven auch bei den eindeutig auf die Dämpfung bezogenen Pedalbezeichnungen im Presto-Finale der Sonate von »senza« und »con sordino«, also im Singular, spricht. Czerny identifiziert »sordino« zwar mit der Dämpfung, fordert jedoch: »Das vorgezeichnete Pedal ist bei jeder Bassnote von Neuem zu nehmen.«[251] Aus meiner Sicht handelt es hier um eine Konzession an das bis 1842 weit fortgeschrittene Klangvolumen Wiener Klaviere, die zugleich die Problematik solcher Originalangaben auf modernen Instrumenten verdeutlicht: Sie alle sind elementar an den schlanken Ton Wiener Hammerflügel um 1800 geknüpft und auf späteren Instrumenten nicht überzeugend zu realisieren, schon gar nicht »delicatissimamente«.

Moderator (Pianozug, Lautenzug)

Moderator ist, soweit ich sehen kann, ein moderner Begriff. Die Termini der Beethoven-Zeit hingegen lauteten »Piano« oder »Pianozug«[252], »Tuchzug«[253], »Pianissimo«[254], »Jeu céleste« bzw. »Jeu angélique«[255], »Harmonikazug«, »Harfenzug«[256] oder »Lautenzug«.[257] Johann Lorenz Schiedmayer und Carl Dieudonné (1824) erklären die technische Einrichtung des Registers wie folgt:

> »Am teutschen Flügel findet sich ein durch Tuchläppchen, welche an einer Leiste befestigt sind, und durch Verschiebung derselben mittelst einer Pedale oder eines Knie Druckers auf die Stelle des Hammer-Anschlags gerückt werden, – bewirktes Piano (Tuchzug), das sehr angenehm klingt. Es wird hie und da auch Lautenzug etc. genannt. Bei einigen Flügel-Forte-Pianos sind diese Läppchen weiter hinten [zur Anschlagstelle hin] zu doppelt; durch eine besondere Pedale, welche den Tuchzug weiter vorwärts [zum Spieler hin] zieht, werden die Läppchen so weit vorgerückt, dass der Hammer auch die kürzern mit trifft, also ein verdoppeltes Piano entsteht, was gewöhnlich das Pianissimo genannt wird. Ein Tuchzug dieser Art klingt jedoch, wenn er als einfaches Piano gebraucht wird, nicht so schön, als wenn er überhaupt nur einfach ist und kein Pianissimo hat. [–] An dem Flügel englischer Art findet sich dieses Piano gewöhnlich nicht«.[258]

Im Hinblick auf ihre Ausführung wurden die beiden Hauptarten des Tuchzugs (»Piano« und »Pianissimo«) offenbar vom Harfen- und Lautenzug unterschieden, indem das Tuch bei den letzteren durch Leder ersetzt werden konnte.[259] Joseph Gall (1805) und Christian Friedrich Gottlieb Thon (1817) erwähnen darüber hinaus einen Lautenzug »mit Seidenfranzen«.[260] Für seinen Piano- und Lautenzug hat Sébastien Erard (1752–1831) 1808 ein englisches (!) Patent erhalten[261], laut dem der Lautenzug »a tone in the strings of the instrument which is very pleasing and resembles that of the harp« (einen Klang der Saiten des Instruments, der sehr angenehm ist und an jenen der Harfe erinnert) erzeugte[262], nachdem eine Eisenschiene einen durchgehenden Lederstreifen aus Sicht des Spielers vor dem Anschlagspunkt der Hämmer von unten gegen die Saiten drückte. Erards mit Tuch besetzter Pianozug erinnere hingegen an die »Sordini« von Streichinstrumenten[263], mag also auch entsprechend eingesetzt worden sein.

Wahrscheinlich waren Beethoven alle oben beschriebenen Moderator-Modelle bekannt; an den Instrumenten in seinem Besitz sind jedoch allein Piano- (wohl Walter und Jakesch sowie Erard und Broadwood) und Lautenzug (Erard) nachweisbar. Über die Verwendung des Moderators in Beethovens Klaviermusik lässt sich mangels konkreter Zeugnisse nur spekulieren. Vermutlich erfolgte diese, wie im vorangegangenen Kapitel dargelegt, gelegentlich zusammen mit aufgehobener Dämpfung, um einen »Harmonikaeffekt« zu suggerieren. Schiedmayer und Dieudonné (1824) empfehlen außerdem eine Verbindung mit dem Una corda-Register (siehe unten). Ernst Theodor Amadeus Hofmann (1776–1822) präsentierte beide Kombinationen im Rahmen seiner Rezension von Beethovens *Klaviertrios* op. 70 für die Leipziger *Allgemeine Musikalische Zeitung* (1813) zur Ausführung der Vierundsechzigstel-Sextolen-Begleitung im Largo assai ed expressivo des *Geister-Trios* op. 70,1 und gab zu erkennen, dass es letztlich Sache des Interpreten war herauszufinden, wie sich solche Züge am besten einsetzen ließen:

> »Zu dem Hauptthema, wenn es Violine und Violoncell vortragen, hat der Flügel meistentheils einen Satz in 64theil Sextolen die pp. und leggiermente vorgetragen werden sollen [...] Es ist dies fast die einzige Art, wie auch der Ton eines guten Flügels, auf eine überraschende, wirkungsvolle Weise geltend gemacht werden kann. Werden nämlich diese Sextolen, mit aufgehobenen Dämpfern und dem Pianozug, mit geschickter, leichter Hand gespielt, so entsteht

ein Säuseln, das an Aeolsharfe und Harmonica erinnert, und, mit den Bogentönen der übrigen Instrumente vereinigt, von ganz wunderbarer Wirkung ist. – Rec[ensent]. that zu dem Pianozug und den Dämpfern auch noch den sogenannten Harmonicazug, der bekanntlich das Manual verschiebt, so, dass die Hämmer nur eine Saite anschlagen, und aus dem schönen Streicherschen Flügel schwebten Töne hervor, die wie duftige Traumgestalten das Gemüth umfingen und in den magischen Kreis seltsamer Ahnungen lockten.«[264]

Für ebensolche Stellen schlug 1841 auch Carl Czerny den Pianozug vor:

»Dieses Pedale del Piano wird noch weit seltener gebraucht [als der Una corda-Zug], und ist eigentlich nur bei einem sehr leisen Tremolando in den tiefen Octaven, in Verein mit dem Dämpfungs=Pedal, völlig an seinem Platze, um eine Art von fernem Donner hervorzubringen [...] Bei diesem Pedal kann man, ohne es wegzulassen, das Forte steigern, so stark man will.«[265]

Ob die hier anklingende Zurückhaltung auch auf die Zeit bis um 1820 und insbesondere auf Beethovens persönliche Vorstellungen zu übertragen ist, kann nicht geklärt werden. Wie bereits erwähnt, ergeben sich jedoch weitere Einsatzmöglichkeiten für den Moderator im Stil der Zeit, will man Schubertsche *pp*- und *ppp*-Vorzeichnungen, die sich auf Piano- und Pianissimozug beziehen[266], auch auf Beethoven anwenden. Beispiele aus dessen Klaviersonaten könnten der Mittelteil des Allegretto aus op. 10,2, die Coda zum Largo e mesto aus op. 10,3, das Andante aus op. 27,1, die Coda zum Allegro von op. 28, die Largo-Abschnitte im ersten Satz von op. 31,2 und die Introduzione zum Rondo aus op. 53 darstellen. In späteren Werken sucht man vergleichbare Stellen indes vergeblich, was tatsächlich einen Hinweis darauf liefern mag, dass Beethoven schon wenige Jahre nach der Jahrhundertwende vom Moderator Abstand zu nehmen begann, um sich vermehrt dem Una corda-Register zuzuwenden.

Verschiebung

Ein Verschieben der Klaviatur, um nur einen Saitenchor zum Klingen zu bringen, ist bereits bei zwei von drei erhaltenen Hammerflügeln Bartolomeo Cristoforis möglich[267] und geht somit auf das italienische Cembalo des späten 17. Jahrhunderts mit seiner Trennung von beiden Achtfuß-Chören zurück. Mit der Patentschrift John Broadwoods (1732–1812) von 1794[268] wurde die Verschiebung auch zum Standard englischer Fortepianos. Allerdings besitzt schon einer der ältesten Londoner Hammerflügel, erbaut 1785 von Robert Stodart, eine über ein Pedal zu bedienende Verschiebung.[269] Bei Stodart wie bei Broadwood handelt es sich um dreichörige Instrumente, weshalb durch fortgesetzten Pedaldruck sowohl zwei Saiten (due corde) als auch eine einzige (una corda) bespielt werden können. Wiener Hammerflügel besitzen seit spätestens 1807 eine zunächst über Kniehebel, seit etwa 1808 über ein Pedal zu betätigende Verschiebung ebenfalls über drei Saiten. Darüber hinaus führte Johann Baptist Streicher mit seiner Patentschrift für oberschlägige Hammerflügel aus dem Jahr 1823 separate Pedale für una corda und due corde ein, so dass die historischen Instrumente eine Gemeinsamkeit besitzen, welche sie mit dem modernen Flügel nicht teilen, der von drei auf nur zwei Saiten zu reduzieren in der Lage ist.[270]

Beethovens Angaben im *4. Klavierkonzert* G-Dur op. 58 (Andante con moto: »una corda« – »due e poi tre corde« – »due, poi una corda«) und in den Klaviersonaten A-Dur op. 101 (Langsam und sehnsuchtsvoll: »Mit einer Saite« – »Nach und nach mehrere Saiten« – »Alle Saiten«), B-Dur op. 106 (Adagio sostenuto: »una corda« – »poco a poco due ed allora tutte le corde«) und As-Dur op. 110 (L'istesso tempo della Fuga: »sempre una corda« – »poi a poi tutte le corde«) reflektieren sämtlich auf Klaviere mit zweifacher Verschiebung, die stufenweise über ein einziges Pedal zu kontrollieren ist, und sind deshalb auf dem heutigen Instrument nicht ausführbar. Mit den Worten Carl Czernys bringt die Verschiebung

> »einen sehr sanften und doch lange fortklingenden Ton hervor, und erfordert ein sehr zartes, meistens gebundenes Spiel, das man nie zum Forte steigern darf. Bei langsamen, harmoniösen und mehrstimmigen Gesängen ist es am schicklichsten anzuwenden [...] Bei gebrochenen und sanften Accorden und ähnlichen Passagen ist dieses Pedal in Vereinigung mit dem Dämpfungs=Pedal von schöner Wirkung [...] Übrigens muss dieses Pedal nur sehr sparsam angewendet werden, und der Spieler darf ja nicht glauben, dass man jedes Piano durch Hilfe dieses Pedals hervorbringen könne.«[271]

Christian Friedrich Gottlieb Thon (1817) nennt die Verschiebung »Harmonicazug«; sie erinnert ihn »bei zarter und sanfter Behandlung an die Zaubertöne der [Glas-]Harmonica, kann in arpeggierten Passagen durch leichte Hebung der Dämpfdocken anmuthig verstärkt werden und eignet sich durch den klingenden sangbaren Ton, welcher aus den Saiten fließt, vorzüglich zum Adagio oder zur Gesangsbegleitung.«[272] Schiedmayer und Dieudonné (1824) raten, die Verschiebung »bei dem teutschen Flügel besser in Verbindung mit obengedachtem Pianozug (Tuchzug)« zu gebrauchen, »weil sie sonst zu viel Schneidendes hat, mit dem Tuchzug aber einen sanften, frommen Ton hervorbringt, so dass die Franzosen ihr sogar den Namen jeu céleste, jeu angélique, beigelegt haben. Will man den Ton etwas stärker haben, so kann die Verschiebung auch auf zwei Saiten gerichtet werden.«[273] Zudem erfüllte die Verschiebung seit ihrer Einführung im späten 18. Jahrhundert und wie schon zu Zeiten Cristoforis einen höchst profanen Zweck:

> »Die Art der Engländer, ihre Pianoforte zu stimmen, unterscheidet sich von der unsrigen blos darin, dass sie ohne Stimm-Leder, blos mit der Verschiebung der Tastatur, erst eine, dann zwei, dann alle drei Saiten stimmen. Dadurch wird das Stimmen der Temperatur leichter und das ganze Instrument reiner. Die vielen schlechten Pianoforte, welche besonders in früherer Zeit in Deutschland gemacht wurden, bei denen die Hämmer nicht richtig auf die Saiten trafen, sind Ursache, dass diese Stimmung bei uns nicht allgemein eingeführt ist. Die Pianoforte von Streicher und [M.] A. Stein, lassen sich alle mittelst der Verschiebung stimmen, ohne dass man mit dem Stimmleder (was überdies noch einen eigenen Beiton verursacht,) viele Zeit zu verlieren braucht.«[274]

Weitere Mutationen Wiener Klaviere wie den Fagottzug, dessen schnarrenden Ton im Bassbereich eine gegen die Saiten gedrückte und mit Pergament oder Papier besetzte Leiste verursacht[275], oder den Janitscharenzug[276] mit einer im Corpusinneren angebrachten Kombination aus Trommel bzw. Pauke, Glöckchen und Becken mag Beethoven zwar gekannt haben. Es ist jedoch nicht zu belegen, dass er solche Instrumente besaß, und unwahrscheinlich, dass er sie favorisierte; denn der »dem Beethoven Eigens verfertigt[e]« Flügel von Conrad Graf (1825/26) wurde nur mit Verschiebung, Pianozug und Dämpfung ausgestattet. Carl Czerny meint, gleichlautend mit Schiedmayer und Dieudonné:[277] »Alle übrigen Pedale, welche durch eine Zeitlang Mode waren, wie Fagott, Harfe, oder gar Trommel und Glocken, etc: sind Kindereien, deren sich ein solider Spieler niemals bedient.«[278]

Anmerkungen

1 AMZ 21 (1827), S. 345. T. Skowroneck, »The Keyboard Instruments of the Young Beethoven«, in: S. Burnham und M. P. Steinberg (Hrsg.), *Beethoven and his World*, Princeton (New Jersey) 2000, S. 151–192. S. Rampe, »›Hier ist doch das Clavierland‹ – Mozart und das Klavier«, in: M. Schmidt (Hrsg.), *Mozarts Klavier- und Kammermusik* (Das Mozart-Handbuch 2), Laaber 2006, S. 220–234.

2 *Die Klangwelt Mozarts. Eine Ausstellung des Kunsthistorischen Museums Wien*, Wien 1991, S. 244.

3 Bkh 6, S. 151. Th. Synofzik, »Das Cembalo am Ende des Generalbaßzeitalters«, in: Chr. Ahrens und G. Klinke (Hrsg.), »*... con Cembalo e l'Organo ...*« *Das Cembalo als Generalbaßinstrument*, München und Salzburg 2008, S. 93–104 (S. 103).

4 S. Rampe, *Beethovens Klaviere und seine Klavierimprovisation. Klangwelt und Aufführungspraxis* (Musikwissenschaftliche Schriften 49), München und Salzburg 2015. Zur Darstellung der einzelnen Instrumente in der Literatur vgl. dort auch die Anm. 2 auf S. 13.

5 T. Skowroneck, *Beethoven the Pianist*, Cambridge 2010, S. 27–32.

6 S. Rampe, *Orgel- und Clavierspielen 1400–1800. Eine deutsche Sozialgeschichte im europäischen Kontext* (Musikwissenschaftliche Schriften 48), München und Salzburg 2014, S. 69–96.

7 D. H. Boalch, *Harpsichord and Clavichord 1440–1840. Third Edition*, hrsg. von Ch. Mould, Oxford 1995, S. 192.

8 A. Huber, »Reiseclavichorde – von Mozart bis Beethoven«, in: Chr. Ahrens und G. Klinke (Hrsg.), *Fundament aller Clavirten Instrumenten – Das Clavichord*, München und Salzburg 2003, S. 53–61.

9 T. Skowroneck, *Beethoven the Pianist*, S. 31f.

10 C. F. Cramer (Hrsg.), *Magazin der Musik*, Hamburg 1783, Sp. 377–400.

11 Ders. (Hrsg.), *Magazin der Musik*, Hamburg 1787, Sp. 1386.

12 M. Latcham, »The Pianos of Johann Andreas Stein«, in: M. Lustig (Hrsg.), *Zur Geschichte des Hammerklaviers* (Michaelsteiner Konferenzberichte 50), Michaelstein 1996, S. 15–49 (S. 37ff.). M. Latcham, »Mozart and the Pianos of Johann Andreas Stein«, in: The Galpin Society Journal LI (1998), S. 115–153 (S. 137ff.).

13 A. W. Thayer, *Ludwig van Beethoven's Leben. Band I*, hrsg. und übersetzt von H. Deiters, revidiert von H. Riemann, Leipzig ^{3}1917, S. 179.

14 Th. von Frimmel, *Bausteine zu einer Lebensgeschichte des Meisters* (Beethoven-Studien II), München und Leipzig 1906, S. 222.

15 BKh 6, S. 321.

16 S. Rampe, *Mozarts Claviermusik. Klangwelt und Aufführungspraxis. Ein Handbuch*, Kassel u.a. 1995, S. 48f. R. Angermüller und A. Huber (Hrsg.), *Der Hammerflügel von Anton Walter aus dem Besitz von Wolfgang Amadeus Mozart. Befund, Dokumentation, Analyse*, Salzburg 2000.

17 T. Skowroneck, »The Keyboard Instruments of the Young Beethoven«, S. 165.

18 A. Huber, »Was the ›Viennese action‹ originally a Stossmechanik?«, in: The Galpin Society Journal LV (2002), S. 169–182.

19 S. Berdux und S. Wittmayer, »Biographische Notizen zu Anton Walter (1752–1826)«, in: R. Angermüller und A. Huber (Hrsg.), *Der Hammerflügel von Anton Walter*, S. 13–106 (S. 31).

20 C. Czerny, *Über den richtigen Vortrag der sämtlichen Beethoven'schen Klavierwerke*, hrsg. von P. Badura-Skoda, Wien 1963, S. 10. Hinsichtlich der Datierung dieser Begebenheit korrigiert Eva Badura-Skoda (»Ein vierter erhaltener Hammerflügel aus dem Besitz Beethovens«, in: Biblos. Beiträge zu Buch, Bibliothek und Schrift 45,2 [1996], S. 249–265 [S. 251]) mit plausiblen Argumenten die Angaben (»Winter 1799/1800«) ihres Ehemanns.

21 M. Latcham, »Mozart and the pianos of Gabriel Anton Walter«, in: Early Music XXV (1997), S. 383–400.

22 BGA 116.

23 H. Walter, »Haydns Klaviere«, in: *Haydn-Studien Band II*, hrsg. von G. Feder, München und Duisburg 1970, S. 256–288 (S. 282f.).

24 Zitiert nach A. Leitzmann (Hrsg.), *Beethovens Persönlichkeit. Urteile der Zeitgenossen, Erster Band 1770–1816*, Leipzig 1914, S. 116.

25 Ebenda, S. 122.

26 Ebenda, S. 180.

27 Th. von Frimmel, *Bausteine zu einer Lebensgeschichte des Meisters* (Beethoven-Studien II), München und Leipzig 1906, S. 67 und 223.

28 M. Latcham, *The Stringing, Scaling and Pitch of Hammerflügel built in the Southern German and Viennese Traditions 1780–1820*, 2 Bde. (Musikwissenschaftliche Schriften 34), München und Salzburg 2000, Bd. I, S. 76.

29 T. Skowroneck, »Beethoven's Erard Piano: ist Influence on his Composition and on Viennese Fortepiano Building«, in: Early Music XXX (2002), S. 523–538 (S. 524).

30 *Beethoven's 1803 Erard Piano: A Deceptive »Gift«*, Vorlesung von Maria Rose (New York) am 19. Mai 2003 in der University of South Dakota (USA), veröffentlicht als »Beethoven and his French Piano: Proof of Purchase«, in: Musique, Images, Instruments 7 (2005), S. 110–122.

31 Privatbesitz Los Angeles.

32 T. Skowroneck, »Beethoven's Erard Piano«, S. 528f.

33 G. A. Griesinger, *»Eben komme ich von Haydn ...«. Georg August Griesingers Korrespondenz mit Joseph Haydns Verleger Breitkopf & Härtel, 1799–1819*, hrsg. von O. Biba, Zürich 1987, S. 216.

34 W. Lütge, »Andreas und Nannette Streicher«, in: Der Bär: Jahrbuch von Breitkopf und Härtel IV (1927), S. 53–69 (S. 65).

35 A. Huber, »Beethovens Erard-Flügel, Überlegungen zu seiner Restaurierung«, in: Restauro III (1990), S. 181–188.

36 Ders., »Deckelstützen und Schalldeckel an Hammerklavieren«, in: *Studia Organologica. Festschrift John Henry van der Meer zu seinem 65. Geburtstag*, Tutzing 1987, S. 229–251 (S. 240).

37 T. Skowroneck, »Beethoven's Erard Piano«, S. 525.

38 BGA 467.

39 BGA 478.

40 BGA 1855.

41 A. Huber, »Beethovens Erard-Flügel«, S. 183. T. Skowroneck, »Beethoven's Erard Piano«, S. 529f.

42 A. Huber, »Deckelstützen und Schalldeckel an Hammerklavieren«, S. 240.

43 BKh 1, S. 360ff.

44 BGA 1240.

45 BKh 3, S. 237.

46 BKh 4, S. 22.
47 BKh 7, S. 258.
48 BGA 148.
49 BKh 2, S. 84.
50 Ebenda, S. 113.
51 Ebenda, S. 245.
52 BKh 6, S. 271.
53 BKh 8, S. 68.
54 BGA 460.
55 Zitiert nach H. Ottner, *Der Wiener Instrumentenbau 1815–1833*, Tutzing 1977, S. 22, sowie E. Badura-Skoda, »Ein vierter erhaltener Hammerflügel aus dem Besitz Beethovens«, in: Biblos. Beiträge zu Buch, Bibliothek und Schrift 45,2 (1996), S. 249–265 (S. 260).
56 A. Schindler, *Biographie von Ludwig van Beethoven. Zweiter Teil*, Münster 1860, S. 53.
57 BKh 4, S. 22.
58 BGA 1888.
59 BGA 1027.
60 E. Badura-Skoda, »Ein vierter erhaltener Hammerflügel aus dem Besitz Beethovens«.
61 Nicht verzeichnet in: D. Wythe, »The pianos of Conrad Graf«, in: Early Music XII (1984), S. 447–460, sowie in: dies., *Conrad Graf (1782–1851): Imperial Royal Court Fortepiano Maker in Vienna*, mschr. Diss. New York City 1990.
62 BKh 4, S. 74.
63 H. Roller, *Beethoven in Baden*, Baden ²1902, S. 17, zitiert nach E. Badura-Skoda, »Ein vierter erhaltener Hammerflügel aus dem Besitz Beethovens«, S. 259.
64 Ebenda, S. 261–264.
65 Ebenda, S. 254.
66 Ebenda.
67 BGA 440.
68 BGA 473.
69 BGA 478.
70 BGA 1137.
71 Ebenda.
72 Th. von Frimmel, *Bausteine zu einer Lebensgeschichte des Meisters* (Beethoven-Studien II), München und Leipzig 1906, S. 233.
73 Vgl. W. S. Newmann, *Beethoven on Beethoven. Playing His Piano Music His Way*, New York und London 1988, S. 52, sowie M. Novak Clinkscale, *Makers of the Piano 1700–1820*, Oxford 1993, S. 304f.
74 Zitiert nach A. Leitzmann (Hrsg.), *Beethovens Persönlichkeit. Urteile der Zeitgenossen, Erster Band 1770–1816*, Leipzig 1914, S. 159.
75 J. Gall (Hrsg.), *Clavier-Stimmbuch oder deutliche Anweisung wie jeder Musikfreund sein Clavier-Flügel, Fortepiano und Flügel-Fortepiano selbst stimmen, repariren, und bestmöglichst gut erhalten könne*, Wien 1805; Repr., hrsg. von H. Zimmermann, Straubenhardt 1988, S. 124. Vgl. auch O. Paul, *Geschichte des Claviers vom Ursprunge bis zu den modernsten Formen dieses Instruments*, Leipzig 1868, S. 142ff.
76 BGA 793. BKh 2, S. 180.
77 BGA 822.
78 BGA 823.
79 BKh 1, S. 324 und 332. BKh 2, S. 81f. BKh 6, S. 276.
80 BKh 1, S. 360f. BKh 2, S. 74, 81f. und 83ff. BKh 3, S. 367. BKh 6, S. 276. BKh 7, S. 20.
81 G. A. Griesinger, »*Eben komme ich von Haydn …*« *Georg August Griesingers Korrespondenz mit Joseph Haydns Verleger Breitkopf & Härtel, 1799–1819*, hrsg. von O. Biba, Zürich 1987, S. 216.
82 BKh 3, S. 233.
83 BKh 4, S. 322.

[84] BKh 1, S. 306.
[85] BKh 7, S. 311.
[86] BKh 9, S. 43.
[87] BKh 4, S. 245.
[88] Zitiert nach BGA Bd. 4, S. 172.
[89] BKh 4, S. 21.
[90] BKh 7, S. 96. A. Langer, »Maria Anna (Nannette) Streicher, geb. Stein, eine bedeutende Klavierbauerin der Beethoven-Zeit«, in: U. Goebl-Streicher, J. Streicher und M. Ladenburger, *»Diesem Menschen hätte ich mein ganzes Leben widmen mögen«. Beethoven und die Wiener Klavierbauer Nannette und Andreas Streicher* (Veröffentlichungen des Beethoven-Hauses, Ausstellungskataloge 6), Bonn 1999, S. 21–32 (S. 27).
[91] Zitiert nach BGA Band 4, S. 150.
[92] BKh 4, S. 295.
[93] BGA 1217, 1238, 1240 und 1242.
[94] BGA 1243.
[95] Vgl. auch W. Lütge, »Andreas und Nannette Streicher«, in: Der Bär: Jahrbuch von Breitkopf und Härtel IV (1927), S. 53–69 (S. 65ff.).
[96] BKh 1, S. 31.
[97] BKh 1, S. 266 und 324f.
[98] BKh 1, S. 324f. und 332.
[99] BKh 1, S. 325.
[100] T. Skowroneck, »Beethoven's Erard Piano: its Influence on his Composition and on Viennese Fortepiano Building«, in: Early Music XXX (2002), S. 523–538 (S. 526ff.).
[101] Zitiert nach A. Leitzmann (Hrsg.), *Beethovens Persönlichkeit. Urteile der Zeitgenossen, Zweiter Band 1817–1827*, Leipzig 1914, S. 348.
[102] BGA 1492. A. Schindler, *Biographie von Ludwig van Beethoven. Zweiter Theil*, Münster 1860, S. 52.
[103] BGA 1265.
[104] BGA 1890.
[105] Zitiert nach BGA Band 5, S. 377.
[106] BKh 7, S. 20f.
[107] BKh 9, S. 47.
[108] BKh 8, S. 288.
[109] BKh 9, S. 82.
[110] BKh 9, S. 146.
[111] BKh 9, S. 147.
[112] A. Leitzmann, *Beethovens Persönlichkeit*, Bd. II, S. 356.
[113] Ebenda, S. 244, 246, 251 und 265.
[114] BKh 9, S. 301.
[115] BKh 10, S. 61.
[116] Th. von Frimmel, *Bausteine zu einer Lebensgeschichte des Meisters* (Beethoven-Studien II), München und Leipzig 1906, S. 226 und 179.
[117] Ebenda, S. 227.
[118] G. Gábry, »Das Klavier Beethovens und Liszts«, in: Studia Musicologica VIII (1966), S. 379–390.
[119] BKh 4, S. 238.
[120] BKh 4, S. 373.
[121] BKh 7, S. 279.
[122] Zitiert nach A. Leitzmann, *Beethovens Persönlichkeit*, Bd. II, S. 238.
[123] BKh 7, S. 311.
[124] J. Fischhof, *Versuch einer Geschichte des Clavierbaues*, Wien 1853, S. 9.
[125] A. W. Thayer, *Ludwig van Beethoven's Leben. Band 5*, hrsg. und übersetzt von H. Deiters, rev. von H. Riemann, Leipzig 1923, S. 243. K. Sakka, »Beethovens Klaviere. Der Klavierbau und Beet-

hovens künstlerische Reaktion«, in: *Colloquium Amicorum. Joseph Schmidt-Görg zum 70. Geburtstag*, hrsg. von S. Kross und H. Schmidt, Bonn 1967, S. 327–337 (S. 336). D. Wythe, »The pianos of Conrad Graf«, in: Early Music XII (1984), S. 447–460 (S. 457). J. H. van der Meer, »Beethoven und das Fortepiano«, in: Musica instrumentalis 2 (1999), S. 56–82 (S. 71).

126 BKh 8, S. 288f.

127 BKh 9, S. 142 und 147.

128 S. Geiser, »Ein Beethoven-Flügel in der Schweiz«, in: Der Bund Nr. 469 und 480, Bern, 3. und 10. November 1961.

129 Th. von Frimmel, *Bausteine zu einer Lebensgeschichte des Meisters*, S. 232. D. Wythe, *Conrad Graf (1782–1851): Imperial Royal Court Fortepiano Maker in Vienna*, mschr. Diss. New York 1990, S. 599.

130 Eine ausführliche Beschreibung in: D. Wythe, *The pianos of Conrad Graf*, S. 458.

131 *Bericht über die erste allgemeine österreichische Gewerbs-Produkten-Ausstellung im Jahre 1835*, Wien 1836, S. 320.

132 BKh 9, S. 141.

133 BKh 2, S. 93.

134 BKh 1, S. 324.

135 BKh 9, S. 147.

136 BGA 1838 und 1839.

137 Zitiert nach A. Leitzmann, *Beethovens Persönlichkeit*, Bd. II, S. 359 und 361.

138 G. von Breuning, *Aus dem Schwarzspanierhause*, Wien 1874, S. 58f.

139 T. Skowroneck, »The Keyboard Instruments of the Young Beethoven«, in: S. Burnham und M. P. Steinberg (Hrsg.), *Beethoven and his World*, Princeton (New Jersey) 2000, S. 151–192 (S. 166).

140 BGA 23.

141 J. F. von Schönfeld, *Jahrbuch der Tonkunst von Wien und Prag 1796*, Wien 1796; Repr., hrsg. von O. Biba, München und Salzburg 1976, S. 90.

142 BGA 66 und 67. U. Goebl-Streicher, J. Streicher und M. Ladenburger, *»Diesem Menschen hätte ich mein ganzes Leben widmen mögen«. Beethoven und die Wiener Klavierbauer Nannette und Andreas Streicher* (Veröffentlichungen des Beethoven-Hauses, Ausstellungskataloge 6), Bonn 1999, S. 75–83.

143 J. F. Reichardt, *Vertraute Briefe geschrieben auf einer Reise nach Wien und den Österreichischen Staaten zu Ende des Jahres 1808 und zu Anfang 1809*, Amsterdam 1810; Neuausg. in: ders., *Briefe, die Musik betreffend. Berichte, Rezensionen, Essays*, hrsg. von W. Siegmund-Schultze, Leipzig 1976, S. 297.

144 Ebenda, S. 287.

145 U. Goebl-Streicher, J. Streicher und M. Ladenburger, »*Diesem Menschen hätte ich mein ganzes Leben widmen mögen*«, S. 80.

146 BGA 459.

147 U. Goebl-Streicher, J. Streicher und M. Ladenburger, »*Diesem Menschen hätte ich mein ganzes Leben widmen mögen*«, S. 126ff.

148 Ebenda, S. 49.

149 J. F. Reichardt, *Vertraute Briefe geschrieben auf einer Reise nach Wien*, S. 287.

150 U. Goebl-Streicher, J. Streicher und M. Ladenburger, »*Diesem Menschen hätte ich mein ganzes Leben widmen mögen*«, S. 72f.

151 St. von Keeß, *Darstellung des Fabriks- und Gewerbewesens im österreichischen Kaiserstaate*, Bd. 2, Wien 1822, S. 206 [recte: 196].

152 Vgl. hierzu W. S. Newman, *Beethoven on Beethoven. Playing His Piano Music His Way*, New York und London 1988, S. 63f. T. Skowroneck, »The Keyboard Instruments of the Young Beethoven«, S. 527f.

153 Th. von Frimmel, *Bausteine zu einer Lebensgeschichte des Meisters* (Beethoven-Studien II), München und Leipzig 1806, S. 225.

154 A. B. Marx, *Anleitung zum Vortrag Beethovenscher Klavierwerke*, Berlin 1863, S. 28.

155 J. F. Reichardt, *Vertraute Briefe geschrieben auf einer Reise nach Wien*, S. 266.

156 Zitiert nach E. Badura-Skoda, »Ein vierter erhaltener Hammerflügel aus dem Besitz Beethovens«, in: Biblos. Beiträge zu Buch, Bibliothek und Schrift 45,2 (1996), S. 249–265 (S. 259).

157 G. von Breuning, *Aus dem Schwarzspanierhause*, Wien 1874, S. 103.

158 BGA 171.

159 BGA 441 und 442.

160 BGA 793.

161 Mitteilung Samuel Heinrich Spikers vom 25. April 1827, zitiert nach A. Leitzmann (Hrsg.), *Beethovens Persönlichkeit. Urteile der Zeitgenossen, Zweiter Band 1817–1827*, Leipzig 1914, S. 360.

162 V. Luithlen, *Kunsthistorisches Museum. Katalog der Sammlung alter Musikinstrumente. I. Teil: Saitenklaviere*, Wien 1966, S. 38f. *Die Klangwelt Mozarts. Eine Ausstellung des Kunsthistorischen Museums Wien*, Wien 1991, S. 260 und Abbildung auf S. 116.

163 V. Luithlen, *Kunsthistorisches Museum*, S. 39.

164 BKh 1, S. 266. BKh 2, S. 79.

165 BKh 3, S. 236 und 467.

166 BKh 3, S. 331.

167 BGA 1866 und 1869.

168 BKh 6, S. 320f.

169 G. Kinsky, *Musikhistorisches Museum von Wilhelm Heyer in Cöln*, Köln 1910, S. 133. Das Fortepiano befindet sich heute im Museum für Musikinstrumente der Universität Leipzig.

170 BKh 8, S. 47.

171 BKh 7, S. 105.

172 M. Ladenburger, »Beethoven und die Familie Streicher«, in: U. Goebl-Streicher, J. Streicher und M. Ladenburger, *»Diesem Menschen hätte ich mein ganzes Leben widmen mögen«*, S. 33–52 (S. 35).

173 BKh 8, S. 81.

174 R. Maunder, *Keyboard Instruments in Eighteenth-Century Vienna*, Oxford 1998, S. 155.

175 U. Goebl-Streicher / J. Streicher / M. Ladenburger, *»Diesem Menschen hätte ich mein ganzes Leben widmen mögen«*, S. 133.

176 W. S. Newman, *Beethoven on Beethoven. Playing His Piano Music His Way*, New York / London 1988, S. 56.

177 A. B. Marx, *Anleitung zum Vortrag Beethovenscher Klavierwerke*, Berlin 1863, S. 24.

178 J. G. Prod'homme, *Die Klaviersonaten Beethovens 1782–1823. Geschichte und Kritik*, übersetzt von W. Kuhlmann, Wiesbaden 1948, S. 156. W. S. Newman, *Beethoven on Beethoven*, S. 62ff. T. Skowroneck, »Beethoven's Erard Piano: its Influence on his Composition and on Viennese Fortepiano Building«, in: Early Music XXX (2002), S. 523–538 (S. 530–534).

179 J. H. van der Meer, »Beethoven und das Fortepiano«, in: Musica instrumentalis 2 (1999), S. 56–82 (S. 65).

180 J. F. von Schönfeld, *Jahrbuch der Tonkunst von Wien und Prag 1796*, Wien 1796; Repr., hrsg. von O. Biba, München und Salzburg 1976, S. 90f.

181 Ebenda, S. 7.

182 Zitiert nach Th. von Frimmel, *Bausteine zu einer Lebensgeschichte des Meisters* (Beethoven-Studien II), München und Leipzig 1906, S. 239.

183 C. Czerny, *Erinnerungen aus meinem Leben*, hrsg. von W. Kolneder, (Sammlung musikwissenschaftlicher Abhandlungen 46), Baden-Baden 1968, S. 18f.

184 C. Czerny, *Über den richtigen Vortrag der sämtlichen Beethoven'schen Klavierwerke*, hrsg. von P. Badura-Skoda, Wien 1963, S. 22.

185 T. Skowroneck, *Beethoven the Pianist*, Cambridge 2010, S. 55ff.

186 *Méthode de Pianoforte*, Leipzig 1810.

187 H. G. Nägeli, *Vorlesungen über Musik mit Berücksichtigung der Dilettanten*, Stuttgart und Tübingen 1826; Repr. Hildesheim u.a. 1980, S. 189.

188 F. G. Wegeler und F. Ries: *Biographische Notizen über Ludwig van Beethoven*, Koblenz 1838, S. 17.

189 BGA 22.

190 Zitiert nach A. Leitzmann, *Beethovens Persönlichkeit*, Bd. II, S. 312.

191 J. A. Streicher, *Kurze Bemerkungen über das Spielen, Stimmen und Erhalten der Fortepiano, welche von Nannette Streicher, geborne Stein in Wien verfertiget werden*, Wien 1801; Repr., hrsg. von D. J. Hamoen, Den Haag 1979, S. 3ff.

192 Ebenda, S. 24f.

193 G. A. Griesinger, »*Eben komme ich von Haydn ...*«. *Georg August Griesingers Korrespondenz mit Joseph Haydns Verleger Breitkopf & Härtel, 1799–1819*, hrsg. von O. Biba, Zürich 1987, S. 216.

194 Zitiert nach A. Leitzmann, *Beethovens Persönlichkeit*, Bd. II, S. 356.

195 T. Skowroneck, *Beethoven the Pianist*, S. 85–104.

196 W. Lütge, »Andreas und Nannette Streicher«, in: Der Bär: Jahrbuch von Breitkopf und Härtel IV (1927), S. 53–69 (S. 65).

197 Beethovens Klavierkonzerte Nr. 3–5 etwa wurden bisher stets auf Flügeln aus der Zeit um 1820 oder 1830 aufgenommen und die Balance zwischen Soloinstrument und Orchester zugunsten des ersteren elektronisch geregelt.

198 Die wohl erst um 1809 entstandenen Kadenzen bleiben hier unberücksichtigt.

199 Die Version der Erstausgabe ist ebenso wie eine Kadenzskizze vom April 1804 auf einen Klaviaturumfang von fünfeinhalb Oktaven angelegt; vgl. W. S. Newman, *Beethoven on Beethoven*, S. 60.

200 J. A. Streicher, *Kurze Bemerkungen über das Spielen, Stimmen und Erhalten der Fortepiano*, S. 26f.

201 J. L. Schiedmayer und C. Dieudonné, *Kurze Anleitung zu einer richtigen Kenntniss und Behandlung der Forte-Pianos in Beziehung auf das Spielen, Stimmen und Erhalten derselben*, Stuttgart 1824; Repr., hrsg. von Chr. Väterlein, Tübingen 1994, S. 42f.

202 So die handschriftlichen Quellen; die 1808 in Wien und Budapest erschienene Originalausgabe rechnet mit fünfeinhalb Oktaven.

203 O. Biba, »Concert Life in Beethoven's Vienna«, in: R. Winter und B. Carr (Hrsg.), *Beethoven, Performers, and Critics. The International Beethoven Congress Detroit, 1977*, Detroit 1980, S. 77–93 (S. 84).

204 U. Goebl-Streicher, »Die Klavierbauerfamilie Stein-Streicher«, in: dies., J. Streicher und M. Ladenburger, »*Diesem Menschen hätte ich mein ganzes Leben widmen mögen*«, S. 9–20 (S. 15).

205 BGA 1870.

206 W. Lütge, »Andreas und Nannette Streicher«, S. 65.

207 Ebenda, S. 66.

208 Ebenda, S. 67.

209 U. Goebl-Streicher, J. Streicher und M. Ladenburger, »*Diesem Menschen hätte ich mein ganzes Leben widmen mögen*«, S. 118ff.

210 O. Biba, »Clavierbau und Clavierhandel in Wien zur Zeit Joseph Haydns«, in: G. Feder und W. Reicher (Hrsg.), *Internationales musikwissenschaftliches Symposium »Haydn & Das Clavier« im Rahmen der Internationalen Haydntage Eisenstadt 13.–15. September 2000* (Eisenstädter Haydn-Berichte 1), Tutzing 2002, S. 77–91 (S. 85f.).

211 C. Czerny, *Über den richtigen Vortrag der sämtlichen Beethoven'schen Klavierwerke*, S. 12.

212 W. Lütge, »Andreas und Nannette Streicher«, S. 67.

213 U. Goebl-Streicher, J. Streicher und M. Ladenburger, »*Diesem Menschen hätte ich mein ganzes Leben widmen mögen*«, S. 133f.

214 J. L. Schiedmayer und C. Dieudonné, *Kurze Anleitung zu einer richtigen Kenntniss und Behandlung der Forte-Pianos*, S. 33 und 39.

215 C. Czerny, *Vollständige theoretisch-practische Pianoforte-Schule. Dritter Theil. Von dem Vortrage*, Wien [1841], S. 4.

216 J. N. Hummel, *Ausführliche theoretisch-practische Anweisung zum Piano-Forte-Spiel*, Wien [2]1838, S. 454f.

217 C. Czerny, *Über den richtigen Vortrag der sämtlichen Beethoven'schen Klavierwerke*, S. 22.

218 Th. von Frimmel, *Bausteine zu einer Lebensgeschichte des Meisters* (Beethoven-Studien II), München und Leipzig 1906, S. 215.

219 A. Kullak, *Die Aesthetik des Klavierspiels. Dritte Auflage*, hrsg. von H. Bischoff, Berlin 1889, S. 182–197.

220 L. H. Köhler, *Der Clavierunterricht. Studien, Erfahrungen und Rathschläge*, Leipzig [4]1877, S. 280f. und 296f.

221 C. Czerny, *Vollständige theoretisch-practische Pianoforte-Schule. Dritter Theil*, S. 71f.

222 J. N. Hummel, *Ausführliche theoretisch-practische Anweisung zum Piano-Forte-Spiel*, S. 454.

223 Ebenda, S. 455.

224 K. E. von Schafhäutl, *Die Pianofortebaukunst der Deutschen. Repräsentiert auf der allgemeinen deutschen Industrie-Ausstellung zu München im Jahre 1854*, München 1855, S. 88.

225 Ch. Moscheles, *Aus Moscheles' Leben. Nach Briefen und Tagebüchern*, Leipzig 1872, S. 85.

226 B. van Oort, »Haydn and the English classical style«, in: Early Music XXVIII (2000), S. 73–89 (S. 75f.). Vgl. auch ders., *The English Classical Style and its influence on Haydn and Beethoven*, mschr. Diss. Cornell University 1993.

227 F. Kalkbrenner, *Méthode pour apprendre le piano-forte à l'aide du guide-mains*, Paris 1831, S. 10.

228 Chr. F. G. Thon, *Abhandlung über Klavier-Saiten-Instrumente, insonderheit der Forte=Pianos und Flügel, deren Ankauf, Beurtheilung, Behandlung, Erhaltung und Stimmung. Ein nothwendiges Handbuch*, Weimar 1817, zitiert nach der zweiten, umgearbeiteten Auflage Weimar 1836, S. 65–70. C. Czerny, *Die Kunst des Vortrages der ältern und neuen Clavierkompositionen oder: Die Fortschritte bis zur neuesten Zeit. Supplement (oder 4ter Theil) zur grossen Pianoforte-Schule op. 500*, Wien 1842, S. 3.

229 W. S. Newman, *Beethoven on Beethoven. Playing His Piano Music His Way*, New York und London 1988, S. 66.

230 C. Czerny, *Die Kunst des Vortrages*. Ders., *Über den richtigen Vortrag der sämtlichen Beethoven'schen Klavierwerke*, hrsg. von P. Badura-Skoda, Wien 1963, S. 59.

231 J. Kerman (Hrsg.), »*Kafka Sketchbook*«. *Autograph Miscellany From Circa 1786 to 1799. British Museum Additional Manuscript 29801, facsimile and transcription* (2 Bde.), London 1970, Bd. 2, S. 132 und 287. D. Rowland, *A History of Pianoforte Pedalling* (Cambridge Musical Texts and Monographs), Cambridge 1993, S. 52f. Ders., »Beethoven's Pianoforte Pedalling«, in: R. Stowell (Hrsg.), *Performing Beethoven* (Cambridge Studies in Performance Practice 4), Cambridge 1994, S. 49–69, hier vor allem S. 57ff.

232 M. Latcham, »Mozart and the pianos of Gabriel Anton Walter«, in: Early Music XXV (1997), S. 383–400 (S. 393).

233 D. Rowland, *A History of Pianoforte Pedalling*, S. 52–81.

234 Kunsthistorisches Museum Wien, Sammlung Alter Musikinstrumente, Inventarnummer 645. Vgl. V. Luithlen, *Kunsthistorisches Museum. Katalog der Sammlung alter Musikinstrumente. I. Teil: Saitenklaviere*, Wien 1966, S. 38.

235 D. Rowland, *A History of Pianoforte Pedalling*, S. 16.

236 Vgl. das Cembalo von Matthias Blum (ca. 1739–1787) im Schlossmuseum Greilenstein/Niederösterreich (A. Huber [Hrsg.], *Das österreichische Cembalo. 600 Jahre Cembalobau in Österreich*, Tutzing 2001, S. 526).

237 S. Rampe, *Mozarts Claviermusik. Klangwelt und Aufführungspraxis. Ein Handbuch*, Kassel u.a. 1995, S. 25.

238 J. L. Schiedmayer und C. Dieudonné, *Kurze Anleitung zu einer richtigen Kenntniss und Behandlung der Forte-Pianos in Beziehung auf das Spielen, Stimmen und Erhalten derselben*, Stuttgart 1824; Repr., hrsg. von Chr. Väterlein, Tübingen 1994, S. 22.

239 Vgl. beispielsweise der Hammerflügel von Joseph Brodmann, Wien ca. 1812, in der Sammlung Beurmann im Hamburger *Museum für Kunst und Gewerbe* (Inventarnummer 144). Vgl. A. E. Beurmann, *Klingende Kostbarkeiten. Tasteninstrumente der Sammlung Beurmann. Museum für Kunst und Gewerbe Hamburg*, Lübeck 2000, S. 85f.

240 C. Czerny, *Die Kunst des Vortrages*, S. 4.

241 Ebenda. Ders., *Über den richtigen Vortrag der sämtlichen Beethoven'schen Klavierwerke*, S. 34–119.

242 C. F. G. Thon, *Abhandlung über Klavier-Saiten-Instrumente*, S. 66.

243 Ebenda.

244 R. Kramer, »On the Dating of Two Aspects in Beethoven's Notation for Piano«, in: R. Klein (Hg.), *Beethoven Kolloquium 1977*, Kassel u.a. 1978, S. 160–173. W. S. Newman, *Beethoven on Beethoven*, S. 66f.

245 Ebenda, S. 66. D. Rowland, *A History of Pianoforte Pedalling*, S. 59.

246 M. Latcham, *The Stringing, Scaling and Pitch of Hammerflügel built in the Southern German und Viennese Traditions 1780–1820* (2 Bde. [Musikwissenschaftliche Schriften 34]), München und Salzburg 2000, Bd. I, S. 136–140.

247 D. Rowland, *A History of Pianoforte Pedalling*, S. 41.

248 J. A. Streicher, *Kurze Bemerkungen über das Spielen, Stimmen und Erhalten der Fortepiano, welche von Nannette Streicher, geborne Stein in Wien verfertiget werden*, Wien 1801; Repr., hrsg. von D. J. Hamoen, Den Haag 1979, S. 16.

249 C. Czerny, *Die Kunst des Vortrages*. Ders., *Über den richtigen Vortrag der sämtlichen Beethoven'schen Klavierwerke*, S. 59.

250 J. H. van der Meer, »Beethoven und das Fortepiano«, in: Musica instrumentalis 2 (1999), S. 56–82 (S. 74f.).

251 C. Czerny, *Die Kunst des Vortrages*. Ders., *Über den richtigen Vortrag der sämtlichen Beethoven'schen Klavierwerke*, S. 51.

252 J. Gall (Hrsg.), *Clavier-Stimmbuch oder deutliche Anweisung wie jeder Musikfreund sein Clavier-Flügel, Fortepiano und Flügel-Fortepiano selbst stimmen, repariren, und bestmöglichst gut erhalten könne*, Wien 1805; Repr., hrsg. von H. Zimmermann, Straubenhardt 1988, S. 19. J. A. Streicher (1811), in: U. Goebl-Streicher, J. Streicher und M. Ladenburger, *»Diesem Menschen hätte ich mein ganzes Leben widmen mögen«. Beethoven und die Wiener Klavierbauer Nannette und Andreas Streicher* (Veröffentlichungen des Beethoven-Hauses, Ausstellungskataloge 6), Bonn 1999, S. 136. J. L. Schiedmayer und C. Dieudonné, *Kurze Anleitung zu einer richtigen Kenntniss und Behandlung der Forte-Pianos in Beziehung auf das Spielen, Stimmen und Erhalten derselben*, Stuttgart 1824; Repr., hrsg. von Chr. Väterlein, Tübingen 1994, S. 19f. C. F. G. Thon, *Abhandlung über Klavier-Saiten-Instrumente*, S. 65ff. H. Welcker von Gontershausen, *Der Flügel oder die Beschaffenheit des Piano's in allen Formen. Eine umfassende Darstellung der Fortepiano-Baukunst vom Entstehen bis zu den neuesten Verbesserungen*, Frankfurt am Main 1853, S. 70.

253 J. L. Schiedmayer und C. Dieudonné, *Kurze Anleitung zu einer richtigen Kenntniss und Behandlung der Forte-Pianos*, S. 19.

254 Ebenda, S. 20. C. F. G. Thon, *Abhandlung über Klavier-Saiten-Instrumente*, S. 65ff. H. Welcker von Gontershausen, *Der Flügel oder die Beschaffenheit des Piano's in allen Formen*, S. 70.

255 A. G. Graf von Apponyi (1811), in: U. Goebl-Streicher, J. Streicher und M. Ladenburger, *»Diesem Menschen hätte ich mein ganzes Leben widmen mögen«*, S. 134 und 136. J. L. Schiedmayer und C. Dieudonné, *Kurze Anleitung zu einer richtigen Kenntniss und Behandlung der Forte-Pianos*, S. 20.

256 C. F. G. Thon, *Abhandlung über Klavier-Saiten-Instrumente*, S. 65ff. H. Welcker von Gontershausen, *Der Flügel oder die Beschaffenheit des Piano's in allen Formen*, S. 70.

257 J. L. Schiedmayer und C. Dieudonné, *Kurze Anleitung zu einer richtigen Kenntniss und Behandlung der Forte-Pianos*, S. 19.

258 Ebenda, S. 19f.

259 C. F. G. Thon, *Abhandlung über Klavier-Saiten-Instrumente*, S. 68f.

260 J. Gall (Hrsg.), *Clavier-Stimmbuch*, S. 20. C. F. G. Thon, *Abhandlung über Klavier-Saiten-Instrumente*, S. 69.

261 A. D. 1808 – No. 3170. Vgl. K. Wegerer, »Beethovens Hammerflügel und ihre Pedale«, in: Österreichische Musikzeitung 20 (1965), S. 201–211 (S. 205f. und 208f.).

262 Zitiert nach ebenda, S. 205.

263 Ebenda, S. 208f.

264 Zitiert nach L. van Beethoven, *Die Werke im Spiegel seiner Zeit. Gesammelte Konzertberichte und Rezensionen bis 1830*, hrsg. von St. Kunze, Laaber 1987, S. 133.

265 C. Czerny, *Vollständige theoretisch-practische Pianoforte-Schule. Dritter Theil. Von dem Vortrage*, Wien [1841], S. 48.

266 D. Rowland, *A History of Pianoforte Pedalling*, S. 138f.

267 Es handelt sich um die Instrumente von 1722 im Museo Strumenti Musicali in Rom sowie von 1726 im Museum für Musikinstrumente der Universität Leipzig (Inventarnummer 170). Vgl. St. Pollens, *The Early Pianoforte*, Cambridge 1995, S. 73.

268 A. D. 1794 – No. 2016. Vgl. K. Wegerer, »Beethovens Hammerflügel und ihre Pedale«, S. 209.

269 Sammlung Beurmann im Hamburger Museum für Kunst und Gewerbe (Inventarnummer 126). Vgl. A. E. Beurmann, *Klingende Kostbarkeiten*, S. 72f.

270 G. Jarecki, »Die Ausführung der Pedalvorschriften Beethovens auf dem modernen Klavier«, in: Österreichische Musikzeitung 20 (1965), S. 197–200.

271 C. Czerny, *Vollständige theoretisch-practische Pianoforte-Schule. Dritter Theil*, S. 47f.

272 C. F. G. Thon, *Abhandlung über Klavier-Saiten-Instrumente*, S. 70.

273 J. L. Schiedmayer und C. Dieudonné, *Kurze Anleitung zu einer richtigen Kenntniss und Behandlung der Forte-Pianos*, S. 20f.

274 J. N. Hummel, *Ausführliche theoretisch-practische Anweisung zum Piano-Forte-Spiel*, S. 460.

275 J. L. Schiedmayer / C. Dieudonné, *Kurze Anleitung zu einer richtigen Kenntniss und Behandlung der Forte-Pianos*,, S. 21. C. F. G. Thon, *Abhandlung über Klavier-Saiten-Instrumente*, S. 69. H. Welcker von Gontershausen, *Der Flügel oder die Beschaffenheit des Piano's in allen Formen*, S. 70. K. Mobbs, *Stops and Other Special Effects on the Early Piano*, in: Early Music XII (1984), S. 471–476 (S. 473f.).

276 C. F. G. Thon, *Abhandlung über Klavier-Saiten-Instrumente*, S. 69. Chr. Ahrens, *»... einen überaus poetischen Ton«. Hammerklaviere mit Wiener Mechanik*, Frankfurt am Main 1999, S. 51–68. Die von Eva Badura-Skoda (*Ein vierter erhaltener Hammerflügel aus dem Besitz Beethovens*, in: Biblos. Beiträge zu Buch, Bibliothek und Schrift 45,2 (1996), S. 249–265 [S. 258f.]) angeführten Skizzen *»mit türk*[i-scher] *Musik«* zum Finale der *Neunten Sinfonie* d-Moll op. 125 beziehen sich nicht auf den Graf-Flügel Opus 432, an dem Beethoven diese ihrer Meinung nach anfertigte, sondern auf die spätere Instrumentierung des Satzes.

277 J. L. Schiedmayer / C. Dieudonné, *Kurze Anleitung zu einer richtigen Kenntniss und Behandlung der Forte-Pianos*, S. 21.

278 C. Czerny, *Vollständige theoretisch-practische Pianoforte-Schule. Dritter Theil*, S. 48.

Die Welt der Streichinstrumente

Von Christoph Riedo

Zur Beethoven-Zeit dominierten die Geigeninstrumente Violine, Viola, Violoncello und Kontrabass die Gruppe der Streichinstrumente. Die Vorherrschaft der Geigenfamilie sowie deren zentrale musikgeschichtliche Bedeutung gehen anschaulich aus Beethovens eigener Lebensgeschichte hervor. In jungen Jahren erhielt Beethoven, Sohn einer seit zwei Generationen am kurfürstlichen Hof in Bonn angestellten Musikerfamilie, von seinem Vater sowohl Klavier- als auch Violinunterricht. Später unterwies Franz Rovantini, ein Verwandter, Beethoven auf der Violine und der Viola. Beim ersten Geiger der Bonner Hofkapelle, dem geschätzten Franz Ries (1755–1846), setzte Beethoven ab 1785 seine Violinausbildung fort. Als Bratschist wird Beethoven 1789 schließlich selbst in die kurfürstliche Hofkapelle aufgenommen. Hier lernte er die international berühmten Streichervirtuosen und Vettern, den Violinisten Andreas Romberg (1767–1821) und den Cellisten Bernhard Romberg (1767–1841), kennen.[1] Es ist nicht erwiesen, ob Beethoven nebst der Violine und Bratsche weitere Streichinstrumente beherrschte. Doch wenn Beethoven heute praktisch ausschließlich als Pianist wahrgenommen wird, dann deshalb, weil er bis zu seiner fortgeschrittenen Schwerhörigkeit auf diesem Instrument solistisch auftrat und seinerzeit als hervorragender Improvisator galt (nebst Klavier spielte Beethoven auch Orgel und Cembalo). Dabei geht jedoch vergessen, dass Beethoven von frühester Kindheit an ebenfalls Streicher war, was ihn mindestens so sehr prägte wie seine Ausbildung auf den Tasteninstrumenten. Während sich Beethoven dank seiner pianistischen Ausbildung die Harmonik erschloss, eröffnete ihm seine umfassende geigerische Erziehung die Welt der Streichinstrumente im weiteren Sinne. Dazu zählt zunächst das von ihm auf der Violine und Bratsche kennengelernte Musikrepertoire, welches sich von der Kammermusik in kleinerer und größerer Besetzung bis hin zu den Werken für Orchester erstreckte. Als Mitglied der Bonner Hofkapelle geriet Beethoven von 1789 bis zu seinem Wegzug nach Wien im November 1792 nachweislich mit dem kompletten Orchesterrepertoire in Kontakt, auch mit dem des Musiktheaters. Als versierter Violinist und Bratschist lag ihm der Zugang zu den beiden anderen Geigeninstrumenten Cello und Kontrabass nahe, weshalb er über sämtliche Geigeninstrumente ausgezeichnet Bescheid wusste. Die Empfänglichkeit für die idiomatischen Möglichkeiten der Streichbassinstrumente mag dem Orchesterbratscher umso leichter gefallen sein, als sich die Viola in der Klassik sehr stark an der Bassgruppe orientierte. Damit hatten Beethovens persönliche Erfahrungen als Streicher mindestens genauso weitreichende Auswirkungen auf sein kompositorisches Schaffen wie seine pianistische Ausbildung: Seine geigerischen Fähigkeiten schärften sein Gefühl für die Möglichkeiten der einzelnen Geigeninstrumente sowie die Intuition für das Potenzial und die Eignungen ganzer Instrumentengruppen innerhalb eines größeren Klangkörpers. Diese seit frühester Kindheit erworbenen Fertigkeiten kamen Beethoven nicht zuletzt in seinem orchestralen Schaffen zu Gute.

Wie aus Beethovens Biographie *ex negativo* ebenso hervorgeht, dominierten seinerzeit die Geigeninstrumente solchermaßen, dass andere Streichinstrumente lediglich ein Randdasein fristeten. Vereinzelt lebte die von Carl Friedrich Abel (1723–1787) oder Franz Xaver Hammer (1741–1817) gespielte Viola da Gamba weiter. Allerdings galt diese längst als antiquiert, weshalb Hammer in erster Linie als Cellist wahrgenommen wurde.[2] Zumindest während Beethovens Jugend blieb teilweise die in der Armhaltung gespielte Viola d'amore weiter in Gebrauch. Doch auch dieses Instrument verschwand allmählich und fand später nur noch vereinzelt Verwendung wie in der Bühnenmusik von Giacomo Meyerbeers (1791–1864) *Hugenotten*. Da man nun für Viole d'amore keine Verwendung mehr fand, wurden viele dieser Instrumente zu Bratschen umgebaut. Allerdings weist der Korpus der Viola d'amore, im Gegensatz zu den Geigeninstrumenten, abfallende Schultern auf (gleich wie die Viola da Gamba), weshalb aus zu Bratschen umfunktionierten Viole d'amore eine außergewöhnliche Mischung aus Geigen- und Gambeninstrumenten resultierte. Insofern lebten einzelne bauliche Eigenschaften der Gambenfamilie (wie die abfallenden Schultern oder die Wirbelkästen mit Tierköpfen) selbst nach dem eigentlichen Verschwinden der Viola d'amore und der Viola da Gamba auf gewissen Zwitterinstrumenten weiter.

Erst an Beethovens Lebensende trat ein neues Streichinstrument in Erscheinung: 1823 erfand der Wiener Geigenbauer Johann Georg Stauffer (1776–1853) den Arpeggione. Franz Schubert (1797–1828) komponierte für das gitarrenförmige, aber wie ein Cello zwischen den Beinen gespielte Streichinstrument seine *Sonate* D 821. Von dem in Wien entwickelten Instrument könnte Beethoven durchaus erfahren haben, obschon der Arpeggione bald wieder in Vergessenheit geriet. Insofern resultierte zur Beethoven-Zeit aus einer einstmals breiten Vielfalt an Geigen- und Gambeninstrumenten mit verschiedenen Korpusgrößen und mannigfachen Spielweisen immer mehr eine Dominanz der Geigeninstrumente. Lediglich an zu Bratschen umfunktionierten Viole d'amore oder an Kontrabässen mit abfallenden Schultern ließ sich erkennen, dass früher ebenfalls Gambeninstrumente die Streicherwelt geprägt hatten.

Beethovens Begegnungen mit den verschiedenen Streicherschulen

Über seinen Bonner Violinlehrer Franz Ries sowie den beiden Virtuosen Bernhard und Andreas Romberg geriet Beethoven bereits in jungen Jahren mit einer hochstehenden Streicherkultur in Kontakt. Weitere persönliche Begegnungen mit bedeutenden Virtuosen der Zeit erweiterten Beethovens Kenntnisse über die verschiedenen Streichertraditionen und beeinflussten sein kompositorisches Schaffen. Auf seiner Konzertreise nach Berlin lernte Beethoven 1796 den französischen Cellisten Jean-Louis Duport (1749–1819) kennen, den ersten Cellisten des Preußenkönigs. Vor Friedrich Wilhelm II. führte Beethoven gemeinsam mit Duport die beiden für diesen Anlass komponierten *Sonaten* für Violoncello und Klavier op. 5 auf und widmete dem Monarchen den 1797 erschienenen Erstdruck. Der König war selber ein ausgezeichneter Cellist und nahm neben Duport auch dessen Cello spielenden Bruder Jean-Pierre Duport (1741–1818) sowie ab

1786 Luigi Boccherini (1743–1805) in Dienst. Boccherini, der den Titel »compositeur de notre chambre« trug, schickte aus Madrid jährlich zwölf Kompositionen, vorwiegend Quartette und Quintette für zwei Violoncelli. Es war diese außerordentlich hochstehende Berliner Cellokultur, die Beethoven zu seinem op. 5 anspornte. In den beiden Sonaten hat sich die Cellostimme nicht nur komplett von ihrer ehemaligen Funktion als Generalbassinstrument gelöst, sondern sich zu einer eigenständigen solistischen Stimme und einem dem Tasteninstrument ebenbürtigen Partner entwickelt. In den punktierten Sechzehntelnoten der Einleitung der zweiten Sonate sieht Ares Rolf eine Anspielung an die Französische Ouvertüre, die »als Kompliment an den Widmungsträger das Entrée des Königs als ›roi soleil‹ ankündigt.«[3] Zugleich können die punktierten Sechzehntel als Reverenz an seinen französischen Cellopartner gedeutet werden. Duport beschreibt in seinem 1806 veröffentlichten Traktat *Essai sur le doigté du violoncelle et sur la conduite de l'archet* eine ausgesprochen idiomatische Cellotechnik, die, der allgemeinen Tendenz zur Emanzipation des Cellos Rechnung tragend, dem spieltechnischen Einfluss der Viola da Gamba und der Violine mittlerweile völlig entsagt. Den darin beschriebenen sequentiellen und diatonischen Fingersatz übernahmen viele zeitgenössische Cellisten. Außerdem lehrte Duport sein Cellospiel später am Pariser Konservatorium.

Zwei Jahre nach dem Treffen mit Duport, 1798, traf Beethoven in Wien auch den berühmten französischen Violinisten Rodolphe Kreutzer (1766–1831). Gemeinsam mit Pierre Rode (1774–1830) und Pierre Baillot (1771–1842) gilt Kreutzer als Begründer der französischen Violinschule. Wie Graf Zinzendorf berichtet, musizierte der Cembalo spielende Beethoven am 5. April 1798 gemeinsam mit Kreutzer.[4] Später schrieb Beethoven im Brief vom 4. Oktober 1804 an den Hornisten und Musikverleger Nikolaus Simrock in Bonn: »dieser Kreutzer ist ein guter lieber Mensch, der mir bei seinem hiesigen Aufenthalte sehr viel Vergnügen gemacht, seine Anspruchslosigkeit und Natürlichkeit ist mir lieber als alles Exterieur ohne Interieur der meisten Virtuosen«.[5] Im gleichen Schreiben lässt Beethoven ebenfalls wissen, dass er mit Kreutzer weiterhin in Kontakt stünde und die *Sonate* für Klavier und Violine op. 47 dem Franzosen widmen möchte. Die Erstaufführung der Sonate am 24. Mai 1803 fand allerdings noch mit dem Violinisten George Polgreen Bridgetower (1779–1860) statt.[6] Eigentlich sollte das Werk dem afro-europäischen Geiger gewidmet werden[7], denn Beethovens Dedikation auf dem Manuskript lautet: »Sonata mulattica Composta per il Mulatto Brischdauer ÷ gran pazzo e compositore mulattico.«[8] Allerdings zerstritt sich Beethoven später mit diesem, änderte seine Meinung und widmete den 1805 erschienenen Druck letztlich Kreutzer, weswegen das op. 47 heute als *Kreutzer-Sonate* bekannt ist. Beim Komponieren hatte Beethoven jedoch ganz klar das Violinspiel seines damaligen Freundes Bridgetower vor Augen. Schließlich passt die Sonate überhaupt nicht zum Spiel Kreutzers, wie Louis Baron de Trémont (1779–1852) bemerkte: »Um zu zeigen, wie wenig Beethoven sich mit denjenigen befasste, die seine Musik ausführen sollten, reicht es, die große Sonate für Klavier und Violine zu betrachten, die seinem Freund Kreutzer gewidmet ist. Diese Widmung könnte fast als ein Epigramm verstanden werden, denn Kreutzer spielte stets mit geläufigem Bogen, den er stets auf der Saite hatte. Doch hier ist das gesamte Stück in getüpfelten und springenden Tönen; deswegen hat Kreutzer es niemals gespielt.«[9] Trémont bringt mit seinem Kommentar die seinerzeit verschiedenen Streicherschulen zum Ausdruck. Wollen wir Berlioz' Kommentar Glauben schenken, soll Kreutzer die Beethoven-Sonate als »outrageusement inintelligible«[10] bezeichnet und daher, dies meint Trémont, »niemals gespielt« haben, offenbar weil sie nicht zu seinem Geigenspiel passte. So wie seinerzeit Vokalkompositionen passend genau auf die Fähigkeiten und Vorlieben der Sänger komponiert wurden, verhielt es sich auch in der Instrumentalmusik, obschon Trémont Beethoven genau diese Leistung abspricht. Allerdings liegt Trémont deswegen daneben, weil er ignorierte, dass Kreutzer nicht der ursprüngliche Widmungsträger war. Während das Spiel »auf der Saite« Kreutzer auszeichnete, charakterisierten »getüpfelte und springende Töne« das Geigenspiel Bridgetowers.

Erst durch die Umwidmung offenbart die Kreutzer-Sonate nun Charakteristiken, die überhaupt nicht der Spielweise des neuen Widmungsträgers entsprechen. Denn es versteht sich von selbst, dass Beethoven als ausgebildeter Streicher die damaligen spieltechnischen Unterschiede sehr bewusst wahrnahm und auf die Vorlieben seiner Musiker einging.

Neun Jahre nach der *Kreutzer-Sonate* beendete Beethoven im Dezember 1812 seine letzte *Sonate* für Klavier und Violine op. 96, welche er für Pierre Rode (1774–1830), einem anderen gerade in Wien weilenden Protagonisten der französischen Violinschule, schrieb. Spieltechnische Eigenheiten Rodes treten heute vermutlich nicht mehr in ihrer ursprünglichen Form zu Tage, weil Beethoven die Sonate vor deren Publikation 1816 möglicherweise nochmals überarbeitete.[11] Doch die beiden persönlichen Begegnungen mit Kreutzer und Rode zeigen, dass die französische Violinschule Beethoven zweifellos prägte. Wie sich an der Gegenüberstellung Bridgetowers und Kreutzers zeigte, existierten seinerzeit verschiedene Streicherschulen, wobei in Wien nochmals eine andere vorherrschte. Solist bei der Uraufführung des *Violinkonzerts* op. 61 am 23. Dezember 1806 im Theater an der Wien war der Geiger Franz Clement (1780–1842), der als Wunderkind Konzertreisen bis nach England unternahm. Ein erhaltener Beethoven-Brief aus dem Jahre 1794 in Clements *Stammbuch*, einem Album mit Einträgen seiner Freunde, verrät, dass Beethoven Clement bereits als 14-Jährigen kannte und bewunderte. Unmittelbar vor der Uraufführung des Violinkonzerts traten die beiden mehrmals gemeinsam auf. Und weil Beethoven das Manuskript mit »Concerto par Clemenza pour Clement« überschrieb, sollte es umso mehr als respektvolle Geste an einen liebgewonnenen musikalischen Wegbegleiter verstanden werden. Clement, der in seiner Geburtsstadt Wien vom Vater, seinem Patenonkel sowie dem Wiener Geiger Franz Kurzweil ausgebildet wurde, erlernte eine seinerzeit in Wien vorherrschenden Geigentechnik und beeinflusste später als Konzertmeister am Theater an der Wien das lokale Violinspiel. Über Clement berichtet die *Allgemeine musikalische Zeitung* am 9. April 1805:

> »Er spielt die Violin vortrefflich und ist in seiner Art vollkommen, vielleicht einzig. Aber freylich in seiner Art. Es ist nicht das markige, kühne, kräftige Spiel, das ergreifende, eindringende Adagio, die Gewalt des Bogens und Tones, welche die Rodesche und Viottische Schule charakterisirt: aber eine unbeschreibliche Zierlichkeit, Nettigkeit und Eleganz; eine äusserst liebliche Zartheit und Reinheit des Spiels, die Klement unstreitig unter die vollendetsten Violinspieler stellt. Dabey hat er eine ganz eigene Leichtigkeit, welche mit den unglaublichsten

> Schwierigkeiten nur spielt, und eine Sicherheit, die ihn auch bey den gewagtesten und kühnsten Passagen nicht einen Augenblick verlässt.«[12]

1805 wurde Clements Violinspiel noch bewundert; dies änderte sich allerdings bald. Bereits 1813 vermeldet die gleiche Zeitung: »doch sein kurzer Bogenstrich und seine überhäuften Künsteleyen, die ihn gar nicht zu einem ausdrucksvollen Gesange kommen lassen, werden ihn immer vom Range unter den *grossen* Violinspielern abhalten.«[13] 1824, nach einem Auftritt in Stuttgart, wird über das Spiel des 44-Jährigen bereits berichtet: »Seine Methode, so wie die Art seinen Bogen zu führen, ist im Ganzen etwas veraltet, und sein Ton zuweilen etwas rauh und schneidend.«[14] Die Kritik richtete sich folglich vor allem gegen Clements Bogentechnik (»die Art seinen Bogen zu führen«), die für den Klang verantwortlich war. Obschon Clement in Wien mehrfach Viottis Musik aufführte, entsprach sein Spiel überhaupt nicht der Rode- und Viotti-Schule, wie die *Allgemeine musikalische Zeitung* bereits 1805 vermeldete. Die französische Violinschule feierte allerdings inzwischen große internationale Erfolge, selbst in Wien, wo Louis Spohr (1784–1859) nach Clement Konzertmeister am Theater an der Wien wurde (1813–1815).[15] Als Beethoven 1806 sein Violinkonzert komponierte, orientierte er sich jedoch am Spiel des Solisten, seines Freundes Clement.[16] Tatsächlich weisen Clements *Violinkonzert* in D-Dur (1805) und das Beethoven-*Konzert* op. 61 (1806), ebenfalls in D-Dur, große Ähnlichkeiten auf. Beethoven übertrug gewissermaßen das Figuren- und Passagenwerk aus Clements Komposition, dem ein akkordisches Spiel ebenfalls abhandenkommt, in sein eigenes Violinkonzert. Brown verweist zudem auf die Ähnlichkeit, wie die Bindebögen gesetzt sind.[17] Weil Clements Violinspiel im frühen 19. Jahrhundert aus der Mode kam, vermutet Brown, dass dieser ästhetische Wandel der Grund für das seinerzeit relativ geringe Interesse an Beethovens Violinkonzert gewesen war, da es eigentlich in einem veralteten Stil komponiert war. Denn nach weiteren, zum Teil nicht besonders erfolgreichen Aufführungen in Wien, Leipzig und Dresden (1815) wurde Beethovens op. 61 in den nächsten Jahrzehnten nur noch sporadisch aufgeführt. Erst ab den 1840er Jahren und ausgerechnet nach einer Revision der Bogenstriche durch Ferdinand David (1810–1873) und Joseph Joachim (1831–1907) sowie mit der tatkräftigen Unterstützung Mendelssohns wurde das Violinkonzert populär und in den musikalischen Kanon aufgenommen.[18] Folglich vermögen bogentechnische Gesichtspunkte sowohl Clements abnehmende Popularität im frühen 19. Jahrhundert als auch den Erfolg des Beethoven-Konzertes in den 1840er Jahren zu erklären.

Der Bogen – ein wesentliches Differenzierungsmerkmal der verschiedenen Streicherschulen

Bei der Klangerzeugung stellt der Streichbogen einen mindestens ebenso wichtigen Faktor wie das Instrument selbst dar. Zur Beethoven-Zeit waren mehrere Bogentypen in Gebrauch, wobei Leopold Mozart (1756) und Francesco Galeazzi (1791) bezeugen, dass jedes Bogenmodell eine andere Handhabung verlangt.[19] Die Wahl des Bogens hing überdies von der Schule ab, aus der ein Geiger stammte.[20] Dementsprechend wäre es falsch zu glauben, dass Streicher mehrere Bögen besessen hätten und die Bogenwahl vom Repertoire oder der Lokalität abhängig gewesen wäre. Ein noch mit Corelli (1653–1713), Somis (1686–1763) und Locatelli (1695–1764) assoziierter kurzer Bogentypus verschwand im Laufe des 18. Jahrhundert allmählich und wurde von einem längeren Bogenmodell abgelöst. Das lange Modell zeichnet sich ebenfalls durch eine nach außen gebogene Bogenstange sowie eine Hechtkopfspitze aus. Es wurde nachweislich von Leclair (1697–1764), Veracini (1690–1768) und Tartini (1692–1770) bevorzugt und blieb mindestens bis zum Ende des 18. Jahrhunderts in Gebrauch.[21] Trotz seines langen Bogens empfahl Tartini ein Spiel in der Bogenmitte, ohne allzu nahe an die Spitze oder den Frosch zu gelangen.[22] Der Klang der Tartini-Schüler Pietro Nardini (1722–1793) und Charles Albert Dupreille (1728–1796) soll schmal und wenig durchdringend gewesen sein, was an ihrer Bogentechnik, den langen Bögen und am (zumindest für Tartini belegten) sehr leichten Bogen lag.[23] Charles Burney (1726–1814) berichtet über Johann Georg Holzbogen (1727–1775), einen Schüler Tartinis: »Holzbogn besitzt eine grosse Fertigkeit in der Hand, zieht einen schönen Ton aus seinem Instrumente, und hat mehr Feuer, als man bey jemand aus der tartinischen Schule erwartet, welche sich mehr durch Delikatesse, Ausdruck und sehr feinen Vortrag, als durch Lebhaftigkeit und Abwechslung auszuzeichnen pflegt.«[24]

Nebst dem ab der zweiten Hälfte des 18. Jahrhunderts dominierenden langen Modell traten ab den 1770er Jahren weitere Bogentypen auf, wobei London und Paris bei der Entwicklung neuer Streichbögen eine zentrale Rolle spielten. Diese neuen Bogentypen, welche in der Tradition des langen Modells stehen, bezeichnet Seletsky als Übergangsbögen (*transitional bows*). Im Vergleich zum langen Modell erhebt sich die Bogenspitze der Übergangsbögen und nimmt die Form eines Beiles, eines Hammers oder, etwas seltener, eines Schwanenkopfes an. Aus bildlichen Quellen geht hervor, dass Übergangsbögen, im Vergleich zu heute, sehr stark gespannt waren, sodass eine gerade oder sogar leicht nach Außen gespannte Bogenstange resultierte. Damals gab man den verschiedenen Bogenmodellen den Namen ihrer Vertreter (eines Bogenbauers oder eines Virtuosen). Der bedeutendste Übergangsbogen ist nach dem Violinisten Wilhelm Cramer (1745–1799) benannt, obschon Woldemar den Cramer-Bogen ebenfalls mit Ignaz Fränzl (1736–1811) assoziiert (sowohl Cramer als auch Fränzl waren Mitglieder der Mannheimer Hofkapelle). Der Cramer-Bogen wurde besonders für seine Qualitäten als Springbogen geschätzt.[25] Daher meinte Christian Friedrich Daniel Schubart nicht zufällig: »Niemand stakirt die Noten mit so ungemeiner Präzision wie Cramer.«[26]

In den 1780er Jahren entwickelte der Pariser Bogenbauer François Tourte (1747–1835) ein neues Modell, das sowohl etwas länger als auch schwerer als praktisch alle anderen Übergangsbögen war. Der Tourte-Bogen zeichnet sich nun durch eine konvexe Krümmung aus, lediglich den Beilkopf übernahm Tourte von den Übergangsbögen. In den beiden Auflagen der *Grande méthode* meint Woldemar, dass 1798 fast nur noch (»presque seul«) und 1803 ausschließlich (»seul«) der Tourte-Bogen verbreitet sei.[27] Allerdings bezieht sich Woldemar lediglich auf seine unmittelbare Umgebung in Frankreich und gibt daher ein verfälschtes Bild ab. Vielmehr existierte selbst das lange Bogenmodell weiter und der bedeutendste Übergangsbogen, der Cramer-Bogen, blieb in ganz Europa bis weit über Beethovens Lebenszeit verbreitet. Noch um 1820 zeigt eine Lithographie Nicolò Paganini (1782–1840) mit einem frühen Typus eines Übergangsbogens.[28] Insofern war die Streicherlandschaft von der Koexistenz verschiedener Schulen und deren ästhetischen Idealen geprägt, was sich sowohl auf Virtuosen als auch auf Dilettanten beziehen lässt. Allerdings setzte sich der Tourte-Bogen langfristig durch. Dieser Bogentyp wurde zum Standardmodell schlechthin, der, in leicht veränderter Form, bis heute in Gebrauch ist. Obschon Tourte zweifellos ein ausgezeichnetes und für sämtliche Geigeninstrumente geeignetes Bogenmodell entwickelte, liegt der Erfolg dieses Modells mindestens ebenso am Aufstieg der diesen Bogen propagierenden französischen Violinschule.[29] Als erster und prominentester Vertreter des Tourte-Bogens, der ihm zugleich zum Erfolg verhalf, gilt Giovanni Battista Viotti (1755–1824). Später folgten ihm die Protagonisten der französischen Violinschule um Rode, Baillot und Kreutzer.

Vor dem Hintergrund der verschiedenen damals existierenden Bogenmodelle und ihrer artikulatorischen und interpretatorischen Möglichkeiten erklären sich nun viele Sachverhalte der Beethoven-Zeit. Aufgrund des Aufstiegs der französischen Violinschule gerieten die Übergangsbogen immer mehr in Verruf, was den oben gesehenen Popularitätsverlust Clements erklärt sowie zugleich das geringe Interesse an Beethovens *Violinkonzert*. Denn Brown vermutet für Clement zurecht einen Übergangsbogen.[30] Diese Einschätzung deckt sich in gewisser Weise mit Carl Maria von Webers (1786–1826) Bemerkung, der das Spiel Clements als »geperlt« bezeichnete[31], sowie mit dem Kommentar in der *Allgemeinen musikalischen Zeitung*, die den »kurze[n] Bogenstrich« Clements und seine »Künsteleyen, die ihn gar nicht zu einem ausdrucksvollen Gesange kommen lassen«, beanstanden. Damit konnte nur der Übergangsbogen gemeint sein, auf den übrigens auch die »getüpfelten und springenden« Töne Bridgetowers passen. Doch ab dem frühen 19. Jahrhundert wurde der Staccatobogen immer mehr geringgeschätzt, was Bernhard Romberg in seiner *Violoncell Schule* deutlich zum Ausdruck bringt. 1840 hält er »zum springenden Bogenstrich« fest: »Ehemals war es der Solostrich sämmtlicher Virtuosen, alle Passagen wurden in dieser Strichart gemacht, die jedoch ein grossartiges Spiel nie zulässt; [...] jetzt verlangt man mehr Gediegenheit, Seele und Ausdruck in der Musik.«[32] Diesem Wandel hin zu »mehr Gediegenheit, Seele und Ausdruck« und »zu einem ausdrucksvollen Gesange« fielen sowohl Clement als auch Bridgetower zum Opfer. Schließlich hielt die *Allgemeine musikalische Zeitung* Clement bereits 1805 vor, dass ihm »das markige, kühne, kräftige Spiel, das ergreifende, eindringende Adagio, die Gewalt des Bogens und Tones, welche die Rodesche und Viottische Schule charakterisirt« abhandenkommt. Kreutzers »geläufiger Bogen« hingegen wird als »auf der Saite« beschrieben, was genauestens dem Tourte-Bogen entspricht. Den fehlenden Springbogen des Professors am Pariser Konservatorium sowie der anderen Vertreter der französischen Violinschule dürfen wir demnach nicht als Mangel oder bogentechnische Unvollkommenheit betrachten. Vielmehr stellte das Spiel »auf der Saite« *das* Charakteristikum der französischen Geigenschule dar, wobei dieses Klangideal eine Folge der Bogenwahl, des Tourte-Modells, war. In der Darstellung *Des differens Stiles de plusieurs Grands Maîtres* vergleicht Woldemar die verschiedenen Artikulationsweisen einiger Virtuosen (Cramer, Lolli, Jarnowick, Viotti) miteinander und zeigt nochmals

Bernhard Romberg, *Violoncell Schule, in zwei Abtheilungen. Der erste Theil enthält alles, was zum ersten Unterricht in der Musik, so wie zur Mechanik auf dem Violoncell nöthig ist. Der zweite Theil handelt von der Ausbildung im Violoncellspiel, hieran schließt sich eine kurze Uebersicht der Harmonie für Liebhaber des Violoncellspiels*, Berlin [1840], zwischen Seite 6 und 7. Lithographie (Universitäts- und Landesbibliothek, Münster) – Auf der Abbildung ist ein Tourte-Bogen zu sehen. Der Daumen der linken Hand befindet sich seitlich am Cellohals und ist somit sichtbar. Diese Daumenposition ist vom Geigenspiel entlehnt, denn bei der heute gängigen Cellotechnik liegt der Daumen unter dem Hals und ist nicht mehr erkennbar. Insofern repräsentiert die Illustration eine noch stark am Geigenspiel orientierte Technik. Duport hingegen beschreibt in seinem 1806 publizierten Traktat *Essai sur le doigté du violoncelle et sur la conduite de l'archet* bereits ein Cellospiel, das sich vom spieltechnischen Einfluss der Violine losgelöst hatte.

deutlich auf, dass die Art des Artikulierens eine bestimmte Geigenschule repräsentierte und sich die verschiedenen Streicherschulen folglich auf Basis ihrer Artikulationsweise klassifizieren lassen.[33]

Aufgrund seines hohen spezifischen Gewichts fand für die Bogenherstellung seit dem Ende des 18. Jahrhunderts fast ausschließlich Fernambukholz Verwendung. Zudem begann man, die Bögen um die Mitte des 18. Jahrhunderts mit einer Schraubmechanik auszustatten[34], mittels derer sich die Bogenspannung mechanisch regulieren ließ. Beim älteren Steckfroschprinzip konnte die Spannung nur geringfügig nachreguliert werden, da die Bogenhaare sowohl an der Spitze als auch am anderen Bogenende festgemacht waren. Bei diesem System wird der mobile Frosch dank einer Einkerbung an der Bogenstange eingerastet, wodurch der Haarbezug gespannt werden kann. Weil sich die Kerbe im Laufe der Zeit abnützte, sprang der Frosch bisweilen aus seiner Verankerung; daraus erklärt sich die Bezeichnung Frosch. Erst ab dem dritten Viertel des 18. Jahrhunderts wurde das Steckfroschprinzip allmählich durch die Schraubmechanik ersetzt.[35] Dennoch blieben Steckfroschbögen weiterhin in Gebrauch; bis zum Ende des 18. Jahrhunderts sind sie beispielsweise bei Ripienisten der Mannheimer und Münchner Hofkapelle belegt und in der Weimarer Hofkapelle sogar bis zum frühen 19. Jahrhundert.[36] Ältere Bögen wurden teilweise den neuen klanglichen und spieltechnischen Bedürfnissen angepasst, indem man die Spitze oder den Frosch mit Elfenbein beschwerte oder nachträglich eine Schraubmechanik eingebaute. Diese Eingriffe veränderten die Balance des Bogens sowie den Klang. Allerdings erfuhren nicht nur die Bögen Anpassungen an die neuen Verhältnisse, sondern vor allem auch die Instrumente.

Die Anpassung der Geigeninstrumente an eine neue Klangwelt

Während bei Tasten- oder Blasinstrumenten die bauchtechnischen Entwicklungen des 18. und 19. Jahrhunderts von außen deutlich erkennbar sind, blieb der Korpus der Geigeninstrumente über die Jahrhunderte im Wesentlichen unverändert. Die baulichen Veränderungen der Violinfamilie sind subtilerer Art und betreffen insbesondere das Instrumenteninnere. Deswegen fällt es einem Laien schwerer, den Wandel im Geigenbau zu erkennen und nachzuvollziehen. Außerdem unterscheiden sich die Geigeninstrumente in einem weiteren Punkt: Bei den Blasinstrumenten führte die Entwicklung hin zu immer zahlreicheren Klappen langfristig dazu, dass ältere Instrumente obsolet wurden. Auf lange Sicht ersetzte auch das Hammerklavier mit seiner stets ausgereifteren Mechanik das Cembalo. Anders verhielt es sich bei den Geigeninstrumenten. Obschon die zeitgenössischen Streichinstrumentenbauer unaufhörlich neue Instrumente bauten, blieben gleichzeitig ältere, vor allem von namhaften Bauern der Barockzeit hergestellte Instrumente weiter in Verwendung. Sowohl der Geiger Rodolphe Kreutzer als auch der Cellist Jean-Louis Duport, um nur zwei direkte Weggenossen Beethovens zu nennen, sollen Instrumente Antonio Stradivaris (um 1644/48–1737) besessen haben. Besonders die in Cremona gebauten Instrumente von Guarneri, Stradivari und der Amati-Familie oder diejenigen des Tirolers Jacob Stainer (um 1618–1683) blieben weit über die Schaffenszeit ihrer Erbauer, und eigentlich bis heute, geschätzt und in Gebrauch. Allerdings überdauerten diese Instrumente, die aufgrund ihres Wertes entweder von Virtuosen oder vermögenden Dilettanten gespielt wurden, nur äußerst selten in originalem Zustand, sondern erfuhren über die Jahrhunderte zum Teil beträchtliche bauliche Anpassungen.

Während die Forschung früher davon ausging, dass Umbauarbeiten erst gegen 1800 einsetzten, zeigen neuere Untersuchungen, dass die ersten derartigen Anpassungen bis in die frühen 1730er Jahre zurückreichen.[37] Im großen Stil wurden sie aber vor allem ab dem letzten Viertel des 18. Jahrhunderts durchgeführt.[38] Allerdings konnten vorher getätigte Reparaturarbeiten den Umbau einleiten, wodurch sich dieser schrittweise vollziehen konnte. Die baulichen Veränderungen wecken deswegen unser Interesse, weil wir an ihnen den sich langsam vollziehenden klanglichen Wandel erkennen. Gleichwohl lässt sich dieser nur ungenau mit Worten beschreiben. Immerhin wissen wir aus zeitgenössischen Berichten, dass anfangs, wegen ihres klaren Tones, vor allem Stainer-Instrumente bevorzugt wurden, während sich gegen Ende des 18. Jahrhunderts, aufgrund ihres voluminöseren Klanges, nun die Instrumente Stradivaris großer Beliebtheit erfreuten.[39] Veränderungen im Klavier- oder Blasinstrumentenbau mussten zwangsläufig zu Anpassungen im Geigenbau führen, da letztlich ein Gleichgewicht zwischen den Instrumenten angestrebt wurde. Insofern lässt sich eine allgemeine Tendenz zu immer klangvolleren Geigeninstrumenten erkennen. Ferner befanden sich die hier angesprochenen Barockinstrumente zumeist im Besitz von Virtuosen, die sich in immer größeren Konzertsälen gegen ein anwachsendes Orchester durchsetzen mussten; die Instrumente der Ripienisten hingegen wurden sehr wahrscheinlich mit zeitlicher Verzögerung umgebaut, was sich oben am Beispiel der Schraubmechanik bei Bögen anschaulich belegen ließ.

Bei alten und als minderwertig erachteten Streichinstrumenten wurde ein Umbau gar nicht erst in Erwägung gezogen. Diese sortierte man im 18. und 19. Jahrhundert entweder aus oder nahm sie komplett auseinander, um aus dem alten Holz neue Instrumente herzustellen.[40] Ein solch pragmatischer Umgang mit ungenügenden Geigeninstrumenten lässt umgekehrt erkennen, welche Wertschätzung diejenigen Instrumente erfuhren, die intakt belassen, aber in baulicher Hinsicht den neuen Verhältnissen angepasst wurden. Nur ausgezeichnete Instrumente waren die Mühe eines Umbaus wert. Ein Umbau stellte in jedem Fall einen einschneidenden Eingriff in die bauliche Struktur und den Klang des Instruments dar. Das Ersetzen des Barockstegs durch einen klassischen Steg gehörte nur zu den kleinsten Interventionen. Um tiefgreifendere Eingriffe vorzunehmen, wurde der Instrumentenkorpus geöffnet. Am offenen Instrument konnte durch das Ausdünnen der Decke an der Innenseite die Deckenstärke verringert werden. Auch der Violinboden wurde so bearbeitet, wobei diese Eingriffe heute nur schwer nachweisbar sind, da letztlich Holz entfernt wurde. Außerdem tauschte man den Stimmstock aus und ersetzte den alten, schlanken Bassbalken durch einen massiveren.[41] All diese Eingriffe betreffen das Instrumenteninnere und sind von außen gar nicht sichtbar. Deutlich erkennbar ist einzig der Austausch des alten Griffbretts durch ein längeres, welches das Spiel in den hohen Lagen vereinfachen sollte. Selbst die Schulterstütze gehörte noch nicht zur allgemeinen Ausstattung der Violine, und Louis Spohr erfand den Prototyp eines Kinnhalters erst zum Lebensende Beethovens.[42] Auf dem Cello wiederum setzte sich der Stachel nicht vor der zweiten Hälfte des 19. Jahrhunderts durch.[43] Bis dann wurde das Instrument zwischen den Knien eingeklemmt.

Gleichwohl betraf die folgenschwerste Veränderung nicht den Instrumentenkorpus, sondern den Geigenhals. Beim Umbau wurde der Geigenhals komplett entfernt und durch einen dünneren ausgetauscht, wobei die originale Schnecke dank des Anschäftens an den neuen Hals erhalten blieb. Vor allem aber erhielt der neu eingesetzte Hals einen stärkeren Neigungswinkel. Während bei Barockgeigen der Hals gerade oder beinahe gerade aus dem Geigenkorpus herausläuft, womit der Hals eine logische Verlängerung des Instrumentenkorpus darstellt, erhielten die Geigenhälse im Laufe des 18. Jahrhunderts immer mehr eine rückwärtsgewandte Neigung.[44] Dadurch stieg die Saitenspannung und somit der Druck auf den Instrumentenkorpus. Die Verstärkung der Halsneigung führte schließlich zur einschneidendsten klanglichen Veränderung. Obschon diese Umbauarbeiten anfangs lediglich an den wertvollen Barockinstrumenten vollzogen wurden, sollten im Laufe des 18. und 19. Jahrhunderts schließlich alle Instrumente, d.h. auch die neu gebauten Geigeninstrumente, diesem neuen Klangideal entsprechen. Insofern betraf diese Entwicklung langfristig alle Violininstrumente.

Der Geigenbauer Jean-Baptiste Vuillaume (1798–1875) und der Musikbiograph François-Joseph Fétis (1784–1871) behaupteten, dass alte Bassbalken deswegen ersetzt werden mussten, weil seit dem frühen 18. Jahrhundert der Kammerton unaufhörlich gestiegen sei. Durch die erhöhte Saitenspannung sei zugleich der Druck auf den

Instrumentenkorpus gestiegen, weswegen letztlich der Bassbalken ausgetauscht werden musste.[45] An dieser Darstellung ist sicher etwas Wahres, obschon Ursache und Wirkung durcheinandergebracht werden. In der Tat kann eine kontinuierliche Zunahme der Saitenspannung nicht bestritten werden. Allerdings war dafür wohl kaum (alleine) der gestiegene Kammerton verantwortlich, als vielmehr die bewusst gewollte Verstärkung der Halsneigung. Vuillaume und Fétis nennen letztlich eine Ursache (die gestiegene Saitenspannung), die mit dem Umbau ganz eindeutig intendiert war.

Ein letzter organologischer Aspekt fehlt, um den Streicherklang der Beethoven-Zeit akkurater erfassen zu können. Einen entscheidenden Einfluss auf die Klangqualität und -stärke hatte die Besaitung. Violinen waren seinerzeit mit drei blanken Darmsaiten und einer silberumwickelten G-Saite aus Darm bezogen, obschon im 18. Jahrhundert zwischenzeitlich selbst mit umwickelten D-Saiten experimentiert wurde. Im deutschen Sprachgebiet zog man außerdem weniger dicke Saiten als in Frankreich oder England vor. Bei den Bratschen und Celli hingegen setzte sich die Besaitung aus zwei blanken und zwei silberumwickelten Darmsaiten zusammen.[46] Lediglich bezüglich Kontrabassbesaitung besteht wenig Klarheit. Dies liegt einerseits daran, dass zur Beethoven-Zeit mehrere Kontrabassstimmungen existierten und zudem keine klaren Informationen überliefert sind.[47] Die Darmsaiten bewirkten insgesamt einen weniger scharfen und durchdringenden, dafür aber wärmeren Klang.

Verschiedene Geigenhaltungen – die Violintechnik im Wandel

Wie oben dargelegt, ersetzte man im Zuge der Umbauarbeiten an alten Instrumenten die dicken Geigenhälse durch neue. Dass nun dünnere Hälse bevorzugt wurden, hatte seine Ursache im Wandel der Geigentechnik. Im 18. Jahrhundert konnte die Violine auf verschiedene Arten gehalten werden.[48] Viele Geiger der Barockzeit legten ihre Violinen beispielsweise nicht auf die Schulter, sondern drückten sie auf der Höhe der Brust gegen ihren Körper. Dies lässt sich nicht nur anhand von Traktaten oder anderen Beschreibungen belegen, sondern zudem über bildliche Darstellungen bestätigen. Francesco Geminiani (1687–1762) etwa empfiehlt in seinem 1751 in London erschienenen Traktat *The Art of Playing on the Violin,* das Instrument unterhalb des Schlüsselbeins anzusetzen: »The Violin must be rested just below the Collar-bone«. Außerdem meint er: »Observe also, that the Head of the Violin must be nearly Horizontal with that Part which rests against the Brest, that the Hand may be shifted with Facility and without any Danger of dropping the Instrument.«[49] Die Brusthaltung barg in der Tat die Gefahr, dass die Violine beim Lagenwechsel entglitt und zu Boden fiel, da das Instrument nicht mit dem Kinn eingeklemmt werden konnte. Leopold Mozart (1719–1787), der in seinem 1756 erschienenen *Versuch einer gründlichen Violinschule* zwei Geigenhaltungen beschreibt, kennt dieses Problem auch:

> »Die erste Art die Violin zu halten, hat etwas angenehmes und sehr gelassenes. [...] Es wird nämlich die Geige ganz ungezwungen an der Höhe der Brust seitwärts, und so gehalten: daß die Striche des Bogens mehr in die Höhe als nach der Seite gehen. Diese Stellung ist ohne

> Zweifel in den Augen der Zuseher ungezwungen und angenehm; vor den Spielenden aber etwas schwer und ungelegen: weil, bey schneller Bewegung der Hand in die Höhe, die Geige keinen Halt hat, folglich nothwendig entfallen muß; wenn nicht durch eine lange Uebung der Vortheil, selbe zwischen dem Daume und Zeigefinger zu halten, eroberet wird.«[50]

Obschon Mozart diese Haltung als »etwas schwer und ungelegen« bezeichnet, falls sie »nicht durch eine lange Uebung [...] eroberet« wurde, brachten zahlreiche Geigenvirtuosen des 18. Jahrhunderts diese Technik zur allerhöchsten Meisterschaft und spielten auf diese Weise die virtuosesten Stücke. Über Pietro Antonio Locatelli (1695–1764) wird nämlich berichtet: »He holds his Fiddle always upon his Breast.«[51] Zusätzlich zeigen zahlreiche glaubwürdige bildliche Darstellungen, etwa von Corelli oder Francesco Maria Veracini, dass die Brusthaltung nicht nur von italienischen Virtuosen (Corelli, Geminiani, Veracini und Locatelli)[52], sondern bis in die zweite Hälfte des 18. Jahrhunderts generell von unzähligen Geigern praktiziert wurde.

Während Geminiani 1751 in seinem Traktat lediglich die Brusttechnik erwähnt, nennt Leopold Mozart noch eine zweite Geigenhaltung:

> »Die zwote ist eine bequeme Art. [...] Es wird nämlich die Violin so an den Hals gesetzet, daß sie am vordersten Theile der Achsel etwas aufliegt, und jene Seite, auf welcher das (E) oder die kleinste Seyte ist, unter das Kinn kömmt: dadurch die Violin, auch bey der stärkesten Bewegung der hinauf und herab gehenden Hand, an seinem Orte allezeit unverrückt bleibet.«[53]

Bei Mozarts »bequemen Art« wurde die Geige unter das Kinn geklemmt, wodurch die Violine »allezeit unverrückt bleibet« und sich der Lagenwechsel einfacher realisieren ließ. Hierbei handelte es sich zweifellos um die in der zweiten Hälfte des 18. Jahrhunderts verbreitetste Geigenhaltung. Allerdings vermutete die Barockgeigerin Monosoff, dass Leopold Mozart, der das Geigenspiel in den 1720er Jahren in Augsburg erlernte, noch die erste von ihm beschriebene Geigenhaltung praktizierte und somit das Instrument gegen die Brust hielt.[54] Insofern blieben selbst in der zweiten Hälfte des 18. Jahrhunderts weiterhin beide Techniken in Gebrauch, so wie es Mozart 1756 in seinem Traktat ausführlich beschrieb. Doch selbst in den Neuauflagen der Jahre 1770, 1787 und 1791 seiner *Violinschule* sowie in der Wiener Ausgabe von 1800 werden weiterhin beide Geigenhaltungen aufgeführt.[55] Dabei hätte dieser Abschnitt, falls eine Korrektur notwendig gewesen wäre, problemlos korrigiert werden können, umso mehr als Leopold 1787 gestorben war. Erst in der Leipziger Auflage von 1817, bei der es sich um eine »neue umgearbeitete Ausgabe« handelt, wurde der entsprechende Absatz vollständig redigiert. Diese Ausgabe führt einzig Mozarts zweite Art auf. Im komplett redigierten Paragraph steht lapidar: »Die Geige wird in die linke Hand, der Bogen mit der rechten Hand genommen. Die Geige ruht unter dem Kinn am Halse auf dem Schlüsselbein der linken Schulter, der Hals derselben aber in der linken Hand.«[56] Da sich in der Zwischenzeit die zweite Geigenhaltung, die jedermann geläufig war, längst durchgesetzt hatte, gab es keine Verwirrung mehr, weshalb nun eine knappe Beschreibung genügte. Gleichwohl blieben bis mindestens gegen Ende des 18. Jahrhunderts selbst unter professionellen Musikern beide Haltungen verbreitet.[57]

Dies belegt nicht nur Leopold Mozart selbst, sondern ebenso ein Gemälde von Pierre-Alexandre Monsigny (1729–1817) aus dem Jahre 1778, das den Komponisten beim Geigespielen zeigt. Dabei ist sehr deutlich zu erkennen, dass dieser die Geige auf Brusthöhe ansetzt und sie mit dem Kinn nicht erreichen kann.[58] Monsigny, der von adeliger Abstammung war, lernte diese Technik in den 1730er Jahren. Sein langes Leben ist Beleg dafür, dass die Brusthaltung über das ganze 18. Jahrhundert in Gebrauch blieb, obschon sie 1778, als Monsigny porträtiert wurde, zweifellos veraltet war. Das Fortbestehen dieser Technik erklärt schließlich, weshalb in Mozarts *Violinschule* bis 1800 beide Haltungen beschrieben werden.

Leopold Mozarts Ausführungen besagen, dass die Brusthaltung »etwas angenehmes und sehr gelassenes« hätte und »ohne Zweifel in den Augen der Zuseher ungezwungen und angenehm« sei. In der Tat verlieh diese Technik eine vornehme Erscheinung, weil sie dem Spieler durch ein lockeres Auflegen der Geige auf Brusthöhe eine aufrechte Haltung und eine erhabene Präsenz erlaubten, ohne dass dieser seinen Körper verrenken musste. Der Nachteil der Brusthaltung lag allerdings darin, dass sie »etwas schwer und ungelegen« war, weil das Instrument nicht fixiert werden konnte und nur bei sehr guter Beherrschung der Technik beim Lagenwechsel nicht zu Boden fiel. Dabei spielt nicht einmal eine Rolle, wo genau auf der Höhe des Brustkorbes die Geige (und im 18. Jahrhundert sehr selten auch die Viola) auflag. Denn alleine dadurch, dass das Instrument nicht vom Kinn festgehalten werden konnte, lassen sich sämtliche Haltungen irgendwo auf Brusthöhe nur durch eine gekonnte Beherrschung der linken Hand meistern. Allerdings vereinfacht ein dicker Geigenhals den Lagenwechsel erheblich, weil ein massiverer und damit schwererer Hals mehr Stabilität und Sicherheit in der linken Hand verleiht. Umgekehrt, wenn die Violine unter das

Lambertus Antonius Claessens (Drucker) und Adriaan de Lelie (Maler), *Two Men and a Woman Making Music*, ca. 1792–1834, Stich (Rijksmuseum, Amsterdam) – Gemäß Druck soll es sich um eine Gruppe von Stadtmusikern handeln, wobei der Geiger sein Instrument auf Brusthöhe hält und einen seinerzeit keinesfalls veralteten Übergangsbogen spielt. Zur Beethoven-Zeit war es nicht unüblich, dass Stadtmusiker in einem höfischen Orchester engagiert wurden.

Kinn eingeklemmt wird, ist ein grober Geigenhals keine Notwendigkeit mehr und stört sogar. Nun bietet das Kinn diese Stabilität, weshalb ein dünnerer Hals handlicher ist und bevorzugt wird. Daher ist der Wandel vom dicken, barocken Geigenhals zum dünneren auch die Folge eines geigentechnischen Wandels. Der Instrumentenbau passte sich somit laufend den Veränderungen in der Instrumentaltechnik an.

Der 1770 geborene Beethoven war mit dieser breiten Palette an Haltungen und Spielweisen direkt konfrontiert und wird diese Vielfalt sehr bewusst wahrgenommen haben. In seinen Kompositionen berücksichtigte er nicht nur die verschiedenen Streicherschulen der Virtuosen, sondern beachtete ebenso die Tatsache, dass selbst innerhalb eines professionellen Orchesters verschiedene spieltechnische Niveaus, Geigenhaltungen und -techniken vertreten waren.[59] Die Bratschenstimmen seiner frühen Sinfonien lassen sich beispielsweise komplett in der ersten Lage spielen, wodurch sich weniger erfahrene und versierte Streicher in ein professionelles Orchester integrieren ließen. Erst in seinen späteren Sinfonien verlangt Beethoven von den Bratschen gelegentliche Lagenwechsel. Auch die zweiten Violinen werden in den frühen Sinfonien nur sporadisch zu Lagenwechseln gedrängt; der größte Teil ihres Parts ist in der ersten Lage spielbar.[60] Damit konnten zugleich Spieler mit archaischer Brusttechnik oder solche, die im Spiel in den hohen Lagen nicht besonders sicher waren, im Orchester Platz finden. Schließlich war auch Beethoven als Jugendlicher Mitglied der Bonner Hofkapelle, gemeinsam mit den Vettern Andreas und Bernhard Romberg. Dies soll nicht bedeuten, dass Beethoven kein versierter Geiger und Bratscher gewesen wäre. Vielmehr zeigt das Beispiel, dass Beethoven Teil eines Orchesters war, dem ebenso zwei der bald darauf größten Solisten der Zeit angehörten. Das Streichorchester stellte insofern ein äußerst heterogenes Gebilde dar, als es sowohl aus virtuosen Spielern – den ersten Geigen und den Stimmführern – sowie bisweilen auch aus weniger versierten Ripienisten bestand.[61] Beethovens Orchesterwerke berücksichtigen diese Tatsache, was sich deutlich an der Aufteilung der instrumentaltechnischen Anforderungen an die verschiedenen Streicherregister zeigt.

Anmerkungen

1 M. Blindow, *Bernhard Romberg (1767–1841). Leben und Wirken des großen Violoncello-Virtuosen*, (Musikwissenschaftliche Schriften 47), München und Salzburg 2013.

2 Besonders gut ist die über die Jahrhunderte wandelbare soziale Stellung der Viola da Gamba in England dokumentiert, siehe P. Holman, *Life after death: the viola da gamba in Britain from Purcell to Dolmetsch*, Woodbridge und Rochester 2010.

3 A. Rolf, »Kammermusik für Klavier und Streichinstrumente«, in: S. Hiemke (Hrsg.), *Beethoven Handbuch*, Kassel u. a. 2009, S. 454–494, hier S. 478.

4 K. M. Kopitz und R. Cadenbach (Hrsg.), *Beethoven aus der Sicht seiner Zeitgenossen in Tagebüchern, Briefen, Gedichten und Erinnerungen*, München 2009, Bd. 2, S. 1115.

5 E. Kastner (Hrsg.), *Ludwig van Beethovens sämtliche Briefe. Nachdruck der völlig umgearbeiteten und wesentlich vermehrten Neuausgabe von Dr. Julius Kapp*, Tutzing 1975, S. 83.

[6] K. M. Kopitz und R. Cadenbach (Hrsg.), *Beethoven aus der Sicht seiner Zeitgenossen*, Bd. 1, S. 127, Fußnote 3.

[7] Siehe C. D. Panton, *George Augustus Polgreen Bridgetower, violin virtuoso and composer of color in late 18th century Europe* (Studies in the history and interpretation for music, Bd. 115), Lewiston 2005.

[8] K. M. Kopitz und R. Cadenbach (Hrsg.), *Beethoven aus der Sicht seiner Zeitgenossen*, Bd. 1, S. 127, Fußnote 1.

[9] Ebenda, Bd. 2, S. 1020.

[10] A. Rolf, »Kammermusik für Klavier und Streichinstrumente«, S. 454–494, S. 472.

[11] Ebenda, S. 474.

[12] Allgemeine musikalische Zeitung, 9. April 1805, Bd. 7, Nr. 31, S. 500–501. Nachfolgend zitiert nach F. Clement, *Violin Concerto in D Major (1805)*, hrsg. von C. Brown (Recent Researches in the Music of the Nineteenth and Early Twentieth Centuries, Bd. 41), Middleton 2005, S. vii–xii. Hier jedoch mit einer englischen Übersetzung des Herausgebers.

[13] Allgemeine musikalische Zeitung, 16. Juni 1813, Bd. 15, Nr. 24, S. 400.

[14] Allgemeine musikalische Zeitung, 3. Juni 1824, Bd. 26, Nr. 23, S. 366–367.

[15] C. Brown, *Louis Spohr: eine kritische Biographie, aus dem Englischen von Wolfram Boder*, Berlin 2009. Spohr gilt als deutscher Vertreter der französischen Violinschule, da er nachhaltig vom Spiel des Franzosen Pierre Rode (1774–1830) geprägt war, einem Meisterschüler Giovanni Battista Viottis (1755–1824).

[16] Es ist bekannt, dass beispielsweise Mozart den Gesangssolisten die Arien gewissermaßen auf den Leib komponiert hatte, wobei er die Stimmlage und spezifischen Fähigkeiten der Sänger berücksichtigte. Darauf verweist Zaslaw, indem er Mozarts Brief vom 28. Februar 1778 zitiert: »denn ich liebe daß die *aria* einem sänger so *accurat* angemessen seÿ, wie ein gutgemachts kleid.« Anhand der für Rosa Cannabich komponierten Klaviersonate KV 309 zeigt Zaslaw zudem auf, dass dies auch für Instrumentalisten galt. Siehe N. Zaslaw, »Mozart's orchestras: applying historical knowledge to modern performances«, in: Early Music XX/2 (1992), S. 197–205, S. 200.

[17] F. Clement, *Violin Concerto in D Major (1805)*, S. xi.

[18] Ebenda.

[19] L. Mozart, *Versuch einer gründlichen Violinschule*, Augsburg 1756, S. 129. F. Galeazzi, *Elementi teorico-pratici di musica con un saggio sopra l'arte di suonare il violino, tomo primo*, Roma 1791, S. 76–77 (»Dell'Arco, e di alcune altre notizie spettanti al Violino«).

[20] H. Chr. Koch, *Musikalisches Lexikon, welches die theoretische und praktische Tonkunst, encyclopädisch bearbeitet, alle alten und neuen Kunstwörter erklärt, und die alten und neuen Instrumente beschrieben, enthält*, Frankfurt am Main 1802, S. 261, Artikel »Bogen«. F. Galeazzi, *Elementi teorico-pratici di musica, tomo primo, edizione seconda*, Ascoli 1817, S. 72.

[21] R. E. Seletsky, »New light on an old bow«, in: Early Music xxxii/2 (2004), S. 286–301.

[22] G. Tartini, *Traité des agréments de la musique. Abhandlung über die Verzierungen in der Musik. Treatise on ornaments in music. Ungekürzt, mit Erläuterungen, einem Anhang, mehreren photographischen Reproduktionen und einer Beilage mit dem Faksimile des italienischen Originaltextes*, hrsg. von E. R. Jacobi, Celle und New York 1961, S. 57. »Man soll stets in der Mitte des Bogens spielen, nie gegen die Spitze zu und auch nicht gegen das [andere] Ende [Frosch].«

[23] R. E. Seletsky, »New light on an old bow«, in: Early Music, xxxii/3 (2004), S. 415–426, S. 418.

[24] Ch. Burney, *Tagebuch einer musikalischen Reise. Vollständige Ausgabe*, hrsg. von Chr. Hust (Documenta Musicologica. Erste Reihe: Druckschriften-Faksimiles, XIX), 2. Auflage, Kassel u. a. 2004, S. 128.

[25] C. Brown, *Classical and Romantic Performing Practice, 1750–1900*, Oxford 1999, S. 273–278.

[26] Chr. F. D. Schubart, *Ideen zu einer Ästhetik der Tonkunst*, Wien 1806, S. 139.

[27] K. Köpp, »Historische Streichbögen als *Interfaces*«, in: *Klang (ohne) Körper: Spuren und Potenziale des Körpers in der elektronischen Musik*, hrsg. von M. Harenberg und D. Weissberg (Medien-Analysen, Bd. 5), Bielefeld 2010, S. 147–171, S. 167.

28 R. E. Seletsky, »New light on an old bow«, in: Early Music xxxii/3 (2004), S. 415–426, S. 424.

29 Seletsky weist jedoch drauf hin, dass überraschenderweise eine Federzeichnung existiert, die Viotti nach 1800 mit einem langen Schwanenhalsbogen zeigt, den er allerdings nicht spielt, sondern lediglich in der Hand hält. Siehe ebenda, S. 421.

30 F. Clement, *Violin Concerto in D Major (1805)*, S. x.

31 A. Moser, *Geschichte des Violinspiels*, Leipzig 1923, S. 509. Weber vergleicht Clement mit dem Pianisten Hummel und schreibt 1813 aus Prag: »Hummel's Spiel ist außerordentlich sicher, nett und geperlt, ganz das, was Clement als Violinspieler ist.«

32 B. Romberg, *Violoncell Schule, in zwei Abtheilungen. Der erste Theil enthält alles, was zum ersten Unterricht in der Musik, so wie zur Mechanik auf dem Violoncell nöthig ist. Der zweite Theil handelt von der Ausbildung im Violoncellspiel, hieran schließt sich eine kurze Uebersicht der Harmonie für Liebhaber des Violoncellspiels*, Berlin [1840], S. 109.

33 Siehe K. Köpp, »Historische Streichbögen als *Interfaces*«, S. 166.

34 R. E. Seletsky, »New light on an old bow«, in: Early Music xxxii/2 (2004), S. 286–301, S. 296. Im Inventar einer Pariser Geigenwerkstatt wird 1747 zum ersten Mal ein Schraubfroschbogen aufgeführt, siehe F. Gétreau, »Französische Bögen im 17. und 18. Jahrhundert. Dokumente und ikonografische Quellen«, in: *Der Streichbogen. Entwicklung – Herstellung – Funktion. 16. Musikinstrumentenbau-Symposium in Michaelstein am 3. und 4. November 1995*, (Michaelsteiner Konferenzberichte, Bd. 54), Michaelstein 1998, S. 21–36, S. 31.

35 R. E. Seletsky, »New light on an old bow«, in: Early Music xxxii/3 (2004), S. 415–426, S. 420.

36 K. Köpp, »Historische Streichbögen als *Interfaces*«, S. 151.

37 Chr. Ahrens und B. Hentrich, »›Von einer steiner Violino daß grifbreth erhöhet …‹ Tiefgreifende Reparaturen an Cremoneser und Stainer'schen Violinen in den 1730er- und 1740er-Jahren«, in: B. Darmstädter und I. Hoheisel (Hrsg.), *Unisonus: Musikinstrumente erforschen, bewahren, sammeln*, Wien 2014, S. 240–255.

38 Th. Drescher, Kapitel »Änderungen um 1800« in: Artikel »Streichinstrumentenbau«, in: MGG2, Sachteil, Bd. 8 (1998), Sp. 1879f.

39 P. Walls, »Mozart and the Violin«, in: Early Music xx/1 (1992), S. 7–29, S. 8–9.

40 Beispiele, wie im 19. Jahrhundert alte Instrumente auseinandergenommen und wieder zu neuen Instrumenten zusammengebaut wurden, gibt K. Moens, »Problems of authenticity of sixteenth century stringed instruments«, in: S. Orlando (Hrsg.), *The Italian Viola da Gamba. Proceedings of the International Symposium on the Italian Viola da Gamba*, Soloignac und Turin 2002, S. 97–113.

41 Eine chronologische Auflistung von Bassbalken aus dem 17.–19. Jahrhundert befindet sich in P. Walls, »Mozart and the Violin«, S. 10.

42 Siehe R. Stowell, *Violin technique and performance practice in the late eighteenth and early nineteenth centuries*, Cambridge 1985, S. 30.

43 G. Kennaway, *Playing the Cello, 1780–1930*, Farnham und Burlington 2014, S. 6–7.

44 Siehe diesbezüglich die Abbildung in R. Stowell, *Violin technique and performance practice*, S. 25.

45 Chr. Ahrens und B. Hentrich, »›Von einer steiner Violino daß grifbreth erhöhet …‹«, S. 242.

46 P. Barbieri, »Roman and Neapolitan Gut Strings 1550–1950«, in: The Galpin Society Journal LIX (2006), S. 147–181. Ders., »The Roman Gut String Makers: 1550–2005«, in: Studi Musicali XXXV (2006), S. 3–128.

47 Zu den Wiener Verhältnissen siehe J. Focht, *Der Wiener Kontrabass: Spieltechnik und Aufführungspraxis, Musik und Instrumente* (Tübinger Beiträge zur Musikwissenschaft, Bd. 20), Tutzing 1999.

48 Die aktuellste und übersichtlichste Darstellung dazu bietet M. Rônez, *Die Violintechnik im Wandel der Zeit. Die Entwicklung der Violintechnik in Quellenzitaten. Von den Anfängen bis Pierre Baillot 1835*, 2 Bde., Wien 2012.

49 F. Geminiani, *The Art of Playing on the Violin*, London 1751, S. 1f.

50 L. Mozart, *Versuch einer gründlichen Violinschule*, S. 53.

51 A. Dunning, *Pietro Antonio Locatelli: Der Virtuose und seine Welt*, Buren 1981, Bd. 1, S. 204.

52 Siehe hierzu Chr. Riedo, »How Might Arcangelo Corelli Have Played the Violin?«, in: Music in Art XXXIV (Spring–Fall 2014), S. 103–118.

53 L. Mozart, *Versuch einer gründlichen Violinschule*, S. 53–54.

54 S. Monosoff, »Violin Fingering«, in: Early Music XIII/1 (1985), S. 76–79; 77: »On the other hand, [there] is a picture of Mozart playing the violin with the instrument against his chest.«

55 Zu den verschiedenen bis 1800 erschienenen Auflagen siehe RISM B/vi^{2}: F. Lesure, *Écrits imprimés concernant la musique*, München 1971, S. 600–602.

56 L. Mozart, *Violinschule oder Anweisung die Violin zu spielen, (Neue umgearbeitete Ausgabe)*, Leipzig [1817], S. 13.

57 Darüber, dass die Violinhaltung auch die Folge der Funktion eines Geigers innerhalb des Orchesters sein konnte, äußert sich Th. Drescher, »›Die Pracht, dieß schöne Ensemble hat kein Orchester‹. Johann Friedrich Reichardt als Leiter der Berliner Hofkapelle«, in: Basler Jahrbuch für historische Musikpraxis XVII (1993), S. 139–160, S. 155–157.

58 F. Gétreau, »Französische Bögen im 17. und 18. Jahrhundert. Dokumente und ikonografische Quellen«, in: *Der Streichbogen. Entwicklung – Herstellung – Funktion. 16. Musikinstrumentenbau-Symposium in Michaelstein am 3. und 4. November 1995*, (Michaelsteiner Konferenzberichte Bd. 54), Michaelstein, 1998, S. 21–36, S. 35.

59 Zur Heterogenität des Orchesters der Beethoven-Zeit, das sich sowohl aus Virtuosen als auch aus Stadtmusikern und Spielleuten zusammensetzen konnte, siehe Chr.-H. Mahling, »Herkunft und Sozialstatus des höfischen Orchestermusikers im 18. und frühen 19. Jahrhundert in Deutschland«, in: W. Salmen (Hrsg.), *Der Sozialstatus des Berufsmusikers vom 17. bis 19. Jahrhundert*, (Musikwissenschaftliche Arbeiten Bd. 24), Kassel u. a. 1971, S. 219–264. Sowie J. Spitzer und N. Zaslaw, »Improvised Ornamentation in Eighteenth-Century Orchestras«, in: Journal of the American Musicological Society XXXIX/3 (1986), S. 524–577.

60 Um eine Klanggleichheit zu erreichen, sollten melodische Abschnitte oder ganze Melodien möglichst auf einer einzigen Saite gespielt werden, was automatisch Lagenwechsel erforderte. Reichardt meinte: »Die Noten, die auf Einen Bogenstrich kommen sollen, müssen auch so viel als möglich auf einer Saite gegriffen werden.« J. F. Reichardt, *Über die Pflichten des Ripien-Violinisten*, Berlin und Leipzig 1776, S. 29–30. Siehe hierzu ebenfalls R. Stowell, *Violin technique and performance practice*, S. 116–125. Allerdings wird diese Anordnung besonders die ersten Geigen betroffen haben. Zudem bedeutet dies nicht, dass die Weisung immer beachtet wurde (»so viel als möglich«), oder dass die Regel von Spieler mit der Brusttechnik nicht hätte befolgt werden können.

61 Zu den Anforderungen, die an Ripienisten gestellt wurden, siehe J. F. Reichardt, *Über die Pflichten des Ripien-Violinisten*.

Improvisation

Von Siegbert Rampe

Freie Improvisation bildete vom späten Mittelalter bis in die zweite Hälfte des 19. Jahrhunderts die Grundlage des Organistenberufs. Der Organist improvisierte die gottesdienstliche Liturgie, Vor- und Nachspiel der katholischen Messe, Ein- und Überleitungen zu Vokalbeiträgen sowie Orgelstrophen von Alternatim-Aufführungen.[1] Seit dem 18. Jahrhundert ist vor allem im lutherischen Mitteldeutschland auch die Tradition des – überwiegend improvisierten – Orgelkonzerts nachweisbar.[2] Der Weg von der kirchlichen Orgel- zur öffentlichen Klavierimprovisation indes bedingte eine kulturelle und soziale Umwälzung, die erst vor Ausbruch der Französischen Revolution zunächst abgeschlossen war.

»Organist« blieb bis in die Beethoven-Zeit hinein formale Berufsbezeichnung für die Spieler sämtlicher Tasteninstrumente.[3] Ein Organist trat im kirchlichen und höfischen Rahmen an Orgel oder Cembalo, seit dem letzten Viertel des 18. Jahrhunderts auch am Hammerklavier auf. Zuhause übte und unterrichtete er auf eben diesen Saitenklavieren und – in Ermangelung einer Orgel mit selbständigem Pedal – insbesondere auf dem Pedalclavichord.[4] Kirchenorgeln und Clavichorde besaßen seit dem 15. Jahrhundert den Status professioneller Tasteninstrumente schlechthin, während Kielinstrumente (Cembalo, Clavizytherium, Spinett, Virginal) und Hammerklaviere (Hammerflügel, Pyramidenflügel, Tangentenflügel, Tafelklavier) häufig auch von Amateuren, sogenannten »Dilettanten«, genutzt wurden, denen wiederum der Zugang zum professionellen Organistenamt verwehrt blieb.[5] Eine erste Trennung von Organisten und hauptberuflichen Spielern von Saitenklavieren, wie sie noch heute besteht, zeichnete sich um 1740 in Norddeutschland mit der Einrichtung des Amts von Hofcembalisten (später auch Hofpianisten) ohne Verpflichtung zum Kirchendienst sowie mit der Etablierung freiberuflicher Musiklehrer ab; letztere bezogen ihr Einkommen aus dem Unterrichten von Dilettanten und der Mitwirkung bei Privataufführungen. Carl Philipp Emanuel Bach (1714–1788), Christoph Nichelmann (1717–1782) und Johann Friedrich Agricola (1720–1774), die Pioniere jener Epoche, hatten jedoch sämtlich noch eine Organistenlehre absolviert und trugen wesentlich dazu bei, dass fortan die bis dahin nur mündlich und handschriftlich als Zunftgeheimnisse tradierten Lehrsätze veröffentlicht, also auch an Dilettanten weitergegeben wurden.[6] Um jene Zeit beginnt die Herausgabe gedruckter Traktate zum Erlernen von Klavierspiel und Improvisation. Der *Zweyte Theil* von Carl Philipp Emanuel Bachs *Versuch über die wahre Art das Clavier zu spielen* (1762), *in welchem die Lehre von dem Accompagnement und der freyen Fantasie abgehandelt wird*, wurde neben Johann Matthesons *Vollkommenem Capellmeister* (1739) die älteste allgemein zugängliche Anleitung zur Improvisation auf Tasteninstrumenten.[7]

Mozart in Salzburg und Beethoven in Bonn übten ihren erlernten Beruf zunächst noch als Hoforganisten und damit hauptsächlich improvisierend aus[8], unterrichteten jedoch selten, weshalb von ihnen nur wenige Orgelwerke erhalten blieben. Orgelkompositionen, ja Tastenmusik überhaupt gliederten sich damals in drei unterschiedliche Funktionsbereiche:[9] Sie dienten

- als didaktische Literatur, um angehende Organisten spieltechnisch auszubilden und ihnen zugleich Muster für eigene Improvisationen zu verschaffen. Alle Quellen des 17. und 18. Jahrhunderts stimmen darin überein, dass Kompositionen hinsichtlich Form, Harmonik und Satztechnik improvisierten Modellen glichen. Nicht selten wurden Improvisationen sogar zu Vorstufen für die spätere Niederschrift eines Werks.
- als Belege für kompositorische Fähigkeiten eines Organisten und zur Anregung seiner Kollegen. Denn im Grundsatz gilt, dass ein professioneller Organist zwar über ein Mindestmaß an improvisatorischen Kenntnisse verfügen, nicht aber in der Lage sein musste, seine Gedanken auf dem Papier zu organisieren. Dass Mozart und Beethoven keine Orgelwerke verfassten, die ihrem kompositorischen Rang entsprechen, offenbart den eigentlichen Charakter ihrer Interessen, welche von vornherein über den erlernten Beruf hinausgingen.
- der Ausbildung und Unterhaltung von Dilettanten, deren Anzahl im 18. Jahrhundert als Folge des seit Ende des Dreißigjährigen Kriegs (1618–1648) über Generationen hinweg gewachsenen Wohlstands enorm gestiegen war. 1784/85 schreibt Christian Friedrich Daniel Schubart (1739–1791): »Im vorigen und in der ersten Hälfte des laufenden Jahrhunderts fand man in ganzen Provinzen kaum einen Klavierspieler; jetzt spielt, schlägt, trommelt und dudelt alles: der Edle [Adelige] und Unedle, der Stümper und Kraftmann [Handwerker]; Frau, Mann, Bube, Mädchen. Ja, das Klavier ist sogar einer der wichtigsten Artikel in der modischen Erziehung geworden.«[10] Traditionelles Genre der ursprünglich meist adeligen Dilettanten war der höfische Tanz und infolgedessen die Klaviersuite. Auch ließen sich Suiten, aber auch Sonaten, wie Jacob Adlung (1758) meint, nicht ohne weiteres improvisieren, weil die Wiederholung der Satzteile substantiell an deren erstes Erklingen gebunden war und somit dem Geist freier Improvisation widersprach.[11] Wurden Präludien und Fugen ebenso wie Messen und Choralbearbeitungen in der Regel handschriftlich weitergegeben, so setzte in den 1670er Jahren in Frankreich, den Niederlanden und im Deutschen Reich eine zunehmende Flut gedruckter Klaviersuiten mit oft mehreren Auflagen ein. Dilettanten waren durchaus in der Lage, die um ein Vielfaches höheren Preise für gedruckte Musikalien zu begleichen.[12] Um die Mitte der 1740er Jahre hatte die Sonate Publikationen mit Klaviersuiten vollends abgelöst.[13] Damals entwickelten sich jene Bedingungen für das kommerzielle Verlagswesen und ökonomische Voraussetzungen, unter denen die Klaviermusik der Wiener Klassik mit ihrem beträchtlichen Marktwert überhaupt erst entstehen konnte.

Um sich ein Bild von Beethovens improvisatorischen Fähigkeiten und Mustern machen zu können, gilt es, nicht nur deren Wurzeln in der Organistenpraxis freizulegen, sondern zu klären, was er und seine Zeitgenossen überhaupt unter jenen Techniken verstanden, die der moderne Terminus »Improvisation« einschließt. Heinrich Christoph Kochs (1749–1816) *Musikalischem Lexikon* (1802) zufolge bestand das zeitgenössische »Improvisieren« nämlich in der melodramatischen Vertonung und Aufführung eines Gedichts mit Singstimme und Instrumentalbegleitung aus dem Stegreif.[14] Darüber hinaus kennt sein Nachschlagewerk nur zwei weitere Arten der musikalischen Darstellung von Unvorhergesehenem: »Figuriren« und »Fantasieren«.[15] Dies sind die beiden Termini, unter denen im Folgenden Beethovens Klavierimprovisation untersucht werden soll.

»Figuriren«

Mit »Figuriren« meint Heinrich Christoph Koch das melodische und rhythmische Verändern eines bestehenden Notentextes, wobei er offen lässt, ob dies durch den Komponisten oder Interpreten geschieht. D.h. im Umkehrschluss, dass Koch dem Spieler nach wie vor jene Freiheit zugesteht, den vorliegenden Text in »figurirter« Gestalt vorzutragen, die vom Auftreten spätmittelalterlicher Kolorierungen[16] an und erst recht seit den Diminutionen der italienischen Renaissance[17] bis hin zu Haydn und Mozart gängige Praxis war.[18] Leopold Mozart (1756), Johann Nepomuk Hummel (1828) und Louis Spohr (1833) sprechen in diesem Zusammenhang gleichlautend von »Ausschmückungen«.[19]

> »Am gewöhnlichsten verstehet man darunter«, so Koch, »die Zergliederung der melodischen Hauptnoten in Noten von geringerem Werthe, oder die Vereinigung mehrerer Nebennoten mit einer harmonischen Hauptnote auf einer und eben derselben harmonischen Grundlage.« Die »mechanische Behandlung derselben« setzt »weiter keine Regel voraus, als die Vermeidung unerlaubter Oktaven und Quintenfolgen gegen die im Satze vorhandenen Stimmen […]; oder es werden bey solchen Verzierungen mit der melodischen Hauptnote und mit den harmonischen Nebennoten auch solche Noten, die nicht in der zum Grunde liegenden Harmonie enthalten sind, als durchgehende und Wechselnoten verbunden, deren Gebrauch die Regel voraussetzt, daß auf jede derselben unmittelbar eine melodische Hauptnote, oder eine harmonische Nebennote stufenweis folgen muß […] In beyden Fällen entstehen sowohl in Rücksicht auf die Notenköpfe, als auch in Rücksicht auf die Striche, wodurch der Werth der Noten bestimmt wird, gewisse Arten von Figuren, die man überhaupt Setzmanieren nennet, und verschiedene derselben mit besondern Namen bezeichnet, wie z.B. die Walze, der Rauscher u.s.w.«[20]

»Figurirt« wird gemeinhin die führende Melodiestimme:

> »Der eigentliche Sitz der Figuren ist die Hauptmelodie eines Tonstückes, wobey zu bemerken ist, daß es weder die Regeln der Einheit, noch das Fließende des Gesanges erlauben, in der Melodie mehrere ungleichartige Gattungen solcher Figuren zu vereinigen, weil sie dadurch holpericht, mit Zierrathen überladen, und unverständlich wird.«

Der Praxis um 1800 entsprechend verdienen aber auch Nebenstimmen gewisse Ausschmückungen: »Ehedem bediente man sich in den begleitenden Stimmen der Figuren äußerst sparsam: heut zu Tage hingegen braucht man sie weit häufiger, und zwar, so lange dabey die Begleitung nicht zu sehr überladen, und die Melodie dadurch verdunkelt wird, oft mit sehr glücklichem Erfolge.«[21] Innerhalb der Tastenmusik impliziert die Gestaltung der Nebenstimmen ferner die Möglichkeit, den vorhandenen Satz durch harmonieeigene Töne aufzufüllen. Soweit die durch ungezählte praktische Beispiele gut belegte Theorie der Zeit, der, bezogen auf Beethoven, jedoch das Diktum seines Schülers Ferdinand Ries entgegen steht:

> »Ich erinnere mich nur zweier Fälle, wo Beethoven mir einige Noten sagte, die ich seiner Komposition zusetzen sollte, einmal im Rondo der Sonate pathétique (Opus 13) und dann im Thema des Rondos seines ersten Konzertes in C-Dur [Opus 15], wo er mir mehrere Doppelgriffe angab, um es brillanter zu machen [...] Beim Spielen gab er bald in der rechten, bald in der linken Hand irgendeiner Stelle einen schönen, schlechterdings unnachahmbaren Ausdruck; allein äußerst selten setzte er Noten oder eine Verzierung zu.«[22]

Dieselbe Auffassung spricht aus der Einleitung zu Carl Czernys Ausführungen *Über den richtigen Vortrag der sämtlichen Beethoven'schen Werke für das Piano allein* (1842):

> »Ehe wir Beethovens Compositionen einzeln vornehmen, ist es nöthig eine allgemeine Regel festzusetzen. Beim Vortrag seiner Werke, (und überhaupt bei allen klassischen Autoren) darf der Spieler sich durchaus keine Änderung der Composition, keinen Zusatz, keine Abkürzung erlauben. Auch bei jenen Clavierstücken, welche in früherer Zeit für die damaligen 5-octavigen Instrumente geschrieben wurden, ist der Versuch, durch Zusätze die 6ste Octave zu benützen, stets ungünstig ausgefallen, so wie auch alle, an sich noch so geschmackvoll scheinenden Verzierungen, Mordente, Triller, etc. welche nicht der Autor selber andeutete, mit Recht überflüssig erscheinen. Denn man will das Kunstwerk in seiner ursprünglichen Gestalt hören, wie der Meister es sich dachte und schrieb.«[23]

Diese Haltung scheint sich bereits bis zum Ende von Beethovens Lebenszeit etabliert zu haben. So kritisierte Hector Berlioz (1803–1869) Czernys Schüler Franz Liszt (1811–1886), der um 1830 den ersten Satz der cis-Moll-*Sonate* op. 27,2 mit allerhand Veränderungen vorgetragen hatte:

> »Als vor 30 Jahren Liszt dieses Adagio vor einem kleinen Kreise spielte, zu dem auch ich gehörte, unterstand er sich es zu entstellen, gemäß der Gewohnheit, welche er angenommen hatte, um sich von dem eleganten Publikum beklatschen zu lassen. Statt jener langen, gehaltenen Baßnoten, statt jener soeben erwähnten strengen Einheit des Rhythmus und Zeitmaßes brachte er Triller und Tremoli an, beschleunigte und verzögerte das Tempo, störte so durch leidenschaftliche Klänge die Stille dieser Traurigkeit, ließ den Donner grollen an dem wolkenlosen Himmel, der sich doch nur durch den Untergang der Sonne verfinstert [...] Ich gestehe, daß ich grausam litt [...] denn zu jener Qual gesellte sich der Kummer, einen solchen Künstler einen Irrpfad betreten zu sehen, auf welchen sonst nur Mittelmäßigkeiten geraten.«[24]

Allerdings hatten die Veränderungen stets der Qualität einer Komposition zu entsprechen, wie dies schon kurz nach Erscheinen von Kochs *Lexikon* in der *Méthode de piano* (1805) von Jean Louis Adam (1758–1848) anklingt, den Beethoven als ersten »Klavierspieler in Paris« besonders schätzte:[25]

> »Man muss den Ausdruck einer Melodie oder eine Passage, die im selben Stück mehrmals wiederholt wird, verändern können. Dennoch sollte der, dessen Geschmack nicht genügend geübt ist, um dieses Mittel passend anzuwenden, nicht riskieren, diese Passage durch Verzierungen von schlechtem Geschmack oder unbedeutendes Zierwerk zu verderben.«[26]

Somit steht ein Wandel der Ästhetik seit der Generation Mozarts zu vermuten, der ja auch Koch und Adam angehörten. Denn für Johann Nepomuk Hummel (1778–1837), Carl Czerny (1791–1857) und Adolf Bernhard Marx (ca. 1795–1866), die den musikalischen Vortrag am Klavier in allen Einzelheiten erörtern[27], bestand offenbar keinerlei Veranlassung mehr, Ausschmückungen durch den Interpreten auch nur eine einzige Zeile zu widmen. Dass das »Figurieren« als solches damals aber keinesfalls aufgehoben war, belegen die zahlreichen Beispiele insbesondere melodischer Veränderungen durch Franz Schubert (1797–1828), Fryderyk Chopin (1810–1849) und Liszt.[28] Vielmehr werden solistische Improvisationen vor der Folie einer bestehenden Komposition nach Jahrhunderten einer exzessiven Entwicklung am Ende der Wiener Klassik zu einem vorläufigen Stillstand gekommen sein, indem der neue Anspruch eines »klassischen«, also gültigen Notentextes die künstlerischen Interessen des sich selbst produzierenden Interpreten in den Hintergrund treten ließ und die originalgetreue Dokumentation des nunmehr von Beginn an als vollkommen anerkannten Kunstwerks zum vordringlichen Ziel seiner Aufführung machte. Czernys – aus heutiger Sicht absurde – Forderung, diesen Vortragsstil auf »alle klassische Autoren« (nicht aber auf die Musik der 1842 noch lebenden Komponisten) auszudehnen, diente offenbar als nachträgliche Legitimation der erst im 19. Jahrhundert eingetretenen Situation. Aufschluss über deren Hintergründe bietet Louis Spohrs *Violinschule* (1833), deren Ornamentikkapitel eingestandener Maßen auf Hummels Traktat von 1828 fußt:

> »In früherer Zeit war es gebräuchlich, dass der Komponist die Melodie höchst einfach niederschrieb und dem Spieler oder Sänger die Ausschmückung derselben überliess. Es bildeten sich daher nach und nach eine Menge stehender Verzierungen, für die man Namen erfand und die ein Spieler von andern erlernte. Da aber die Nachfolgenden ihre Vorgänger im Verzieren stets überbiethen und auch Neuerfundenes hinzufügen wollten, so entstand am Ende eine solche Willkühr und daraus hervorgehende Geschmacklosigkeit im Verzieren, das die Komponisten es gerathener fanden, die nöthigen Ausschmückungen selbst vorzuschreiben, Anfangs in kleinen Noten, wo die Eintheilung dem Spieler überlassen war, später in grossen Noten mit genauer Takteintheilung.«[29]

In der Tat finden die meisten dieser Aussagen Entsprechungen in Beethovens Klaviermusik:

- Im Unterschied etwa zu Mozarts Sonaten, deren Autographe, zeitgenössische Abschriften und Erstdrucke regelmäßig Lesartenvarianten, unterschiedliche Ornamente und willkürliche Manieren aufweisen – nicht wenige davon blieben bisher ungedruckt –, besteht für Beethovens Klavierkompositionen ausnahmslos ein einziger gültiger Text, der im Vergleich von Manuskripten und Frühdrucken nur minimale Unterschiede erkennen lässt, meistens im Hinblick auf Genauigkeit der graphischen Darstellung von Vortragsbezeichnungen.
- Ist die melodische Veränderung wiederholter Motive substantieller Bestandteil des Mozartschen Vokabulars, so wird Beethovens Idiom gerade durch mehrfaches Zitieren ein und desselben Gedankens einprägsam – notengetreu oder allenfalls harmonisch variiert. Unberücksichtigt bleibt in diesem Zusammenhang die Tendenz zur Variationenbildung in Sätzen mittlerer oder langsamer Bewegung, letztmals im Finale der *Sonate* op. 111.
- Willkürliche Manieren, ausgeschrieben in »grossen« oder »kleinen Noten«, sind der Regelfall in Beethovens Sonaten bis zum Beginn der späten Schaffensperiode. Sie treten von Opus 2 bis 27 häufig auf, danach nur noch in Opus 31,2, 53, 101 und 106.[30] Diese Beobachtungen erscheinen durchaus geeignet, den postulierten Niedergang des »manirierten Stils« und ein Abnehmen willkürlicher Manieren zu illustrieren. Der Spieler jedenfalls erhält bei Beethoven kaum je Gelegenheit, Melodie oder Begleitstimmen abzuwandeln, ohne die rhythmische Substanz des Satzes zu manipulieren. Auch ist es nun der Komponist selbst, der nahezu jede geeignete Fermate oder harmonische Ausweichung nutzt, dem Interpreten eine Kadenzverlängerung, eine Überleitung oder einen Eingang vorzuformulieren. Wer also Beethovens Musik verändern möchte, scheitert weniger am Wie als am Wo.

Was bleibt ist die Möglichkeit, vorgegebene Stichnoten abzuwandeln und gelegentlich einmal einen Triller, Nach-, Vor- oder Doppelschlag zu ergänzen. Damit befände sich der Spieler in Einklang mit der zitierten Bemerkung von Ferdinand Ries. Oder er hält sich strikt an Carl Czernys Forderung, die seit der zweiten Hälfte des 19. Jahrhunderts zu den tragenden Säulen der Beethoven-Interpretation gehört. Zumindest ist erstaunlich, dass sogar sogenannte Interpretationsausgaben auf die Änderung oder Ergänzung vorhandener Ornamente konsequent verzichten[31], während die von denselben Herausgebern vorgelegten Editionen mit Klavierwerken Haydns, Mozarts und Clementis durchaus den Versuch dokumentieren, überlieferte Notentexte weiterzuentwickeln. Daher wird man kaum fehl gehen in der Annahme, Institutionalisierung und Wahrung des Werkbegriffs wurzelten unmittelbar im Selbstverständnis Beethovens, dessen Autorität im Musikleben gar über die Distanz von 200 Jahren spürbar ist.

Gleichwohl erscheint der Umgang des Komponisten mit dem eigenen Notentext nicht frei von ambivalenten Zügen. Denn in mehreren Fällen hat Beethoven konzertante Klavierpartien erst im Hinblick auf die Drucklegung festgelegt – und zwar durchweg im Anschluss an Aufführungen der betreffenden Werke. Einen ersten Hinweis auf diese Praxis liefert sein Schreiben vom 22. April 1801 an den Verleger Franz Anton Hoffmeister in Leipzig, der damals im Begriff war, die Erstausgabe des *2. Klavierkonzerts* B-Dur op. 19

in Einzelstimmen vorzubereiten: »so z.B. war zu dem Konzerte in der Partitur die Klawirstimme meiner Gewohnheit nach nicht geschrieben, und ich schrieb sie jezt erst, daher Sie dieselbe wegen Beschleunigung von meiner eigenen nicht gut leßbaren Handschrift erhalten.«[32] Diese Angabe deckt sich mit dem Quellenbefund des Werks:[33] Das 1798 in Prag entstandene Partiturautograph[34] enthält nur einzelne Partikel der später gedruckten Solopartie, für die im April 1801 Beethoven selbst eine definitive Version als Stichvorlage zu Papier brachte.[35] Die Solostimme des *1. Klavierkonzerts* C-Dur op. 15 ist erst in der revidierten Fassung der autographen Partitur vollständig enthalten.[36] Im Partiturautograph des *3. Konzerts* c-Moll op. 37 vom Frühjahr 1803 liegt immerhin eine zwar fortlaufend aufgezeichnete, aber nach wie vor unvollständige Klavierpartie vor.[37] Ihre endgültige Ausarbeitung erfolgte innerhalb einer heute verschollenen autographen Stimme, bestimmt für das Debüt von Ferdinand Ries am 19. Juli 1804 unter Beethovens Leitung und zugleich Vorlage für die Erstausgabe im Bureau d'Arts et d'Industrie in Wien. Ähnliche Ergebnisse liefert eine Partiturabschrift des *4. Klavierkonzerts* G-Dur op. 58 aus Beethovens Besitz, angefertigt von seinem Hauptkopisten »D«, Joseph Klumpar, und versehen mit eigenhändigen Eintragungen des Komponisten.[38] Diese Kopie ersetzte Beethoven zunächst das offenbar schon damals verloren gegangene Partiturautograph, diente für Revisionen und höchstwahrscheinlich auch für die private Uraufführung des Konzerts im Palais Lobkowitz (März 1807). Wohl zu diesem Zweck hatte der Mitarbeiter Franz Alexander Pössinger, den Beethoven wiederholt zu Bearbeitungen für Streichquintett autorisiert hatte, innerhalb des Manuskripts eine Einrichtung für 2 Violinen, 2 Violen und Violoncello als Begleitensemble vorgenommen, der die Klavierpartie durch Übernahme des Orchestertuttis einschließlich Bläserstimmen Rechnung trägt.[39] Von derselben Quelle ist weiterhin die Erstausgabe im Wiener Bureau d'Arts et d'Industrie vom August 1808 abhängig, wobei als Vorlage für die Solopartie wiederum ein zwar vollständig ausgearbeitetes, jedoch ebenfalls nicht erhaltenes Stimmenautograf gedient haben muss.[40] Die Klavierpartie auch dieser Partiturabschrift zeigt zwar erneut erhebliche Lücken von halben und ganzen Takten gegenüber der gedruckten Fassung, vor allem aber unterschiedliche Lesarten[41], die einerseits schlichter, andererseits virtuoser und meist artikulatorisch und klanglich differenzierter ausfallen. Man mag darin, wie Hans-Werner Küthen,[42] eine spezifische Kammermusikfassung mit autographen Revisionen erblicken. Jedenfalls aber zeigen diese Abschrift wie auch die übrigen Quellen, dass der Notentext von Beethovens Klavierkonzerten Nr. 1–4 bei deren Uraufführung und zumindest bis zur Publikation kein endgültiges Stadium erreicht hatte. Bestätigt wird dieser Befund durch das Zeugnis Ignaz von Seyfrieds (1776–1841), der zur Zeit der Entstehung von Opus 37 und 58 mit Beethoven im selben Haus wohnte:

> »beim Vortrage seiner Konzertsätze lud er [Beethoven] mich ein, ihm [die Seiten] umzuwenden; aber – hilf Himmel! – das war leichter gesagt, als getan: ich erblickte fast lauter leere Blätter, höchstens auf einer oder der anderen Seite ein paar nur ihm zum erinnernden Leitfaden dienende, mir rein unverständliche ägyptische Hieroglyphen hingekritzelt; denn er spielte beinahe die ganze Prinzipalstimme bloß aus dem Gedächtnisse, da ihm, wie fast gewöhnlich der Fall eintrat, die Zeit zu kurz ward, solche vollständig zu Papiere zu bringen. So gab er

mir also nur jedesmal einen verstohlenen Wink, wenn er mit einer dergleichen unsichtbaren Passage am Ende war, und meine kaum zu bergende Ängstlichkeit, diesen entscheidenden Moment ja nicht zu verabsäumen, machte ihm einen ganz köstlichen Spaß«.[43]

Zu einem späteren Zeitpunkt berichtet von Seyfried, er habe solche Erfahrungen jeweils bei Aufführung der Klavierkonzerte Nr. 3–5 gemacht (wobei letzteres weder »fragmentarisch« notiert noch vom Komponisten vorgetragen worden ist!).[44] Es sei dahin gestellt, ob Beethoven die Klavierstimmen tatsächlich auswendig beherrschte und seine nur von ihm lesbaren Notizen als Gedächtnisstütze gebrauchte oder ob er in den Lücken der erhaltenen Aufzeichnungen hauptsächlich improvisierte. Immerhin schützte diese Notationskonvention, solange die Erstausgaben noch nicht erschienen waren, vor unbefugter Aneignung der Werke durch Dritte. Zumindest aber legen die genannten Lesartenvarianten für die Konzerte Nr. 2–4 eine Teilimprovisation der Solopartien nahe, die Beethoven wohl sich selbst, nicht aber seinen Schülern zugestanden hat. Wollte der heutige Interpret also seinem Beispiel folgen und den vorhandenen Notentext verändern?

»Fantasieren«

In seinem *Musikalischen Lexikon* (1802) trifft Heinrich Christoph Koch keine grundlegende Unterscheidung zwischen der improvisierten »Fantasie« und Kompositionen gleichen Namens – eine Bemerkung, die anhand Beethovens Fantasien op. 77 und 80 noch zu überprüfen sein wird:

> »Fantasie. So nennet man das durch Töne ausgedrückte und gleichsam hingeworfene Spiel der sich ganz überlassenen Einbildungs- und Erfindungskraft des Tonkünstlers, oder ein solches Tonstück aus dem Stegreife, bey welchem sich der Spieler weder an Form noch Haupttonart, weder an Beybehaltung eines sich gleichen Zeitmaaßes, noch an Festhaltung eines bestimmten Charakters, bindet, sondern seine Ideenfolge, bald in genau zusammenhängenden, bald in locker an einander gereiheten melodischen Sätzen, bald auch nur in nach einander folgenden und auf mancherley Art zergliederten Akkorden, darstellet.«[45]

Justin Heinrich Knecht (1795) weist sogar darauf hin, dass improvisierte Fantasien »den Charakter« komponierter Tastenwerke jeglicher Gattung annehmen können:

> »Fantasiren heißet, solche musikalische Gedanken auf irgend einem Instrumente, besonders auf dem Klavier oder auf der Orgel vortragen, die man während dem Spielen ohne vorhergegangenes Nachdenken erfindet. Ein auf diese Weise aus dem Stegreife erfundenes und gespieltes Stük wird eine Fantasie genennet. – Oft fantasirt man ohne Melodie blos der Harmonie und Modulation halber; oft aber fantasirt man so, daß das Stük den Charakter einer Arie, oder eines Duetts mit begleitendem Basse, auch einer Fuge, eines Rondo's, Adagio's, Cantabile oder Allegro hat. Einige Fantasien schweifen von einer Gattung in die andere aus, bald in ordentlichem Takt, bald ohne Takt«.[46]

Carl Czernys Leitsätzen zufolge war Improvisation für jeden Tastenspieler erlernbar; als Grundlage hierzu diente in der Tradition des 17. Jahrhunderts der Generalbass[47], als Muster wie schon seit dem 15. Jahrhundert das Studium »fremder Compositionen«:

> »Solche Improvisationen können und sollen natürlicherweise nicht die strenge Form einer geschriebenen Composition haben; allein eben das Freye und Ungezwungene verleiht denselben einen besondern Reiz, und mehrere berühmte Meister, wie Beethoven und Hummel, haben sich vorzugsweise in dieser Kunst ausgezeichnet. Obwohl hiezu, wie zur Musik überhaupt, natürliches Talent gehört, so kann das Fantasieren doch auch nach gewissen Grundsätzen studiert, angewöhnt, und geübt werden, und ich bin überzeugt, dass Jedermann, der im Spielen eine mehr als mittelmässige Stufe erreicht hat, auch der Kunst des Improvisierens, wenigstens bis zu einem gewissen Grade, nicht unfähig ist. Aber hiezu gehört auch, dass man bey Zeiten sich darin zu üben anfange, (was leider die meisten Spieler versäumen,) und dass man unverdrossen die sich stets vermehrende Erfahrung, welche man durch das Einstudieren zahlreicher fremder Compositionen gewinnt, auch auf das eigene Fantasieren anzuwenden lerne.«[48]

Während Czerny den systematischen Anteil der Improvisation akzentuiert und so weit ging, mit seinem Opus 200 (1829) eine detaillierte Methode der Klavierimprovisation vorzulegen[49], steht für Johann Nepomuk Hummel (^{2}1838) der künstlerische Aspekt im Vordergrund. Er unterscheidet wie Czerny[50] zwischen »freiem Phantasiren, (Extemporiren) und Präludiren«: »Hierzu kann eigentliche Anweisung weder gegeben, noch empfangen werden«; vorausgesetzt würden vielmehr »Naturgabe« und »gründliche [musikalische] Bildung«.[51] Als dritte Gattung des Fantasierens tritt laut Kochs *Lexikon* (1802) die Improvisation einer Konzertkadenz hinzu:

> »Man pflegt in Arien und Concerten auf der Vorbereitungsnote der Finalcadenz die Taktbewegung durch eine Fermate zu unterbrechen, um de[m] Sänger oder Concertspieler Gelegenheit zu geben, die im Tonstücke herrschende Empfindung nochmals bey dem Schluss desselben nach seiner individuellen Empfindungsart, in seiner Fantasie aus dem Stegreife, auszudrücken«.[52]

Improvisation als freies oder thematisches Fantasieren

Werfen wir zunächst einen Blick auf das »freie Phantasiren«. Johann Nepomuk Hummel berichtet, wie er sich selbst – vielleicht ohne Anleitung seines Lehrers Mozart – diese Kunst aneignete, und er hielt seine Methode für derart vorbildhaft, dass er sie in der 1838 erschienenen zweiten Auflage der Klavierschule von 1828, wohl veranlasst durch Carl Czernys Traktat von 1829[53], wiedergab:

> »Nachdem ich das Klavierspiel, die Harmonie mit allen ihren Wendungen, die Art richtig und gut zu moduliren, die enharmonischen Tonverwechselungen, den Contrapunkt etc. be-

reits so in meiner Gewalt hatte, dass ich sie praktisch auszuüben im Stande war, [...] so benutzte ich, während des Tages beschäftigt mit Unterrichtgeben und Komponiren gewöhnlich des Abends, wo ich mich frei, heiter und aufgelegt fühlte, die Stunde der Dämmerung, um mich am Klavier phantasirend, bald im galanten, bald im gebundenen und fugirten Styl, meinen Eingebungen (meinen Ideen, Kenntnissen und Gefühlen) zu überlassen. Ich richtete dabei meine Aufmerksamkeit vorzüglich auf gute Verbindung und Fortführung der Ideen, auf strengen Rhythmus, auch bei aller Takt-Mannichfaltigkeit des Ausdrucks und Charakters, auf abwechselndes Kolorit durch Mannichfaltigkeit der Vortragsarten, reicheres oder sparsameres Figuriren, Moduliren, Verzieren u. dgl., und hütete mich besonders auch, dass, wenn mir das Fort- und Ausspinnen einer Idee gelang, ich mich nicht zu sehr in die Länge und Breite verlohr – wozu man in solchem Falle, damit aber entweder in althergebrachte Formen oder in Künsteleien leicht geräth, und so, bald steif und monoton, bald kleinlich und unverständlich wird. Dieses mein Phantasiren versuchte ich nun entweder blos auf meine eigenen Melodien, wie sie mir im Augenblick zukamen, zu gründen, oder auch irgend ein bekanntes Thema mit hinein zu verweben. Letzteres wollte ich jedoch weniger variiren, als es ganz frei aus dem Stegreif in mancherlei Gestalten, Formen, Wendungen gebunden oder (nach dem gewöhnlichen Ausdruck) galant bearbeiten und durchführen.«[54]

Nach Lage der Dinge wird Beethovens Entwicklung als Improvisator ähnlich verlaufen sein. Über sein Fantasieren existiert eine Vielzahl zeitgenössischer Berichte, von denen bereits zwei der chronologisch am Weitesten zurückreichenden das Außerordentliche dieser Improvisationen artikulieren. Im September oder August 1791 weilte der 21-Jährige zusammen mit der Bonner Hofkapelle in Bad Mergentheim, wo er auf Carl Ludwig Juncker traf, der für *Boßlers Musikalische Korrespondenz* (30. November 1791) folgenden Bericht anfertigte:

»Noch hörte ich einen der größten Spieler auf dem Klavier, den lieben guten Beethoven [...] Indessen [...] hörte ich ihn phantasieren, ja ich wurde sogar selbst aufgefordert, ihm ein Thema zu Veränderungen aufzugeben. Man kann die Virtuosengröße dieses lieben, leisegestimmten Mannes, wie ich glaube, sicher berechnen nach dem beinahe unerschöpflichen Reichtum seiner Ideen, nach der ganz eigenen Manier des Ausdrucks seines Spiels und nach der Fertigkeit, mit welcher er spielt. Ich wüßte also nicht, was ihm zur Größe des Künstlers noch fehlen sollte. Ich habe [Georg Joseph] Voglern auf dem Fortepiano [...] gehört, oft gehört und stundenlang gehört und immer seine außerordentliche Fertigkeit bewundert, aber Beethoven ist außer der Fertigkeit sprechender, bedeutender, ausdrucksvoller, kurz mehr für das Herz, also ein so guter Adagio- als Allegrospieler [...] Sein Spiel unterscheidet sich auch so sehr von der gewöhnlichen Art das Klavier zu behandeln, daß es scheint, als habe er sich einen ganz eigenen Weg bahnen wollen, um zu dem Ziel der Vollendung zu kommen, an welchem er jetzt steht.«[55]

Wohl Anfang 1793 erlebte Beethovens späterer Lehrer Johann Baptist Schenk (1753–1836) einen der ersten Wiener Auftritte des jungen Virtuosen:

»Nachdem die gewöhnlichen Höflichkeitsbezeugungen vorüber waren, erbot er [Beethoven] sich auf dem Pianoforte zu phantasiren. Er wollte, daß ich zunächst seiner sitzen sollte. Nach einigen Anklängen und gleichsam hingeworfenen Figuren, die er unbedeutsam so dahingleiten ließ, entschleierte der selbstschaffende Genius so nach und nach sein tiefempfundenes Seelengemälde. Von den Schönheiten der mannigfaltigen Motive, die er klar und mit überreicher Anmut so lieblich zu verweben wußte, wàr mein Ohr zu beständigen Aufmerksamkeit gereizt und mit Lust überließ sich mein Herz dem empfangenen Eindrucke; während er sich ganz seiner Einbildungskraft dahingegeben, verließ er allgemach den Zauber seiner Klänge und mit dem Feuer der Jugend trat er kühn (um heftige Leidenschaften auszudrücken) in weit entfernte Tonarten. In diesen erschütternden Aufregungen wurde mein Empfindungsvermögen sehr getroffen. Nun begann er unter mancherlei Wendungen mittelst gefälliger Modulationen bis zur himmlischen Melodie hinzugleiten, jenen hohen Idealen, die man oft in seinen Werken häufig vorfindet. Nachdem der Künstler seine Virtuosität so meisterhaft beurkundet, verändert' er die süßen Klänge in traurig wehmütige, sodann in zärtlich rührende Affekte, dieselben wieder in freudige bis zur scherzenden Tändelei. Jeder dieser Figuren gab er einen bestimmten Charakter und [sie] trugen das Gepräge leidenschaftlicher Empfindung, in denen er das Eigene, Selbstempfundene rein aussprach. Weder matte Wiederholungen noch gehaltlose Zusammenraffung vielerlei Gedanken, welche gar nicht sich zusammenpassen, noch viel weniger kraftlose Zergliederungen durch fortwährendes Arpeggieren (worüber das Gefühl des Hörers ein Schlummer überschleicht) konnte man gewahren. In der Ausführung dieser Phantasie herrschte die größte Richtigkeit; es war ein heller Tag, ein volles Licht. Mehr als eine halbe Stunde war verstrichen, als der Beherrscher seiner Töne die Klaviatur verließ.«[56]

So unterschiedlich die überlieferten Mitteilungen auch ausfallen, sie alle durchzieht als Continuum jene enorme Ausdruckskraft und emotionale Tiefe, die sein Fantasieren – offenbar im Unterschied zum eher unbeholfenen Auftreten – ausgestrahlt haben müssen. Den Angaben seines Schülers Anton Reicha zufolge führte Beethoven

»auf dem Fortepiano improvisierte Fantasien aus, welche in ihrer Entstehung stets noch weit mehr Erfolg und Bewunderer hatten als seine wirklichen Kompositionen. Er versicherte uns einst, ungefähr fünfundzwanzig Jahre vor seinem Tode, in einem Anfall von Laune, daß er den Entschluß gefaßt, von nun an so zu komponieren, wie er fantasierte, das heißt, alles sogleich und unverändert zu Papier zu bringen, was seine Einbildungskraft ihm Gutes eingäbe, ohne sich um das Übrige zu kümmern.«[57]

Nicht in Techniken, Schemata oder Formen lag das Unverwechselbare von Beethovens Improvisationen, sondern in tiefgründiger musikalischer Expression. Diese Haltung war für ihn selbst Programm. Im Oktober 1814 äußerte er dem Kollegen Václav Jan Tomásek (1774–1850) gegenüber mit Blick auf das Klavierspiel des 23-jährigen Giacomo Meyerbeer (1791–1864):

»Er soll sich auf ein halbes Jahr hersetzen, dann wollen wir hören, was man über sein Spiel sagen wird. Das heißt alles nichts. Es ist von jeher bekannt, daß die größten Klavierspieler auch die größten Komponisten waren, aber wie spielten sie? Nicht so wie die heutigen Klavierspieler, welche nur die Klaviatur mit eingelernten Passagen auf und ab rennen, putsch – putsch – putsch was heißt das? Nichts! Die wahren Klaviervirtuosen, wenn sie spielten, so

> war es etwas Zusammenhängendes, etwas Ganzes; man konnte es geschrieben gleich als ein gut durchgeführtes Werk betrachten. Das heißt Klavierspielen, das übrige heißt nichts!«[58]

Im Skizzenbuch von 1807/08, ehemals im Besitz der Kölner Heyer-Sammlung[59], notierte Beethoven Entwürfe, die als Schemata einer Improvisation betrachtet werden. Auf S. 5 betont der Komponist ausdrücklich die völlige Hingabe an den künstlerischen Gehalt des Spiels: »Man fantasirt eigentlich nur, wenn man gar nicht acht giebt, was man spielt, so – würde man auch am besten, wahrsten fantasiren öffentlich – sich ungezwungen überlassen, eben was einem gefällt.«[60] Mit den Worten von Ferdinand Ries pflegte Beethoven, sich beim Improvisieren stets seinen »Launen« auszusetzen[61], und diese vermochten ebenso »wundervoll« (Carl Amenda, ca. 1798)[62], »wunderbar« und stolz (Bettina Brentano, 1810)[63] oder »erhaben« (Baron de Trémont, 1809)[64] wie »beleidigt und gereizt« (Ferdinand Ries) auszufallen[65] – je nachdem, ob der Komponist gerade aufgelegt war oder nicht. Äußeres Kennzeichen dieses sich eigenen Gemütsverfassungen Auslieferns nicht allein im Alltag, sondern auch und gerade beim Improvisieren ist die Suche nach Inspiration, worüber die meisten Zeitgenossen berichten, sei es in der Natur, im Gespräch oder eben an der Klaviatur. Schon dieser Vorgang an sich wertet die eigentliche Improvisation, für jedermann erkennbar, vom Jahrhunderte alten Handwerk zum situationsgebundenen Geniestreich auf. Laut Carl Czerny ließ sich Beethoven »gewöhnlich [...] unendlich lange bitten und wurde endlich fast mit Gewalt von den Damen zum Clavier gezogen«[66], bevor er zu fantasieren begann. Selbst das »Gelingen« des Vortrags einer eigenen Kompositionen hing stets von »Zufall und Laune ab«.[67] Man mag in dieser Haltung ein Stück »Künstlerspleen« (Czerny) erblicken, ein Heischen nach Aufmerksamkeit und Anerkennung, die das Publikum des biedermeierlichen Salons entzückt als unmittelbaren Ausdruck musikalischer Genialität goutierte. Der Versuch, sich persönlich in Stimmung zu bringen, muss für Beethoven freilich mehr gewesen sein als ein bloßes »Kunstmittel«. Sogar unter vier Augen mit Personen, die seine Sympathie genossen, rang er mit sich und seinem Gegenüber um Eingebung. Als Bettina Brentano im Juli 1810 den Komponisten aufforderte, für sie zu fantasieren, antwortete Beethoven:

> »›Nun, warum soll ich denn spielen?‹ ›Weil ich mein Leben gern mit dem Herrlichsten erfüllen will und weil Ihr Spiel eine Epoche für dieses Leben sein wird‹ [...] Er versicherte mich, daß er dieses Lob zu verdienen suchen wolle, setzte sich neben das Klavier auf die Ecke eines Stuhls und spielte leise mit einer Hand, als wollte er suchen, den Widerwillen zu überwinden, sich hören zu lassen. Plötzlich hatte er alle Umgebung vergessen und seine Seele war ausgedehnt in einem Weltmeere von Harmonie. Ich habe diesen Mann unendlich lieb gewonnen.«[68]

Der Brite Sir John Russel erlebte den Komponisten um 1820 in Wien innerhalb einer abendlichen Gesellschaft:

> »Ich hörte ihn spielen; allein ihn so weit zu bringen, erfordert in der Tat einige Geschicklichkeit, so groß ist sein Abscheu gegen alles, was einer ausdrücklichen Aufforderung dazu ähnlich sieht. Hätte man ihn geradezu gebeten, der Gesellschaft diese Gefälligkeit zu erzeigen,

> so würde er sie rund abgeschlagen haben; man mußte ihn mit List dazu bringen. Jedermann verließ das Zimmer, ausgenommen Beethoven und der Herr des Hauses, einer seiner vertrautesten Bekannten. Beide führten vermittelst des erwähnten Schreibbüchelchens ein Gespräch miteinander über Bankaktien. Der Herr berührte wie ganz durch Zufall die Tasten auf dem offenstehenden Pianoforte, neben welchen sie saßen, fing allmählich an, eine von Beethovens eigenen Kompositionen zu durchlaufen, machte dabei tausend Schnitzer, verstümmelte in aller Geschwindigkeit eine Passage so arg, daß sich der Komponist herabließ, seine Hand auszustrecken und ihn zurechtzuweisen. Nun war es so weit; die Hand war einmal auf dem Pianoforte, sein Freund verließ ihn sogleich unter irgendeinem Vorwand und begab sich zu der übrigen Gesellschaft, die in dem nächsten Zimmer, von wo aus sie alles hören und sehen konnte, geduldig den Ausgang dieser langweiligen Verschwörung erwartete. Beethoven, allein gelassen, setzte sich nun selbst an das Pianoforte. Anfangs tat er nur dann und wann einige kurze und abgebrochene Griffe, gleichsam als befürchte er, bei einem Bubenstück ertappt zu werden; aber nach und nach vergaß er alles andre um sich her und verlor sich ungefähr eine halbe Stunde lang in eine Phantasie«.[69]

Ferdinand Ries war im Anschluss an eine Klavierstunde Zeuge einer aus dem Gespräch erwachsenen Fugenimprovisation, in der Beethoven nicht einmal sich selbst mehr wahrnahm:

> »Einst, als wir nach beendigter Lektion über Themas zu Fugen sprachen, ich am Klavier und er neben mir saß und ich das erste Fugenthema aus Grauns ›Tod Jesu‹ spielte, fing er an, mit der linken Hand es nachzuspielen, brachte dann die rechte dazu und arbeitete es nun ohne die mindeste Unterbrechung wohl eine halbe Stunde durch. Noch kann ich nicht begreifen, wie er es so lange in dieser höchst unbequemen Stellung hat aushalten können. Seine Begeisterung machte ihn für äußere Eindrucke unempfindlich.«[70]

War Beethoven, so Louis Girod, Baron de Trémont (1809), »an dem Tage, den er für eine Improvisation bestimmt hatte, gut aufgelegt, dann war er erhaben.«[71] In solchen Fällen setzte er sich nach »Tisch« sogar »unaufgefordert ans Instrument und spielte lang und wunderbar« (Bettina Brentano, 1810).[72] Wollte sich die erforderliche Inspiration indes nicht einstellen, dann »sagte er mir wiederholt, nachdem er einige Akkorde angeschlagen hatte: ›Es fällt mir nichts ein, lassen wir es diesmal.‹ Dann plauderten wir über Philosophie, Religion, Politik und besonders über Shakespeare, seinen Abgott« (Trémont).

Gewiss entsprang die Zurschaustellung subjektiver Befindlichkeiten im Kern Beethovens eigener Persönlichkeit. Weder von Carl Philipp Emanuel Bach noch von Wolfgang Amadeus Mozart, den beiden bedeutendsten Klavierimprovisatoren der zweiten Hälfte des 18. Jahrhunderts, ist bekannt, dass sie je eigene Launen zum Gegenstand des Vortrags gemacht, ihr Publikum erschüttert oder sich diesem gar verweigert hätten. Charles Burney (1726–1814) hörte den 58-jährigen Bach-Sohn bei seinem Besuch in dessen Hamburger Haus (1773) Stunden lang improvisieren:

> »Während dieser Zeit geriet er dergestalt in Feuer und wahre Begeisterung, daß er nicht nur spielte, sondern die Miene eines außer sich Entzückten bekam. Seine Augen stunden

unbeweglich, seine Unterlippe senkte sich nieder, und seine Seele schien sich um ihren Gefährten nicht weiter zu bekümmern als nur, soweit er ihr zur Befriedigung ihrer Leidenschaft behülflich war.«[73]

Mozart riet einerseits seiner Schwester, seine Musik »mit vieller expreßion, gusto und feüer [zu] spielen« (1777), »keine Note ohne Empfindung« (1784); andererseits forderte er (1781):

> »ein Mensch der sich in einem so heftigen zorn befindet, überschreitet alle ordnung, Maas und Ziel, er kennt sich nicht – so muß sich auch die Musick nicht mehr kennen – weil aber die leidenschaften, heftig oder nicht, niemal bis zum Eckel ausgedrücket seyn müssen, und die Musick, auch in der schaudervollsten lage, das Ohr niemalen beleidigen, sondern doch dabey vergnügen muß, folglich allzeit Musick bleiben Muß«.[74]

Dass hingegen bei Beethoven ideale ebenso wie wirkliche Affekte tatsächlich »bis zum Eckel« gesteigert und der Ekel selbst bühnenfähig wurden, erweist sich an der Schwelle zum Zeitalter des Realismus erneut als Vorbote einer im Wandel begriffenen Musikästhetik. Schon um 1800 konstatierte Josef Gelinek (1758–1825) über sein Wettspiel mit jenem »kleinen, häßlichen, schwarz und störrisch aussehenden jungen Mann, den der Fürst Lichnowsky vor einigen Jahren aus Deutschland hierher gebracht«: »In dem [...] Menschen steckt der Satan. Nie hab' ich so spielen gehört! Er fantasierte auf ein von mir gegebenes Thema, wie ich selbst Mozart nie fantasieren gehört habe.«[75] Mit seiner charismatischen Ausstrahlung, dem schroffen, aber unverfälschten Kontrast von äußerem Auftreten und der Präsentation innerer Schönheiten und Abgründe scheint Beethoven genau den Geschmack seiner frühromantischen Hörerschaft getroffen zu haben, die ihn, ob adelig oder nicht, als »tiefsinnigsten und reichsten der deutschen Tonkünstler« feierte (Karl August Varnhagen von Ense an Ludwig Uhland, 1811)[76] – wohl auch deshalb, weil sie die eigene Gefühlswelt in das Spiel des Komponisten hinein zu projizieren vermochte, ohne es ihm gleichtun zu müssen. Zeitgenössische Äußerungen von Professionellen wie Amateuren fallen stets euphorisch, meist enthusiastisch und kaum je kritisch aus. Im Anschluss an Beethovens Improvisationen in seinem erstem Prager Konzert 1798 fühlte sich der Kollege Tomásek

> »in meinem Innersten so tief gebeugt, daß ich mehrere Tage mein Klavier nicht berührte und nur die unvertilgbare Liebe zur Kunst, dann ein vernunftgemäßes Überlegen es allein über mich vermochten, meine Wallfahrten zum Klavier wie früher und zwar mit gesteigertem Fleiße fortzusetzen. Ich hörte Beethoven in seinem zweiten Konzerte, dessen Spiel und auch dessen Komposition nicht mehr den gewaltigen Eindruck auf mich machten«[77]

– wahrscheinlich, weil dieser beim zweiten Mal nicht in Stimmung war. Laut Czerny (1842) erschienen Beethovens

> »Improvisationen [...] höchst brillant und staunenswert: in welcher Gesellschaft er sich auch befinden mochte, er verstand es, einen solchen Eindruck auf jeden Hörer hervorzubringen,

daß häufig kein Auge trocken blieb, während manche in lautes Schluchzen ausbrachen; denn es war etwas Wunderbares in seinem Ausdruck noch außer der Schönheit und Originalität seiner Ideen und der geistreichen Art sie wiederzugeben.«[78]

Der französische Baron de Trémont, Offizier Napoleons und Auditor des Wiener Staatsrates, zählte 1809 »Beethovens Improvisationen« zu den »vielleicht – lebhaftesten musikalischen Erregungen in meinem Leben [...] Ich kann versichern, daß man die ungeheure Tragweite seines Talents nur unvollkommen kennt, wenn man ihn nicht nach seinem Gefallen improvisieren hörte.«[79]

Das ist die affektiv-ästhetische Komponente von Beethovens Klavierimprovisation, womit freilich rein gar nichts über deren Zweck und Inhalt gesagt ist. In der Tat bieten nur wenige Quellen Aufschlüsse über Funktion und Schema des Fantasierens, über dessen Verlauf und Technik. Konkrete Hinweise ergeben sich allein aus dem Kontext der Berichte heraus. Demnach wurden Beethovens Improvisationen veranlasst durch

– *den Kompositionsprozess.* Carl Czernys handschriftlichen Notizen zufolge war »Beethoven gewohnt [...], alles mit Hilfe des Claviers zu componieren, u. manche Stelle unzählige mal zu probieren«, bevor sie zu Papier gelangte.[80] Hierzu lag »auf der Klaviatur [...] ein Bleistift, womit er die Skizze seiner Arbeiten entwarf; daneben« beobachtete Václav Jan Tomásek 1814 »auf einem soeben beschriebenen Notenblatte die verschiedenartigsten Ideen ohne allen Zusammenhang hingeworfen, die heterogensten Einzelheiten nebeneinandergestellt, wie sie ihm eben in den Sinn gekommen sein mochten.«[81] Hatte Beethoven einen Einfall, wurde dieser zunächst im Rahmen einer Klavierfantasie erprobt, bevor er zur Aufzeichnung gelangte. Ferdinand Ries erinnert sich an die Entstehung des Allegro ma non troppo der *Klaviersonate* f-Moll op. 57 (*Appassionata*) im Jahre 1805:

»Bei einem [...] Spaziergange, auf dem wir uns so verirrten, daß wir erst um acht Uhr nach Döbling, wo Beethoven wohnte, zurückkamen, hatte er den ganzen Weg über für sich gebrummt oder teilweise geheult, immer herauf und herunter, ohne bestimmte Noten zu singen. Auf meine Frage, was es sei, sagte er: ›Da ist mir ein Thema zum letzten Allegro der Sonate eingefallen‹ (in F-Moll, Opus 57). Als wir ins Zimmer traten, lief er, ohne den Hut abzunehmen, ans Klavier. Ich setzte mich in eine Ecke und er hatte mich bald vergessen. Nun tobte er wenigstens eine Stunde lang über das neue, so schön dastehende Finale in dieser Sonate. Endlich stand er auf, war erstaunt, mich noch zu sehen, und sagte: ›Heute kann ich Ihnen keine Lektion geben, ich muß noch arbeiten.‹«[82]

Ebenfalls Natureindrücken, die wohl allesamt fantasierend umgesetzt wurden, entsprangen laut Czerny der Beginn der *Fünften* und das Scherzo der *Neunten Sinfonie* sowie das Finale der *Klaviersonate* d-Moll op. 31,2.[83] Czerny geht in seinen Notizen sogar so weit, zwischen Beethovens Spätstil, seinem abnehmenden Gehör und der dadurch eingeschränkten Möglichkeit zur Improvisation eine direkte Verbindung herzustellen:

Man »kann [...] sich denken, welchen Einfluß es hatte, als seine Gehörlosigkeit ihm dieses [Fantasieren] unmöglich machte. Daher der unbequeme Claviersatz in seinen letzten Sonaten, daher die Härten in der Harmonie und, wie Beethoven selbst vertraulich gestand, daher der Mangel an fließendem Zusammenhang und das Verlassen der älteren Form.«[84]

- *gesellschaftliche Umstände.* Etwa seit Beginn des 19. Jahrhunderts nehmen Nachweise über Beethovens Aufführungen eigener Klavierwerke beständig ab. Gleichzeitig treten seine – offenbar seit jeher erfolgreicheren – Improvisationen in den Vordergrund. Der Komponist fantasierte zuhause oder bei Privateinladungen, unter vier Augen bzw. vor kleineren oder größeren Gesellschaften über eigene, selbst gewählte oder ihm aufgegebene Themen. Czerny (1852) erzählt aus der Erinnerung einerseits: »Bis um das Jahr 1816 konnte er sich noch /: mittelst Maschinen :/ spielen hören, später wurde auch das immer schwerer und er musste nur auf sein inneres Gehör, seine Fantasie und Erfahrung sich stützen.«[85] An anderer Stelle heißt es im gleichen Manuskript jedoch: »Noch in den Jahren 1818 bis 1820 /: wo ich in meiner Wohnung für meine Schüler und eine sehr gewählte Gesellschaft jeden Sonntag Musik veranstaltete, und Beethoven meistens zugegen war :/ fantasierte er mehrmal, und jeder fühlte sich auf eine wunderbare Art ergriffen und gerührt.«[86] Tatsächlich aber hörte der Leipziger Pianist Friedrich Wieck (1785–1873) Beethoven noch im Juli 1823 improvisieren, und auch in diesem Fall war dem Fantasieren am Klavier eine Unterhaltung per Konversationsheft vorangegangen:

  »Er phantasierte mir über eine Stunde lang, nachdem er seine Gehörmaschine angelegt und auf den Resonanzboden gestellt, auf dem von der Stadt London ihm geschenkten und bereits ziemlich zerschlagenen, großen, langen [Broadwood-]Flügel von sehr starkem, puffigem Ton, in fließender genialer Weise, meist orchestral, noch ziemlich fertig im Überschlagen der rechten und linken Hand (griff einigemal daneben), mit eingeflochtenen reizendsten und klarsten Melodien, die ungesucht ihm zuströmten, mit meist nach oben gerichteten Augen und dichten Fingern.«[87]

- *öffentliche Akademien.* Soweit bekannt, improvisierte Beethoven innerhalb seiner Akademien letztmals am 22. Dezember 1808 in jenem denkwürdigen Konzert, auf dessen Programm u.a. die Uraufführungen der *Fünften* und *Sechsten Sinfonie* op. 67 und 68, das *4. Klavierkonzert* G-Dur op. 58, Teile der *Messe* C-Dur op. 86 sowie die »*Chor*«-*Fantasie* op. 80 standen. Vor Eintritt der Letzteren erklang auf dem Fortepiano »eine lange Fantasie, in welcher Beethoven seine ganze Meisterschaft zeigte«[88], und zu der, wie noch darzulegen sein wird, im Skizzenbuch von 1807/08 möglicherweise einige vorbereitende Notate erhalten sind. Im öffentlichen Konzert waren repräsentative Klavierimprovisationen bereits zu Mozarts Lebzeiten an die Stelle späterer Sonaten getreten, weil in Wien deren Aufführung außerhalb privater Zirkel bis zur Mitte des 19. Jahrhunderts verpönt blieb. Als sich der Klavierspieler Beethoven mit eben jenem *4. Konzert* von der Bühne verabschiedet hatte, verschwand auch das öffentliche Fantasieren. Dessen Funktion beschränkte sich künftig auf die

Darstellung eines Seelengemäldes in häuslichem Rahmen – erneut also jenem Ort, der traditionell der Sonate vorbehalten war.

Über Inhalt und Schema von Beethovens Improvisieren vor Publikum liegen aus dem unmittelbaren zeitlichen Umfeld nur vage Informationen vor. Die wohl übliche Dauer betrug eine halbe Stunde[89] – entsprechend dem Umfang einer großen Sonate –, konnte je nach Laune und Gelegenheit auf die doppelte Länge anwachsen[90] und im Extremfall sogar zwei Stunden in Anspruch nehmen.[91] Mehrere, wenn nicht alle Fantasien begannen, »oft noch abgewandt, mit […] ein paar«[92] oder »einigen Akkorden«[93], »einigen Anklängen und gleichsam hingeworfenen Figuren, die er unbedeutsam so dahingleiten ließ«[94] bzw. mit »einigen kurzen und abgebrochenen Griffen, gleichsam als befürchte er, bei einem Bubenstück ertappt zu werden«.[95] Vermutlich liefern die – mit Ausnahme des Melodiezitats – an die Tradition der barocken Toccata erinnernden Initialfiguren und Akkorde in den ersten Takten der *Fantasie* g-Moll/H-Dur op. 77 für Klavier (1809) und die gesamte Adagio-Einleitung (Klavier solo) der »*Chor*«-*Fantasie* c-Moll op. 80 von 1808, bestehend aus zusammen und gebrochen angeschlagenen Akkorden nebst Trillern, Tremoli und Überleitungen, anschauliche Beispiele eines solchen Beginns. Jedenfalls tragen beide Werke als einzige den Namen Fantasie, und Beethovens Skizzen zu Opus 80 gestatten den Schluss, dass die Einleitung bei der Uraufführung tatsächlich improvisiert, demnach erst für die Drucklegung niedergeschrieben wurde.[96]

Vielleicht gehören auch der Anfang des Finales zur *Dritten Sinfonie Eroica* Es-Dur op. 55 (1802/03) mit seinem Unisono-Laufwerk und dem von Akkorden unterbrochenen Themenzitat, sowie die Eröffnungen der Streichquartette C-Dur op. 59,3 (1806) und B-Dur op. 133 (1825) zusammen mit dem Beginn des Finales der *Neunten Sinfonie* d-Moll op. 125 (1815) zu jenen Mustern, mit denen Beethoven sein Fantasieren eröffnete und zugleich sich selbst in Stimmung brachte. Wahrscheinlich hat er derartige Initialrituale nicht einmal selbst entwickelt; denn drei der fünf erhaltenen, *Capriccio* genannten Fantasien des Klaviermeisters der Habsburger-Familie, Joseph Anton Steffan (1726–1797), fangen stets auf die gleiche Art an.[97]

Besäßen wir freilich nicht jene systematische Zusammenfassung, die Carl Czerny in seinen Notizen von 1852 hinterließ, bestimmt für die von Otto Jahn (1813–1869) geplante Beethoven-Biographie, wir vermochten uns angesichts der übrigen zeitgenössischen Darstellungen nur ein äußerst rudimentäres Bild von dessen Improvisationen zu machen. Czernys Angaben nach entsprach Beethovens Fantasieren weitestgehend tatsächlich jener im vorigen Abschnitt zitierten Definition Justin Heinrich Knechts:

> »Beethovens Improvisieren /: wodurch er in den ersten Jahren nach seiner Ankunft in Wien das meiste Aufsehen erregte, und selbst Mozarts Bewundrung gewann :/ war von verschiedener Art, ob er nun auf selbst gewählte oder auf gegebene Thema fantasierte.
>
> 1tens. In der Form des ersten Satzes oder des Final-Rondos einer Sonate, wobey er den ersten Theil [einer Sonatenform] regelmäßig abschloß, und in demselben auch in der verwandten Tonart eine Mittelmelodie [zweites Thema] etc. anbrachte, sich dann im 2ten Theile ganz frey, jedoch stets mit allen möglichen Benützungen des Motivs, seiner Begeisterung über-

ließ. Im Allegrotempo wurde das ganze durch Bravourpassagen belebter, die meist noch schwieriger waren als jene die man in seinen Werken findet.

2tens in der freyen Variationsform ungefähr wie seine Chorfantasie op. 80 oder das Chorfinale der 9ten Sinfonie, welche beyde ein treues Bild seiner Improvisation dieser Art geben.

3tens. In der gemischten Gattung, wo potpourriartig ein Gedanke dem andern folgte, wie in seiner Solo-Fantasie op. 77.

Oft reichten ein paar einzelne, unbedeutende Töne hin, um aus denselben ein ganzes Tonwerk zu Improvisieren /: wie z.B. das Finale der 3ten /: D dur :/ Sonate von op. 10.«[98]

Czernys Schlussbemerkung entspricht mehreren zeitgenössischen Schilderungen, die allesamt demonstrieren, dass selbst belanglose Tonfolgen Beethovens Inspiration zu wecken vermochten: Abwechselnd mit Georg Joseph Vogler (1749–1814) fantasierte er einmal über die C-Dur-Tonleiter[99], ein anderes Mal diente die auf den Kopf gestellte Violoncellostimme eines Klavierquintetts von Daniel Steibelt (1765–1823) als Improvisationsgrundlage[100] und im Palais Lobkowitz improvisierte Beethoven 1805 über die Stimme der 2. Violine eines soeben gehörten Streichquartetts von Ignaz Pleyel (1757–1831):

»Noch nie hatte man ihn glänzender, origineller und großartiger improvisieren gehört als an jenem Abend. Aber durch die ganze Improvisation gingen in den Mittelstimmen, wie ein Faden oder Cantus firmus, die an sich ganz unbedeutenden Noten durch, welche auf der zufällig aufgeschlagenen Seite jenes Quartetts standen, während er die kühnsten Melodie und Harmonien im billantesten Concertstile darauf baute.«[101]

Schließlich schlug der Wiener Schriftsteller Ignaz Franz Castelli einstmals als Improvisationsaufgabe mit dem Zeigefinger vier benachbarte Tasten abwärts und dann wieder aufwärts an, die beim Spiel vermutlich als Ostinato eingesetzt wurden.[102] Im Skizzenbuch von 1807/08 blieben auf S. 5, im Anschluss an das oben erwähnte Motto Beethovens, zwei Entwürfe erhalten, die offensichtlich für eine derartige Improvisation bestimmt waren, vielleicht sogar für die am 22. Dezember 1808 unmittelbar vor Beginn von Opus 80 erklungene Klavierfantasie. Das lassen die Grundtonarten c-Moll und Es-Dur sowie Beethovens Eintrag auf der folgenden Seite vermuten: »[…] auf diese Art jede [jene?] Phantasie entworfen und hernach im Theater ausgeführt«.[103] Grundlage des ersten Beispiels war ein absteigender Tetrachord, während das zweite Notat ein melodisch kaum anspruchsvolleres, aber aufsteigendes Motiv imitatorisch durchführt.

Beide Entwürfe zeigen trotz ihrer Kürze einmal mehr, dass die herausragenden Eigenschaften Beethoven'scher Improvisationen gemeinhin weder in der Erhabenheit seiner Gedanken noch in deren kunstvollen Verarbeitung, sondern in emotionalem Ausdruck, spieltechnischen Finessen und kühnen Modulationsplänen bestanden. Nicht anders verhält es sich übrigens mit jener Improvisation, die Mozart im Herbst 1787 auf der Orgel des böhmischen Klosters Strahov gab und die der Chorherr Norbert Lehmann teilweise mitgeschrieben hat (KV 528[a]).[104] Dieses Dokument besticht ebenfalls durch seinen Modulationsplan von g-Moll nach E-Dur, nicht aber durch Gedankenreichtum oder besondere Erfindung. Als ein solcher Plan hat wahrscheinlich auch Beethovens Eintrag »tiefer Bass simple« auf S. 8 im erwähnten Skizzenbuch zu gelten.

Unter der Prämisse, dass die Fantasie op. 77 eine reale Klavierimprovisation spiegelt (Czerny 1852), muss Beethovens Harmonieverlauf zuweilen tatsächlich »kühne« Züge angenommen haben; denn dort folgen unmittelbar aufeinander Abschnitte in den Grundtonarten g-Moll (T. 1–4), f-Moll (T. 5–14), B-Dur (T. 15–37), A-Dur (T. 38), d-Moll (T. 39–78), As-Dur (T. 79–83), b-Moll (T. 84–89), h-Moll (T. 90–156), H-Dur (T. 157–221), C-Dur (T. 221–226) und H-Dur (T. 227–245). D.h. im Unterschied zur »Chor«-Fantasie op. 80, die in c-Moll beginnt und in C-Dur endet, war eine geschlossene harmonische Ordnung in derartigen Fällen nicht zwingend intendiert. Ob das mediantische Verhältnis von g-Moll und H-Dur in Opus 77 eine Wahlverwandtschaft und damit Insignum der Geisteswelt freien Fantasierens darstellt oder zufällig entstand, muss offen bleiben.

Kehren wir zurück zu den drei Kategorien der Fantasie-Improvisation in Czernys Systematik. Für die erste Art in Gestalt des ersten Allegros einer Sonate, indem nur die Exposition ausgeführt wird und sich mit Eintritt der Durchführung der Raum für eine formal ungebundene Entwicklung weitet, scheinen in Beethovens Œuvre keine Entsprechungen zu existieren. Dasselbe gilt für die Rondo-Form, die sich, folgt man Czernys Angaben, von aufgezeichneten Kompositionen nicht grundlegend unterschieden haben kann. Gleichwohl präsentierte Anton Reicha als Modell der Fantasie-Komposition in seinen *Practischen Beispielen – Ein Beitrag zur Geistescultur des Tonsetzers* (Wien, 1803) als Nummer 13 eine Klavier-*Fantaisie* e-Moll/E-Dur op. 61[105], deren Allegro-Teil – im Anschluss an eine akkordische Adagio-Einleitung, zugleich Basis einer klagenden Melodie – eine vollständige Sonatenexposition (Hauptsatz in E-Dur, T. 17–24, Seitensatz in H-Dur: T. 46–64) ohne Wiederholung bietet, bevor in T. 70 eine von Tritonus geprägte Durchführung beginnt (erreicht werden die Zwischentonarten G-Dur, Es-Dur, A-Dur, F-Dur und H-Dur); diese führt in T. 130 zu einer veränderten Reprise des Hauptsatzes und dessen erneuter Durchführung und schließt in den Takten 160–172 mit einer Coda. Der ausgedehnte Seitensatz übernimmt die Funktion einer Überleitung zur (ersten) Durchführung und wird im weiteren Verlauf des Werkes vollständig unterdrückt.

Als Modellfall »der freyen Variationsform« gilt Czerny, zweitens, die »Chor«-Fantasie op. 80 sowie das »Chor«-Finale der *Neunten Sinfonie* d-Moll op. 125, die hinsichtlich Thema und Aufbau ihrerseits wiederum enge Beziehungen untereinander aufweisen.[106] Im Anschluss an die erwähnte Adagio-Einleitung in Opus 80 mit den Stationen c-Moll-E-Dur-C-Dur/c-Moll folgt ein zunächst von den Bässen, dann von Violinen und Violen vorgetragenes und zuletzt enggeführtes Melodiezitat in c-Moll, jeweils mit Beantwortung durch das Klavier (seine verkürzte Reprise bereitet in T. 389–398 den Auftritt der Vokalisten vor), worauf in T. 60 ein Liedthema als Grundlage eines 15-teiligen Variationszyklus erklingt, Eingänge, Überleitungen und zwei Einschübe nicht mitgerechnet, darunter zwei Minore-Variationen (»Nr. 6« T. 185, »Nr. 11« T. 365) und eine Adagio-Variation (»Nr. 9«, T. 291). Variiert wird zunächst allein vom Soloinstrument, dann auch in nahezu sämtlichen Orchestergruppen und schließlich unter Einsatz von Gesangsquartett und

Chor mit unterlegtem Text. Lässt man die spezifische Besetzung dieses Werks außer Acht, so schlägt sich die Freiheit des Komponisten, gemessen an konventionellen Variationszyklen, wiederum hauptsächlich im Modulationsplan nieder, der als Grundtonarten neben C-Dur/c-Moll Tonikagegenklänge (E-Dur, A-Dur) sowie die Subdominante F-Dur erreicht. Eher traditionell, wenngleich mit 122 Takten ungewohnt umfangreich, erscheint dagegen die in T. 490 einsetzende Presto-Coda, vom Klavier mit einem brillanten Nachspiel beendet. Auch hier gilt, was bereits mehrfach konstatiert wurde: Das Überwältigende in Beethovens Fantasieren dürfte letztlich Resultat seines spannungsgeladenen, spieltechnisch riskanten Vortrags gewesen sein, der, wenn er missriet, rasch in ein Fiasko münden konnte. Über die Uraufführung von Opus 80 am Schluss jenes denkwürdigen Konzerts vom 22. Dezember 1808 vermerkte Johann Friedrich Reichardt in seinen *Briefen*:

> »Diese sonderbare Idee«, eine Fantasie für Klavier, Chor und Orchester zu komponieren, »verunglückte in der Ausführung durch eine so komplette Verwirrung im Orchester, daß Beethoven in seinem heiligen Kunsteifer an kein Publikum und Lokale mehr dachte, sondern dreinrief, aufzuhören und von vorne wieder anzufangen. Du kannst Dir denken, wie ich mit allen seinen Freunden dabei litt. In dem Augenblick wünschte ich doch, daß ich möchte den Mut gehabt haben,« aus der überlangen Veranstaltung »früher hinauszugehen.«[107]

Variationsgrundlage der »*Chor*«-*Fantasie* war ein eigenes Doppellied über zwei Gedichte von Gottfried August Bürger (1747–1794), dessen Skizzen von 1794/95 stammen[108] und das seinerseits auf Zitaten aus Carl Ditters von Dittersdorfs (1739–1799) Singspiel *Doctor und Apotheker* (Wien 1786) beruhen dürfte. In dessen Bonner Aufführungen wird Beethoven selbst Cembalo gespielt haben.[109] Ähnliche Themen dienten ihm wiederholt als Ausgangspunkt für Improvisationen in Variationsform. Bereits 1791 trug er vor Franz Xaver Sterkel (1750–1817) in Aschaffenburg seine soeben erschienenen *Righini-Variationen* WoO 65 vor und ergänzte aus der Situation heraus laufend neue Veränderungen. Bei anderer Gelegenheit boten ihm das »Prometheus«-Thema aus dem Finale der *Eroica* sowie Joseph Haydns *Gott erhalte Franz, den Kaiser* Modelle zu variierendem Fantasieren. 1798 in Prag improvisierte Beethoven nach dem Zeugnis Tomáseks »über das ihm von der Gräfin Schlick aus Mozarts ›Titus‹ gegebene Thema ›Ah, tu fosti il primo oggetto‹« sowie über »Ah! vous dirai-je, Maman«.[110] Ob solche Fantasien – analog zu Opus 80 – ebenfalls mit einem Konzertschluss endeten, ist nicht zu ermitteln. Denkbar wäre auch, dass Beethoven schon damals praktizierte, was er im Skizzenbuch von 1807/08 auf S. 6 mit Blick auf ein öffentliches Konzert (»hernach im Theater ausgeführt«) festhielt: »Lied variiert[,] am Ende Fuge und mit pianissimo aufgehört«.[111] In der Tat nimmt jene Position am Schluss der letzten Variation, die in der »*Chor*«-*Fantasie* und in anderen Variationszyklen für eine Coda reserviert ist, in den *Eroica-Variationen* Es-Dur op. 35 (1802) eine Fuge ein – soweit ich sehen kann, das älteste Beispiel der Gattung Variationen mit Fuge. Wohl ebenfalls zur Kategorie der Variationsform zählen jene gemeinsamen Improvisationen, die Ignaz von Seyfried von Beethoven und Joseph Wölfl (1773–1812), einem Schüler Leopold Mozarts (1719–1787) und Johann Michael Haydns (1737–1806), gehört hat. Die vermutlich vor

1799 anzusetzende Begebenheit lässt sich als Reprise jenes berühmten Wettspiels deuten, bei dem Mozart und Clementi an Weihnachten 1781 in der Wiener Hofburg vierhändige Variationen improvisierten – ein Vorgang, der nur im Rahmen eines bestimmten Harmonieschemas, nicht aber als freie Fantasie zu gewährleisten ist. Da von Seyfrieds Schilderung einen exzellenten Eindruck von der unterschiedlichen Wirkung vermittelt, die das Spiel Beethovens und Wölfls ausübte, sei sie hier vollständig wiedergegeben:

> »Dort verschaffte der höchst interessante Wettstreit beiden Athleten nicht selten der zahlreichen, durchaus gewählten Versammlung einen unbeschreiblichen Kunstgenuß: jeder trug seine jüngsten Geistesprodukte vor; bald ließ der eine oder der andere den momentanen Eingebungen seiner glühenden Phantasie freien, ungezügelten Lauf; bald setzten sich beide an zwei Pianoforte, improvisierten wechselweise über gegenseitig sich angegebene Themas und schufen also gar manches vierhändige Capriccio, welches, hätte es im Augenblicke der Geburt zu Papier gebracht werden können, sicherlich der Vergänglichkeit getrotzt haben würde. – An mechanischer Geschicklichkeit dürfte es schwer, vielleicht unmöglich gewesen sein, einem der Kämpfer vorzugsweise die Siegespalme zu verleihen; ja Wölffl war von der gütigen Natur noch mütterlicher bedacht, indem sie ihn mit einer Riesenhand ausstattete, die ebenso leicht Dezimen als andere Menschenkinder Oktaven spannte, und es ihm möglich machte, fortlaufende doppelgriffige Passagen in den genannten Intervallen mit Blitzesschnelligkeit auszuführen. – Im Phantasieren verleugnete Beethoven schon damals nicht seinen mehr zum unheimlich Düstern sich hinneigenden Charakter: schwelgte er einmal im unermeßlichen Tonreich, dann war er auch entrissen dem Irdischen; der Geist hatte zersprengt alle beengenden Fesseln, abgeschüttelt das Joch der Knechtschaft und flog siegreich jubelnd empor in lichte Ätherräume; jetzt brauste sein Spiel dahin gleich einem wildschäumenden Katarakte und der Beschwörer zwang das Instrument mitunter zu einer Kraftäußerung, welcher kaum der stärkste Bau zu gehorchen imstande war; nun sank er zurück, leise Klagen aushauchend, in Wehmut zerfließend; – wieder erhob sich die Seele, triumphierend über vorübergehendes Erdenleiden, wendete sich nach oben in andachtsvollen Klängen und fand beruhigenden Trost am unschuldsvollen Busen der heiligen Natur [...] Wölffl hingegen, in Mozarts Schule gebildet, blieb immerdar sich gleich: nie flach, aber stets klar und eben deswegen der Mehrzahl zugänglicher; die Kunst diente ihm bloß als Mittel zum Zwecke, in keinem Fall als Prunk- und Schaustück trockenen Gelehrttuns; stets wußte er Anteil zu erregen und diesen unwandelbar an den Reihengang seiner wohlgeordneten Ideen zu bannen. – Wer Hummel gehört hat, wird auch verstehen, was damit gesagt sein will.«[112]

Seine dritte Art des Beethoven'schen Fantasierens nennt Czerny eine »gemischte Gattung, wo potpourriartig ein Gedanke dem andern folgte«. Als Beispiel dient die erwähnte *Klavierfantasie* op. 77. Ihre nähere Untersuchung zeigt freilich, dass trotz des weit ausgreifenden Modulationsplans (siehe oben) und der Verschiedenartigkeit der Gedanken zwischen mehreren Abschnitten motivische Bezüge bestehen (T. 79–83 / 84–89 / 151–156). Klammer ist jene als »barock« apostrophierte Zweiunddreißigstelskala, mit der die Komposition anfängt und schließt und die zwischen den einzelnen Formteilen nicht weniger als zehnmal wiederholt wird. Der letzte Großabschnitt, beginnend in T. 157, erweist sich auch in diesem Fall als nunmehr achtteiliger Variationszyklus über ein eigenes Thema, dem in T. 222 eine Coda folgt. Bei Licht betrachtet deckt sich dieses Improvisationsschema mit den bereits angeführten Aufzeichnungen Johann Baptist Schenks von 1793: »Nach einigen Anklängen und gleichsam hingeworfenen Figuren« folgten a) »mannigfaltige Motive, die er klar und mit überreicher Anmut so lieblich zu verweben wusste«; b) »verließ er allgemach den Zauber seiner Klänge und« trat »mit dem Feuer der Jugend [...] kühn in weit entfernte Tonarten«; c) »Nun begann er unter mancherlei Wendungen mittelst gefälliger Modulationen bis zur himmlischen Melodie hinzugleiten«; d) »Nachdem der Künstler seine Virtuosität so meisterhaft beurkundet, verändert' er die süßen Klänge in traurig wehmütige, sodann in zärtlich rührende Affekte, dieselben wieder in freudige bis zur scherzenden Tändelei.« Schenks Nachbemerkungen zeigen eindeutig, dass es sich hier um eine Aneinanderreihung verschiedenartiger Abschnitte und Gedanken gehandelt haben muss, die allenfalls lose miteinander verknüpft waren:

> »Jeder dieser Figuren gab er einen bestimmten Charakter und [sie] trugen das Gepräge leidenschaftlicher Empfindung [...] Weder matte Wiederholungen noch gehaltlose Zusammenraffung vielerlei Gedanken, welche gar nicht sich zusammenpassen, noch viel weniger kraftlose Zergliederungen durch fortwährendes Arpeggieren [...] konnte man gewahren.«

Für alle drei Arten des Fantasierems gilt, dass das Publikum vom Improvisator generell die Ausführung von wirklich Unvorhergesehenem erwartete, was anhand kurzfristig gestellter Themenaufgaben jederzeit überprüfbar war. Fantasien, die detailliert vorbereitet, also gleichsam auswendig gelernt wurden, entsprachen nicht den Erwartungen der zeitgenössischen Hörerschaft: Ferdinand Ries berichtet über Daniel Steibelt, der einmal in Anwesenheit Beethovens improvisierte, er habe, »(was man fühlen konnte) sich eine brillante Phantasie einstudiert und sich das nämliche Thema gewählt, worüber die Variationen in Beethovens Trio geschrieben sind«.[113] Vermutlich gehörte zum Extemporespiel eine gelegentlich hörbare Unsicherheit, die, wenn sie denn ausblieb, den von Ries geäußerten Verdacht provozierte. Das bedeutet freilich nicht, dass ein Pianist wie Beethoven, der innerhalb des Komponiervorgangs wohl tagtäglich improvisierte, öffentliche oder private Auftritte gänzlich unvorbereitet absolvierte. Von dem Bach-Schüler Gottfried August Homilius (1714–1785) ist bekannt, er habe wichtige Improvisationen »sorgfältig vorbereitet« und hierfür zuweilen sogar schriftliche Pläne entworfen.[114] Nicht anders sind die zitierten Einträge Beethovens im Skizzenbuch von 1807/08 zu verstehen; auch er wird die von ihm herangezogenen Improvisationsschemata anhand unterschiedlicher Themen geübt haben, so wie es Hummel und Czerny in ihren Traktaten lehrten. Nur unter solcher Voraussetzung wird nachvollziehbar, dass sich Beethoven zwar dem musikalischen Ausdruck seines Spiels hingeben konnte, dennoch aber eine soeben improvisierte Fantasie durchaus zu wiederholen imstande war:

> »Eines Abends phantasierte Beethoven wundervoll auf dem Klavier und [sein Freund Carl] Amenda sagt am Schluß: ›Es ist jammerschade, daß eine so herrliche Musik, im Augenblick geboren, mit dem nächsten Augenblick verloren geht.‹ Darauf Beethoven: ›Da irrst Du, ich kann jede extemporierte Phantasie wiederholen‹, setzte sich hin und spielte sie ohne Abweichung noch einmal.«[115]

Die Fantasie im Konzert: Solokadenzen

Schon die Zugehörigkeit der Konzertkadenz zur Gattung der Fantasie lässt darauf schließen, dass für beide Improvisationsbereiche im 18. und 19. Jahrhundert ähnliche Bedingungen gegolten haben dürften. Für Johann Joachim Quantz (1752) war die

> »Absicht der Cadenz [...] keine andere, als die Zuhörer noch einmal bey dem Ende in ihrem Gemüthe zurück zu lassen [...] Die Cadenzen müssen aus dem Hauptaffecte des Stückes fließen, und eine kurze Wiederholung oder Nachahmung der gefälligsten Clauseln, die in dem Stücke enthalten sind, in sich fassen [...] Sie müssen kurz und neu seyn, und den Zuhörer überraschen, wie ein bon mot. Folglich müssen sie so klingen, als wenn sie in dem Augenblicke, da man sie machet, erst gebohren würden.«[116]

In der Praxis blieb die Forderung nach motivischen oder gar thematischen Bezügen zum Konzertsatz allerdings vielfach ungehört. Von Carl Philipp Emanuel Bachs (1714–1788) Hamburger Hauptkopisten Johann Heinrich Michel (1739–1810) etwa stammt eine Abschrift von 75 Kadenzen, die offenbar auf Einlagen des Komponisten in seine Originalpartituren zurückgeht.[117] 55 Kadenzen hiervon sind einzelnen, jeweils verzeichneten Cembalokonzerten des Bach-Sohns zuzuordnen und von diesen wiederum spielt gerade einmal rund ein Drittel auf Motive des betreffenden Satzes an. Allein vier der 55 Kadenzen zitieren Themen, wobei Zitat hier nicht mehr als eine vage Anspielung bedeutet. In den übrigen Fällen beginnt und beschränkt sich die Kadenz auf jenes Motiv, das der Fermate unmittelbar vorausgegangen war.[118] Mehr als zwei Drittel der Kadenzen sind einstimmig, bestehend aus Figurationen über einem liegenden Bass, und die meisten von ihnen setzen sich aus mehr oder minder virtuosen Spielfiguren zusammen, überwiegend taktstrichlos notiert.[119]

Ähnliche Beobachtungen lassen sich in fast allen erhaltenen Kadenzen für Tasten- und Melodieinstrumente bis in die 1780er Jahre anstellen, jene von Beethovens Lehrer Joseph Haydn eingeschlossen.[120] Zwar bestätigt Daniel Gottlob Türk (1789) noch immer die von Quantz definierten Rahmenbedingungen für die Improvisation einer Solokadenz, doch präsentiert er zugleich zwei bis dahin unveröffentlichte Gesichtspunkte: Eine Kadenz vermochte nun a) im Gegensatz zu der von Quantz formulierten Regel »mit [...] vieler Mühe auswendig gelernt oder vorher aufgeschrieben« zu werden, selbst wenn sie auf der Bühne zu erklingen hatte, als sei sie »dem Spieler eben erst« eingefallen, sollte aber b) »nur zu dem Tonstücke, für welches sie eigentlich bestimmt ist, und zu keinem andern, gebraucht werden«.[121] Damit zeichnet sich eine individuelle Formulierung der Solokadenz ab, die sich von den überlieferten Sammlungen mit weitgehend beliebig austauschbaren Mustern jener Epoche signifikant unterscheidet.

Dennoch war Wolfgang Amadeus Mozart allem Anschein nach der Erste, der die Konzertkadenz in diesem Sinn auf ein neues musikalisches Niveau hob, indem er nicht nur jene bereits von Quantz definierten Kriterien erfüllte, sondern diese schließlich mit aller Konsequenz ausweitete. Unter den 64 Kadenzen und Eingängen, die zu seinen eigenen Klavierkonzerten erhalten und meist autograph überliefert sind (KV 626aI 1–64) –

hinzu kommen 13 weitere zu Konzerten anderer Komponisten (KV 626aII A–D, F–L, N–O) –, finden sich sowohl traditionelle, oft noch taktstrichfreie Modelle nach dem Muster Carl Philipp Emanuel Bachs wie auch jener dreiteilige Prototyp, der für die Kadenz des 19. Jahrhunderts richtungsweisend werden sollte:[122] Der erste Teil beginnt mit einem thematischen oder aber mit jenem Motiv, das die Fermate vorbereitete, und mündet in virtuoses Laufwerk als Verbindung von Quartsext- und Dominantseptakkord. Letzterer leitet zum Mittelteil über, der das verkürzte Haupt-, meist aber das Seitenthema zitiert. Auf dieses Zitat folgt der erneut figurative dritte Teil mit Abschluss auf dem Kadenztriller, harmonisch gekennzeichnet durch das Kreisen von Quartsext- und Dominantseptakkord um den Grundton im Bass. Nach wie vor beschränkt sich Mozart auf chromatische oder zwischendominantische Ausweichungen in benachbarte Tonarten; Modulationsvorgänge unterbleiben grundsätzlich.[123] Allerdings weitete er gegenüber älteren Beispielen den Umfang der Kadenz auf durchschnittlich 7,9 bis 10,4 Prozent des Gesamtumfangs von Eck- und Mittelsätzen aus und verschaffte damit dem solistischen Fantasieren als vorletzte Tonikabestätigung eine formale Funktion innerhalb der Struktur des Konzertsatzes[124]; im Extremfall, der Kadenz zum ersten Satz des *Klavierkonzerts* G-Dur KV 453 (KV 626aI 48), vermag die Kadenz durch Einbeziehung nahezu sämtlichen thematischen Materials sogar den Status einer zweiten Durchführung zu beanspruchen.

Hat Mozart seine erhaltenen Kadenzen selbst gespielt? Diese an sich naheliegende Hypothese[125] löste vor einigen Jahrzehnten ältere Interpretationen ab, die Kadenzen als aufgezeichnete Improvisationen und somit als Muster für Schwester und Schüler verstanden wissen wollten. Gewiss ist jedoch nur, dass Mozart Kadenzen – wie übrigens seine gesamte Klaviermusik – seiner Schwester überließ, für die er wiederholt auch freie Präludien komponierte, weil sie solche nicht zu improvisieren imstande war.[126] Die Originalvorlagen verblieben, wie andere Partituren auch, generell im Familienbesitz. Dieses Argument, auf das sich die These vom Komponieren für den eigenen Bedarf stützt, ist also weitgehend wirkungslos. Dasselbe gilt für fast alle erhaltenen Kadenzen, die, soweit sie datierbar erscheinen, oft im Abstand mehrerer Jahre und fast immer einige Zeit nach der Uraufführung entstanden. Man mag daraus schließen, Mozart habe für Wiederaufführungen seiner Klavierkonzerte (neue) Kadenzen verfasst; hat er bei den Uraufführungen also improvisiert? Ebenso gut hätte er die betreffenden Werke samt Kadenzen seinen Schülern zu späteren Zeitpunkten zur Verfügung stellen können.

Angesichts solcher Beobachtungen wird man Mozarts Kadenzen also differenziert zu betrachten haben. Bedenkenswert erscheint zum einen, dass die Kadenz zum Kopfsatz des *Klavierkonzerts* A-Dur KV 488 (KV 626aI 61), eine ausgesprochen virtuose Fantasie, als einzige direkt im Partiturautograf aufgezeichnet wurde, was zwingend für einen Vortrag bei der Uraufführung von 1786 spricht (ausgerechnet diese Kadenz kommt indes ohne jedes thematische Material aus). Zum anderen sind für jene Konzertsätze (KV 175/1 & 2, KV 246/1 & 2, KV 271/1–3, KV 382, KV 414/1–3), die sich am ehesten mit Aufführungen seiner Schwester und Schüler in Verbindung bringen lassen, gleich mehrere Kadenzen und Eingänge zu ein und demselben Satz überliefert, von denen die kurzen nicht selten so einfach ausfallen, dass nicht nachvollziehbar erscheint, weshalb der Komponist ihrer als Gedächtnisstütze zum Improvisieren bedurfte. Vermutlich sind einige Kadenzen – wohl komplexere und künstlerisch anspruchsvollere – durchaus von ihm selbst vorgetragen worden, während andere als Interpretationshilfen oder jedenfalls Muster für Schwester und Schüler zu Papier gelangten.

Von Bedeutung ist dieser Sachverhalt, weil zwischen Beethovens Kadenzen zu seinen Klavierkonzerten Nr. 1–4 und zu Mozarts d-Moll-*Klavierkonzert* KV 466 (WoO 58/1–2) sowie seinen eigenen Auftritten als Solist keinerlei Verbindung herzustellen ist. War, im Gegensatz zu Mozart, lange Zeit angenommen worden, Beethoven habe diese Kadenzen für sich selbst geschaffen[127] – die betreffenden Werke wurden sämtlich von ihm persönlich aufgeführt –, so ergab eine Papieruntersuchung der erhaltenen Autografe, dass keine dieser separat überlieferten Einlagen vor 1809, vielleicht sogar vor Mai 1809 zu datieren ist[128], rund ein halbes Jahr nach dem Ende seiner Konzertkarriere als Pianist. Denselben Befund vermitteln die Klaviaturumfänge dieser Kadenzen: Während die Solopartien der *Konzerte Nr. 1* op. 15 und *Nr. 2* op. 19 auf fünf Oktaven (F_1–f^3) und des *3. Konzerts* op. 37 auf fünf Oktaven und einen Ganzton (Autograph: F_1–g^3)[129] beschränkt bleiben, erreichen die erhaltenen Kadenzen zu diesen Werken mit einer einzigen Ausnahme (Kadenz zum dritten Satz von op. 15: E–e^3) im Diskant c^4, also jenen Ambitus, den Beethoven erstmals in der *Sonate* op. 57 (1805) und im *4. Klavierkonzert* op. 58 (1805–1808) verlangt. Gar bis f^4 führt die Kadenz zu Mozarts d-Moll-Konzert. Dieser maximale Klaviaturumfang erscheint in Beethovens Œuvre für Klavier solo nur im *5. Klavierkonzert* op. 73 (1809), in der *Sonate Les Adieux* op. 81a (1809/10), in der Bagatelle *Für Elise* WoO 59 (1808–1810), in der *Polonaise* op. 89 (1814) sowie in der *Hammerklavier-Sonate* op. 106 (1816/17). Schließlich steht auch der Stil einiger Kadenzen, namentlich der dritten und mit 127 Takten längsten zum ersten Satz von Opus 15 und jener zu Opus 19, in seiner Kontrapunktik und ausgreifenden Modulation dieser Sonate näher als der Entstehungszeit besagter Konzerte.[130]

Somit käme als Adressat sämtlicher Kadenzen Erzherzog Rudolph von Österreich (1788–1831) in Frage, der vermutlich 1809 seinen Klavierunterricht bei Beethoven aufgenommen, jedoch bereits am 4. Mai 1809 zusammen mit der kaiserlichen Familie vor der anrückenden Armee Napoleons die Flucht ergriffen hat und erst am 30. Januar 1810 nach Wien zurückkehrte. Diese Zeit nützte Beethoven nachweislich dazu, schriftliche Vorbereitungen für den Beginn oder die Fortsetzung von Rudolphs Unterricht zu treffen.[131] Aber auch andere Dilettanten aus Beethovens Umgebung haben dessen Klaviermusik regelmäßig öffentlich aufgeführt und stehen als Auftraggeber seiner Kadenzen zur Diskussion. Zu diesem Zweck und als Muster hat Carl Czerny seinem Opus 200 (1829) eine eigene Kadenz zum ersten Satz von Beethovens C-Dur-Konzert beigefügt[132], das sich offenbar bei Dilettanten jener Zeit besonderer Beliebtheit erfreute. So erklärt sich auch, dass zum ersten Satz von Beethovens Opus 37 drei, zum Kopfsatz von Opus 58 zwei unterschiedliche Beispiele aus der Feder des Komponisten existieren.

Beethoven selbst hat seine Kadenzen zweifellos improvisiert, obgleich für diese Aussage neben dem Fehlen von Notenmaterialien aus der Zeit seiner Pianistenlaufbahn nur ein einziger positiver Beleg beizubringen ist, nämlich der Bericht von Ferdinand Ries über eine Privataufführung des *Klavierquintetts* op. 16 von 1796:

»Am nämlichen Abend spielte Beethoven sein Klavierquintett mit Blasinstrumenten; der berühmte Hoboist Ramm von München spielte auch und begleitete Beethoven im Quintett. – Im letzten Allegro ist einigemal ein Halt [eine Fermate], ehe das Thema wieder anfängt; bei einem derselben fing Beethoven auf einmal an zu phantasieren, nahm das Rondo als Thema und unterhielt sich und die andern eine geraume Zeit, was jedoch bei den Begleitenden nicht der Fall war. Diese waren ungehalten und Herr Ramm sogar sehr aufgebracht. Wirklich sah es possierlich aus, wenn diese Herren, die jeden Augenblick erwarteten, daß wieder angefangen werde, die Instrumente unaufhörlich an den Mund setzten und dann ganz ruhig wieder abnahmen. Endlich war Beethoven befriedigt und fiel wieder ins Rondo ein. Die ganze Gesellschaft war entzückt.«[133]

Für das Debüt von Ries am 19. oder 26. Juli 1804 mit dem *Klavierkonzert* op. 37 verweigerte Beethoven seinem Schüler ausdrücklich eine schriftliche Kadenz und veranlasste diesen vielmehr, eine Einlage selbst zu komponieren. Hier wie auch im Fall von Beethovens Kadenzimprovisation handelte es sich offensichtlich um lange Modelle; andernfalls hätte Beethoven keinen Grund gesehen, sich am Ende eines Konzertsatzes inmitten der Bühne hinzusetzen:

»Beethoven hatte mir sein schönes Konzert in C-Moll (Opus 37) noch als Manuskript gegeben, um damit zum ersten Male öffentlich als sein Schüler aufzutreten; [...] Beethoven selbst dirigierte und drehte nur [die Seiten der Solostimme] um und vielleicht wurde nie ein Konzert schöner begleitet. Wir hielten zwei große Proben. Ich hatte Beethoven gebeten, mir eine Kadenz zu komponieren, welches er abschlug und mich anwies, selbst eine zu machen, er wolle sie korrigieren. Beethoven war mit meiner Komposition sehr zufrieden und änderte wenig; nur war eine äußerst brillante und sehr schwierige Passage darin, die ihm zwar gefiel, zugleich aber zu gewagt schien, weshalb er mir auftrug, eine andere zu setzen. Acht Tage vor der Aufführung wollte er die Kadenz wieder hören. Ich spielte sie und verfehlte die Passage; er hieß mich noch einmal und zwar etwas unwillig, sie ändern. Ich tat es, allein die neue befriedigte mich nicht; ich studierte also die andere auch tüchtig, ohne ihrer jedoch ganz sicher werden zu können. – Bei der Kadenz im öffentlichen Konzert setzte sich Beethoven ruhig hin. Ich konnte es nicht über mich gewinnen, die leichtere zu wählen [Ries spielte seine Kadenz offenbar auswendig]; als ich nun die schwerere keck anfing, machte Beethoven einen gewaltigen Ruck mit dem Stuhle; sie gelang indessen ganz und Beethoven war so erfreut, daß er laut Bravo! schrie. Dies elektrisierte das ganze Publikum und gab mir gleich eine Stellung unter den Künstlern. Nachher, als er mir seine Zufriedenheit darüber äußerte, sagte er zugleich: ›Eigensinnig sind Sie aber doch! – Hätten Sie die Passage verfehlt, so würde ich Ihnen nie eine Lektion mehr gegeben haben.‹«[134]

Die Tradition, eigene Kadenzen zu Beethovens Klavierkonzerten zu improvisieren oder, wie es der Komponist selbst veranlasst hatte, aufzuschreiben, blieb bis weit ins 20. Jahrhundert, Wilhelm Backhaus (1884–1969) eingeschlossen, ungebrochen. Erst nach dem Zweiten Weltkrieg etablierten sich nahezu ausschließlich Beethovens Originalkadenzen im Konzertleben – wohl aus missverstandener Werktreue heraus oder gar als ein Akt von Denkmalpflege. Jedenfalls bot und bietet die Kadenz dem Interpreten nach wie vor die einzige Gelegenheit, sich über den Notentext der Konzerte zu erheben und gleichsam selbst zu produzieren.

Hinsichtlich Funktion und Form der Kadenz hat Beethoven Mozart nicht nur nachgeahmt, sondern deutlich übertroffen. So beansprucht die Kadenz zu Opus 19 79 Takte gegenüber dem 479 Takte, die dritte Kadenz zu Opus 15 sogar 127 Takte gegenüber dem 478 Takte umfassenden ersten Satz (jeweils Allegro con brio). Diese Verhältnisse entsprechen 16,5 und 26,5 Prozent des Gesamtumfangs und machen Beethovens Modelle zu veritablen, in sich geschlossenen und tonartlich stabilen Einlagekompositionen.[135] Sämtliche Kadenzen, ausgenommen jene zum Finale von Opus 58, beginnen nicht mit Laufwerk oder Zitaten des vorangegangenen Ritornells, sondern mit dem Hauptthema, das zunächst imitatorisch, zumindest aber kontrapunktisch durchgeführt wird, bevor sich der Satz in virtuose Figurationen auflöst und schließlich zur Reprise des Seitenthemas verdichtet. Gerade weil die Tonika in Beethovens Kadenzen gefestigt erscheint, vermag dieser Seitensatz sogar in entfernte Tonarten auszuweichen: in der dritten Kadenz zum Kopfsatz von Opus 15 nach Des-Dur anstelle von Es-Dur, in der Kadenz zu Opus 19 nach B-Dur anstelle von C-Dur, in der Kadenz zu Opus 37 nach G-Dur und cis-Moll anstelle von Es-Dur und in der ersten Kadenz zum Kopfsatz von Opus 58 nach B-Dur anstelle von D-Dur. Daran schließt sich weiteres Laufwerk und eine erneute Zergliederung des Hauptsatzes mit oder ohne Schlussgruppe an. Während die Kadenzen selbst über die Funktion solistischer Darstellung und harmonischer Stabilisierung am Satzende hinauswachsen und deshalb den Status zusätzlicher Durchführungen beanspruchen, beschränkt sich ihr Ende auf diatonische oder chromatische Skalen oder deren Ausschnitte und vermeidet den klassischen Schlusstriller, der, ausgenommen die zweite Kadenz zum ersten Satz von Opus 15, jene zu Opus 37 und die beiden Kadenzen WoO 58/1–2, in den letzten Teil vorverlegt wird.

Wären Beethovens Kadenzen nicht frühestens zu jener Zeit entstanden, als er an seinem *5. Klavierkonzert* Es-Dur op. 73 (1809) arbeitete, könnte man in dieser Schlussgestaltung tatsächlich einen handfesten Beleg für die sich ankündigende »Krise der Konzertkadenz« erblicken.[136] Denn bereits Mozarts Klavierkonzerte aus den Jahren 1786–1788 und erst recht seine Bläserkonzerte lassen einen Rückgang der Gelegenheiten zu solistischen Einlagen erkennen[137], und zu der Fermate in T. 497 des Allegro von Opus 73 notierte Beethoven ausdrücklich »NB. Non si fa una Cadenza, ma s'attacca subito il seguente«. Ersatzweise spielt der Solist einen chromatischen Eingang, der nach einem (Kadenz-) Triller in eine Rekapitulation des Seitensatzes in es-Moll (statt Es-Dur) mündet. Zum Ausgleich hat Beethoven dem Pianisten zu Beginn des Satzes und von dessen Reprise eine zehn Takte umfassende »Kadenz« geschaffen und damit deren bestätigende, abschließende Funktion gleichsam auf den Kopf gestellt. Diese bis heute verbreitete Lehrmeinung ist, wie noch deutlich werden wird, im Kontext zeitgenössischen Fantasierens so freilich nicht mehr aufrecht zu erhalten.

Die Fantasie als Vorspiel: Das Präludium

Heinrich Christoph Kochs *Musikalischem Lexikon* (1802) nach bedeutet der Terminus »Präludiren«, »jede Fantasie aus dem Stegreife zu benennen, welche die Tonkünstler oft vor dem Anfange einer Musik, oder eines besondern Tonstückes hören lassen«.[138] Carl Czerny (1829) schreibt, es gehöre

> »zu den Zierden eines Klavieristen, wenn er besonders in Privatzirkeln beim Vortrag von Solostücken nicht gleich mit der Komposition selbst anfängt, sondern durch ein passendes Vorspiel die Zuhörer vorzubereiten, zu stimmen und dabei die Eigenschaften des ihm vielleicht fremden Fortpianos auf schickliche Art kennen zu lernen imstande ist«.[139]

Damit wird eine ungebrochene Tradition des Präludierens auf Tasteninstrumenten von Adam Ileborgh (1448) und Conrad Paumann (1452) über Michael Praetorius (1619), Johann Gottfried Walther (1732) und Wolfgang Amadeus Mozart bis in das 20. Jahrhundert hinein greifbar:[140] Wie erhaltene Live-Mit-schnitte zeigen, war auch in diesem Fall Wilhelm Backhaus, gestorben 1969, einer der letzten, wenn nicht gar der letzte Pianist, der seinen Interpretationen klassischer Kompositionen im Konzert improvisierte Präludien voranstellte. Johann Nepomuk Hummel (^{2}1838) betrachtete das »Präludiren« indes nicht allein als Domäne professioneller Spieler (wie etwa künstlerisch anspruchsvolle Fantasien), sondern empfahl diese Improvisationsart ausdrücklich auch Klavier spielenden Dilettanten:

> »Es sind zwei Fälle, wo der Liebhaber (und der Künstler auch) einsam oder vor Andern auf seinem Instrumente phantasirt: entweder, er will ohne besondere Absicht sich blos seinen Gedanken und Empfindungen in seiner Kunst überlassen, oder er will auf irgend ein bedeutendes Musikstück, das er vorzutragen gewählt, vorbereiten – will sich und die Zuhörer im voraus dafür erwecken, dafür stimmen, für Styl und Charakter desselben empfänglicher machen, damit es um so mehr seine beabsichtigte Wirkung thue. Dies Zweite nenn man bekanntlich präludiren [...] Die Vorbereitung seiner selbst oder seiner Zuhörer auf solch ein Musikstück wird nun aber am füglichsten, zweckmässigsten und wirksamsten auf zweierlei Weise stattfinden: entweder durch Überleiten oder durch den Contrast [...] Die grossen Meister der Vorzeit, Sebastian und Karl Philipp Emanuel Bach, Händel, Scarlatti, später auch Mozart, gaben dem ersten Verfahren als dem natürlichern, unbedingt der Vorzug: jetzt wählt man weit öfter das zweite, als das überraschendere und schärfere. (Das that meistens auch Beethoven, und aus demselben Grunde.)«.[141]

Hummels Äußerung liefert den einzigen bekannten Hinweis darauf, dass auch Beethoven vor der Aufführung eines Werks präludierte. Dass ihm das Präludieren als Organist grundsätzlich bekannt war und dass er diese Art der Improvisation qualitativ dem Fantasieren unterordnete, ergibt sich aus einer von Ferdinand Ries festgehaltenen zufälligen Bemerkung. Beethoven war 1796 in Berlin mit dem Pianisten und Hofkomponisten Friedrich Heinrich Himmel (1765–1814) zusammengetroffen, der bat,

»Beethoven möge etwas phantasieren, welches Beethoven auch tat. Nachher bestand Beethoven darauf, auch Himmel solle ein gleiches tun. Dieser war schwach genug, sich hierauf einzulassen. Aber nachdem er schon eine ziemliche Zeit gespielt hatte, sagte Beethoven: ›Nun, wann fangen Sie den einmal ordentlich an?‹ Himmel hatte wunders geglaubt, wieviel er schon geleistet, er sprang also auf und beide wurden gegenseitig unartig. Beethoven sagte mir: ›Ich glaubte, Himmel habe nur so ein bißchen präludiert.‹«[142]

Laut Czerny entstehen die »Präludien, Vorspiele und kleinere Fantasien vor Anfang eines vorzutragenden Stückes« aus der Generalbasspraxis; seine Lehrbeispiele sind erweiterte vierstimmige Kadenzen in enger Lage. Dabei unterscheidet er zwei Arten von Präludien:

»1. Ganz kurze, wo man nur durch einige Akkorde, Läufe, Passagen und Übergänge gleichsam das Instrument prüft, die Finger einspielt oder die Aufmerksamkeit der Zuhörer weckt. Diese müssen mit dem vollkommenen Akkord der Haupttonart des vorzutragenden Stückes schließen.

2. Längere und ausgeführtere, gleichsam als eine zum nachfolgenden Stücke gehörige Introduction: daher auch Anklänge aus den Motiven derselben darin angebracht werden können. Ein solches Vorspiel, das schon einige Durchführung zuläßt, muß mit einer Kadenz auf dem Septimen-Akkord der Dominante des folgenden Stückes schließen und durch selbe verbunden werden.«[143] Letztere müssen nicht »in der Tonart des Stückes« anfangen. »Auch die Modulationen können ganz frei sein. Aber dem Charakter des nachfolgenden Tonstückes muß das Vorspiel angemessen bleiben. Daß zu ernsteren Werken (z.B. zu Beethovens Sonate f-Moll op. 57 und dergleichen) überhaupt keine solch längeren Vorspiele anwendbar wären, versteht sich von selbst«.[144]

Die von Czerny präsentieren Modelle setzen sich aus allerhand Arten gebrochener Akkorde und Skalen zusammen und offenbaren eine erstaunliche Ähnlichkeit mit entsprechend gestalteten Präludien in Johann Sebastian Bachs *Wohltemperirtem Clavier*.[145] »Jede wohlgeschriebene Introduktion eines guten Tonsetzers kann in ihrer Art dem Spieler als Muster dieser Manier des Improvisierens dienen.«[146] Ausdrücklich empfiehlt Czerny die *50 Präludien* op. 73 von Ignaz Moscheles und seine eigenen *Kadenzen und Präludien* op. 61 als Vorbilder. Schließlich erwähnt er noch eine dritte Art des Präludierens, nämlich

»völlig taktlos, fast rezitativartig, teils in wirklichen, teils gebrochenen Akkorden, anscheinend völlig bewußtlos, gleich dem Umherirrenden in unbekannten Gegenden. Diese, vorzüglich den älteren Meistern (Bach, Seb. u. Emanuel) eigentümliche Manier läßt sehr viel Ausdruck und frappanten Harmoniewechsel zu [...] Nur darf ein solches Vorspiel nicht zu lange ausgedehnt werden, ohne einen rhythmischen Gesang einzuweben«.[147]

Von Mozart ist ein solches taktstrich- und themenloses *Praeludium* KV deest (1776/1777) überliefert, das wohl als Improvisationsmodell für seine Schwester bestimmt war.[148] Beethoven selbst scheint derartige Präludien ebenfalls generell aus dem Stegreif vorgetragen zu haben – abgesehen vom Beginn des *5. Klavierkonzerts* Es-Dur op. 73, der sämtliche

Bedingungen von Czernys kurzen Mustern erfüllt.[149] Dass es sich hier um keine Solokadenz handelt, ergibt sich aus

- der unmittelbaren Abfolge von Tonika – Subdominante – Dominantseptakkord – Tonika in den Orchesterblöcken, die durch Klavierfigurationen miteinander verbunden werden, – also jener harmonischen Kadenz, die nach Czerny den kleinsten Nenner eines Präludiums darstellt. Eine Solokadenz hingegen hätte traditionell von einem Quartsextakkord oder einem Dominantseptakkord auszugehen gehabt, und Beethoven – man denke an den Beginn der *Ersten Sinfonie* – hätte sich kaum gescheut, seinem Konzertsatz eine solche Harmonie voranzustellen, hätte er tatsächlich eine Anspielung auf die Solokadenz beabsichtigt.
- dem Fehlen von Fermaten über den Orchesterakkorden; Fermaten sind im Orchester vielmehr für die Soloeinlagen des Klaviers vorgesehen.
- dem Verzicht auf jegliche motivische oder thematische Verknüpfung mit dem Konzertsatz selbst. Der Satz vermochte ohne substantiellen Verlust in T. 11 zu beginnen und auch der Reprise des Präludiums in den Takten 362–371 zu entbehren.
- aus der Variation des Präludiums geradezu in Gestalt willkürlicher Veränderungen bei Eintritt der Reprise in T. 362. Selbst die Orchesterinstrumente variieren nun, indem die Bläser ihre Akkorde aushalten. Eine Solokadenz wird freilich nicht variiert, sondern stets neu erfunden.
- aus dem Ausbleiben zeitgenössischer Reaktionen. Weder der Rezensent der Wiener Erstaufführung (1811) durch den 20-jährigen Czerny[150] noch Czerny selbst[151] vermerken diesen Anfang als eine formale Ausnahmeerscheinung, als welche eine Solokadenz vor Satzbeginn zweifellos hätte gelten müssen. Czerny spricht allein von »drei sehr kräftigen, brillant und grossartig auszuführenden Cadenzen«[152], die der Solist im Anschluss an die drei Orchesterakkorde vorzutragen habe. Der Terminus »Cadenzen« meint hier die teilweise taktfreien Überleitungen des Klaviers und mag in späterer Zeit als Solokadenz missverstanden worden sein, von der indes bei Czerny keine Rede ist.

Die Notwendigkeit, dieses Präludium schriftlich auszuführen, ergab sich zum einen aus der Mitwirkung des Orchesters, zum anderen aber aus dem Verbot, Konzerte unter Beteiligung des Orchesters mit Klavierpräludien zu eröffnen, worauf Czerny in seiner *Systematischen Anleitung zum Fantasieren auf dem Pianoforte* ausdrücklich hinweist: »Beim öffentlichen Vortrag eines Konzertstückes (insbesondere wenn es mit Tutti anfängt) ist jedes Präludieren unschicklich.«[153]

Somit blieben der Beginn des *5. Klavierkonzerts* und der »*Chor*«-*Fantasie* die einzigen Beispiele Beethoven'scher Improvisationskunst, die im Musikleben über nahezu 200 Jahre unverändert tradiert wurden.

Anmerkungen

1 Zu diesem Themenkomplex vgl. vom Verfasser »Abendmusik oder Gottesdienst? Zur Funktion norddeutscher Orgelkompositionen des 17. und frühen 18. Jahrhunderts« (3 Teile), in: Schütz-Jahrbuch 25 (2003), S. 7–70; Schütz-Jahrbuch 26 (2004), S. 155–204, und Schütz-Jahrbuch 27 /2005), S. 53–127. Vgl. außerdem S. Rampe, *Orgel- und Clavierspielen 1400–1800. Eine deutsche Sozialgeschichte im europäischen Kontext* (Musikwissenschaftliche Schriften 48), München und Salzburg 2014, S. 140–174.

2 S. Rampe, »Abendmusik oder Gottesdienst?« (2004), S. 160–166. Ders., *Orgel- und Clavierspielen*, S. 117–126.

3 Ebenda, S. 12–19.

4 S. Rampe, »Kompositionen für Saitenklaviere mit obligatem Pedal unter Johann Sebastian Bachs Clavier- und Orgelwerken«, in: Cöthener Bach-Hefte 8: Beiträge zum Kolloquium »Kammermusik und Orgel im höfischen Umkreis – Das Pedalcembalo«, Köthen 1998, S. 143–185 (S. 143–155). Ders., »Sozialgeschichte und Funktion des Wohltemperierten Klaviers I«, in: ders. (Hrsg.), *Bach. Das Wohltemperierte Klavier I. Tradition, Entstehung, Funktion, Analyse. Ulrich Siegele zum 70. Geburtstag* (Musikwissenschaftliche Schriften 38), München und Salzburg 2002, S. 67–108 (S. 80–100). Ders., *Orgel- und Clavierspielen*, S. 69–96.

5 S. Rampe, »Zur Sozialgeschichte des Claviers und Clavierspiels in Mozarts Zeit« (2 Teile), in: Concerto 104 (1995), S. 24–27, und Concerto 105 (1995), S. 28–30. Ders., »Zur Sozialgeschichte der Saitenclaviere im deutschen Sprachraum zwischen 1600 und 1750«, in: Chr. Ahrens und G. Klinke (Hrsg.), *Das deutsche Cembalo*, München und Salzburg 2000, S. 68–93 (S. 72–83). S. Rampe, »Sozialgeschichte und Funktion des Wohltemperierten Klaviers I«, S. 80–91 und 101–108. Ders., *Orgel- und Clavierspielen*, S. 230–236.

6 S. Rampe, »Zur Sozialgeschichte der Saitenclaviere im deutschen Sprachraum«, S. 74–83.

7 Ansätze zur Vermittlung professioneller Improvisationspraxis, allerdings anhand von Generalbassvorlagen, finden sich auch in J. D. Heinichen, *Der General-Bass in der Composition*, Dresden 1728, sowie in J. Mattheson, *Grosse General-Baß-Schule*, Hamburg 1731.

8 Vor dem Credo improvisierte Beethoven schon 1782 in Bonn derart, »daß man ihn länger als üblich fantasieren ließ«; zitiert nach P. Mies, »… quasi una fantasia«, in: *Colloquium Amicorum. Joseph Schmidt-Görg zum 70. Geburtstag*, hrsg. von S. Kross und H. Schmidt, Bonn 1967, S. 239–249 (S. 240).

9 Vgl. hierzu J. Adlung, *Anleitung zu der musikalischen Gelahrtheit*, Erfurt 1758, S. 622–814, sowie S. Rampe, »Abendmusik oder Gottesdienst?« (2004), S. 166–188. Ders., *Orgel- und Clavierspielen*, passim.

10 Chr. F. D. Schubart, *Ideen zu einer Ästhetik der Tonkunst* (Manuskript Hohenasperg/Württemberg 1784/85), hrsg. von L. Schubart, Wien 1806; Neuausg., hrsg. von J. Mainka, Leipzig 1977, S. 221.

11 J. Adlung, *Anleitung zu der musikalischen Gelahrtheit*, S. 700f.

12 S. Rampe, »Zur Sozialgeschichte des Claviers«, Teil 2, S. 28ff. Ders., *Orgel- und Clavierspielen*, S. 36–40.

13 Ebenda, S. 221f.

14 H. Chr. Koch, *Musikalisches Lexikon*, Frankfurt am Main 1802; Faks., hrsg. von N. Schwindt, Kassel u.a. 2001, Artikel »Improvisatori« und »Improvisation«, Sp. 777f.

15 Ebenda, Artikel »Fantasie« (Sp. 554f.), »Fermate« (Sp. 562–567), »Figur, figurirt« (Sp. 569–574) und »Tonschluß, Cadenz, oder Schlußfall« (Sp. 1563–1576).

16 W. Apel, *Geschichte der Orgel- und Klaviermusik bis 1700*, Kassel u.a. 1967; Repr., hrsg. von S. Rampe, Kassel u.a. 2004, S. 23–29.

17 R. Erig unter Mitarbeit von V. Gutmann, *Italienische Diminutionen. Die zwischen 1553 und 1638 mehrmals bearbeiteten Sätze*, Zürich 1979, passim.

18 L. Somfai, *The Keyboard Sonatas of Joseph Haydn. Instruments and Performance Practice, Genres and Styles*, Chicago und London 1995, passim. S. Rampe, *Mozarts Claviermusik. Klangwelt und Aufführungspraxis*, Kassel u.a. 1995, S. 203–218.

[19] L. Mozart, *Versuch einer gründlichen Violinschule*, Augsburg 1756; Faks., Frankfurt am Main 1976, S. 193–216. J. N. Hummel, *Anweisung zum Pianoforte-Spiele vom ersten Unterricht bis zur vollkommensten Ausbildung*, Wien 1828, ²1838; Faks., hrsg. von A. Eichhorn, Straubenhardt 1989, S. 393–425. L. Spohr, *Violinschule*, Wien 1833; Faks., hrsg. von K. Köpp, München und Salzburg 2000, S. 154–192.

[20] H. Chr. Koch, *Musikalisches Lexikon*, Sp. 569–572.

[21] Ebenda, Sp. 571f.

[22] Zitiert nach A. Leitzmann, *Beethovens Persönlichkeit. Urteile der Zeitgenossen* (2 Bde.), Leipzig 1914, Bd. I, S. 80f.

[23] C. Czerny, *Vollständig theoretisch-practische Pianoforte-Schule von dem ersten Anfange bis zur höchsten Ausbildung fortschreitend Op. 500* (4 Teile), Wien [1839–1842], Teil 4, S. 34.

[24] H. Berlioz, *Musikalische Streifzüge*, Leipzig 1912; zitiert nach U. Molsen, *Die Geschichte des Klavierspiels in historischen Zitaten von den Anfängen des Hammerklaviers bis Brahms mit einem Vorwort von Nikolaus Harnoncourt*, Balingen ²1983, S. 70.

[25] BGA 165.

[26] L. Adam, *Méthode de piano*, Paris 1805; Faks., Genf 1974; deutsche Übersetzung zitiert nach U. Molsen, *Die Geschichte des Klavierspiels*, S. 58.

[27] J. N. Hummel, *Anweisung zum Pianoforte-Spiele*, S. 393–457. C. Czerny, *Vollständig theoretisch-practische Pianoforte-Schule*, Teile III–IV. A. B. Marx, *Anleitung zum Vortrag Beethovenscher Klavierwerke*, Berlin 1863, S. 23–88.

[28] Vgl. vor allem G. Schilling (Hrsg.), *Encyklopädie der gesammten musikalischen Wissenschaften, oder Universal-Lexicon der Tonkunst*, Bd. IV, Stuttgart 1837, Artikel »Manier«, S. 515–520, sowie W. Dürr, »›Manier‹ und ›Veränderung‹ in Kompositionen Franz Schuberts«, in: V. Schwarz (Hrsg.), *Zur Aufführungspraxis der Werke Franz Schuberts* (Schriftenreihe des Instituts für Aufführungspraxis an der Hochschule für Musik und darstellende Kunst in Graz und der Gesellschaft für Forschungen zur Aufführungspraxis 4), München und Salzburg 1981, S. 124–139.

[29] L. Spohr, *Violinschule*, S. 154.

[30] Für Ausschmückungen in »grossen Noten« vgl. op. 2,2 (1795), Rondo, T. 1, 41, 53, 100, 112 und 117; op. 10,1 (1796–1798), Adagio molto, T. 28–31 und 75–77; op. 10,3 (1796–1798), Largo e mesto, T. 9–19 etc.; op. 13 (1798/99), Grave, T. 4 und 9f., Adagio cantabile, T. 17–23; op. 22 (1799–1800), Adagio con molto espressione, passim; op. 27,1 (1800/01), Adagio con espressione, passim; op. 31,2 (1801/02), Adagio, passim; op. 101 (1816), Langsam und sehnsuchtsvoll, passim. Ausschmückungen in »kleinen Noten« finden sich in op. 10,1 (1796–1798), Adagio molto, T. 28–31 und 75–77; op. 10,3 (1796–1798), Rondo, T. 4 etc. und 98; op. 27,1 (1800/ 01), Adagio con espressione, T. 26, und Allegro vivace, T. 265; op. 27,2, Presto agitato, T. 187; op. 31,2 (1801/02), Adagio, T. 94; op. 53 (1803/04), Allegro con brio, T. 282f.; op. 101 (1816), Langsam und sehnsuchtsvoll, T. 20; op. 106 (1817/18), Scherzo, T. 112.

[31] Durchgesehen wurden die Editionen von C. Czerny (Bonn u.a. 1856–1868), I. Moscheles, (Stuttgart u.a. [1858]), S. Lebert und I. Faisst (Stuttgart u.a. 1871–1881), H. von Bülow (Stuttgart u.a. 1882–1897) sowie der Verlage André (Offenbach u.a. [o. J.]) und Universal-Edition (Wien u.a. 1908).

[32] BGA 60.

[33] Vgl. hierzu die Vorworte zu L. van Beethoven, *Werke. Abteilung III, Band 2: Klavierkonzerte I,* hrsg., von H.-W. Küthen, München 1984, und *Band 3: Klavierkonzerte II,* hrsg. von dems., München 1996.

[34] Staatsbibliothek zu Berlin – Preußischer Kulturbesitz, Musikabteilung mit Mendelssohn-Archiv, Mus. ms. autogr. Beethoven 13.

[35] Beethoven-Haus Bonn, Mh 4.

[36] Staatsbibliothek zu Berlin – Preußischer Kulturbesitz, Musikabteilung mit Mendelssohn-Archiv, Mus. ms. autogr. Beethoven 12.

[37] Staatsbibliothek zu Berlin – Preußischer Kulturbesitz, Musikabteilung mit Mendelssohn-Archiv, Mus. ms. autogr. Beethoven 14.

38 Gesellschaft der Musikfreunde Wien, A 82 b.

39 Vgl. hierzu H.-W. Küthen in: L. van Beethoven, *Werke. Abteilung III, Band 3: Klavierkonzerte II*, S. XI–XIII, sowie Kritischer Bericht, S. 5–10 und 14–18.

40 Es besteht also keine zwingende Veranlassung zu der von Barry Cooper (»Beethoven's Revisions to his Fourth Piano Concerto«, in: R. Stowell [Hrsg.], *Performing Beethoven*, Cambridge 1994, S. 23–48) vorgetragenen Ansicht, Beethoven habe die »öffentliche« Uraufführung am 22. Dezember 1808 aus der Klavierstimme eben dieser Kammermusikfassung gespielt.

41 Dokumentiert von B. Cooper, »Beethoven's Revisions to his Fourth Piano Concerto«, S. 34–48, und von H.-W. Küthen im Kritischen Bericht zu L. van Beethoven, *Werke. Abteilung III, Band 3: Klavierkonzerte II*, S. 58–60.

42 L. van Beethoven, *Werke. Abteilung III, Band 3: Klavierkonzerte II*, S. XI–XIII.

43 Zitiert nach A. Leitzmann, *Beethovens Persönlichkeit*, Bd. I, S. 38f.

44 Ebenda, S. 45f.

45 H. Chr. Koch, *Musikalisches Lexikon*, Artikel »Fantasie«, S. 554f.

46 J. H. Knecht, *Kleines alphabetisches Wörterbuch der vornehmsten und interessantesten Artikel aus der musikalischen Theorie*, Ulm 1795, Artikel »Fantasiren; Fantasie«, S. 46f.

47 S. Rampe, »Deutsche Generalbasspraxis in der zweiten Hälfte des 18. und ersten Hälfte des 19. Jahrhunderts«, in: Chr. Ahrens und G. Klinke (Hrsg.), *»... con Cembalo e l'Organo ...« Das Cembalo als Generalbaßinstrument*, München und Salzburg 2008, S. 61–92. S. Rampe, *Generalbasspraxis 1600–1800* (Grundlagen der Musik 5), Laaber 2014.

48 C. Czerny, *Briefe über den Unterricht auf dem Pianoforte vom Anfange bis zur Ausbildung als Anhang zu jeder Clavierschule*, Wien [nach 1842]; Faks., Straubenhardt 1988, S. 78f.

49 Ders., *Systematische Anleitung zum Fantasieren auf dem Pianoforte op. 200*, Wien 1829; Faks., hrsg. von U. Mahlert, Wiesbaden u.a. 1993.

50 Ebenda, Kapitel 1, § 1. C. Czerny, *Vollständige theoretisch-practische Pianoforte-Schule von dem ersten Anfange bis zur höchsten Ausbildung fortschreiten Op. 500* (4 Teile), Teil III, S. 84–92.

51 J. N. Hummel, *Anweisung zum Pianoforte-Spiele vom ersten Unterrichts bis zur vollkommenster Ausbildung*, S. 461.

52 H. Chr. Koch, *Musikalisches Lexikon*, Artikel »Tonschluß, Cadenz, oder Schlußfall«, Sp. 1563–1576 (Sp. 1575).

53 Vgl. U. Mahlert im Vorwort zum Faksimile von C. Czerny, *Systematische Anleitung zum Fantasieren auf dem Pianoforte op. 200*, Wien 1829; Faks., Wiesbaden u.a. 1993.

54 J. N. Hummel, *Anweisung zum Pianoforte-Spiel vom ersten Unterricht bis zur vollkommensten Ausbildung*, S. 461f.

55 Zitiert nach A. Leitzmann, *Beethovens Persönlichkeit. Urteile der Zeitgenossen* (2 Bde.), Leipzig 1914, Bd. I, S. 13f.

56 Zitiert nach ebenda, S. 15f.

57 A. Reicha, *Kompositionslehre*, aus dem Französischen von C. Czerny, Wien 1835, S. 283.

58 Zitiert nach A. Leitzmann, *Beethovens Persönlichkeit*, Bd. I, S. 164.

59 G. Kinsky, *Katalog des Musikhistorischen Museums von W. Heyer in Cöln. Band IV: Musikautographen*, Köln 1916, Nr. 215, S. 164–167.

60 Ebda., S. 165.

61 Zitiert nach A. Leitzmann, *Beethovens Persönlichkeit*, Bd. I, S. 75.

62 Zitiert nach ebenda, S. 35f.

63 Zitiert nach ebenda, S. 127.

64 Zitiert nach ebenda, S. 119.

65 Zitiert nach ebenda, S. 62.

66 C. Czerny, *Anekdoten und Notizen über Beethoven,* Manuskript Wien, September 1852 (Staatsbibliothek zu Berlin – Preußischer Kulturbesitz, Musikabteilung mit Mendelssohn-Archiv, Mus. ms. autogr. Czerny 2); Edition in: ders., *Über den richtigen Vortrag der sämtlichen Beethoven'schen Klavierwerke*, hrsg. von P. Badura-Skoda, Wien 1963, S. 13–22 (S. 21).

67 Ebenda, S. 22.
68 Zitiert nach A. Leitzmann, *Beethovens Persönlichkeit*, Bd. I, S. 123.
69 Zitiert nach ebenda, Bd. II, S. 249f.
70 Zitiert nach ebenda, Bd. I, S. 76.
71 Zitiert nach ebenda, S. 118f.
72 Zitiert nach ebenda, S. 127f.
73 Ch. Burney, *Tagebuch einer musikalischen Reise*, hrsg. und aus dem Englischen übersetzt von Chr. D. Ebeling (2 Bde.), Hamburg 1772 und 1773; Neuausg., hrsg. von E. Klemm, Wilhelmshaven 1980, S. 458.
74 Zitiert nach S. Rampe, *Mozarts Claviermusik. Klangwelt und Aufführungspraxis. Ein Handbuch*, Kassel u.a. 1995, S. 89f.
75 C. Czerny, *Erinnerungen aus meinem Leben*, Wien 1842; zitiert nach ders., *Über den richtigen Vortrag*, S. 10.
76 Zitiert nach A. Leitzmann, *Beethovens Persönlichkeit*, Bd. I, S. 145.
77 Zitiert nach ebenda, S. 21f.
78 Zitiert nach ebenda, S. 33.
79 Zitiert nach ebenda, S. 118.
80 C. Czerny, *Über den richtigen Vortrag*, S. 19.
81 Zitiert A. Leitzmann, *Beethovens Persönlichkeit*, Bd. I, S. 159.
82 Zitiert nach ebenda, S. 75.
83 Czerny, *Über den richtigen Vortrag*, S. 18f.
84 Ebenda, S. 19.
85 Ebenda, S. 20.
86 Ebenda, S. 22.
87 Zitiert nach A. Leitzmann, *Beethovens Persönlichkeit*, Bd. II, S. 356. Zur Datierung der Begegnung vgl. BKh 3, S. 489.
88 J. F. Reichardt, *Vertraute Briefe, geschrieben auf einer Reise nach Wien und den Österreichischen Staaten zu Ende des Jahres 1808 und Anfang 1809* (2 Bde.), Amsterdam 1810; Neuausg., hrsg. von G. Herre und W. Siegmund-Schultze, Leipzig 1976, S. 277.
89 Johann Schenk, ca. 1793, Ferdinand Ries, ca. 1804, Sir John Russel, ca. 1820.
90 Ferdinand Ries, 1805, Friedrich Wieck, 1823.
91 Baron de Trémont, 1809; vgl. A. Leitzmann, *Beethovens Persönlichkeit*, Bd. I, S. 117.
92 Franz Gerhard Wegeler; vgl. K. Huschke, *Beethoven als Pianist und Dirigent*, Berlin 1919, S. 72.
93 Baron de Trémont, 1809.
94 Johann Schenk, ca. 1793.
95 Sir John Russel, ca. 1820.
96 P. Mies, »... quasi unda fantasia«, in: *Colloquium amicorum. Joseph Schmidt-Görg zum 70. Geburtstag*, hrsg. von S. Kross und H. Schmidt, Bonn 1967, S. 239–249 (S. 245).
97 Gesellschaft der Musikfreunde Wien, VII 16468–16472; vgl. die Erstausgabe in: J. A. Steffan, *Capricci*, hg. von A. Weinmann, München / Duisburg 1971, Nr. 1, 2 und 5.
98 C. Czerny, *Über den richtigen Vortrag*, S. 21.
99 K. Huschke, *Beethoven als Pianist und Dirigent*, S. 67.
100 A. Leitzmann, *Beethovens Persönlichkeit*, Bd. I, S. 62.
101 C. Czerny, *Über den richtigen Vortrag*, S. 21.
102 H. A. Löw, *Die Improvisation im Klavierwerk L. van Beethovens*, mschr. Diss. Saarbrücken 1962, S. 17.
103 G. Kinsky, *Katalog des Musikhistorischen Museums von W. Heyer in Cöln*, S. 166.
104 Vgl. W. A. Mozart, *Neue Ausgabe sämtlicher Werke IX/27, Bd. 2: Einzelstücke für Klavier (Orgel, Orgelwalze, Glasharmonika),* hrsg. von W. Plath, Kassel u.a. 1982, S. XXVIf. und 166–168.
105 Neuausgabe in A. Rejcha, *Ausgewählte Klavierwerke*, hrsg. von D. Zahn, München 1971, S. 94–103.

[106] Vgl. R. Tenschert, »Beethovens Chorfantasie und IX. Sinfonie«, in: Schweizerische Musikzeitung XCI (1951), S. 97–103.

[107] J. F. Reichardt, *Vertraute Briefe*, S. 277f.

[108] D. Johnson, *Beethoven's Early Sketches in the »Fischhof Miscellany« Berlin Autograph 28*, Ann Arbor (Michigan) 1980, Bd. I, S. 437–470.

[109] H. Richter, »Ein Thema Dittersdorfs in Beethovens Schaffen«, in: *Bericht über den Internationalen Beethoven-Kongreß Berlin 1977*, hrsg. von H. Goldschmidt, K.-H. Köhler und K. Niemann, Leipzig 1978, S. 401–403.

[110] A. Leitzmann, *Beethovens Persönlichkeit*, Bd. I, S. 21f.

[111] G. Kinsky, *Katalog des Musikhistorischen Museums von W. Heyer in Cöln*, S. 166.

[112] Zitiert nach A. Leitzmann, *Beethovens Persönlichkeit*, Bd. I, S. 23f.

[113] Zitiert nach ebenda, S. 62.

[114] Vgl. S. Rampe, *Orgel- und Clavierspielen 1400–1800. Eine deutsche Sozialgeschichte im europäischen Kontext* (Musikwissenschaftliche Schriften 48), München und Salzburg 2014, S. 153.

[115] Zitiert nach A. Leitzmann, *Beethovens Persönlichkeit*, Bd. I, S. 35.

[116] J. J. Quantz, *Versuch einer Anweisung die Flöte traversiere zu spielen*, Berlin 1752; Faks., hrsg. von H. Augsbach, Kassel u.a. 1983, S. 153f.

[117] Ph. Whitmore, *Unpremeditated Art. The Cadenza in the Classical Keyboard Concerto*, Oxford 1991, S. 88–93.

[118] Ebenda, S. 98. D. Sackmann, »Versuch einer Anweisung, Solokadenzen zu improvisieren. Ein Literaturbericht und Thesen zur Aufführungspraxis«, in: K. von Fischer, D. Sackmann und J. Schöllhorn, *Vier Vorträge zur Wienerklassik* (Publikationen von Musikschule und Konservatorium Winterthur 1), Wilhelmshaven 1999, S. 21–80 (S. 27–31).

[119] Ebenda, S. 29ff.

[120] Ebenda, S. 31–38.

[121] D. G. Türk, *Klavierschule oder Anweisung zum Klavierspielen für Lehrer und Lernende*, Leipzig und Halle an der Saale 1789; Faks., hrsg. von S. Rampe, Kassel u.a. 1997, S. 310 und 313.

[122] E. und P. Badura-Skoda, *Mozart-Interpretation*, Wien 1957, S. 214–239.

[123] D. Sackmann, »Versuch einer Anweisung«, S. 44.

[124] Ebenda, S. 45.

[125] Chr. Wolff, »Zur Chronologie der Klavierkonzert-Kadenzen Mozarts«, in: Mozart-Jahrbuch 1978/79, S. 244–248. D. Sackmann, »Versuch einer Anweisung«, S. 39f.

[126] S. Rampe, *Mozarts Claviermusik. Klangwelt und Aufführungspraxis. Ein Handbuch*, Kassel u.a. 1995, S. 300ff.

[127] W. Hess, »Die Originalkadenzen zu Beethovens Klavierkonzerten«, in: Schweizerische Musikzeitung 112 (1972), S. 270–275.

[128] R. M. Friedman, *The Original Cadenzas on the Piano Concertos of Beethoven: An Analysis*, mschr. Diss. Boston 1989, passim. R. Kramer, »Cadenza contra Text: Mozart in Beethoven's Hand«, in: Nineteenth-Century Music 15 (1991), S. 118–130 (S. 125f.).

[129] Erst die Fassung des Erstdrucks von 1804 erreicht c^4.

[130] D. Sackmann, »Versuch einer Anweisung«, S. 48.

[131] Näheres im Kritischen Bericht zu L. van Beethoven, *Werke. Abteilung III, Band 2: Klavierkonzerte I*, hrsg. von H.-W. Küthen, München 1996, S. 41–43. Vgl. auch I. von Seyfried (Hrsg.), *Ludwig van Beethovens Studien im Generalbaß, Contrapunkt und in der Compositionslehre aus dessen handschriftlichen Nachlaß. Zweite revidierte und im Text vervollständigte Ausgabe von Henry Hugh Pierson*, Leipzig etc. 1853; Faks. Hildesheim 1967, S. 1–66. G. Nottebohm, *Beethoveniana. Aufsätze und Mittheilungen*, Leipzig und Winterthur, 1872, S. 154–203.

[132] Separat veröffentlicht als Opus 315.

[133] Zitiert nach A. Leitzmann, *Beethovens Persönlichkeit*, Bd. I, S. 61.

[134] Zitiert nach ebenda, S. 86f.

[135] D. Sackmann, »Versuch einer Anweisung«, S. 48ff.

136 P. Mies, *Die Krise der Konzertkadenz bei Beethoven* (Abhandlungen zur Kunst-, Musik- und Literaturwissenschaft 101), Bonn 1970, vor allem S. 7ff.

137 D. Sackmann, »Versuch einer Anweisung«, S. 40 und 46.

138 H. C. Koch, *Musikalisches Lexikon*, Frankfurt am Main 1802; Faks., hrsg. von N. Schwindt, Kassel u.a. 2001, Artikel »Präludiren«, Sp. 1167.

139 C. Czerny, *Systematische Anleitung zu Fantasieren auf dem Pianoforte op. 200*, Wien 1829; Faks., hrsg. von U. Mahlert, Wiesbaden u.a. 1993, Kapitel 1, § 2.

140 S. Rampe, *Orgel- und Clavierspielen 1400–1800. Eine deutsche Sozialgeschichte im europäischen Kontext* (Musikwissenschaftliche Schriften 48), München und Salzburg 2014, S. 140–174.

141 J. N. Hummel, *Anweisung zum Pianoforte-Spiele vom ersten Unterricht bis zur vollkommensten Ausbildung*, Wien ²1838, S. 465f.

142 Zitiert nach A. Leitzmann, *Beethovens Persönlichkeit. Urteile der Zeitgenossen* (2 Bde.), Leipzig 1914, Bd. I, S. 83.

143 C. Czerny, *Systematische Anleitung zum Fantasieren*, Kapitel 1, § 1.

144 Ebenda, Kapitel 2, § 3.

145 S. Hermelink, *Das Praeludium in Bachs Klaviermusik*, mschr. Diss. Heidelberg 1945; Druckfassung in: Jahrbuch des Staatlichen Instituts für Musikforschung Preußischer Kulturbesitz (1976), S. 7–80. D. Sackmann, »›À la recherche du Prélude perdu‹. Die Praeludien im Wohltemperierten Klavier I und ihre Stellung in der Geschichte der Gattung«, in: S. Rampe (Hrsg.), *Bach. Das Wohltemperierte Klavier I. Tradition, Entstehung, Funktion, Analyse. Ulrich Siegele zum 70. Geburtstag* (Musikwissenschaftliche Schriften 38), München und Salzburg 2002, S. 161–180.

146 C. Czerny, *Systematische Anleitung zum Fantasieren*, Kapitel 2, § 4.

147 Ebenda, Kapitel 2, § 6.

148 S. Rampe, *Mozarts Claviermusik. Klangwelt und Aufführungspraxis. Ein Handbuch*, Kassel u.a. 1995, S. 300f.

149 S. Rampe, »Deutsche Generalbaßpraxis in der zweiten Hälfte des 18. und in der ersten Hälfte des 19. Jahrhunderts«, in: Chr. Ahrens und G. Klinke (Hrsg.), »*... con cembalo e l'organo ...*« *Das Cembalo als Generalbaßinstrument*, München und Salzburg 2008, S. 61–92 (S. 79–85).

150 Vgl. L. van Beethoven, *Die Werke im Spiegel seiner Zeit. Gesammelte Konzertberichte und Rezensionen bis 1830*, hg. von St. Kunze, Laaber 1987, S. 206f.

151 C. Czerny, *Vollständig theoretisch-practische Pianoforte-Schule von dem ersten Anfange bis zur höchsten Ausbildung fortschreitend Op. 500* (4 Teile), Wien [1839–1842], Teil IV, S. 114.

152 Ebenda.

153 C. Czerny, *Systematische Anleitung zu Fantasieren*, Kapitel 1, § 2.

Aufführungspraxis: Beethoven im stilistischen und technischen Umbruch

Von Tilman Skowroneck

Einleitung: Aufführungspraxis und Beethoven-Rezeption

Die angemessene Aufführung von Beethovens Musik war von Beginn an ein Problem – nicht zuletzt für den Komponisten selbst; denn wie wir von zahlreichen seiner Äußerungen wissen, begegnete Beethoven den Aufführungen seiner Werke durch andere Musiker häufig mit herber Kritik. Dabei spielte neben seiner Frustration über das Unverständnis seiner Kollegen bzw. der Musikliebhaber immer auch seine Selbstkritik als Komponist eine Rolle. Typisch hierfür ist eine kurze Passage aus dem *Leonore*-Skizzenbuch von 1805, in dem er, wohl ausgehend vom Schlusschor der Oper (zwischen dessen Skizzen die Bemerkung steht), schreibt: »am 2ten Juni. Finale immer simpler alle Claviermusik ebenfalls – Gott weiß es – warum auf mich meine Claviermusik immer den schlechtesten Eindruck macht, besonders wenn sie schlecht gespielt wird.«[1]

Wir haben es hier mit drei Themen zu tun:

1. Beethovens Intention, einen bestimmten Effekt beim Hörer zu veranlassen. Der »Eindruck«, den Beethoven als improvisierender Virtuose auf sein Publikum machte, war gerade zu Anfang seiner Laufbahn Karrierewerkzeug und musikalisches Ziel zugleich.[2]
2. Die Fertigkeit (oder das Unvermögen) des Komponisten, dieses praktische Wissen um einen angestrebten Podiumseffekt kompositorisch umzusetzen, sowie seine persönliche Unsicherheit über diesen Punkt.
3. Die Fähigkeit des Spielers, die Umsetzung des Komponisten zu entschlüsseln, und in dessen Sinne auszudrücken.[3]

Die Ansicht, dass der Beethoven-Interpret vor allem dem Geist der Komposition nachspüren soll, und aufführungspraktische Hinweise gleichsam aus dem Text herausdestillieren muss, hat ihren Ursprung bereits in Beethovens früheren Jahren. Sie wurde zu einem wichtigen Prinzip der Beethoven-Interpretation, das alle stilistischen Veränderungen und Kehrtwendungen der dazwischen liegenden Zeit unbehelligt überstanden hat. Wie aber dieser Destillierungsprozess vonstatten gehen sollte, darüber änderte sich die Auffassung, wie Carl Czerny bereits 1842 unmissverständlich formulierte. Einerseits stellt Czerny fest, dass jeder Komponist zwar auf seine spezielle »ihm besonders eigenthümliche Weise« vorzutragen sei, »Beethoven aber vielleicht mehr als jeder andre«, andererseits gibt er aber dem stilistisch-geschmacklichen »Fortschritt« seiner eigenen

Zeit mit diesen Worten den Vorzug: »[...] selbst die geistige Auffassung erhält durch den veränderten Zeitgeschmack eine and're Geltung, und muss bisweilen durch and're Mittel ausgedrückt werden, als damals erforderlich waren.«[4]

Czerny beschäftigt sich also mit Beethovens Musik ausdrücklich nicht historisierend, trotz seines gleichzeitigen Anspruches, sie »richtig« vorzutragen zu wollen. Stattdessen trennt er die »geistige Auffassung« von den »Mitteln«, wobei es aber für ihn der Geschmack seiner *eigenen* Zeit ist, der die Wahl dieser Mittel bestimmt. Die Veränderungen, die zu diesem Zweck in seinen illustrierenden Notenbeispielen anbringt, führen ihn dann auch weg vom ursprünglichen Geschehen[5], eine Tendenz die sich in Aufführungsanweisungen für Beethovens Musik durch das gesamte neunzehnte Jahrhundert weiter verfolgen lässt.[6]

Auch Adolf Bernhard Marx bezeichnet sein Buch über Beethovens Klavierwerke zwar als »Vortragslehre«, konzentriert sich in der Folge aber vornehmlich auf den erst zu erarbeitenden Gehalt der Stücke. Beethovens Werke bedürfen einer Anleitung zu ihrem Vortrag vor allem deshalb, »weil ihr Inhalt vorzugsweise und weit mehr als die Werke anderer Komponisten ein besonderer ist, ein solcher, an den das Allen gemeinsam eigne subjektive Gefühl nicht heranreicht [...].«[7] Ein authentisches Beethovenerlebnis wird bei Marx anhand von Analysen der Stücke im Spiegel ihrer selbst, sowie durch eine Konfrontation mit einer Fiktion von Beethovens Charakter hergestellt: »Der rechte Beethovenspieler legt seine Seele in jeden Ton; denn Beethoven selber hat dasselbe getan.«[8] Auch für Marx ist also der »besondere Inhalt« von Beethovens Werken das Objektive, während er dem nicht initiierten Interpreten lediglich ein »subjektives Gefühl« attestiert, das zu einem vollen Verständnis nicht ausreicht.

Dem aufführungspraktisch interessierten Musiker unserer Zeit ist weder durch die Berufung auf eine anekdotisch überlieferte Unzufriedenheit Beethovens an der buchstäblichen Aufführungspraxis seiner Zeitgenossen, noch mit Czernys und Marx' Konzept von einer den Inhalten nach fixen »geistigen Auffassung« vor dem Hintergrund veränderlicher musikalischer Ausdrucksmittel geholfen, im Gegenteil. Schließlich entspringt genau umgekehrt unser Versuch, mit den aufführungspraktischen Konventionen einer vergangenen Zeit vertraut zu werden, letztendlich der Hoffnung, dass wir, mit besserer Grundkenntnis gerüstet, auch einer adäquaten geistigen Auffassung einer Komposition näher kommen, und einen Komponisten so besser zu begreifen lernen. Denn selbst wenn Beethoven ein Erneuerer war, der den geltenden musikalischen Konventionen mit Kritik, manchmal sogar mit Verachtung entgegentrat, so musste er sich, genau wie jeder andere Komponist, bei der Verbreitung seiner Werke vornehmlich als Kommunikator geben, und wir wissen aus zahlreichen Dokumenten, dass er diese Aufgabe sehr ernst nahm, auch wenn sie ihm häufig zur Belastung wurde. Wenn seine Werke schon das Musikverständnis des Publikums auf die Probe stellten, so sollten seine Ausgaben doch jedenfalls korrekt, lesbar und in ihren Ausdrucksbezeichnungen allgemeinverständlich sein. Somit ist unsere Beschäftigung mit diesen Konventionen nicht eine Technikalität, die vom wahren Gehalt eines Stückes abzulenken droht, sondern sie wird zum unabdinglichen Schlüssel für unser Verständnis der Notation Beethovens, und speziell der Ausdruckszeichen.

Für diesen Ansatz ist vor allem der aufführungspraktische Hintergrund von Beethovens Lesern – aus seiner Sicht, bzw. der seiner jeweiligen Herausgeber – zu beachten, sowie, diesem vorangehend, die Besonderheiten der notationstechnischen Schulung, die der Komponist in seiner Jugend selbst erlernt hatte. Eine frühe Untersuchung in dieser Richtung stammt von Franz Kullak, der sich 1881 anlässlich seiner Ausgabe von Beethovens Klavierkonzerten ausgiebig in den Quellen zur Verzierungslehre des ausgehenden 18. Jahrhunderts umsah. Kullak war über seinen Vater Theodor ein Enkelschüler Czernys, setzte sich mit diesem aber eher kritisch auseinander. Viele Spielweisen aus der musikalischen Werkzeugkiste von Beethovens Jugendzeit erarbeitete er sich neu, auf der Suche der »richtigen Auffassung [...] welche der Komponist von seinem Werke hatte, als er es schuf.«[9] Der Umweg über zeitgenössische historische Quellen zur Aufführung war zu Kullaks Zeit – jedenfalls für Beethoven – etwas Neues, was sich an seinen manchmal ausschweifenden Erklärungsversuchen, und bisweilen auch an seiner Verwunderung angesichts von gewissen vermeintlich »krausen« historischen Anweisungen, ablesen lässt.[10]

Kullak konzentriert sich in seinem Text auf Beethovens Verzierungen, und kommt in diesem vergleichsweise festumrissenen Thema ohne eine Verantwortung seiner Quellenauswahl aus. Diese Tendenz setzt sich in einem Teil der Verzierungsforschung über Heinrich Schenker bis in neuere Zeit fort, ohne dass allerdings ein vollständiger Konsens über die Interpretation Beethovenscher Verzierungen erreicht worden ist.[11] Generell ist der Frage, welche Quellen für die Aufführung von Beethovens Werken letztlich relevant sind, tatsächlich schwer beizukommen. Am Weitesten ist man damit wohl in der Skizzenforschung und dem Studium von Beethovens Kompositionstechniken gekommen, wo es zumindest seit Gustav Nottebohms Arbeiten im ausgehenden 19. Jahrhundert eine kontinuierliche Forschungstradition gibt.[12] Beethovens Beschäftigung mit den Musiktheoretikern wird hier jedoch vorwiegend im Zusammenhang mit der Entwicklung seiner Kompositionsweise gesehen, und nicht damit, wie seine Musik gespielt werden soll. Für die Aufführungspraxis hat sich stattdessen ein breiter gefächerter Ansatz etabliert, der das Beste aus der Beethovenschen Textforschung und Analyse mit Biographischem und Anekdotischem kombiniert, und der die theoretischen Quellen des achtzehnten und angehenden neunzehnten Jahrhunderts nur bei Bedarf (und idealer Weise mit einer genauen Motivation) mit heranzieht.[13]

Eine solche historisierende Beschäftigung mit Beethovens Aufführungspraxis ist eine vielschichtige und anspruchsvolle Aufgabe. Dabei geht es weniger um Beethovens eigene Spielweise, die, Czerny zufolge, zumindest nach ca. 1800 zunehmend »von seinen stets wechselnden Launen« abhing und »uns nicht immer als Muster dienen« kann.[14] Über solche persönlichen Grillen kann man aus unserer Warte weitgehend hinwegsehen, auch wenn die Gewissheit, dass Beethovens Spiel mit zunehmendem Alter (bzw. mit zunehmender Taubheit) viel von seiner ehemaligen Brillanz einbüßte, ein Unsicherheitsfaktor bleibt. Am besten lässt sich diese Unsicherheit wohl überbrücken, indem man sich den Spielstil eines idealisierten Beethovenschülers erträumt.

Wichtiger ist das übergreifende Problem der aufführungspraktischen Zuordnung Beethovens in seiner eigenen Zeit. Die Beethoven-Literatur ist voll von Originalzitaten des Komponisten aus allen Schaffensperioden, in denen er seine sarkastisch-kritische

Distanz zur musikalischen Praxis seiner Zeitgenossen kundtut, und dies in einer Zeit, die ohnehin von einem stilistischen und musiktechnologischen Umbruch geprägt war. Diese Distanz wurde Beethovens selbstdarstellerisches Kostüm, und auch seine Zeitgenossen und die direkt folgende Generation sahen ihn gerne darin. Dies wirkte sich auf die Auswahl der überlieferten aufführungspraktischen Themen aus, wie sie beispielsweise von Czerny und von Anton Schindler bekannt sind. Hinzu kommt in fast allen Beethoven-Anekdoten das Anliegen des Erzählenden, die Individualität und Andersartigkeit Beethovens hervorzuheben, dagegen aber seine mögliche Konformität mit der musikalischen Umwelt oft weitgehend unerwähnt zu lassen. Beim Aufspüren von Beethovens aufführungspraktischen Anfängen in seiner Jugendzeit zum Beispiel, und bei der Bestimmung ihrer Bedeutung für seine Werke, muss also mit Vorsicht vorgegangen werden. Beethovens Aufführungspraxis will erarbeitet werden, und die Abkürzung über den schnellen anekdotischen Beleg ist dabei wenig erfolgversprechend.

Dies Kapitel bietet nicht den Platz, das Thema Aufführungspraxis bei Beethoven in seiner gesamten Breite auch nur annähernd zu behandeln. Stattdessen sollen hier einige ausgewählte Teilgebiete dazu dienen, diverse Methoden zu verdeutlichen, die für die Praxis brauchbare aufführungspraktische Information generieren können. Dafür kommen einerseits solche Themen in Frage, die der Überlieferung nach für Beethoven selbst eine besondere Bedeutung hatten, wie z.B. das Legato, was ich hier ausführlicher behandeln werde. Andere Gebiete, wie die Bedeutung der Verzierungszeichen, sind erst in der Rückschau zu einem Diskussionspunkt in der Beethoven-Interpretation geworden. Da es hier einige Parallelen zum Legato-Thema gibt, werde ich die Verzierungen mit einigen Beispielen kurz besprechen.

Einen speziellen Platz hat bei Beethoven die Entwicklung der Musikinstrumente und ihrer Spielweise. Das gilt insbesondere (aber nicht ausschließlich) für das Klavier, welches zu seinen Lebzeiten eine sprunghafte Entwicklung durchmachte. Kennzeichnend für heutige Diskussionen ist oft eine Beschäftigung mit einigen bekannten Stellen aus Beethovens Werk, die auf modernen Instrumenten schwer zu deuten oder zu spielen sind. Parallel dazu besteht ein Diskurs über das (scheinbar) Unausführbare auf den Instrumenten der Beethovenzeit, der den visionären Charakter seiner Kompositionen hervorzuheben versucht. Auch hier kann dies Kapitel der Diskussion zwar nicht voll gerecht werden, ich werde aber zumindest versuchen, einige Denkanstöße zu vermitteln. Die wichtige Frage der Wahl eines Grundtempos und der Tempostabilität sprengt dahingegen den Rahmen und wird hier nicht behandelt werden.

Wie »mit dem Bogen gestrichen«: Beethovens Legato-Notation

Wie so vieles bei Beethoven nimmt die Diskussion über das Legato ihren Ausgang in der Klaviermusik, und auch hier ist ein häufig verwendetes Zitat von Carl Czerny richtungsweisend. Es geht um Czernys Erinnerungen von seiner ersten Begegnung mit Beethoven. Der Zehnjährige spielte dem Komponisten einige Werke vor, worauf Beethoven ihn als Schüler annahm und seinem Vater auftrug; »Vor allem aber verschaffen Sie ihm Emanuel

Bachs Lehrbuch über die wahre Art das Clavier zu spielen, das er schon das nächste Mal mitbringen muß.« Czerny schreibt weiter:

> [...] Hierauf ging er mit mir die zu diesem Lehrbuch gehörigen Übungsstücke durch und machte mich vorzüglich auf das *Legato* aufmerksam, daß er selber in einer so unübertrefflichen Art in seiner Macht hatte, und das zu jener zeit alle andern Pianisten auf dem Fortepiano für unausführbar hielten, indem damals /: noch von Mozarts Zeit :/ das gehackte u kurz abgestossene Spiel Mode war.[15]

Czerny reduziert hier rückblickend das Artikulationsspektrum des ausgehenden 18. Jahrhunderts auf ein undifferenziertes Non-legato, was so nicht den Tatsachen entsprach. Darüber hinaus versäumt er, die Unstimmigkeit anzusprechen, die sich zwischen Carl Philip Emanuel Bachs *Versuch über die wahre Art, das Clavier zu spielen*[16] und Beethovens Legato-Anweisungen ergibt. Dabei entspricht die Wortwahl, mit dem er den alten artikulierten Spielstil kritisiert, einer Bemerkung in Daniel Gottlob Türks *Klavierschule*, die sich ausgerechnet mit C. Ph. E. Bachs *Non*-legato kritisch auseinandersetzt.[17]

Bach hatte geschrieben: »Noten die weder gestossen [artikuliert] noch geschleifft [legato] noch ausgehalten werden, unterhält man so lange als ihre Hälfte beträgt.«[18] Diese Anweisung beschreibt also ein grundsätzlich nicht gebundenes Spiel. Sie bezieht sich, wie aus Bachs weiteren Ausführungen ersichtlich ist, auf alle jene Noten, die weiter keine Ausdrucksbezeichnung tragen, und deren musikalischer Kontext zu neutral ist, um einen eindeutigen Hinweis zu ihrer Ausführung zu liefern. Dies sind »gemeiniglich die Achttheile und Viertheile in gemäßigter und langsamer Zeit=Maasse, und [sie] müssen nicht unkräftig, sondern mit Feuer und ganz gelindem Stosse gespielt werden.«[19] Türk schreibt zu dieser Stelle, der Vortrag würde »doch wohl zu kurz (hackend) werden, wenn man jeden schleifenden etc. Ton nur die Hälfte seiner Dauer aushielte.«[20] Seine eigene Empfehlung lautet: »Bey den Tönen, welche auf die gewöhnliche Art d.h. weder gestoßen noch geschleift, vorgetragen werden sollen, hebt man die Finger ein wenig früher, als es die Dauer der Note erfordert, auf.«

Die Praxis eines »gewöhnlichen« oder »ordentlichen Fortgehens,« im Sinne eines differenzierten non-legato-Spiels auf Tasteninstrumenten, war im 18. Jahrhundert fest etabliert, und Beschreibungen wie jene Türks finden sich in vielen Quellen wieder. Abgesehen von solchen »neutralen« Noten handelt es sich dabei häufig um Anweisungen zur Deutlichkeit im Passagenspiel. Außerhalb des »ordentlichen« Non-legato waren es aber gerade die weiteren Spielanweisungen zu einem Stück, bzw. der gefühlsmäßige Kontext einer Passage (d.h. ihr Affekt), die zur letztendlichen Wahl der Tonlänge führen sollte. Das ist ein wichtiger Punkt, da viele Autoren besonderen Nachdruck auf die Aufgabe des Musikers legten, ein Stück in allen seinen Affekten vollständig zu erfassen, sich selbst in diese Affekte zu versetzen, und diese dann im musikalischen Vortrag wiederzugeben. Zur Wiedergabe der Affekte war jede Art von Anschlag und Artikulation zu erwägen. Wie aus Bachs erstem Zitat ersichtlich ist, war auch ein volles Legato dabei durchaus möglich.

In Türks Kritik zeichnet sich zwar der Beginn eines Geschmackswandels ab, aber auch wenn er die neutralen, unbezeichneten Noten länger ausführen lässt als der ältere

Bach, so bleiben sie dennoch von einander abgesetzt, und werden demnach ausdrücklich nicht legato gespielt. In Czernys Welt von 1842, als er seine Erinnerungen an Beethoven niederschrieb, war dieser Geschmackswandel sehr viel weiter fortgeschritten. Wenn wir ihn beim Wort nehmen, benutzte Beethoven also offenbar Bachs Übungsstücke im Unterricht *nicht*, um dessen Artikulationsweise zu lehren, sondern lediglich als Ausgangsmaterial, um seine eigene Ästhetik dem Schüler nahezubringen.

Festzulegen ist jedenfalls, dass Beethoven dem Legatospiel auf dem Fortepiano besondere Bedeutung zumaß, während es bei vielen zeitgenössischen Spielern kurz nach 1800 noch nicht voll etabliert war. Beethovens allgemeine Vorliebe zum Legato ist auch anderweitig gut dokumentiert und bedarf an sich keiner Erläuterung. Aus heutiger Sicht stellt sich aber die Frage wie, und an welchen Stellen, seine Notationsweise diese Vorliebe reflektiert. Diese Frage zu beantworten ist wegen der vielen nicht besonders mit Artikulationszeichen bezeichneten Passagen in seiner Musik unabdinglich. War für Beethoven der normale oder »ordentliche« Anschlag automatisch ein reines Legato oder ist für geeignete Passagen ein differenziertes Non-Legato immer noch denkbar?

Czerny entscheidet eindeutig zugunsten eines automatischen Legatos. Leider ist er hier kein zuverlässiger Zeuge, weil seine Ansichten zu Beethovens Legato eindeutig zu jenen »And'ren Mitteln« gehörten mit denen er dem »veränderten Zeitgeschmack« nahekommen wollte. In seiner Klavierschule formulierte er sich so: »Das gewöhnliche Legato wird durch Bindungen angezeigt, muss aber auch überall angewendet werden, wo der Autor gar nichts andeutete.«[21] In seinen Anweisungen zum »richtigen Vortrag« der Werke Beethovens erlaubte er sich denn auch eine Vielzahl von signifikanten Veränderungen – sichtlich verlängerte oder hinzugefügte Legatobögen – die gegenüber Beethovens eigener Notation das Legato viel stärker hervorheben.[22]

Nun könnte man tatsächlich vermuten, dass Beethoven, vielleicht gestützt auf Milchmeyer[23] oder Clementi (der schon 1801 in seiner Klavierschule ein grundsätzliches Legato propagierte[24]), eine Legatopraxis bei den Spielern seiner Musik bereits voraussetzte. Zusätzlich mit Legatobögen gekennzeichnete Passagen wären hier also eine Erinnerung bzw. eine an sich überflüssige strikte Anweisung, das Legato hier unbedingt einzuhalten[25]. Angesichts der differenzierten Bogensetzung, die wir in Beethovens Handschriften und Erstdrucken antreffen, macht diese Betrachtungsweise aber keinerlei Sinn. Geht man zudem davon aus, dass Beethoven bei seinen Zeitgenossen ein Verständnis für seine stilistischen Neuerungen erst erwirken musste, so folgt daraus, dass für ihn wohl oder übel die gängige Notationspraxis des »ordentlichen« Non-legato zu gelten hatte. Ein Legato wurde vom Komponisten durch die vorgegebene Satzbezeichnung suggeriert (z.B. in langsamen und getragenen Sätzen) oder durch Zusätze wie Bindebögen oder ausgeschriebene Anweisungen (z.B. »Legato« oder »durchaus gebunden«) eindeutig angegeben. Beethovens Notation lässt sich nach diesem Modell generell gut umsetzen, da er sowohl sein spezielles Legato, als auch Akzente und Staccatopassagen, in seiner ausdrücklichen und oft pädagogischen Notation sichtbar machte. Hierbei verfuhr er zwar nicht überall konsequent, aber insgesamt dennoch der Praxis von Ort und Zeit entsprechend.[26] Geht man aber von einem generellen Legato aus, verschwindet die innere Logik seiner Notation vollständig.

Die Entwicklung von Beethovens Legato lässt sich, zusammen mit seiner musikalischen Geschmacksbildung und wachsenden kompositorischen Erfahrung, an seiner Notation in einigen Frühwerken mühelos aufzeigen. In den frühesten erhaltenen Werken (*Variationen über einen Marsch von Dressler* WoO 63 von 1782; *Kurfürstensonaten* WoO 47 von 1782–1783; Rondos WoO 48 und 49 sowie das Lied *An einen Säugling* WoO 108, alle von 1783) spielt ein mit Bögen ausgedrücktes längeres Legato fast gar keine Rolle. Stattdessen notiert Beethoven für auffallend viele Figuren von vier Noten eine »Bogen-Keil-Keil«-Artikulation, also zwei Noten gebunden, zwei abgesetzt. Nur ausnahmsweise finden sich stattdessen zwei Zweierbindungen, oder Kombinationen von drei gebundenen und einer gestoßenen Note:[27]

Diese Artikulationsweise hat ihren Ursprung eindeutig bei Beethoven selbst, und nicht z.B. bei seinen Herausgebern oder Mentoren, wie sich an seinem eigenen Handexemplar der Druckausgabe von den Sonaten WoO 47 ablesen lässt, in das er handschriftlich einige weitere solcher Artikulationen einfügte und mit Fingersätzen versah[28].

Beethovens frühe Anwendung dieser frühklassischen Standartformel nimmt auf den Affekt, oder musikalischen Gehalt, einer Passage so gut wie keine Rücksicht, demonstriert aber seine Fingerfertigkeit (sicher in Hinblick auf die zum Teil recht akrobatischen Originalfingersätze in WoO 47[29]) und hilft uns so festzustellen, dass die früheste »Spezialität« des noch ziemlich jungen Klavierspielers ein virtuoses und auch in hohem Tempo recht starrköpfig appliziertes Non-legato war.

Dies änderte sich jedoch schnell: In Beethovens Werken von den folgenden Jahren erweitert sich das Spektrum seiner Artikulationslösungen, wie auch insgesamt seine expressive Notation, zusehends. Das *Klavierkonzert* WoO 4 vom folgenden Jahr 1784, dessen Klavierstimme in einer fremden Hand, jedoch mit Beethovens eigenen Ergänzungen, erhalten ist, enthält bereits, wie Leon Plantinga schreibt, eine wahre »Anthologie von Spielfiguren« für den Tastenspieler[30]. Hierunter finden sich im Mittelsatz (Larghetto) einige auffallend lange Legatobögen, über Kantilenen aus mehr als zehn Zweiunddreißigstelnoten hinweg. Weitere Werke aus der Zeit – darunter Kammermusik auch für andere Instrumente als das Klavier – demonstrieren dieselbe Tendenz zu einer differenzierteren Artikulation.[31] Dennoch bezieht sich der Großteil seiner Artikulationsanweisungen aus dieser Zeit nach wie vor auf Zweier- und Vierergruppen im schnellen Wechsel von kurzen Bögen und Staccatopunkten oder Keilen.

Schon vor seiner Ankunft in Wien 1792 begann Beethoven zunehmend seinen Spielstil an der pianistischen Konkurrenz auszurichten.[32] Die Skizzenbücher dieser Zeit sind voll von Spielfiguren, technischen Übungen und Konzertkadenzen, die seine diesbezüglichen Ambitionen dokumentieren. Unter diesen findet sich ein Fragment von ungefähr 1790, das als Beleg für Beethovens wachsendes spezielles Interesse an einem pianistischen Legato gelten kann. Hierbei handelt es sich um eine skizzierte A-Dur Tonleiter über mehrere Oktaven, die Beethoven über zwei Systeme hinweg notiert, und jeweils mit einem durchgehenden Legatobogen versieht. Hinzu kommen die Zusätze »Adagio molto« und die folgende Randnotiz: »das schwere hiebey ist diese ganze passage so zu schleifen, daß man das aufsezen der Finger gar nicht hören kann, sondern als wenn es mit dem Bogen gestrichen würde, so muß es klingen.«[33] Diese Beschreibung enthält Beethovens klaviertechnisches Programm für das Legato, dessen Ausführung (wie auch Czerny später bekundet) besondere Aufmerksamkeit erfordert, speziell in dieser wie »mit dem Bogen gestrichenen« Form.

In seinen drei *Klaviersonaten* op. 2, die 1796 bei Artaria erschienen, griff Beethoven bekanntlich auf einige Motive aus den frühen *Klavierquartetten* WoO 36 zurück, veränderte jedoch deren Artikulation und fügte viele ganztaktige Legatobögen hinzu, sogar in Takten, die in den Quartetten gänzlich unbezeichnet waren. Eine gegen Ende der Achtzigerjahre zu beobachtende Tendenz zu einer sparsameren expressiven Notation wird hier zwischenzeitlich wieder aufgegeben. Dasselbe gilt für andere Stücke aus der ersten Wiener Zeit, wie die *Variationen* für Klavier und Violine WoO 40 und die drei *Klaviertrios* op. 1.[34] Beethoven gibt sich hier überdeutlich, vielleicht um einem noch unbekannten Publikum die gewünschte Artikulation lückenlos anzuzeigen. Seine spätere expressive Notation ist selektiver, dennoch lässt sich sein größer werdender Hang zum Legato in seiner Schreibweise eindeutig zurückfinden, auch wenn vor allem in seinem Spätwerk eine stillschweigende »*simile*«- Notation, sowohl von Artikulationen als auch Bindebögen, häufiger vorkommt. Im Finale der *Sonate* op. 101 sind z.B. die Staccatopunkte in Takt 127 und 128 auf andere thematische Einsätze übertragbar. In der 24. Variation (Fughetta, Andante) der *Diabelli-Variationen* op. 120, ohnehin bereits mit *sempre legato* bezeichnet, benutzt Beethoven die Legatobögen lediglich, um einige Themen- und Kontrasubjekteinsätze zu markieren, sowie in einer Doppelgriffpassage (Takte 27–29), wohl als Erinnerung an die übergreifende Legatovorschrift. Doch selbst in dieser späten Komposition zeigt sich, dass er – entgegen Czernys späterer Auffassung – nicht von einem automatischen Dauerlegato ausging: Variation 26 ist z.B. durchgehend mit Legatobögen bezeichnet, um anderen Lösungen vorzubeugen, und Variation 27 macht einen Unterschied zwischen nicht bezeichneten Sechzehnteltriolen in sprunghafter Form, und horizontalen Figuren, die mit Bögen versehenen sind.

Bei der Interpretation von Beethovens Artikulationsanweisungen ist die wichtigste Frage oft, was bei Beginn und Ende eines Legatobogens geschehen soll. Für paarweise gebundene Noten, oder andere kurze Bögen, ist das kaum ein Problem: Normalerweise wurde der Anfang einer solchen Figur stärker oder sogar akzentuiert gespielt, und der Bogen war, als Abzug, diminuendo zu interpretieren, wenn auch die abschließende Note nicht immer automatisch kurz zu spielen war: Clive Brown verweist auf Johann Friedrich Reichardts Definitionen vom »eigentlichen« und »uneigentlichen« Abzug in seinem Buch *Ueber die Pflichten des Ripien-Violinisten* von 1776. Beim eigentlichen Abzug wird »der

Bogen völlig von den Saiten gehoben wird, sobald die Note nur schwach gehört worden«; dieser eigentliche Abzug »kommt jeder Note mit einem Vorschlage zu, der eine Pause folgt.« Der uneigentliche Abzug »besteht darinnen, dass der Bogen schwächer fortfährt, oder auch wohl auf der Saite ruhen bleibt und kommt jeder Note zu die einen Vorschlag hat«.[35] Die nachfolgende Pause ist aber nicht das einzige Indiz für einen kurzen Abzug. Wie beim oben erwähnten »ordentlichen Fortgehen« war für die Kürze einer willkürlichen unbezeichneten Note, und somit auch einer Abschlussnote eines Legatobogens, der musikalische Charakter mit bestimmend, egal ob der Komponist durch Weglassen oder Hinzufügen von Pausen dies eindeutig festgelegt hatte. Dasselbe galt übrigens für durch Punkte angegebenes Staccato, das dem Charakter des Stückes entsprechend verstärkt oder gemildert werden konnte.[36] In der Praxis (und auf andere Instrumente als die Violine übertragen) ergibt sich demnach ein weiteres Spektrum in der Bestimmung der Stärke und Länge des Abzugs. Aber auch längere Legatobögen, als bei Reichardt angegeben, wurden in der Regel stärker angegangen, und im Diminuendo geendet, wodurch eine Verkürzung der Abschlussnote oft naheliegt.[37] Die Frage ist nun, wie bei aufeinanderfolgenden längeren Legatobögen zu spielen ist: fügt man diese schlicht zu einem durchgehenden Legato zusammen, oder wird jeder Bogen für sich abgeschlossen und der folgende neu angesetzt?[38]

Eine Schwierigkeit ist, dass es nicht immer eindeutig erkennbar ist, ob Beethoven seine Bögen unterbrechen, oder weiterführen wollte. Zum einen haben wir es mit vielen Unregelmäßigkeiten in seiner Notation zu tun, die z.B. auf Eigenheiten oder Flüchtigkeiten der Vorlagen, oder auf Übertragungsfehlern beruhen können. Aber auch Zeilenwechsel und die noch nicht völlig überwundene setztechnische Konvention, Legatobögen jeweils nur für eine Taktlänge zu setzen, obwohl sie vielleicht ein durchgehendes Legato bezeichnen sollen, vermitteln oft ein falsches Bild.[39] Die Legatobögen der Sechzehntelfiguren für die Streicher im Andante molto mosso der *Sechsten Sinfonie* op. 68 z.B. sind im Erstdruck (sowohl im Stimmensatz als auch in der Partitur) ordentlich nach Takten geordnet, und fassen, jeweils dem harmonischen Rhythmus folgend, ganze, halbe oder Vierteltakte zusammen. Im Autograph dagegen sind die Legatobögen der ganztaktigen Streicherfiguren (in den Takten 7–10 und allen entsprechenden Figuren) optisch deutlich von den als Abbreviatur notierten halb- und vierteltaktigen Tremolofiguren (z.B. in den Takten 5 und 6 und vergleichbaren Takten) unterschieden.[40] Obwohl Beethoven auch in der Handschrift der Konvention folgt, die Bögen am Taktende abzusetzen, meint man an den zahlreichen Überlappungen, und dem generellen Duktus der Bögen, erkennen zu können, dass er für diese Passagen eigentlich ein kontinuierliches Legato beabsichtigte, während die umgebenden Tremolofiguren, der Harmonie folgend, vielleicht neu angesetzt werden können.

In vielen Fällen bleibt die gewünschte Länge des durch aufeinanderfolgende Bögen ausgedrückten Legatos diskutierbar. Besieht man sich z.B. die sauber pro Takt gesetzten Bögen zu Beginn des Seitenthemas im ersten Satz der *Klaviersonate* op. 2 Nr. 3 (Beispiel 2), so scheint es naheliegend, zumindest die linke Hand nicht in jedem Takt neu anzusetzen. Dahingegen will der Unterschied zwischen den mit Bögen bezeichneten Takten 27–30, und denen ohne Bögen (Takt 31 und folgende), beachtet werden, indem man in letzteren die linke Hand leichter und weniger gebunden spielt. Sicher ist diese Lösung jedoch keinesfalls; vielleicht wollte Beethoven in dieser frühen Sonate die einzelnen Takte noch deutlich voneinander trennen:

Bei vielen länger gesetzten Legatobögen in Beethovens unmittelbar folgenden Werken erübrigt sich die Frage der taktmäßigen Fragmentierung. Im ersten Satz (Presto) der *Klaviersonate* op. 10 Nr. 3 findet sich die folgende Passage:

In der Reprise findet sich dieselbe Passage in verlängerter Form wieder:

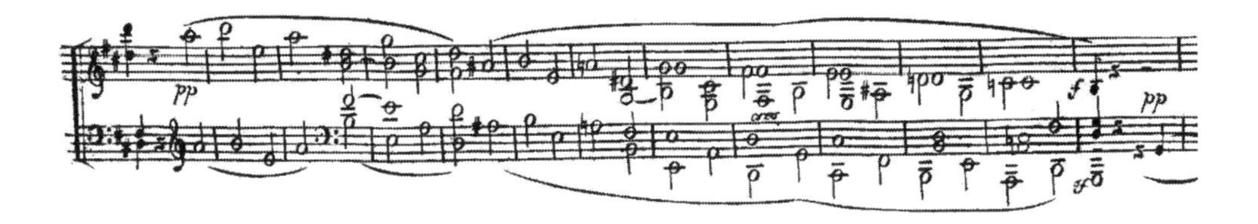

Hier gibt Beethoven die gewünschte Artikulation ganz klar wieder. Die erste Phrase von acht Halbnoten wird gebunden und zu Ende abgeschlossen; die folgende Phrase wird neu angesetzt, und in der Exposition nach vier Noten abgeschlossen, für einen zwar immer noch pianissimo, aber leichter und nicht gebunden zu spielenden Kadenzabschluss. In der Reprise wird die zweite Phrase stattdessen harmonisch weitergesponnen, was durch ein auf die doppelte Länge fortgezogenes Legato unterstrichen wird.[41]

Zieht man den allgemeinen Charakter des Stückes hinzu, bietet es sich für dieses Presto an, die Bogenanfänge leicht anzusetzen, und ihre Enden diminuendo zu spielen, ohne dabei aber den allgemeinen Fluss zu stören. Bei langsamen Sätzen dagegen, in denen der allgemeine Charakter fließender ist, können die Übergänge vom einen Legatobogen zum nächsten oft beinahe unmerklich geschehen. Dies mag z.B. im vieldiskutierten Adagio cantabile aus der *Klaviersonate* op. 13 angebracht sein:

Die Bogensetzung in diesem Thema ist auffallend unregelmäßig. Am wenigsten mit den Konventionen der Zeit vereinbar sind die Neuansätze in der Oberstimme in der Mitte von Takt 5 und 7, die mit einem (an sich diminuendo zu spielenden) Bogenende im Bass zusammentreffen. Dieses Beispiel hat von früh an für Verwirrung gesorgt: Czerny verlängerte kurzerhand die Bögen[42]; Franz Kullak dahingegen wehrte sich 1881 gegen eine Veränderung des Originals[43]; Herbert Grundmann und Paul Mies schreiben 1966, das Thema zeige »wie [Beethoven] sich bemüht, Takteinschnitte, regelmäßige Anordnung der Strukturen und Betonungen zu überbrücken«[44] (was letztlich eine Kompositionsanalyse ist und keine unmittelbare Lösung für die Aufführung bietet); Newman, der das Beispiel unter die unlogischen Bögen (»illogical slurs«) einreiht, nennt Grundmann und Mies' Beschreibung eine geniale Erklärung (»ingenious rationale«) zur Beschreibung von Beethovens angeblichem Feldzug gegen die Tyrannei des Taktstriches (»tyranny of the barline«)[45]; Rosenblum schließlich diskutiert die Passage mit ausdrücklicher Vorsicht, und ohne zu einem definitiven Schluss zu kommen.[46]

Ich habe andernorts auf den Grundcharakter des »Andante cantabile« hingewiesen, innerhalb dessen ein Neuansatz der Bögen stören würde, vor allem auf einem Klavier von Beethovens Zeit mit seinem deutlichen Tonbeginn und hohem Obertonanteil. Stattdessen lässt sich Bedeutung der Bögen nach Türk und Leopold Mozart dynamisch deuten.[47] Durch den Diminuendo-Verlauf eines jeden Bogens spielerisch umzusetzen, könnte man die Melodie in subtiler Weise ausformen, etwa als wenn darauf Worte mit diversen Konsonanten gesetzt wären. Beim Überdenken dieses Erklärungsversuchs überwiegt dennoch der Eindruck, dass Beethovens Bogensetzung hier letztlich nicht voll befriedigend zu lösen ist, wobei Czernys postuliertes Dauerlegato diesem Problem von allen Lösungen aber am wenigsten gerecht wird.

Beethoven spielte in seiner Jugend bekanntlich die Viola im Bonner kurfürstlichen Orchester. Obwohl seine Künste als Streicher später zu wünschen übrig ließen, hatte er nicht nur eine gute Kenntnis, sondern auch sehr bestimmte Ansichten über die Bogentechnik auf den verschiedenen Streichinstrumenten. Die erwähnte Legato-Skizze, die wie »mit dem Bogen gestrichen« klingen müsse, belegt auch Beethovens Interesse am Legato im Allgemeinen, losgelöst von der reinen Klaviertechnik. Bereits in den *Cellosonaten* op. 5, die 1796 in Berlin für Jean-Louis Duport geschrieben wurden, kommen in der Cellostimme einige auffallend lange Legatobögen vor. Doch ist umgekehrt noch in der *Sonate* op. 69 von 1807/08 das Legato für das Cello häufig taktweise notiert, während im Klavier mehrere Takte gebunden werden (vgl. 1. Satz, Cello, Takt 38–44 und Klavier, Takt 51–57). Hier notiert Beethoven im Cello offenbar die tatsächliche Bogenführung, im Klavier aber den klingenden Effekt. Dieser Unterschied zeigt die Schwierigkeiten auf, die sich bei der Interpretation von Beethovens Notation im Spiegel stilistischen Wandels bisweilen stellen. David Watkin stellt in seiner Studie über Beethovens Cellosonaten Bezüge zu den Celloschulen von Duport, Dotzauer und Romberg her. Der Anfang der *Sonate* op. 69 z.B., oder das Adagio von op. 102/2, verlange »die Kultivierung einer glatt zusammenhängenden Linie« mit kaum hörbarem Bogenwechsel.[48] Watkin stützt sich hier auf Bernhard Romberg, der geschrieben hatte: »je weniger Bewegung in der Hand beim Umsatz des Bogens ist, desto schöner und zusammenhängender ist das Spiel. Es müssen die Finger beim Umsatz durchaus nichts an ihrer angenommenen Haltung des Bogens verändern, dergestalt, dass der Umsatz kaum hörbar wird.«[49] Somit, schreibt Watkin, »wirkten Beethovens lange Bögen oder Phrasierungen der Gewohnheit der Instrumentalisten entgegen, die immer noch in einem gewissen Grade die erste Note eines Bogens betonten und die letzte Note absetzten, wie Leopold Mozart und C. Ph. E. Bach es beschrieben hatten.«[50]

Doch gerade der Hinweis auf das Adagio von op. 102/2 zeigt, dass mit dieser einfachen Formel dem Problem Beethovenscher Artikulation nicht beizukommen ist. Zwar finden sich in diesem Satz in der Cellostimme mehrere Bögen, die bis über drei Takte hinweg andauern, doch wird im gesanglichen Beginnthema des Satzes zwischen zwei Legatophrasen von je zwei Takten (Takte 2–4) und der darauf folgenden Figur (Takte 5 und 6), in der die Legatobögen taktweise gesetzt sind, unterschieden. Als Korrektiv für altmodische »Gewohnheiten« der Musiker würde die Differenzierung der Phrasierung in Takt 5 und 6 keinerlei Sinn ergeben. Tatsächlich lassen sich, im Gegensatz zur Idee, dass Beethoven Althergebrachtes durch Revolutionäres *ersetzte*, in seiner Notation durchgehend Situationen nachweisen in denen er Neues mit Altem *kombiniert*, und so das bereits gebräuchliche expressive Spektrum ständig bereichert und erweitert.

Abschließend soll der mögliche Unterschied zwischen Beethovens Legato*technik* und dem Legato*effekt*, den er der Überlieferung nach oft hervorrief, kurz angesprochen werden. Zum ersteren, Beethovens im obigen Czerny-Zitat angesprochenen Fingerlegato, sowie der polyphonen Schreibweise bis hin zum Überlegato, gibt es in seinen Werken zahlreiche Belege.[51] Zum zweiten, dem tatsächlichen klingenden Effekt, schreibt Czerny: »Der Gebrauch der Pedale war bei ihm sehr häufig, weit mehr, als man in seinen Werken angezeigt findet.«[52] Selbst wenn man vermeidet, mit dem Pedal nur »confusen Lärm« hervorzubringen (wie Johann Nepomuk Hummels Anhänger von Beethoven behaupteten[53]), bietet sich hier die Option an, das Legato zusätzlich (oder grundsätzlich!) mit dem Fuß zu gestalten. Was das Dämpferpedal betrifft, muss darüber letztlich der Geschmack des einzelnen Interpreten entscheiden. Für adäquate Lösungen kann z.B. die flächige Pedalisierung im Finale der *Waldstein-Sonate* op. 53, eines der ersten Stücke Beethovens mit ausführlichen Pedalanweisungen, wichtige Anhaltspunkte geben, wobei man allerdings die hier demonstrierte zeittypische flächenmäßige Anwendung des Pedals (quasi als Register) nicht mit einem mit sorgfältigen Wechseln in moderner Technik pedalisierten Dauerlegato verwechseln sollte. Es scheint z.B. unangebracht, wenn man Beethovens aufs Genaueste ausgearbeitete Artikulation der Melodie im Largo e mesto

Die vier Pedale an Beethovens Érard-Flügel von 1803. Das Dämpferpedal ist das zweite von links (© Orpheus Instituut Gent, research cluster »Declassifying the classics«).

der *Sonate* op. 10/3 mit dem Pedal zudeckt, egal wie geschickt man das anstellt. Andererseits gibt es viele Stellen in derselben Sonate, wo – auf jeder Art von Klavier – eine gezielte Pedalanwendung den Klang verbessert und den musikalischen Charakter unterstützt.

Wichtig ist in Czernys obigem Zitat ohnehin der Plural »Pedale«. In Beethovens Erard-Flügel von 1803 (siehe auch weiter unten) gibt es beispielsweise vier davon; nur das zweite Pedal von links wirkt auf die Dämpfer, die anderen drei bedienen ein Lautenzugartiges Harfenregister, einen Moderator, bei dem ein Stoffstreifen zwischen die Hämmer und die Saiten geschoben wird, und die *Una corda*-Verschiebung.[54] Bei Wiener Klavieren derselben Zeit wurde für die Bedienung der Dämpfer meistens noch ein Kniehebel benutzt, der entweder die gesamte Dämpfung hochheben konnte, manchmal aber auch zusätzlich den Diskant allein bediente, mit einem diffusen Übergang im Mittelregister. Fußpedale kamen in Wien dann zwischen 1800 und 1810 in Gebrauch. Der Moderator war auch in Wiener Klavieren gebräuchlich, und wurde entweder mit Handknöpfen oder Kniehebeln bedient. Die Verschiebung, ein bei englischen und französischen Klavieren schon länger benutztes Register, wurde in Wien zuerst um 1802 von Anton Walter eingeführt.[55] Der Erard-Flügel entsprach in seiner Ausstattung dem französischen Klavierspiel, wie er am Pariser Conservatoire gelehrt wurde, und es bleibt die Frage, wie weit sich Beethoven auf dessen viele Möglichkeiten einließ. Aber zumindest was den Moderator, das geteilte Dämpferpedal und die Una corda betrifft, sollte Czernys Information als Anregung dienen, selbst auf dem modernen Klavier einer größeren Palette von Klangfarben nachzuspüren, als manchmal aus den Noten ersichtlich ist.

Beethovens Triller

Die These, das Beethoven seiner in der Jugend gelernten Notation im Laufe seines Lebens Persönliches und Neues hinzufügte, statt Altes mit Neuem nur zu ersetzen, erleichtert auch das Verständnis seiner Triller. Für Beethoven selbst, der von seinem Lehrer Neefe im Sinne von C. Ph. E. Bach ausgebildet wurde, entspricht »Altes« dem Obernotentriller und »Neues« dem Hauptnotentriller. Dasselbe lässt sich für sein musikalisches Umfeld in Österreich aber nicht sagen, was sich anhand der Flötenuhren aus den Jahren 1792 und 1793 von Joseph Haydn's Schüler und Freund Primitivus Niemecz bzw. Josep Gurck (Schüler von Niemecz) nachweisen lässt. Es finden sich hier wahllos Triller auf der Hauptnote und der Nebennote, auf oder vor dem Schlag und solche, die in verschiedenen Versionen desselben Stückes verschieden ausgeführt werden. Die Frage ist natürlich, wie viel diese Flötenuhren über die allgemeine Praxis in Österreich aussagen können, aber es zeigt dennoch klar, dass manchen Musikschaffenden die genau festgelegte Interpretation von Trillerzeichen gänzlich uninteressant war.[56] Man muss also zu erkennen versuchen, wie viel Spielraum in der Ausführung der Triller ein Komponist in bestimmten Fällen zuließ.

Bei Beethoven zeigt sich beispielsweise an einigen Fingersätzen aus früher Zeit (in dem oben erwähnten Handexemplar der *Kurfürstensonaten* WoO 47), dass er die Anfangsnote für den kurzen oder *Pralltriller*, zumindest als jugendlicher Komponist[57], nicht festgelegt hatte. Das kurze Trillerzeichen steht hier für etwa 60 Prozent aller Verzierungen, und kommt auf schweren und auf leichten Schlägen vor, also nicht nur auf Abzugsnoten, wie bei Bach beschrieben.[58] Es finden sich sowohl Fingersätze für die Ausführung als kurzer Triller von oben[59], als auch die verkürzte Form des umgedrehten Mordenten (oft auch *Schneller* genannt) mit Hauptnotenbeginn.[60] Diese Variation entspricht durchaus dem allgemeinen Gebrauch, wie sich an Türks ironischer Diskussion des Pralltrillers und Schnellers und seiner diversen Notationsformen weiter verfolgen lässt.[61] Weder die Nomenklatur des kurzen Trillers noch dessen Platzierung auf starken und schwachen Taktteilen oder seine exakte Form waren im ausgehenden 18. Jahrhundert klar festgelegt.

Die meisten anderen Triller sind bei Beethoven mit Wellenlinien oder der Abkürzung ***tr*** angedeutet. Generell scheint Beethovens Vorliebe dem Obernotentriller gegolten zu haben bzw. anderen im ausgehenden 18. Jahrhundert gebräuchlichen Formen, wie sie z.B. bei Türk ausführlich besprochen werden. Hierunter zählen mit Vorschlägen angedeutete Triller, die auf der unteren Nebennote beginnen[62] (siehe auch weiter unten), aber auch Spezialformen wie z.B. die bei Türk »voraus geschickter Triller« genannte Verzierung.[63]

Für den mit der Obernote beginnenden Triller gibt es aus allen Schaffensperioden Beethovens Belege. Die überlieferten Triller-Fingersätze sind hier wiederum besonders aufschlussreich. Das früheste Beispiel ist eine kurze Skizze von ungefähr 1790–1792, in denen Beethoven einen Doppeltriller mit der Angabe ***tr*** als Obernotentriller ausschreibt und mit Fingersätzen versieht.[64] Auch in der Coda der *Variationen* WoO 40 für Violine und Klavier (1793 veröffentlicht) finden sich Fingersätze auf Trillern: auf einem Doppeltriller in Terzen in Takt 59 der Fingersatz 5-4 in der Oberstimme, und umgekehrt wegen des Daumenuntersatzes 1-2 in der Unterstimme; ein Fingersatz 1-2 für den Trilleranfang von oben in der linken Hand in Takt 60; und Fingersätze zur Ausführung des durchlaufenden »Beethoven-Trillers« mit zusätzlicher Melodie unterhalb des Trillers ab Takt 69 (Fingersatz 5-4, also wieder ein Beginn auf der Obernote). In Takt 74 wechselt die

Begleitstimme dann über den Triller, weshalb die Hand neu arrangiert werden muss. Hier steht der Fingersatz 2-3, um den lückenlosen Übergang vom vorhergehenden 5. Finger auf der Obernote des vorangehenden Teils des Trillers auf den 2. Finger anzudeuten.[65]

In Beethovens Autograph des einsätzigen *Trios* WoO 39 (1812) finden sich Fingersätze über den angebundenen Durchgangstrillern in Takt 8 und 103[66], die einen Anfang des Trillers auf der Obernote bedingen, obwohl die allgemeine Praxis zu dieser Zeit eindeutig dazu tendierte, solche Triller anzubinden:

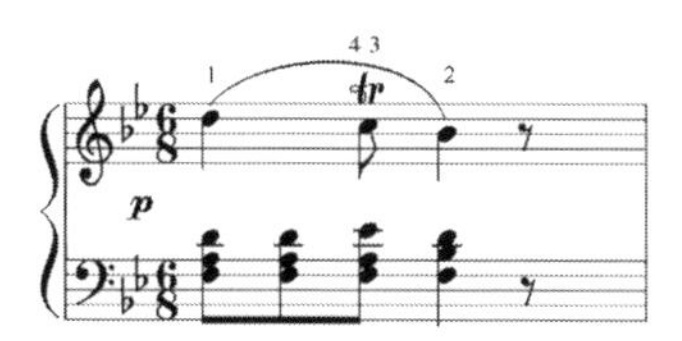

Hier zeigt sich Beethoven also eher altmodisch, was daraus zu erklären sein mag, dass er das Stück für die zehnjährige Maximiliane Brentano schrieb, und sich darin besonders didaktisch gab.

Die *Bagatelle* op. 119 Nr. 7 von 1821 beginnt mit einem »Beethoven-Triller« in der Oberstimme, der mit dem Fingersatz 3-4 bezeichnet ist, und im zweiten Takt wegen des Stimmenwechsels zu 1-2 wechselt. Hier ist im Gegensatz zu den anderen Beispielen also ohne Zweifel ein *Hauptnotentriller* gemeint, vermutlich weil ein Nebennotenbeginn den dissonanten Anfangsakkord verfälscht hätte.

Das letzte Beispiel ist Beethovens *Sonate* op. 111 von 1822/23, in der originale Fingersätze die Ausführung des Dreifachtrillers im zweiten Satz angeben (Takt 112). Die Oberstimme hat 5-4, die Mittelstimme umgekehrt mit Daumenuntersatz 1-2 und die Unterstimme 1-2.[67]

Diese Beispiele zeigen ziemlich eindeutig[68], dass Beethoven, zumindest was die Triller betrifft, geschmacklich eher konservativ war, jedoch neue Einflüsse – wie den Hauptnotentriller in op. 119 Nr. 7 – durchaus begrüßte, wenn der musikalische Kontext dazu einlud; bis ins späte Werk koexistierten demnach Nebennoten- und Hauptnotentriller. Mit der Hauptnote könnten z.B. manche thematische oder frei eintretende Triller beginnen (z.B. das Finale-Thema der Sonate op. 106 bzw. der Anfangstriller in der *Sonate* op. 31 Nr. 1, 2. Satz.), sowie alle Triller, in denen die vorangehende Passage eine Fortsetzung auf der Hauptnote suggeriert (z.B. in den c-Moll-*Variationen* WoO 80, Variation IX, Takt 7, oder in Variation VI der *Sonate* op. 109, wo der langsam beginnende Hauptnotentriller erst ausgeschrieben ist). Insgesamt folgt dennoch – ähnlich wie beim Legato – Beethovens Triller-Notation der Tradition, und der Nebennotentriller des ausgehenden 18. Jahrhunderts bleibt für seine Musik die bessere Lösung.

Diese Erkenntnis ist auch wichtig bei der Interpretation seiner Triller mit zusätzlichen Vorschlagsnoten. Wenn man sich auf zeitgenössische Klavierschulen wie Türk oder Clementi beruft, ist beispielsweise eine Deutung der Triller im ersten Satz der *Appassionata-Sonate* op. 57 (ein klassischer Fall, wo Beethoven Inkonsequenz vorgeworfen wird[69]) kein Problem, einmal abgesehen von einem Flüchtigkeitsfehler in Takt 183, wo im Manuskript und Erstausgabe die Vorschlagsnote entsprechend Takt 44 weggelassen wurde.[70] Die Anfänge der Triller in diesem Satz sind nur teilweise mit Vorschlägen angedeutet: achtmal von unten und viermal von oben. Der Anfang von unten erscheint in der (nach Türk) weniger gebräuchlichen Form mit einer Vorschlagsnote statt zwei (Ausführung in etwa mit dem Beginn auf dem Schlag; der Nachschlag ist in der *Appassionata* im Gegensatz zu diesem Beispiel oft ausgeschrieben).[71] Bei den vier Trillern mit einer Vorschlagsnote von oben (Takt 45, 46 und 184, 185) handelt es sich an sich um eine nicht unübliche Notationsweise, auch wenn Türk anmerkt, dass der ausgeschriebene Vorschlag von oben »im Grunde ganz überflüssig« sei, denn »mit dem Hülfstone würde man die Triller ohnedies anfangen.«[72] Als Erklärung, weshalb Beethoven zwar hier die Vorschläge von oben notiert, aber nicht an anderen Stellen, könnte die in diesen Takten fehlende Bassstimme gelten, wodurch kein harmonischer Bezug gegeben ist. Auch sollte wohl eine versehentliche Angleichung an den jeweils vorangehenden Triller von unten vermieden werden. Zuletzt lässt Beethovens penible Angabe der Vorschlagsnote als Sechzehntel (statt Achtel) in diesen vier Takten vermuten, dass er einen langgezogenen Trillerbeginn vermeiden wollte – was sich nur mit Hilfe von Vorschlagsnoten eindeutig ausdrücken lässt.

Stellt man bei der Analyse eines solchen Satzes die gängige Notations- und Spielpraxis hintenan, und versucht, aus dem jeweiligen Inhalt des Stückes eine innere Logik neu zu gewinnen, fallen die Antworten sofort unbefriedigender aus. Beethovens vier »im Grunde überflüssige« Vorschläge von oben verleiten z.B. viele Interpreten dazu, alle zwölf Triller des Stückes, die *ohne* Vorschlag notiert wurden, in kontrastierender Weise mit der Hauptnote zu beginnen. Das ist zu weit gedacht, eben weil man ohnehin den gewöhnlichen Triller »mit dem Hülfstone« beginnt; wir sehen hier lediglich zwei gleichwertige Notationsweisen, die denselben Effekt andeuten sollen. Interpretiert man die Grundform der Triller in der *Appassionata* als Hauptnotentriller, während man gleichzeitig die Logik der Vorschlagsnoten aus dem direkten musikalischen Zusammenhang abzuleiten versucht, ergibt sich außerdem ein Folgeproblem bei allen Trillern mit einem Vorschlag von unten, denn wo muss nun der Akzent gelegt werden, auf der Vorschlagsnote oder auf der Hauptnote des Trillers? In der Tat beginnen einige Pianisten diese Triller vor dem Schlag und akzentuieren die folgende Hauptnote. Dies kann in keinem Fall die korrekte Lösung sein, denn sogar Czerny beschreibt diesen Triller 1839 noch so wie Türk: er beginnt auf dem Schlag, und die Hauptnote bekommt keinen Akzent:

Mit der untern Schlussnote, nämlich:

So kann ein zu starkes Augenmerk auf die Bedeutung innerer Bezüge schnell dazu führen, dass man alle bis auf vier Triller in diesem Satz anders spielt, als Beethoven es vermutlich gewollt hat.[73]

Für den heutigen Diskurs über Beethovens Triller ist das gründliche Studium der Quellen und der Vergleich von Parallelstellen in Beethovens Werk eine Selbstverständlichkeit geworden, auch wenn es viel Zeit kostet und gründliche Vorkenntnisse erfordert. Für Beethoven selbst aber, in dem Moment als er einen bestimmten Triller notierte, und für seine ersten Leser, wenn sie seine Zeichen deuteten, ist ein solch allumfassender Ansatz ein Unding: die Musik wollte gespielt werden, und wenn die eigene Grundkenntnis (oder die des Klavierlehrers) bzw. ein oder zwei Nachschlagwerke dazu nicht ausreichten, wurde probiert, improvisiert und dann entschieden. Sicher, Beethoven war in seinem eigenen Unterricht oft penibel um Details bemüht, wie wir von mehreren Quellen wissen, doch auch er wusste, dass er das allgemeine Publikum auf diese Weise nicht erreichen konnte, und er richtete sich notationstechnisch dementsprechend ein.

Für den modernen Interpreten empfiehlt es sich ebenfalls, über die Ausführung der einen oder anderen Verzierung bei Beethoven im Zweifelsfall eher zügig zu entscheiden, zwar mit einem Seitenblick auf konsequente Lösungen, aber vor allem immer auf dem Grund der zeitgenössischen aufführungspraktischen Literatur. Die sich hieraus eventuell ergebenden Ungenauigkeiten gehören vom Gesichtspunkt des Komponisten zum kalkulierten Risiko.

Beethoven, Taubheit, und das Klavier

Beethovens eingangs bereits angesprochener (wirklicher oder vermeintlicher) Ärger mit seinen Mitmusikern hatte oft eine persönliche Komponente, die sich z.B. in dem von Wilhelm von Lenz überlieferten Beethoven-Bonmot »Glaubt er, daß ich an seine elende Geige denke, wenn der Geist zu mir spricht und ich etwas aufschreibe?«[74] zeigt. Dieser an den Geiger Ignaz Schuppanzigh gerichtete Satz deckt sich mit seiner anderweitig belegten burschikosen Haltung Schuppanzigh gegenüber. Es ist Schuppanzigh selbst, und nicht dessen Geige, den Beethoven hier zurechtweist (bzw. mit »homerischem Gelächter« bedachte, wenn er mit den »Schwergriffen« einer Quartettstimme zu kämpfen hatte).[75] Ähnliche Angriffe hatten viele Musiker auszustehen; mit den Instrumenten seiner Zeit und ihren Spielmöglichkeiten kannte sich der Komponist dahingegen bestens aus.[76]

Komplizierter gestaltet sich aus heutiger Sicht Beethovens Verhältnis zu seinem eigenen Instrument, dem Klavier, das in Wien nach 1800 innerhalb kürzester Zeit einen großen Wachstumsschub erfuhr. Die Neuformulierung des Wiener Klaviers als eines immer größeren, lauteren und begehrlicheren Modeartikels wurde von den Musikrezensenten aus einer konservativ-kritischen Distanz betrachtet, wie einige Artikel aus der Leipziger *Allgemeinen musikalischen Zeitung* zwischen 1789 und 1808 unschwer erkennen lassen. Der erweiterte Tastenumfang wurde von Beethoven selbst zwar vorsichtig, aber mit nur kurzer Verzögerung aufgegriffen. Die *Waldstein-Sonate* op. 53 von 1803/1804 steigt im Diskant bis a^3, vier Töne über den vorher als Standard geltenden Umfängen F_1–f^3 bzw. g^3. Der Erstdruck des *3. Klavierkonzerts* op. 37 (ebenfalls 1803 komponiert) enthält *Ossia*-Passagen für 5 1/2 Oktaven bis c^4. Auch die *Appassionata-Sonate* von 1804/05 (erschienen 1807) geht bis c^4, wobei allerdings der Rezensent der *Allgemeinen musikalischen*

Zeitung leicht säuerlich anmerkt: »Uebrigens wird durch die ganze Sonate das Pianoforte, und zwar sehr häufig, bis viergestrichen C gebraucht, ohne dass die, über dreygestrichen G steigenden Sätze, umgeschrieben wären oder auch sich leicht umschreiben liessen."[77]

Die konservative Haltung der Rezensenten kurz nach 1800 spiegelt das Zögern der Herausgeber und Komponisten wieder, bei der Veröffentlichung von Klaviermusik allzu große Sprünge zu machen. Schließlich ist es immer möglich, ein Stück mit einem kleineren Umfang auf einem größeren Klavier zu spielen, umgekehrt geht das aber nur, wenn man am Notentext Veränderungen anbringt. Das Anliegen, die Kunden nicht mit unspielbarer Musik zu vergraulen, war real und wurde von allen verstanden. Im Brief von Beethovens Bruder Kaspar Karl an Breitkopf und Härtel, in dem über die Ausgabe der drei genannten Sonaten verhandelt wurde, steht denn auch ausdrücklich die unterstrichene Anweisung »[...]wovon aber vermög ihrer einrichtung jede allein Erscheinen muß.«[78] Von diesen drei Sonaten, die alle um dieselbe Zeit entstanden, spiegelt nur die letzte den Umfang des Klaviers wieder, das Beethoven zu dem Zeitpunkt gerade neu bekommen hatte, ein Flügel von Sébastien Erard in Paris – also nicht einmal ein Wiener Klavier, obwohl die Sonaten dann in Leipzig verlegt, und unter anderem auf dem Wiener Markt angeboten wurden.[79]

Zu Beethovens Klavieren gibt es eine reichhaltige, aber lückenhafte Quellenlage.[80] Von der Zeit vor Beginn von Beethovens Taubheit ist keines seiner Instrumente erhalten. Sein Verhältnis zu den späteren bekannten Klavieren war oft konfliktgeladen. Obwohl z.B. seine Begeisterung über den erwähnten Erard-Flügel in den ersten Monaten verbürgt ist, veranlasste er offenbar nach kurzer Zeit, dessen Mechanik stark (und für dessen Spielweise unvorteilhaft) zu verändern. Schwierig festzulegen ist auch sein künstlerisches Verhältnis zu seinem Broadwood-Flügel von 1817, den er (im Gegensatz zum Erard[81]) als Geschenk erhielt. Zwar wissen wir, dass er stolz auf seinen Broadwood war, und ihn anfangs intensiv benutzte, doch stellt sich anhand der Konversationshefte heraus, dass das Instrument ab 1820 stets häufiger und grundlegender repariert werden musste. Nach mehreren Generalüberholungen zwischen 1823 und 1825 fand der Klaviermacher Conrad Graf das Klavier im Januar 1826 in einem äußerst schlechten Zustand vor, und lieh Beethoven zu Beginn der langwierigen Reparatur ein viersaitiges Instrument aus seiner Produktion.[82]

Das offensichtliche Problem war Beethovens Temperament, in Kombination mit seiner Taubheit. Schon um 1800 gab es bisweilen Grund zur Kritik an seinem Ungestüm am Klavier, und mit fortschreitendem Alter gehörte das Zerschlagen von Saiten und Hämmern offenbar zunehmend zum täglichen Bild. Beethovens alltäglicher Zorn ist aber durchaus nicht dasselbe wie seine vielen sorgfältig notierten Sforzati und Fortissimo-Passagen. Wenn wir versuchen, seiner Musik auf einem Hammerklavier Ausdruck zu geben, zeigt sich, dass in dem – im Vergleich zum modernen Klavier viel enger gesteckten – dynamischen Rahmen die komponierte Vehemenz und Unmittelbarkeit oft leichter und mit weniger Kraftaufwand zugänglich und vermittelbar ist.[83] Die Grenzen des Möglichen sind auf vielen frühen Instrumenten aber auch sehr schnell erreicht, was zur gängigen Auffassung geführt hat, Beethoven sei dem Klavierbau seiner Zeit weit vorausgewesen. Alfred Brendel schreibt z.B. »Es mußten nach seinem Tode Jahrzehnte vergehen, ehe es Flügel – und Pianisten – gab, die der Hammerklavier-Sonate op. 106 gewachsen waren.«[84] Mit den Pianisten mag Brendel vielleicht recht haben, aber was die Instrumente betrifft, war Beethoven trotz seiner fortschreitenden Taubheit nachweislich mehr Realist als Visionär – sogar in der Hammerklavier-Sonate: wie Tom Beghin kürzlich vorgeführt hat, deckt sich der kombinierte Umfang der ersten drei 1818 skizzierten Sätze mit dem Wiener sechsoktavigen Umfang F_1–f^4 aus der Zeit[85], während der Umfang der abschließenden Fuge um eine Quarte auf C_1–c^4 herabsinkt. Dieser »verschobene« Tastenumfang deckt sich mit Beethovens Broadwood-Flügel, der in Wien im Frühjahr 1818 ankam, kurz nach dem Beginn der Komposition des Finales.

Die *Hammerklavier-Sonate* ist keineswegs Zukunftsmusik, sondern sie spiegelt drei konkrete Bezüge wieder. Zum ersten verfügte der Widmungsträger, Erzherzog Rudolph, lange Jahre offenbar über sechs »Wiener« Oktaven bis f^4 im Diskant, nachdem er bis ca. 1810 wahrscheinlich auf Instrumenten mit 5 1/2 Oktaven gespielt hatte.[86] Die ersten Sätze der Sonate reflektieren also ein bekanntes Wiener Modell, wie es z.B. von den von Beethoven »seit 1809«[87] vorgezogenen Klavierbauern Nannette und Andreas Streicher über viele Jahre hinweg geliefert wurde. Das Finale bezieht sich, wie gesagt, unschwer erkennbar auf Beethovens neuen Broadwood, also auf seine ganz persönliche Situation. Der kombinierte Umfang der gesamten Sonate schließlich deckt sich mit den größten und modernsten Wiener Klavieren der Zeit, und ist auf diesen auch ohne weiteres ausführbar, wenn man das pianistische Rüstzeug dazu mitbringt.

Wenn ich eingangs vorschlug, dass man sich den Spielstil eines idealisierten Beethovenschülers erträumen sollte, so kann man bei der Frage der intendierten bzw. passenden Klaviere jeden dieser drei Bezüge zu Rate ziehen: manchmal war es Beethoven, der seinen Schülern und Widmungsträgern zu einem Klavier riet.[88] Falls solche konkreten Informationen unzugänglich sind, genügt es zumeist, aus der reichhaltigen Auswahl der erhaltenen Wiener Klaviere oder ihrer Nachbauten, ein dem engeren Zeitraum eines Stückes angemessenes Instrument zu wählen, es sei denn, man ist speziell an Beethovens zwei ausländischen Klavieren und deren direktem Bezug zu bestimmten Stücken interessiert.[89] Es ist in jedem Fall zu empfehlen, sich mit den Eigenarten und Registerzügen solcher Instrumente vertraut zu machen, selbst wenn hinterher in der Praxis vielleicht ein modernes Klavier benutzt werden soll, denn eine praktische Auffassung über »die Klaviere der Beethovenzeit« lässt sich nicht nur erhören und noch weniger nur erdenken: sie muss auch erfühlt werden.

Anmerkungen

1 A. W. Thayer, *Ludwig van Beethovens Leben* Band 3, hrsg. und übers. von H. Deiters, rev. von H. Riemann, Leipzig 1917, S. 462.

2 Ausführliches zu Beethovens Improvisationen findet sich in S. Rampe, *Beethovens Klaviere und seine Klavierimprovisation: Klangwelt und Aufführungspraxis* (Musikwissenschaftliche Schriften 49), München und Salzburg 2015, Teil II.

3 Siehe auch Beethovens Brief an Andreas Streicher (1796), in dem er das Spiel der jungen Elisabeth von Kissow, Streichers Schülerin, rühmt. Kissow hatte ein Adagio, möglicherweise aus den *Klaviertrio* op. 1 Nr. 1, aufgeführt. Beethoven schreibt, er habe sich »zum erstenmahle getraut«, den Satz anzuhören, und Elisabeths Spiel habe ihm »ein Par Zähren aus den Augen Gelockt.« Er fährt fort: »wahrlich es wird mich bestimmen mehr für's Klawier zu schreiben als bisher.« Hierauf folgt ein Lob auf Streicher als Klavierlehrer, und einige harsche Worte über die »unkultiwierte« Spielart anderer Klavierspieler. Auch hier sind die drei Themen präsent: Die Intention des Komponisten, dessen Zweifel an der Umsetzung (»zum erstenmahle getraut«), und die Fähigkeit des guten Spielers, den gewünschten Effekt zu produzieren. BGA, Band 1, S. 31f.

4 C. Czerny, *Über den richtigen Vortrag der sämmtlichen Beethoven'schen Werke für das Piano allein*, in: ders., *Vollständige theoretisch-practische Pianoforte-Schule, 4. Teil*, Wien 1842, S. 34.

5 Eins von vielen Beispielen ist Czernys modernisierte Bogensetzung, siehe G. Barth, *The Pianist as Orator*, Ithaca und London 1992, Kapitel 3. Siehe auch weiter unten.

6 Zur romantischen Aufführungspraxis der Symphonien, siehe D. Pickett, »Rescoring in Beethoven's symphonies«, in: *Performing Beethoven*, hrsg. von R. Stowell, Cambridge 1994, S. 205–227. Eine Übersicht über die Willkür früher Beethovendirigenten findet sich auf den Seiten 205–206.

7 A. B. Marx, *Anleitung zum Vortrag Beethovenscher Klavierwerke*, 2. Aufl., hrsg. von G. Behncke, Berlin 1875, S. 8.

8 Ebenda, S. 58.

9 F. Kullak, *Beethovens Klavierkonzerte*, Leipzig 1881, Vorwort S. V.

10 F. Kullak, »Über den Triller«, in: ebenda, S. XIV. Bachs »halber oder Pralltriller« sorgte bei Kullak offenbar für Verwunderung.

11 Siehe z.B. H. Schenker, *Ein Beitrag zur Ornamentik*, Wien 1908, und, darauf bezugnehmend, Sh. A. Kojima, »Über die Ausführung der Verzierungen in Beethovens Klaviermusik«, in: *Beethoven Kolloquium*, hrsg. von R. Klein, Kassel etc. 1977, S. 140–153.

12 Siehe G. Barth, *The Pianist as Orator*, S. 7–8, und R. Kramer, »Notes to Beethoven's Education«, in: Journal of the American Musicological Society XXVIII (1975), S. 72–101.

13 Ein wichtiger Repräsentant dieser Disziplin war William S. Newman, der sich in zahlreichen Artikeln und zwei Büchern mit der Aufführungspraxis von Beethovens Klaviermusik auseinandersetzte. W. S. Newman, *Performance practices in Beethoven's piano sonatas: an introduction*, New York 1971, und *Beethoven on Beethoven. Playing His Piano Music His Way*, New York 1988. Siehe auch S. P. Rosenblum, *Performance Practices in Classic Piano Music*, Bloomington und Indianapolis 1988. Rosenblum orientiert sich ausgiebiger und systematischer an historischen Quellen als Newman.

14 C. Czerny, *Über den richtigen Vortrag*, S. 34.

15 C. Czerny, *Erinnerungen aus meinem Leben (1842)*, in: *Beethoven aus der Sicht seiner Zeitgenossen* Band 1, hrsg. K. M. Kopitz und R. Cadenbach, München 2009, S. 204.

16 C. Ph. E. Bach, *Versuch über die wahre Art, das Clavier zu spielen*, Berlin 1753; Faks., hrsg. von L. Hoffmann-Erbrecht, Leipzig 1957.

17 D. G. Türk, *Klavierschule*, Leipzig und Halle 1789; Faks., hrsg. von E. R. Jacobi, Kassel etc. 1967.

18 C. Ph. E. Bach, *Versuch* Teil 1, S. 127, §22.

19 Ebenda.

20 D. G. Türk, *Klavierschule*, S. 356.

21 C. Czerny, *Vollständige theoretisch-practische Pianoforte-Schule, 3. Teil*, S. 16, §4.

22 Siehe die ausführliche Diskussion von Czernys Veränderungen in G. Barth, *The Pianist as Orator*, S. 87–97.

23 J. P. Milchmeyer, *Die wahre Art das Pianoforte zu spielen*, Dresden 1797, S. 5–6. Milchmeyer unterscheidet zwischen der »natürlichen«, »gebundenen« und »Abgestoßenen« Spielart. Im Gegensatz zu Autoren wie Türk gleicht Milchmeyers »natürliche« Spielart schon annähernd dem modernen legato, seine »gebundene« Spielart ist eher ein Überlegato.

24 M. Clementi, *Introduction to the Art of Playing the Pianoforte*, London 1801, S. 8–9.

25 Ludger Lohmann stellt dazu lakonisch fest: »Merkwürdigerweise wird niemals die Frage gestellt, welchen Sinn Legatobögen in der Musik haben, bei der das Legatospiel ohnehin als Regel gilt.« L. Lohmann, *Studien zu Artikulationsproblemen bei den Tasteninstrumenten des 16. – 18.* Jahrhunderts, Regensburg 1986, S. 259.

26 Der Definition nach ist also Beethovens »ordentliche« Spielweise, oder »common touch« nach wie vor kein Legato, wenngleich in vielen Fällen der musikalische Kontext ein Legato nahelegt. Vgl. dazu G. Barth, *The Pianist as Orator*, S. 42 und 114. Barth geht von einem »legato common touch« bei Beethoven aus.

27 In Gruppen von sechs Noten (z.B. *Sonate* Es-Dur, WoO 47 Nr. 1, 3. Satz, Takt 24–27) finden sich größere Unterschiede in der Artikulation, aber ein Legato über alle sechs Noten kommt auch hier nicht vor.

28 Siehe auch M. Ladenburger, »Der junge Beethoven – Komponist und Pianist. Beethovens Handexemplar der Originalausgabe seiner Drei Klaviersonaten WoO 47«, in: Bonner Beethoven Studien Reihe V, Band 3 (2003), S 107–117. Das Handexemplar findet sich in der British Library, Shelfmark h.388.b (1).

29 Siehe M. Ladenburger, ebenda, S. 111–112.

30 L. Plantinga, *Beethoven's Concertos*, New York 1999, S. 33.

31 Dies sind die drei *Klavierquartette* WoO 36 von 1785, das *Trio* für Flöte, Fagott und Klavier WoO 37 von 1786 und das Romanzenfragment Hess 13 aus dem sogenannten »Kafka«-Skizzenbuch von ca. 1786.

32 Siehe Carl Ludwig Junckers Bericht über Beethoven von 1791, in: *Beethoven aus der Sicht seiner Zeitgenossen* Band 1, S. 498–500.

33 Einzusehen im digitalen Archiv, Beethoven-Haus Bonn, Sammlung Wegeler W-3. http://www.beethoven-haus-bonn.de/sixcms/detail.php?id=15212&template=untergruppe_digitales_archiv_de&_eid=1503&_ug=bis%201792&_mid=Werke (zuletzt aufgerufen am 8.3.2016).

34 William Newman schreibt in Bezug auf diese Zeit: »Beethoven was exceptional among his contemporaries in tending to complete more if not all of his markings in a section, even a whole piece.« W. S. Newman, *Beethoven on Beethoven*, S. 122.

35 J. F. Reichardt, *Ueber die Pflichten des Ripien-Violinisten*, Berlin und Leipzig 1776, S. 41. Siehe auch C. Brown, *Classical & Romantic Performance Practice*, Oxford 1999, S. 231–232.

36 Ebenda, S. 217.

37 Leopold Mozart schreibt, man müsse »[...]die erste solcher vereinbarten Noten etwas stärker angreifen, die übrigen aber ganz gelind und immer etwas stiller daran schleifen.« L. Mozart, *Versuch einer gründlichen Violinschule*, Augsburg 1756; Faks., Frankfurt am Main 1976, S. 135. Türk beschreibt den Ansatz eines Legatobogens: »man merke [...], daß die Note, über welcher der Bogen anfängt, sehr gelinde (kaum merklich) accentuirt wird.« D. G. Türk, *Klavierschule*, S. 355.

38 Diese Frage war selbst zu Brahms' Zeiten noch nicht vollständig geklärt, siehe C. Brown *Classical & Romantic Performance Practice*, S. 233–234. Siehe auch das ausführliche Kapitel »Do All Slurs Indicate Attack and Release?« in S. Rosenblum, *Performance Practices in Classic Piano Music*, S. 172–183.

39 Siehe auch W. Newman, *Beethoven on Beethoven*, S. 123–133.

40 Manuskript, Skizzen und Erstausgaben einsehbar unter http://www.beethoven-haus-bonn.de/sixcms/detail.php?id=&template=werkseite_digitales_archiv_en&_eid=&_ug=&_werkid=68&_

mid=Works%20by%20Ludwig%20van%20Beethoven&suchparameter=werkidx:x:x68&_seite=1&_sucheinstieg=werksuche (zuletzt aufgerufen am 21.9.2016).

41 Die einzige leichte Unregelmäßigkeit in der Notation ist der unterbrochene Bogen in der linken Hand in Takt 288 aufgrund des Schlüsselwechsels; der einzige deutliche Bruch mit der Konvention ist das (deutlich angegebene) crescendo unter dem langen Legatobogen und dessen Ende im *Forte*.

42 C. Czerny, *Über den richtigen Vortrag*, S. 45. In Czernys Beispiel überspannt ein Bogen die ersten sechs Takte, während in der Melodie die Takte 1 und 2 sowie 4–6 zusammengezogen werden.

43 Zit. in W. S. Newman, *Beethoven on Beethoven*, S. 130.

44 H. Grundmann und P. Mies, *Studien zum Klavierspiel Beethovens und seiner Zeitgenossen*, Bonn 1966, S. 77.

45 W. S. Newman, *Beethoven on Beethoven*, S. 130.

46 S. Rosenblum, *Performance Practices in Classic Piano Music*, S. 182–183.

47 T. Skowroneck, *Beethoven the Pianist*, Cambridge 2010, S. 203. Siehe auch weiter oben.

48 D. Watkin, *Beethoven and the Cello*, in: *Performing Beethoven*, S. 105.

49 B. Romberg, *Violoncell Schule*, Berlin [1840], S. 7.

50 D. Watkin, *Beethoven and the Cello*, S. 106. Meine Übersetzung.

51 Siehe auch T. Skowroneck, *Beethoven the Pianist*, S. 205–208.

52 *Beethoven aus der Sicht seiner Zeitgenossen* Band 1, S. 232.

53 Ebenda, S. 206.

54 Persönliche Mitteilung von Eleanor Smith.

55 Eine ausführliche, aber nicht immer korrekte Diskussion der Pedale in Beethovens Klavieren findet sich bei D. Rowland, »Beethoven's pianoforte pedalling«, in: *Performing Beethoven*, S. 49–69.

56 Siehe dazu S. Rosenblum, *Performance Practices in Classic Piano Music*, S. 494–495, und T. Skowroneck, *Beethoven the Pianist*, S. 223.

57 Es bleibt eine ungelöste Frage, ob Beethoven in Bezug auf den kurzen Triller diese Ambivalenz später zugunsten des umgedrehten Mordenten aufgab, wie Czerny (*Über den richtigen Vortrag*, S. 56.) nahelegt, oder ob er weiterhin unterschiedliche Lösungen in unterschiedlichen Kontexten zugelassen hat. Siehe meine ausführliche Diskussion von Beethovens kurzen Trillern in T. Skowroneck, *Beethoven the Pianist*, S. 229–234.

58 C. Ph. E. Bach, *Versuch*, Teil 1, S. 81 und Tab. IV, Fig. XLV.

59 Sonate f-Moll, WoO 47 Nr. 2, 2. Satz Andante, Takt 56, nach Beethovens Handexemplar.

60 Sonate f-Moll, WoO 47 Nr. 2, 3. Satz Presto, Takt 1 und 3, nach Beethovens Handexemplar. Bei Bach ist diese Verzierung immer in Noten ausgeschrieben und wird als *Schneller* bezeichnet. C. Ph. E. Bach, *Versuch*, Teil 1, S. 111–112.

61 D. G. Türk, *Klavierschule*, S. 273–274.

62 Ebenda, S. 267–268.

63 Ebenda, S. 270–271. Beispiele für den »voraus geschickten Triller« in Beethovens op. 2 Nr. 3, 1. Satz, Takt 233 und op. 27 Nr. 1, 4. Satz, Takt 263.

64 Skizzenblatt im Beethoven-Haus Bonn, HCB Bsk 17/65c, v. 11/3. Einzusehen unter http://www.beethoven-haus-bonn.de/sixcms/detail.php?id=15288&template=dokseite_digitales_archiv_en&_dokid=wm363&_seite=1-2 (aufgerufen 19.10.2016).

65 Dieser Fingersatz ist also nicht ein Beweis für einen unvermittelt eintretenden Hauptnotentriller, wie man bisweilen lesen kann.

66 In Takt 103 fehlt der Legatobogen.

67 W. S. Newman (»The Performance of Beethoven's Trills«, in: *Journal of the American Musicological Society* XXIX (1976), S. 442 u. 445) nimmt an, dass der mittlere Triller in op. 111 in Gegenbewegung gespielt werden soll, analog zu den ausgeschriebenen Tremoli in der *Sonate* op. 90 (2. Satz, Takt 48–51). Kojima (*Über die Ausführung*, S. 150) gründet dieselbe Vermutung auf einen Vergleich mit der Triolenpassage in der *Violoncellosonate* op. 69, (1. Satz, Takt 138–139). Beide Beispiele haben jedoch einen vom Doppeltriller in op. 111 gänzlich verschiedenen musikalischen Kontext.

68 Manchen Autoren waren vor allem die Daumenuntersätze in Beethovens Doppeltrillern nicht geheuer (siehe das vorige Beispiel aus op. 111). Zuweilen lag eine vermeintliche Vieldeutigkeit der genannten Fingersätze auch an unzulänglichen Lesarten, wie z.B. im Beispiel von WoO 40, wo offenbar weder Newman noch Rosenblum der Originaldruck vorlag und beide Autoren bezüglich Takt 74 in ihrer Interpretation fehlgeleitet wurden (W. S. Newman, *Beethoven on Beethoven*, S. 198, S. Rosenblum, *Performance Practices in Classic Piano Music*, S. 250). Siehe auch meine Diskussion in T. Skowroneck, *Beethoven the Pianist*, S. 238–244.

69 Siehe W. S. Newman, *The Performance of Beethoven's Trills*, S. 442.

70 Im Erstdruck (Wien: Bureau des Arts et d'Industrie 1807) wurden außerdem die Vorschläge in den Takten 44–46 versehentlich als Achtel wiedergegeben statt als Sechzehntel wie hier im Autograph, und auch in den Takten 183–185.

71 D. G. Türk, *Klavierschule*, S. 267. Für Türk ist diese Schreibweise, zumindest wenn sie aus einem Achtelvorschlag und einer folgenden Viertelnote besteht, deshalb »zweideutig« weil »der Spieler dadurch verleitet werden kann, dem Vorschlage die halbe Dauer der Hauptnote zu geben«, was im Trillerkontext offenbar nicht gewünscht war. Siehe auch Barry Coopers ausführliche Diskussion von Beethovens kurzen und langen Vorschlägen in B. Cooper, »Beethoven's appoggiaturas: long or short?«, in: Early Music XXI/2 (2003), 165–178.

72 D. G. Türk, *Klavierschule*, S. 257.

73 Dies ist kein theoretisches Beispiel, sondern wurde so gehört in einem Klavierabend mit Marc-André Hamelin (Göteborg, 25.9.2016).

74 W. von Lenz, *Beethoven. Eine Kunststudie*, Band 1, Kassel 1855, S. 104–105, zit. nach *Beethoven aus der Sicht seiner Zeitgenossen* Band 2, S. 867.

75 Brief von Karl Holz an Wilhelm von Lenz, 16.7.1857, in: *Beethoven aus der Sicht seiner Zeitgenossen* Band 1, S. 470.

76 Siehe z.B. C. Lawson, »Beethoven and the development of wind instruments«, in: *Performing Beethoven*, S. 70–88.

77 *AmZ* 9/27 (1. April 1807), S. 435–436.

78 Kaspar Karl von Beethoven an Breitkopf & Härtel, 10.10.1804. BGA, Band 1, S. 225.

79 Mehr Information zu diesem Instrument in T. Skowroneck, »Beethoven's Erard Piano: Its Influence on His Compositions and on Viennese Fortepiano Building«, in: Early Music XXX/4 (2002), S. 522–538, und T. Skowroneck, *Beethoven the Pianist*, S. 85–115.

80 Beethovens Klaviere wurden bereits früh erforscht (siehe z.B. Th. von Frimmel, »Von Beethovens Klavieren«, in: Die Musik 2/14 (1903), S. 83–91). Eine umfassende Darstellung findet sich in S. Rampe, *Beethovens Klaviere und seine Klavierimprovisation*, siehe auch T. Skowroneck, *Beethoven the Pianist*, Part 1.

81 M. Rose, »Beethoven and His French Piano: Proof of Purchase«, in: Musique, Images, Instruments 6 (2005), S. 65–81.

82 G. Herre (Hrsg.) *Ludwig Van Beethovens Konversationshefte*. Leipzig 1988. S. 82; T. Skowroneck, »A Brit in Vienna: Beethoven's Broadwood Piano«, in: Keyboard Perspectives V (2012), S. 72.

83 Vgl. z.B. die Gesamteinspielung von Beethovens Klaviersonaten mit Malcolm Bilson, Tom Beghin, David Breitman, Ursula Dütschler, Zvi Meniker, Bart van Oort und Andrew Willis, Claves CD 50-9707/10.

84 A. Brendel, *Nachdenken über Musik*, München 1982, S. 14.

85 Das D_1 im Adagio sostenuto, Takt 63, ist nicht ausgeschrieben sondern mit einer "8" als Option angedeutet.

86 Diese Vermutung stützt sich auf Beethovens handschriftliche Kadenzen für Rudolph und die ihm aufgetragenen Werke. Der 5 1/2 Oktaven-Umfang erweitert sich zuerst im letzten Satz der *Sonate* op. 81a »Les Adieux« von 1810, sowie in der bis es^4 gehenden Kadenz zum *2. Klavierkonzert* op. 19 ungefähr aus derselben Zeit (vgl. G. Kinsky und H. Halm [Hrsg.], *Das Werk Beethovens: Thematisch-Bibliographisches Verzeichnis*, München 1955, S. 47).

87 Brief von Beethoven an Nannette Streicher, 18.7.1817. BGA, Band 4, S. 77.

[88] Josephine Deym, die Widmungsträgerin der *Mondschein-Sonate* Op. 27 Nr. 2, besaß z.B. ein Klavier von Anton Walter, das 1800 geliefert wurde (R. Steblin, »Beethovens Beziehungen zu wiener Klavierbauern um 1800 im Licht neuer Dokumente der Familie Brunswick«, in: *Das Wiener Klavier bis 1850*, hg. von B. Darmstädter, A. Huber und R. Hopfner, Tutzing 2007, S. 73–82.). Die *Sonate* op. 101 von 1815/16 war Dorothea von Ertmann gewidmet, die zu der Zeit ein Klavier von Streicher mit 6 1/2 Oktaven (C_1–f^4) besaß (persönliche Mitteilung von Uta Goebl-Streicher, siehe auch U. Goebl-Streicher, J. Streicher und M. Ladenburger, *»Diesem Menschen hätte ich mein ganzes Leben widmen mögen«. Beethoven und die Wiener Klavierbauer Nannette und Andreas Streicher*, Bonn 1999, S. 49, Fußnote 9, und O. Clemen, »Andreas Streicher in Wien«, in: Neues Beethoven Jahrbuch IV, hrsg. von A. Sandberger, Augsburg 1930, S. 109.

[89] Siehe z.B. T. Beghin, »Beethoven's Hammerklavier Sonata, Opus 106: legend, Difficulty, and the Gift of a Broadwood Piano«, in: Keyboard Perspectives VII (2014).

Nachwelt

Beethovens Nachlass und seine Versteigerung

Von Maria Rößner-Richarz

Als Ludwig van Beethoven am 26. März 1827 nachmittags gegen 18 Uhr starb, begann fast unmittelbar darauf das Ringen um seine Hinterlassenschaft. Nicht nur, dass man ihm sogleich buchstäblich an Kopf und Kragen ging:[1] Haare wurden abgeschnitten und als Reliquien verteilt;[2] der Maler Josef Danhauser (1805–1845) porträtierte den Verstorbenen und nahm eine Totenmaske von seinem Antlitz, die bis heute ein ergreifendes Relikt darstellt. Am folgenden Tag wurde die Leiche obduziert, während die nahen Verwandten und Freunde, Bruder Johann van Beethoven, Dr. Johann Baptist Bach und Stephan von Breuning sowie Anton Schindler und Karl Holz, die persönlichen Papiere, die Testamente, Briefe (darunter der an die unsterbliche Geliebte), das Taufzeugnis von 1810, das Beethoven sich für seine Heiratsabsichten hatte schicken lassen, und das Tagebuch, das er 1812 bis 1818 führte, an sich nahmen. Von unmittelbarem materiellem Wert waren neben ein wenig Bargeld sieben Bankaktien, die Beethoven 1819 gekauft hatte.[3] Sie fanden diese nach längerem Suchen und gegenseitigen Verdächtigungen hinten in einer Kassette in einer Schreibtischschublade.[4]

Gerhard von Breuning, damals ein Junge von 13 Jahren, beschrieb später die Situation folgendermaßen:

> »Vater [Stephan von Breuning] war mit Bruder Johann [van Beethoven], Schindler und Holz in des Verstorbenen Wohnung gegangen, um nach den nachgelassenen Papieren, namentlich nach den dem Neffen als Universalerben zufallenden sieben Stück Bankactien zu suchen. Man wußte, daß diese vorhanden sein mußten; aber Niemand hatte Kenntniß, wo sie Beethoven aufbewahrt hatte. Mein Vater war der sicheren Ueberzeugung, sie seien in dem (schon erwähnten) gelben Schreibkästchen zur Seite des Bettkästchens. Als sie weder hier noch sonst irgendwo zu finden gewesen und Johann bereits Bemerkungen fallen ließ, als ob gleichsam nur zum Scheine gesucht würde, kam mein Vater in sehr aufgeregtem Zustande zu Tische nach Hause, um gleich Nachmittags wieder gemeinschaftlich mit den Obgenannten weiter zu suchen. Die Scene mag, Vaters späterer Aeußerung gemäß, nachgerade ziemlich unleidlich geworden sein, als zufällig Holz an einem aus einem Kasten vorstehenden Nagel zog, hierdurch ein Fach und mit ihm die so lange gesuchten Werthpapiere herausfielen«.[5]

Beethovens Testamente

Beethoven selbst hatte sich schon früh Gedanken um seinen Nachlass gemacht. Im Oktober 1802, in einer Phase tiefer Depression, als ihm die Folgen seines Gehörleidens bewusst geworden waren, verfasste er ein erstes, das sogenannte »Heiligenstädter Testament«.[6] Darin erklärte er seine beiden Brüder Kaspar Karl und Johann zu Erben seines

Vermögens. Mehr als 20 Jahre später, am 6. März 1823, nachdem Kaspar Karl 1815 verstorben war und Beethoven die Vormundschaft über dessen Sohn, seinen Neffen Karl, erstritten hatte, setzte er erneut seinen letzten Willen auf. Nun wurde sein Mündel Karl van Beethoven zum Universalerben erklärt:

> »Der Tod könnte kommen, ohne anzufragen, in dem Augenblicke ist keine Zeit ein gerichtl. Testament zu machen, ich zeige ihnen daher durch dieses eigenhändig an, daß ich meinen geliebten Neffen Karl *van Beethoven* zu meinem Universalerben erkläre, u. daß ihm alles +ohne ausnahme+ was nur den Nahmen hat irgend eines Besizes von mir nach meinem Tode <ohne> Eigenthümlich zugehören soll [...]«.[7]

Namentlich an den oben schon erwähnten Bankaktien im Wert von rund 3.500 fl. C.M. war ihm gelegen: »*Nb.* an *Capitalien* finden sich 7 *Bankactien* was übrigens sich an *Barrschaft* noch findet, wird alles ebenfalls wie die *B.*[ank] *A.*[ktien] das Seine«.[8] Seinen Anwalt, den Hof- und Gerichtsadvokaten Johann Baptist Bach (1779–1847), bestimmte Beethoven zum Kurator, d.h. zum Geschäftsträger, des noch minderjährigen Neffen.[9]

Darüber hinaus verfügte Beethoven schon zu Lebzeiten über seine Musikinstrumente. Im Heiligenstädter Testament vermachte er seinen Brüdern den Streichquartettsatz von zwei Violinen, einer Viola und einem Violoncello, den Fürst Karl von Lichnowsky ihm einst überlassen hatte:

> »die Instrumente von fürst L.[ichnowsky] wünsche ich, daß sie doch mögen aufbewahrt werden bey einem von euch, doch entstehe deswegen kein Streit unter euch, sobald sie euch aber zu was nüzlicherm dienen können, so verkauft sie nur, [...]«.[10] 1824 verfügte er noch über den Flügel, den er 1803 bei dem französischen Klavierbauer Érard erworben hatte: »[...] da man aber verwandten, wenn sie einem auch gar nicht verwandt sind, auch etwas vermachen muß so erhält mein Hr. *Bruderé* [Johann van Beethoven] mein Französisches Klawie[r] von *Paris*«.[11]

Angesichts seines sich verschlechternden Gesundheitszustandes übergab Beethoven Dr. Bach am 6. Januar 1827 ein letztes Testament, mit dem er die Universalerbschaft bestätigte und den langjährigen Freund Stephan von Breuning zum Vormund für Karl bestimmte:

> »An Hr. Dr. Bach
> Verehrter Freund!
> Ich erkläre vor meinem Tode Karl *van Beethoven* meinen geliebten Neffen als meinen einzigen Universalerben von allem meinem Hab u. Gut worunter Hauptsächlich 7 *Bankactien* und was sich an baarem vorfinden wird – Sollten die Geseze hier *Modifikationen* vorschreiben, so suchen sie selbe so sehr als möglich zu seinem vortheile zu verwenden – Sie ernenne ich zu seinem Kurator, u. bitte sie mit Hofrath Breuning seinem Vormund vaterstelle bey ihm zu vertreten – Gott erhalte Sie – Tausend Dank für ihre mir bewiesene Liebe u. Freundschaft. –
> Ludwig *van Beethoven.*
> *m.p.* [Siegel]«.[12]

Schon auf dem Totenbett, aber noch bei noch bei vollem Bewusstsein, schränkte Beethoven auf Anraten seiner Freunde den Erbfall für den als etwas leichtsinnig eingeschätzten Karl van Beethoven ein. Der Kapitalertrag der Erbschaft sollte erst den Nachkommen Karls zugute kommen:

> »mein Neffffe Karll Soll all*eini*- Erbe sejn, das Kapital meines Nachlalaßes soll jedoch Seinen natü[r]lichen oder testamentarischschen Erben zufallen.
> Vien am 23= März 1827
> luwig *van Beethoven*«.[13]

Das offizielle Nachlassverfahren

Unmittelbar nach Beethovens Tod begann das offizielle Verfahren der Testamentseröffnung mit der Erfassung und Verteilung der materiellen Hinterlassenschaft. Für Beethoven als Bürger der Stadt Wien war der Wiener Magistrat zuständig. Die Akten zu Beethovens sogenannter Verlassenschaftsabhandlung[14] sind im Wiener Stadt- und Landesarchiv überliefert, sodass sich der Vorgang der Testamentsvollstreckung als auch der Schacher um seine Hinterlassenschaft, insbesondere um die Bücher und Musikalien Beethovens, gut nachvollziehen lässt.[15]

Am Tag nach Beethovens Tod, am 27. März 1827, begab sich Dr. Bach zum Magistrat, um Beethovens Testamente zu eröffnen und die »Sperr«, d.h. die amtliche Versiegelung des Nachlasses, zu veranlassen.[16] Dazu kamen Magistratssekretär Ferdinand Prandstetter und Sperrskommissar Ignaz Schleicher in das Sterbehaus und füllten in Gegenwart des Kurators Johann Baptist Bach und des Vormunds Stephan von Breuning sowie Beethovens Adlatus Anton Schindler als Zeugen nach einem vorgedruckten Formular die sogenannte Sperrsrelation aus. Es wurden die Personalien des Verstorbenen und der Hinterbliebenen aufgenommen und vermerkt: »Ob ein Testament vorhanden« und »Wo dasselbe befindlich«. Um das Vermögen festzustellen, wurde die gerichtliche Inventur angeordnet. Über Beethovens Nachlass wurde die »enge Sperr« gelegt. Dieser Fall trat ein, wenn sich »niemand Vertrauter der Verlassenschaft annimmt, und andere Gefährde unterwalten«.[17] Das traf auf Beethoven zu, da er keine Ehefrau hinterließ und der Universalerbe noch minderjährig war. Außerdem war – zu Recht, wie noch zu zeigen ist – zu vermuten, dass an seiner Hinterlassenschaft, besonders am musikalischen Nachlass, gerade Dritte interessiert waren. Die Räume, in denen sich der Nachlass befand, wurden versiegelt und unter Aufsicht des Gerichts gestellt, sodass niemand mehr ohne behördliche Kenntnis und Erlaubnis hinein gelangen konnte. Das Gegenteil, die sogenannte Jurisdiktions-Sperr, bei der pro forma durch das Amtssiegel die Beteiligung des Verlassenschaftsgerichts angezeigt wurde, hatte Beethoven beim Tod seines Bruders Kaspar Karl 1815 erlebt, der Frau und Kind und zahlreiche Schulden hinterließ.[18]

Am 29. März 1827, noch am selben Tag, an dem nachmittags unter großer Beteiligung der Öffentlichkeit das Begräbnis Beethovens vonstatten ging, begann die gerichtliche Inventarisierung und Schätzung der Hinterlassenschaft zur Feststellung des

Vermögens.[19] Die Wertgegenstände – die sieben Bankaktien im Wert von 7.700 fl. Konventionsmünze (C.M.), dazu Pretiosen im Wert von 314 fl. 30 xr. C.M.,[20] das vorhandene Bargeld von 565 fl. in Konventionsmünze und 600 fl. in Wiener Währung – wurden in gerichtliche Verwahrung genommen (»depositirt«).[21] Am 17. April gab Dr. Bach im Namen des Universalerben die »Erbserklärung« zum Antritt der Erbschaft mit allen Konsequenzen ab: »[...] so erkläre ich mich hiemit im Namen meines *Curanden cum beneficio inventarii* zum Erben [...]«.[22] Nun mussten die Erben ihrerseits die Testamentsbestimmungen (Legate, Seelenmessen etc.) ausführen und mittels Quittungen nachweisen. Es wurden der Pflichtteil der Erbschaft und die Erbsteuer errechnet. Ende Mai erschien in der *Wiener Zeitung* das *Convocations*-Edikt[23], das eventuellen Gläubigern bis zu einer festgesetzten Frist die Möglichkeit gab, ihre Ansprüche und offenen Forderungen an den Verstorbenen anzumelden, die dann aus der Erbmasse beglichen werden sollten. Der Magistrat lud

> »alle jene, welche an die Verlassenschaft des den 26. März d.J. mit Testament verstorbenen Herrn Ludwig van Beethoven, Tonsetzers, entweder als Erben, oder als Gläubiger, und überhaupt aus was immer für einem Rechtsgrunde einen Anspruch zu machen gedenken, zur Anmeldung desselben den 5 Junius d.J. Vormittag um 10 Uhr persönlich, oder durch einen Bevollmächtigten zu erscheinen [...]«.[24]

In der Tat gab es einige, die noch offene Forderungen an Beethoven hatten. Das waren in erster Linie die Ärzte, die den Schwerkranken in den letzten Wochen behandelt hatten: Andreas Wawruch, praktizierender Arzt und Professor an der Hochschule, der für seine Besuche und ärztlichen Maßnahmen 270 fl. C.M. geltend machte[25], und Johann Seibert, Chirurg am Allgemeinen Krankenhaus, der die vier Operationen zur Punktierung vorgenommen hatte. Er forderte dafür und für die Visiten zur Vor- und Nachbehandlung 195 fl.[26] Als Dritter kam mit 20 fl. der Pathologe Johann Wagner hinzu, der den Leichnam kurz nach dem Ableben, gemäß Beethovens eigenem Wunsch, obduziert hatte:[27]

> »[...] sobald ich Tod bin und Professor schmid lebt noch[28], so bittet ihn in meinem Namen, daß er meine Krankheit beschreibe, und dieses hier geschriebene Blatt füget ihr dieser meiner Krankengeschichte bey, <zu> damit wenigstens so viel als möglich die Welt nach meinem Tode mit mir versöhnt werde – [...]«.[29]

An Kosten für Medizin und Wein standen 13 fl. aus[30], die Fischhändlerin Therese Jonaß hatte noch 5 fl. 3 xr. W.W. zu erhalten und die Klassensteuer für 1826 von 21 fl. war ebenfalls noch nicht bezahlt.[31] Schließlich trat noch der Verlag Artaria & Comp. auf, der Beethoven 1821 ein Darlehen über 150 fl. C.M. gewährt, aber zu Beethovens Lebzeiten weder das Geld noch die als Ausgleich dafür versprochene Komposition erhalten hatte.[32] Offene Forderungen gab es auch von Seiten der Nachlassverwalter an Beethovens drei Rentenvertragspartner, Erzherzog Rudolph, Fürst Kinsky († 1812) und Fürst Lobkowitz († 1816) bzw. ihre Nachfolger. Nach Beethovens Tod hatten sie die fälligen Raten von Beethovens Rente, insgesamt 144 fl. 53 xr., noch nicht bezahlt.[33]

Auch die Kosten für das Grab und das Begräbnis sollten aus der Erbmasse beglichen werden. 275 fl. erhielt der amtliche »Conduct-Ansager«, der das Begräbnis organisierte[34], dazu kamen Kosten für den Leichenwagen, für das vom Bürgerregiment ausgeliehene Leichentuch, für heilige Messen, für die Grabstätte auf dem Währinger Friedhof und für das Grabmal sowie für das Aufräumen im Hof des Hauses nach dem Begräbnis, insgesamt 404 fl. C.M.[35] Um die nötigen Gelder dafür aufzubringen, wurde in den nächsten Wochen und Monaten Beethovens mobile und immobile Hinterlassenschaft erfasst, geschätzt und schließlich versteigert.

Beethovens Nachlass im engeren Sinne

Beethovens Nachlass lässt sich in drei Bereiche gliedern. In den ersten fallen Wohnungseinrichtung, Hausrat, Geldvermögen und Wertgegenstände (Mobilien oder Effekten und Pretiosen), sprich: die Relikte seines Alltags und seiner Lebensführung. Der zweite Bereich besteht in der Bibliothek, die seinen geistigen Nährboden und seinen Bildungshintergrund darstellt. Den dritten – und für die Nachwelt wichtigsten – Bereich bilden die Musikalien, die sein kompositorisches Schaffen dokumentieren.

Die Inventarisierung der Wohnung und Alltagsgegenstände fand über acht Tage statt.[36] Als Vertreter des Erblassers und des Erben nahmen Dr. Johann Baptist Bach und Jakob Hotschevar sowie zwei Zeugen, Joseph Leopold Krembs und Franz Horer, daran teil. Von Seiten des Wiener Magistrats waren der Magistratssekretär Ferdinand Prandstetter, der Sperrskommissar Ignaz Schleicher und die zuständigen Schätzmeister abgeordnet: Franz Deimel und Franz Anton Haußmann (Pretiosenschätzmeister), Ferdinand Leichtl (Uhrenschätzmeister), Tobias Spannagel und Sebastian Zimmermann (Effektenschätzmeister) sowie Martin Stoß, Geigenbauer.[37] In der Reinschrift des Schätzungsprotokolls wurden summarisch auch die Schätzwerte der übrigen Teile des Nachlasses, der Bücher, Instrumente und Musikalien, angegeben. Der Schätzwert der Gegenstände diente zur Berechnung des Erbvermögens und galt später bei der Versteigerung als Grundgebot.

Im Einzelnen umfasste Beethovens mobiler Nachlass:

- An Bargeld: 1.215 fl. C.M. und 600 fl. W.W.; nach Abzug von 650 fl. für die Bestreitung der Leichen- und andere Begräbniskosten blieben davon noch 565 fl. C.M. und 600 fl. W.W.
- An Bankaktien: die sieben am 13. Juli 1819 gezeichneten Aktien Nr. 28624–28630 im Wert von à 1.063 fl. C.M., insgesamt 7.441 fl. C.M.
- Die ausstehenden Rentenzahlungen von 144 fl. 53 xr. C.M.
- An »Präziosen«:[38]

  1 ovaler Ring mit Smaragd und brillantenbesetzter Rosette im Wert von 90 fl.[39],
  1 goldene Medaille mit dem Bildnis Ludwigs XVIII., 41 Dukaten = 164 fl.,
  1 silberne »Minutenuhr« 8 fl.,
  diverses Silbergeschirr: Vorlegelöffel, Sahnelöffel (»Oberschöpfer«), 8 Esslöffel, 9 Kaffeelöffel und 1 Salzfass, die einen Schätzwert von 52 fl. 30 xr. hatten; insgesamt 314 fl. 30 xr.

- An Kleidung und Wäsche: 2 Fräcke und einen blauen Mantel aus Tuch (Wollstoff), 2 kurze Jacken (Spenzer) und 5 Gehröcke, 16 Westen (»Gillen«) und 8 Hosen (»Beinkleider«). Dazu kamen 2 Hüte, 6 Paar Stiefel, 3 Paar Hosenträger, 6 Barbiermesser, 2 kleine Pistolen (eine davon hatte vermutlich Neffe Karl im August 1826 bei seinem Suizidversuch benutzt), 1 gewöhnlicher (»ord:[inari]«) Stock und 1 Schlafrock, außerdem 14 Hemden und nochmals 20 Hemden (wahrscheinlich Unter- und Oberhemden), 20 Hals- und Taschen-(»Sack«-)tücher, 18 Paar Socken, 8 Nachthemden, 14 Einlagen (»Gatien«), 6 Schlafhauben. Alles zusammen besaß einen Schätzwert von 37 fl. C.M.
- An Hauswäsche: 2 Tischtücher, 10 Servietten, 10 Handtücher, 6 Leinentücher, 4 »Ziechen«, 2 harte »Bettstadln samt Strohs:[äcke]«, 4 Matratzen, 7 Polster, 1 mit Federn gefüllte Bettdecke (»Tuchet«), 3 alte abgenähte Decken, 1 Steppdecke (»Koltgen«), zusammen 16 fl. Wert.
- Die Einrichtung bestand im ersten Zimmer in: 4 harten Tischchen, 8 ledernen Sesseln, 3 harten Schubladenkästen, 1 Nachtkästchen, 2 weichen Stellagen, 1 Ofenschirm, 1 Schreibpult, 1 Spiegel in einem vergoldeten Rahmen, 2 Fensterblachen (Abdeckplanen), 2 Chatoullen (Kästchen), zusammen 12 fl.;

  im zweiten Zimmer befanden sich: 2 alte Tische, 2 alte Sessel, 1 harter Schreibkasten, 1 harter Hängekasten, 1 weiches Türkästchen (Schränkchen mit Türen), 1 Nachtkästchen, 5 weiche Stellagen, 1 Fensterblache, zusammen 6 fl.;

  im dritten Zimmer: 1 lederner Schlafsessel, 1 altes Sofa, 1 Reisekoffer, 2 Fensterblachen – 4 fl.;

  in der Küche: 14 Porzellanteller, einiges Steingutgeschirr, 1 Blechtasse, Gläser, Flaschen und »blülzer« – 4 fl.; 4 Messingleuchter, 1 Mörser, 1 kupferner Waschkessel, 1 »Federtratter«, Eisengeschirr »u. die ord: Kücheneinrichtung« – 6 fl.

Alles in allem spiegeln diese Objekte die Wohnverhältnisse und das Alltagsleben eines Junggesellenhaushalts wider. Die folgenden Gegenstände entstammen Beethovens individuellen Lebensverhältnissen: Der Komponist und Dirigent besaß ein Exemplar von Mälzels Metronom (geschätzt 8 fl.). Auch das Pianoforte aus Mahagoniholz, das Beethoven 1818 von dem englischen Klavierbauer Thomas Broadwood geschenkt bekam, hatte die vielen Wohnungswechsel und Umzüge überstanden (100 fl.). Ebenso waren die vier Streichinstrumente – ein Quartettsatz mit Violinen von Nicola Amati und Giuseppe Guarneri, einer Viola von Vinzenz Reschner und einem Violoncello von Pietro Guarneri –, die ihm sein Gönner in den ersten Wiener Jahren, Fürst Karl von Lichnowsky, spendierte, noch vorhanden (78 fl.). Zu dem Schätzwert der Effekten und Pretiosen von knapp 600 fl. C.M. kamen die Schätzungen der Bücher und Musikalien Beethovens, so dass der gesamte Nachlass einschließlich der Bankaktien mit 9.885 fl. 13 xr. C.M. und 600 fl. W.W. taxiert wurde.[40] Die anschließende Versteigerung des Hausrats und der Einrichtung blieb in schlechter Erinnerung:

> »Doch wie um so schmerzlicher berührte es uns, schon nach wenig Tagen – noch im selben Monate April – die für uns geheiligten Räume im Schwarzspanierhause durch die Lizitation

der Hausgegenstände aus Beethoven's Nachlasse entweiht zu sehen. Eine jämmerliche Anzahl von Trödlern hatte sich eingefunden, und die unter den Hammer gebrachten Kleidungsstücke wurden herumgezerrt, die Meubel beschnuppert, kurz alles herumgestoßen und verfeilscht«.[41]

Die Bücher

Beethovens Büchernachlass bestand laut Nachlassinventar aus 44 Nummern, hinter denen sich einige Sammelwerke verbargen, so dass man auf mindestens 50 Werke kommt. Nicht mitgerechnet sind die ca. 60 musikalischen und musiktheoretischen Werke, die bei den Musikalien verzeichnet wurden.[42] Auch einige Bücher, die für Beethovens Bildungshorizont und Interesse prägend waren, wie Homers *Odysee* oder Christoph Christian Sturms *Betrachtungen der Werke Gottes im Reiche der Natur und der Vorsehung auf alle Tage des Jahres*, fehlen auf der Liste, da sie Anton Schindler noch vor der Sperre an sich genommen hatte. Sie befinden sich heute in seinem Nachlass in der Staatsbibliothek Preußischer Kulturbesitz zu Berlin.[43] Die Titelaufnahme fand laut Inventar am 4. Mai 1827 statt und wurde wiederum von Ferdinand Prandstetter und Ignaz Schleicher als den Beauftragten des Wiener Magistrats sowie diesmal Franz Joseph Rötzl und Christian Gottfried Kaulfuß, den Bücherschätzmeistern[44], durchgeführt.

Beethovens Interesse an Bildung und Literatur ist in seinem Briefwechsel und in den Konversationsheften gut dokumentiert. Er war kein Bücherwurm und besaß außer der Musik kein spezielles Interessensgebiet, sondern war eher um eine breit gefächerte Allgemeinbildung bemüht. Seine Bibliothek enthält Bücher mit literarischen, historischen, philosophischen, naturwissenschaftlichen und belletristischen Inhalten.

Darunter sind Klassiker wie Ciceros Briefe (lateinisch mit deutscher Übersetzung) und Plutarchs Biographien (deutsch, mit Anmerkungen von Gottlob Benedikt von Schirach) (Nr. 38), Standardwerke wie eine Bibel (Nr. 44; immerhin in einer französisch-lateinischen Ausgabe von 1742) und die *Nachfolge Christi* von Thomas a Kempis (Nr. 23), einige Werke zur Naturphilosophie und Astronomie, wie Immanuel Kants *Allgemeine Naturgeschichte und Theorie des Himmels* (Nr. 2; 1798), Johann Elert Bodes *Anleitung zur Kenntnis des gestirnten Himmels* (Nr. 34), und mit einem astrologischen Einschlag der *Commentarius de praecipuis generibus divinationem* des Humanisten und Naturwissenschaftlers Caspar Peucer (1525–1602), in einer vermutlich alten Wittenberger Ausgabe (Nr. 19). Informationsbedarf bestand auf dem Gebiet der Geschichte, der mit einigen Teilen aus der 92-bändigen *Weltgeschichte* von William Guthrie und John Grey (in Nr. 38; in deutscher Übersetzung, vermutlich in der Ausgabe Troppau 1785) gedeckt wurde. Beethoven besaß ferner Textausgaben von Bühnenwerken: William Shakespeares Schauspiele (in Nr. 38; herausgegeben von Johann Joachim Eschenburg [1743–1820]) oder Friedrich von Schillers Dramen (Nr. 26; 21 Bände der Grätzer Taschen-Ausgabe von 1824)[45] sowie Textbücher der heute weniger bekannten Tragödien von Johann August Apel (1771–1816): *Polyidos* und *Kalliroe* von 1805 und 1806 (Nr. 35). Einen nicht unerheblichen Teil seiner Bücher, etwa ein Drittel, nimmt die Lyrik ein. Das lässt darauf schließen, dass Beethoven immer auch auf der Suche nach Texten war, die er musikalisch nutzen konnte. Dabei zog er überwiegend

Bücher zeitgenössischer Autoren oder Bearbeiter heran, von denen mehrere der deutschen Aufklärung zuzurechnen sind. Hier sind zu nennen die Gedichtbände von Georg von Gaal (1783–1855) (Nr. 18), Karl Wilhelm Ramler (1725–1798) (Nr. 22), Ludwig Heinrich Christoph Hölty (1748–1776) (Nr. 29), Karl Streckfuß (1778/79–1841) und Friedrich Bouterwerks (1766–1828) (Nr. 12), James *Thomsons Jahreszeiten in deutschen Jamben* von Heinrich Harries (Nr. 7; Ausgabe Altona 1796) sowie Friedrich von Matthissons (1768–1831) *Lyrische Anthologie* (Nr. 24). Zählt man die Gedichtbände in Goethes und Schillers Werkausgaben (Nr. 25 und 26) und Christoph August Tiedges *Urania* (1808) und *Elegien* (1806) dazu (Nr. 20 und 21), erhöht sich der Anteil noch. Auch die Theorie dazu interessierte den Komponisten, verkörpert mit F. E. Fergars *Kleine*[m] *poetische*[n] *Hand-Apparat; oder: Kunst in zwei Stunden ein Dichter zu werden* (Nr. 14; Pest 1823). Hinzu kommen Prosaschriften von Schriftstellern der näheren Vergangenheit wie Johann Heinrich Campe (1746–1818) (Nr. 27), der mit seinen *Kinderschriften* vertreten ist, August Gottlieb Meißner (1753–1807) mit den *Skizzen* (Nr. 39) oder Friedrich Gottlieb Klopstock (1784–1803), von dessen Werken Beethoven einige Bände in der Troppauer Ausgabe von 1785 besessen hat (Nr. 28 und Nr. 39). Zwischen Prosa und Lyrik stehen die Fabeln von Jean de Lafontaine (1621–1695), die in einer Ausgabe von 1805 vorhanden sind (Nr. 17).

Im Zusammenhang mit seinem instabilen Gesundheitszustand und für die sommerlichen Kuraufenthalte hatte Beethoven sich Christoph Wilhelm Hufelands (1762–1836) *Praktische Übersicht der vorzüglichsten Heilquellen Teutschlands* (Nr. 9; 1815), Peter Liechtenthals *Ideen zu einer Diätik für die Bewohner Wiens* (Nr. 10) und Carl Schenks *Taschenbuch für Badegäste Badens und Niederösterreichs* (Nr. 13; 1805) angeschafft.

Eine ganze Reihe von Büchern stammt von Autoren, mit denen Beethoven persönliche oder briefliche Bekanntschaft gemacht hatte. Das gilt besonders für Johann Michael Sailer. Im Februar 1819 nahm er über Antonie und Franz von Brentano Briefkontakt zu dem Theologieprofessor in Landshut auf, um ihm seinen Neffen und Mündel Karl zum Unterricht anzuvertrauen. Seiler ist mit der Anthologie *Goldkörner der Weisheit*, dem angebundenen *Friedrich Christians Vermächtnis an seine lieben Söhne* (Nr. 1) und einer *Kleine*[n] *Bibel für Kranke und Sterbende* (Nr. 11) vertreten, beide Bändchen in der Ausgabe Grätz desselben Jahres 1819. Aus den *Goldkörnern* zitierte Beethoven mehrfach in seiner Denkschrift an das niederösterreichische Appellationsgericht vom 18. Februar 1820.[46] Einen Bezug zu den Kuraufenthalten in den böhmischen Bädern, die Beethoven 1811 und 1812 unternahm, haben die bereits genannten Bücher von Christoph August Tiedge (hier: »Tietger«) und Johann Wolfgang von Goethe, mit denen er in Teplitz und Karlsbad zusammentraf. Texte des letzteren hatte er allerdings schon in den *Acht Liedern* op. 52 Nr. 4 (erschienen 1805) und den *Sechs Gesängen* op. 75 (1809) vertont. Auch Tiedges Gedicht *Urania* kannte er schon früher. Einen Ausschnitt davon nahm er 1805 zur Textgrundlage für das der Gräfin Josephine Deym geb. von Brunsvik gewidmete Lied *An die Hoffnung* op. 94 .[47] Über Tiedge und die mit ihm befreundete Elisa von der Recke (1756–1833) kam Beethoven näher in Verbindung mit der Gedankenwelt des 1810 verstorbenen Dichters und Schriftstellers Johann Gottfried Seume (1763–1819). Beethoven besaß den *Spaziergang nach Syrakus im Jahre 1802* – in der vierten Auflage von 1803 – und *Apokryphen*, Beethovens Exemplar stammte aus der Erstauflage von 1811 (Nr. 4 und 5).[48]

Einen biographischen Hintergrund hat auch Aloys Weißenbachs (1766–1821) *Meine Reise zum Congreß. Wahrheit und Dichtung* (Nr. 32, Wien 1816). Hatte Beethoven doch für sein Konzert zum Wiener Kongress am 29. November 1814 einen Text des Salzburger Arztes in der Kantate *Der glorreiche Augenblick* op. 136 vertont. Die Beschreibung von Linz in Oberösterreich von Gottlob Heinrich Heinse: *Linz und seine Umgebung* (Nr. 31; Linz 1812), hängt naheliegend damit zusammen, dass Beethovens Bruder Johann dort als Apotheker tätig war. Anfang November 1812 fuhr Beethoven dorthin, um die Heirat Johann van Beethovens mit dessen Haushälterin Therese Obermayr zu verhindern – vergeblich, wie er erfahren musste.

Zu erwähnen sind ferner Bücher, die von Beethovens Streben nach Sprachkompetenz zeugen: »Ein Paquet italien. Grammatiken« (Nr. 37), die bereits erwähnten *Fables choisies* von Lafontaine (Nr. 17), Peucers *Commentarius* (Nr. 19), eine französisch-lateinische Bibel (Nr. 44) und ein *Missale romanum* (Nr. 43) sowie – im Schindler-Nachlass in Berlin – eine französische Grammatik und sowohl ein französisches als auch ein lateinisches Wörterbuch.[49] Sein Büchernachlass enthielt darüber hinaus ein paar Zeitschriften, die, mit Ausnahme der kulturpolitisch ausgerichteten Zeitschrift *Prometheus* von Leo von Seckendorf und Josef Ludwig Stoll (Nr. 33) »und einige[n] andere[n] Hefte[n] von älteren wissenschaftl. Zeitungen«[50], zum musikalischen Teil des Büchernachlasses überleiten. Es handelte sich um die *Cäcilia. Eine Zeitschrift für die musikalische Welt* des Mainzer Verlags B. Schott's Söhne (Nr. 36), von der Beethoven die Hefte 1–17 und 19–22 besaß, dann einige, nicht näher bestimmte Ausgaben der *Berliner musikalischen Zeitung* (Nr. 40) und die Zeitschrift *Neujahrsgeschenk an die Zürcherische Jugend. Von der Musik-Gesellschaft zur Deutschen Schule* (Nr. 41), eine Art Almanach über das Schweizer Musikleben mit vielen Notenbeispielen, von dem die Ausgaben 1812–1818 und 1820–1824 hinterlassen wurden. Beethoven besaß außerdem die *Liederkränze* (Nr. 30), herausgegeben von Hans Georg Nägeli (1773–1836). Im Büchernachlass aufgeführt ist auch die *General History of Music* von Charles Burney (Nr. 42), vier gebundene Bände von 1789, die er von Burneys Enkelin Sarah Payne[51] geschenkt bekommen haben könnte. Man findet Johann Matthesons *Vollkommene*[n] *Kapellmeister* und Friedrich Wilhelm Marpurgs *Abhandlung von der Fuge* (Nr. 43; ohne nähere Angabe zur Auflage), Johann Nikolaus Forkels *Allgemeine Litteratur der Musik* (Nr. 3; Leipzig 1792) sowie Daniel Gottlob Türks *Anweisungen zum Generalbaßspiel* von 1791 (Nr. 6). Der Schätzwert dieser 44 Bücher aus Beethovens Bibliothek betrug 45 fl. 50 xr. W.W. oder 18 fl. 20 xr. C.M. Weitere musikalische Bücher wurden bei der Inventarisierung des musikalischen Nachlasses erfasst und mit diesem veräußert.

Fünf Bücher indes fielen unter das Verdikt der Zensurbehörde und wurden vom Verkauf ausgeschlossen:

> »[...] und sind die als verbothen durchstrichenen Bücher nach den bestehenden allerhöchsten Censur-Vorschriften zur Amtshandlung anher zu liefern.
>
> Vom kk. Cent.[ral]-Büch.-R[evision]s-Amt
> d. 6^tn Juny [1]827
> Stuchly«.[52]

Erst nach ihrer Entfernung (»Ommissis deletis«)[53] durften die Übrigen veräußert werden (»admittuntur«). Diese »verbotenen« Bücher waren die beiden Werke von Johann Gottfried Seume, der *Spaziergang* und die *Apokryphen*, das erste eine kritische Reisebeschreibung, das zweite eine Gedankensammlung über Gott und die Welt. Zensiert wurde August von Kotzebues (1761–1819) Schrift *Vom Adel* (Nr. 8; Leipzig 1792).[54] Gestrichen und beschlagnahmt wurden Nr. 15: *Paris im Scheitelpunkte* (1. Band)[55], ein kritischer Reisebericht des Bremer Domkantors, Musikschriftstellers und Pädagogen Wilhelm Christian Müller (1752–1831), und Nr. 16: von Ignaz Aurelius Fessler (1756–1839) *Ansichten von Religion und Kirchenthum*, 3 Bände, Berlin 1805 (Erstausgabe). Auch hier gibt es, wie bei Johann Gottfried Seume, biographische Bezüge. Beethoven legte dem Vor- und Nachspiel, *König Stephan* op. 117 und *Die Ruinen von Athen* op. 113, die er zur Eröffnung des neuen Theaters in Pest am 9. Februar 1812 im Sommer 1811 in Teplitz komponierte, Texte von Kotzebue zugrunde und bat ihn im Folgenden – allerdings ohne Erfolg – um ein Opernlibretto.[56] Mit Müller verband ihn gegenseitige Hochschätzung, die sich in Glückwünschen zum Geburtstag (= Tauftag) am 17. Dezember 1819 (BGA 1359), einem Besuch Müllers in Wien im Herbst 1820 (BGA 1413) und im Geschenk eines Exemplars der gerade erschienenen *Klaviersonate* op. 109 im Februar 1822 (BGA 1458) niederschlug. Diese fünf Werke hatten zweifellos Beethovens Geisteswelt, seine Religion, seine Einstellung zu Napoleon, zur Aristokratie und zum österreichischen Kaiserstaat beeinflusst.[57] Sie enthielten zahlreiche staats- und religionskritische Anspielungen und Aussagen, die sie zu Zensurobjekten der Behörde machten. Am 5. September 1827 bestätigte Bücherkommissar Stuchly die ordnungsgemäße Ablieferung, so dass nun die Versteigerung vorgenommen werden konnte. Allerdings vergingen noch einige Wochen, bis am 5. November 1827 die gemeinsame Ausrufung mit dem musikalischen Nachlass, der inzwischen ebenfalls inventarisiert wurde, begann.

Die Musikalien

Was für uns heute unschätzbare Werte darstellt, galt den Zeitgenossen Beethovens mehr oder weniger als Alltagsgeschäft, von dem sie sich wegen des Namens einen höheren Absatz und Gewinn versprachen (Verleger) oder als Möglichkeit, günstig an Erinnerungsstücke zu kommen.

Schon Anfang Mai schrieb Nannette Streicher an den Verleger Peter Joseph Simrock in Bonn:

> »[…] Nächstens wird der Verkauf von Beethovens Musikalischem Nachlaß vor sich gehen, wobey sich aber schwerlich noch etwas ungedrucktes finden wird. Sollen Sie, wenn auch nur des Andenkens wegen etwas zu haben wünschen so bitten wir um gefällige Nachricht […]«.[58]

Ende Juli sprach Dr. Bach als Testamentsvollstrecker beim Magistrat vor und mahnte die Inventarisierung von Beethovens Musikalien an.[59] Die Zeit dränge, da über den Sommer hinweg die in- und ausländischen Interessenten schwerer erreichbar seien und ihre Be-

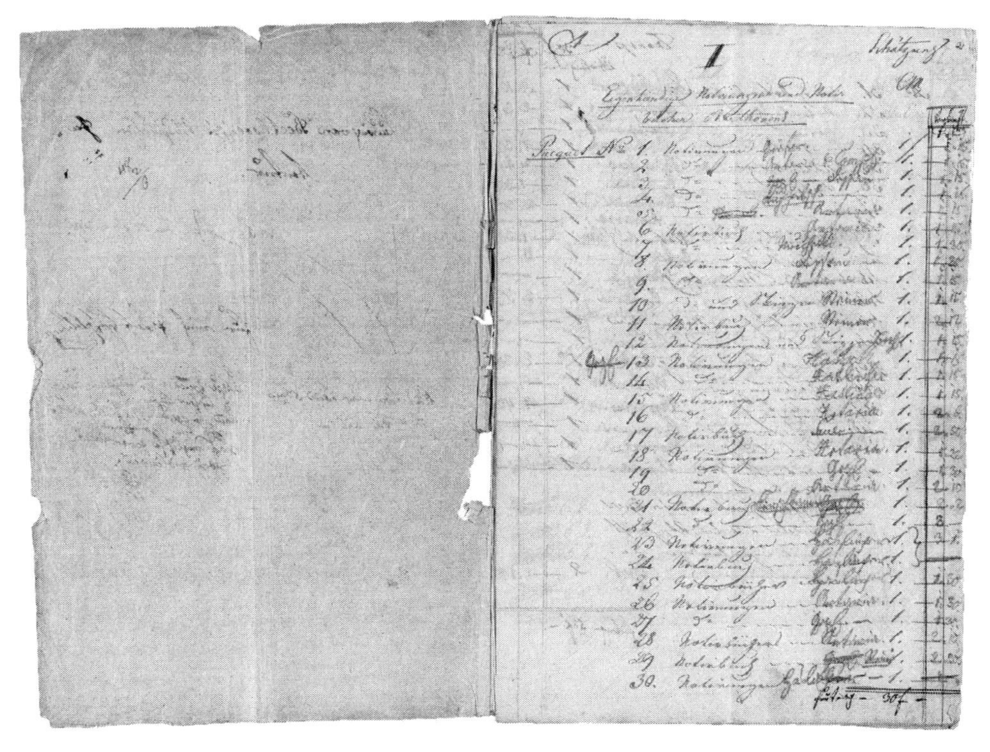

Ludwig van Beethoven'sche Musikalien Inventur. Exemplar für Jakob Hotschevar, Vormund des Neffen Karl, für die Schätzung und Versteigerung von Ludwig van Beethovens musikalischem Nachlass am 9. November 1827, angelegt von Anton Gräffer, 1827, 14 Bll., eigenhändig ausgefüllt. (Bonn, Beethoven-Haus, NE 79, Blatt 2r.) – Die Namen der Käufer und die Verkaufspreise wurden mit Bleistift von Hotschevar eingetragen.

nachrichtigung einen zeitlichen Vorlauf benötigte. Denn zuvor seien die vielen Notenblätter noch durch Sachverständige zu ordnen, um zu entscheiden, ob man sie vor der öffentlichen Versteigerung »privative« den Kunsthändlern anbieten solle. Schließlich traf sich am 16. August eine Kommission aus den Nachlassverwaltern Beethovens Bach und Hotschevar, den Vertretern des Wiener Magistrats Prandstetter und Schleicher u.a., und den Schätzmeistern für Kunstgegenstände und Kupferstich (wozu auch Musikalien zählten) Ignaz Sauer und Dominik Artaria[60] zur Inventarisierung. Außerdem wurden, dem Vorschlag Bachs folgend, als Sachverständige die Komponisten und Musiker Carl Czerny und Ferdinand Piringer sowie der Verleger Tobias Haslinger hinzugezogen, um das Material zu bewerten. Als offizieller Protokollant fungierte der Mitarbeiter im Verlag Artaria Anton Gräffer (1786–1852).[61] Fast jeder der Beteiligten führte aber ein eigenes Inventar, das ihm als Grundlage bei der späteren Versteigerung dienen sollte.[62]

Es war kein leichtes Unterfangen, auf das sie sich einließen, zumal es sich um wesentlich mehr Objekte als die 44 Bücher handelte und einige der engeren Mitarbeiter Beethovens wie Karl Holz und Anton Schindler, die seine Arbeiten näher kannten und bei der Ordnung hätten helfen können, wegen der engen Sperre fehlten. Die zahlreichen

Blätter – Sauer spricht von »vielen 1000« –, die weder nummeriert noch sonst wie als zusammengehörend gekennzeichnet waren und denen meistens auch ein Titel fehlte, waren in den fünf Monaten seit dem Tod Beethovens mehrfach von einem in ein anderes Zimmer geräumt und zuletzt auf einem Haufen zusammengeworfen worden. Für eine gründliche Vorsortierung fehlte aber die Zeit, weil die Wohnung zum St. Michaelstag, d.h. zum 29. September, bereits weitervermietet war. Die Klassifizierung und Aufnahme der Objekte konnte daher nur summarisch erfolgen.[63] Es bedurfte mühsamer Kleinarbeit und Quellenkenntnis, die oft kryptischen Beschreibungen den bekannten, vorhandenen oder auch nicht mehr vorhandenen Quellen zuzuordnen und sie zu identifizieren.[64]

Die Beteiligten ordneten Beethovens musikalischen Nachlass in sechs Gruppen: Die erste enthielt Skizzenblätter und Skizzenbücher (»Eigenhändige Notirungen und Notirbücher«). Die immerhin 51 Nummern waren schon von den Zeitgenossen nicht näher bestimmbar und können auch im Nachhinein, mit Ausnahme des sogenannten »Kafka-Skizzenbuchs«, kaum mehr identifiziert werden. In die zweite Rubrik mit 19 Nummern kamen noch ungedruckte, von Beethoven eigenhändig geschriebene Skizzen, Fragmente und unvollständige Werke. Auch sie sind kaum zuzuordnen. Autographe von bereits gedruckten Werken bildeten die dritte Kategorie, mit 78 Posten (Nr. 71–148) die umfangreichste. Sie enthielt Partituren von Orchesterwerken, z.B. der *Pastorale* op. 68, der Oper *Fidelio* op. 72, der *Klavierkonzerte Nr. 1* (op. 15) und *Nr. 2* (op. 19) und der *Missa solemnis* op. 123, aber auch Kammermusik für Klavier mit und ohne Streichinstrumente (u.a. op. 26, 27 Nr. 2, 30 Nr. 1–3, 57, 70, op. 110 und 111, 126), Lieder (u.a. op. 48, 83, WoO 129) sowie die späten Streichquartette (op. 127, 130–132) und Ensembles (op. 20, 29, 103). Einzelne Stimmen oder Teilmanuskripte wurden in der 40 Nummern umfassenden vierten Rubrik; »meist vollstændige und eigenhændig geschriebene Original-manuscripte«, zusammengefasst. Hier finden sich viele »Werke ohne Opuszahl« (WoO) wieder. In der fünften Kategorie, Nr. 190–199, landeten »Ausgeschrieben Stimmen zu Beethoven'schen Werken«, wie zur *Fünften*, *Sechsten*, *Siebten* und *Neunten Sinfonie* (op. 67, 68, 92 und 125), zum Oratorium *Christus am Oelberge* op. 85 und zu *Wellington's Sieg oder die Schlacht bei Vittoria* op. 91.

Ohne Zählung wurden Abschriften Beethovens und anderer von Werken anderer Komponisten, wie Johann Sebastian Bach, Georg Friedrich Händel, Wolfgang Amadé Mozart, Ferdinando Paër und Etienne Nicolas Méhul, zusammengenommen. Kapitel VI enthielt die Notendrucke (»Gestochene Musikalien«), wiederum von Beethovenschen Werken wie op. 85 und op. 91, aber auch anderer Meister wie Händel, Joseph Haydn, Mozart und Giovanni Paisiello. Ein eigener Abschnitt wurde den noch unter den Noten gefundenen musikalischen Büchern zugewiesen. Neben Justin Heinrich Knechts *Orgelschule* und Friedrich Wilhelm Marpurgs *Abhandlung von der Fuge* oder Johann Philipp Kirnbergers *Werke* in sechs Bänden finden sich hier auch Haydns Werke in 14 Bänden. Geschätzt wurden die insgesamt 252 Objekte auf 480 fl. 30 xr. C.M. Schließlich gab es noch zu vermerken, was sich bei Beethovens Tod an Leihgaben aus fremdem Besitz bei ihm befand (»Fremdes Eigenthum«). So stand er bei Graf Moritz von Lichnowsky, seinem Freund Nikolaus Zsmeskall von Domanowetz, dem k. k. Hoftheater und seinen Verlegern Sigmund Anton Steiner & Comp. und Artaria & Comp. in Schuld.

Die Versteigerung wurde auf Antrag von Dr. Bach zwar nicht auf den gewünschten Termin Anfang Oktober – »*Ein löblicher Magistrat* geruhe die Feilbiethung der obgedachten Verla[ssensch]afts-Gegenstände [...] in den ersten Tagen des künftigen Monats Oktober zu bewilligen, [...]« –,[65] sondern auf den 5. November festgesetzt und öffentlich dazu eingeladen:

»Von dem Magistrate der k.k. Haupt= und Residenzstadt Wien, wird durch gegenwärtiges Edict[66] hiermit bekannt gemacht: es sey in die öffentliche Feilbiethung nachstehender in die Verlassenschaft des verstorbenen Tonsetzers Ludwig van Bethofen gehörigen Gegenstände gewilliget worden, als [... es folgt die Aufzählung der Rubriken ...]. Die Kauflustigen belieben am 5. November d. J. und die nachfolgenden Tage zu den gewöhnlichen Vor= und Nachmittagsstunden in dem Hause Nr. 1149 in der Stadt am Kohlmarkte auf der hinteren Stiege im zweyten Stocke sich einzufinden.«[67]

Die Ausrufung selbst dauerte vom 5. bis zum 7. November. Obwohl sie nun nicht mehr in die Sommer-Ferien-Zeit fiel, erfüllte sich die Hoffnung auf eine Beteiligung auswärtiger Musikalienhändler, Verlage, Kunst- und Beethoven-Feunde nicht. Am Ende kam für die Musikalien ein Betrag von 982 fl. 37 xr. C.M., also ungefähr das Doppelte des Schätzwerts, ein. Die Medaille des französischen Königs Ludwigs XVIII., das Broadwood-Fortepiano und die beiden Violinen aus dem Quartettsatz sowie ein Violinfutteral, die auf 292 fl. geschätzt worden waren, brachten noch einmal 308 fl. Mit den Büchern (47 fl. 8 xr. C.M.) zusammen ergab sich ein Verkaufserlös von 1.367 fr. 13 xr. C.M.[68]

Der Vorgang um die Ordnung und Versteigerung von Beethovens musikalischem Nachlass stieß dennoch auf öffentliches Interesse, so dass die Leipziger *Allgemeine musikalische Zeitung* in ihrer Ausgabe vom 9. Januar 1828 ausführlich darüber berichtete:[69]

»Am 5ten und den folgenden Tagen: Oeffentliche Versteigerung des gesammten musikalischen Nachlasses von Ludwig van Beethoven. Bereits in den Monaten July und August wurde das Inventarium von gerichtlich delegirten Personen amtlich aufgenommen, welchem Actus die Hrn. Haslinger, Carl Czerny und Piringer als geladene Zeugen beywohnten; es war in der That keine leichte Aufgabe, die höchst zerstreute Sammlung zu ordnen, und den genannten Herren Beysitzern gebührt das dankenswerthe Verdienst, dass sie sich diesem wiewohl interessanten, allein dabey auch äusserst mühevollen Geschäfte mit gleicher Liebe und Sorgfalt unterzogen. Dass die Licitation selbst bis zum Spätherbst hinaus vertagt ward, hatte zum Theil seinen zureichenden Grund darin, weil eine bedeutende Anzahl unserer hiesigen Kunstfreunde in der schönen Jahreszeit den geräuschvollen Freuden der Hauptstadt Valet zu sagen, und diese mit jenen anmuthigeren in den paradiesischen nächsten Umgebungen zu vertauschen pflegt; anderer Seits konnte man auch diessfalls, beynahe mit voller Gewissheit Aufträge, oder Bestellungen des Auslandes, sonderlich von England, erwarten, welche Hoffnung jedoch, ungeachtet der erlassenen Einladungen, keineswegs in Erfüllung ging.

Der Nachlass bestand, laut dem zur Einsicht vorgelegten Kataloge: 1. in Notirungen; mehre Hefte verschiedener Themata; 2. in Skizzen, Bruchstücken u.s.w. 3. in Handschriften von Partituren gestochener Compositionen; 4. in eigenhändig geschriebenen, noch nicht bekannten, meist vollständigen Original-Manuscripten; 5. in ausgezogenen, vielfach duplirten

Stimmen von Symphonien, Chören, Ouverturen, Missen u.s.w. 6. in gestochenen Musikalien guter Autoren, und in den vorzüglichsten theoretischen Schriften anerkannter Classiker; 7. in einer kleinen, schöngeistischen [!] Handbibliothek und 8. in einigen musikalischen Instrumenten. Es ergab sich ein ordentlicher Wettkampf unter den hiesigen Musikhändlern, sonderlich zwischen Domenico Artaria, dem Senior derselben, und Tobias Haslinger, der Firma nach zwar der jüngsten, aber als nunmehr alleinigem Besitzer der rühmlichst accreditirten vormals S. A. Steiner'schen Offizin, gewiss einem der tüchtigsten, und unternehmendsten Kunsthändler auf dem Platze. Beyde theilten sich so zu sagen durch nahmhafte Meistgebote fast ganz ausschliesslich in den unschätzbaren Nachlass, indem jeder wo nicht die Hälfte, doch mindestens ein Drittheil desselben erstand [...] Der Gegenstand wurde mit besonderer Aufmerksamkeit, Ruhe, Stille, ja, man könnte sagen, mit einer gewissen Feyerlichkeit behandelt; anfangs ging die Steigerung nach grossen Summen, welche sich jedoch in der Folge immermehr verringerten. [...].«

Dies lenkt den Blick auf die bisher noch weniger beachteten Käufer der Musikalien und Bücher. Eine vollständige Konkordanz, in der auch die Personen genannt sind, gibt nur Jakob Hotschevar in der Endabrechnung, die er als Vormund des Erben vornahm.[70]

Dass die Wiener Verleger Artaria (93 Objektnummern, darunter auch zahlreiche Bündel von Skizzen und ausgeschriebenen Notenblättern), Haslinger (47) und Anton Spina für den Verlag Diabelli & Co. (11), Pietro Mechetti (1) und Sigmund Anton Steiner (2) das Gros der Musikalien unter sich aufteilten, verwundert nicht. Als bisherige Geschäftspartner und zumindest im Falle Haslingers auch Freund Beethovens kannten sie seine Arbeiten am Besten und versprachen sich von den nachgelassenen Manuskripten durch postume Werkausgaben auch einen kommerziellen Nutzen. Hinzu kommen weitere Personen aus dem Umkreis Beethovens, denen offenkundig mehr an Erinnerungsstücken gelegen war: Karl Holz (4), Johann Nepomuk Wolfmayer (5), Carl Andreas Stein (14) aus der mit Beethoven befreundeten Klavierbauerfamilie und Ferdinand Piringer (1), der jedoch für den praktischen Gebrauch der Gesellschaft der Musikfreunde, in der er Mitglied war, weitere 14 Lose aus dem Stimmenmaterial erwarb. Mit August Swoboda (1)[71], Franz Kirchlehner (1), Franz Pechaczek (1) und Johann Nepomuk Fischer (4) waren weitere Mitglieder der Gesellschaft der Musikfreunde beteiligt.[72] Bei ihnen, wie auch bei den auch kompositorisch tätigen Josef Dessauer (5)[73] und Ambrosius Rieder (3)[74], dürfte die musikalische Weiterbildung ihre Beteiligung veranlasst haben. Ignaz Sauer, der auch einen Musikverlag führte, erwarb vier Objekte: ein Skizzenbuch, eine Partitur von Mozarts *Don Giovanni* und zwei Lehrbücher: Justin Heinrich Knechts *Orgelschule* und Carl Philipp Emanuel Bachs *Art das Clavier zu spielen*. Darüber hinaus treten weitere Namen auf, bei denen Zuordnung und Kaufinteresse offen bleiben: Gruber, Kessler, Kuppitsch, Kischbaumer, Schenk. Einige Namen finden wir bei den Bücherkäufern wieder, wo die Interessen jedoch anders gelagert waren.

Domenico Artaria ersteigerte Türks *Anweisung* und Burneys »Musikgeschichte«, Haslinger trug, vielleicht als Devotionalie, die französisch-lateinische Bibel mit sich fort. Piringer kaufte Thomsons *Jahreszeiten* und die beiden Tiedge-Ausgaben, darüber hinaus den Geigenkasten, während die beiden Violinen an Haslinger gingen. Das Fortepiano sicherte sich für 181 fl. der Verleger Anton Spina (1790–1857).[75] Die Medaille im Wert von ca. 40 Dukaten erwarb unter dem Tarnnamen »Misera« für 184 fl. der Bankier Johann Jacob Geymüller (1760–1834).[76] Bei Karl Holz steht wiederum der persönliche Bezug zu Beethoven im Vordergrund. Vor allem der Reisebericht Weißenbachs über den Wiener Kongress und die *Berliner musikalische Zeitung*, aber auch die Anthologien Matthissons könnten als Materialsammlung für eine Biographie Beethovens angesehen werden, die zu schreiben Beethoven ihn zu Lebzeiten schon autorisiert hatte.[77] Fergars *Lehrbuch* konnte die Ausdrucksfähigkeit verbessern helfen. Swoboda beteiligte sich bei den Büchern stärker und erstand sechs Lose, teils musikalischer (Mattheson und Marpurg), teils praktischer Natur (Schenk: Baden), aber auch die Gedichtbände Nr. 12 und 18, Peucers *Commentarius* und die Zeitschrift *Prometheus*. Rieder war an praktischer und schöner Literatur interessiert (Hufeland, Lafontaine, Campe und die italienische Grammatik), dem Bücherschätzmeister Kaulfuß ging es um die Erweiterung seiner Bibliothek mit Werke-Ausgaben von Goethe, Schiller, Klopstock, Ramler und Meißner. Der Teilnehmer Hauptmann schlug bei den ersten drei Büchern zu, beteiligte sich dann aber nicht mehr.[78] Die übrigen elf Nummern gingen an einen nicht näher bekannten Wagner. Eine Systematik oder ein besonderes Interessensgebiet ist dabei nicht festzustellen; es scheint, als habe dieser alles aufgekauft, was die anderen nicht haben wollten.

Die Versteigerung aller drei Teile erbrachte einen Erlös von 1.939 fl. 24 xr. C.M., der mit den aufgelaufenen Kosten des Nachlassverfahrens verrechnet werden konnte. Denn neben den erwähnten Arzt- und Begräbniskosten stellte Dr. Bach als Kurator und Rechtsanwalt des Erblassers eine Rechnung, es fielen Depositenkosten für die Aktieneinlagen an, und die Erbsteuer von 873 fl. 54 xr. war zu noch entrichten.

Nach fast zwei Jahren, am 27. Januar 1829, legten Dr. Bach und Jakob Hotschevar die Endabrechnung, den sogenannten »Final-Ausweis«, vor. Die Bilanz von 3.747 fl. 24 xr. war ausgeglichen; als Vermögen blieben den Erben nur die Aktien im Wert von 7.700 fl. und die künftigen Dividenden daraus übrig. Damit war der Vorgang abgeschlossen, Bach und Hotschevar beantragten die Zuteilung der Erbschaft.[79] Nach weiteren drei Monaten, in denen das Gericht die Akten prüfte, wurde am 25. April 1829 die Sperre geöffnet und der Nachlass »eingeantwortet«, d.h. der Bestimmung des Erblassers gemäß übergeben.[80] Karl van Beethoven, der 1830 volljährig wurde, ließ sich bis zu seinem Tod 1858 jährlich die Dividenden der Aktien eintragen. Seine Kinder verkauften die Wertpapiere nach und nach.[81]

Was mit dem mobilen Nachlass, den Möbeln und dem Hausrat, geschah, bleibt vielfach im Dunkeln. Einige Objekte, wie z.B. Beethovens Brillen, sein Schreibtisch und das Reisepult oder der Graf-Flügel sammelten sich an Gedenkstätten in Bonn und Wien.

Auch Beethovens musikalischer-Nachlass wurde zerstreut. Einige Manuskripte kamen unmittelbar nach der Veräußerung in die Hände von Beethoven-Forschern wie Aloys Fuchs oder Joseph Fischhof. Vieles gelangte durch Ankauf oder Schenkung seit der Gründung des Vereins Beethoven-Haus 1889 an das Beethoven-Haus in Bonn, anderes an Musikbibliotheken und Musikarchive oder an private Sammler. Etliche Handschriften wurden dabei geteilt, weil es mehr auf die Handschrift Beethovens als auf den inhaltlichen Zusammenhang ankam. Bisweilen werden solche Stücke, auch zufällig, wiedergefunden, wie ein Teil der Nr. 111 des Musikaliennachlasses, die als ein Stück aus der Schauspielmusik zu Goethes *Egmont* op. 84 verzeichnet war. Das Objekt wurde von dem Komponisten und Dirigenten Johann Wilhelm Reuling (1802–1877) gekauft. Die Noten sind verschollen, aber der originale Umschlag mit der Aufschrift »aus Egmont (Nr. 111)« lag zusammenhanglos einem Schriftdokument bei und ist daher erhalten geblieben.[82] Ähnliches gilt für die Bücher. Hier unternimmt es das Beethoven-Haus in Bonn, Beethovens Bibliothek, wo nicht im Original möglich, zumindest in Parallelausgaben zu rekonstruieren.[83]

Zu Beethovens Nachlass in einem weiteren Sinne gehören seine Selbstzeugnisse wie Briefe, die beiden Tagebücher von 1792–1795 und 1812–1818 und die Konversationshefte sowie Schriftdokumente wie Verträge, Quittungen, Notizen. Sie wurden, soweit bekannt, erfasst und sind großenteils in Editionen verfügbar.

Anmerkungen

1 Grundlegende Literatur: G. von Breuning, *Aus dem Schwarzspanierhause. Erinnerungen an L. van Beethoven aus meiner Jugendzeit*, Wien 1874; *Drei Begräbnisse und ein Todesfall. Beethovens Ende und die Erinnerungskultur seiner Zeit*, hrsg. vom Beethoven-Haus Bonn und dem Museum für Sepulkralkultur, Kassel (Veröffentlichungen des Beethoven-Hauses, Ausstellungkataloge 12), Bonn 2002; C. Brenneis, »Das Fischhof-Manuskript in der Deutschen Staatsbibliothek«, in: *Zu Beethoven*, hrsg. von H. Goldschmidt, Berlin 1984, S. 27–87; R. Steblin, »Reminiscences of Beethoven in Anton Gräffers unpublished Memoirs. A Legacy oft he Viennese Biography Project of 1827«, in: Bonner Beethoven Studien 4 (2005). S. 149–190; E. Platen, »Zu Beethovens musikalischem Nachlass«, in: Bonner Beethoven Studien 14 (in Vorbereitung).

2 Eine Locke nahm Beethovens Schwägerin Therese van Beethoven für Anselm Hüttenbrenner, der in der Sterbestunde bei Beethoven gewesen war. Zwei Strähnen schnitt der Maler Josef Danhauser ab, eine Anton Gräffer, die er später an Joseph Fischhof, Felix Mendelssohn Bartholdy und Otto Nicolai verschenkte; im Nachlass des Geigers und Musikpädagogen Carl Häring (1819–1889) befand sich eine weitere, die aus dem Besitz der Familie Lichnowsky stammte; auch der Sänger Ludwig Cramolini (1805–1884) besaß eine Haarsträhne Beethovens ebenso wie der Jurist Franz von Hartmann (1808–1895). Gerhard von Breuning erinnerte sich: »[...] als ich mit meinem Vater in die Trauerwohnung hinüber ging, und einige Haare Beethoven's abschneiden wollte, [...], fanden wir, daß fremde Hände bereits alle abgeschnitten hatten«, G. von Breuning, *Aus dem Schwarzspanierhause*, S. 113. Vgl. *Drei Begräbnisse*, S. 42, 66f., 162 und 176f.; R. Steblin, *Reminiscences*, S. 168f. und 186; F. Grigat, *Die Sammlung Wegeler im Beethoven-Haus. Kritischer Katalog*, Bonner Beethoven Studien 7 (2008), S. 200f.; W. Meredith, »Cramolini's lock of Beethoven's hair and a translation of the account of Beethoven's funeral by Ignaz Ritter von Seyfried in Haslinger's first edition of ›Beethoven's Begräbnis‹ (1827)«, in: The Beethoven Journal 27 (2012), Nr. 2, S. 96–99.

3 Ursprünglich waren es acht Aktien im Wert von 4.000 fl. C.M. 1821 verkaufte Beethoven eine Aktie, um seine bei Sigmund Anton Steiner aufgelaufenen Schulden zu bezahlen (BGA 1422).

4 Abbildung und Beschreibung der Kassette, die sich heute in der Stadt- und Universitätsbibliothek Frankfurt a. Main, Sammlung F. N. Manskopf, befindet, in: *Drei Begräbnisse*, S. 144.

5 G. von Breuning, *Aus dem Schwarzspanierhause*, S. 111f.

6 BGA 106; Publikationen mit Übertragung und Abbildungen in Auswahl: H. Müller-Asow (Hrsg.), *Heiligenstädter Testament*, hrsg. zum 120. Todestage des Meisters im Auftrage des Internationalen Musiker-Brief-Archivs, Weimar 1947, und S. Brandenburg (Hrsg.), *Heiligenstädter Testament. Faksimile der Handschrift* (Ausgewählte Handschriften in Faksimile-Ausgaben 12b), Bonn [3]2017.

7 BGA 1606. Vgl. M. Ladenburger, N. Kämpken und D. Kleppi, *Beethovens Testamente und andere bedeutende Lebenszeugnisse* (Veröffentlichungen des Beethoven-Hauses, Ausstellungskataloge 22), Bonn 2014, S. 6.

8 BGA 1606, Postskript.

9 Der Kurator war für alle Amtshandlungen, die der Minderjährige noch nicht ausführen durfte, zuständig, im Unterschied zum Vormund, der die persönlichen und Vermögensangelegenheiten übernahm (vgl. ABGB §§ 187 und 188). 1823 hatte der 1820 als Stellvertreter Beethovens berufene Vormund Karl Peters dieses Amt inne.

10 BGA 106.

11 BGA 1855 vom 1. August 1824 an Johann Baptist Bach. Es handelt sich um das Fortepiano der französischen Firma Sébastien Érard, das lange Zeit, auch von Beethoven selbst ausgestreut, als ein Geschenk galt. Vgl. BGA 478 an Andreas Streicher, November 1810; S. Rampe, *Beethovens Klaviere und seine Klavierimprovisation. Klangwelt und Aufführungspraxis* (Musikwissenschaftliche Schriften 49), München, Salzburg 2015, S. 21f. und 88; M. Rose van Epenhuysen, »Beethoven and his ›French piano‹: proof of purchase«, in: *Ecoles et traditions regionals,* hrsg. von F. Gétreau (Musique, images, instruments 7), Paris 2005, S. 111–122. Johann van Beethoven übernahm das Instrument schon 1825, wohl im Zuge des Umzugs Beethovens in das Schwarzspanierhaus.

12 BGA 2246. Abbildung in: *Drei Begräbnisse,* S. 27. Die Volljährigkeit erhielt man mit 24 Jahren, für den 1806 geborenen Karl trat dies 1830 ein.

13 Abbildung: ebenda, S. 31. Zur Überlieferung siehe unten Anm. 15. An der Einschränkung, dass Karl van Beethoven auch nach Erreichen der Volljährigkeit nicht unmittelbar Zugriff auf das Nachlassvermögen haben sollte, waren Dr. Bach und Stephan von Breuning nicht unbeteiligt. Sie befürchteten wegen des leichtsinnigen Charakters des jungen Mannes, dass dieser nicht mit der Erbschaft umgehen könnte und dass »eine bloß zeitliche Beschränkung kein Mittel ist, Carl vom Schuldenmachen abzuhalten […]« (BGA 2247).

14 Der Begriff für Nachlass ist »Verlassenschaft«. Vgl. Allgemeines Bürgerliches Gesetzbuch (ABGB) § 531. »Die Verlassenschaft abhandeln« bedeutet die amtliche Ermittlung des Nachlassvermögens und des Erbteils und die Zuteilung an den oder die Erben abzüglich der fälligen Taxen, Gebühren und Ausgaben sowie der Zahlungen an die Gläubiger. Zur Erklärung des Verfahrensablaufs vgl. den Kommentar zum ABGB 1811 und der Allgemeinen Gerichtsordnung (AGO 1781) von A. W. Gustermann, Österreichische Privatrechts-Praxis: erhaltend die Theorie des bürgerlichen Processes, die Geschäfte des adelichen Richteramtes und den Justiz-Geschäftstil, Bd. 1, Wien 1805 (verwendetes Exemplar in D-Mbs 10770734 J.austr. 23-1; http://www.mdz-nbn-resolving.de/urn/resolver.pl?urn=urn:nbn:de:bvb:12-bsb10542854-1, letzter Zugriff am 4. Juni 2018).

15 Die Akten befinden sich in der historische Registratur der Magistratsabteilung unter der Signatur A-Wsa Hauptarchiv-Akten, Persönlichkeiten, B 16/1 (Testamente), B 16/3 (Akten) und B 16/5 (Lizitationsausweis); im Folgenden abgekürzt: A-Wsa (B 16/Abt., fol.).

16 Vgl. die Aktenvermerke auf den Rückseiten von Testament und Testamentsnachtrag, A-Wsa, B 16/1, fol. 1v und 2v. Das Vorlagedatum zur Testamentseröffnung lautet einmal auf den 27. März, beim Nachtrag auf den 29. März 1827.

17 A. W. Gustermann, Österreichische Privatrechts-Praxis, § 320, S. 301.

18 Die Akten dazu sind gleichfalls im Wiener Stadt- und Landesarchiv überliefert: A-Wsa (Hauptarchiv-Akten, Akten A1, Persönlichkeiten, B 14).

19 A-Wsa, 16/3, fol. 76.

20 Die Pretiosen im Einzelnen sind im Inventar und in der Endabrechnung aufgezählt (A-Wsa, B 16/3, fol. 76v und 66v).

21 A-Wsa, B 16/3, fol. 3r–4v. Nach dem österreichischen Staatsbankrott 1811 waren Einlösungscheine als sogenannte Wiener Währung eingeführt worden, daneben bestand der Silbergulden, die Konventionsmünze, weiter, der sich ab 1820 wieder als Hauptrechnungseinheit im Verhältnis von 1 : 2,5 stabilisierte. Vgl. N. Kämpken und M. Ladenburger (Hrsg.), »Alle Noten bringen mich nicht

aus den Nöthen!!« *Beethoven und das Geld* (Veröffentlichungen des Beethoven-Hauses, Ausstellungskataloge 16), Bonn 2005, S. 9–14, hier S. 11f.

22 A-Wsa, 16/3, fol. 6r–v; das Schriftstück ist auf den 17. April datiert.

23 Das Original, ein Formular mit handschriftlichen Einträgen der individuellen Daten durch den Magistrat, datiert »Wien den *17 Aprill* [1]*827*« (A-Wsa, 16/3, fol. 11r).

24 Das Edikt erschien im Amtsblatt der *Wiener Zeitung*, Nr. 123 vom 29. Mai 1827, S. 724, wiederholt ebenda, Nr. 125 vom 31. Mai, S. 738; eine gleichlautende Anzeige in den *Posttäglichen Anzeigen*, Nr. 65 vom 31. Mai 1827. Belegexemplare finden sich in den Magistratsakten, A-Wsa (16/3, fol. 18r–22v).

25 Dr. med. Andreas Johann Ignaz Wawruch (1772–1842), für Pathologie, Pharmakologie und klinische Praxis in Prag und Wien. Vgl. Michael Lorenz, »Commentary on Wawruchs Report: Biographies of Andreas Wawruch and Johann Seibert, Schindlers Responses to Wawruchs Report, and Beethovens Medical Condition and Alcohol Consumption«, in: The Beethoven Journal 22/2 (2007), S. 92–100, hier S. 92f.). Die Rechnungen siehe A-Wsa, 16/3, fol. 36r–37v.

26 Dr. med. Johann Seibert (1782–1846). Vgl. M. Lorenz, »Commentary«; BKh 11, S. 34, Anm. 20; *Drei Begräbnisse*, S. 33; H. A. S., *Beethoven und seine Aerzte*, in: *Plauderstübchen*, Beilage des *Deutsches Volksblatts* zu Nr. 5264 vom 2. September 1903, S. 11.

27 Vom Obduktionsbericht in lateinischer Sprache ist nur eine Abschrift (Reinschrift) bekannt; er wurde mit einer Übersetzung ins Deutsche erstmals abgedruckt im Dokumentenanhang von Seyfrieds *Compositionsstudien* (I. von Seyfried, *Ludwig van Beethoven's Studien im Generalbasse, Contrapuncte und in der Compositions-Lehre*, Wien 1832, S. 49f., wiedergegeben in: H. Bankl und H. Jesserer, *Die Krankheiten Ludwig van Beethovens. Pathographie seines Lebens und Pathologie seiner Leiden*, Wien u.a. 1987, S. 85–87 (lat./dt.); *Drei Begräbnisse*, S. 45f. (nur dt. Übersetzung).

28 Zur Zeit der Niederschrift war Dr. Johann Adam Schmidt (1759–1809) Beethovens behandelnder Arzt.

29 BGA 106. Vgl. M. Ladenburger, N. Kämpken und E. Kleppi, *Testamente*, S. 3.

30 12 fl. 43 ½ xr.; zusammen mit den Arzthonoraren kam man auf Krankheitskosten von insgesamt 432 fl. 43 $^{2}/_{3}$ xr. (A-Wsa, 16/3, fol. 112r).

31 Für das Militärjahr 1826 bis Juli 1827 (A-Wsa, 16/3, fol. 109).

32 BGA 1420 und 1421; A-Wsa, 16/3, fol. 107.

33 Gesuch Jakob Hotschevars vom 13. September 1827 (A-Wsa, 16/3, fol. 66r–69v bzw. 77v). Die Beträge im Einzelnen: vom Erzherzog vom 1. März bis zum 26. März 1827 43 fl. 20 xr. C.M., von den fürstlich Fürst Lobkowitzischen Nachfahren vom 1. Januar bis 26. März 66 fl. 53 xr. C.M. und aus der fürstlich Kinskyschen Kasse für 26 Tage noch 34 fl. 40 xr. C.M.

34 Der »Conductansager«, vergleichbar einem heutigen Bestattungsunternehmen, war für den Bezirk Alservorstadt und Lerchenfeld Andreas Zeller (A-Wsa, 16/3, fol. 89r). Seine Rechnung betrug 297 fl. 11 xr., die in der Aufstellung von Dr. Bach auf 275 fl. abgerundet wurde (siehe folgende Anmerkung).

35 Gesamtaufstellung A-Wsa, 16/3, fol. 88r–88v; bis fol. 107 folgen die einzelnen Abrechnungen. Weitere Teilrechnungen, des Konduktors vom 31. März 1827 für den Kirchenschmuck und eine des Wachshändlers für die Kerzen, sind in der Sammlung von Stefan Zweig (GB-Lbl, Zweig MS 212) überliefert, eine Quittung für den vierspännigen Wagen, der den Sarg beförderte in der Sammlung H. C. Bodmer (D-BNba, Slg. H.C. Bodmer, HCB V 13). Vgl. *Drei Begräbnisse*, S. 98f. Eine Zusammenstellung der Rechnungen und Quittungen, die beim Wechsel der Vormundschaft nach dem Tod Stephan von Breunings am 4. Juni übergeben wurden, siehe A-Wsa, 16/3, fol. 54r–v.

36 »*Gerichtliche Inventur= und Schätsung* [!]. Über das Verlassenschaftsvermögen des den 27ᵗ März [1]827 mit Testament verstorbenen H: Ludwig *van Beethoven* Tonsetzer № 200 in der Alservorstadt seel: durch 8 Tage«. Das Protokoll, angefertigt von Ferdinand Prandstetter, umfasst 1 Doppelblatt, 3 beschriebene Seiten, auf der 3. Seite unten eine Gesamtaufstellung der Schätzwerte des Nachlass einschließlich der Bücher und Musikalien; auf der Rückseite die Unterschriften (A-Wsa, 16/3, fol. 77r–78v).

37 HSS 1827, S. 674–677. Der Geigenbaumeister wurde für die Schätzung von Beethovens Streichquartettinstrumenten herangezogen.

38 Für alle folgenden Angaben gilt Konventionsmünze (C.M.).

39 Es handelt sich wahrscheinlich um den Ring, den der preußische König Friedrich Wilhelm III. Beethoven für die Widmung der *Neunten Sinfonie* op. 125 übersandt hatte. Der Schätzpreis ist allerdings wesentlich geringer als der Wert, der ihm zu Beethovens Lebzeiten beigemessen worden war. Vgl. BGA 2207 und 2231.

40 A-Wsa, 16/3, fol. 84r–85v. Genau waren es 599 fl. 23 xr. Abschließend Auskunft gibt der »Licitationsausweis« (A-Wsa, B 16/5).

41 G. von Breuning, *Aus dem Schwarzspanierhause*, S. 123. Das genaue Datum ist nicht eindeutig zu rekonstruieren. Aktenkundig abgeschlossen war die Inventarisierung am 4. Oktober 1827. Siehe A-Wsa, 16/3 fol. 79v. An diesem Tag wurde das Schriftstück von den Unterzeichnenden beim Magistrat mit einem Begleitschreiben, (ebenda, fol. 75r) eingereicht.

42 Das Nachlassinventar über Beethovens Bücher ist schon länger bekannt und fand auch in jüngerer Zeit wieder Aufmerksamkeit Vgl. z.B. F. Kerst, *Erinnerungen an Beethoven*, Bd. 2 (1913), S. 333f.; H. Jäger-Sunstenau, »Beethoven-Akten im Wiener Landes-Archiv«, in: *Beethoven-Studien. Festgabe der österreichischen Akademie der Wissenschaften zum 200. Geburtstag von Ludwig van Beethoven*, Wien, Köln und Graz 1970, S. 11–36, hier S. 22f.; K. Breyer, Artikel »Bibliothek Beethovens« [incl. die musikalischen Bücher], in: *Das Beethoven-Lexikon*, Laaber 2009, S. 112–114; F. Grigat, »Beethovens Bibliothek wird rekonstruiert«, in: appassionato 26 (Mai 2011), S. 3f. Mit verschiedenen Schwerpunkten ausgewertet wurde seine Bibliothek in einer Vortragsreihe der Bonner Lese- und Erholungsgesellschaft und des Beethoven-Hauses Bonn mit Publikation: *Beethoven liest*, hrsg. von B. R. Appel und J. Ronge (Schriften zur Beethoven-Forschung 28), Bonn 2016.

43 Vgl. E. Bartlitz, *Die Beethoven-Sammlung in der Musikabteilung der deutschen Staatsbibliothek (Berlin)*, Berlin 1970, S. 207–218; L. Nohl, *Inventarium des Beethoven'schen Nachlasses, soweit sich derselbe in dem Nachlasse des am 16. Januar d.j. … verstorbenen Professor Anton Schindler vorgefunden hat …* Aufgenommen im Juni 1864 in Mannheim, Carlsbad 1864, bes. Abt. V. (»Ein Paquet Noten in blauem Papier«) und VI. (»Bücher, Noten, Utensilien Beethovens«), S. 13–15.

44 HSS 1827, S. 670; A-Wsa, 16/3, fol. 25r–26v.

45 Schon 1809 hatte sich Beethoven wohl in Kaufabsicht bei Breitkopf & Härtel nach dem Preis der Werke-Gesamtausgaben Schillers u.a. erkundigt (BGA 400).

46 Die sogenannte »Appellations-Denkschrift« (D-BNba, Slg. H.C. Bodmer, HCB Br 1; Edition und Übertragung durch D. Weise [Hrsg.], *Beethoven. Entwurf einer Denkschrift an das Appellationsgericht in Wien vom 18. Februar 1820*, Bonn 1953). Vgl. BGA 1366 und 1369. Die Denkschrift ist Beethovens umfänglichstes schriftliches, nicht musikalisches Manuskript, sie entstand im Februar 1820 zur Unterstützung seines Appellationsgesuchs im Vormundschaftsprozess um den Neffen Karl van Beethoven.

47 Vgl. *Ludwig van Beethoven, Thematisch-bibliographisches Werkverzeichnis*, hrsg. von K. Dorfmüller, N. Gertsch und J. Ronge, revidierte und wesentlich erweiterte Neuausgabe des Werkverzeichnisses von G. Kinsky und H. Halm, 2 Bde., München 2014 (im Folgenden abgekürzt als LvBWV), hier LvBWV 1, S. 191–194; M. Sträßner, »Et lector in Europa Ego. Beethoven liest Johann Gottfried Seume«, in: *Beethoven liest*, S. 143–170, hier S. 157–162.

48 Vgl. ebenda, S. 158–166.

49 Vgl. dazu B. A. Kraus, »Beethoven liest international«, in: *Beethoven liest*, S. 73–104.

50 A-Wsa, B 16/3, fol. 26r.

51 Sarah Burney (1796 – nach 1868), Tochter von Dr. Charles Burneys Sohn James Burney (1750–1821) und Sarah Payne (1758–1832); 1821 verheiratet mit ihrem Cousin John Payne. 1825 besuchte sie Beethoven in Baden (BGA 2061).

52 Josef Friedrich Stuchly war Kanzlist beim k.k. Bücher-Revisionsamt, das auch den Schriftverkehr der *Central-Censur*-Behörde besorgte; HSS 1827, S. 611.

53 »Ommissis deletis« ist ein Begriff aus der Rechts- und Verwaltungssprache und bedeutet: Mit Auslassen der gestrichenen Stellen; »admittuntur« = sie werden zugelassen, d.h. die übrigen können veräußert werden.

54 In das Inventar aufgenommen als »über den Adel (ohne Titel)« und ohne Angabe des Erscheinungsdatums – vielleicht fehlte in Beethovens Exemplar das Titelblatt.

55 Vollständiger Titel: *Paris im Scheitelpunkte oder flüchtige Reise durch Hospitäler und Schlachtfelder zu den Herrlichkeiten in Frankreichs Herrscherstadt im August 1815*; Beethoven besaß die Erstausgabe Bremen 1816.

56 Vgl. H. Liivrand und K. Pappel, »Musik im Alltag Kotzebues«, in: *August von Kotzebue. Ein streitbarer und umstrittener Autor*, hrsg. von A. Košenina u.a. (Berliner Klassik. Eine Großstadtkultur um 1800 23), Hannover 2017, S. 155–188, hier S. 181–188.

57 Vgl. im Sammelband *Beethoven liest* die Beiträge von Alexander Wolfshohl, Matthias Sträßner und Martella Gutièrrez-Denhoff.

58 Brief vom 9. Mai 1827, Bonn, Beethoven-Haus (D-BNba, Slg. H.C. Bodmer, HCB Br 385).

59 Das Gesuch Dr. Bachs von Schreiberhand mit eigenhändiger Unterschrift (A-Wsa, B 16/3, fol. 38r–39v).

60 HSS 1827 S. 673; HSS 1828, S. 686.

61 Vgl. R. Steblin, *Reminiscences*.

62 Das offizielle Exemplar befindet sich in den Gerichtsakten im Wiener Stadt-und Landesarchiv (A-Wsa, B 16/3, fol. 42r–53v). Es diente Ignaz von Seyfried, *Ludwig van Beethoven's Studien im Generalbasse, Contrapuncte und in der Compositions-Lehre*, Wien 1832, Anhang, S. 41–46, als Vorlage. Inzwischen wurde es mehrfach wiedergegeben: A. W. Thayer, *Chronologisches Verzeichniss der Werke Ludwig van Beethoven's*, Berlin 1865, S. 173–182; Th. von Frimmel, *Beethovens Nachlass*, in: Beethoven-Studien, Bd. 2, *Bausteine zu einer Lebensgeschichte des Meisters*, München und Leipzig 1906, S. 169–199; G. Kinsky, »Zur Versteigerung von Beethovens musikalischem Nachlaß«, in: Neues Beethoven-Jahrbuch 6, 1935 (1936), S. 66–86; D. Johnson, A. Tyson und R. Winter, *The Beethoven sketchbooks. History, reconstruction, inventory*, hrsg. von D. Johnson, Oxford 1985, Appendix B: *The Nachlass Auction Catalogue*, S. 567–581; E. Platen, *Musikalischer Nachlass*, Anhang A1 und Liste 1. Das Exemplar von Jakob Hotschevar ist im Beethoven-Haus (D-BNba, NE 79), das von Ignaz Sauer in der Wienbibliothek im Rathaus (A-Wst, Archiv Artaria und Comp., AN 22, Autographenbox 3) überliefert; Tobias Haslingers eigenhändige Abschrift befindet sich in der University of Rochester (US-R ESM [Sibley Music Library], Unknown ML97. B415, Accession No: 405645); darüber hinaus gibt es eine spätere Abschrift des Wiener Beethoven-Forschers Aloys Fuchs (D-BNba, NE 103, 11).

63 Diese Beschreibung stützt sich auf einen mit dem Titel »Nöthige Anmerkung« versehenen Vorspann von Schätzmeister Ignaz Sauer zu seinem Schätzungsprotokoll. Sie wurde bereits von Thayer (A. W. Thayer, *Ludwig van Beethoven's Leben*, Bd. 2, übersetzt und hrsg. von H. Deiters, Berlin 1872, S. 608), wenn auch nicht buchstabengetreu, abgedruckt. Das Original befindet sich im Archiv des Verlags Artaria & Comp. in der Wienbibliothek im Rathaus (eine korrigierte Abschrift vgl. in E. Platen, *Musikalischer Nachlass*, Anhang A1). Die Abschrift im Gerichtsexemplars des Inventurprotokolls (A-Wsa, 16/3, fol. 43v) ist, vielleicht weil man sie für unpassend und deplatziert in den offiziellen Unterlagen hielt, nachträglich mit dicken schwarzen Strichen eliminiert worden und kaum lesbar.

64 Hier sind vor allem die Werkverzeichnisse von Georg Kinsky und Hans Halm (1955) und das zweibändige LvBWV (2014), die Arbeit von D. Johnson, »The Artaria Collection of Beethoven Manuscripts: A New Source«, in: *Beethoven Studies*, hrsg. von A. Tyson, New York 1973, und E. Platen, *Musikalischer Nachlass*, zu nennen.

65 Antrag von Dr. Bach vom 6. September 1827 (A-Wsa, B 16/3, fol. 63v).

66 Bis hierher vorgedruckter Text.

67 Das Original, datiert auf den 7. September 1827, befindet sich in D-BNba, Bh 195 (siehe Abb. 1); gedruckt erschien das Edikt unter der Überschrift » Licit.[ations] Kundmachung« und

mit unwesentlichen Unterschieden bei Buchstaben und Zeichensetzung in der *Wiener Zeitung*, Nr. 216 vom 20. September 1827, S. 480; wiederholt in der Ausgabe Nr. 222 vom 27. September, S. 530 (ab jetzt mit dem Zusatz »Wien den 7. September 1827«) und Nr. 226 vom 2. Oktober, S. 562.

68 Quittung Jakob Hotschevars vom 19. November 1827 (S-Sfm, 5399); E. Platen, *Musikalischer Nachlass*, Anhang A2). Der Betrag konnte zur Begleichung noch offener Forderungen verwendet werden.

69 Vgl. *Allgemeine musikalische Zeitung* 30 (1828), Nr. 2 vom 9. Januar, in der Rubrik »Nachrichten« (hier: aus Wien mit einer Chronik der Ereignisse im November 1827), Sp. 27–30.

70 Sogenannter »Lizitationsausweis« in A-Wsa, 16/5. In der eng beschriebenen Spalteneinteilung verzichtete Hotschevar jedoch darauf, die Objekttitel noch einmal abzuschreiben und zählte nur die Nummern auf. Eine Zusammenführung und die Identifizierung der Posten erfolgt bei E. Platen, *Musikalischer Nachlass*, Anhang C2.

71 August Swoboda (1795–1863), Mitglied der Gesellschaft der Musikfreunde, Chorsänger, Harfenist, Gitarrist und Komponist, vor allem für seine Instrumente; er betätigte sich auch als Verleger, komponierte und brachte im Selbstverlag ein Vokalquartett zum Gedicht des Freiherrn Franz von Schlechta »Am Grabe Beethovens« heraus. Vgl. *Drei Begräbnisse*, S. 71 und 74; Chr. Fastl, »August Swoboda, ›ein winziges, buckeliges Männlein mit grauen, stechenden Augen und höchst energischem Gesichtsausdruck ...‹: wer war August Swoboda? – oder: zur Biographie eines nahezu Unbekannten der Musikgeschichte und Nebendarstellers der Wiener 1848er Revolution«, in: Musicologica austriaca 27 (2008), S. 101–136. Man findet auch August Swoboda mit anderen Lebensdaten: um 1787–1856, Klarinettist aus Prag, dessen Beschreibung auf den Vorgenannten weniger zutrifft. Vgl. C. Wurzbach, *Biographisches Lexikon des Kaiserthums Oesterreich*, Bd. 41 (1880), S. 82f.; Carl-Maria-von-Weber-Gesamtausgabe. Digitale Edition, http://weber-gesamtausgabe.de/A008177 (letzter Zugriff am 21. März 2018).

72 Franz Kirchlehner, Violinist, Mitglied des Leitenden Ausschusses 1825–1835; als Fabrikant unterstützte er das Konservatorium finanziell. Franz Pechaczek (1791–1840), Magistratsbeamter, zählte zu den Violoncellisten der Gesellschaft, und Johann Nepomuk Fischer war ebenfalls als Violinist aktiv. Vgl. C. F. Pohl, *Die Gesellschaft der Musikfreunde des österreichischen Kaiserstaates und ihr Conservatorium*, Wien 1871, hier S. 12, 39, 100 und 126.

73 Josef Dessauer (1798–1876), Pianist, Komponist; ausgebildet in Prag, hielt sich oft in Wien auf, wo er ab 1835 lebte. Vgl. U Harten, Artikel *Dessauer, Josef*, in: *Oesterreichisches Musiklexikon online* (https://www.musiklexikon.ac.at/ml/musik_D/Dessauer_Josef.xml) (letzter Zugriff am 26. Juni 2018).

74 Ambrosius Rieder, Regens Chori zu Berchtholdsdorf und Tonsetzer; vgl. *Wiens lebende Schriftsteller, Kuenstler und Dilettanten im Kunstfache*, hrsg. von F. H. Böckh, Wien 1822, S. 377. Er erwarb u.a. den Klavierauszug zu *Fidelio* Nr. 222.

75 Anton Spina schenkte das Instrument Franz Liszt. Heute steht es im Ungarischen Nationalmuseum in Budapest (H-Bmnm, Inv.-Nr. 1887.41.29).

76 Über einen privaten Ankauf gelangte sie 1834 an die Gesellschaft der Musikfreunde (A-Wgm, ER Beethoven 2); vgl. E. Mandyczewski, *Zusatzband zur Geschichte der k.k. Gesellschaft der Musikfreunde in Wien. Sammlungen und Statuten*, [hrsg. von der Direktion der k.k. Ges. der Musikfreunde], Wien 1912, S. 151.

77 Eigenhändige Erklärung vom 30. August 1826 (D-BNba, Slg. H.C. Bodmer, HCB BBr 23 [1826], HCB ZBr 6 [1843], DBH-online). Texte von Friedrich von Matthisson hat Beethoven öfters vertont, am bekanntesten ist das Lied *Adelaide* op. 46, aber auch op. 121b, WoO 112, 126, 136 und 202.

78 Es könnte sich um den Juwelier und Pretiosenschätzmeister Peter Paul Hauptmann (1765–1858), den Ehemann der Sängerin Anna Milder, handeln (HSS 1827, S. 715; C. Wurzbach, *Biographisches Lexikon*, Bd. 8, S. 73). In Frage käme auch der junge Kirchenmusiker Lorenz Hauptmann (geb. 1802). Letzterer kam 1826 zum Orgel- und Kompositionsstudium bei Ignaz von Seyfried nach Wien (A. Harrandt, Artikel: *Hauptmann, Lorenz*, in: *Oesterreichisches Musiklexikon online*, letzter

Zugriff am 8. März 2018). Die ausgewählten Werke, Sailer, Kant und Forkel, sprechen eher für ihn, der am Anfang seiner Karriere stand.

79 A-Wsa, 16/3, fol. 165r–169v.

80 Zum Verfahren nach der Gerichtsordnung vgl. A. W. Gustermann, Österreichische Privatrechts-Praxis, § 319, S. 300f., sowie § 383, S. 393, und § 384, S. 396f.

81 Das geht aus den Vermerken auf den Rückseiten der Aktien hervor.

82 Es handelt sich um das Verzeichnis, das Beethoven 1815 vom Nachlass seines Bruders Kaspar Karl anfertigte (D-BNba, Slg. H.C. Bodmer, HCB Br 278),

83 F. Grigat, *Beethovens Bibliothek wird rekonstruiert*, S. 3f.

Rezeption und Wirkung

Von Eleonore Büning

Am Fall Beethoven hat sich die Musikgeschichte des 19. Jahrhunderts geteilt. Dass es sich um einen »Fall« handele oder vielmehr gewiss einer daraus werde, darüber verständigten sich Beethovens Zeitgenossen schon zu dessen Lebzeiten. Der Anfang dieser beispiellosen Wirkungsgeschichte reicht also zurück ins 18. Jahrhundert, ihr Einfluss erstreckt sich bis tief ins 20. Jahrhundert hinein, und zwar auf alle Bereiche des abendländischen Musiklebens. Unter dem Eindruck des Beethovenschen Œuvres änderten sich die Rituale des Konzertbetriebs, das Hörverhalten, die Darbietungsformen, Aufführungspraxis und Repertoirekanon. Das »Große Vocal- und Instrumentalkonzert« mit seinem gemischten Unterhaltungsprogramm aus Einzelsätzen wurde von einer opus- und gattungszentrierten Präsentation abgelöst, die – als Idealfall – den kontemplativen Mit- und Nachvollzug der Werkstruktur verlangte. Diese Entwicklung stellte auch musikpädagogisch die Weichen für den Strukturwandel der musikalischen Öffentlichkeit im 19. Jahrhundert, nicht zuletzt ist sie ursächlich für die Trennung zwischen der sogenannten ernsten und der sogenannten Trivialmusik. Schließlich: Kein Komponistenkollege aus der nächsten und nächstfolgenden Generation blieb von Beethoven ganz unbeeinflusst.

Biographisches und Analytisches sind von der Legendenbildung schwer zu trennen, die Beethoven-Rezeption ist mit dem Beethoven-Mythos aufs engste verbunden. Dies zeigen zum Beispiel die schönen »Schemen« (so Arnold Schmitz) der Bettina von Arnim, die Briefwechsel und Begegnung mit Beethoven so lebhaft erfand, dass man dies über hundert Jahre später noch nicht als eine literarische Tat, sondern für historische Tatsache nahm.

Wahre Anekdoten oder die Crux der Rezeptionsforschung

Schon dem einundzwanzigjährigen Jüngling, dessen bedeutendstes Werk zu diesem Zeitpunkt (1792) eine *Huldigungskantate* (WoO 87) war und der noch kein Konzert oder Quartett, geschweige denn eine Symphonie vollendet hatte, gab man in Bonn schriftlich, er werde demnächst in Wien den »Geist Mozarts aus Haydns Händen« nehmen. Später wuchs dieser oft zitierten Äußerung des Grafen Waldstein die Aura einer Prophezeiung zu: Er habe in der Zukunft gelesen, hellsichtig den Topos einer Klassikertrias vorausformulierend, die dann erst ab Anfang der 1820er Jahre beginnt, den musikalischen Wertekanon in Theorie und Praxis dominierend zu überwölben. Dabei lässt sich aus der historischen Situation des Jahres 1792 heraus, als Beethoven zum zweiten Mal zu Studienzwecken nach Wien reiste, leicht erschließen, dass ein Mozart-Gönner und Beethoven-Förderer wie Waldstein, dessen Familie zur gesellschaftlich tonangebenden

Aristokratie in Wien gehörte, diesen Topos nach Art einer »selffulfilling prophecy« wenn nicht selbst erschaffen, so zumindest an seiner Ausbildung mitgewirkt hat. Über die Bedeutung, die Haydns gelegentlicher Unterricht für die Entfaltung des Beethovenschen Personalstils hatte, ist mit dieser »wahren Anekdote« nicht nur nichts gesagt, sie dient darüber hinaus dazu, die Faktenlage einzunebeln.

Auch erste Reaktionen auf einzelne Beethovensche Kompositionen waren geprägt von dem Widerspruch, dass Ruf und Ruhm, die dem knapp Dreißigjährigen bereits ab etwa 1800 vorauseilten, mit der unmittelbaren Partiturerfahrung nicht ohne weiteres zu vereinbaren waren. Friedrich Rochlitz bewunderte zwar die erfinderische Phantasie Beethovens in Bezug auf die »Ideen« (Themengestalten) und nannte ihn einen »Helden der musikalischen Welt«, lehnte aber seine »bizarre Manier« oder auch »dunkle Künstlichkeit oder künstliche Dunkelheit« in der Themendurchführung ab. Auch Künstlerkollegen, etwa Beethovens Schüler Carl Czerny, registrierten diese Diskrepanz zwischen Anerkennung, ja Popularität Beethovens und dem Verständnisproblem. Aus dieser Antinomie heraus entwickelten sich einige der für die Auffassung vom musikalischen Schaffensprozess prägenden Aporien, etwa der Kampfbegriff der Zukunftsmusik, die Topoi von der Einsamkeit des Originalgenies, vom Kunstpriester, Propheten und Revolutionär sowie letzten Endes auch der Stolz auf die »splendid isolation«, worauf sich die neue Musik mit dem programmatisch großen »N« im 20. Jahrhundert zurückzog.

Für beide genannten Zeugen, Waldstein wie Rochlitz, gilt, dass die Befunde der Beethoven-Biographik mit denen der Rezeptionsforschung kollidieren. Dies ist keine Ausnahme, eher der Normalfall. Das grundsätzliche Dilemma einer musikalischen Rezeptions- und Wirkungsforschung, die als musikwissenschaftlicher Zweig recht eigentlich erst aus der Kritik des Beethoven-Jahrs 1970 erblühte, besteht darin, dass sie sich selbst und ihr eigenes Vorverständnis laufend zu hinterfragen hat. Jeder Versuch einer Beschreibung der Geschichte der Beethoven-Rezeption, auch auszugsweise, schleppt bereits sein Beethoven-Bild mit sich. Der Rückgriff auf objektivierende soziologische oder erkenntnistheoretische Denkmodelle, etwa auf Hans-Georg Gadamers Lehre vom historischen Erwartungshorizont und dem allfälligen Horizontwandel, führten in der Konsequenz dazu, dass die der Rezeptionsforschung implizite Tendenz zur Selbstkritik teilweise paralytische Züge annahm – was letztlich wiederum einer Fortschreibung des Mythos gleichkam.

Konstanz der Essenz und fünf Etappen

Gewiss sind die Grenzen fließend: Viele Begriffe der Beethoven-Rezeption, auch ganze Begriffsfelder – die des Revolutionärs, des prometheischen Lichtbringers und Titanen, des Formvollenders und Menschheitsbesserers, des Außenseiters, Schicksalsbezwingers, Nationalheiligen und bizarren Sonderlings – tauchen quer durch die Geschichte des 19. und 20. Jahrhunderts immer wieder auf. Hans Heinrich Eggebrecht zog aus der Kontinuität Rückschlüsse auf den Wahrheitsgehalt dieser »Topoi«: Das Œuvre Beethovens entfalte sich, rezeptionsästhetisch betrachtet, wesentlich in der Geschichte seiner Rezeption, ja, die »Essenz des Werk«« offenbare sich erst in der »Konstanz seiner Wirkung«. Klaus Kropfinger wandelte diese These folgendermaßen ab: Beethovens Rezeptionsgeschichte sei eine »durch die Kompositionen definitiv auferlegte, ruhmgeschützte Geschichte des Verstehens«. Nun ist zwar das Beethoven-Bild der Nachwelt zu jeder Zeit dominant, aber nicht allezeit das nämliche geblieben. Vielmehr lassen sich in dieser »ruhmgeschützten Verstehensgeschichte« mindestens fünf Etappen voneinander abgrenzen, unabhängig von den allfälligen Gedenkritualen, die sich nur an die Eckdaten von Geburtstags- oder Todestagsfeiern halten.

1. Die frühe Erfolgsgeschichte des Pianisten und Komponisten Beethoven in Wien ist zunächst an die Klaviersonaten und an Kammermusiken gebunden, die im aristokratisch gelenkten Musikleben Wiens einen herausragenden Platz besetzen. Auch die Klavierkonzerte erregen Staunen. Spätestens zur Zeit des Wiener Kongresses gelangt diese erste Etappe zu einem Höhepunkt: Beethoven wird über Wien hinaus bekannt, in Wien ist er geradezu »in Mode«, umworben und geehrt. Seinen bis zu diesem Zeitpunkt uraufgeführten *Sinfonien* Nr. 3 (1805) bis Nr. 7 (1814) begegnet man mit Respekt, aber nicht unbedingt Verständnis. Möglicherweise war es das durch den Impuls der französischen Revolution verwandelte, sich beschleunigende, romantische Zeitgefühl des jungen Jahrhunderts, das sich in Dynamik und Struktur der Beethovenschen Instrumentalmusik besonders spiegelte, wie Reinhold Brinkmann dargelegt hat. Unter den Komponistenkollegen ist er zu diesem Zeitpunkt noch ein primus inter pares. Dass etwa Erzherzog Rudolph in seiner Variation zu Diabellis Walzersammlung am Ende aus Beethovens *Achter* zitiert, ist noch zu verstehen als die übliche, vom Schüler zum Lehrer hinübergrüßende Referenz und keineswegs Ausdruck von tieferem, kompositorischem Einfluss. E. T. A. Hoffmann registrierte als Signum des Neuen bei Beethoven eine »nicht zu stillende Unruhe, das fortdauernde, immer steigende Drängen und Treiben«. Mit seiner bereits 1810 veröffentlichten Analyse zur *Fünften Sinfonie* stieß Hoffmann die Tür auf zu einer neuen Etappe der Rezeption.

2. In der zweiten Dekade des 19. Jahrhunderts wächst dem Wiener klassischen Instrumentalstil – den Hoffmann selbst freilich ausdrücklich noch als »romantisch« apostrophiert hatte – die Beurteilung zu, es handele sich hierbei um eine neue Epoche der Tonkunst. Parallel dazu verdichtet sich der Begriff der musikalischen Klassik zu einem normativen Wertbegriff: Beethoven steigt auf zur Galionsfigur an der Spitze der Klassikertrias, er wird nun als der Vollender einer von Haydn angestoßenen, von Mozart weitergeführten Entwicklung der Instrumentalmusik angesehen – ein Topos, dem sich Wahrnehmung und Wertschätzung des einzelnen Werkes bereits weitgehend unterordnen, wie die zeitgenössischen Musikkritiken in der *Leipziger Allgemeinen musikalischen Zeitung*, der *Cäcilia*, der *Iris im Bereich der Tonkunst* und der *Berliner Allgemeinen musikalischen Zeitung* zeigen. In dieser zweiten Phase des Diskurses, der in den zwanziger Jahren des 19. Jahrhunderts vor allem in Norddeutschland ausgetragen wird und Züge einer planmäßigen Beethovenpropaganda annimmt im Wirken des Musikschriftstellers Adolf Bernhard Marx, bilden sich bereits alle wichtigen Parameter der Beethoven-Rezeption heraus –

ausgerechnet zu einem Zeitpunkt, da Beethoven sich gesellschaftlich isoliert und seine Musik in Wien schon recht eigentlich wieder aus der Mode zu kommen scheint. Arnold Schmitz wies als erster auf Brüche und Projektionen dieser »Beethovenromantik« hin, als er im Beethoven-Jahr 1927 dieser zweiten, entscheidenden Etappe der Beethoven-Rezeption, die sich über die nationalen Grenzen hinweg bis nach Frankreich ausbreitete, eine Monographie über *Das romantische Beethovenbild* widmete. Beethovens Einfluss auf andere Komponisten geht nun über die zunftübliche Widmungs- und Zitierpraxis hinaus, ebenso über die Gattungs- und Landesgrenzen. So parodiert Vincenzo Bellini in einem Chorsatz seiner Oper *Bianca e Fernando* Bassfigur wie Melodielinie des ersten Satzes aus Beethovens *Mondscheinsonate* – ein Modell, das ihm so gut gefiel, dass er es auch in *Zaira* und *Norma* wiederverwendet. Felix Mendelssohn Bartholdy lernt einige der späten Streichquartette Beethovens in den Möserschen Quartettversammlungen in Berlin kennen und entwickelt in seinem in Beethovens Todesjahr 1827 komponierten *Quartett* a-Moll op. 135 die Idee der langsamen Einleitung sowie die zyklische Bindung an ein Liedmotto (»Ist es wahr«) weiter, für den langsamen Satz steht Beethovens *Quartett* op. 95 formal als Pate, für das Finale das *Quartett* op. 132. Hector Berlioz begegnete der *Eroica* und der *Fünften* Beethovens erstmals 1828 in den Pariser Konservatoriumskonzerten von François-Antoine Habeneck, er fasst sie auf als Ideenkunstwerke, denen ein poetisches Programm in narrativem Sinne unterlegt sei, und nimmt sich die *Pastorale* in ihrer Fünfsätzigkeit zum Muster für den Künstlerroman seiner *Symphonie fantastique*. Mit der Komposition der C-Dur-*Phantasie* op. 17 von Robert Schumann im Jahr 1836, worin dem Vorbild Beethoven ein Denkmal in »Ruinen« und »Siegesbogen« gesetzt und die Sonatenform, kaum kodifiziert, schon wieder offiziell beerdigt wird, kann diese zweite Etappe als beendet betrachtet werden.

3. Eine dritte beginnt um 1850 mit Eduard Hanslicks Schrift *Vom Musikalisch-Schönen* (1854) und der Einvernahme der Beethovenschen Instrumentalmusik durch Richard Wagner. Im Mittelpunkt der Auseinandersetzung mit Beethoven steht in dieser Etappe der Diskurs um die *Neunte Sinfonie*, zu der Wagner in seiner nachträglich reich dokumentierten Dresdner Aufführung von 1846 ein Programm formulierte. Zugleich nahm er umfangreiche Retuschen an der Instrumentation und Dynamik des Werks vor. Aus der Sicht Hanslicks war just diese Chorsymphonie mit der Idee der absoluten Musik nicht mehr vereinbar. Für Wagner aber spielte gerade die *Neunte* in seinen Entwürfen für das Kunstwerk der Zukunft eine Hauptrolle als avantgardistisches Versprechen, das sich durch das von ihm selbst angekündigte Gesamtkunstwerk einlösen werde: die Gattung der Sinfonie als höchste Form der Instrumentalmusik sei mit und dank Beethoven vollendet und abgeschlossen, er selbst und sein prospektives Musikdrama der Testamentsvollstrecker des überlieferten Beethovenschen Erbes. Nunmehr, nach Beethoven, könne niemand noch ernsthaft neue Sinfonien schreiben. Anton Bruckner widerlegte dies bereits Mitte der Sechziger mit der Vollendung seiner c-Moll-Symphonie, Johannes Brahms folgte endlich Mitte der Siebziger mit der Uraufführung seiner Ersten. In der Entfaltung und Verdichtung der motivisch-thematischen Arbeit spielte Beethovens Einfluss auf Brahms jedenfalls eine größere Rolle als durch die Debatte um eine der

Instrumentalmusik zugrundeliegende »Idee«. In der zweiten Hälfte des 19. Jahrhunderts entfaltete sich diese Kontroverse um Form und Inhalt der absoluten Musik zu einer alle Schaffensbereiche, auch das unmittelbar Kompositorische, erfassenden musikästhetischen Glaubensfrage. Beethovens sinfonisches Œuvre, insbesondere die Chorsinfonie, wurde in dieser Auseinandersetzung »eine jener geistigen Wasserscheiden«, die »weithin sichtbar und unübersteiglich sich zwischen die Strömung entgegengesetzter Überzeugungen legen« (Hanslick).

4. Die vierte Etappe der Beethoven-Rezeption beginnt mit dem Fin de siècle. Man unterzieht das romantische Beethoven-Bild einer grundsätzlichen Kritik, taucht es ins Licht der Psychoanalyse und überführt es in die Moderne. In den Kunstwerken der Wiener Sezession gehen die zentralen Topoi des Beethoven-Bildes in ornamenthafte Gestalten auf: Die Idee der Symphonie erscheint bei Klimt als eine zur zweiten Natur gewordene Arabeske mit sexueller Komponente, Klinger verpflanzt die originale, von Franz Klein 1812 angefertigte Lebendmaske Beethovens auf einen zeitlos antiken Athletenkörper, nackt in Marmor. Zu diesem Zeitpunkt hatte Gustav Mahler längst damit begonnen, weit über Wagner hinausgehende Retuschen an Beethovens Sinfonien vorzunehmen. Einerseits ging es um eine klangästhetische Aktualisierung, andererseits darum, Details der Instrumentation schärfer herauszuarbeiten. Aber auch schlicht um des theatralischen Effektes willen strich Mahler passagenweise satzrelevante Stimmen und fügte zum Beispiel Fernchöre ein im Alla marcia des letzten Satzes der *Neunten*. Diese subjektiv geprägte Aufhebung und zugleich Fortschreibung des romantischen Beethoven-Bilds in der musikalischen Aufführungspraxis wird begleitet von einer objektiven Zurücknahme in der Musikwissenschaft. Heinrich Schenker veröffentlicht 1912 seine Beschreibung des Formverlaufs der *Neunten Sinfonie* bei der Universal Edition, 1913 die erste Folge einer kritischen Ausgabe von Beethovens letzten fünf Klaviersonaten, samt Erläuterungen. Ziel Schenkers war es, zur Rückbesinnung auf die musikalische Logik des Notentextes anzuleiten, verbunden mit der Absage an jedwede Spielart der Hermeneutik in der Beethoven-Interpretation. In Gegenbewegung dazu stürzt sich Arnold Schering, wahnhaft beseelt von dem Gedanken, das autonome Ideenkunstwerk müsse auch außermusikalisch dingfest zu machen sein, in die detektivische Arbeit, hinter jedwedem Beethovenschen Instrumentalwerk das entsprechende Werk der Weltliteratur aufzuspüren, welches Beethoven inspiriert habe. Schering (er-)findet in Shakespeares Dramen die subkutanen Programme der Klaviersonaten und Streichquartette und bei Homer und Schiller die Ideenvorlagen für die *Dritte* und *Fünfte Sinfonie*. Arnold Schönberg dagegen, der zwar die später entwickelte Theorie einer musikalischen »Urlinie« keineswegs teilte, verfolgt in seinen Werkbetrachtungen ähnliche Ziele wie Schenker, ebenso seine Schüler und die Interpreten der Schönberg-Schule, etwa der Geiger Rudolf Kolisch.

In dieser vierten Etappe der Beethoven-Rezeption rücken kompositorische Problemstellungen des Spätwerks und deren (Nicht-)Lösungen ins Blickfeld: das Fragmenthafte, die Aussparung und Verkürzung der Mittel, die Aufkündigung der Konvention in den letzten Quartetten und Sonaten. In seinem einsätzigen Quartett d-Moll op. 7 nahm sich Schönberg Beethovens *Große Fuge* sowie dessen cis-Moll-Quartett, aber auch die

Gesetzmäßigkeit der Sonatenform nach dem ersten Satz der *Eroica* zum Muster. Er habe, erklärte Schönberg in einem Rundfunkvortrag 1931, von Beethoven die »Kunst der Entwicklung der Themen und Sätze« gelernt sowie die »Kunst der Variation und Variierung«. Wiederum treten, wie bereits bei Wagner, bestimmte Werke und Werkgruppen ein in die Rolle eines Vorreiters der musikalischen Avantgarde. Im Licht dieser Tradition stehen auch die Beethoven bezüglichen Werke der nächstfolgenden Komponistengeneration, etwa die Streichquartette von Luigi Nono und Wolfgang Rihm, bis hin zu Helmut Lachenmanns *Gran Torso*.

Auf der anderen Seite war es offenbar gerade das Nichtfragmentarische, das Martialische und männlich Geschlossene des heroischen Beethoven-Bildes, manifestiert in den Werken der mittleren Schaffensperiode (heroischer Stil), das für die Beethoven-Rezeption in der Weimarer Republik und im »Dritten Reich« prägend werden sollte. Arbeitermusikbewegung und Nationalsozialisten reklamierten »ihren« Beethoven für sich. Trotz der Schwäche Hitlers für Winifred Wagner und seiner wiederholten Besuche auf dem Bayreuther Hügel ist nicht etwa Wagner mit seiner fragwürdigen, die Auflösung der Tonalität vorantreibenden Endzeitmusik der meistgespielte Feierstundenmusiklieferant des »Dritten Reiches« geworden, vielmehr Beethoven mit seinen anscheinend fraglos gesicherten, geradezu zwanghaft wiederholten Schlussbildungen und dem Pathos der Opfer-Sieger-Formel »Durch Nacht zum Licht«. Im Jahre 1947 vollendete Thomas Mann seinen *Faustus*-Roman, worin der Tonsetzer Adrian Leverkühn die humanistische Botschaft der viel missbrauchten *Neunten Sinfonie* ausdrücklich zurücknimmt.

5. Aber erst in den späten Sechzigern kommt es in Deutschland zu einer kritischen Auseinandersetzung mit Schuld und Sühne der Vätergeneration, und in diesem Kontext auch zur Demontage des überlieferten Beethoven-Bildes. Man bemerkte, dass es neben der ideologischen Vereinnahmung auch zunehmender Abnutzung anheimfiel, bedingt durch die technische Reproduzierbarkeit der Musik im Medienzeitalter (Tonträger). Erst in dieser fünften Etappe der Beethoven-Rezeption schien es erstmals möglich, der historischen Figur Beethoven mit Distanz und seiner Stilisierung zum »größten Komponisten aller Zeiten« mit einem Misstrauen zu begegnen, das sich zur ritualisierten Darbietung seiner Werke im Konzertsaal je nachdem skeptisch, ironisch, zynisch, satirisch oder auch melancholisch verhält. Die Chorsinfonie, ehemals Ikone des Erhabenen und Schönen, verdünnt sich 1970 zum populären Schlager als *Song of Joy*. Anthony Burgess und Stanley Kubrick stellen in dem Film *A Clockwork Orange* (1962/1971) die Humanisierungsfunktion klassischer Künste generell in Frage und legten das Gewaltpotential frei, das in Beethovens menschheitsbessernder *Neunter* steckt. Mauricio Kagel dreht zum 200. Geburtstag Beethovens 1970 seinen Film *Ludwig van*, worin sich Beethoven-Büsten aus Schmalz und Marzipan in der Badewanne auflösen. Dieser Film und die damit verbundenen Performances wurden von Kagel zwar deklariert als Hommage, allgemein rezipiert allerdings als ein Anti-Beethoven-Manifest, was Kagel selbst nicht eben widerlegte mit seinem polemischen Vorschlag eines Beethoven-Moratoriums: Man möge für eine gewisse Zeit keine Werke Beethovens mehr aufführen und kein Wort mehr über ihn verlieren, damit sich »die Gehörnerven erholen können«. Der »Soundtrack« seines Films sei

deshalb konsequenterweise so komponiert worden, wie Beethoven selbst gehört habe: schlecht. Im gleichen Jahr veröffentlichte Eggebrecht seine erwähnte Studie zur Konstanz der Essenz in der Beethoven-Rezeption. Eggebrechts Schlussformel könnte tatsächlich ebenso gut von Hoffmann, Schering oder sogar Schenker stammen: »Wo immer Beethoven tönt, klingen die Gehalte mit.«

Form und Inhalt, Deutung und Bedeutung

Zumindest in den letzten drei Etappen stand im Zentrum der Auseinandersetzung um das Erbe Beethovens das Verhältnis von Form zu Inhalt in der Instrumentalmusik. Diese Frage verzweigte sich schon früh im 19. Jahrhundert zu einem Labyrinth aus Missverständnissen in Bezug auf die erwünschte Konkretheit der zugrundeliegenden »Idee« eines musikalischen Ideenkunstwerks und verhärtete sich bequemer Weise alsbald zu den Fronten der Programmmusik-Verfechter einerseits und der Apologeten der »absoluten« bzw. »autonomen« Musik andererseits. Bis heute sind diese Fronten nicht aufgehoben. Sie fanden ihre Fortsetzung in der Ausgrenzung der biographisch-historisch-hermeneutischen Methode durch die formanalytische. Martin Geck plädierte bereits 1986 in seiner Analyse der *Eroica*-Rezeption für eine Auflösung dieser Antinomie. Dazu ist zu sagen, dass bereits zu Beethovens Lebzeiten die Begriffe »Gedanke« oder »Idee« noch weitgehend synonym verwendet wurden im Sinne der heutigen Begriffsbedeutung von »Thema« oder »Motiv«. Klar wie folgt fasste Richard Wagner das Verhältnis im Januar 1852 in einem Brief an Hans von Bülow: »Die absolute Musik kann nur Gefühle, Leidenschaften und Stimmungen in ihren Gegensätzen und Steigerungen, nicht aber Verhältnisse irgendwelcher socialen oder politischen Natur ausdrücken. Beethoven hat dafür einen herrlichen Instinct gehabt.« Und auch Franz Liszt sprach vom »Gefühlsinhalt einer Instrumentaldichtung«, was ihn nicht hinderte, als Komponist in Nachfolge der Berliozschen Beethoven-Deutung die Gattung der Symphonischen Dichtung voranzutreiben. Wenn schon nicht konkret, sozial oder politisch, so wurde dieser »Gefühlsinhalt« immerhin mit Nachhilfe verwandter Künste wie der Poesie verdeutlicht, was bereits in der ersten Etappe der Beethoven-Rezeption geschah, wenn einzelnen Werken Beethovens als Krücke zu besserem Verständnis Texte oder Gedichte unterlegt wurden, so von Carl Loewe in Bezug auf das *Quartett* op. 127 oder aber aus Pietätsgründen von Ignaz Ritter von Seyfried, der für Beethovens Begräbnis einen Männerchorsatz nach dem Trauermarsch der *Klaviersonate* op. 26 arrangierte auf ein Gedicht von Alois Jeitteles. Einerseits ist es von solchen Textunterlegungen bis hin zu den phantastischen Beethoven-Deutungen Scherings nur ein kleiner Schritt. Andererseits ist auch der Formalismus als Herrschaftsinstrument nicht unumstritten, sind die schärfsten Kritiker Scherings, etwa der nationalsozialistische Musikwissenschaftler Walter Abendroth, vom Ideologieverdacht nicht frei zu sprechen. Dass es kein »Entweder-Oder« geben dürfe zwischen der formanalytischen und der historisch-kritischen Deutung, wünschte sich Geck. Diesen Wunsch einzulösen, wäre eine Aufgabe der gegenwärtigen, sechsten Etappe der Beethoven-Rezeption.

Literatur

A. Schmitz, *Das romantische Beethovenbild. Darstellung und Kritik,* Berlin und Bonn 1927 • J. Boyer, *Le romantisme de Beethoven*, Toulouse 1938 • H. H. Eggebrecht, *Zur Geschichte der Beethovenrezeption. Beethoven 1970*, Wiesbaden 1972 • K. Kropfinger, *Wagner und Beethoven*, Regensburg 1975 • M. Geck, »Die Taten der Verehrer«, in: Ders. und P. Schleuning, *»Geschrieben auf Bonaparte« – Beethovens »Eroica«: Revolution, Reaktion, Rezeption*, Reinbek bei Hamburg 1989 • E. E. Bauer, *Wie Beethoven auf den Sockel kam: Die Entstehung eines musikalischen Mythos*, Stuttgart 1992 • A. Eichhorn, *Beethovens neunte Symphonie. Die Geschichte ihrer Aufführung und Rezeption*, Kassel 1992 • Th. W. Adorno, *Beethoven: Philosophie der Musik. Fragmente und Texte*, Frankfurt a.M. 1993 • T. DeNora, *Beethoven and the Construction of Genius. Musical Politics in Vienna 1792–1803*, Berkeley 1995 • S. Burnham, *Beethoven Hero*, Princeton 1995 • R. Brinkmann, »In the Time(s) of the ›Eroica‹«, in: *Beethoven and His World*, hrsg. von S. Burnham und M. P. Steinberg, Princeton 2000, S. 1–27.

Biographien

Von Burkhard Meischein

Geschichte der biographischen Forschung

Bedeutung und Umfang der Beethoven-Biographik sind immens. Unzählige biographische Werke ganz unterschiedlicher Ausrichtung sind seit dem Tod des Komponisten erschienen, und bis zum heutigen Tag ist das Interesse groß. Nicht wenige aus der Reihe der Beethoven-Biographien wurden weit populärer, als Musikerbiographien das eigentlich erwarten lassen würden: Die Werke von Schindler, Marx, Bekker oder Solomon waren – jedes auf unterschiedliche Weise – zu ihrer Zeit geradezu Kultbücher.

Wenn man versuchen wollte, die Geschichte der Beethoven-Biographik kurz zu skizzieren, wären wohl die folgenden Gesichtspunkte umrisshaft zu bezeichnen: Nach einer frühen und von Neid, Kompetenzdebatten und Vorrangstreitigkeiten geprägten »Findungsphase« dominiert zunächst ein einzelnes Werk: Anton Schindlers Beethoven-Biographie, deren erste Auflage 1840 erschien. Vor allem hinsichtlich der biographischen Zusammenhänge bleibt dieses Werk lange maßgeblich. In den 1850er und 1860er Jahren erscheinen mehrere konkurrierende Werke, die sich vor allem um neue Deutungsperspektiven und um die Popularisierung Beethovens bemühen; Wilhelm von Lenz und Adolf Bernhard Marx sind mit ebenso einflussreichen wie subjektiven – und von Beginn an umstrittenen – Werken zu nennen. Beginnend in den 1860er, dann vor allem in den 1870er Jahren beginnt die philologische Detailarbeit in den Vordergrund zu treten; die älteren Werke mit ihren höchst subjektiven und gewagten Deutungsperspektiven treten in den Hintergrund. Neue Materialien werden erschlossen, vor allem aber setzt sich die historisch-philologische Grundierung auch in der Beethoven-Biographik durch. Mit der Biographie Alexander Wheelock Thayers entsteht ein Grundlagenwerk, das diese Entwicklung deutlich widerspiegelt. Gleichwohl bleiben noch die romantisch-subjektiven Perspektiven spürbar; sie verfallen jedoch spätestens in den 1920er Jahren der Fundamentalkritik (Arnold Schmitz, Theodor Frimmel). Die 1930er Jahre bringen einerseits knappe Darstellungen im Zeichen einer der »Neuen Sachlichkeit« vergleichbaren Haltung, andererseits aber auch eine Re-Mythologisierung Beethovens im Nationalsozialismus. In den 1950er und 1960er Jahren erhöht sich die Bedeutung US-amerikanischer Forscher, nicht zuletzt bedingt durch den Mauerbau 1961, der westdeutschen Wissenschaftlern bis zu den Transitabkommen der 1970er Jahre den Zugang zu den in Ost-Berlin liegenden Beethoven-Quellen verschließt. Die 1970er Jahre bringen einerseits eine Reihe massenhaft verbreiteter Biographien im Zeichen der mehr und mehr erfolgreich gewordenen Langspielplatte sowie des 200. Geburtstages des Komponisten, andererseits wichtige Editionen zentraler biographischer Quellen wie der Konversationshefte. Auf dem Gebiet biographischer Darstellungen im engeren Sinne ist vor allem der psychohistorische und psychoanalytische Zugang mit neuen Sichtweisen erfolgreich (Maynard Solomon). Die 1980er Jahre bringen methodisch umfangreich unterfütterte und vielfach diskutierte Darstellungen etwa von Harry Goldschmidt und Carl Dahlhaus; die amerikanische Forschung bleibt dominant vor allem dort, wo es um philologische und Skizzenforschung geht. In jüngster Zeit erlebt die Biographik ein neues Interesse im Zeichen kulturgeschichtlich erweiterter Perspektiven; der große Erfolg der Biographie von Lewis Lockwood mag als Beleg dienen.

Früheste Biographik

Bereits für Beethoven selbst war es gegen Ende seines Lebens klar, dass eine Biographie über ihn geschrieben werden würde. Spätestens seit Forkels Bach-Biographie war die Biographik aus dem im 18. Jahrhundert üblichen Rahmen der knappen Notizen und biographischen Abschnitte im Rahmen weiterreichender Projekte herausgetreten. Über den einzuschlagenden Weg zu einer maßgeblich zu nennenden Biographie bestand allerdings keine Einmütigkeit. Beethoven selbst unterzeichnete im August 1826 einen Vertrag, in dem Karl Holz als Biograph vorgesehen wurde, dem Beethoven bescheinigte, dass er Holz »zur der einstigen Herausgabe meiner Biografie für berufen« halten und von Holz erwarte, »das, was ich ihm zu diesem Zwecke mitgeteilt habe, nicht entstellt der Nachwelt überliefern wird«. (Holz übertrug dieses Recht später an Ferdinand Simon Gassner, einen Kapellmeister und Musikschriftsteller in Karlsruhe, der etwa seit 1840 den Plan zu einer eigenen und mit Schindler konkurrierenden Biographie gefasst hatte. Das Werk kam allerdings nicht zu Stande.) Schindler behauptete später, Beethoven habe Friedrich Rochlitz als Biographen vorgesehen.[1] Offenbar begann zunächst Anton Gräffer, Mitarbeiter beim Verleger und Musikalienhändler Artaria, mit einer Biographie: Es erschien ein Subskriptionsaufruf, verbunden mit der Bitte, dem Autor sachdienliches Material zur Verfügung zu stellen. Unabhängig von Gräffer ließ allerdings bereits im Herbst 1827 Johann Aloys Schlosser in Prag eine erste Biographie erscheinen, die jedoch unzuverlässig und fehlerhaft und auf einer mehr als unzureichenden Quellengrundlage erstellt worden war. Allerdings legte bereits Schlosser das seither so wirkmächtige Konzept der »Drei Perioden« an.

Eine quasi »offizielle« Planung für eine umfassende Biographie Beethovens schien zunächst auf eine Gemeinschaftsarbeit von Anton Schindler, Stephan von Breuning und Franz Gerhard Wegeler hinauszulaufen, denn alle drei verfügten über wertvolle und sich potenziell ergänzende Materialien und Erinnerungen. Breuning starb jedoch bereits am 4. Juni 1827, und Schindler und Wegeler gelangten zu keiner Einigung, so dass sich das Projekt zerschlug. Nun wandte sich Wegeler an Ries, der ja einerseits mehrere Jahre in Beethovens unmittelbarer Umgebung gelebt und ihm auch danach nah gestanden hatte, und der andererseits über die notwendige musikalische Kompetenz zu verfügen schien. Ries zögerte zwar zunächst, da er sich für ein solches literarisches Unternehmen nicht geeignet fühlte, willigte dann jedoch ein und begann, offenbar im Verlauf des Jahres 1836, Erinnerungen aufzuschreiben, Briefe und Notizen durchzusehen und sich mit Wegeler über das Projekt zu beraten, mündlich bei mehreren zum Teil lang dauernden Treffen, dann aber auch in zahlreichen Briefen. Doch noch vor dem Erscheinen des Buches starb Ries an einer Lebererkrankung. Wegeler vollendete nun das Buch allein; 1838 erschienen die *Biographischen Notizen über Ludwig van Beethoven*, und 1845 ließ Wegeler noch einen kurzen *Nachtrag zu den biographischen Notizen über L. van Beethoven* folgen. Ries, der auf einer sehr schmalen Quellenbasis arbeitete und sich hauptsächlich auf sein Gedächtnis und auf die bei ihm vorhandenen Briefe Beethovens stützen konnte, bemühte sich offenbar um Objektivität und gerechte Darstellung. In Fragen der Datierung allerdings irrte er sich häufig. Er versuchte allerdings nicht, Beethoven zu idealisieren. So galt Ries bereits für Thayer als zwar manchmal ungenauer, aber im Prinzip unparteiischer Berichterstatter, dessen bildlich-lebhafte Schilderungen zu den Grundlagen der Beethoven-Biographik gehören.

Anton Schindler

Nach dem Auseinanderfallen der Gruppe vollendete nun Anton Schindler seine Biographie allein. Er schuf damit ein ebenso wichtiges wie problematisches Werk und »eine der langlebigsten Biographien im Bereich der Musikhistorie überhaupt«[2]. Die erste Auflage erschien in Münster im Jahr 1840 unter dem Titel *Biographie von Ludwig van Beethoven*. 1842 ließ Schindler einen Nachtrag erscheinen: *Beethoven in Paris. Nebst anderen den unsterblichen Tondichter betreffenden Mitteilungen. Ein Nachtrag zur Biographie Beethovens* (Münster 1842). 1845 erschien die 2. Auflage des Werkes. Bei der dritten – heute am meisten verwendeten – Auflage handelt es sich um eine vollständige Neubearbeitung.

Die Beethoven-Biographik in der ersten Hälfte des 19. Jahrhundert ist stark durch Streitigkeiten um die Legitimität bestimmter Autoren und Deutungen bestimmt. Schindler hat den Eindruck zu erwecken versucht, jede Zeile seines Werkes sei ein Dokument. Zudem trat er provozierend und in einer als aufdringlich empfundenen Pose als einzig legitimer Sachwalter Beethovens, quasi als dessen Stellvertreter auf Erden auf. Heinrich Heine hat das trefflich ironisiert:

> »Minder schauerlich als die Beethovensche Musik war für mich der Freund Beethovens, l'ami de Beethoven, wie er sich hier überall produzierte, ich glaube sogar auf Visitenkarten. Eine schwarze Hopfenstange mit einer entsetzlich weißen Krawatte und einer Leichenbittermiene. War dieser Freund Beethovens wirklich dessen Pylades? Oder gehörte er zu jenen gleichgültigen Bekannten, mit denen ein genialer Mensch zuweilen um so lieber Umgang pflegt, je unbedeutender sie sind, und je prosaischer ihr Geplapper ist, das ihm eine Erholung gewahrt nach ermüdend poetischen Geistesflügen? Jedenfalls sahen wir hier eine neue Art der Ausbeutung des Genius, und die kleinen Blätter spöttelten nicht wenig über den Ami de Beethoven. ›Wie konnte der große Künstler einen so unerquicklichen, geistesarmen Freund ertragen!‹ riefen die Franzosen, die über das monotone Geschwätz jenes langweiligen Gastes alle Geduld verloren. Sie dachten nicht daran, dass Beethoven taub war.«[3]

Richtete sich aber die Kritik vor allem auf sein Äußeres, sein Gehabe und seine Ichbezogenheit, so erhob sich – befeuert durch die Feindschaften, die sich Schindler geschaffen hatte – der Verdacht der Fälschung und der Unzuverlässigkeit Schindlers. Die Kritik entzündete sich zunächst an Schindlers übertrieben dargestellter Nähe zu Beethoven: Über zehn Jahre (1816–1827) sei er enger Freund und Gehilfe Beethovens gewesen; tatsächlich bestand zwischen beiden ein enges Verhältnis, aber wohl nur für den Zeitraum von zwei Jahren (wohl seit Herbst 1822 bis Mai 1824 und dann noch einmal in den Monaten vor Beethovens Tod).[4] Dann kamen Vermutungen über Fälschungen Schindlers in den Konversationsheften hinzu. Karl Holz ließ im November 1845 in die *Wiener Allgemeine Musikzeitung* eine »Erklärung die neueste Philippica des Herrn Schindler betreffend« einrücken und schrieb darin:

> »Ich verweise indessen auf die von Dr. Gaßner wiederholt in Aussicht gestellte Biografie Beethoven's, welche auf Mittheilungen ehrenhafter Freunde des Verewigten beruhend, zur Steuer der Wahrheit recht bald erscheinen möge. Diese Biographie wird ihre Daten nicht aus fingierten oder gestohlenen Konversationsbüchern entnehmen, sie wird den großen Meister selbst sprechen lassen, und unverfälschte Zeugnisse werden nebstbei über Herrn Schindler näheren Aufschluß geben.«[5]

Wie berechtigt dieser Vorwurf war, zeigte sich dann im 20. Jahrhundert.[6] Eine Reihe von Einträgen in Beethovens Konversationsheften erwiesen sich tatsächlich als Fälschungen Schindlers. Dabei fiel besonders ins Gewicht, dass sich gerade solche Äußerungen als nachträglich hinzugefügt herausstellten, die besonders intensiv auf musikalische und ästhetische Fragestellungen einzugehen schienen. Selbst wenn nicht definitiv geklärt werden kann, ob einzelne später von Schindler nachgetragene Äußerungen nicht doch Worte Beethovens wiedergeben: Schindler hat durch seine Unzuverlässigkeit und seine Fälschungen auf lange Sicht seinem eigenen Anliegen schweren Schaden zugefügt und einen steten Zweifel an seiner Glaubwürdigkeit geweckt, der sicher manches Wichtige überdeckt und verdunkelt. Da eine Überprüfung von Schindlers Aussagen wohl nicht möglich scheint, sind spätere Leser darauf angewiesen, über die mögliche Motivation Schindlers nachzudenken und seine Ausführungen stets kritisch zu begleiten. Sie aber vollständig beiseite zu legen, wäre fahrlässig und würde der historischen Bedeutung dieser Biographie nicht gerecht. Sie hat – unbeschadet ihrer Fehler – für die Auffassungen, die im 19. Jahrhundert viele Werke Beethovens begleiteten – eine ganz zentrale Rolle gespielt.

Schindlers Werk ist keine Biographie im modernen Sinne: Der Autor verknüpft mehr oder weniger unzusammenhängend Erinnerungen, Dokumente, Vortragsanweisungen, Anekdoten und Details unterschiedlichen Gewichts, ohne sie zu einer Gesamtdarstellung zu synthetisieren. Einen wichtigen Schwerpunkt bildet dabei die Interpretation vor allem der Beethovenschen Klavierwerke, für die sich Schindler in besonderer Weise zuständig fühlte. Darüber hinaus ergänzte Schindler für die dritte Auflage polemische Exkurse, die sich vor allem mit der seit der ersten Auflage erschienenen Literatur auseinandersetzten. Am Beginn des 19. Jahrhunderts waren allerdings Biographie und Werk, Beschreibung und Deutung, noch eng miteinander verbunden. Insofern erschien Schindlers Biographie nicht als Ausnahme oder Abweichung von der Regel, sondern erfüllte die Erwartungen, die damals an einen Komponistenbiographie gestellt wurden.

In den 1840er und 50er Jahren – teilweise auch noch darüber hinaus – blieb Schindler die zentrale »Anlaufstelle« für Biographen, Verleger und Musiker. Selbst wenn sich also herausstellen würde, dass alle Angaben Schindlers gefälscht wären – dazu besteht allerdings überhaupt kein Grund –, bliebe Schindlers Biographie ein wichtiges Buch. Denn es bot Wege zur »Entschlüsselung« zahlreicher Werke Beethovens an, und dieses Angebot ist weithin genutzt worden. Schindlers Biographie wurde viel gelesen und steht mit im Zentrum eines Wissensnetzwerkes um Beethovens Werke, das außerordentlich bekannt war und aus dem vielfach geschöpft wurde wenn es galt, Werke Beethovens zu »verstehen«, sie inhaltlich zu erschließen und ihre Bedeutung zu erkennen.

Subjektiv-romantische Erlebnisdeutung

In den 1850er Jahren waren es vor allem Wilhelm von Lenz und Adolf Bernhard Marx, die mit ihren poetisierenden Werkbeschreibungen die Diskussion um das »richtige« Beethovenbild dominierten. Bei beiden Autoren erscheint der inhaltliche Schwerpunkt nun deutlich hin zur Werkdeutung verschoben. Schindler hatte hier ja bereits vorgearbeitet: Auch er hatte seine Biographie keineswegs nur auf die Schilderung der Lebensumstände beschränkt, sondern Deutungsaspekte und vor allem auch aufführungspraktische Hinweise einfließen lassen, für die er sich in besonderer Weise für zuständig hielt. Indem die Beethoven-Biographik sich so stark der Hermeneutik und der eindringlichen Werkbeschreibung öffnete und von Anfang an auf ästhetische und musikalische Fragen hin geöffnet war, konnte sie weit in die ästhetischen Debatten und sogar auf Werkkonzeptionen anderer Komponisten einwirken. Eine rein philologische Bearbeitung der Lebensgeschichte Beethovens hätte das nicht vermocht.

Aber auch die immer wieder als Deutungsaspekte vieler Werke herangezogenen biographischen Teilinformationen oder auch biographischen Legenden beeinflussten das Verständnis, das sich von vielen Werken herausbildete. Insofern nimmt die Beethoven-Biographik wohl eine Sonderstellung in der komponistenbezogenen biografischen Literatur ein: Bei wohl keinem anderen Komponisten haben biographische Darstellungen für die Rezeptionsgeschichte eine vergleichbar große Rolle gespielt.[7]

Während Adolf Bernhard Marx in Deutschland noch einigermaßen bekannt ist, so ist der – zumindest in einer europäischen Perspektive – sehr viel einflussreichere Wilhelm von Lenz heute fast vergessen. 1809 in Riga – und damit als Untertan des Russischen Reiches – geboren, nahm er eine wichtige Stellung als Kulturvermittler ein. In Büchern in französischer und deutscher Sprache machte er Beethoven in Russland bekannt und setzte sich andererseits in seinen in Deutschland erschienenen Artikeln für russische Musik ein, vor allem für seinen Freund Alexander Serow. Lenz hatte kurz nach Beendigung seiner Schulzeit während einer Reise nach Genf Ferdinand Ries kennengelernt. 1828 reiste er nach Paris, 1829 nach London, 1831 nach Moskau, 1832 nach Konstantinopel. Danach hielt er sich bis 1833 in Wien auf, um anschließend nach St. Petersburg zu gehen, wo er ein gut besoldetes Amt im Justizministerium antrat. 1842 reiste er – nun mit dem Ziel, Material für ein großes Beethoven-Buch zu sammeln – erneut nach Wien.

Deutsche Musik war für Lenz die Musik Beethovens; Beethovens Musik in Russland bekannt zu machen wurde geradezu zu einer Mission. Zunächst veröffentlichte Lenz in französischer Sprache – der Sprache der russischen Oberschicht – sein Werk *Beethoven et ses trois styles* (St. Petersburg 1852/53). 1855 ließ er dann eine deutschsprachige Publikation in fünf Bänden unter dem Titel *Beethoven. Eine Kunststudie* erscheinen.[8] Durch Lenz' Werk setzte sich die Einteilung des Werkes in drei Stilperioden, die bereits Schlosser vorgeschlagen hatte, im allgemeinen Bewusstsein durch.

Der biographische Teil von Lenz' Darstellung, der – der selbstgestellten Aufgabe entsprechend – nur einen relativ geringen Umfang hat, geht auf Wegeler und Ries, vor allem aber (zu dessen Missfallen) auf Schindlers Biographie zurück, der ihm übrigens – wie auch Karl Holz und Fürst Galitzin – schriftlich Nachrichten über Beethoven zukommen ließ. Lenz schrieb in einem Brief an Schindler: »Ihre Biographie ist die Hauptquelle für den Menschen in Beethoven u. wird es bleiben. Ich kenne dasselbe sehr viel genauer als Sie denn ich kenne es auswendig da mein unglaubliches Gedächtnis sich nichts nehmen läßt.«[9] Vor allem aber widmete sich Lenz ausgiebig der poetisierenden Beschreibung von Beethovens Werken.

Lenz erscheint in seinem in jeder Hinsicht unkritischen Ausschreiben der überlieferten Fakten, Berichte und Anekdoten, seinen poetisierenden Werkbeschreibungen und seinem hymnischen und bilderreichen, oft auch exaltierten Tonfall als Relikt der untergehenden romantischen Welt. Zugleich aber enthält sein Werk einen ungewöhnlich gründlichen und detailreichen Katalog der Werke, der zahlreiche wertvolle Hinweise enthält und durch die unmittelbar einsetzende Kritik an Lenz' Werk unverdienter Geringschätzung anheim gefallen ist.[10] Lenz' Deutungen führten zu scharfen Kontroversen in der musikalischen Welt, in denen sich die Gegensätze der zeitgenössischen ästhetischen Auffassungen widerspiegeln. Liszt, Berlioz und Alexander Serow setzten sich lebhaft für Lenz ein, während Fétis und vor allem Ludwig Bischoff, der Übersetzer Ulybyschews, mit schärfster Abwehr reagierten. Noch einmal wurde Lenz zum Gegenstand der Debatte im Zusammenhang der »Kritik des romantischen Beethovenbildes« (Arnold Schmitz). Arnold Schering knüpfte mehrfach an Lenz' poetisierende Interpretation von Beethovens Werken an und nannte ihn »einen der geistvollsten Beethovenkenner um die Mitte des 19. Jahrhunderts«[11].

Ebenso wie Lenz folgt auch Marx in den biographischen Teilen und darüber hinaus – vor allem bei der Betrachtung der Klaviersonaten – Schindlers Angaben und fingierten Eintragungen. Marx lässt als zentrales Prinzip das »per Aspera ad Astra« in der Biographie Beethovens erscheinen:

> »In unscheinbarer Enge begann Beethoven seinen Lebenslauf. Besitzlos in die Welt hinaustretend, unerzogen für die Welt, lernte er nicht, zu besitzen und sich ein sicher freies Dasein zu bauen. Damit seine Sendung sich vollziehe, musste noch ein unheimlich Geschick in den inneren Organismus zerstörend eingreifen, tiefste Stille, Einsamkeit von innen heraus um ihn her auszubreiten. Nichts ist hier Zufall oder Schuld; nirgends vielleicht hat sich der nothwen-

dige Einklang der Lebensverhältnisse mit der Lebensbestimmung gegen allen äußern Anschein klarer herausgestellt, als an diesem Beethoven. Was Andere gehemmt und gebunden hätte für immer, ihn musst' es stählen und freimachen [...]; selbst jene Zerrüttung, die jeden anderen Musiker tückisch gleich zaubergewaltigem Fluch innerlich ertödtet hätte, geheimnisvoller Segen ward sie ihm, unverstandene Weihe für den in ihn gelegten Beruf.«[12]

Positivismus und Grundlagenforschung

Friedrich Nietzsche, der sich in einer »an die biographische Seuche gewöhnte(n) Zeit« (Schlechta, Bd. 3, S. 1073) sah, schrieb 1874:

> »Es gibt Menschen, die an eine umwälzende und reformierende Heilkraft der deutschen Musik unter Deutschen glauben: sie empfinden es mit Zorn und halten es für ein Unrecht, begangen am Lebendigsten unsrer Kultur, wenn solche Männer wie Mozart und Beethoven bereits jetzt mit dem ganzen gelehrten Wust des Biographischen überschüttet und mit dem Foltersystem historischer Kritik zu Antworten auf tausend zudringliche Fragen gezwungen werden. Wird nicht dadurch das in seinen lebendigen Wirkungen noch gar nicht Erschöpfte zur Unzeit abgetan oder mindestens gelähmt, daß man die Neubegierde auf zahllose Mikrologien des Lebens und der Werke richtet und Erkenntnis-Probleme dort sucht, wo man lernen sollte zu leben und alle Probleme zu vergessen?«[13]

Mit Gustav Nottebohm und Theodor von Frimmel wandte sich die Beethoven-Biographik von großangelegten Gesamtdarstellungen und Quellensammlungen ab und den Detailstudien zu. Nottebohm richtete etwa seit 1865 sein Interesse vor allem auf die Entstehungsbedingungen einzelner Werke, Frimmel seit 1880 auf ungezählte Details der Biographik.

Obwohl Nietzsche den Mythos des genialen Übermenschen durch die philologische Mikrologie bedroht sah, wurde der Aufsatz, die Miszelle zur gegebenen Form der neuen Beethoven-Wissenschaft, und über lange Zeit wurden vor allem die Publikationen Gustav Nottebohms maßstabsetzend: In den auf das scheinbar Kleinste gerichteten Detailstudien erhellte er Seiten am Werk Beethovens, die als philologisch abgesichert und unbezweifelbar wirkten, aber doch die ganze Persönlichkeit zu enthalten schienen. Frimmel bearbeitete in mühevoller Detailarbeit fast alle biographischen und zahllose werkbezogene Aspekte, wobei die Ermittlung von Daten und Fakten auch für ihn im Vordergrund stand.

Die mikrologischen Formen und philologischen Miszellen blieben gleichwohl in einer wichtigen Hinsicht unbefriedigend. Im 18. Jahrhundert war die Biographik vor allem in der Kleinform als biographischer Abriss beliebt: Artikel in Nachschlagewerken, Beigaben wie etwa die biographischen Abschnitte in Seyfrieds Buch über Beethovens Studien galten durchaus als ausreichend. Im 19. Jahrhundert aber – und besonders nach 1848 – setzte sich die große, umfangreiche wissenschaftliche oder künstlerische Biographie auf philologischer Grundlage durch.

Zunächst unternahm der Schriftsteller Ludwig Nohl den Versuch, diese Lücke zu füllen. Zwischen 1864 und 1877 legte er in vier Bänden seine Biographie vor.[14] In diesem Werk erschloss Nohl eine Fülle wichtigen Materials, wobei er auf eine Sammlung zurückgreifen konnte, die unmittelbar nach Beethovens Tod – wie oben bereits erwähnt – von Anton Gräffer angelegt worden war. Nohl zielte auf die möglichst vollständige Erschließung der Dokumente, unternahm aber zugleich auch den Versuch der charakterisierenden Beschreibung der Musik und der steten Rückbindung der Werke an biographische Fakten und Dokumente. Dabei ließ sich Nohl allerdings in fataler Weise von einer Reihe von Vorurteilen leiten; darüber hinaus fehlte ihm das philologische Rüstzeug, das es ihm erlaubt hätte, sein Material kritisch auszuwerten.

Gerade auf diesem Feld erreichte der etwa gleichzeitig am Projekt einer Monumentalbiographie arbeitende Amerikaner Alexander W. Thayer eine große Professionalität. Zugleich hielt er sich vom problematischen Gebiet der Deutung der Beethovenschen Werke fern; er sah sich von Bildungsgang und Fähigkeiten genau dazu nicht berechtigt. Gegenüber den ästhetisch ambitionierten, aber philologisch unzuverlässigen Höhenflügen der vorhergegangenen Zeit erschien sein Werk erfreulich abgeklärt und sachlich. Begonnen hatte Thayer sein Projekt als Versuch, Schindlers Biographie zu korrigieren; noch einmal erweist sich hier bei aller Problematik die große Bedeutung von Schindlers Werk. Auf mehreren Reisen durch Europa arbeitete Thayer auf der damals denkbar breitesten Quellenbasis, suchte Kontakt zu noch lebenden Zeitgenossen Beethovens und erhielt vielfältige Unterstützung, etwa durch den Altphilologen Otto Jahn – der das von ihm gesammelte Material an Thayer weiterreichte – oder auch die Königliche Bibliothek in Berlin, die inzwischen über eine bedeutende Beethoven-Sammlung verfügte. Thayer hatte in englischer Sprache geschrieben; der aus dem Umkreis Otto Jahns hervorgegangene Hermann Deiters übernahm die Aufgabe, den Text ins Deutsche zu übersetzen und ihn behutsam zu redigieren. Dabei floss erneut Material zu, so dass sich der Entstehungsprozess des Werkes über viele Jahre hinzog: Hatte Thayer den ersten Band bereits 1856 im Manuskript fertiggestellt, so erschien er erst 1866. 1872 folgte der zweite, 1879 der dritte. Eine Vollendung des Werkes erlebte Thayer nicht.

Nach Thayers Tod übernahm nun Deiters die Aufgabe, die drei bereits veröffentlichten Bände für eine zweite Ausgabe zu überarbeiten und vor allem einen Abschlussband zu schreiben. Deiters überarbeitete zunächst den ersten Band, entschied sich dann aber, zunächst auf eine Vollendung der Biographie hin zu arbeiten, die er in zwei weiteren Bänden zu erreichen hoffte. Denn eine Erweiterung des Projekts schien unabweislich, da Deiters eine Einbeziehung auch der musikalischen Produktion für notwendig hielt. Während der Schlusskorrektur von Band vier starb Deiters 1907. Den Abschluss der Arbeiten übernahm nun Hugo Riemann, der seinerseits das Werk zu erweitern begann: Riemann fügte in die von ihm bearbeiteten Bände Werkbesprechungen ein, die allerdings meistens eher deskriptiven als analytischen Charakter haben. So erschien 1907 der 4. Band, 1908 der 5., beide weitgehend in der Gestalt, die Deiters ihnen gegeben hatte, 1910 der 2., 1911 der 3. und 1917 der 1. Band, nun in dritter Auflage und in Riemanns Revision. Englische Ausgaben des Werkes, die einerseits das von Thayer überlieferte Material, andererseits die deutschen Ausgaben der verschiedenen Bände nutzten und schließlich auch neuere

Forschungen einfließen ließen, erstellten Henry Edward Krehbiel (der zahlreiche Kürzungen und z.T. entstellende Änderungen vornahm) im Jahre 1921 und Elliot Forbes im Jahre 1964, der damit die maßgebliche Ausgabe von Thayers Text vorlegte.

Thayer und Deiters richteten ihr Interesse vorrangig auf die möglichst korrekte Darstellung der äußeren Vorgänge und Tatsachen auf der Basis der Erschließung aller erreichbaren Dokumente: Thayers Ideal war faktische Richtigkeit der biographischen Darstellung, das musikalische Werk schien ihm beim Publikum bekannt und vertraut zu sein, so dass ihm eine Notwendigkeit zu seiner näheren Darstellung nicht zu bestehen schien.

Thayers Darstellung wurde als definitive Studie über Beethovens Lebensgang begrüßt. Sie erreichte – vor allem in der ihr schließlich von Riemann gegebenen fünfbändigen Endfassung – hohe Auflagen und weiteste Verbreitung.

Psychohistorische Biographik und neue Synthesen

Adolf Sandberger hat einmal den – wohl hoffnungslosen – Versuch unternommen, die Beethoven-Literatur im Überblick darzustellen.[15] Seine Leitfrage richtete sich dabei auf jeweils zentrale Neuerungen, die durch die entsprechenden Titel in die Forschung getragen worden waren.

Auf dem Gebiet biographischer Forschung ist sicher die Einbeziehung psychohistorischer und psychoanalytischer Kategorien und Denkmodelle ein solches die Forschung erneuerndes Moment; zeitlich allerdings bewegt sich die Darstellung damit – mehrere Jahrzehnte vielleicht ungerechter Weise überschlagend – tief ins 20. Jahrhundert. Durch gesellschaftliche Veränderungen und wissenschaftliche Umorientierungen herrschte in den 1970er Jahren die Annahme vor, die Biographie sei methodisch hinterwäldlerisch und insgesamt als wissenschaftliche Darstellungsform überholt. Als überholt galt sie, weil Heroisierung und Poetisierung einzelner Gestalten in Misskredit geraten waren; als problematisch galt auch die Nähe zum Entwicklungsroman. Allein die psychohistorische Biographik schien neue Aussichten auf die jeweilige Persönlichkeit zu ermöglichen. Zudem war der psychohistorische und psychoanalytische Blick geeignet, ein Provokationspotenzial zu entwickeln, das zum Aufbrechen eines verfestigt-bürgerlichen Beethoven-Kults geeignet schien. Maynard Solomon gelang es in seinem 1977 erstmals erschienenen Buch, die traditionelle Biographik durch psychologische und psychoanalytische Perspektiven zu erweitern und in einer gut lesbaren Darstellung zusammenzuführen.

Die psychoanalytisch fundierte Deutung sieht in musikalischen Werken Ergebnisse einer Sublimierung oder Repression unbewusster Wünsche und Begierden. Tagträume und familiäre Konflikte spielen ebenfalls eine große Rolle, und die so zahlreich überlieferten persönlichen Materialien Beethovens boten der psychoanalytischen Deutung umfangreiches Material. So wurden vor allem der als destruktiv dargestellte familiäre Hintergrund mit dem spannungsgeladenen Verhältnis zum Vater, die frühe Alleinverantwortung, Beethovens Alkoholkonsum, die »Unsterbliche Geliebte« sowie der Neffenkonflikt als zentrale biographische Wegmarken und Deutungsperspektiven ausgemacht.

Die psychologische und milieutheoretische Unterfütterung der Biographie prägt seither die Beethoven-Biographik, gegenüber der älteren Psychologisierung mit dem Anspruch höherer methodischer Reflektiertheit. Zugleich eröffnete sich damit die Möglichkeit, überhaupt wieder sinnvoll auf biographischem Feld arbeiten zu können, war doch zuvor nach der detailfreudigen Rekonstruktion aller äußeren Fakten eine beträchtliche biographische Ermüdung eingetreten.

Forschungen zu sexuellen, politischen und ideologischen Implikaten der Musik, die Kritik an der Hegemonie philologischer und editorischer Arbeiten, die Forderung nach dem Überschreiten der Grenzen disziplinärer Teilgebiete und Arbeitsmethoden im Dienste neuer Erkenntnisse über das vielfältige kulturelle Geflecht, in das Beethoven und seine Musik eingebunden sind sowie die kritische Hinterfragung herkömmlicher Bewertungskategorien öffneten und erneuerten die Beethoven-Biographik. Sie ermöglichten auch erhebliche Erfolge nicht-zünftiger Autoren.

Zeitgleich erfuhr die Beethoven-Biographik einen neuen Schwung durch die Orientierung am Schallplattenhörer und seinen Bedürfnissen sowie durch neue drucktechnische Verfahren, die nun eine früher undenkbare extensive Bebilderung zuließen.

Fragen wir abschließend und gleichzeitig rückschauend, in welchen Punkten sich die neueren biographischen Beethoven-Darstellungen von ihren Vorgängern unterscheiden.

Im 20. Jahrhundert ist insgesamt – abgesehen von Versuchen der Remythisierung im Nationalsozialismus sowie in Kontexten der Populärliteratur – der in früheren Epochen der Beethoven-Biographik weit verbreitete Geniekult verfallen. Bis ins 20. Jahrhundert hinein galt Beethoven als das musikalische Genie schlechthin, als paradigmatische exzeptionelle Gestalt, und die biographischen Versuche galten oft dem Ziel, sein Genie in allen Zügen seines Lebens und in Details seines Habitus wiederzufinden: in der vermeintlichen sozialen Ungebundenheit des einsam schaffenden Künstlers, dem die reale Welt als bloß behindernd gegenübersteht und der sich eine eigene, »höhere« Welt erschafft und sich dadurch der ihn umgebenden entzieht. Das damit zusammenhängende elitäre, heroische Kunstverständnis, die Überhöhung der als mirakulös dargestellten Naturanlage, die eingeforderte Haltung von Ehrfurcht, Bewunderung und Abstand mit ihrer Abkopplung von allgemeiner menschlicher Erfahrung, all diese Aspekte der älteren Biographik sind weitgehend verschwunden. Ausgangspunkt dieser Entwicklung dürfte das Buch von Arnold Schmitz, *Das romantische Beethovenbild*, mit seinen Forderungen nach illusionslos-nüchterner Darstellung sowie seiner Kritik an Phrase und überzogener Ausschmückung gewesen sein.

Der Aufschwung einer erneuerten Beethoven-Biographik, wie er sich heute am Deutlichsten im großen Erfolg des Buches von Lewis Lockwood zeigt, verdankt sich veränderten theoretischen und methodischen Grundlagen.

Während die traditionelle Beethoven-Biographik das von ihr untersuchte Subjekt weitgehend aus dem sozialen und historischen Kontext herauslöste und es als in sich geschlossenes Selbst darzustellen bemüht war, wendet sich die moderne Biographik völlig selbstverständlich den gesellschaftlichen Strukturen und kulturellen Bedingtheiten zu, in denen Beethoven gelebt hat, von denen er geprägt wurde und auf die er selbst auf seine spezifische Weise und in einer konkreten historischen Situation eingewirkt hat. So ist auch das Beethoven-Bild von einem Menschen, der eine Welt für sich bildet und in zunehmender Isolation lebt, übergegangen zu einem Bild, in dem Beethoven in seinen historischen Lebenswelten, seinen Beziehungen und Kontakten dargestellt wird. Gesellschaft, Kultur und Subjektivität werden als Konstellation begriffen, das Subjekt und die Ergebnisse seiner Tätigkeit bilden sich in einer besonderen historischen Situation. In diesem Sinne hat sich das Schwergewicht der Biographik auf die Analyse von Lebenszusammenhängen hin verschoben, auf soziale Strukturen und soziales Handeln der Akteure. Abgewendet hat sich die Biographik von der musikalischen Hermeneutik im literarischen Gewand einer biografischen Erzählung.

Darüber hinaus hat man sich auch der Kontingenz von Geschichte stärker geöffnet. In der älteren Biographik wurde häufig auf vermeintlich schicksalhafte Zusammenhänge verwiesen, auf unentrinnbare Zwänge. Gewachsen ist die Einsicht in die Komplexität Beethovens – eben auch unter dem Einfluss der psychohistorischen Perspektiven – und die Bereitschaft, sie in ihrer Vielfalt und auch Widersprüchlichkeit aufzufassen. Die Vorstellung von kohärenten und konsistenten Lebensentwürfen hat sich weitgehend aufgelöst. Ein »Plan«, nach dem Beethoven sein Leben praktisch selbst entworfen habe oder dem er unbewusst zu folgen sich gezwungen gesehen habe, wird nicht mehr in Anschlag gebracht. In diesem Sinne wurden Ereignisse und Werke nicht allein dadurch mit Sinn gefüllt, dass man sie auf ein »Subjekt« bezieht: Auch die musikalischen Werke erscheinen als Kreuzungspunkt verschiedenster Einflüsse, sie werden historisiert und als Ergebnis eines Prozesses dargestellt, ebenso die Rezeptionsgeschichte. Die Prozesskategorie bot sich im Falle Beethovens insofern wohl auch in besonderer Weise an, als der Komponist ja reichlich Material hinterlassen hatte, das über seine kompositorische Tätigkeit Auskunft geben konnte. Der Forschungsgegenstand ist heute nicht mehr ein kohärentes Selbst, das sich in einem andauernden Spannungsverhältnis gegen eine feindliche Umwelt erfolgreich durchsetzt, sondern ein Individuum, das sich im Verlaufe größerer Zeiträume mit Anforderungen und Optionen, mit wechselnden Handlungsspielräumen, Zuschreibungen durch andere und kompositorischen Problemen auseinandersetzt. Die traditionelle Biographik versuchte, sich in ihren Helden hinein zu versetzen, mit ihm zu fühlen und zu denken. Dadurch sollte eine Unmittelbarkeit hergestellt werden, die gespeist war durch das scheinbar intuitive Verstehen eines schöpferischen Interpreten. Ziel war die Auslegung des von Beethoven subjektiv gemeinten Sinns eines Werkes, wohingegen die moderne Biographik sich eher der kommunikativ hergestellten Bedeutung sowie denjenigen Einflussfeldern zugewendet hat, die auf die jeweils ausgehandelte Bedeutung Einfluss haben.

Dadurch haben sich aber auch die Aufgaben eines Biographen erheblich verändert. Er zeichnet nun nicht mehr nur ein Lebensweg nach, sondern situiert ihn in einem komplexen Zusammenspiel verschiedenster Einflusssphären, deren Gewicht im Einzelnen begründet darzulegen ist. Die musikalischen Werke sind nicht mehr subjektiv zu deuten, sondern sie sind ebenfalls zu beziehen auf die Einflusssphären, die sich in ihnen kreuzen.

Literatur

Anonym [O. Jahn], »Ludwig van Beethoven's Leben und Schaffen. Von Adolf Bernhard Marx« [Rezension], in: Deutsche Musikzeitung 2 (1861), S. 65–67, 73–75 und 81–84 • E. Badura-Skoda, »Zum Charakterbild Anton Schindlers«, in: Österreichische Musikzeitung 32 (1977), S. 241–246 • D. Beck und G. Herre, »Anton Schindlers fingierte Eintragungen in den Konversationsheften«, in: *Zu Beethoven. Aufsätze und Annotationen* (Bd. 1), hrsg. von H. Goldschmidt, Berlin 1979, S. 11–89 • P. Bekker, *Beethoven. Persönlichkeit, Leben und Schaffen*, Berlin und Leipzig 1911 • L. Bischoff, »W. v. Lenz über Beethoven«, in: Niederrheinische Musikzeitung 1 (1853), S. 121–123 und S. 137f. • C. Brenneis, »Das Fischhof-Manuskript: Zur Frühgeschichte der Beethoven-Biographik«, in: H. Goldschmidt (Hrsg.), *Zu Beethoven: Aufsätze und Annotationen*, Berlin 1979, S. 90–116 • D. Brenner, *Anton Schindler und sein Einfluss auf die Beethoven-Biografik* (Veröffentlichungen des Beethoven-Hauses Bonn, Reihe IV, Bd. 22), Bonn 2013 • G. von Breuning, *Aus dem Schwarzspanierhause. Erinnerungen an Ludwig van Beethoven aus meiner Jugendzeit*, Neudruck mit Ergänzungen und Erläuterungen von A. Chr. Kalischer, Berlin und Leipzig 1907 • E. Bücken, *Ludwig van Beethoven*, Potsdam 1934 • C. Dahlhaus, *Ludwig van Beethoven und seine Zeit* (Große Komponisten und ihre Zeit) Laaber 1987 (vgl. dazu: Beethoven Forum 2, 1993: »Dahlhaus's Beethoven. Three Review Essays«: H. Danuser, S. 179–188, J. Webster, S. 205–227, J. Daverio, S. 189–204) • C. Dahlhaus, »Werk und Biographie«, in: ders., *Ludwig van Beethoven und seine Zeit*, Laaber, 1987, S. 29–72 • G. Ernest, *Beethoven*, Berlin 1920 • Th. von Frimmel, *Beethoven-Forschung*, 9 Hefte, Wien 1911–1923 • Th. von Frimmel, *Ludwig van Beethoven* (Berühmte Musiker. Lebens- u. Charakterbilder 13, hrsg. von H. Riemann), Berlin 1901 • H. Goldschmidt, *Die Erscheinung Beethoven*, Leipzig 1985 • H. Goldschmidt, *Um die Unsterbliche Geliebte. Eine Bestandsaufnahme*, Leipzig 1977 (= Beethoven-Studien 2) • A. Halm, *Beethoven*, Berlin 1926 • W. Hess, *Beethoven*, Zürich 1956 • A. Chr. Kalischer, *Beethoven und seine Zeitgenossen. Beiträge zur Geschichte des Künstlers und Menschen in vier Bänden*, Berlin 1908–1910 • J. Kerman und A. Tyson, *The New Grove Beethoven*, London 1983 • F. Kerst (Hrsg.), *Die Erinnerungen an Beethoven*, 2 Bde., Stuttgart 1925 • W. Kinderman, *Beethoven*, New York 1995 • K. M. Kopitz und R. Cadenbach (Hrsg.), *Beethoven aus der Sicht seiner Zeitgenossen in Tagebüchern, Briefen, Gedichten und Erinnerungen*, München 2009 (2 Bde.) • W. Korte, *Ludwig van Beethoven. Eine Darstellung seines Werkes*, Berlin 1936 • H. E. Krehbiel, »Alexander Thayer and his Life of Beethoven«, in: The Musical Quarterly 3 (1917), S. 629–640 • K. Kropfinger, *Beethoven*, Kassel etc. 2001 • W. von Lenz, *Beethoven et ses trois styles. Analyses des sonates de piano, suivies de l'essai d'un catalogue critique, chronologique et anecdotique de l'œuvre de Beethoven*, 2 Bde., Petersburg 1852 (dass. Brüssel 1854, Stapleaux u. Paris 1855; Neuausgabe, hrsg. von M. D. Calvocoressi, Paris 1906) • W. von Lenz, *Beethoven, eine Kunststudie* (Bd. 1: *Das Leben des Meisters*; Bd. 2: *Der Stil in Beethoven. Die Mit- und Nachwelt Beethovens. Der Beethovenstatus quo in Russland*, Kassel 1855; Bd. 3–5: *Kritischer Katalog sämtlicher Werke Ludwig van Beethovens mit Analysen derselben*, Hamburg 1860; mehrere Neudrucke erlebte der erste, biographische Teil: er erschien unter dem Titel *Beethoven, eine Biographie*, Leipzig [2]1879; ein Neudruck mit Ergänzungen und Erläuterungen von A. Chr. Kalischer, Berlin 1908) • L. Lockwood, *Beethoven. Seine Musik, sein Leben*, Kassel [2]2012 • H. Lühning, »Das Schindler- und das Beethoven-Bild«, in: *Bonner Beethoven-Studien*, Bd. 2, hrsg. von S. Brandenburg und E. Herttrich, Bonn 2001, S. 183–199 • G. R. Marek, *Ludwig van Beethoven. Das Leben eines Genies*, München 1970 • A. B. Marx, *Ludwig van Beethoven. Leben und Schaffen* (2 Bde.), Berlin 1859 • L. Nohl, *Beethovens Leben*: Bd. 1: Die Jugend 1770–1792, Wien 1864; Bd. 2: Das Mannesalter 1793–1814, Leipzig 1867; Bd. 3, Erste Abt.: Die letzten 12 Jahre (1815–1823), Leipzig 1874; Bd. 3, 2. Abt.: Die letzten 12 Jahre (1824–1827), Leipzig 1877 • W. Riezler, *Beethoven*, Berlin und Zürich 1936 • H. C. Robbins Landon, *Beethoven. Sein Leben und seine Welt in zeitgenössischen Bildern und Texten*, Zürich 1970 • R. Rolland, *Beethoven. Les Grandes époques créatrices* (7 Bde.), Paris 1928–1945 • A. Sandberger, »Zur Geschichte der Beethovenforschung und Beethovenliteratur«, in: ders., *Ausgewählte Aufsätze zur Musikgeschichte*, Bd. 2, München 1924, S. 11–80 • A. Schindler, *Biographie von Ludwig van Beethoven*, Münster 1840 (3. Auflage Münster 1860, mehrere Nach- und Neudrucke: Berlin und Leipzig 1909, hrsg. von A. Chr. Kalischer; Münster 1927, hrsg. von F. Volbach; Leipzig 1969, hrsg. von E. Klemm; Faks., Hildesheim 1994; engl. von I. Moscheles,

London 1841; frz. von A. Sowinski, Paris 1864) • A. Schindler, *Beethoven in Paris. Nebst anderen den unsterblichen Tondichter betreffenden Mitteilungen. Ein Nachtrag zur Biographie Beethovens*, Münster 1842 • A. Schmitz, *Das romantische Beethovenbild*, Berlin und Bonn 1927 • A. Schmitz, *Beethoven*, Bonn 1927 • M. Solomon, *Beethoven*, New York 1977, deutsch München 1979; Neuausgabe New York 1998 • P. Stadlen, »Zu Schindlers Fälschungen in Beethovens Konversationsheften«, in: Österreichische Musikzeitschrift 32 (1977), H. 5/6, S. 246–252 • M. Staehelin, »Die Beethoven-Materialien im Nachlaß von Ludwig Nohl«, in: Beethoven-Jahrbuch 10 (1978–81), Bonn 1983, S. 201–219 • E. und R. Sterba, *Beethoven and his nephew. A Psychoanalytic Study of their Relationship*, 1954. Deutsche Ausgabe: *Ludwig van Beethoven und sein Neffe. Tragödie eines Genies. Eine psychoanalytische Studie*, München 1964 • R. Stevenson, »American Musical Scholarship: Parker to Thayer«, in: 19th Century Music 1 (1977/78), S. 191–210 • M.-E. Tellenbach, »Psychoanalyse und historisch-philologische Methode. Zu Maynard Solomons Beethoven- und Schubert-Deutungen«, in: Analecta Musicologica 30 (1998), S. 661–719 • A. W. Thayer, *Ludwig van Beethoven's Leben*. Nach dem Original-Manuscript deutsch bearbeitet von H. Deiters, 3 Bde., Berlin 1866–1879; 4. und 5. Bd., bearbeitet von H. Riemann, Leipzig 1907/08; 1.–3. Bd., bearbeitet von H. Riemann, Leipzig 1910–1917. Engl. u. d. T. *The Life of Ludwig van Beethoven*, hrsg. von H. E. Krehbiel, New-York 1921; dass.: *Thayer's Life of Beethoven*, hrsg. von E. Forbes, Princeton 1964, rev. 1969 • W. A. Thomas-San-Galli, *Ludwig van Beethoven*, München 1913 • A. Tyson, »Ferdinand Ries (1784–1838): the History of his Contribution to Beethoven Biography«, in: 19th Century Music 7 (1984), S. 209–221 • M. Unseld, *Biographie und Musikgeschichte. Wandlungen biographischer Konzepte in Musikkultur und Musikhistoriographie*, Köln 2014 • F. Volbach, *Ludwig van Beethoven*, Münster 1927 • W. J. von Wasielewski, *Ludwig van Beethoven*, Berlin 1888 • F. G. Wegeler und F. Ries, *Biographische Notizen über Ludwig van Beethoven*, Koblenz 1838; Nachdruck Hildesheim 1972 und 2000; frz. Übers. von G. E. Anders als *Détails biographiques sur Beethoven d'après Wegeler et Ries*, Paris 1839

Anmerkungen

1 Vgl. dazu D. Brenner, *Anton Schindler und sein Einfluss auf die Beethoven-Biografik*, Bonn 2013, S. 56 sowie die Darstellung bei C. Brenneis, »Das Fischhof-Manuskript: Zur Frühgeschichte der Beethoven-Biographik«, in: H. Goldschmidt (Hrsg.), *Zu Beethoven: Aufsätze und Annotationen*, Berlin 1979, S. 90–116.

2 So Eberhardt Klemm im Vorwort zu seinem Neudruck des Werkes: A. Schindler, *Biographie von Ludwig van Beethoven*, hrsg. von E. Klemm, Leipzig 1969, S. 5.

3 H. Heine, *Lutezia. Berichte über Politik, Kunst und Volksleben*, Brief Nr. XXXIII vom 20.4.1841, in: H. Heine, *Historisch-kritische Gesamtausgabe der Werke*, hrsg. von M. Windfuhr, Bd. 13/I, Hamburg 1988, S. 126.

4 Vgl. dazu D. Brenner, *Anton Schindler und sein Einfluss auf die Beethoven-Biografik*, S. 12–23.

5 Wiener Allgemeine Musik-Zeitung 5 (1845), Nr. 133 vom 6.11.1845, S. 532.

6 Vgl. die Beiträge von Stadlen, Beck und Herre.

7 Dazu auch C. Dahlhaus, *Beethoven und seine Zeit*, S. 29–38.

8 Bd. 1: *Das Leben des Meisters*; Bd. 2: *Der Stil in Beethoven. Die Mit- und Nachwelt Beethovens. Der Beethovenstatus quo in Russland*, Kassel 1855; Bd. 3–5: *Kritischer Katalog sämtlicher Werke Ludwig van Beethovens mit Analysen derselben*, Hamburg 1860.

9 Vgl. D. Brenner, *Anton Schindler und sein Einfluss auf die Beethoven-Biografik*, S. 433 und 592.

10 Siehe H. Halm, »Über Verzeichnisse der Werke Beethovens«, in: Kongressbericht Bamberg 1953, Kassel u. a. 1954, S. 299–302.

11 A. Schering, *Beethoven und die Dichtung*, Berlin 1936, S. 582.

12 A. B. Marx, *Ludwig van Beethoven. Leben und Schaffen*, Berlin 1859, Bd. 1, S. 4.

13 F. Nietzsche, »Vom Nutzen und Nachteil der Historie für das Leben«, in: ders., *Werke*, hrsg. von K. Schlechta, Bd. 1, München 1954, S. 253f.

14 L. Nohl, *Beethovens Leben*, Bd. 1: *Die Jugend 1770–1792*, Wien 1864; Bd. 2: *Das Mannesalter 1793–1814*, Leipzig 1867; Bd. 3, Erste Abt.: *Die letzten 12 Jahre* [1815–1823], Leipzig 1874; Bd. 3, 2. Abt.: *Die letzten 12 Jahre* [1824–1827], Leipzig 1877.

15 A. Sandberger, »Zur Geschichte der Beethovenforschung und Beethovenliteratur«, in: ders., *Ausgewählte Aufsätze zur Musikgeschichte*, Bd. 2, München 1924, S. 11–80.

Grundzüge der Interpretationsgeschichte Beethovenscher Werke

Von Hans Aerts

Musikalische Interpretation umfasst die Vortragsweise musikalischer Werke ebenso wie ihre analytische Betrachtung und hermeneutische Auslegung. Der doppelte Gebrauch des Begriffs hält das Wechselverhältnis zwischen einem durch Sprache vermittelten Verstehen eines musikalischen Werks und seiner Aufführung als nonverbaler Aktivität sprachlich fest. Jede Aufführung einer Komposition setzt eine Reihe von Deutungen voraus; umgekehrt beeinflusst die Art der Wiedergabe das Denken und Sprechen über ein Stück Musik in nicht geringem Maße.

Im Folgenden steht die Geschichte der praktischen oder performativen Interpretation von Beethovens Musik im Vordergrund. Dabei geht es nicht um ein detailliertes Panorama von Spielweisen, die bestimmte Facetten der jeweiligen Werke aufleuchten lassen, wie es Joachim Kaiser (1975) für die Klaviersonaten geschildert hat. Im Zentrum der Betrachtung stehen allgemeinere Interpretationshaltungen und Vorstellungen von Beethovens Musik als ein konzeptioneller Hintergrund, vor dem die unterschiedlichen Vortragsweisen selbst, die erst seit der technischen Reproduzierbarkeit von Musik direkt beschreibbar werden, verstanden werden können. Dass hierbei vorrangig auf die Orchesterpraxis eingegangen wird, beruht auf der Überzeugung, dass aus dieser Perspektive die wichtigsten Entwicklungen innerhalb der Beethoven-Interpretation insgesamt beleuchtet werden können.

Anfänge einer Interpretationskultur

Spätestens seit der Verbreitung der *Neunten Sinfonie* (1824) wird der Ruf nach Veränderung der herkömmlichen orchestralen Aufführungspraxis laut. Negative musikalische Erlebnisse werden von überzeugten Beethoven-Anhängern nicht länger auf die Qualität der Komposition, sondern auf eine Überforderung der Musiker zurückgeführt. In diesem Sinne geißelt Adolf Bernhard Marx die bei den ersten drei – wenig überzeugenden – Aufführungen der *Neunten* in Leipzig 1826 gewohnheitsgetreu erfolgte Einstudierung durch den Konzertmeister aus den Stimmen ohne Partitur (Eichhorn, S. 29). Angesichts gut vorbereiteter und daraufhin sehr positiv aufgenommenen Aufführungen wie bei den Niederrheinischen Musikfesten in den dreißiger Jahren wächst das Bewusstsein für die Bedeutung sorgfältiger Probenarbeit. In Paris setzt François-Antoine Habeneck durch die technische Qualität seiner Beethoven-Aufführungen mit der 1828 gegründeten Société des Concerts du Conservatoire neue Maßstäbe und wandelt sich nach dem Vorbild

Webers und Spohrs allmählich vom Konzertmeister zum Taktstockdirigenten. Seit dem Antritt Mendelssohns im Leipziger Gewandhaus 1835 gehört die Konzertmeisterdirektion auch hier der Vergangenheit an. Dem Dirigenten neuen Schlags wird eine Mittlerrolle zwischen Werk, Orchester und Publikum abverlangt. Laut Marx (ebenda) hat er sich »durch abgezogenes Studium die Idee des Werkes anzueignen und einen Plan für die Aufführung und Einübung zu entwerfen«: Aus dem Kapell- und Konzertmeister als Koordinator wird der Dirigent als Interpret.

Mehrere, auch ausländische Musiker informieren sich bei Beethoven selbst über dessen Intentionen, etwa bezüglich der Tempi. Dem Komponisten nahestehende Personen wie Anton Schindler genießen in Fragen der Aufführungspraxis eine – von diesem oft genug missbrauchte – Autorität. Die Größe der Orchester wechselt stark je nach Gelegenheit. Eine große Besetzung mit verdoppelten Bläsern – durchgängig, in einzelnen Sätzen oder nur stellenweise – führt angesichts der veränderten Klanglichkeit und mit Rücksicht auf die Präzision des Zusammenspiels zu einer Verlangsamung der Tempi (Eichhorn, S. 27f.).

Wagners Beethoven

Richard Wagners einzigartige Stellung in der Geschichte der Beethoven-Interpretation beruht auf der nachhaltigen Wirkung seiner Ästhetik, die er als Komponist, Dramaturg, Publizist und Dirigent gleichermaßen artikulierte. Die in der Schrift *Über das Dirigieren* (1869) festgehaltenen Ansichten bilden nichts geringeres als eine an Beethoven entwickelte Theorie der musikalischen Interpretation, die das Denken, die Spiel- und Hörgewohnheiten der nachfolgenden Generationen geprägt hat und noch heute ihre Spuren hinterlässt. Die von Wagner vorgenommene Polarisierung zwischen der »wahren« und einer aus falschem Bewusstsein als »klassisch« geltenden Vortragsweise dehnte den von ihm radikalisierten »Kampf um Beethoven« (Adolf Sandberger, zit. nach Kropfinger, S. 279) auf den Bereich der Interpretation aus. Wagner und seine Anhänger sprachen Mendelssohn, der von ihm ausgehenden Gewandhaus-Tradition mit Dirigenten wie Ferdinand Hiller, Julius Rietz und Hermann Levi und ihnen nahestehenden Musikern wie Brahms und Joachim jede interpretatorische Leistung ab. Der Wucht, mit der sich Wagner, seinen persönlichen Erfahrungen, Neigungen und Absichten entsprechend, neben einem geschichtsphilosophischen, dramentheoretischen und institutionellen auch einen interpretationsästhetischen Rahmen schuf, hatten seine Kontrahenten wenig mehr als den Vorwurf der Selbstdarstellung und Geschmacklosigkeit entgegenzusetzen. Im historischen Rückblick scheint die »klassische« Interpretationshaltung deshalb stark im Licht der von Wagner propagierten.

Ausgangspunkt des Wagnerschen Interpretationskonzepts ist das Verständnis von Beethovens Instrumentalmusik aus dem Blickwinkel des dramatischen Gesangs. Ein neuartiges, sich jeden Takt hindurchziehendes »Melos« kennzeichne Beethovens Stil. Voraussetzung einer gelungenen Aufführung sei es deshalb, diese Melodie aufzufinden und vom Orchester »singen« zu lassen. An einer Aufführung der *Neunten* durch das

Conservatoire-Orchester unter Habeneck hebt Wagner eine solche Spielweise, die sich in Deutschland vermissen lasse, lobend hervor.

Das Prinzip des Gesangs könne erst realisiert werden auf der Grundlage des »gehaltenen Tons«. Ihm stehe jedoch das Prinzip der Figuration gegenüber, dargestellt durch die »rhythmische Bewegung«. Die Frage nun, ob ein bestimmter musikalischer Abschnitt sich eher dem einen oder dem anderen Prinzip zuneigt, führe von sich aus zu einer richtigen Auffassung des Tempos: Die klassischen Hauptkategorien Allegro, Andante und Adagio ersetzt Wagner durch ein Kategoriensystem, bestehend aus einem vom »gehaltenen Ton« beherrschten Adagio, einem aus figurativer Brechung des »gehaltenen Tons« resultierenden »sentimentalen«, und einem dem Prinzip der »Bewegung« entsprechenden »naiven« Allegro. Könne das reine Adagio, wie im 3. Satz der *Neunten Sinfonie*, im Prinzip nicht langsam genug gespielt werden, so sei für die Allegro-Sätze der *Siebten* kein Tempo zu schnell. Als Beispiel eines »sentimentalen«, mit Adagio-Charakteristik durchsetzten Allegros nennt Wagner den 1. Satz der *Eroica*. Mit der *Vierten Sinfonie*, die sich in diesen Rahmen nicht so recht einfügen möchte, tut er sich sein Leben lang schwer.

Ein striktes Tempo ist Wagner zufolge Beethovens Musik nicht mehr angemessen. Zu einer »Modifikation des Tempos« kommt es jedoch nicht aus Willkür, sondern infolge formal-analytischer Erkenntnisse:

> »Was früher in einzelnen abgeschlossenen Formen zu einem Fürsichleben auseinander gehalten war, wird [in Beethovens Musik] [...] in den entgegengesetzten Formen, von diesen selbst umschlossen, zueinander gehalten und gegenseitig aus sich entwickelt. Natürlich soll dem nun auch im Vortrage entsprochen werden, und hierzu gehört vor allen Dingen, daß das Zeitmaß von nicht minderer Zartlebigkeit sei, als das thematische Gewebe, welches durch jenes sich seiner Bewegung nach kundgeben soll, selbst es ist« (Wagner 1869, S. 161f.).

Mit seiner ganzen künstlerischen Sensibilität soll der Musiker die ständigen Regungen des »Thematischen« registrieren und hierauf reagieren; das Fehlen entsprechender Vortragszeichen wird als eine Einladung an das Gefühl und die Phantasie des Interpreten verstanden. Demonstrativ, als Beweis vollständiger Aneignung, hat Wagner Beethovens Symphonien auswendig dirigiert, ein Aspekt des Vortrags, der heute bei Dirigenten und Solisten üblich ist, bei Kammermusikensembles jedoch immer noch Manifestcharakter besitzt.

In seiner Hervorhebung des Gesanglichen bei Beethoven findet Wagner auch jenseits der Orchesterpraxis und bis weit ins 20. Jahrhundert Gesellschaft, etwa bei Arthur Schnabel. Dass ein solches Verständnis nicht notwendig auch zu Wagners Tempovorstellungen führen muss, zeigt Schnabel, der sich an Beethovens Tempo-Angaben orientiert, allerdings ebenfalls. Die Diskussion über die wahre Art, Beethoven zu interpretieren, ist von Anfang an in erster Linie eine Diskussion über Tempi, die auch unter Gleichgesinnten gelegentlich in Streit ausartete, wie eine Auseinandersetzung zwischen Robert Schumann und Felix Mendelssohn Bartholdy belegt (Bischoff, S. 183f.). Bereits in den 1830er Jahren propagierte Anton Schindler langsamere Tempi als die von Beethoven in Metronomvorschriften niedergelegten. Er kritisierte Mendelssohn scharf wegen dessen angeblich zu schneller Tempi; Habenecks langsamere Tempi fanden dagegen seine Zustimmung

(Eichhorn, S. 25f.). Die Musizierweise innerhalb der Gewandhaus-Tradition wurde von Wagner-Anhängern bis hin zu Richard Strauss (Hinrichsen, S. 277 und 304) immer wieder als überhetzt, starr und nuancenarm bezeichnet. Dagegen empfand Clara Schumann mehrere Aufführungen unterschiedlicher Beethoven-Symphonien unter Leitung von Mendelssohn als zu langsam (Bischoff, S. 182f.) – ein beredtes Zeugnis für die kontrastierenden Hörpräferenzen der ästhetischen Lager im 19. Jahrhundert.

Wagners Begründung der Tempomodifikation, der stetige Wechsel unterschiedlicher Charaktere in Beethovens Musik, findet eine Erwiderung in Carl Czernys Bemerkung, dass jedes seiner Stücke »irgend eine besond're, konsequent festgehaltene Stimmung oder Ansicht« ausdrücke, »der es auch selbst in den kleinsten Ausmahlungen treu bleibt« (Czerny 1842, 2. Kap. § 5). Die musikalische Einheit steht für Czerny auch in Beethovens »romantischen« Kompositionen zentral (ebenda, 2. Kap. § 12). In seinen Anweisungen zum Vortrag von Beethovens Klavierwerken befürwortet er dementsprechend die prinzipielle Beibehaltung des Tempos und plädiert nur an einzelnen Stellen für gewisse Modifikationen.

Klavier- und Taktstockvirtuosität

Innerhalb der Virtuosenkultur des 19. Jahrhunderts stellte Beethovens Musik ein Problem dar, das in Franz Liszts wechselvollem Umgang mit ihr zum Vorschein kommt. Dem sensationshungrigen Publikum, der entscheidenden Instanz im ständigen Kampf zwischen den musikalischen Rivalen, war Beethovens Klaviermusik zu »einfach«. Das Phänomen des Virtuosenkults stand zudem im Widerspruch zu der Idee, dass der Interpret hinter das von ihm vorgetragene Werk zurücktreten solle. Wie er vor kleinerem Fachpublikum und in den späten dreißiger Jahren auch öffentlich zeigte, hatte sich Liszt die Vorstellungen einer Werktreue, wie sie in seiner Umgebung von Musikern wie Czerny, Berlioz und Chrétien Urhan vertreten wurde, durchaus zu eigen gemacht. In seinen öffentlichen Auftritten der dreißiger und vierziger Jahre schreckte er aber nicht davor zurück, den von ihm verehrten Beethoven in hohem Maße den Publikumserwartungen anzupassen. Vortragsweise und Eingriffe in den Notentext sind in diesen Phasen darauf ausgerichtet, eine möglichst starke Wirkung bei der Zuhörerschaft hervorzurufen. Bevorzugt wurden hierbei Werke der mittleren Schaffensperiode. Liszts verstärkte Hinwendung zu Beethovens Spätwerk ab den späten vierziger Jahren ging einher mit einer Verlagerung seiner pianistischen Tätigkeit von der Bühne in den privaten Kreis.

Als Dirigent stand Liszt den Vorstellungen Wagners nahe. In einem offenen Brief *Über das Dirigieren* von 1853 betont er mit Blick auf Beethovens Musik insbesondere die Notwendigkeit, die Darstellung von Zählzeiten und den notierten Takt zugunsten von Bedeutungsakzenten innerhalb längerer Phrasen zurücktreten zu lassen (Hinrichsen, S. 276). Entsprechend gerühmt und gerügt wurde Liszts Dirigierweise Beethovenscher Werke als ein gestisches Zeichnen der Phrasen bei generell langsamen Tempi.

Hans von Bülow als direkten Erbe und unermüdliches Medium der Wagnerschen und Lisztschen Ästhetik zu sehen, liegt aufgrund seiner engen persönlichen Beziehungen zu diesen beiden nahe, verkennt aber die Eigenständigkeit von Bülows seit den siebziger Jahren zutage tretenden Auffassung von Beethovens Musik. Dabei lagen die Gründe dieser Emanzipation tiefer als jene, die 1869 zum Bruch mit Wagner führten. In der Betonung des Melodischen – etwa gegenüber dem Kontrapunktischen – knüpfte Bülow bei Wagner an; anstelle des expansiven Gesangs rückte er jedoch die syntaktische Gliederung und die thematische Arbeit mit ihrem Prinzip der »Verkleinerung« in den Vordergrund (Hinrichsen, S. 325). Seinen pädagogisierenden Neigungen entsprechend transportierte Bülow die aus dieser Auffassung folgenden Erkenntnisse sowohl als Pianist und Dirigent, als auch durch seine sehr erfolgreiche »instruktive Ausgabe« der Klaviersonaten ab op. 53 (Erstauflage 1872). Nicht zuletzt durch seine eigensinnigen, oft als musikhistorische Vorlesungen kritisierten Konzertprogramme, darunter komplette Beethoven-Zyklen und eine Doppelaufführung der *Neunten* in einem Konzert, beanspruchte Bülow die Interpretation Beethovenscher Musik als seine persönliche Domäne. Die auch von Wagnerianern geäußerte Kritik, Bülow seziere die Musik im Beisein des Publikums und betreibe »Beethoven-Vivisektionen« (Hinrichsen, S. 330), spricht genau jene Merkmale an, in denen Bülow sich von Wagner abhebt: kleingliedrigere Tempomodifikation, scharfe Kontraste, gliedernde Akzente und sogenannte »Luftpausen« – von Felix Weingartner als »abscheuliche Geschmacklosigkeiten« aufgefasst (Weingartner, S. 7). Für Hugo Riemann wurde Bülows analytische Spielweise zur empirischen Grundlage einer als wissenschaftliche Fundierung des musikalischen Vortrags intendierten Theorie der Phrasierung, Rhythmik und Metrik. Seit Bülow, über Riemann bis hin zu Arthur Schnabel, flossen Theoreme zu Rhythmik und Metrik in sogenannte »Interpretationsausgaben« Beethovenscher Sonaten ein.

Als Virtuosen ihres Faches machen sich Pianisten wie Dirigenten im Laufe des 19. Jahrhunderts schließlich gleichermaßen an die »Effectuirung«, »Euphonisierung« (Bülow, siehe Hinrichsen, S. 183) und Retuschierung Beethovenscher Werke. Die Ausweitung des Klaviersatzes auf Register, über die Beethoven seinerzeit nicht verfügte, sowie der Zusatz pianistischer Effekte und Verzierungen wurden zwar u.a. von Czerny 1842 strengstens abgelehnt (2. Kap. § 8), waren in unterschiedlichem Maße jedoch gängige Praxis. Änderungen im Orchestersatz werden zum einen durch die Überwindung der Beschränkungen der Naturinstrumente, durch die Einzelheiten der Instrumentierung hinfällig geworden seien, zum anderen durch den Hinweis auf Beethovens Taubheit, durch die er keine richtige Klangbalance mehr habe zustande bringen können, legitimiert. »Verdeutlichung der Intentionen des Meisters« ist seit Wagners Aufsatz *Zum Vortrag der neunten Symphonie Beethovens* (1873) der explizite Beweggrund einer Praxis, die in Mahlers Umarbeitungen der *Neunten Sinfonie* mit vierfachem Holz, erweiterten Pikkolo- und Posaunenstimmen, Es-Klarinetten, acht Hörnern, vier Trompeten, Basstuba, zusätzlichen Pauken und Fernorchester ihre Blüten treibt (Eichhorn, S. 98ff.) und noch bei Toscanini, dessen rigorose Texttreue ein Mythos war (ebenda, S. 120), eine Rolle spielt. Als Bemühungen, Beethovens Musik dem spätromantischen Ideal eines homogenen Mischklanges anzugleichen, sind manche Retuschen bereits Ausdruck eines im Zeitalter der Hi-Fi sich verabsolutierenden Strebens nach Klangperfektion, wie es vor allem mit dem Namen Karajans verbunden ist. Ein kontinuierliches Streichervibrato wird allerdings erst in den 1920er Jahren, Holzbläservibrato sogar noch erheblich später allgemein gebräuchlich (Philip, S. 195f.).

Geschichtsbewusstsein als Herausforderung

Die Kritik an der von Wagner geprägten Tradition der Beethoven-Interpretation verstärkte sich entscheidend unter dem Einfluss der vielfältigen antiromantischen Strömungen nach dem Ersten Weltkrieg (Junge Klassizität, Neoklassizismus, Neue Sachlichkeit). Auch Personen, die der Neuen Musik fernstanden, spielten dabei eine wichtige Rolle. Dem Ruf nach »Sachlichkeit« kam vor allem die Vortragsweise Toscaninis entgegen, der seit Mitte der zwanziger Jahre zum Rivalen Wilhelm Furtwänglers stilisiert wurde. Toscaninis Antifaschismus und Furtwänglers problematische Haltung gegenüber dem Nationalsozialismus luden diesen Gegensatz weiter auf. Nach dem Zweiten Weltkrieg war mit Furtwängler auch die auf Wagner zurückgehende Art der Beethoven-Interpretation politisch weitgehend diskreditiert. Die Schaffung der philologischen Voraussetzungen für eine traditionskritische Interpretation nahm mit Heinrich Schenkers Kampf gegen die Riemannschen Phrasierungsbögen und andere stillschweigende Änderungen und Zusätze im Notenmaterial in den 1910er Jahren einen Anfang.

Für Vertreter und Anhänger der Neuen Musik wie Arthur Schnabel, Rudolf Kolisch, René Leibowitz und Hermann Scherchen war Beethoven in eine historische Ferne gerückt, die seine Vereinnahmung durch das 19. Jahrhundert sichtbar machte und ihn weniger als Wegbereiter Wagners denn als Erbe der französischen Revolution erscheinen ließ. Unterstützt durch eine »radikale Textlektüre« (Danuser, nach Leibowitz; siehe Danuser, S. 32ff.), eine Neuaufarbeitung der Quellen insbesondere auch bezüglich der Tempi, wurde der Akzent von nun an oft mehr auf das Neue und Unangepasste gelegt und dadurch eine andere Seite Beethovens zum Vorschein gebracht.

Der rechthaberische Impetus der Historischen Aufführungspraxis, die Beethovens Musik, nach einzelnen früheren Pionierleistungen, seit den 1980er Jahren ins Visier nahm, wich bald der Erkenntnis, dass es eine »authentische« oder gar »richtige« Aufführung nicht geben kann. Das Bewusstsein um die Notwendigkeit subjektiver und zeitgebundener Momente im Bemühen, den Gehalt der Werke Beethovens der Gegenwart zuzuführen, entschärfte die Polemik und verlieh den Aufführungsstilen innerhalb der Historischen Aufführungspraxis zusätzlich Farbe. In der Folge hat die Historische Aufführungspraxis das Musizieren auf modernen Instrumenten nachhaltig beeinflusst; Musiker, die auf der aus dem 19. Jahrhundert tradierten Aufführungspraxis beharren, geraten gelegentlich unter Rechtfertigungsdruck. Die unüberbrückbare historische Distanz zu Beethoven macht die Rekonstruktion seiner Intentionen, die Aufdeckung der in den Werken enthaltenen Möglichkeiten und ihre Umsetzung in einer von Unmittelbarkeit geprägten Aufführung zu einer dauerhaften Herausforderung. Die Vielfalt an interpretatorischen Resultaten ist dabei ein Anzeichen für die Bedeutung von Beethovens Musik für die Gegenwart; interpretatorische Vereinheitlichung ein Indiz für einen Bedeutungsverlust.

Literatur

C. Czerny, *Über den richtigen Vortrag der sämtlichen Beethoven'schen Klavierwerke* [1842], hrsg. von P. Badura-Skoda, Wien 1963 • R. Wagner, *Über das Dirigieren* [1869], in: R. Wagner, *Dichtungen und Schriften*, hrsg. von D. Borchmeyer, Bd. 8, Frankfurt am Main 1983, S. 129–213 • R. Wagner, *Zum Vortrag der neunten Symphonie Beethovens* [1873], in: ebenda, Bd. 9, S. 110–138 • F. Weingartner, *Ratschläge für Aufführungen der Symphonien Beethovens*, Leipzig 1906 • A. B. Marx, *Anleitung zum Vortrag Beethovenscher Klavierwerke* [1863], hrsg. von E. Schmitz, Regensburg 1912 • »Richard Strauss. Anmerkungen zur Aufführung von Beethovens Symphonien«, hrsg. von F. Trenner, in: Neue Zeitschrift für Musik 125 (1964), S. 250–260 • J. Kaiser, *Beethovens 32 Klaviersonaten und ihre Interpreten*, Frankfurt am Main 1975 • K. Kropfinger, *Wagner und Beethoven. Untersuchungen zur Beethoven-Rezeption Richard Wagners* (Studien zur Musikgeschichte des 19. Jahrhunderts 29), Regensburg 1975 • *Beethoven. Das Problem der Interpretation*, hrsg. von H.-K. Metzger und R. Riehn (Musik-Konzepte 8), München 1979 • H. Danuser, »›... als habe er es selbst komponiert‹. Streiflichter zur musikalischen Interpretation«, in: *Aspekte der musikalischen Interpretation. Sava Savoff zum 70. Geburtstag*, hrsg. von H. Danuser und C. Keller, Hamburg 1980, S. 25–59 • E. Hilmar, *Mahlers Beethoven-Interpretation*, in: *Mahler-Interpretation. Aspekte zum Werk und Wirken von Gustav Mahler*, hrsg. von R. Stephan, Mainz u.a. 1985, S. 29–44 • J. Goldstein, *A Beethoven Enigma. Performance Practice and the Piano Sonata, Opus 111*, New York u.a. 1988 • R. Kapp, »Wagners Beethoven – Eine Epoche in der Geschichte der musikalischen Interpretation«, in: *Beethoven und die Zweite Wiener Schule*, hrsg. von O. Kolleritsch (Studien zur Wertungsforschung 25), Wien und Graz 1992, S. 122–138 • A. Eichhorn, *Beethovens Neunte Symphonie. Die Geschichte ihrer Aufführung und Rezeption* (Kasseler Schriften zur Musik 3), Kassel u.a. 1993 • R. Philip, »Traditional Habits of Performance in Early-Twentieth-Century Recordings of Beethoven«, in: *Performing Beethoven*, hrsg. von R. Stowell (Cambridge Studies in Performance Practice 4), Cambridge 1994, S. 195–204 • R. Winter, »Performing the Beethoven Quartets in Their First Century«, in: *The Beethoven Quartet Companion*, hrsg. von R. Winter und R. Martin, Berkeley u.a. 1994, S. 28–57 • A. Haefeli, »Polarisierung der Interpretation: Artur Schnabels Beethoven«, in: *Der Grad der Bewegung. Tempovorstellungen und -konzepte in Komposition und Interpretation 1900–1950*, hrsg. von J.-J. Dünki u.a. (Basler Studien zur Musik in Theorie und Praxis 1), Bern 1998, S. 161–183 • U. Bartels, »Zur Interpretation von Beethovens Hammerklaviersonate. Eine diskographisch-analytische Studie«, in: Musiktheorie 14 (1999), S. 143–169 • H.-J. Hinrichsen, *Musikalische Interpretation. Hans von Bülow* (Beihefte zum Archiv für Musikwissenschaft 46), Stuttgart 1999 • A. Schröter, *»Der Name Beethoven ist heilig in der Kunst«. Studien zu Liszts Beethoven-Rezeption* (Musik und Musikanschauung im 19. Jahrhundert. Studien und Quellen 6), Sinzig 1999 • A. Frogley, »Beethoven's music in performance: historical perspectives«, in: *The Cambridge Companion to Beethoven*, hrsg. von G. Stanley, Cambridge 2000, S. 255–271 • H. von Loesch, »Brioso, stringendo, liberamente. Zur Beethoven-Ausgabe Artur Schnabels«, in: *Artur Schnabel. Bericht über das Internationale Symposion Berlin 2001* (Stiftung Archiv der Akademie der Künste. Archive zur Musik des 20. Jahrhunderts 6), Hofheim 2003, S. 109–120.

Nach wie vor Wunschbild: Beethoven als Chauvinist

Von Albrecht Riethmüller

Anhand von Autoren des deutschen Sprachraums, die um oder kurz nach 1900 geboren sind, hat sich bei früherer Gelegenheit zeigen lassen[1], dass von ihnen Beethovens Musik – wohlgemerkt die Musik, nicht etwa der Komponist als Person – auf mehrfache Weise als chauvinistisch angesehen worden ist. Erstens wurde sie als männlich deklariert (das heißt als chauvinistisch im sexistischen Sinne), zweitens als deutsch (das heißt als chauvinistisch im nationalistischen Sinne). Das Pathos, mit dem sie teils als übersteigert viril, teils als übersteigert patriotisch ausgegeben worden ist, lässt sich drittens durch eine Klammer verbinden, in der diese Musik allenthalben in jenen moralischen Schimmer getaucht worden ist (und gelegentlich noch wird), durch den sie als Inbegriff dessen erscheint, was man »Ethos in der Musik« oder »Ethos der Musik« nennt, – ein Ethos mithin, das gleichermaßen nationalistisch wie sexistisch vindiziert werden konnte.

Beispiele der Funktion von Beethovens Musik in drei Spielfilmen sollen im Folgenden dazu dienen, diesen Problemkreis anders anzuschneiden und weiter zu illustrieren. Die Fixierung auf um 1900 geborene Autoren wird dabei nur unwesentlich aufgehoben, wiewohl ein wenig mehr zur Gegenwart hin verschoben; die Beschränkung auf den deutschsprachigen Raum hingegen wird deutlicher gelockert. Im ersten Beispiel, dem 1936 ins deutsche Kino gekommenen Streifen *Schlussakkord* von Detlef Sierck figuriert Beethovens Musik, genauer gesagt die *Neunte Sinfonie*, als ebenso individuelles wie nationalistisches Medikament bzw. Therapeutikum. Gut eine Generation später erlitt dieselbe Musik in dem nach einer Vorlage von Anthony Burgess 1971 von Stanley Kubrick gedrehten *A Clockwork Orange* das gerade umgekehrte Schicksal, als Droge quasi zur männlichen Gewaltausübung (Machismo) und damit als Gewaltverherrlichung schlechthin verstanden, genauer gesagt missverstanden zu werden. In der einige Jahre zuvor – 1964 – von Billy Wilder veröffentlichten Filmkomödie *Kiss Me, Stupid* ist Beethovens Musik oder das, was von ihr übrig geblieben ist, das heimliche Bollwerk gegen den verführerischen Charme eines durchaus sexistischen Schlagersängers.

Anders als im Bereich von Bildern und Photographien oder im Bereich von Text und Literatur[2] ist in allen drei Fällen – wie der Tonfilm es eben gestattet – das visuell und sprachlich vermittelte Symbol Beethoven mit klingenden Stücken oder Versatzstücken seiner Musik verbunden, die mit Hilfe des »icon« Beethoven auf verschiedenste, auch gegensätzliche Weise eingesetzt werden können. Sie beschäftigten sich nicht oder nur am Rande mit der Person Beethoven – sie porträtieren oder charakterisieren ihn nicht, wie es in biographischen Darstellungen bzw. Filmbiographien der Fall wäre –, sondern sie bedienen sich seiner Musik in verschiedenen performativen Kontexten.

Heilung: Schlussakkord *(1936)*

Noch Mitte des 19. Jahrhunderts sah Eduard Hanslick sich in seinem für die Belange der Konzepte der »absoluten« Musik und der »Autonomie« der Musik so wegweisenden und damals von vielen als befreiend verstandenen Libell *Vom Musikalisch-Schönen* bemüßigt, die der Musik seit alters zugeschriebenen Wunderwirkungen und Wunderheilungen – letztlich Produkte des Aberglaubens – einigermaßen ausführlich zu widerlegen.[3] Es darf nicht verwundern, dass noch so lange nach dem Zeitalter der Aufklärung solche Umständlichkeit für angebracht gehalten wurde; sonst nämlich unterschätzte man die Renitenz alter Gedankenfiguren in religiösem Zusammenhang, zu dem die unglaubhaften Wirkungen und Heilungen auf dem Gebiet der Musik im allgemeinen gehören, und dieses bildet auch den Untergrund – also das Basale, wie man es neuerdings nennen hört – aller Rede von der »ethischen« Wirkung der Musik im Besonderen, die im Umkreis von Beethoven bzw. seiner Musik so gerne beschworen wird. Eine aufgeklärte Haltung gerade gegenüber Musik war – noch einmal 80 Jahre nach Hanslick – erst recht nicht angesichts der para- oder pseudoreligös durchsetzten nationalsozialistischen Weltanschauung in der Traumfabrik des Reichsministers für Volksaufklärung und Propaganda Joseph Goebbels zu erwarten, für die der – dem schauderhaften Jargon jener Jahre zufolge – »jüdisch versippte« Spielleiter Sierck (1900–1987) willfährig tätig war, bis es nicht mehr ging und er aus Deutschland emigrierte; den meisten Cineasten dürfte er als der Hollywood-Regisseur Douglas Sirk bekannt sein, wenngleich er dort mühsamer in jene allererste Liga der Filmemacher aufgestiegen ist, in deren Mannschaft aus dem deutschsprachigen Raum andere Kollegen wie Ernst Lubitsch, Josef von Sternberg, Fritz Lang oder Billy Wilder mit ihren so nachhaltig erfolgreichen Filmen gespielt haben. Die internationalen Filmlexika verzeichnen vor allem seine in den fünfziger Jahren in Amerika gedrehten Streifen, nicht hingegen die Produktionen unter Goebbels, zu denen 1937 noch *La Habanera* mit Zarah Leander gehört.[4] Unter den wachsamen Augen des Ministers Goebbels wuchs im Jahr zuvor *Schlussakkord* heran[5], in jenem für die politische und kulturelle Außendarstellung des Reiches so wichtigen Jahr 1936, in dem die bis heute zum letzten Mal nach Berlin vergebenen Olympischen Spiele stattfanden. Für die Musik dazu zeichnete Kurt Schröder verantwortlich – ein laut Nachschlagewerk[6] weiterer Emigrant, der jedoch anders als Sierck dem Dritten Reich sogar noch bis 1940 jährlich und selbst noch 1945 mit Partituren zu Nazifilmen behilflich war.[7]

Der Film beginnt mit einer Neujahrsnacht in New York am Rande des Central Park. In den angrenzenden Häusern wird gefeiert, die dazu gespielte Musik konnten oder mussten die damaligen Kinobesucher als etwas identifizieren, was im Reich als »Jazz« verpönt war, dazuhin im Film von Schwarzen in jener karikierenden Absicht vorgetragen, die bald darauf auf dem Titelblatt zur Ausstellung »Entartete Musik« 1938 in Düsseldorf festgehalten wurde, wo ein das Saxophon blasender Schwarzer mit dem »Judenstern« ausstaffiert worden ist. Als »Jazz«, den sie wohl evozieren soll, ist die Musik einigermaßen erbärmlich. Im Central Park wird gleich nach Mitternacht eine Leiche entdeckt. Die Mixtur aus fremdartiger, »schräger« Musik (samt dekompositorisch wirkender filmischer Überblendungen) und Mord im Sündenpfuhl der vom Reich aus gesehen fernen Großstadt während der Exposition des Films war eine, unzweifelhaft »ethisch« gemeinte,

Lektion für die Volksgenossen im heimischen Lichtspielhaus – ein Meisterstück der »Volksaufklärung« als Propaganda im Milieu der Leichtlebigkeit. Das Zusammenspiel der einzelnen Handlungsfäden ist im gegebenen Zusammenhang ohne weiteren Belang. Von den beiden Ehepaaren, die das Personengerüst bilden, ist je ein Partner zweifelhaften Charakters und bringt sich um, sodass ein gutes, sozusagen reines Paar übrig bleibt, dessen männlicher Teil aus einem »Generalmusikdirektor« besteht, also einer bei den Deutschen devot betrachteten, durchaus militärisch zu konnotierenden Autoritätsfigur; die Suizidalen hingegen wirken ausländisch, pflegen schlechten Umgang oder sind überhaupt schlechte Menschen.

Bald nach dem Beginn wird die *Neunte Sinfonie* aus der Berliner Philharmonie per Radio direkt nach New York übertragen. In jenen Jahren war das neu, technisch frappierend und unerhört, zugleich enthielt es den Anspruch der Musikindustrie auf Kulturexport in einer Zeit, in der freier Kulturimport schon eminent erschwert, wo nicht unmöglich geworden war. Die Botschaft ist überdeutlich: Der Monolith der *Neunten Sinfonie* wird in eine Umgebung abgestrahlt, die musikalisch und vor allem menschlich als inferior erscheint: Trunkenbolde, Saxophon blasende Schwarze und ein Toter im Park verbinden sich zu einem wenig anheimelnden Ganzen. Damit wird in dem Film später auch noch in anderer Hinsicht operiert, und zwar mit moderner, neuerer Opernmusik, die ebenfalls mit Mord und Selbstmord assoziiert wird. Das Motiv von »falscher«, meist neuer Musik mit gesellschaftlicher Fehlentwicklung ist durch die Geschichte hindurch die fundamentalistische Überzeugung der Musikethik – von der Antike Platons über die Patristik bis zum Marxismus.

Was aber richtet die aus der Berliner Philharmonie gesendete Sinfonie an? Sie heilt. Sie heilt in New York aber nicht jedermann oder jede Frau (und schon gar nicht dort Einheimische), sondern deutsche Menschen. Sie erreicht die sich in der fremden Stadt, im fremden Land unfreiwillig aufhaltende Heldin des Films, die vom Suizid ihres kleinkriminellen Gatten und von der Trennung ihres in der »Heimat« verbliebenen Kindes zutiefst deprimiert ist und kränkelnd auf einem Fauteuil dahindämmert. Sie wird gekräftigt und gestärkt durch die Klänge aus der Heimat.

Die beiden am Beginn von *Schlussakkord* angeschlagenen und miteinander verbundenen Grundakkorde – die therapeutische Funktion der musikalischen Medikation und der musik-moralische Topos der Überlegenheit – mögen mehr oder weniger unterschwellig eingesetzt sein, ein Zweifel an ihnen ist indessen nicht möglich. Bedient werden chauvinistische Klischees. Die *Neunte Sinfonie* gehört den Guten, Rechtschaffenen, ethisch Wertvollen; die – wohl unfreiwillig in Form eines eher billigen Imitats – angedeutete Jazzmusik hingegen gehört in die Sphäre der Bösewichte und nach der Nomenklatur der damaligen Ideologie ins Reich der Untermenschen.

Zerstörung: A Clockwork Orange (*1971*)

Beethovens 200. Geburtstag hielt 1970 zwar den etablierten Musikbetrieb in Atem, aber er kam dennoch irgendwie zur falschen Zeit. Obwohl zum Beispiel die inzwischen nur noch bundesdeutsche Gesellschaft für Musikforschung nicht zögerte, ihren Kongress eigens in die Geburtsstadt Bonn zu verlegen, wirkte selbst ihre Beethoven-Feier wie eine Verlegenheitslösung. Das im Herbst 1969 gebildete erste Kabinett Willy Brandt betrieb von Bonn aus eine neue, noch umstrittene Ostpolitik; die junge Generation wiederum protestierte in Nordamerika und nicht weniger in Europa gegen den Krieg in Vietnam, während sie zur Entspannung wenn nicht nach Woodstock pilgerte, so doch Woodstock zum auch musikalischen Paradigma erkor. Über den »normalen« Generationenkonflikt hinaus verschärfte sich in Westdeutschland die Protesthaltung gegen den gesellschaftlichen Status quo dadurch, dass die Eltern- und Großelterngeneration in die Nazizeit verstrickt war, sich darüber aber gegenüber der Nachkommenschaft (und selbst gegen sich selbst) beharrlich ausschwieg. Während im östlichen, kommunistischen Machtbereich wenigstens offiziell nichts davon zu spüren war (und nur in China sollte die Kulturrevolution der »Rotgardisten« den Komponisten für kurze Zeit in Acht und Bann schlagen), befand sich in der westlichen Hemisphäre Beethovens Musik, das »icon« Beethoven insgesamt – und dieses wenigstens unter Intellektuellen und Avantgardisten, ob alt oder jung – in einer Klemme[8], wobei der Überdruss allerdings zu keinen Einbußen im Konzertbetrieb oder auf dem Musikmarkt führte. Der Rummel um den Komponisten wurde jedoch weithin als peinlich empfunden – peinlicher als der um Mozart zuvor (1956) oder der um Bach danach (1985) –, die ewig gleichen Rituale der mit der *Neunten Sinfonie* öffentlich oder staatlich bestrittenen Festaufführungen und Konzerte zum Jahreswechsel waren ermüdend geworden. So verständlich eine Rebellion gegen eine im Fest- und Konzertritual erstarrte, als abgewirtschaftet empfundene Kulturindustrie gewesen sein mag, sie tat zumindest der *Neunten Sinfonie* bitteres Unrecht, indem sie sich gerade an diesem orchestralen Wunderwerk (dieses Wort ebenso im analytisch charakterisierenden wie im staunenden Sinne zu verstehen) als einem sinnfälligen Symbol entzündete und es zum Inbegriff jenes, wie man es nannte, »Establishments« werden ließ, das man abzulehnen, wenn nicht zu bekämpfen begann. Viele Musikfachleute reagierten darauf so, dass sie der so offensiv global oder universal ausgerichteten *Neunten Sinfonie* abschworen und sich stattdessen an die esoterischere, vermeintlich reinere Lehre der Streichquartette, voran der späten, klammerten. Selbst unter denjenigen, die nur superlativisch und elitär von der Kunst dachten und nicht einmal von der großen, sondern nur von der größten Kunst schwärmten, fanden in Beethovens neben der *Missa solemnis* zweifellos allergrößtem Werk – der *Neunten* – das Haar in der Suppe und waren bereit, es dem Zeitgeist zu opfern.

Während Mauricio Kagel sich in Deutschland mit seinem Film *Ludwig van* rechtzeitig auf das Bicentennial eingestellt hatte, verfilmte Stanley Kubrick die Erzählung *A Clockwork Orange* von Anthony Burgess im Jahr danach, 1971.[9] Burgess (1917–1993), auch als Komponist ambitioniert hervorgetretener und insbesondere im Bann von James Joyce stehender Literat, hatte seinen Reflex auf spezifisch englische Strömungen der Jugendkultur der 50er Jahre schon knapp ein Jahrzehnt zuvor, nämlich 1962, veröffentlicht.[10] Die keineswegs eingängige, eigenwillig sprachschöpferische und damit auch manierierte Prosa scheint sich eher an ein erfahrenes Erwachsenenpublikum zu wenden; andererseits ist das Kommunizieren auf Sprachebenen mit speziellen Codes genau das, was Teenager gerne tun – schon um sich als Altersgruppe oder als einzelne Untergruppierung vom

Rest der Gesellschaft abzuheben; man strebt danach, quasi eine eigene Sprache zu haben. Anders als das zunächst nicht hervorstechend populäre Buch war die Verfilmung von Kubrick (1928–1999) international ungemein erfolgreich und berühmt, im Herstellungsland Großbritannien hat Kubrick den Film allerdings zurückgezogen, er wurde dort bis über den Tod von Burgess hinaus nicht offiziell gezeigt. Auch in der relativ kurzen Zeit zwischen der Veröffentlichung der Erzählung 1961 und der Verfilmung 1971 hatte die Welt, voran ihre Jugend, sich noch einmal gründlich geändert. Zwischen beidem lagen Befreiungsbewegungen wie die der Hippies, lag Woodstock, lagen die genannten Protestbewegungen allerlei Art, der Einspruch gegen politische und soziale Gegebenheiten in Nordamerika. Im Kielwasser von Burgess, in dessen Roman die *Neunte Sinfonie* von Beethoven zwar in zentraler Bedeutung vorkommt, aber eher beiläufig erwähnt ist, staffierte Kubrick die Geschichte an verschiedenen Stellen opulent mit Passagen aus ihr aus.

Heute, eine Generation danach, mag es verwundern, wie es kam, dass dieser Film damals sogleich den Status eines Kultfilms errungen hat. Cineastische Leckerbissen allein, an denen Insider sich delektieren, reichen zum Erringen eines solchen Status in der Regel nicht aus. Vielleicht beruhte er insbesondere auf einer Mixtur aus im Film damals ungewohnter freizügiger sexueller Darstellung in Verbindung mit der unverkennbaren Gewaltbereitschaft und Gewaltausübung der jugendlichen Protagonisten. Der »Held« ist Anführer einer Gang, bei Burgess ein Halbstarker von 15 Jahren, der in Kurzzusammenfassungen von Kubricks Film lapidar so charakterisiert wird: »Alex hates school but loves Beethoven, whose music he associates with sexual violence«.[11] Indem Kubrick, der selbst für das Drehbuch verantwortlich zeichnete, gegenüber Burgess die *Neunte Sinfonie* stärker in den Vordergrund zerrte und mit dem Protagonisten Alex verband, entstand qua Assoziation eine neue, explosive Beethoven-Botschaft: sex and crime, Gewalt und Vergewaltigung, Vergewaltiger und Mörder.

Die Heilung durch die *Neunte Sinfonie*, die Siercks Film suggerierte, schlägt in *A Clockwork Orange* um ins Gegenteil, in zerstörerische Gewalt. Zwischen den beiden Filmen und damit der veränderten Perspektive, unter der das Musikstück erscheint, liegt als einschneidende historische Zäsur der Holocaust; in Kubricks Film ist durchaus darauf angespielt. Gleich nach 1945 war zwar auch in Deutschland eine Diskussion um die Frage entflammt, aber eben so rasch wieder erstickt, warum eine sei es durch Goethe, sei es durch Beethoven und andere so hoch entwickelte Zivilisation und Kultur ihn nicht hat verhindern können bzw. wie er unter den Auspizien solcher zur Identifikationsstiftung schmackhaft gemachter kultureller Leitbilder in Deutschland hat möglich werden können. Im angelsächsischen Raum hielt die Debatte länger vor, und es sieht so aus, als sei ein Thema von Burgess gewesen, vor dem Hintergrund von Auschwitz zu fragen, was Musik generell und nicht nur speziell »die Neunte« zur Zivilisierung der Menschen beitrage.[12] So gesehen, ist es immerhin vorstellbar, dass Kubricks Film einen Anti-*Schlussakkord* bildet, einen gezielten Schlag gegen Siercks/Sirks Beethoven-Saga bedeutet. (Kubrick hatte später noch vor, auf seine Weise einen Film über die Shoa-Thematik zu drehen, die Sache geriet aber spätestens dann ins Stocken, als sein jüngerer Regie-Kollege Spielberg 1993 mit *Schindler's List* sozusagen vorpreschte.) Könnte – das wäre selbst dann eine vernünftige Lesart, wenn es von Kubrick so nicht beabsichtigt gewesen ist – der Horizont von

Gewalt und Zerstörung, in den er die *Neunte Sinfonie* durch das Medium des Jugendbandenführers Alex rückt, nicht die Antwort auf den Aberwitz der Sierckschen Heilung durch die *Neunte Sinfonie* als eines Nationalbesitzes sein? (Auch Rainer Werner Fassbinder hat in seiner Filmstudie über die deutsche Nachkriegsbefindlichkeit *Die Ehe der Maria Braun* 1979 Passagen aus der *Neunten Sinfonie* – hier besonders des langsamen, dritten Satzes – beigezogen, und hier liegt es noch näher, über das Vehikel der Musik Allusionen an Siercks *Schlussakkord* zu vermuten, die in diesem Falle allerdings – wie auch in Fassbinders *Lili Marleen* von 1980 die an die Musik Mahlers – eher mit einiger Larmoyanz ausgefallen sind, wie sie bei der heimischen »Vergangenheitsbewältigung« so häufig anzutreffen ist.)

Offenbar hat eine ganze, zur Zeit von *A Clockwork Orange* junge Generation von Zuschauern – die Nachkriegsgeneration – den Film so aufgefasst, dass ein Konnex zwischen dem jungen Vergewaltiger (und Mörder) und der Überwältigung des Protagonisten durch Beethovens *Neunte Sinfonie* besteht. Das hat das Beethoven-Bild, wie es scheint, so nachhaltig beeinflusst bzw. moduliert, dass die Assoziation von Gewalttätigkeit und Beethovenscher Musik (voran der *Neunten Sinfonie*) zu einem Rezeptions-Topos geworden ist. Dem liegt eine Verwechslung durch eine folgenschwere petitio principii zugrunde, nämlich Beethoven bzw. seine Musik mit den Fantasien derjenigen in eins zu setzen, die – wie dieser Alex – Beethoven zu irgendeinem Zweck beiziehen. Der Gewalttäter ist schließlich Alex, nicht Beethovens Musik. Aber solche freien Assoziationen, mögen sie noch so fantastisch sein (und Fantasien lassen sich schließlich weder im Alltag noch erst recht in der Kunst verbieten), haben stets wieder einmal die Chance, quasi zur zweiten Haut eines Musikwerkes zu werden, indem sie sich am Ende womöglich auch historiographisch der Rezeption des Werkes und seines Komponisten einschreiben. Der Gewalttäter hier ist der Protagonist Alex, nicht etwa Beethovens Musik: die Idee, dass diese der Anstifter zur Gewalt sei, ist nicht justitiabel, sondern lächerlich. Und die Sache wird nicht eben besser dadurch, dass der Träger der Beethoven-Fantasie kriminell ist.

Kubricks Film beruht auf einer nordamerikanischen Ausgabe der Erzählung, in der das Schlusskapitel des letzten Teils (III,7) ausgelassen ist, das den Helden der Gewalt abschwören lässt.[13] Schon deshalb mag Burgess von dem Film und seinem großen Erfolg wenig erbaut gewesen sein; er versuchte eigene Antworten auf ihn zu geben in einer weiteren Erzählung *The Clockwork Testament* (1974) und durch Umformung des Stoffes in ein eigenes Bühnenstück *A Clockwork Orange* – »a play with music« (1987). Als man sich 1988 (während der Fim in England noch immer nicht zu sehen war) in Nordamerika zu einer erstmals vollständigen Ausgabe der inzwischen 28 Jahre alten Erzählung durchrang – einer Erzählung, deren humorvolle Töne oft geflissentlich überhört werden –, rückte Burgess ins neue Vorwort eine zeithistorische Erklärung für die bisherige Elision des Schlusses ein: »My book was Kennedyan and accepted the notion of moral progress. What was really wanted was a Nixonian book with no shred of optimism in it.«[14]

Es muss den Burgess-Spezialisten vorbehalten bleiben zu erörtern, ob und inwieweit dabei auch das ein Motiv gewesen ist, was bei Kubrick aus der *Neunten Sinfonie* bzw. Beethoven geworden ist. Und den Kubrick-Spezialisten muss es vorbehalten bleiben zu überprüfen, ob der durch ihn beförderte Rezeptionstopos der *Neunten Sinfonie* als

Gewalttat (und Beethovens als Gewalttäter) ein Missverständnis war – was wir vermuten – oder von ihm intendiert war.

Statt der Intentionen von Burgess und Kubrick – sei es einzeln betrachtet, sei es in gegenseitiger Beziehung – kommt es hier nur auf die Wirkung des Films an – gleichgültig, ob diese nun ihrerseits auf korrektem Verständnis oder falscher Lesart beruhte. In der mit Musik befassten Literatur zeigte die Nachwirkung sich erst allmählich, verstärkt greifbar jedoch um und nach 1990, und zwar im Gefolge der vor allem von Susan McClary – eben anhand der *Neunten Sinfonie* – angestoßenen Auseinandersetzung um einen gewalttätigen Beethoven bzw. die Gewalttätigkeit seiner Musik. In einer Gedankenkonfiguration aus »desire« und »destruction« interpretierte sie den Eintritt der Reprise im 1. Satz der Sinfonie als einen »männlichen« Gewalteinbruch.[15] (Dass an der Stelle etwas »Gewaltiges« oder »Gewaltsames« in der Sinfonie geschieht, war alles andere als neu – schon weil der Einsatz von Reprisen generell im Horizont eines geschürzten Knotens steht, den es zu durchschlagen gilt; und dahingestellt bleibe, ob die Deutung der entsprechenden Passage in Richtung auf den Durchbruch eines männlichen Chauvinismus neu war.) Im beidseitigen Bemühen um feministische Standpunkte in der Musikwissenschaft ist Ruth A. Solie 1991 zu Hilfe gekommen, indem sie McClarys Sicht als keineswegs singulär ansieht und dafür ausdrücklich auf *A Clockwork Orange* verweist: »Susan McClary's hearing of Beethoven's Ninth [...] is not so very much at odds, after all, with at least some others that are in current circulation. One is reminded of *A Clockwork Orange's* multivalent invocations of the symphony [...]. Beethoven the Pornographer is in any event not solely the invention of feminists.«[16] Man glaubt fast, im falschen Film zu sein; und was immer Burgess und Kubrick im Sinn gehabt haben mögen, sie müssen, wie es scheint, nun damit leben, dass akademische Zirkel samt ihrer postmodernistischen Eingenommenheit für »my reading« und »her listening« die Veranstaltung so verstanden haben, dass sie sich auf ein Œuvre – angeblich von Beethoven – bezieht, das nun offenbar ultimativ als »A Clockwork Orange« entzifferbar geworden ist. Man mag sich gar nicht vorstellen, was den chauvinistisch-feministischen Auslegungen geschehen wäre, wenn der junge Alex, im Laufe der Erzählung durchaus auch an neuere Musik gewöhnt, an der genannten Schlüsselstelle (gegen Ende von III,6) doch nicht zur *Neunten Sinfonie* gegriffen hätte, sondern zu Schönberg oder gar zu Orff. Als das Stereogerät an sein Bett gebracht wird, hat Alex die Wahl: »What shall it be?« asked a veck with otchkies on his nose, and he had in his rookers lovely shiny sleeves full of music. ›Mozart? Beethoven? Schoenberg? Carl Orff?‹ ›The Ninth,‹ I said. ›The glorious Ninth.‹ And the Ninth it was.« Und gerade diese »lovely music« erscheint nicht mehr als diejenige, die mit den Gewalttätigkeiten einhergeht – das ist zuvor eher beim *Sechsten Brandenburgischen Konzert* des »starry German master« Johann Sebastian Bach der Fall[17] –, sondern am Übergang zur Befreiung von der Gewaltausübung steht (Ende von III,6: »and there was the slow movement and the lovely last singing movement still to come. I was cured all right«).

Die Assoziations-Fantasie eines nicht mehr überwältigenden, sondern gewalttätigen und zu Vergewaltigung entweder aufrufenden oder sie auslösenden Charakters der Beethovenschen Musik ist kein Einzelfall geblieben, sondern eine durch Kubricks Film anscheinend offerierte und beförderte Suggestion geworden, die in der mit dem

Film groß gewordenen und dafür empfindlichen Generation zu einer mehr oder weniger kollektiven Erfahrung geworden ist, in der die einstmalige wunderheilende Kraft einer Musik – mithin eine Gewalt sui generis – nun in zerstörerische Energie verwandelt erscheint. Im Eifer des Gefechts wird dabei womöglich nicht mehr bemerkt, dass das eine so absurd ist wie das andere: Wunderglaube allemal. Und nur nebenbei sei bemerkt, dass die Tendenz von Vergewaltigern, sich als Opfer einer Verführung zu fühlen oder darzustellen, hier in der Deutung von Tonstrukturen fröhliche Urständ feiert. Tatsächlich scheint der Gewalttätigkeits-Topos inzwischen aus keiner auf ein größeres Publikum schielenden Produktion mit Beethoven mehr wegzudenken zu sein. Beispielsweise rückt der recht zweitrangige biographische Streifen *Immortal Beloved* von 1994 die Erstaufführung der *Neunten Sinfonie* ins Bild, gelegentlich deren der Protagonist Beethoven sich an Eindrücke seiner Kindheit erinnert, darunter an ein Vorkommnis, in dem sein Vater auf der Straße eine Frau vergewaltigt.[18] Man wagt zwar fürs allgemeine Publikum nicht (und es wäre auch keine Empfehlung) so weit zu gehen, dass das dargestellte Genie selbst zum Vergewaltiger gestempelt würde, aber um den nun eingebürgerten Gewalttätigkeits-Topos zu bedienen, muss wenigstens der Vater dafür herhalten. (Es ist natürlich das Recht künstlerischer Fiktion, Sachverhalte beliebig zu erfinden.) Angesichts des Machtstrebens und Machtanspruchs der Interpreten ist Beethovens Musik, ja sogar Beethoven selbst so machtlos, wie es alle anderen Töne sind, denen auf solche Weise Gewalt angetan wird. Kubrick scheinbar für bare Münze genommen und die augenzwinkernden Seiten seiner filmischen Veranstaltung außer Acht gelassen, begegnen wir im Kielwasser von Alex nun also nicht nur »Beethoven the Pornographer«, sondern bei Lichte besehen einer Steigerungsform des Phänomens: Louis the Ripper.

jwd: Kiss Me, Stupid! *(1964)*

Von den beiden vorangegangenen unterscheidet sich *Kiss Me, Stupid!* von Billy Wilder (1906–2002) gründlich – auch in der Sicht auf Beethoven.[19] Es geschieht in Form einer Komödie, also eines Genres, dessen Atmosphäre Wilder unnachahmlich beherrschte, das angesichts der Richtung, in die die Beethoven-Rezeption mit all ihren Wichtigkeiten und Übersteigerungen in die Extreme von Erbaulichkeit und Zerstörung, Vergiftung und Heilung sich entwickelt hat, im Umkreis des in Bonn gebürtigen Komponisten jedoch am wenigsten zu erwarten ist und auch in Kagels *Ludwig Van* nicht eigentlich getroffen ist. (Beim Titel hat Kagel sich übrigens durchaus von Burgess' Erzählung inspirieren lassen können.) Die Szene des 1964 noch schwarz-weiß gedrehten Wilder-Films spielt denkbar weit weg von Bonn, Berlin oder Wien – so weit weg, wie der aus dem Wien-Krakauer Raum stammende Regisseur vertrieben worden war und sich in Hollywood gütlich tat. Wilder versetzt uns ans Ende der Welt, er schickt uns buchstäblich in die Wüste, nämlich in das hoch gelegene, winzige fiktive Nest Climax, Nevada – ein sprechender Name – im Nirgendwo zwischen Las Vegas und Los Angeles. Eine der beiden männlichen Hauptfiguren ist der Schlagerstar Dino (Dean Martin), in dem man Elvis Presley erkennen mag, wobei die komische Note darin liegt, dass Dean Martin gegenüber dem noch nicht dreißigjährigen möglichen Wirklichkeitsvorbild – Presley war Jahrgang 1935 – deutlich älter ist; andererseits standen 1964 die Beatles in der Tür, und der Aktualitätsgrad des Pop und Rock icon der späten 1950er Jahre – als jugendliche Identifikationsfigur der Jungen – verminderte sich schon. Dino, eine liebevoll gezeichnete Karikatur, strandet in Climax mit seinem Auto auf dem Weg von der Spieler- in die Filmstadt. Wer die Strecke zwischen der Glitzer- und der Glamourmetropole kennt, der weiß, dass in der dazwischen liegenden Mojave-Wüste selbst heute, viele Jahrzehnte danach, am Autoradio nicht mehr die Kultur- und Musiksender der bevölkerten Gebiete Kaliforniens zu empfangen sind, sondern allenfalls noch eine Station mit Country Music und der Kirchenfunk. (Die Geographie ist von Wilder nur ungefähr eingehalten: Las Vegas liegt nahe der kalifornischen Grenze, und für Climax, Nevada, bliebe auf der Landkarte nur dann Platz, wenn Dinos Motor seinen Geist gleich am Anfang der Fahrt aufgegeben hätte.) Dort, im gottverlassenen Nest lässt Wilder uns auf Beethoven treffen. Doch das bei Burgess und Kubrick und erst recht bei Sierck so sehr dämonisierte icon Beethoven muss hier ins Glied zurücktreten. Nicht er, sondern Dino ist es, der die Herzen erobert – männlich und musikalisch. Für die Leitung der Musik des Films – neben Beethoven vor allem Lieder von George und Ira Gershwin – verantwortlich war der 1929 in Berlin geborene Andreas Ludwig Priwin, bekannter als Sir André Previn, Dirigierschüler von Pierre Monteux, früherer Ehemann von Mia Farrow und u.a. von Anne-Sophie Mutter, Jazzpianist, Opernkomponist und seit 1972 Ehrendirigent des London Symphony Orchestra auf Lebenszeit, bei dem heutzutage leicht aus dem Blickfeld gerät, dass er – gemessen an der Zahl der Oscars, mit denen er ausgezeichnet wurde – zwischen Ende der 1940er und Anfang der 1970er Jahre eine besonders erfolgreiche Filmmusikkarriere durchlaufen hat. Für Billy Wilder war er zuvor schon für *One, Two, Three* (1961) und *Irma La Douce* (1963), später noch für *The Fortune Cookie* (1966) musikalisch tätig.

Der Film ist amourös: zwei Frauen, zwei Männer; die Grundidee bildet der (mögliche) Partnertausch, dem, wie gezeigt, Sierck sich nur hat nähern können, indem er zwei der vier Personen ihr unwertes Leben selbst auslöschen lässt. Bei Wilder bleiben alle gesund. Aber es wird nicht *Così fan tutte* gegeben, zugrunde liegt ein anderes italienisches Stück: *L'ora della fantasia* von Anna Bonacci, wonach Wilder selbst das Drehbuch angefertigt hat. Die andere männliche Hauptfigur ist in Climax ansässig: ein eifersüchtiger Ehemann, sensibler Klavierlehrer und zugleich ebenso verkannter wie verhinderter Schlagerkomponist – die Texte schreibt sein Kumpel von der Dorftankstelle. Der Klavierlehrer ist es, der in nicht geringe Schwierigkeiten gerät, als durch die Laune des Zufalls mit Dino ein veritabler Schlagersänger aufkreuzt – ein altes Idol der Frau des Klavierlehrers. Das musikalische Gegengewicht dazu bildet »Beethoven«, allerdings nicht mit einem anspruchsvollen Werk, sondern einer Bagatelle nicht ganz zuverlässiger Authentizität, die gleichwohl zu den verbreitetsten klanglichen icons des Gesamtsymbols Beethoven gehört: *Für Elise*, insbesondere die ersten Noten davon. Mit Beethoven verdient der Klavierlehrer seinen Lebensunterhalt, während seine musikalische Passion – das Schreiben von Schlagern – eine brotlose Kunst bleibt. Zum Verdruss sowohl des Schülers – eines Buben – als auch des Lehrers (mithin zum Lachen für den Zuschauer) werden auf ernsthafte Weise jene anfängliche Wiederholungen des Halbtonschritts *e-dis* auf den

Tasten eingeübt, an deren Quantum der Schüler im Film nicht weniger strauchelt, als Myriaden vor ihm zwischen Wien und Halifax oder Budapest und Anchorage darüber gestolpert sind.

Beim Unterricht zu Hause trägt unser Musiklehrer ein T-Shirt mit dem Konterfei Beethovens. Er hat eine ganze Kollektion solcher Shirts mit aufgedruckten Bildern von Komponisten im Schrank, auch Bach ist darunter. 1964 war das auffällig. Nur Individualisten zeigten sich damals in solchen Accessoires. Je nach Einstellung des Betrachters konnte die Tendenz des Gags als subversiv aufgefasst werden: keineswegs bloß in den Augen europäischer Kulturbeflissener gefährlich am Rande der Majestätsbeleidigung. Bei Lichte besehen waren die T-Shirts freilich nur ein moderner Ersatz für die Beethoven-Büsten, die früher – auch noch in Siercks Film – zum Einsatz kamen. Auch im Haus des Klavierlehrers ist »Beethoven« optisch und akustisch omnipräsent. In Climax dürfte das einmalig sein und höchst exotisch wirken, der Klavierlehrer ist froh, jwd überhaupt ein Vorverständnis für Beethoven zu wecken, und sei es durch das Elementarste wie *Für Elise*. Die Frage nach einem »weiblichen« oder »männlichen« Beethoven wird sich dort vorderhand so wenig rasch stellen wie die nach einem nationalistischen. Darin könnte man, ohne die Frage entscheiden zu müssen, nicht nur einen Nachteil erblicken. Beim Versuch, der Frage näher zu treten, ist es wahrscheinlich vorteilhaft, den Humor nicht zu kurz kommen zu lassen, und dieses umso mehr, als schon der viel beschworene so genannte Beethovensche Humor – also der seiner Musik – so oft mit völliger Humorlosigkeit traktiert wird, und das gilt erst recht für den Problemkreis Chauvinismus, den wir hier anschneiden. Das musikalische Phänomen, das wir als »Beethoven« zu fassen gewohnt sind, wird Humor unschwer gestatten, in Frage steht nur, ob auch wir – die Rezipienten – ihn uns gestatten.

Die persönlichen Verwicklungen in Climax sind zugleich auch musikalische, sofern der glanzlose Schlagerkomponist und der glänzende Schlagersänger sowohl auf dem professionellen als auch auf dem erotischen Feld sich ins Gehege kommen. Aber wir brauchen der Geschichte nicht ins Einzelne nachzugehen. Denn in ihr ist es so: Beethoven hilft nicht (beim Schlagerwettstreit), er heilt nicht (weder Menschen noch Beziehungen), aber er zerstört auch nichts und niemanden. In *Kiss Me, Stupid!* wird – und das ist eine seltene, daher umso erfrischendere Ausnahme – ein entspanntes Verhältnis zu »Beethoven« bzw. zu dessen Musik demonstriert. Nichts daran ist dämonisiert, nichts zu existenziellen Kämpfen und Krämpfen oder zur Beantwortung letzter Dinge herbei geholt. Wilder geht mit einem »Beethoven« um, der kein Chauvinist zu sein braucht oder der dazu gebraucht wird, ein Chauvinist zu sein. Er wechselt seine Rolle sozusagen zum Hausfreund, zum Fluchtpunkt an Stabilität, um den herum, aber zugleich an dem vorbei die aufregende Wirklichkeit der Leidenschaft tobt. Was Climax so überraschend zum Leben bringt und durcheinander wirbelt, das ist Dino mit seiner Gitarre, Beethoven gehört zum Alltag, wie er immer war, akustisch zuvörderst repräsentiert durch den repetierten Halbtonschritt, um den man sich allerdings sozusagen als A und O musikalischer Ausbildung immer und immer wieder aufs Neue gewissenhaft bemühen muss.

Nachklänge Beethovenscher Musik mit Panzer und Stuka

Wie in so vielen Dimensionen, voran unter dem Deckmantel von Ethik und Moral, kommt die Geschichte auch in der chauvinistischen Inanspruchnahme Beethovens irgendwie nicht vom Fleck. Lange vor dem Anführer der Jugendgang Alex war es die dem Führer Adolf Hitler so gerne huldigende Pianistin Elly Ney (1882–1968), die zu jenen Fanatikern gehörte, die sich für Beethoven so sehr her- und sich ihm hingaben, dass es unabweisbar wurde: »the Nazi musical icon par excellence was the heroic Beethoven«.[20] Im Umkreis des Heroischen war das Moment des Gewaltigen, selbst des Gewaltsamen von Anfang an ein (im Laufe des 19. Jahrhunderts dann allerdings zugunsten des bloß noch Großen, Großartigen, Feierlichen mehr und mehr in den Hintergrund getretener) Bestimmungsgrund der ästhetischen Kategorie des Erhabenen[21]; doch der Übergang zur Musik als etwas Gewalttätigem und zu Beethoven als Gewalttäter lässt an Sehnsüchte denken, wie sie entweder die italienischen Futuristen in ihrer Glorifizierung des Krieges (und ihrer Begeisterung für Mussolini) oder deutsche Skribenten wie Ernst Jünger in ihrer bellizistischen Ästhetik haben unterbringen können. Niemand zeigt dies besser als Ney in ihrem *Bekenntnis zu Ludwig van Beethoven*, das sie 1942 in die Festschrift zum 70. Geburtstag des Reichsmusikkammerpräsidenten und damit obersten Musikers des Dritten Reichs, des vormaligen Dirigenten, Musikforschers und Komponisten Peter Raabe, hat einrücken lassen.[22] Einerseits weist sie die wetterleuchtende Auffassung entschieden zurück: »Bis in unsere Zeit hinein kann man noch hören und lesen, Beethovens Musik sei oft gequält, gepresst, ja sogar gewalttätig.«[23] (Schon dieses Hintergrunds wegen ist Ruth A. Solie in gutem Recht zu behaupten, dass der Topos nicht erst Ende der 1980er Jahre aufgekommen sei.) Hier spricht einfach die Erfahrung der Musikerin, die mit solchen Attributen weder beim Studium der Noten noch bei der Konzertinterpretation etwas Vernünftiges anfangen kann. Andererseits jedoch rührt Ney im selben Bekenntnis Beethoven mit Volkstum, »eisernem Willen«, »strengstem Pflichtbewusstsein und Härte gegen sich selbst«, seine Musik mit »unerbittlicher Kampfbereitschaft«, »soldatischem Marschrhythmus« und den antinapoleonischen »Freiheitskriegen« zusammen, hebt sie speziell auf die »kriegerischen Kompositionen« Beethovens ab[24] und transportiert das Ganze in die Gegenwart Hitlers und des Zweiten Weltkriegs. Dieses perfekt chauvinistische Musikprogramm unterfüttert sie mit einigen Aussagen von Soldaten im aktuellen Krieg, unter anderem eines Sturzkampffliegers, der geschrieben habe: »Nach einem Stuka-Angriff hörte ich abends im Rundfunk zufällig die Eroika. Da spürte ich ganz deutlich, dass diese Musik die Bestätigung unseres Kampfes ist, eine Heiligung unseres Tuns.«[25] Über den Aberwitz, sich den Bombenterror durch Beethoven nicht nur absegnen zu lassen, sondern ihn auch noch durch Beethoven in einen heiligen Krieg umzumünzen, hätten Burgess und Kubrick sich vermutlich die Augen gerieben. Für Ney ist es ausgemachte Bekenntnissache. Und der Kampf wird von ihr vor allem gerechtfertigt als kultureller Abwehrkampf gegen »Klänge und ›Rhythmen‹, welche man als minderwertig und artgefährlich bezeichnen muß«[26] – unausgesprochen-unüberhörbar ist damit der Jazz gemeint. Unter Verwendung von allerlei Auszeichnungen im gedruckten Text erlebt das Bekenntnis zu Beethoven seine Klimax: »der gigantische Aufbruch aller vorhandenen guten Kräfte gegen die Todfeinde unserer deutschen Seele und Kultur hat seine tiefste Rechtfertigung gegenüber den Opfern des Einsatzes, in der *endgültigen Absage* und *Ausmerzung aller tödlichen und zerstörenden Kräfte am heiligen deutschen Wesen.*«[27] Sie spricht hier über Unterhaltungsmusik; um ihrem Kulturprogramm den entsprechenden Nachdruck zu verleihen, wurden zur nämlichen Zeit Gasöfen aufgestellt und in massenmörderischen Betrieb genommen.

Neys Identifizierung von Beethovens Musik mit Hitlers Staat hat zu keinem Markteinbruch geführt, als das Deutsche Reich kaum drei Jahre danach untergegangen war. Rasch war der Umschaltknopf gedrückt. Beethoven sprach nun eben wieder zur ganzen Menschheit (wir bewegen uns ohnehin im Bereich reinster, freilich zugleich wirkungsvoller Phraseologie), und auch Elly Ney erlitt keinen auffälligen Karriereknick, sondern beglückte ihre geneigten Zuhörer weiter mit der Wiedergabe Beethovenscher Klaviermusik – in einem Geiste, der Beethoven zum (kulturellen) Übermenschen einer Herrenrasse stempelte.

Auch Wilhelm Furtwängler muss sich – vieles spricht dafür – irgendwie mit den Nazis identifiziert haben, und der Propagandaminister Goebbels muss keineswegs gelogen haben (wofür er freilich angestellt war), wenn er nach anfänglichen Differenzen, die etwa anlässlich des »Falls Hindemith« 1934 zu Furtwänglers Rücktritt vom NS-Posten des Vizepräsidenten der Reichsmusikkammer führten, den bestbezahlten Musiker des Reichs voller Zufriedenheit auf die Linie der Nazipartei eingeschwenkt sah: »Er steht jetzt ganz bei uns.«[28] Furtwänglers Staatsaufführung der *Neunten Sinfonie* am 19. April 1942 – der Vorabend von Führers Geburtstag war ein spezielles Festdatum – in einer Berliner Halle, das Podium links und rechts flankiert von großen Hakenkreuzen, kann denn im Nachhinein nur als ein so kompromittierender wie blamabler Akt gesehen werden. Der lange warme Händedruck zwischen dem Nazi-Stardirigenten auf dem Podium und dem nach der Aufführung vom Parkett aus zur Rampe getretenen Minister Goebbels kann nicht missverstanden werden. Wir wissen von dieser Aufführung durch Mitschnitte der Wochenschau. Der Zusammenschnitt der Bilder ist dort manipulierend genug; mitten im tobenden Krieg werden unter den teils aufmerksamen, teils selbstgefälligen Zuhörern außer Zivilisten und Uniformierten aus Heer und Partei gut platziert auch verwundete Soldaten ins Bild gerückt. Musikalisch-klanglich freilich ist jene Aufführung der Berliner Philharmoniker so fulminant, wie man es nur immer von dem Ausnahmedirigenten Furtwängler erwarten konnte und durfte.

Gut 60 Jahre danach ist Film- und Tonmaterial jener Aufführung nun in einem Fernseh-Porträt über Furtwängler von Oliver Becker wieder verwendet.[29] Den Machern dieses facettenreichen und insgesamt verdienstvollen Porträts, das sich gegen ein englisches Bühnenstück über Furtwängler und dessen erst kürzlich in die Kinos gekommene deutsche Verfilmung behaupten muss, genügt es allerdings nicht, die um den Zentralwert »deutsch« gelagerten ideologischen Parallelen des Musikers Furtwängler und des Staates, dem er diente, aufzuzeigen. Benutzt wird zudem Beethovens Musik, und bedient wird dabei – es ist geradezu voraussehbar, da niemandem mehr etwas anderes dazu einzufallen scheint – der Topos von deren Gewalttätigkeit. Verglichen mit der alten Wochenschau sind die Bilder nun sehr viel dramatischer; ohne Action, nachgespielte Szenenpartikel und skurrile Bild-Ton-Mischungen noch des Heterogensten ist heute im Bereich des Dokumentarfilms bzw. filmischer »Dokumentation« generell offenbar nichts mehr zu haben. (Die Wochenschau-Manipulationen waren demgegenüber armselig, doch die Saat von Goebbels ging auf.)

Andererseits lag den Filmemachern erkennbar und verständlicherweise daran, nicht nur das Zeremoniell im Saal, sondern auch die Zerstörungswut des außerhalb von ihm tobenden Krieges samt den Opfern ins Bild zu heben. Wir dürfen gewiss sein, als die beiden Ausschnitte der gesamten *Neunten Sinfonie* den Reprisenbeginn des 1. Satzes und den Schluss des »Freuden«-Finale geliefert zu bekommen, im Bild nun begleitet von Panzern der Wehrmacht, die Häuser überrollen, von verheerenden Feuerwalzen, Explosionen und dergleichen. So sehr jede Aufführung eines Musikwerks und erst recht deren optisch-filmische Umsetzung neu kontextualisiert und rekontextualisiert, so wenig muss die Kontextualisierung von Musik und Bild, *Neunter Sinfonie* und Krieg im Jahre 2003 dem entsprechen, was am 19. April 1942 vor sich ging. (Es lässt sich im Gegenteil nur hoffen, dass genügend Zuschauer kritisch genug sind, solche Arrangements nicht für bare Münze zu nehmen und sich von den Bildern kein X für ein U vormachen zu lassen.) Die willkürlich an die Musik herangetragenen Gewalt-Bilder sollen den Zuschauer fesseln und manipulieren, sie transportieren und demonstrieren dadurch zugleich die These von der Gewalt (violence) und Gewalttätigkeit der Beethovenschen Musik. Ohne dass das Klangmaterial (soundtrack) zu sehr manipuliert wäre – der Eindruck einer Verstärkung der Schlagzeugbatterie mag im Wesentlichen einfach auf die technischen Notwendigkeit der Digitalisierung des Klangs zurückgehen –, wirkt die Musik unter der Last und Kraft der zu ihr geschnittenen Bilder verzerrt und verfremdet.

Etwas anderes kommt hinzu, das nicht so sehr Beethoven als vielmehr den Dirigenten, weniger die Bebilderung als die Wortkommentierung betrifft, durch die angedeutet und suggeriert wird, dass das Dirigat an jenem Tag eine subversive Note enthalten hat. Es scheint so, als bestehe noch immer die Schwierigkeit damit, einen großen Dirigenten, der Furtwängler zweifellos war, mit staatlichen Gewaltherrschern akkordiert zu sehen. Er soll eben doch nicht ganz bei ihnen sein dürfen. Um seine weiße Weste zu retten, hat man ihn seit dem Zweiten Weltkrieg so porträtiert, als habe er für Hitler und Goebbels aufgespielt und dabei quasi die Faust in der Tasche geballt. Dieses auffällige Wunschdenken mag dazu gedient haben, die Spannung nicht aushalten zu müssen, dass er – diese Möglichkeit ist ebenso gegeben – sein bestes Musikantentum und seine schönsten musikalischen Früchte, von denen er so reiche Ernte hatte und mit denen er so viele Geschenke machen konnte, aus Überzeugung auf dem Reichsaltar geopfert hat. Jenes Wunschdenken mag auch die Deutungen veranlasst haben, dass Furtwänglers Reprisenbeginn des ersten Satzes und Coda des Finales dem Nazi-Staat mit Beethoven eine (diesem Einhalt gebietende) Lektion in Angst, Schrecken und Chaos des Krieges hat erteilen wollen. Es ist bloße Spekulation oder Ablenkung, Furtwänglers *Neunte* von 1942 entweder in die Ecke einer tumben faschistischen Ästhetik zu stellen (wie man sie sich aus heutiger Sicht vorstellt) oder aus ihr herauszulesen, dass er quasi heimlich die Prophezeiung der Katastrophe herbeidirigiert habe, in die das Dritte Reich binnen wenigen Jahren mündete.

Warum ist es so schwer, sich ohne Wenn und Aber für die einfachste und am nächsten liegende Lesart zu entscheiden? Der Krieg war entfesselt. Das Reich wollte ihn – inzwischen unter Verlusten – gewinnen. Die Parole vom Endsieg war zumindest bis zum Desaster von Stalingrad durchaus majoritätsfähig – erst recht in offiziellen Kreisen (und es scheint nicht so, als hätten Nichtoffizielle und Abweichler am 19. April viel Chancen gehabt, zu einem Konzert wie diesem Zulass zu erhalten).

Im historischen Kontext jener Aufführung vor und für Nazis (und nicht zuletzt auch musiziert von ihnen, denn die Berliner Philharmoniker waren nicht eben eine revolutionäre Zelle des Widerstands gegen das Regime) ist es geradezu vorgezeichnet, dass die Wucht des ersten Satzes zum Kampf und der Freudentaumel des Finales zur Siegessinfonie gerät – und so auch intendiert war. Das für Furtwängler bereitgehaltene Interpretament einer subversiven Absicht lässt sich unter diesen Umständen gegenteilig lesen, nämlich im Sinne einer perfekten Affirmation, deren wie stets geeignetes Objekt und zugleich Opfer Beethoven ist. »Per aspera ad astra«, »durch Kampf zum Sieg« und so viele weitere um Beethoven gelagerte Klischees halfen dabei. Elly Ney hat die Kontextualisierung in ihrem »Bekenntnis« aus demselben Jahr erschreckend klar zum Ausdruck gebracht. Und diese mag durchaus im Horizont von Durchhalten und Siegen und im Sinne ihres gerade auch in den Ohren gewisser Musikkreise so schmeichelhaften Zwecks einer Abwehr aller »zerstörenden Kräfte am heiligen deutschen Wesen« und der »Todfeinde unserer deutschen Seele und Kultur« gestanden haben. Welches sind die wirklichen Gründe, dass Furtwänglers ebenso fesselnde wie zur Zufriedenheit seiner Auftraggeber erfolgte Interpretation vom 19. April 1942 nicht in dieses Licht eines (mit Beethoven ausgefochtenen) Abwehrkampfs gegen im Krieg befindliche Feinde und damit auch gegen eine als bedrohlich empfundene Unkultur von Minderwertigen gestellt werden soll?

Die Bilder von 2003 stellen die Aufführung von 1942 in den Horizont der erfolgten Niederlage. Aus dem Rückblick ist das einleuchtend, aber eben eine Kontextualisierung des begonnenen 21. Jahrhunderts, die mit dem historischen Ereignis nichts zu tun haben muss. Der Preis, der dafür bezahlt wird, ist der, dass, um mit Furtwängler und den Nazis nachträglich zu Streich zu kommen, wieder der Topos der gewalttätigen, vergewaltigenden Musik Beethovens herhalten muss. Dieser modische und doch darin inzwischen sanktionierte und akklamierte Schnickschnack gleicht, historisch gesehen, einem Offenbarungseid. Denn um die Schimäre von der Gewalttätigkeit der Beethovenschen Musik zu stützen, rollen nun Panzer durch die *Neunte Sinfonie*. Die angebliche Vergewaltigerin – Beethovens Musik – wird ihrerseits vergewaltigt. Die Einbildungen bestimmter Klischees der Beethoven-Interpretation sind geblieben – wie eh und je im Namen angeblicher musikalischer Ethik und Moral. Die Sehnsucht nach dem Chauvinisten Beethoven ist noch nicht gestillt. Selbst am Beginn des 21. Jahrhunderts scheint er, von einflussreichen Strömungen seiner Rezipienten de facto zum madman gestempelt, nicht aus der ihm verordneten Zwangsjacke des Nationalisten und Sexisten schlüpfen zu dürfen, als ob es sich um objektive Qualitäten seiner Musik handelte.

Anmerkungen

1 Vgl. vom Verfasser, »Wunschbild: Beethoven als Chauvinist«, in: Archiv für Musikwissenschaft 58, 2001, S. 91–109.

2 Vgl. den Ausstellungskatalog *Mythos Beethoven* von R. Cadenbach, erstmals Laaber 1986, sowie die von H. Loos herausgegebene Materialsammlung *Beethoven und die Nachwelt*, Bonn 1986.

3 E. Hanslick, *Vom Musikalisch-Schönen. Ein Beitrag zur Revision der Ästhetik der Tonkunst*, Leipzig 1854, Abschnitt 4 (»Analyse des subjectiven Eindrucks von Musik«), S. 52–70.

4 Ein Film von Gerhard Wenzel; Spielleitung: Detlef Sierck; Musik: Lothar Brühne; Darsteller: Zarah Leander, Karl Martell, Ferdinand Marian, Julia Serda.

5 Regie (nach 1933: »Spielleitung«): Detlef Sierck; Drehbuch: Kurt Heuser und Detlef Sierck; Musikalische Bearbeitung und Musik: Kurt Schröder; Ausführende: das Orchester der Berliner Staatsoper, die Berliner Solistenvereinigung mit Erna Berger, Luise Willer, Rudolf Watzke und Hellmuth Melchert; Darsteller: Lil Dagover, Willy Birgel, Maria von Tasnady, Maria Koppenhöfer, Theodor Loos, Peter Bosse, Erich Ponto. – Die Produktion ist nicht zu verwechseln mit dem gleichnamigen deutsch-französisch-italienischen Musikfilm von Wolfgang Liebeneiner – auch er war schon unter Goebbels erfolgreich tätig – aus dem Jahre 1960; Drehbuch: John Kafka, nach einer Originalidee von Walter Forster und Carl Szokol; Musik: Georges Auric, ferner Arien von Verdi und Leoncavallo. »Bella Linda Bellissima« von Charly Niessen; Ausführende: Wiener Symphoniker, Hazy Osterwald Sextett, Ballett der Staatlichen Oper München (Choreographie: Heinz Rosen); Darsteller: Christian Marquand, Eleonora Rossi-Drago, Mario del Monaco, Victor di Kowa, Marion Michael, Christian Wolff.

6 Vgl. *Riemann Musiklexikon*, 12. Aufl., Personenteil, hrsg. von W. Gurlitt, Band 2, Mainz 1961, S. 635.

7 Vgl. K. Vogelsang, *Filmmusik im Dritten Reich*, Hamburg 1990, S. 280.

8 Ein halbes Jahrhundert zuvor – nach dem Ersten Weltkrieg – war »Beethoven« schon einmal in Zweifel gezogen worden; dem Zusammenhang mit diesen Vorboten kann hier nicht nachgegangen werden.

9 Deutscher Titel: *Uhrwerk Orange*; Darsteller: Malcolm McDowell, Patrick Magee, Michael Bates u.a. Im Abspann ist das – bunte – Musikprogramm des Films einigermaßen vollständig angegeben. Kubrick hat außer Passagen der *Neunten Sinfonie* Musik von Rossini, Elgar und anderen verwendet, dazu »Electronic Music composed and realised by Walter Carlos«, ferner das Lied »Singin' in the Rain« von Arthur Freed und Nacio Herb Brown, gesungen von Gene Kelly (um nur diese zu nennen).

10 Näher dazu die Einleitung von Blake Morrison zu A. Burgess, *A Clockwork Orange*, London 1996 (im Rahmen der Penguin Books).

11 *The Fifth Virgin Film Guide*, London 1996, S. 122.

12 In der oben Anm. 10 genannten Penguin-Ausgabe von 1996 merkt Blake Morrison S. XIII an: »The fact that the men who ran Auschwitz read Shakespeare and Goethe, and played Bach and Beethoven, was much discussed at the time Burgess was writing *A Clockwork Orange*; the essays collected in George Steiner's *Language and Silence* (which Burgess reviewed on its publication in 1967) repeatedly address it. Alex addresses it too.«

13 Näher dazu Blake Morrison in der oben Anm. 10 genannten Penguin-Ausgabe von 1996, S. XVIIff.

14 Zit. nach ebenda, S. XVII.

15 S. McClary, *Feminine Endings. Music, Gender and Sexuality* (1991), 2. Aufl. Minneapolis 1992, S. 130. – P. C. van den Toorn, »Politics, Feminism, and Contemporary Music«, in: Journal of Musicology 9 (1991), S. 285, hat darauf hingewiesen, dass die für den Repriseneintritt verwendete Formel einer »juxtaposition of desire and unspeakable violence« und ihre Einschätzung als »one of the most horrifyingly violent episodes in the history of music« (*Feminine Endings*, S. 128) gegenüber einem zuvor von McClary veröffentlichten Aufsatz über denselben Sachverhalt schon geglättet sei; es habe zunächst geheißen: »one of the most horrifying moments in music as the

carefully prepared cadence [...] explodes in the throttling, murderous rage of a rapist incapable of attaining release«.

16 R. A. Solie, »What Do Feminists Want? A Reply to Pieter van den Toorn«, in: Journal of Musicology 9 (1991), S. 404.

17 I.3, Ende (in dem Zusammenhang fließt auch der Titel der Erzählung ein): »and I wanted something starry and strong and very firm, so it was J. S. Bach I had, the Brandenburg concerto just for middle and lower strings. And, slooshying with different bliss than before, I viddied again this name on the paper [...]. The name was about a clockwork orange. Listening to the J. S. Bach, I began to pony better what that meant now, and I thought, [...] that I would like to have tolchecked them both harder and ripped them to ribbons on their own floor.«

18 Drehbuch und Regie: Bernard Rose; Darsteller: Gary Oldman, Jeroen Krabbe, Isabella Rossellini, Johanna Ter Steege, Marco Hofschneider; zum Soundtrack trugen u.a. Murray Perahia, Emanuel Ax und Yo-Yo Ma bei.

19 Deutscher Titel *Küß mich, Dummkopf!;* Darsteller: Dean Martin, Kim Novak, Ray Walston, Felicia Farr, Cliff Osmond.

20 M. H. Kater, in: *Music and Nazism. Art under Tyranny*, hrsg. von dems. und A. Riethmüller, Laaber 2003, S. 9.

21 Vgl. vom Verfasser, *Aspekte des musikalisch Erhabenen im 19. Jahrhundert*, in: Archiv für Musikwissenschaft 40, 1983, S. 38ff.

22 Die von A. Morgenroth hrsg. Festschrift erschien in Leipzig unter dem Titel *Von deutscher Tonkunst;* Neys Bekenntnis zu Ludwig van Beethoven dort S. 59–68.

23 Ebenda, S. 65.

24 Alle Ausdrücke ebenda, S. 60f.

25 Ebenda, S. 63.

26 Ebenda, S. 64.

27 Ebenda.

28 *Die Tagebücher von Joseph Goebbels*, hrsg. von E. Fröhlich, München 1987, Eintrag unter dem 11. Dezember 1936: »Mit Furtwängler lange parlavert. Er steht jetzt ganz bei uns. Sieht die großen Leistungen ein. Hat noch kleine Wünsche, vor allem bezgl. Kritik und Hindemith. Sonst ist er in der Reihe. Will Konzert für W.H.W. [Winterhilfswerk] dirigieren. Ich unterhalte mich gern mit ihm« (Goebbels hatte kurz zuvor bei Hitler sein berüchtigtes Kritik-Verbot durchgesetzt); schon unter dem 22. Juli 1936 in Bayreuth anlässlich der Festspiele: »Furtwängler hat sich sehr geändert. Er ist jetzt ein richtig netter Mensch.«

29 *Sehnsucht nach Deutschland. Der Dirigent Wilhelm Furtwängler / Wilhelm Furtwängler – À la recherche de l'Allemagne perdue.* Ein Film von/ Un film de Oliver Becker, Neue Mira Filmproduktion in Koproduktion mit Transitfilm und ZDF sowie in Zusammenarbeit mit arte (2003).

In fiktiven Welten: Beethoven als Thema in der Literatur

Von Angelika Corbineau-Hoffmann

Bedeutende Werke, nicht nur, aber vor allem solche der Kunst, sind janusköpfig, umfassen sie doch ebenso die Geschichte ihrer Entstehung, wie sie mit den Prozessen ihrer Wirkung verbunden sind. Verläuft schon die Produktionsgeschichte zweigleisig, indem sie einen individuell geprägten Verlauf der Werkentstehung mit der Aufnahme und Verarbeitung von bereits Bestehendem kombiniert, kann sich die Rezeptionsgeschichte noch weitaus komplexer gestalten und multidimensional auf Bereiche übergreifen, in denen das Werk ursprünglich gar nicht beheimatet war. So erfuhr Beethovens Schaffen eine tiefgreifende und breite Rezeption innerhalb der Musikgeschichte[1], inspirierte aber darüber hinaus nicht wenige literarische Schriften: Beethovens Welt ist auch, was ihr den Rang des Besonderen verleiht, eine Welt der Literatur.

Ihren Ursprung hat die literarische Beethoven-Rezeption in der Musikgeschichte. Als E. T. A. Hoffmann 1810 für die *Allgemeine musikalische Zeitung*, Leipzig, die soeben bei Breitkopf und Härtel publizierte *Fünfte Sinfonie* rezensiert, wird ihm bald klar, dass weite Teile des Textes das Genre ›Rezension‹ übersteigen – ist er doch tief beeindruckt, ja geradezu »durchdrungen« von seinem Gegenstand.[2] Dieser Eindruck produziert eine Denkspur, die zu einer anderen Form der Publikation führt. Um die musikalischen Analysen verkürzt und mit dem neuen Titel »Beethovens Instrumentalmusik« versehen, geht die Rezension in Hoffmanns *Kreisleriana*, die ihrerseits Teil der *Phantasiestücke in Callots Manier* sind[3]; ihr Kontext ist fortan die literarische Fiktion. Zeigt damit die Figur des Kapellmeisters Kreisler in gewisser Weise eine facies Beethoveniana, gewinnt Beethovens *Fünfte* aber vor allem einen neuen Kontext, indem sie Teil jenes Gesamtkunstwerkes wird, das nunmehr durch den literarischen Text, die musikalische Thematik und den Bezug zu Callot entsteht. Der große Entwurf einer Vereinigung der Künste steht im Zeichen *eines* Konzepts: der Phantasie.

In Hoffmanns Sicht bildet die *Fünfte Sinfonie* das Paradigma für die Besonderheit der Instrumentalmusik generell: Sie vermag, ohne Beimischung einer anderen Kunst, das eigentümliche Wesen der Kunst rein auszusprechen und »schließt dem Menschen in ein unbekanntes Reich auf«.[4] Die schon in diesen Worten anklingende Emphase setzt sich fort: Beethovens Musik, so Hoffmann, führe ins »Ungeheure und Unermessliche«, enthalte glühende Strahlen und Riesenschatten, sei vom »Schmerz der unendlichen Sehnsucht« erfüllt und verwandle schließlich die Hörer in »entzückte Geisterseher«.[5] Hier erreicht Hoffmann, die Wirkungen dieser Musik beschreibend, die Dimension der Kunsttheorie, denn die ›unendliche Sehnsucht‹ ist eines der tragenden Konzepte der Romantik.[6] Von hieraus offenbart sich die besondere Art Beethovenscher Instrumentalmusik, indem die

Besonnenheit des Komponisten hervortritt, mit welcher er »sein Ich von dem inneren Reich der Töne« trennt und darüber gebietet »als unumschränkter Herr.«[7] Wenn Beethoven wie ein Bühnenmechaniker »die Hebel der Furcht, des Schreckens, des Entsetzens, des Schmerzes« bewegt, agiert er nicht mehr im Rahmen der Affektenlehre, sondern erweckt »eben jene unendliche Sehnsucht, welche das Wesen der Romantik ist.«[8]

Stand schon bei E. T. A. Hoffmann die Person des Komponisten hinter seinem Werk, konnte sich deshalb die besondere, erhebende Wirkung der Musik entfalten, setzt sich diese Verbindung von Schöpfer und Werk in einem Gedichtzyklus von Clemens Brentano fort. Im Dezember 1813 wohnt der Dichter einem der beiden Konzerte bei, in denen *Wellingtons Sieg oder die Schlacht bei Vittoria* zusammen mit der *Siebten Sinfonie* in Wien zur Aufführung gelangt. Unmittelbar zuvor, schon in Erwartung des Konzerts, hatte Brentano »Vier Lieder von Beethoven an sich selbst« verfasst und diese dem verehrten Komponisten zugesandt. Das Manuskript sowie der entsprechende Brief Brentanos fanden sich im Nachlass des Komponisten, eine Reaktion von Beethoven ist nicht bekannt.[9] Um ein weiteres Stück ergänzt, erschien der Zyklus unter dem Titel »Nachklänge Beethovenscher Musik« am 7.1.1814 im *Dramaturgischen Beobachter*, Wien. Schon aus der Entstehungsgeschichte des Zyklus erhellt, dass es schwer, wenn nicht unmöglich ist zu entscheiden, wer in den Gedichten spricht: Beethoven oder Brentano. Geht es um den Versuch, mit poetischen Mitteln Klangeffekte zu erreichen, bleibt diese Frage irrelevant: Die alliterierende Gestaltung von »Wellington in Tones Welle woget und wallet die Schlacht«[10] ist ebenso offenkundig wie sprecherunabhängig. Sie impliziert, dass ein Sieg sowohl in der Schlacht als auch in der Kunst errungen werden kann, einer Kunst, die letztlich die einzelnen Künste übersteigt und folglich auch Beethoven und Brentano vereint. Doch wie kann die Frage nach der Zuordnung des ›Ich‹ entschieden werden bei Zeilen wie »Gott, dein Himmel faßt mich in den Haaren«?[11] Das Bestreben Brentanos, in den wenigen Stücken zugleich über Beethoven, dessen Musik, sich selbst und die Kunst zu sprechen, macht Reiz und Risiko des Zyklus aus. In einer Gesamtstruktur fragmentarisch wie zahlreiche Werke der Romantik, bestehen die »Nachklänge Beethovenscher Musik« aus versprengten Eindrücken und lose verknüpften Gedanken. Im ersten Stück, das einsetzt mit: »Einsamkeit du Geisterbronnen« und fortfährt: »Seit du ganz mich überronnen / Mit den dunklen Wunderwellen, / Hab zu tönen ich begonnen«[12], verwandelt sich das sprechende Ich zu einem gigantischen Klangkörper, in dem die pythagoreische Sphärenharmonie gleichsam irdisch wird. Beethovens Musik reicht, ihren Schöpfer mitreißend, in kosmische Dimensionen hinein und nimmt ihre Hörer, darunter an erster Stelle Brentano selbst, dorthin mit.

Steht die Darstellung Beethovenscher Musik auf einer realen, auch der Erfahrung des Lesers zugänglichen Basis, stellt sich die Literatur hingegen einem besonderen Risiko, wenn sie den Komponisten *in persona* auftreten lässt. Brentano hatte die Doppelung von Beethovens Eindrücken und den eigenen gewagt und damit seinen Gedichtzyklus an den Rand sprachlicher Möglichkeiten getrieben. In Beethovens Todesjahr 1827 geht Grillparzer ein noch höheres Wagnis ein, wenn er Beethoven auf dessen Weg ins Jenseits begleitet[13], der, kaum anders als Beethovens Musik, per aspera ad astra führt. Ein weites, mit Blumen überdecktes Land, durch das Männer von göttlichem Aussehen schreiten, begrüßt den Ankommenden, der zunächst noch, düster blickend, abseits bleibt. Er erkennt Bach und Haydn, will aber vor Mozart schamhaft zurückweichen. Dieser freilich zerstreut Beethovens Bedenken und nimmt ihn in den Kreis der Meister auf, der bald durch berühmte Dichter wie Shakespeare, Dante, Klopstock und Tasso erweitert wird; nur einer steht abseits wie zuvor Beethoven: Byron. Grillparzer konstruiert, beide Figuren umfassend, eine elementare Einsamkeit aus dem Geist der Romantik. Indem er die Verbindung zu Byron herstellt, zeigt er auf, dass Beethoven seine Epoche übersteigt und sie hinter sich lässt: Auf dem Weg in eine andere Zeit kann ihn niemand begleiten außer dem romantischen Dichter, der ganz Europa ›byronistisch‹ inspirierte. Beethoven verharrt nicht im Kreis der Großen, die früheren Epochen angehören, sondern begibt sich mit Byron in ein verborgenes Land, dem die Zukunft gehört. Auch im Jenseits ist Beethoven, statt Ruhe zu finden, unterwegs, unterwegs wie auch der Wanderer, der in Grillparzers Gedicht »Wanderszene«[14] aus dem Jahr 1844 zunächst wenig Bezug zu Beethoven zeigt, bis es am Ende heißt: »Der Mann mich an Beethoven mahnt.« Dieser ist allein unterwegs, hat aber »keinen Weg gebahnt«. Beethoven erscheint bei Grillparzer als der einsame Neuerer, dem niemand im Reich der Kunst gewachsen ist, und diese Komponente des Inkommensurablen ruft die Literatur auf, ihn, ergänzend zu seiner Musik oder diese sogar überbietend, mit ihren Kunstmitteln zu gestalten – eine Herausforderung, an der sich weitere Generationen von Schriftstellern versuchen werden.

E. T. A. Hoffmanns und Clemens Brentanos Musikbeschreibungen bilden zweipolig die Schwerpunkte der weiteren literarischen Gestaltungen Beethovens. Zwischen und einer poetisierten Rezension einerseits und einem das Schweigen tangierenden, hoch ergriffenen lyrischen Zyklus auf der anderen Seite entwickelt sich im Weiteren eine Beethoven-Literatur, die immer erneut die Frage nach dem Bezug von Leben und Werk reflektiert.

Vor allem in Frankreich hinterließ das Werk von E. T. A. Hoffmann zur Zeit der Romantik deutliche Spuren. So veröffentlicht Hector Berlioz aus Anlass der Aufführung sämtlicher Beethoven-Sinfonien durch das Orchestre du Conservatoire unter Habeneck poetisch-musikalische Studien mit dem doppeldeutigen Titel *A travers champs*.[15] Hector Berlioz, nicht nur Komponist, sondern auch ein begabter Musikschriftsteller, sieht in der c-Moll-*Sinfonie* die unmittelbare Emanation des Beethovenschen Geistes am Werk: hier sei »sein intimes Denken« zum Ausdruck gekommen mit seinen »geheimen Schmerzen«[16] – ein Werk als Spiegelbild der Seele seines Schöpfers. Es ist im Sinne der Romantik von höchster Relevanz, dass die Entsprechung der Musik Beethovens, ihre ›Heimat‹, nicht die gelebte Wirklichkeit ist, sondern der Innenraum der Imagination und des Traumes, gleich ob seitens des Komponisten oder seitens des Hörers.

In einer solchen Innenwelt situiert auch George Sand ihre poetisch inspirierte Vision von Beethovens *Pastoralsinfonie*.[17] Ob diese tatsächlich erklingt oder nur in der Vorstellungswelt des sprechenden Ichs präsent ist, lässt der Text offen, doch spricht vieles für das Letztere. Die Hörerin sieht nicht nur eine weite, leere Ebene, sondern auch sich selbst, völlig erschöpft auf der Erde liegend. Zwar gibt es Farb- und Lichtelemente, aber keine Sonne. In einem Zustand der Schwerelosigkeit nimmt sich die Person selber wahr. Fremdartige, nicht zu beschreibende dunkle Figuren tauchen auf, dann erscheinen weiß gekleidete Engel, eine düstere Stimme lässt höllische Schreie hören, und schließlich ertönt die Trompete des Erzengels: das Jüngste Gericht ist da. Es beginnt ein Aufstieg in die Welt der geretteten Seelen, doch wie diese sich darstellt, erfährt man nicht, denn das Werk ist zu Ende. Erneut und ähnlich wie bei E. T. A. Hoffmann bildet die *Fünfte Sinfonie* den Ausgangspunkt für eine Erfahrung weit ausschweifender Phantasie, führt sie den Hörer in andere Welten. Die Phantasie und das Phantastische zu begrenzen und in die empirische Welt zurückzukehren macht ein generelles Problem aus, das allerdings durch die enge Bindung der Visionen an die Sinfonie selbst und deren Dauer gelöst wird.

Die in Sprache gefassten musikalisch inspirierten Visionen von George Sand aus den *Lettres d'un voyageur* (1837) bilden zusammen mit der Musik Beethovens, wiederum der *Pastorale*, ein Gesamtkunstwerk, in dem die Unterschiede der Künste aufgelöst und einer umfassenden Harmonie zugeführt werden. Da für George Sand der Musik auch pittoreske Qualitäten eigen sind, wird bei Beethoven die besondere Art der Naturschilderung zu einem Appell an die Phantasie des Hörers. Ein vermeintlicher Mangel der Musik, nämlich konkrete ›Bilder‹ nicht darstellen zu können, wird dadurch zu einer Qualität, dass sich Unbestimmtheit einstellt und mit ihr ein inneres poetisches Bild:

> »Plus exquise et plus vaste que les beaux paysages en peinture, la symphonie pastorale de Beethoven n'ouvre-t-elle pas à l'imagination des perspectives enchantées, [...] des horizons sans limites [...] ?«[18]

Wiederum am Paradigma der *Pastorale* führt Victor Hugo die Beethovensche Musik ins Extreme.[19] Beethoven sei der »geheimnisvolle Seher«, der die Sphärenharmonie komponiert habe und der, ertaubt, nun die Unendlichkeit höre. Wegen der »Transparenz der Taubheit« ist Beethoven für Victor Hugo der größte aller Musiker. Aus dem Paradox des tauben Musikers geht Beethovens Größe hervor:

> »Ces symphonies éblouissantes, tendres, délicates et profondes, ces merveilles d'harmonie [...] sortent d'une tête dont l'oreille est morte. Il semble qu'on voie un dieu aveugle créer des soleils.«[20]

Wo am Ende ein blinder Gott Sonnen schafft, hatte am Anfang ein Tauber die Unendlichkeit gehört. Wie jemand, der die Worte nicht vernehmen kann, gleichwohl den Gesang hervorbringt, verfügt auch Beethoven, dessen Seele ganz Musik geworden ist, über eine höhere Form der Sprache, die Victor Hugo mit dem theologisch konnotierten Begriff ›verbe‹ benennt; hier finden sich erneut Musik und Literatur zusammen. Für Victor Hugo ist der große Italiener Dante, der große Engländer Shakespeare, der große Deutsche aber nicht ein Dichter, sondern ein Musiker; Beethoven. Denn schon für Hugo – wie später für Thomas Mann – ist die Musik »le verbe de l'Allemagne«[21], der ureigene Ausdruck dieses Landes. Auf diesem konzeptionellen Niveau der französischen Romantiker und vor allem in der enthusiasmierten Prosa von Victor Hugo erreichen die Beschreibungen Beethovenscher Musik zugleich ihren Höhepunkt und ihr vorläufiges Ende, bis dann in der Moderne, etwa bei Dieter Kühn oder Gert Jonke, erneut Musikbeschreibungen von vergleichbarem Rang entstehen.

Eine visionäre Welt ganz im Zeichen der literarischen Romantik wird auch in Balzacs Roman *Histoire de la grandeur et de la décadence de César Birotteau* entworfen, obwohl die Handlung im Kaufmannsmilieu angesiedelt ist und die Hauptfigur, anders als es der Romantitel suggeriert, keineswegs der Welt der Helden angehört. César Birotteau, ein zunächst sehr erfolgreicher Parfümhändler, der in die ›große Welt‹ von Paris aufsteigt und sogar zum Ritter der Ehrenlegion geschlagen wird, erlebt mit dem Konkurs seines Unternehmens einen tiefen Fall. Vor diesem tragischen Ende seiner Ambitionen, noch auf der Höhe seines Ruhmes, veranstaltet er eine üppig ausgestaltete Ballnacht. Während in diesem Rahmen ein Konzert mit einem künstlerisch wenig bedeutsamen Repertoire erklingt, erinnert sich Birotteau (in enger Personalunion mit dem Autor Balzac) an ein Konzert, in dem Beethovens *Fünfte* erklang, so dass die aufgeführte Musik von der Beethovenschen überlagert wird.[22] Durch diese narrative Komposition gelingt die Bezugsetzung von »grandeur« und »misère«, denn in der Todesstunde des Kaufmanns erklingt, wiederum imaginär, Beethovens ›Schicksalssinfonie‹ erneut.[23] Sie begleitet nicht nur entscheidende Momente im Leben des Kaufmanns, sondern trägt auch zu dessen Nobilitierung bei, als er, nunmehr verarmt, aber zu höchster moralischer Würde gelangt, sein Leben beschließt. Das diesem Roman zugrundeliegende Konzept reicht nicht mehr, wie im Falle der romantischen Sehnsucht, in die Transzendenz hinein, sondern bleibt irdischen Schicksalen verhaftet: Das von Balzac in *César Birotteau* gestaltete ›drame‹, verstanden als Tragik des gemeinen Lebens, die jener der Tragödienhelden nicht nachsteht, enthält in seinen tragenden Momenten die Erinnerung an Beethovens ›Schicksalssinfonie‹.

In der Musikernovelle »Gambara«, die 1837 entstand und in die »Philosophischen Studien« einging, die ihrerseits Teil der *Menschlichen Komödie* sind, ist das Verhältnis der Hauptfigur zu Beethoven nicht wie in *César Birotteau* durch Analogie, sondern durch Differenz bestimmt. Statt eines gemeinsamen ›Schicksals‹ entsteht eine heftige Dehiszenz. Anders als in dem Kaufmannsroman kommt der Einfluss E. T. A. Hoffmanns auf markante Weise und in gleich doppelter Hinsicht zum Tragen. Die Darstellung des Schicksals von Gambara, dem im Elend lebenden und schließlich dem Wahnsinn verfallenen Komponisten, wird begleitet von Reflexionen über den Wert der Musik, in denen die Bezugnahme auf Beethoven den zentralen Argumentationspunkt bildet. So wird die These, dass die Qualität der Musik nur eine Frage der Häufigkeit und des Niveaus ihrer Aufführungen sei, durch den Hinweis auf die *Fünfte Sinfonie* entkräftet.[24] Hoffmanns Vorstellung vom ›Geisterreich‹ der Beethovenschen Instrumentalmusik und speziell der Fünften klingt nach, und vollends deutlich kristallisiert sich der Bezug heraus, wenn, an Hoffmanns Bemerkung über Beethovens Besonnenheit anknüpfend, die reflektierte Ordnung in dessen Kompositionen herausgestellt wird. Dabei überlagern sich die Kompositionsweisen der Musik auf der einen, der Literatur auf der anderen Seite.

Die Kompositionen der Hauptfigur freilich stehen fremd zu diesen für den Text poetologisch relevanten Verbindungen. Dem Wahnsinn verfallen, ist Gambara, anders als der stets besonnene Beethoven, nicht mehr Herr über seine Pläne und Entwürfe. So gerät sein Versuch, einen Eindruck von der im Entstehen begriffenen Oper Mahomet zu vermitteln, unversehens zu einem musikalischen Desaster: In dieser völlig formlosen, kakaphonen Schöpfung ist keine musikalische oder poetische ›Idee‹ erkennbar; es bedürfte, so der Kommentar des Erzählers, »neuer Worte für diese unmögliche Musik.«[25]

Für viele Zeitgenossen Beethovens bildete sein Spätwerk in gewisser Weise eine ähnlich ›unmögliche‹ Musik wie die Oper Gambaras. 1830, kurz nach Beethovens Tod, veröffentlicht Wladimir Odojewski die Erzählung »Beethovens letztes Quartett«; sie geht 1844 in die sechste Nacht aus dessen *Russischen Nächten* ein.[26] Die Ausgangssituation besteht darin, dass in einem Haus der Wiener Vorstadt Musikfreunde 1827 Beethovens letztes Quartett spielen, das ihnen indes nicht verständlich ist wegen seiner »unbegreiflichen Dissonanzen«, »spielbar für kein Instrument«.[27] Sie fragen sich sogar, ob das Werk eine »Verhöhnung der Schöpfungen des Unsterblichen«[28] sei, ein Affront gegen die Größe Gottes. Grund für diese Überschreitung aller Normen kann aus Sicht der Musiker nur die Taubheit oder der Wahnsinn sein – Letzterer wiederum ein Hoffmannsches Motiv – wie insgesamt die Russischen Nächte eng E. T. A. Hoffmann *Serapionsbrüder* angelehnt sind. Wenn sodann Beethoven auftritt, ohne Krawatte, mit zerzaustem Haar und loderndem Blick, um die Wohnung anzusehen, die doch zu vermieten sei, lauscht er der Musik – seiner eigenen – und findet sein Gehör wieder. Erst jetzt, da ihn die Mitwelt nicht mehr verstehe, sei er »ein wahrer, großer Musiker« geworden und habe eine Sinfonie erdacht, die seinen Namen verewigen wird:

> »In ihr werde ich alle Gesetze der Harmonie umstoßen und Effekte finden, die bis jetzt niemand auch nur geahnt hat; ich werde sie auf einer chromatischen Melodie für zwanzig Pauken aufbauen; ich werde Akkorde von hundert Glocken einführen.«[29]

Hier wirkt erneut die Phantasie – sogar in der Weise, dass sie die Hauptfigur der Erzählung und deren Autor verbindet, und wiederum zeigt sich das Auftreten Beethovens als ein konzeptionelles, wenngleich reizvolles Risiko. Bei Odojewski, der selbst ein hervorragender Pianist und musikalisch wie philosophisch hochgebildet war, wird Beethoven, im geschützten Raum der Fiktion, zum Musiker der Zukunft.

Als solcher tritt er auch in Richard Wagners »Eine Pilgerfahrt zu Beethoven« auf, Teil der Novellen und Aufsätze *Ein deutscher Musiker in Paris* (1840/41). Die Hauptfigur R. teilt mit Hoffmanns Kapellmeister Kreisler das ›poetische‹ Elend des Genies in einer banalen Welt, das auch das Leben Wagners in Paris bestimmte. R. habe, so wird berichtet, während einer Erkrankung eine Beethovensche Sinfonie gehört, sei durch sie genesen und zum Musiker geworden; daraus entsteht der heftige Wunsch, den Meister zu sehen: »Kein Muselmann verlangte gläubiger, nach dem Grabe seines Propheten zu wallfahren, als ich nach dem Stübchen, in dem Beethoven wohnte.«[30] Mit solch religiös geprägten Bekenntnissen wird Beethoven der Figur R., niemandem als Richard Wagner selbst, so weit anverwandelt, dass die »Pilgerfahrt zu Beethoven« das Streben nach Verwirklichung der eigenen musikalischen Ideen symbolisiert. In Wagners Erzählung entwickelt Beethoven die Vorstellung von einer »Vereinigung aller Elemente«[31], der Natur und des Menschenlebens, durch die Verbindung von Instrumentenklang und menschlicher Stimme – ganz so, wie es die *Neunte Sinfonie* zu verwirklichen suchte, dabei aber, nach R.s Ansicht, durch die Unzulänglichkeit des Textes das Ziel eines Dramas der Zukunft noch verfehlte: Wagner wird es verwirklichen.

Wenn sich der Eindruck einstellt, in Wagners »Pilgerfahrt zu Beethoven« werde der Komponist des *Fidelio* und der *Neunten Sinfonie* für fremde Zwecke missbraucht, trifft dieser Vorwurf zu, müsste aber auch in geminderter Form auch viele andere Texte treffen, in denen Beethoven oder seine Musik für ihnen fremde Funktionen vereinnahmt werden. Für die Literatur zählt nicht die Richtigkeit des Gesagten, sondern die Schlüssigkeit des fiktionalen oder semi-fiktionalen Entwurfs, mithin die an seiner eigenen Konzeption und Komposition zu messende Logik des Textes. Wenn sie den historischen Beethoven und seine Musik verfehlt, unterstreicht sie damit ihre Eigenheit, ohne indes der Geschichte ihr Recht abzuerkennen. Fiktionen schaffen eigene Wirklichkeiten und eigene Welten auch dann, wenn sie in Beethovens Welt lokalisiert sind. Die Literatur über Beethoven scheint von Missverständnissen und historischen Unrichtigkeiten durchzogen zu sein, ist aber eine eigene, dem konzeptionellen Entwurf des jeweiligen Textes entsprechende Konstruktion mit höherem Wahrheitsanspruch, als er der Geschichte eignet.

Mit der Thematisierung einer Sinfonie, der *Pastorale*, klingt die Tradition der Beethovendarstellung in der Romantik zu einem Zeitpunkt aus, als die Epoche selbst schon zurückliegt. In André Gides *Symphonie pastorale* ist der Text insgesamt tendenziell ein Naturtableau, das Unschuld suggeriert, obwohl die Handlung die Hauptpersonen schuldig werden lässt. Die »*Pastoralsinfonie*« erzählt vom Schicksal eines blinden und, wie es zunächst scheint, auch taubstummen Mädchens, das von einem protestantischen Pfarrer in dessen Familie aufgenommen und dort ausgebildet wird. Gertrude, so wird das Mädchen genannt, weckt bald erotische Gefühle beim Pfarrer und auch bei dessen Sohn Jacques. Die Liebesbeziehung zwischen ihr und dem Pfarrer endet brüsk, als Gertrude durch eine Operation ihr Augenlicht wiedererlangt; jetzt erkennt sie in den verhärmten Zügen der Pfarrersfrau, welche Not sie über die Familie gebracht hat und gibt sich wegen ihrer Schuld den Tod.

Der Titel *Symphonie pastorale* erhält durch die Figur des protestantischen ›Pastors‹ über den Bezug zu Beethoven hinaus eine weitere Rechtfertigung. Das literarische Genre der Pastorale oder Ekloge ist hintergründig gegenwärtig, wenn die Landschaft des Schauplatzes, des Schweizer Jura, in ihrer natürlichen Ursprünglichkeit evoziert wird. Die Schönheit dieser Landschaft mit ihren zahlreichen Farbnuancen ist freilich der Blinden nicht zu vermitteln; das weiß auch der Pfarrer und führt das Mädchen deshalb in ein Konzert, glaubt er doch, die Instrumente mit ihren verschiedenen Klangfarben könnten Gertrude Farbvorstellungen vermitteln. Zur Vorbereitung auf das Konzert sucht der Pfarrer den Instrumenten bestimmte Farben zuzuordnen – so entsprechen rot und orange den Blechblasinstrumenten, Gelb- und Grüntöne den Streichern usw.[32] Doch das Mädchen wirft die Frage auf, wo in diesem Spektrum schwarz und weiß zu situieren seien; im Zuge seines Erklärungsversuchs muss der Pfarrer eingestehen, das die Welt der Farben von jener der Klänge durchaus verschieden sei. Dies aber wird von der Sinfonie und dem Eindruck, den diese (man ahnt längst, dass es die *Pastorale* ist) bei der Blinden auslöst, desavouiert. Nach dem Konzert ist Gertrude noch lange schweigsam und »wie trunken in der Ekstase«.[33]

Die Welt, wie sie in der »Pastorale« entworfen wird, befindet sich noch in einem paradiesischen Zustand; deshalb entspricht das Werk in idealer Weise der jungen Hörerin und spricht sie eben deshalb auf so profunde Weise an. Doch die Idylle ist bedroht durch die Liebesbeziehung zwischen Gertrude und dem Pfarrer. Die »Szene am Bach«, für das Mädchen Anlass zu fragen, ob das, was man sehe, so schön sei wie Beethovens Musik[34], markiert den Höhe- und Wendepunkt in der *Symphonie pastorale*. Vor dem inneren Auge der Blinden entsteht ein Bild von der Schönheit der Natur, in dem darauf folgenden Gespräch aber zwischen ihr und dem Pfarrer entwickelt sich die Sympathie zwischen den beiden zu jener als schuldhaft empfundenen Liebe, die am Ende Gertrude das Leben kostet.

Hatte die Romantik Beethoven, die Person und das Werk, in Dimensionen der Transzendenz entrückt und dabei teilweise die banale Alltagswelt als Gegenpol benutzt, wird Beethoven, als das 20. Jahrhundert mit seinen Krisen und Katastrophen einsetzt, in neue Zusammenhänge gerückt. In Tolstoijs »Kreuzersonate« (1891) ist die Funktion des titelgebenden Werkes derjenigen analog, die bei Gide der *Pastoral-Sinfonie* zukam. Obwohl dem jeweiligen Beethovenschen Werk in beiden Texten nur eine kurze Szene zugestanden wird, steht es doch im Zentrum des Geschehens. Naturbezogen auf der einen, hoch dramatisch auf der anderen Seite ›steuert‹ das jeweilige Beethovensche Werk den Verlauf der Handlung. Bei Tolstoij freilich kündigt sich eine markante Verschiebung der an Beethoven aufgewiesenen Bedeutungen an. Noch ein Werk des späten 19. Jahrhunderts, steht es gleichwohl im Kontext all jener Krisen, welche das 20. Jahrhundert durchziehen.

Auf einer langen Fahrt mit der Eisenbahn berichtet ein Mann namens Posdnyschew seinem betroffenen Mitreisenden von einer furchtbaren Tat: Er habe aus Eifersucht seine Frau ermordet. Für den Mann steht zweifelsfrei fest, dass es zwischen den Geschlechtern weder tieferes Verstehen noch wahre Vertrautheit geben könne. Die Katastrophe nimmt ihren Lauf, als die (im Text namenlos bleibende) Frau zusammen mit einem Geiger anlässlich eines häuslichen Festes Beethovens Kreutzersonate zu Gehör bringt: »Sie spielten Beethovens Kreutzersonate [...]. Kennen Sie das erste Presto? Kennen Sie es? Oh!« schrie er auf. »Oh, oh! Was für ein furchtbares Ding, diese Sonate, und gerade dieser Teil!«[35] Kaum vermag der Leser (oder, in der Erzählung, der mitreisende Zuhörer) die Furchtbarkeit dieses ersten Satzes der Kreutzersonate nachzuvollziehen, doch kommt es, im Sinne der inneren Logik der Geschichte, darauf auch gar nicht an. Für Posdnyschew ist die Musik überhaupt eine »entsetzliche Sache«; sie zwingt ihn, »mich selbst und das, was meine Wirklichkeit ist, zu vergessen, sie versetzt mich in eine andere Wirklichkeit, die nicht die meine ist [...].«[36] Freilich eröffnet sich in diesem Schrecken auch eine andere Möglichkeit: Zwischen der Frau am Piano und dem Geiger entsteht während des Spiels eine Intimität, die es nach der Überzeugung des Ehemanns zwischen den Geschlechtern gar nicht geben kann; die Musik wird zum Katalysator für ein – wenn man so will: übergeschlechtliches – Verständnis zwischen Mann und Frau. Hieraus einen Grund zur Eifersucht abzuleiten ist alles andere als absurd, auch ohne dass es eine konkrete Ehebruchssituation gibt. (Der Text lässt dies offen.) Der Mord an der Ehefrau ist die furchtbare Konsequenz aus jener ›furchtbaren‹ Musik. Doch beim Schrecken bleibt es nicht. Als der Täter an

René Xavier Prinet (1861–1946), *Kreutzersonate*, 1901, Ölgemälde auf Leinwand.

das Lager seiner sterbenden Frau herantritt, sieht er zum ersten Mal in ihr den Menschen. Was in seinem Verständnis die Kreutzersonate zwischen den beiden Musikern bewirkt hatte, bewirkt sie nun, ins Tödliche gewendet, bei Posdnyschew: Sie lässt ihn das Menschliche erkennen, das Mann und Frau, den Mörder und das Opfer, verbindet. Erst durch den Tod versteht der Erzähler das Leben, erst in der endgültigen Trennung erfährt er Nähe – eine zugleich bittere und erhebende Erfahrung, an deren Beginn Beethovens Kreutzersonate stand. Sie hatte zwar ein Eifersuchtsdrama provoziert, vermochte aber in letzter Instanz, einen Erkenntnisprozess herbeizuführen.

Die Wirkung der Musik ist fatal bei Tolstoij, der Umfang ihrer Beschreibung im Text gering, Und doch führt Beethovens Werk eine Schicksalswende herbei, die trotz aller Tragik eine Erkenntnis und das Sühnen einer Schuld enthält. Beethovens Musik ist kein illustrierendes Beiwerk, sondern steht im Zentrum schicksalhafter Prozesse. Mit ihrer Darstellung in den Texten der Romantik war sie in andere Räume eingegangen: moralische, transzendente. Indem auf diese Weise Beethovens Welt auch eine der Menschen wurde, die in Extremsituationen von ihr begleitet, ja durchdrungen sind, entstand ein Moment der Versöhnung. Individuelle Katastrophen, seien es jene des Kapellmeisters Kreisler, der Musikerfigur Gambara, des Kaufmanns Birotteau oder der Figuren bei Tolstoij, vermochte Beethovens Musik ins Allgemeine, aber vor allem ins Tröstliche zu erheben – doch wie steht es mit den Katastrophen, die, ungleich radikaler und weiträumiger, das 20. Jahrhundert durchziehen? Kann mit dem Abstand der Zeiten diese Musik auch dann noch ihre Wirkung entfalten?

In Huxleys Roman *Point counter point* (1928) steht ein Beethovensches Werk mit dem Tod in Zusammenhang; es handelt sich um ein Spätwerk, das *Streichquartett* op. 132, dessen dritter Satz als »Dankgesang eines Genesenden an die Gottheit in der lydischen Tonart« betitelt ist. Eine der Hauptfiguren des Romans, Maurice Spandrell, lädt sich Gäste ein, um ihnen dieses Quartett als einen musikalischen Gottesbeweis vorzustellen.

Die Absicht erscheint, gelinde gesagt, fremdartig, findet aber ihre Rechtfertigung darin, dass eben dieses Quartett sich auf dem Plattenteller dreht, als Spandrell, der einen Mord an einem Politiker begangen hatte, von dessen Anhängern seinerseits getötet wird. Da er jenes Werk als die Einlösung des christlichen Heilsversprechens ansieht, führt auch sein Tod, bei dem op. 132 erklingt, zu »Gottes Frieden«: »[...] beauty was unearthy, the convalescent serenity was the peace of God. The interwaving of Lydian melodies was heaven[37]«. Huxley war, wie diese Textstelle schon andeutet und viele andere belegen, musikalisch hochgebildet. Der Roman macht Ernst mit der im Titel genannten Kontrapunktik, indem er in die Literatur einzubringen sucht, was eigentlich nur die Musik vermag: die parallele Führung gleichberechtigter Stimmen. *Point counter Point* ist ein Roman der Synchronie: »While Jones is murdering his wife, Smith is wheeling the perambulator in the park."[38] In dieser Zuspitzung des kontrapunktischen Kompositionsprinzips zeigt sich die Kühnheit eines Entwurfs, der nicht nur Beethovens op. 132 in die Transzendenz entrückt, sondern auch die zahlreichen Handlungsstränge engführt, so dass die Komposition dieses Romans von der Musik inspiriert ist.

Eine musikalische Kompositionsweise lässt sich Thomas Manns *Doktor Faustus* kaum attestieren; gleichwohl: wenn wiederholt die Werke und das Schicksal Adrian Leverkühns zu der Situation Hitlerdeutschlands in Beziehung gesetzt wird, durch den Chronisten Serenus Zeitblom auch die Zerstörungen Deutschlands im Krieg angesprochen werden, klingt Huxleys kontrapunktische Romankonstruktion an. In Thomas Manns Spätwerk, das an zentraler Stelle den Teufelspakt des Komponisten Adrian Leverkühn und dessen Tod enthält, stehen auch die auf Beethoven bezogenen Passagen im Zeichen des Endes. Beethovens letzte, nur zweisätzige *Klaviersonate* op. 111 ist Gegenstand eines Vortrags, den der junge Leverkühn während seiner Studienzeit hört und dessen Thema darin besteht zu erklären, warum diese Sonate nur zwei Sätze habe; ironisch fügt der Erzähler hinzu, dies habe schlechterdings niemand wissen wollen.[39] Op. 111 vollzieht die für Beethoven endgültige Sublimierung der Gattung und markiert Beethovens Abschied von der Form der Klaviersonate. Im Zusammenhang des Vortrags fällt, noch betont durch die stotternde Aussprache des Vortragenden, das Wort ›Tod‹, das auf das dem Teufelspakt geschuldete Opfer von Adrians Neffen Nepomuk und im Weiteren auch auf den Tod des Komponisten selbst voraus weist. So führt Beethovens op. 111 mit seinem letzten, dem Variationssatz (wobei diese Form grundsätzlich unabschließbar ist) schon zu Beginn des Romans dessen tragendes Thema, Vernichtung und Tod, ein. Auch ein zweiter Beethoven-Vortrag ist auf das Spätwerk ausgerichtet und hat die Vollendung der Chorfuge aus der *Missa solemnis* zum Thema. Doch anders als die Thematik des Endes aus dem ersten Vortrag weist diese Leistung Beethovens weit in die Zukunft hinein – eine Zukunft, in der auch Deutschland zu neuem Leben gelangt. Auf Schindlers Bericht von der Entstehung der *Missa solemnis* bezogen, stellt der Vortragende – unter Rückgriff auf die biblische Szene im Garten Gethsemane – das Ringen des von seinem Personal verlassenen, hungrigen Beethoven mit der Form der Fuge dar. Aus dieser heroischen Anstrengung erwächst die gigantische, in schwindelnde Höhen aufsteigende Chorfuge aus dem »Credo«, die das Leben der kommenden Zeitalter besingt: »et vitam venturi saeculi«. Von hier nimmt der zentrale Gegensatz zwischen Beethoven und Leverkühn, der die musikalischen Passagen des Romans nahezu in ihrer Gesamtheit bestimmt, seinen Ausgang. Gegenüber dem Ausdruck der Glaubensgewissheit ins Negative gewendet, schreibt Leverkühn später »in hetzender und knechtischer Eingebung«[40] seine »Apokalypsis cum figuris«, in welcher er den Unterschied von Höllengelächter und Engelsgesang aufhebt. Die kritische Wendung, der zugunsten Beethovens bestehende Unterschied der Kompositionen basiert auf Thomas Manns (von Adorno inspirierter) Ablehnung der Zwölftonmusik, deren ›Teufelswerk‹ sich Leverkühn verschrieben hatte. In der Musik der neuen Zeit finden gegenüber Beethoven Umkehrungen statt, die auf der einen Seite die Größe des Klassikers, auf der anderen das Elend der Moderne aufscheinen lassen: In der solcherart politisierten Musik wird aus dem Erlösungsglauben der *Missa solemnis* die Gewissheit des Untergangs, die Leverkühn in der »Apokalypsis cum figuris« komponierte. Auch sein letztes Werk, »Dr Fausti Weheklag«, kennt keine Hoffnung und setzt dem Freudenhymnus der *Neunten Sinfonie* den Aufschrei der leidenden Kreatur entgegen:

> »Es gab Jahre, in denen wir Kinder des Kerkers uns ein Jubellied, den ›Fidelio‹, die ›Neunte Symphonie‹ als Morgenfeier der Befreiung Deutschland – seiner Selbstbefreiung – erträumten. Nun kann uns nur dieses frommen, und nur dieses wird uns aus der Seele gesungen sein: die Klage des Höllensohns.«[41]

Wenn Zeitblom diese bittere Bilanz zieht und Leverkühn sogar glaubt, die *Neunte* mit ihrem Freudenfinale ›zurücknehmen‹ zu müssen, finden die im Doktor Faustus thematisierten Schrecken ihren ultimativen Ausdruck in der Musik. Ob diese indes Bestand haben kann, daran sind Zweifel angebracht. Die Neunte ist in der (Musik-) Geschichte verankert, und es gab nach dem furchtbaren, von Deutschland entfesselten Krieg, eine Zukunft, in der Beethovens Mission, vor allem jene des Spätwerks, ihre Kraft bewahrte.

Bei Huxley und bei Thomas Mann standen die Beethovenschen Werke – dort allesamt Spätwerke – in einem politischen Kontext und spiegelten die Katastrophen der Moderne wider. Diese Thematik bestimmt auch Carpentiers Roman *El acoso* (1956).[42] Im Text wird eine Analogie zwischen der blutigen Handlung und Beethovens *Eroica* aufgebaut, indem die erzählte Zeit exakt mit der Aufführungsdauer von Beethovens *Eroica* übereinstimmt: sechsundvierzig Minuten; und wie die Sinfonie aus vier Sätzen, besteht auch der Roman aus vier Teilen. Die namenlose Titelfigur hatte sich einer revolutionären Gruppe angeschlossen, war verhaftet worden und hatte unter der Folter die Namen ihrer Gesinnungsgenossen verraten. Während diese den Mann verfolgen, rettet er sich in einen Konzertsaal, in dem Beethovens *Dritte* aufgeführt wird, und wähnt sich in Sicherheit. Doch auch seine Verfolger waren in den Saal eingedrungen: Am Ende der Aufführung wird er von ihnen erschossen. In den Roman von Carpentier sind zahlreiche andere Texte hineinkomponiert, die bedeutsame Verbindungen stiften. So wird die Ausweglosigkeit, in der sich der Gehetzte befindet, zu der Situation in Beziehung gesetzt, in der sich Beethoven bei der Abfassung seines »Heiligenstädter Testaments« befand. Diese Analogie erwächst aus einem Nebentext, Romain Rollands *Beethoven – die großen Schöpferperioden*, bei dessen Lektüre man anfangs den Kassierer des Konzerthauses angetroffen hatte. Beide, der Kassierer und der Gehetzte, werden durch die *Eroica* miteinander verbunden, und auch die Handlung des Romans setzt Rollands These, die *Eroica* bilde kompositorisch einen Neuanfang in Beethovens Schaffen, gleichsam kontrapunktisch mit dem Schicksal des Gehetzten in Verbindung, der einen Neuanfang suchte und den Tod fand. Im Rahmen der Romankomposition wird die Aussage der Sinfonie darauf reduziert, dass der Trauermarsch den Tod des ›Helden‹ signalisiert. Auch der Gehetzte, so die Botschaft des Textes, starb den Heldentod. Doch endet die *Eroica* bekanntlich nicht mit dem Trauermarsch, sondern enthält, durch das folgende Scherzo und zumal im Finale, die Perspektive einer Überwindung des Todes und einer Fortdauer des Heldentums – nicht des ursprünglich gemeinten Helden, denn dessen Namen, Napoleon, hatte Beethoven vom Titelblatt seiner Sinfonie eliminiert, sondern des Heroismus in seiner allgemeinsten Form. Der historischen Situation wird, im Schaffensprozess der *Eroica* ebenso wie im Roman Carpentiers, ein höherer Sinn verliehen, das jeweils Einzelne in höheren Regionen sublimiert. Dieser Zusammenhang ermöglicht es dem namenlosen Gehetzten, die Gefahr seiner Lebenssituation mit dem Glauben an Gott zu verbinden, obwohl ihm die Worte des »Credo in unum Deum« nicht vollständig in Erinnerung sind. Doch nicht mit dieser angedeuteten Erlösungshoffnung endet der Roman, sondern mit der zynischen Bemerkung eines Polizisten, der den Leichnam des Gehetzten mit dem Fuß anstößt und dabei sagt: »Uno menos«.[43] (Einer weniger.)

Auch Wolfgang Hilbigs Erzählung »Die Angst vor Beethoven« ist ein Werk der Gefährdung. Die Angst, nicht nur dem Titel entsprechend auf Beethoven bezogen, durchzieht den Text insgesamt und führt zu einer Atmosphäre der Bedrohung, die freilich nirgends konkrete Formen annimmt. So erweist sich auch die rudimentäre Handlung gegenüber der Macht des Fantastischen als wenig aussagekräftig: Der Ich-Erzähler, ein erfolgloser Schriftsteller, hat seine Arbeit in einem Heizhaus aufgegeben (der autobiographische Bezug ist offenkundig) und streift ziellos durch sein Wohnviertel. Von seinen literarischen Versuchen enttäuscht, wendet er sich der Natur – konkret den Blumen – und der Musik zu. Für den Rest seines Geldes erwirbt er eine mehr animalisch als vegetarisch erscheinende Pflanze, deren Gegenwart in seinem Zimmer zu fremdartigen und bedrohlichen Wahrnehmungen seitens des Schriftstellers führt. Er glaubt, den Zerfall seiner Manuskripte zu hören, und tatsächlich findet er seinen Schreibtisch aufgebrochen, die Manuskripte verschwunden bis auf eine halbe Seite voller fremder Musikalität. Ein nächtlicher Spaziergang führt ihn zu einem alten Blumenhändler, der glaubt, ihn habe der »Geist Beethovens« um den Verstand gebracht.[44] Als der Alte behauptet, er habe Beethoven persönlich gekannt und dessen Musik inspiriert, ihn, den Erzähler, habe er zum ersten Mal bei einer Judendeportation gesehen, der seine Tochter entkommen sei, doch nur, um von dem Erzähler umgebracht zu werden, scheint diesem klar: der Alte ist wahnsinnig, sonst könnte er nicht jemanden beschuldigen, den Erzähler nämlich, der zur Nazizeit noch ein Kind war. Beethoven habe, so führt der Blumenhändler weiter aus, bei einem Aufenthalt am Kurischen Haff Konzerte komponiert, die weithin unbekannt seien; in den Hallen jener nördlichen Schlösser entspreche die gotische Architektur genau den Linien seiner Musik, und das Meer scheine in das Strömen der Töne einzustimmen. Alle Künstler hätten einer ominösen »Firma« gedient, nur Beethoven nicht. An dieser Stelle, als die Abstrusität auf ihren Höhepunkt zuzulaufen scheint, zeigt sich zwischen Erfindungen und Fiktionen der politische Kern der Geschichte. Als De-Realisierung deutlich erkennbar, steht das Bild Beethovens in diesem Text für den Widerstand gegen ideologische Vereinnahmungen, deren Furchtbarkeit es *ex negativo* zur Erscheinung bringt. Wenn der Auftritt jenes verfremdeten Beethoven einerseits die Fatalität der Fiktionen (auch und gerade der literarischen) offenbart und dadurch Ängste hervorruft, setzt sich andererseits, im Wissen des Lesers, der historische Beethoven gegen alle Vereinnahmungen durch.

Wenn die Beethoven-Darstellungen in der Literatur des 20. Jahrhunderts oftmals die Krisen und Gefährdungen der Epoche aufgreifen, existiert jenseits dieser Traditionslinie eine andere, weitaus weniger dramatische Tendenz, in welcher die Phantasie – ohne die Konnotationen des romantischen Konzepts – zu neuer Wirkung gelangt und nicht selten eigenwillige Konstruktionen generiert. Dieter Kühns *Beethoven und der schwarze Geiger* ist ein Roman der Virtualität. 1813, zehn Jahre, nachdem George Bridgetower die im Autograph als »Sonata mulattica« bezeichnete *Sonate* für Violine und Klavier op. 47 zusammen mit Beethoven uraufgeführt hatte – jene mithin, die später Rodolphe Kreutzer gewidmet wurde und als »Kreutzersonate« in die Musikgeschichte einging – 1813 also schreibt Bridgetower, der »schwarze Geiger«, den Entwurf eines Reiseromans; dieses fiktive Textcorpus bildet den Roman von Dieter Kühn. Eine bunte Gesellschaft – Beethoven, Bridgetower, der Fürst Lichnowsky, dessen Diener Higginbotham und die beiden Damen Charlotte von Trebnitz und Johanna Sartorius – begibt sich auf eine Reise in den Senegal. Der erste Teil des Textes schildert die Seereise, der zweite zunächst den Aufenthalt am Cap Verde, sodann den Ritt ins Innere Afrikas. Beethoven, den Weißen, verbindet nichts mit Afrika; Bridgetower hingegen, der Mulatte, ist auf der Suche nach seiner Vergangenheit, und beider Roman verspricht, ihre gemeinsame Geschichte zu werden: »Der ›Spagniole‹[45] und der Mulatte, der eingedunkelte Weiße und der aufgehellte Schwarze – paßten sie nicht auch sichtbar zusammen«?[46] Schwarz und Weiß bilden auch das im Weiteren für den Text bestimmende Farbmuster: »Beethoven reglos, als lausche er einem Echo nach. Oder: als wolle er von der Klaviatur etwas ablesen, schwarz auf weiß.«[47] Indem die Klaviertasten – virtuell – zu einem Akt des Lesens einladen, wird neben der Musik auch die Schrift evoziert, der Druck eines Textes (des Romans selbst) schwarz auf weiß. Die fiktive Reise nach Afrika, in deren Verlauf sich Beethoven im deftigen rheinischem Platt äußert, führt den virtuellen, erst im Entwurf vorliegenden Bericht von Bridgetower und eine nur vorgestellte Musik zusammen; diese, statt eine bloße Erfindung zu sein, wie es die Fiktion durchaus erlauben würde, trägt deutliche Züge des Beethovenschen Spätwerkes und erfüllt damit eine emanzipatorische Funktion. Der Akt des Schreibens, der Verlauf der Reise und die Dynamik der Beethovenschen Musik finden durch den gemeinsamen Gedanken der Bewegung zu einer prekären Kongruenz – prekär deshalb, weil die Reise, selbst im Rahmen der Fiktion des Textes, nie stattfand. Diese Leerstelle auf der Erzählebene findet ihren Gegenpart in der »Formulierungs-Protuberanz«[48] des literarischen Diskurses. Mit dieser, dem auffälligsten Merkmal des Kühnschen Textes, entsteht, wiederum der Fiktion geschuldet, eine Autonomie des Imaginären, die gerade jene Beschreibungen speist, die Beethovens noch zu schreibender Musik gelten. So entsteht aus der unmittelbaren Sinneserfahrung der Meeresstille ein imaginäres Werk, das Beethoven als »herausfordernd schwierig« empfindet:

> »Eine ganz neue Situation für ihn hier, und wenn er die in Musik übersetzt, müssten ganz neue Klänge und Klangfolgen entstehen. Er müsste bisherige Kompositionsweisen über Bord werfen, sprichwörtlich und konkret.«[49]

Obgleich Beethoven Goethes »Meeresstille und glückliche Fahrt« tatsächlich in Musik setzte, ist das hier konzipierte Werk nicht diesem analog. Vielmehr wird Beethoven zum Komponisten virtueller Werke, darunter, nicht zuletzt, einer »gran opera marittima« mit Odysseus als Hauptfigur, inspiriert von Homers Epos, das Beethoven an Bord der »Southern Cross« liest. Ob dieses Werk, so wie es von Beethoven vorschwebt, indes auf einer Opernbühne zu realisieren wäre, ist alles andere als ausgemacht:

> »Nach diesem Vorspiel auf dem Meer wird Odysseus ins Blickfeld gerudert: er steht am Bug, über der Galionsfigur oder dem Violinkopf – Brischdauer zuliebe. Dieses kleine Schiff des Ulisses könnte mit Palmwedeln und Eiszapfen dekoriert sein – Zeichen für die Welten, die er durchfahren hat.«[50]

Auch Beethoven durchfährt Welten, bei Kühn vor allem die Welt literarischer Fiktion. Der Text nimmt sich die Freiheit der Erfindung und lässt den Komponisten Werke konzipieren, die nie und nirgends geschaffen wurden – außer in dem Roman von Kühn. Falls der musikhistorisch geschulte Leser an solchen Kühnheiten Anstoß nimmt, mag ihm gesagt sein, dass die Fiktion die Wirklichkeit nicht aufhebt, sondern, je nachdem, ergänzt oder überhöht. Eben dies zeigen die literarischen Darstellungen Beethovens in aller Klarheit.

Mit der Faktizität der Geschichte spielt auch Gert Jonke in seiner »Theatersonate« *Sanftwut oder der Ohrenmaschinist*.[51] Beethoven, fast völlig ertaubt, tritt in persona auf und wird in verschiedene Szenen aus seinen späten Jahren eingefügt: die Probleme mit dem Hauspersonal, die willfährigen, aber keineswegs uneigennützigen Hilfestellungen Anton Schindlers, die Verhaftung in der Wiener Neustadt, Pläne für eine musikalische Akademie usw. All dies, von nur quasi anekdotischem Wert, bildet den konkreten Rahmen für eine Metamorphose der Hauptperson, die Beethoven in einen gigantischen Klangkörper transformiert. Als ›Sonate‹ ist *Sanftwut oder der Ohrenmaschinist* ein Klangstück, in dessen Verlauf mehrfach Passagen aus Beethovens op. 106, der »großen Sonate für das Hammerklavier«, aus einem Computerflügel ertönen. Die Beethoven-Figur macht im Stück eine Entwicklung durch, in deren Verlauf zunächst der Kopf zum Resonanzkörper eines Instruments, dann sie selbst zum Körper der Sonate wird:

> »Ich habe mich also nicht nur in ein lebend bewegliches Musikinstrument verwandelt, mein ganzer Corpus zu einem riesigen Ohr geworden, sondern eigentlich bin ich vielmehr der bewegliche Körper meiner Sonate selbst […].«[52]

Jonke schreibt ein Theaterstück über das Hören, das, eine gewisse Paradoxie inklusive, einen Tauben als Hauptfigur auf die Bühne stellt. Was dort, dem Zuschauer vernehmlich, gesprochen wird, hört Beethoven nicht, doch stellt er bei der Beobachtung einer Sonnenfinsternis eine Verbindung zwischen Licht und Schall her, eingefangen in die – wie vieles bei Jonke – dem Wörterbuch fremde Vokabel von der »Schattenechoklanggestalt«. Wie sich Beethoven in Klang verwandelt, nimmt auch die Sprache ihr fremde Formen an, wird sie an den Rand ihrer Möglichkeiten geführt, dorthin, wo eine Art Klanzauber entsteht. Auch sie wird bei Jonke, nicht anders als die Hauptfigur der ›Theatersonate‹, reiner Klang.

Schon zu Lebzeiten hatte Beethoven seinen ›Gang‹ in die Literatur angetreten, der ihn in weite Bereiche der Transzendenz, in die Krisen und Katastrophen der Geschichte und tief in menschliche Erfahrungen führte. Beethovens Welt ist auch eine literarische. Wenn diese nur selten seiner biographischen oder musikalischen Welt getreu ist, zeigen sich darin die Freiheiten und Kühnheiten literarischer Fiktion, welche die Fakten verändert, ja verfremdet, Beethoven und sein Werk aber damit der Geschichte späterer Zeiten und den menschlichen Erfahrungen in ihr verfügbar macht. Als Teil von Beethovens Welt wirkt die Literatur auch an einem weiteren Rezeptionsprozess mit, der sie indes letztlich übersteigt: In einen allgemein kulturellen Kontext eingebettet, entsteht schon zu Lebzeiten des Komponisten ein Mythos.[53] Hier avanciert Beethoven zum Modell für menschliches Leiden und dessen Überwindung durch die Kunst. Dieser Mythos kann im gegebenen Rahmen nicht mehr unser Thema sein; gleichwohl verleiht er Beethovens Welt neue Dimensionen, denn sie wird, in einem nach den Gesetzen der Mythenbildung nicht abschließbaren Prozess[54], immer mehr zu der unsrigen.

Anmerkungen

1 Vgl. hierzu H.-H. Eggebrecht, »Zur Geschichte der Beethoven-Rezeption«, in: ders., *Zur Geschichte der Beethoven-Rezeption*, Laaber 1994, S. 11–112.

2 In: E. T. A. Hoffmann, *Schriften zur Musik; Nachlese*, hrsg. von F. Schnapp, München 1963, S. 34–51, hier S. 34.

3 In: E. T. A. Hoffmann, *Fantasie- und Nachtstücke*, München 1976, S. 41–49.

4 Ebenda, S. 41

5 Ebenda, S. 43.

6 Vgl. von der Verfass., Artikel »Sehnsucht«, in: *Historisches Wörterbuch der Philosophie*, hrsg. von J. Ritter † und K. Gründer, Bd. 9, Basel 1995, Sp. 165–168.

7 E. T. A. Hoffmann, »Beethovens Instrumentalmusik«, S. 44.

8 Ebenda, S. 43.

9 Die Entstehungsgeschichte des Zyklus enthält einige Unsicherheiten; vgl. dazu den Kommentar der Werkausgabe (wie Anm. 10), S. 1110f.

10 C. Brentano, *Werke*, hrsg. von W. Frühwald, B. Gajek u.a., Bd. 1: *Gedichte, Romanzen vom Rosenkranz*, 2. Aufl. München 1978, S. 308–311, hier S. 311.

11 Ebenda, S. 309.
12 Ebenda, S. 308.
13 F. Grillparzer, *Sämtliche Werke, ausgewählte Briefe, Gespräche, Berichte*, 4 Bde., München 1960–1965, Bd. 1, S. 174–178.
14 Ebenda, S. 301.
15 H. Berlioz, *A travers champs*, 3. Aufl. Paris 1880. A travers champs bedeutet »durch die Wälder«, kann aber auch, gestützt auf die Homophonie von champs und chants, als »durch die Lieder« verstanden werden.
16 Ebenda, S. 33. (Übersetzung von der Verfass.)
17 G. Sand, »La symphonie pastorale de Beethoven« in : dies., *Œuvres autobiographiques*, hrsg. von G. Lubin, 2 Bde., Bd. 2, Paris 1971, S. 610–614 (Der Text stammt aus den zu Lebzeiten der Autorin nicht veröffentlichten »Scetches and Hints«).
18 Ebenda, S. 923.
19 Der entsprechende Text, entstanden 1940, erschien postum in der Zeitschrift *Les Annales* am 15. März 1914. Er wird mitgeteilt in dem Artikel von J. Réande, »Beethoven et les écrivains français de son temps«, in: Europe 48, Nr. 498, 1970, S. 54–77, hier S. 65–67.
20 Ebenda, S. 67.
21 V. Hugo, *William Shakespeare*, Paris 2. Aufl. 1867, S. 76.
22 H. de Balzac, *Histoire de la grandeur et de la décadence de César Birotteau*, in: ders., *La comédie humaine* VI : *Etudes de mœurs. Scènes de la vie parisienne*, hrsg. von P.-G. Castex, Paris 1977, S. 179.
23 Ebenda, S. 311.
24 H. de Balzac, »Gambara«, in: ders., *La comédie humaine* X: *Etudes philosophiques*, hrsg. von R. Guise, Paris 1979, S. 439–516.
25 Ebenda, S. 493.
26 W. Odojewski, *Russische Nächte*, hrsg. von K. Städtke, Berlin 1987, S. 141–158.
27 Ebenda, S. 141.
28 Ebenda, S. 142.
29 Ebenda, S. 145.
30 R. Wagner, »Eine Pilgerfahrt zu Beethoven«, in: ders., *Dichtungen und Schriften*. Jubiläumsausgabe in 10 Bdn., hrsg. von D. Borchmeyer, hier Bd. 5: *Frühe Prosa und Revolutionstraktate*, Frankfurt am Main 1983, S. 86–112, hier S. 87.
31 Ebenda, S. 109.
32 A. Gide, *La symphonie pastorale*, in: Ders., *Romans. Récits et soties. Œuvres lyriques*, hrsg. von Y. Davert und J.-J. Thierry, Paris 1958, S. 875–930, hier S. 894.
33 Ebenda, S. 895.
34 Ebenda.
35 L. N. Tolstoij, *Die Kreutzersonate*. Erzählung, 4. Aufl. München 1993, S. 82.
36 Ebenda.
37 A. Huxley, *Point counter point*, Leipzig 1937, S. 228f.
38 Ebenda, S. 387.
39 Th. Mann, *Doktor Faustus*, in: ders., *Gesammelte Werke* I-XII, VI, Frankfurt am Main 1960, S. 71.
40 Ebenda, S. 480.
41 Ebenda, S. 90.
42 Der Titel bedeutet ›der Gehetzte‹. Deutsche Ausgaben sind *Finale auf Kuba* (München 1960) oder *Hetzjagd* (Leipzig 1966) betitelt.
43 A. Carpentier, *El acoso*, Madrid 1983, S. 158.
44 W. Hilbig, *Die Angst vor Beethoven*, Frankfurt am Main 1985, S. 47.
45 Dieter Kühn spielt darauf an, dass Beethoven in Bonn wegen seines tiefschwarzen Haares und seiner gedrungenen Gestalt als ›Spagniolo‹ bezeichnet wurde – was angesichts der Herkunft der Familie aus den ursprünglich spanischen Niederlanden einleuchtend ist.
46 D. Kühn, *Beethoven und der schwarze Geiger*, Frankfurt am Main 1990, S. 238.

47 Ebenda, S. 293; Hbg. A.C.-H.
48 Ebenda, S. 311.
49 Ebenda, S. 207.
50 Ebenda, S. 221.
51 Im Folgenden zitiert nach der Ausgabe Salzburg 1990. Das Stück wurde am 25. Juni 1990 in Graz uraufgeführt und seither mehrfach im Rundfunk gesendet.
52 Ebenda, S. 59.
53 Vgl. von der Verfass. *Testament und Totenmaske. Der literarische Mythos des Ludwig van Beethoven*, Hildesheim 2000.
54 Vgl. ebenda, S. 22f.

Beethoven und die Bildende Kunst

Von Silke Bettermann

Kaum ein Musiker wurde nach seinem Tod ähnlich oft von bildenden Künstlern abgebildet wie Ludwig van Beethoven. Dass Beethoven als Person für den modernen Betrachter zu einer Art »kultureller Ikone« geworden ist, hat – abgesehen vom überzeitlichen Wert seiner Musik – auch mit diesem Interesse der bildenden Kunst zu tun. So werden mit Beethoven heute im allgemeinen Bewusstsein eine Reihe anscheinend eindeutiger ikonographischer Charakteristika verbunden, die ihn immer und sofort erkennbar werden lassen und sein Bild für alle Bereiche der bildenden Kunst (bis hin zu Design und Werbung, Kitsch und Karikatur) verwendbar machen.

Den Ausgangspunkt für jede Beschäftigung mit Beethoven in der bildenden Kunst bilden naturgemäß diejenigen Darstellungen des Komponisten, die bereits zu seinen Lebzeiten entstanden sind und für sich die Besonderheit gewünschter oder tatsächlich erreichter Porträtähnlichkeit beanspruchen. Jedoch ist bereits bei vielen dieser Graphiken, Gemälde und Plastiken eine eindeutige Tendenz zur Interpretation und zur Idealisierung festzustellen, wie sie etwa ein Vergleich der Lebendmaske Beethovens aus dem Jahr 1812 mit der nach ihr von Franz Klein angefertigten Büste bereits ganz deutlich macht. Denn der Bildhauer nutzte die Notwendigkeit, die Abformung des Gesichtes im Bereich der Augen und Haare überarbeiten zu müssen, zur künstlerischen Interpretation. So schuf er durch die Modellierung einer bewegten, üppigen Frisur ein Motiv, mit der er auf das temperamentvolle Wesen Beethovens hinweisen konnte. Auch die großen, weit geöffneten Augen sind Kleins Zutat, durch die er Beethovens geistige Inspiration ausdrücken wollte.

Vergleichbare Ansätze, bei einem Porträt über die realitätsnahe Abbildung Beethovens hinauszugehen und ihn statt dessen als einen besonders inspirierten Künstler in einer eigenen Welt zu interpretieren, finden sich auch beim Beethoven-Porträt von Joseph Karl Stieler. Dieses stellt – neben der Zeichnung August von Kloebers – eines der beiden im 19. und 20. Jahrhundert beliebtesten Beethoven-Bilder dar und wurde seit seiner Entstehung häufig kopiert, variiert und karikiert. Als einziges der noch zu Lebzeiten Beethovens entstandenen Porträts enthält dieses Bild einen Hinweis auf die Tätigkeit des Komponierens, es will also Beethoven unmittelbar als geistig schaffenden Denker zeigen. Dafür griff Stieler im Typus der Darstellung mit dem nach oben gewandten Blick Beethovens und seiner Haltung auf traditionelle Vorbilder zurück, die in der christlichen Kunst für die Wiedergabe der vier Evangelisten oder der Kirchenväter entwickelt worden waren. Auch die exotische Kleidung und die üppige Haarmasse sind Floskeln, mit denen Stieler auf die geistige Freiheit des Dargestellten anspielt. Einen besonderen Hinweis auf das romantische Künstlerideal, das in diesem Bild mit Beethoven verbunden wird, bietet der waldähnliche Hintergrund, vor den der Komponist gesetzt ist. Damit wird auf die besondere Bedeutung der Natur als Inspirationsquelle für einen Künstler der Romantik angespielt und diese Vorstellung zugleich mit dem bereits in der 1. Hälfte des 19. Jahrhunderts in Anekdoten und Erinnerungen entwickelten Mythos vom naturverbundenen Beethoven kombiniert.

Die gedankliche Verbindung von Natur und Kunst – respektive Natur und Künstler – kennzeichnet nicht nur dieses Bild, sondern auch einen großen Teil der im mittleren 19. Jahrhundert entstandenen, interpretierenden Beethoven-Porträts. So finden sich, einsetzend mit Franz Hegis (1774–1850) und Johann Peter Lysers (1803–1870) Darstellungen des in der Natur komponierenden Meisters eine Fülle freier und zumeist ganz und gar phantasievoller Kompositionen, die dieses Thema aufgreifen, wie Paul Leyendeckers (1842–1891) Gravüre, die Beethovens Begegnung mit einem Trauerzug in der Natur zeigt, Moritz van Eykens (1865 – vor 1915) *Beethoven am Alsbach*, Rudolf Hausleithners (1840–1918) *Beethovens Weltflucht* oder Max Wulffs (* 1871) *Beethoven im Sturm*. Das Thema kann sich zwar bis in die erste Hälfte des 20. Jahrhunderts einer gewissen Attraktivität erfreuen, verliert jedoch seit dem letzten Viertel des 19. Jahrhunderts an Bedeutung.

In dieser Zeit gewann stattdessen das Thema »Beethoven und die Frauen« besondere Beliebtheit. In diesem Genre finden sich sowohl biedermeierlich anmutende Wiedergaben beliebter Anekdoten, etwa zur Entstehung der *Mondscheinsonate*, als auch an den Grenzen zur Alltagskunst angesiedelte Darstellungen junger Mädchen als Verehrerinnen des Komponisten. Eher überhöhend und glorifizierend wird dieses Sujet in einer Reihe von Darstellungen aufgegriffen, die Beethovens musikalische Inspiration in Verbindung mit dem Motiv der Musen bringen. So werden Allegorien und Personifikationen der Musik als Zutat an den verschiedenen Beethoven-Denkmälern verwendet, oder Musen erscheinen als entrückte Traumgestalten in Szenen, die Beethoven beim Komponieren zeigen, wie in den Darstellungen von Rudolf Eichstaedt (1857–1924) und Franz Stassen (1869–1949). Auch in Friedrich Geselschaps (1835–1898) großformatiger Darstellung der Geburt Beethovens, die die Traditionen christlicher und profaner Ikonographie miteinander verbindet, sind Musen anwesend.

Abgesehen von den beiden erwähnten Themen existiert eine breite Palette von Szenen aus dem Leben Beethovens, für die sich bildende Künstler interessierten. »Beethoven am Schreibtisch«, »Beethoven am Klavier«, »Beethoven als Kind«, »Beethoven in Gesellschaft«, »Beethoven und Goethe in Teplitz« sind die beliebtesten. Sie alle spiegeln in ihrer Themenwahl und in der Form der Darstellung die Mythen wider, die sich um die Person des Komponisten bereits im Verlauf des 19. Jahrhunderts entwickelt hatten. Als Beispiele seien hier nur die wohl von Théodore Gérard (1829–1895) stammende Darstellung Beethovens, der als Kind alleine in der ärmlichen elterlichen Wohnung am Klavier sitzt, genannt oder die beliebte Darstellung Carl Röhlings (1849–1922), in der Beethoven beim Spaziergang in Teplitz mit hocherhobenem Haupt an Fürsten und Königen vorübergeht, während Goethe zur Seite tritt und sich verbeugt.

Unbeugsamkeit, Freiheitsliebe und Einsamkeit sind die Vorstellungen, die die Darstellung Beethovens in der Spätromantik am stärksten geprägt haben. Sie finden ihren ersten Niederschlag im Bonner Beethoven-Denkmal von Ernst Julius Hähnel (1811–1891) aus dem Jahr 1845, das den Komponisten einsam und zum Himmel blickend mit betont energischer, fast grimmiger Miene zeigt. Verstärkt sind solche Ideen dann etwa im Wiener Beethoven-Denkmal Caspar Zumbuschs (1830–1915) greifbar oder in Joseph Adolf Langs (1873 – vor 1928) Radierung, die Beethoven hoch über den Menschen einsam in den Wolken thronend zeigt. Ihren Höhepunkt findet diese Sicht des übermenschlichen Künstlers schließlich in Max Klingers Beethoven-Statue, die ganz explizit die Verbindung zwischen Beethoven, den Göttern des Olymp und christlichen Erlösungsgedanken schafft. Während Klinger noch mit den ikonographischen Elementen und Bildformeln des 19. Jahrhunderts arbeitete, verzichteten die expressionistischen Bildhauer der folgenden Generation ganz auf derartige Attribute und reduzierten die Darstellung Beethovens auf die lebendig und expressiv gestaltete Büste oder Figur des Komponisten. Sie wollen den Betrachter stattdessen durch eine gesteigerte Ausdruckskraft des Gesichtes oder der Haltung und das wild bewegte Haar ansprechen. Als Beispiele seien hier die Plastiken Emile Antoine Bourdelles, Gustav Vigelands (1869–1943) oder Naoum Aronsons (1873–1943) genannt.

Mit den spätromantischen Darstellungen fand die interpretierende Umsetzung Beethovens in der bildenden Kunst einerseits ihren Höhepunkt, andererseits aber auch ihren vorläufigen Abschluss. Denn die bildende Kunst des 20. Jahrhunderts wandte sich – anscheinend im Besitz des Wissens darum, wie eine Darstellung Beethovens auszusehen hatte –, vorwiegend dem Spiel mit dem Bekannten zu. Immer wieder griff man auf die Schemata älterer Beethoven-Darstellungen zurück, insbesondere auf die Lebend- und die Totenmaske des Komponisten, auf die Porträts Stielers und Kloebers oder auf die ganzfigurigen Darstellungen Lysers und Martin Tejbeks (1780–1847). So finden sich spielerische und ernsthafte Verarbeitungen der anerkannten Vorbilder in Form moderner Porträts – z.B. von Raymond Lefèvre (* 1945), Klaus Otto Quirini (* 1944) oder Ulrich Klieber (* 1953) –, als Spiel mit dem Notentext Beethovenscher Musik – wie bei Andy Warhol (1928–1987) und Thomas Bayrle (* 1937) – oder als

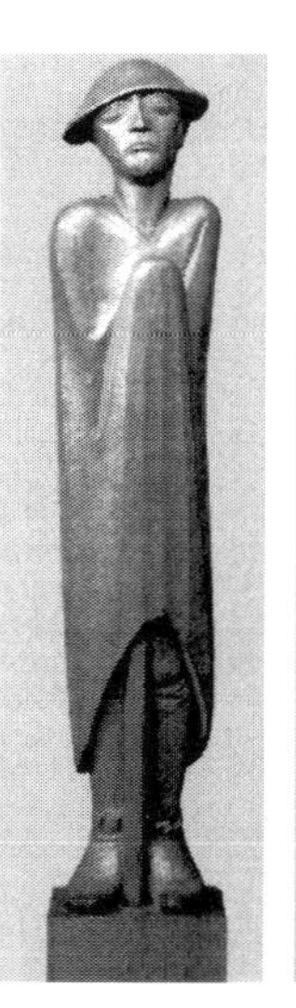

Ernst Barlach, »Die Lauschenden«, Holzmodell für ein 1927 in Hamburg geplantes Beethoven-Denkmal (Ausschnitte). Die Pilgerin, die Tänzerin, der Wanderer und der Empfindsame.

humoristische Umdeutung – etwa bei Michael Matthias Prechtl (* 1926). Sogar das 1986 geschaffene Beethoven-Denkmal von Klaus Kammerichs (* 1933) verwendet als Ausgangspunkt das Porträt von Stieler und spielt mit den verschiedenen Sichtweisen, die durch die dreidimensionale Umsetzung des Gemäldes möglich werden. Auch Darstellungen, die sich mit der Frage der Bedeutung Beethovens für die Gegenwart auseinandersetzen, wie Horst G. Loewels (* 1939) *Erscheinung Beethovens über einem schwarzen Flügel in imaginärer Feuerlandschaft*, greifen auf die vertrauten Bildfloskeln zurück, um verstanden zu werden.

Daneben entwickelte sich im 20. Jahrhundert seit Johann Miedemas (1870–1952) zwischen 1910 und 1920 entstandener Kreidezeichnung *Appassionata* ein neues Interesse für die Umsetzung Beethovenscher Musik in der Bildenden Kunst, das zu zahlreichen Experimenten in der Bildenden Kunst führte.

Der Überblick über die Geschichte der Darstellung Beethovens in der bildenden Kunst macht deutlich, wie die Person des Komponisten im 19. und 20. Jahrhundert zum allgemein verfügbaren kulturellen Besitz der anglo-europäischen Welt wurde. Nach wie vor stellt das Thema »Beethoven« für bildende Künstler eine Herausforderung dar, der man sich mit durchaus unterschiedlichem Erfolg zuwendet, und bietet damit für die Kunstgeschichte umfangreiches Material für weitere Überlegungen und Untersuchungen.

Literatur

R. Cadenbach, *Mythos Beethoven*, Laaber 1986 • A. Comini, *The Changing Image of Beethoven*, New York 1987 • S. Bettermann, »Ludwig van Beethoven in der bildenden Kunst des 19. und 20. Jahrhunderts«, in: *Erlebnis Musik – Ludwig van Beethoven »Missa solemnis«*, Mainz 2005, S. 113–132.

Anhang

Die Autoren

Hans Aerts studierte Musikwissenschaft an der Katholischen Universität Leuven (Belgien) und an der Technischen Universität Berlin sowie Musiktheorie an der Universität der Künste Berlin. Von 2000 bis 2010 unterrichtete er Musiktheorie und Gehörbildung an verschiedenen Institutionen in Berlin, u.a. an der Universität der Künste. Seit 2010 ist er Dozent für Musiktheorie an der Hochschule für Musik Freiburg und seit 2013 wissenschaftlicher Mitarbeiter am Musikwissenschaftlichen Seminar der Albert-Ludwigs-Universität Freiburg.

Klaus Aringer ist Universitätsprofessor für historische Musikwissenschaft und Vorstand des Instituts Oberschützen der Kunstuniversität Graz. Er studierte Musikwissenschaft, Geschichte und ältere deutsche Sprache und Literatur an der Ludwig-Maximilians-Universität München (M.A. 1992 und Dr. phil. 1997). Zwischen 1995 und 2005 war er wissenschaftlicher Assistent an der Eberhard-Karls-Universität Tübingen, wo er sich 2003 für das Fach Musikwissenschaft habilitierte. Gastweise lehrte er auch an den Universitäten Graz und Wien. Er war Vizepräsident der Johann Joseph Fux-Gesellschaft Graz und gehört seit 2006 der Jury zur Vergabe der Forschungspreise des Landes Steiermark an. Seine Vorträge und Publikationen reichen von der Musik des Mittelalters bis in das 20. Jahrhundert; Schwerpunkte bilden Johann Sebastian Bach, die Wiener Klassiker, Geschichte der Instrumentation und Instrumentationslehre sowie aufführungspraktische Fragen. Bücher: *Die Tradition des Pausa- und Finale-Schlusses in den Klavier- und Orgelwerken von J. S. Bach*, Tutzing 1999; *Frühe Mörike-Vertonungen 1823–1856*, München 2004 (Edition und Kommentar); *»der beliebteste, der gespielteste und genossenste Tonkünstler«. Studien zum Werk Ignaz Joseph Pleyels* (Hrsg.), Hildesheim 2015; *Johann Joseph Fux – der Komponist* (Hrsg.), Graz 2015; *Zoltan Kodálys Kammermusik* (Hrsg.) Wien 2015; *50 Jahre Expositur und Institut Oberschützen* (Hrsg.), Oberschützen 2015; *Geschichte und Gegenwart des musikalischen Hörens* (Hrsg. zusammen mit Franz Karl Praßl, Peter Revers und Christian Utz), Freiburg im Breisgau 2017.

Silke Bettermann wurde 1958 geboren. 1980–1983 Ausbildung zur Diplom-Bibliothekarin für den gehobenen Dienst an öffentlichen Bibliotheken, anschließend Berufstätigkeit als Bibliothekarin. 1984–1991 Studium der Fächer Kunstgeschichte, Klassische Archäologie und Islamische Kunstgeschichte an der Rheinischen Friedrich-Wilhelms-Universität Bonn; 2004 Promotion zum Dr. phil. an der Technischen Universität Darmstadt. Seit 1992 freiberufliche Dozentin und Autorin im Bereich der Erwachsenen-Bildung; seit 1997 Projektmitarbeiterin des Beethoven-Hauses Bonn (Bereich Sonderausstellungen und kunsthistorische Erschließung der Sammlungsbestände). 2012

Veröffentlichung einer Monographie zur Darstellung Ludwig van Beethovens in der bildenden Kunst beim Verlag Beethoven-Haus Bonn. Seit Sommer 2015 Projektmitarbeiterin des Mittelrhein-Museums Koblenz für die Neugestaltung des Mutter-Beethoven-Hauses in Koblenz-Ehrenbreitstein.

Knud Breyer wurde 1967 in Hamburg geboren. Er studierte Musikwissenschaft, Philosophie und Neuere Deutsche Philologie an der Technischen Universität Berlin, wo er auch mit einer Arbeit über Johannes Brahms' kompositorische Auseinandersetzung mit Musikgeschichte unter besonderer Berücksichtigung des späten Klavierwerks promoviert wurde. Er ist wissenschaftlicher Mitarbeiter der Hanns-Eisler-Gesamtausgabe an der Freien Universität Berlin und der Erich-Schmid-Edition an der Zürcher Hochschule der Künste. Für den Laaber-Verlag war er als Autor beteiligt an: *Beethoven-Lexikon* (2008), *Lexikon der Systematischen Musikwissenschaft* (2010), *Johannes Brahms. Interpretationen seiner Werke* (2013) und *Felix Mendelssohn-Bartholdy. Interpretationen seiner Werke* (2016).

Günter Brosche studierte an der Universität Wien Theater- und Musikwissenschaft. 1962 Dr. phil. Langjährige Instrumentalstudien (Violine, Klavier, Orgel) an der Akademie für Musik und Darstellende Kunst und am Konservatorium in Wien. Seit 1964 Tätigkeit in der Österreichischen Nationalbibliothek, 1981–2002 Direktor deren Musiksammlung und Leiter des Instituts für Österreichische Musikdokumentation (redaktionelle Betreuung von mehr als 50 Dokumentationsheften über österreichische Komponisten des 20. Jahrhunderts), 1984 Hofrat; ab 1. Juli 2002 Direktor in Pension. Seit 1975 Generalsekretär der Internationalen Richard Strauss-Gesellschaft und Redakteur der *Richard Strauss-Blätter* (68 Hefte), ab 2009 fortgesetzt als *Richard Strauss-Jahrbuch*, ab 1997 Universitätslektor am Institut für Musikwissenschaft der Universität Wien (Bibliotheks- und Archivkunde). Zahlreiche Publikationen zur österreichischen Musikgeschichte des 17. bis 20. Jahrhunderts mit den Schwerpunkten Beethoven, Bruckner, Richard Strauss und Musiksammlung der Österreichischen Nationalbibliothek. Herausgeber der Reihen *Publikationen des Instituts für Österreichische Musikdokumentation* (34 Bände), *Katalog der Sammlung Anthony van Hoboken* (abgeschlossen mit 17 Bänden) und *Musica manuscripta* (7 Bände).

Eleonore Büning wurde in Frankfurt am Main geboren und wuchs in Bonn auf. An der Freien Universität Berlin studierte sie Musik-, Theater- und Literaturwissenschaften und war dort von 1973 bis 1976 wissenschaftliche Mitarbeiterin am Musikwissenschaftlichen Institut. 1989 Dissertation über *A. B. Marx und Beethoven in der Berliner Allgemeinen Musikalischen Zeitung (1824–1830)*. Seit 1978 Veröffentlichung von Aufsätzen in Musikfachzeitschriften, seit 1983 schrieb sie für die Berliner *Tageszeitung*, später auch für die *Weltwoche* in Zürich und den *Rheinischen Merkur*. 1994 Musikredakteurin im Feuilleton der *Zeit*, 1997 der *Frankfurter Allgemeinen Zeitung*, seit 2008 der *Frankfurter Allgemeinen Sonntagszeitung*. Zudem moderiert sie Musiksendungen im WDR. Seit 2011 Vorsitzende des *Preises der deutschen Schallplattenkritik*.

Joanna Cobb Biermann ist Professorin für Musikwissenschaft an der University of Alabama (Tuscaloosa), zuvor (2003–2005) war sie an der Indiana University School of Music (Bloomington). 1998–2003 wissenschaftliche Mitarbeiterin am Beethoven-Archiv in Bonn. Studium am Barnard College und an der Columbia University in New York, Promotion an der Universität Bonn. Edierte die Klavierstücke Beethovens für die *Neue Gesamtausgabe*. Zahlreiche Veröffentlichungen zu Beethoven, insbesondere über die *Gellert-Lieder* op. 48, *Christus am Ölberge*, *Egmont*, *Fidelio* und über die Volksliedbearbeitungen. Mitherausgeberin der *Bonner Beethoven-Studien* und Mitorganisatorin der Tagungsreihe *New Beethoven Research*. Weitere Forschungsschwerpunkte: die frühe deutsche Sinfonik und Musik im Nazi-Deutschland.

Nicholas J. Chong ist Assistant Professor für Musikwissenschaft an der Mason Gross School of the Arts der Rutgers University (New Brunswick [New Jersey]). Zuvor lehrte er sowohl Musikgeschichte als auch Ideengeschichte an der Columbia University in New York, wo er auch seine philosophische Dissertation über Beethovens Beziehung zum deutschen Katholizismus im späten 18. und frühen 19. Jahrhundert beendete. Zurzeit bereitet er seine Dissertation zum Druck vor. Über seine Arbeit über Beethoven hinaus veröffentlichte er einen Artikel über Mozarts *Don Giovanni*. Seine weiteren Forschungen konzentrieren sich auf die Geschichte geistlicher Musik, vor allem jener des 19. Jahrhunderts.

Angelika Corbineau-Hoffmann, geboren 1949, Prof. em. für Allgemeine und Vergleichende Literaturwissenschaft und Literaturtheorie der Universität Leipzig. Arbeitsschwerpunkte (mit entsprechenden Buchveröffentlichungen): Theorie und Didaktik der Literaturwissenschaft und der Komparatistik, Metropolen in der Literatur, der literarische Beethoven-Mythos, das Werk Marcel Prousts, Theorie literarischer Kontextualität.

Peter Claus Hartmann, geboren 1940 in München, studierte in München und Paris Geschichte. 1967 Promotion in München, 1969 weiteres Doktorat in Paris, 1976 Habilitation für Mittlere und Neuere Geschichte in München. 1970–1981 wissenschaftlicher Mitarbeiter am Deutschen Historischen Institut in Paris. 1982–1988 Professor für Neuere Geschichte und Bayerische Landesgeschichte an der Universität Passau, 1988–2005 Professor für Allgemeine und Neuere Geschichte an der Universität Mainz. Danach Rückkehr nach München, dort seit 2009 Dozent beim Seniorenstudium an der Ludwig-Maximilians-Universität.

Zahlreiche Veröffentlichungen, darunter ca. 30 Monographien wie *Geld als Instrument europäischer Machtpolitik* (1978), *Französische Verfassungsgeschichte der Neuzeit* (1450–2002) (^{2}2003), *Bayerns Weg in die Gegenwart* (^{3}2012), *Geschichte Frankreichs* (^{5}2015), *Kulturgeschichte des Heiligen Römischen Reiches* (^{2}2011), *Die Jesuiten* (^{2}2008), *Münchens Weg in die Gegenwart* (2008).

Nicole Kämpken, geboren 1968, Studium der Musikwissenschaft, Germanistik und Philosophie in Bonn, 1994 Magister Artium, 1999 Promotion. 1993–1999 verschiedene

Tätigkeiten im Max-Reger-Institut Bonn/Karlsruhe, seit 1995 Mitarbeiterin des Beethoven-Hauses Bonn, seit 2004 wissenschaftliche Mitarbeiterin und Co-Kuratorin der Sonderausstellungen des Museums, seit 2016 Projektleiterin der Neugestaltung des Museums zu Beethovens 250. Geburtstag, seit 2018 Leiterin des Museums Beethoven-Haus.

Burkhard Meischein, geboren in Bochum, studierte Schulmusik, Musikwissenschaft, Germanistik und Philosophie in Detmold, Bochum und Berlin. Promotion mit einer Arbeit über die Orgelwerke Max Regers an der Technischen Universität Berlin, Habilitation an der Humboldt-Universität mit einer Schrift über die Geschichte der Musikgeschichtsschreibung. Redakteur der Ausgabe der Schriften von Carl Dahlhaus, dann Wissenschaftlicher Mitarbeiter an der Hochschule für Musik Carl Maria von Weber Dresden. Privatdozent an der Humboldt-Universität zu Berlin und zurzeit Lehrstuhlvertretung an der Technischen Universität Dresden.

Daniil Petrov, geboren 1973, Studium der Musikwissenschaft, Promotion 1999. Dozent des Moskauer Tschaikowsky-Konservatoriums (Abteilung der Geschichte der russischen Musik), wissenschaftlicher Mitarbeiter des Staatlichen Instituts für Kunstforschung (Moskau). Publikationen zur Musik des 19. und 20. Jahrhunderts, musikalischen Textkritik, Geschichte der Musikwissenschaft.

Siegbert Rampe, geboren 1964 in Pforzheim, studierte Cembalo, Orgel, Klavier, Hammerklavier und Komposition u.a. bei Kenneth Gilbert, Ton Koopman, Ludger Lohmann und Helmut Lachenmann in Stuttgart, Amsterdam und Salzburg. 1997–2012 Professor für Alte Musik und historische Tasteninstrumente an der Folkwang-Hochschule Essen, Universität Mozarteum Salzburg und Arizona State University in Tempe/Phoenix (USA).

Als Solist (Cembalo, Hammerklavier und Orgel) und Dirigent zusammen mit dem 1988 von ihm gegründeten Barockorchester *Nova Stravaganza* (vormals *La Stravaganza Hamburg*) weltweite Konzerttätigkeit und mehr als 80 CDs (EMI und MDG), die regelmäßig ausgezeichnet werden, allein viermal mit dem *Echo Klassik*, welchen zuletzt die erste Gesamteinspielung der Claviermusik Mozarts erhielt. Mehrere hundert Veröffentlichungen zur Musikgeschichte sowie zum Instrumentarium und zur Aufführungspraxis der Musik des 15.–19. Jahrhunderts, darunter zahlreiche Bücher u.a. über Johann Sebastian und Carl Philipp Emanuel Bach, Beethoven, Händel, Mozart, Telemann und Vivaldi sowie über 40 Bände wissenschaftlicher Gesamtausgaben mit älterer Tastenmusik von Sweelinck bis Mozart, die fast alle im Bärenreiter- und Laaber-Verlag erschienen.

Christoph Riedo studierte Geschichte und Musikwissenschaft in Fribourg, Bern und Padua. Er nahm von 2005 bis 2010 am Schweizer Nationalfondsprojekt »Musik aus Schweizer Klöstern« teil, woraus eine Dissertation zur liturgischen Musik in Mailand im 18. Jahrhundert entstand. In den Jahren 2011–2013 war er Dozent am Musikwissenschaftlichen Institut der Universität Fribourg und von 2012 bis 2014 forschte er am Nationalfondsprojekt »Liedflugschriften in der Alten Eidgenossenschaft (1500–1800): Ein musikalisches Massenkommunikationsmittel«. Ein Postdoc-Stipendium (2015–

2016) erlaubt es ihm derzeit, sich an der Sammlung Alter Musikinstrumente in Wien und an der Harvard University, Cambridge (Massachusetts), mit der Violinmusik im 17. Jahrhundert zu beschäftigen.

Parallel und nach seinem universitären Studium studierte Christoph Riedo Barockgeige in Basel, Genf und Mailand und ist als Musiker in verschiedenen Ensembles der historisch informierten Aufführungspraxis aktiv. Daraus resultierten zahlreiche CD-Einspielungen.

Albrecht Riethmüller war nach Studium und Assistentenzeit an der Universität Freiburg i.Br. (Promotion 1974, Habilitation 1984) ordentlicher Professor für Musikwissenschaft zunächst 1986–1992 an der Goethe-Universität Frankfurt am Main und seither an der Freien Universität Berlin. Er ist Mitglied der Akademie der Wissenschaften und der Literatur, Mainz, sowie Corresponding Member der American Musicological Society. 1999 erhielt er den John G. Diefenbaker Award des Canada Council for the Arts. Neben der Musikgeschichte seit der europäischen Aufklärung und der griechischen Antike gehören zu seinen Arbeits- und Publikationsschwerpunkten musikalische Terminologie, Musikästhetik, Filmmusik, das Verhältnis von Musik und Literatur sowie von Musik und Politik. Seit 2000 ist er Herausgeber der Zeitschrift *Archiv für Musikwissenschaft*.

Eckhard Roch, geboren am 10. Juli 1955 in Reinsberg (Sachsen), studierte 1976–1983 Musikwissenschaft an der Humboldt-Universität zu Berlin und 1985–1992 Katholische Theologie am Philosophisch-Theologischen Studium Erfurt. Seit Wintersemester 2007/08 lehrt er als Professor am Musikwissenschaftlichen Institut der Universität Würzburg mit dem Schwerpunkt Systematische Musikwissenschaft. Veröffentlichungen zur Musikgeschichte (insbesondere Richard Wagner und Gustav Mahler), Musikästhetik, Musikphilosophie, Musiktheorie und Musiksoziologie der griechischen Antike und des 17. bis 20. Jahrhunderts.

Maria Rößner-Richarz studierte Geschichtswissenschaft, politische Wissenschaft und Philosophie an der Otto Friedrich-Universität Bamberg und der Rheinischen Friedrich Wilhelms-Universität Bonn, 1990 Promotion zum Dr. phil. Wissenschaftliche Mitarbeiterin in Editionsprojekten zur Geschichte der Frühen Neuzeit; Staatsexamen für den höheren Archivdienst; freie wissenschaftliche Mitarbeiterin in der Archivpflege (Adelsarchive); seit 2010 am Beethoven-Haus in Bonn (Archivarin des Vereins Beethoven-Haus). Fachliche Schwerpunkte: Buchgeschichte Frühdruckzeit, Geschichte der Frühen Neuzeit, Rechts-, Medizin- und Alltagsgeschichte, Historische Hilfswissenschaften, Biographik.

Julia Ronge studierte Musikwissenschaft und Geschichte an der Julius-Maximilians-Universität Würzburg und an der Université Paris IV (Sorbonne), Abschluss in Paris mit einer Maîtrise de Musicologie. Danach Aufbaustudium Interdisziplinäre Frankreichstudien und Interkulturelle Kommunikation an der Universität des Saarlandes, Saarbrücken; Abschluss mit Diplom. 2010 Promotion an der Technischen Universität Berlin mit einer Arbeit über Beethovens Lehrzeit, Kompositionsstudien bei Joseph Haydn, Johann Georg Albrechtsberger und Antonio Salieri. Seit 2002 wissenschaftliche Mitarbeiterin im Beethoven-Haus Bonn. Herausgeberin von Beethovens Kompositionsstudien im Rahmen der neuen Beethoven-Gesamtausgabe (NGA XIII/1). Mitherausgeberin des neuen Beethoven-Werkverzeichnisses, das 2014 erschienen ist.

Tilman Skowroneck, gebürtiger Bremer, studierte Cembalo bei Bob van Asperen, Anneke Uittenbosch, Ton Koopman und Gustav Leonhardt und Fortepiano bei Malcolm Bilson. Zwischen 1991 und 2006 war er Cembalist und Fortepianist im schwedischen Barockensemble *Corona Artis*, mit dem er in einer Vielzahl von Konzertproduktionen und in Radio-, Fernseh- und CD-Produktionen mitwirkte. Skowroneck arbeitet als freiberuflicher Musiker, Musikwissenschaftler und Übersetzer. Er ist Herausgeber des Newsletter vom Westfield Center (Ithaca, New York) und wissenschaftlicher Berater im Research Cluster *Declassifying the Classics* am Orpheus Instituut in Gent (Belgien). Sein Buch *Beethoven the Pianist* wurde 2010 veröffentlicht. Ein weiteres Buch über den Wiener Klavierbau im frühen 19. Jahrhundert ist in Vorbereitung.

Nicole K. Strohmann Studium der Schulmusik, Musikwissenschaft, Musikpädagogik und Erziehungswissenschaft an der Folkwang Universität der Künste Essen sowie Germanistik und Betriebswirtschaftslehre an der Universität Duisburg-Essen; 2005–2008 Wissenschaftliche Mitarbeiterin an der Hochschule für Musik und Theater Hamburg; 2008 Mariann Steegmann-Förderpreis: History|Herstory für eine Publikation zur musikwissenschaftlichen Genderforschung. 2010 Promotion im Fach Musikwissenschaft an der Folkwang Universität der Künste Essen mit einer Arbeit zu *Gattung, Geschlecht und Gesellschaft im Frankreich des ausgehenden 19. Jahrhunderts. Studien zur Dichterkomponistin Augusta Holmès* (Hildesheim 2012); anschließend Post-Doc am Institut für Musik der Carl von Ossietzky Universität Oldenburg, seit März 2012 Wissenschaftliche Mitarbeiterin im Bereich Historische Musikwissenschaft / Gender Studies an der Hochschule für Musik, Theater und Medien Hannover. Forschungsschwerpunkte: Musik- und Festkultur der Frühen Neuzeit, Französische Musikgeschichte des 19. und frühen 20. Jahrhunderts, Oper und Musiktheater, Interpretations- und Aufführungsanalyse, musikwissenschaftliche Genderforschung sowie Kultur- und Rezeptionsgeschichte.

Abkürzungsverzeichnis

BGA	Ludwig van Beethoven, *Briefwechsel. Gesamtausgabe*, hrsg. von Sieghard Brandenburg, 7 Bde., München 1996–1998
BKh	*Ludwig van Beethovens Konversationshefte*, hrsg. von Karl-Heinz Köhler u.a., 10 Bde., Leipzig 1972–1993
Diss.	Dissertation
Faks.	Faksimile
Hrsg. / hrsg.	Herausgeber / herausgegeben
MGG	*Die Musik in Geschichte und Gegenwart. 2., völlig neu bearbeitete Ausgabe. Sachteil / Personenteil*, hrsg. von Ludwig Finscher, Kassel etc. 1994–2007
mschr.	maschinenschriftlich
Neuausg.	Neuausgabe
Repr.	Reprint
Sp.	Spalte

Literaturverzeichnis

Adam, L.: *Méthode de piano*, Paris 1805; Faks., Genf 1974

Adlung, J.: *Anleitung zu der musikalischen Gelahrtheit*, Erfurt 1758

Adorno, Th. W.: *Beethoven. Philosophie der Musik, Fragmente und Texte*, hrsg. von R. Tiedemann, Frankfurt am Main 1993

Ahrens, Chr.: »... *einen überaus poetischen Ton«. Hammerklaviere mit Wiener Mechanik*, Frankfurt am Main 1999

Albrecht, Th. J.: »Beethoven's Leonore: A New Compositional Chronology Based on May–August, 1804 Entries in Sketchbook Mendelssohn 15«, in: Journal of Musicology 7 (1989), S. 165–190

Albrecht, Th. (Hrsg. und Übers.): *Letters to Beethoven and Other Correspondence*, 3 Bde., Lincoln und London 1996

Albrecht, Th.: »Beethoven's timpanist Ignaz Manker«, in: Percussive Notes 38 (2000), S. 54–66

Albrecht, Th.: »Franz Stadler, Stephan Fichtner und die anderen Oboisten am Theater an der Wien während Beethovens ›heroischer‹ Periode«, in: Journal Wiener Oboe 18 (2003), S. 3–12

Albrecht, Th.: »Die Familie Teimer sowie neuere (überarbeitete) Datierungen der zwei Trios für zwei Oboen und Englischhorn (op. 87) und der Variationen WoO 28 von Ludwig van Beethoven«, in: Journal Wiener Oboe 24 (2004), S. 2–10, 25 (2005), S. 3–9 und 27 (2005), S. 6f.

Albrecht, Th.: »Joseph Czerwenka und seine Kollegen [Teil 1]«, in: Journal Wiener Oboe 35 (2007), S. 15–18

Albrecht, Th.: »Joseph Czerwenka und seine Kollegen. Teil 3«, in: Journal Wiener Oboe 37 (2008), S. 3–8

Albrecht, Th.: »Valentin Czejka im Theater an der Wien. Der Solofagottist in Beethovens mittlerer Schaffenszeit. Teil 1«, in: Journal Wiener Oboe 40 (2008), S. 12–15

Albrecht, Th.: »Valentin Czejka. Teil 3«, in: Journal Wiener Oboe 42 (2009), S. 12–17

Albrecht, Th.: »Die sagenhafte Geschichte der Familie Khayll. Orchestermusiker in Wien zur Zeit Beethovens. Teil 2«, in: Journal Wiener Oboe 48 (2010), S. 7–17

Albrecht, Th.: »Alte Mythen und neue Funde. Die professionellen Uraufführungen der Beethovenschen Orchesterwerke in Wien«, in: Journal Wiener Oboe 50 (2011), S. 6–18

Albrecht, Th.: »Die Uraufführungen von Beethovens Sinfonie Nr. 9 im Mai 1824 (aus der Perspektive des Orchesters)«, in: Journal Wiener Oboe 61 (2014), S. 6–16, Nr. 62 (2014), S. 8–24, Nr. 63 (2014), S. 4–13, Nr. 64 (2014), S. 13–22, Nr. 65 (2015), S. 3–12, Nr. 67 (2015), S. 13–22, Nr. 68 (2015), S. 9–19, Nr. 69 (2016), S. 3–19

Anderson, E. (Hrsg. und Übers.): *The Letters of Beethoven*, 3 Bde., London 1961

Angermüller, R., und Huber, A. (Hrsg.): *Der Hammerflügel von Anton Walter aus dem Besitz von Wolfgang Amadeus Mozart. Befund, Dokumentation, Analyse*, Salzburg 2000

Anonym [Otto Jahn]: »Ludwig van Beethoven's Leben und Schaffen. Von Adolf Bernhard Marx« [Rezension], in: Deutsche Musikzeitung 2 (1861), S. 65–67, 73–75 und 81–84

Apel, W.: *Geschichte der Orgel- und Klaviermusik bis 1700*, Kassel u.a. 1967; Repr., hrsg. von S. Rampe, Kassel u.a. 2004

Appel, B. R.: »Widmungsstrategien. Beethoven und die europäischen Magnaten«, in: *Widmungen bei Haydn und Beethoven. Personen – Strategien – Praktiken. Bericht über den Internationalen musikwissenschaftlichen Kongress Bonn, 29. September bis 1. Oktober 2011* (Schriften zur Beethoven-Forschung, 25), hrsg. von B. R. Appel und A. Raab, Bonn 2015, S. 139–170

Aretin, K. O. von: *Das Alte Reich 1648–1806*, Bd. 3, Stuttgart 1997

Augustin, M.: »Kurgästestatistik und Kurtaxe in Karlsbad«, in: *Karlsbader Historische Schriften*, Bd. 2: *Eine Auswahl aus Historický sborník Karlovarska VI–X (1998–2004)*, hrsg. von M. Augustin und L. J. Weigert, Karlsbad 2010, S. 35–48

Bach, C. Ph. E.: *Versuch über die wahre Art, das Clavier zu spielen*, Berlin 1753; Faks., hrsg. von L. Hoffmann-Erbrecht, Leipzig 1957

Badura-Skoda, E.: »Zum Charakterbild Anton Schindlers«, in: Österreichische Musikzeitung 32 (1977), S. 241–246

Badura-Skoda, E.: »Ein vierter erhaltener Hammerflügel aus dem Besitz Beethovens«, in: Biblos. Beiträge zu Buch, Bibliothek und Schrift 45,2 (1996), S. 249–265

Badura-Skoda, E.: »Anton Dietrichs Beethoven-Büsten«, in: M. Czernin (Hrsg.), *Gedenkschrift für Walter Pass*, Tutzing 2002, S. 483–496

Badura-Skoda, E. und P.: *Mozart-Interpretation*, Wien 1957

Balzac, H. de: *Histoire de la grandeur et de la décadence de César Birotteau*, in: ders., *La comédie humaine* VI : *Etudes de mœurs. Scènes de la vie parisienne*, hrsg. von P.-G. Castex, Paris 1977, S. 179

Balzac, H. de: »Gambara«, in: ders., *La comédie humaine* X: *Etudes philosophiques*, hrsg. von R. Guise, Paris 1979, S. 439–516

Bankl, H., und Jesserer, H.: *Die Krankheiten Ludwig van Beethovens. Pathographie seines Lebens und Pathologie seiner Leiden*, Wien u.a. 1987

Barna, P.: *Erzherzog Rudolph von Österreich (1788–1831). Beethoven mecénása, tanítványa és barátja; az életút az újabb kutatások fényében*, Budapest, Liszt Ferenc Zenemüvészeti Egyetem, Diplomarbeit (Typoskript, unveröffentlicht) 2009

Bartels, U.: »Zur Interpretation von Beethovens Hammerklaviersonate. Eine diskographisch-analytische Studie«, in: Musiktheorie 14 (1999), S. 143–169

Barth, G.: *The Pianist as Orator*, Ithaca und London 1992

Bartlitz, E.: *Die Beethoven-Sammlung in der Musikabteilung der deutschen Staatsbibliothek (Berlin)*, Berlin 1970

Barton, P. F.: »Ignatius Aurelius Feßler: Vom ungarischen Kapuziner zum Bischof der Wolgadeutschen«, in: *Kirche im Osten: Studien zur osteuropäischen Kirchengeschichte und Kirchenkunde*, Bd. 7, hrsg. von R. Stupperich, Göttingen 1964, S. 107–143

Barton, P. F.: *Ignatius Aurelius Feßler: Vom Barockkatholizismus zur Erweckungsbewegung*, Graz 1969

Barton, P. F.: »Ignatius Aurelius Feßlers Wertung der Konfessionen in seinen Ansichten von Religion und Kirchenthum (1805)«, in: *Kirche im Osten: Studien zur osteuropäischen Kirchengeschichte und Kirchenkunde*, Bd. 13, hrsg. von R. Stupperich, Göttingen 1970, S. 133–176

Bauer, A.: *150 Jahre Theater an der Wien*, Zürich 1952

Bauer, E. E.: *Wie Beethoven auf den Sockel kam: Die Entstehung eines musikalischen Mythos*, Stuttgart 1992

Baumgartner, K. (Hrsg.): *Johann Michael Sailer: Leben und Werk*, Kevelaer 2011

Beales, D.: *Joseph II*. Bd. 1, *In the Shadow of Maria Theresia, 1741–1780*, Cambridge 1987

Beales, D.: *Prosperity and Plunder: European Catholic Monasteries in the Age of Revolution, 1650–1815*, Cambridge 2003

Beales, D.: *Enlightenment and Reform in Eighteenth-Century Europe*, London 2005

Beales, D.; *Joseph II*. Bd. 2, *Against the World, 1780–1790*, Cambridge 2009

Beck, D., und Herre, G.: »Anton Schindlers fingierte Eintragungen in den Konversationsheften«, in: *Zu Beethoven. Aufsätze und Annotationen* (Bd. 1), hrsg. von H. Goldschmidt, Berlin 1979, S. 11–89

Beck, D., und Herre, G.: »Anton Schindlers ›Nutzanwendung‹ der Cramer-Etüden. Zu den sogenannten Beethovenschen Spielanweisungen«, in: *Zu Beethoven 3. Aufsätze und Dokumente*, hrsg. von H. Goldschmidt, Berlin 1988, S. 177–208

Beer, A.: »Beethoven und das Leipziger Bureau de Musique von Franz Anton Hoffmeister und Ambrosius Kühnel (1800–1803)«, in: *Festschrift Klaus Hortschansky zum 60. Geburtstag*, hrsg. von A. Beer und L. Lütteken, Tutzing 1995, S. 339–350

Beer, A.: *Musik zwischen Komponist, Verlag und Publikum. Die Rahmenbedingungen des Musikschaffens in Deutschland im ersten Drittel des 19. Jahrhunderts*, Tutzing 2000

Beethoven. Das Problem der Interpretation, hrsg. von H.-K. Metzger und R. Riehn (Musik-Konzepte 8), München 1979

Beethoven-Haus Bonn / Museum für Sepulkralkultur Kassel (Hrsg.): *Drei Begräbnisse und ein Todesfall. Beethovens Ende und die Erinnerungskultur seiner Zeit*, Bonn 2002

Beethoven-Häuser in alten Ansichten. Von der Bonngasse ins Schwarzspanierhaus (Veröffentlichungen des Beethoven-Hauses, Ausstellungskataloge 11), hrsg. von S. Bettermann u.a., Bonn [3]2012

Beethoven liest, hrsg. von B. R. Appel und J. Ronge (Schriften zur Beethoven-Forschung 28), Bonn 2016

Beethoven, L. van: *Die Werke im Spiegel seiner Zeit. Gesammelte Konzertberichte und Rezensionen bis 1830*, hrsg. von St. Kunze, Laaber 1987

Beethoven, L. van: *Thematisch-bibliographisches Werkverzeichnis* (2 Bde.), bearb. von K. Dorfmüller, N. Gertsch und J. Ronge, München 2014

Beethoven und andere Hofmusiker seiner Zeit im deutschsprachigen Raum. Bericht über das internationale Symposion Bonn, 3. bis 5. Dezember 2015 (Schriften zur Beethoven-Forschung 29; Musik am Bonner kurfürstlichen Hof 1), hrsg. von B. Lodes, E. Reisinger und J. Wilson, Bonn 2018

Beethoven und Böhmen, hrsg. von S. Brandenburg und M. Gutiérrez-Denhoff, Bonn 1988

Beethoven und der Wiener Kongress (1814/15). Bericht über die vierte New Beethoven Research Conference Bonn, 10. bis 12. September 2014 (Schriften zur Beethoven-Forschung 26), hrsg. von B. R. Appel u.a., Bonn 2016

Beghin, T.: »Beethoven's Hammerklavier Sonata, Opus 106: Legend, Difficulty, and the Gift of a Broadwood Piano«, in: Keyboard Perspectives VII (2014)

Bekker, P.: *Beethoven. Persönlichkeit, Leben und Schaffen*, Berlin und Leipzig 1911

Benedik, Chr.: *Die Redoutensäle. Kontinuität und Vergänglichkeit*, Ausstellungskatalog, Wien 1993

Berdux, S., und Wittmayer, S.: »Biographische Notizen zu Anton Walter (1752–1826)«, in: R. Angermüller und A. Huber (Hrsg.), *Der Hammerflügel von Anton Walter aus dem Besitz von Wolfgang Amadeus Mozart. Befund, Dokumentation, Analyse*, Salzburg 2000, S. 13–106

Bericht über die erste allgemeine österreichische Gewerbs-Produkten-Ausstellung im Jahre 1835, Wien 1836

Berlioz, H.: *A travers champs*, Paris [3]1880

Bettermann, S.: *Erinnerungen an Beethoven. Skizzen, Zeichnungen, Karikaturen* (Jahresgabe des Vereins Beethoven-Haus 6), Bonn 1987

Bettermann, S.: »Ludwig van Beethoven in der bildenden Kunst des 19. und 20. Jahrhunderts«, in: *Erlebnis Musik – Ludwig van Beethoven: »Missa solemnis«*, Mainz u.a. 2005, S. 113–132

Bettermann, S.: Artikel »Ikonographie«, in: H. von Loesch / C. Raab (Hrsg.), *Das Beethoven-Lexikon*, Laaber 2008, S. 341–344

Bettermann, S.: *Beethoven im Bild. Die Darstellung des Komponisten in der bildenden Kunst vom 18. bis zum 21. Jahrhundert*, Bonn 2012

Bettermann, S.: »Mit Haarzopf und Degen. Alltag und Zeremoniell im Leben der Musiker am kurfürstlichen Hof in Bonn«, in: *Beethoven und andere Hofmusiker seiner Zeit im deutschsprachigen Raum. Bericht über das internationale Symposion Bonn, 3. bis 5. Dezember 2015* (Schriften zur Beethoven-Forschung 29; Musik am Bonner kurfürstlichen Hof 1), hrsg. von B. Lodes, E. Reisinger und J. Wilson, Bonn 2018, S. 159–178

Beurmann, A. E.: *Klingende Kostbarkeiten. Tasteninstrumente der Sammlung Beurmann. Museum für Kunst und Gewerbe Hamburg*, Lübeck 2000

Beutel, A.: *Aufklärung in Deutschland*. Göttingen 2006

Beutin, W. [u.a.] (Hrsg.): *Deutsche Literaturgeschichte. Von den Anfängen bis zur Gegenwart*, Stuttgart und Weimar, 5. Aufl. 1994

Biba, O.: »Beethoven und die ›Liebhaber Concerte‹ in Wien im Winter 1807/08«, in: *Beiträge 76–78 – Beethoven Kolloquium 1977*, hrsg. von R. Klein, Kassel etc. 1978, S. 82–93

Biba, O.: »Concert Life in Beethoven's Vienna«, in: *Beethoven, Performers, and Critics – The International Beethoven Congress*, hrsg. von R. Winter und B. Carr, Detroit 1980, S. 77–93

Biba, O.: »Clavierbau und Clavierhandel in Wien zur Zeit Joseph Haydns«, in: G. Feder und W. Reicher (Hrsg.), *Internationales musikwissenschaftliches Symposium »Haydn & Das Clavier« im Rahmen der Internationalen Haydntage Eisenstadt 13.–15. September 2000* (Eisenstädter Haydn-Berichte 1), Tutzing 2002, S. 77–91

Bischoff, L.: »W. v. Lenz über Beethoven«, in: Niederrheinische Musikzeitung 1 (1853), S. 121–123 und 137f.

Blanning, T. C. W.: »The Role of Religion in European Counter-Revolution, 1789–1815«, in: *History, Society and the Churches. Essays in Honour of Owen Chadwick*, hrsg. von D. Beales und G. Best, Cambridge 1985, S. 195–214

Boalch, D. H.: *Makers of the Harpsichord and Clavichord 1440–1840. Third Edition*, hrsg. von Ch. Mould, Oxford 1995

Boch, F. X.: »Aus Beethoven's Leben«, in: Deutsche Zeitung. Morgenblatt, Nr. 600 vom 31. August 1873, S. 1

Bodsch, I. (Hrsg.): *Joseph Haydn und Bonn. Katalog zur Ausstellung*, Bonn 2001

Bory, R.: *La vie et l'œuvre de Ludwig van Beethoven par l'image*, Zürich 1960

Bory, R. (Hrsg.): *Ludwig van Beethoven: Sein Leben und sein Werk in Bildern*, Zürich 1960

Bowman, W. D.: »Popular Catholicism in *Vormärz* Austria, 1800–48«, in: *Catholicism and Austrian Culture*, hrsg. von R. Robertson und J. Beniston, Edinburgh 1999, S. 51–64

Bowman, W. D.: *Priest and Parish in Vienna, 1780–1880*, Boston 1999

Boyer, J.: *Le romantisme de Beethoven*, Toulouse 1938

Boženek, K.: »Beethoven und das Adelsgeschlecht Lichnowsky« (unter Verwendung des gleichnamigen Manuskripts von Jaroslav Čeleda), in: *Ludwig van Beethoven im Herzen Europas. Leben und Nachleben in den böhmischen Ländern*, hrsg. von O. Pulkert und H.-W. Küthen, Prag 2000, S. 119–170

Brandenburg, S.: »Über die Bedeutung der Skizzen Beethovens«, in: *Kongreßbericht Berlin 1977*, Leipzig 1978, S. 39–58

Brandenburg, S.: »Die Beethoven-Autographen Johann Nepomuk Kafkas. Ein Beitrag zur Geschichte des Sammelns von Musikhandschriften«, in: *Divertimento für Hermann J. Abs*, hrsg. von M. Staehelin, Bonn 1981, S. 89–133

Brandenburg, S.: »Die Skizzen zur Neunten Symphonie«, in: *Zu Beethoven. Aufsätze und Dokumente*, Bd. 2, hrsg. von H. Goldschmidt, Berlin 1984, S. 88–129

Brandenburg, S.: *Der Freundeskreis der Familie Malfatti in Wien, gezeichnet von Ludwig Ferdinand Schnorr von Carolsfeld* (Jahresgabe des Vereins Beethoven-Haus 4), Bonn 1985

Brandenburg, S.: »Beethovens Oratorium ›Christus am Ölberge‹. Ein unbequemes Werk«, in: *Beiträge zur Geschichte des Oratorium seit Händel, Festschrift Günther Massenkeil zum 60. Geburtstag*, hrsg. von R. Cadenbach und H. Loos, Bonn 1986, S. 203–220

Brandenburg, S.: »Die Beethovenhandschriften in der Musikaliensammlung des Erzherzogs Rudolph«, in: *Zu Beethoven 3, Aufsätze und Dokumente*, hrsg. von H. Goldschmidt, Berlin 1988, S. 141–176

Brandenburg, S.: »Beethovens Skizzen. Probleme der Edition«, in: Die Musikforschung 44 (1991), S. 346–355

Brandenburg, S.: »Johanna van Beethoven's embezzlement«, in: *Haydn, Mozart, & Beethoven. Studies in the Music of the Classical Period. Essays in Honour of Alan Tyson*, hrsg. von S. Brandenburg, Oxford 1998, S. 237–251

Brandenburg, S.: »Das Leonore-Skizzenbuch Mendelssohn 15. Einige Probleme der Chronologie«, in: Bonner Beethoven-Studien 2 (2001), S. 9–26

Brandenburg, S. (Hrsg.): *Heiligenstädter Testament. Faksimile der Handschrift* (Ausgewählte Handschriften in Faksimile-Ausgaben 12b), Bonn ^{3}2017

Braubach, M.: *Kurköln. Gestalten und Ereignisse aus zwei Jahrhunderten rheinischer Geschichte*, Münster 1949

Braubach, M.: »Die Mitglieder der Hofmusik unter den vier letzten Kurfürsten von Köln«, in: *Colloquium Amicorum. Joseph Schmidt-Görg zum 70. Geburtstag*, hrsg. von S. Kross und H. Schmidt, Bonn 1967, S. 26–63

Braubach, M.: »Von den Menschen und dem Leben in Bonn zur Zeit des jungen Beethoven und der Babette Koch-Belderbusch. Neue Forschungsergebnisse«, in: Bonner Geschichtsblätter 23 (1969), S. 51–121

Braubach, M. (Hrsg.): *Die Stammbücher Beethovens und der Babette Koch*, Bonn 1970

Braubach, M.: »Vom Schicksal der Bonner Freunde des jungen Beethoven«, in: Bonner Geschichtsblätter 28 (1976), S. 95–138

Braubach, M. (Hrsg.): *Die Stammbücher Beethovens und der Babette Koch*. Zweite, um eine Textübertragung erweiterte Auflage, hrsg. von M. Ladenburger (Ausgewählte Handschriften in Faksimile-Ausgaben 9), Bonn 1995

Brauneis, W.: »›... Mache dass ich mit dir leben kann‹. Neue Hypothesen zur Identität der ›Unsterblichen Geliebten‹«, in: Österreichische Musikzeitschrift 57 (2002), H. 6, S. 9–22

Brendel, A.: *Nachdenken über Musik*, München 1982

Brenneis, C.: »Das Fischhof-Manuskript: Zur Frühgeschichte der Beethoven-Biographik«, in: H. Goldschmidt (Hrsg.), *Zu Beethoven: Aufsätze und Annotationen*, Berlin 1979, S. 90–116

Brenneis, C.: »Das Fischhof-Manuskript in der Deutschen Staatsbibliothek«, in: *Zu Beethoven*, hrsg. von H. Goldschmidt, Berlin 1984, S. 27–87

Brenner, D.: *Anton Schindler und sein Einfluss auf die Beethoven-Biografik*, Bonn 2013

Brentano, C.: *Werke*, hrsg. von W. Frühwald, B. Gajek u.a., Bd. 1: *Gedichte, Romanzen vom Rosenkranz*, 2. Aufl. München 1978

Bresch, S.: »Beethovens Reisen zu den böhmischen Bädern in den Jahren 1811 und 1812«, in: *Beethoven und Böhmen*, hrsg. von S. Brandenburg und M. Gutiérrez-Denhoff, Bonn 1988, S. 311–348

Breuning, G. von: *Aus dem Schwarzspanierhause. Erinnerungen an L. van Beethoven aus meiner Jugendzeit*, Wien 1874

Breuning, G. von: *Aus dem Schwarzspanierhause. Erinnerungen an Ludwig van Beethoven aus meiner Jugendzeit*; Neudruck mit Ergänzungen und Erläuterungen von A. Chr. Kalischer, Berlin und Leipzig 1907

Breyer, K.: Artikel »Bibliothek Beethovens«, in: *Das Beethoven-Lexikon*, Laaber 2009, S. 112–114

Brinkmann, R.: »In the Time(s) of the ›Eroica‹«, in: *Beethoven and His World*, hrsg. von S. Burnham und M. P. Steinberg, Princeton 2000, S. 1–27

Brown, C.: »The Orchestra in Beethoven's Vienna«, in: Early Music XVI (1988), S. 4–20

Brown, C.: *Classical & Romantic Performance Practice*, Oxford 1999

Bücken, E.: *Ludwig van Beethoven*, Potsdam 1934

Bunnell, A.: *Before Infallibility: Liberal Catholicism in Biedermeier Vienna*, Cranbury (New Jersey) 1990

Burgess, A.: *A Clockwork Orange*, London 1996

Burney, Ch.: *Tagebuch einer musikalischen Reise*, hrsg. und aus dem Englischen übersetzt von Chr. D. Ebeling (2 Bde.), Hamburg 1772 und 1773; Neuausg., hrsg. von E. Klemm, Wilhelmshaven 1980

Burnham, S.: *Beethoven Hero*, Princeton 1995

Busch-Weise, D. von: »Beethovens Jugendtagebuch«, in: Studien zur Musikwissenschaft 25, *Festschrift für Erich Schenk* (1962), S. 68–88

Buurman, E.: »The Annual Balls of the Pensionsgesellschaft bildender Künstler, 1792–1832«, in: *Beethoven und andere Hofmusiker seiner Zeit im deutschsprachigen Raum. Bericht über das internationale Symposion Bonn, 3. bis 5. Dezember 2015* (Schriften zur Beethoven-Forschung 29; Musik am Bonner kurfürstlichen Hof 1), hrsg. von B. Lodes, E. Reisinger und J. Wilson, Bonn 2018, S. 221–236

Buzas, L.: *Deutsche Bibliotheksgeschichte der Neuzeit (1500–1800)*, Wiesbaden 1976

Cadenbach, R.: *Mythos Beethoven*, Laaber 1986

Caeyers, J.: *Beethoven. Der einsame Revolutionär. Eine Biographie*, 1. neue Auflage, München 2013

Carpenter, Ch. K.: »Disease or defamation?«, in: Ann.-otol.-rin.and laryng XLV (1936), S. 1069–1081

Carpentier, A.: *El acoso*, Madrid 1983

Chadwick, O.: *The Popes and European Revolution*, Oxford 1981

Caeyers, J.: *Beethoven. Der einsame Revolutionär*, München 2012

Chen, J.-Y.: »Catholic Sacred Music in Austria«, in: *The Cambridge History of Eighteenth-Century Music*, hrsg. von S. P. Keefe, Cambridge 2009, S. 59–112

Chong, N. J.: *Beethoven's Catholicism: A Reconsideration*, mschr. Diss. Columbia University New York 2016

Clemen, O.: »Andreas Streicher in Wien«, in: Neues Beethoven Jahrbuch IV, hrsg. von A. Sandberger, Augsburg 1930, S. 109

Clementi, M.: *Introduction to the Art of Playing the Pianoforte*, London 1801

Cobb Biermann, J.: »Nikolaus Simrock: Verleger«, in: *Das Haus Simrock. Beiträge zur Geschichte einer kulturtragenden Familie des Rheinlandes*, revidierte und stark erweiterte Neuausgabe des Buches *Das Haus Simrock* (2. Auflage) von W. Ottendorff, bearbeitet und neu hrsg. von I. Bodsch mit neuen Beiträgen von O. Biba, J. Cobb Biermann und N. Schloßmacher, Bonn, 2003, S. 11–55

Cobb Biermann, J.: »Christus am Ölberge: North-South Confrontation, Conflict, Synthesis«, in: *Beethoven 3. Studien und Interpretationen*, hrsg. von M. Tomaszewski und M. Chrenkoff, Krakau 2006, S. 275–298

Comini, A.: *The Changing Image of Beethoven. A Study of Mythmaking*, New York 1987

Cooper, B.: *Beethoven and the Creative Process*, Oxford und New York 1990

Cooper, B.: »Beethoven's Revisions to his Fourth Piano Concerto«, in: R. Stowell (Hrsg.), *Performing Beethoven*, Cambridge 1994, S. 23–48

Cooper, B.: »Beethoven's Oratorio and the Heiligenstadt Testament«, in: Beethoven Journal 10, Nr. 1 (Frühjahr 1995), S. 19–24

Cooper, B.: »Beethoven's appoggiaturas: long or short?«, in: Early Music XXI/2 (2003), 165–178

Cooper, B.: *Beethoven. An extraordinary life*, London 2014

Corbineau-Hoffmann, A.: Artikel »Sehnsucht«, in: *Historisches Wörterbuch der Philosophie*, hrsg. von J. Ritter und K. Gründer, Bd. 9, Basel 1995, Sp. 165–168

Corbineau-Hoffmann, A.: *Testament und Totenmaske. Der literarische Mythos des Ludwig van Beethoven*, Hildesheim 2000

Coreth, A.: *Pietas Austriaca. Ursprung und Entwicklung barocker Frömmigkeit in Österreich*, Wien 1959

Cramer, C. F. (Hrsg.): *Magazin der Musik*, Hamburg 1783 und 1787

Czerny, C.: *Systematische Anleitung zum Fantasieren auf dem Pianoforte op. 200*, Wien 1829; Faks., hrsg. von U. Mahlert, Wiesbaden u.a. 1993

Czerny, C.: *Vollständige theoretisch-practische Pianoforte-Schule von dem ersten Anfange bis zur höchsten Ausbildung fortschreitend Op. 500* (4 Teile), Wien [1839–1842]

Czerny, C.: *Über den richtigen Vortrag der sämmtlichen Beethoven'schen Werke für das Piano allein*, in: ders., *Vollständige theoretisch-practische Pianoforte-Schule, 4. Teil*, Wien 1842

Czerny, C.: *Die Kunst des Vortrages der ältern und neuen Clavierkompositionen oder: Die Fortschritte bis zur neuesten Zeit. Supplement (oder 4ter Theil) zur grossen Pianoforte-Schule op. 500*, Wien 1842

Czerny, C.: *Über den richtigen Vortrag der sämtlichen Beethoven'schen Klavierwerke* [1842], hrsg. von P. Badura-Skoda, Wien 1963

Czerny, C.: *Erinnerungen aus meinem Leben*, hrsg. von W. Kolneder, Straßburg und Baden-Baden 1968

Czerny, C.: *Erinnerungen aus meinem Leben (1842)*, in: *Beethoven aus der Sicht seiner Zeitgenossen* Band 1, hrsg. K. M. Kopitz und R. Cadenbach, München 2009, S. 204

Czerny, C.: *Briefe über den Unterricht auf dem Pianoforte vom Anfange bis zur Ausbildung als Anhang zu jeder Clavierschule*, Wien [nach 1842]; Faks., Straubenhardt 1988

Czesla, W.: »Skizzen als Instrument der Quellenkritik«, in: *Kongreßbericht Bonn 1970*, S. 101–104

Dahlhaus, C.: *Ludwig van Beethoven und seine Zeit* (Große Komponisten und ihre Zeit), Laaber 1987

Danhauser, C.: *Nach Beethovens Tod. Erinnerungen von Carl Danhauser: Autograph im Archiv der Gesellschaft der Musikfreunde in Wien. Faksimile*, kommentiert und hrsg. von O. Biba, Wien 2001

Danuser, H.: »,… als habe er es selbst komponiert‹. Streiflichter zur musikalischen Interpretation«, in: *Aspekte der musikalischen Interpretation. Sava Savoff zum 70. Geburtstag*, hrsg. von H. Danuser und C. Keller, Hamburg 1980, S. 25–59

DeNora, T.: »Musical Patronage and Social Change in Beethoven's Vienna«, in: American Journal of Sociology 97 (1991), S. 310–346
DeNora, T.: *Beethoven and the Construction of Genius. Musical Politics in Vienna 1792–1803*, Berkeley u.a. 1995
DeNora, T.: »Networks and Nobles: Patronage in Beethoven's Vienna, ca. 1800«, in: *Organisateurs et formes d'organisation du concert en Europe 1700–1920. Institutionnalisation et pratiques*, hrsg. von H. E. Bödeker (Musical life in Europe 1600–1900), Berlin 2008, S. 21–30
Deutsch, O. E.: »Das Freihaus-Theater auf der Wieden«, in: Mitteilungen des Vereins für Geschichte der Stadt Wien 16 (1937)
Deutsch, O. E.: »Leopold von Sonnleithners Erinnerungen an die Musiksalons des Vormärzlichen Wiens«, in: Österreichische Musikzeitung 16 (1961), S. 49ff.
Deutsch, O. E.: *Schubert. Die Erinnerungen seiner Freunde*, Wiesbaden 1983
Die Klangwelt Mozarts. Eine Ausstellung des Kunsthistorischen Museums Wien, Wien 1991
Die Stammbücher Beethovens und der Babette Koch. Zweite, um eine Textübertragung erweiterte Auflage, hrsg. von M. Ladenburger (Ausgewählte Handschriften in Faksimile-Ausgaben, 9), Bonn 1995
Die Tagebücher von Joseph Goebbels, hrsg. von E. Fröhlich, München 1987
Dietz, J.: »Topographie der Stadt Bonn: vom Mittelalter bis zum Ende der kurfürstlichen Zeit«, in: Bonner Geschichtsblätter 16/17 (1962/63)
Döhl, F.: »Wellington's Sieg oder die Schlacht bei Vittoria op. 91«, in: O. Korte und A. Riethmüller (Hrsg.), *Beethovens Orchestermusik und Konzerte* (Das Beethoven-Handbuch 1), Laaber 2013, S. 256–278
Donakowski, C. L.: »The Age of Revolutions«, in: *The Oxford History of Christian Worship*, hrsg. von G. Wainwright und K. B. Westerfield Tucker, New York 2006, S. 351–394
Drabkin, W.: *A Study of Beethoven's Opus 111 and Its Sources*, mschr. Diss. Princeton 1977
Drabkin, W.: *Beethoven:* Missa Solemnis, Cambridge 1991
Dülmen, R. van: *Propst Franz Töpsl (1711–1796) und das Augustiner-Chorherrenstift Polling*, Kallmünz 1967
Dülmen, R. van: *Kultur und Alltag in der frühen Neuzeit*, Bd. 1, München 1990, Bd. 3, München 1994
Dürr, W.: »›Manier‹ und ›Veränderung‹ in Kompositionen Franz Schuberts«, in: V. Schwarz (Hrsg.), *Zur Aufführungspraxis der Werke Franz Schuberts* (Schriftenreihe des Instituts für Aufführungspraxis an der Hochschule für Musik und darstellende Kunst in Graz und der Gesellschaft für Forschungen zur Aufführungspraxis 4), München und Salzburg 1981, S. 124–139
Dufraisse, R.: »L'installation de l'institution départementale sur la rive gauche du Rhin (4 novembre 1797–23 septembre 1802)«, in: R. Dufraisse, *L'Allemagne à l'epoque napoléonienne – Questions d'histoire politique, économique et sociale*, Bonn und Berlin 1992, S. 90–96

Eggebrecht, H. H.: *Zur Geschichte der Beethovenrezeption. Beethoven 1970*, Wiesbaden 1972
Eggebrecht, H. H.: »Zur Geschichte der Beethoven-Rezeption«, in: H. H. Eggebrecht., *Zur Geschichte der Beethoven-Rezeption*, Laaber 1994, S. 11–112
Eichhorn, A.: *Beethovens Neunte Symphonie. Die Geschichte ihrer Aufführung und Rezeption* (Kasseler Schriften zur Musik 3), Kassel u.a. 1993
Erbe, M.: *Revolutionäre Erschütterung und erneutes Gleichgewicht. Internationale Beziehungen 1785–1830* (Handbuch der Geschichte der Internationalen Beziehungen 5), Paderborn, München u.a. 2004
Ernest, G.: *Beethoven*, Berlin 1920

Fastl, Chr.: »August Swoboda, ›ein winziges, buckeliges Männlein mit grauen, stechenden Augen und höchst energischem Gesichtsausdruck …‹: Wer war August Swoboda? – oder: zur Biographie eines nahezu Unbekannten der Musikgeschichte und Nebendarstellers der Wiener 1848er Revolution«, in: Musicologica austriaca 27 (2008), S. 101–136
Fellerer, K. G.: »Beethoven und die liturgische Musik seiner Zeit«, in: *Beethoven-Symposion, Wien, 1970: Bericht*, hrsg. von E. Schenk, Wien 1971, S. 61–76

Feßler, I. A.: *Ansichten von Religion und Kirchenthum*, 3 Bde., Berlin 1805
Fillion, M.: »Beethoven's Mass in C and the Search for Inner Peace«, in: Beethoven Forum 7 (1999), S. 1–15
Fishman, N.: »Beiträge zur Beethoveniana«, in: Beiträge zur Musikwissenschaft 9 (1967), S. 317–324
Fischman, N. L., und Kirillina, L. (Hrsg.): *Pisma Betchovena*, 4 Bde., Moskau (Bd. 1: 1970; Bd. 2: 1977; Bd. 3: 1986; Bd. 4 in Vorb.)
Forkel, J. N.: *Musikalischer Almanach für Deutschland auf das Jahr 1782*, Leipzig 1781
Forster, M. R.: *Catholic Germany from the Reformation to the Enlightenment*, Basingstoke (Hampshire) 2007
Forster, W.: *Beethovens Krankheiten und ihre Beurteilung*, Wiesbaden 1956
Forte, A.: *The Compositional Matrix*, New York 1961
Friedman, R. M.: *The Original Cadenzas on the Piano Concertos of Beethoven: An Analysis*, mschr. Diss. Boston 1989
Frimmel, G.: Artikel »Schrift«, in: *Beethovenhandbuch*, Bd. 2, Leipzig 1896
Frimmel, Th. von: *Ludwig van Beethoven* (Berühmte Musiker. Lebens- u. Charakterbilder 13, hrsg. von H. Riemann), Berlin 1901
Frimmel, Th. von: *Beethoven-Studien*, München und Leipzig 1905
Frimmel, Th. von: *Bausteine zu einer Lebensgeschichte des Meisters* (Beethoven-Studien II), München und Leipzig 1906
Frimmel, Th. von: *Beethoven-Forschung*, 9 Hefte, Wien 1911–1923
Frimmel, Th. von: *Beethoven im zeitgenössischen Bildnis*, Wien 1923
Frogley, A.: »Beethoven's music in performance: historical perspectives«, in: *The Cambridge Companion to Beethoven*, hrsg. von G. Stanley, Cambridge 2000, S. 255–271
Frohlich, M.: »Sketches for Beethoven's Fourth and Fifth. A Long Neglected Source«, in: Bonner Beethoven-Studien 1 (1999), S. 29–48
Furet, F., und Richet, D.: *Die Französische Revolution*, Frankfurt am Main 1997

Gábry, G.: »Das Klavier Beethovens und Liszts«, in: Studia Musicologica VIII (1966), S. 379–390
Gajek, B.: »Dichtung und Religion: J. M. Sailer und die Geistesgeschichte des 18. und 19. Jahrhunderts«, in: *Johann Michael Sailer: Theologe, Pädagoge und Bischof zwischen Aufklärung und Romantik*, hrsg. von H. Bungert, Regensburg 1983, S. 59–85
Gall, J. (Hrsg.): *Clavier-Stimmbuch oder deutliche Anweisung wie jeder Musikfreund sein Clavier-Flügel, Fortepiano und Flügel-Fortepiano selbst stimmen, repariren, und bestmöglichst gut erhalten könne*, Wien 1805; Repr., hrsg. von H. Zimmermann, Straubenhardt 1988
Geck, M., und Schleuning, P.: *»Geschrieben auf Bonaparte« – Beethovens »Eroica«: Revolution, Reaktion, Rezeption*, Reinbek bei Hamburg 1989
Geck, M.: *Ludwig van Beethoven*, Reinbeck bei Hamburg, 5. Aufl. 2009
Geiser, S.: »Ein Beethoven-Flügel in der Schweiz«, in: Der Bund Nr. 469 und 480, Bern, 3. und 10. November 1961
Gide, A.: *La symphonie pastorale*, in: A. Gide, *Romans. Récits et soties. Œuvres lyriques*, hrsg. von Y. Davert und J.-J. Thierry, Paris 1958, S. 875–930
Glück, F.: »Das Mählersche Beethoven-Bild von 1804/05 im Historischen Museum der Stadt Wien«, in: Österreichische Musik-Zeitung 16 (1961), S. 111–114
Glück, F.: »Prolegomena zu einer neuen Beethoven-Ikonographie«, in: W. Gerstenberg (Hrsg.), *Festschrift Otto Erich Deutsch zum 80. Geburtstag am 5. September 1963*, Kassel u.a. 1963, S. 203–212
Goebl-Streicher, U., Streicher, J., und Ladenburger, M.: *»Diesem Menschen hätte ich mein ganzes Leben widmen mögen«. Beethoven und die Wiener Klavierbauer Nannette und Andreas Streicher* (Veröffentlichungen des Beethoven-Hauses, Ausstellungskataloge 6), Bonn 1999
Goethe, J. W. von: *Sämtliche Werke nach Epochen seines Schaffens, Münchner Ausgabe*, Bd. 20.1 Briefwechsel zwischen Goethe und Zelter in den Jahren 1799 bis 1832, hrsg. von H.-G. Ottenberg und E. Zehm, München 1991

Goldschmidt, H.: *Um die Unsterbliche Geliebte. Eine Bestandsaufnahme* (Beethoven-Studien 2), Leipzig 1977

Goldschmidt, H.: *Die Erscheinung Beethoven*, Leipzig 1985

Goldschmidt, H.: »›Auf diese Art mit A geht alles zu Grunde‹. Eine umstrittene Tagebuchstelle in neuem Licht«, in: *Zu Beethoven 3. Aufsätze und Dokumente*, hrsg. von H. Goldschmidt, Berlin 1988, S. 8–30

Goldstein, J.: *A Beethoven Enigma. Performance Practice and the Piano Sonata, Opus 111*, New York u.a. 1988

Gorman, W. S.: »A new perspective: Beethoven as an adult child of an alcoholic«, in: The Beethoven Newsletter 4 (1989), S. 5–10

Graf, F. W.: *Die Politisierung des religiösen Bewußtseins. Die bürgerlichen Religionsparteien im deutschen Vormärz. Das Beispiel des Deutschkatholizismus*, Stuttgart-Bad Cannstatt 1978

Graf, F. W.: »Protestantismus II. Kulturbedeutung«, in: Theologische Realenzyklopädie, Bd. 27, Berlin u.a. 1997, S. 551–580

Greenfield, D.: *Sketch Studies for Three Movements of Beethoven's String Quartets, Opus 18 Nos. 1 and 2*, mschr. Diss. Princeton University 1983

Greiffenhagen, M. (Hrsg.): *Das evangelische Pfarrhaus*, Stuttgart [2]1991

Griesinger, G. A.: *»Eben komme ich von Haydn …«. Georg August Griesingers Korrespondenz mit Joseph Haydns Verleger Breitkopf & Härtel, 1799–1819*, hrsg. von O. Biba, Zürich 1987

Grigat, F.: *Die Sammlung Wegeler im Beethoven-Haus. Kritischer Katalog*, in: Bonner Beethoven Studien 7 (2008)

Grigat, F.: »Beethovens Bibliothek wird rekonstruiert«, in: appassionato 26 (Mai 2011), S. 3f.

Grigat, F.: »Widmungen an Beethoven«, in: *Widmungen bei Haydn und Beethoven. Personen – Strategien – Praktiken. Bericht über den Internationalen musikwissenschaftlichen Kongress, Bonn, 29. September bis 1. Oktober 2011* (Schriften zur Beethovenforschung 25), hrsg. von B. R. Appel und A. Raab, Bonn 2015, S. 307–343

Grillparzer, F.: *Sämtliche Werke, ausgewählte Briefe, Gespräche, Berichte*, 4 Bde., München 1960–1965

Grundmann, H., und Mies, P.: *Studien zum Klavierspiel Beethovens und seiner Zeitgenossen*, Bonn 1966

Gustermann, A. W.: *Österreichische Privatrechts-Praxis: erhaltend die Theorie des bürgerlichen Processes, die Geschäfte des adelichen Richteramtes und den Justiz-Geschäftstil*, Bd. 1, Wien 1805

Gutiérrez-Denhoff, M.: »›o Unseeliges Dekret‹. Beethovens Rente von Fürst Lobkowitz, Fürst Kinsky und Erzherzog Rudolph«, in: N. Kämpken und M. Ladenburger (Hrsg.): *»Alle Noten bringen mich nicht aus den Nöthen!!« Beethoven und das Geld* (Ausstellungskataloge Bd. 16), Bonn 2005, S. 28–44

Haberl, D.: »Beethovens erste Reise nach Wien – Die Datierung seiner Schülerreise zu W. A. Mozart«, in: Neues Musikwissenschaftliches Jahrbuch 14 (2006), S. 215–255

Haberl, D.: »Das ›Regensburger Diarium‹ als musikhistorische Quelle. Unbekannte Zeugnisse zu den Reisen von J. Haydn, L. v. Beethoven und L. Spohr«, in: *Musiker auf Reisen. Beiträge zum Kulturtransfer im 18. und 19. Jahrhundert*, hg. von Chr.-H. Mahling, Augsburg 2011, S. 111–132

Haefeli, A.: »Polarisierung der Interpretation: Artur Schnabels Beethoven«, in: *Der Grad der Bewegung. Tempovorstellungen und -konzepte in Komposition und Interpretation 1900–1950*, hrsg. von J.-J. Dünki u.a. (Basler Studien zur Musik in Theorie und Praxis 1), Bern 1998, S. 161–183

Hänsel, M.: *Geistliche Restauration: Die nazarenische Bewegung in Deutschland zwischen 1800 und 1838*, Frankfurt am Main 1987

Halm, A.: *Beethoven*, Berlin 1926

Halm, H.: »Über Verzeichnisse der Werke Beethovens«, in: *Kongreßbericht Bamberg 1953*, Kassel u. a. 1954, S. 299–302

Hammermayer, L.: »Akademiebewegung und Wissenschaftsorganisation. Formen, Tendenzen und Wandel in Europa während der zweiten Hälfte des 18. Jahrhunderts«, in: E. Amburger, M. Ciešla und L. Sziklay (Hrsg.), *Wissenschaftspolitik in Mittel-Osteuropa*, Berlin 1976, S. 1–88

Hammermayer, L.: »Die Aufklärung in Wissenschaft und Gesellschaft«, in: M. Spindler und A. Kraus, *Handbuch der bayerischen Geschichte*, Bd. 2, München ²1988, S. 1135–1197

Hammerstein, N.: *Jus und Historie. Ein Beitrag zur Geschichte des historischen Denkens an deutschen Universitäten im späten 17. und im 18. Jahrhundert*, Göttingen 1972

Hammerstein, N.: *Aufklärung und katholisches Reich. Untersuchungen zur Universitätsreform katholischer Territorien des Heiligen Römischen Reiches deutscher Nation im 18. Jahrhundert* (Historische Forschungen, Bd. 1,2), Berlin 1977

Hanslick, E.: *Vom Musikalisch-Schönen. Ein Beitrag zur Revision der Tonkunst,* Leipzig 1854

Hanslick, E.: *Geschichte des Concertwesens in Wien*, Wien 1869

Hanson, A. M.: »Incomes and Outgoings in the Vienna of Beethoven and Schubert«, in: Music & Letters 64 (1983), S. 173–182

Hanson, A. M.: *Musical Life in Biedermeier Vienna*, Cambridge 1985

Hartmann, P. C.: *Kulturgeschichte des Heiligen Römischen Reiches 1648 bis 1806. Verfassung, Religion und Kultur* (Studien zu Politik und Verwaltung, Bd. 72), Wien, Köln u.a. ²2011

Hartmann, P. C.: *Geschichte Frankreichs. Vom Mittelalter bis zur Gegenwart* (C. H. Beck Wissen, Bd. 2124), 5. Aufl. München 2015

Heer, J.: »Zur Kirchenmusik und ihrer Praxis während der Beethovenzeit in Bonn«, in: Kirchenmusikalisches Handbuch 28 (1933), S. 130–142

Heer, J.: *Der Graf von Waldstein und sein Verhältnis zu Beethoven* (Veröffentlichungen des Beethoven-Hauses in Bonn 9), Bonn und Leipzig 1933

Heine, H.: *Lutezia. Berichte über Politik, Kunst und Volksleben*, Brief Nr. XXXIII vom 20.4.1841, in: H. Heine, *Historisch-kritische Gesamtausgabe der Werke*, hrsg. von M. Windfuhr, Bd. 13/I, Hamburg 1988, S. 126

Hellsberg, C.: *Ignaz Schuppanzigh (Wien 1776–1830). Leben und Wirken*, mschr. Diss. Wien 1979

Hellyer, R.: »Some Documents Relating to Viennese Wind-Instrument Purchases, 1779–1837«, in: The Galpin Society Journal 28 (1975), S. 50–59

Henseler, Th. A.: »Andrea Luchesi, der letzte Bonner Hofkapellmeister zur Zeit des jungen Beethoven. Ein Beitrag zur Musik- und Theatergeschichte des 18. Jahrhunderts«, in: Bonner Geschichtsblätter 1 (1937), S. 225–364

Henseler, Th. A.: *Das musikalische Bonn im 19. Jahrhundert* (Bonner Geschichtsblätter 13), Bonn 1959

Herrmann, A., und Raichle, A.: *Die Wallfahrts- und Klosterkirche in Oberelchingen. Ein Juwel von Pracht und Schönheit*, Ulm 1958

Hermelink, S.: *Das Praeludium in Bachs Klaviermusik*, mschr. Diss. Heidelberg 1945; Druckfassung in: Jahrbuch des Staatlichen Instituts für Musikforschung Preußischer Kulturbesitz (1976), S. 7–80

Hersche, P.: »Intendierte Rückständigkeit: Zur Charakteristik des geistlichen Staates im Alten Reich«, in: G. Schmidt (Hrsg.), *Stände und Gesellschaft im Alten Reich* (Veröffentlichungen des IEG Mainz, Beiheft 29), Stuttgart 1989, S. 133–149

Hersche, P.: *Muße und Verschwendung. Europäische Gesellschaft und Kultur im Barockzeitalter*, 2 Bde., Freiburg im Breisgau u.a. 2006

Herttrich, E.: »Beethoven und die Religion«, in: *Spiritualität der Musik: Religion im Werk von Beethoven und Schumann*, hrsg. von G. Fermor, Rheinbach 2006, S. 25–44

Hess, W.: *Beethoven*, Zürich 1956

Hess, W.: »Die Originalkadenzen zu Beethovens Klavierkonzerten«, in: Schweizerische Musikzeitung 112 (1972), S. 270–275

Hilbig, W.: *Die Angst vor Beethoven*, Frankfurt am Main 1985

Hilmar, E.: »Mahlers Beethoven-Interpretation«, in: *Mahler-Interpretation. Aspekte zum Werk und Wirken von Gustav Mahler*, hrsg. von R. Stephan, Mainz u.a. 1985, S. 29–44

Hilmar, R.: *Der Musikverlag Artaria & Comp. Geschichte und Probleme der Druckproduktion* (Publikationen des Instituts für Österreichische Musikdokumentation 6), Tutzing 1977

Hinrichsen, H.-J.: *Musikalische Interpretation. Hans von Bülow* (Beihefte zum Archiv für Musikwissenschaft 46), Stuttgart 1999

Hinske, N. (Hrsg.): *Was ist Aufklärung?*, Darmstadt [3]1981

Hinske, N.: »Katholische Aufklärung – Aufklärung im katholischen Deutschland?«, in: *Katholische Aufklärung – Aufklärung im katholischen Deutschland*, hrsg. von H. Klueting, Hamburg 1993, S. 36–39

Hinske, N. (Hrsg.): *Die Bestimmung des Menschen* (Aufklärung. Jg. 11, H. 1), Hamburg 1996

Hoffmann, E. T. A.: »Rezension zu Beethovens Sinfonie in c-moll«, in: Allgemeine musikalische Zeitung, Juli 1810, Sp. 631

Hoffmann, E. T. A.: *Schriften zur Musik; Nachlese*, hrsg. von F. Schnapp, München 1963

Hoffmann, E. T. A.: *Fantasie- und Nachtstücke*, München 1976

Hoffmann Rusack, H.: *Gozzi in Germany: A Survey of the Rise and Decline of the Gozzi Vogue in Germany and Austria. With Spezial Reference to the German Romanticists*, New York 1966

Hofmeier, J.: »Gott in Christus, das Heil der Welt – die Zentralidee des Christentums im theologischen Denken Johann Michael Sailers«, in: *Johann Michael Sailer: Theologe, Pädagoge und Bischof zwischen Aufklärung und Romantik*, hrsg. von H. Bungert, Regensburg 1983, S. 27–43

Huber, A.: »Deckelstützen und Schalldeckel an Hammerklavieren«, in: *Studia Organologica. Festschrift John Henry van der Meer zu seinem 65. Geburtstag*, Tutzing 1987, S. 229–251

Huber, A.: »Beethovens Erard-Flügel, Überlegungen zu seiner Restaurierung«, in: Restauro III (1990), S. 181–188

Huber, A. (Hrsg.): *Das österreichische Cembalo. 600 Jahre Cembalobau in Österreich*, Tutzing 2001

Huber, A.: »Was the ›Viennese action‹ originally a Stossmechanik?«, in: The Galpin Society Journal LV (2002), S. 169–182

Huber, A.: »Reiseclavichorde – von Mozart bis Beethoven«, in: Chr. Ahrens und G. Klinke (Hrsg.), *Fundament aller Clavirten Instrumenten – Das Clavichord*, München und Salzburg 2003, S. 53–61

Hugo, V. : *William Shakespeare*, Paris [2]1867

Hummel, J. N.: *Ausführliche theoretisch-practische Anweisung zum Piano-Forte-Spiel*, Wien [2]1838

Huschke, K.: *Beethoven als Pianist und Dirigent*, Berlin 1919

Huxley, A.: *Point counter point*, Leipzig 1937

Ito, J. P.: »Johann Michael Sailer and Beethoven«, in: Bonner Beethoven-Studien 11 (2014), S. 83–91

Ivanov-Boretskij, M.: »Moskovskaja chernovaja tetrad' Betkhovena« [Das Moskauer Skizzenbuch von Beethoven], in: Muzykal'noe obrazovanie 1927, Nr. 1/2, S. 9–91

Jacobsohn, L.: »Beethovens Gehörleiden und letzte Krankheit«, in: Deutsche medizinische Wochenzeitschrift XXXIV (1927), S. 1282–1285

Jäger-Sunstenau, H.: »Beethoven-Akten im Wiener Landes-Archiv«, in: *Beethoven-Studien, Festgabe der Österreichischen Akademie der Wissenschaften zum 200. Geburtstag von Ludwig van Beethoven*, Wien 1970, S. 11–36

Jahn, O.: »Leonore oder Fidelio?«, in: Allgemeine musikalische Zeitung (1863); gedruckt auch in: O. Jahn, *Gesammelte Aufsätze über Musik*, Leipzig 1866, S. 236–259

Jarecki, G.: »Die Ausführung der Pedalvorschriften Beethovens auf dem modernen Klavier«, in: Österreichische Musikzeitung 20 (1965), S. 197–200

Johnson, D.: »The Artaria Collection of Beethoven Manuscripts. A New Source«, in: *Beethoven Studies*, Bd. 1, hrsg. von A. Tyson, New York 1973, S. 174–236

Johnson, D.: »Beethoven scholars and Beethoven's sketches«, in: 19th-Century Music 2/1 (1978), S. 3–17

Johnson, D.: *Beethoven's Early Sketches in the »Fischhof Miscellany«: Berliner Autograph 28*, 2 Bde. (Studies in Musicology 22), Ann Arbor (Michigan) 1980

Johnson, D.: »Deconstructing Beethoven's Sketchbooks«, in: *Haydn, Mozart, & Beethoven, Studies in the Music of the Classical Period: Essays in Honour of Alan Tyson*, hrsg. von S. Brandenburg, Oxford 1998, S. 225–235

Johnson, D., und Tyson, A.: »Reconstructing Beethoven's Sketchbooks«, in: Journal of the Amercian Musicological Society 25 (1972), S. 137–156

Johnson, D., Tyson, A., und Winter, R.: *The Beethoven Sketchbooks. History, Reconstruction, Inventory*, Berkeley und Los Angeles 1985

Junker, C. L.: »Noch etwas vom Kurkölnischen Orchester«, in: Musikalische Korrespondenz der teutschen Filarmonischen Gesellschaft, Nr. 47, 23. November 1791, S. 373–376

Junker, C. L.: »Noch etwas vom Kurköllnischen Orchester. Beschluß«, in: Musikalische Korrespondenz der teutschen Filarmonischen Gesellschaft, Nr. 48 vom 30. November 1791, Sp. 379–382

Kämpken, N., und Ladenburger, M. (Hrsg.): *»Alle Noten bringen mich nicht aus den Nöthen!!« Beethoven und das Geld* (Ausstellungskataloge Bd. 16), Bonn 2005

Kämpken, N.: »›wir bezahlen jezt 30 fl. für ein Paar Stiefel, …‹, Beethovens Lebenshaltungskosten«, in: dass., S. 67–78

Kämpken, N.: »›In allen Geschäften ein schwerer Kopf‹. Beethovens Vermögensverhältnisse«, in: dass., S. 105–113

[Kämpken, N.]: »Beethovens Aktien. Ein Protokoll«, in: dass., S. 125–134

Kämpken, N.: »›machen sie, daß wir doch einmal zusammen kommen, und zusammen bleiben‹. Die wechselvolle Geschäftsbeziehung zwischen Beethoven und Breitkopf & Härtel«, in: *Beethoven und der Leipziger Musikverlag Breitkopf & Härtel. »Ich gebe ihrer Handlung den Vorzug vor allen andern«*, hrsg. von N. Kämpken und M. Ladenburger, Bonn 2007, S. 1–40

Kaiser, J.: *Beethovens 32 Klaviersonaten und ihre Interpreten*, Frankfurt am Main 1975

Kalischer, A. Chr. (Hrsg.): *Beethovens Sämtliche Briefe*, 5 Bde., Berlin 1906–1908

Kalischer, A. Chr.: *Beethoven und seine Zeitgenossen. Beiträge zur Geschichte des Künstlers und Menschen in vier Bänden*, Berlin 1908–1910

Kalkbrenner, F.: *Méthode pour apprendre le piano-forte à l'aide du guide-mains*, Paris 1831

Kant, I.: »Allgemeine Naturgeschichte und Theorie des Himmels oder Versuch von der Verfassung und dem mechanischen Ursprunge des ganzen Weltgebäudes, nach Newtonischen Grundsätzen abgehandelt«, in: Ders., *Gesammelte Schriften*, hrsg. von der Königlich Preußischen Akademie der Wissenschaften, 23 Bde., Berlin 1910, Bd. 1, S. 215–368

Kapp, R.: »Wagners Beethoven – Eine Epoche in der Geschichte der musikalischen Interpretation«, in: *Beethoven und die Zweite Wiener Schule*, hrsg. von O. Kolleritsch (Studien zur Wertungsforschung 25), Wien und Graz 1992, S. 122–138

Kastner, E. (Hrsg.): *Ludwig van Beethovens sämtliche Briefe*, Leipzig 1910, zweite »völlig umgearbeitete und wesentlich vermehrte« Auflage, hrsg. von J. Kapp, Leipzig 1923

Keeß, St. von: *Darstellung des Fabriks- und Gewerbewesens im österreichischen Kaiserstaate*, Bd. 2, Wien 1822

Kerman, J.: »Beethoven Sketchbooks in the British Museum«, in: Proceedings of the Royal Musical Association 93 (1966/1967), S. 77–96

Kerman, J. (Hrsg.): *»Kafka Sketchbook«. Autograph Miscellany From Circa 1786 to 1799. British Museum Additional Manuscript 29801, facsimile and transcription* (2 Bde.), London 1970

Kerman, J.: »4. Klavierkonzert G-Dur op. 58«, in: A. Riethmüller, C. Dahlhaus und A. Ringer (Hrsg.), *Beethoveninterpretationen*, Kassel u.a. 1994, Bd. 1, S. 415–429

Kerman, J., und Tyson, A.: *The New Grove Beethoven*, London 1983

Kerst, F.: *Beethoven im eigenen Wort*, Berlin und Leipzig 1904 ([2]1905)

Kerst, F. (Hrsg.): *Die Erinnerungen an Beethoven*, 2 Bde., Stuttgart 1913

Kinderman, W.: *Beethoven's Diabelli Variations*, Oxford 1987

Kinderman, W.: (Hrsg.), *Beethoven's Compositional Process*, Lincoln 1991

Kinderman, W.: *Beethoven*, New York 1995

Kindermann, W.: *Beethoven*, Oxford [2]2009

Kinderman, W. (Hrsg.): *Utopische Visionen und visionäre Kunst: Beethovens »Geistiges Reich« Revisited / Utopian Visions and Visionary Art: Beethoven's »Empire of the Mind« – Revisited*, Wien 2017

Kinsky, G.: *Musikhistorisches Museum von Wilhelm Heyer in Cöln*, Köln 1910

Kinsky, G.: *Katalog des Musikhistorischen Museums von W. Heyer in Cöln. Band IV: Musikautographen*, Köln 1916

Kinsky, G. »Zur Versteigerung von Beethovens musikalischem Nachlaß«, in: Neues Beethoven-Jahrbuch 6, 1935 (1936), S. 66–86

Kinsky, G., und Halm, H. (Hrsg.): *Das Werk Beethovens: Thematisch-Bibliographisches Verzeichnis*, München 1955

Kirkendale, W.: »Ancient Rhetorical Traditions in Beethoven's *Missa solemnis*«, in: *Music and Meaning: Studies in Music History and the Neighbouring Disciplines*, von W. und U. Kirkendale, Florenz 2007, S. 501–537

Klein, H. G.: *Ludwig van Beethoven. Autographe und Abschriften*, Staatsbibliothek Preußischer Kulturbesitz, Berlin 1975

Klein, R.: »Ein Alt-Wiener Konzertsaal. Das Etablissement Jahn in der Himmelpfortgasse«, in: Österreichische Musikzeitung 28 (1973), S. 16–18

Klein, R.: »Musik im Augarten«, in: Österreichische Musikzeitung 28 (1973), S. 239–248

Klimowitski, A.: »Autograph und Schaffensprozess. Zur Erkenntnis der Kompositionstechnik Beethovens«, in: *Zu Beethoven. Aufsätze und Annotationen*, hrsg. von H. Goldschmidt, Berlin 1979, S. 149–166

Klueting, H.: *Der Josephinismus. Ausgewählte Quellen zur Geschichte theresianisch-josephinischer Reformen* (Ausgewählte Quellen zur deutschen Geschichte, Bd. XII a), Darmstadt 1995

Klueting, H.: »The Catholic Enlightenment in Austria or the Habsburg Lands«, in: *A Companion to the Catholic Enlightenment in Europe*, hrsg. von U. L. Lehner und M. Printy, Leiden 2010, S. 127–164

Koch, H. Chr.: *Musikalisches Lexikon*, Frankfurt am Main 1802; Faks., hrsg. von N. Schwindt, Kassel u.a. 2001

Köhler, L. H.: *Der Clavierunterricht. Studien, Erfahrungen und Rathschläge*, Leipzig [4]1877

Köpp, K.: *Handbuch historische Orchesterpraxis. Barock – Klassik – Romantik*, Kassel u. a. 2009

Kojima, S. A.: »Über die Ausführung der Verzierungen in Beethovens Klaviermusik«, in: *Beethoven Kolloquium*, hrsg. von R. Klein, Kassel u.a. 1977, S. 140–153

Kojima, S. A.: »Kaspar Anton Karl van Beethoven als Musiker: Leben und Werk«, in: *Istituto Giapponese di Cultura in Roma*, Annuario XIV (1977/78), Rom 1978, S. 79–108

Kopitz, K. M.: »Beethovens Aufenthalt in Berlin 1796«, in: Neue Berlinische Musikzeitung, Beiheft 1, 1996 (Berliner Beiträge zur Musikwissenschaft [4]), S. 48–50

Kopitz, K. M.: »Das Beethoven-Porträt von Ferdinand Schimon. Ein 1815 für die Bonner Lesegesellschaft entstandenes Bildnis?«, in: *Beiträge zu Biographie und Schaffensprozess bei Beethoven. Rainer Cadenbach zum Gedenken* (Schriften zur Beethoven-Forschung, 21), hrsg. von J. May, Bonn 2011, S. 73–88

Kopitz, K. M.: »Die frühen Wiener Aufführungen von Beethovens Kammermusik in zeitgenössischen Dokumenten (1797–1828)«, in: *Beethovens Kammermusik* (Das Beethoven-Handbuch 3), hrsg. von F. Geiger, Laaber 2014, S. 166–211

Kopitz, K. M., und Cadenbach, R. (Hrsg.): *Beethoven aus der Sicht seiner Zeitgenossen in Tagebüchern, Briefen, Gedichten und Erinnerungen*, 2 Bde., München 2009

Korff, M.: *Ludwig van Beethoven. Leben. Werk. Wirkung*, Berlin 2010

Korte, W.: *Ludwig van Beethoven. Eine Darstellung seines Werkes*, Berlin 1936

Kramer, R.: *The Sketches for Beethoven's Violin Sonatas, Opus 30. History, Transcription, Analysis*, mschr. Diss. Princeton 1973

Kramer, R.: »Notes to Beethoven's Education«, in: Journal of the American Musicological Society XXVIII (1975), S. 72–101

Kramer, R.: »On the Dating of Two Aspects in Beethoven's Notation for Piano«, in: R. Klein (Hg.), *Beethoven Kolloquium 1977*, Kassel u.a. 1978, S. 160–173

Kramer, R.: »Cadenza contra Text: Mozart in Beethoven's Hand«, in: Nineteenth-Century Music 15 (1991), S. 118–130

Kraus, B. A.: »Beethoven liest international«, in: *Beethoven liest*, hrsg. von B. R. Appel und J. Ronge (Schriften zur Beethoven-Forschung 28), Bonn 2016, S. 73–104

Krehbiel, H. E.: »Alexander Thayer and his Life of Beethoven«, in: The Musical Quarterly 3 (1917), S. 629–640

Kropfinger, K.: *Wagner und Beethoven. Untersuchungen zur Beethoven-Rezeption Richard Wagners* (Studien zur Musikgeschichte des 19. Jahrhunderts 29), Regensburg 1975

Kropfinger, K.: »Von der Werkstatt zur Aufführung. Was bedeuten Beethovens Skizzen für die Werkinterpretation«, in: *Festschrift Arno Forchert zum 60. Geburtstag*, hrsg. von G. Allroggen und D. Altenburg, Kassel u.a. 1986, S. 169–174

Kropfinger, K.: Artikel »Beethoven, Ludwig van«, in: *MGG2*, Personenteil Bd. 2 (1999), S. 667–944

Kropfinger, K.: *Beethoven*, Kassel u.a. 2001

Kross, S.: »Schaffenspsychologische Aspekte der Skizzenforschung«, in: *Kongreßbericht Bonn 1970*, S. 87–95

Kühn, D.: *Beethoven und der schwarze Geiger*, Frankfurt am Main 1990

Kullak, A.: *Die Aesthetik des Klavierspiels. Dritte Auflage*, hrsg. von H. Bischoff, Berlin 1889

Kullak, F.: *Beethovens Klavierkonzerte*, Leipzig 1881

Ladenburger, M.: »Der junge Beethoven – Komponist und Pianist. Beethovens Handexemplar der Originalausgabe seiner Drei Klaviersonaten WoO 47«, in: Bonner Beethoven-Studien Reihe V, Band 3 (2003), S 107–117

Ladenburger, M.: »Beethoven und seine Verleger. Geschäftsbeziehungen, Strategien, Honorare, Probleme«, in: *»Alle Noten bringen mich nicht aus den Nöthen!!« Beethoven und das Geld*, hrsg. von N. Kämpken und M. Ladenburger (Veröffentlichungen des Beethoven-Hauses, Ausstellungskataloge 16), Bonn 2005, S. 143–152

Ladenburger, M.: *Beethoven auf Reisen* (Begleitpublikationen zu Ausstellungen des Beethoven-Hauses Bonn 25), Bonn 2016

Ladenburger, M., Kämpken, N., und Kleppi, D.: *Beethovens Testamente und andere bedeutende Lebenszeugnisse* (Veröffentlichungen des Beethoven-Hauses, Ausstellungskataloge 22), Bonn 2014

Lambour, Chr.: »Nannette Streicher – nicht nur Klavierbauerin«, in: *Der »männliche« und der »weibliche« Beethoven, Kongressbericht Berlin 2001*, hrsg. von C. Bartsch, B. Borchard und R. Cadenbach, Bonn 2004, S. 214

Langer, A.: »Maria Anna (Nannette) Streicher, geb. Stein, eine bedeutende Klavierbauerin der Beethoven-Zeit«, in: U. Goebl-Streicher, J. Streicher und M. Ladenburger, *»Diesem Menschen hätte ich mein ganzes Leben widmen mögen«. Beethoven und die Wiener Klavierbauer Nannette und Andreas Streicher* (Veröffentlichungen des Beethoven-Hauses, Ausstellungskataloge 6), Bonn 1999, S. 21–32

Langewiesche, D.: *Europa zwischen Restauration und Revolution 1815–1849* (Oldenbourg. Grundriss der Geschichte, Bd. 13), München [3]1993

Latcham, M.: »The Pianos of Johann Andreas Stein«, in: M. Lustig (Hrsg.), *Zur Geschichte des Hammerklaviers* (Michaelsteiner Konferenzberichte 50), Michaelstein 1996, S. 15–49

Latcham, M.: »Mozart and the pianos of Gabriel Anton Walter«, in: Early Music XXV (1997), S. 383–400

Latcham, M.: »Mozart and the Pianos of Johann Andreas Stein«, in: The Galpin Society Journal LI (1998), S. 115–153

Latcham, M.: *The Stringing, Scaling and Pitch of Hammerflügel built in the Southern German and Viennese Traditions 1780–1820*, 2 Bde. (Musikwissenschaftliche Schriften 34), München und Salzburg 2000

Lawson, C.: »Beethoven and the development of wind instruments«, in: *Performing Beethoven*, hrsg. von R. Stowell, Cambridge 1994, S. 70–88

Lehmann, H.: *Max Webers »Protestantische Ethik«. Beiträge aus der Sicht eines Historikers* (Kleine Vandenhoeck-Reihe, Bd. 1579), Göttingen 1996

Lehner, U. L.: »Introduction: The Many Faces of the Catholic Enlightenment«, in: *A Companion to the Catholic Enlightenment in Europe*, hrsg. von U. L. Lehner und M. Printy, Leiden 2010, S. 1–61

Lehner, U. L.: *The Catholic Enlightenment: The Forgotten History of a Global Movement*, New York 2016

Leitzmann, A. (Hrsg.): *Beethovens Persönlichkeit. Urteile der Zeitgenossen, Erster Band 1770–1816*, Leipzig 1914

Leitzmann, A. (Hrsg.): *Beethovens Persönlichkeit. Urteile der Zeitgenossen, Zweiter Band 1817–1827*, Leipzig 1914

Leitzmann, A. (Hrsg.): *Ludwig van Beethoven. Berichte der Zeitgenossen, Briefe und persönliche Aufzeichnungen*, Leipzig 1921

Lenz, W. von: *Beethoven et ses trois styles. Analyses des sonates de piano, suivies de l'essai d'un catalogue critique, chronologique et anecdotique de l'œuvre de Beethoven*, 2 Bde., Petersburg 1852 (dass. Brüssel 1854, Stapleaux und Paris 1855; Neuausg., hrsg. von M. D. Calvocoressi, Paris 1906)

Lenz, W. von: *Beethoven, eine Kunststudie* (Bd. 1: *Das Leben des Meisters*; Bd. 2: *Der Stil in Beethoven. Die Mit- und Nachwelt Beethovens. Der Beethovenstatus quo in Russland*, Kassel 1855; Bd. 3–5: *Kritischer Katalog sämtlicher Werke Ludwig van Beethovens mit Analysen derselben*, Hamburg 1860; mehrere Neudrucke erlebte der erste, biographische Teil: er erschien unter dem Titel *Beethoven, eine Biographie*, Leipzig [2]1879; ein Neudruck mit Ergänzungen und Erläuterungen von A. Chr. Kalischer, Berlin 1908)

Ley, St.: *Beethoven als Freund der Familie Wegeler-v. Breuning*, Bonn 1927

Liivrand, H., und Pappel, K.: »Musik im Alltag Kotzebues«, in: *August von Kotzebue. Ein streitbarer und umstrittener Autor*, hrsg. von A. Košenina u.a. (Berliner Klassik. Eine Großstadtkultur um 1800 23), Hannover 2017, S. 155–188

Lockwood, L.: *Beethoven: Studies in the Creative Process*, Cambridge (Massachusetts) und London 1992

Lockwood, L.: *Beethoven: The Music and the Life*, New York 2003

Lockwood, L.: »The Years 1813–1817: A ›Fallow‹ Period in Beethoven's Career?«, in: *Beiträge zu Biographie und Schaffensprozess bei Beethoven. Rainer Cadenbach zum Gedenken* (Schriften zur Beethoven-Forschung 21), hrsg. von J. May, Bonn 2011, S. 101–117

Lockwood, L.: *Beethoven. Seine Musik, sein Leben*, Kassel u.a. [2]2012

Lodes, B.: »›So träumte mir, ich reiste… nach Indien‹: Temporality and Mythology in Op.127/I«, in: *The String Quartets of Beethoven*, hrsg. von W. Kinderman, Urbana (Illinois) 2006, S. 168–213

Loesch, H. von: »Brioso, stringendo, liberamente. Zur Beethoven-Ausgabe Artur Schnabels«, in: *Artur Schnabel. Bericht über das Internationale Symposion Berlin 2001* (Stiftung Archiv der Akademie der Künste. Archive zur Musik des 20. Jahrhunderts 6), Hofheim 2003, S. 109–120

Loesch, H. von, und Raab, C. (Hrsg.): *Das Beethoven-Lexikon* (Das Beethoven-Handbuch 6), Laaber 2008

Löw, H. A.: *Die Improvisation im Klavierwerk L. van Beethovens*, mschr. Diss. Saarbrücken 1962

Loewe-Cannstadt, R.: »Beethovens Krankheiten und Ende«, in: Die Musik XIX (1927), S. 418–424

Lohmann, L.: *Studien zu Artikulationsproblemen bei den Tasteninstrumenten des 16. – 18. Jahrhunderts*, Regensburg 1982

Loidl, F.: *Geschichte des Erzbistums Wien*, Wien 1983

Loos, H. (Hrsg.): *Beethoven und die Nachwelt*, Bonn 1986

Loos, H.: »Beethoven in Prag 1796 und 1798«, in: *Beethoven und Böhmen*, hrsg. von S. Brandenburg und M. Gutiérrez-Denhoff, Bonn 1988, S. 63–91

Loos, H.: »Zur Rezeption von Beethovens *Missa solemnis*«, in: *Beethoven: Studien und Interpretationen*, hrsg. von M. Tomaszewski und M. Chrenkoff, Krakau 2000, S. 55–64

Loos, H.: »Religiöse Aspekte der Beethoven-Rezeption zwischen Nord und Süd«, in: *Beethoven 3: Studien und Interpretationen*, hrsg. von M. Tomaszewski und M. Chrenkoff, Krakau 2006, S. 299–308

Lorenz, M.: »Commentary on Wawruch's Report: Biographies of Andreas Wawruch and Johann Seibert, Schindlers Responses to Wawruch's Report, and Beethovens Medical Condition and Alcohol Consumption«, in: The Beethoven Journal 22/2 (2007), S. 92–100

Lühning, H.: »Das Schindler- und das Beethoven-Bild«, in: *Bonner Beethoven-Studien*, Bd. 2, hrsg. von S. Brandenburg und E. Herttrich, Bonn 2001, S. 183–199

Lütge, W.: »Andreas und Nannette Streicher«, in: Der Bär: Jahrbuch von Breitkopf und Härtel IV (1927), S. 53–69

Luithlen, V.: *Kunsthistorisches Museum. Katalog der Sammlung alter Musikinstrumente. I. Teil: Saitenklaviere*, Wien 1966
Lutz, H.: *Zwischen Habsburg und Preußen. Deutschland 1815–1866* (Die Deutschen und ihre Nation. Neuere deutsche Geschichte, Bd.2), Berlin 1985

MacArdle, D. W.: »Beethoven, Artaria, and the C Major Quintet«, in: The Musical Quarterly 34 (1948), S. 567–574
MacArdle, D. W.: *The Artaria Editions of Beethoven's C major Quintet*, in: Journal of the American Musicological Society 16 (1963), S. 254–257
Macek, J.: »Beethovens Freund Karl Peters und seine Frau«, in: *Beethoven und Böhmen. Beiträge zu Biographie und Wirkungsgeschichte Beethovens*, hrsg. von S. Brandenburg und M. Gutiérrez-Denhoff, Bonn 1988, S. 393–408
McGrann, J. W.: *Beethoven's Mass in C, Opus 86: Genesis and Compositional Background*, 2 Bde., mschr. Diss. Harvard University 1991
McGrann, J. W.: »Der Hintergrund zu Beethovens Messen«, in: Bonner Beethoven Studien 3 (2003), S. 119–139
McGrann, J. W.: »Zum vorliegenden Band«, in: L. van Beethoven, *Messe C-Dur: Opus 86, Neue Beethoven-Gesamtausgabe*, Abteilung VIII, Bd. 2, München 2003, S. IX–XIII
MacIntyre, B.: *The Viennese Concerted Mass of the Early Classic Period*, Ann Arbor (Michigan) 1986
Mäurer, B. J.: *Über Beethovens Jugendzeit in Bonn* (Nach Notizen seines Jugendfreundes Bernhard Mäurer), digitales Autograph einer Abschrift von fremder Hand, http://resolver.staatsbibliothek-berlin.de/SBB0001A7C200000000
Maier, F. M.: »Beethoven liest Littrow«, in: B. R. Appel und J. Ronge (Hrsg.), *Beethoven liest* (Schriften zur Bonner Beethoven-Forschung 28), Bonn 2016, S. 251–288
Maier, M.: »Sehnsucht WoO 134«, in: A. Riethmüller, C. Dahlhaus und A. Ringer (Hrsg.), *Beethoven-interpretationen,* Kassel u.a. 1994, Bd. 2, S. 537–543
Mandyczewski, E.: *Zusatzband zur Geschichte der k.k. Gesellschaft der Musikfreunde in Wien. Sammlungen und Statuten*, [hrsg. von der Direktion der k.k. Ges. der Musikfreunde], Wien 1912
Marek, G. R.: *Ludwig van Beethoven. Das Leben eines Genies*, München 1970
McClary, S.: *Feminine Endings. Music, Gender and Sexuality* (1991), 2. Aufl. Minneapolis 1992
Mann, Th.: *Doktor Faustus*, in: ders., *Gesammelte Werke* I–XII, Bd. VI, Frankfurt am Main 1960
Marx, A. B.: *Ludwig van Beethoven. Leben und Schaffen*, 2 Bde., Berlin 1859
Marx, A. B.: *Anleitung zum Vortrag Beethovenscher Klavierwerke*, Berlin 1863
Marx, A. B.: *Anleitung zum Vortrag Beethovenscher Klavierwerke* [1863], hrsg. von E. Schmitz, Regensburg 1912
Marx, A. B.: *Anleitung zum Vortrag Beethovenscher Klavierwerke*, 2. Aufl., hrsg. von G. Behncke, Berlin 1875
Maunder, R.: *Keyboard Instruments in Eighteenth-Century Vienna*, Oxford 1998
May, J.: »Beethoven and Prince Karl Lichnowsky«, in: Beethoven Forum 3 (1994), S. 30f.
May, J.: »Beethoven über Beethoven. ›Selbstzeugnisse‹ als biographische Quellen«, in: *Beiträge zu Biographie und Schaffensprozess bei Beethoven. Rainer Cadenbach zum Gedenken* (Schriften zur Beethoven-Forschung 21), hrsg. von J. May, Bonn 2011, S. 101–117
Meer, J. H. van der: »Beethoven und das Fortepiano«, in: Musica instrumentalis 2 (1999), S. 56–82
»meine Harmonie mit der Ihrigen verbunden«. Beethoven und Goethe, Eine Ausstellung des Beethoven-Hauses und der Stiftung Weimarer Klassik/Goethe- und Schiller-Archiv in Zusammenarbeit mit dem Arbeitskreis selbständiger Kultur-Institute e.V., Katalog hrsg. von J. Golz und M. Ladenburger (Ausstellungskataloge; 7), Bonn 1999
Meredith, W.: »Cramolini's lock of Beethoven's hair and a translation of the account of Beethoven's funeral by Ignaz Ritter von Seyfried in Haslinger's first edition of ›Beethoven's Begräbnis‹ (1827)«, in: The Beethoven Journal 27 (2012), Nr. 2, S. 96–99
Mies, P.: *Die Bedeutung der Skizzen Beethovens zur Erkenntnis seines Stiles*, Leipzig 1925

Mies, P.: *Textkritische Untersuchungen bei Beethoven* (Veröffentlichungen des Beethoven-Hauses Bonn, 4. Reihe: Schriften zur Beethovenforschung 2), Bon 1957

Mies, P.: »... quasi una fantasia«, in: *Colloquium Amicorum. Joseph Schmidt-Görg zum 70. Geburtstag*, hrsg. von S. Kross und H. Schmidt, Bonn 1967, S. 239–249

Mies, P.: *Die Krise der Konzertkadenz bei Beethoven* (Abhandlungen zur Kunst-, Musik- und Literaturwissenschaft 101), Bonn 1970

Mikulicz, K. L.: »Skizzen zur III. und V. Symphonie und über die Notwendigkeit einer Gesamtausgabe der Skizzen Beethovens«, in: *Beethoven Zentenarfeier. Internationaler Musikhistorischer Kongreß*, Wien 1927, S. 95–96

Milchmeyer, J. P.: *Die wahre Art das Pianoforte zu spielen*, Dresden 1797

Mobbs, K.: *Stops and Other Special Effects on the Early Piano*, in: Early Music XII (1984), S. 471–476

Möller, H.: *Vernunft und Kritik. Deutsche Aufklärung im 17. und 18. Jahrhundert* (Neue Hist. Bibl. 1269, ed. Suhrkamp, NF Bd. 269), Frankfurt am Main 1986

Molsen, U.: *Die Geschichte des Klavierspiels in historischen Zitaten von den Anfängen des Hammerklaviers bis Brahms mit einem Vorwort von Nikolaus Harnoncourt*, Balingen [2]1983

Moore, J. V.: *Beethoven and musical economics* (mschr. Diss. Urbana-Champaign [Illinois], University of Illinois 1987), 2 Bde., Ann Arbor (Michigan) 1987

Moore, J. V.: »Beethoven and inflation: hol' der Henker das Ökonomisch-musikalische!«, in: Beethoven Forum 1 (1992), S. 191–223

Morrow, M. S.: *Concert Life in Haydn's Vienna: Aspects of a Developing Musical und Social Institution*, New York 1989

Moscheles, Ch. (Hrsg.): *Aus Moscheles' Leben. Nach Briefen und Tagebüchern*, 2 Bde., Leipzig 1872

[Mosel, I. F. von]: »Uebersicht des gegenwärtigen Zustandes der Tonkunst in Wien (Beschluß)«, in: Vaterländische Blätter für den österreichischen Kaiserstaat VII, 31. Mai 1808, S. 49–54

Mosel, I. F. von: »Die Tonkunst in Wien während der letzten fünf Dezennien«, in: Allgemeine Wiener Musik-Zeitung 3 (1843), S. 557–560

Motnik, M.: »›nous sommes donc l'un à l'autre‹. Luigi Cherubinis Kirchenkompositionen für Nikolaus II. Esterházy und die gescheiterten Verhandlungen um die Nachfolge Haydns«, in: *Luigi Cherubini. Vielzitiert, bewundert, unbekannt.* Kongressbericht, Weimar 2010 (Cherubini Studies 1), Sinzig 2016, S. 63–86

Mozart, L.: *Versuch einer gründlichen Violinschule*, Augsburg 1756; Faks., Frankfurt am Main 1976

Mühlenweg, A.: *Ludwig van Beethoven, Christus am Oelberge, op. 85: Studien zur Entstehungs- und Überlieferungsgeschichte*, 2 Bde., mschr. Diss. Würzburg 2004

Müller, R. A.: *Der Fürstenhof in der frühen Neuzeit* (Enzyklopädie deutscher Geschichte, Bd. 33), München 1995

Müller-Asow, H. (Hrsg.): *Heiligenstädter Testament.* hrsg. zum 120. Todestage des Meisters im Auftrage des Internationalen Musiker-Brief-Archivs, Weimar 1947

Nägeli, H. G.: *Vorlesungen über Musik mit Berücksichtigung der Dilettanten*, Stuttgart und Tübingen 1826; Repr. Hildesheim u.a. 1980

[Neefe, Chr. G.]: »Nachricht von der churfürstlich-cöllnischen-Hofcapelle zu Bonn und andern Tonkünstlern daselbst«, in: C. F. Cramer (Hrsg.), *Magazin der Musik*, Hamburg 1783, S. 377–396

Newman, W. S.: *Performance practices in Beethoven's piano sonatas: an introduction*, New York 1971

Newmann, W. S.: *Beethoven on Beethoven. Playing His Piano Music His Way*, New York 1988

Nichols, A.: *Catholic Thought since the Enlightenment: A Survey*, Pretoria (Südafrika) 1998

Nietzsche, F.: »Vom Nutzen und Nachteil der Historie für das Leben«, in: ders., *Werke*, hrsg. von K. Schlechta, Bd. 1, München 1954, S. 253f.

Nipperdey, T.: *Deutsche Geschichte. 1800–1866*, München 1983

Nohl, L.: *Beethovens Leben*, Bd. 1: *Die Jugend 1770–1792*, Wien 1864; Bd. 2: *Das Mannesalter 1793–1814*, Leipzig 1867; Bd. 3, Erste Abt.: *Die letzten 12 Jahre* [1815–1823], Leipzig 1874; Bd. 3, 2. Abt.: *Die letzten 12 Jahre* [1824–1827], Leipzig 1877

Nohl, L. (Hrsg.): *Briefe Beethovens*, Stuttgart 1865
Nohl, L.: *Beethovens Brevier: Sammlung der von ihm selbst ausgezogenen oder angemerkten Stellen aus Dichtern und Schriftstellern alter und neuer Zeit; Nebst einer Darstellung von Beethovens geistiger Entwicklung*, Leipzig 1870
Nohl, L.: *Beethoven. Nach Schilderungen seiner Zeitgenossen*, Stuttgart 1877
Nottebohm, G.: *Ein Skizzenbuch von Beethoven*, Leipzig 1865
Nottebohm, G.: *Generalbass und Compositionslehre betreffende Handschriften Beethoven's und I. R. v. Seyfried's Buch »Ludwig van Beethoven's Studien im Generalbasse, Contrapuncte« usw.*, in: *Beethoveniana*, Leipzig und Winterthur 1872; Repr. New York und London 1970
Nottebohm, G.: *Beethoveniana. Aufsätze und Mittheilungen*, Leipzig und Winterthur, 1872
Nottebohm, G.: *Beethoven's Studien, nach den Original-Manuscripten dargestellt*, Band 1, *Beethoven's Unterricht bei J. Haydn, Albrechtsberger und Salieri*, Leipzig 1873
Nottebohm, G.: *Ein Skizzenbuch von Beethoven aus dem Jahre 1803*, Leipzig 1880
Nottebohm, G.: *Zweite Beethoveniana. Nachgelassene Aufsätze*, hrsg. von E. Mancyczewski, Leipzig 1887
Novak Clinkscale, M.: *Makers of the Piano 1700–1820*, Oxford 1993

Odojewski, W.: *Russische Nächte*, hrsg. von K. Städtke, Berlin 1987
Olbrich, H. (Hrsg.): *Lexikon der Kunst*, Leipzig 1987–1994
Oort, B. van: *The English Classical Style and its influence on Haydn and Beethoven*, mschr. Diss. Cornell University 1993
Oort, B. van: »Haydn and the English classical style«, in: Early Music XXVIII (2000), S. 73–89
Ottner, H.: *Der Wiener Instrumentenbau 1815–1833*, Tutzing 1977

Pachler, F.: *Beethoven und Marie Pachler-Koschak*, Berlin 1866
Paul, O.: *Geschichte des Claviers vom Ursprunge bis zu den modernsten Formen dieses Instruments*, Leipzig 1868
Paulsen, F.: *Geschichte des Gelehrten Unterrichts an deutschen Schulen und Universitäten vom Ausgang des Mittelalters bis zur Gegenwart*, 3. Aufl., bearb. von R. Lehmann, Bd. 1, Leipzig 1919
Pauly, R. G.: »The Reforms of Church Music under Joseph II«, in: The Musical Quarterly 43 (1957), S. 372–382
Penning, W. D.: »Eine unglückselige Eingabe an den Kurfürsten. Johann van Beethoven und der kurkölnische Erste Staatsminister Caspar Anton von Belderbusch. Eine kriminalistische Spurensuche«, in: Annalen des Historischen Vereins für den Niederrhein 214 (2011), S. 169–186
Perger, R. von, und Hirschfeld, R.: *Geschichte der k.k. Gesellschaft der Musikfreunde in Wien*, Wien 1912
Pezzl, J.: *Neue Skizze von Wien, Erstes Heft*, Wien 1805
Pfeiffer, M.: *Franz Xaver Gebauer. Sein Leben und Wirken, unter besonderer Berücksichtigung der von ihm gegründeten Concerts Spirituels*, phil. Diplomarbeit Wien 1995
Philip, R.: »Traditional Habits of Performance in Early-Twentieth-Century Recordings of Beethoven«, in: *Performing Beethoven*, hrsg. von R. Stowell (Cambridge Studies in Performance Practice 4), Cambridge 1994, S. 195–204
Pickett, D.: »Rescoring in Beethoven's symphonies«, in: dass., S. 205–227
Plantinga, L.: *Beethoven's Concertos*, New York 1999
Platen, E.: »Beethovens letzte Streichquartette und der Verleger Maurice Schlesinger«, in: Bonner Beethoven Studien 10 (2012), S. 69–110
Pohl, C. F.: *Denkschrift aus Anlass des hundertjährigen Bestehens der Tonkünstler-Societät*, Wien 1871
Pohl, C. F.: *Die Gesellschaft der Musikfreunde des österreichischen Kaiserstaates und ihr Conservatorium*, Wien 1871
Pollens, St.: *The Early Pianoforte*, Cambridge 1995
Poppe, G.: *Festhochamt, sinfonische Messe oder überkonfessionelles Bekenntnis? Studien zur Rezeptionsgeschichte von Beethovens Missa solemnis*, Beeskow 2007

Prelinger, F. (Hrsg.): *Ludwig van Beethovens sämtliche Briefe und Aufzeichnungen,* 5 Bde., Wien und Leipzig 1906–1911

Printy, M.: *Enlightenment and the Creation of German Catholicism*, New York 2009

Probst, M.: *Gottesdienst in Geist und Wahrheit: Die liturgischen Ansichten und Bestrebungen Johann Michael Sailers (1751–1832)*, Regensburg 1976

Prod'homme, J. G.: *Die Klaviersonaten Beethovens 1782–1823. Geschichte und Kritik*, übersetzt von W. Kuhlmann, Wiesbaden 1948

Quantz, J. J.: *Versuch einer Anweisung die Flöte traversiere zu spielen*, Berlin 1752; Faks., hrsg. von H. Augsbach, Kassel u.a. 1983

Raab, H. (Hrsg.): *Joseph Görres – Ein Leben für Freiheit und Recht. Auswahl aus seinem Werk. Urteile von Zeitgenossen, Einführung und Bibliographie*, Paderborn u.a. 1978

Radant, E. (Hrsg.): »Die Tagebücher von Joseph Carl Rosenbaum 1770–1829«, in: The Haydn yearbook = Das Haydn-Jahrbuch 5 (1968), S. 7–159

Rampe, S.: *Mozarts Claviermusik. Klangwelt und Aufführungspraxis. Ein Handbuch*, Kassel u.a. 1995

Rampe, S.: »Zur Sozialgeschichte des Claviers und Clavierspiels in Mozarts Zeit« (2 Teile), in: Concerto 104 (1995), S. 24–27, und Concerto 105 (1995), S. 28–30

Rampe, S.: »Kompositionen für Saitenklaviere mit obligatem Pedal unter Johann Sebastian Bachs Clavier- und Orgelwerken«, in: Cöthener Bach-Hefte 8: Beiträge zum Kolloquium »Kammermusik und Orgel im höfischen Umkreis – Das Pedalcembalo«, Köthen 1998, S. 143–185

Rampe, S.: »Zur Sozialgeschichte der Saitenclaviere im deutschen Sprachraum zwischen 1600 und 1750«, in: Chr. Ahrens und G. Klinke (Hrsg.), *Das deutsche Cembalo*, München und Salzburg 2000, S. 68–93

Rampe, S.: »Sozialgeschichte und Funktion des Wohltemperierten Klaviers I«, in: ders. (Hrsg.), *Bach. Das Wohltemperierte Klavier I. Tradition, Entstehung, Funktion, Analyse. Ulrich Siegele zum 70. Geburtstag* (Musikwissenschaftliche Schriften 38), München und Salzburg 2002, S. 67–108

Rampe, S.: »Abendmusik oder Gottesdienst? Zur Funktion norddeutscher Orgelkompositionen des 17. und frühen 18. Jahrhunderts« (3 Teile), in: Schütz-Jahrbuch 25 (2003), S. 7–70; Schütz-Jahrbuch 26 (2004), S. 155–204, und Schütz-Jahrbuch 27 /2005), S. 53–127

Rampe, S.: »›Hier ist doch das Clavierland‹ – Mozart und das Klavier«, in: M. Schmidt (Hrsg.), *Mozarts Klavier- und Kammermusik* (Das Mozart-Handbuch 2), Laaber 2006, S. 220–234

Rampe, S.: »Deutsche Generalbasspraxis in der zweiten Hälfte des 18. und ersten Hälfte des 19. Jahrhunderts«, in: Chr. Ahrens und G. Klinke (Hrsg.), »*... con Cembalo e l'Organo ...*« *Das Cembalo als Generalbaßinstrument*, München und Salzburg 2008, S. 61–92

Rampe, S.: *Orgel- und Clavierspielen 1400–1800. Eine deutsche Sozialgeschichte im europäischen Kontext* (Musikwissenschaftliche Schriften 48), München und Salzburg 2014

Rampe, S.: *Generalbasspraxis 1600–1800* (Grundlagen der Musik 5), Laaber 2014

Rampe, S.: *Beethovens Klaviere und seine Klavierimprovisation: Klangwelt und Aufführungspraxis* (Musikwissenschaftliche Schriften 49), München und Salzburg 2015

Réande, J.: »Beethoven et les écrivains français de son temps«, in: Europe 48, Nr. 498, 1970, S. 54–77

Reicha, A.: *Kompositionslehre*, aus dem Französischen von C. Czerny, Wien 1835

Reichardt, J. F.: *Ueber die Pflichten des Ripien-Violinisten*, Berlin und Leipzig 1776

Reichardt, J. F.: *Vertraute Briefe geschrieben auf einer Reise nach Wien und den Österreichischen Staaten zu Ende des Jahres 1808 und zu Anfang 1809*, Amsterdam 1810; Neuausg. in: ders., *Briefe, die Musik betreffend. Berichte, Rezensionen, Essays*, hrsg. von W. Siegmund-Schultze, Leipzig 1976

Reid, P.: *The Beethoven Song Companion*, Manchester 2007

Reinalter, H.: »Die Freimaurerei zwischen Josephinismus und frühfranziszeischer Reaktion: Zur gesellschaftlichen Rolle und indirekt politischen Macht der Geheimbünde im 18. Jahrhundert«, in: *Freimaurer und Geheimbünde im 18. Jahrhundert in Mitteleuropa*, hrsg. von dems., Frankfurt am Main 1983, S. 35–84

Reinöhl, F. von: »Neues zu Beethovens Lehrjahr bei Haydn«, in: Neues Beethoven-Jahrbuch VI (1935), S. 36–47

Reisinger, E.: »Sozialisation – Interaktion – Netzwerk. Zum Umgang mit Musikern im Adel anhand des Beispiels von Erzherzog Maximilian Franz«, in: *Beethoven und andere Hofmusiker seiner Zeit im deutschsprachigen Raum. Bericht über das internationale Symposion Bonn, 3. bis 5. Dezember 2015* (Schriften zur Beethoven-Forschung 29; Musik am Bonner kurfürstlichen Hof 1), hrsg. von B. Lodes, E. Reisinger und J. Wilson, Bonn 2018, S. 179–198

Rellstab, L.: »Beethoven. Ein Bild der Erinnerung aus meinem Leben«, in: *Weltgegenden*, hrsg. von Chlodwig, 1. Jg. 3. Bd., Westen, Cottbus 1841, S. 29f.

Rellstab, L.: *Aus meinem Leben*, Berlin 1861

Reniers, D.: »Beethoven, Goethe et les fantômes de Bettina«, in: Beethoven, sa vie, son œuvre 17 (2015), S. 52–64

»Richard Strauss. Anmerkungen zur Aufführung von Beethovens Symphonien«, hrsg. von F. Trenner, in: Neue Zeitschrift für Musik 125 (1964), S. 250–260

Richter, H.: »Ein Thema Dittersdorfs in Beethovens Schaffen«, in: *Bericht über den Internationalen Beethoven-Kongreß Berlin 1977*, hrsg. von H. Goldschmidt, K.-H. Köhler und K. Niemann, Leipzig 1978, S. 401–403

Riedel, F. W.: »Kirchenmusik in der ständisch gegliederten Gesellschaft am Ende des Heiligen Römischen Reiches«, in: *Kirchenmusik zwischen Säkularisation und Restauration*, hrsg. von F. W. Riedel, Sinzig 2006, S. 47–57

Riepe, J.: »Eine neue Quelle zum Repertoire der Bonner Hofkapelle im späten 18. Jahrhundert«, in: Archiv für Musikwissenschaft 60 (2003), S. 97–114

Riethmüller, A.: »Aspekte des musikalisch Erhabenen im 19. Jahrhundert«, in: Archiv für Musikwissenschaft 40, 1983, S. 38ff.

Riethmüller, A.: »Wunschbild: Beethoven als Chauvinist«, in: Archiv für Musikwissenschaft 58, 2001, S. 91–109

Riezler, W.: *Beethoven*, Berlin und Zürich 1936

Robbins Landon, H. C.: *Beethoven, sein Leben und seine Welt in zeitgenössischen Bildern und Texten*, Zürich 1970

Roch, E.: »Emphatische Figuration in Beethovens Briefen und Aufzeichnungen«, in: *Zu Beethoven. 3. Aufsätze und Dokumente*, hrsg. von H. Goldschmidt, Berlin 1988, S. 209–239

Roda, C. de: »Un Quaderno di autografi di Beethoven del 1825«, in: Rivista Musicale Italiana 12 (1905), Nr. 1, 3, 4, S. 63–108, 592–622, 734–767

Rödel, W. G.: »Der Rhein wird Grenze: Stadt – Kurstaat – Erzbistum Mainz um 1800«, in: W. G. Rödel und R. E. Schwerdtfeger (Hrsg.), *Zerfall und Wiederbeginn – Vom Erzbistum zum Bistum Mainz (1792/97–1830). Ein Vergleich, Festschrift für F. Jürgensmeier*, Würzburg 2002, S. 29

Rößner-Richarz, M.: »Beethoven und der Wiener Kongress aus der Perspektive von Beethovens Briefen und Dokumenten«, in: *Beethoven und der Wiener Kongress (1814/15). Bericht über die vierte New Beethoven Research Conference Bonn, 10. bis 12. September 2014* (Schriften zur Beethoven-Forschung 26), hrsg. von B. R. Appel u.a., Bonn 2016, S. 79–118

Rolland, R.: *Beethoven. Les Grandes époques créatrices* (7 Bde.), Paris 1928–1945

Roller, H.: *Beethoven in Baden*, Baden ²1902

Romanó, St.: »La Comtesse Marie Erdődy, fut-elle l'Immortelle bien-aimée de Beethoven?«, in: Beethoven, la revue de l'Association Beethoven France 9 (2008), S. 18–38

Romberg, B.: *Violoncell Schule*, Berlin [1840]

Ronge, J.: *Beethovens Lehrzeit. Kompositionsstudien bei Joseph Haydn, Johann Georg Albrechtsberger und Antonio Salieri* (Schriften zur Beethoven-Forschung 20), Bonn 2011

Ronge, J.: *Ein Landhaus, ein Pferd und eine Messe für Napoleon. Notizen Beethovens von Oktober 1810* (Jahresgabe des Vereins Beethoven-Haus 33), Bonn 2017

Rosenblum, S. P.: *Performance Practices in Classic Piano Music*, Bloomington und Indianapolis 1988

Rose van Epenhuysen, M.: »Beethoven and his ›French piano‹: proof of purchase«, in: *Ecoles et traditions regionals*, hrsg. von F. Gétreau (Musique, images, instruments 7), Paris 2005, S. 110–122
Rowland, D.: *A History of Pianoforte Pedalling* (Cambridge Musical Texts and Monographs), Cambridge 1993
Rowland, D.: »Beethoven's pianoforte pedalling«, in: *Performing Beethoven*, hrsg. von R. Stowell, Cambridge 1994, S. 49–69
Rumph, St.: *Beethoven after Napoleon: Political Romanticism in the Late Works*, Berkeley und Los Angeles 2004

Sackmann, D.: »Versuch einer Anweisung, Solokadenzen zu improvisieren. Ein Literaturbericht und Thesen zur Aufführungspraxis«, in: K. von Fischer, D. Sackmann und J. Schöllhorn, *Vier Vorträge zur Wienerklassik* (Publikationen von Musikschule und Konservatorium Winterthur 1), Wilhelmshaven 1999, S. 21–80
Sackmann, D.: »›À la recherche du Prélude perdu‹. Die Präludien im Wohltemperierten Klavier I und ihre Stellung in der Geschichte der Gattung«, in: S. Rampe (Hrsg.), *Bach. Das Wohltemperierte Klavier I. Tradition, Entstehung, Funktion, Analyse. Ulrich Siegele zum 70. Geburtstag* (Musikwissenschaftliche Schriften 38), München und Salzburg 2002, S. 161–180
Sailer, J. M.: *Kleine Bibel für Kranke und Sterbende und ihre Freunde. Dritte, vermehrte Auflage*, Grätz 1819
Sailer, J. M.: *Sprüche-Buch: Goldkörner der Weisheit und Tugend; Zur Unterhaltung für edle Seelen. Dritte verbesserte Auflage*, Grätz 1819
Sailer, J. M.: *Friedrich Christians Vermächtnis an seine lieben Söhne: Deutschen Jünglingen in die Hand gegeben von einem ihrer Freunde. Zweyte, verbesserte Ausgabe*, Straubing 1825
Sakka, K.: »Beethovens Klaviere. Der Klavierbau und Beethovens künstlerische Reaktion«, in: *Colloquium Amicorum. Joseph Schmidt-Görg zum 70. Geburtstag*, hrsg. von S. Kross und H. Schmidt, Bonn 1967, S. 327–337
Sand, G.: »La symphonie pastorale de Beethoven«, in: dies., Œuvres autobiographiques, hrsg. von G. Lubin, 2 Bde., Bd. 2, Paris 1971, S. 610–614
Sandberger, A.: »Zur Geschichte der Beethovenforschung und Beethovenliteratur«, in: A. Sandberger, *Ausgewählte Aufsätze zur Musikgeschichte*, Bd. 2, München 1924, S. 11–80
Schafhäutl, K. E. von: *Die Pianofortebaukunst der Deutschen. Repräsentiert auf der allgemeinen deutschen Industrie-Ausstellung zu München im Jahre 1854*, München 1855
Schalk, F.: *Studien zur französischen Aufklärung*, Frankfurt am Main ²1972
Schenk, J. B.: *Autobiographische Skizze*, in: Studien zur Musikwissenschaft 11 (1924), S. 75–85
Schenker, H.: *Ein Beitrag zur Ornamentik*, Wien 1908
Scherf, H.: *Die Krankheit Beethovens. Neue Erkenntnisse über seine Leiden*, München 1977
Schering, A.: *Beethoven und die Dichtung*, Berlin 1936
Schiedermair, L.: *Der junge Beethoven*, Leipzig 1925; Repr., Hildesheim 1978
Schiedmayer, J. L., und Dieudonné, C.: *Kurze Anleitung zu einer richtigen Kenntniss und Behandlung der Forte-Pianos in Beziehung auf das Spielen, Stimmen und Erhalten derselben*, Stuttgart 1824; Repr., hrsg. von Chr. Väterlein, Tübingen 1994
Schiel, H. (Hrsg.): *Johann Michael Sailer: Leben und Briefe*, 2 Bde., Regensburg 1948
Schilling, G.: *Beethoven-Album. Ein Gedenkbuch* […], Stuttgart u.a. 1846
Schindler, A.: »Ueber Beethoven's ähnlichstes Bildniss«, in: Allgemeine musikalische Zeitung 37 (1835), Nr. 8 vom 25. Februar 1835, Sp. 117–120
Schindler, A.: *Biographie von Ludwig van Beethoven*, Münster 1840 (3. Auflage Münster 1860, mehrere Nach- und Neudrucke: Berlin und Leipzig 1909, hrsg. von A. Chr. Kalischer; Münster 1927, hrsg. von F. Volbach; Leipzig 1969, hrsg. von E. Klemm; Faks., Hildesheim 1994; engl. von I. Moscheles, London 1841; frz. von A. Sowinski, Paris 1864)
Schindler, A.: *Beethoven in Paris. Nebst anderen den unsterblichen Tondichter betreffenden Mitteilungen. Ein Nachtrag zur Biographie Beethovens*, Münster 1842

Schleunig, P.: »3. Symphonie op. 55«, in: A. Riethmüller, C. Dahlhaus und A. Ringer (Hrsg.), *Beethoven-interpretationen,* Kassel u.a. 1994, Bd.1, S. 386–400
Schleuning, P.: »3. Symphonie Es-Dur Eroica op. 55«, in: A. Riethmüller (Hrsg.), *Beethoven. Interpretationen seiner Werke*, Laaber 1994, Bd. 1, S. 386–400
Schmid, A.: »Die Rolle der bayerischen Klosterbibliotheken im wissenschaftlichen Leben des 17. und 18. Jahrhunderts«, in: Wolfenbütteler Forschungen 2 (1997), S. 145–186
Schmidt, H.: »Verzeichnis der Skizzen Beethovens«, in: Beethoven-Jahrbuch 6 (1969), S. 7–128
Schmidt, H.: »Die Beethovenhandschriften des Beethovenhauses in Bonn«, in: Beethoven-Jahrbuch 7 (1969/70), S. 1–443; 8 (1971/72), S. 207–220
Schmidt, H.: »Napoleon I. (1799/1804–1814/15)«, in: P. C. Hartmann (Hrsg.), *Französische Könige und Kaiser der Neuzeit*, München 2006, S. 319f.
Schmidt-Görg, J.: *Beethoven. Die Geschichte seiner Familie* (Schriften zur Beethoven-Forschung 1), Bonn 1964
Schmidt-Görg, J.: *Des Bonner Bäckermeisters Gottfried Fischer Aufzeichnungen über Beethovens Jugend*, Bonn 1971
Schmidt-Görg, J. (Hrsg.): *Beethoven. Dreizehn unbekannte Briefe an Josephine Gräfin Deym geb. von Brunsvik* (Ausgewählte Handschriften in Faksimile-Ausgaben 3), Bonn [2]1986
Schmitz, A.: *Beethoven. Unbekannte Skizzen und Entwürfe. Untersuchung, Übertragung, Faksimile*, Bonn 1924
Schmitz, A.: *Das romantische Beethovenbild. Darstellung und Kritik*, Berlin und Bonn 1927
Schmitz, A.: *Beethoven*, Bonn 1927
Schmitz, W.: *Deutsche Bibliotheksgeschichte*, Bern, Frankfurt am Main u.a. 1984
Schneiders, W. (Hrsg.): *Lexikon der Aufklärung. Deutschland und Europa*, München 1995
Schneiderwirth, M.: *Das katholische deutsche Kirchenlied unter dem Einflusse Gellerts und Klopstocks*, Münster 1908
Schönfeld, J. F. von: *Jahrbuch der Tonkunst von Wien und Prag*, [Wien] 1796; Repr., hrsg. von O. Biba, München und Salzburg 1976
Schorn-Schütte, L.: *Evangelische Geistlichkeit in der Frühneuzeit. Deren Anteil an der Entfaltung frühmoderner Staatlichkeit und Gesellschaft* (Quellen und Forschungen zur Reformationsgeschichte, Bd. 62), Heidelberg 1996
Schröter, A.: *»Der Name Beethoven ist heilig in der Kunst«. Studien zu Liszts Beethoven-Rezeption* (Musik und Musikanschauung im 19. Jahrhundert. Studien und Quellen 6), Sinzig 1999
Schubart, Chr. F. D.: *Ideen zu einer Ästhetik der Tonkunst* (Manuskript Hohenasperg/Württemberg 1784/85), hrsg. von L. Schubart, Wien 1806; Neuausg., hrsg. von J. Mainka, Leipzig 1977
Schünemann, G.: »Beethovens Studien zur Instrumentation«, in: Neues Beethoven-Jahrbuch 8 (1938), S. 146–161
Schütz, B., und Mülbe, W. Chr.: *Abtei Neresheim*, Lindenberg [2]2004
Schuh, J.: *Johann Michael Sailer und die Erneuerung der Kirchenmusik: Zur Vorgeschichte der cäcilianischen Reformbewegung in der ersten Hälfte des 19. Jahrhunderts*, mschr. Diss. Köln 1972
Schulin, E.: *Die Französische Revolution*, München [5]2013
Schwaiger, G.: *Johann Michael Sailer: Der bayerische Kirchenvater*, München und Zürich 1982
Secher, R.: *Le Génocide franco-français. La Vendée-Vengé*, Paris [4]1992
Seyfried, I. von: *Ludwig van Beethoven. Studien im Generalbasse, Contrapuncte und in der Compositions-Lehre*, Wien 1832
Seyfried, I. von: *Ludwig van Beethovens Studien im Generalbaß, Contrapunkt und in der Compositionslehre aus dessen handschriftlichen Nachlaß. Zweite revidierte und im Text vervollständigte Ausgabe von Henry Hugh Pierson*, Leipzig etc. 1853; Faks., Hildesheim 1967
Sheehan, J. J.: *Der Ausklang des alten Reiches. Deutschland seit dem Ende des Siebenjährigen Krieges bis zur gescheiterten Revolution 1763 bis 1850*, Bd. 6, Berlin 1994
Sheehan, J.: »Enlightenment, Religion, and the Enigma of Secularization«, in: The American Historical Review 108, Nr. 4 (2003), S. 1061–1080

Siepmann, J.: *Beethoven. Sein Leben, seine Musik*, Darmstadt 2013
Skowroneck, T.: »The Keyboard Instruments of the Young Beethoven«, in: S. Burnham und M. P. Steinberg (Hrsg.), *Beethoven and his World*, Princeton (New Jersey) 2000, S. 151–192
Skowroneck, T.: »Beethoven's Erard Piano: Its Influence on His Compositions and on Viennese Fortepiano Building«, in: Early Music XXX/4 (2002), S. 522–538
Skowroneck, T.: *Beethoven the Pianist*, Cambridge 2010
Skowroneck, T.: »A Brit in Vienna: Beethoven's Broadwood Piano«, in: Keyboard Perspectives V (2012)
Smolle, K.: *Wohnstätten Ludwig van Beethovens von 1792 bis zu seinem Tod*, Bonn 1970
Solie, R. A.: »What Do Feminists Want? A Reply to Pieter van den Toorn«, in: Journal of Musicology 9 (1991), S. 404
Solomon, M.: »Beethoven's Creative Process: A Two-Part Invention«, in: *Beethoven Essays*, Cambridge (Massachusetts) und London 1988, S. 126–138
Solomon, M.: »Beethoven's Magazin der Kunst«, in: dass., S. 193–204
Solomon, M.: »The Quest for Faith«, in: dass., S. 216–229
Solomon, M. (Hrsg. und Übers.): »Beethoven's Tagebuch«, in: dass., S. 233–295
Solomon, M.: *Beethoven*, New York 1977, deutsch München 1979
Solomon, M.: *Beethovens Tagebuch von 1812–1818*, hrsg. von S. Brandenburg, Mainz 1990
Solomon, M.: *Beethoven*. 2nd edition, New York 1998
Solomon, M.: *Late Beethoven: Music, Thought, Imagination*, Berkeley und Los Angeles 2003
Somfai, L.: *The Keyboard Sonatas of Joseph Haydn. Instruments and Performance Practice, Genres and Styles*, Chicago und London 1995
Sorkin, D.: *The Religious Enlightenment: Protestants, Jews, and Catholics from London to Vienna*, Princeton 2008
Sperber, J.: *Popular Catholicism in Nineteenth-Century Germany*, Princeton 1984
Spohr, L.: *Violinschule*, Wien 1833; Faks., hrsg. von K. Köpp, München und Salzburg 2000
Spohr, L.: *Selbstbiographie*, Kassel und Göttingen 1860
Spohr, L.: *Lebenserinnerungen*, Bd. 1, hrsg. von F. Göthel, Tutzing 1968
Springer, B.: *Die genialen Syphilitiker*, Berlin 1926
Stadlen, P.: »Zu Schindlers Fälschungen in Beethovens Konversationsheften«, in: Österreichische Musikzeitschrift 32 (1977), H. 5/6, S. 246–252
Staehelin, M.: »Beethoven und die Tugend«, in: *Divertimento für Hermann J. Abs*, hrsg. von dems., Bonn 1981, S. 69–87
Staehelin, M.: *Beethovens Brief an den Freiherrn von Schaden von 1787* (Jahresgabe des Vereins Beethoven-Haus 1), Bonn 1982
Staehelin, M. (Hrsg.): *Das Beethoven-Bildnis des Isidor Neugaß und die Familie Lichnowsky* (Jahresgabe des Vereins Beethoven-Haus 1983), Bonn 1983
Staehelin, M.: »Die Beethoven-Materialien im Nachlaß von Ludwig Nohl«, in: Beethoven-Jahrbuch 10 (1978–1981), Bonn 1983, S. 201–219
Steblin, R.: »The newly discovered Hochenecker portrait of Beethoven (1819), ›das ähnlichste Bildnis Beethovens‹«, in: Journal of the American Musicological Society 45 (1992), S. 468–497
Steblin, R.: »Beethoven's life mask of 1812 reconsidered«, in: The Beethoven Newsletter 8/9 (1993/94), S. 66–70
Steblin, R.: »Reminiscences of Beethoven in Anton Gräffers unpublished Memoirs. A Legacy of the Viennese Biography Project of 1827«, in: Bonner Beethoven Studien 4 (2005). S. 149–190
Steblin, R.: »Beethovens Beziehungen zu Wiener Klavierbauern um 1800 im Licht neuer Dokumente der Familie Brunswick«, in: *Das Wiener Klavier bis 1850*, hg. von B. Darmstädter, A. Huber und R. Hopfner, Tutzing 2007, S. 73–82
Steinhausen, G.: *Geschichte des deutschen Briefes*, Berlin 1889
Sterba, E. und R.: *Beethoven and his nephew. A Psychoanalytic Study of their Relationship*, 1954. Deutsche Ausgabe: *Ludwig van Beethoven und sein Neffe. Tragödie eines Genies. Eine psychoanalytische Studie*, München 1964

Stevenson R.: »American Musical Scholarship: Parker to Thayer«, in: 19th Century Music 1 (1977/78), S. 191–210

Streicher, J. A.: *Kurze Bemerkungen über das Spielen, Stimmen und Erhalten der Fortepiano, welche von Nannette Streicher, geborne Stein in Wien verfertiget werden*, Wien 1801; Repr., hrsg. von D. J. Hamoen, Den Haag 1979

Sturm, Chr. Chr.: *Betrachtungen über die Werke Gottes im Reiche der Natur und der Vorsehung auf alle Tage des Jahres*, hrsg. von B. Galura, 2 Bde., Augsburg 1813

Sträßner, M.: »Et lector in Europa Ego. Beethoven liest Johann Gottfried Seume«, in: *Beethoven liest*, hrsg. von B. R. Appel und J. Ronge (Schriften zur Beethoven-Forschung 28), Bonn 2016, S. 143–170

Suchet, J.: *Beethoven. The man revealed*, New York [2014]

Swafford, J.: *Beethoven. Anguish and triumph. A Biography*, Boston 2014

Synofzik, Th.: »Das Cembalo am Ende des Generalbaßzeitalters«, in: Chr. Ahrens und G. Klinke (Hrsg.), *»... con Cembalo e l'Organo ...« Das Cembalo als Generalbaßinstrument*, München und Salzburg 2008, S. 93–104

Szabo, E.: *Ein Skizzenbuch Beethovens aus den Jahren 1798–99*, mschr. Diss. Bonn 1951

Tellenbach, M.-E.: »Psychoanalyse und historisch-philologische Methode. Zu Maynard Solomons Beethoven- und Schubert-Deutungen«, in: Analecta Musicologica 30 (1998), S. 661–719

Tenschert, R.: »Beethovens Chorfantasie und IX. Sinfonie«, in: Schweizerische Musikzeitung XCI (1951), S. 97–103

Thayer, A. W.: *Chronologisches Verzeichniss der Werke Ludwig van Beethoven's*, Berlin 1865

Thayer, A. W.: *Ludwig van Beethoven's Leben*, Bd. 1, übersetzt und hrsg. von H. Deiters, Berlin 1866

Thayer, A. W.: *Ludwig van Beethoven's Leben*, Bd. 2, übersetzt und hrsg. von H. Deiters, Berlin 1872

Thayer, A. W.: *Ludwig van Beethovens Leben* Band 3, hrsg. und übers. von H. Deiters, rev. von H. Riemann, Leipzig 1917

Thayer, A. W.: *Ludwig van Beethoven's Leben*, Bd. 4, hrsg. von H. Riemann, Leipzig 1907

Thayer, A. W.: *Ludwig van Beethoven's Leben*, Bd. 5, hrsg. von H. Riemann, Leipzig 1908

Theisen, E., u.a. / Peda, G., u.a.: *Oberelchingen. Pfarr- und Wallfahrtskirche St. Peter und Paul*, Passau 2008

Thomas von Kempen: *Anleitung zum Leben und Sterben: Aus dem Buch von der Nachfolge Christi*, übers. von J. M. Sailer, hrsg. von M. Heim, München 2008

Thomas-San-Galli, W. A.: *Ludwig van Beethoven*, München 1913

Thon, Chr. F. G.: *Abhandlung über Klavier-Saiten-Instrumente, insonderheit der Forte=Pianos und Flügel, deren Ankauf, Beurtheilung, Behandlung, Erhaltung und Stimmung. Ein nothwendiges Handbuch*, Weimar 1817

Tolstoij, L. N.: *Die Kreutzersonate*. Erzählung, 4. Aufl. München 1993

Toorn, P. C. van den: »Politics, Feminism, and Contemporary Music«, in: Journal of Musicology 9 (1991), S. 285

Türk, D. G.: *Klavierschule oder Anweisung zum Klavierspielen für Lehrer und Lernende*, Leipzig und Halle an der Saale 1789; Faks., hrsg. von E. R. Jacobi, Kassel u.a. 1967 / Faks., hrsg. von S. Rampe, Kassel u.a. 1997

Tulard, J.: *Napoléon ou le Mythe du Sauveur*, Paris [2]1986

Tyson, A.: »Prolegomena to a Future Edition of Beethoven's Letters«, in: *Beethoven Studies 2*, hrsg. von dems., London 1977, S. 1–19

Tyson, A.: »Ferdinand Ries (1784–1838): the History of his Contribution to Beethoven Biography«, in: 19th Century Music 7 (1984), S. 209–221

Ullrich, H.: »Aus vormärzlichen Konzertsälen Wiens«, in: Jahrbuch des Vereins für Geschichte der Stadt Wien 28 (1972), S. 106–130

Unger, M.: »Beethovens Teplitzer Badereisen von 1811 und 1812«, in: Neue Musik-Zeitung 39 (1918), S. 86–93

Unger, M.: »Beethoven und das Wiener Hoftheater im Jahre 1807«, in: Neues Beethoven-Jahrbuch 2 (1925), S. 76–83

Unger, M.: »Beethoven und Wilhelmine Schröder-Devrient«, in: Die Musik 18/6 (1925/26), S. 438–443

Unger, M.: *Beethovens Handschrift*, Bonn 1926 (= Veröffentlichungen des Beethoven-Hauses in Bonn IV)

Unseld, M.: *Biographie und Musikgeschichte. Wandlungen biographischer Konzepte in Musikkultur und Musikhistoriographie*, Köln 2014

Unseld, M.: »Musikerfamilien. Kontinuitäten und Veränderungen im Mikrokosmos der Musikkultur um 1800«, in: *Beethoven und andere Hofmusiker seiner Zeit im deutschsprachigen Raum. Bericht über das internationale Symposion Bonn, 3. bis 5. Dezember 2015* (Schriften zur Beethoven-Forschung 29; Musik am Bonner kurfürstlichen Hof 1), hrsg. von B. Lodes, E. Reisinger und J. Wilson, Bonn 2018, S. 25–54

Vogelsang, K.: *Filmmusik im Dritten Reich*, Hamburg 1990

Volbach, F.: *Ludwig van Beethoven*, Münster 1927

Volek, T., und Macek, J.: »Beethoven und Fürst Lobkowitz«, in: *Beethoven und Böhmen. Beiträge zu Biographie und Wirkungsgeschichte Beethovens*, hrsg. von S. Brandenburg und M. Gutiérrez-Denhoff, Bonn 1988, S. 203–217

Volkmann, H.: *Beethoven in seinen Beziehungen zu Dresden. Unbekannte Strecken seines Lebens*, Dresden [2]1942

Wagner, C.: *Die Tagebücher*, hrsg. von M. Gregor-Dellin und D. Mack, München 1976/77

Wagner, R.: *Über das Dirigieren* [1869], in: ders., *Dichtungen und Schriften*, hrsg. von D. Borchmeyer, Bd. 8, Frankfurt am Main 1983, S. 129–213

Wagner, R.: *Zum Vortrag der neunten Symphonie Beethovens* [1873], in: ders., *Dichtungen und Schriften*, hrsg. von D. Borchmeyer, Bd. 9, Frankfurt am Main 1983, S. 110–138

Wagner, R. *Sämtliche Schriften und Dichtungen* (SuD), Volksausgabe, Leipzig o.J. [1911]

Wagner, R.: »Eine Pilgerfahrt zu Beethoven«, in: ders., *Dichtungen und Schriften*. Jubiläumsausgabe in 10 Bdn., hrsg. von D. Borchmeyer, hier Bd. 5: *Frühe Prosa und Revolutionstraktate*, Frankfurt am Main 1983, S. 86–112

Walden, E.: *Beethoven's immortal beloved. Solving the mystery*, Lanham u.a. 2011

Walter, W.: »Haydns Klaviere«, in: *Haydn-Studien Band II*, hrsg. von G. Feder, München und Duisburg 1970, S. 256–288

Wasielewski, W. J. von: *Ludwig van Beethoven*, Berlin 1888

Weber, G.: »Ueber Tonmalerei«, in: Caecilia 3 (1825), Nr. 10, S. 125–172

Wegeler, F. G., und Ries, F.: *Biographische Notizen über Ludwig van Beethoven*, Koblenz 1838; Repr., Hildesheim 1972 und 2000; Neudruck der Ausgaben Koblenz 1838 und 1845, Bonn 2012; frz. Übers. von G. E. Anders als *Détails biographiques sur Beethoven d'après Wegeler et Ries*, Paris 1839

Wegerer, K.: »Beethovens Hammerflügel und ihre Pedale«, in: Österreichische Musikzeitung 20 (1965), S. 201–211

Weigert, L. J.: »Goethe und Karlsbad«, in: *Karlsbader Historische Schriften*, Bd. 2, S. 49–101

Weingartner, F.: *Ratschläge für Aufführungen der Symphonien Beethovens*, Leipzig 1906

Weinzierl, St.: *Beethovens Konzerträume. Raumakustik und symphonische Aufführungspraxis an der Schwelle zum modernen Konzertwesen* (Fachbuchreihe Das Musikinstrument 77), Frankfurt am Main 2002

Weise, D. (Hrsg.): *Beethoven: Entwurf einer Denkschrift an das Appellationsgericht in Wien vom 18. Februar 1820*, 2 Bde., Bonn 1953

Weißenbach, A.: *Meine Reise zum Kongress. Wahrheit und Dichtung*, Wien 1816

Welcker von Gontershausen, H.: *Der Flügel oder die Beschaffenheit des Piano's in allen Formen. Eine umfassende Darstellung der Fortepiano-Baukunst vom Entstehen bis zu den neuesten Verbesserungen*, Frankfurt am Main 1853

Wende, P.: *Die geistlichen Staaten und ihre Auflösung im Urteil der zeitgenössischen Publizistik* (Historische Studien, Bd. 396), Lübeck und Hamburg 1966
Westphal, K.: *Vom Einfall zur Symphonie. Einblick in Beethovens Schaffensweise*, Berlin 1965
Wetzstein, M. (Hrsg.): *Familie Beethoven im kurfürstlichen Bonn. Neuauflage nach den Aufzeichnungen des Bonner Bäckermeisters Gottfried Fischer*, Bonn 2006
Whitmore, Ph.: *Unpremeditated Art. The Cadenza in the Classical Keyboard Concerto*, Oxford 1991
Widmungen bei Haydn und Beethoven. Personen – Strategien – Praktiken. Bericht über den Internationalen musikwissenschaftlichen Kongress, Bonn, 29. September bis 1. Oktober 2011 (Schriften zur Beethovenforschung 25), hrsg. von B. R. Appel und A. Raab, Bonn 2015
Wiese, B. (Hrsg.): *Deutsche Dichter des 18. Jahrhunderts. Ihr Leben und Werk*, Berlin 1977
Wiens lebende Schriftsteller, Kuenstler und Dilettanten im Kunstfache, hrsg. von F. H. Böckh, Wien 1822
Willms, J.: *Napoleon. Eine Biographie*, München 2005
Wilson, J.: »A School of Whiz Kids Grows Up. Antonin Reicha, Ludwig van Beethoven, Andreas and Bernhard Romberg, and Lessons Learned in Bonn«, in: *Beethoven und andere Hofmusiker seiner Zeit im deutschsprachigen Raum. Bericht über das internationale Symposion Bonn, 3. bis 5. Dezember 2015* (Schriften zur Beethoven-Forschung 29; Musik am Bonner kurfürstlichen Hof 1), hrsg. von B. Lodes, E. Reisinger und J. Wilson, Bonn 2018, S. 237–252
Winter, R.: *Compositional Origins of Beethoven's Opus 131,* Ann Arbor (Michigan) 1982
Winter, R.: »Performing the Beethoven Quartets in Their First Century«, in: *The Beethoven Quartet Companion*, hrsg. von R. Winter und R. Martin, Berkeley u.a. 1994, S. 28–57
Witcombe, Ch.: *Beethoven's Private God: An Analysis of the Composer's Markings in Sturm's* Betrachtungen, M. A. Thesis, San Jose State University 1998
Wjaskowa, J.: »Das Anfangsstadium des schöpferischen Prozesses bei Beethoven. Eine Untersuchung anhand der Skizzen zum ersten Satz des Quartetts op. 130«, in: *Zu Beethoven. Aufsätze und Dokumente*, Bd. 3, hrsg. von H. Goldschmidt, Berlin 1988, S. 60–82
Wolf, St.: *Beethovens Neffenkonflikt. Eine psychologisch-biographische Studie* (Schriften zur Beethoven-Forschung 12), München 1995
Wolff, Chr.: »Zur Chronologie der Klavierkonzert-Kadenzen Mozarts«, in: Mozart-Jahrbuch 1978/79, S. 244–248
Wolfshohl, A.: »Lichtstrahlen der Aufklärung«, in: *Die Bonner Lese-Gesellschaft. Geistiger Nährboden für Beethoven und seine Zeitgenossen* (Veröffentlichungen des Beethoven-Hauses, Ausstellungskataloge 27), Bonn 2018
Wythe, D.: »The pianos of Conrad Graf«, in: Early Music XII (1984), S. 447–460
Wythe, D.: *Conrad Graf (1782–1851): Imperial Royal Court Fortepiano Maker in Vienna*, mschr. Diss. New York City 1990

Register der erwähnten Werke Beethovens

Orchesterwerke

Sinfonien

Konzerte

Kammermusik

Werke für Klavier solo

Vokal- und Bühnenmusik

Oper, Bühnenmusiken, Ballette

Ouvertüren

Oratorium und Messen

Kantaten und andere Chorwerke

Arien und Lieder

Kanons

Personenregister

Textnachweise

S. 83–87
Silke Bettermann: *Ikonographie*, unveränderter Nachdruck des Beitrages *Ikonographie*, aus: *Das Beethoven-Lexikon*, hrsg. von Heinz von Loesch und Claus Raab, Laaber 2008, S. 341–345.

S. 300–305
Günter Brosche: *Widmungen*, unveränderter Nachdruck des Beitrages *Widmungen*, aus: *Das Beethoven-Lexikon*, hrsg. von Heinz von Loesch und Claus Raab, Laaber 2008, S. 845–849.

S. 347–362
Daniil Petrov: *Skizzen*, unveränderter Nachdruck des Beitrages *Skizzen, Skizzenbücher*, aus: *Das Beethoven-Lexikon*, hrsg. von Heinz von Loesch und Claus Raab, Laaber 2008, S. 684–692.

S. 363–368
Nicole K. Strohmann: *Beethovens neue Räume: Wiener Konzertsäle zur Jahrhundertwende*, unveränderter Nachdruck des Beitrages *Konzerte in Wien*, aus: *Das Beethoven-Lexikon*, hrsg. von Heinz von Loesch und Claus Raab, Laaber 2008, S. 418–426.

S. 541–548
Eleonore Büning: *Rezeption und Wirkung*, unveränderter Nachdruck des Beitrages *Rezeption und Wirkung*, aus: *Das Beethoven-Lexikon*, hrsg. von Heinz von Loesch und Claus Raab, Laaber 2008, S. 602–609.

S. 563–569
Hans Aerts: *Grundzüge der Interpretationsgeschichte Beethovenscher Werke*, unveränderter Nachdruck des Beitrages *Interpretation*, aus: *Das Beethoven-Lexikon*, hrsg. von Heinz von Loesch und Claus Raab, Laaber 2008, S. 351–356.

S. 570–585
Albrecht Riethmüller: *Nach wie vor Wunschbild: Beethoven als Chauvinist*, durchgesehener Nachdruck des Beitrags *Nach wie vor Wunschbild: Beethoven als Chauvinist*, aus: *Der »männliche« und der »weibliche« Beethoven* (Veröffentlichungen des Beethoven-Hauses Bonn, Reihe IV: Schriften zur Beethoven-Forschung, Bd. XVIII), hrsg. von Cornelia Bartsch, Beatrix Borchard und Rainer Cadenbach, Bonn 2003, S. 97–117.

S. 603–606
Silke Bettermann: *Beethoven und die Bildende Kunst*, unveränderter Nachdruck des Beitrages *Bildende Kunst*, aus: *Das Beethoven-Lexikon*, hrsg. von Heinz von Loesch und Claus Raab, Laaber 2008, S. 117–120.